Methoden
Wichtige Arbeitsweisen der Physik werden als *Methoden* Schritt für Schritt erklärt.

Blickpunkt
Themen, die die Physik lebendig machen: Energie, Umwelt, Geschichte, Gesundheit und mehr – mit Texten, Abbildungen und Aufgaben, die Sie tiefer in die Anwendungsbereiche der Physik einsteigen lassen.

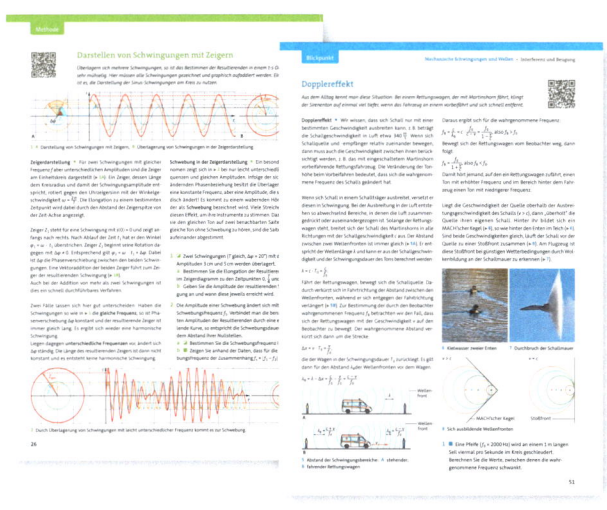

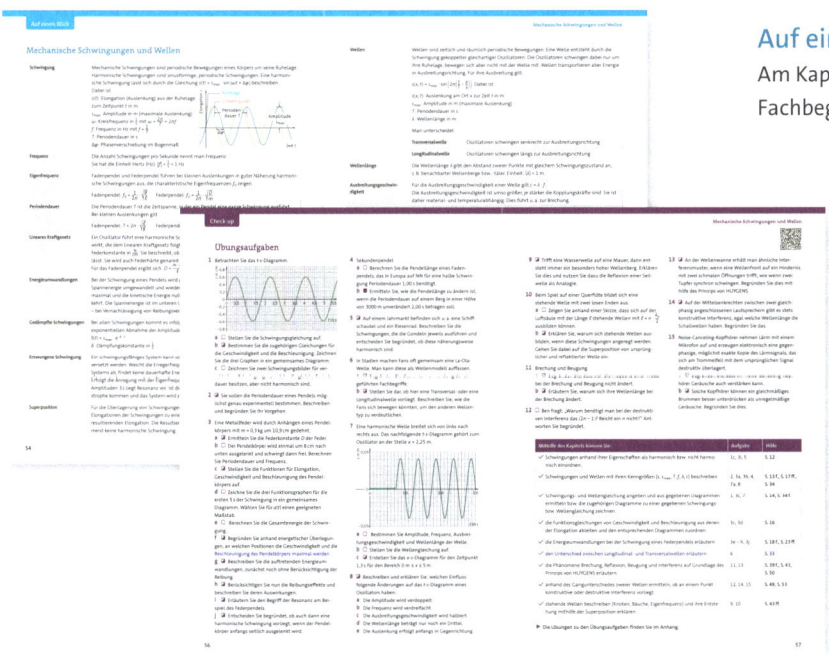

Auf einen Blick
Am Kapitelende finden Sie die wichtigsten Fachbegriffe *Auf einen Blick* erklärt.

Check-up
Die *Check-up-Seiten* bieten zusätzliche Aufgaben zur Überprüfung des Grundwissens mit den Lösungen im Anhang. Anhand der Kompetenzübersicht können Sie Ihr erworbenes Wissen sicher einschätzen.

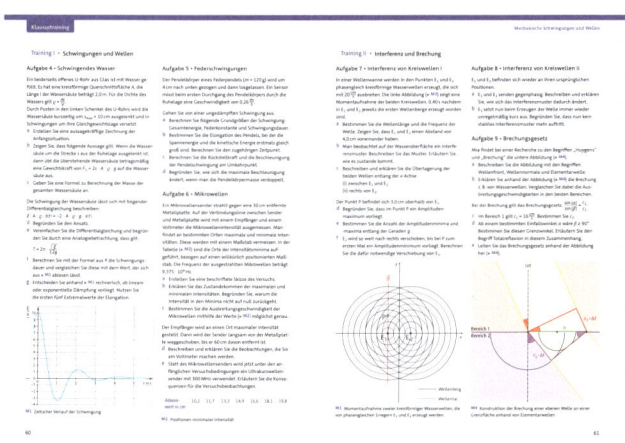

Klausurtraining
Training fürs Abitur: Ähnlich wie im Abitur werden Sie mit diesen Aufgaben herausgefordert! Beschäftigen Sie sich zuerst mit dem vorgestellten Material, damit Sie die Aufgaben lösen können.

Universum

Physik — Qualifikationsphase

Niedersachsen

Universum
Physik
Qualifikationsphase Niedersachsen

Autorinnen und Autoren: Dr. Christian Burisch, Essen; Dr. Hans-Otto Carmesin, Stade; Anneke Emse, Krefeld; Martin Piehler, Loxstedt; Inka Katharina Pröhl, Bremerhaven

Teile dieses Werkes beruhen auf den Ausgaben: 978-3-06-011297-5, 978-3-06-010900-5, 978-3-06-010899-2, 978-3-06-010869-5

Autorinnen und Autoren der anderen Ausgaben: Dr. Christian Burisch, Dr. Hans-Otto Carmesin, Anneke Emse, Dr. Reiner Kienle, Ulf Konrad, Dr. Josef Küblbeck, Carl-Julian Pardall, Martin Piehler, Inka Katharina Pröhl, Dr. Jochen Schäfer, Dr. Ursula Wienbruch

Redaktion: Sven Wilhelm
Umschlaggestaltung: klein & halm Grafikdesign Studio, Berlin, SOFAROBOTNIK GbR, Augsburg & München (Logo)
Umschlagfoto: Cornelsen/Science Photo Library/Marc Ward (Astronaut), Shutterstock/anttoniart (Planet)
Layoutkonzept: klein & halm Grafikdesign Studio, Berlin
Technische Umsetzung: Reemers Publishing Services
Grafik: Tom Menzel, Klingberg; Bernhard Peter, Pattensen, NewVISION.de; Detlef Seidensticker; Werner Wildermuth, Würzburg

Begleitmaterialien zu Universum Physik Qualifikationsphase Niedersachsen
E-Book mit Medien	1100030124
Lösungen zum Schulbuch	978-3-06-011309-5
Unterrichtsmanager Plus – mit Download für Offline-Nutzung inkl. E-Book als Zugabe und Begleitmaterialien auf cornelsen.de	1100030130

www.cornelsen.de

Soweit in diesem Lehrwerk Personen fotografisch abgebildet sind und ihnen von der Redaktion fiktive Namen, Berufe, Dialoge und Ähnliches zugeordnet oder diese Personen in bestimmte Kontexte gesetzt werden, dienen diese Zuordnungen und Darstellungen ausschließlich der Veranschaulichung und dem besseren Verständnis des Inhalts.

Dieses Werk enthält Vorschläge und Anleitungen für Untersuchungen und Experimente. Vor jedem Experiment sind mögliche Gefahrenquellen zu besprechen. Beim Experimentieren sind die Richtlinien zur Sicherheit im Unterricht einzuhalten.

Die Webseiten Dritter, deren Internetadressen in diesem Lehrwerk angegeben sind, wurden vor Drucklegung sorgfältig geprüft. Der Verlag übernimmt keine Gewähr für die Aktualität und den Inhalt dieser Seiten und solcher, die mit ihnen verlinkt sind.

1. Auflage, 1. Druck 2024

Alle Drucke dieser Auflage sind inhaltlich unverändert und können im Unterricht nebeneinander verwendet werden.

© 2024 Cornelsen Verlag GmbH, Mecklenburgische Str. 53, 14197 Berlin

Das Werk und seine Teile sind urheberrechtlich geschützt. Jede Nutzung in anderen als den gesetzlich zugelassenen Fällen bedarf der vorherigen schriftlichen Einwilligung des Verlages.

Hinweis zu §§ 60 a, 60 b UrhG: Weder das Werk noch seine Teile dürfen ohne eine solche Einwilligung an Schulen oder in Unterrichts- und Lehrmedien (§ 60 b Abs. 3 UrhG) vervielfältigt, insbesondere kopiert oder eingescannt, verbreitet oder in ein Netzwerk eingestellt oder sonst öffentlich zugänglich gemacht oder wiedergegeben werden. Dies gilt auch für Intranets von Schulen und anderen Bildungseinrichtungen.

Druck: Mohn Media Mohndruck, Gütersloh

ISBN 978-3-06-011308-8

Inhalt

1 Elektrische Felder ... 8

Noch gewusst? ... 10
Noch gekonnt? ... 11

- 1.1 Elektrisches Feld ... 12
  - Material ... 16
- 1.2 Elektrische Feldstärke ... 18
  - Material ... 22
- 1.3 Feldstärke und Spannung ... 24
  - Blickpunkt Elektrische Vorgänge bei einem Gewitter ... 27
  - Material ... 28
  - Blickpunkt Gravitationsfeld und elektrisches Feld ... 30
- 1.4 Speichern von Ladung ... 32
  - Material ... 36
- 1.5 Entladen und Aufladen eines Kondensators ... 38
  - Methode Anwenden der Exponentialfunktion in der Physik ... 42
  - Methode Lösen von Differenzialgleichungen mit der Exponentialfunktion ... 43
  - Material ... 44
- 1.6 Teilchen im elektrischen Feld beschleunigen ... 46
  - Blickpunkt Millikan-Versuch ... 50
  - Blickpunkt Relativistische Masse ... 51
  - Material ... 52

Auf einen Blick ... 54
Check-up ... 56
Klausurtraining ... 58

2 Magnetische Felder ... 62

Noch gewusst? ... 64
Noch gekonnt? ... 65

- 2.1 Kraft auf Leiter im Magnetfeld ... 66
  - Material ... 70
- 2.2 Magnetfeld von Spulen ... 72
  - Material ... 76
  - Blickpunkt Elektromotor ... 78
- 2.3 Verhalten geladener Teilchen im Magnetfeld ... 80
  - Blickpunkt Massenspektrometrie – Isotopen auf der Spur ... 83
  - Material ... 84
- 2.4 Technische Anwendungen zum Magnetfeld ... 86
  - Blickpunkt Teilchenbeschleuniger in Medizin und Wissenschaft ... 90
  - Material ... 92

Auf einen Blick ... 94
Check-up ... 96
Klausurtraining ... 98

Inhalt

3 Elektrodynamik ... 102

3.1	Elektromagnetische Induktion	104
	Material	108
3.2	Wirbelströme und Lenzsche Regel	110
	Material	114
3.3	Faradays Induktionsgesetz	116
	Methode Anwenden von Ableitungsregeln in der Physik	120
	Material	122
3.4	Anwendungen der Induktion	124
	Material	128
	Blickpunkt Erdmagnetfeld	130
3.5	Selbstinduktion	132
	Material	136

Auf einen Blick ... 138
Check-up ... 140
Klausurtraining ... 142

4 Schwingungen und Wellen ... 146

Noch gewusst? ... 148
Noch gekonnt? ... 149

4.1	Phänomene der Schwingung	150
	Material	153
4.2	Schwingungen untersuchen	154
	Material	158
4.3	Schwingungen im Alltag	160
	Methode Darstellen von Schwingungen mit Zeigern	164
	Methode Aufstellen der Differenzialgleichung einer harmonischen Schwingungen	165
	Material	166
	Blickpunkt Musikinstrumente	168
4.4	Der Schwingkreis	170
	Material	174
	Blickpunkt RFID-Chips als technische Anwendung von Schwingkreisen	176
4.5	Von der Schwingung zur Welle	178
	Blickpunkt Erdbebenwellen	182
	Material	183
4.6	Überlagerung von Wellen	184
	Material	187
4.7	Reflexion von Wellen	188
	Methode Darstellen von stehenden Wellen mit Zeigern	191
	Material	192
4.8	Interferenz und Beugung	194
	Blickpunkt Dopplereffekt	197
	Material	198

Auf einen Blick ... 200
Check-up ... 202
Klausurtraining ... 204

5

Licht und elektromagnetische Wellen 208

5.1 Licht als Welle 210
    Material 214
5.2 Beugung von Licht am Gitter 216
    Blickpunkt Strukturfarben 219
    Material 220
5.3 Beugung am Doppel- und Einzelspalt 222
    Material 226
5.4 Polarisation 228
    Blickpunkt 3D-Kino mit Polarisationsbrillen 231
    Material 232
5.5 Röntgenbeugung 234
    Blickpunkt Strukturen untersuchen 237
    Material 238
5.6 Interferenzen nutzen 240
    Blickpunkt Lichtäther 244
    Material 246

Auf einen Blick 248
Check-up 250
Klausurtraining 252

6

Quantenobjekte 256

6.1 Elektronen als Welle 258
    Material 262
6.2 Materiewellen 264
    Material 268
6.3 Emission von Licht bei LEDs 270
    Material 273
6.4 Fotoeffekt 274
    Material 277
    Blickpunkt Solarzellen 278
6.5 Röntgenbremsspektrum 280
    Material 283
    Blickpunkt Röntgenstrahlen in der
    medizinischen Diagnostik 284
6.6 Quantenobjekte am Doppelspalt 286
    Material 290
6.7 Nachweiswahrscheinlichkeit 292
    Blickpunkt Überlichtschnelle Fernwirkung 296
    Material 298
6.8 Unbestimmtheitsrelation 300
    Material 304
6.9 Welcher-Weg-Information und Interferenz 306
    Blickpunkt Erzeugung von Einzelphotonen
    durch parametrische Fluoreszenz 311
    Material 312
6.10 Anwendungen der Quantenphysik 314
    Material 317
    Blickpunkt Quantencomputer 318

Auf einen Blick 320
Check-up 322
Klausurtraining 324

Inhalt

7 Atomhülle ... 328

7.1	Spektrallinien	330
	Material	335
7.2	Energieniveaus in der Atomhülle	336
	Material	339
7.3	Elektronen im Potenzialtopf	340
	Material	343
7.4	Elektronen im dreidimensionalen Potenzialtopf	344
	Material	347
	Blickpunkt Atome mit mehreren Elektronen – Periodensystem der Elemente	348
7.5	Charakteristische Röntgenstrahlung	350
	Material	353
7.6	Fluoreszenz	354
	Material	357
7.7	Laser	358
	Material	361

Auf einen Blick ... 362
Check-up ... 364
Klausurtraining ... 366

8 Atomkern ... 370

8.1	Der Atomkern hat eine Struktur	372
	Material	376
	Blickpunkt Tunneleffekt	378
8.2	Ionisierende Strahlung	380
	Blickpunkt Natürliche und zivilisatorische Strahlung	384
	Material	385
8.3	Radioaktiver Zerfall	386
	Material	389
	Methode Arbeiten mit der Nuklidkarte	390
	Blickpunkt Bedeutung der Bragg-Kurve in der Strahlentherapie	391
8.4	Zerfallsgesetz und Halbwertszeit	392
	Material	395
	Methode Modellieren eines radioaktiven Zerfalls mittels Differenzenverfahren	396
	Methode Modellieren eines radioaktiven Zerfalls mit Würfeln	397

Auf einen Blick ... 398
Check-up ... 400
Klausurtraining ... 402

Anhang ... 406

Lösungen der Check-up-Aufgaben ... 406
Internationales Einheitensystem ... 421
Naturkonstanten und Normwerte ... 422
Physikalische Größen ... 423
Wertetabellen ... 426
Vorgehensweise bei der
Bearbeitung von Aufgaben ... 427
Auszug aus der Nuklidkarte ... 428
Periodensystem der Elemente ... 430
Stichwortverzeichnis ... 432
Bildnachweis ... 438

Digitale Anreicherung

Animationen, Videos und interaktive Übungen fördern das Verständnis für komplexe fachliche Inhalte oft mehr, als es das gedruckte Bild allein im Buch vermitteln kann. Über QR-Codes erhalten Sie deshalb zu zentralen Themen zusätzliche digitale Materialien, die Ihren Wissenshorizont erweitern.

 Hinter diesem QR-Code finden Sie eine Gesamtübersicht über alle digitalen Materialien zu diesem Buch.

1 Elektrische Felder

▶ Ladungen erzeugen elektrische Felder. Eigenschaften des Feldes wie die Feldstärke, die Energie und Kräfte auf andere Ladungen kann man anhand von Feldlinien darstellen und verstehen.

▶ Kondensatoren speichern nicht nur Energie, sondern auch Ladungen. Anhand seines Verhaltens beim Auf- und Entladen können wichtige mathematische Methoden der Physik wie das Differenzenverfahren oder die Differenzialgleichung eingeführt werden.

▶ Elektrische Teilchen wie das Elektron waren und sind ein wichtiges Untersuchungsobjekt der Physik. Durch elektrische Felder können Elektronen auf hohe Geschwindigkeiten beschleunigt und ihre Flugbahn exakt beeinflusst werden.

Plasmakugel

Noch gewusst?

Elektrostatik

Elektrische Ladungen: Es gibt positive und negative elektrische Ladungen. Ungleichnamig geladene Körper ziehen sich an, gleichnamig geladene Körper stoßen sich ab. Ein Körper ist **elektrisch neutral,** wenn er gleich viel positive und negative Ladung enthält.
Das Größensymbol für die Ladung ist Q. Die Ladung wird in der Einheit Coulomb (C) angegeben.
Ladungen können mit einem Elektroskop oder einer Glimmlampe **nachgewiesen** werden. Eine Glimmlampe leuchtet an der Seite, an der die negativen Ladungen eintreten, und zeigt so das **Vorzeichen der Ladung** an.
Körper können an den Polen einer elektrischen Quelle elektrisch positiv oder negativ geladen werden.

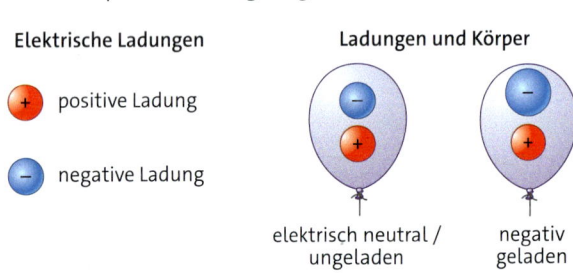

Elektroskop: Ein Elektroskop zeigt an, wie stark es elektrisch geladen ist. Es unterscheidet nicht zwischen positiver oder negativer Ladung.

Elektrische Influenz: Wenn man von außen einem Leiter elektrische Ladung annähert, dann verschieben sich die elektrischen Ladungen auf der Oberfläche des Leiters.

Ladung und Strom: In einem elektrischen Stromkreis fließt elektrische Ladung als elektrischer Strom.

Der elektrische Stromkreis

Elektrische Stromstärke: Die elektrische Stromstärke gibt an, wie viel elektrische Ladung in einem bestimmten Zeitabschnitt an einer Stelle im Stromkreis vorbeifließt: $I = \frac{\Delta Q}{\Delta t}$
Das Größensymbol der elektrischen Stromstärke ist I. Die elektrische Stromstärke wird in der Einheit Ampere (A) angegeben.

Elektrische Spannung: Im elektrischen Stromkreis ist die elektrische Spannung einer elektrischen Quelle der Antrieb für den elektrischen Strom. Bei gleichen Stromstärken gilt: Je größer die elektrische Spannung der elektrischen Quelle ist, desto mehr Energie wird von der Quelle zum Gerät übertragen. Das Größensymbol der elektrischen Spannung ist U. Die elektrische Spannung wird in der Einheit Volt (V) angegeben.

Elektrischer Widerstand: Der elektrische Widerstand gibt an, wie stark ein Gerät oder ein Gegenstand den elektrischen Strom hemmt. Bei gleicher Spannung gilt: Je größer der Widerstand ist, desto kleiner ist die Stromstärke im gesamten Stromkreis.
Das Größensymbol ist R. Die Einheit für den elektrischen Widerstand ist ein Ohm (1 Ω). Im Stromkreis gilt: $R = \frac{U}{I}$.

Spezifischer Widerstand: Der spezifische Widerstand ϱ ist eine Materialkonstante. Für einen Draht der Länge ℓ und der Querschnittsfläche A gilt: $R = \varrho \cdot \frac{\ell}{A}$.
Die Einheit des spezifischen Widerstands ist $1\,\Omega \cdot \frac{mm^2}{m}$.

Elektrische Leistung: Die Leistung P beschreibt die im Stromkreis pro Sekunde übertragene Energie: $P = \frac{\Delta E}{\Delta t} = U \cdot I$.
Die Einheit der Leistung ist: $1\,\frac{J}{s} = 1\,V \cdot A = 1\,W$.

Stromkreise: Stromkreise können unverzweigt (Reihenschaltung) oder verzweigt (Parallelschaltung) sein. Stromstärke und Spannung verhalten sich in unverzweigten und verzweigten Stromkreisen unterschiedlich.

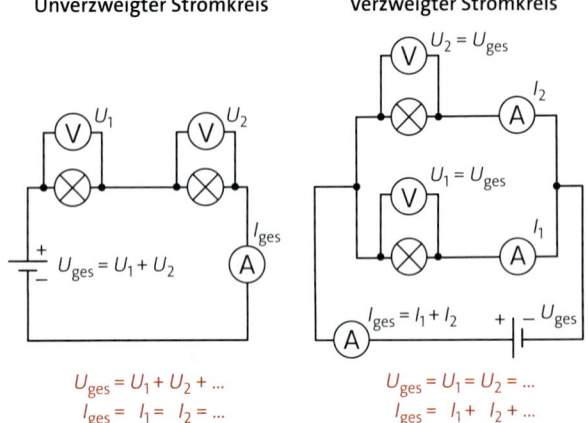

Kraft und Dynamik

Trägheitsprinzip: Solange keine Kraft auf einen Körper, z. B. im Kräftegleichgewicht, ausgeübt wird, ist er in Ruhe oder bewegt sich geradlinig gleichförmig.

Kraft und Beschleunigung: Ein Körper erfährt eine Beschleunigung $\vec{a}$, wenn auf ihn eine (resultierende) Kraft $\vec{F}$ wirkt: $\vec{F} = m \cdot \vec{a}$.

Wechselwirkungsprinzip: Wenn ein Körper A eine Kraft $\vec{F_1}$ auf einen zweiten Körper B ausübt, dann übt gleichzeitig der Körper B eine gleichgroße, aber entgegengesetzt wirkende Kraft $\vec{F_2}$ auf den Körper A aus: $\vec{F_1} = -\vec{F_2}$

Noch gekonnt?

Elektrostatik

1 🔷 Eine Folie wird durch Reiben mit einem Wolltuch negativ geladen. Erläutern Sie, wie Sie mit der Folie feststellen können, ob ein Luftballon positiv oder negativ geladen ist.

2 🔷 Ein Elektroskop wird mit einer geladenen Metallkugel berührt.
a Erklären Sie, wie es zum Ausschlag kommt.
b Erklären Sie, warum man nicht entscheiden kann, ob die Kugel positiv oder negativ geladen ist.

3 🔷 Zwei gleiche Elektroskope sind positiv geladen und zeigen unterschiedliche Zeigerausschläge. Sie werden mit einem Kabel verbunden. Erläutern Sie, wie sich die Zeigerausschläge ändern.

Elektrischer Stromkreis

4 ⬜ Es ist $I_1 = 1{,}2$ A und $I_3 = 1{,}8$ A. Berechnen Sie die Stromstärke I_2.

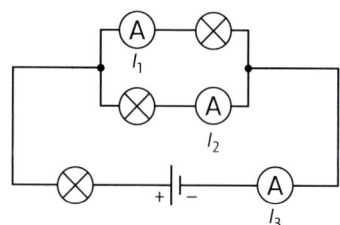

5 ⬜ Berechnen Sie, wie lange man eine Leuchtdiode, durch die eine Stromstärke von 20 mA fließt, mit einem Lithium-Ionen-Akku mit der Aufschrift „1000 mAh" maximal betreiben kann.

6 🔷 Zum Umgang mit Messgeräten für Spannung und Stromstärke.
a Erläutern Sie, dass ein Stromstärkemessgerät in Reihe zum Gerät geschaltet werden muss, während ein Spannungsmessgerät parallel zur Batterie oder zum Gerät geschaltet werden muss.
b Begründen Sie, dass das Stromstärkemessgerät den Strom idealerweise ungehemmt durchlassen muss, während das Spannungsmessgerät den Strom idealerweise nicht durchlässt.

7 🔷 Ein Stromstärkemessgerät wird statt eines Spannungsmessgeräts eingebaut (oder umgekehrt). Beschreiben und erklären Sie, was in diesem Fall geschieht.

8 🔷 Bei den zwei abgebildeten Schaltungen aus zwei baugleichen Lampen A und B wird an den markierten Stellen ein dünner Draht eingesetzt. Erläutern Sie, wie sich dabei die Helligkeiten von L_A und L_B ändern.

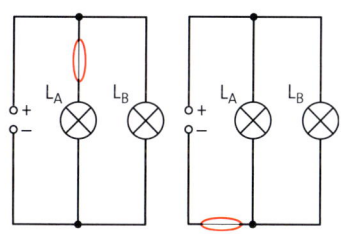

9 Ein Wasserkocher hat eine Leistung von 2400 W. Bis ein Liter kaltes Wasser zu kochen beginnt, dauert es 2 min 45 s.
a ⬜ Berechnen Sie die aufgenommene Energiemenge in Joule (J) und in Kilowattstunden (kWh).
b 🔷 Um Energie und damit Kosten zu sparen, soll dieser Wasserkocher durch einen anderen mit einer Leistung von 1800 W ersetzt werden. Nehmen Sie Stellung zu dieser Maßnahme. Beurteilen Sie, ob diese physikalisch sinnvoll ist.

Kraft und Dynamik

10 🔷 Steht man im Bus, der vor der Haltestelle abbremst, muss man sich festhalten, damit man nicht nach vorne kippt. Erklären Sie.

11 Eine kleine geladene Kugel ($m = 1{,}6$ g, ⌀ = 10 mm) befindet sich zwischen zwei geladenen Metallplatten. Die Kugel wird dadurch mit einer konstanten Kraft von $F = 2{,}4$ mN beschleunigt. Der Abstand der Platten beträgt $d = 0{,}120$ m.
a ⬜ Berechnen Sie die Beschleunigung der Kugel.
b 🔷 Berechnen Sie die Flugzeit der Kugel bis zur rechten Platte.
c 🔷 Bestimmen Sie die Geschwindigkeit der Kugel beim Aufprall.

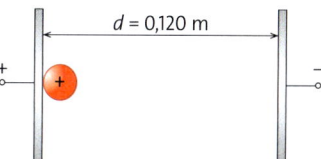

12 🟦 Zwischen zwei unterschiedlich geladenen Metallplatten hängt eine elektrisch leitende, leichte Kugel an einem isolierenden Faden. Mit der beweglichen Kugel wird kurz eine Platte berührt. Dann wird die Kugel losgelassen. Sie pendelt zwischen den Platten.
a Erklären Sie, wie es zur Pendelbewegung kommt.
b Skizzieren Sie die Anordnung einschließlich Kraft und Ladung für die Zeitpunkte kurz bevor und kurz nachdem die Kugel die rechte Platte berührt. Beschriften Sie die Ladung von Kugel und Platte.
c Erklären Sie, warum die Bewegung nach einiger Zeit aufhört.
d Stellen Sie eine Vermutung an, was geschehen würde, wenn beide Platten gleich geladen wären. Begründen Sie.

1.1 Elektrisches Feld

1 Ein Blitz schlägt in ein Auto ein.

Bei einem Gewitter wird empfohlen, sich z. B. in ein Auto zu begeben. Trotz eines direkten Blitzeinschlags ist man im geschlossenen Fahrzeug geschützt. Was hindert den Blitz daran, in das Auto zu gelangen?

2 Influenzmaschine

Ladungstransport beim Blitz • Um Blitze zu erzeugen, benötigt man weder ein Gewitter noch ein Hochspannungslabor (▶ 1). Lässt man die beiden Scheiben einer Influenzmaschine (▶ 2) eine Weile gegeneinander rotieren und bringt anschließend die beiden Metallkugeln näher zusammen, kann man das Überspringen eines Funkens bzw. kleinen Blitzes beobachten. Durch die Reibung der rotierenden Scheiben kommt es zur Trennung elektrischer Ladungen, die sich im Funkenüberschlag wieder ausgleichen.
An den kleinen Blitzen erkennen wir, dass sich die Ladung von der einen Kugel auf ungefähr bogenförmigen Bahnen zur anderen Kugel bewegt. Welche Kräfte führen zu dieser leicht gebogenen Flugbahn?

Das elektrische Feld • Obwohl die Luft nicht elektrisch leitfähig ist, kommt es zwischen den beiden gegensätzlich geladenen Metallkugeln der Influenzmaschine zum Ladungsausgleich, ohne dass sie sich berühren.
Um zu untersuchen, ob sich etwas im Raum zwischen den Kugeln befindet, führen wir einen Modellversuch durch. Hierzu ersetzen wir die Metallkugeln durch zwei kleine Metallkontakte, die wir in Rizinusöl legen. In das Öl werden anschließend Grießkörner hineingestreut (▶ 3A).

Durch Anlegen einer elektrischen Spannung werden die Metallkontakte gegensätzlich aufgeladen. Wir können beobachten, dass sich die Grießkörner ausrichten und bogenförmige Ketten zwischen den beiden Metallkontakten bilden (▶ 3B).
Die entstandenen Strukturen der Grießkörner kann man damit erklären, dass sich in der Umgebung der beiden geladenen Körper ein **elektrisches Feld** bildet. Dieses Feld bewirkt eine Kraft auf die Grießkörner, sodass sie den Verlauf des Feldes nachbilden.
Wir kennen bereits ein Beispiel, bei dem ein Gegenstand in großer Entfernung eine Kraft bewirkt: den Magneten. Dabei entsteht in der Umgebung des Magneten ein magnetisches Feld. In diesem Feld wiederum wirkt auf andere Magneten eine Kraft.

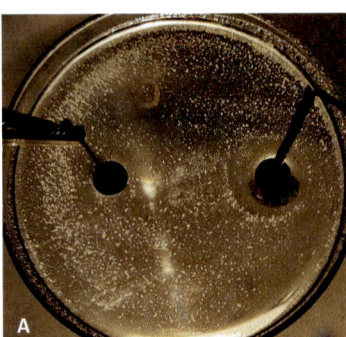 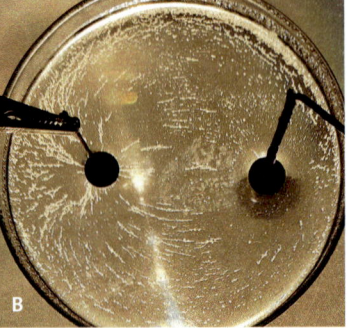

3 Versuch mit Grießkörnern: **A** ohne elektrische Spannung, **B** mit angelegter Spannung zur Erzeugung entgegengesetzt geladener Metallkontakte

Polarisation • Wenn das Magnetfeld eine Kraft auf andere Magnete bewirkt, dann sollte die Kraft des elektrischen Felds auf elektrische Ladungen wirken. Die Grießkörner sind aber elektrisch ungeladen und das Öl hat keine elektrische Leitfähigkeit, sodass keine Ladungen auf die Grießkörner gelangen können.

Sind die Metallkontakte elektrisch geladen, bewirkt das elektrische Feld eine Ladungstrennung in den Grießkörnern. Negative Ladungen innerhalb des Grießkorns verschieben sich in Richtung des positiven Metallkontaktes, weil auf ihnen die **elektrische Kraft** des Feldes wirkt. Das Fehlen dieser negativen Ladung auf der anderen Seite des Grießkorns führt dazu, dass diese Seite positiv geladen ist. Im Grießkorn entstehen durch die Ladungsverschiebung zwei räumlich getrennte Ladungsschwerpunkte (▶5). Es ist **polarisiert**.

Die positiven und negativen Enden benachbarter polarisierter Grießkörner ziehen einander an. Viele polarisierte Grießkörner bilden so eine Kette, die gebogen zwischen den Kontakten verläuft (▶3B). Der bogenförmige Verlauf entsteht, weil sich die Richtung der elektrischen Kraft, die auf die einzelnen Körner wirkt, entlang der Kette ändert (▶4).

Eigenschaften des elektrische Feldes • Die Grießkornketten stellen den Verlauf des elektrischen Feldes dar. Wir können sie deshalb durch (glatte und stetige) Linien ersetzen, die die beiden Metallkontakte miteinander verbinden. Diese Linien heißen **Feldlinien**.
Nach Vereinbarung beginnen die Feldlinien auf positiven Ladungen und enden auf negativen Ladungen. Feldlinien verlaufen also immer von der positiven zur negativen Ladung (▶4B).

Bei einer gekrümmten Feldlinie wie im Beispiel mit den zwei Metallkontakten liegt die elektrische Kraft immer tangential an der Feldlinie an (▶4B). Die Richtung der Kraft ist dabei so festgelegt, dass sie für eine positive Ladung in Richtung und bei einer negativen Ladung entgegengesetzt der Richtung des Feldes wirkt.
Beim Grießkornversuch erproben die Ladungen in den Grießkörnern das Feld, man nennt sie **Probeladungen**. Ladungen, die das Feld erzeugen, heißen **felderzeugend**.

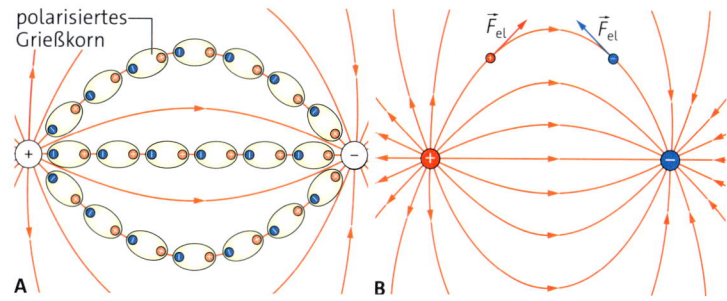

4 **A** Musterbildung beim Grießkornversuch; **B** Dipolfeld

Konventionsgemäß beginnen die Feldlinien des elektrischen Feldes auf positiven Ladungen und enden auf negativen. Ein elektrisches Feld erzeugt bei einer positiven Ladung eine parallel zum Feld und bei einer negativen Ladung eine entgegengesetzt zum Feld gerichtete Kraft.

Das Dipolfeld • Das Grießkorn mit seinen beiden Ladungsschwerpunkten enthält einen positiven und einen negativen elektrischen Pol (▶5). Ein solcher Gegenstand mit zwei unterschiedlichen elektrischen Polen heißt **Dipol**. Auch beim Modellversuch bilden die beiden Metallkontakte einen Dipol (▶3B). Das daraus entstehende elektrische Feld wird deshalb auch als **Dipolfeld** bezeichnet. Dabei verlaufen die Feldlinien vom positiven zum negativen Pol auf bogenförmigen Bahnen (▶4B).

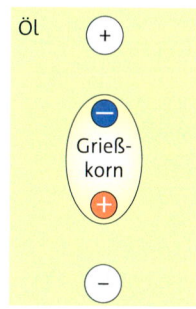

5 Verschiebung von Ladungen im Grießkorn

1 ☐ Skizzieren Sie die Feldlinien des Magnetfeldes bei einem Stabmagnet.

2 In der Umgebung der positiven elektrischen Ladung (▶4B) verlaufen die Ketten aus Grießkörnern im Idealfall radial.
 a ◨ Skizzieren Sie den Verlauf des elektrischen Feldes einer einzelnen positive Ladung.
 b ☐ Zeichnen Sie eine positive Probeladung ein und die Richtung der angreifenden Kraft.
 c ◼ Begründen Sie anhand der Probeladung, dass in einem Punkt weder eine Feldlinie in zwei Feldlinien aufspalten kann noch zwei Feldlinien zu einer zusammenlaufen können.

3 ◨ In der Schülerskizze eines elektrischen Feldes sind auch Feldlinien eingezeichnet, die sich kreuzen.
Erläutern Sie, welche Konsequenz das für eine Probeladung am Schnittpunkt hätte und warum die Skizze deshalb fehlerhaft ist.

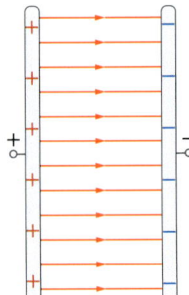

2 Idealisierter Verlauf der Feldlinien zwischen zwei parallelen Metallstäben

1 Veranschaulichung des elektrischen Felds durch Grießkornketten bei parallelen Metallstäben

In einem Metall sind nur die Elektronen als negative Ladung beweglich und wandern zum positiven Pol. Die positiven Ladungen im Metall würden zum negativen Pol hinbewegt – diese sind jedoch im Metall an die Atome gebunden und deshalb unbeweglich.

Homogenes elektrisches Feld • Tauscht man die beiden runden Metallscheiben im Modellversuch mit den Grießkörnern gegen zwei parallel angeordnete Metallstäbe aus, bildet sich ein besonderes Muster der Grießkornketten. Die Ketten zwischen den Stäben verlaufen in etwa parallel zueinander und haben ungefähr einen konstanten Abstand. Sie sind also gleich dicht (▶ **1**).

Zeichnet man für ein solches Feld die Feldlinien, müssen auch diese zwischen den geladenden Körpern parallel verlaufen und überall den gleichen Abstand zueinander haben (▶ **2**). Ein solches elektrisches Feld nennt man auch **homogenes** Feld. Das Besondere an einem homogenen elektrischen Feld ist, dass es an jedem Ort in die gleiche Richtung zeigt und eine konstante Stärke hat.

> Ein Feld mit gleichmäßig dichten und parallelen Feldlinien nennt man homogenes Feld. Es hat überall die gleiche Richtung und Stärke.

Elektrisches Feld im Auto • Die Form des Blitzes bei der Influenzmaschine zeigt, dass die dabei fließenden Ladungen dem Verlauf des elektrischen Feldes folgen. Um herauszufinden, wieso der Blitz nicht ins Auto eindringen kann, untersuchen wir deshalb das elektrische Feld im Inneren des Autos. Die Karosserie eines Fahrzeugs kann man allgemein als einen geschlossenen Metallkäfig bezeichnen. Im Modellversuch wird diese durch einen geschlossenen Metallring dargestellt, der in das homogene elektrische Feld der zwei gegensätzlich geladenen Metallstäbe gelegt wird (▶ **3A**).

Man beobachtet, dass die Feldlinien an der Außenseite des Metallrings enden bzw. beginnen, aber innerhalb des Metallrings bleiben die Grießkörner ungeordnet liegen (▶ **3A**).

Im Inneren des Metallrings befindet sich kein elektrisches Feld – der Metallring schirmt das äußere Feld ab. Er bildet einen **faradayschen Käfig** (▶ **3B**). Deshalb herrscht auch im Inneren des Fahrzeugs kein elektrisches Feld und die Ladungen des Blitzes können nicht ins Käfiginnere gelangen.

> Das Innere eines geschlossen Metallkäfigs (faradayscher Käfig) ist feldfrei.

Abschirmung durch Influenz • Die Abschirmung entsteht, sobald das elektrische Feld ins Metall eindringt (▶ **4A**). Metalle sind sehr gute elektrische Leiter, weil sie u. a. aus frei beweglichen negativen Ladungsträgern aufgebaut sind. Die negativen Ladungen werden durch die elektrischen Kräfte entgegengesetzt zum Feld bewegt, d. h. hin zum positiven Pol. So entstehen geladene Bereiche im Metall (▶ **4B**). Eine solche Verschiebung von Ladung durch ein elektrisches Feld nennt man **Influenz**.

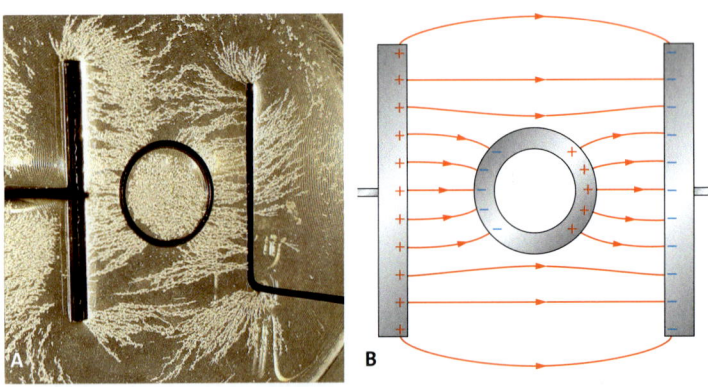

3 Abschirmung: **A** Versuch; **B** Verlauf des elektrischen Feldes

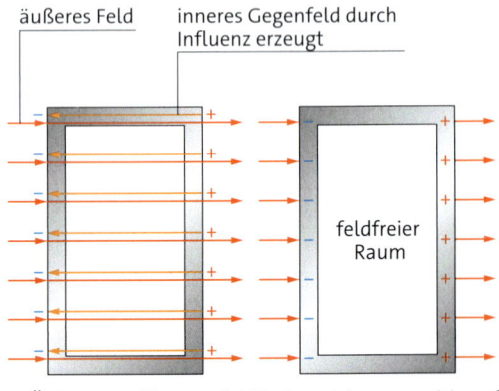

4 Äußeres und inneres Feld heben sich gegenseitig auf.

Durch die verschobenen Ladungen entstehen im Metall zwei gegensätzliche Ladungsschwerpunkte, von denen ebenfalls ein elektrisches Feld ausgeht. Dieses innere Feld der verschobenen Ladungen überlagert sich nach dem Superpositionsprinzip mit dem äußeren Feld. Die Ladungen im Metall bewegen sich so lange, bis in der Summe kein Feld mehr im Innern des Metalls herrscht, bis also das von ihnen erzeugte Feld das eingedrungene Feld genau ausgleicht. Somit ist im Metall und in jedem Hohlraum darin das elektrische Feld gleich null (▶ 4). Auf diese Weise schirmen verschobene Ladungen auch das elektrische Feld im Innenraum des Käfigs blitzschnell ab. Dazu muss das Metall natürlich dick genug sein, ein Millimeter Blech genügt.

> Trifft ein elektrisches Feld auf einen Metallkörper, so werden in diesem durch Influenz elektrische Ladungen verschoben. Durch Influenz und als Folge des Superpositionsprinzips ist das Innere in einem Metallkörper feldfrei. Das nennt man Abschirmung.

Feldlinien an Metalloberflächen • Elektrische Feldlinien stehen wegen der Influenz immer senkrecht auf Metalloberflächen (▶ 1, ▶ 3).
Trifft das elektrische Feld unter einem Winkel – also schräg – auf die Metalloberfläche, kann man es wegen des Superpositionsprinzips in eine senkrechte und eine tangential zur Oberfläche verlaufende Komponente zerlegen. Die Tangentialkomponente verursacht auf der Metalloberfläche eine Ladungsverschiebung, die ein gleich großes aber entgegengerichtetes Feld bewirkt. Diese Ladungsverschiebung hält an, bis die tangentiale Feldkomponente null ist, also bis das elektrische Feld der verschobenen Ladungen das auftreffende Feld an der Oberfläche kompensiert (▶ 5).

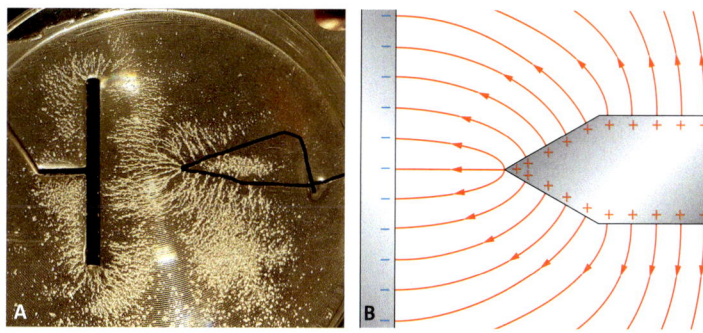

6 Blitzschutz: **A** Modellversuch; **B** Feld in der Nähe einer Spitze

Feldlinien an Metallspitzen • Zum Blitzableiter eines Gebäudes gehört eine auf dem Dach angebrachte Metallstange oder -spitze, die als Blitzfänger dient und den Einschlag in andere Gebäudeteile verhindert (▶ 7).
Die Situation kann man im Modellversuch nachstellen: Der Blitzfänger ist dabei durch eine geerdete Metallspitze und die Gewitterwolke als eine elektrisch negativ geladene Metallplatte nachgebildet. An der Metallspitze laufen sehr viele der Feldlinien zusammen (▶ 6A). Daher werden im Umfeld des Blitzableiters die Ladungen entlang der Feldlinien zur Metallspitze hingeführt.

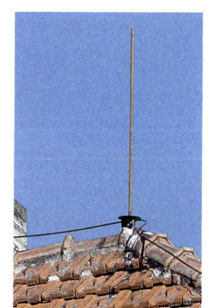

7 Blitzfänger auf einem Dach mit Leitung zur Erdung (Blitzableiter)

Die Wolke verschiebt durch Influenz positive Ladungen in die Spitze. Da die Ladungen die Quelle der Feldlinien sind, entspringen an der Spitze besonders viele Feldlinien.
Hinzu kommt, dass Feldlinien senkrecht auf der Metalloberfläche stehen, also auch auf den flachen Seiten der Spitze. So können sie nicht in dem Bereich vor der Spitze verlaufen. Feldlinien aus diesem Bereich verdichten sich so zur Spitze hin (▶ 6B).

1 📝 Zwei parallel angeordnete Metallplatten werden gegensätzlich geladen. Skizzieren Sie jeweils die Feldlinien beider Platten und untersuchen Sie, wo sich die Feldlinien addieren bzw. kompensieren.

2 📝 Ein Metallkörper ist an den positiven und ein Metallring an den negativen Pol eines Netzgerätes angeschlossen (▶ 8).
 a Skizzieren Sie den Versuch und tragen Sie Ladung sowie Feldlinien ein.
 b Beschreiben Sie die Feldlinien mit den Begriffen radial, Richtung und Symmetrie.

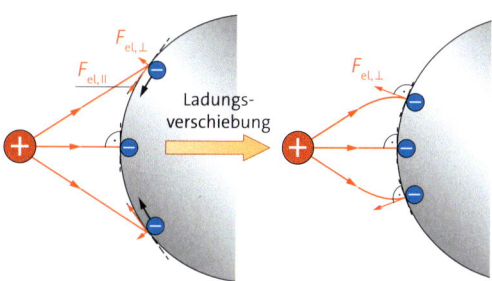

5 Feldlinien des elektrischen Feldes stehen senkrecht auf Metalloberflächen.

8 Zu Aufgabe 2: Feld bei geladener Scheibe im geladenen Ring

Material

Versuch A • Elektrische Kräfte

V1 Kraft zwischen Ladungen

Materialien: Kunststofffolien, handlicher Styroporblock, Stativmaterial, Glimmlampe, Klebefilm

Arbeitsauftrag:
- Reiben Sie mit dem Styroporblock auf den Kunststofffolien und hängen Sie die Folien mithilfe des Klebefilms jeweils an einem Stativständer auf (▶1).
- Variieren Sie den Abstand und stellen Sie folgende „Je desto"-Regel auf: Je größer der Abstand, desto größer/kleiner die Kraft.
- Bestimmen Sie jeweils das Ladungsvorzeichen der Folien mit einer Glimmlampe.
  Hinweis: Berühren Sie das eine Ende der Glimmlampe als Erdung mit dem Finger und halten Sie das andere Ende an die Folie. Die Glimmlampe leuchtet kurz am negativen Pol auf.
- Skizzieren Sie den Versuch. Zeichnen Sie Kräfte, Ladungen und elektrische Feldlinien in die Skizze ein.
- Wiederholen Sie die Durchführung des Versuchs, wobei Sie nun eine Folie und den Styroporblock an die Stativstangen hängen.
- Formulieren Sie eine Regel zu der zwischen zwei geladenen Körpern auftretenden elektrischen Kraft, abhängig vom Abstand und dem Vorzeichen der Ladung.

V2 Influenz

Materialien: Metallkugeln mit Kunststoffhalter, Stativmaterial, Glimmlampe, Elektroskop, Hochspannungsnetzgerät ohne berührungsgefährliche Spannung

Arbeitsauftrag:
- Stellen Sie eine Metallkugel mit einem Stativfuß fest auf. Laden Sie eine andere bewegliche Kugel mit dem Netzgerät positiv auf und bringen Sie die bewegliche Kugel in die Nähe der festen (▶2).
- Skizzieren Sie den Versuch und die vermutete Ladungsverschiebung auf der festen Kugel.
- Berühren Sie die feste Kugel mit dem Finger auf der Seite, die von der positiv geladenen Kugel am weitesten entfernt ist. Begründen Sie, dass bei dieser Erdung negative Ladung auf die feste Kugel fließt.
- Überprüfen Sie die resultierende negative Ladung der festen Kugel mit dem Elektroskop und der Glimmlampe.
- Führen Sie die obigen Versuche erneut durch, wobei die bewegliche Kugel negativ aufgeladen wird.
- Legen Sie Papierschnipsel auf den Tisch und heben Sie diese aus der Ferne mit einer geladenen Kugel an.
- Modellieren Sie Abschirmung, indem Sie die Schnipsel in eine Röhre aus Alufolie stecken und das elektrische Anheben erneut testen.

V3 Elektrische Kraft beim Kopieren

Materialien: Klemmbrett, Kunststofffolie, kleines Tuch, Mehl, Pinsel, Teller

Arbeitsauftrag:
- Befestigen Sie die Kunststofffolie am Klemmbrett. Zeichnen Sie mit einem mit dem Tuch bedeckten Finger einen Buchstaben auf die Folie. Drücken Sie dabei fest auf und reiben Sie mehrmals hin und her. Streuen Sie etwas Mehl auf die Folie und verteilen Sie es mit dem Pinsel. Halten Sie die Folie über den Teller und lassen Sie das lose Mehl von der Folie auf den Teller fallen. Beurteilen Sie, ob der Buchstabe erkennbar ist (▶3).
- Der Buchstabe in der Abbildung (▶3) wurde wie oben beschrieben erstellt. Erklären Sie das Verfahren mit den Fachbegriffen elektrische Ladung, Ladungstrennung durch Berührung zweier Stoffe, Aufladen, Isolator, Influenz und elektrische Kraft.
  Hinweis: Zwei unterschiedliche Stoffe ziehen Elektronen unterschiedlich stark an.
- Das Experiment ist ein Modellversuch für die Funktionsweise des Kopierers. Ordnen Sie Begriffe des Modellversuchs den Begriffen des Kopierers zu. Verwenden Sie dabei die Begriffe Belichten, Toner, Zeichnen mit Tuch, Mehl.
  Hinweis: Licht kann Ladungen von einem Stoff ablösen.

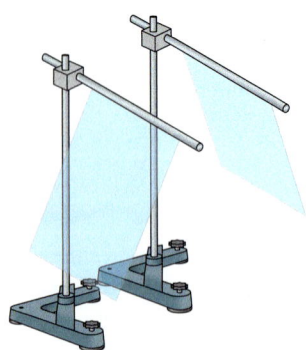

1 Elektrische Kraft bei zwei Folien

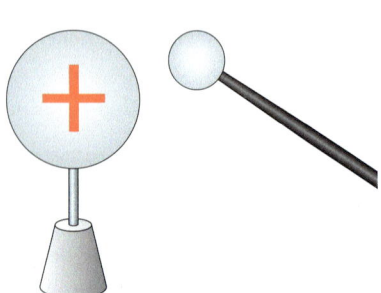

2 Versuch zur Influenz

3 Elektrische Kraft stellt Buchstaben dar.

Elektrische Felder • Elektrisches Feld

Material A • Influenz

Fliegt ein Flugzeug in ein Gewitter, schlagen die Blitze bevorzugt in die Spitzen von Tragflächen und Rumpf ein (▶A1). In der Nähe von Gewitterwolken tritt am Flugzeug Influenz auf.

A1 Blitze schlagen in ein Flugzeug ein.

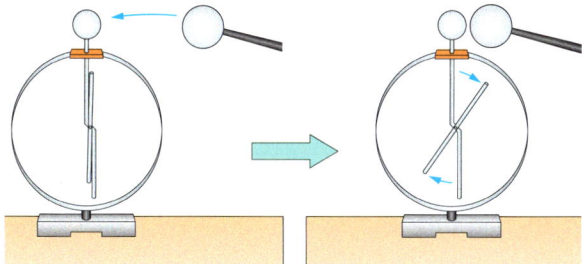

A2 Ungeladenes Elektroskop: Bei Annäherung der Metallkugel kommt es zu einem Zeigerausschlag.

1 Ein Elektroskop ist ein Gerät, mit dem man elektrische Ladungen nachweisen kann. Im Demonstrationsexperiment ist das Elektroskop ungeladen und hat keinen Zeigerausschlag. Wird eine Metallkugel an das Elektroskop angenähert, kommt es zu einem Zeigerausschlag, ohne dass das Elektroskop berührt wird (▶A2).
   a ▰ Erklären Sie den Zeigerausschlag, wenn sich die Metallkugel dem Elektroskop nähert (▶A2).
   b ▰ Erklären Sie, was man beobachtet, wenn sich die Kugel wieder entfernt, bevor es zur Berührung mit dem Elektroskop kommt.
   c ▰ Übernehmen Sie die Abbildung (▶A2) und tragen Sie passende Ladungen, Feldlinien, Kräfte und ihre Richtungen ein. Symbolisieren Sie dabei die Stärke der Kraft durch die Länge des Kraftpfeils.
   d ▰ Begründen Sie das Phänomen mit der „Je desto"-Regel aus Versuch V1.

2 ▰ Stellen Sie die Analogie zwischen dem Flugzeug (▶A1) und den Influenzversuchen mit einer Tabelle dar.

3 ▰ Skizzieren Sie das Flugzeug mit den Blitzen sowie passende Ladungen in den Wolken und Ladungsverschiebungen im Flugzeug. Skizzieren Sie dazu passende Feldlinien, Kräfte und deren Richtung. Symbolisieren Sie dabei die Stärke der Kraft durch die Länge des Pfeils.

Material B • Grießkornketten

In einer mit Öl gefüllten Kristallisierschale befinden sich zwei Metallkontakte, die an einer elektrischen Spannungsquelle angeschlossen werden. Anschließend wurden einige Grießkörner in das Öl gestreut.

B2 Unvollständige Skizze zum Versuch mit den Metallkontakten

1 ▰ Die eingestreuten Grießkörner ordnen sich im Versuch zu Ketten an.
   a Erläutern Sie, wie es grundsätzlich zur Bildung der Grießkornketten kommt.
   b Übernehmen Sie die Skizze (▶B2). Ergänzen Sie mithilfe des Fotos Feldlinien zwischen den Kontakten. Ziehen Sie Schlussfolgerungen zur Ladung der Metallkontakte.
   c Erläutern Sie den Verlauf der Feldlinien.
   d Vergleichen Sie dieses Feld mit dem Dipolfeld zweier ungleichnamiger Ladungen.

B1 Grießkornketten in einer mit Öl gefüllten Schale

1.2 Elektrische Feldstärke

1 Schornsteine stoßen Staub aus.

Bei der Verbrennung von Kohle oder bei der Herstellung von Zement entstehen große Mengen Rauchgase, die Staub enthalten. Durch Elektrofilter kann dieser Staub fast vollständig entfernt werden. Wie funktioniert ein solcher Elektrofilter?

Im Prinzip erzeugen die Platten im Elektrofilter und die Staubteilchen ein elektrisches Feld. Weil das Feld an den Platten überwiegt, nennt man die Ladung der Platten **felderzeugend** und die Ladungen der Staubteilchen **Probeladungen**. Diese bewegen sich im Feld und erproben es somit.

Elektrofilter • Um den Staub aus der Luft herauszubewegen, nutzt man die elektrische Kraft. Dazu lädt man die Staubpartikel zunächst elektrisch auf. Anschließend wird die Luft mit den geladenen Staubteilchen zwischen elektrisch geladenen Platten hindurchgeleitet. Dabei werden die geladenen Staubteilchen durch das elektrische Feld an die jeweils entgegengesetzt geladene Platte gezogen (▶2).
Hat sich genug Staub an einer Platte angesammelt, wird dieser durch Hämmer abgeklopft, fällt in Transportbehälter und wird z. B. einer weiteren Nutzung zugeführt. Für die Planung einer solchen Anlage ist es wichtig zu wissen, wie groß die Kraft ist, die ein Staubteilchen im Elektrofilter zur Platte hin beschleunigt. Im Modellversuch untersuchen wir das weiter.

Modellversuch • Um den Elektrofilter zu modellieren, benötigen wir ein homogenes elektrisches Feld. Das erzeugen wir mithilfe zweier parallel angeordneter Metallplatten, an denen eine elektrische Spannung U_P anliegt. Eine solche Anordnung nennt man auch einen **Plattenkondensator**. Das Staubpartikel wird durch ein geladenes Metallplättchen dargestellt, das sich zwischen den Platten befindet. Damit dessen Ladung konstant gehalten werden kann, ist es an eine Spannung U_M angeschlossen. Um die elektrische Kraft auf das Plättchen zu erfassen, ist es an einen Faden der Länge ℓ aufgehangen (▶3). So lange am Kondensator keine Spannung anliegt, hängt das Plättchen unter dem alleinigen Einfluss der Gewichtskraft F_G senkrecht nach unten. Wird am Kondensator die Spannung erhöht, wirkt auf das Plättchen eine elektrische Kraft F_{el} senkrecht zur Gewichtskraft und lenkt das Plättchen aus. Aus dieser seitlichen Auslenkung x kann der Auslenkwinkel α mithilfe der Fadenlänge ℓ bestimmt werden:

$$\sin(\alpha) = \frac{x}{\ell}.$$

Aus dem Kräfteparallelogramm (▶3) lesen wir ab, dass die auf das Plättchen wirkende elektrische Kraft F_{el} mithilfe der Gewichtskraft $F_G = m \cdot g$ und des zuvor bestimmten Winkels α berechnet werden kann:

$$F_{el} = m \cdot g \cdot \tan(\alpha).$$

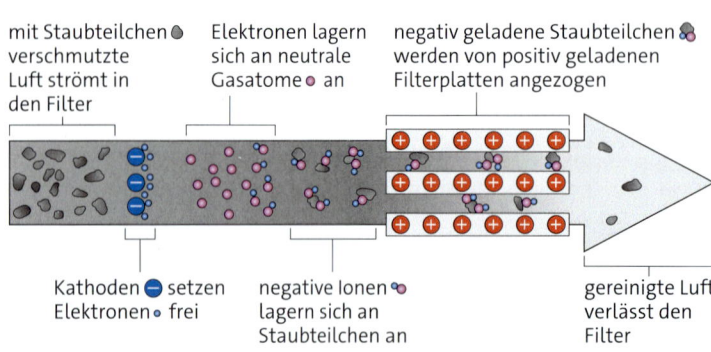

2 Elektrofilter, Staubteilchen negativ geladen

Messung der elektrischen Kraft • Wir möchten zunächst herausfinden, wie die vom Feld verursachte elektrische Kraft F_{el} von der Ladung des Metallplättchens abhängt. Durch Verändern der Spannung U_M kann die Ladung q variiert und mit einem Messverstärker gemessen werden. Die Einheit der Ladung ist 1 As (Amperesekunde) bzw. 1 C (Coulomb). Diese Ladung wird auch **Probeladung** genannt, da wir mit ihr das elektrische Feld des Plattenkondensators erkunden bzw. erproben.

Wir vermuten, dass die elektrische Kraft umso größer ist, je größer die Ladung q ist. Zur Auswertung werden die Messwerte in einem Diagramm dargestellt. Da für $q = 0$ keine elektrische Kraft F_{el} am Metallplättchen angreift, wählen wir zum Ausgleich eine Ursprungsgerade (▶4). Auch wenn die Werte im Versuch durch Influenz etwas mehr als linear steigen, kann man schlussfolgern, dass die elektrische Kraft des Feldes proportional zur Probeladung q des Metallplättchens ist:

$F_{el} \sim q$

Elektrische Feldstärke • Die zu dieser Proportionalität gehörende Konstante hat eine physikalische Bedeutung: Sie beschreibt die Stärke des elektrischen Feldes. Man nennt sie **elektrische Feldstärke** $|\vec{E}|$. Ihre Einheit ist $\frac{N}{C}$ (Newton pro Coulomb):

$F_{el} = |\vec{E}| \cdot q$.

Im Gegensatz zur elektrischen Kraft ist die Angabe der elektrischen Feldstärke unabhängig von einer Probeladung q. So lassen sich verschiedene elektrische Felder bzw. das elektrische Feld an zwei verschiedenen Orten direkt vergleichen, ohne die gleiche Probeladung verwenden zu müssen:

$|\vec{E}| = \frac{F_{el}}{q}$.

Während wir hier nur den Betrag der Kraft F_{el} bestimmen, ist im Allgemeinen die Kraft ein **Vektor**. Entsprechend ist auch die elektrische Feldstärke ein Vektor, sodass gilt:

$\vec{F}_{el} = q \cdot \vec{E}$.

> Jeder Punkt im elektrischen Feld wird durch eine elektrische Feldstärke $|\vec{E}|$ charakterisiert. Auf eine Probeladung q wirkt dort die elektrische Kraft: $F_{el} = q \cdot |\vec{E}|$. Eine Einheit der elektrischen Feldstärke ist $1 \frac{N}{C}$.

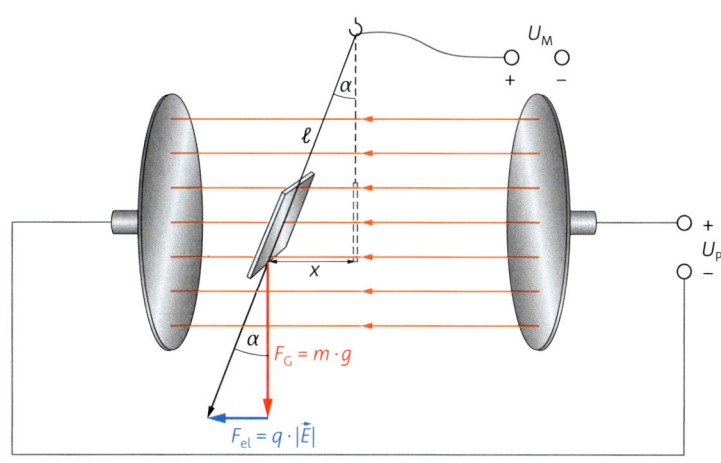

3 Modellversuch mit Kräfteparallelogramm

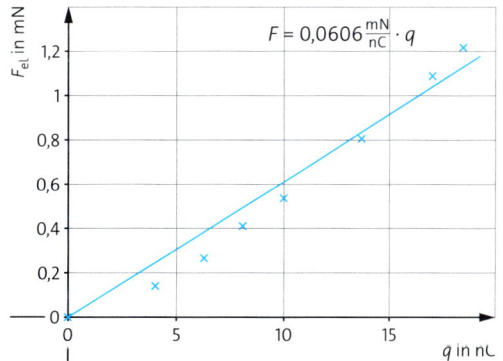

4 Ermittelte Kraft F_{el} am Metallplättchen für verschiedene Ladungen q (1 nC = 10^{-9} C); aus der Ursprungsgeraden folgt die Proportionalität $F_{el} \sim q$

Feldstärke im Plattenkondensator • Das elektrische Feld im Inneren eines geladenen Plattenkondensators ist homogen. Alle Feldlinien verlaufen parallel zueinander und senkrecht zu den Platten. Gleichgültig, an welcher Stelle im Plattenkondensator das geladene Plättchen aufgehängt wird, wir messen immer die gleiche elektrische Kraft. Im Plattenkondensator hat die elektrische Feldstärke in jedem Punkt die gleiche Richtung und den gleichen Betrag. Sie ist konstant.

> Ein homogenes elektrisches Feld hat in jedem Punkt den gleichen Feldstärkevektor.

1 ☐ Ein Elektron und ein Proton befinden sich in einem homogenen elektrischen Feld mit einer Feldstärke von $10^5 \frac{N}{C}$. Berechnen Sie die Kräfte, die auf diese Teilchen wirken sowie die dadurch hervorgerufenen Beschleunigungen.

Um in Formeln die elektrische Feldstärke nicht mit der Energie E zu verwechseln, schreiben wir in Gleichungen die elektrische Feldstärke in Betragsstrichen $|\vec{E}|$, wenn nur ihr Betrag gemeint ist (ohne Richtung).

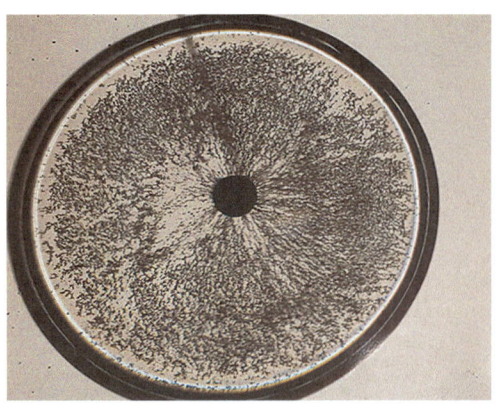

1 Modellversuch mit Grießkörnern zum Verlauf des elektrischen Feldes bei einer punktförmigen Ladung

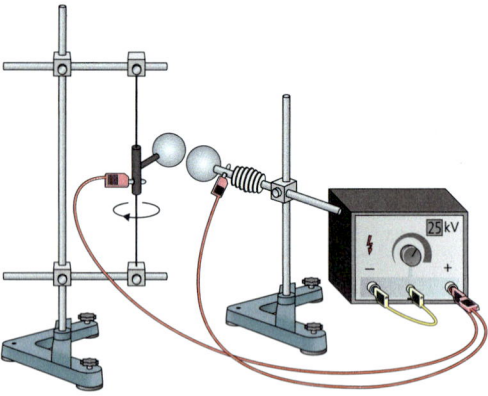

3 Messung der elektrischen Kraft zwischen zwei geladenen Kugeln mithilfe einer Drehwaage

Feld einer Punktladung • Das Atom besteht aus elektrisch negativ geladenen Elektronen, die sich im elektrischen Feld des positiv geladenen Atomkerns bewegen. Man kann deshalb den Atomkern als felderzeugende Ladung und das Elektron als Probeladung betrachten.

Um das elektrische Feld dieser sogenannten Punktladung darzustellen, bringen wir eine kleine Metallscheibe in ein Bad aus Öl mit Grießkörnern und laden die Scheibe elektrisch positiv (▶ 1). Die Feldlinien verlaufen von der positiv geladenen Scheibe ausgehend **radial** nach außen (▶ 2A).

Aus dem Versuch kann man erkennen, dass das elektrische Feld **drehsymmetrisch** mit der Scheibe als Zentrum ist und dass die Feldlinien mit zunehmendem Abstand zum Zentrum immer weiter auseinanderlaufen. Von der positiv geladenen Scheibe ausgehend verringert sich die Feldstärke $|\vec{E}|$ daher in jeder Richtung gleich als Funktion vom Abstand r zum Zentrum. Ein solches Feld, bei dem die Feldstärke nur vom Abstand zum Zentrum abhängt, und bei dem die Feldlinien radial nach außen verlaufen, heißt **radialsymmetrisches Feld**.

Abhängigkeit der elektrischen Feldstärke vom Abstand • Nachdem wir wissen, dass die elektrische Feldstärke nur vom Abstand r vom Zentrum abhängt, untersuchen wir den funktionalen Zusammenhang $|\vec{E}|(r)$. Um diesen zu ermitteln, verwenden wir eine sogenannte **Drehwaage** (▶ 3). Mit der Drehwaage kann eine sehr kleine Kraft F gemessen werden, die auf die linke Kugel wirkt. Dazu befindet sich diese Kugel am Ende eines kleinen waagerechten Balkens, der an einem senkrechten Faden befestigt ist (▶ 3).

Im Versuch übt die rechte geladene Kugel eine elektrische Kraft F_{el} auf die linke geladene Kugel aus. Als Folge verdrillt sich der Faden um einen kleinen Winkel α, wodurch sich eine gleichgroße Gegenkraft zur Kraft F_{el} einstellt. Gemäß dem Hookeschen Gesetz ist dabei die Kraft proportional zum Winkel α, der z. B. mit einem angebrachten Spiegel und einem Laserpointer gemessen werden kann.

In einem Vorversuch bestimmen wir den Proportionalitätsfaktor, indem wir bekannte Kräfte auf die linke Kugel ausüben und die entsprechenden Winkel messen.

Im Hauptversuch ermitteln wir dann die elektrische Kraft F_{el} für verschiedene Abstände r der beiden geladenen Kugeln. Dabei stellen wir eine während des ganzen Versuchs konstante Ladung Q_1 bzw. Q_2 auf der linken bzw. der rechten Kugel sicher, indem wir die Kugeln über feine Drähte permanent mit einer Spannung von jeweils 25 kV aufladen (▶ 3). Unsere Messwerte zeigen, dass die elektrische Kraft umso kleiner ist, je größer der Abstand r zwischen den beiden Kugeln ist (▶ 4).

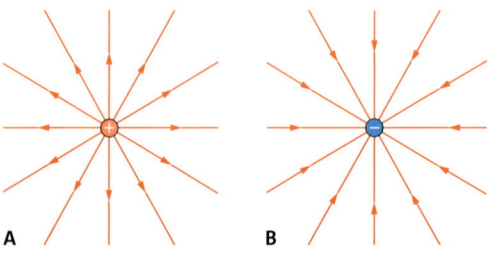

2 Radial verlaufendes elektrisches Feld:
A positive; B negative Ladung

Coulomb-Gesetz • Aus den Messwerten erkennt man, dass für große Abstände r die Kraft gegen null geht. Wohingegen für Abstände r gegen null, die Kraft unendlich groß zu werden scheint. Bei der Regression schließen wir die Exponentialfunktion deshalb aus, da sie für $r = 0$ einen Wert für die Kraft ergeben müsste.

Die Regression mit einer Potenzfunktion passt und ergibt einen Exponenten von ungefähr „minus zwei" (▶ 4). Die elektrische Kraft ist also proportional zu $\frac{1}{r^2}$:

$F_{el} \sim \frac{1}{r^2}$.

Variiert man im Versuch die Ladung Q_1, erhält man eine lineare Proportionalität zur Kraft: Das elektrische Feld der Ladung Q_2 hat am Ort der Ladung Q_1 eine konstante Feldstärke. Die Kraft auf die linke Kugel ist gerade das Produkt aus dieser Feldstärke und der Ladung Q_1.

Somit ist die Kraft proportional zu Q_1:

$F_{el} \sim Q_1$.

Nach dem Wechselwirkungsprinzip übt die Ladung Q_1 auf die Ladung Q_2 eine Kraft vom gleichen Betrag aus. Diese ist analog gleich Q_2 mal der Feldstärke, welche die Ladung Q_1 erzeugt:

$F_{el} \sim Q_2$.

Alle Proportionalitäten zusammengefasst ergeben folgenden Zusammenhang:

$F_{el} \sim \frac{Q_1 \cdot Q_2}{r^2}$.

Man nennt diese elektrische Kraft, die zwischen zwei punktförmigen Ladungen wirkt, auch **Coulomb-Kraft** F_C. Mit diesem Versuch lässt sich auch der Proportionalitätsfaktor bestimmen:

$F_C = \frac{1}{4\pi \cdot \varepsilon_0} \cdot \frac{Q_1 \cdot Q_2}{r^2}$.

Dabei nennt man ε_0 die **elektrische Feldkonstante**. Sie ist die grundlegende Naturkonstante der Elektrizität und charakterisiert die Stärke der elektrischen Kraft, die eine Ladung auf eine andere ausübt. Ihr Wert beträgt:

$\varepsilon_0 = 8{,}854 \cdot 10^{-12} \frac{A \cdot s}{V \cdot m}$.

Die von der Ladung Q_1 erzeugte elektrische Feldstärke ermitteln wir, indem wir die Kraft F_C durch die Ladung Q_2 teilen:

$|\vec{E}| = \frac{F_C}{Q_2} = \frac{1}{4\pi \cdot \varepsilon_0} \cdot \frac{Q_1}{r^2}$.

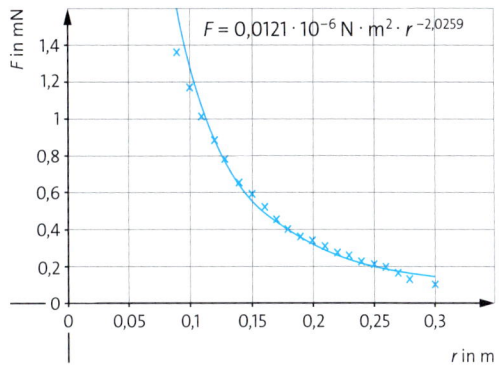

4 Zusammenhang zwischen Kraft und Abstand beim Versuch mit der Drehwaage

Das Coulombsche Gesetz besagt, dass eine Ladung Q_1 eine Kraft F_C (Coulomb-Kraft) auf eine in einer Entfernung r befindliche Ladung Q_2 ausübt. Für den Betrag gilt:

$F_C = \frac{1}{4\pi \cdot \varepsilon_0} \cdot \frac{Q_1 \cdot Q_2}{r^2}$.

ε_0 ist die elektrische Feldkonstante. Ihr Wert beträgt: $\varepsilon_0 = 8{,}854 \cdot 10^{-12} \frac{A \cdot s}{V \cdot m}$.

Die elektrische Feldstärke eines radialsymmetrischen Feldes der Ladung Q_1 beträgt:

$|\vec{E}| = \frac{1}{4\pi \cdot \varepsilon_0} \cdot \frac{Q_1}{r^2}$.

1 ✏ Bei einem Gewitter herrscht eine elektrische Feldstärke von $|\vec{E}| = 200\,000\,\frac{N}{C}$. Ermitteln Sie die Ladung eines Nebeltröpfchens der Masse 1 g, das in diesem Feld schwebt.

2 ✏ Bei einem Elektrofilter liegt an den Platten eine Spannung von 50 kV an, wobei die Platten einen Abstand von 0,2 m haben.
a Bestimmen Sie die Feldstärke.
b Um die Staubteilchen im Elektrofilter trennen zu können, werden sie durch eine Hochspannung auf die Ladung $q = 3 \cdot 10^{-18}\,C$ gebracht. Berechnen Sie die auf ein Staubteilchen wirkende Kraft.

3 ✏ Im Wasserstoffatom befindet sich ein Elektron in einem Abstand von etwa 52 pm zum Atomkern (Proton).
a Berechnen Sie die Coulomb-Kraft, die zwischen beiden Ladungen wirkt.
b Berechnen Sie die Beschleunigung des Elektrons und vergleichen Sie diese mit der Fallbeschleunigung auf der Erde.

Versuch A • Elektrische Felder

V1 Elektrofeldmeter

In einem Modellversuch wird das Funktionsprinzip eines Elektrofeldmeters (▶1) demonstriert. Es besteht aus vier Metallsektoren, von denen im Mittel zwei von einem sich schnell drehenden Flügelrad verdeckt sind. Zwischen zwei benachbarten Sektoren misst man eine Spannung mit periodisch wechselndem Vorzeichen, aus der die elektrische Feldstärke ermittelt wird.

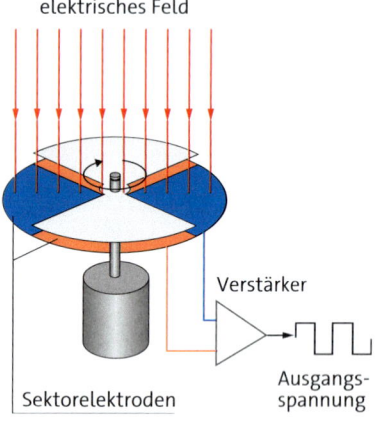

1 Elektrofeldmeter

Materialien: isolierte Metallkugel, isolierte Aluminium-Platten, berührungsungefährliches Hochspannungsnetzgerät, Glimmlampe

Arbeitsauftrag:
- Wir modellieren einen unverdeckten Metallsektor mit einer Alu-Platte. Zeigen Sie, dass die Glimmlampe eine Ladung auf der Alu-Platte anzeigt, wenn diese in das Feld der geladenen Metallkugel gehalten wird. Deuten Sie das Ergebnis mit Influenz.
- Wir modellieren die Verdeckung eines Metallsektors, indem wir eine zweite Alu-Platte zwischen die Kugel und die erste Alu-Platte stellen. Zeigen Sie, dass die Glimmlampe hier keine Ladung auf der Platte nachweist.
- Leiten Sie aus den Beobachtungen ab, wie das Elektrofeldmeter funktioniert.

V2 Vektorfeld

Der Verlauf eines elektrischen Feldes in einer Ebene wird veranschaulicht, indem an Gitterpunkten die elektrische Feldstärke des Feldes als Vektoren dargestellt werden. Dabei gibt deren Länge den Betrag der Feldstärke $|\vec{E}|$ an. Wir erzeugen ein solches Bild für eine felderzeugende Ladung der Größe $Q = 4\pi \cdot \varepsilon_0$ V·m mit einer Tabellenkalkulation und zeigen vereinfachend kurze Striche statt Vektoren (▶2).

Materialien: Computer mit Tabellenkalkulationsprogramm

Arbeitsauftrag:
- Verwenden Sie eine Spalte für die x-Koordinate in m (Meter; 1. Zeile) und für die E_x Koordinate in $\frac{V}{m}$ (Volt pro Meter; 2. Zeile) und eine zweite Spalte analog für y und E_y.
- Wählen Sie einen Punkt P_1 (x|y). Ermitteln Sie den Abstand von P_1 und Q mittels: $r = \sqrt{x^2 + y^2}$ und bestimmen Sie daraus die Feldstärke $|\vec{E}|$ bei P_1. Berechnen Sie $E_x = |\vec{E}| \cdot \frac{x}{r}$ und analog E_y. Tragen Sie in die erste Zeile x und y ein. Tragen Sie in die zweite Zeile $x + E_x$ und $y + E_y$ in obigen Einheiten ein. Die dritte Zeile ist eine Leerzeile.
- Stellen Sie den Feldvektor als Graph dar (▶2).
- Erzeugen Sie weitere Feldvektoren, indem Sie die drei Zeilen in die darunterliegenden kopieren und für weitere Punkte (x|y) jeweils neue Koordinaten eintragen.
- Stellen Sie das resultierende Vektorfeld als Graph dar (▶2).

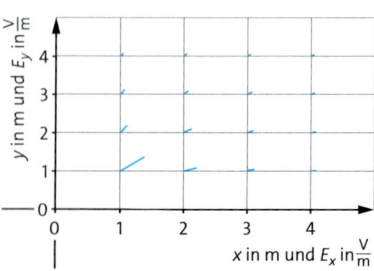

2 Vektorfeld des elektrischen Feldes

V3 Superposition beim Dipolfeld

Das elektrische Feld eines Dipols wird mit einer Tabellenkalkulation dargestellt (▶3).
Die beiden Ladungen q_1 (rot) und q_2 (blau) des Dipols haben die Koordinaten (x|y): $q_1(-2|0)$ und $q_2(2|0)$.

Materialien: Tabellenkalkulation

Arbeitsauftrag:
- Tragen Sie die Koordinaten und die Beträge der Ladungen in die Tabelle ein (▶4).
- Berechnen Sie die jeweiligen Abstände r zwischen den Ladungen und dem Punkt P(0|1) sowie die jeweiligen Beträge $|\vec{E}|$ und die Komponenten E_x und E_y der Feldstärken der beiden Ladungen (▶5).
- Stellen Sie die Feldstärken durch Pfeile dar. Der Anfangspunkt ist jeweils P. Der Endpunkt ist $(x + E_x | y + E_y)$. Zeichnen Sie zu je einem Paar aus Anfangs- und Endpunkt einen Graphen mit Pfeilspitze (▶3).
- Variieren Sie P und überprüfen Sie die Superposition.

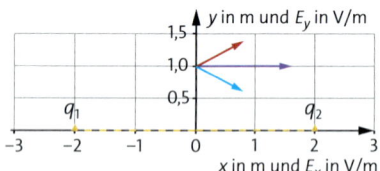

3 Superposition beim Dipolfeld

	ε_0	8,85E-12	
		q	x	y

	q	x	y
q_1	5,0E-10	-2	0
q_2	-5,0E-10	2	0
E_{Anfang}	p		0	1

4 Tabellenkalkulation: Eingabe

	E_x	$E_y(q_1)$	$E_y(q_2)$	E_y(Dipol)	r	$|E|$	E_x	E_y
E_{Anfang}	0,00	1,00			2,24	0,90	0,80	0,40
E_{Ende}	0,80	1,40						
E_{Anfang}	0,00		1,00		2,24	0,90	0,80	-0,40
E_{Ende}	0,80		0,60					
E_{Anfang}	0,00			1,00				
E_{Ende}	1,61			1,00				

5 Tabellenkalkulation: Ausgabe

Material A • Abstandsabhängigkeit der Coulombkraft

In einem Versuch wurde die Abhängigkeit der elektrischen Feldstärke $|\vec{E}|$ vom Abstand r von der felderzeugenden Ladung Q mithilfe einer Feinwaage untersucht (▶ A1). Hierzu wurde an beide Metallkugeln permanent eine Spannung von 50 kV angelegt und mit einem Messverstärker eine Ladung von $Q = 83$ nC gemessen.

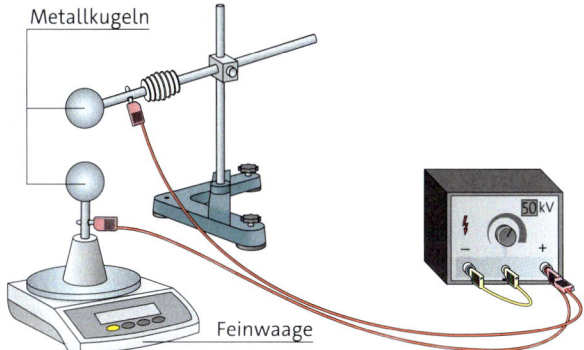

A1 Versuchsaufbau

1 ▨ Ermitteln Sie die Genauigkeit bei der Kraftmessung, wenn für die Feinwaage eine Genauigkeit von ±0,01 g angegeben wird.

2 ▨ Erläutern Sie den Zweck der dauerhaft anliegenden Spannung.

3 ▨ Erläutern Sie eine Methode zum Ermitteln der Feldstärke aus den Messgrößen.

4 ▨ Die Tabelle zeigt die Messwerte des Versuchs (▶ A2).
 a Berechnen Sie daraus jeweils die Feldstärke $|\vec{E}|$.
 b Vermuten Sie, wie die Feldstärke $|\vec{E}|$ vom Abstand r abhängt.
 c Untersuchen Sie mithilfe einer passenden Regression, wie die Feldstärke $|\vec{E}|$ vom Abstand r zur felderzeugenden Ladung Q abhängt.
 d Ermitteln Sie aus den Messwerten die elektrische Feldkonstante ε_0.
 e Untersuchen Sie die Messungenauigkeit der elektrischen Feldkonstanten, indem Sie aus den Messwerten einen maximalen und einen minimalen Wert ermitteln.
 f Formulieren Sie Ihr Ergebnis zum Funktionsterm $|\vec{E}|(r)$.
 g Formulieren Sie Ihr Ergebnis zur elektrischen Feldkonstanten einschließlich der Messgenauigkeit.

r in m	F in mN	r in m	F in mN
0,10	6,2	0,16	2,4
0,11	5,1	0,17	2,1
0,12	4,3	0,18	1,9
0,13	3,7	0,19	1,7
0,14	3,2	0,20	1,5
0,15	2,7		

A2 Messwerte

Material B • Ladung der Erdkugel und der Atmosphäre

In der Atmosphäre wird eine mittlere abwärts gerichtete Feldstärke abhängig von der Höhe gemessen (▶ B1).

h in km	$|\vec{E}|$ in $\frac{N}{C}$	h in km	$|\vec{E}|$ in $\frac{N}{C}$
0	−130,7	7	−7,2
1	−36,5	8	−5,8
2	−26,3	9	−4,8
3	−19,7	10	−4,0
4	−14,9	15	−1,8
5	−11,5	20	−1,0
6	−9,0	25	−0,5

B1 Feldstärke des elektrischen Feldes der Erde

1 ☐ Ermitteln Sie die mittlere elektrische Ladung der Erde ($r_E = 6371$ km).

2 ▨ Die Erde hat eine Atmosphäre, die ebenfalls als geladen angesehen werden kann.
 a Ermitteln Sie die mittlere elektrische Ladung der Erde einschließlich der untersten 1000 m Atmosphäre.
 b Berechnen Sie die Ladung in den weiteren Kugeln mit Radius $r = r_E + h$ (▶ B1).
 c Ermitteln Sie die mittlere elektrische Ladung in der Atmosphärenschicht vom Boden bis zur Höhe von $h = 1$ km.
 d Berechnen Sie die Ladungen der jeweiligen übrigen Atmosphärenschichten mit $r = r_E + h$ bis $r = r_E + h + 1$ km (bzw. + 5 km; ▶ B1).

3 Die positiv geladene Atmosphäre führt zu einem mittleren Entladungsstrom mit einer Stromstärke von $I = 1500$ A.
 a ▨ Ermitteln Sie die mittlere Dauer der Entladung der Atmosphäre und der Erdkugel.
 b ■ Begründen Sie, dass es eine permanente Aufladung der Atmosphäre gibt.

1.3 Feldstärke und Spannung

1 Ein Blitz schlägt ein.

Blitzeinschläge sind zwar ein imposantes Naturereignis, können aber auch sehr gefährlich sein. Der laute Knall und die hellen Leuchterscheinungen deuten darauf hin, dass im Blitz große Energiemengen umgesetzt werden. Wie erhalten die Ladungsträger die dafür nötige Energie?

Energie im homogenen Feld • Wir wissen schon, dass auf eine Ladung im elektrischen Feld die elektrische Kraft wirkt. Verschiebt man z. B. eine negative Ladung im homogenen elektrischen Feld eines Plattenkondensators in Richtung der negativen Platte, dann muss man gegen die elektrische Kraft arbeiten, die in Richtung der positiven Platte wirkt (▶ 2). Es ist Energie nötig, um die Ladung in Richtung des elektrischen Feldes um die Strecke Δx zu verschieben. Für die Energieänderung gilt:

$$\Delta E = F_{el} \cdot \Delta x.$$

Die Kraft können wir mit $F_{el} = q \cdot |\vec{E}|$ durch die Feldstärke $|\vec{E}|$ ausdrücken, sodass wir für die Energieänderung erhalten:

$$\Delta E = q \cdot |\vec{E}| \cdot \Delta x.$$

> Die Energie einer negativen Ladung q ändert sich, wenn sie im homogenen elektrischen Feld der Feldstärke $|\vec{E}|$ in Richtung der Feldlinien um eine Strecke Δx verschoben wird: $\Delta E = q \cdot |\vec{E}| \cdot \Delta x$.

Diese einfache Betrachtung zeigt, dass Ladungen Energie durch das elektrische Feld aufnehmen. Diese Energie wird bei einem Blitzeinschlag während des Gewitters prinzipiell auch wieder frei (▶ 1).

Spannung und elektrisches Feld • In einem elektrischen Stromkreis wird eine kleine LED durch eine Knopfzelle mit einer Spannung von z. B. 3 V betrieben. Der elektrische Strom überträgt dabei elektrische Energie von der Spannungsquelle zur LED, die dadurch zum Leuchten gebracht wird. Für die übertragene Energie im Stromkreis gilt:

$$\Delta E = U \cdot I \cdot t,$$

wobei I die gemessene Stromstärke und t die Zeitdauer ist. Das Produkt $I \cdot t$ entspricht der im Stromkreis geflossenen Ladung Q:

$$\Delta E = U \cdot Q.$$

Diese Gleichung dient als Definition der elektrischen Spannung und kann als die Energie, die pro Ladung übertragen wird, interpretiert werden.

Auch das elektrische Feld lässt sich mit der Spannung charakterisieren. Zur Demonstration hängt man einen Tischtennisball in das elektrische Feld eines Kondensators und stupst ihn so an, dass er eine der Kondensatorplatten berührt. Dadurch lädt sich der Ball mit einer Ladung q auf, die z. B. 10 nC beträgt.

Durch die Ladung fliegt der Ball zur anderen Platte des Kondensators, wo er erst einmal entladen wird.

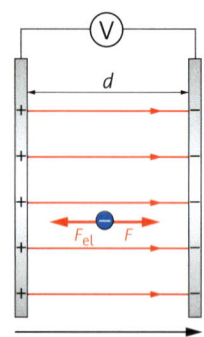

2 Verschiebung einer negativen Ladung im elektrischen Feld

Ist der Kondensator noch an der Spannungsquelle angeschlossen, fließt die Ladung im Stromkreis weiter, denn die Spannung sorgt dafür, dass die Ladung der Platten konstant bleibt. Für die übertragene Energie im Stromkreis gilt: $\Delta E = U \cdot q$.

Gleichzeitig können wir die Energieänderung der Ladung auf dem Ball auch über das elektrische Feld ausdrücken. Als Weg setzen wir hierfür den Plattenabstand d ein:

$\Delta E = q \cdot |\vec{E}| \cdot d$.

Da im geschlossenen Stromkreis die Energieerhaltung gilt, können wir beide Gleichungen gleichsetzen:

$U \cdot q = q \cdot |\vec{E}| \cdot d$.

Wenn wir diese Gleichung nach der Feldstärke auflösen, kann man so aus der anliegenden Spannung die Feldstärke im Kondensator errechnen. Für eine Spannung von 5000 V und einem Plattenabstand von 0,1 m ergibt sich:

$|\vec{E}| = \dfrac{U}{d} = \dfrac{5000\,\text{V}}{0{,}1\,\text{m}} = 50\,000\,\dfrac{\text{V}}{\text{m}}$.

> Im Plattenkondensator mit Plattenabstand d und anliegender Spannung U ist der Betrag der elektrischen Feldstärke im Inneren $|\vec{E}| = \dfrac{U}{d}$. Die elektrische Feldstärke hat somit die Einheiten $1\,\dfrac{\text{V}}{\text{m}} = 1\,\dfrac{\text{N}}{\text{C}}$.

Energie im radialen Feld • Um die Energieänderung bei der Verschiebung einer Probeladung q im radialen Feld einer Ladung Q zu berechnen, muss man berücksichtigen, dass die elektrische Kraft F_{el} vom Abstand r abhängt:

$F_{el}(r) = \dfrac{q \cdot Q}{4\pi \cdot \varepsilon_0} \cdot \dfrac{1}{r^2}$.

Für unterschiedliche Ladungsvorzeichen von q und Q ist die Kraft anziehend und der Kraftterm negativ. Grafisch entspricht die Energieänderung der eingeschlossenen Fläche zwischen der Kurve von F_{el} und der x-Achse (▶ 3). Wir unterteilen daher die Strecke von r_A bis r_E durch zwei weitere Zwischenstellen bei r_2 und r_3 und nähern die Energieänderung durch Rechteckflächen an. Als Kraft zwischen zwei Abständen verwenden wir jeweils den Wert beim geometrischen Mittel der Abstände, z. B. $\sqrt{r_2 \cdot r_A}$ bei der Verschiebung von r_A zu r_2:

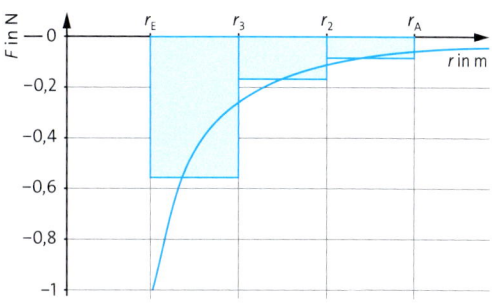

3 Berechnung der Energie einer Probeladung q im Feld einer Ladung Q über das geometrische Mittel

$\Delta E_{r_A \to r_2} = -F_{el}\left(\sqrt{r_2 \cdot r_A}\right) \cdot (r_2 - r_A)$

$= -\dfrac{q \cdot Q}{4\pi \cdot \varepsilon_0} \cdot \dfrac{1}{r_2 \cdot r_A} \cdot (r_2 - r_A)$

$= -\dfrac{q \cdot Q}{4\pi \cdot \varepsilon_0} \cdot \left(\dfrac{r_2}{r_2 \cdot r_A} - \dfrac{r_A}{r_2 \cdot r_A}\right)$

$= -\dfrac{q \cdot Q}{4\pi \cdot \varepsilon_0} \cdot \left(\dfrac{1}{r_A} - \dfrac{1}{r_2}\right)$

Wir addieren zu diesem Ausdruck die analog ermittelten Energien zum Verschieben von r_2 zu r_3 und von r_3 zu r_E:

$\Delta E = -\dfrac{q \cdot Q}{4\pi \cdot \varepsilon_0} \cdot \left(\dfrac{1}{r_A} - \dfrac{1}{r_2} + \dfrac{1}{r_2} - \dfrac{1}{r_3} + \dfrac{1}{r_3} - \dfrac{1}{r_E}\right)$.

$= -\dfrac{q \cdot Q}{4\pi \cdot \varepsilon_0} \cdot \left(\dfrac{1}{r_A} - \dfrac{1}{r_E}\right)$.

Durch die Verwendung des geometrischen Mittels heben sich die Zwischenterme auf und die Teilflächen entsprechen exakt der eingeschlossenen Fläche (▶ 3). Die Energieänderung kann so direkt aus dem Anfangs- und Endabstand berechnet werden. Weitere Zwischenstellen sind nicht notwendig.

> Wenn eine Probeladung q im radialen Feld einer Ladung Q von einem Anfangsabstand r_A zu einem Endabstand r_E verschoben wird, dann ändert sich die Energie um:
>
> $\Delta E = -\dfrac{q \cdot Q}{4\pi \cdot \varepsilon_0} \cdot \left(\dfrac{1}{r_A} - \dfrac{1}{r_E}\right)$.

1 An einem Plattenkondensator (d = 8 cm) liegt eine Spannung von 400 V an.
 a ☐ Geben Sie die elektrische Feldstärke an.
 b ▨ Berechnen Sie die Energie, um eine positive Ladung (q = 2 nC) zwischen den Kondensatorplatten um 2 cm in Richtung der positiven Platte zu verschieben.

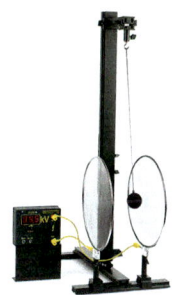

4 Plattenkondensator mit Tischtennisball

Das geometrische Mittel führt hier zum exakten Betrag der Energie.

Weitere Zwischenstellen ändern nichts am Ergebnis, aber verringern den Diskretisierungsfehler in ▶ 3 bis zu null. Daher ist das Ergebnis exakt.

Die Energieänderung hängt nur von der Distanz $r_E - r_A$ ab. Das gilt auch für Umwege.

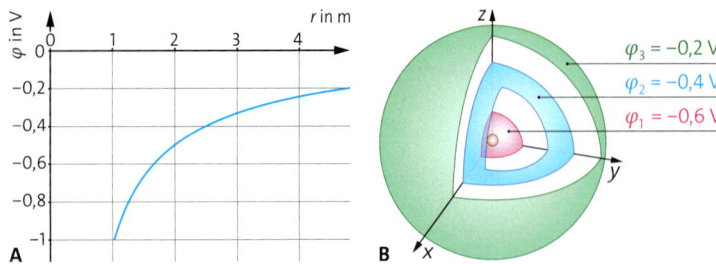

1 A Potenzial $\varphi(r)$ einer Ladung abhängig von r; **B** Skizze der Äquipotenzialflächen in der räumlichen Umgebung einer Ladung Q

Potenzielle Energie und Potenzial im radialen Feld • Bisher haben wir die Änderung der Energie ΔE einer Probeladung q im radialen elektrischen Feld einer Ladung Q bestimmt, die bei einer Verschiebung von einem Anfangsabstand r_A zu einem Endabstand r_E auftritt.

Das radiale Feld der Ladung Q hat prinzipiell eine unendliche Reichweite. Betrachtet man die Gleichung zur Berechnung der Energieänderung für die Ladung q, die von einem Anfangsabstand $r_A \to \infty$ zu einem Endabstand r_E verschoben wird:

$$\Delta E = \lim_{r_A \to \infty}\left(-\frac{q \cdot Q}{4\pi \cdot \varepsilon_0}\cdot\left(\frac{1}{r_A}-\frac{1}{r_E}\right)\right),$$

dann geht der Bruch $\frac{1}{r_A}$ gegen null und wir erhalten eine vereinfachte Gleichung, die nur noch vom Endabstand r_E abhängt. Diese Gleichung interpretieren wir als **potenzielle Energie E_{pot}** der Ladung q im elektrischen Feld von Q. Da wir nur noch einen Abstand haben, kann man auf die Spezifizierung durch den Index verzichten ($r = r_E$):

$$E_{pot} = \frac{q \cdot Q}{4\pi \cdot \varepsilon_0}\cdot\frac{1}{r}.$$

> Eine Probeladung q hat im radialen Feld einer Ladung Q in einem Abstand r die potenzielle Energie:
> $$E_{pot} = \frac{q \cdot Q}{4\pi \cdot \varepsilon_0}\cdot\frac{1}{r}.$$

Für r gegen unendlich folgt, dass die potenzielle Energie der Probeladung gegen null geht. Das ist sinnvoll, aber nicht notwendig. Da sich die Gleichung für E_{pot} nur aus der Energieänderung ΔE herleiten lässt, können wir zu E_{pot} einen beliebigen Wert addieren, ohne dass sich an der ursprünglichen Differenz etwas ändert. Man sagt auch: Der Nullpunkt der potenziellen Energie ist frei wählbar.

Wenn die Vorzeichen der Ladungen Q und q unterschiedlich sind, dann sind die potenzielle Energie E_{pot} und das Potenzial φ negativ (▶ **1**). Dieser Fall ist in der Natur sehr bedeutsam, da er auch die nach außen elektrisch neutrale Anordnung von gegensätzlichen Ladungen beinhaltet, z. B. bei Atomen.

Potenzial im radialen Feld • Wie die elektrische Kraft so ist auch die potenzielle Energie von der Probeladung q abhängig. Um ähnlich zur elektrischen Feldstärke eine Größe zu erhalten, die nur vom elektrischen Feld der erzeugenden Ladung Q bestimmt wird, teilt man die potenzielle Energie E_{pot} durch die Probeladung q. Die neu erhaltene Größe heißt **elektrisches Potenzial φ** des elektrischen Feldes der Ladung Q (▶ **2**):

$$\varphi = \frac{E_{pot}}{q} = \frac{Q}{4\pi \cdot \varepsilon_0}\cdot\frac{1}{r}.$$

Die Einheit des elektrischen Potenzials ist Joule pro Coulomb, also Volt. So wie die elektrische Feldstärke die Kraft pro Probeladung angibt, so gibt das Potenzial die Energie pro Probeladung an. Beide Größen charakterisieren das elektrische Feld einer Ladung Q unabhängig von einer Probeladung.

> Im radialen elektrischen Feld einer Ladung Q hat ein Punkt im Abstand r das Potenzial:
> $$\varphi = \frac{Q}{4\pi \cdot \varepsilon_0}\cdot\frac{1}{r}.$$

Bildet man die Differenz zwischen zwei Potenzialen im elektrischen Feld, entspricht das nach obiger Gleichung einer Energiedifferenz pro Probeladung, die wir auch als elektrische Spannung U kennen. Die Potenzialdifferenz zwischen zwei Orten A und B entspricht also der anliegenden Spannung U:

$$U = \Delta\varphi = \varphi(r_A) - \varphi(r_B)$$

Äquipotenzialflächen • Bei einem radialen elektrischen Feld haben alle Orte mit dem gleichen Abstand r zur Ladung Q das gleiche elektrische Potenzial. Die Orte bilden eine (kugelförmige) **Äquipotenzialfläche** (▶ **1B**). Auch für andere Potenziale kann man solche Flächen zeichnen. Den räumlichen Verlauf des elektrischen Felds kann man so durch verschiedene Äquipotenzialflächen darstellen (▶ **1B**). Für eine Ebene zeichnet man Orte mit gleichen Potenzialwerten als Äquipotenziallinien.

1 Zwei parallele Metallplatten sind jeweils an einem Pol einer Gleichspannungsquelle angeschlossen (400 V).
   a ☐ Skizzieren Sie den Aufbau.
   b ◪ Zeichnen Sie das elektrische Feld mit Äquipotenziallinien und erläutern Sie die Darstellung.

Elektrische Felder • Feldstärke und Spannung

Elektrische Vorgänge bei einem Gewitter

Seit Jahrtausenden deuteten Menschen Blitze mythologisch, bis Benjamin Franklin 1752 mithilfe eines Drachens ihre elektrische Ursache aufklärte und nachwies. Dadurch können wir uns heute gut vor Blitzen schützen. Grundlegend ist dabei unser Verständnis elektrischer Felder und Ströme in der Atmosphäre.

Ursache der Elektrizität • Bis in das 18. Jahrhundert hinein war nicht klar, dass es sich bei Blitzen um elektrische Entladungen handelt. Gewitter- und Blitzentstehung sind sehr komplexe Phänomene, bei denen auch heutzutage noch nicht alle Details geklärt sind. Grundvoraussetzung aber ist die Ladungstrennung innerhalb einer Gewitterwolke. Diese beruht hauptsächlich auf Kontaktelektrizität.
Durch den starken Aufwind in einer Gewitterwolke werden Wassertropfen nach oben transportiert (▶2). Aufgrund der mit der Höhe abnehmenden Temperatur gefrieren die Wassertropfen zu Hagelkörnern. Im heftigen Aufwind stoßen Hagelkörner sowohl untereinander als auch mit ebenfalls vorhandenen Eiskristallen zusammen. Vermutlich geben die Eiskristalle dabei Elektronen an die Hagelkörner ab.

Mit der Zeit werden die Hagelkörner durch anfrierendes Wasser immer schwerer. Sind sie zu schwer, können sie von den Aufwinden nicht mehr gehalten werden und fallen nach unten. Die positiv geladenen, leichten Eiskristalle dagegen werden weiter nach oben transportiert. Es kommt zu einer Ladungstrennung, wodurch sich der obere Teil der Gewitterwolke positiv und der untere negativ auflädt. Aufgrund von Influenz lädt sich der Erdboden unterhalb der Gewitterwolke positiv auf.

Elektrisches Feld • Es entstehen starke elektrische Felder sowohl innerhalb der Wolke als auch zwischen Wolke und Erde. Zwischen Wolkenunterseite und Erdboden verlaufen die Feldlinien im Wesentlichen vertikal und die Äquipotenzialflächen horizontal. In der Nähe des Erdbodens aber ist das Feld durch Geländeerhebungen sowie Objekten auf der Erde verformt und die Äquipotenzialflächen folgen näherungsweise der Geländestruktur einschließlich von Gebäuden, Bäumen und von z. B. stehenden Personen (▶3).

Blitzentstehung • Luft ist normalerweise ein Isolator, enthält aber immer auch einzelne ionisierte Moleküle und freie Elektronen. Solche Ionen entstehen beispielsweise durch kosmische Strahlen. Diese Elektronen werden in dem starken elektrischen Feld der Gewitterwolke bis nahezu auf Lichtgeschwindigkeit beschleunigt. Treffen solche energiereichen Elektronen auf neutrale Moleküle, dann setzen sie selbst Elektronen frei, die wiederum weitere Elektronen aus Molekülen herauslösen können.
Es kommt zu einem lawinenartigen Effekt, der einen leitfähigen Kanal aus ionisierten Molekülen und freien Elektronen entstehen lässt.

Dieser Kanal bildet sich nicht sofort auf seiner ganzen Länge, sondern in aufeinanderfolgenden Vorentladungen. Von Vorentladung zu Vorentladung kann sich die Richtung des Kalnals etwas ändern, wodurch die typische Zick-Zack-Form des Blitzkanals zustande kommt. Gleichzeitig gehen vom Boden sogenannte Fangentladungen aus.
Die bläulichen Fangentladungen beginnen meistens an herausragenden Bäumen, Masten oder Gebäuden, da dort die Feldstärke besonders hoch ist (▶3). Trifft eine der Fangentladungen mit den Vorentladungen zusammen, entsteht ein durchgehender Blitzkanal zwischen Wolke und Erdboden.

Negativ- und Positivblitze • Es gibt Blitze innerhalb der Wolke und zwischen Wolke und Erdboden (▶2). Die meisten Blitze zur Erde finden zwischen der negativ geladenen Wolkenunterseite und dem positiv geladenen Erdboden statt. Sie führen der Erde negative Ladung zu und heißen Negativblitze. Es gibt aber auch seltene Positivblitze aus dem oberen Wolkenteil. Aufgrund ihrer extrem großen Stromstärke von bis zu 400 kA und ihrer Reichweite von einigen Kilometern sind sie sehr gefährlich.

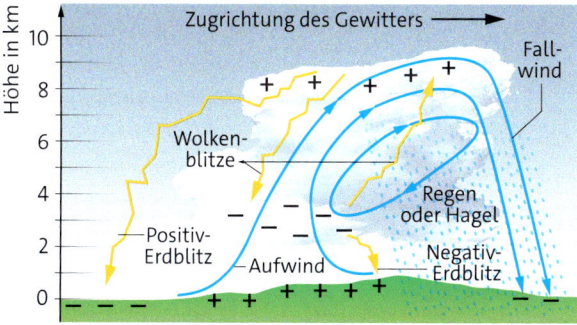

2 Vorgänge in einer Gewitterwolke (vereinfachte Darstellung)

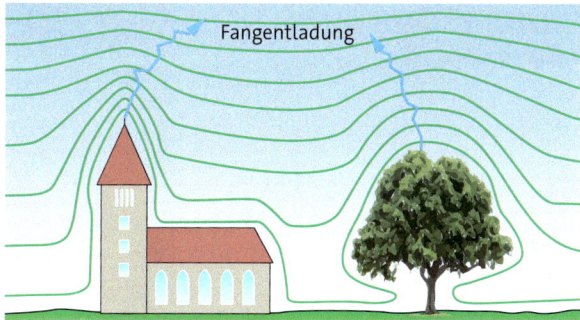

3 Verformung der Äquipotenzialflächen des elektrischen Felds

Material

Versuch A • Elektrische Felder und Potenziale

V1 EKG mit dem GTR aufnehmen

Materialien: GTR mit EKG-Sensor

Arbeitsauftrag:
- Schließen Sie an den GTR den EKG-Sensor an. Kleben Sie die elektrischen Kontaktpflaster wie in der Abbildung gezeigt (▶1) auf die Haut.
- Starten Sie die Aufnahme und stellen Sie den Verlauf der Spannung $U(t)$ als Diagramm dar (▶2).
- Recherchieren Sie die üblichen Extrempunkte P, Q, R, S und T im EKG und identifizieren Sie diese in Ihrer Aufzeichnung.
- Ermitteln Sie als Ersatz für die Amplitude die Differenz zwischen minimaler und maximaler Spannung. Im Beispiel ist es $U = 1{,}4\,\text{mV} - 0{,}99\,\text{mV} \approx 0{,}4\,\text{mV}$.
- Kleben Sie die Kontaktpflaster an die Positionen 1 und 2 wie in ▶4 und zeichnen Sie wieder den Spannungsverlauf $U(t)$ auf. Bestätigen Sie, dass $U(t)$ anders verläuft als in ▶2. Bilden Sie wieder die Differenz maximaler und minimaler Spannung. Im Beispiel ergibt sich $U_{12} = 0{,}5\,\text{V}$.

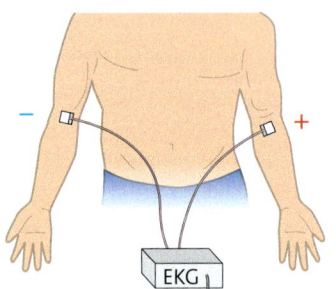

1 Platzierung der Elektroden zur Aufnahme eines EKGs

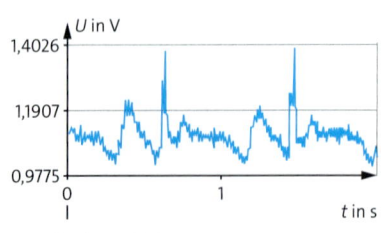

2 Aufnahme EKG

V2 Äquipotenziallinien

Materialien: Voltmeter, Papier, Neodymmagnete, weicher Bleistift, Netzgerät, Kabel mit Krokodilklemme

Arbeitsauftrag:
- Zeichnen sie mit dem Bleistift ein schmales Rechteck auf das Papier und malen Sie es vollständig aus.
- Bringen Sie an den Enden des Rechtecks über und unter dem Papier je einen Magneten zur Befestigung an.
- Schließen Sie die Pole des Netzgerätes an die Magnete an. Stellen Sie die Spannung auf 8 V ein.
- Schließen Sie den Minuspol des Netzgerätes an den des Voltmeters an.
- Schließen Sie an den Pluspol des Voltmeters ein Kabel an und tasten Sie mit diesem die Spannungen auf dem Rechteck ab (▶3). Ermitteln Sie so Linien mit gleicher Spannung.
- Zeichnen Sie Punkte mit gleicher Spannung in einem Modellrechteck ein.
- Deuten Sie den Aufbau als Spannungsteiler.
- Interpretieren Sie das Ergebnis mit dem Begriff Potenzial. Verwenden Sie dabei die Bezeichnung Äquipotenziallinie für Linien mit konstantem Potenzial.

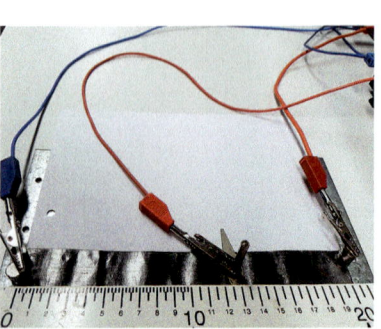

3 Versuchsaufbau zum Spannungsteiler

V3 Äquipotenziallinien des Dipols

Wir untersuchen in der Ebene Linien mit gleicher Spannung bzgl. eines Referenzpunktes, also Äquipotenziallinien.

Materialien: Voltmeter, Papier, Neodymmagnete, weicher Bleistift, Netzgerät, Kabel mit Krokodilklemme, GTR mit EKG-Sensor

Arbeitsauftrag:
- Suchen Sie mit dem EKG-Sensor Äquipotenziallinien (▶4). Gehen Sie wie in V1 vor.
  Hinweis: Im Beispiel sind U_{12}, U_{13} und U_{14} gleich $1{,}1\,\text{mV} \pm 0{,}2\,\text{mV}$.
- Zum Vergleich messen Sie Äquipotenziallinien in einer Schicht aus Graphit wie in Versuch 2. Dazu ergänzen Sie das schmale mit Bleistift gezeichnete Rechteck zu einem breiten. Messen Sie Linien mit konstantem Potenzial und tragen Sie diese in ein Modellrechteck ein (▶5).
- Vergleichen Sie beide Muster.

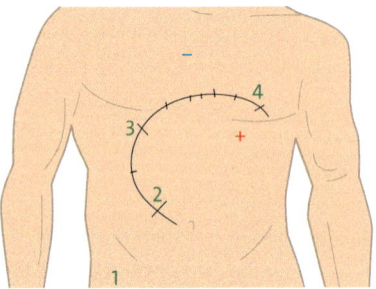

4 Äquipotenziallinien zwischen Messpunkt 2, 3 und 4 mit 1 als Referenz

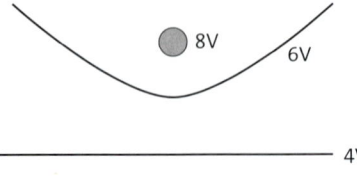
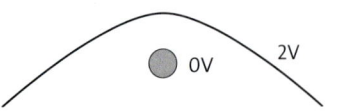

5 Äquipotenziallinien beim Graphitrechteck mit zwei zylinderförmigen Neodymmagneten als „Ladungen"

Elektrische Felder • Feldstärke und Spannung

Material A • Dipol

Zwischen der Darstellung des elektrischen Feldes, z. B. des Feldes eines Dipols (▶ **A1**), und der Abbildung von Höhenlinien in manchen Karten (▶ **A2**) gibt es Gemeinsamkeiten. Hierbei finden wir mit folgendem Begriff eine Analogie zum Gravitationsfeld: „Eine Äquipotenziallinie wird von Punkten mit gleicher Potenzialdifferenz zu einem Referenzpunkt gebildet. Diese Linie ist überall senkrecht zu den Feldlinien."

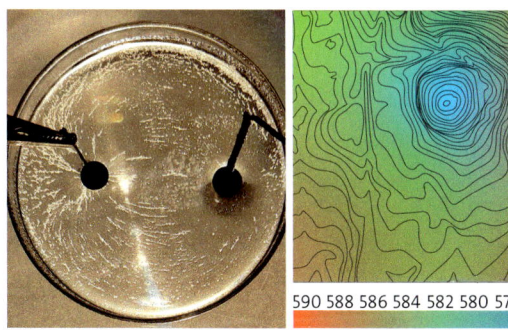

A1 Elektrischer Dipol   **A2** Höhenlinien bei Riederting

1 Ein positiv geladener und ein negativ geladener Pol wurden in Öl mit Grießkörnern gebracht und erzeugten das abgebildete Muster der Grießkörner (▶ **A1**).
  a 🔲 Beschreiben Sie das Muster und erläutern Sie, wie es entsteht.
  b ☐ Skizzieren Sie die beiden Pole und tragen Sie Ladungen sowie die Feldlinien ein.
  c 🔲 Ergänzen Sie in der Skizze an charakteristischen Stellen Vektoren für die Feldstärke.
  d 🔲 Ergänzen Sie Äquipotenziallinien entsprechend obiger Begriffsklärung.

2 Bei Riederting im Chiemgau wurden die Höhenlinien relativ genau vermessen (▶ **A2**).
  a 🔲 Vergleichen Sie den Verlauf der Äquipotenziallinien in Ihrer Skizze mit den Höhenlinien in ▶ **A2**.
  b 🔲 Begründen Sie, dass man die Höhenlinien als Äquipotenziallinien der Gravitation (Lageenergie) interpretieren kann.
  c 🔲 Erklären Sie, warum man aus dem Höhenverlauf auf den Krater eines Asteroideneinschlags schließt (▶ **A2**).

Material B • Fluchtgeschwindigkeit, Spannung und Kapazität

Der Meteorit Alan Hills 81005 wurde 1981 in der Antarktis gefunden, stammt aber vom Mond. Damit er auf die Erde kam, muss er auf dem Mond auf die Fluchtgeschwindigkeit v_{Flucht} gebracht worden sein.

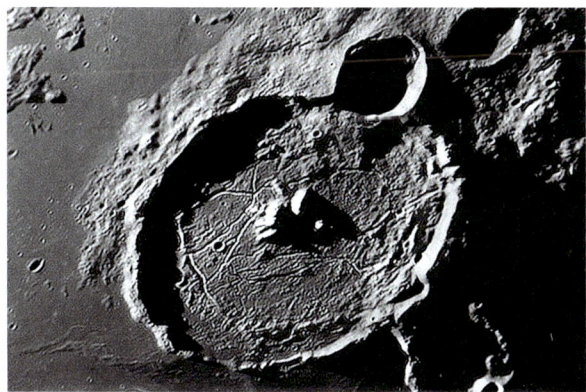

B1 Mondkrater

1 Um die Fluchtgeschwindigkeit des Metoriten zu bestimmen, kann man vereinfachend annehmen, dass seine kinetische Energie gleich der potenziellen Energie auf der Mondoberfläche ist. Der Mond hat eine Masse von $7{,}349 \cdot 10^{22}$ kg und einen Radius von $R = 1737$ km.
  a 🔲 Erläutern Sie die Annahme und ermitteln Sie die entsprechende Fluchtgeschwindigkeit.

  b 🔲 Begründen Sie auch mit dem Aussehen des Mondkraters (▶ **B1**), dass der Meteorit diese Fluchtgeschwindigkeit vermutlich beim Einschlag eines anderen Asteroiden auf dem Mond erhalten hat.

2 🔲 Eine Kugel mit Radius R trägt eine positive Ladung Q. Dann wird eine negative Probeladung q mit der Fluchtgeschwindigkeit v_{Flucht} senkrecht von der Oberfläche der geladenen Kugel geschossen.
  a Ermitteln Sie die entsprechende kinetische Energie $\Delta E_{R,\infty}$ zur Bewegung der Probeladung q vom Radius R bis zum Radius $r = \infty$.
  b Die Spannung $U_{R,\infty}$ zwischen einem Punkt beim Radius R und einem anderen Punkt beim Radius $r = \infty$ ist
  $U_{R,\infty} = \dfrac{\Delta E_{R,\infty}}{q}$. Begründen Sie.
  c Leiten Sie eine Formel für diese Spannung her.
  d Zeigen Sie, dass diese Spannung $U_{R,\infty}$ proportional zur Ladung Q der Kugel ist.
  e Leiten Sie eine Formel für den Proportionalitätsfaktor her.
  f Lösen Sie nach Q auf und zeigen Sie so:
  $Q = 4\pi \cdot \varepsilon_0 \cdot R \cdot U$. Man nennt den Faktor vor U die Kapazität C der Kugel, kurz $C = 4\pi \cdot \varepsilon_0 \cdot R$.

Blickpunkt

Gravitationsfeld und elektrisches Feld

Eine geladene Kugel erzeugt ein elektrisches Feld, das auf eine zweite geladene Kugel eine Kraft ausübt. Diese Betrachtung kann man auf Körper mit Masse übertragen. So erzeugt die Erde ein Gravitationsfeld, das auf einen anderen Körper, wie etwa den Mond, eine Kraft ausübt. Beide Konzepte sind sich ähnlich, sodass man sie vergleichen kann.

1 Planetensystem

Planet	Umlaufzeit T in 10^9 s	Bahnradius r in 10^{12} m
Merkur	0,008	0,058
Venus	0,019	0,108
Erde	0,032	0,150
Mars	0,059	0,228
Jupiter	0,375	0,778
Saturn	0,935	1,432
Uranus	2,672	2,884
Neptun	5,223	4,509

2 Umlaufzeiten und Bahnradien der Planeten

Newtons Gravitationsgesetz • Isaac Newton entwickelte aus seinen Beobachtungen schon im 17. Jahrhundert das nach ihm benannte Gravitationsgesetz. Um dies nachzuvollziehen, versuchen wir aus der Bewegung der Planeten um die Sonne, das Gravitationsgesetz abzuleiten.

Aus Beobachtungen ist bekannt, dass sich die Planeten auf fast kreisförmigen Bahnen um die Sonne bewegen. Damit ein Planet auf seiner Kreisbahn bleibt, ist es daher notwendig, dass eine Zentripetalkraft auf ihn wirkt. Diese Kraft kann nur durch die Gravitationskraft zwischen jeweiligem Planeten und Sonne realisiert werden F_G (▶ 3).

Abhängigkeit vom Bahnradius • Weil die Massen der Planeten nicht gleich sind, können wir in einem Graphen nicht einfach die Zentripetalkraft abhängig vom Bahnradius der Planeten auftragen und daran ablesen, wie die Schwerkraft vom Abstand abhängt. Stattdessen nehmen wir aber die Zentripetalbeschleunigung a_Z der Planeten, weil aufgrund der Grundgleichung der Mechanik $F = m \cdot a$ eine Beschleunigung einer Kraft pro Masse entspricht.

Da die Zentripetalbeschleunigung nicht gemessen werden kann, berechnen wir sie mithilfe der Umlaufzeiten T und der Bahnradien r der Planeten (▶ 2) mit der Formel:

$$a_Z = r \cdot \omega^2 = 4\pi^2 \cdot \frac{r}{T^2}.$$

Der Graph zeigt, dass die Zentripetalkraft mit größer werdendem Radius sehr schnell kleiner wird (▶ 4). Durch eine potenzielle Regression ermitteln wir folgenden Zusammenhang:

$$a_Z = 1{,}37 \cdot 10^{20} \frac{m}{s^2} \cdot \left(\frac{r}{m}\right)^{-2{,}001}$$

Das ist überraschend, da der Bahnradius zur Berechnung der Beschleunigung linear in die Gleichung eingeht. Allerdings hängt auch die Umlaufzeit vom Bahnradius ab. Schon 1618 fand JOHANNES KEPLER aus Beobachtungen heraus, dass $\frac{T^2}{r^3}$ = const. ist (3. Keplersches Gesetz). Berücksichtigt man dies, bestätigt sich die im Graphen gewonnene Proportionalität:

$$a_Z \sim \frac{1}{r^2} \text{ bzw. } F_Z = F_G \sim \frac{1}{r^2}.$$

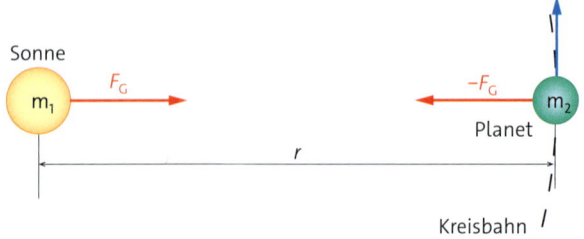

3 Gravitationskraft F_G zwischen Sonne und Planet im Abstand r

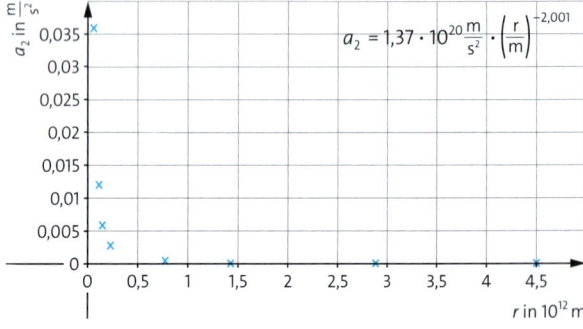

4 Zentripetalbeschleunigung abhängig vom Radius

30

Elektrische Felder • Feldstärke und Spannung

Massenabhängigkeit • Die Planetenbahnen verraten nichts über die Massenabhängigkeit. Aus der Grundgleichung der Mechanik geht aber hervor, dass die Masse m_P des Planeten proportional zu F_Z also auch zu F_G ist:

$$F_Z = F_G = a_Z \cdot m_P.$$

Die Kraft F_G ist proportional zur Planetenmasse: $F_G \sim m_P$.

Und wie hängt die Gravitationskraft von der Masse m_S der Sonne ab? Ebenso wie die Erde besteht auch die Sonne aus Atomen, Elektronen und Atomkernen. Warum sollte die Gravitationskraft also bei der Sonnenmasse eine andere Abhängigkeit haben? Die Kraft F_G ist proportional zur Sonnenmasse: $F_G \sim m_S$.

Gravitationsgesetz und Graviationskonstante • Die drei Proportionalitäten lassen sich kombinieren, sodass die Abhängigkeiten der Gravitationskraft zusammengefasst sind:

$$F_G \sim \frac{m_S \cdot m_P}{r^2}.$$

Newton kannte den Proportionalitätsfaktor nicht, er wurde erst 1798 durch HENRY CAVENDISH erstmalig bestimmt. Der heute gültige Wert der **Gravitationskonstante** beträgt:

$$G = 6{,}674187 \cdot 10^{-11} \frac{m^3}{kg \cdot s^2}.$$

Mit der Gravitationskonstante lässt sich das **Gravitationsgesetz** von ISAAC NEWTON in seiner bekannten Form aufschreiben. Zwei Massen m_1 und m_2 im Abstand r ziehen einander mit der Kraft F_G an (▶ 2) – da F_G stets anziehend wirkt, ist ihr Vorzeichen negativ:

$$F_G = -G \cdot \frac{m_1 \cdot m_2}{r^2}.$$

Coulombsches Gesetz und Gravitationsgesetz • Ebenso formulierte CHARLES AUGUSTIN DE COULOMB 1785 das **Coulombsche Gesetz.** Es besagt, dass zwischen zwei Ladungen Q_1 und Q_2 im Abstand r die Kraft F_C wirkt:

$$F_C = \frac{1}{4\pi \cdot \varepsilon_0} \cdot \frac{Q_1 \cdot Q_2}{r^2}.$$

Dabei ist für Ladungen gleichen Vorzeichens F_C positiv, also abstoßend, für Ladungen entgegengesetzten Vorzeichens negativ, also anziehend. Beide Gesetze sind strukturgleich: Bei der Gravitation sind die beiden Massen ursächlich, bei der elektrischen Kraft die beiden Ladungen. Der Betrag der Kraft nimmt proportional zu r^2 ab, wobei eine grundlegende Naturkonstante den Proportionalitätsfaktor bestimmt: Gravitationskonstante G bzw. elektrische Feldkonstante ε_0.

Elektrisches Feld und Gravitationsfeld • Man kann die Masse $m_1 = m$ und die Ladung $Q_1 = Q$ als felderzeugend auffassen und m_2 als Probemasse sowie Q_2 als Probeladung. Wir erhalten dann den Term für die **Gravitationsfeldstärke** G^* bzw. die **elektrische Feldstärke** $|\vec{E}|$, indem wir durch m_2 bzw. Q_2 teilen:

$$G^* = -G \cdot \frac{m}{r^2} \quad \text{und} \quad |\vec{E}| = \frac{1}{4\pi \cdot \varepsilon_0} \cdot \frac{Q}{r^2}.$$

Diese von punktförmigen felderzeugenden Objekten ausgehenden Felder sind **radial** gerichtet, was durch den Feldlinienverlauf verdeutlicht wird ▶ 5.

Potenzielle Energie im radialen Feld • Wir haben bereits die potenzielle Energie des elektrischen Feldes aus dem Coulombschen Gesetz ermittelt:

$$E_{pot,el} = \frac{1}{4\pi \cdot \varepsilon_0} \cdot \frac{Q_1 \cdot Q_2}{r}.$$

Wegen der Strukturgleichheit der Kraftgesetze sind auch die potenziellen Energien strukturgleich. Auch hier ist wieder $E_{pot,Grav}$ negativ, da bei Annäherung an m die potenzielle Energie abnimmt, während $E_{pot,el}$ bei Annäherung an Q für entgegengesetzte Probeladung ab-, für gleiche Probeladung jedoch zunimmt. Entsprechend ist die potenzielle Energie der Gravitation $E_{pot,Grav}$:

$$E_{pot,Grav} = -G \cdot \frac{m_1 \cdot m_2}{r}.$$

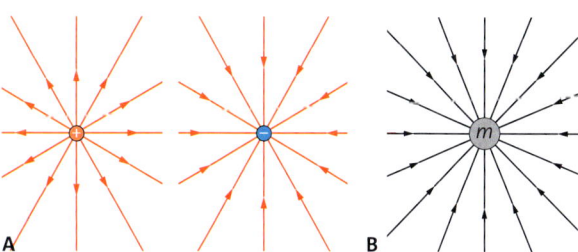

5 Radiales Feld: **A** elektrisches Feld, **B** Gravitationsfeld

1 Die Erde hat eine Masse von $5{,}972 \cdot 10^{24}$ kg und am Äquator einen Radius von 6378 km.
  a ☐ Ermitteln Sie die auf eine Masse von 1 kg wirkende Gravitationskraft F_G am Äquator.
  b ✎ Ein Beobachter im Weltraum sieht, dass die Masse mit der Erddrehung eine Kreisbewegung ausführt. Ermitteln Sie die entsprechende Zentripetalkraft F_Z.
  c ☐ Berechnen Sie die am Äquator mit einem Federkraftmesser messbare Gewichtskraft $F_{Gewicht} = F_G - F_Z$.
  d ✎ Ermitteln Sie den am Äquator messbaren Ortsfaktor g und die dort vorliegende Gravitationsfeldstärke G^*.

1.4 Speichern von Ladung

1 Rücklicht eines Fahrrades

Wenn man in der Dämmerung Fahrrad fährt, liefert der Dynamo die notwendige Energie für die Fahrradbeleuchtung. Während das Frontlicht sofort ausgeht, leuchtet das Rücklicht häufig noch eine ganze Weile weiter, nachdem man angehalten hat. Auf welche Weise werden Ladung und Energie in der Rückleuchte gespeichert?

2 Schaltzeichen des Kondensators

Speichern von Ladung • Für die Standlichtfunktion im Rücklicht muss man keine Batterie verwenden. Es befindet sich auch kein Akku im Licht, der beim Fahren aufgeladen wird, denn das Standlicht geht schon nach relativ kurzer Zeit wieder aus.

Es gibt noch eine weitere Möglichkeit, elektrische Energie zu speichern: Bisher haben wir den Plattenkondensator nur dafür benutzt, um ein homogenes elektrisches Feld zu erzeugen. Hierfür ist es notwendig, ihn an eine Spannungsquelle anzuschließen. Diese bewirkt, dass elektrische Ladungen von einer Platte auf die andere fließen. Trennt man ihn jetzt von der Spannungsquelle, bleiben die Ladungen und auch die in ihnen gespeicherte Energie erhalten, weil zwischen den Platten keine leitende Verbindung besteht. Verbindet man die Platten nun mit einem elektrischen Verbraucher, z. B. einer Lampe, kann man diese für eine kurze Zeit betreiben.

Im Rücklicht werden Ladungen im Prinzip ebenso gespeichert wie beim Plattenkondensator, auch wenn die Bauform des Kondensators anders ist. Im Rücklicht finden wir unter der LED einen relativ großen Zylinder mit zwei elektrischen Kontakten und mit der Aufschrift 5 V und 1,0 F. Das ist der Kondensator (▶ 3).

Ladung im Kondensator • Wir wissen schon, dass die Spannung 5 V ein Maß dafür ist, wie viel Energie eine Ladung hat. Um diese Größen am Kondensator zu untersuchen, laden wir ihn an einer Spannungsquelle auf. Dabei begrenzen wir die Stromstärke mithilfe eines elektrischen Widerstands R stark, sodass sich der Kondensator nur sehr langsam auflädt. Damit der Kondensator vor dem Versuch völlig entladen ist, werden seine beiden Anschlüsse durch ein Kabel kurzgeschlossen. Anschließend entfernen wir dieses Kabel und schalten das Netzgerät zum Aufladen ein. Beim Aufladen zeichnen wir die Stromstärke I und die Spannung U_C am Kondensator abhängig von der Zeit auf (▶ 4).

Das Schaltzeichen für einen Kondensator deutet die beiden Platten an (▶ 2), auch wenn bei Kondensatoren die beiden Flächen unterschiedlich geformt sein können.

3 Kondensator (Zylinder) beim Standlicht

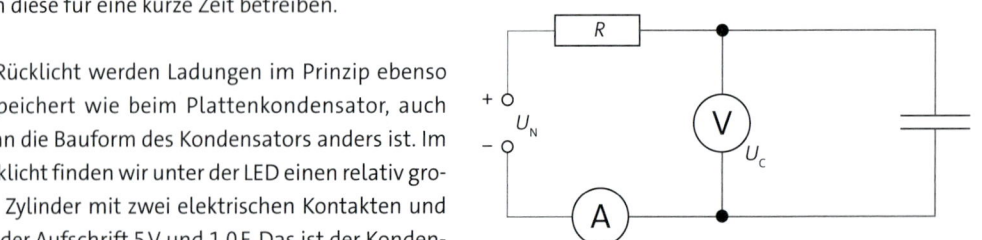

4 Schaltskizze zum Laden des Kondensators

Elektrische Felder • Speichern von Ladung

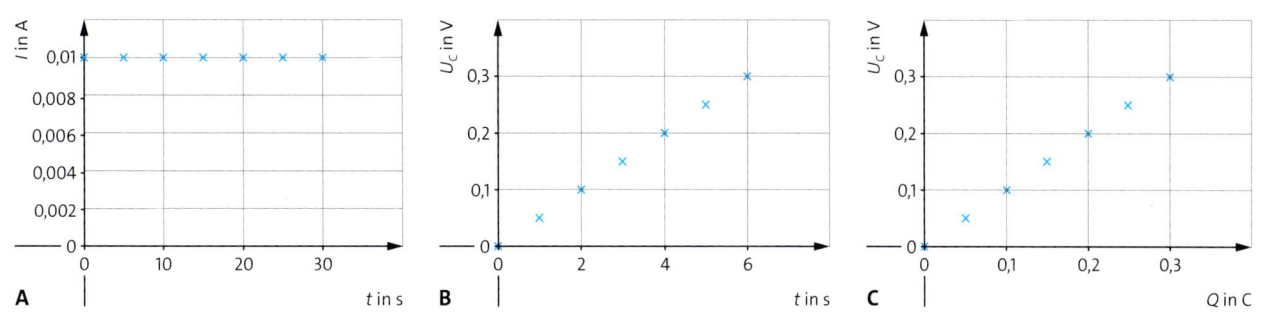

5 Zeitlicher Verlauf **A** der Stromstärke $I(t)$; **B** der Spannung $U_C(t)$ am Kondensator; **C** Verlauf der Spannung $U_C(Q)$ in Abhängigkeit von der Ladung Q

Zur Auswertung stellen wir zunächst den Zeitverlauf der Stromstärke $I(t)$ dar (▶ **5A**). So lange wir den Kondensator nur wenig aufladen, können wir die Stromstärke in diesem Versuch annähernd konstant halten. Dann können wir die Ladung Q als Produkt aus der bis dahin verstrichenen Zeit t und der gemessenen Stromstärke I berechnen: $Q = I \cdot t$.

> Durch einen elektrischen Leiter fließt bei einer Stromstärke I in einer Zeitspanne t die elektrische Ladung $Q = I \cdot t$.

Kapazität des Kondensators • Bei unserem Experiment nimmt die am Kondensator anliegende Spannung U_C beim Aufladen mit der Zeit zu (▶ **5B**). Das liegt daran, dass beim Aufladen immer mehr Ladungen auf dem Kondensator zusammengedrängt werden. Es lässt sich also vermuten, dass die Energie pro Ladung, also die Spannung U_C, mit zunehmender Ladungsmenge Q zunimmt. Dabei sollte die Zeitdauer, mit der die Ladungen auf den Kondensator fließen, kaum eine Rolle spielen. Stellen wir die Kondensatorspannung abhängig von der Ladung dar (▶ **5C**), erkennt man, dass die Spannung am Kondensator proportional zur Ladung Q des Kondensators ist:

$U_C \sim Q$.

Von den beiden möglichen Proportionalitätskonstanten wählen wir jedoch nicht $\frac{U_C}{Q}$, sondern $\frac{Q}{U_C}$. Diese Proportionalitätskonstante heißt **Kapazität C** des Kondensators und gibt das Verhältnis zwischen der gespeicherten Ladung und der im Kondensator herrschenden Spannung an:

$Q = C \cdot U$.

Die Einheit der Kapazität ist ein Farad: $1\,\text{F} = 1\,\frac{\text{A} \cdot \text{s}}{\text{V}}$.

Hat die Spannung U_C ihren maximal zulässigen Wert erreicht, gibt C an, wie viel Ladung der Kondensator bei dieser Spannung maximal aufnehmen kann. Der Kondensator im Rücklicht (▶ **3**) kann also bei der zulässigen, vom Dynamo gelieferten Spannung $U = 5\,\text{V}$ und der Kapazität von $C = 1\,\text{F}$ folgende Ladung speichern:

$Q = C \cdot U = 5\,\text{V} \cdot 1\,\text{F} = 5\,\text{C}$.

> Die Spannung U_C am Kondensator ist proportional zur Ladung Q auf dem Kondensator. Die Proportionalitätskonstante heißt Kapazität C. Ihre Einheit ist ein Farad gleich ein Coulomb pro Volt, $1\,\text{F} = 1\,\frac{\text{C}}{\text{V}}$. Es gilt: $Q = C \cdot U$.

1 An einem Kondensator ($C = 2\,\text{F}$) wird eine Spannung von 8 V angelegt.
 a ☐ Ermitteln Sie die gespeicherte Ladung.
 b ◪ Erläutern Sie, was passiert, wenn die Spannung am Kondensator verdoppelt bzw. halbiert wird.

2 Zwei Kondensatoren haben die Kapazitäten $C_1 = 1\,\text{F}$ und $C_2 = 3\,\text{F}$.
 a ◪ Die beiden Kondensatoren werden parallel geschaltet und an eine Spannung von 10 V angeschlossen. Berechnen Sie die beiden Ladungen und die insgesamt in beiden Kondensatoren gespeicherte Ladung.
 b ◪ Ermitteln Sie die Kapazität C_{gesamt} dieser Parallelschaltung und leiten Sie eine Formel für diese Kapazität C_{gesamt} her.
 c ■ Die beiden Kondensatoren werden in Reihe geschaltet und die Spannung 10 V wird angelegt. Ermitteln Sie die gespeicherte Ladung Q.
 Hinweis: Nutzen Sie $\frac{Q}{1\,\text{F}} + \frac{Q}{3\,\text{F}} = 10\,\text{V}$.

> Ein Kondensator funktioniert nur bis zu einer maximalen Spannung $U_{C,\text{max}}$. Legt man eine höhere Spannung an, dann können Funken überspringen oder Material kann geschädigt werden. Daher kann ein Kondensator nur die maximale Ladung $Q_{\text{max}} = C \cdot U_{C,\text{max}}$ aufnehmen.

> Am Kondensator messen wir eine relativ kleine Spannung, weil sich die Netzspannung entsprechend der Maschenregel auf den Widerstand und den Kondensator verteilt $U_N = U_R + U_C$.

Rechenbeispiel für den Kondensator am Rücklicht:

$E = \frac{1}{2} \cdot C \cdot U_C^2$

$= \frac{1}{2} \cdot 1\,F \cdot (5\,V)^2$

$= 12{,}5\,F \cdot V^2 = 12{,}5\,J$

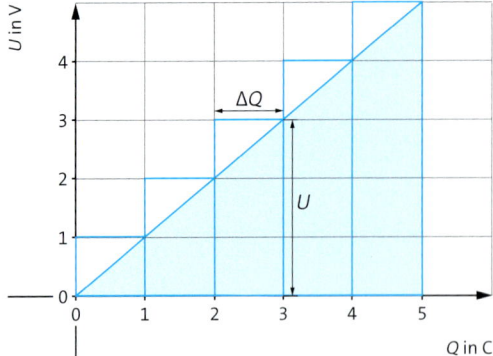

1 Energie als Fläche unter dem Graphen

Im Grenzfall ΔQ gegen null ist die Energie genau:

$E = \frac{1}{2} \cdot Q \cdot U$.

Kondensator als Energiespeicher • Der Kondensator des Fahrradrücklichts speichert elektrische Ladung und Energie.

Zum Aufbringen einer bestimmten Ladung ΔQ auf den Kondensator beträgt die aufzuwendende Energie: $\Delta E = \Delta Q \cdot U_C$, wobei die Spannung U_C nicht konstant ist, sondern proportional zur bereits auf dem Kondensator vorhandenen Ladung Q zunimmt. Daher nimmt auch die Energie zum Aufbringen weiterer Ladungen mit der schon auf dem Kondensator befindlichen Ladung Q bzw. der anliegenden Spannung U_C zu.

Aus dem grafischen Verlauf der Spannung in Abhängigkeit zur Ladung Q kann die Energie als Fläche berechnet werden. Diese lässt sich näherungsweise als Summe rechteckiger Streifen $U \cdot \Delta Q$ darstellen (▶ **1**). Werden diese Rechtecke schmal genug gewählt (d. h. ΔQ klein genug), ist ihre Gesamtfläche näherungsweise gleich der Fläche des Dreiecks mit der Grundseite Q und der Höhe U_C:

$E = \frac{1}{2} \cdot Q \cdot U_C$.

Nutzt man $Q = C \cdot U_C$, kann man die Energie in Abhängigkeit der Kapazität C ausdrücken: $E = \frac{1}{2} \cdot C \cdot U_C^2$.

> Die Energie eines Kondensator mit der Kapazität C, bei dem eine Spannung U_C anliegt, hat die elektrische Energie $E = \frac{1}{2} \cdot C \cdot U_C^2$ gespeichert.

Geometrie und Kapazität • Zieht man bei einem geladenen, aber von der Spannungsquelle getrennten Kondensator die Platten auseinander, steigt die zwischen den Platten gemessene Spannung.

Weil sich die Ladung auf den Platten nicht ändern kann, muss mit der steigenden Spannung die Kapazität des Kondensators ($C = \frac{Q}{U}$) abnehmen (▶ **3**).

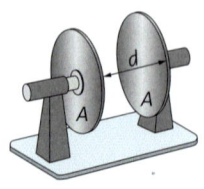

2 Plattenkondensator

Eine Regressionsanalyse der Kapazität C in Abhängigkeit des Plattenabstands d ergibt: $C \sim \frac{1}{d}$.

Vergrößert man bei getrennter Spannungsquelle hingegen die Plattenfläche A, sinkt die gemessene Spannung bzw. die Kapazität steigt an (▶ **4**): $C \sim A$.

Wir kombinieren beide Proportionalitäten:

$C \sim \frac{A}{d}$.

Die Proportionalitätskonstante erhalten wir aus dem Anstieg der Regressionsgeraden (▶ **4**), wenn wir diesen mit dem Plattenabstand ($d = 2\,cm$) des im Versuch verwendeten Kondensators multiplizieren: $0{,}0439\,\frac{pF}{cm^2} \cdot 2\,cm = 8{,}78 \cdot 10^{-12}\,\frac{F}{m}$.

Dieser Wert entspricht im Rahmen der Messgenauigkeit der **elektrischen Feldkonstante** ε_0. Damit gilt:

$C = \varepsilon_0 \cdot \frac{A}{d}$.

> Die Kapazität des Plattenkondensators in Luft ist proportional zu dessen Fläche A und zum Kehrwert $\frac{1}{d}$ des Plattenabstands d. Die Proportionalitätskonstante ist die elektrische Feldkonstante. Somit ist diese Kapazität: $C = \varepsilon_0 \cdot \frac{A}{d}$.

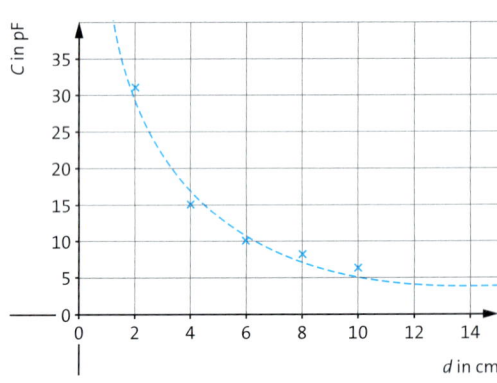

3 Abhängigkeit der Kapazität C vom Plattenabstand d

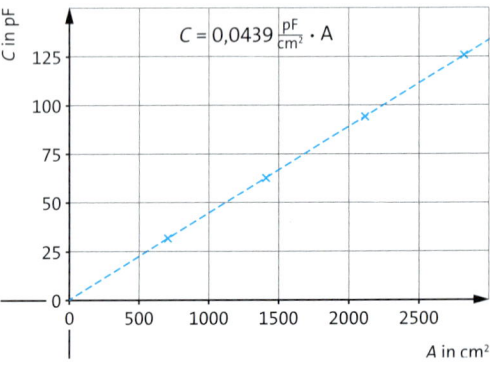

4 Abhängigkeit der Kapazität C von der Plattenfläche A

Dielektrikum im Plattenkondensator • Die maximale Ladung eines Kondensators wird durch die Spannung begrenzt, bei der die elektrische Feldstärke so groß wird, dass Ladungen durch Funkenschlag den luftgefüllten Raum zwischen den Platten überwinden können.

Bei einem Plattenkondensator mit der Fläche $A = 0{,}07\,\text{m}^2$ und dem Plattenabstand $d = 0{,}05\,\text{m}$ liegt eine Spannung von $U = 5000\,\text{V}$ an. Dabei betragen die messbare Ladung $Q = 62\,\text{nC}$ und die Feldstärke $|\vec{E}| = \frac{U}{d} = \frac{5000\,\text{V}}{0{,}05\,\text{m}} = 100\,000\,\frac{\text{V}}{\text{m}}$.

Trennt man diesen geladenen Kondensator vom Netzgerät und schiebt ein Buch zwischen die Platten, sinkt die Spannung auf 1500 V. Entfernt man das Buch, steigt die Spannung wieder. Es können also keine Ladungen auf das Papier übergegangen sein. Befindet sich Papier im Kondensator, verringert sich die Feldstärke zwischen den Platten:
$|\vec{E}_{\text{Papier}}| = \frac{U}{d} = \frac{1500\,\text{V}}{0{,}05\,\text{m}} = 30\,000\,\frac{\text{V}}{\text{m}}$.
Die Feldstärke hat sich um folgenden Faktor verkleinert:

$\varepsilon_r = \dfrac{|\vec{E}|}{|\vec{E}_{\text{Papier}}|} = 3{,}3$.

Den Quotienten der Feldstärken mit bzw. ohne Material nennt man **relative Dielektrizitätskonstante** ε_r. Diese ist eine für jedes Material spezifische Konstante. Jedes **Dielektrikum** hat eine relative Dielektrizitätskonstante ε_r.
Schließt man jetzt wieder das Netzgerät an den Plattenkondensator mit Buch an, wird die Spannung von der externen Quelle bestimmt (5000 V) und die Feldstärke im Inneren steigt wieder auf den ursprünglichen Wert. Hierfür müssen zusätzliche Ladungen auf die Platten geflossen sein. Die Kapazität des mit dem Dielektrikum gefüllten Kondensator ist um den Faktor ε_r größer geworden und beträgt:

$C_{\text{Papier}} = \varepsilon_r \cdot C = \varepsilon_r \cdot \varepsilon_0 \cdot \dfrac{A}{d}$

Polarisation • Ein Dielektrikum ist ein nicht oder nur wenig elektrisch leitendes Material. Wie bei den Grießkörnern wird es durch ein äußeres elektrisches Feld polarisiert. Die Polarisation bewirkt im Inneren des Dielektrikums ein elektrisches Gegenfeld, das das äußere Feld in Teilen kompensiert (▶ 5). Je stärker dieses Gegenfeld ist, desto stärker sinkt auch die Feldstärke.

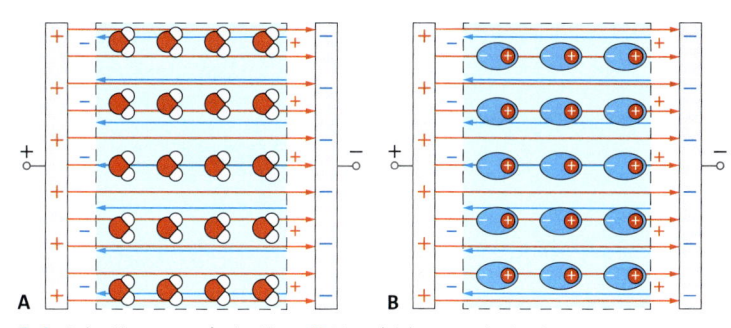

5 A Orientierungspolarisation, **B** Verschiebungspolarisation

Jeder Stoff ist aus Teilchen aufgebaut. In einem Dielektrikum können das z. B. Dipolmoleküle sein. Diese besitzen zwei unterschiedliche Ladungsschwerpunkte. Ohne elektrisches Feld sind die Moleküle im Material ungeordnet. Im Feld des Plattenkondensators richten sie sich aber aus und erzeugen so das Gegenfeld (▶ 5A).
Weil hier die Orientierung von Teilchen zur Polarisation führt, heißt dieses Phänomen **Orientierungspolarisation**.
Doch auch unpolare Stoffe wie pulverisierter Schwefel haben eine relative Dielektrizitätskonstante $\varepsilon_r > 1$. Schwefel ist atomar und besteht somit nicht aus polaren Molekülen. Eine Polarisation kann dennoch entstehen, weil das elektrische Feld im Plattenkondensator die Ladungen im Schwefelatom etwas verschieben kann (▶ 5B). Entsprechend heißt dieses Phänomen **Verschiebungspolarisation**.

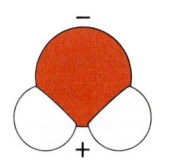

6 Ladungsschwerpunkte bei einem Dipolmolekül (Wassermolekül)

Die relative Dielektrizitätskonstante ε_r wird auch relative Dielektrizitätszahl oder relative Permittivität genannt.

> Wenn in einen Kondensator mit einer Ladung Q ein Dielektrikum mit einer relativen Dielektrizitätszahl ε_r gefüllt wird, dann verringert sich die Feldstärke um den Faktor ε_r.

1. ◢ Eine Gewitterwolke entspricht näherungsweise einem Plattenkondensator.
   Eine Wolke habe über dem Boden die Grundfläche $A = 4\,\text{km}^2$ und die Höhe $d = 1000\,\text{m}$.
   a Berechnen Sie die Kapazität.
   b Ein Blitz leitet bei einer Feldstärke von $|\vec{E}| = 200\,000\,\frac{\text{V}}{\text{m}}$ die Ladung zum Boden. Ermitteln Sie die entsprechende Spannung, Ladung und Energie des Blitzes.

2. ◼ Ein Plattenkondensator wird mit einem Dielektrikum gefüllt. Dabei steigt die messbare Kapazität um den Faktor ε_r. Begründen Sie, dass für die Kapazität gilt: $C = \varepsilon_0 \cdot \varepsilon_r \cdot \dfrac{A}{d}$.

Material

Versuch A • Ladungen, Kapazitäten, Feldkonstanten

V1 Messung von ε_0

Materialien: Plattenkondensator, Kondensator mit 10 nF, Netzgerät mit berührungsungefährlicher Spannung, Voltmeter

Arbeitsauftrag:
- Laden Sie zunächst den Plattenkondensator mit einer berührungsungefährlichen Spannung von 5 kV auf (▶1). Trennen Sie den Plattenkondensator dann vom Netzgerät.
- Schließen Sie nun einen zweiten Kondensator mit einer Kapazität von $C = 10$ nF an den Plattenkondensator an und messen Sie die Spannung U_a (▶2).
- Begründen Sie, dass fast die ganze Ladung vom Plattenkondensator auf den zweiten Kondensator fließt.
- Ermitteln Sie aus der gemessenen Spannung U_a die Ladung Q, die auf dem Plattenkondensator war.
  Hinweis: Berechnen Sie die Ladung Q auf dem zweiten Kondensator.
- Berechnen Sie aus der Ladung Q und der anfangs anliegenden Spannung U die Kapazität C des Plattenkondensators.
- Messen Sie die Fläche A einer Platte und den Abstand d der Platten.
- Berechnen Sie die elektrische Feldkonstante ε_0. Vergleichen Sie mit dem Literaturwert und beurteilen Sie.

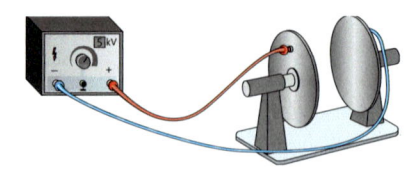

1 Aufladen des Plattenkondensators

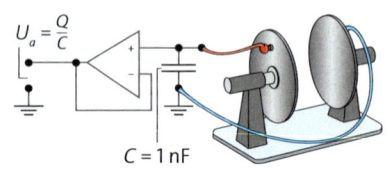

$U_a = \frac{Q}{C}$

$C = 1$ nF

2 Messung der Spannung

V2 Energie im Fahrradkondensator

Materialien: Kondensator, Voltmeter, Amperemeter, Netzgerät, Widerstand

Arbeitsauftrag:
- Bauen Sie die Schaltung, wie in ▶3 gezeigt, auf.
- Entladen Sie den Kondensator zunächst, indem Sie seine beiden Kontakte mit einem Kabel miteinander verbinden. Messen Sie die Spannung U und begründen Sie, dass diese nun 0 V beträgt.
- Schalten Sie das Netzgerät ein und zeichnen Sie die Spannung U sowie die Stromstärke I abhängig von der Zeit t in Zeitschritten von $\Delta t = 5$ s auf.
- Berechnen Sie für jeden Zeitschritt die Leistung P, die Ladung ΔQ und die Energie ΔE, die auf den Kondensator übertragen werden.
- Berechnen Sie für jeden Messzeitpunkt die Energie E, die sich im Kondensator befindet.
- Erstellen Sie ein U-E-Diagramm und führen Sie eine quadratische Regression durch. Stellen Sie eine Formel für die Energie abhängig von der Spannung U auf und beurteilen Sie.
- Erklären Sie, weshalb die Spannung U von 0 V allmählich auf 5 V ansteigt.

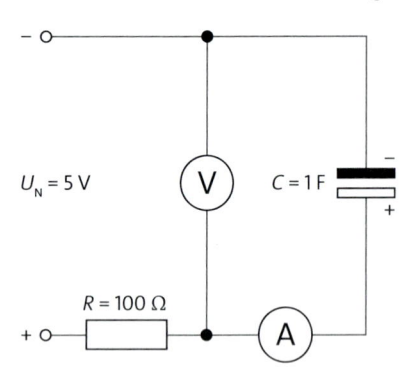

$U_N = 5$ V $C = 1$ F

$R = 100\ \Omega$

3 Aufladen eines Fahrradkondensators

Versuch B • Kondensator im Wechselstromkreis

V1 Wechselstromwiderstand

Materialien: Kondensator, Voltmeter, Amperemeter, Funktionsgenerator für Wechselspannung mit variabler Frequenz

Arbeitsauftrag:
- Bauen Sie den Stromkreis laut Schaltplan auf (▶4). Legen Sie eine Gleichspannung an. Messen Sie die Stromstärke.
- Erklären Sie, warum im Stromkreis mit Kondensator kein dauerhafter Gleichstrom fließt.
- Legen Sie eine Wechselspannung mit der Frequenz 50 Hz an.
- Messen Sie wieder die Spannung und die Stromstärke.
- Erklären Sie, warum im Stromkreis mit Kondensator aber ein dauerhafter Wechselstrom fließt.
- Ermitteln Sie die Kreisfrequenz ω und den Wechselstromwiderstand
  $$R(\omega) = \frac{U_{max}}{I_{max}}.$$
- Ermitteln Sie $R(\omega)$ für verschiedene Kreisfrequenzen $\omega = 2\pi \cdot f$ und erstellen Sie ein ω-R-Diagramm.
- Führen Sie eine Regression durch und geben Sie eine passenden Gleichung für einen Zusammenhang zwischen R und ω ($R(\omega)$) an.
- Ermitteln Sie analog für Kondensatoren mit anderen Kapazitäten eine passende Gleichung für $R(\omega)$ und bestätigen Sie $R(\omega) = \frac{1}{\omega \cdot C}$.

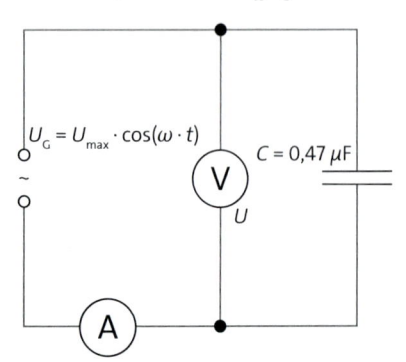

$U_G = U_{max} \cdot \cos(\omega \cdot t)$ $C = 0{,}47\ \mu F$

4 Wechselspannung am Kondensator

Elektrische Felder • Speichern von Ladung

Material A • Maschenregel zeigt Energieerhaltung

Die in einem Stromkreis übertragene Energie lässt sich durch einen Versuch wie in ▶A1 mithilfe einzeln gemessener Spannungen bestimmen.

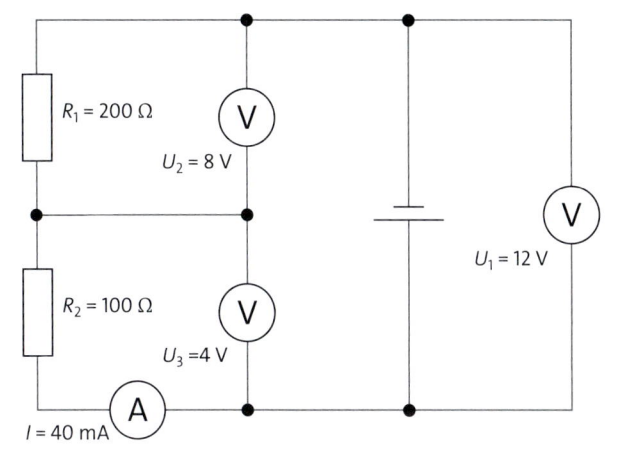

A1 Spannungen im Stromkreis

$R_1 = 200\,\Omega$
$U_2 = 8\,\text{V}$
$R_2 = 100\,\Omega$
$U_3 = 4\,\text{V}$
$U_1 = 12\,\text{V}$
$I = 40\,\text{mA}$

1 ☐ Beschreiben Sie die Schaltung und die Messwerte.

2 a ▨ Formulieren Sie eine einfache Regel für die gemessenen Spannungen. Bestätigen Sie die Regel mithilfe der Gleichung $U = R \cdot I$. Berechnen Sie den Widerstand, den beide einzelnen Widerstände zusammen bilden und bestätigen Sie damit die gemessene Stromstärke.
b ▨ Formulieren Sie eine einfache Regel für die Energie ΔE, die eine Ladung im Stromkreis an ein Bauteil mit einem Widerstand R überträgt.

3 a ▨ Stellen Sie fest, ob eine Ladung, nachdem sie den Stromkreis einmal durchlaufen hat, mehr oder weniger Energie hat. Ermitteln Sie dazu die an jedem Bauteil übertragene Energie ΔE.
b ▨ Formulieren und begründen Sie anhand der Versuchsergebnisse ein allgemeines Prinzip zu den Energien ΔE, die eine Ladung q in einem Stromkreis an die Bauteile überträgt.

Material B • Superkondensatoren

Zur schnellen Speicherung von Energie, z. B. in Elektroautos, können sogenannte Superkondensatoren genutzt werden.

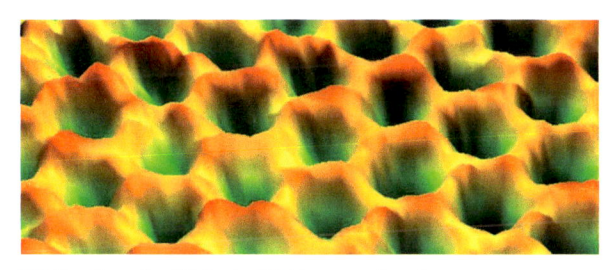

B1 Graphenoberfläche im Elektronenmikroskop

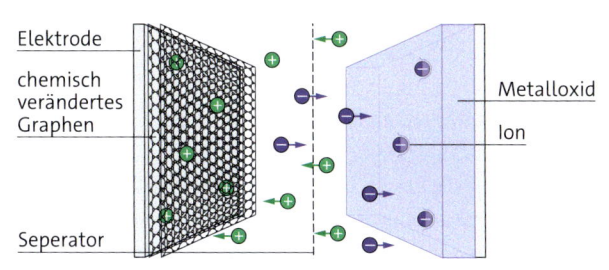

B2 Schematischer Aufbau Superkondensator mit Graphen

(Elektrode, chemisch verändertes Graphen, Metalloxid, Ion, Seperator)

Energiespeicher	Energiedichte in $\frac{\text{kWh}}{\text{kg}}$
Akkumulator	0,265
Wasserstoff	33,3
Benzin	12

B3 Energiedichten ausgewählter Energiespeicher

1 ☐ Wichtiger Bestandteil von Superkondensatoren kann u. a. Graphen – eine Modifikation des Kohlenstoffs – sein.
a Recherchieren Sie Informationen über Graphen.
b Beschreiben Sie die elektronenmikroskopische Aufnahme von Graphen (▶B1).
c Beschreiben Sie den prinzipiellen Aufbau des Superkondensators (▶B2).

2 ☐ Ein Superkondensator mit einer Masse von $m = 1\,\text{kg}$ hat eine Fläche von $A = 9 \cdot 10^5\,\text{m}^2$. Der Abstand benachbarter Schichten beträgt $d = 1\,\text{nm}$.
a Berechnen Sie die Kapazität.
b Berechnen Sie zum Vergleich die Kapazität eines Folienkondensators mit einer Masse von $m = 1\,\text{kg}$ einer Fläche von $A = 10^3\,\text{m}^2$ und ein Abstand benachbarter Schichten von $d = 1\,\mu\text{m}$.

3 Der Superkondensator wird mit einer Spannung von bis zu 8 V geladen, wogegen der Folienkondensator mit bis zu 220 V aufgeladen wird.
a ▨ Berechnen Sie jeweils die maximal gespeicherte elektrische Energie pro kg.
b ■ Erörtern Sie Vor- und Nachteile von Superkondensatoren, Folienkondensatoren, Akkumulatoren, Wasserstoff und Benzin als Energiespeicher in Fahrzeugen (▶B3). Diskutieren Sie jeweils passende Anwendungsgebiete oder Fahrzeuge. Recherchieren Sie im Betrieb befindliche Anwendungen.

1.5 Entladen und Aufladen eines Kondensators

1 Blitzlicht

Fotografen nutzen zur Aufhellung des Motivs einen Blitz. Beim Blitzlicht wird in sehr kurzer Zeit elektrische Energie in Lichtenergie umgewandelt. Wie schnell geht das?

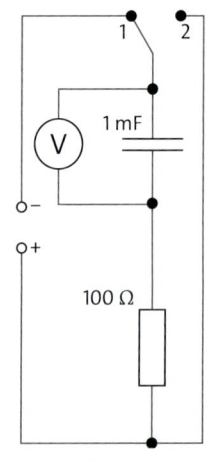

Schneller Energiespeicher • Bei einem Blitzlicht muss elektrische Energie besonders schnell in Lichtenergie umgewandelt werden. In Akkus oder Batterien kann die Energie erst durch eine chemische Reaktion zur Verfügung gestellt werden. Im Kondensator wird elektrische Energie durch die elektrische Ladung auf den Platten direkt gespeichert und steht beim Entladen sofort zur Verfügung.

Modellversuch • Um das Entladeverhalten des Kondensators zu untersuchen, wird ein Kondensator (C = 0,001 F) mit einem Widerstand (R = 100 Ω) in Reihe geschaltet (▶ 2). Den Widerstand nutzen wir, um den Stromfluss zu begrenzen. Dabei vermuten wir, dass sich durch den Widerstand der Entladevorgang verlangsamt und so besser beobachten lässt.

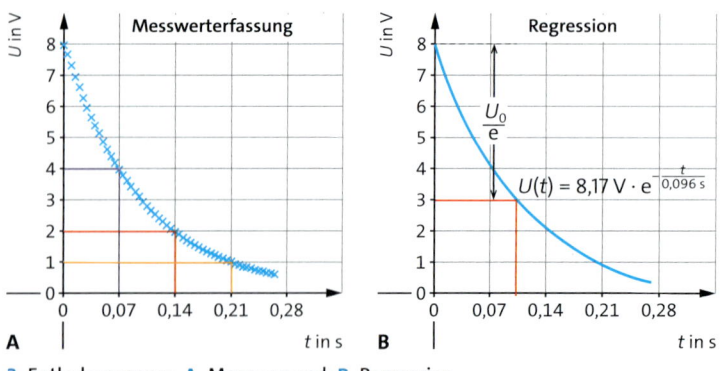

2 Modellversuch

Im Versuch steht der Umschalter zunächst auf Position 1, um den Kondensator über die Spannungsquelle vollständig aufzuladen. Ändert sich die am Kondensator anliegende Spannung U nicht mehr, ist der Kondensator aufgeladen.
Anschließend legen wir den Umschalter auf Position 2 um und trennen damit den Kondensator vom Netzgerät. Gleichzeitig schließen wir den Stromkreis zum Entladen des Kondensators. Mit einem Messwerterfassungssystem können wir den Verlauf der Spannung $U(t)$ abhängig von der Zeit aufzeichnen. So können wir sowohl langsame als auch schnelle Entladevorgänge untersuchen.

Halbwertszeit für den Entladevorgang • Aus dem resultierenden Zeitverlauf (▶ 3A) für $U(t)$ kann man ablesen, dass nach dem Aufladen die Anfangsspannung am Kondensator $U_0 = U(t = 0)$ = 8 V beträgt. Wir lesen am Graphen ab, dass sich nach etwa 0,07 s die Spannung auf 4 V halbiert (▶ 3A, **lila Markierung**). Nach weiteren 0,07 s (t = 0,14 s) hat sich die Spannung nochmals auf nun 2 V halbiert (▶ 3A, **rote Markierung**) und auch 0,07 s später (t = 0,21 s) hat sich die Spannung wieder auf 1 V halbiert (▶ 3A, **gelbe Markierung**). Die Spannung halbiert sich also alle 0,07 s. Deshalb nennt man diese Zeitspanne die **Halbwertszeit $T_{1/2}$**. Sie ist eine charakteristische Größe für den Entladevorgang.

$U(t) = 8{,}17\,\text{V} \cdot e^{-\frac{t}{0{,}096\,\text{s}}}$

3 Entladevorgang: **A** *Messung und* **B** *Regression*

38

Beim Entladen eines Kondensators über einen Widerstand halbiert sich die Spannung $U(t)$ am Kondensator für jeden Zeitpunkt t immer nach der Halbwertszeit $T_{1/2}$. Für den Zeitpunkt $t + T_{1/2}$ gilt: $U(t + T_{1/2}) = \frac{1}{2} \cdot U(t)$.

Regression • Das Auftreten einer Halbwertszeit ist charakteristisch für eine Exponentialfunktion. Um diese zu finden, nutzen wir die gerade gewonnene Erkenntnis, dass sich die Ausgangsspannung U_0 immer nach $T_{1/2}$ halbiert. So gilt für $t = 3\,T_{1/2}$:

$$U(t = 3\,T_{1/2}) = \tfrac{1}{2} \cdot \tfrac{1}{2} \cdot \tfrac{1}{2} \cdot U_0 = \left(\tfrac{1}{2}\right)^3 \cdot U_0$$

Erweitert man den Exponenten mit $\frac{T_{1/2}}{T_{1/2}}$, kann man den Zähler wegen $t = 3\,T_{1/2}$ in t umschreiben und erhält die gesuchte Funktion:

$$U(t) = \left(\tfrac{1}{2}\right)^3 \cdot U_0 = \left(\tfrac{1}{2}\right)^{\frac{3 \cdot T_{1/2}}{T_{1/2}}} \cdot U_0 = \left(\tfrac{1}{2}\right)^{\frac{t}{T_{1/2}}} \cdot U_0$$

Beim Entladen des Kondensators nimmt die Spannung $U(t)$ am Kondensator exponentiell mit der Zeit ab:
$U(t) = U_0 \cdot \left(\tfrac{1}{2}\right)^{\frac{t}{T_{1/2}}}$.

Führt man an den Messwerten eine exponentielle Regression durch, erhält man als Funktion (▶ 3B):

$U(t) = 8\,\text{V} \cdot e^{-\frac{t}{0,1\,\text{s}}}$.

Üblicherweise werden in der Physik Exponentialfunktionen mit der Basis e statt z. B. $\frac{1}{2}$ dargestellt. Das e steht für die Eulersche Zahl (e ≈ 2,71828). Der Faktor 0,1 s im Exponenten ist die **Zeitkonstante τ**. Für $t = \tau$ wird der Exponent der Funktion −1 und die Spannung verringert sich statt um den Faktor $\frac{1}{2}$ wie bei der Halbwertszeit um den Faktor e:

$U(t = \tau) = 8\,\text{V} \cdot e^{-1} = 8\,\text{V} \cdot \tfrac{1}{e}$.

Zwischen der Halbwertszeit und der Zeitkonstante besteht folgender Zusammenhang: $T_{1/2} = \ln 2 \cdot \tau$. Er ermöglicht einen Basiswechsel zwischen beiden Darstellungen.

Für den Entladevorgang eines Kondensators gilt: $U(t) = U_0 \cdot e^{-\frac{t}{\tau}}$. Nach Ablauf der durch die Zeitkonstante definierten Zeitspanne τ verringert sich die Spannung jeweils um den Faktor e. Je kleiner die Zeitkonstante τ ist, desto schneller entlädt sich der Kondensator.

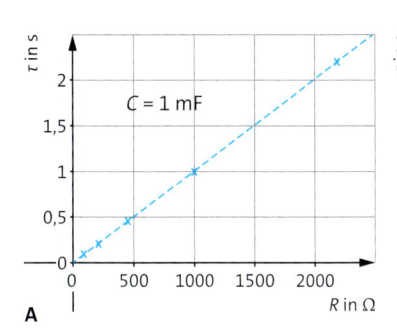

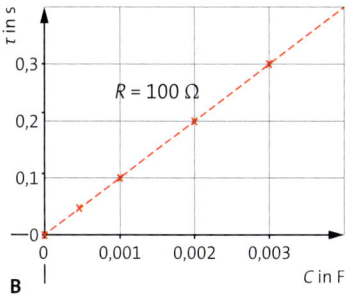

4 A R-τ-Diagramm; **B** C-τ-Diagramm

Kleine Zeitkonstante • Beim Blitzlicht soll sich der Kondensator sehr schnell entladen. Bei einer Belichtungszeit von 0,001 s muss die Zeitkonstante unter diesem Wert liegen.
Der Strom, der beim Entladen fließt, wird durch den Widerstand gehemmt. Dadurch entlädt sich der Kondensator langsamer. Wir vermuten daher, je größer Widerstand R ist, desto größer ist auch die Zeitkonstante τ.
Variiert man beim Entladen eines Kondensators mit konstantem C in einer Versuchsreihe den Widerstand, ist die Die Zeitkonstante proportional zum Widerstand (▶ 4A): $\tau \sim R$.

Umgekehrt können wir den Einfluss der Kapazität C bei konstantem Widerstand untersuchen. Wir vermuten, dass der Entladevorgang mit zunehmender Kapazität länger dauert, da auch mehr Ladung transportiert werden muss. Die Messwerte (▶ 4B) zeigen, dass die Zeitkonstante auch proportional zur Kapazität ist: $\tau \sim C$.
Wir kombinieren die beiden Proportionalitäten. Die Zeitkonstante ist proportional zum Produkt aus Kapazität und Widerstand: $\tau \sim R \cdot C$.

Bei der Auswertung unserer beiden Versuche stellen wir fest, dass der Quotient aus τ und $R \cdot C$, also die Proportionalitätskonstante, gleich 1 ist.

Die Zeitkonstante τ ist das Produkt aus Widerstand R und Kapazität C: $\tau = R \cdot C$. Für den Entladevorgang gilt:
$U(t) = U_0 \cdot e^{-\frac{t}{R \cdot C}}$.

Bei der betrachteten Schaltung (▶ 2) ist $\tau = 0,1$ s und $T_{1/2} = \ln 2 \cdot 0,1$ s $= 0,693$ s.

Für Wachstums- oder Abklingvorgänge in der Physik wählt man in der Regel als Basis die Eulersche Zahl e. Exponentialfunktionen mit anderen Basen lassen sich auf die Basis e umrechnen.

1 ☐ Die Zeitkonstante eines Entladevorgangs beträgt 2 min. Geben Sie die Entladefunktion an und ermitteln Sie die Halbwertszeit.

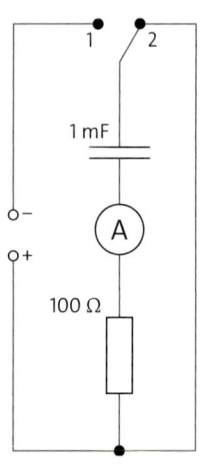

1 Schaltung zur Messung der Stromstärke beim Entladen eines Kondensators

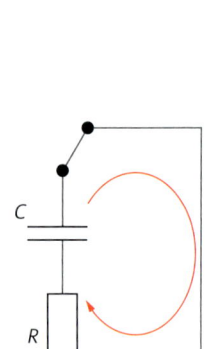

2 Kondensator und Widerstand bilden beim Entladen eine Masche (einen geschlossenen Weg im Stromkreis).

Zeitlicher Verlauf der Stromstärke beim Entladevorgang • Um den Zeitverlauf der Stromstärke I zu bestimmen, kann man genauso vorgehen wie bei der Spannung, indem man die Stromstärke z. B. mithilfe eines Messwerterfassungssystems während des Entladens eines Kondensators über einen Widerstand erfasst (▶1) und in einem Diagramm auswertet. Auch hier erhält man eine Exponentialfunktion, die mit der Zeit abklingt.

Die Funktion lässt sich auch ausgehend von der Exponentialfunktion für die Spannung $U(t)$ leicht gewinnen:

$$U(t) = U_0 \cdot e^{-\frac{t}{\tau}}.$$

Die Stormstärke in einem Schaltkreis wird durch den Widerstand bestimmt, weshalb wir beide Seiten der Gleichung durch R dividieren:

$$\frac{U(t)}{R} = \frac{U_0}{R} \cdot e^{-\frac{t}{\tau}}.$$

Da der bekannte Zusammen $U = R \cdot I$ gilt, können wir $\frac{U(t)}{R}$ mit $I(t)$ und $\frac{U_0}{R}$ mit der anfänglichen Stromstärke I_0 identifizieren:

$$I(t) = I_0 \cdot e^{-\frac{t}{\tau}}.$$

Wegen der Proportionalität von Spannung und Stromstärke ergibt sich für die exponentielle Abnahme der Stromstärke der gleiche zeitliche Verlauf mit der gleichen Zeitkonstante τ wie für die Spannung.

> Beim Entladen des Kondensators nimmt die Stromstärke $I(t)$ am Kondensator exponentiell mit der Zeit ab:
> $$I(t) = I_0 \cdot e^{-\frac{t}{\tau}}.$$

Zeitverlauf der Ladung • Ausgehend vom zeitlichen Verlauf der Spannung $U(t)$ können wir auch das zeitliche Verhalten der auf dem Kondensator gespeicherten Ladung $Q(t)$ beim Entladen ermitteln. Hierzu multiplizieren wird diesmal die Spannung $U(t)$ mit der Kapazität C:

$$Q(t) = C \cdot U(t) = 8\,\text{V} \cdot 0{,}001\,\text{F} \cdot e^{-\frac{t}{\tau}}.$$

Das Produkt $8\,\text{V} \cdot 0{,}001\,\text{F} = 8\,\text{mC}$ stellt den Anfangswert $Q_0 = Q(t = 0)$ der Ladung dar. Somit nimmt neben der Spannung auch die Ladung auf dem Kondensator exponentiell mit der Zeit ab:

$$Q(t) = Q_0 \cdot e^{-\frac{t}{\tau}}.$$

Von der Maschenregel zur Differenzengleichung • Unsere Ergebnisse aus den Versuchen wollen wir nun auch rechnerisch begründen. Beim Entladen sind Kondensator und Widerstand in Reihe geschaltet (▶2). Die Ladungen fließen von der einen Platte des Kondensators über die Kabelverbindungen durch den elektrischen Widerstand zur anderen Platte. Einen solchen geschlossenen Umlauf in einem Schaltkreis nennt man auch Masche. In einer Masche gilt: Die Summe aller Spannungen in einer Masche ist gleich 0.

Für die Reihenschaltung aus Kondensator und Widerstand bedeutet das, dass die Spannung, die am Kondensator anliegt, zu jedem Zeitpunkt vollständig am Widerstand abfällt:

$$U_R(t) + U_C(t) = 0.$$

Um den zeitlichen Verlauf der Ladung zu modellieren, drücken wir diese beiden Spannungen durch die Stromstärke beziehungsweise die Ladung aus:

$$I(t) \cdot R + \frac{Q(t)}{C} = 0.$$

Die Stromstärke selbst wird durch die Änderung der Ladung pro Zeitintervall ersetzt, sodass anschließend nach diesem ΔQ aufgelöst werden kann:

$$\frac{\Delta Q(t)}{\Delta t} \cdot R + \frac{Q(t)}{C} = 0 \;\Rightarrow\; \Delta Q(t) = -Q(t) \cdot \frac{\Delta t}{R \cdot C}.$$

Das Produkt $R \cdot C$ entspricht der Zeitkonstante τ:

$$\Delta Q(t) = -Q(t) \cdot \frac{\Delta t}{\tau}.$$

Eine solche Gleichung nennen wir **Differenzengleichung**. Die Gleichung ist so zu lesen, dass man mit ihr die Ladungsänderung ΔQ für ein fest gewähltes Δt in Abhängigkeit von der Ladung Q zu einem bestimmten Zeitpunkt berechnen kann. Je kleiner dabei die Ladung Q ist, desto kleiner ist auch die Ladungsänderung $|\Delta Q|$. Die Größe Δt nennen wir **Zeitschritt**.

Berechnung • Mit der Differenzengleichung kann der Zeitverlauf $Q(t)$ schrittweise ermittelt werden. Dazu legen wir zunächst den Zeitschritt $\Delta t = 0{,}005\,\text{s}$ fest. Sollte uns das Ergebnis nicht genau genug sein, verkleinern wir einfach den Zeitschritt. Die Zeitkonstante ist immer noch $\tau = 0{,}1\,\text{s}$.

Wir berechnen die Ladungsdifferenz für den ersten Zeitschritt mit $Q(t = 0) = Q_0 = 8\,\text{mC}$:

$$\Delta Q_1 = -8\,\text{mC} \cdot \frac{0{,}005\,\text{s}}{0{,}1\,\text{s}} = -0{,}4\,\text{mC}.$$

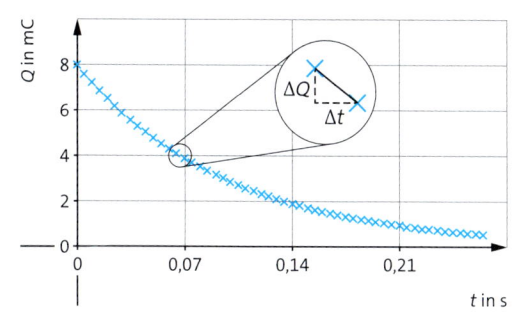

Elektrische Felder • Entladen und Aufladen eines Kondensators

3 Iteration der Differenzengleichung beim Entladen

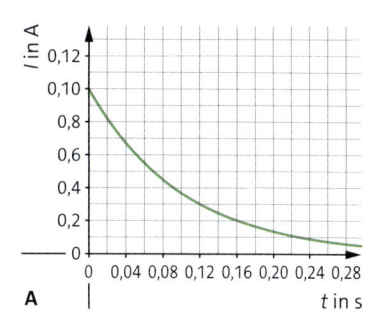

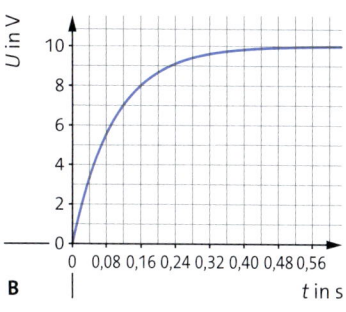

4 Verlauf von **A** Stromstärke und **B** Spannung am Kondensator beim Aufladen

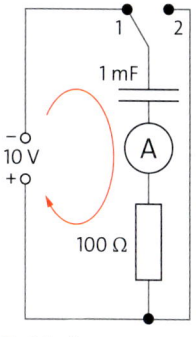

5 Schaltung zur Messung der Stromstärke beim Aufladen

Zum Zeitpunkt $t_1 = \Delta t = 0{,}005$ s beträgt die Ladung $Q(\Delta t) = Q_1$:

$Q_1 = Q(0{,}005\,\text{s}) = 8\,\text{mC} - 0{,}4\,\text{mC} = 7{,}6\,\text{mC}$.

Und die Ladungsdifferenz:

$\Delta Q_2 = -7{,}6\,\text{mC} \cdot \dfrac{0{,}005\,\text{s}}{0{,}1\,\text{s}} = -0{,}38\,\text{mC}$.

Daraus ergibt sich zum Zeitpunkt $t_2 = 2 \cdot \Delta t = 0{,}01$ s die Ladung $Q(2\,\Delta t) = Q_2$:

$Q_2 = Q(0{,}01\,\text{s}) = 7{,}6\,\text{mC} - 0{,}38\,\text{mC} = 7{,}22\,\text{mC}$.

Dieses **Differenzenverfahren** kann man mithilfe einer Tabellenkalkulation fortsetzen. Der so ermittelte zeitliche Verlauf passt gut zur beobachteten exponentiellen Abnahme der Ladung im Versuch (▶3).

> Mithilfe der Differenzengleichung kann der zeitliche Verlauf der Ladung $Q(t)$ durch eine schrittweise Iteration bestätigt werden. Dabei wird ΔQ immer kleiner, da die restliche Ladung Q immer kleiner wird: $\Delta Q(t) = -Q(t) \cdot \dfrac{\Delta t}{\tau}$.

Aufladen des Kondensators • Bisher haben wir nur das Verhalten des Kondensators beim Entladen untersucht und analysiert. Mit dem Messwerterfassungssystem können wir aber auch die Stromstärke beim Aufladen des Kondensators messen (▶5) und abhängig von der Zeit darstellen (▶4).
Durch Regression ermitteln wir, dass die Stromstärke mit der gleichen Zeitkonstante $\tau = R \cdot C = 0{,}1$ s wie beim Entladen exponentiell abnimmt:

$I(t) = I_0 \cdot e^{-\frac{t}{\tau}}$.

Da die Stromstärke im gesamten Schaltkreis mit der Zeit exponentiell abfällt, gilt das wegen $U = R \cdot I$ auch für die Spannung am Widerstand:

$U_R(t) = I(t) \cdot R = U_0 \cdot e^{-\frac{t}{\tau}}$ mit $U_0 = I_0 \cdot R = 10$ V

Mithilfe der Maschenregel können wir auch die Spannung am Kondensator bestimmen. Für die konstante Spannung am Netzgerät, die Spannung am Widerstand und die Spanung am Kondensator gilt:

$U_0 = U_R(t) + U_C(t)$

$U_C(t) = U_0 - U_R(t) = U_0 - U_0(t) \cdot e^{-\frac{t}{\tau}} = U_0 \cdot \left(1 - e^{-\frac{t}{\tau}}\right)$

1 Ein Kondensator mit der Kapazität 1 F wird über einen Widerstand von 50 Ω entladen.
 a ☐ Berechnen Sie die Zeitkonstante τ.
 b ✏ Geben Sie einen Term für die Zeitverläufe der Spannung $U(t)$, der Ladung $Q(t)$ und der Stromstärke $I(t)$ an.
 c ✏ Erstellen Sie einen Graphen für $I(l)$.

2 ✏ Eine Blitzlampe erhält den elektrischen Strom aus einem Kondensator mit der Kapazität 0,1 mF. Er soll in 0,5 ms zur Hälfte entladen werden.
 a Bestimmen Sie den Widerstand, den die Blitzlampe dafür haben muss.
 b Der Kondensator wird mit einer Spannung von 360 V aufgeladen. Bestimmen Sie die der Lampe zugeführte Energie, die maximale Stromstärke und die maximale Leistung.

3 ☐ Ein Kondensator hat in einem Stromkreis beim Entladen die Halbwertszeit 5 h und die anfängliche Spannung 20 V.
 a Berechnen Sie die Zeitkonstante τ.
 b Geben Sie einen Funktionsterm für $U(t)$ an.
 c Berechnen Sie die Spannung zu den Zeiten 10 h, 15 h, 30 h und 2 d.

4 ✏ In einem Elektroauto wird beim Bremsen ein Kondensator mit einer Kapazität von $C = 100$ F über den Widerstand von $R = 0{,}02$ Ω geladen. Ermitteln Sie die Zeitkonstante.

41

Anwenden der Exponentialfunktion in der Physik

Beim Auf- und Entladen des Kondensators kann die Abhängigkeit der Ladung von der Zeit durch eine Exponentialfunktion dargestellt werden. Exponentialfunktionen spielen bei vielen Vorgängen in Natur, Technik und Wirtschaft eine wichtige Rolle, z. B. bei Wachstumsprozessen oder beim radioaktiven Zerfall.

Exponentialfunktion • Für die Ladung eines Kondensators beim Entladen gilt die folgende bekannte Exponentialfunktion: $Q(t) = Q_0 \cdot e^{-\frac{t}{\tau}}$. Sie hat als Basis die Zahl e und hängt von der Zeit ab. Da die Funktion noch von Parametern abhängt (Q_0, τ), vereinfachen wir zur weiteren Untersuchung den Funktionsterm. Eine Exponentialfunktion $y(t)$ zeichnet sich durch eine konstante Basis b und die unabhängige Variable, z. B. t, im Exponenten aus: $y(t) = b^t$.

Änderungsrate • In der Physik untersuchen wir häufig, wie sich eine physikalische Größe mit der Zeit ändert. Die Geschwindigkeit $v(t) = \frac{\Delta s}{\Delta t}$ gibt z. B. an, wie sich die zurückgelegte Strecke mit der Zeit ändert. Wir untersuchen daher die Änderungsrate unserer allgemeinen Exponentialfunktion $y(t)$ über den Differenzenquotienten:

$\frac{y(t_2) - y(t_1)}{t_2 - t_1}$, mit $t_1 = t$ und $t_2 = t + \Delta t$ ergibt sich:

$\frac{y(t_2) - y(t_1)}{t_2 - t_1} = \frac{y(t + \Delta t) - y(t)}{\Delta t} = \frac{b^{t+\Delta t} - b^t}{\Delta t} = \frac{\Delta y}{\Delta t}$.

Jetzt wenden wir das Potenzgesetz $b^{t+\Delta t} = b^t \cdot b^{\Delta t}$ an und klammern b^t aus. Dadurch erhalten wir:

$\frac{\Delta y}{\Delta t} = \frac{b^{t+\Delta t} - b^t}{\Delta t} = \frac{b^t \cdot b^{\Delta t} - b^t}{\Delta t} = b^t \cdot \frac{b^{\Delta t} - 1}{\Delta t}$.

Der Faktor b^t ist die ursprüngliche Funktion $y(t)$:

$\frac{\Delta y}{\Delta t} = y(t) \cdot \frac{b^{\Delta t} - 1}{\Delta t}$.

Diese Gleichung gilt grundsätzlich für alle Exponentialfunktionen mit einer beliebigen Basis b. Wie für die Ladung $Q(t)$ beim Entladen des Kondensators werden in der Physik Exponentialfunktionen häufig mit der Basis e verwendet. Um das nachvollziehen zu können, suchen wir eine Basis b für die gilt:

$\frac{b^{\Delta t} - 1}{\Delta t} = 1$.

In diesem Fall ist dann die Änderungsrate $\frac{\Delta y}{\Delta t}$ gleich der Funktion $y(t)$. Um die Gleichung nach b aufzulösen, multiplizieren wir mit Δt, addieren 1 und potenzieren die Gleichung mit dem Exponenten $\frac{1}{\Delta t}$:

$b = (\Delta t + 1)^{\frac{1}{\Delta t}}$.

Die gesuchte Basis b hängt vom Zeitschritt Δt ab. Um die Änderung von $y(t)$ möglichst genau zu bestimmen, muss Δt so klein wie möglich sein. Dazu ersetzen wir Δt durch $\frac{1}{n}$, wobei n eine natürliche Zahl ist, die gegen Unendlich geht:

$b = \lim_{n \to \infty} \left(1 + \frac{1}{n}\right)^n$.

Eulersche Zahl • Diese Gleichung schlug Euler 1748 als Definition für eine besondere Zahl vor. Für $n = 1$ ist $b_1 = 2$, für $n = 10$ ist $b_{10} = 2{,}59...$, für $n = 1000$ ist $b_{1000} = 2{,}7169...$ (▶**1**). Im Grenzfall n gegen unendlich ist die Basis b die **Eulersche Zahl** $e = 2{,}7182818...$ und der Zeitschritt Δt unendlich klein. Die Änderungsrate $\frac{\Delta y}{\Delta t}$ ist für einen solchen unendlich kleinen Zeitschritt gleich der Ableitung $\frac{dy}{dt}$ oder $y'(t)$. Für die Exponentialfunktion $y(t) = e^t$ gilt also:

$(e^t)' = e^t$, oft geschrieben: $(\dot{e^t}) = e^t$.

Die Exponentialfunktion e^t zur Basis e ist die Funktion, deren Ableitung wieder sie selbst ist.

n	1	2	...	10	1000
$b_n = \left(1 + \frac{1}{n}\right)^n$	2	2,25	...	2,59...	2,7169...

1 Annäherung an die Eulersche Zahl

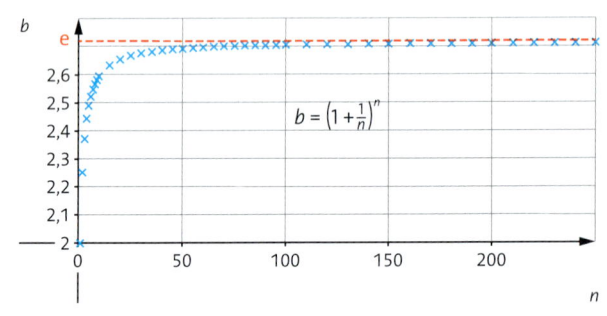

2 Annäherung der Gleichung an die Eulersche Zahl

1 🔬 Euler entdeckte die Eulersche Zahl bei der Untersuchung von Flugbahnen mit Luftreibung. Wir betrachten analog den weitgehend waagerechten Torschuss beim Fußball in einer Höhe von etwa 1 m und mit einer Anfangsgeschwindigkeit von $v_0 = 30 \frac{m}{s}$. Die Geschwindigkeit des Balls nimmt aufgrund des Luftwiderstands im Laufe des Flugs exponentiell ab. Für die Geschwindigkeit gilt:

$v(x) = v_0 \cdot e^{-\frac{0{,}025}{m} \cdot x}$.

a Zeichnen Sie ein x-v-Diagramm.
b Bestimmen Sie die Ableitung $v'(x)$ und zeichnen Sie das $v'(x)$-Diagramm.
c Überprüfen Sie, dass für einen Torschuss der folgende Zusammenhang zwischen der Geschwindigkeit und ihrer Ableitung gilt: $v'(x) = -\frac{0{,}025}{m} \cdot v(x)$.
d Beurteilen Sie Distanzschüsse auf das Tor aus physikalischer Sicht.

Methode — Elektrische Felder • Entladen und Aufladen eines Kondensators

Lösen von Differenzialgleichungen mit der Exponentialfunktion

Die Funktion zur Beschreibung der Entladung eines Kondensators kann durch Aufstellen einer Differenzialgleichung gefunden werden. Exponentialfunktionen mit der Basis e dienen als Lösung.

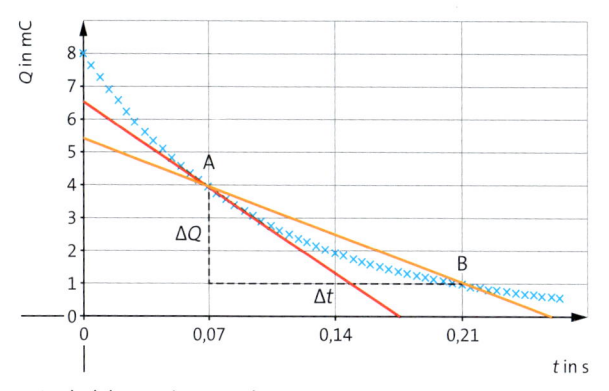

3 Entladekurve eines Kondensators

Differenzengleichung • Um das Entladen eines Kondensators zu modellieren, haben wir folgende Differenzengleichung für die Änderung der Ladung aufgestellt:

$$\Delta Q = -Q \cdot \frac{\Delta t}{\tau}.$$

Die Gleichung haben wir iterativ untersucht und eine exponentielle Abnahme der Ladung erhalten. Wir können vermuten, dass sich für $\Delta t \to 0$ schließlich $Q(t) = Q_0 \cdot e^{-\frac{t}{\tau}}$ ergibt. Das hatten wir mit einer exponentiellen Regression bestätigt.

Das Differenzenverfahren hat jedoch Nachteile: Wir müssen die Zeitkonstante τ kennen. Zudem ist die Genauigkeit des Verfahrens von der Größe des gewählten Zeitschritts Δt abhängig. Je kleiner wir Δt wählen, desto genauer ist das Ergebnis für ΔQ. Umgekehrt bedeutet ein kleiner Zeitschritt allerdings, dass wir viel mehr Zwischenschritte benötigen, um für eine bestimmte Zeit die Ladung $Q(t)$ zu bestimmen. Statt iterativ untersuchen wir die Gleichung deshalb analytisch.

Differenzialgleichung • Teilen wir die Gleichung oben durch Δt, erhalten wir die Änderungsrate $\frac{\Delta Q}{\Delta t}$ für Q:

$$\frac{\Delta Q}{\Delta t} = -Q \cdot \frac{1}{\tau}.$$

Diese Änderungsrate entspricht der Steigung einer Sekante am Graph von Q (▶ 3). Die Sekante z. B. durch die Punkte A (0,07 s | 4 mC) und B (0,21 s | 1 mC) hat die Steigung:

$$\frac{\Delta Q}{\Delta t} = \frac{1\,\text{mC} - 4\,\text{mC}}{0{,}21\,\text{s} - 0{,}07\,\text{s}} = \frac{-3\,\text{mC}}{0{,}14\,\text{s}} = -21{,}4\,\frac{\text{mC}}{\text{s}}.$$

Um grafisch die genaue Änderungsrate im Punkt A zu ermitteln, nähern wir den Punkt B an A an. Dabei wird die Sekante zur Tangente. Die Änderungsrate entspricht dabei der **Tangentensteigung in Punkt A**:

$$m(Q) \approx \frac{6{,}5\,\text{mC}}{0{,}17\,\text{s}} = 38{,}2\,\frac{\text{mC}}{\text{s}}.$$

Durch die Annäherung haben wir in der Differenzengleichung den Übergang zu einem unendlich kleinen Zeitschritt vollzogen ($\Delta t \to 0$). Die Änderungsrate $\frac{\Delta Q}{\Delta t}$ entspricht dann der ersten Ableitung nach der Zeit $\frac{dQ}{dt} = Q'(t)$ bzw. $\dot{Q}(t)$:

$$\dot{Q}(t) = -Q(t) \cdot \frac{1}{\tau}.$$

Man erhält eine Gleichung, in der eine physikalische Größe wie die Ladung $Q(t)$ mit ihrer (zeitlichen) Ableitung $\dot{Q}(t)$ verknüpft ist. Eine solche Gleichung nennt man **Differenzialgleichung**.

Lösung der Differenzialgleichung • Wir suchen also eine Funktion $Q(t)$, deren Ableitung $\dot{Q}(t)$ bis auf einen Faktor wieder die Funktion selbst ergibt. Ein solcher Funktionstyp ist die Exponentialfunktion zur Basis e:

$$Q(t) = Q_0 \cdot e^{a \cdot t}.$$

Die Gleichung enthält die beiden Parameter Q_0 und a. Da für $t = 0$ $e^0 = 1$ gilt, kann mit Q_0 ein Anfangswert für die Ladung $Q_0 = Q(t = 0)$ festgelegt werden. Der Parameter a bleibt zunächst unbestimmt und muss im Rahmen der Überprüfung konkretisiert werden.

Um zu prüfen, ob diese Funktion eine Lösung unserer Differenzialgleichung ist, leiten wir $Q(t)$ zunächst nach der Kettenregel ab. Dabei erhalten wir die Funktion selbst, multipliziert mit der Ableitung des Exponenten. Der Exponent $a \cdot t$ hat die Ableitung a. Somit ist die Ableitung der vermuteten Funktion:

$$\dot{Q}(t) = Q_0 \cdot (e^{a \cdot t})' = Q_0 \cdot a \cdot e^{a \cdot t}.$$

Die vermutete Funktion $Q(t)$ und deren Ableitung $\dot{Q}(t)$ setzen wir als nächstes in die Differenzialgleichung ein:

$$Q_0 \cdot a \cdot e^{a \cdot t} = -Q_0 \cdot e^{a \cdot t} \cdot \frac{1}{\tau}.$$

Durch Vergleich erkennen wir, dass $a = -\frac{1}{\tau}$ ist. Damit haben wir mithilfe der Differenzialgleichung, die schon aus der Regression bekannte Funktion für Q erhalten:

$$Q(t) = Q_0 \cdot e^{-\frac{t}{\tau}}.$$

1 ◼ Die allgemeine Lösung der untersuchten Differenzialgleichung ist $Q(t) = Q_0 \cdot e^{-\frac{t}{\tau}}$.
 a Bestimmen Sie für $Q(t)$ mit den Punkten A und B (▶ 3) die Parameter Q_0 und τ.
 b Vergleichen Sie mit dem jeweiligen τ, das man aus der Sekanten- bzw. Tangentsteigung ermitteln kann.
 c Ziehen Sie Schlussfolgerungen aus den Unterschieden in den Werten.

Material

Versuch A • Parallel- und Reihenschaltung von Kondensatoren

V1 Untersuchung der Kapazität

Materialien: zwei Kondensatoren, Netzgerät, Widerstand, Voltmeter, Stoppuhr

Arbeitsauftrag:
- Bauen Sie eine Schaltung zum Laden und Entladen eines Kondensators über einen Widerstand R. Laden Sie den Kondensator. Entladen Sie ihn dann und messen Sie dabei den Spannungsverlauf $U(t)$.
- Ermitteln Sie die Zeitkonstante τ.
- Berechnen Sie aus der Zeitkonstanten die Kapazität und vergleichen Sie mit dem am Kondensator angegebenen Wert. Beurteilen Sie das Messverfahren.
- Bauen Sie eine Parallelschaltung von zwei Kondensatoren und messen Sie die Kapazität der Schaltung (▶ 1).
- Stellen Sie eine Vermutung zur Berechnung der Gesamtkapazität C_{ges} der Schaltung abhängig von den beiden Einzelkapazitäten C_1 und C_2 auf.
- Überprüfen Sie die Vermutung mit zwei anderen Kondensatoren.
- Bauen und untersuchen Sie analog eine Reihenschaltung von zwei Kondensatoren (▶ 2).
- Überprüfen Sie die Gültigkeit der Formel zur Berechnung der Gesamtkapazität in einer Reihenschaltung:
$$\frac{1}{C_{ges}} = \frac{1}{C_1} + \frac{1}{C_2}.$$
Begründen Sie mit der Maschenregel.

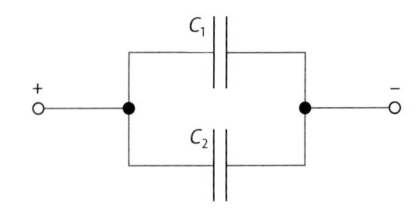

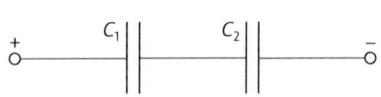

1 Parallelschaltung

2 Reihenschaltung

Versuch B • Kondensatoren als Filter

V1 Simulation eines Filters

In Musikanlagen kann man den Klang mit Filtern beeinflussen, um z. B. hohe oder tiefe Töne besser hören zu können. Diese untersuchen wir mit einer Computersimulation.

Materialien: Computer mit Tabellenkalkulation

Arbeitsauftrag:
- Modellieren Sie die Schaltung in der Skizze (▶ 3) mit der Amplitude $U_0 = 10\,\text{V}$ und $\omega = 100\,\text{Hz}$. Beginnen sie mit $Q_0 = 0$. Begründen Sie die Gleichung: $I = C \cdot \dot{U}(t)$.
- Begründen Sie folgende Differenzengleichung:
$\Delta Q = C \cdot U_0 \cdot \sin(\omega \cdot t) \cdot \Delta t \cdot \omega$.
- Ermitteln Sie im Computerexperiment den Verlauf $Q(t)$ der Ladung. Ermitteln Sie dazu ein geeignetes Zeitintervall Δt, sodass die Ergebnisse allenfalls unwesentlich von Δt abhängen. Erstellen Sie ein $Q(t)$-Diagramm.
- Bestätigen Sie, dass $Q(t)$ anfangs einschwingt, wogegen später ein stabiler sinusförmiger Zeitverlauf auftritt.
- Zeigen Sie mithilfe der Simulation, dass der Wechselstromwiderstand am Kondensator $R(\omega) = \frac{1}{\omega \cdot C}$ beträgt.
- Zwischen den gemessenen Wechselspannungen U_C am Kondensator und U_R am Widerstand tritt eine Phasenverschiebung $\Delta\varphi$ auf. Bestimmen Sie diese für die Schaltung.

V2 Experiment zum Filter

Materialien: Kondensator, Widerstand, Funktionsgenerator, 2 Multimeter

Arbeitsauftrag:
- Bauen Sie den Versuch wie in der Skizze gezeigt auf (▶ 3). Führen Sie ihn durch und bestätigen Sie die im Versuch V1 ermittelten Eigenschaften.
- Bestätigen Sie, dass die Summe aus der Amplitude der Kondensatorspannung U_C und der Amplitude der Spannung U_R am Widerstand nicht gleich null ist.
- Stellen Sie die beiden Spannungsverläufe $U_R(t)$ und $U_C(t)$ unter Berücksichtigung des Phasenunterschieds von 90° durch einen Term dar.

Vergleichen Sie mit der Netzspannung $U_N(t)$ und formulieren Sie das Ergebnis.
Hinweis: Bilden Sie die Summe mithilfe eines passenden Additionstheorems.
- Bestätigen Sie, dass $\frac{U_a}{U_0}$ mit zunehmendem ω kleiner wird. Daher liegt ein sogenannter Tiefpass vor.
- Vergleichen Sie die Ergebnisse aus V2 mit denen aus V1. Beurteilen Sie die Aussagekraft. Erörtern Sie Vor- und Nachteile von Experimenten gegenüber Computersimulation. Erörtern Sie Verbesserungsmöglichkeiten.

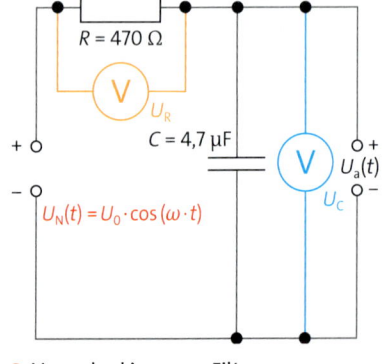

3 Versuchsskizze zum Filter

Elektrische Felder • Entladen und Aufladen eines Kondensators

Material A • Abgeflossene Ladung als Fläche unter dem Graphen von I(t)

Die Stromstärke wurde beim Entladevorgang eines Kondensators aufgezeichnet und im Diagramm dargestellt (▶A1).

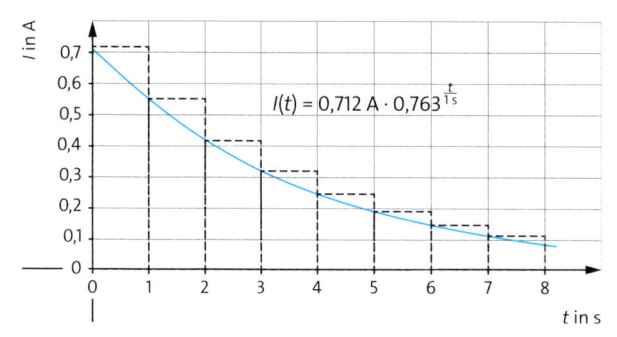

A1 Entladung eines Kondensators: I(t)

$I(t) = 0{,}712\,A \cdot 0{,}763^{\frac{t}{1\,s}}$

1 Ein Strom I(t) fließt konstant mit der Stromstärke 2,5 A.
  a ☐ Ermitteln Sie, wie groß die Ladung ist, die bei der Stromstärke I innerhalb von 12 s transportiert wird.
  b ☐ Zeichnen Sie den Graphen von I(t).
  c ▨ Der unter a berechnete Wert für die geflossene Ladung kann im I(t)-Diagramm als Fläche gedeutet werden. Erklären Sie.

2 Für die Werte im t-I-Diagramm wurde eine Regression durchgeführt (▶A1).
  a ☐ Die geflossene Ladung Q entspricht wie in Aufgabe 1 der Fläche zwischen t-Achse und Graph. Bestimmen Sie Q näherungsweise für die ersten 8 s, indem Sie die Flächen der Rechtecke (▶A1) berechnen und die einzelnen Flächeninhalte addieren.
  b ▨ Stellen Sie die Funktion I(t) der Regression (▶A1) im Graphik-Menü Ihres Taschenrechners dar. Ermitteln Sie mit der Integralfunktion des Rechners die Fläche zwischen Rechtsachse und Graph für die ersten 8 s. *Hinweis:* Die Funktion finden Sie dort, wo sich auch die Funktionen zur Nullstellenbestimmung befinden.
  c ▨ Interpretieren Sie das Ergebnis und vergleichen Sie den Wert mit dem Flächeninhalt aus **a**.

3 ■ Für die geflossene Ladung kann wie für die Stromstärke eine Funktionsgleichung gefunden werden. Ermitteln Sie den Funktionsterm für Q(t). *Hinweise:* $\dot{Q}(t) = I(t)$ und für eine Exponentialfunktion a^t gilt: $(a^t)' = \ln(a) \cdot a^t$
Nutzen Sie als Ansatz: $Q(t) = k \cdot 0{,}763^{\frac{t}{1\,s}}$.

Material B • Kondensator in der Straßenbahn

In Heidelberg fahren Straßenbahnen (▶B1), die Energie in einem Kondensatorblock mit einer Kapazität von 1 555 200 F bei einer Maximalspannung von 2,7 V speichern. Die Straßenbahn kann mit der gespeicherten Energie bis zu einem Kilometer weit fahren.

B1 Straßenbahn mit Kondensator

1 Die Abbildung zeigt den prinzipiellen Schaltkreis für das Laden des Kondensatorblocks (▶B2).
  a ☐ Berechnen Sie die Zeitkonstante.
  b ☐ Ermitteln Sie die Ladung und Energie, die der Kondensatorblock speichern kann.
  c ☐ Nennen Sie für den Ladevorgang den Term für die Stromstärke abhängig von der Zeit.

2 ▨ Erörtern Sie Vorteile des Kondensatorblocks in Bezug auf Energieverluste beim Bremsen und bezüglich benötigter Oberleitungen.

3 ▨ Stellen Sie den Verlauf der Stromstärke, Ladung und Spannung bei einem vierminütigen Ladevorgang abhängig von der Zeit grafisch dar.

4 Der Kondensator ist anfangs entladen und wird über einen Widerstand von 0,05 Ω geladen.
  a ▨ Ermitteln Sie, nach welcher Ladezeit der Kondensatorblock zu 50 % bzw. zu 90 % geladen ist.
  b ▨ Erläutern Sie die Schaltskizze (▶B2) und stellen Sie mithilfe der Maschenregel eine Gleichung für den Stromkreis auf.
  c ■ Erläutern Sie, warum man in der Gleichung in **b** die Stromstärke durch die Ableitung der Ladung ersetzen kann und warum so eine Differentialgleichung entsteht.
  d ■ Bestätigen Sie, dass die Gleichung $I(t) = I_0 \cdot e^{-\frac{t}{\tau}}$ eine Lösung der Differentialgleichung in **b** ist.
  e ■ Leiten Sie mithilfe der Lösung in **c** die Zeitkonstante als Funktion der Kapazität und des Widerstands her.

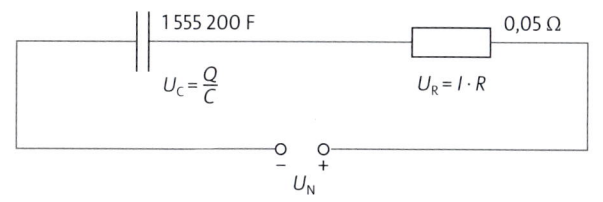

B2 Schaltskizze

1 555 200 F   0,05 Ω

$U_C = \dfrac{Q}{C}$ $U_R = I \cdot R$

U_N

45

1.6 Teilchen im elektrischen Feld beschleunigen

1 Elektrischer Antrieb von Satelliten

Dieses Ionentriebwerk für die Weltraumfahrt sendet einen bläulichen Strahl aus elektrisch geladenen Teilchen aus, der den nötigen Rückstoß erzeugt. Mit diesem Antrieb erreichte der Kommunikationssatellit ARTEMIS seine endgültige Umlaufbahn. Wie kann man elektrisch geladene Teilchen beschleunigen und bündeln?

Ionisation der Luft • Im Ionentriebwerk des Satelliten werden einfach positiv geladene Xenon-Ionen als geladene Teilchen verwendet. Um das Beschleunigen und Bündeln von Ladungen zu untersuchen, verwenden wir Elektronen.

Wir wissen schon, dass man einen Körper durch Reibung elektrostatisch aufladen kann. Dabei werden Elektronen von einem Gegenstand auf den anderen übertragen. Lädt man auf diese Weise ein Elektroskop negativ auf und bringt eine Kerzenflamme in die Nähe, dann wird das Elektroskop entladen. Die thermische Energie der Flamme reicht aus, um Atome und Moleküle der Luft zu ionisieren, wodurch diese elektrisch leitfähig wird. Das Elektroskop kann sich so über die ionisierte Luft entladen (▶ 2).

Im Atom sind die negativ geladenen Elektronen an den positiv geladenen Atomkern gebunden. Bei der Ionisation werden einzelne Elektronen durch Zufuhr von Energie dauerhaft aus dem Anziehungsbereich des Atomkerns gebracht.

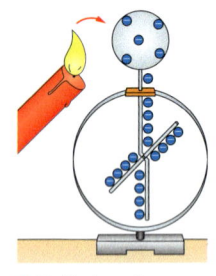

2 Entladen eines Elektroskops durch Ionisation der Luft

Erzeugung freier Elektronen • Statt die Teilchen der Luft zu ionisieren, kann man auch eine dünne Wendel aus einem hochschmelzenden Metall verwenden. Legt man an diese eine elektrische Spannung an, wird durch den hohen Widerstand der Wendel elektrische Energie in Wärme umgewandelt. Sie beginnt zu glühen. Im Versuch befindet sch die Wendel in einem evakuierten Glaskolben (▶ 3). Durch das Vakuum ist die Bewegung der Elektronen nicht durch andere Teilchen gestört.

Um zu überprüfen, ob sich wirklich Elektronen abgelöst haben, befindet sich am rechten Ende eine positiv geladene Metallplatte, verbunden mit einem positiv geladenem Elektroskop. Anfangs ist die Heizspannung U_B gleich null und die Platte bleibt positiv geladen. Dann wird die Heizspannung bis zum Glühen der Wendel erhöht. Daraufhin zeigt das Elektroskop keine Ladung mehr an. Wir deuten dies so: Die Temperatur der Wendel ist groß genug, damit Elektronen aus dem Atomverband des Metalls austreten. Diese werden durch das elektrische Feld der positiv geladenen Platte angezogen, treffen auf die Platte und entladen diese.

Das Ablösen der Elektronen vom glühenden Metall heißt glühelektrischer Effekt oder Glühemission.

> Mithilfe des glühelektrischen Effekts können Elektronen aus einer glühenden Metallwendel abgelöst werden. Im Vakuum kann man solche emittierten Elektronen durch ein elektrisches Feld ungestört von Luft beschleunigen.

Elektrische Felder • Teilchen im elektrischen Feld beschleunigen

Elektronenstrahlröhre • Im Versuch zum glühelektrischen Effekt entsteht an der Glühwendel eine Elektronenwolke (▶3). Um einen Elektronenstrahl zu erzeugen, müssen die Elektronen zu einem Strahl gebündelt und beschleunigt werden. Hierzu verwendet man Elektronenstrahlröhren (auch Braunsche Röhre). Neben der Glühkathode (Glühwendel) besteht sie aus einem sogenannten Wehnelt-Zylinder und einer Lochanode (▶4). Der negativ geladene Wehnelt-Zylinder bündelt die Elektronen auf seiner Längsachse in einen Strahl.

Zwischen der Glühwendel und der Lochanode ist eine elektrische Beschleunigungsspannung U_B angelegt. Sie ist so gepolt, dass die Elektronen im elektrischen Feld zur positiv geladenen Anode beschleunigt werden. Durch das Loch in der Anode kann der Strahl diese passieren. Zur Überprüfung und Beobachtung befindet sich in der Röhre ein Schirm, der an den Stellen leuchtet, an denen Elektronen auftreffen. Der Versuch bestätigt, dass wir so bereits einen Elektronenstrahl erzeugen können (▶5).

Geschwindigkeit • Um die Geschwindigkeit der Elektronen hinter der Lochanode zu ermitteln, nutzen wir das Prinzip der Energieerhaltung. Durch die Beschleunigungsspannung U_B erhält ein Elektron die Energie $E = e \cdot U_B$. Das Größensymbol e steht für den Betrag der Elektronenladung und heißt **Elementarladung**. Es ist die kleinstmögliche Ladung, die ein einzelnes Teilchen tragen kann:

$e = 1{,}602 \cdot 10^{-19}$ C.

Man verwendet in diesem Zusammenhang häufig die Energieeinheit ein **Elektronenvolt,** 1 eV:

$1\,\text{eV} = e \cdot 1\,\text{V} = 1{,}602 \cdot 10^{-19}$ J.

Die Energie $E = e \cdot U_B$ ist gleich der kinetischen Energie $E_{kin} = \frac{1}{2} \cdot m \cdot v^2$, denn wegen des Vakuums in der Röhre können wir annehmen, dass die elektrische Energie vollständig in kinetische Energie umgewandelt wird:

$e \cdot U_B = \frac{1}{2} \cdot m \cdot v^2$.

$v = \sqrt{\dfrac{2 \cdot e \cdot U_B}{m}}$

Für eine Spannung von $U_B = 4000$ V ergibt sich:

$v = \sqrt{\dfrac{2 \cdot 1{,}602 \cdot 10^{-19}\,\text{C} \cdot 4000\,\text{V}}{9{,}109 \cdot 10^{-31}\,\text{kg}}} = 3{,}75 \cdot 10^7\,\dfrac{\text{m}}{\text{s}}$

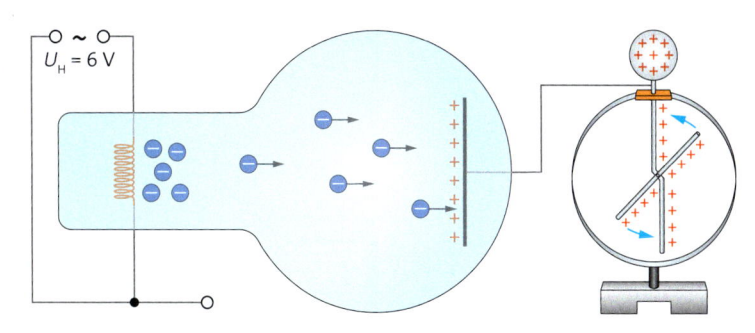

3 Die Entladung eine Elektroskops dient zum Nachweis emittierter Elektronen durch den glühelektrischen Effekt.

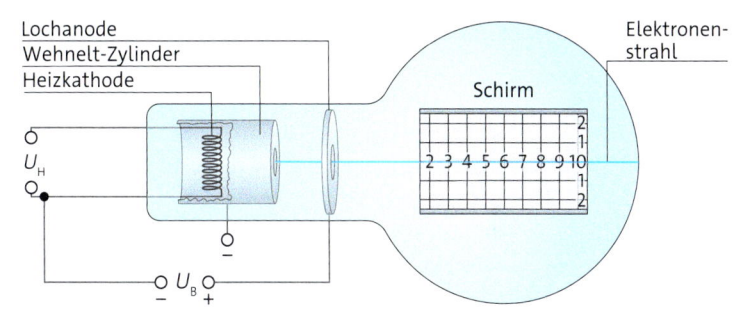

4 Schematischer Aufbau einer Elektronenstrahlröhre

Auch beim Ionentriebwerk werden die Xenon-Ionen durch ein elektrisches Feld beschleunigt. Es wird durch zwei Gitterelektroden erzeugt, wodurch die Ionen sowohl in das Feld ein- als auch wieder austreten können.

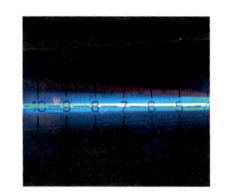

5 Elektronenstrahl

1 ⬛ Anhand des Videos eines Massenauswurfes der Sonne kann man abschätzen, dass der entstehende Sonnenwind etwa mit der Geschwindigkeit $v = 200\,\dfrac{\text{km}}{\text{s}}$ weht.
  a Beim koronalen Massenauswurf sind die Verhältnisse komplizierter. Berechnen Sie dennoch, wie groß eine Spannung U_B sein müsste, die ein Elektron auf $v = 200\,\dfrac{\text{km}}{\text{s}}$ bringen kann.
  b Berechnen Sie die entsprechende Energie in J, eV und kWh.

2 ⬛ Beim Triebwerk von ARTEMIS treten Xenon-Ionen mit $q = e$, $m = 2{,}18 \cdot 10^{-25}$ kg und $v = 40\,\dfrac{\text{km}}{\text{s}}$ aus.
  a Ermitteln Sie die dafür erforderliche Beschleunigungsspannung.
  b Stellen Sie eine begründete Vermutung auf, wieso die Ladung der Ionen neutralisiert wird, bevor sie den Antrieb verlassen.

Ein Elektronenvolt ist die Energie, die ein Teilchen, das eine Elementarladung trägt, aufnimmt, wenn es mit der Beschleunigungsspannung 1 V beschleunigt wird. Für $U_B = 4000$ V ergibt sich für das Elektron eine Energie von 4000 eV.

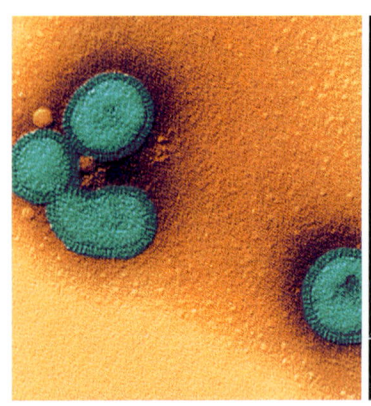

1 A Visualisierte Viren, **B** Elektronenmikroskop

Die Schwerkraft spielt für eine Ablenkung des Strahls nach unten keine Rolle.

Bilder aus Teilchenstrahlen • Mit einem **Elektronenmikroskop** (▶ **1B**) können Objekte in einer Vergrößerung bzw. Auflösung dargestellt werden, die mit keinem Lichtmikroskop erreichbar wären (▶ **1A**). Ähnlich wie beim Licht kann man einen Elektronenstrahl durch „Linsen" weiten oder bündeln. Zudem wird das Objekt meistens in einem Raster abgetastet. Hierzu muss der Elektronenstrahl gezielt aus seiner eigentlichen Flugrichtung abgelenkt werden, um z. B. das Raster durchlaufen zu können.

Neben dem Elektronenmikroskop gibt es viele weitere Geräte, in denen Elektronen bewusst seitlich abgelenkt werden. Daher untersuchen wir in einem Versuch genauer, wie dies erreicht werden kann.

Elektronenstrahlablenkröhre • Um die Elektronen aus ihrer Flugbahn abzulenken, nutzen wir ein homogenes elektrisches Feld, das quer zum Elektronenstrahl verläuft. Erzeugt wird es durch die zwei am Schirm angebrachten Metallplatten (▶ **2**). Sie bilden einen Plattenkondensator, an dem man eine Spannung U_K anlegt.

In x-Richtung führen die Elektronen eine gleichförmige Bewegung mit konstanter Geschwindigkeit v_x aus. Treten sie in das homogene Feld des Plattenkondensators ein, werden sie seitlich entlang der y-Achse ablenkt. Die gleichförmige Bewegung in x-Richtung wird von einer gleichmäßig beschleunigten Bewegung in y-Richtung überlagert. Innerhalb des Plattenkondensators entsteht so eine parabelförmige Flugkurve.

Wenn wir die Spannungen U_K und U_B variieren, stellen wir fest: Je größer U_K, desto größer ist die Ablenkung in y-Richtung; je größer U_B, desto kleiner die Ablenkung in y-Richtung.

Quantitative Betrachtung der Ablenkung • Die beim Beschleunigen in x-Richtung erreichte Geschwindigkeit v_x berechnet sich aus der Beschleunigungsspannung U_B mithilfe der Energieerhaltung:

$$v_x = \sqrt{\frac{2 \cdot e \cdot U_B}{m_e}}. \tag{1}$$

Hinter der Lochanode bewegen sich die Elektronen in x-Richtung gleichförmig mit dieser Geschwindigkeit weiter. Für die x-Koordinate der Bewegung gilt dann:

$$x = v_x \cdot t. \tag{2}$$

Die Ablenkung in y-Richtung wird durch das elektrische Feld des Plattenkondensators verursacht, das senkrecht zur x-Richtung verläuft, sodass beide Bewegungen unabhängig voneinander betrachtet werden können.

Im Feld des Plattenkondensators wirkt auf ein Elektron in y-Richtung die elektrische Kraft:

$$F_{el} = e \cdot |\vec{E}| = e \cdot \frac{U_K}{d}, \tag{3}$$

wobei d der Abstand der Platten und U_K die am Kondensator anliegende Spannung ist. Mithilfe der newtonschen Grundgleichung $F = m \cdot a$ können wir die Beschleunigung in y-Richtung ermitteln:

$$a_y = \frac{F_{el}}{m_e} = \frac{e \cdot U_K}{d \cdot m_e}. \tag{4}$$

2 Aufbau einer Elektronenstrahlablenkröhre

3 Abgelenkter Elektronenstrahl

Diese Beschleunigung ist für ein festes U_K konstant, sodass die Elektronen innerhalb des Plattenkondensators in y-Richtung eine gleichmäßig beschleunigte Bewegung ausführen. Für die Ablenkung in y-Richtung gilt daher $y = \frac{1}{2} \cdot a_y \cdot t^2$. Ersetzt man die Beschleunigung a_y durch (4), ergibt sich:

$y = \frac{1}{2} \cdot \frac{e \cdot U_K}{d \cdot m_e} \cdot t^2$.

Die Zeit t kann mithilfe von (2) eliminiert werden $t = \frac{x}{v_x}$. Auch die Geschwindig v_x lässt sich durch (1) ersetzen. Es ergibt sich:

$y = \frac{1}{2} \cdot \frac{e \cdot U_K}{d \cdot m_e} \cdot \left(\frac{x}{v_x}\right)^2 = \frac{1}{2} \cdot \frac{e \cdot U_K}{d \cdot m_e} \cdot x^2 \cdot \frac{m}{2 \cdot e \cdot U_B}$.

Diese Gleichung kann zusammengefasst werden:

$y = \frac{1}{4} \cdot \frac{U_K}{U_B} \cdot \frac{x^2}{d}$.

Das Ergebnis bestätigt die Je-desto-Beziehungen. Außerdem ist die Flugbahn tatsächlich parabelförmig, weil eine Funktionsgleichung der Form $y = c \cdot x^2$ vorliegt (mit c als Konstante).

Oszilloskop • Eine wichtige technische bzw. wissenschaftliche Anwendung der Elektronenablenkröhre ist das Oszilloskop. Mit dem Gerät kann der zeitliche Verlauf eines Eingangssignal, z. B. einer sinusförmigen Spannung $U(t)$, abgebildet werden. Hierzu wird das Spannungssignal $U(t)$ als U_K an den Plattenkondensator angelegt. Schaut man auf die Gleichung (4), entspricht der zeitliche Verlauf von $y(t)$ genau dem von $U(t)$, da für eine feste Beschleunigungsspannung alle anderen Parameter der Gleichung konstant sind. Auf dem Schirm würde man so aber nur ein Auf- und Abwandern des Elektronenstrahls sehen.

Der Elektronenstrahl wird mithilfe eines weiteren Plattenpaares, das jeweils senkrecht zur Flugbahn der Elektronen und zur y-Richtung steht, so abgelenkt, dass sich der Leuchtpunkt auf dem Schirm mit konstanter Geschwindigkeit von links nach rechts bewegt. Nachdem der Leuchtpunkt rechts angekommen ist, wird er erneut links gestartet. Auf diese Weise wird auf der Längsachse immer eine bestimmte, feste Zeitspanne auf dem Schirm dargestellt. Bei einem periodischen Eingangssignal wie der sinusförmigen Spannung entspricht diese Zeitspanne häufig einem Vielfachen der Periode. Man erreicht so ein fest stehendes Bild vom Verlauf des Eingangssignals.

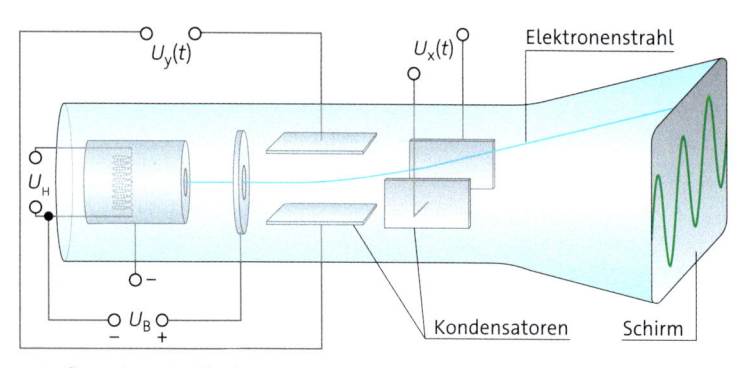

4 Aufbau eines Oszilloskops

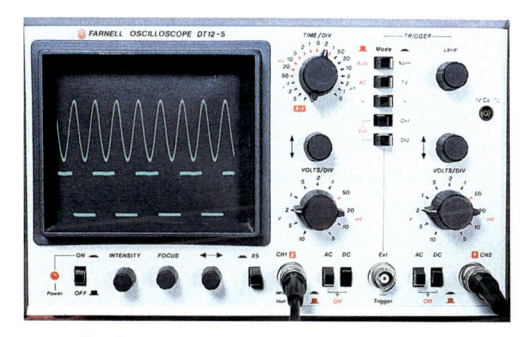

5 Oszilloskop

Während der Leuchtpunkt sich auf dem Schirm von links nach rechts bewegt, wird der Elektronenstrahl von der anzuzeigenden Spannung $U(t)$ in y-Richtung, senkrecht zur Zeitachse, abgelenkt. Dazu wird $U(t)$ an den Plattenkondensator (▶ 4) angelegt. So wird insgesamt die Spannung $U(t)$ als Graph auf dem Schirm in ▶ 5 angezeigt.

Das hier beschriebene analoge Oszilloskop wurde inzwischen weitgehend durch das digitale verdrängt.

1 ☐ Berechnen Sie für die ermittelten Spannungen $U_K = 2\,kV$ und $U_B = 3\,kV$ folgende Größen:
  a die Geschwindigkeit v_x,
  b die Flugdauer im Kondensator,
  c die Feldstärke $|\vec{E}|$ und
  d die Beschleunigung a_y.

2 Elektronen werden mit 8 kV beschleunigt, bevor sie orthogonal in das elektrische Feld eines Plattenkondensators eintreten ($U_K = 2\,kV$, $d = 10\,cm$, $\ell = 80\,mm$). Der Schirm zum Nachweis der Elektronen befindet sich 8 cm hinter dem Kondensator.
  a ☐ Skizzieren Sie die Versuchsanordnung.
  b ◩ Berechnen Sie den Ablenkwinkel der Flugbahn nach Verlassen des Kondensators.
  c ◼ Berechnen Sie die vertikale Ablenkung Δy der Elektronen aus ihrer ursprünglichen Bahn.

Blickpunkt

Millikan-Versuch

Schon im 19. Jahrhundert vermutet man, dass es eine kleinste, elementare elektrische Ladung gibt, die nicht weiter teilbar ist. 1910 gelang den Physikern ROBERT MILLIKAN und HARVEY FLETCHER eine genaue Bestimmung dieser Elementarladung.

Millikan-Versuch • Zur Bestimmung einer möglichen Elementarladung benötigt man sehr kleine Proben, die sich nur ein wenig aufladen. Im Millikan-Versuch werden deshalb feinste Öltröpfchen in einen Plattenkondensator gesprüht, wobei sich aufgrund der Reibung zwischen Tröpfchen und Luft einige Tröpfchen elektrisch aufladen (▶ 1).

Dabei entstehen viele unterschiedlich geladene Tröpfchen. Wenn es jedoch eine Elementarladung gibt, dann wird diese die kleinste vorkommende Ladungsmenge sein und alle anderen Ladungen ganzzahlige Vielfache davon.

Durch ein Mikroskop wird ein möglichst kleines Öltröpfchen im Kondensator beobachtet. Durch Einstellung der Spannung kann für das Tröpfchen ein Kräftegleichgewicht zwischen der Gewichtskraft F_G und der elektrischen Kraft F_{el} hergestellt werden, sodass das Tröpfchen schwebt.

Mit den bekannten Formeln für die Kräfte $F_G = m \cdot g$ und $F_{el} = q \cdot \frac{U}{d}$ bekommt man eine Gleichung, mit der man die Ladung q aus der Masse des Tröpfchens m bestimmen kann:

$$F_{el} = F_G \qquad q \cdot \frac{U}{d} = m \cdot g$$
$$q = m \cdot g \cdot \frac{d}{U}.$$

Tröpfchenmasse • Die Masse einzelner Öltröpfchen ist allerdings im Versuch auch nicht direkt bestimmbar. Stattdessen wird die Spannung abgeschaltet und die sich einstellende konstante Sinkgeschwindigkeit v der gerade beobachteten Tröpfchen bestimmt. Während des Sinkens stellt sich zwischen der Gewichtskraft F_G und der Reibungskraft F_R zwischen sinkendem Tröpfchen und Luft ein Kräftegleichgewicht ein (▶ 2). Da die Reibungskraft neben der Sinkgeschwindigkeit v auch vom Tröpfchenradius r abhängt, kann aus dem neuen Kräftegleichgewicht der Radius und über die Dichte des Öls letztendlich die Masse des Öltröpfchens bestimmt werden. Für die Reibungskraft gilt: $F_R = 6 \cdot \pi \cdot \eta \cdot r \cdot v$ ($\eta = 17{,}1\,\mu Pa \cdot s$ für die Viskosität der Luft).

Die Masse der kugelförmigen Öltröpfchen stellen wir mithilfe der Dichte $\varrho = \frac{m}{V}$ als $m = \frac{4}{3}\pi \cdot r^3 \cdot \varrho$ dar $\left(\varrho_{Öl} = 0{,}875 \frac{g}{cm^3}\right)$:

$$F_G = F_R$$
$$g \cdot \frac{4}{3}\pi \cdot r^3 \cdot \varrho = 6 \cdot \pi \cdot \eta \cdot r \cdot v$$
$$r = 3\sqrt{\frac{\eta \cdot v}{2 \cdot \varrho \cdot g}}$$

Mit dieser Formel kann im Sinkfall ohne eingeschaltete Spannung aus der Sinkgeschwindigkeit v der Tröpfchenradius r bestimmt werden und mit der Dichte auch die Tröpfchenmasse: $m = \frac{4}{3}\pi \cdot r^3 \cdot \varrho$.

Tröpfchenladung • Damit sind alle benötigten Größen bekannt, um die Ladung $q = m \cdot g \cdot \frac{d}{U}$ der Tröpfchen zu bestimmen. Wir sortieren die ermittelten Ladungen der Größe nach (▶ 3). Der Graph zeigt deutliche Stufen: auf der ersten Stufe Tröpfchen mit je etwa $1{,}6 \cdot 10^{-19}$ C, auf der zweiten Stufe Tröpfchen mit je etwa $3{,}2 \cdot 10^{-19}$ C, auf den weiteren Stufen Tröpfchen mit $4{,}8 \cdot 10^{-19}$ C, $6{,}4 \cdot 10^{-19}$ C und $8 \cdot 10^{-19}$ C — offenbar sämtlich ganzzahlige Vielfache von $1{,}6 \cdot 10^{-19}$ C. Diese Ladungsmenge ist demnach die kleinste einzeln vorkommende und wird als **Elementarladung e** bezeichnet.

Träger der Elementarladung ist z. B. das Elektron — ein Baustein der Materie. Es hat die Ladung $q = -e$. Ist ein Körper elektrisch geladen hat er in den allermeisten Fällen entweder einen Elektronenmangel (positive Ladung) oder einen Elektronenüberschuss (negative Ladung).

Seit 2019 gilt die **Elementarladung** als definitionsgemäß exakte physikalische Konstante mit dem Wert $e = 1{,}602\,176\,634 \cdot 10^{-19}$ C.

1 ☐ Berechnen Sie die Basiseinheit 1 Ampere in Elementarladungen pro Sekunde.

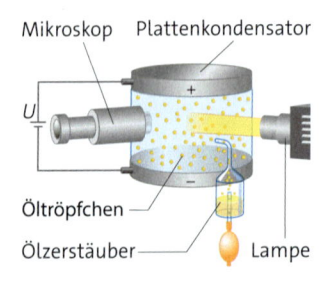

1 Schema Versuchsaufbau

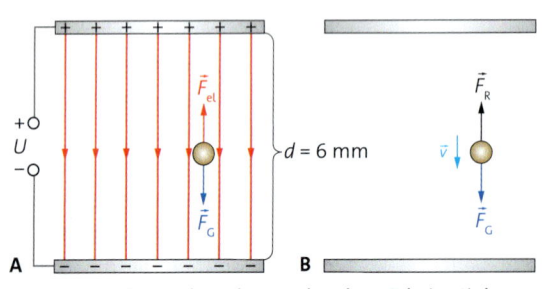

2 Kräftegleichgewicht: **A** beim Schweben; **B** beim Sinken

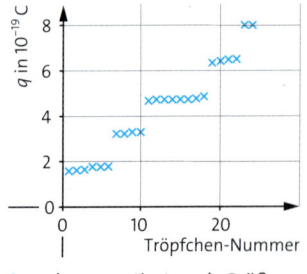

3 Ladung, sortiert nach Größe

Blickpunkt — Elektrische Felder • Teilchen im elektrischen Feld beschleunigen

Relativistische Masse

Können Elektronen schneller als das Licht fliegen? Mithilfe elektrischer Felder ist es kein Problem, Elektronen auf enorme Geschwindigkeiten zu beschleunigen. Schon etwas mehr als 500 Kilovolt reichen aus, um eine so große Energie zu übertragen, damit zumindest theoretisch die Lichtgeschwindigkeit erreicht werden kann.

Die Lichtgeschwindigkeit als absolute Grenze • Wird ein Elektron im elektrischen Feld beschleunigt, wird Feldenergie in kinetische Energie umgewandelt. Für die Geschwindigkeit des Elektrons sollte somit gelten: $v \sim \sqrt{E_{kin}}$ (▶ **4, rote Kurve**). 1901 erkannte WALTER KAUFMANN aber, dass das Beschleunigen schneller Elektronen gerade nicht der Newtonschen Mechanik folgt. Betrachten wir hierzu einen Linearbeschleuniger, der Elektronen stufenweise mit jeweils $U = 42\,\text{kV}$ beschleunigt. Die Energiezunahme je Stufe beträgt dann $\Delta E = U \cdot e = 42\,\text{keV}$, nach n Stufen ist $E_{kin} = n \cdot \Delta E$. Die zu jeder Stufe gemessenen Geschwindigkeiten (▶ **4, blaue Kurve**) unterscheiden sich deutlich von den Vorhersagen der Newtonschen Mechanik (▶ **4, rote Kurve**). Dabei ist v als Anteil der Lichtgeschwindigkeit c angegeben: $v = x \cdot c$.

Auffällig ist, dass immer $\frac{v}{c} < 1$, also v stets kleiner ist als c. Die Abweichung zwischen gemessenen und vorhergesagten Werten wird mit zunehmendem v immer größer. Um diese Abweichung zu korrigieren, benutzen wir den von HENDRIK ANTOON LORENTZ um 1895 eingeführten Lorentz-Faktor γ:

$$\gamma = \frac{1}{\sqrt{1 - \frac{v^2}{c^2}}}.$$

Um eine neue Gleichung für die kinetische Energie zu erhalten, tragen wir E_{kin} in Abhängigkeit von γ für die verschiedenen Werte von v auf. Zu der erhaltenen Geraden ermitteln wir mittels linearer Regression eine Gleichung (▶ **5**). In dieser fällt der Energiebetrag $0{,}5112\,\text{MeV} = 8{,}19 \cdot 10^{-14}\,\text{J}$ auf. Er ist gleich dem Produkt aus der Masse des Elektrons $m_e = 9{,}1 \cdot 10^{-31}\,\text{kg}$ und dem Quadrat der Lichtgeschwindigkeit c. Damit ergeben die Messwerte folgende lineare von γ abhängende Gleichung:

$$E_{kin} = m_e \cdot c^2 \cdot \gamma - m_e \cdot c^2 = m_e \cdot c^2 \cdot (\gamma - 1).$$

Insgesamt ist die im Beschleuniger dem Elektron zugeführte Energie E_{kin} also eine lineare Funktion des Lorentz-Faktors. Am auffälligsten ist, dass E_{kin} unbegrenzt wachsen kann, wenn sich v der Lichtgeschwindigkeit c annähert.

Gesamte Energie • Die beiden Terme auf der rechten Seite der Gleichung für E_{kin} sind offenbar Energien. Im Kontext gedeutet ist $m_e \cdot c^2$ eine Energie des ruhenden Elektrons. Man nennt sie die **Ruheenergie** $E_0 = m_e \cdot c^2$. Die entsprechende Masse m_e des ruhenden Elektrons nennt man die **Ruhemasse** m_0. Allgemein ist die Ruheenergie eines Körpers gleich dem Produkt aus der Ruhemasse und dem Quadrat der Lichtgeschwindigkeit: $E_0 = m_0 \cdot c^2$.

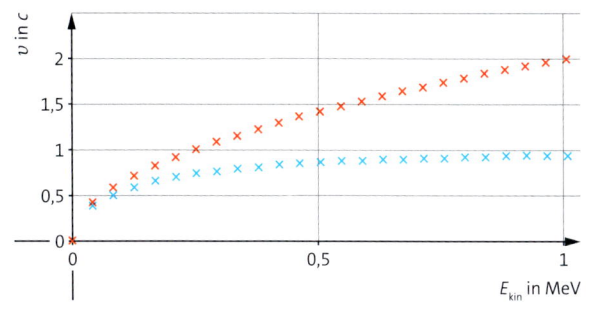

4 Geschwindigkeit: Versuch (blau), Newtonsche Mechanik (rot)

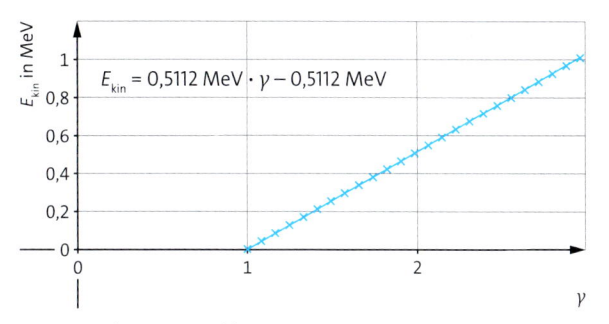

5 Kinetische Energie abhängig vom Lorentz-Faktor γ

Analog nennt man die Masse eines bewegten Körpers **relativistische Masse** m_{rel}. Die Energie eines bewegten Körpers ist analog: $E = m_{rel} \cdot c^2$.

Die gesamte Energie E des beschleunigten Elektrons ist entsprechend dem Prinzip der Energieerhaltung die Summe aus Ruheenergie E_0 und zugeführter Energie E_{kin}.

Relativistische Masse • Wir leiten nun her, wie die relativistische Masse von der Geschwindigkeit abhängt. Dazu setzen wir in die genannte Beziehung für E, E_0 und E_{kin} die obigen Terme ein und nutzen $m_0 = m_e$:

$$m_{rel} \cdot c^2 = m_0 \cdot c^2 + m_0 \cdot c^2 \cdot (\gamma - 1) = m_0 \cdot c^2 \cdot \gamma.$$

Wir kürzen c^2 und erkennen, dass die relativistische Masse das Produkt aus der Ruhemasse und dem Lorentz-Faktor ist. Unsere Ergebnisse entsprechen der speziellen Relativitätstheorie, die ALBERT EINSTEIN 1905 aufstellte:

$$m_{rel} = m_0 \cdot \gamma.$$

1 ☐ Berechnen Sie die Ruheenergie E_0 des Elektrons.

2 ✎ Berechnen Sie die Geschwindigkeit für ein Elektron mit der Gesamtenergie $E = 1{,}5\,\text{MeV}$.

Material

Versuch A • Computerexperimente mit im Feld beschleunigten Teilchen

In einfachen Modellversuchen können die elektrischen Felder verschiedener Ladungen und den daraus resultierenden Wechselwirkungen mithilfe einer Tabellenkalkulation simuliert werden.

V1 Beschleunigung eines Elektrons im radialen Feld

Materialien: Computer, Tabellenkalkulation

Arbeitsauftrag:
- Eine punktförmige positive Ladung mit $Q = 0{,}1\,\text{pC}$ befindet sich ortsfest an der unten skizzierten Stelle (▶1). Übernehmen Sie die Darstellung und zeichnen Sie passende Feldlinien ein.
- Stellen Sie entlang der x-Achse die Feldstärke abhängig von x in einem Diagramm dar.
- Stellen Sie ebenso die Beschleunigung a eines Elektrons abhängig von x in einem Diagramm dar.
- Anschließend wird in einer Entfernung von 20 cm ein Elektron auf die x-Achse platziert. Der Ort $x(t)$ des Elektrons soll abhängig von der Zeit ermittelt werden. Begründen Sie anhand des radialen Verlaufs des Feldes, dass das Differenzenverfahren eine passende Methode ist.
- Erstellen Sie eine passende Tabellenkalkulation.
  Hinweise: Sinnvoll sind Spalten für die Zeit t, den Ort x, die Coulomb-Kraft $F_C(x)$, die Beschleunigung a, die Geschwindigkeit v sowie die Änderungen Δt, Δv und Δx. Die Anfangswerte sind $x = 0$ und $v = 0$. Δt sollte so gewählt werden, dass $x = 0{,}2\,\text{m}$ nach einigen Dutzend Schritten erreicht wird.

$Q = 0{,}1\,\text{pF}$

1 Skizze einer ortsfesten positiven Ladung Q und eines negativ geladenen Elektrons im Abstand x

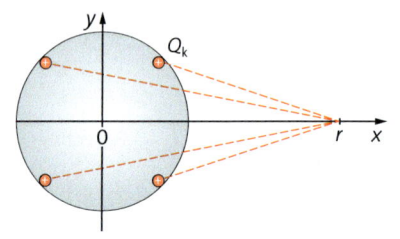

V2 Elektrisches Feld einer geladenen Kugel

Materialien: Computer, Tabellenkalkulation

Arbeitsauftrag:
- Eine Metallkugel mit Radius $R = 0{,}1\,\text{m}$ hat die Ladung $Q = 10\,\text{pC}$. Skizzieren Sie die Verteilung der Ladung auf der Kugel.
- Begründen Sie, dass das Feld innerhalb der Kugel null ist.
- Skizzieren Sie mögliche Feldlinien innerhalb und außerhalb der Kugel. *Hinweis:* Verwenden Sie das Konzept der Symmetrie.
- Ermitteln Sie die Feldstärke abhängig von der Entfernung r vom Kugelmittelpunkt mit einer Tabellenkalkulation.
  Hinweise: Modellieren Sie Q begründet durch einige Ladungen Q_k, die gleichmäßig auf der Oberfläche der Kugel verteilt sind (▶2). Wählen Sie einen Abstand r vom Zentrum der Kugel, berechnen Sie für jede Ladung Q_k die Feldstärke bei r und addieren Sie diese Feldstärken zu $|\vec{E}|$. Ermitteln Sie so die Feldstärke $|\vec{E}|(r)$ für verschiedene Abstände r.
- Stellen Sie die Feldstärke abhängig von r grafisch dar.
- Begründen Sie mit Ihren Ergebnissen, dass außerhalb der Kugel die gleiche Feldstärke auftritt wie bei einer Punktladung vom gleichen Betrag Q, die sich im Zentrum befindet.

2 Feld bei geladener Kugel

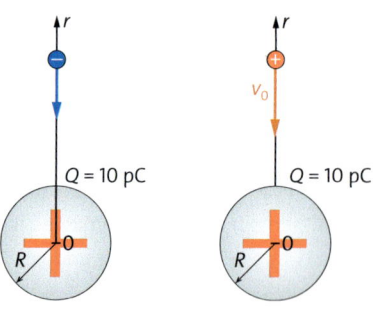

V3 Probeladung bei geladener Kugel

Materialien: Computer, Tabellenkalkulation

Arbeitsauftrag:
- Eine Metallkugel mit Radius $R = 0{,}1\,\text{m}$ hat die Ladung $Q = 10\,\text{pC}$. Eine Probeladung $q = -0{,}01\,\text{pC}$ mit der Masse $m = 0{,}01\,\text{g}$ fällt aus einer Entfernung von $r = 10\,\text{m}$ auf die Kugel (▶3). Skizzieren Sie den Verlauf der Geschwindigkeit.
- Ermitteln Sie mit einer Tabellenkalkulation die Geschwindigkeit der Probeladung abhängig von r und stellen Sie diese im r-v-Diagramm dar. *Hinweis:* Modellieren Sie mit dem Differenzenverfahren.
- Die Probeladung hat nun die Ladung $q = +0{,}01\,\text{pC}$ und wird aus gleicher Entfernung mit einer Anfangsgeschwindigkeit v_0 so auf die Kugel geschossen, dass sie die Kugel gerade erreicht. Ermitteln Sie diese Anfangsgeschwindigkeit.
- Ermitteln Sie dazu die anfängliche Bewegungsenergie der Probeladung.
- Berechnen Sie aus dieser Energie die Kapazität der Kugel.
- *Hinweis:* Berechnen Sie erst die Spannung U der Kugel als Quotienten aus dieser Energie und der Probeladung: $\frac{E}{q}$. Begründen Sie dies. Ermitteln Sie dann die Kapazität der Kugel als den Quotienten $C = \frac{Q}{U}$.

3 Probeladung stürzt auf Kugel

Elektrische Felder • Teilchen im elektrischen Feld beschleunigen

Material A • Kennlinie der Vakuumdiode

Eine Vakuumdiode besteht aus einer evakuierten Glasröhre, in der durch die Heizkathode (Glühwendel) freie Elektronen erzeugt und mittels einer Beschleunigungsspannung zur Anode beschleunigt werden (▶ A1A).

1 ⬚ Berechnen Sie die Geschwindigkeit, die die Elektronen bei einer Beschleunigungsspannung von $U = 10\,\text{V}$ beim Auftreffen auf die Anode erreichen. Ermitteln Sie dann die Spannung, bei der die Geschwindigkeit doppelt so groß bzw. halb so groß ist.

2 Für drei verschiedene Heizstromstärken (I_H) wurde die Stromstärke (I_A) an der Anode gemessen und im U-I-Diagramm dargestellt (▶ A1B).
  a ☐ Beschreiben Sie den Verlauf der Stromstärke $I(U)$.
  b ⬚ Erläutern Sie anhand des Diagramms (▶ A1B), was man unter der Sättigungsstromstärke der Diode versteht.
  c ⬚ Erläutern Sie anhand des Diagramms (▶ A1B) die jeweilige Bedeutung der Heizspannung und der Beschleunigungsspannung für die Stromstärke.

3 a ⬚ Beschreiben Sie anhand von ▶ A1A, A1C, inwieweit trotz negativer Beschleunigungsspannung ein messbarer Strom fließt.
  b ⬚ Erklären Sie diesen Strom im Teilchenmodell.

4 ⬛ Liegt keine Heizspannung an ($U_H = 0$) beträgt die gemesse Stromstärke praktisch null.
  a Entwickeln Sie hierzu eine Erklärung im Teilchenmodell unter energetischen Aspekten. Verwenden Sie den Begriff Austrittsarbeit W_A für die beim Austreten eines Elektrons aus dem Metall erforderliche Energie.
  b Werten Sie ▶ A1C in Bezug auf die Frage aus, wie die zu verrichtende Austrittsarbeit von der Temperatur und von der anliegenden Spannung abhängt.

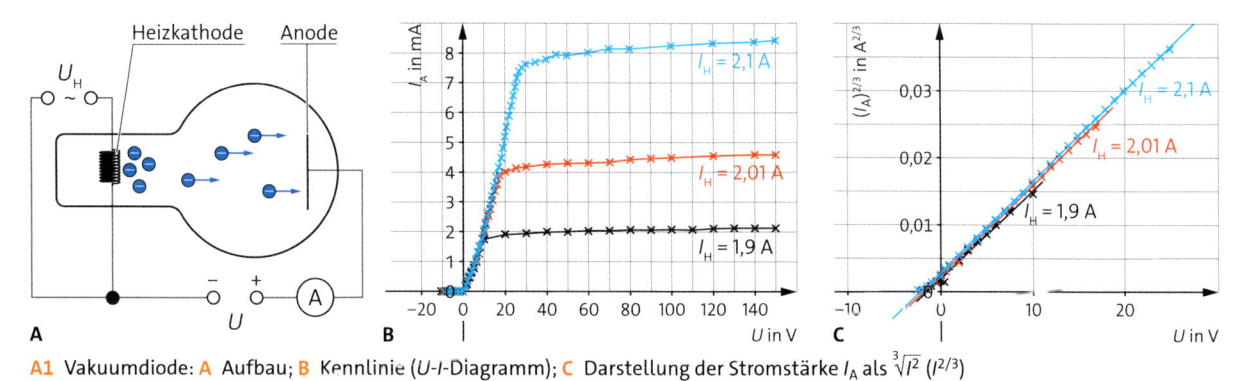

A1 Vakuumdiode: **A** Aufbau; **B** Kennlinie (U-I-Diagramm); **C** Darstellung der Stromstärke I_A als $\sqrt[3]{I^2}$ ($I^{2/3}$)

Material B • Linearbeschleuniger mit Hohlraumresonator

In der Strahlentherapie werden Linearbeschleuniger eingesetzt, in denen Elektronen nach einer ersten Beschleunigungsstufe eine Reihe von Hohlräumen durchfliegen (▶ B1). In jedem Hohlraum werden sie durch das jeweils gleiche elektrische Feld beschleunigt. Durch rasches Abbremsen der Elektronen in einem Metallkörper wird die für die Therapie eigentlich benötigte Röntgenstrahlung erzeugt.

B1 Linearbeschleuniger mit Hohlräumen

1 ⬚ Zunächst werden die Elektronen durch eine erste Beschleunigungsspannung von 400 kV beschleunigt.
  a Ermitteln Sie die zugeführte Energie ΔE und die Gesamtenergie E eines Elektrons.
  Hinweis: Entsprechend der Relativitätstheorie ist die Gesamtenergie $E = m_e \cdot c^2 + \Delta E$. Dabei ist $m_e = 9{,}1 \cdot 10^{-31}\,\text{kg}$ die Ruhemasse des Elektrons.
  b Ermitteln Sie die Geschwindigkeit des Elektrons mithilfe der relativistischen Formel: $\dfrac{E}{m_e \cdot c^2} = \dfrac{1}{\sqrt{1 - \dfrac{v^2}{c^2}}}$.

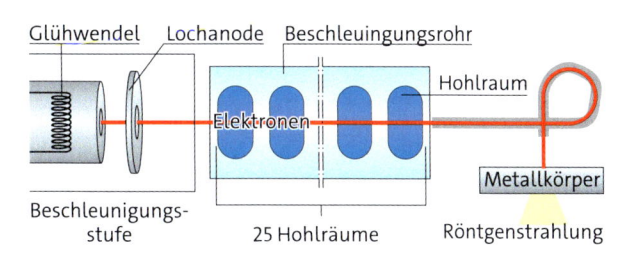

2 ⬚ Ein Elektron kann in diesem Beschleuniger eine Gesamtenergie von $E = 25\,\text{MeV}$ erreichen.
  a Ermitteln Sie die Spannung, die dazu in jedem Hohlraum effektiv realisiert sein muss.
  b Die Beschleunigungsstrecke aller Hohlräume zusammen (▶ B1) hat hier eine typische Länge von 1,25 m. Ermitteln Sie die mittlere Feldstärke in einem Hohlraum.
  c Vergleichen Sie diese Feldstärke mit der Feldstärke $200\,000\,\dfrac{\text{V}}{\text{m}}$, bei der sich in Luft Blitze bilden.

Auf einen Blick

Elektrische Felder

Elektrisches Feld

Überträger von elektrischen Kräften. Ursache des Feldes sind elektrische Ladungen. Das elektrische Feld kann durch elektrische Feldlinien dargestellt werden. Sie stellen die Richtung der auf eine positive Probeladung wirkenden elektrischen Kräfte dar.
Dabei gilt:
- Feldlinien verlaufen von positiven zu negativen felderzeugenden Ladungen.
- Feldlinien schneiden sich nicht.
- Kräfte auf Probeladungen liegen tangential an den Feldlinien an.
- Je dichter die Feldlinien eines Feldes verlaufen, desto stärker ist das Feld.
- Für elektrische Felder und Feldstärken gilt das Prinzip der linearen Superposition.
- In einem homogenen Feld sind alle Feldvektoren gleich, die Feldlinien verlaufen parallel und haben den gleichen Abstand zueinander.

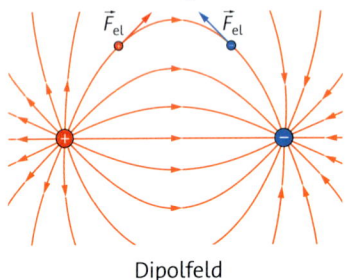

Dipolfeld — homogenes Feld — Radialfeld

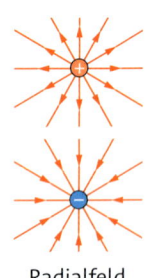

Influenz und Polarisation

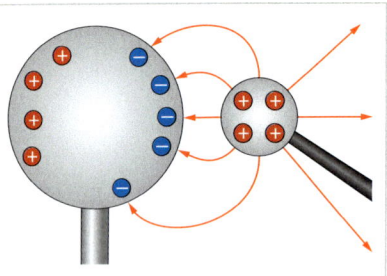

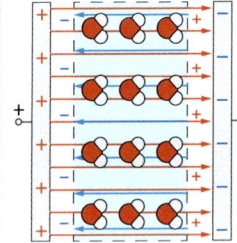

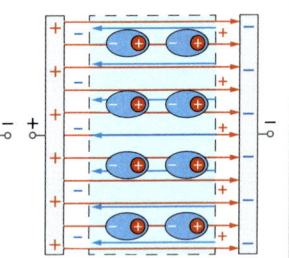

Influenz ist die Verschiebung elektrischer Ladungen (Elektronen) in Metallkörpern aufgrund eines äußeren elektrischen Feldes. Das Innere des Metalls wird dadurch feldfrei.

Polarisation ist das Ausrichten oder die Bildung von elektrischen Dipolen in nicht leitender Materie aufgrund eines äußeren elektrischen Feldes. Durch Polarisation entsteht im Inneren ein elektrisches Gegenfeld, was dem äußeren Feld entgegenwirkt.

Elektrische Feldstärke

Jeder Punkt in einem elektrischen Feld wird durch eine elektrische Feldstärke $|\vec{E}|$ charakterisiert. Auf eine Probeladung q wirkt bei einer elektrischen Feldstärke $|\vec{E}|$ die elektrische Kraft $\vec{F}_{el} = q \cdot \vec{E}$. Die Einheit der elektrischen Feldstärke ist $1 \frac{N}{C}$.

Abschirmung

Bei einem Metallkörper mit einem Hohlraum bleibt der innere Bereich in einem äußeren elektrischen Feld durch Influenz feldfrei. Es entsteht ein Faradayscher Käfig.

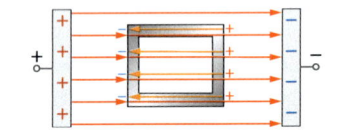

Coulomb-Gesetz

Im radialen Feld einer Ladung Q wirkt auf eine Probeladung q die Coulomb-Kraft:
$\vec{F}_{el} = \frac{1}{4\pi \cdot \varepsilon_0} \cdot \frac{Q \cdot q}{r^2}$. Hierbei ist $\varepsilon_0 = 8{,}854 \cdot 10^{-12} \frac{C}{Vm}$ die elektrische Feldkonstante.
Die Energie der Probeladung im Feld beträgt $E = \frac{1}{4\pi \cdot \varepsilon_0} \cdot \frac{Q \cdot q}{r}$.

Elektrische Felder

Elektrisches Potenzial, elektrische Spannung und Äquipotenzialflächen	Jedem Ort eines elektrischen Feldes kann ein elektrisches Potenzial φ zugeordnet werden. Es entspricht der potenziellen Energie einer Probeladung dividiert durch deren Ladung q: $\varphi = \frac{E_{pot}}{q}$. Die Potenzialdifferenz zwischen zwei Punkten ist die elektrische Spannung: $\Delta\varphi = U$. Für das radiale Feld einer Ladung Q beträgt das elektrische Potenzial: $\varphi = \frac{Q}{4\pi \cdot \varepsilon_0 \cdot r}$. Für ein homogenes elektrisches Feld eines Plattenkondensators beträgt das Potenzial: $\varphi = |\vec{E}| \cdot x = U \cdot \frac{x}{d}$. Flächen mit gleichem Potenzial heißen Äquipotenzialflächen. Feldlinien und -vektoren stehen orthogonal zu diesen Flächen.
Stromstärke und Ladung	Die an einer Stelle pro Zeitintervall Δt vorbeifließende Ladungsmenge ΔQ ist als Stromstärke I definiert: $I = \frac{\Delta Q}{\Delta t}$. Die Stromstärke ist damit die erste Ableitung der Ladung nach der Zeit: $I(t) = \dot{Q}$. Einheit der elektrischen Ladung: $[Q] = 1\,C = 1\,A \cdot s$ (1 Coulomb bzw. 1 Amperesekunde)
Kondensator	Elektrisches Bauteil zum Speichern von Ladung und Energie. Für die Kapazität des Kondensators gilt: $C = \frac{Q}{U}$; Einheit: $[C] = 1\,\frac{C}{V} = 1\,F$ (Farad) Für die gespeicherte Energie gilt: $E = \frac{1}{2} C \cdot U^2$ Für die Kapazität eines Plattenkondensators gilt: $C = \varepsilon_0 \cdot \frac{A}{d}$ (luftgefüllt bzw. im Vakuum), $C = \varepsilon_r \cdot \varepsilon_0 \cdot \frac{A}{d}$ (gefüllt mit Dielektrikum), ε_r relative Dielektrizitätskonstante des Dielektrikums. Durch ein Dielektrikum verringern sich am isolierten Kondensator elektrische Feldstärke $|\vec{E}|$ und Spannung U um den Faktor $\frac{1}{\varepsilon_r}$, während die Kapazität um ε_r zunimmt.
Laden und Entladen eines Kondensators	Beim Laden und Entladen des Kondensators halbiert sich die Stromstärke $I(t)$ für jeden Zeitpunkt t immer nach der Halbwertszeit $T_{1/2}$: $I(t + T_{1/2}) = \frac{1}{2} \cdot I(t)$. Daraus folgt, dass die Stromstärke $I(t)$ beim Entladen exponentiell mit der Zeit abklingt: $I(t) = I_0 \cdot e^{-\frac{t}{\tau}}$; mit $I_0 = I(t = 0)$; $\tau = \frac{T_{1/2}}{\ln 2} = R \cdot C$ (Zeitkonstante) Je kleiner die Zeitkonstante τ ist, desto schneller entlädt sich der Kondensator. Beim Entladen des Kondensators gilt für die Spannung: $U(t + T_{1/2}) = \frac{1}{2} \cdot U(t)$.
Beschleunigung und Ablenkung von elektrischen Ladungen durch Felder	Beim Durchlaufen einer elektrischen Spannung U_B im Vakuum erhält eine elektrische Ladung die Energie $E = q \cdot U_B$ als kinetische Energie. Für die Geschwindigkeit v_x der Ladung gilt: $v_x = \sqrt{\frac{2 \cdot q \cdot U_B}{m_q}}$. Durchfliegt eine elektrische Ladung q ein homogenes elektrisches Feld quer zu ihrer Flugrichtung, wird sie aus ihrer ursprünglichen Flugbahn abgelenkt. Innerhalb des elektrischen Feldes entsteht eine parabelförmige Flugbahn. Für die Geschwindigkeit v_y gilt: $v_y = \frac{U_K \cdot q}{m_q \cdot d} \cdot \frac{\ell}{v_x}$
Elementarladung	Physikalische Naturkonstante, die die kleinstmögliche Ladungsmenge einzelner Teilchen angibt. Alle separierbaren Ladungen sind immer ein ganzzahliges Vielfaches der Elementarladung. $e = 1{,}602\,176\,634 \cdot 10^{-19}\,A \cdot s$ Das Elektron trägt die Ladung $-e$ und das Proton $+e$. Die Elementarladung wurde erstmalig mit dem Millikan-Versuch bestimmt.
Relativistische Energie beim Beschleunigen im elektrischen Feld	Für Beschleunigungsspannungen über 100 kV muss die Geschwindigkeit mit der Relativitätstheorie bestimmt werden: $E_{kin} = m_e \cdot c^2 \cdot (\gamma - 1) = e \cdot U_B$, mit $\gamma = \frac{1}{\sqrt{1 - \frac{v^2}{c^2}}}$ (Lorentzfaktor). Somit gilt: $\frac{v^2}{c^2} = 1 - \left(\frac{m_e \cdot c^2}{m_e \cdot c^2 + e \cdot U_B}\right)^2$.

Check-up

Übungsaufgaben

1 Betrachten Sie das Muster der Grießkörner in der Nähe der punktförmigen Ladung in der Mitte.

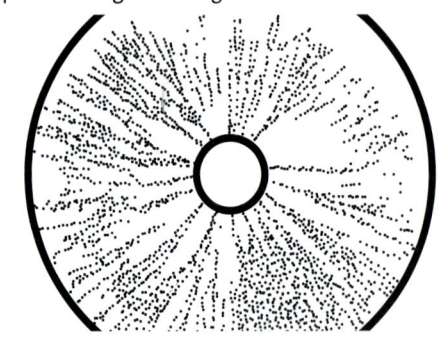

  a ☐ Beschreiben Sie das Muster der Grießkörner.
  b ◪ Leiten Sie aus dem Muster Informationen über das elektrische Feld der Ladung in der Mitte ab und skizzieren Sie die Feldlinien und die Äquipotenziallinien in der Umgebung der Ladung.
  c ◪ Skizzieren Sie einen geladenen Plattenkondensator mit Ladungen, Feldlinien und Äquipotenziallinien.

2 Ein luftgefüllter Plattenkondensator hat die Plattenfläche $A = 1\,m^2$, den Plattenabstand $d = 1\,cm$ und wird mit einer Spannung von $U_C = 1\,kV$ geladen.
  a ☐ Berechnen Sie seine Kapazität.
  b ◪ Berechnen Sie die Ladung und erläutern Sie die Ladungsverteilung auf den Platten.
  c ◪ Berechnen Sie die Feldstärke zwischen den Platten und zeichnen Sie diese.

3 Betrachten Sie das Muster der Grießkörner in der Nähe der beiden Elektroden.

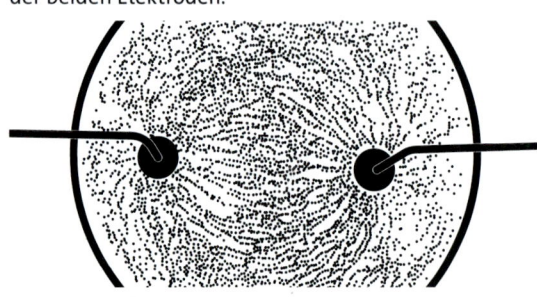

  a ☐ Fertigen Sie dazu passend eine Skizze des elektrischen Feldes an, aus der Ladungen, Feldlinien, Äquipotenziallinien hervorgehen.
  b ◪ Erläutern Sie anhand einer Skizze und mithilfe der linearen Superposition, wie das Feldlinienmuster zustande kommt.

4 ◪ Erläutern Sie jeweils anhand einer Skizze folgende Phänomene:
  a Influenz
  b Orientierungspolarisation

5 Zwischen zwei geladenen Metallplatten wurde ein geschlossener Metallring gelegt. Betrachten Sie das Muster der Grießkörner in der Nähe dieser Anordnung.

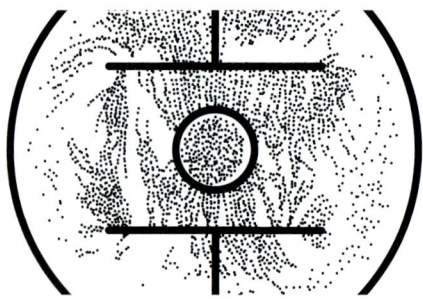

  a ☐ Beschreiben Sie das Muster der Grießkörner. Gehen Sie sowohl auf den Bereich innerhalb des Metallrings sowie auf den Bereich zwischen den geladenen Platten ein.
  b ◪ Leiten Sie aus Ihrer Beschreibung Aussagen über das elektrische Feld in den verschiedenen Bereichen ab.
  c ◪ Skizzieren Sie die Anordnung. Zeichnen Sie mögliche Ladungen und die Feldlinien ein.
  d ◪ Erklären Sie das Muster der Grießkörner innerhalb des Metallrings mithilfe des linearen Superpositionsprinzips.
  e ◪ Erläutern Sie, welche Funktion ein solcher geschlossener Metallring haben kann.
Nutzen Sie Fachsprache.

6 ■ Metallstäbe mit einer Spitze dienen als Blitzfänger auf Hausdächern (Blitzableiter).
  a Skizzieren und erläutern Sie den Verlauf des elektrischen Feldes anhand eines Feldlinienmusters in der Umgebung der Metallspitze.
  b Leiten Sie aus Ihrer Beschreibung Aussagen über das elektrische Feld in den verschiedenen Bereichen ab und erklären Sie die Eignung der Anlage als Blitzfänger.

7 An einem luftgefüllten Plattenkondensator mit der Kapazität 2 nF liegt eine Spannung von 10 V an.
  a ☐ Berechnen Sie seine gespeicherte Ladung.
  b ◪ Anschließend wird ein Dielektrikum mit der relativen Dielektrizitätskonstante 2 in den Kondensator geschoben. Ermitteln Sie die Änderung der Ladung, Kapazität und Feldstärke beim Kondensator.

8 ◪ Diskutieren Sie Ähnlichkeiten und Unterschiede von elektrischen Feldern und Gravitationsfeldern. Fertigen Sie hierzu Skizzen der Felder an.

9 ◪ Begründen Sie, dass sich elektrische Feldlinien nie kreuzen. Nutzen Sie dazu die Definition des elektrischen Feldes.

Elektrische Felder

10 Ein Kondensator mit der Kapazität 1 F wird mit einer 9 V Batterie über einen Widerstand $R = 100\,\Omega$ geladen.
  a Planen und skizzieren Sie einen Versuch, bei dem die Stromstärke und Kondensatorspannung während des Ladens gemessen werden kann.
  b Berechnen Sie die Zeitkonstante τ der Schaltung.
  c Berechnen Sie die Stromstärke $I(t)$ als Funktion der Zeit und skizzieren Sie deren Verlauf im Diagramm.
  d Skizzieren Sie den Verlauf der Ladung $Q(t)$ als Funktion der Zeit.
  e Berechnen Sie die maximal gespeicherte Ladung und Energie des Kondensators.

11 Eine felderzeugende Ladung $Q = -5\,\text{nC}$ und die Probeladung $q = 0,1\,\text{nC}$ haben einen Abstand von $r = 0,1\,\text{m}$.
  a Zeichnen Sie die Ladungen, Feldstärken und die wirkenden Kräfte in einem sinnvollen Maßstab.
  b Geben Sie für die felderzeugende Ladung $Q = -5\,\text{nC}$ die Gleichungen für die Feldstärke $|\vec{E}|(r)$ und das Potenzial $\varphi(r)$ an. Zeichnen Sie den Graphen für das Potenzial abhängig von r.

12 Ein Elektron und ein Proton werden jeweils mit einer Spannung von 20 kV beschleunigt. Vergleichen Sie die erreichten Geschwindigkeiten.

13 Dreifach geladene Aluminium-Ionen sollen zur Dotierung mit einer Geschwindigkeit von $100\,\frac{\text{km}}{\text{s}}$ auf eine Siliciumscheibe geschossen werden. Ermitteln Sie die benötigte Beschleunigungsspannung.

14 Skizzieren Sie eine Elektronenablenkröhre mit Beschaltung und erläutern Sie die Funktionsweise der einzelnen Bauteile.

15 Ein Elektron wird mit einer Spannung von $U_B = 50\,\text{kV}$ beschleunigt und gelangt anschließend in ein zur Flugrichtung orthogonal liegendes Querfeld mit der Feldstärke $|\vec{E}| = 500\,\frac{\text{kV}}{\text{m}}$ und der Länge $d = 0,2\,\text{m}$.
  a Ermitteln Sie die Geschwindigkeit des Elektrons.
  b Entwickeln Sie einen Funktionsterm für die Flugbahn innerhalb des Querfelds und zeichnen Sie diese.
  c Berechnen Sie die Endgeschwindigkeit und den Ablenkwinkel der Flugbahn zur Horizontalen.
  d Begründen Sie, dass die Flugbahn innerhalb des Querfelds die Form einer Parabel hat.

16 In einem Ionentriebwerk werden einfach geladene Xenon-Ionen ($m_{Xe} = 2{,}18 \cdot 10^{-25}\,\text{kg}$) auf $v = 10^5\,\frac{\text{m}}{\text{s}}$ beschleunigt. Sie durchfliegen anschließend mittig einen Plattenkondensator ($\ell_{\text{Platte}} = 0{,}3\,\text{m}$, $d = 0{,}1\,\text{m}$).
  a Ermitteln Sie die Beschleunigungsspannung.
  b Berechnen Sie den Impuls $p = m \cdot v$ eines Ions.
  c Das Feld des Kondensators lenkt die Ionen um 10° ab. Ermitteln Sie die hierzu notwendige Spannung.

17 Eine Kugel mit $r = 0{,}02\,\text{m}$ hat die Ladung $Q = -15\,\text{nC}$. Ein Proton $m_P = 1{,}673 \cdot 10^{-27}\,\text{kg}$ wird im Abstand 0,1 m von der Kugel angezogen.
  a Ermitteln Sie das Potenzial für die Oberfläche der Kugel und für die Anfangsposition des Protons.
  b Berechnen Sie mithilfe der Potenziale die Aufprallgeschwindigkeit des Protons auf die Oberfläche.

Mithilfe des Kapitels können Sie:	Aufgabe	Hilfe
✓ homogene und radiale elektrische Felder und Dipolfelder anhand des Versuchsaufbaus oder der beobachtbaren Feldlinienmuster unterscheiden und skizzieren.	1a, 1c, 3a–b, 5a, 5c	S. 12 ff., S. 21
✓ charakteristische Größen und die räumliche Verteilung von Ladungen für homogene und radiale Felder ermitteln, berechnen und graphisch darstellen.	1b, 5b, 6 11, 17a	S. 18 f., S. 21, S. 24 f.
✓ Kapazität und Energie von Kondensatoren ermitteln und erklären.	2, 7	S. 33 ff.
✓ Flugbahnen und Geschwindigkeiten von geladenen Teilchen in elektrischen Längs- und Querfeldern berechnen, herleiten, zeichnen, zuordnen und deuten.	12, 13, 14, 15, 16, 17	S. 46 ff.
✓ Zusammenhänge zwischen elektrischen Größen bei Auf- und Entladevorgängen von Kondensatoren berechnen, darstellen und herleiten.	10	S. 38 ff.
✓ anhand der Influenz sowie der linearen Superposition von Feldern die Funktionsweise des Faradayschen Käfigs erläutern.	4, 5d–e, 8	S. 14, S. 35

▶ Die Lösungen zu den Übungsaufgaben finden Sie im Anhang.

Klausurtraining

Musteraufgabe mit Lösung

Aufgabe 1 • Feldstärke und Kraft auf Probekörper

Die elektrische Feldstärke ist eine wichtige Größe zur Beschreibung von elektrischen Feldern. Sie hat eine Richtung und einen Betrag.
Mit einem Kraftsensor und einer kleinen Metallkugel wird die elektrische Feldstärke in einem Plattenkondensator bestimmt (▶M1). Dazu wird die Kugel elektrisch geladen und die Kraft auf die Kugel gemessen. Ein positiver Wert der Kraft bedeutet, passend zur Koordinatenachse, dass die Kraft nach rechts zeigt.

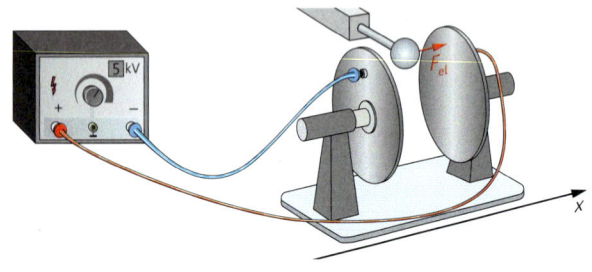

M1 Elektrische Kraft im Plattenkondensator

Die Messung der elektrischen Kraft wird für unterschiedliche Ladungen der Kugel durchgeführt. Es ergeben sich die Messwerte in der Tabelle (▶M2).

q in nC	6,5	4,1	12,3	−7,6	−9,2	−4,9
F_{el} in mN	−2,2	−1,5	−4,5	2,7	3,2	1,8

M2 Ladung und Kraft

a Erklären Sie die Bedeutung der Richtung und des Betrags der elektrischen Feldstärke.
b Erläutern Sie die Definition der elektrischen Feldstärke.
c Deuten Sie die Messwerte.
d Ermitteln Sie Betrag und Richtung der elektrischen Feldstärke.
e Begründen Sie, ob es für die Ermittlung der Feldstärke bei diesem Versuch wichtig ist, dass sich die Kugel immer an der gleichen Stelle zwischen den Platten befindet.

Lösung

a Die Richtung der Kraft auf einen Probekörper bestimmt die Richtung von $\vec{E}$. Diese wiederum ist identisch mit der Feldlinienrichtung. Die Kraft zeigt bei einem positiv geladenen Probekörper in Richtung von $\vec{E}$, bei einem negativ geladenen Probekörper entgegengesetzt zur Richtung von $\vec{E}$.
Der Betrag von $\vec{E}$ bestimmt zusammen mit der Ladung des Probekörpers den Betrag der Kraft.

b Die elektrische Feldstärke ist gleich dem Quotienten aus der Kraft auf einen Probekörper und der Ladung des Probekörpers, also:

$$\vec{E} = \frac{\vec{F}}{q}.$$

Die Definition ist sinnvoll, da die Kraft F_{el} auf einen Probekörper proportional zu seiner Ladung q ist. Die Kraft ist kein gutes Maß für die Stärke des elektrischen Feldes, da sie von der Ladung des Probekörpers abhängt. Der Quotient $\frac{F_{el}}{q}$ ist dagegen von der Probeladung q unabhängig. Für ein starkes Feld ist der Quotient $\frac{F_{el}}{q}$ groß, für ein schwaches Feld klein.

c Es fällt auf, dass die Probeladung und die zugehörige Kraft unterschiedliche Vorzeichen haben. Das bedeutet: Für positive Probeladungen zeigt die Kraft nach links, für negative nach rechts. Folglich verlaufen die Feldlinien von der rechten zur linken Kondensatorplatte. Daher ist die rechte Platte positiv, die linke negativ geladen.

Zur Prüfung, ob Kraft und Ladung proportional zueinander sind, berechnet man die Quotienten aus der Kraft und der zugehörigen Ladung. Man sieht, dass im Rahmen der Messgenauigkeit der Quotient $\frac{F_{el}}{q}$ konstant ist. Folglich ist $F_{el} \sim q$.

d Unter Berücksichtigung aller Messwerte erhält man als Mittelwert für den Quotienten $\frac{F_{el}}{q}$ und damit für den Betrag der Feldstärke den Wert:

$$|\vec{E}| = \frac{F_{el}}{q} = 0{,}36\ \frac{mN}{nC} = 0{,}36 \cdot \frac{10^{-3}\,N}{10^{-9}\,C} = 360\ \frac{kN}{C}.$$

Alternative: Mit linearer Regression kann der Proportionalitätsfaktor unter Verwendung einer geeigneten Dokumentation ermittelt werden: $|\vec{E}| = 360\ \frac{kN}{C}$.
Die Richtung der Feldstärke zeigt in Feldlinienrichtung, also horizontal nach links in ▶M1.

q in nC	6,5	4,1	12,3	−7,6	−9,2	−4,9
F_{el} in mN	−2,2	−1,5	−4,5	2,7	3,2	1,8
$\frac{F_{el}}{q}$ in $\frac{mN}{nC}$	−0,34	−0,37	−0,37	−0,36	−0,35	−0,37

1 Ladung, Kraft und Feldstärke

e Das elektrische Feld eines Plattenkondensators ist homogen. Solange man nicht direkt an den Rändern misst, spielt die Position der Kugel keine Rolle. Die Feldstärke ist überall gleich.

Elektrische Felder

Aufgaben mit Hinweisen

Aufgabe 2 • Feldstärke

Ein Kondensator aus zwei kreisförmigen Platten im Abstand von 16,0 cm ist an eine Spannungsquelle mit 12,0 kV angeschlossen (▶ M3). In der Mitte des Kondensators hängt an einem Kraftsensor eine kleine Metallkugel. Der Kraftsensor misst die in horizontaler Richtung ausgeübte Kraft. Nachdem die Kugel elektrisch geladen wurde, zeigt er 1,5 mN an.

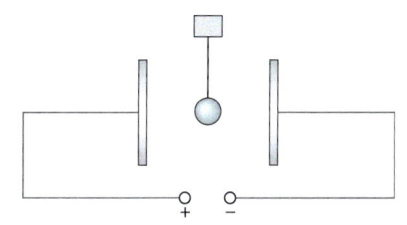

M3 Elektrische Kraft im Kondensator

a Berechnen Sie die elektrische Feldstärke zwischen den Platten.
b Berechnen Sie die Ladung der Kugel.

Die Platten werden bei angeschlossener Quelle von beiden Seiten langsam aufeinander zugeschoben. Die Kugel bleibt dabei stets in der Mitte des Kondensators.

c Erklären Sie, wie sich die auf die Kugel ausgeübte Kraft beim Zusammenschieben der Platten verändert. Ermitteln Sie die Kraft bei einem Plattenabstand von 8,0 cm.
d Erstellen Sie ein Diagramm für die Kraft in Abhängigkeit vom Kehrwert des Plattenabstands d für 4 cm ≤ d ≤ 16 cm. Erklären Sie das Diagramm.

Aufgabe 3 • Entladevorgang

Ein Kondensator mit einer Kapazität C wird mit einer Spannung von $U_0 = 3$ V aufgeladen und anschließend über einen Widerstand $R = 33$ kΩ entladen (▶ M4). Dabei wird die Kondensatorspannung $U_C(t)$ abhängig von der Zeit t mit einem Messverstärker gemessen.

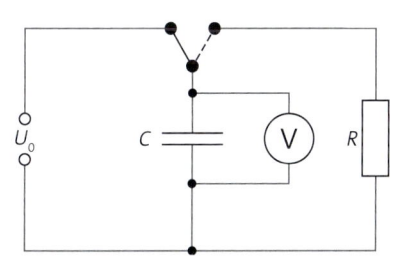

M4 Versuch: Entladen des Kondensators

a Beschreiben Sie das Versuchsergebnis in ▶ M2 und ermitteln Sie mit einer exponentiellen Regression die Zeitkonstante τ und die Halbwertszeit $T_{1/2}$.
b Berechnen Sie aus der Zeitkonstante die Kapazität.
c Berechnen Sie die Energie des geladenen Kondensators.
d Leiten Sie anhand der Schaltskizze in ▶ M4 je einen Term für die Stromstärke $I(t)$ und die Ladung $Q(t)$ abhängig von der Zeit her

t in s	0	5	10	15	20	25	30	35	40
U in V	3,0	2,6	2,2	1,9	1,6	1,4	1,2	1,0	0,9

M5 Spannung $U_C(t)$ beim Entladen

Aufgabe 4 • Ladung im Feld

Durch eine kleine Öffnung A gelangen Elektronen mit vernachlässigbarer Anfangsgeschwindigkeit in einen Plattenkondensator (▶ M6). Im homogenen Feld werden sie zur Öffnung B beschleunigt.

a Berechnen Sie die Geschwindigkeit v_B, mit der die Elektronen durch die Öffnung B treten.
b Berechnen Sie die Flugzeit t_{AB} der Elektronen von A nach B.
c Erklären Sie, wie sich die Geschwindigkeit v_B und die Flugzeit t_{AB} ändern, wenn man die Spannung vervierfacht.

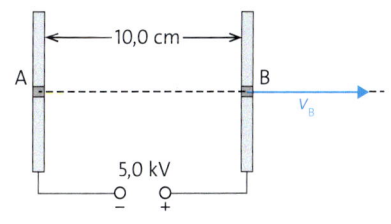

M6 Ladung im Plattenkondensator

Hinweise

Aufgabe 2

a Nutzen Sie den Zusammenhang zwischen Feldstärke und Spannung beim Plattenkondensator.
b Wenden Sie die Definitionsgleichung der Feldstärke an.
c Kombinieren Sie die Gleichungen von **a** und **b**.
d Erstellen Sie eine Wertetabelle für die Kraft F_{el} in Abhängigkeit vom Plattenabstand für 0,04 m ≤ d ≤ 0,16 m. Ergänzen Sie eine Zeile mit dem Kehrwert $\frac{1}{d}$ in $\frac{1}{m}$. Tragen Sie auf der Rechtsachse $\frac{1}{d}$ in $\frac{1}{m}$ und auf der Hochachse F_{el} auf.

Aufgabe 3

a Die Geschwindigkeit berechnen Sie mit dem Energieerhaltungssatz.
b Es liegt eine gleichmäßig beschleunigte Bewegung vor.
c Nutzen Sie die Terme aus **a**, **b**.

Aufgabe 4

a Die exponentielle Regression ergibt Die Zeitkonstante $\tau = \frac{1}{0,03\,\text{s}}$.
b Wenn ein Kondensator mit einer Kapazität C über einen Widerstand R entladen wird, dann beträgt die Zeitkonstante $\tau = R \cdot C$. Auflösen ergibt $C = \frac{\tau}{R} = 1{,}01$ mF.
c Energie des Kondensators: $E = \frac{1}{2} \cdot C \cdot U^2 = 4{,}5$ mJ.

Training I • Elektrische Felder und Kondensatoren

Aufgabe 5 • Feld in Materie

Im Experiment wird die relative Dielektrizitätszahl ε_r von Acrylglas bestimmt. Dazu werden Acrylglasplatten mit unterschiedlicher Dicke d zwischen zwei Aluminiumplatten gelegt (▶ M2). Die kreisförmigen Aluminiumplatten haben einen Durchmesser von 24,4 cm, die quadratischen Acrylglasplatten eine Kantenlänge von 30,0 cm. Die Aluminiumplatten werden mit einer Spannungsquelle (U = 350 V) verbunden. Anschließend werden die Platten von der Quelle getrennt und mit einem Ladungsmessgerät verbunden. Für die Ladung in Abhängigkeit von fünf verschiedenen Dicken wurde jeweils die Ladung ermittelt (▶ M1).

d in mm	1,5	2,0	3,5	4,5	6,0
Q in nC	365	275	157	123	92

M1 Messwerte für die Ladung in Abhängigkeit von der Dicke der Acrylglasplatten

a Zeigen Sie, dass die Ladung umgekehrt proportional zur Dicke der Acrylglasplatten ist.
b Erklären Sie die Antiproportionalität.
c Ermitteln Sie unter Verwendung aller Messwerte die relative Dielektrizitätskonstante von Acrylglas.

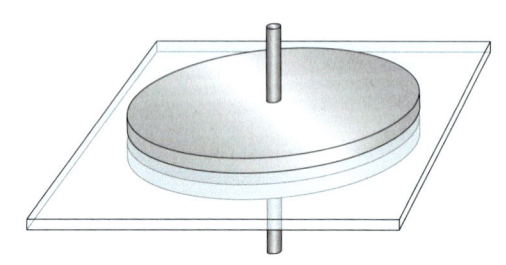

M2 Plattenkondensator mit Materie

Aufgabe 6 • Kondensator und Kapazität

Ein Kondensator besteht aus zwei quadratischen Platten mit einer Kantenlänge von 25,0 cm und einem Abstand von 5,0 mm. Zwischen den Platten befindet sich Luft (ε_r = 1). Der Kondensator ist an eine Quelle mit einer Spannung von 12,0 kV angeschlossen.
a Berechnen Sie die Kapazität des Kondensators.
b Berechnen Sie die Ladung des Kondensators.
c Ermitteln Sie die im Kondensator gespeicherte Energie.

Der Kondensator wird von der Quelle getrennt. Anschließend wird der Plattenabstand verdoppelt.
d Erklären Sie, wie sich die Energie des Kondensators dabei ändert.

Aufgabe 7 • Kapazität

An einem Kondensator mit der Kapazität C wird eine Wechselspannung $U = U_0 \cdot \sin(\omega \cdot t)$ angelegt und die Amplitude I_0 der Stromstärke gemessen (▶ M3). Der Quotient der Amplituden heißt Wechselstromwiderstand $R(\omega) = \frac{U_0}{I_0}$.

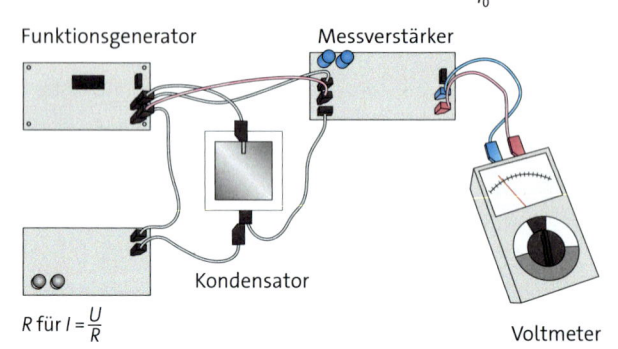

R für $I = \frac{U}{R}$

M3 Kapazität des Plattenkondensators

a Für ω = 10 kHz und U_0 = 3 V wurden gemessen: I_0 = 30 mA bei C = 1 µF und I_0 = 300 mA bei C = 10 µF. Überprüfen Sie anhand dieser Messwerte den folgenden Term für den Wechselstromwiderstand abhängig von der Kreisfrequenz ω: $R(\omega) = \frac{1}{\omega \cdot C}$.
b Zwei quadratische Kondensatorplatten mit einer Kantenlänge von 7 cm werden in verschiedenen Abständen d platziert. Die jeweiligen Wechselstromwiderstände werden mit dem Verfahren aus **a** gemessen. Daraus wird jeweils die Kapazität ermittelt (▶ M4). Erstellen Sie ein $\frac{1}{d}$-C-Diagramm, führen Sie eine passende Regression durch und ermitteln Sie einen Term für $C\left(\frac{1}{d}\right)$.
c Ermitteln Sie aus den Versuchsdaten die elektrische Feldkonstante.
d Begründen Sie: Wenn am Kondensator eine Wechselspannung $U(t) = U_0 \cdot \sin(\omega \cdot t)$ anliegt, dann enthält er die Ladung: $Q(t) = C \cdot U_0 \cdot \sin(\omega \cdot t)$ und diese Ladung $Q(t)$ wird durch folgenden elektrischen Wechselstrom zugeführt: $I(t) = \dot{Q}(t) = C \cdot U_0 \cdot \omega \cdot \cos(\omega \cdot t)$.
e Begründen Sie: Wenn am Kondensator eine Wechselspannung $U(t) = U_0 \cdot \sin(\omega \cdot t)$ anliegt, dann wird ihm ein Wechselstrom mit der Amplitude $I_0 = C \cdot U_0 \cdot \omega$ zugeführt, und dann gilt $R(\omega) = \frac{1}{\omega \cdot C}$.

d in mm	0,2	0,3	0,4	0,5	0,6
C in pF	210	140	110	83	71
d in mm	0,7	0,8	0,9	1,0	–
C in pF	60	54	49	45	–

M4 Kapazität des Plattenkondensators

Training II • Ablenkung von Ladungen in elektrischen Feldern

Aufgabe 8 • Elektronenstrahlablenkröhre

In vielen wichtigen Experimenten kommt die Elektronenstrahlablenkröhre zum Einsatz (▶M5).

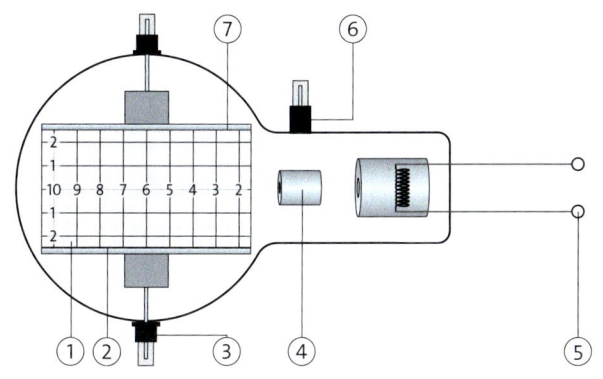

M5 Elektronenablenkröhre

a Benennen Sie die mit Nummern versehenen Teile der Röhre und erläutern Sie die jeweilige Funktion.
b Erklären Sie, wie man mit der Röhre einen Elektronenstrahl auf einer Parabelbahn nach oben ablenken kann.
c Übertragen Sie die Skizze (▶M5) ins Heft und ergänzen Sie eine entsprechende „Beschaltung". Dabei soll U_A die Ablenkspannung, U_B die Beschleunigungsspannung und U_H die Heizspannung sein.
d Elektronen werden durch die Spannung $U_B = 4\,\text{kV}$ beschleunigt, treten mittig in den Kondensator der Breite $d = 6\,\text{cm}$ ein und treffen $x = 7\,\text{cm}$ weiter links auf die obere Kondensatorplatte. Bestimmen Sie die elektrische Feldstärke im Kondensator und skizzieren Sie die Feldlinien.
e Bestimmen Sie die Geschwindigkeit der Elektronen an der Lochanode und beim Auftreffen auf die obere Kondensatorplatte.
f Ermitteln Sie den Neigungswinkel der Flugbahn an der oberen Kondensatorplatte.

In größeren Röhren können die Elekronen mit einigen Hundert Kilovolt beschleunigt werden. Dadurch müssen relativistische Effekte berücksichtigt werden.
g Ermitteln Sie die relativistische Masse und Geschwindigkeit von Elektronen, die mit einer Beschleunigungsspannung von 400 kV beschleunigt wurden.

Hinweis: $m = \dfrac{E}{c^2} = \dfrac{m_0}{\sqrt{1 - \dfrac{v^2}{c^2}}}$.

h Leiten Sie einen Term für die Geschwindigkeit abhängig von U_B her. Stellen Sie das U-v-Diagramm für Spannungen von 0 V bis 2 Millionen Volt dar.
i Begründen Sie, dass man das Elektron nicht auf Lichtgeschwindigkeit beschleunigen kann.

Aufgabe 9 • Ablenkung von Elektronen

Aus der Glühwendel (Kathode, ▶M6, K) einer Elektronenstrahlröhre treten Elektronen mit vernachlässigbarer Anfangsgeschwindigkeit aus. Die Elektronen durchlaufen zwischen der Glühwendel (K) und der Anode (A) eine Beschleunigungsspannung von $U_A = 410\,\text{V}$. Der so erzeugte Strahl von Elektronen trifft mittig in einen Ablenkkondensator mit der Plattenlänge $\ell = 60\,\text{mm}$ und dem Plattenabstand $d = 30\,\text{mm}$ ein (▶M6).
Am Ablenkkondensator liegt vorerst keine Spannung an.

a Erläutern Sie, wie es an der Glühwendel zum Austritt der Elektronen kommt.
b Berechnen Sie die Energie sowie die Geschwindigkeit, mit der die Elektronen in den Ablenkkondensator eintreten.
c Ermitteln Sie die Zeit, die Elektronen zum Durchfliegen des Kondensators benötigen.

Zwischen den beiden Ablenkplatten liegt nun symmetrisch zur geerdeten Anode eine Spannung von $U_y = 820\,\text{V}$ an.
d Zeigen Sie, dass der Elektronenstrahl die obere Ablenkplatte genau in der Mitte trifft.
e Bestimmen Sie die Energie sowie die Geschwindigkeit, mit der die Elektronen auf die obere Platte auftreffen.
f Bestimmen Sie eine Ablenkspannung bei der der Elektronenstrahl gerade nicht auf eine der Ablenkplatten trifft.
g Erläutern Sie für diesen Fall, welche Bewegungsformen die Elektronen vor, bei und nach dem Durchfliegen des elektrischen Feldes des Ablenkkondensator ausführen.
h Erklären Sie, aus welchen Quellen die Energie der Elektronen stammt.

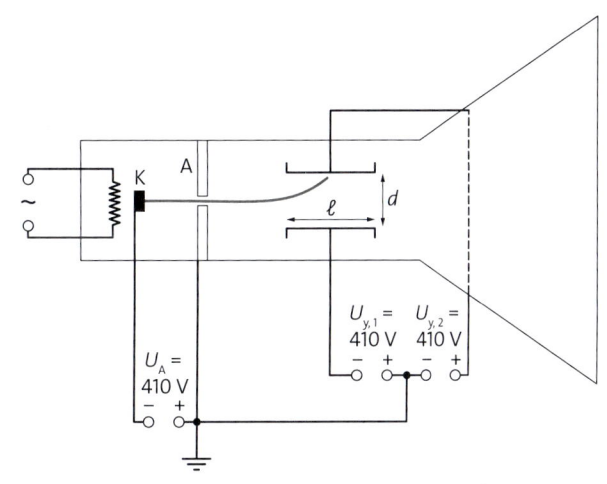

M6 Schematischer Aufbau einer Elektronenstrahlröhre

2 Magnetische Felder

▶ Magnetfelder werden von elektrischen Strömen erzeugt. Umgekehrt wirkt auf einen stromdurchflossenen Leiter die magnetische Kraft. Ihre Richtung kann mithilfe der Drei-Finger-Regel bestimmt werden.

▶ Magnetische Felder und ihre Wirkung auf elektrische Ströme werden in vielen technischen Anwendungen genutzt, z. B. in der medizinischen Diagnostik, bei der Navigation oder in den Naturwissenschaften.

▶ Die Flugbahn elektrisch geladener Teilchen wird nicht nur durch elektrische Felder beeinflusst. Mithilfe zusätzlicher Magnetfelder können z. B. Ladungen nach ihrer Masse getrennt und identifiziert werden.

Im Ferrofluid sind Eisen-Partikel von wenigen Nanometer Größe suspendiert, die auf ein magnetisches Feld reagieren.

Noch gewusst?

Eigenschaften von Permanentmagneten

Permanentmagnete: Gegenstände aus ferromagnetischen Materialien können magnetisiert werden. Jeder Magnet hat einen magnetischen Nordpol (N) und einen magnetischen Südpol (S). Es gibt keine Magnete mit nur einem Magnetpol. Durch Hitze oder Erschütterungen können Magnete auch wieder entmagnetisiert werden.

Magnete üben Kräfte auf andere Magnete oder ferromagnetische Gegenstände aus. Bei zwei Magneten ziehen sich ungleiche Pole gegenseitig an, gleiche Pole stoßen sich ab. An den Polen ist die magnetische Wirkung am größten.

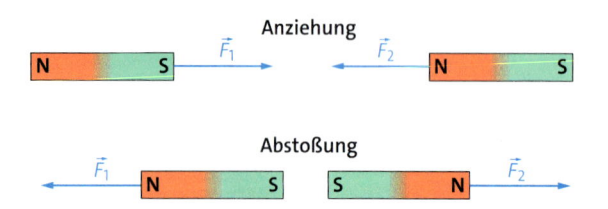

Elementarmagnetemodell: In der Modellvorstellung sind im Inneren von ferromagnetischen Gegenständen kleine, unteilbare Elementarmagnete, die jeweils einen Nord- und einen Südpol haben, enthalten.

In einem unmagnetisierten ferromagnetischen Gegenstand liegen die Elementarmagnete völlig ungeordnet vor. Durch Magnetisierung mithilfe eines Magneten können sie ausgerichtet werden.

In einem Magneten sind die Elementarmagnete regelmäßig angeordnet. Sie zeigen mit ihrem Nordpol überwiegend in dieselbe Richtung.

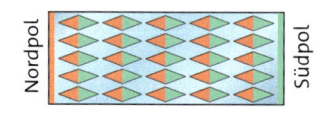

Magnetfeld: Magnete sind von einem Magnetfeld umgeben. Mit dem Magnetfeld wird die magnetische Wirkung über Entfernungen hinweg im Raum beschrieben. Die Feldlinien des Magnetfelds verlaufen immer vom magnetischen Nordpol zum magnetischen Südpol. Ihre Richtung entspricht der Richtung, in die der Nordpol einer Magnetnadel auf dieser Feldlinie zeigt. Die Feldlinien schneiden sich nicht.

Durch Magnetnadeln oder Eisenfeilspäne kann das Magnetfeld sichtbar gemacht werden.

Die Erde ist von einem Magnetfeld umgeben. Der magnetische Südpol liegt in der Arktis, der magnetische Nordpol in der Antarktis. Außerhalb der Polarregionen zeigen die magnetischen Feldlinien ungefähr in nördliche Richtung. Eine Kompassnadel zeigt außerhalb der Polarregionen nach Norden.

Elektrizität und Magnetismus

Elektrischer Strom und Magnetfeld: Stromdurchflossene Leiter sind von einem ringförmigen Magnetfeld umgeben. Eine stromdurchflossene Spule erzeugt ein meist schwaches Magnetfeld und wird somit zum Elektromagneten. Mit Eisenkern erzeugt sie ein starkes Magnetfeld.

Linke-Faust-Regel: Zeigt der Daumen in die Bewegungsrichtung der Elektronen, geben die gekrümmten Finger die Richtung des Magnetfeldes an.

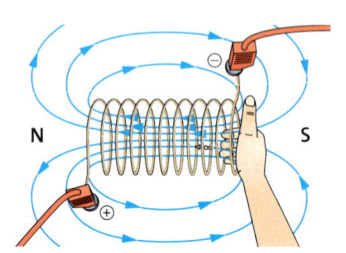

Kreisbewegung

Gleichförmige Kreisbewegung: Bei einer gleichförmigen Kreisbewegung bewegt sich ein Körper mit konstanter Geschwindigkeit auf einer Kreisbahn mit einem festen Mittelpunkt.

Bahngeschwindigkeit: Die Geschwindigkeit, mit der sich der Körper auf der Kreisbahn bewegt, heißt Bahngeschwindigkeit. Die Richtung der Bahngeschwindigkeit liegt immer tangential an der Kreisbahn an – ändert sich also mit der Position des Körpers. Der Betrag der Bahngeschwindigkeit ist konstant. Er kann aus Bahnradius r und Umlaufzeit T berechnet werden.

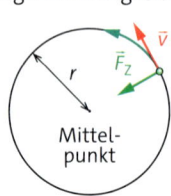

$$v = \frac{2\pi r}{T}$$

Zentripetalkraft: Ursache für eine Kreisbewegung ist eine zum Mittelpunkt gerichtete Zentripetalkraft $\vec{F}_Z$. Ihre Richtung ist orthogonal zur Bahngeschwindigkeit.

$$F_Z = \frac{m \cdot v^2}{r}$$

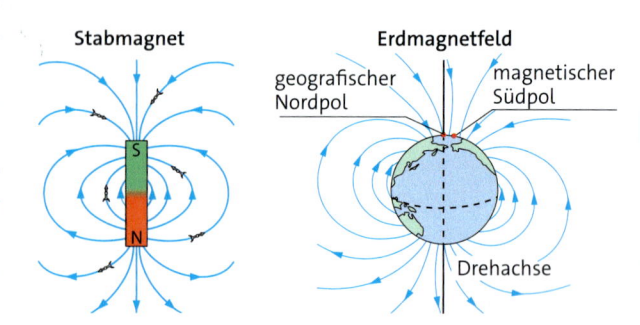

Noch gekonnt?

Eigenschaften von Permanentmagneten

1 a ▰ Vor Ihnen liegen zwei in Papier eingewickelte quaderförmige Metallstücke. Eins davon ist ein Magnet, das andere ist ein Eisenstück. Beschreiben Sie, wie Sie ohne weitere Hilfsmittel herausfinden können, welches von beiden Stücken der Magnet ist.
b ■ Jetzt liegen drei in Papier eingewickelte Metallstücke vor Ihnen. Eins ist aus Kupfer, eins aus magnetisiertem Eisen, eins aus unmagnetisiertem Eisen. Beschreiben Sie, wie Sie ohne weitere Hilfsmittel die drei Metallstücke identifizieren können.

2 ▰ Erklären Sie, wie man mit einer Magnetnadel die Pole eines Stabmagneten bestimmen kann.

3 Bei einem Hufeisenmagnet liegen sich die magnetischen Pole gegenüber.

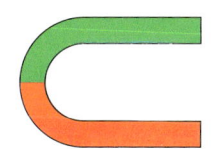

a ☐ Zählen Sie auf, was Sie beachten müssen, wenn Sie das Feldlinienbild eines Magnetfelds zeichnen wollen.
b ▰ Erklären Sie, weshalb sich Feldlinien nicht kreuzen können.
c ▰ Zeichnen Sie das Feldlinienbild eines Hufeisenmagneten.

4 ▰ Wenn man einen magnetisierten Nagel mehrmals fallen lässt, ist er nicht mehr magnetisiert. Erklären Sie dies mit dem Modell der Elementarmagnete.

5 ▰ Das Gehäuse von Computern mit empfindlichen Bauteilen ist meist aus Eisenblech, das Gehäuse von Kompassen meist aus Messing oder Kunststoff. Erklären Sie dies.

6 ▰ Ein rot-grün gefärbter Stabmagnet fällt herunter und zerbricht in der Mitte. Jemand sagt: „Das grüne Stück ist ein magnetischer Südpol, das rote Stück ein magnetischer Nordpol."
Nehmen Sie Stellung zu dieser Aussage.

7 Jemand streicht mit dem Südpol eines Stabmagneten über einen Eisennagel, und zwar immer hin und her.
a ▰ Erklären Sie, weshalb der Nagel nicht magnetisiert wird.
b ☐ Beschreiben Sie, wie man den Nagel mithilfe des Stabmagneten magnetisieren kann.

8 ▰ Entwickeln Sie einen Versuch, durch den Sie den Nordpol einer magnetisierten Nähnadel mithilfe des Erdmagnetfeldes bestimmen können.

9 ▰ Eine Kompassnadel zeigt nicht überall genau nach Norden. Die Fehlanzeige des Kompasses nennt man Missweisung. Man hat sie auf der ganzen Erde bestimmt. Einer der beiden magnetischen Pole der Erde liegt aktuell ganz im Norden von Kanada.
Folgern und erläutern Sie, wo die Missweisung demnach groß ist und wo sie klein ist.

10 ■ Ein Magnetkreisel schwebt ohne Verbindung über einem Metallring.
Erläutern Sie das Phänomen.
Übernehmen Sie dazu die Skizze und ergänzen Sie diese passend.

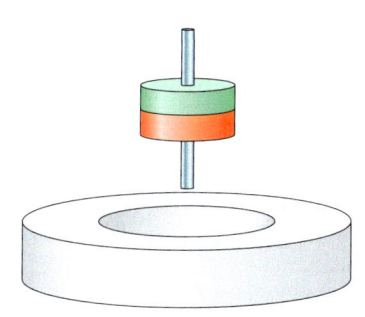

Elektrizität und Magnetismus

11 ☐ Bei einem Elektromagneten wird das Magnetfeld durch einen Eisenkern verstärkt. Beschreiben Sie mithilfe des Modells der Elementarmagnete, was beim Einschalten und Ausschalten des Stroms im Eisenkern passiert.

12 ▰ Bestimmen Sie die Fließrichtung der Elektronen in der Spule. Geben Sie an, wie die Drahtenden 1 und 2 an den Plus- und Minuspol angeschlossen werden müssen. Begründen Sie ihre Antwort mit der Linken-Faust-Regel.

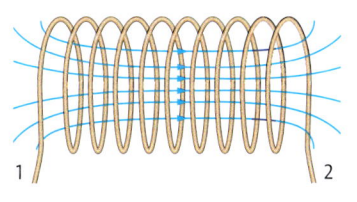

13 ▰ Zwei Elektromagnete sollen einander abstoßen. Skizzieren Sie mögliche Anordnungen und geben Sie jeweils die Polung der Anschlüsse an.

Kreisbewegung

14 ☐ Eine 100 g schwere Eisenkugel bewegt sich mit einer konstanten Geschwindigkeit von $12 \frac{m}{s}$.
a Berechnen Sie die Kraft, die notwendig ist, um die Kugel auf eine Kreisbahn mit einem Radius von $r = 1$ m zu bringen.
b Bestimmen Sie die Umlaufdauer T und die Anzahl der Umläufe pro Sekunde.

15 Begründen Sie, wie sich die Zentripetalkraft ändern muss, damit die Kreisbewegung erhalten bleibt.
a ▰ Die Geschwindigkeit des Körpers verdoppelt sich.
b ▰ Der Radius der Bahn verdoppelt sich.
c ■ Die Masse des Körpers halbiert sich und die Geschwindigkeit verdoppelt sich.

2.1 Kraft auf Leiter im Magnetfeld

1 Experiment zur Demonstration einer Kraft auf stromdurchflossene Leiter

Ein Aluminiumzylinder liegt auf zwei Schienen. Wenn an diese ein Plus- und ein Minuspol angeschlossen werden, rollt der Zylinder nach vorne. Wie entsteht die antreibende Kraft und wie groß ist diese?

2 Die Kompassnadeln orientieren sich ringförmig um einen stromdurchflossenen Leiter

Elektrischer Strom und Magnetfelder • Fließt ein elektrischer Strom durch einen metallischen Leiter, kann man mithilfe kleiner Magnetnadeln (Kompassnadeln) nachweisen, dass der Leiter von einem magnetischen Feld umgeben ist (▶ 2). Die Ausrichtungen der Nadeln zeigen, dass das Feld ringförmig in geschlossenen Feldlinien um den Leiter führt (▶ 3). Die Richtung des Feldes ermitteln wir mit der **Linke-Faust-Regel:** Im Leiter erzeugt die gerichtete Bewegung der Elektronen den elektrischen Strom. Zeigt der Daumen in die Bewegungsrichtung der Elektronen, dann zeigen die gekrümmten Finger der Hand in die Richtung des Magnetfeldes (▶ 3).

3 Bestimmung der Richtung des Magnetfeldes mit der linken Hand (Linke-Faust-Regel)

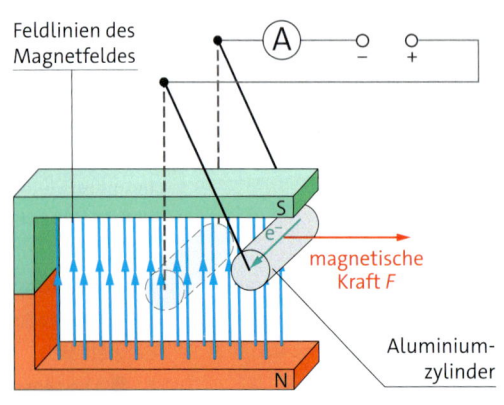

4 Auslenkung eines stromdurchflossenen Aluminiumzylinders im Magnetfeld (Leiter-Schaukel)

Magnetische Kraft auf einen stromdurchflossenen Leiter • Die beiden Metallschienen und der darauf liegende Aluminiumzylinder (▶ 1) bilden beim Anschluss einer Spannungsquelle einen geschlossenen Stromkreis. Die Elektronen strömen durch die untere Schiene nach rechts und durch die obere Schiene nach links (▶ 5). Diese Ströme bilden ringförmige Magnetfelder, die zwischen den Schienen nach unten und außerhalb nach oben weisen.

Um zu zeigen, dass das Magnetfeld des Stroms in den Schienen das Rollen des Zylinders verursacht, betrachten wir einen weiteren Versuch: Im homogenen Magnetfeld hängt senkrecht zu den Feldlinien ein elektrischer Leiter aus Aluminium (▶ 4). Schließt man den Stromkreis, schwingt der Leiter in eine Richtung aus.

Aluminium ist kein magnetischer Stoff. Durch einen Permanentmagneten wird er nicht angezogen. Fließt aber ein elektrischer Strom in seinem Inneren, wird auf den Zylinder eine **magnetische Kraft** ausgeübt, die ihn auslenkt (▶ 4). Wie das elektrische Feld übt auch das magnetische Feld eine Kraft auf elektrische Ladungsträger aus. Damit es zu einer Wirkung kommt, müssen diese sich aber bewegen. Im Leiter bildet die gerichtete Bewegung der Elektronen den elektrischen Strom.

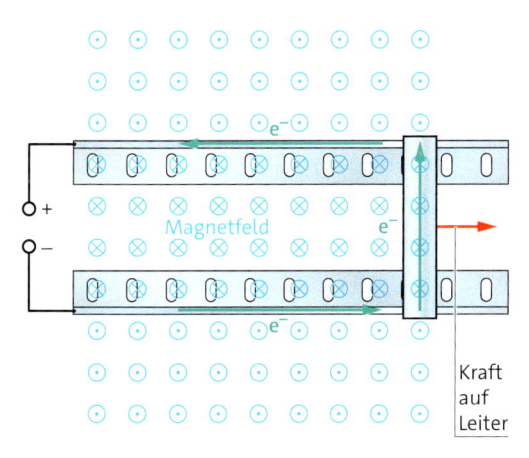

5 Magnetische Kraft auf Aluminiumzylinder

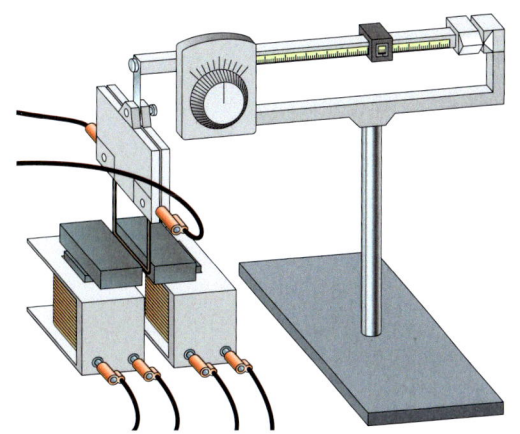

6 Stromwaage: Versuchsaufbau

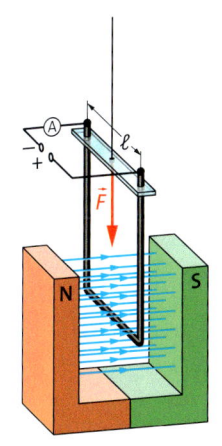

7 Prinzip der Kraftmessung

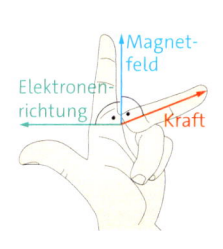

8 Drei-Finger-Regel der linken Hand

Dabei gilt, dass die magnetische Kraft auf den Leiter sowohl senkrecht zum Magnetfeld als auch senkrecht zur Bewegungsrichtung der Elektronen wirkt. Die Kraftrichtung lässt sich mit der **Drei-Finger-Regel** der linken Hand bestimmen (▶8). Halten wir Daumen, Zeige- und Mittelfinger jeweils senkrecht zueinander, zeigt der Mittelfinger in die Richtung der magnetischen Kraft, während der Daumen die Bewegungsrichtung der Elektronen und der Zeigefinger die Richtung des Magnetfeldes wiedergibt.

Magnetische Kraft beim Zylinder • So lässt sich auch das Rollen des Zylinders verstehen: Betrachten wir den Versuchsaufbau von oben (▶5), verlaufen die Magnetfeldlinien senkrecht durch die Papierebene. Man hat sich dabei darauf geeinigt, dass die Richtung des Feldes in die Papierebene (nach unten) mit einem Kreuz in einem Kreis symbolisiert wird, während man die Richtung aus der Ebene (nach oben) mit einem Punkt in einem Kreis markiert.
Das Magnetfeld der Stromschienen durchläuft auch den Aluminiumzylinder. Gleichzeitig fließen im Aluminiumzylinder die Elektronen vom Minuspol zum Pluspol. Ihre Bewegungsrichtung steht also senkrecht zum Magnetfeld der Schienen. Mit der Drei-Finger-Regel können wir ermitteln, dass auf den Zylinder eine magnetische Kraft wirkt, die ihn vom Magnetfeld der Schienen weg laufen lässt.

> Befindet sich ein stromdurchflossener Leiter in einem Magnetfeld, dessen Richtung senkrecht zur Stromrichtung steht, wirkt auf ihn eine magnetische Kraft senkrecht zum Magnetfeld und zur Stromrichtung.

Modellversuch Stromwaage • Um den Betrag der magnetischen Kraft zu ermitteln, führen wir einen Modellversuch durch. Mit zwei Elektromagneten wird ein starkes Magnetfeld erzeugt, das im Spalt zwischen den beiden Eisenkernen von links nach rechts verläuft (▶6 und 7). In das Feld hängen wir einen Leiter, der sich mit einer Länge ℓ im Magnetfeld befindet und durch den die Elektronen von hinten nach vorne fließen (▶7). Diesen Elektronenfluss können wir als Stromstärke I messen. Dabei ist der Leiter an einer Waage (▶6) oder an einem Federkraftmesser aufgehängt, sodass wir die magnetische Kraft F, die auf den stromdurchflossenen Leiter wirkt, ermitteln können. Man nennt diesen Versuchsaufbau **Stromwaage**.

Schließt man den Stromkreis in der Leiterschleife, wird diese nach unten gezogen. An der Waage beziehungsweise dem Federkraftmesser kann die magnetische Kraft als Zugkraft abgelesen werden.
Wir untersuchen nun die magnetische Kraft F abhängig von der Stromstärke I und der im Magnetfeld befindlichen Länge des Leiters ℓ.

Dazu führen wir zwei Versuchsreihen durch, bei denen wir immer nur eine der beiden Größen verändern. In der ersten Versuchsreihe bleibt die Länge des Leiterstücks fest mit $\ell = 0{,}05\,\text{m}$, wir variieren I und messen F abhängig von I. In der zweiten Versuchsreihe stellen wir jeweils die gleiche Stromstärke von $I = 8\,\text{A}$ ein und variieren die Länge ℓ des Leiterstücks im Magnetfeld.
Auf der nächsten Seite werden die Messwerte des Versuchs ausgewertet.

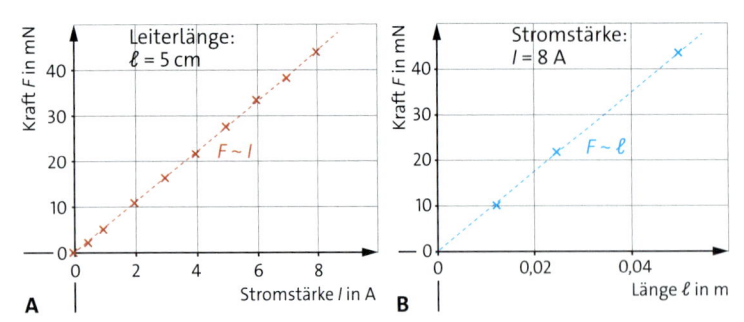

1 Die grafische Auswertung zeigt jeweils den proportionalen Zusammenhang zwischen **A** der Stromstärke I sowie **B** der Leiterlänge ℓ und der Kraft F.

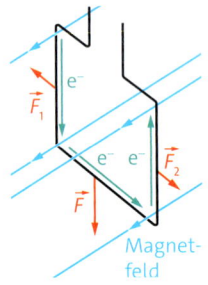

2 Die Bewegung der Elektronen verursacht eine Kraft auf den Leiter. Die Kraftwirkung der seitlichen Leiterstücke hebt sich durch die gegenläufige Bewegungsrichtung aber auf.

HENDRIK ANTOON LORENTZ folgerte 1895 aus der magnetischen Kraft auf einen stromdurchflossenen Leiter, dass eine entsprechende Kraft auf die bewegten Ladungen im Leiter wirkt. Diese nennt man Lorentzkraft. Manche bezeichnen die magnetische Kraft auf einen Leiter ebenso.

Auswertung der Messreihen zur Stromwaage • Im Versuch zur Stromwaage werden zwei Messreihen erhoben. Die Werte tragen wir jeweils in ein entsprechendes Diagramm ein (▶ **1**).

Die Diagramme zeigen deutlich, dass die Werte beider Messreihen jeweils auf einer Ursprungsgeraden liegen. Daraus kann man schließen, dass die magnetische Kraft sowohl proportional zur Stromstärke I ($F \sim I$) als auch proportional zur Länge ℓ des Leiterstücks ist ($F \sim \ell$).

Beide Proportionalitäten können zu einer gemeinsamen zusammengefasst werden:

$F \sim I \cdot \ell$.

Insgesamt ist also die magnetische Kraft proportional zum Produkt aus Länge des Leiterstücks im Magnetfeld und der Stromstärke im Leiter.

Die magnetische Flussdichte • Um den Proportionalitätsfaktor für $F \sim I \cdot \ell$ zu ermitteln, teilen wir die Kraft durch das Produkt aus Stromstärke und Leiterlänge:

$B = \frac{F}{I \cdot \ell}$.

Der Faktor wird **magnetische Flussdichte B** genannt. Wir deuten diesen Faktor in Analogie zur elektrischen Kraft: Diese ist proportional zur Probeladung q und der Proportionalitätsfaktor ist die elektrische Feldstärke:

$|\vec{E}| = \frac{F}{q}$.

Nun ist die magnetische Kraft proportional zum Produkt aus Stromstärke und Leiterlänge. Damit sollte der Quotient $\frac{F}{I \cdot \ell}$ analog zu $\frac{F}{q}$ eine entsprechende Feldstärke darstellen. Die Flussdichte B kann also als Stärke des Magnetfelds interpretiert werden. Je größer B desto stärker ist auch das Magnetfeld.

Die Einheit der Flussdichte B ist $1 \frac{N}{A \cdot m}$ und wird auch ein **Tesla, T**, genannt: $1\,T = 1 \frac{N}{A \cdot m}$.

Die magnetische Kraft F kann man so durch Auflösen der obigen Gleichung erhalten:

$F = B \cdot I \cdot \ell$.

Beim Versuch mit der Stromwaage verläuft das Magnetfeld orthogonal zur Leiterschleife (▶ **2**). Jedes Leiterstück erzeugt dabei eine magnetische Kraft, die sowohl orthogonal zum Leiterstück als auch zum Magnetfeld ist. Die Richtung der Kraft kann dabei jeweils mit der Drei-Finger-Regel der linken Hand bestimmt werden (▶ **2**).

Das untere Leiterstück erzeugt so eine nach unten gerichtete Kraft, während sich die Kräfte der beiden seitlichen Leiterstücke gegenseitig aufheben (▶ **2**). Daher wirkt auf die gesamte Leiterschleife eine resultierende nach unten gerichtete Kraft.

> Auf einen stromführenden Leiter mit einer Stromstärke I, der sich in einem Magnetfeld mit einer Flussdichte B befindet, wirkt eine magnetische Kraft mit dem Betrag: $F = B \cdot I \cdot \ell$. Leiter und Magnetfeld stehen dabei orthogonal aufeinander.

Bezeichnung • Im internationalen Einheitensystem gibt es auch eine „magnetische Feldstärke", die aber nicht analog zur elektrischen Feldstärke definiert ist. Weswegen die zur elektrischen Feldstärke analoge Größe im internationalen Einheitensystem verwirrenderweise magnetische Flussdichte genannt wird. Um mit dieser ungünstigen historischen Begriffsbildung eindeutig und zuverlässig umgehen zu können, wird zur Charakterisierung eines Magnetfelds immer nur die magnetische Flussdichte verwendet.

Kraft auf ein Elektron • Das Gesetz zur magnetischen Kraft auf einen stromdurchflossenen Leiter können wir auf Elementarteilchen übertragen. Denn der elektrische Strom im Leiter wird durch die Elektronen getragen. Daher sollte die Kraft auf den Leiter die Summe der Kräfte F sein, die auf die Elektronen im Leiter wirken. Um diese Kraft F zu ermitteln, analysieren wir die Bewegung der Elektronen im Leiter mit der Stromstärke I (▶ **3**).

Dazu bezeichnen wir die Anzahl der beweglichen Ladungen im Leiter mit N und deren mittlere Geschwindigkeit mit v.

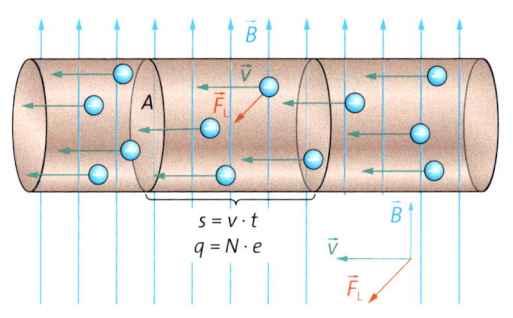

3 Lorentzkraft auf bewegte Ladungen in einem Leiter

Somit benötigt ein Elektron im Mittel folgende Zeit, um die Strecke s zu durchfließen:

$t = \frac{s}{v}$.

In dieser Zeit passieren also N Elektronen, die jeweils eine Elementarladung e tragen, den Leiterquerschnitt und transportieren somit folgende Ladung:

$q = N \cdot e$.

Da die Stromstärke als Ladung pro Zeit definiert ist, ergibt sich:

$I = \frac{q}{t} = \frac{N \cdot e \cdot v}{s}$.

Setzt man diesen Ausdruck in die Formel für die magnetische Kraft ein und betrachtet als Strecke das gesamte Leiterstück ($s = \ell$), erhält man:

$F = I \cdot B \cdot \ell = \frac{N \cdot e \cdot v}{s} \cdot B \cdot \ell = N \cdot e \cdot v \cdot B$, mit $s = \ell$.

Die magnetische Kraft F ist also das N-Fache Produkt der Kraft $F_L = e \cdot v \cdot B$, die auf jedes einzelne Elektron wirkt: $F = N \cdot F_L$. Diese Kraft auf eine einzelne Ladung heißt **Lorentzkraft**.

Da wir bei der Herleitung nie den Betrag e der Elementarladung konkret verwendet haben, gilt die Herleitung für jede beliebige Ladung q, die sich mit einer Geschwindigkeit v orthogonal durch ein Magnetfeld mit der Flussdichte B bewegt. Die Lorentzkraft tritt bei allen Ladungsträgern auf:

$F_L = q \cdot v \cdot B$.

> Bewegt sich eine Ladung q mit einer Geschwindigkeit v orthogonal zu einem Magnetfeld mit einer Flussdichte B, dann wirkt auf die Ladung die Lorentzkraft: $F_L = q \cdot v \cdot B$.
> Die Richtung der Kraft kann mit der Drei-Finger-Regel bestimmt werden.

Kraft bei beliebigen Winkeln • Bisher haben wir nur Situationen betrachtet, bei denen die Bewegungsrichtung der Ladungen orthogonal zur Richtung des Magnetfelds verlief.
Im Allgemeinen können diese beiden Vektoren aber einen beliebigen Winkel α einschließen (▶ 4).
Auch in diesen Fällen entsteht eine Kraft auf die Ladung, denn wir können die Feldrichtung am Ort der Ladung immer in eine Komponente, die orthogonal zur Bewegung verläuft, und in eine Komponente, die parallel zur Bewegungsrichtung verläuft, zerlegen. Dabei ist nur die orthogonale Komponente $B_\perp$ wirksam. Für den Betrag der Kraft gilt dann:

$F_L = q \cdot v \cdot B_\perp = q \cdot v \cdot B \cdot \sin(\alpha)$.

Auf die Richtung der Lorentzkraft hat der Winkel α keinen Einfluss. Die Vektoren von Magnetfeld und Bewegungsrichtung bilden gemeinsam eine Ebene, auf der die Lorentzkraft senkrecht steht. Wir können daher die Richtung immer mit der Drei-Finger-Regel bestimmen.

1 ☐ Ein Elektron fliegt mit der Geschwindigkeit $v = 10^7 \frac{m}{s}$ durch ein Magnetfeld mit $B = 1\,T$. Dabei schließen v und B den Winkel 60° ein. Berechnen Sie die Lorentzkraft.

2 Zwei Leiterschaukeln hängen parallel nebeneinander und werden jeweils von einem Strom I durchflossen.
a ☐ Begründen Sie, dass die Leiterschaukeln einander anziehen, wenn die Stromrichtungen in beiden gleich sind.
b ■ Begründen Sie, dass zwei parallel fliegende Elektronen einander umso weniger abstoßen, je schneller sie fliegen.

3 ☐ Prinzipiell könnte man mit dem Aluzylinder auf zwei Schienen auf S. 66 Kleinstsatelliten ins All katapultieren. Dazu wird ein Strom von $I = 10^6\,A$ verwendet, der zwischen den Schienen eine magnetische Flussdichte von $B = 2\,T$ erzeugt.
a Ermitteln Sie die Kraft und die Beschleunigung für einen Aluminiumzylinder der Breite $b = 0{,}1\,m$ und der Masse $m = 0{,}1\,kg$.
b Ermitteln Sie für Schienen der Länge $\ell = 64\,m$ die erreichte Geschwindigkeit und vergleichen Sie mit der Fluchtgeschwindigkeit der Erde $v = 11{,}2\,\frac{km}{s}$.

$F_L = q \cdot v \cdot B$

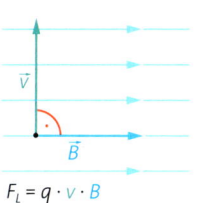

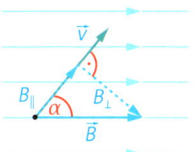

$F_L = q \cdot v \cdot B_\perp$
$F_L = q \cdot v \cdot B \cdot \sin(\alpha)$

4 Berechnung der Lorentzkraft F_L durch Zerlegung von B in Komponenten orthogonal ($B_\perp$) und parallel ($B_\parallel$) zu v.

Material

Versuch A • Magnetische Kräfte

V1 Stromwaage für Spule

Materialien: Spulen, Hufeisenmagnete, Netzgerät, Amperemeter, Stativmaterial, Waage, Smartphone

Arbeitsauftrag:
- Bauen Sie den Versuch mithilfe der Skizze auf (▶1). Beschreiben Sie die Durchführung. Erklären Sie, warum auf jedes der N Leiterstücke im Hufeisenmagneten der Länge ℓ eine magnetische Kraft F wirkt. Erklären Sie, wie diese Kraft gemessen wird.
- Führen Sie eine Messreihe durch, bei der Sie die Stromstärke I variieren. Bestätigen Sie, dass F proportional zu I ist.
- Führen Sie eine Messreihe durch, bei der Sie die Windungszahl N variieren. Bestätigen Sie hiermit, dass die Kraft F je Leiterstück unabhängig von N ist.
- Führen Sie eine Messreihe durch, bei der Sie die Länge der Leiterstücke ℓ variieren. Verwenden Sie dabei zusätzliche Hufeisenmagnete. Bestätigen Sie somit, dass F proportional zu ℓ ist.
- Bestätigen Sie die Proportionalität $F \sim \frac{I}{\ell}$. Ermitteln Sie daraus den Betrag von B. Überprüfen Sie das Ergebnis mit einer passenden Smartphone-App, die die Stärke eines Magnetfelds messen und angeben kann.

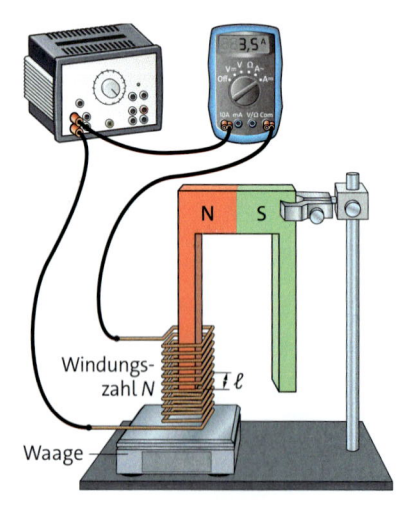

V2 MHD-Pumpe

Materialien: 9-V-Blockbatterie, flache Permanentmagnete, Wanne mit Salzwasser, Alufolie, Kabel mit Krokodilklemme, Tinte, Glasplatte, zwei Leisten

Arbeitsauftrag:
- Bauen Sie den Versuch auf (▶2). Machen Sie Bewegungen des Wassers mit einem Tropfen Tinte sichtbar. Beschreiben Sie die Durchführung.
- Beschreiben Sie die Beobachtung und deuten sie den Aufbau als Pumpe.
- Übertragen Sie die Skizze (▶2) ins Heft und zeichnen Sie darin den Verlauf der elektrischen Feldlinien ein. Recherchieren Sie, welche Teilchen in Salzwasser enthalten sind. Ergänzen Sie diese und deren Bewegung in Ihrer Skizze. Erklären Sie die Bewegung.
- Tragen Sie in Ihre Skizze auftretende Lorentzkräfte ein. Begründen Sie deren Richtung mit der Drei-Finger-Regel. Erklären Sie die Funktionsweise der Pumpe. Führen Sie Kontrollversuche mit umgekehrter Polung der Batterie bzw. der Magnete durch.
- Ein Kanal wie in ▶2 ist 10 mm tief, 100 mm lang und 0,02 m breit. Die spezifische Leitfähigkeit dieses Salzwassers beträgt $\varphi = 10^5 \, \Omega \cdot \frac{mm^2}{m}$. Bestätigen Sie den Widerstand $R = 2\,\Omega$ dieses Kanals. Das Magnetfeld beträgt $B = 0,1\,T$. Ermitteln Sie die magnetische Kraft, welche auf das Wasser im Kanal wirkt.
- Erläutern Sie den Bau eines Schiffsantriebs aus dieser Pumpe.

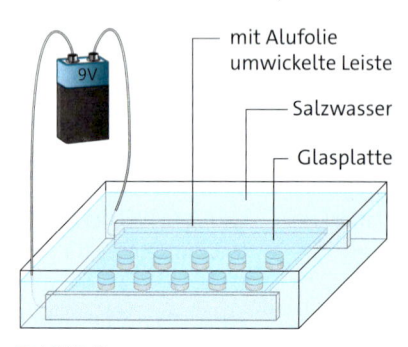

V3 Linearer Antrieb

Materialien: 9V-Blockbatterie, flache Permanentmagnete, zwei Metallschienen, Rundstab aus Aluminium, Kabel mit Krokodilklemme

Arbeitsauftrag:
- Bauen Sie den Versuch auf (▶3). Beschreiben Sie die Durchführung.
- Beschreiben Sie Ihre Beobachtung.
- Übertragen Sie die Skizze ins Heft (▶3).
- Tragen Sie den Verlauf des elektrischen Stroms bzw. der Elektronen ein. Ergänzen Sie in der Skizze die Lorentzkräfte. Begründen Sie deren Richtung mit der Drei-Finger-Regel. Erklären Sie den Antrieb des Rundstabes. Führen Sie Kontrollversuche mit umgekehrter Polung von Batterie und Magneten durch.
- Durch den Rundstab mit der Masse $m = 100\,g$ fließt ein Strom von $I = 5\,A$ auf einer Länge von $\ell = 0,1\,m$ und das Magnetfeld beträgt $B = 0,5\,T$. Ermitteln Sie die magnetische Kraft F_m und die Beschleunigung a des Rundstabs.
- Durch Variation des Aufbaus kann man einen Linearmotor realisieren (▶4): Die Drahtschleife hat 10 Windungen, eine Flussdichte von 0,5 T sowie die Abmessungen und die Stromstärke des Rundstabs. Erklären Sie die Funktionsweise und ermitteln Sie Kraft und Beschleunigung.

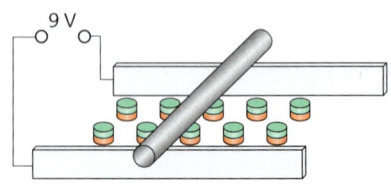

1 Stromwaage für eine Spule

2 MHD-Pumpe

3 Rollender Rundstab

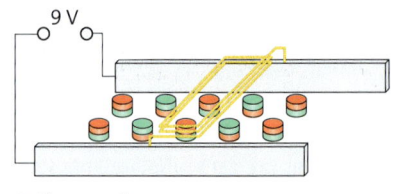

4 Linearmotor

Magnetische Felder • Kraft auf Leiter im Magnetfeld

Material A • Kraft zwischen geraden Leitern

Die historische Definition der Einheit der Stromstärke, das Ampere, aus dem Jahr 1948 lautet: Wenn die Stromstärke 1 A durch je zwei parallele Leiter fließt, die einen Meter voneinander entfernt sind, dann üben die Leiter je Meter Strecke eine Kraft von $F = 2 \cdot 10^{-7}$ N aufeinander aus (▶A1). Seit dem 20. Mai 2019 ist diese abgelöst.

1 Wenn ein langer, gerader Leiter von einem Strom I durchflossen wird, dann beträgt in einer Entfernung r die magnetische Flussdichte $B = \mu_0 \cdot \dfrac{I}{2\pi \cdot r}$.
  a ☐ Skizzieren Sie die Feldlinien mit passender Richtung und Form für das Magnetfeld, das sich um einen stromdurchflossenen Leiter bildet (▶A1).
  b ☐ Beschreiben Sie eine mögliche Durchführung des skizzierten Versuchs (▶A1).
  c ◩ Ermitteln Sie die Flussdichte für $I = 1$ A und $r = 1$ m.
  d ◩ Ermitteln Sie Richtung und Betrag der Kraft F, die auf einen Meter des rechten Leiters wirkt (▶A1).

2 ■ Zeigen Sie, dass aus der historischen Definition für die magnetische Feldkonstante folgt: $\mu_0 = 4\pi \cdot 10^{-7} \, \dfrac{\text{N}}{\text{A}^2}$.

3 ◩ Zwei parallele Stromkabel sind 100 m lang, 2 m voneinander entfernt und durch jedes Kabel fließt ein Strom von 5 kA in die gleiche Richtung. Ermitteln Sie die Kraft, welche diese Kabel aufeinander ausüben.

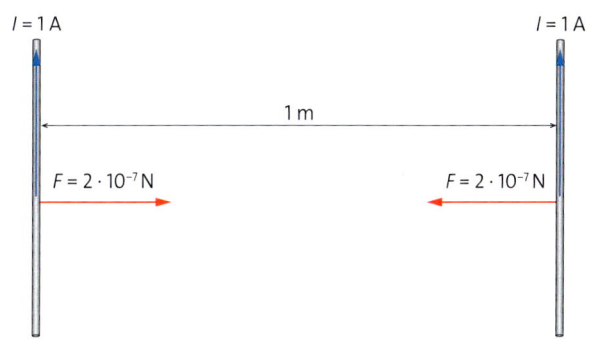

A1 Kraft bei zwei Leitern

Material B • Drehspulinstrument

Bei einem Drehspulinstrument wird die Stromstärke mithilfe der magnetischen Kraft, die auf einen stromdurchflossenen Leiter wirkt, bestimmt.

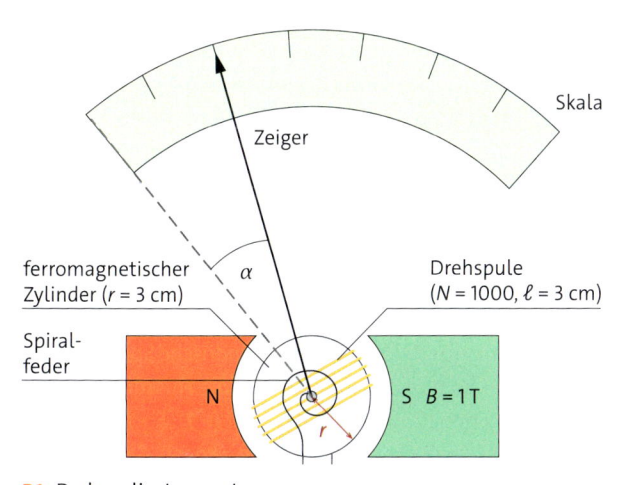

B1 Drehspulinstrument

1 Beim Drehspulinstrument ist der Leiter mehrfach um einen Eisenzylinder gewickelt und befindet sich frei drehbar zwischen den Polschuhen eines Permanentmagneten (▶B1).
  a ☐ Beschreiben Sie den Aufbau des Gerätes (▶B1).
  b ◩ Übertragen Sie den unteren Teil ins Heft und skizzieren Sie den Verlauf der magnetischen Feldlinien.
  c ■ Erklären Sie, warum das Magnetfeld im Luftspalt zwischen Polschuh und Zylinder radial verläuft.

2 Wenn die Spule von einem Strom I durchflossen wird, wirkt auf die jedes senkrecht zur Papierebene stehende Leiterstück die Kraft $F = I \cdot B \cdot \ell$.
  a ◩ Bestimmen Sie die Richtung der Kraft, die zu dem Ausschlag in der Skizze führt (▶B1). Geben Sie die Fließrichtung der Elektronen in den Leiterstücken an.
  b ■ Begründen Sie, dass die Kraft tangential zum Zylinder wirkt und zu einer Drehung der Spule führt.

3 ■ Wenn an einem drehbaren Gegenstand eine Kraft F in einer Entfernung r von der Drehachse angreift und in tangentiale Richtung wirkt, dann entsteht ein Drehmoment $M = r \cdot F$. Im Messinstrument wird dieses Drehmoment durch eine Spiralfeder ausgeglichen, für deren eigenes Drehmoment das Hooksche Gesetz gilt: $M \sim \alpha$. Der Drehwinkel α der Spule kann so über einen Zeigerausschlag an einer Skala abgelesen werden.
  a Zeigen Sie, dass der Zeigerausschlag proportional zur Stromstärke in der Spule ist.
  b Ermitteln Sie das Drehmoment M, das durch eine Stromstärke von $I = 100$ mA hervorgerufen wird.
  c Die Spiralfeder hat die Federkonstante $D = \dfrac{0{,}01 \, \text{Nm}}{1°}$. Ermitteln Sie den Drehwinkel, der durch eine Stromstärke von $I = 200$ mA hervorgerufen wird.
  d Begründen Sie, dass der Zeigerausschlag maximal 90° betragen kann.

2.2 Magnetfeld von Spulen

1 Im Aufbau befindlicher Kernspintomograph

Die Kernspintomographie ist ein modernes Diagnostikverfahren in der Medizin, z. B. zur Erkennung von Tumoren im Gehirn. Die zu untersuchende Person befindet sich dabei in einem Magnetfeld mit einer Stärke von bis zu drei Tesla. Das klingt zwar nicht viel, aber das Erdmagnetfeld hat in Deutschland eine Stärke von nur 0,05 mT. Wie erzeugt man ein so starkes Magnetfeld und von welchen Größen hängt seine Stärke ab?

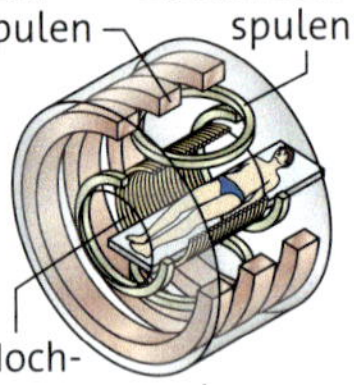

Feldspulen Gradientenspulen
Hochfrequenzspule

2 Schematischer Aufbau eines Kernspintomographen mit den supraleitenden Feldspulen

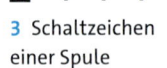

3 Schaltzeichen einer Spule

Magnetfeld einer Spule • Das Magnetfeld im Tomographen wird von sehr großen zylinderförmigen Spulen erzeugt. Durch Kühlung der Drahtwicklungen auf unter vier Kelvin mit flüssigem Helium können große elektrische Ströme widerstandsfrei fließen, um das Magnetfeld zu erzeugen.

Zur Veranschaulichung des Magnetfelds einer von Strom durchflossenen Spule können wir Eisenspäne verwenden (▶4).
Außerhalb der Spule verlaufen die Feldlinien wie bei einem Stabmagneten. In ihrem Inneren verlaufen die Feldlinien beinah parallel und liegen dicht beieinander (▶5). Das Magnetfeld scheint hier homogen und besonders stark zu sein. Das Feld entsteht durch die Überlagerung der ringförmigen Magnetfelder der einzelnen Windungen.

Messung des Magnetfelds einer Spule • Um die Abhängigkeit der Stärke des Magnetfelds einer langen zylindrischen Spule zu bestimmen, führen wir Versuchsreihen mit der Stromstärke I, der Windungszahl N, der Länge ℓ und dem Durchmesser d durch. Die Messung erfolgt durch den Hall-Sensor des Smartphones mit einer entsprechenden App (▶6).

Um die Abhängigkeiten zu untersuchen, variieren wir die jeweilige Messgröße und halten die übrigen Größen dabei konstant.
Wir ermitteln so für eine zylindrische Spule ($N = 30$, $d = 8$ cm und $\ell = 40$ cm), dass die Flussdichte B proportional zur Stromstärke I ist (▶7): $B \sim I$.
Bei sonst gleichen Spulen (d = konst., ℓ = konst.) ist die Flussdichte des Magnetfeldes auch proportional zur Windungszahl N der Spule (▶8): $B \sim N$.

4 Eisenfeilspäne zeigen das Magnetfeld in der Spule.

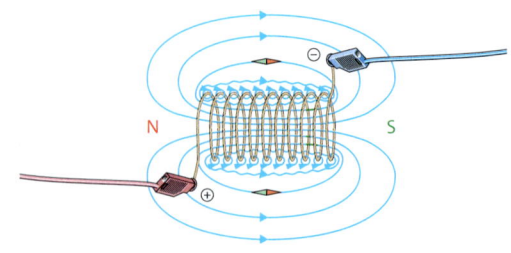

5 Modellvorstellung zum Magnetfeld einer Spule

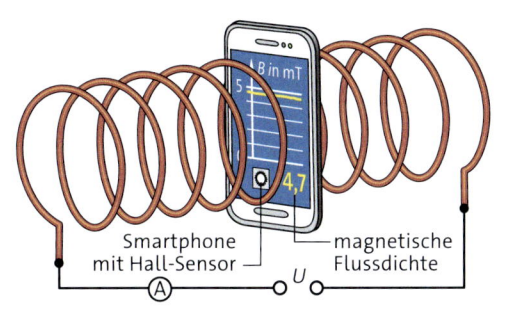

Magnetische Felder • Magnetfeld von Spulen

6 Versuchsskizze zur Messung der Flussdichte

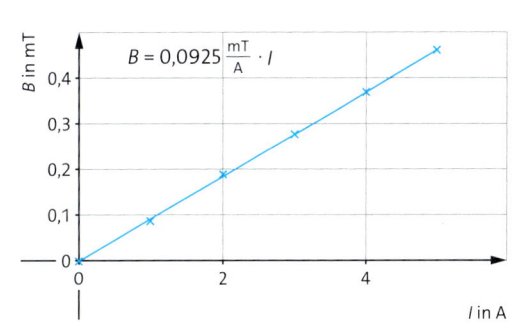

7 Regression zu B in Abhängigkeit zur Stromstärke I

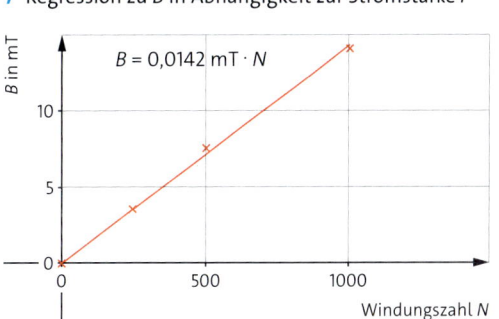

8 Regression für B in Abhängigkeit zur Windungszahl N

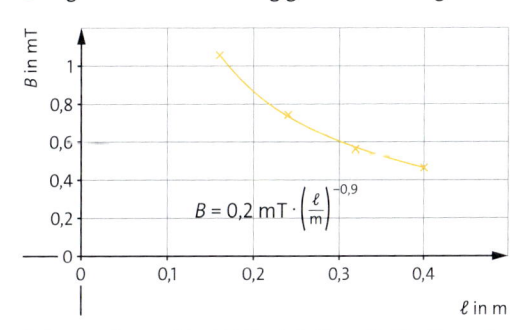

9 Regression zu B in Abhängigkeit zur Spulenlänge ℓ

Bei der Messung der Flussdichte muss sich der Magnetfeldsensor des Smartphones möglichst mittig in der Spule befinden. An dieser Stelle wird die gemessene Flussdichte am größten.

Die Regression zu den Messwerten beim Verändern der Länge ℓ ($I = 5\,\text{A}$, $N = 30$ und $d = 8\,\text{cm}$), zeigt, dass B proportional zu $\ell^{-0,9}$ ist (▶ 9).

Das sollten wir genauer analysieren: In den Versuchen messen wir das Magnetfeld der Spule immer nur an einer Stelle. Der Einfluss der Gesamtlänge ℓ oder die Anzahl N aller Windungen der Spule sollte an dieser Stelle nur einen geringen Einfluss haben. Stattdessen ist für B die Anzahl der Windungen an dieser Stelle wichtig – also die Windungszahldichte. Für eine gleichmäßig gewickelte Spule kann diese durch den Quotienten $\frac{N}{\ell}$ angegeben werden. Dann wäre der Exponent nicht –0,9, sondern –1. Zur Überprüfung führen wir deshalb den ansonsten gleichen Versuch noch einmal mit einer Spule durch, die zwar dieselbe Länge, aber nur den halben Durchmesser $d = 4\,\text{cm}$ hat. Damit erhalten wir den Exponenten –0,97. Im Idealfall sehr schlanker Spulen ist B also proportional zu $\frac{1}{\ell}$.

Wir fassen die Proportionalitäten zusammen:

$$B \sim \frac{I \cdot N}{\ell}.$$

Wir ermitteln den Proportionalitätsfaktor anhand der gegebenen Werte:

$$\frac{B}{I} \cdot \frac{\ell}{N} = 0{,}0925\,\frac{\text{mT}}{\text{A}} \cdot \frac{0{,}4\,\text{m}}{30} \approx 1{,}2 \cdot 10^{-6}\,\frac{\text{N}}{\text{A}^2}.$$

Dieser Proportionalitätsfaktor ist die grundlegende Naturkonstante des magnetischen Felds. Sie heißt **magnetische Feldkonstante** μ_0 und ihr aktuell gültiger Wert beträgt: $1{,}256\,637 \cdot 10^{-6}\,\frac{\text{N}}{\text{A}^2}$.

> Wird eine schlanke Spule der Länge ℓ und der Windungszahl N von einem Strom der Stromstärke I durchflossen, dann wird in der Spule ein Magnetfeld mit folgender Flussdichte B erzeugt:
> $B = \mu_0 \cdot \frac{I \cdot N}{\ell}.$
> Dabei ist μ_0 die magnetische Feldkonstante:
> $\mu_0 = 1{,}257 \cdot 10^{-6}\,\frac{\text{N}}{\text{A}^2}.$

In der Formel zur Berechnung des Magnetfelds einer schlanken, langen Spule taucht der Spulendurchmesser nicht auf. In einer Versuchsreihe verändern wir den Durchmesser d bei konstanter Stromstärke $I = 5\,\text{A}$, Länge $\ell = 40\,\text{cm}$ und Windungszahl $N = 30$. Bei $d = 8\,\text{cm}$ messen wir $B = 0{,}46\,\text{mT}$, während wir bei $d = 16\,\text{cm}$ ein Feld von $B = 0{,}44\,\text{mT}$ beobachten. Entsprechend stellen wir fest, dass die Flussdichte fast unabhängig vom Durchmesser ist.

1 ✏ Stellen Sie zu jeder untersuchten Größe eine Hypothese auf, mit der man die zu untersuchende Abhängigkeit zur Stärke des Magnetfelds begründen kann.

2 ■ Begründen Sie die Verwendung von supraleitenden Spulen beim Kernspintomographen.

Die Flussdichte des Magnetfelds der Spule wird durch drei Faktoren beschrieben: Feldkonstante μ_0, elektrischer Strom I und geometrischer Faktor $\frac{N}{\ell}$. Ebenso wird das $|\vec{E}|$-Feld des Kondensators durch entsprechende Faktoren beschrieben: $|\vec{E}| = \frac{1}{\varepsilon_0} \cdot \frac{Q}{A}.$

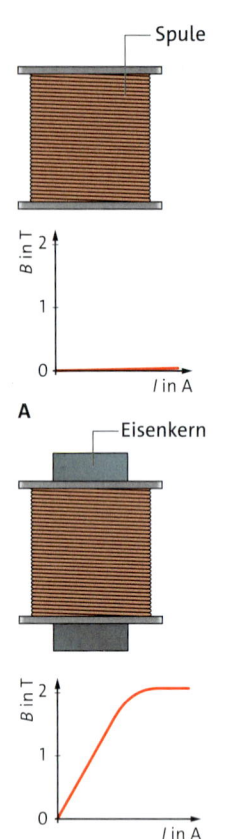

1 Elektromotor mit ringförmig angeordneten Spulen, die jeweils um einen Eisenkern gewickelt sind

2 Flussdichte B in Abhängigkeit zur Stromstärke I: **A** luftgefüllte Spule; **B** mit Eisenkern

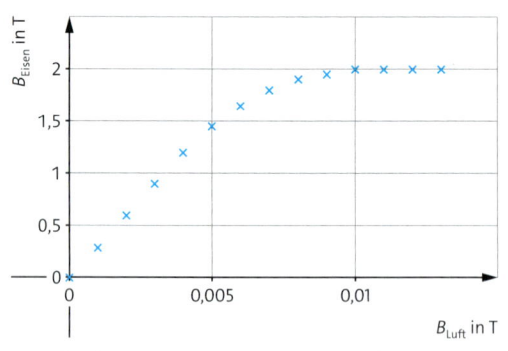

4 Verlauf von B_{Eisen} einer Spule mit Eisenkern im Vergleich zu B_{Luft} der luftgefüllten Spule

Materialgefüllte Spule • Für den technischen Einsatz, z. B. in Generatoren oder Elektromotoren, sind die erzeugten Magnetfelder der untersuchten luftgefüllten Spulen zu schwach ($B \approx 1\,\text{mT}$). Magnetfelder typischer Neodymmagnete erzielen Stärken von $B = 1\text{–}1,5\,\text{T}$. Um diese Werte zu erreichen, werden Spulen mit Eisenkern verwendet (▶1).

Spule mit Eisenkern • Um die Auswirkungen des Eisens auf das Magnetfeld zu untersuchen, vergleichen wir bei einer bestimmten Stromstärke die Flussdichte einer luftgefüllten Spule (B_{Luft}) mit der Flussdichte einer baugleichen Spule mit einem Eisenkern (B_{Eisen}). Steigert man die Stromstärke kontinuierlich, um B_{Luft} proportional zu erhöhen, zeigt sich, dass das Magnetfeld der Spule mit Eisenkern deutlich stärker ist als das zur selben Stromstärke gehörende Feld der luftgefüllten Spule (▶2).
Dabei verläuft B_{Eisen} zu Beginn ungefähr proportional zu B_{Luft} (▶4). Den Proportionalitätsfaktor $\frac{B_{Eisen}}{B_{Luft}}$ nennt man **Permeabilitätszahl** μ_r. Sie ist eine Materialkonstante (▶3).

> Die Flussdichte im Inneren einer Spule der Länge ℓ und mit N Windungen, die von einem Strom der Stromstärke I durchflossen wird und mit einem Material der Permeabilitätszahl μ_r gefüllt ist, beträgt: $B = \mu_0 \cdot \mu_r \cdot \frac{I \cdot N}{\ell}$.

Sättigung und Hysterese • Man stellt sich vor, dass der Eisenkern viele submikroskopisch kleine Elementarmagnete enthält. Sie werden durch das Magnetfeld der Spule ausgerichtet. Der Eisenkern somit **magnetisiert**. Das Eisen erzeugt so selbst ein Magnetfeld, das sich mit dem der Spule überlagert und dieses verstärkt (▶2B, 4).

Allerdings ist die Anzahl der Elementarmagnete im Eisenkern begrenzt. Wenn alle Elementarmagnete ausgerichtet sind, dann ist B_{Eisen} in der **Sättigung**. Daher können die Elementarmagnete nur ein zusätzliches Magnetfeld bis zu einem bestimmten Maximalwert erzeugen. Er beträgt $B_{Eisen} \approx 2\,\text{T}$ bei $B_{Luft} \approx 0,01\,\text{T}$ (▶4).

Verringert man die Stromstärke in der Spule wieder auf 0, kann man noch immer ein Magnetfeld messen. Vom Eisenkern bleibt eine Restmagnetisierung (Remanenz) zurück. Um diese aufzuheben, muss erst ein gegensinniges Magnetfeld mit bestimmter Stärke von der Spule erzeugt werden. Mit diesem Feld kann man den Eisenkern auch wieder in Sättigung bringen. Durch die Magnetisierung des Eisens läuft das Magnetfeld (B_{Eisen}) dem Feld der Spule gewissermaßen hinterher, weswegen dieses Phänomen **Hysterese** heißt. Die Magnetisierung verhindert auch das erneute Durchlaufen der Neukurve, die wir im Versuch aufgenommen haben (▶4).

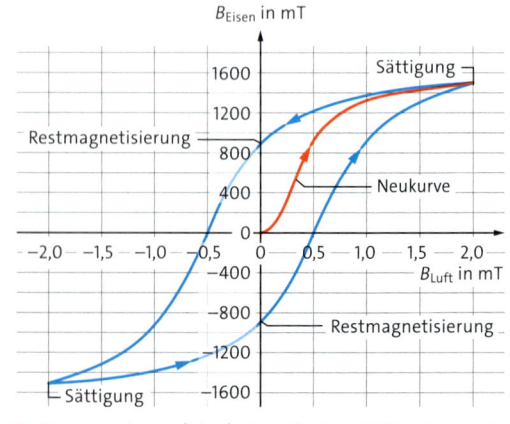

Stoff	μ_r
Luft	≈ 1
Wasser	0,999…
Kobalt	80–200
Eisen	300–10^4
Nickel	280–2500
Sonderlegierungen	bis 10^6

3 Permeabilitätszahlen einiger Stoffe.

5 Hysteresekurve (blau) einer Spule mit Eisenkern mit Neukurve (rot) für das unmagnetisierte Eisen

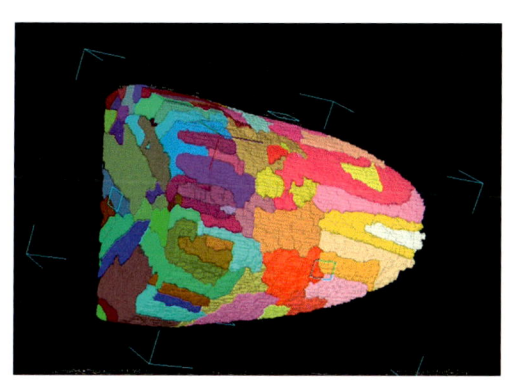

6 Magnetische Domänen in einem Eisen-Einkristall; jede Farbe steht für eine andere Magnetfeldrichtung.

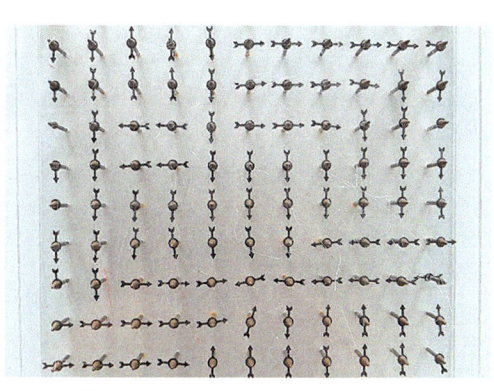

7 Modellhafte Darstellung magnetischer Domänen in einem Ferromagneten durch Magnetnadeln

8 Flüssiger Sauerstoff wird zwischen zwei Magnetpolen festgehalten.

9 Graphitplättchen im Magnetfeld: Diamagnetismus

Magnetismus in Materie • Bei **ferromagnetischen** Stoffen wie Eisen, Kobalt, Nickel und Neodym-Legierungen ist die Permeabilitätszahl μ_r deutlich größer als 1. In ferromagnetischen Stoffen gibt es **magnetische Domänen**, in denen die Elementarmagnete gleich ausgerichtet sind. Solange die Orientierung der Magnetfeldrichtung der einzelnen Domänen zufällig ist, ist die Stoffprobe aber nicht magnetisiert (▶ 6).

Im Modell mit einem Gitter aus kleinen Magnetnadeln, die jeweils einen Elementarmagneten darstellen, können die Domänen veranschaulicht werden (▶ 7). Dabei sind die Magnetnadeln in den Domänen jeweils parallel zueinander ausgerichtet, weil sie sich am lokalen Magnetfeld der Nachbarnadeln orientieren. Bringt man nun dieses Gitter in ein äußeres Magnetfeld, orientieren sich die Magnetnadeln möglichst parallel zum äußeren Feld, womit eine Magnetisierung über das gesamte Gitter entsteht.

Im realen Ferromagneten wachsen diejenigen magnetischen Domänen mit der Magnetisierungsrichtung, die zum äußeren Feld passen, wodurch die äußere Magnetfeldrichtung dominiert und der Ferromagnet vollständig magnetisiert wird. Dabei bleibt die Orientierung der Domänen zum äußeren Magnetfeld auch erhalten, wenn das Feld entfernt wird. Der Ferromagnet ist dauerhaft magnetisiert.

Aluminium ist zwar nicht ferromagnetisch, aber es wird von einem Polschuh angezogen, der ein Magnetfeld generiert. Also erzeugt Aluminium ein Magnetfeld, das zum äußeren Feld parallel und relativ schwach ist.

Material, das sich so verhält, heißt **paramagnetisch** und hat eine Permeabilitätszahl μ_r, die etwas größer als 1 ist. Auch flüssiger Sauerstoff ist paramagnetisch und wird von Magnetpolen angezogen (▶ 8). In paramagnetischen Stoffen orientieren sich die Elementarmagnete wie bei Ferromagneten parallel zu einem äußeren Magnetfeld. Diese Orientierung geht aber ohne Feld wieder verloren, weshalb keine dauerhafte Magnetisierung der Stoffe stattfindet. Graphit wird von einem Magneten sogar abgestoßen (▶ 7). Stoffe wie Graphit sind **diamagnetisch** ($\mu_r < 1$). Sie erzeugen ein Magnetfeld, das dem äußeren Feld entgegen gerichtet ist.

1 ▨ Eine Spule hat eine Länge von $\ell = 0{,}2\,\text{m}$ und eine Windungszahl von $N = 1000$, der Kupferdraht eine Querschnittsfläche von $3\,\text{mm}^2$.
a Die Stromstärke pro Querschnittsfläche darf aus Sicherheitsgründen maximal $5\,\frac{\text{A}}{\text{mm}^2}$ betragen. Berechnen Sie die Flussdichte des damit maximal zulässigen Feldes bei Luftfüllung.
b Die Spule hat nun bei gleichem Volumen des gesamten Kupferdrahtes und gleicher Länge von $\ell = 0{,}2\,\text{m}$ 4000 Windungen, um das maximale Feld zu steigern. Beurteilen Sie.

2 Eine Spule hat eine Länge von $\ell = 0{,}4\,\text{m}$, eine Windungszahl von $N = 300$ und wird von einem Strom mit $I = 5\,\text{A}$ durchflossen. In der Mitte der Spule wird $B = 4{,}8\,\text{mT}$ gemessen.
a ☐ Berechnen Sie daraus μ_0.
b ▨ Die Messungenauigkeiten sind $\Delta\ell = 1\,\text{mm}$, $\Delta B = 0{,}04\,\text{mT}$ und $\Delta I = 50\,\text{mA}$. Ermitteln Sie die zu erwartende Messungenauigkeit für $\Delta\mu_0$.

Material

Versuch A • Felder bei Spulen

Achtung: Berühren Sie nie blanke Leiter, die mit einer stromdurchflossenen Spule verbunden sind. Begrenzen Sie die Stromstärke in einer Spule so, dass diese nicht heiß wird. Begrenzen Sie die Stromstärke in der Spule so, dass beim Messgerät der Messbereich für die Stärke des Magnetfelds (maximale Flussdichte) nicht überschritten wird.

V1 Eigene Spule

Materialien: lackierter Kupferdraht, Eisenstift (Schlossschraube oder Nagel), Netzgerät, Amperemeter, Smartphone, Schalter

Arbeitsauftrag:
− Wickeln Sie den Kupferdraht um den Eisenstift zu einer länglichen Spule. Kratzen Sie an den Enden den Lack ab, sodass diese elektrisch leitfähig werden. Ziehen Sie den Eisenstift aus der Spule.
− Bauen Sie den Schaltkreis auf (▶1). Aktivieren Sie auf Ihrem Smartphone eine App zur Messung der Flussdichte.
− Schließen Sie den Schalter und verschieben Sie das Smartphone, bis seine Anzeige maximal ist. Variieren Sie die Stromstärke I und messen Sie die Flussdichte B abhängig von der Stromstärke I. Überprüfen Sie so die Beziehung $B \sim I \cdot \frac{N}{\ell}$.
− Ermitteln Sie daraus $\mu_0 = B \cdot \frac{\ell}{N \cdot I}$.
− Stecken Sie den Eisenstift in die Spule. Messen Sie die Flussdichte B des Magnetfelds. Variieren Sie die Stromstärke und erstellen Sie daraus ein I-B-Diagramm. Ermitteln Sie aus dem linearen Bereich des Diagramms die relative Permeabilität:
$\mu_r = B \cdot \frac{\ell}{\mu_0 \cdot N \cdot I}$.

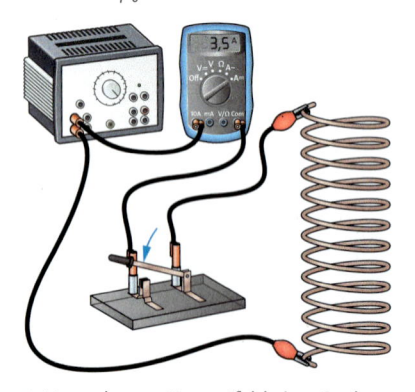

V2 Zylinderspulen

Materialien: Zylinderspulen mit verschiedenen Windungszahlen N, Längen ℓ und Radien R, Netzgerät, Amperemeter, axialer Hallsensor, Schalter

Arbeitsauftrag:
Die Flussdichte B des Magnetfelds im Zentrum einer kurzen Zylinderspule ist:
$B = \mu_0 \cdot \frac{I \cdot N}{\ell} \cdot \frac{1}{\sqrt{\frac{4R^2}{\ell^2} + 1}}$

− Bauen Sie den Versuch wie in der Abbildung auf (▶2). Bestimmen Sie die Länge ℓ und den Radius R der Spule. Messen Sie im Zentrum der Spule die Flussdichte B entlang der Spulenachse in Abhängigkeit zur Stromstärke I. Bestätigen Sie die Formel oben.
− Variieren Sie mithilfe weiterer Zylinderspulen den Radius R, die Windungszahl N sowie die Länge ℓ und messen Sie im Zentrum der Spule die Flussdichte B. Bestätigen Sie auch hier die Formel von oben.

Für die Flussdichte einer kurzen Zylinderspule ($\ell \ll R$) in Entfernung x zum Zentrum gilt:

$B(x) = \mu_0 \cdot \frac{I \cdot N}{2} \cdot \frac{R^2}{\sqrt{(R^2 + x^2)^3}}$

− Messen Sie entlang der Entfernung x vom Zentrum einer kurzen Zylinderspule (▶2) die Flussdichte $B(x)$. Bestätigen Sie die obige Formel.
− Variieren Sie mithilfe weiterer kurzer Zylinderspulen den Radius R und bestätigen Sie wiederum obige Formel.

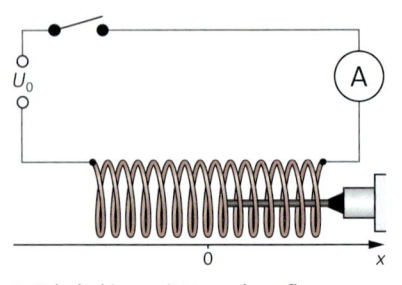

V3 Hysterese

Materialien: Spule mit $N \approx 500$ und geschlossenem Eisenkern, Netzgerät, Amperemeter, tangentialer Hallsensor

Arbeitsauftrag:
− Bauen Sie den Versuch wie in der Abbildung auf (▶3). Legen Sie eine regelbare Gleichspannung von $U \approx 4\,V$ an. Messen Sie B am Eisenkern und I.
− Messen Sie B abhängig von I erst bei sinkender und dann bei steigender Stromstärke wie folgt: Stellen Sie die maximale Stromstärke I_{max} Ihres Netzgerätes oder Ihrer Spule ein. Dann senken Sie die Stromstärke schrittweise bis Sie $I = -I_{max}$ erreicht haben, polen Sie dazu bei $I = 0$ um. Steigern Sie die Stromstärke ebenso von $-I_{max}$ bis I_{max}. Tragen Sie je einen Graphen für sinkende und steigende Stromstärke in einem I-B-Diagramm auf (▶4).
− Formulieren Sie das Ergebnis mit den Begriffen Magnetisierung, Hysterese und Vorgeschichte.
− Deuten Sie Ihr Resultat mit den Begriffen Elementarmagnet, lokale Wechselwirkung, globale Ordnung.

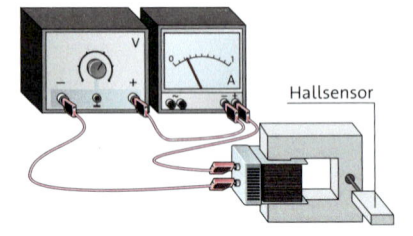

3 Versuch zur Hysterese

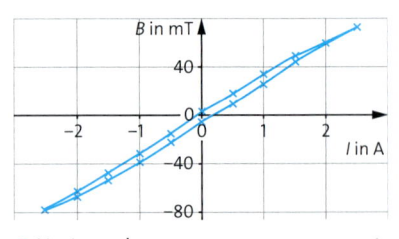

1 Versuch zum Magnetfeld einer Spule

2 Schaltskizze mit Versuchsaufbau

4 Hysteresekurve

Material A • Helmholtz-Spulenpaare

Ein Helmholtz-Spulenpaar besteht aus zwei sehr kurzen Spulen mit Windungszahl N und Radius R, die sich im Abstand $d = R$ zueinander befinden. Die Spulen werden so angeschlossen, dass Stromrichtung und Stromstärke I gleich sind. Dann gilt für die Flussdichte B in der Mitte des Spulenpaars:
$B = \mu_0 \cdot N \cdot I \cdot \dfrac{8}{R \cdot \sqrt{125}}$

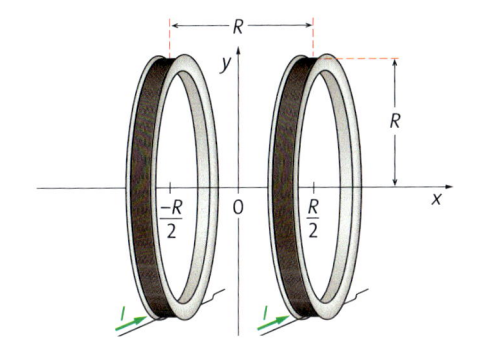

A1 Anordnung Helmholtz-Spulenpaar

1 ☐ Es soll ein Magnetfeld der Flussdichte 2,0 mT erzeugt werden. Die Spulen haben einen Radius von 15,0 cm und jeweils 200 Windungen.
  a Beschreiben Sie, wie die Flussdichte von der Stromstärke, der Windungszahl und vom Radius abhängt.
  b Berechnen Sie die Stromstärke, um das geforderte Magnetfeld zu erzeugen.

2 ☐ Das Diagramm zeigt die Flussdichten B_1 und B_2 der einzelnen Spulen in Abhängigkeit von der Position x entlang der Spulenachse.
  a Erklären Sie anhand des Diagramms, wie die resultierende Flussdichte B_{res} zustande kommt.
  b Geben Sie den Bereich entlang der x-Achse an, in dem das Feld näherungsweise homogen ist.
  c Skizzieren Sie den resultierenden Feldlinienverlauf in der x-y-Ebene.

3 ■ Die Stromrichtungen in den beiden Spulen sind nun entgegengesetzt.
  a Skizzieren Sie das x-B_{res}-Diagramm.
  b Skizzieren Sie den resultierenden Feldlinienverlauf in der x-y-Ebene.

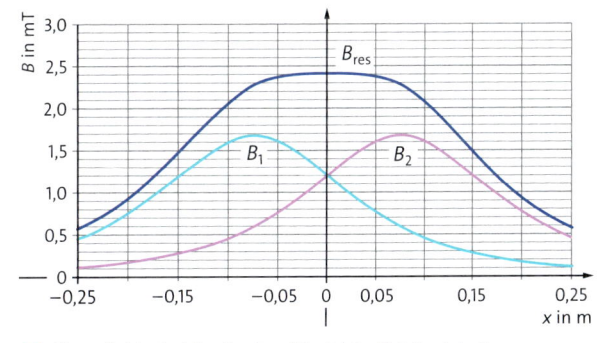

A2 Flussdichte beider Spulen (B_1, B_2) in Abhängigkeit von x

Material B • Magnetfeld einer Ringspule

Bei einer Ringspule sind die einzelnen Windungen kreisförmig zueinander angeordnet. Solch eine Anordnung wird u.a. in Kernfusionsanlagen eingesetzt, um das heiße Plasma im Inneren der Spule einzuschließen.

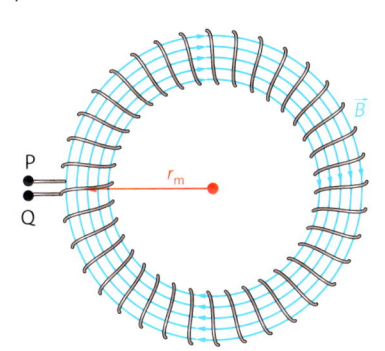

B1 Ringspule mit Feldverlauf für das magnetische Feld

1 Durch die Ringspule (▶B1) mit 450 Windungen und einem mittleren Radius von 12,0 cm fließt ein Strom der Stärke 2,0 A.

  a ☐ Erklären Sie, wie die Anschlüsse P und Q gepolt sein müssen, damit sich die skizzierte Richtung des Magnetfelds ergibt.
  b ☑ Berechnen Sie die mittlere Flussdichte. Begründen Sie Ihr Vorgehen.
  c ☑ Erklären Sie, warum das Feld im Inneren der Spule nicht homogen ist.
  d ☑ Die Spule ist nun mit Eisen gefüllt ($\mu_r = 1\,000$). Die Flussdichte ist dieselbe. Berechnen Sie die Stromstärke.

2 ■ Das Plasma besteht aus einem Strom geladener Teilchen, die sich auf geschlossenen Bahnen schraubenlinienförmig um die Feldlinie bewegen.
  a Skizzieren Sie zur Veranschaulichung eine der Bahnen.
  b Entwickeln Sie mithilfe der Lorentzkraft eine Erklärung für eine Kreisbahn in einer kreisförmigen Querschnittsfläche der Ringspule. Eine weitere Kreisbahn mit Radius r_m ermöglicht ein senkrecht zur Papierebene stehendes zusätzliches Magnetfeld. Begründen Sie. Erläutern Sie die lineare Superposition der Kreisbahnen.

Blickpunkt

Elektromotor

Elektromotoren sind eine wichtige technische Anwendung. Sie sind nicht nur in Geräten wie der elektrischen Zahnbürste verbaut, sondern spielen als Ersatz für Verbrennungsmotoren in Fahrzeugen eine bedeutende Rolle in der Verkehrswende für eine klimaneutrale und nachhaltige Mobilität.

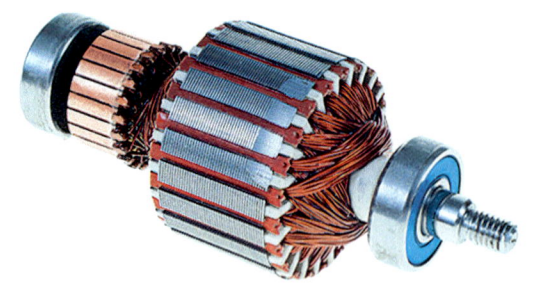

1 Kleiner Elektromotor

3 Modell eines selbstlaufenden Elektromotors

Grundprinzip des Elektromotors • Dass ein Magnetfeld durch die magnetische Kraft Bewegungen verursachen kann, haben wir schon an der Leiterschaukel und dem rollenden Aluminiumzylinder gesehen. Um das Prinzip eines Elektromotors nachzubilden, reichen eine Magnetnadel, eine Spule und eine Batterie (▶ 2). Zu Beginn schließen wir die Batterie so an die Spule, dass die Magnetnadel sich gegen den Uhrzeigersinn drehen kann. Durch das Magnetfeld der Spule kommt es dabei entweder zu einer Anziehung oder zu einer Abstoßung der Nadel, wenn man die Polung der Spule im richtigen Moment vertauscht. Wir können so erreichen, dass die Magnetnadel dauerhaft rotiert (▶ 2).

Automatischer Motor • Dreht man das Prinzip um und lässt eine Spule im Magnetfeld eines Permanentmagneten drehen, kann man einen selbstlaufenden Elektromotor bauen (▶ 3). Aus lackiertem Kupferkabel wickeln wir hierzu eine Spule und lassen die beiden Enden als Achse überstehen (▶ 3). An den Enden wird jeweils der isolierende Lack längs der Spulenachse halbseitig entfernt. Zusätzlich werden zwei Lager für die Achse aus Drahtstücken gebogen und jeweils die geraden Enden mit den Polen einer 1,5-V-Batterie verbunden. Damit diese leitfähig sind, muss der Schutzlack an allen Enden ebenfalls entfernt werden. Der Permanentmagnet kann mittig auf die Batterie gesetzt werden (▶ 3).

Zum Starten des Motors muss man dem Rotor etwas Schwung mitgeben. Wenn die unlackierte Seite die Lagerdrähte berührt, fließt ein Strom von der Batterie über die Lager durch die Spule. Das Magnetfeld des Permanentmagneten verursacht eine magnetische Kraft auf den elektrischen Strom, die so gerichtet ist, dass die Spule in Drehung versetzt wird. Nach einer halben Drehung gelangt die lackierte Achsenseite an die Lager, der Stromkreis wird unterbrochen, da sich die Richtung der magnetischen Kraft sonst umdrehen würde. Die Spule dreht sich jedoch aufgrund ihrer Trägheit weiter, bis wieder die unlackierte Seite die Lager berührt. Die Spule rotiert so dauerhaft sehr schnell (▶ 3).

Synchronmotor • Beim selbstgebauten Motor (▶ 3) wird der Strom durch einen Schleifkontakt gesteuert. Das führt zu Verschleiß und zu Energieverlust. Ersetzt man den Rotor wieder durch einen Dauermagneten, benötigt er keine eigene Stromzufuhr (▶ 4B). Der Stator besteht hingegen aus drei Spulen, die ein Magnetfeld erzeugen. Damit die Polung sich passend zur Position des Rotors ändert, fließt jeweils ein Wechselstrom durch die drei Spulen, deren Periode jeweils um $\frac{1}{3}$ gegeneinander verschoben ist (▶ 4A). Dadurch entsteht ein rotierendes Magnetfeld (▶ **4B, gestrichelter Pfeil im Magneten**). Diesem Magnetfeld folgt der Rotor synchron. Ein solcher Motor heißt deshalb **Synchronmotor.**

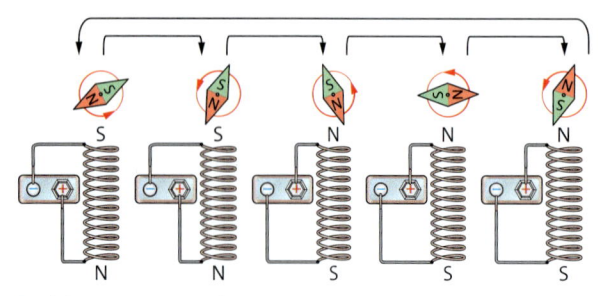

2 Elektromotor: Grundprinzip

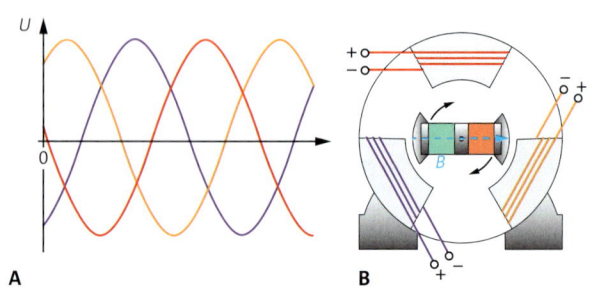

4 Synchronmotor: **A** die drei Wechselspannungen, **B** Aufbau

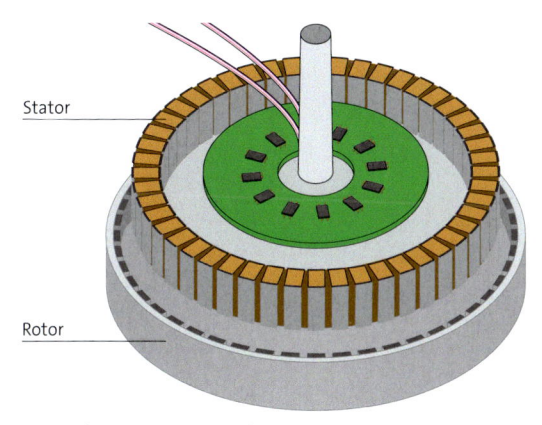

5 Synchronmotor mit vielen Permanentmagneten

Synchronmotor mit vielen Magneten • Beim Motor mit den drei Spulen (▶ 4) läuft der Permanentmagnet nur kurzzeitig direkt an einem Elektromagneten vorbei. Daher befindet sich die meiste Zeit kein Permanentmagnet direkt neben den Elektromagneten, wodurch die zugeführte elektrische Energie zum Teil ungenutzt bleibt. Dieser Nachteil kann durch eine große Zahl von Permanentmagneten und Elektromagneten beseitigt werden.

Bei einem Elektromotor in einem Pedelec (Elektrofahrrad) befindet sich der Stator an der Achse des Rades und beinhaltet die Stromversorgung sowie die Elektronik zur Steuerung und 42 Spulen (▶ 5). Der Rotor bewegt sich außen um den Stator herum und ist an seiner Innenseite wiederum mit 42 Permanentmagneten bestückt. Außen ist der Rotor mit den Speichen des Rads verbunden, sodass seine Bewegung auf das Rad übertragen werden kann.

Bei jedem zweiten Permanentmagneten zeigt der Südpol nach innen, bei den übrigen nach außen. Die Elektronik steuert die Spulen so, dass ihre 21 Nordpole und 21 Südpole (dabei bleiben die Spulen selbst jedoch fest) am Umfang des Stators entlang kreisen. Damit folgt jeder Permanentmagnet des Rotors dem passenden rotierenden Magnetpol des Stators synchron. Dieser Pedelecmotor ist daher ein Synchronmotor. Er hat einen Wirkungsgrad von $\eta = 95\%$.

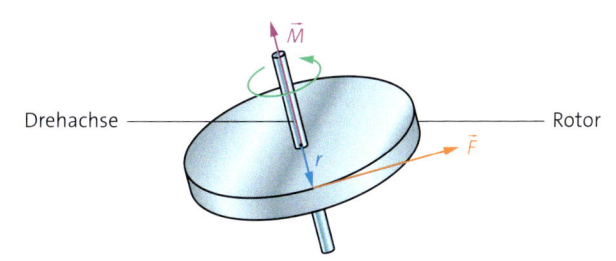

6 Kraft und Drehmoment beim Elektromotor

Analyse des Synchronmotors • Bei einem Elektromotor wird elektrische Energie in mechanische Bewegungsenergie umgewandelt. Hierzu wirken auf die Permanentmagnete Kräfte, die tangential angreifen und die Bewegung des Rotors verursachen. Während einer Umdrehungsdauer T legt ein Punkt auf dem Umfang des Rotors die Strecke $s = 2 \cdot \pi \cdot r$ zurück, wobei r der Radius des Rotors ist. Dabei wird die mechanische Energie $E_m = F \cdot s = 2 \cdot \pi \cdot r \cdot F$ abgegeben und damit die mechanische Leistung:

$$P_m = \frac{E_m}{t} = \frac{2\pi}{T} \cdot r \cdot F.$$

Der Ausdruck $\frac{2\pi}{T}$ entspricht gerade der Kreisfrequenz ω, sodass wir die Leistung als Funktion der Kreisfrequenz ausdrücken können: $P_m = \omega \cdot r \cdot F$.
Wie bei der Wippe und beim Hebel greift auch die Kraft beim Elektromotor nicht im Drehpunkt an. Für die Bewegung ist daher nicht nur die Kraft, sondern auch der Abstand r (der Hebelarm) entscheidend. Am Rotor entsteht ein Drehmoment. Es ist das Produkt aus Kraft F und Hebelarm r: $M = r \cdot F$.
Wir identifizieren dieses Produkt im Term für die Leistung und erkennen somit, dass die abgegebene Leistung gleich dem Produkt aus Drehmoment und Kreisfrequenz ist:

$$P_m = \omega \cdot M$$

Der Pedelecmotor läuft z. B. bei einer mechanischen Leistung von 250 W und einem Drehmoment von 12,6 Nm mit einer Kreisfrequenz von $\omega = \frac{250\,W}{12,6\,Nm} = 19,8\,Hz$. Bei einem Raddurchmesser von 28 Zoll oder 0,7 m entspricht dem eine Geschwindigkeit von:

$$v = \omega \cdot r = 19,8\,Hz \cdot 0,35\,m = 6,93\,\frac{m}{s} = 24,9\,\frac{km}{h}.$$

Hierbei beträgt die elektrische Leistung:

$$P_{el} = \frac{P_m}{\eta} = \frac{250\,W}{0,95} = 263,2\,W.$$

Dieser Pedelecmotor verdeutlicht, wie ein moderner Elektromotor durch eine große Anzahl an Magneten im Rotor sowie im Stator das Magnetfeld wirksam nutzt, große Kräfte und Drehmomente erzielt und dabei einen hervorragenden Wirkungsgrad erreicht.

1 📝 Der Pedelecmotor kann ein maximales Drehmoment von bis zu 40 Nm bereitstellen.
   a Erläutern Sie, in welchen Fahrszenarien das besonders wichtig ist.
   b Ermitteln Sie für ein Fahrrad mit einer Masse von 80 kg und einem Raddurchmesser von 28 Zoll (1 Zoll = 2,54 cm) die Maximalgeschwindigkeit, die antreibende Kraft F und die Hangabtriebskraft bei 10 % Steigung.

2.3 Verhalten geladener Teilchen im Magnetfeld

1 Polarlichter bei Tromsø

Polarlichter bieten ein grandioses Schauspiel am Himmel. Wie entstehen sie und warum treten sie hauptsächlich in den Polarregionen auf?

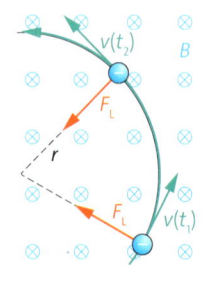

Weil die Lorentzkraft immer orthogonal zur Geschwindigkeit v steht, bleibt der Betrag von v konstant, aber nicht die Richtung. Eine Kreisbahn entsteht mit der Lorentzkraft als Zentripetalkraft.

Sonnenwind und Polarlichter • Von der Sonne gelangt nicht nur das Licht zu uns. Sie ist auch Quelle des sogenannten Sonnenwinds. Er besteht aus geladenen Teilchen – hauptsächlich Elektronen und Protonen. Dringen diese in die Atmosphäre ein, können sie Teilchen der Gase ionisieren und zum Leuchten bringen (▶ **1**).

Das Magnetfeld der Erde bildet die **Magnetosphäre**, es reicht über 60 000 km weit ins Weltall und hat am Erdboden eine Flussdichte von $B = 20\,\mu T - 60\,\mu T$. Wenn der Sonnenwind in die Magnetosphäre gerät, dann sammeln sich die Ladungen in zwei gürtelförmigen Regionen an, in den sogenannten Strahlungsgürteln oder **Van-Allen-Gürteln** (▶ **2**). Nur an den Polen reichen diese bis tief in die Atmosphäre, um

dort Polarlichter zu erzeugen. Außerhalb der Polarregionen bleibt der Strahlungsgürtel in großer Höhe. Die Teilchen des Sonnenwinds können so nicht den Boden erreichen. Das schützt uns effektiv vor diesen.

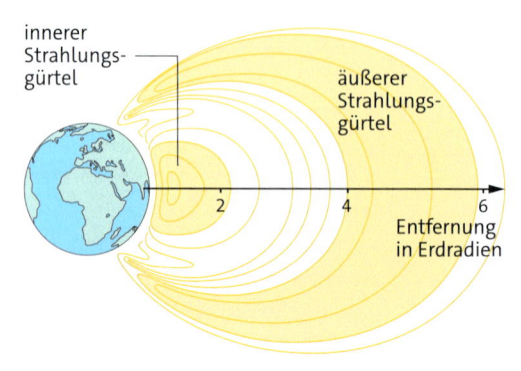

Kreisbahn im Magnetfeld • Das Einfangen geladener Teilchen des Sonnenwindes durch das Erdmagnetfeld bilden wir im Modellversuch nach (▶ **3A**). Im Fadenstrahlrohr werden freie Elektronen durch eine Glühkathode erzeugt, durch eine Spannung U_B auf eine Geschwindigkeit v beschleunigt und zu einem Strahl gebündelt, der in ein zur Flugrichtung senkrecht stehendes Magnetfeld eingeschossen wird. Die Flugbahn der Elektronen kann durch die Leuchterscheinung ionisierter Gasteilchen im Fadenrohr nachvollzogen werden (▶ **3A**). Im Magnetfeld wirkt auf jedes Elektron die Lorentzkraft:

$$F_L = e \cdot v \cdot B.$$

Da diese Kraft senkrecht zu v gerichtet ist, ist es eine Zentripetalkraft F_z, die die Teilchen auf eine Kreisbahn zwingt (▶ **3**):

$$F_L = e \cdot v \cdot B = m \cdot \frac{v^2}{r} = F_z.$$

Wir lösen nach dem Radius auf: $r = m \cdot \dfrac{v}{B \cdot e}$.

Diese Elektronen und allgemeiner geladene Teilchen bewegen sich also im Magnetfeld auf Kreisen:

2 Innerer und äußerer Strahlungsgürtel der Erde

Wenn sich ein geladenes Teilchen mit Masse m und Ladung q senkrecht zu einem homogenen Magnetfeld B bewegt, dann ist die Flugbahn kreisförmig mit dem Radius $r = m \cdot \frac{v}{B \cdot q}$.

Messung der spezifischen Ladung • Unser Versuch zeigt nicht nur, wie das Erdmagnetfeld die Teilchen des Sonnenwindes ablenken kann. Historisch wurde mit dem Versuch die sogenannte **spezifische Ladung** $\frac{e}{m}$ also der Quotient aus der Elementarladung e und der Masse m des Elektrons bestimmt. Dazu stellen wir mit einer passenden Stromstärke das Feld $B = 1{,}35$ mT ein. In einer Versuchsreihe variieren wir U_B und erhalten verschiedene Radien für die Bahn (▶ 6). Zur Auswertung nutzen wir, dass die elektrische Energie in Bewegungsenergie umgewandelt wird:

$$U_B \cdot e = \frac{1}{2} \cdot m \cdot v^2.$$

Um v zu eliminieren, lösen wir die obige Gleichung für r nach v auf, $v = r \cdot B \cdot \frac{e}{m}$, setzen ein und kürzen:

$$U_B = \frac{1}{2} \cdot r^2 \cdot B^2 \cdot \frac{e}{m}.$$

Wir multiplizieren mit $\frac{2}{r^2 \cdot B^2}$:

$$\frac{e}{m} = 2 \cdot \frac{U_B}{r^2 \cdot B^2}.$$

Somit erhalten wir fünf Ergebnisse (▶ 6) und den Mittelwert $\frac{e}{m} = 1{,}83 \cdot 10^{11} \frac{C}{kg}$. Der Literaturwert beträgt $\frac{e}{m} = 1{,}76 \cdot 10^{11} \frac{C}{kg}$.

Entstehung des Strahlungsgürtels • Im Modellversuch fliegen die Elektronen senkrecht zum Magnetfeld. Aber wenn die geladenen Teilchen des Sonnenwindes auf das Erdmagnetfeld treffen, dann hat ihre Geschwindigkeit eine Komponente $v_\perp$ senkrecht zu B und eine Komponente $v_\parallel$ parallel zu B. Wir bilden das im Modellversuch nach, indem wir die Röhre um ihre vertikale mittlere Achse drehen. Dadurch entsteht als Flugbahn eine Schraubenlinie (▶ 4B). Entsprechend dem Prinzip der linearen Superposition zweier Bewegungen überlagert sich die Kreisbewegung durch $v_\perp$ mit der gleichförmigen Bewegung $v_\parallel$ zur Bewegung auf der Schraubenlinie (▶ 4).
Das Teilchen kann sich somit schraubenförmig entlang der Feldlinien bewegen. Allerdings laufen die Feldlinien an den Polen zusammen. Dadurch wird das Magnetfeld stärker. Daher wird die Geschwindigkeit $v_\perp$ größer. Somit hat das Teilchen weniger Energie übrig für die Komponente $v_\parallel$ (▶ 5).

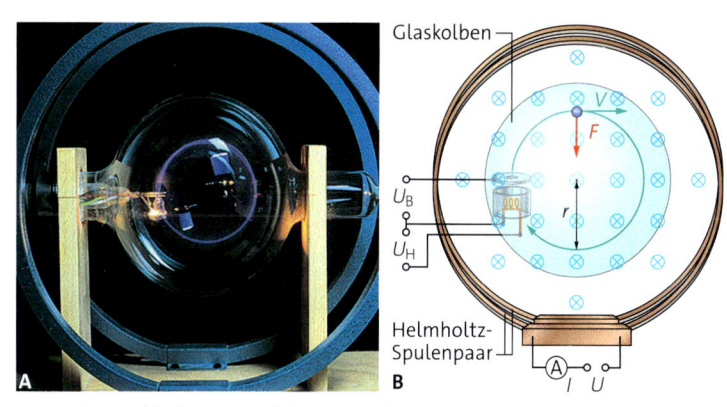

3 A Fadenstrahlrohr; B Kreisbahn eines Elektrons im homogenen Magnetfeld

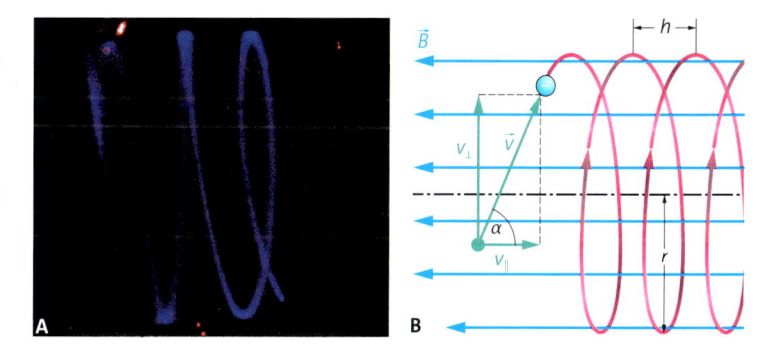

4 Schraubenlinie: A Beobachtung im Fadenstrahlrohr; B Entstehung

Bei vielen Teilchen wird $v_\parallel$ sogar null und wechselt das Vorzeichen, sodass solche Teilchen an den Polregionen umkehren und insgesamt zwischen den Polregionen hin- und herpendeln. Die Teilchen sind also eingeschlossen, man spricht von einer **magnetischen Flasche**. In den Polarregionen ragt diese Flasche in tiefere und dichtere Luftschichten, sodass die hochenergetischen Teilchen des Sonnenwindes hier Luftmoleküle ionisieren können, wodurch Polarlichter entstehen können. Auch die Strahlungsgürtel sind solche magnetischen Flaschen.

JOSEPH THOMSON ermittelte 1895 die spezifische Ladung $\frac{e}{m}$ des Elektrons. Nachdem 1909 ROBERT MILLIKAN die Ladung e ermittelt hatte, waren e und m einzeln bekannt.

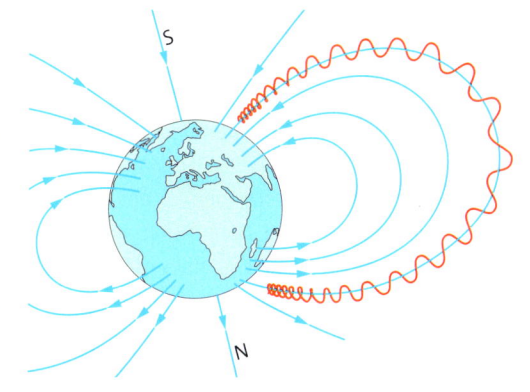

5 Schraubenbahn von Teilchen des Sonnenwinds

U_B in V	r in cm
72	2,0
102	2,5
151	3,0
202	3,5
255	4,0

6 Radien der Kreisbahn im Fadenstrahlrohr bei $B = 1{,}35$ mT

1 Massenspektrometer im Laboreinsatz

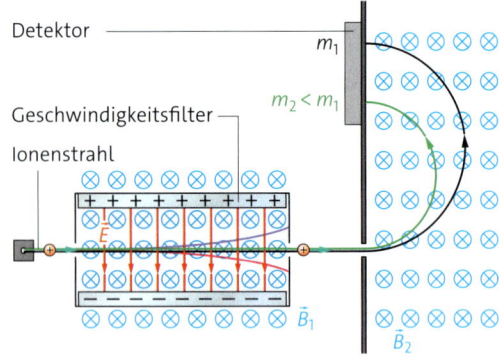

2 Schematischer Aufbau eines Massenspektrometer

Massenspektroskopie • Eine wichtige wissenschaftliche und technische Anwendung ist die Massenspektrometrie, die nach dem Prinzip der Ablenkbarkeit geladener Teilchen durch die Lorentzkraft in einem Magnetfeld funktioniert.

Mit ihr kann die Masse einzelner Moleküle oder Atome sehr präzise bestimmt werden. Sie dient außerdem zum Nachweis und zur Identifikation von Stoffen, die sich nur in geringsten Spuren in einer Probe befinden. In der Chemie ist die Massenspektroskopie ein wichtiges Analyseverfahren, um die Struktur von Molekülen aufzuklären.

Ein Massenspektrometer besteht im Wesentlichen aus drei Komponenten: der **Ionenquelle**, in der die Stoffprobe verdampft und die ionisierten Teilchen durch elektrische Felder beschleunigt werden, dem **Analysator** als Hauptkomponente, der die geladenen Teilchen nach ihrer Geschwindigkeit im Wien-Filter selektiert und nach ihrer Masse in einem Magnetfeld trennt und dem **Detektor**, der den Ort und die Häufigkeit der Teilchen erfasst.

Trennung im Magnetfeld • Um das Prinzip der Trennung nachzuvollziehen, betrachten wir zwei unterschiedliche schwere Teilchen mit den Massen m_1 und m_2, die jeweils einfach positiv geladen sind ($q = e$).

Sie werden durch eine Beschleunigungsspannung in der Ionenquelle auf eine Geschwindigkeit von $v = 37 \frac{km}{s}$ gebracht und treten dann in das homogene Magnetfeld B_2 ein (▶ **2**). Daher wirkt auf ein solches Ion die Lorentzkraft, die es als Zentripetalkraft auf eine Kreisbahn mit Radius r zwingt:

$$F_L = e \cdot v \cdot B_2 = \frac{m \cdot v^2}{r} = F_z.$$

$$r = \frac{m \cdot v}{e \cdot B_2}.$$

Für ein Beispiel mit zwei Teilchenmassen $m_1 = 673{,}9\,u$ sowie $m_2 = 683{,}4\,u$ betragen die Radien bei der Geschwindigkeit $v = 37 \frac{km}{s}$ und $B_2 = 1\,T$:

$$r_1 = \frac{673{,}9\,u \cdot 37\,000\,\frac{m}{s}}{1{,}602 \cdot 10^{-19}\,C \cdot 1\,T} = 25{,}85\,cm,$$

$$r_2 = \frac{683{,}4\,u \cdot 37\,000\,\frac{m}{s}}{1{,}602 \cdot 10^{-19}\,C \cdot 1\,T} = 26{,}21\,cm.$$

Der Unterschied von $\Delta y = 2 \cdot \Delta r = 7{,}3\,mm$ in ▶ **3** kann im Detektor präzise beobachtet werden.

Wien-Filter • Aus der Gleichung für den Radius erkennt man, dass für die notwendige Genauigkeit alle Teilchen mit der gleichen Geschwindigkeit v in das Magnetfeld eintreten müssen. Alle anderen Geschwindigkeiten müssen vorher herausgefiltert werden. Um die geladenen Teilchen vor dem Eintritt in das Magnetfeld nach ihrer Geschwindigkeit zu sortieren, durchqueren sie den **Wien-Filter.**

Er besteht aus einem Plattenkondensator, der ein homogenes elektrisches Feld orthogonal zur Flugrichtung der Teilchen erzeugt und einem homogenen Magnetfeld, das orthogonal zur Flugrichtung und zum elektrischen Feld steht (▶ **3**).

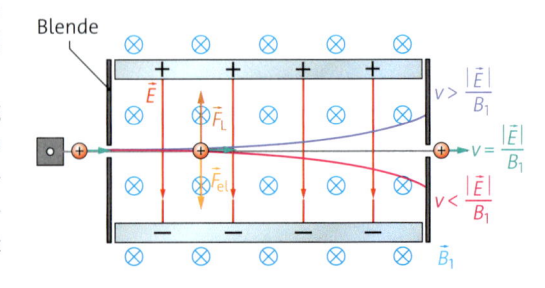

3 Nur Teilchen mit passender Geschwindigkeit können den Filter passieren, weil sich die Wirkung von elektrischer Kraft und Lorentzkraft aufheben.

Dadurch wirkt auf die positiv geladenen Teilchen eine elektrische Kraft F_{el} nach unten, während das Magnetfeld so orientiert ist, dass die Lorentzkraft F_L nach oben wirkt (▶ 3). Am Ende des Filters befindet sich eine kleine Öffnung, die nur solche Ionen passieren können, die nicht abgelenkt wurden.
Für diesen Fall muss es zwischen den beiden Kräften ein Kräftegleichgewicht geben, damit sie sich in ihrer Wirkung aufheben:

$F_{el} = F_L$ Eingesetzt: $e \cdot |\vec{E}| = e \cdot v \cdot B_1$.
Daraus folgt: $v = \frac{|\vec{E}|}{B_1}$

> Im Wien-Filter werden durch zueinander senkrechte homogene Felder $\vec{E}$ und $\vec{B}$ nur geladene Teilchen durchgelassen, die senkrecht zu beiden Feldern mit der Geschwindigkeit $v = \frac{|\vec{E}|}{|\vec{B}|}$ eintreten.

1 Ein Elektron fliegt mit $v_\perp = 300\,\frac{km}{s}$ und $v_\parallel = 100\,\frac{km}{s}$ durch ein Magnetfeld mit $B = 40\,\mu T$. Ermitteln Sie den Radius r und die Steigung h der schraubenförmigen Flugbahn.

2 Entscheiden Sie, ob der Wien-Filter in ▶ 3 auch für Elektronen, die mit der gleichen Geschwindigkeit wie die Molekül-Ionen eintreten, funktionieren würde. Erläutern Sie.

3 In einem Wien-Filter werden Felder mit $|\vec{E}| = 40\,\frac{kV}{m}$ und $B = 0{,}8\,T$ erzeugt.
 a Berechnen Sie die Geschwindigkeit, welche die durchgelassenen Teilchen haben.
 b Der Filter soll nun Teilchen mit $v = 100\,\frac{km}{s}$ durchlassen. Dazu soll nur ein Feld geändert werden. Analysieren Sie alle Möglichkeiten.
 c Ein Teilchen aus b wird im Feld $B_2 = 1\,T$ auf eine Kreisbahn mit $r = 0{,}4\,m$ gebracht. Ermitteln Sie das Verhältnis $\frac{q}{m}$.

Blickpunkt

Massenspektrometrie – Isotopen auf der Spur

Massenspektrometer sind so genau, dass man damit Atome, die sich in nur einem einzigen Nukleon unterscheiden, sicher unterscheiden kann. Dabei reichen wenige Teilchen aus, um im Detektor ein Signal zu erzeugen. Es ist somit möglich, einzelne Isotope eines Elements und das Verhältnis der Isotope untereinander in einer Verbindung exakt zu bestimmen. Fast alle chemischen Elemente kommen in verschiedenen Isotopen vor. Da bei Isotopen nur die Anzahl der Neutronen verschieden ist, sind sie chemisch nicht zu unterscheiden. Das Element Kohlenstoff z. B. kommt in der Natur in drei Isotopen der Massen 12 u, 13 u und 14 u vor. Die natürlich vorkommenden Kohlenstoffatome bilden also ein Isotopengemisch. Dabei sind die Anteile dieser drei Isotope nicht auf der ganzen Erde gleich, sondern in jeder Region gibt es ein spezifisches Isotopengemisch.

Bei der Fußballweltmeisterschaft 2011 wurden bei Spielerinnen einer Mannschaft in Urinproben in ungewöhnlicher Weise leistungssteigernde Hormone nachgewiesen. Um festzustellen, ob diese Hormone vom Körper selbst gebildet oder unerlaubterweise von außen zugeführt wurden, wurde mithilfe der Massenspektroskopie die Isotopenzusammensetzung einzelner Elemente des Hormons ermittelt.

Bei den Sportlerinnen konnte festgestellt werden, dass die fraglichen Hormone aus dem Himalaja stammten, und zwar von dort lebenden Moschusrindern. Die Fußballerinnen stammten jedoch nicht aus dem Himalaja. Die Hormone wurden also von außen aufgenommen. Die Massenspektroskopie überführte die Spielerinnen des Dopings.

Kernwaffentests sind durch einen umfassenden Vertrag aus dem Jahr 1996 verboten. Alle maßgeblichen Staaten haben den Vertrag unterzeichnet bis auf Indien, Nordkorea und Pakistan. Um dieses Verbot zu kontrollieren und Kernwaffentests zu entdecken, untersucht man u. a. Proben auf die Isotopenzusammensetzung von Caesium. Caesiumisotope entstehen auch bei der Kernspaltung in Atomkraftwerken. So bilden sich die Isotope ^{134}Cs, ^{135}Cs und ^{137}Cs mit Wahrscheinlichkeiten von 6,2 % bis 7,8 %. Dabei wird ^{134}Cs nicht durch Kernspaltung gebildet, sondern durch Neutroneneinfang aus ^{133}Cs.
Bei Kernwaffen findet eine einmalige schnelle Reaktion statt, die so kurz ist, dass ^{133}Cs nicht entsteht. Somit kommt es auch nicht zum Folgeprodukt ^{134}Cs. Mit Massenspektrometern kann man die Isotopenverhältnisse $^{134}Cs : ^{137}Cs$ und $^{135}Cs : ^{137}Cs$ messen und so Isotopengemische erkennen, die beim Test einer Kernwaffe entstehen.

Material

Versuch A • Messung der spezifischen Ladung des Elektrons

Materialien: Fadenstrahlrohr, Helmholtz-Spulenpaar, Hall-Sonde, Netzgerät für Fadenstrahlrohr, Netzgerät für Spulenpaar, Multimeter

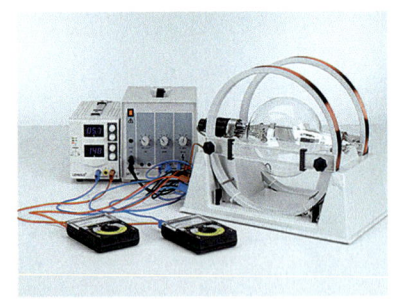

1 Versuchsaufbau zur Messung der spezifischen Ladung

V1 Fadenstrahlrohr

Arbeitsauftrag:

– Schließen Sie die Netzgeräte an das Fadenstrahlrohr und das Helmholtz-Spulenpaar an. Erfassen Sie die Beschleunigungsspannung der Elektronen und die Stromstärke des Spulenpaars jeweils mit einem Multimeter.
– Nehmen Sie das Fadenstrahlrohr in Betrieb und erhöhen Sie langsam die Beschleunigungsspannung. Schalten Sie zudem den Spulenstrom ein.
– Variieren Sie die Beschleunigungsspannung und die Stromstärke, wobei jeweils nur eine Größe verändert wird, während Sie die andere konstant lassen.
– Messen Sie die Stärke des Magnetfelds mit der Hall-Sonde und notieren Sie den Radius der Elektronbahn.
– Für die Flussdichte des Magnetfelds eines Helmholtz-Spulenpaars gilt:

$$B = \frac{8}{\sqrt{125}} \cdot \frac{\mu_0 \cdot N \cdot I}{R}.$$

– Berechnen Sie aus der Stromstärke die Flussdichte. Vergleichen Sie den Wert mit der durch die Hall-Sonde ermittelten Flussdichte.
– Erklären Sie, warum eine Kreisbahn entsteht.
– Geben Sie jeweils qualitativ an, wie sich der Bahnradius ändert, wenn man die Beschleunigungsspannung vergrößert bzw. den Spulenstrom (Je ..., desto ...).
– Ermitteln Sie aus der jeweiligen Beschleunigungsspannung die Geschwindigkeit der Elektronen. Nutzen Sie dazu den Energieerhaltungssatz: $E_{kin} = E_{el}$
– Bestimmen Sie aus den Messwerten die spezifische Ladung des Elektrons. Vergleichen Sie Ihren gemittelten Wert mit dem Literaturwert.

V2 Elektronbahn

Arbeitsauftrag:

– Drehen Sie das Fadenstrahlrohr so, dass das Magnetfeld nicht mehr senkrecht zur Elektronenbahn verläuft.
– Beschreiben Sie die entstehende Bahn und erklären Sie das Zustandekommen.
– Ermitteln Sie für eine in V1 genutzte Kombination aus Beschleunigungsspannung und Spulenstrom den Bahnradius der Elektronen.
– Vergleichen Sie diesen Wert mit dem ermittelten aus V1.
– Erklären Sie mögliche Unterschiede.

Versuch B • Geladene Teilchen im Magnetfeld eingefangen

V1 Magnetische Flasche

Materialien: Computer, Tabellenkalkulationsprogramm oder GTR

In sogenannten magnetischen Flaschen können geladene Teilchen gehalten werden. Auch das Erdmagnetfeld funktioniert wie eine magnetische Flasche (▶2).

Arbeitsauftrag:

– Beschreiben Sie die Bewegung der Teilchen in dieser magnetischen Flasche.
– Das Erdmagnetfeld kann z. B. Protonen des Sonnenwinds, die mit einer Geschwindigkeit von $v = 400 \frac{km}{s}$ in das Erdmagnetfeld gelangen, auf eine Kreisbahn bringen. Ermitteln Sie den Bahnradius r für den Fall, dass die Protonen bei äquatorialer Breite orthogonal auf ein Magnetfeld mit $B(60000\,km) = 20\,nT$ treffen.
– Die Flussdichte nimmt zum Pol hin zu und variiert von 20 nT bis 62 µT. Stellen Sie den Bahnradius solcher Teilchen als Funktion von B im r-B-Diagramm dar. Erklären Sie anhand des Diagramms die Variation der Bahnradien (▶2) und insbesondere den Flaschenhals.
– Die Geschwindigkeit v des Protons kann generell in eine parallel zu B laufende Komponente $v_\| = v \cdot \cos(\beta)$ und in eine Komponente $v_\perp$ orthogonal zu B dargestellt werden. Erstellen Sie ein entsprechendes r-B-Diagramm für den Winkel $\beta = 60°$.
– Erläutern Sie anhand der beiden Diagramme die Konsequenzen des Eintrittswinkels β für die Bewegung.

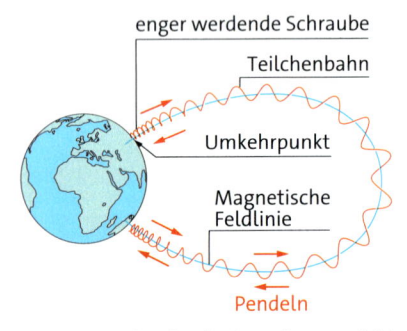

2 Magnetische Flasche im Erdmagnetfeld

Magnetische Felder • Verhalten geladener Teilchen im Magnetfeld

Material A • Ionenimplantation

Computer, Solarzellen und viele Elektronikbauteile enthalten dotierte Halbleiter. Beim Dotieren werden durch Verfahren wie der Ionenimplantation gezielt Fremdatome in das Halbleitermaterial eingebracht. Durch die Dotierung werden so die elektronischen Eigenschaften des Halbleiters verändert.

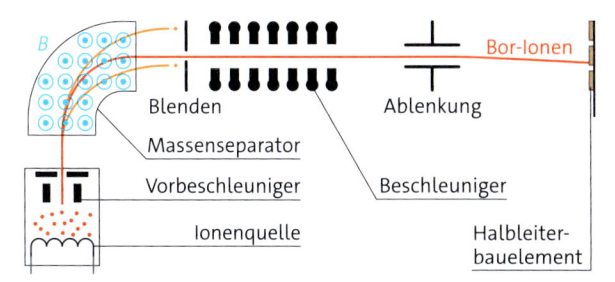

A1 Schema zur Ionenimplantation bei Halbleitern

1 🖉 Erläutern Sie die im Schema vorhandenen Komponenten der Anlage zur Ionenimplantation (▶ A1).

2 🖉 Die einfach geladenen Bor-Ionen werden mit $U = 30\,\text{kV}$ im Vorbeschleuniger beschleunigt. Anschließend werden sie im Massenseparator um 90° abgelenkt. Im Hauptbeschleuniger erlangen die Ionen ihre Endgeschwindigkeit von $2000\,\frac{\text{km}}{\text{s}}$.
  a Ermitteln Sie die Geschwindigkeit nach dem Vorbeschleuniger.
  b Ermitteln Sie für eine Flussdichte von $B = 0{,}5\,\text{T}$ den Kreisradius der Ionen im Separator.
  c Ermitteln Sie die benötigte Spannung im Beschleuniger. Erläutern Sie, weshalb mehrere Beschleunigungsstrecken verwendet werden.

3 🖉 Bei der Ablenkungsstrecke soll ein Bor-Ion um einen Winkel von 5° umgelenkt werden. Entwerfen Sie einen passenden Kondensator mit einer geeigneten Länge ℓ, Breite b und Spannung U_K.

Material B • Rätselhafte Flüssigkeit

Eine Silberschale mit einer Kupfersulfatlösung befindet sich teilweise im Feld eines Hufeisenmagneten. Der metallische Rand der Schale wird mit dem Pluspol und die Elektrode in der Mitte mit dem Minuspol eines Netzteils verbunden. Anschließend werden auf die Lösung kleine Papierschnipsel gestreut.
Hinweis: Die Cu^{2+}- und SO_4^{2-}-Ionen der Kupfersulfatlösung tragen zum Strom durch die Flüssigkeit bei.

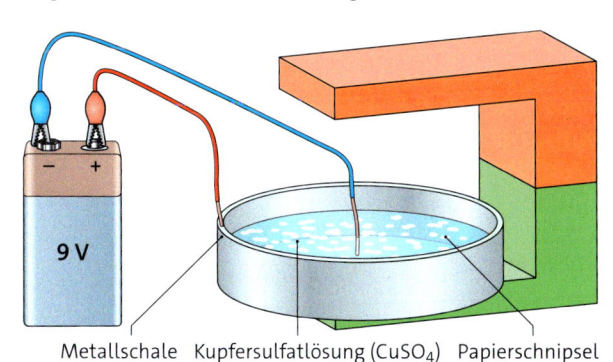

B1 Versuchsaufbau

1 ☐ Erklären Sie, wie es mithilfe der Ionen zum Stromfluss in der Lösung kommt.

2 Anhand der Papierschnipsel kann man die Bewegung des Wassers erkennen.
  a ☐ Beschreiben Sie mögliche Beobachtungen.
  b 🖉 Erklären Sie die Beobachtungen.
  c 🖉 Bestimmen Sie die Strömungsrichtung der Lösung.

Material C • Bahnen im Magnetfeld

Protonen ($m_p = 1\,\text{u}$), He^+-Ionen und He^{2+}-Ionen ($m_{He} = 4\,\text{u}$) treten mit $v = 1{,}0 \cdot 10^6\,\frac{\text{m}}{\text{s}}$ orthogonal zu den Feldlinien in ein homogenes Magnetfeld mit $B = 0{,}2\,\text{T}$ ein. Die Bahnen der Ladungsträger wurden dabei durch Hilfsmittel sichtbar gemacht.

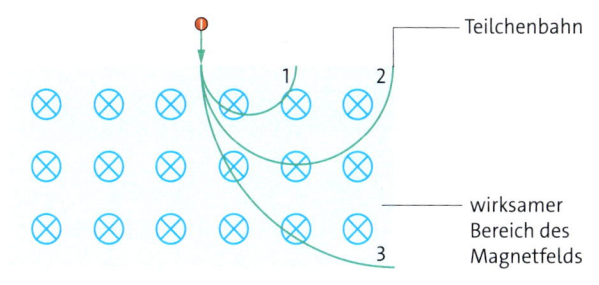

C1 Ionen im Magnetfeld

1 🖉 Bestimmen Sie die Beträge der Lorentzkräfte auf die Ladungsträger im Magnetfeld.

2 🖉 Die Teilchen durchlaufen im Magnetfeld Kreisbögen.
  a Ordnen Sie die drei Bahnen den Ladungsträgern zu. Begründen Sie.
  b Ermitteln Sie jeweils den Radius der Kreisbögen. Leiten Sie hierzu die Gleichung aus einem physikalisch sinnvollen Ansatz her.
  c Begründen Sie, wie sich die Teilchen nach Verlassen des Magnetfeldes fortbewegen.

3 Nun setzt man Ne^+- ($m_{Ne} = 20\,\text{u}$) und Ar^{2+}-Ionen ($m_{Ar} = 40\,\text{u}$) ein. Beschreiben und erklären Sie, wie sich die Bahnen dadurch ändern.

2.4 Technische Anwendungen zum Magnetfeld

1 Fahrradcomputer

Ein Fahrradcomputer kann mithilfe eines elektronischen Kompasses die Geschwindigkeit messen und die Karte einnorden. Wie funktioniert das?

EDWIN HERBERT HALL wurde nach seinem Physikstudium Lehrer an der Brunswick High School. Danach startete er ein Promotionsprojekt und entdeckte dabei 1879 den Hall-Effekt.

Hall-Effekt • Im elektronischen Kompass gibt es Sensoren, die das Magnetfeld messen.
Jeder Sensor besteht aus einem Metall- bzw. Halbleiterplättchen, an dessen Enden eine Spannung U angelegt ist, sodass ein elektrischer Strom der Stärke I fließt. Wird der Sensor in ein Magnetfeld, das senkrecht zur Stromrichtung steht, gehalten, erfahren die Elektronen eine Lorentzkraft F_L (▶ 2):

$$F_L = e \cdot v \cdot B.$$

Die Elektronen bewegen sich nach oben, während die positiv geladenen Atomrümpfe unten zurückbleiben. Es findet eine Ladungstrennung statt und ein elektrisches Feld entsteht. Dieses verursacht eine messbare Spannung U_H (mit b = Höhe des Metallplättchens; ▶ 2).

$$U_H = |\vec{E}| \cdot b = \frac{F_{el}}{e} \cdot b$$

Auf die Elektronen im Plättchen wirkt eine elektrische Kraft F_{el}, die entgegengesetzt zur Lorentzkraft gerichtet ist. Im Kräftegleichgewicht kommt die vertikale Bewegung der Ladungen zum Stillstand. Dann liegt ein Gleichgewicht vor, bei dem sich die Ladungen nur noch mit der horizontalen Geschwindigkeit v bewegen (▶ 2). Es gilt:

$$F_{el} = F_L.$$

Ersetzen wir für den Gleichgewichtsfall die elektrische Kraft F_{el} mit dem Ausdruck für die Lorentzkraft ($e \cdot v \cdot B$), erhalten wir für die Hall-Spannung U_H:

$$U_H = \frac{F_{el}}{e} \cdot b = \frac{e \cdot v \cdot B}{e} \cdot b = b \cdot v \cdot B$$

Man nennt die Spannung U_H **Hall-Spannung** und das Auftreten dieser Spannung den **Hall-Effekt**.
Diese Spannung zusammen mit der Stromstärke I ist die grundlegende Messgröße in dem sogenannten **Hall-Sensor** (▶ 2).
Im elektrischen Kompass gibt es für jede der drei Raumrichtungen einen separaten Hall-Senor. Der Bordcomputer ermittelt aus den Ergebnissen die Nordrichtung und nordet die Karte ein (▶ 1).

> In einem stromdurchflossenen Plättchen, das sich in einem senkrecht zur Stromrichtung verlaufenden Magnetfeld befindet, stellt sich eine Hall-Spannung ein: $U_H = b \cdot v \cdot B$.

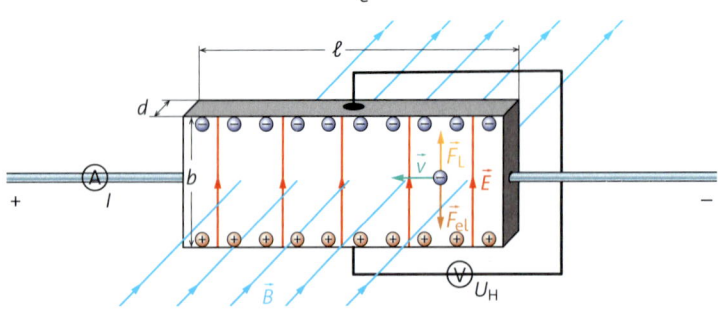

2 Hall-Effekt im stromdurchflossenen Plättchen (Gleichgewichtsfall)

Hall-Konstante • Die Geschwindigkeit der Elektronen ist nicht direkt messbar, wir können sie aber mithilfe der Stromstärke I ausdrücken.

Jedes Elektron bewegt sich mit der mittleren Geschwindigkeit $v = \frac{\ell}{t}$ durch das Plättchen der Länge ℓ. Für die Hall-Spannung ergibt sich dann:

$$U_H = b \cdot \frac{\ell}{t} \cdot B \qquad (1)$$

Zugleich gilt für die geflossene Ladung $q = I \cdot t$. Diese Gesamtladung q ist das Produkt der Elementarladung e mit der Anzahl N aller frei beweglichen Elektronen im Metallplättchen. N können wir mithilfe des Plättchenvolumens und der Teilchendichte n für diese Elektronen ausdrücken $N = n \cdot V$:

$q \qquad = I \cdot t$

$n \cdot V \cdot e = I \cdot t \Rightarrow t = \frac{n \cdot V \cdot e}{I}$

Dadurch kann man t in der Gleichung (1) ersetzen:

$U_H = b \cdot \frac{\ell}{t} \cdot B = b \cdot \frac{\ell \cdot I}{n \cdot V \cdot e} \cdot B = \frac{b \cdot \ell}{V} \cdot I \cdot B \cdot \frac{1}{n \cdot e}$

Bei einem quaderförmigen Plättchen gilt für das Volumen $V = \ell \cdot b \cdot d$, sodass sich für die Hall-Spannung die Vereinfachung ergibt:

$U_H = \frac{I \cdot B}{d} \cdot \frac{1}{n \cdot e}$.

Der zweite Bruch $\frac{1}{n \cdot e}$ ist eine Materialkonstante, die als **Hall-Konstante** A_H bezeichnet wird. Die Einheit ist $1\,\frac{m^3}{C}$:

$A_H = \frac{1}{n \cdot e}$ für Elektronen.

Das Vorzeichen der Hall-Konstante ist negativ für negativ geladene Ladungsträger wie Elektronen, positiv für positiv geladene.

Versuch • Wir untersuchen den Hall-Effekt an einem Stück Silberband mit einer Dicke von $d = 0,05\,mm$. Mit einem Spulenpaar mit Eisenkern und Polschuhen wird ein variables Magnetfeld jeweils bekannter Feldstärke B erzeugt und die auftretende Hall-Spannung U_H gemessen (▶3). Die Messwerte bestätigen den linearen Zusammenhang zwischen U_H und B, der Proportionalitätsfaktor beträgt für $I = 20\,A$:

$33{,}24\,\frac{\mu V}{T} = \frac{I}{d} \cdot A_H$.

Die daraus berechnete Hall-Konstante beträgt:

$A_H = -8{,}3 \cdot 10^{-11}\,\frac{m^3}{C}$.

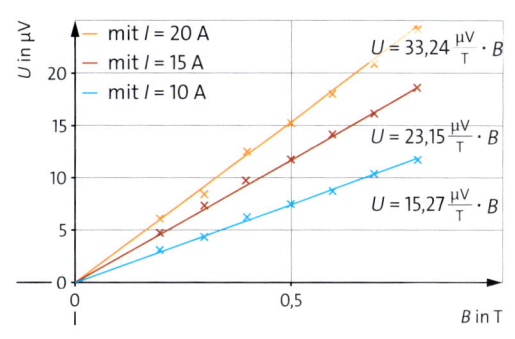

3 Gemessene Hall-Spannung bei einem Stück Silberband für drei verschiedene Stromstärken

In einem stromdurchflossenen Plättchen der Dicke d und der Hall-Konstanten A_H in einem Magnetfeld der Stärke B entsteht bei einer Stromstärke I die Hall-Spannung:
$U_H = \frac{I \cdot B}{d} \cdot A_H$

Die beiden anderen Stromstärken ergeben dazu passende Werte. Kennt man also für ein solches Plättchen A_H, d und I, kann man es nutzen, um durch die Bestimmung von U_H Magnetfelder auszumessen.

Hall-Sensoren • Der Hall-Sensor aus Silber in unserem Versuch erzeugt trotz der großen Stromstärke von 20 A und der großen Flussdichte von 0,8 T nur eine Hall-Spannung von unter 25 µV. So ist kaum ein leichter und empfindlicher Sensor zu bauen.

Dazu benötigen wir ein Material mit einer größeren Hall-Konstanten (▶4). Halbleiter haben Hall-Konstanten A_H, die über 10 Millionen Mal größer sind als die von Silber. Entsprechend werden empfindliche Hall-Sensoren aus Halbleitern gebaut. Dabei kann eine Messungenauigkeit von nur $\Delta B = \pm 0{,}6\,\mu T$ erreicht werden.

In der Medizin werden noch genauere Magnetfeldsensoren eingesetzt. Damit werden z. B. im Gehirn auftretende elektrische Ströme anhand ihrer Magnetfelder mit einer Genauigkeit von $\Delta B = \pm 10^{-14}\,T$ gemessen. Solche Sensoren werden auch eingesetzt, um Bodenschätze zu finden, die kleine Störungen im Erdmagnetfeld in Bodennähe erzeugen.

1 ▨ Zeigen Sie anhand von ▶3, dass bei konstanter Flussdichte B die Hall-Spannung U_H proportional zur Stromstärke I ist.

2 ▨ Begründen Sie mit ▶3, dass der untersuchte Hall-Sensor aus Silber besteht.

Stoff	A_H in $\frac{m^3}{C}$
Silber	$-8{,}9 \cdot 10^{-11}$
Kupfer	$-5{,}3 \cdot 10^{-11}$
Gold	$-7 \cdot 10^{-11}$
Zink	$-6{,}4 \cdot 10^{-11}$
Indiumantimonid	$-2{,}4 \cdot 10^{-4}$
Germanium	$\approx 2{,}7 \cdot 10^{-3}$

4 Hall-Konstanten A_H einiger Stoffe. Das positive Vorzeichen kommt durch Löcherleitung zustande.

Der Quotient $\frac{U_H}{I}$ wird manchmal auch Hall-Widerstand R_H genannt:

$R_H = \frac{U_H}{I}$.

Die Einheit ist ein Ohm (1 Ω). Allerdings beschreibt ein richtiger Widerstand die Begrenzung einer Stromstärke, wogegen R_H die erzeugte Hall-Spannung charakterisiert.

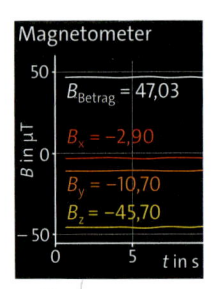

1 Messung Erdmagnetfeld mittels Smartphoneapp

2 Messung der Stromstärke an einer Leitung

Die Ladung pro Volumen $\frac{q}{V}$ nennt man Ladungsdichte. Sie ist gleich $\frac{1}{A_H}$, denn

$$\frac{1}{A_H} = \frac{e \cdot N}{V} = \frac{q}{V}.$$

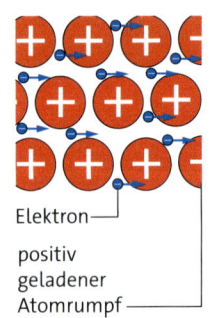

3 Modellvorstellung zur Elektronenbewegung in einem elektrischen Leiter

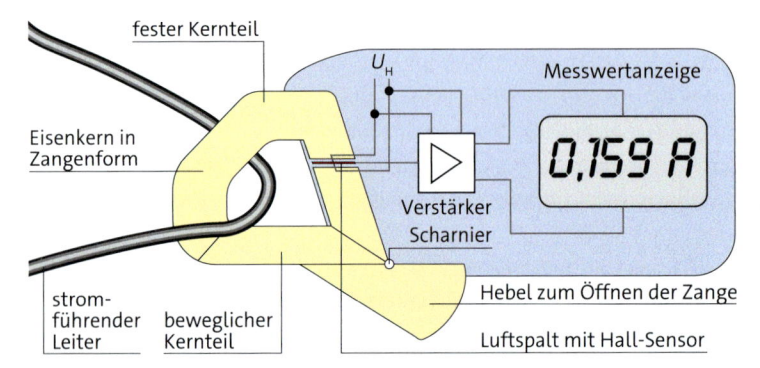

4 Aufbau und Funktion der Stromzange: Der geschlossene Eisenkern führt das Magnetfeld, dessen Flussdichte proportional zur Stromstärke im Leiter ist.

Hall-Sensoren im Smartphone • Hall-Sensoren aus Halbleitermaterialien sind in jedem Smartphone verbaut. Mit einer App kann man direkt auf die Messwerte zugreifen und das Erdmagnetfeld ausmessen. Am Display kann der Betrag und für jede Raumrichtung die Komponenten des Magnetfelds abgelesen werden (▶ 1). Navigationsapps nutzen diese Information zur Positionsbestimmung und norden Karten damit ein.

Stromzangen • Statt die Stromstärke in einem elektrischen Leiter mit einem Amperemeter zu messen, kann auch der Hall-Effekt genutzt werden. Hierzu wird das stromführende Kabel in einer sogenannten **Stromzange** von einem aufklappbaren Eisenring umschlossen (▶ 2). Die Flussdichte des Magnetfelds im Eisenring ist dabei proportional zur Stromstärke I, die den Ring durchfließt.
Die Flussdichte wird von einem Hall-Sensor gemessen, der in den Eisenring eingebaut ist (▶ 4) und aus der gemessenen Hall-Spannung wird in der Zange die Stromstärke im Kabel errechnet.

Driftgeschwindigkeit der Elektronen • Kennt man die geometrischen Abmessungen einer Hall-Sonde (Plättchen), kann man die **Driftgeschwindigkeit v** der Ladungsträger in der Sonde bestimmen. Ausgangspunkt sind wieder die Definitionen für die mittlere Geschwindigkeit $v = \frac{\ell}{t}$ und der Stromstärke $I = \frac{q}{t}$, die zu einer Gleichung kombiniert werden:

$$v = \ell \cdot \frac{I}{q}.$$

Für Elektronen lässt sich die Ladung q als Produkt aus Elementarladung e, dem Volumen des Metallplättchens und der Ladungsdichte n ausdrücken: $q = n \cdot e \cdot V$, sodass $\frac{1}{n \cdot e} = A_H$ genutzt werden kann:

$$v = \ell \cdot \frac{I}{n \cdot e \cdot V} = \frac{\ell}{V} \cdot A_H \cdot I = \frac{1}{b \cdot d} \cdot A_H \cdot I$$

Wir setzen die Werte für das Silberband ein $A_H = -8,9 \cdot 10^{-11} \frac{m^3}{C}$, $I = 20\,A$, $b = 20\,mm$ und $d = 0,05\,mm$ und erhalten:

$$v = |A_H| \cdot \frac{I}{b \cdot d} = 1,78 \frac{mm}{s}.$$

Durch die anliegende Spannung werden die Elektronen im Plättchen beschleunigt. Eine gerichtete Bewegung entsteht. Aber wenn sich ein Elektron dadurch an den vielen benachbarten Atomrümpfen vorbeibewegt, dann üben diese auf das Elektron ständig Kräfte aus. So wirkt zwischen den Atomrümpfen und den Elektronen im Mittel eine Reibungskraft, die umso größer ist, je größer die Geschwindigkeit v ist. Daher sind die Elektronen einem ständigen Wechsel aus Beschleunigung und Abbremsen ausgesetzt und die resultierende Driftgeschwindigkeit ist sehr gering (▶ 3).

Zyklotron • Bei der Wechselwirkung von Magnetfeldern mit bewegten Ladungen findet keine Energieübertragung auf die Ladung statt. Trotzdem spielen Magnetfelder bei der Beschleunigung von geladenen Teilchen wie Elektronen oder Protonen in der Medizintechnik und der Wissenschaft eine wesentliche Rolle. Denn man kann Elektronen praktisch nur mit Spannungen bis $U_B = 1\,MV$ beschleunigen, da sonst Funken überspringen. So erreicht man eine kinetische Energie von nur $E_{kin} = 1\,MeV$.
Mithilfe eines Magnetfelds können Ladungen wie das Elektron auf eine kreisförmige Bahn ablenkt werden. Dadurch ist es möglich, die Bahn der Ladungen so zu wählen, sodass sie mehrmals hintereinander das gleiche Beschleunigerfeld durchlaufen können.

Ein Beispiel für solch einen Teilchenbeschleuniger ist das **Zyklotron** (▶ 5). Er besteht aus zwei halbkreisförmigen hohlen Elektroden – den Duanten. Am Spalt zwischen den Duanten liegt eine Spannung U_B an, die das Teilchen beschleunigt und seine kinetische Energie nach N-Passagen auf folgenden Betrag erhöht:

$E_{kin} = N \cdot q \cdot U_B.$

Durch Elektromagneten wird ein homogenes Magnetfeld senkrecht zur Flugrichtung der Teilchen erzeugt. Die Lorentzkraft bewirkt, dass innerhalb der Duanten eine kreisförmige Flugbahn entsteht, deren Radius allerdings mit jedem Durchlaufen der Beschleunigerspannung zunimmt, da die Teilchen immer schneller werden. Da die Teilchen den Spalt pro Umlauf zweimal durchqueren, muss an den Duanten eine Wechselspannung anliegen, die die Polung nach der halben Umlaufzeit umkehrt. Für diese Zyklotronfrequenz gilt:

$f = \dfrac{q \cdot B}{2\pi \cdot m}$

Sie ist also nur von der Flussdichte des äußeren Magnetfelds und der spezifischen Ladung der Teilchen abhängig. Die Beschleunigungsspannung bestimmt lediglich, wie viele Runden ein Teilchen im Zyklotron verbringen muss, um die Zielenergie zu erreichen.

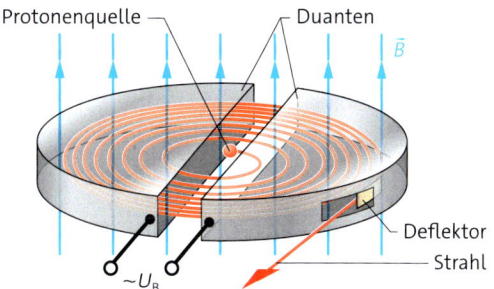

5 Zyklotron

Schon kleinere Beschleuniger zur Strahlentherapie benötigen Energien von 25 MeV. Für Teilchen mit einer solchen Energie müssen relativistische Effekte berücksichtigt werden. Die Umlaufzeit der Teilchen im Zyklotron ist nicht mehr konstant, sondern nimmt mit der Energie E des Teilchens zu:

$m = m_{rel} = \dfrac{m_0}{\sqrt{1 - \dfrac{v^2}{c^2}}} = \dfrac{E}{c^2}$

Ein solches Zyklotron kann nicht mehr mit einer konstanten Frequenz betrieben werden oder das Magnetfeld muss zum Ausgleich nach außen zunehmen.

1 📝 Ermitteln Sie für Germanium die Dichte n der beweglichen Elektronen und die Ladungsdichte $\dfrac{q}{V}$ dieser Elektronen.

Beispiel **Relativistische Protonen**

Aufgabe: Bei der Protonentherapie werden Protonen mit der Ruheenergie $E_0 = 938$ MeV mit einem Zyklotron ($B = 1{,}00$ T) bis auf eine kinetische Energie von $E_{kin} = 250$ MeV beschleunigt. Berechnen Sie die Zyklotronfrequenz zur Energie E der Protonen. Ermitteln Sie Endgeschwindigkeit v und Radius r der Protonen auf ihrer Kreisbahn.

Lösung: Für die Zyklotronfrequenz gilt wegen $E = m_{rel} \cdot c^2$:

$f = \dfrac{q \cdot B}{2\pi \cdot m_{rel}} = \dfrac{e \cdot B \cdot c^2}{2\pi \cdot E} = \dfrac{e \cdot 1\,\text{T} \cdot c^2}{2\pi \cdot 1188 \cdot 10^6\,\text{eV}} = 12{,}0\,\text{MHz}$

Ausgehend von $E = m_{rel} \cdot c^2$ kann auch die Geschwindigkeit berechnet werden:

$E = m_{rel} \cdot c^2 = \dfrac{m_0 \cdot c^2}{\sqrt{1 - \dfrac{v^2}{c^2}}} = \dfrac{E_0}{\sqrt{1 - \dfrac{v^2}{c^2}}}$

Auflösen nach v ergibt:

$v = c \cdot \sqrt{1 - \dfrac{E_0^2}{E^2}} = c \cdot \sqrt{1 - \dfrac{(938\,\text{MeV})^2}{(1188\,\text{MeV})^2}} = 0{,}61\,c$

Für die Kreisbewegung ermitteln wir den Bahnradius der Protonen mit $r = \dfrac{v}{\omega} = v \cdot \dfrac{1}{2\pi \cdot f}$ indem wir die Terme für f und v einsetzen:

$r = v \cdot \dfrac{1}{2\pi \cdot f} = c \cdot \sqrt{1 - \dfrac{E_0^2}{E^2}} \cdot \dfrac{E}{e \cdot B \cdot c^2} = \dfrac{\sqrt{E^2 - E_0^2}}{e \cdot B \cdot c}$

$= \dfrac{\sqrt{(1188 \cdot 10^6\,\text{eV})^2 - (938 \cdot 10^6\,\text{eV})^2}}{e \cdot 1{,}00\,\text{T} \cdot c} = 2{,}43\,\text{m}$

Antwort: Die Geschwindigkeit der Protonen beträgt am Ende etwa 61 % der Lichtgeschwindigkeit auf einer Kreisbahn mit einem Radius von 2,43 m und einer Frequenz von 12 MHz.

Blickpunkt

Teilchenbeschleuniger in Medizin und Wissenschaft

Ladungsträger wie Elektronen, Protonen und Ionen eignen sich für viele Anwendungen. Durch ihre Ladung können sie in einem elektrischen Feld eine bestimmte Menge an Energie aufnehmen und lassen sich durch magnetische Felder gezielt ablenken.

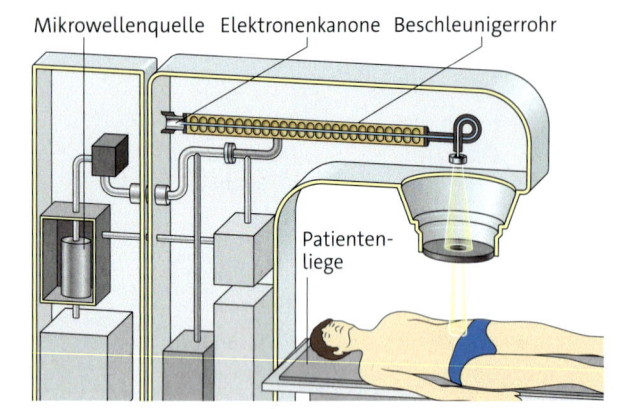

1 Linearbeschleuniger für Elektronen zur Strahlentherapie

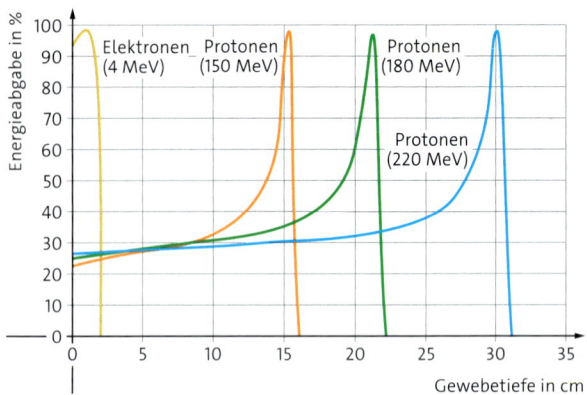

2 Energieabgabe und Eindringtiefe

Therapie mit Teilchenstrahlen • Heutzutage behandelt man Tumore häufig mit hochenergetischen Elektronen-, Protonen- und Ionenstrahlen. Die ionisierende Wirkung der Strahlen führt zur Schädigung der DNA der Tumorzellen, wodurch sich diese nicht mehr teilen können und absterben. Ziel ist es, dabei nur den Tumor selbst zu bestrahlen und das umgebende gesunde Gewebe zu schonen. Das erfordert eine genaue Steuerung und Dosierung der Teilchenstrahlen. Dies ist durch moderne Teilchenbeschleuniger möglich. Daher wird die Therapie mit Röntgenstrahlen mehr und mehr ersetzt, da es sich bei dieser nicht verhindern lässt, dass auch das umliegende Gewebe stark geschädigt wird.

Elektronentherapie • Je nach Art und Lage des Tumors muss die passende Strahlungsart ausgewählt werden. Elektronenstrahlen mit einer Energie von 4–25 MeV haben eine Eindringtiefe von nur wenigen Zentimetern und werden für oberflächennahe Tumore eingesetzt (▶ **2, gelbe Kurve**).
Für Elektronen setzt man in der Medizin oft Linearbeschleuniger ein (▶ **1**). Dabei werden die Elektronen zunächst von einer Glühkathode freigesetzt, in der Elektronenkanone mit 5 kV vorbeschleunigt und im Beschleunigerrohr stufenweise bis auf maximal 25 MeV beschleunigt.
Die Spannung zwischen den Beschleunigungsstrecken wird durch eine Mikrowellenquelle gesteuert, die eine Anpassung der Frequenz an die zunehmende Geschwindigkeit ermöglicht. Die Elektronen erreichen so nahezu Lichtgeschwindigkeit. Die zu behandelnden Personen können direkt mit den Elektronen bestrahlt werden. Dafür wird der Strahl mit starken Magnetfeldern zielgenau ausgerichtet.

Protonen- und Ionentherapie • Zur Bestrahlung tieferliegender Tumore setzt man Protonen und Ionen ein. Protonen erreichen dabei durch die Beschleunigung in einem Zyklotron teilweise eine kinetische Energie von mehreren 100 MeV. ▶ **2** zeigt, in welcher Gewebetiefe Protonen dann ihre Energie abgeben. Je größer ihre kinetische Energie am Anfang ist, desto tiefer dringen die Protonen ein.

Dabei läuft die Energieabgabe an das Gewebe nicht gleichmäßig ab: Ein Proton mit 220 MeV gibt z. B. auf den ersten 25 cm im Gewebe wenig Energie ab, dafür aber umso mehr auf den letzten Millimetern der insgesamt von ihm zurückgelegten Strecke. In ▶ **2** ist das am sogenannten Bragg-Peak zu erkennen. Dieser Verlauf ist folgendermaßen zu erklären: Anfangs ist das Proton so schnell, dass es kaum zu einer Wechselwirkung mit dem Gewebe kommt und es nur langsam abbremst. Erst wenn die Geschwindigkeit des Protons dann genügend klein ist, kommt es zu einer intensiven Wechselwirkung und Energieabgabe. Dabei wird das Proton vollständig abgebremst.

Inzwischen arbeitet man bei der Bestrahlung z. B. auch mit Kohlenstoff-Ionen. Um sie zu beschleunigen, reicht aufgrund der höheren Masse ein Zyklotron nicht mehr aus, sodass man hierfür ein Synchrotron benutzt. Die Strahlen können durch eine aufwendige Steuerung durch Magnetfelder so präzise ausgerichtet werden, dass eine Bestrahlung von Hirntumoren möglich ist. Ist es nicht faszinierend, dass ein Kohlenstoff-Ion durch das Gehirn fliegen kann, um dann präzise einen Tumor zu zerstören?

3 Lage des LHC bei Genf

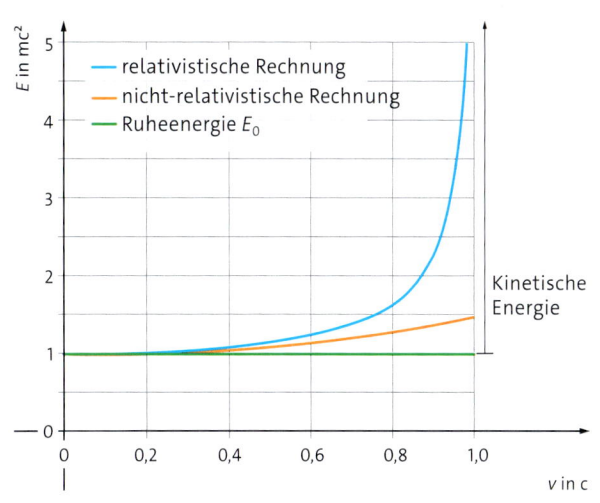

4 Energie und Geschwindigkeit

Der Large Hadron Collider • Am Forschungszentrum CERN nahe Genf kommen Menschen aus aller Welt zusammen, um den Aufbau der Materie und die Vorgänge bei der Entstehung des Universums zu erforschen. Dort befindet sich der größte und leistungsfähigste Teilchenbeschleuniger der Welt, der Large Hadron Collider (LHC), mit einem Umfang von 27 km in einem Tunnel in 50–175 m Tiefe unter der Erde.
Im LHC werden Protonen in etwa 20 Minuten von mehreren 100 MeV auf 6,5 TeV beschleunigt. Sie verbleiben dann über mehrere Stunden im LHC und absolvieren 11 245 Umläufe pro Sekunde.

Dabei laufen zwei Protonenstrahlen in entgegengesetzter Richtung durch Vakuumröhren. An vier Stellen kann man sie so ablenken, dass es zu Proton-Proton-Kollisionen bei insgesamt 13 TeV kommt. Da nach Einsteins berühmter Gleichung $E = m \cdot c^2$ Energie und Masse äquivalent sind, kann Masse in Energie umgewandelt werden und umgekehrt. Diese Umwandlung tritt bei jeder Proton-Proton-Kollision auf. Daher entstehen hierbei neue Elementarteilchen. Diese weist man mit riesigen Detektoren nach.

Geringe Wahrscheinlichkeit – viele Kollisionen • Für die Experimente werden pro Strahl 2 808 Pakete aus je 100 Milliarden Protonen in den LHC gebracht. Dadurch treffen etwa alle 25 ns zwei Protonenpakete aufeinander. Zwischen den insgesamt 200 Milliarden Protonen kommt es dabei durchschnittlich nur zu 40 Kollisionen. Zusätzlich ist die Wahrscheinlichkeit, dass bestimmte Prozesse bei der Kollision ablaufen, sehr gering.

Eine besondere Entdeckung war der Nachweis des Higgs-Bosons, der erst 2012 zum ersten Mal gelang. Dieses Higgs-Boson wird benötigt, um zu erklären, wie die Elementarteilchen zu ihrer Masse kommen. Der Nachweis des Higgs-Bosons war so schwierig, da bei einer Milliarde Kollisionen nur etwa fünf Higgs-Bosonen entstehen.

Schneller als Licht? • Wenn Sie den klassischen Zusammenhang $E_{kin} = \frac{1}{2} \cdot m \cdot v^2$ nutzen, um die Geschwindigkeit der Protonen bei 6,5 TeV zu berechnen, erhalten Sie einen Wert weit über der Lichtgeschwindigkeit. Wie kann das sein? Nach der speziellen Relativitätstheorie von ALBERT EINSTEIN hat ein Körper der Masse m und der Geschwindigkeit v die Gesamtenergie

$$E = \frac{1}{\sqrt{1 - \frac{v^2}{c^2}}} \cdot m \cdot c^2 = \gamma \cdot m \cdot c^2.$$

Mit der Ruheenergie $E_0 = m \cdot c^2$ folgt für die kinetische Energie der Protonen:

$$E_{kin} = E - E_0 = (\gamma - 1) \cdot m \cdot c^2 \neq \frac{1}{2} \cdot m \cdot v^2.$$

Diese Gleichung zeigt, dass die kinetische Energie für $v \to c$ gegen unendlich strebt (▶ 4). Für $v < 0{,}1c$ stimmen relativistische und nicht relativistische Rechnung näherungsweise überein.

1 📝 Berechnen Sie die Geschwindigkeit der Protonen mit einer kinetischen Energie von 6,5 TeV
   a mit dem klassischen Zusammenhang,
   b mit der Formel der Relativitätstheorie.
Vergleichen Sie jeweils mit der Lichtgeschwindigkeit.

Material

Versuch A • Flussdichte und Stromstärke

V1 Messung des Erdmagnetfeldes

Materialien: Smartphone, Lot, Geodreieck, Kompass, Alufolie (oder Aluminiumkoffer), Holzkiste, Edelstahltopf, Topf aus Gusseisen

Arbeitsauftrag:

– Installieren Sie auf Ihrem Smartphone eine App zur Aufzeichnung der Flussdichte als Funktion der Zeit (▶1). Orientieren Sie mithilfe des Kompasses das Smartphone mit der y-Achse (lange Seite) nach Norden und mit der x-Achse nach Osten (kurze Seite).
– Messen Sie die drei Komponenten der magnetischen Flussdichte von $\vec{B}$. Ermitteln Sie den Betrag $|\vec{B}|$ des Feldes aus den Komponenten B_x, B_y und B_z: $|\vec{B}| = \sqrt{B_x^2 + B_y^2 + B_z^2}$. Lesen Sie B im Smartphone ab und vergleichen Sie. Überprüfen Sie, ob B_y bei waagerechtem Smartphone maximal ist.
– Messen Sie den Betrag von $\vec{B}$ in einem Aluminiumkoffer oder in einer Box aus Alufolie, in einer Holzkiste oder Holztruhe, in einem Kochtopf aus Edelstahl sowie in einem Topf aus Gusseisen. Deuten Sie Ihre Messungen.
– Richten Sie in einem Auto das Smartphone nach Norden aus und messen Sie die Komponenten von $\vec{B}$. Ermitteln Sie daraus die Richtung nach Norden. Deuten Sie Ihr Ergebnis.
– Untersuchen Sie den Einfluss von eisernen Tischbeinen oder von Brücken auf das Magnetfeld und die Messung der Nordrichtung.

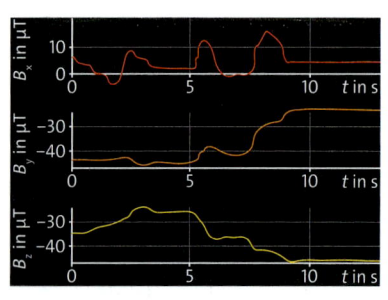

V2 Stromzange

Materialien: Stromzange für Gleichstrom, Netzgerät bis 15 V, Amperemeter, Widerstände von 10 Ω, 100 Ω, 1 kΩ und 10 kΩ

Arbeitsauftrag:

– Bauen Sie einen Stromkreis auf (▶2; Widerstand von 100 Ω).
– Messen Sie die Stromstärke mit dem Amperemeter und mit der Stromzange. Vergleichen Sie Ihre Messergebnisse.
– Verändern Sie die Stromstärke in geeigneten Schritten. Messen Sie die Stromstärke jeweils mit Amperemeter und Stromzange. Erstellen Sie ein passendes Diagramm.
Beurteilen Sie systematische und zufällige Messungenauigkeiten.
– Ein FI-Schutzschalter ist im Wesentlichen eine Stromzange, die das hin- und das rückführende Kabel umschließt. Wir untersuchen das im Modellversuch mit einem 10 Ω-Widerstand als Verbraucher: Entwerfen Sie eine Versuchsskizze und bauen Sie den Versuch auf. Deuten Sie den Messwert.
– Lassen Sie ein wenig Strom über den 10-kΩ-Widerstand an der Stromzange vorbei zurücklaufen. Lesen Sie den Messwert ab und deuten Sie.
– Recherchieren Sie die lebensrettende Bedeutung des FI-Schutzschalters sowie die Vorschriften zum Einbau.
– Stellen Sie fest, ob bei Ihnen zuhause FI-Schutzschalter eingebaut sind.

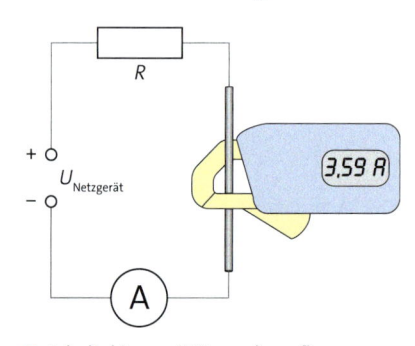

V3 Magnetfeld beim Leiter

Materialien: Netzgerät bis 15 V und bis 10 A, Kabel, Smartphone, Lineal, Widerstand von 5 Ω

Arbeitsauftrag:

– Bauen Sie den Stromkreis wie in der Skizze auf (▶3). Legen Sie eine Gleichspannung an. Messen Sie die Stromstärke.
– Messen Sie in verschiedenen Abständen r vom Leiter bei fester Stromstärke I die Flussdichte B. Berechnen Sie den Umfang eines Kreises um den Leiter mit Radius r: $u_{Kreis} = 2 \cdot \pi \cdot r$.
– Erstellen Sie ein u-B-Diagramm. Führen Sie eine passende Regression durch. Testen Sie Produktgleichheit.
– Führen Sie den Versuch für verschiedene Stromstärken I bei festem r durch.
– Erstellen Sie ein I-B-Diagramm. Führen Sie eine passende Regression durch. Testen Sie Quotientengleichheit.
– Fassen Sie die Ergebnisse in einer gemeinsamen Proportionalität zusammen, ermitteln Sie den Proportionalitätsfaktor. Vergleichen Sie ihn mit der magnetischen Feldkonstanten.
– Messen Sie die Richtung des Magnetfelds. Überprüfen Sie diese mit der Faust-Regel für einen stromdurchflossenen Leiter (linke Hand).
– Formulieren Sie Ihr Ergebnis. Recherchieren Sie das Biot-Savart-Gesetz und vergleichen Sie Ihr Ergebnis mit diesem.

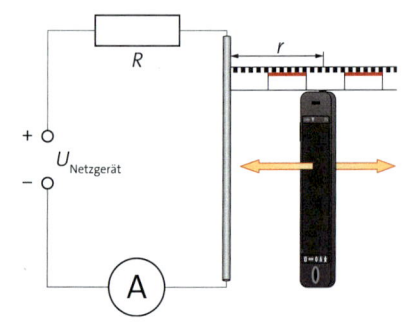

1 Messung der magnetischen Flussdichte

2 Schaltskizze mit Versuchsaufbau

3 Schaltskizze mit Versuchsaufbau

Magnetische Felder • Technische Anwendungen zum Magnetfeld

Material A • Ladungsträger in Germanium

Mit einem Hall-Sensor aus dem Halbleiter Germanium (Dicke $d = 1$ mm, Breite $b = 10$ mm) wurden verschiedene Messkurven aufgenommen (▶A1).

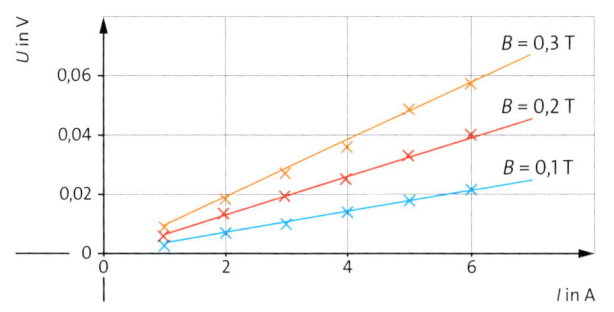

A1 Hall-Effekt bei Germanium

1 Insgesamt wurden drei Messreihen aufgenommen (▶A1).
   a ☐ Beschreiben Sie den Verlauf der Messwerte.
   b ◩ Erklären Sie das Zustandekommen der Spannung.
   c ◩ Ermitteln Sie für den Hall-Sensor für jede der drei Flussdichten die Hall-Konstante A_H. *Hinweis:* Es wurde positiv dotiertes Germanium verwendet, sodass die positiven Ladungsträger überwiegen.

2 Der Hall-Effekt kann auf Teilchenebene erklärt werden.
   a ◩ Erklären Sie anhand eines Modells und einer passenden Skizze, was die Dichte n und die Driftgeschwindigkeit v der beweglichen Ladungsträger sind.
   b ◩ Ermitteln Sie die Dichte der beweglichen Ladungsträger in Germanium.
   c ■ Ermitteln Sie die Anzahl der beweglichen Ladungsträger in Germanium pro Atom.
   Hinweis: $\varrho_{Ge} = 5{,}32 \frac{g}{cm^3}$; $m_a(1\text{ Ge-Atom}) = 1{,}206 \cdot 10^{-25}$ kg
   d ■ Ermitteln Sie für die Stromstärke $I = 30$ mA die Driftgeschwindigkeit v der Ladungsträger im Hall-Sensor.
   e ◩ Vergleichen Sie die ermittelten Ergebnisse mit den entsprechenden Werten für Silber. Deuten Sie.

Material B • Hall-Sensor in der Messtechnik

Auf dem Smartphone wurde eine Physik-Sensor-App installiert. Sie hat die Funktion „Magnet-Lineal". Mit der App wurde über den Hall-Sensor des Smartphones die Geschwindigkeit des Wagens aufgezeichnet (▶B1).

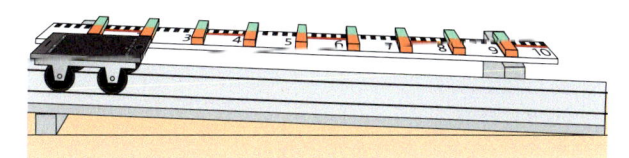

B1 Geschwindigkeitsmessung mit Hall-Sensor

1 ◩ Im Versuch wurde die Bewegung des Wagens untersucht, wenn er auf einer schiefen Ebene hinabrollt (▶B1). An der Schiene waren in regelmäßigen Abständen Magnete befestigt, die vom Smartphone auf dem Wagen passiert wurden. Mithilfe der Daten der Sensor-App wurde das t-v-Diagramm der Bewegung erstellt (▶B2).
   a Erläutern Sie, wie mithilfe der Sensor-App und des Versuchsaufbaus die Bewegung des Wagens aufgezeichnet werden konnte.
   b Ermitteln Sie aus dem Verlauf von $v(t)$ die Beschleunigung $a(t)$ und untersuchen Sie, inwieweit diese konstant ist (▶B2).
   c Der Neigungswinkel der schiefen Ebene beträgt 9°. Ermitteln Sie die Hangabtriebskraft abhängig von der Masse. Berechnen Sie daraus mit einem Newtonschen Axiom die erwartete Beschleunigung.

2 Ein Magnet wird an der Speiche eines Fahrrads befestigt, wobei der Radius des Rades 0,3 m beträgt.
Das Rad wurde in Schwung gebracht. Beim Rotieren passierte der Magnet das Smartphone und mit der Funktion des „Magnet-Lineals" wurde aus den regelmäßig gemessenen Flussdichten des Magnetfelds die Geschwindigkeit des Rads aufgezeichnet (▶B3).
   a ◩ Deuten Sie die Messung (▶B3).
   b ■ Überprüfen Sie, ob das Rad durch eine konstante Reibungskraft zum Stillstand kommt. Recherchieren Sie zur Rollreibung, vergleichen Sie mit Ihren Ergebnissen.

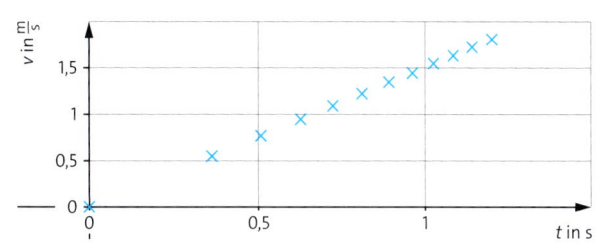

B2 Aufgezeichnete Geschwindigkeit des Wagens auf der schiefen Ebene

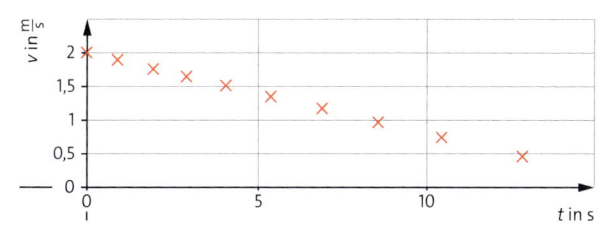

B3 Aufgezeichnete Geschwindigkeit des Rads

Magnetische Felder

Magnetisches Feld — Überträger von magnetischen Kräften. Ursache des Feldes sind neben Elementarmagneten elektrische Ströme bzw. die Bewegung elektrischer Ladungen. Das magnetische Feld kann durch Feldlinien dargestellt werden. Sie stellen die von Kompassnadeln angezeigten Richtungen dar. Magnetische Feldlinien sind immer geschlossen und verlaufen auch im Inneren von Permanentmagneten. Für magnetische Felder gilt das Prinzip der linearen Superposition: Einzelne Magnetfelder überlagern sich in jedem Punkt zu einem Gesamtfeld.

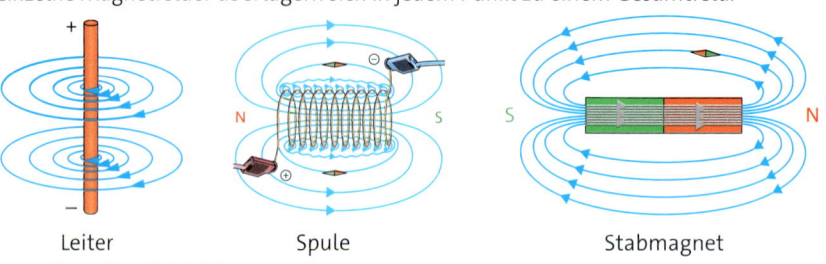

Leiter — Spule — Stabmagnet

Magnetische Flussdichte — Die Stärke und die Richtung des magnetischen Felds werden in jedem Punkt durch die magnetische Flussdichte $\vec{B}$ charakterisiert. Der Vektor der magnetischen Flussdichte liegt tangential an den Feldlinien des Magnetfelds an und zeigt in die gleiche Richtung. In einem homogenen Magnetfeld ist die magnetische Flussdichte überall gleich.
Die Einheit der magnetischen Flussdichte $\vec{B}$ ist 1 Tesla: $B = 1\,T = 1\,\frac{N}{A \cdot m}$.

Magnetische Kraft und Lorentzkraft — Auf einen senkrecht zu einem Magnetfeld verlaufenden Leiter mit der Länge ℓ und der Stromstärke I wirkt die magnetische Kraft mit dem Betrag $F = B \cdot \ell \cdot I$. Die Richtung der Kraft wird mit der Drei-Finger-Regel der linken Hand bestimmt, wobei der Daumen die Fließrichtung der Elektronen (von – nach +) darstellt.

Auf den einzelnen Ladungsträger q wirkt dabei die Lorentzkraft F_L: $F_L = B \cdot q \cdot v$ (mit $B \perp v$). Die Richtung der Kraft wird für negative Ladungen mit der linken Hand; für positive Ladungen mit der rechten Hand bestimmt (Drei-Finger-Regel).

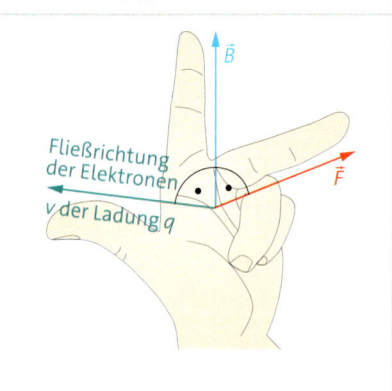

Lange, schlanke Spule — In einer langen, schlanken Spule (Länge ℓ sehr viel größer als ihr Durchmesser d) ist das magnetische Feld im Inneren der Spule homogen. Die magnetische Flussdichte des Felds ist:

$B = \mu_0 \cdot \frac{I \cdot N}{\ell}$

N – Windungszahl; I – Stromstärke; ℓ – Länge der Spule;
μ_0 – magnetische Feldkonstante
$\mu_0 = 1{,}257 \cdot 10^{-6}\,\frac{N}{A^2} \approx 4\pi \cdot 10^{-7}\,\frac{N}{A^2}$

Befindet sich im Inneren der Spule ein Material mit einer Permeabilitätszahl μ_r, dann ändert sich die magnetische Flussdichte um den Faktor μ_r: $B = \mu_r \cdot \mu_0 \cdot \frac{I \cdot N}{\ell}$.

Magnetismus in Materie — Materie wird durch ihre Wirkung auf ein äußeres Magnetfeld in drei Arten unterschieden.

Ferromagnete	Paramagnete	Diamagnete
$\mu_r \gg 1$; starke Verstärkung eines äußeren Magnetfelds durch starkes eigenes paralleles Magnetfeld	$\mu_r > 1$; geringe Verstärkung eines äußeren Magnetfelds durch eigenes paralleles Magnetfeld	$\mu_r < 1$; geringe Schwächung eines äußeren Magnetfelds durch eigenes antiparalleles Magnetfeld

Magnetische Felder

Ferromagnetismus und Hysterese	Auch nach Abschalten eines äußeren Magnetfeldes bleiben ferromagnetische Stoffe dauerhaft magnetisiert. Elementarmagnete im Inneren des Stoffs bleiben ausgerichtet, da sie sich am Feld benachbarter Elementarmagnete orientieren. Im äußeren Magnetfeld kann es bei der Magnetisierung ferromagnetischer Stoffe zu Hysterese und zur Sättigung kommen.
Teilchen im Magnetfeld	Auf ein geladenes Teilchen der Masse m und Ladung q, das sich mit der Geschwindigkeit v senkrecht zu einem homogenen Magnetfeld B bewegt, wirkt die Lorentzkraft als Zentripetalkraft. Es entsteht eine kreisförmige Flugbahn mit dem Radius $r = \frac{m \cdot v}{B \cdot q}$. Tritt ein Teilchen unter einem Winkel in ein Magnetfeld ein, bildet sich eine schraubenförmige Bahn aus. Die Schraube setzt sich nach dem Prinzip der linearen Superposition aus einer (gleichförmigen) Bewegung parallel zum Magnetfeld und einer kreisförmigen Bewegung senkrecht zum Magnetfeld zusammen.
Wien-Filter	Geschwindigkeitsfilter für geladene Teilchen. In zueinander senkrechten homogenen magnetischen und elektrischen Feldern können nur Ladungen den Filter ohne Ablenkung ihrer Flugbahn passieren, für die gilt: $v = \frac{|\vec{E}|}{B}$.
Massenspektrometer	Gerät zur präzisen Trennung von Atomen, Molekülen und Molekülfragmenten nach Masse. Die Trennung erfolgt durch elektrische und magnetische Felder, indem die Teilchen stufenweise auf für die jeweilige Masse spezifische Flugbahnen oder Flugzeiten gebracht werden.
Zyklotron	In einem homogenen Magnetfeld werden geladene Teilchen auf kreisförmigen Bahnen im Spalt zwischen zwei D-förmigen Elektroden auf hohe Energien E beschleunigt. Dazu wird das elektrische Feld zweimal pro Umlauf mit der auch relativistisch richtigen Zyklotronfrequenz $\omega = q \cdot B \cdot \frac{c^2}{E}$ umgepolt. So wird bei einem Radius r die Geschwindigkeit $v = \omega \cdot r$ erreicht.
Erdmagnetfeld als magnetische Flasche	Im Erdmagnetfeld sind die geladenen Teilchen des Sonnenwindes in Strahlungsgürteln gefangen. Sie pendeln zwischen den Magnetpolen der Erde hin und her. Beim Eintritt in die Atmosphäre können sie durch Ionisation der Luft Polarlichter verursachen.
Hall-Effekt	In einem mit der Stromstärke I durchflossenen Plättchen der Dicke d in einem dazu senkrecht stehenden Magnetfeld der Stärke B misst man die Hall-Spannung $U_H = \frac{B \cdot I}{d} \cdot A_H$. A_H ist die materialspezifische Hall-Konstante mit der Einheit $[A_H] = 1 \frac{m^3}{C}$. Das Vorzeichen der Hall-Konstante ist negativ für negativ geladene Ladungsträger, positiv für positiv geladene. Der Hall-Effekt wird u. a. in Hall-Sonden genutzt, um bei bekannten A_H, d und I aus U_H die magnetische Flussdichte B zu bestimmen.

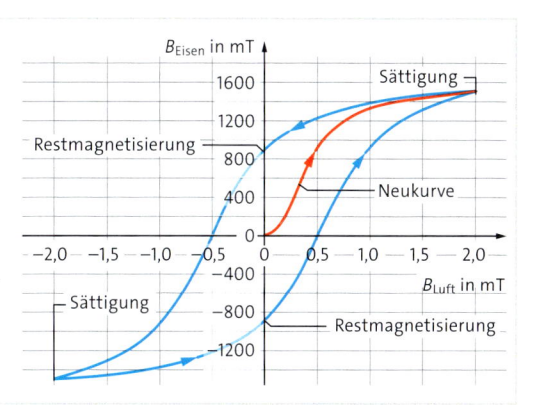

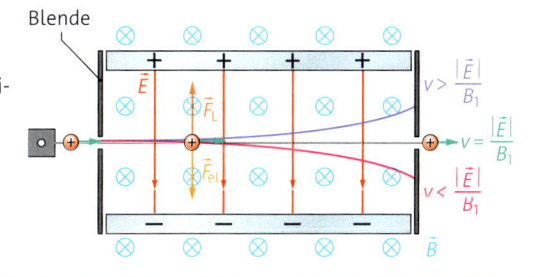

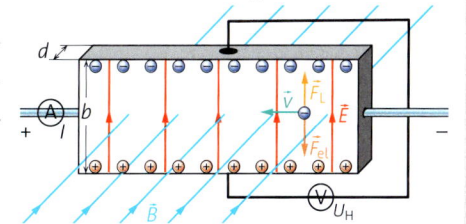

Übungsaufgaben

1 Die Abbildung zeigt einen Stabmagneten, eine Spule bzw. einen geraden Leiter, letztere sind jeweils von einem Strom durchflossen.

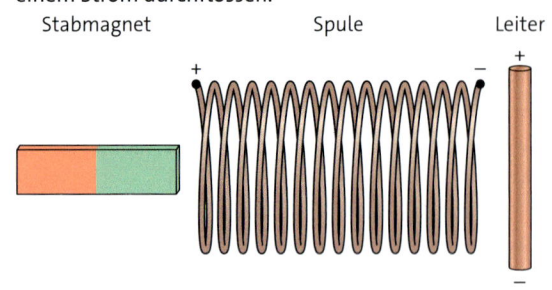

Stabmagnet Spule Leiter

a ☐ Skizzieren Sie passende Feldlinien für alle drei Gegenstände. Begründen Sie deren Verlauf mit einer passenden Regel.
b ◣ Skizzieren Sie die auf den Stabmagneten und den stromdurchflossenen Leiter wirkenden Kräfte durch Pfeile. Begründen Sie jeweils die von Ihnen gewählte Richtung.

2 Durch eine Spule ($N = 6$, $\ell = 5$ cm) fließt ein Strom der Stärke $I = 2$ A.
a ☐ Berechnen Sie die magnetische Flussdichte im Inneren der Spule.
b ◣ In einem zweiten Versuch wird die Spule mit einem Eisenkern mit der Permeabilitätszahl $\mu_r = 300$ gefüllt. Erläutern Sie die Wirkungsweise des Eisenkerns und geben Sie die neue Flussdichte an.

3 Ein beweglicher zylinderförmiger Metallstab aus Kupfer ($\ell = 10$ cm, $d = 0{,}2$ cm, $\varrho = 8{,}96 \frac{g}{cm^3}$) befindet sich vollständig in einem senkrecht zu seiner Längsachse verlaufenden homogenen Magnetfeld ($B = 0{,}02$ T). Die beiden Enden des Metallstabs sind jeweils mit dem Pol einer Spannungsquelle verbunden. Zu Beginn ist der Stromkreis durch einen Schalter unterbrochen.
a ☐ Skizzieren Sie den beschriebenen Versuch.
b ◣ Beschreiben Sie die Beobachtungen, wenn man den Stromkreis am Kupferstab schließt.
c ◣ Durch den Kupferstab fließt ein Strom der Stärke $I = 2$ A. Berechnen Sie die auftretende Kraft und die Beschleunigung des Stabs.

4 Protonen ($q = +e$, $m_p = 1{,}67 \cdot 10^{-27}$ kg) treten orthogonal mit $v = 2000 \frac{km}{s}$ in ein Magnetfeld mit $B = 1$ T ein.
a ☐ Ermitteln Sie für die auf ein Proton wirkende Kraft Betrag und Richtung.
b ◣ Begründen Sie, dass sich die Protonen auf einer Kreisbahn bewegen.
c ■ Leiten Sie die Formel für den Radius her und ermitteln Sie diesen mit der Formel.

5 Die Abbildung zeigt den schematischen Aufbau eines Massenspektrometers.

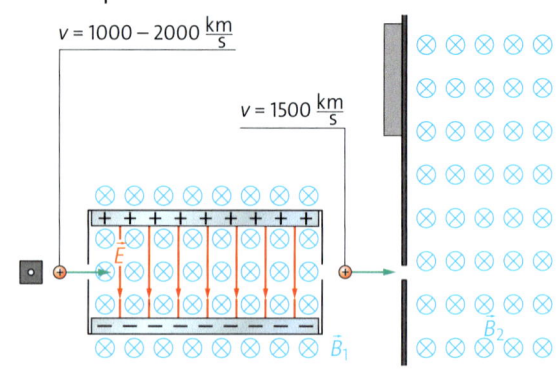

a ◣ Erläutern Sie die Funktionsweise der Anordnung in der linken Abbildungshälfte als Geschwindigkeitsfilter anhand des Falls, dass durch den linken Spalt einfach positiv geladene Teilchen mit einer Geschwindigkeit von 1000–2000 $\frac{km}{s}$ und rechts nur Teilchen mit einer Geschwindigkeit von 1500 $\frac{km}{s}$ passieren dürfen.
b ■ Leiten Sie die selektierte Geschwindigkeit als Funktion der magnetischen Flussdichte und der elektrischen Feldstärke her.
c ◣ Berechnen Sie die an den Platten anzulegende elektrische Spannung für $B_1 = 1$ T für einen Plattenabstand von $d = 5$ cm.
d ◣ Durch den rechten Spalt treten die einfach positiv geladenen Teilchen mit $v = 1500 \frac{km}{s}$. Beschreiben Sie begründet die hinter dem rechten Spalt auftretende Flugbahn der Teilchen.
e ■ Begründen Sie die Notwendigkeit des Geschwindigkeitsfilters auch anhand von Formeln, um die Masse der Teilchen bestimmen zu können.

6 Für die Strahlentherapie sollen Protonen mit einem Zyklotron auf eine kinetische Energie von 200 MeV beschleunigt werden.
a ☐ Beschreiben und skizzieren Sie ein Zyklotron.
b ◣ Erläutern Sie die Funktionsweise des Zyklotrons.
c ☐ Ermitteln Sie die Geschwindigkeit der Protonen mit dieser kinetischen Energie auf klassische Weise.
d ◣ Ermitteln Sie die Gesamtenergie, die relativistische Masse und die Geschwindigkeit der Protonen auf relativistische Weise.

7 Ein Zyklotron mit der magnetischen Flussdichte 1 T und der Zyklotronfrequenz 79 MHz beschleunigt Protonen.
a ☐ Ermitteln Sie die erreichbare Gesamtenergie und kinetische Energie der Protonen.
b ☐ Erläutern Sie die notwendige Größe das Zyklotrons und berechnen Sie den Radius.

Magnetische Felder

8 In einer Stromzange für Gleichstrom soll ein Hall-Sensor verwendet werden.
  a Erklären Sie die Funktionsweise der Stromzange anhand einer Skizze und vergleichen Sie mit einem Amperemeter bezüglich der Vor- und Nachteile.
  b Erläutern Sie den Hall-Effekt anhand einer Skizze.
  c Leiten Sie eine Formel für die Hall-Spannung her.

9 Ein Hall-Sensor hat eine Dicke von $d = 0{,}1$ mm und eine Hall-Konstante von $A_H = 2{,}7 \cdot 10^{-3} \frac{m^3}{C}$.
  a Stellen Sie für eine Stromstärke von $I = 0{,}1$ A die Hall-Spannung abhängig von der magnetischen Flussdichte in einem Diagramm dar.
  b Leiten Sie eine Gleichung zur Bestimmung der Driftgeschwindigkeit der beweglichen Ladungen in dem Material her und ermitteln Sie diese Geschwindigkeit (Breite des Hall-Sensors $b = 50$ mm).
  c Stellen Sie eine begründete Hypothese dazu auf, aus welchem Material der Hall-Sensor besteht.

10 Die spezifische Ladung $\frac{e}{m}$ des Elektrons soll gemessen werden.
  a Skizzieren und beschreiben Sie einen geeigneten Versuch, mit dem die spezifische Ladung gemessen werden kann.
  b Leiten Sie die zur Auswertung wesentliche Formel her.

11 Mit einer Hallsonde wurde die Hysteresekurve eines Eisenkerns aufgenommen.

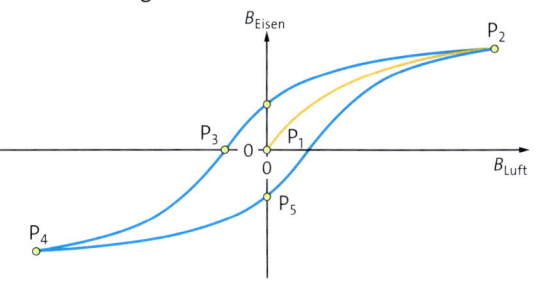

  a Beschreiben Sie den Versuchsablauf zur Aufnahme der Hysteresekurve anhand der Punkte 1 bis 5.
  b Erläutern Sie mithilfe des Modells der Elementarmagnete und anhand der Hysteresekurve die Sättigung.

12 Beschreiben und erklären Sie die Bewegung der Teilchen des Sonnenwindes im Erdmagnetfeld.

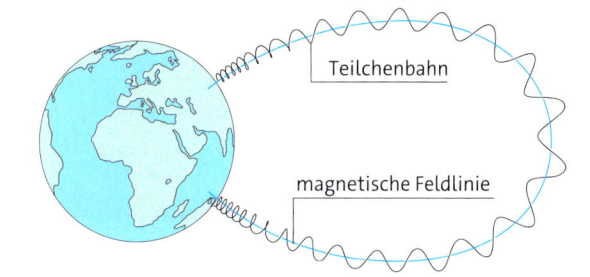

Mithilfe des Kapitels können Sie:	Aufgabe	Hilfe
✓ die Erzeugung und Wirkung magnetischer Felder beschreiben, Feldlinienmuster einordnen und skizzieren sowie elektrische und magnetische Pole und Richtungen magnetischer Felder mit der Linke-Faust-Regel ermitteln.	1a	S. 66 f., S. 72
✓ magnetische Flussdichten messen und berechnen sowie magnetische Kräfte auf stromdurchflossene Leiter bzw. Lorentzkräfte auf bewegte Ladungen berechnen und deren Richtung anhand der Drei-Finger-Regel der linken Hand ermitteln.	1b, 3	S. 68 f., S. 73, S. 86
✓ Die Wirkung von Spulen anhand des geometrischen Aufbaus und des Materials berechnen, herleiten und erklären.	2, 11	S. 73 ff.
✓ anhand von Energiebilanzen sowie elektrischen und magnetischen Feldern die Flugbahnen und Geschwindigkeit von Teilchen im Feld ermitteln.	4a, 4c, 5b, 6c–d, 7a	S. 80 ff., S. 88 f.
✓ Flugbahnen und Eigenschaften von Teilchen in Feldern ermitteln und bei Wien-Filtern, Massenspektrometern, Fadenstrahlrohren, Beschleunigern und abschirmenden Erdmagnetfeldern anwenden, zuordnen und interpretieren.	4b, 5a, 6a–b, 7b, 10, 12	S. 80 f., S. 83, S. 88
✓ Hall-Spannungen herleiten, berechnen, für Messungen anwenden und für Analysen von Driftgeschwindigkeiten und Ladungsträgerdichten nutzen.	8, 9	S. 86, S. 88

▶ Die Lösungen zu den Übungsaufgaben finden Sie im Anhang.

Klausurtraining

Musteraufgabe mit Lösung

Aufgabe 1 • Kraft auf Leiter

Mit einem Versuch soll die Flussdichte B des Magnetfelds zwischen den beiden Polen eines Hufeisenmagnets ermittelt werden (▶M1). Dazu befindet sich ein Leiterstück der Länge ℓ = 15 cm elektrisch isoliert aufgehängt an einer Feder in diesem Magnetfeld. Beim Beschweren des Leiterstücks mit einem zusätzlichen Massestück m bringt man dieses auf seine ursprüngliche Höhe (▶M1), indem man einen Strom mit einer Stromstärke I durch das Leiterstück fließen lässt. Die Messung der Stromstärke wird für unterschiedliche Massen m durchgeführt, die mit einer Feinwaage genau gewogen werden (▶M2).

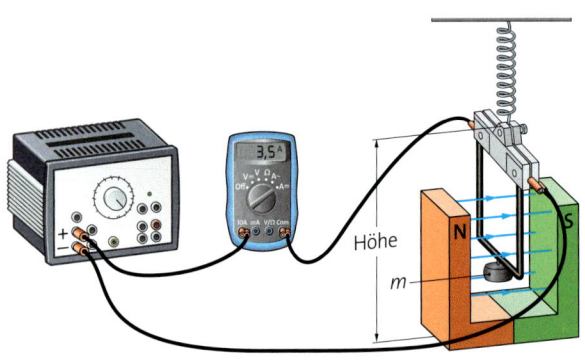

a Ermitteln bzw. bestätigen Sie die Richtung der Kraft durch Anwendung einer passenden Regel.
b Erläutern Sie die Analogie des Betrags der magnetischen Flussdichte B zum Betrag der elektrischen Feldstärke.
c Geben Sie die Definition der magnetischen Flussdichte B für den durchgeführten Versuch an und erläutern Sie die Abhängigkeiten der Größen.
d Ermitteln Sie den Betrag der magnetischen Flussdichte B. Entwickeln Sie einen Term der magnetischen Kraft F abhängig von Stromstärke I, Flussdichte B und Länge ℓ.
e Deuten Sie die magnetische Kraft F auf das Leiterstück als Summe von Kräften F_L, die auf einzelne Elektronen im Leiter wirken. Somit ist die Lorentzkraft F_L die Kraft auf ein Elektron, das sich mit einer Geschwindigkeit v_{El} durch den Leiter bewegt. Entwickeln Sie einen Term für F_L abhängig von der Geschwindigkeit v_{El}, von der magnetischen Flussdichte B und der Ladung q des Elektrons.

M1 Versuchsskizze zur Messung der Flussdichte B

m in g	1,005	2,013	3,011	5,004	7,995
I in A	0,334	0,670	0,975	1,568	2,631

M2 Messwerte für die Stromstärke I in Abhängigkeit von m

Lösung

a Da die Gewichtskraft der angehängten Massestücke nach unten zeigt, muss die magnetische Kraft nach oben zeigen, um diese zu kompensieren. Mit der Drei-Finger-Regel der linken Hand kann man das bestätigen (▶1): Der Daumen zeigt die Bewegungsrichtung der Elektronen im Leiterstück, der Zeigefinger die Richtung des Magnetfeldes und der Mittelfinger die der magnetischen Kraft F an.

b Der Betrag $|\vec{E}|$ des elektrischen Feldes beschreibt die Kraft F_{el}, die auf eine Probeladung q wirkt, pro Probeladung q. Die elektrische Kraft ist analog zur magnetischen Kraft F und die Probeladung entspricht dem vom Strom I durchflossenen Leiterstück der Länge ℓ. Demnach entspricht die Flussdichte der magnetischen Kraft F pro Länge ℓ und Stromstärke I.

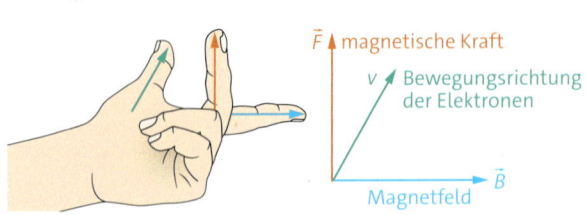

c Die magnetische Flussdichte ergibt sich als $B = \frac{F}{I \cdot \ell}$.

d In ▶M2 ist für jeden Messwert der Kraft F der entsprechende Betrag von B berechnet. Der Mittelwert beträgt B = 0,201 T. Um einen Term für die Kraft zu erhalten, löst man die Gleichung für B nach F auf: $F = B \cdot I \cdot \ell$.

e Die Stromstärke I ist der Quotient $\frac{Q}{\Delta t}$ der Ladung Q, die sich während der entsprechenden Zeit Δt durch das Leiterstück der Länge ℓ bewegt. Daher beträgt die mittlere Geschwindigkeit $v_{El} = \frac{\ell}{\Delta t}$. Auflösen ergibt $\ell = v_{El} \cdot \Delta t$. Einsetzen in die Gleichung der magnetischen Kraft ergibt $F = v_{El} \cdot B \cdot Q$.
Wenn Q aus N Elementarladungen e besteht, dann ist die Kraft F_L auf eine Elementarladung der N-te Teil von F, also $F_L = v_{El} \cdot B \cdot q$.

1 Drei-Finger-Regel zur Ermittlung der Elektronenrichtung

m in g	1,005	2,013	3,011	5,004	7,995
I in A	0,334	0,670	0,975	1,568	2,631
F in 10^{-3} N	9,859	19,75	29,54	49,09	78,43
$\frac{F}{I \cdot \ell}$ in $\frac{N}{Am}$	0,197	0,196	0,202	0,209	0,199

2 Stromstärke, Kraft und Flussdichte

Aufgaben mit Hinweisen

Aufgabe 2 • Hall-Effekt

Ein Hall-Sensor besteht aus einem Indiumantimonid-Quader und hat die Hall-Konstante $A_H = -2{,}4 \cdot 10^{-4}\,\frac{m^3}{C}$.

a Erklären Sie die Funktionsweise des Sensors. Skizzieren Sie dazu den Quader mit den bewegten Ladungen, den Kräften und mit der zugehörigen elektrischen Schaltung.

b Begründen Sie anhand der Skizze, dass die Hall-Spannung U_H proportional zur Stromstärke I und zur Flussdichte des Magnetfelds ist.

c Leiten Sie anhand der Skizze die Gleichung für die Hall-Spannung abhängig von der Dicke d des Sensors und der Dichte n beweglicher Ladungsträger her:

$$U_H = B \cdot \frac{I}{d} \cdot \frac{1}{n \cdot e}$$

d Erläutern Sie die Definition und das Vorzeichen von A_H.

e Der Sensor hat eine Dicke von 0,1 mm. Bei $I = 0{,}1\,A$ wird die Hall-Spannung $U_H = 0{,}1\,V$ gemessen. Ermitteln Sie die Flussdichte B.

f Der Sensor hat eine Breite von $b = 20\,mm$. Berechnen Sie die effektive Geschwindigkeit der bewegten Ladungsträger und deuten Sie diese.

g In einer Stromzange wird ein Hall-Sensor verwendet, um die Stromstärke in einem stromdurchflossenen Leiter zu messen (▶ M3). Erklären Sie das Messverfahren.

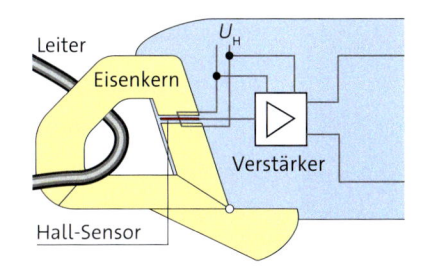

M3 Stromzange

Aufgabe 3 • Massenspektrograph

Die Kohlenstoffisotope ^{12}C ($m_{C-12} = 1{,}992 \cdot 10^{-26}\,kg$) und ^{14}C ($m_{C-14} = 2{,}324 \cdot 10^{-26}\,kg$) sollen mit einem Massenspektrographen voneinander getrennt werden (▶ M4). Dazu werden sie zuerst einfach positiv geladen und beschleunigt.

a Übertragen Sie die Skizze (▶ M4), ergänzen Sie die elektrischen Feldlinien und erklären Sie den Wien-Filter.

b Im Wien-Filter fliegen nur die Teilchen geradlinig weiter, für deren Geschwindigkeit gilt: $v = \frac{|\vec{E}|}{B_1}$.
Leiten Sie diesen Term her.

c Der Kondensator hat den Plattenabstand 5 cm und es liegt die Spannung 800 V an. Ermitteln Sie B_1 so, dass Teilchen mit $v = 3 \cdot 10^5\,\frac{m}{s}$ nicht abgelenkt werden.

d Begründen Sie, dass die Teilchenbahnen im unteren Magnetfeld Halbkreise sind.

e Leiten Sie die Formel für den Kreisradius r der Teilchen her:

$$r = \frac{m \cdot v}{e \cdot B_2}$$

f Für Δy gilt: $\Delta y = \frac{2 \cdot v}{e \cdot B_2}(m_{C-14} - m_{C-12})$

Berechnen Sie Δy für $B_2 = 0{,}15\,T$.

g Leiten Sie den Term für Δy her.

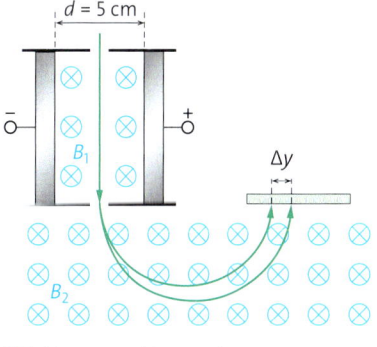

M4 Massenspektrograph

Hinweise

Aufgabe 2

a Durch die Ablenkung der Ladungsträger aufgrund des orthogonal stehenden Magnetfelds entsteht die messbare Hall-Spannung.

b Je größer die Stromstärke, desto mehr Ladungsträger können abgelenkt werden. Je größer die Flussdichte, desto stärker werden sie abgelenkt.

c Ansatz ist das Kräftegleichgewicht: $F_L = F_{el}$

d Materialkonstante, die als Kehrwert der Ladungsträgerdichte interpretiert werden kann.

e Für die Hall-Spannung gilt:

$U_H = B \cdot I \cdot \frac{A_H}{d}$. Auflösen nach B:

$B = U_H \cdot \frac{d}{I \cdot A_H}$. Einsetzen: $B = 0{,}417\,T$.

f Für die Driftgeschwindigkeit gilt:
$v = A_H \cdot \frac{I}{b} \cdot d = 12\,\frac{m}{s}$.

g Der Strom erzeugt ein Magnetfeld, das durch den Eisenkern vollständig vom Hall-Sensor erfasst wird.

Aufgabe 3

a Feldlinien verlaufen von – zu +. Durch die gekreuzten Felder fliegen nur Teilchen mit einer bestimmten Geschwindigkeit geradlinig weiter.

b Ansatz ist das Kräftegleichgewicht:
$F_L = F_{el}$

c Mit $v = \frac{|\vec{E}|}{B_1}$ und $|\vec{E}| = \frac{U}{d}$ folgt:

$v = \frac{U}{B_1 \cdot d} \Leftrightarrow B_1 = \frac{U}{v \cdot d}$.

Einsetzen ergibt $B_1 = 53\,mT$.

d Die Lorentzkraft wirkt als Zentripetalkraft und zwingt die Teilchen auf eine Kreisbahn.

f Einsetzen ergibt $\Delta y = 0{,}083\,m$.

g Es gilt: $\Delta y = 2 \cdot (r_{C-14} - r_{C-12})$

Klausurtraining

Training I • Bestimmung der spezifischen Ladung des Elektrons

Aufgabe 4 • Fadenstrahlrohr

Elektronen werden in einem Fadenstrahlrohr durch ein homogenes Magnetfeld auf eine Kreisbahn abgelenkt.

M1 Bahn der Elektronen im Fadenstrahlrohr

a Skizzieren Sie den Versuch mit allen wesentlichen Komponenten.
b Überprüfen Sie mit ▶M1 die Hypothese, dass die Elektronen auf einer Kreisbahn fliegen.
c Erläutern Sie anhand der Skizze, wie die Kreisbahn entsteht. Berücksichtigen Sie die Aspekte Entstehung des Elektronenstrahls, Leuchterscheinung, Ablenkung.
d Mit dem Versuch kann die spezifische Ladung, das ist der Quotient aus Ladung und Masse des Elektrons, ermittelt werden: $\frac{e}{m}$. Sie berechnet sich aus der Beschleunigungsspannung U der Elektronen, dem Kreisbahnradius und der Flussdichte B des äußeren Magnetfelds:

$$\frac{e}{m} = \frac{2 \cdot U}{r^2 \cdot B^2}.$$

Ermitteln Sie die spezifische Ladung mithilfe der Messwerte aus der Tabelle (▶M2). Vergleichen Sie mit dem Literaturwert: $\frac{e}{m} = 1{,}759 \cdot 10^{-11} \frac{C}{kg}$.
e Leiten Sie die oben genannte Formel für $\frac{e}{m}$ her.
f Die Elektronen sollen jetzt auf einer Schraubenlinie fliegen. Beschreiben Sie, wie die Anordnung der Komponenten des Versuchs hierzu verändert werden muss.
g Erläutern Sie Zweck und Funktionsweise des Wehnelt-Zylinders.

U in V	250	255	245
B in mT	0,86	0,81	0,89
r in cm	6,2	6,6	5,9

M2 Radien beim Fadenstrahlrohr

Aufgabe 5 • Ist $\frac{e}{m}$ konstant?

WALTER KAUFMANN beobachtete schon 1902, dass bei hohen Beschleunigungsspannungen für die Elektronen der Quotient $\frac{e}{m}$ (spezifische Ladung) nicht konstant ist.
ALFRED BUCHERER bestimmte mit einem anderem Versuchsaufbau die spezifische Ladung (▶M3) von besonders schnellen Elektronen, die bei einem radioaktiven Zerfall freigesetzt wurden.

a Beschreiben Sie anhand der Versuchsskizze (▶M3) den Aufbau des Versuchs. Erläutern Sie die doppelte Funktion des Magnetfelds.
b Der Elektronenstrahl aus dem Präparat passiert zuerst das zusätzliche elektrische Feld des Plattenkondensators. Zeigen Sie, dass für die Geschwindigkeit der Elektronen hinter der Öffnung gilt:

$$v = \frac{|\vec{E}|}{B}.$$

Erläutern Sie, was mit Elektronen passiert, deren Geschwindigkeit kleiner bzw. größer ist.
c Beschreiben Sie das Diagramm, das aus den Messwerten erstellt wurde (▶M4). Stellen Sie eine begründete Vermutung über den Verlauf der Kurve auf.
d Überprüfen Sie, ob sich die Beobachtungen in ▶M4 mit einer relativistischen Massenzunahme erklären lassen:

$$m = \frac{m_0}{\sqrt{1 - \frac{v^2}{c^2}}}.$$

e Für die spezifische Ladung gilt: $\frac{e}{m} = \frac{2 \cdot |\vec{E}|}{B^2} \cdot \frac{d}{a^2 + d^2}$.
Leiten Sie die Formel her (▶M3).

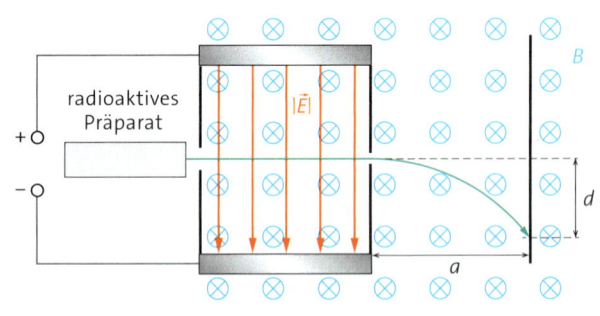

M3 Schematischer Aufbau zu BUCHERERs Versuch

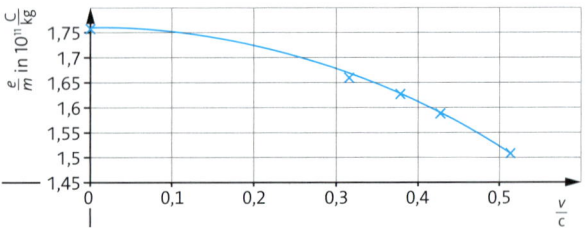

M4 BUCHERERs Messwerte

Training II • Magnetische Felder

Aufgabe 6 • Zyklotron

Bei einem Zyklotron liegt die Protonenquelle im Punkt P in der Mitte zwischen den Duanten D_1 und D_2 (▶ M5; Skizze nicht maßstabsgetreu). Zwischen den Duanten liegt eine Wechselspannung U an. Die Flussdichte des Magnetfelds beträgt 0,51 T. Die Anfangsgeschwindigkeit der Protonen ist vernachlässigbar. Sie werden nach dem Austritt aus der Quelle zuerst zum oberen Duanten D_1 beschleunigt und treten anschließend mit der Geschwindigkeit $v_1 = 980 \frac{\text{km}}{\text{s}}$ zum ersten Mal in den oberen Duanten D_1 ein.

a Beschreiben Sie die Bewegung der Protonen in den elektrischen und magnetischen Feldern.
b Berechnen Sie die Spannung, mit der die Protonen beschleunigt wurden.
c Bestimmen Sie die Spannung U, die zwischen den Duanten anliegt.
d Weisen Sie nach, dass der Radius der ersten halbkreisförmigen Bahn im Duanten D_1 2,0 cm beträgt.

Wenn die Protonen den Duanten D_1 verlassen, dann polt sich die Spannung zwischen den Duanten um, sodass die Protonen mit der Spannung U weiter beschleunigt werden.

e Berechnen Sie die Geschwindigkeit v_2, mit der die Protonen in den unteren Duanten D_2 eintreten.
f Bestimmen Sie den Radius r_2 der Bahn im Duanten D_2.
g Zeigen Sie unter der Voraussetzung, dass die Zeit zum Durchqueren des Spalts zwischen den Duanten vernachlässigbar ist, dass für die Umlaufdauer T der Protonen im Zyklotron gilt: $T = \frac{2\pi \cdot m_p}{e \cdot B}$ und berechnen Sie die Umlaufdauer.

Die letzte halbkreisförmige Bahn der Protonen vor dem Austritt aus dem Zyklotron hat einen Radius von 0,80 m.

h Berechnen Sie die Geschwindigkeit der Protonen auf dieser Bahn.
i Berechnen Sie die Energie, die die Protonen bis zum Austritt erreichen.
j Bestimmen Sie die Anzahl der Umläufe der Protonen im Zyklotron.
k Erklären Sie, wie sich die Bahn der Protonen ändert, wenn die Spannung zwischen den Duanten größer ist.
l Die Austrittsenergie soll erhöht werden. Erläutern Sie, durch welche Änderungen dies erreicht wird.

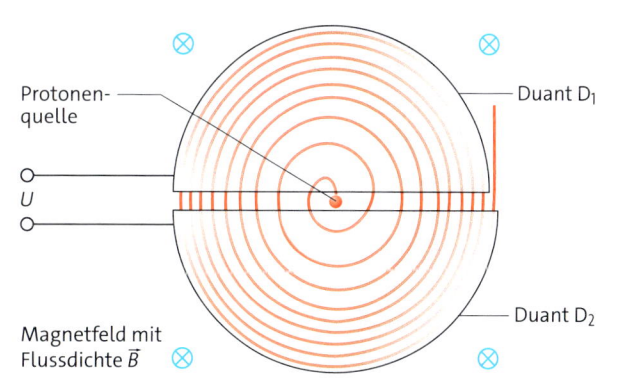

M5 Zyklotron zur Protonenbeschleunigung

Aufgabe 7 • Magnetfeld einer sehr kurzen Spule

Das Magnetfeld einer kreisförmigen Spule von einem Helmholtz-Spulenpaar wird mit einem Hall-Sensor entlang der Spulenachse vermessen (▶ M6). Zur Auswertung wurde die Flussdichte B auf der Spulenachse in Abhängigkeit von der Entfernung s zur Spulenmitte aufgetragen (▶ M7). Dabei ergibt sich folgender Zusammenhang:

$B(s) = \mu_0 \cdot \frac{I \cdot N}{2} \cdot \frac{R^2}{\sqrt{(R^2 + s^2)^3}}$

a Skizzieren Sie den Versuch und die Feldlinien (▶ M6).
b Beschreiben Sie die Messwerte und deuten Sie diese anhand der Feldlinien (▶ M7).
c Zeigen Sie anhand der Messwerte, dass gilt:
$B(s) \sim \frac{1}{\sqrt{(R^2 + s^2)^3}}$.
d Ermitteln Sie anhand der Messwerte die magnetische Feldkonstante μ_0.
e Vergleichen Sie mit dem Literaturwert $\mu_0 = \frac{1}{\varepsilon_0 \cdot c^2}$. Dabei ist c die Lichtgeschwindigkeit im Vakuum.

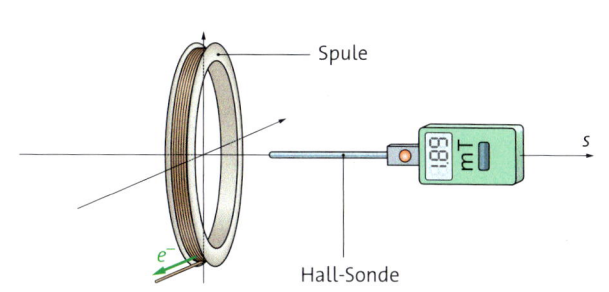

M6 Vermessung einer Spule mit der Hall-Sonde

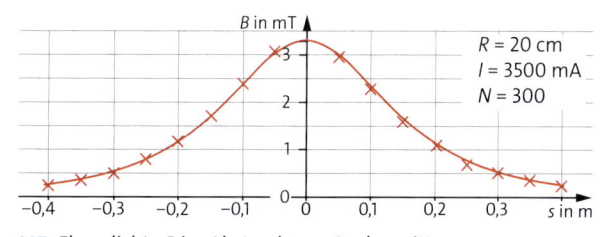

M7 Flussdichte B im Abstand s zur Spulenmitte

3 Elektrodynamik

▶ Bewegen sich elektrische Ladungen quer zu einem Magnetfeld, erfahren sie die Lorentzkraft. Das kann man nutzen, um eine elektrische Spannung zu erzeugen.
Aber auch Veränderungen des Magnetfelds oder die Drehbewegung einer Spule im Magnetfeld erzeugen durch Induktion elektrische Spannungen.

▶ Die elektromagnetische Induktion ist eines der wichtigsten Phänomene in der Elektrotechnik: Das Funktionsprinzip von Generatoren, Elektromotoren und Transformatoren beruht auf der Induktion.

- Das Spiegelei stockt nur in der Pfanne, aber nicht auf der Herdplatte?

3.1 Elektromagnetische Induktion

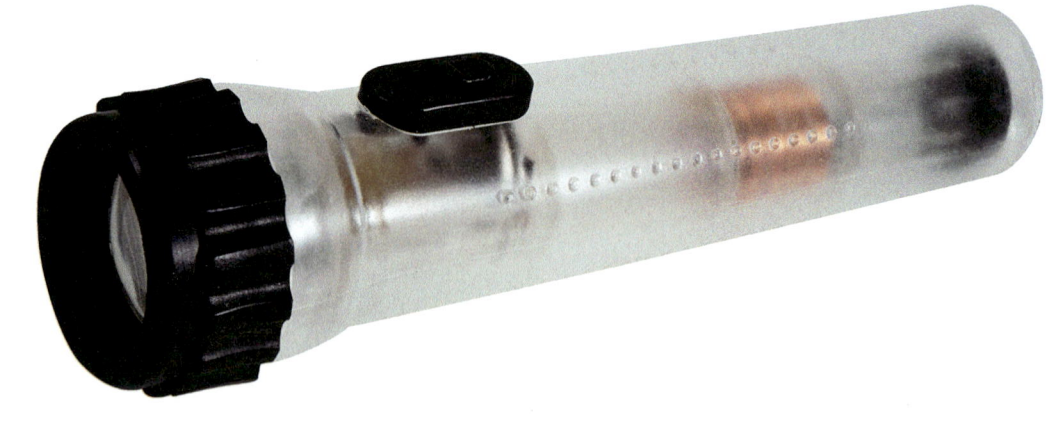

1 Schütteltaschenlampe

Wenn diese Taschenlampe geschüttelt wird, dann wandelt sie Bewegungsenergie in elektrische Energie um. Wie funktioniert das und welche Spannung wird dabei erzeugt?

Aufbau der Taschenlampe • Durch den transparenten Kunststoff kann man erkennen, dass die Taschenlampe statt Batterien eine aus Kupferdraht gewickelte Spule enthält. Durch diese bewegt sich beim Schütteln ein silberner Metallzylinder, wobei er an den beiden schwarzen Gummipollern umkehrt. Die Kompassnadeln zeigen, dass der Metallzylinder ein Magnet ist (▶ 1).

Modellversuch mit Spule • Im Modellversuch versuchen wir daher, die Spannungserzeugung mithilfe einer Spule und eines Magneten nachzubilden.

Bewegt man hierzu einen Permanentmagneten durch eine Spule (N = 23 000), dann zeigt ein angeschlossenes Voltmeter während der Bewegung etwa 2 V an (▶ 2A). Wenn der Magnet ruhig in der Spule steht, ist hingegen keine Spannung messbar.

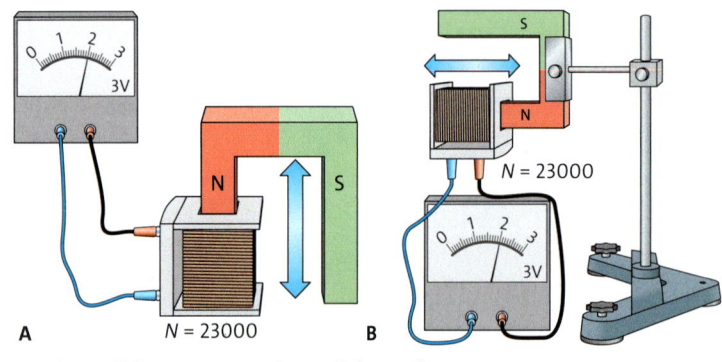

Bewegt man umgekehrt die Spule zum Permanentmagneten, zeigt das Voltmeter auch 2 V an (▶ 2B). Um eine elektrische Spannung zu erzeugen, muss sich der Kupferdraht der Spule relativ zum Magneten bewegen.

Eine Spannung entsteht • Lässt man einen elektrisch leitenden Aluminiumzylinder auf zwei Metallschienen durch ein orthogonal dazu befindliches Magnetfeld rollen (▶ 3), kann man während der Bewegung des Zylinders mit einem empfindlichen Voltmeter eine Spannung von etwa 1 mV messen.
Da die Bewegung des Zylinders im Magnetfeld erfolgt, wirkt auf die Elektronen im Aluminium eine zum unteren Bildrand gerichtete Lorentzkraft (▶ 4):

$$F_L = e \cdot v \cdot B.$$

Die Elektronen fließen durch die Lorentzkraft ans untere Ende des Zylinders und sammeln sich auf der Schiene. Es entsteht eine negative Ladung, während oben die ortsfesten, zurückbleibenden Atomrümpfe eine positive Ladung bilden.
Diese Ladungen erzeugen ein relativ homogenes elektrisches Feld. Für die elektrische Feldstärke $|\vec{E}|$ eines solchen Felds gilt:

$$|\vec{E}| = \frac{U_{ind}}{d}.$$

Die Ladungstrennung über den Abstand d zwischen den beiden Schienen ist daher als eine elektrische Spannung messbar.

2 A beweglicher Magnet, **B** bewegliche Spule

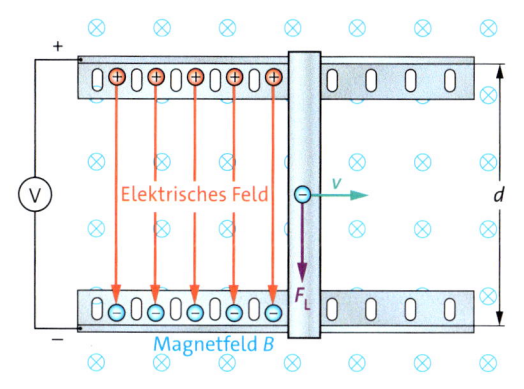

3 Aluminiumzylinder rollt auf Schienen.

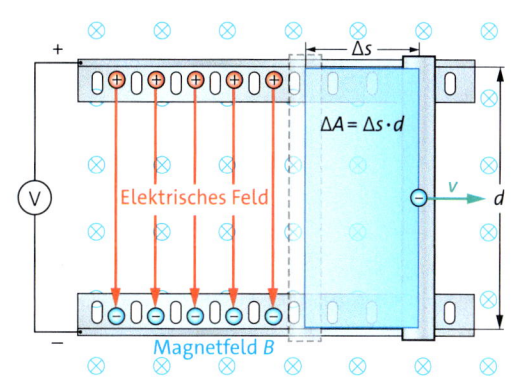

4 Entstehung der Lorentzkraft

Ursache für die Spannung ist tatsächlich die Lorentzkraft, die aufgrund der Bewegung des Aluminiumzylinders entstanden ist. Sie wird **Induktionsspannung** oder **induzierte Spannung** U_{ind} genannt. Der Vorgang, bei dem sie entsteht, heißt **elektromagnetische Induktion**.

Durch das elektrische Feld wirkt auf ein Elektron auch eine nach oben gerichtete elektrische Kraft F_{el}. Für den Betrag der Kraft gilt:

$$F_{el} = e \cdot |\vec{E}| = \frac{e \cdot U_{ind}}{d}.$$

Es stellt sich somit ein Kräftegleichgewicht aus Lorentzkraft und elektrischer Kraft ein:

$$F_L = F_{el} \iff e \cdot v \cdot B = \frac{e \cdot U_{ind}}{d}.$$

Für den Betrag der gemessenen Spannung gilt.

$$|U_{ind}| = d \cdot v \cdot B.$$

> Bei der elektromagnetischen Induktion entsteht eine Induktionsspannung U_{ind} durch die Bewegung eines elektrischen Leiters in einem Magnetfeld. Ursache ist die auf die frei beweglichen Ladungsträger wirkende Lorentzkraft.

Vorzeichen der Induktionsspannung • Im Versuch bewegen sich die Ladungen im Aluzylinder nach unten, sodass auch der Minuspol der Induktionsspannung U_{ind} an der unteren Schiene ist. Erzeugt man die gleiche Elektronenbewegung durch eine extern angelegte Spannung U_{ext}, dann muss der Minuspol an der oberen Schiene liegen. Zur Unterscheidung haben bei gleicher Elektronenbewegung U_{ind} und U_{ext} umgekehrte Vorzeichen. Als Konvention ist U_{ext} positiv und U_{ind} negativ.

> Wenn sich ein Leiter mit einer Geschwindigkeit v durch ein magnetisches Feld der Flussdichte B bewegt, dann wird im Abstand d zwischen den Enden des Leiters eine Induktionsspannung erzeugt: $U_{ind} = -d \cdot v \cdot B$. Dabei sind Leiter, Magnetfeld und Bewegungsrichtung jeweils orthogonal zueinander.

Induktion durch Flächenänderung • Bewegt sich der Aluminiumzylinder in der Zeit Δt um die Strecke Δs, überstreicht er dabei eine zwischen den Schienen befindliche Fläche ΔA. Auch über diese Flächenänderung können wir die entstehende Induktionsspannung errechnen, indem wir die Geschwindigkeit v des Zylinders durch $\frac{\Delta s}{\Delta t}$ ersetzen. Während sich der Zylinder um eine Strecke Δs bewegt, ändert sich die überstrichene Fläche um $\Delta A = d \cdot \Delta s$ (▶ 4):

$$U_{ind} = -d \cdot v \cdot B = -d \cdot \frac{\Delta s}{\Delta t} \cdot B = -\frac{\Delta A}{\Delta t} \cdot B.$$

1 ◢ Der Abstand zwischen den beiden Schienen, auf denen der Aluminiumzylinder rollt, beträgt 20 cm. Die Flussdichte des Magnetfelds beträgt $B = 0{,}1$ T.
  a Erläutern Sie, warum die Spannung zwischen den Schienenenden nur messbar ist, solange der Zylinder sich bewegt.
  b Erläutern Sie, welche Auswirkung die Rollrichtung des Zylinders auf die Spannung hat.
  c Berechnen Sie die Geschwindigkeit des Zylinders, wenn die gemessene Spannung 5 mV beträgt.
  d Die Schienen werden an einem Ende hochgehoben, sodass der Zylinder wie an einer schiefen Ebene hinabrollt. Erläutern Sie die Auswirkung auf die Induktionsspannung.

1 Flächenänderung durch Bewegung einer rechteckigen Leiterschleife aus dem Magnetfeld

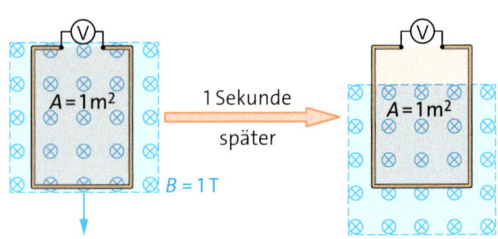

2 Änderung der magnetischen Flussdichte in einer Leiterschleife durch Bewegung des Magnetfelds

Ob sich Spule und Magnet für einen Beobachter zugleich bewegen, ist für die Induktionsspannung egal. Für die Induktion ist nur die Relativbewegung von Spule und Magnet wichtig.

Bewegung einer Leiterschleife • Bei unserem Beispiel mit dem Aluminiumzylinder hat sich die von einem Magnetfeld durchdrungene Fläche verändert, indem die „Leiterschleife" durch die Bewegung des Zylinders größer wurde.

Hat man eine Leiterschleife mit festen Maßen, kann man die von einem Magnetfeld durchdrungene Fläche auch verändern, indem man die Leiterschleife in das Magnetfeld oder umgekehrt aus dem Magnetfeld herauszieht.

In ▶ **1** bewegt sich z. B. die Leiterschleife während der Zeit $\Delta t = 1$ s um ein Viertel ihrer Länge aus einem Magnetfeld der Stärke $B = 1$ T. Somit beträgt die Änderung der vom Magnetfeld durchdrungenen Fläche $\Delta A = \frac{3}{4}A - A = -\frac{1}{4}A = -0{,}25$ m^2 und die Induktionsspannung beträgt:
$U_{ind} = -\frac{\Delta A}{\Delta t} \cdot B = -\frac{-0{,}25 \text{ m}^2}{1 \text{ s}} \cdot 1 \text{ T} = 0{,}25 \text{ V}.$

Bewegung eines Magneten • Beim vorhergehenden Beispiel bewegt sich die Leiterschleife relativ zu einem festen Magnetfeld. Diese Relativbewegung erreichen wir auch, wenn wir umgekehrt das Magnetfeld relativ zur Leiterschleife bewegen, indem wir den felderzeugenden Magneten verschieben. In diesem Fall kann können wir das Entstehen der Induktionsspannung als Veränderung des Magnetfelds in der von der Leiterschleife umschlossenen Fläche auffassen (▶ **2**).

Um beide Situationen zu vergleichen, verschieben wir den Magneten innerhalb von $\Delta t = 1$ s so, dass sich das Magnetfeld über ein Viertel der Länge der Leiterschleife aus dieser herausbewegt. Somit verringert sich die gemittelte Flussdichte innerhalb der Leiterschleife auf ¾ des ursprünglichen Werts von 1 T: $\Delta B = \frac{3}{4}B - B = -\frac{1}{4}B = -0{,}25$ T. Multiplizieren wir diese Änderung mit der Fläche, erhält man eine identische Induktionsspannung:
$U_{ind} = -\frac{\Delta B}{\Delta t} \cdot A = -\frac{-0{,}25 \text{ T}}{1 \text{ s}} \cdot 1 \text{ m}^2 = 0{,}25 \text{ V}.$

> Wenn eine Leiterschleife mit einer Fläche A orthogonal von einem Magnetfeld mit der mittleren Flussdichte B durchdrungen wird, das durch Bewegung eine Änderungsrate $\frac{\Delta B}{\Delta t}$ erfährt, dann entsteht die Induktionsspannung:
> $U_{ind} = -\frac{\Delta B}{\Delta t} \cdot A.$

Schütteltaschenlampe • Die Modellversuche haben gezeigt, dass die elektrische Spannung in der Schütteltaschenlampe durch elektromagnetische Induktion entsteht.

In der Taschenlampe haben wir dabei die Situation, dass sich der Permanentmagnet durch die Spule bewegt. Durch die Wicklung des Drahts stellt die Spule eine Reihenschaltung von vielen (übereinanderliegenden) Leiterschleifen dar. Wie im zweiten Fall bilden die Leiterschleifen eine gleichbleibende Fläche, in der sich das Magnetfeld bei der Bewegung des Magneten ändert.

Bei der Schütteltaschenlampe aus dem Beispiel hat die Spule einen Radius von $r = 0{,}01$ m. Eine Leiterschleife wird durch eine kreisförmige Windung der Querschnittsfläche $A = \pi \cdot r^2 = 3{,}14 \cdot 10^{-4}$ m^2 gebildet. Der Magnet mit einer magnetischen Flussdichte von $B = 0{,}5$ T bewegt sich innerhalb von $\Delta t = 0{,}25$ s in die Spule und auch innerhalb von $\Delta t = 0{,}25$ s wieder aus der Spule. Daher beträgt die Änderung der magnetischen Flussdichte beim Eintauchen in die Spule $\Delta B = 0{,}5$ T und beim Herausbewegen $\Delta B = -0{,}5$ T. Somit wird in einer Leiterschleife folgende Spannung beim Herausbewegen des Magneten induziert.

$U_{ind} = -\frac{\Delta B}{\Delta t} \cdot A = -\frac{-0{,}5 \text{ T}}{0{,}25 \text{ s}} \cdot 3{,}14 \cdot 10^{-4} \text{ m}^2 = 6{,}28 \cdot 10^{-4} \text{ V}$

Die Induktionsspannung beim Eintauchen hat den gleichen Betrag aber das umgekehrte Vorzeichen:

$U_{ind} = -6{,}28 \cdot 10^{-4} \text{ V}.$

Da die Leuchtdioden in der Taschenlampe nur für eine Richtung des Elektronenflusses betrieben werden können, muss die Spannung z. B. durch eine Gleichrichterschaltung passend umgepolt werden. Die Spule der Schütteltaschenlampe hat insgesamt 3000 Windungen, sodass sie aus 3000 in Reihe geschalteter Leiterschleifen besteht. Daher ist die Gesamtspannung das Produkt aus Windungszahl N und der errechneten Spannung einer einzelnen Leiterschleife:

$U_{ind} = 3000 \cdot 6{,}28 \cdot 10^{-4}$ V $= 1{,}884$ V.

Diese Spannung ist groß genug, um die Leuchtdioden in der Lampe zum Leuchten zu bringen.

Leiterschaukel • Die Erzeugung einer Spannung bzw. eines elektrischen Stroms durch die Bewegung eines Leiters in einem Magnetfeld soll abschließend am bekannten Versuchsaufbau der Leiterschaukel demonstriert werden.
Bei der Leiterschaukel hängt ein elektrischer Leiter, z. B. ein dünner Aluminiumzylinder, so im homogenen Magnetfeld eines Hufeisenmagneten, dass er frei schwingen kann. Legt man an den Leiter eine elektrische Spannung an, wird dieser aufgrund der Lorentzkraft in eine Richtung ausgelenkt.

Bewegen wir umgekehrt die Leiterschaukel mechanisch, kann eine Spannung bzw. auch ein elektrischer Strom nachgewiesen werden (▶ 3).
Wenn wir die Schaukel z. B. nach rechts auslenken, dann bewegen sich die Elektronen im Leiter auch nach rechts. Entsprechend der Drei-Finger-Regel wirkt auf diese Elektronen die Lorentzkraft nach hinten in die Papierebene hinein. Die Lorentzkraft bewirkt eine Ladungstrennung innerhalb des Leiters, sodass sich am hinteren Ende der negative Pol und am vorderen Ende der positive Pol ausbildet. Mit einem Voltmeter kann während der Bewegung eine elektrische Spannung von wenigen 0,1 mV gemessen werden. Bewegen wir den Leiterstab hingegen nach links, dann ist die Lorentzkraft nach vorn gerichtet. Die messbare Spannung hat dann eine entgegengesetzte Polung.

Diese Zusammenhänge von Bewegungen und Spannung haben auch eine große technische Bedeutung: MICHAEL FARADAY gelang es 1821 eine stromdurchflossene Leiterschleife hinreichend magnetisch zu machen, sodass sie sich im Feld eines Magneten bewegt – so erfand er das Funktionsprinzip des Elektromotors. Auch die Umkehrung des Prinzips, also eine Leiterschlaufe in einem Magnetfeld bewegen und so Strom erzeugen, gelang ihm zehn Jahre später. So erfand er das Funktionsprinzip der Induktion und des Generators.

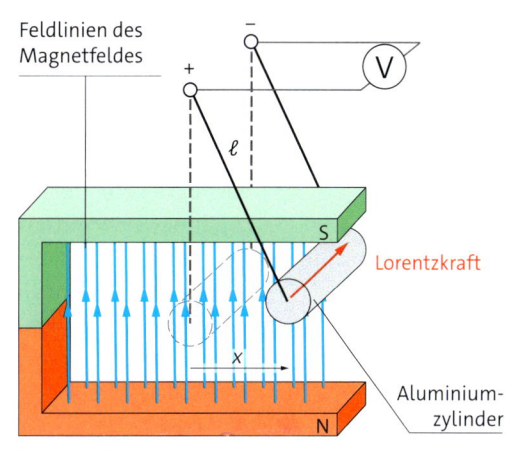

3 Leiterschaukel

1 ◼ Eine Leiterschaukel wie in der Abbildung (▶ 3) hat eine Stablänge von $d = 0{,}1$ m und eine Fadenlänge von $\ell = 0{,}4$ m. Sie wurde in einem homogenen Magnetfeld mit der Flussdichte $B = 0{,}1$ T so ausgelenkt, dass sie beim Passieren der Ruhelage, also bei $x = 0$, die Geschwindigkeit $v = 0{,}2 \frac{m}{s}$ hat.
a Ermitteln Sie die Induktionsspannung beim Passieren der Ruhelage mithilfe der Lorentzkraft und dem Kräftegleichgewicht mit der elektrischen Kraft.
b Berechnen Sie die Induktionsspannung beim Passieren der Ruhelage mithilfe der Flächenänderung pro Zeit. Begründen Sie, dass in diesem Punkt die Flächenänderung ΔA orthogonal zur Flussdichte B ist.
c Bewerten Sie, welcher der beiden Lösungswege in **a** und **b** einfacher ist.
d Begründen Sie, dass die Fäden, an denen die Leiterschaukel hängt, nicht zur Induktionsspannung beitragen.

2 ◪ Erklären Sie mithilfe einer Skizze, warum in einer passend schaukelnden Spule eine größere Spannung induziert wird als in der pendelnden Leiterschaukel.

Material

Versuch A • Erkunden mit Induktion

V1 Das Innere des Stabmagneten

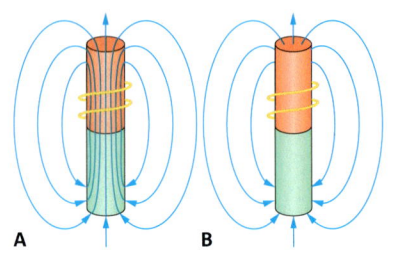

A **B**

1 Magnetfeld im Stabmagneten?

Materialien: Kunststoffröhre, langer zylindrischer Stabmagnet, kurze Spule mit zur Röhre passendem Durchmesser, Messwerterfassungssystem, Stativmaterial, weiche Unterlage

Arbeitsauftrag:
- Im Inneren eines Stabmagneten könnte ein Magnetfeld verlaufen (▶ **1A**) oder das Innere könnte feldfrei sein (▶ **1B**). Stellen Sie eine begründete Hypothese auf, welche der beiden Möglichkeiten vorliegt.
- Bauen Sie ein Überprüfungsexperiment auf: Befestigen Sie die Kunststoffröhre senkrecht am Stativ. Legen Sie die weiche Unterlage darunter. Befestigen Sie die kurze Spule so, dass sie die Röhre umfasst. Schließen Sie das Messwerterfassungssystem an.
- Stellen Sie je eine Hypothese über den Zeitverlauf der Induktionsspannung $U_{ind}(t)$ für die beiden Möglichkeiten in ▶ 1 auf.
- Lassen Sie den Stabmagneten durch die Röhre fallen und zeichnen Sie $U_{ind}(t)$ mit dem Messwerterfassungssystem auf.
- Entscheiden Sie anhand des Zeitverlaufs $U_{ind}(t)$, ob im Inneren des Stabmagneten Feldlinien verlaufen (▶**1A**) oder nicht (▶**1B**).

V2 Das Erdmagnetfeld

Materialien: drehbare Spule mit Schleifkontakten, Motor, Treibriemen, Messwerterfassungssystem, Smartphone mit Sensor für die Flussdichte B

Arbeitsauftrag:
- Das Erdmagnetfeld soll mithilfe einer Induktionsspannung gemessen werden. Bauen Sie dazu den Versuch auf (▶ **2**). Da die Spule sich im Erdmagnetfeld dreht, wird eine Spannung induziert. Schließen Sie das Messwerterfassungssystem an, um den Zeitverlauf der Induktionsspannung $U_{ind}(t)$ zu messen.
- Schalten Sie den Motor an. Zeichnen Sie $U_{ind}(t)$ auf.
- Erklären Sie den Zeitverlauf. Ermitteln Sie die Kreisfrequenz ω.
- Für eine Spule mit N Windungen und Querschnittsfläche A, die sich im Feld $B_\perp$ senkrecht zur Drehachse mit einer Kreisfrequenz ω dreht, beträgt das Maximum der Induktionsspannung $U_{max} = N \cdot A \cdot B_\perp \cdot \omega$. Berechnen Sie U_{max} z. B. für $N = 4000$, $A = 41{,}7\,cm^2$, $B_\perp = 50\,\mu T$ und $\omega = 50\,\frac{1}{s}$. Ermitteln Sie aus Ihren Messwerten $B_\perp$.
- Stellen Sie eine Hypothese auf, in welche Richtung die Achse zu drehen ist, damit die Spannung maximal wird.
- Überprüfen Sie die Hypothese. Ermitteln Sie die magnetische Flussdichte B im Raum. Überprüfen Sie das Ergebnis mit dem Smartphone.

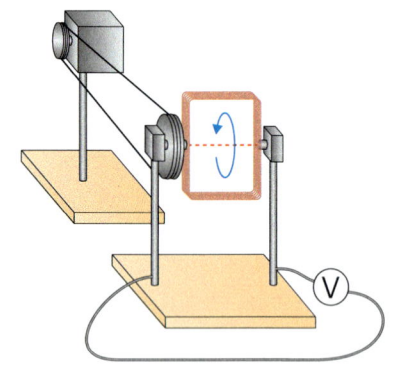

2 Messung des Erdmagnetfeldes

Versuch B • Leiterschaukel

V1 Feld des Hufeisenmagneten

Materialien: Leiterschaukel, Hufeisenmagnet, Messverstärker, Messwerterfassungssystem, Smartphone

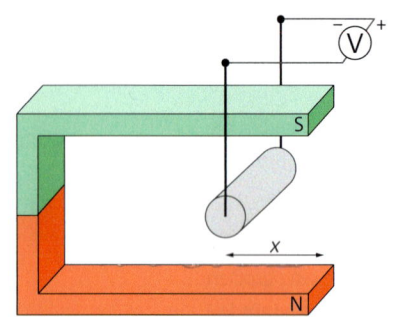

3 Leiterschaukel

Arbeitsauftrag:
- Bauen Sie die Leiterschaukel wie in ▶ **3** auf. Lenken Sie die Schaukel um eine Strecke x_{max} aus, lassen Sie die Schaukel los und zeichnen Sie $U_{ind}(t)$ auf.
- Beschreiben und erklären Sie $U_{ind}(t)$. Nehmen Sie für $x(t)$ einen sinusförmigen Verlauf an $x(t) = x_{max} \cdot \sin(\omega \cdot t)$. Ermitteln Sie aus $U_{ind}(t)$ die Kreisfrequenz ω.
- Für die Geschwindigkeit gilt dann $v(t) = x_{max} \cdot \omega \cdot \cos(\omega \cdot t)$. Begründen Sie. Ermitteln Sie daraus die maximale Geschwindigkeit v_{max}.
- Wenn die Leiterschaukel mit einer Breite b im Feld B mit dieser Geschwindigkeit $v(t)$ schwingt, dann gilt für die Induktionsspannung $U_{ind}(t) = b \cdot B \cdot v(t)$. Begründen Sie. Berechnen Sie für das Fallbeispiel mit $B = 0{,}5\,T$, $b = 0{,}1\,m$ und $v_{max} = 0{,}1\,\frac{m}{s}$ den Maximalwert U_{max} der Induktionsspannung.
- Ermitteln Sie aus dem gemessenen Zeitverlauf die maximale Spannung U_{max}. Ermitteln Sie daraus die Flussdichte B für das Feld des Hufeisenmagneten. Überprüfen Sie mit dem Flussdichte-Sensor des Smartphones.

Elektrodynamik • Elektromagnetische Induktion

Material A • Gleichförmig bewegte Spule

Eine rechteckige, flache Spule mit 2400 Windungen wird nach rechts in homogenes Magnetfeld gezogen (▶ A1). Die dabei gemessene Spannung ist in dem $U_{ind}(t)$-Diagramm in ▶ A2 dargestellt. $U_{ind}(t)$ wird dabei positiv dargestellt, wenn die Spannung zwischen P und Q positiv ist.

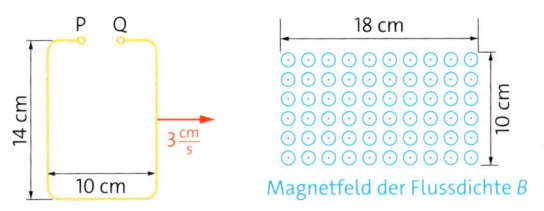

A1 Gleichförmig bewegte Spule

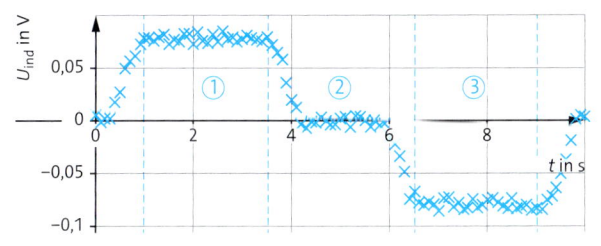

A2 Spannungsverlauf bei der Spule

1 a Erklären Sie, warum die Spannung in den Abschnitten ① und ③ etwa konstant und vom Betrag her gleich ist.
b Bestimmen Sie das Vorzeichen der Spannung in den Abschnitten ① und ③ einmal mit der Linken-Hand-Regel und genauso mit einer Kräftebetrachtung.
c Erklären Sie den Verlauf der Spannung in ②.
d Zeigen Sie, dass die mittlere Flussdichte 11 mT beträgt. Nutzen Sie hierfür das t-U_{ind}-Diagramm.
e Skizzieren Sie das zur Messung passende t-A-Diagramm für die Spule.

2 Folgende Veränderungen werden am Experiment vorgenommen. Erklären Sie jeweils, welchen Einfluss dies auf das zu erwartende t-U_{ind}-Diagramm hat.
a Die Spule wird mit gleicher Geschwindigkeit von rechts nach links über das Magnetfeld gezogen.
b Die Spule wird um 90° im Uhrzeigersinn gedreht.
c Die Spule wird mit $2{,}0\,\frac{cm}{s}$ gezogen.
d Die Spule hat nur 1600 Windungen.

Material B • Leiterschleife in verschiedenen Feldern bewegt

Eine Leiterschleife wird mit konstanter Geschwindigkeit in Richtung ①, ② bzw. ③ gezogen (▶ B2). Die Spannung wird gemessen (▶ B1). Bei gleicher Flussdichte verlaufen die beiden Magnetfelder entgegengesetzt. Drei der t-U_{ind}-Diagramme A–D sind bei ①, ② und ③ entstanden.

1 a Ordnen Sie jedem Weg ein t-U_{ind}-Diagramm zu. Begründen Sie.
b Finden Sie für das bei **a** nicht verwendete t-U_{ind}-Diagramm einen passenden Weg für die Leiterschleife.
c Erstellen Sie für die gleiche Anordnung selbst eine Aufgabe mit Lösung, bei der Sie einen weiteren Weg oder ein t-U_{ind}-Diagramm vorgeben.

2 In einem weiteren Versuch werden die drei Leiterschleifen durch eine Masse beschleunigt wie in ▶ B3.
a Skizzieren Sie die entsprechenden t-U_{ind}-Diagramme.
b Im nächsten Versuch soll das t-U_{ind}-Diagramm in ▶ B4 entstehen. Planen Sie das Experiment.

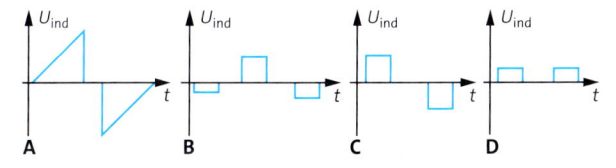

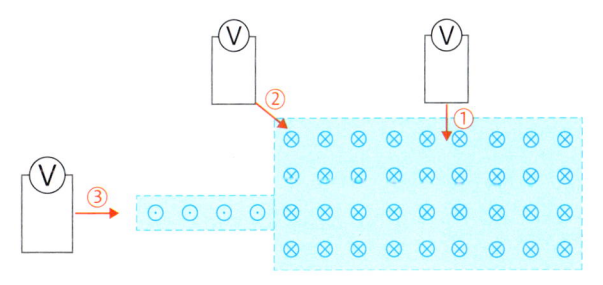

B2 Leiterschleife in Feldern bewegt

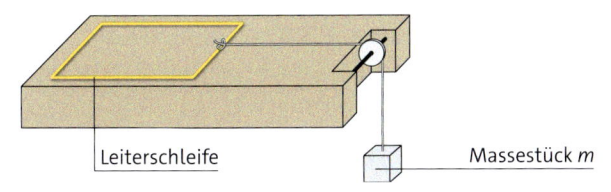

B3 Beschleunigte Leiterschleife

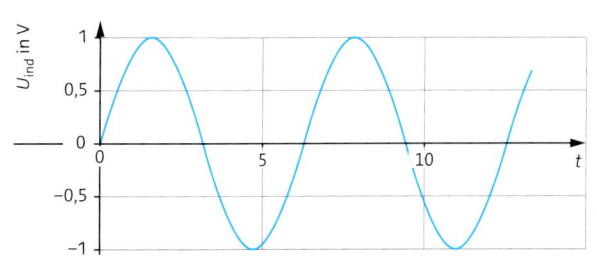

B1 Spannungsverlauf bei Leiterschleife

B4 Gewünschter Spannungsverlauf

3.2 Wirbelströme und Lenzsche Regel

1 Achterbahn mit induktiver Bremse

Manche Achterbahnen erreichen Geschwindigkeiten von 100 $\frac{km}{h}$. Am Ende der Strecke werden sie mit Kupferplatten gebremst, die zwischen den Gleisen montiert sind (▶2). Warum sehen wir gar keine Bremsspuren?

Achterbahnbremse • Die Bremskraft bei einer Achterbahn wird kontaktlos übertragen. Untersucht man das Fahrzeug, findet man auf der Unterseite Permanentmagnete, d. h. die Bremswirkung wird durch ein Magnetfeld vermittelt. Fährt die Achterbahn an den Kupferplatten vorbei, setzt der Bremsvorgang ein, obwohl Kupfer nicht magnetisch ist und kein Permanentmagnet daran haftet.

Modellversuch mit Kupferrohr • Um die mögliche Wechselwirkung zwischen Kupfer und einem Permanentmagneten zu untersuchen, wird ein kleiner Stabmagnet durch ein Kupferrohr fallen gelassen. Zum Vergleich der Fallzeit wird ein zweiter Magnet aus gleicher Höhe zeitgleich neben dem Kupferrohr fallen gelassen (▶3).

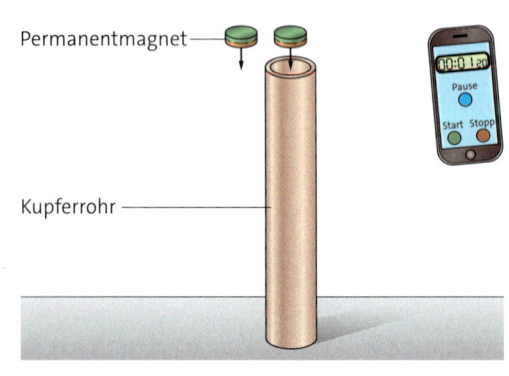

2 Kupferplatten bremsen die Achterbahn.

3 Versuchsaufbau: Magnet fällt durch Kupferrohr.

Der Magnet im Kupferrohr kommt deutlich später unten an als der frei fallende Magnet. Wir nehmen die Bewegung mit einer Zeitlupenkamera auf und erhalten die Falldauern t_{frei} = 0,3 s und t_{Rohr} = 2,3 s. Das Kupferrohr übt also eine Bremskraft auf den Magneten aus.

Wenn der Magnet in das Kupferrohr mit einer Geschwindigkeit v hineinfällt, dann durchdringt sein Magnetfeld das Kupferrohr. Im Versuch befindet sich der Nordpol an der Unterseite des Magneten, sodass das Magnetfeld nach unten und anschließend – vereinfachend betrachtet – senkrecht von innen nach außen durch die Mantelfläche des Rohrs verläuft. Relativ zum Magnetfeld des Stabmagneten bewegen sich die im Kupfer enthaltenen Elektronen mit der Geschwindigkeit $-v$ senkrecht zum Magnetfeld.

Wendet man darauf die Dreifingerregel an, dann wirkt auf die Elektronen eine Lorentzkraft F_L im Uhrzeigersinn. Es entsteht ein Kreisstrom oder **Wirbelstrom**, der ebenfalls im Uhrzeigersinn verläuft. Dieser erzeugt ein eigenes Magnetfeld, das innerhalb des Kupferrohrs aber von unten nach oben verläuft und außerhalb von oben nach unten. Da beide Magnetfelder also gegeneinander verlaufen, stoßen sich Magnete und Wirbelstrom gegenseitig ab. Das Fallen wird verlangsamt (▶4).

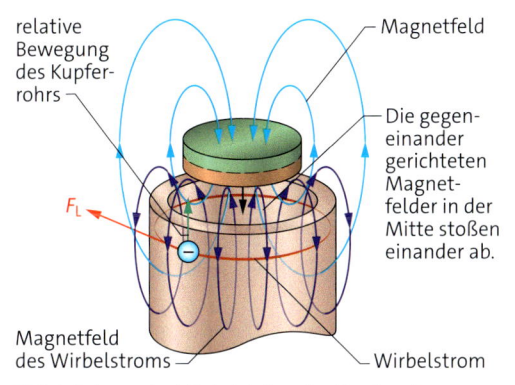

Elektrodynamik • Wirbelströme und Lenzsche Regel

4 Entstehung der Wirbelströme im Kupferrohr

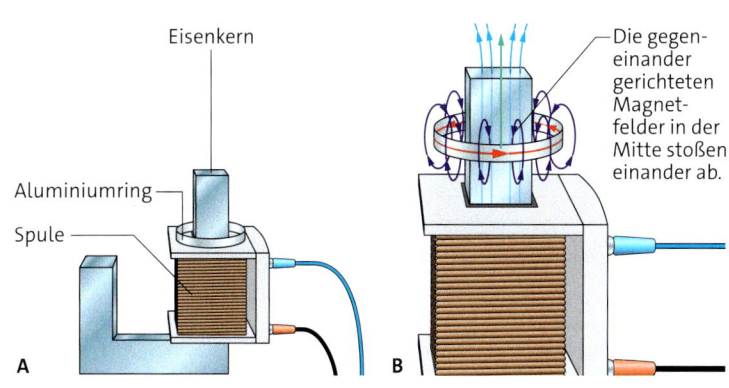

5 Thomsonscher Ringversuch: **A** Aufbau; **B** Einschalten der Spule

Sobald der Magnet vollständig im Rohr ist, erzeugt das Magnetfeld des Stabmagneten auch einen Wirbelstrom oberhalb des Südpols. Da die Magnetfeldlinien dort von außen nach innen gerichtet sind, verläuft der Wirbelstrom entgegen dem Uhrzeigersinn. Sein Magnetfeld ist also parallel zum Magnetfeld des Stabmagneten gerichtet. Wirbelstrom und Magnet ziehen sich gegenseitig an, wodurch das Fallen ebenfalls verlangsamt wird.

Die elektrischen Ströme im Kupferrohr können wir nicht direkt messen, deshalb legen wir in einem Kontrollversuch ein Kabel mehrfach um das Kupferrohr und messen die Spannung abhängig von der Zeit mit einem Oszilloskop.

Beim Eintreten des Magneten in die Kabelwicklung entsteht tatsächlich eine Induktionsspannung, die im Kupferrohr den Wirbelstrom zur Folge hat. Ihr Vorzeichen kehrt sich um, wenn der Magnet wieder aus der Kabelwicklung austritt (▶ 6).

Thomsonscher Ringversuch • Der Permanentmagnet im Kupferrohr erzeugt elektrische Wirbelströme, die die Fallbewegung des Magneten abbremsen. Das Wirbelströme umgekehrt eine Bewegung auch beschleunigen können, demonstrieren wir mit dem **Ringversuch von Thomson**:
Wir legen einen Aluminiumring über einen Eisenkern mit Spule. An die Spule schließen wir über einen offenen Schalter einen geladenen Kondensator mit einer großen Kapazität an. Sobald wir den Schalter schließen, springt der Ring plötzlich senkrecht nach oben bis zur Decke (▶ 5).

Nach dem Schließen des Schalters fließt durch die Spule ein elektrischer Strom. Dadurch entsteht ein Magnetfeld in der Spule, das vom Eisenkern noch verstärkt wird.

Der Aluminiumring bildet eine Leiterschleife, die eine kreisförmige Fläche umschließt. Diese Fläche wird vom Magnetfeld der Spule durchdrungen. Da beim Schließen des Schalters die Änderungsrate der magnetischen Flussdichte $\frac{\Delta B}{\Delta t}$ sehr groß ist, entsteht im Aluminiumring eine große Induktionsspannung: $U_{ind} = -\frac{\Delta B}{\Delta t} \cdot A$. Diese Spannung erzeugt im elektrisch sehr leitfähigen Aluminium einen großen Wirbelstrom.

Dabei verläuft der Elektronenfluss im Aluminiumring umgekehrt zur Richtung des Elektronenflusses in den Leiterschleifen der Spule. Auch dieser Strom ist von einem magnetischen Feld umgeben. Wegen der umgekehrten Richtung verläuft das Feld entgegengesetzt zum Magnetfeld der Spule. Spule und Aluminiumring stoßen sich ab, weshalb der Ring nach oben beschleunigt wird.

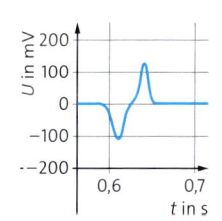

6 Nachgewiesene Induktionsspannung beim Fall des Magneten im Kupferrohr

1 🖉 Noah behauptet, dass der Permanentmagnet im Kupferrohr statt abgebremst zu werden, schneller fällt, wenn sich der Südpol des Magneten unten befindet.
a Fertigen Sie von der Situation im Kupferrohr eine Skizze an (▶ 4).
b Begründen Sie anhand der Skizze, dass die Behauptung falsch ist.

2 🖉 Erklären Sie die Beobachtung im Kupferrohr über das Induktionsgesetz: $U_{ind} = -\frac{\Delta B}{\Delta t} \cdot A$, ohne die Lorentzkraft zu verwenden.

3 🖉 Ein Aluminiumring hängt wie abgebildet über dem Eisenkern einer Spule. Beschreiben und erläutern Sie jeweils, was passiert, wenn
a der Stromkreis zur Spule geschlossen wird,
b der Stromkreis zur Spule geöffnet wird.

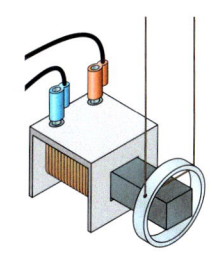

7 Hängender Aluminiumring (zu Aufgabe 3)

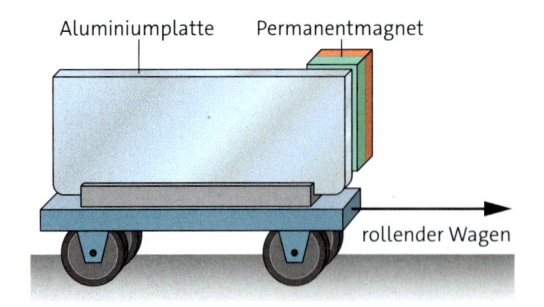

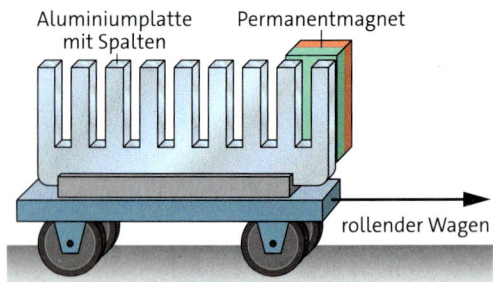

1 Bremsende Wirkung mit Metallplatte

2 Kontrollversuch

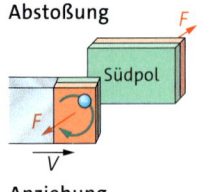

Abstoßung

Anziehung

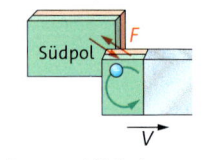

Das vom Wirbelstrom erzeugte Magnetfeld ist dem Permanentmagnet entgegengesetzt und führt so zur Abstoßung der Körper (oben). Bei gleichgerichteten Magnetfeldern entsteht Anziehung (unten).

Wirbelstrombremse bei der Achterbahn • Obwohl Metalle wie Kupfer oder Aluminium über keine ferromagnetischen Eigenschaften verfügen, haben die Versuche mit dem Kupferrohr und dem Aluminiumring gezeigt, dass sie dennoch aufgrund von Wirbelströmen mit einem Permanentmagneten in Wechselwirkung treten können.

Um die Bremseinrichtung der Achterbahn nachzubilden, lassen wir einen Wagen mit einer Aluminiumplatte an einem Magneten vorbeirollen (▶ **1**). Nach dem Losrollen des Wagens beobachten wir, dass er auf der Höhe des Magneten deutlich abgebremst wird.

Um die Bremswirkung zu erklären, können wir genauso vorgehen, wie beim Magneten, der durch das Kupferrohr fällt: Fährt der Wagen am Magneten vorbei, durchdringt sein Feld die Aluminiumplatte. Bewegt sich die Platte relativ zu dem Permanentmagneten mit der Geschwindigkeit v, z. B. nach rechts, dann bewegen sich auch die Elektronen im Metall relativ zum Magnetfeld nach rechts. Gemäß der Drei-Finger-Regel wirkt dabei auf diese Elektronen eine nach unten gerichtete Lorentzkraft F_L, die für eine Elektronenfluss nach unten sorgt (▶ **3**).

Diese Ladungsverschiebung verursacht auch in den anderen Bereichen des Metalls Elektronenbewegungen. Elektronen aus dem unteren Bereich werden z. B. nach links verdrängt und im oberen Bereich strömen Elektronen in den Bereich des Elektronenmangels nach. So entsteht wieder ein zirkulierender Wirbelstrom. Die Elektronen bewegen sich im Uhrzeigersinn, sodass ein Magnetfeld entsteht, das zum Betrachter gerichtet ist (▶ **3**). Damit verläuft es entgegengesetzt zum Magnetfeld des Permanentmagneten. Wirbelstrom und Permanentmagnet stoßen sich gegenseitig ab. Daher wird der Wagen beim Eintritt ins Feld gebremst.

Sobald sich die Metallplatte weit genug über dem Magneten befindet, kann sich auch vor dem Magneten ein Wirbelstrom bilden. Dieser verläuft gegen den Uhrzeigersinn und erzeugt daher ein Magnetfeld, der eine Anziehungskraft zum Magneten hat. Auch diese Anziehung hat eine bremsende Wirkung auf die Aluminiumplatte.

Befindet sich der Permanentmagnet über dem linken Rand der Platte, bricht der im Uhrzeigersinn verlaufende Wirbelstrom zusammen und nur noch der rechte Wirbelstrom bremst, bis das Magnetfeld

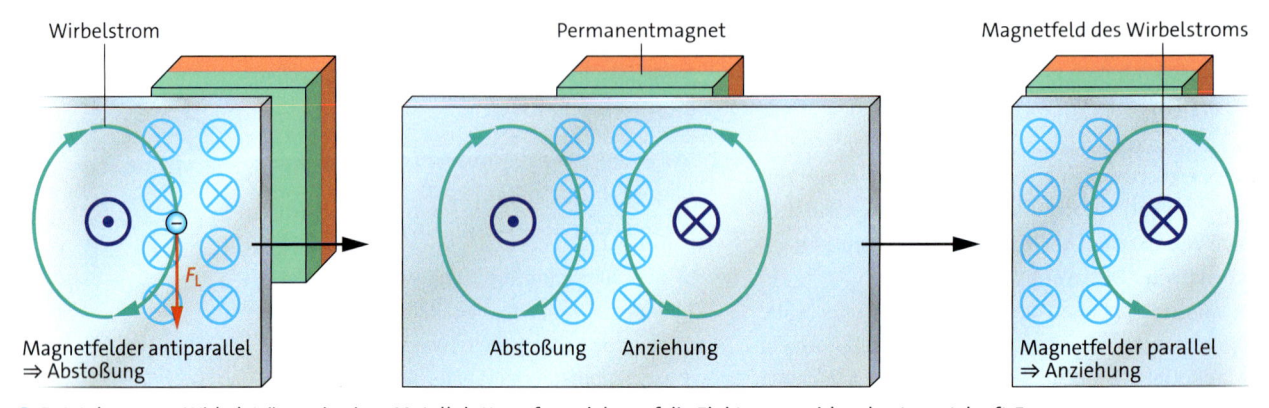

3 Entstehung von Wirbelströmen in einer Metallplatte aufgrund der auf die Elektronen wirkenden Lorentzkraft F_L.

die Platte gar nicht mehr durchdringt. Die Ursache für die Wirbelströme verschwindet.
Bei der Achterbahn befinden sich deshalb mehrere Permanentmagnete unter dem Wagen, die an mehreren Platten vorbeifahren.

> Wenn sich eine Metallplatte durch ein Magnetfeld bewegt, dann werden in der Platte Wirbelströme induziert. Deren Richtungssinn verläuft jeweils so, dass die Magnetfelder die Bewegung der Platte verlangsamen.

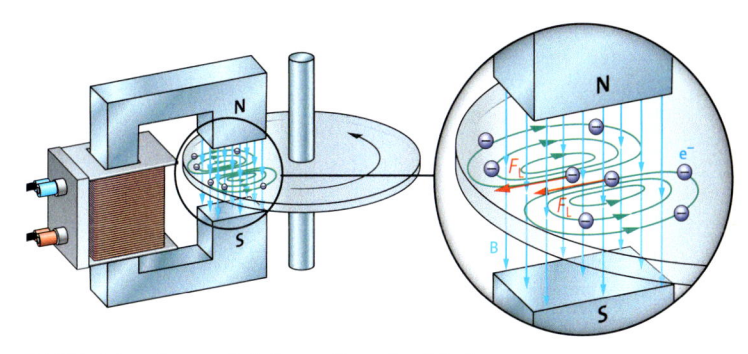

4 Wirbelstrombremse bei einer rotierenden Scheibe

Kontrollversuch • Die Existenz der Wirbelströme in der Aluminiumplatte kann indirekt nachgewiesen werden. Hierzu wird auf den Wagen eine Platte mit Spalten montiert. Rollt diese am Magneten vorbei, kommt es zu keiner merklichen Bremswirkung. Die Spalten verhindern, dass sich im Metall wirksame Wirbelströme ausbilden können. Ohne Wirbelströme gibt es auch keine zusätzlichen Magnetfelder, die den Wagen verlangsamen (▶ 2).
Das bestätigt, dass ein Wirbelstrom den Wagen bremst. Eine solche Bremse heißt **Wirbelstrombremse** (▶ 5).

Wirbelstrom und Energie • Montiert man eine Metallscheibe auf die (rotierende) Radachse, hat man eine Wirbelstrombremse, die bei jedem rollenden Fahrzeug funktioniert (▶ 4). Die Scheibe rotiert zwischen den Polschuhen von regelbaren Elektromagneten und wird dadurch abgebremst.
Durch die Rotation werden dort, wo das Magnetfeld die Scheibe durchsetzt, Wirbelströme erzeugt. Durch den elektrischen Widerstand des Leiters entsteht aufgrund des Stroms Wärme, die man durch die Thermografie nachweisen kann (▶ 6).

Aufgrund der Rotation ist der komplette Außenbereich heiß. Somit können wir bei diesem Vorgang zwei Energieumwandlungen erkennen: die Umwandlung von Bewegungsenergie in elektrische Energie und die Wandlung dieser elektrischen Energie in thermische Energie.
Letztlich wandelt eine Wirbelstrombremse also Bewegungsenergie in thermische Energie um, ebenso wie eine übliche Bremse durch Reibung Bewegungsenergie in thermische Energie umwandelt. Allerdings hat die Wirbelstrombremse den Vorteil, dass sie nicht verschleißt und keinen Feinstaub erzeugt.

Regel von Lenz • Die bisherigen Beispiele zeigen, dass die durch Induktion verursachten Ströme ihrer Ursache, z. B. der Bewegung des Wagens, immer entgegen wirken.
Der umgekehrte Fall ist physikalisch nicht möglich: Würde ein induzierter Strom seine eigene Ursache verstärken, dann würde er selbst noch größer werden, was zu einer weiteren Verstärkung der Ursache führt usw.
Dadurch würde letztendlich das Prinzip der Energieerhaltung verletzt, da z. B. aus einer bestimmten Menge kinetischer Energie, die z. B. in der Rotation der Scheibe steckt, immer mehr thermische Energie gewandelt werden kann (▶ 6). Aus der Gültigkeit des Prinzips der Energieerhaltung folgt: Induzierte Ströme wirken immer ihrer Ursache entgegen. Diese Regel wird als **Lenzsche Regel** bezeichnet (nach dem Physiker EMIL LENZ).

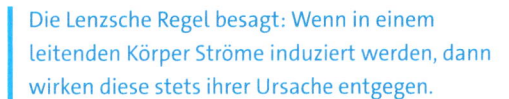

> Die Lenzsche Regel besagt: Wenn in einem leitenden Körper Ströme induziert werden, dann wirken diese stets ihrer Ursache entgegen.

1 ◪ Ein Achterbahnwagen mit der Masse $m = 1000$ kg und der Geschwindigkeit $v = 30\,\frac{m}{s}$ wurde mit einer Wirbelstrombremse gestoppt. Dabei wurde die Bremsbeschleunigung a_B mit einem Smartphone aufgezeichnet (▶ 7).
a Ermitteln Sie a_B und die Bremskraft F_B.
b Ermitteln Sie die dabei auf ein Elektron maximal wirkende Lorentzkraft F_L. Berechnen Sie die Ladung Q, die dabei wenigstens am Wirbelstrom beteiligt ist.

2 ◼ Erklären Sie, was mit dem Aluminiumring passiert, wenn der Stabmagnet schnell in seine Richtung bewegt wird (▶ 8).

5 Wirbelstrombremse bei einer Achterbahn

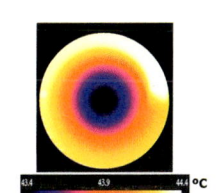

6 Thermografie der Scheibe

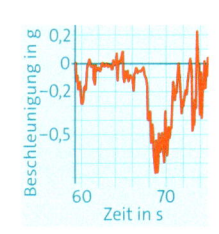

7 Bremsbeschleunigung

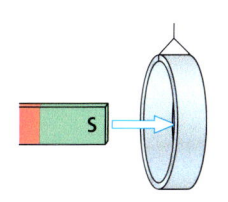

8 Magnet und Aluminiumring

Material

Versuch A • Kräfte durch Wirbelströme

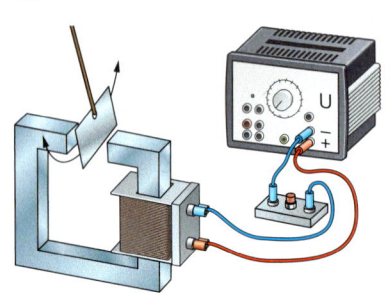

V1 Wirbelströme

1 Pendelversuch zu Wirbelströmen

Materialien: Spule, Netzgerät, Taster (im Idealfall Morsetaster), Kabel, Stativmaterial, Wagen, Fahrbahn, Platte, Ring und Kamm aus Aluminium

Arbeitsauftrag:
– Bauen Sie den Versuch nach ▶1 auf. Drücken Sie den Taster und beschreiben Sie die Beobachtung.
– Bremsen Sie die Platte ab, indem Sie den Taster in ▶1 gedrückt halten und dabei die Platte auf den Elektromagneten zu pendeln lassen.
– Ersetzen Sie die Platte durch den Kamm und führen Sie damit Kontrollversuche durch, die zeigen, dass Wirbelströme ursächlich für das Abbremsen sind.
– Führen Sie die Versuche mit dem Aluminiumring durch.
– Erklären Sie alle Beobachtungen mit Wirbelströmen und der Lenzschen Regel.
– Entwerfen Sie mit der Platte auf einem auf Schienen rollenden Wagen und mehreren rechtzeitig einzuschaltenden Spulen einen Linearmotor. Führen Sie ein Machbarkeitsexperiment durch.

V2 Bewegung parallel zum Feld

Materialien: Stabmagnet, Spule, Netzgerät, Taster, Kabel, Aluminiumring, Stativmaterial

Arbeitsauftrag:
– Bauen Sie den Versuch nach ▶2 auf. Drücken Sie den Taster und beschreiben Sie Ihre Beobachtung.
– Überprüfen Sie, dass die Änderung der Flussdichte wesentlich ist, indem Sie einen Stabmagneten ruckartig in den ruhig hängenden Ring schieben.
– Bremsen Sie den Ring ab, in dem Sie den Taster gedrückt halten und dabei den Ring auf den Elektromagneten zu pendeln lassen.
– Führen Sie den vorherigen Versuch mit einem Stabmagneten anstelle des Elektromagneten durch.
– Drehen Sie den Elektromagneten, sodass der Eisenkern nach oben zeigt, und legen Sie den Ring auf die Spule, sodass er den Eisenkern umfasst. Drücken Sie den Taster. Planen Sie einen Versuch, bei dem der Ring beim Drücken des Tasters einige Meter nach oben fliegt.
– Erklären Sie die Beobachtungen.

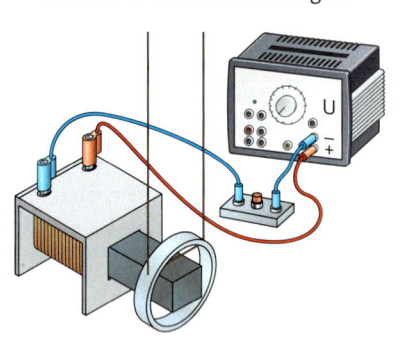

2 Ringversuch

Versuch B • Anwendung von Wirbelströmen

V3 Motor durch Wirbelströme

Materialien: Aluminiumdose eines Teelichts, Stabmagnet, Stativmaterial, Faden, Magnetnadelfuß, Spulen, Smartphone, Drehstromnetzgerät

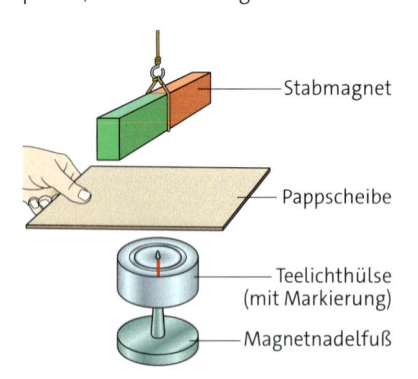

3 Kontrollversuch zum Funktionsprinzip des Wirbelstrommotors

Arbeitsauftrag:
– Bauen Sie den Versuch nach ▶3 auf. Lagern Sie dazu ein Teelichtgehäuse auf einem Magnetnadelfuß und schließen Sie einen Luftzug durch eine Pappscheibe zwischen Magneten und Dose aus. Drehen Sie den aufgehängten Magneten, sodass ein rotierendes Magnetfeld entsteht, ein sogenanntes Drehfeld.
– Beschreiben Sie Ihre Beobachtung.
– Erklären Sie die Bewegung mit Wirbelströmen und der Lenzschen Regel.
– Wenn man das Drehfeld statt durch den Stabmagneten durch Elektromagnete erzeugt, dann entsteht ein Elektromotor. Erklären Sie.
– Erzeugen Sie das Drehfeld elektrisch, indem Sie drei Spulen aufstellen und an die drei Phasen eines Drehstromnetzgerät anschließen (▶4). Filmen Sie die Bewegung mit wenigstens 200 Bildern pro Sekunde. Beschreiben und erklären Sie die Beobachtung.

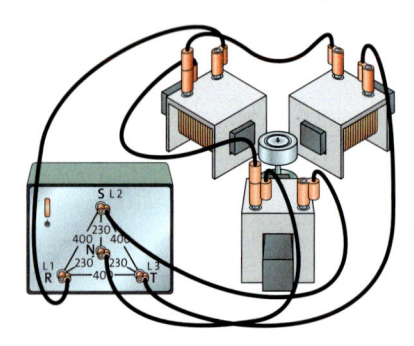

4 Wirbelstrommotor

Elektrodynamik • Wirbelströme und Lenzsche Regel

Material A • Phasenverschiebung beim Wirbelstrom

Für einen Transformator mit den Windungszahlen $N_1 = 2 \cdot N_2$ sind die Zeitverläufe der Spannungen $U_1(t)$ der Feldspule und $U_2(t)$ der Induktionsspule gezeigt (▶ A1). Aus den Verläufen kann man ablesen, dass zwischen den beiden Spannungen eine Phasenverschiebung liegt. Für $U_1(t)$ gilt:
$U_1(t) = 5\,\text{V} \cdot \sin(\omega \cdot t)$.

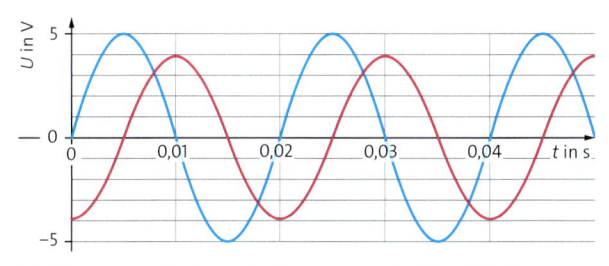

A1 Phasenverschiebung der Spannungen $U_1(t)$ und $U_2(t)$

1 ☐ Ermitteln Sie die Phasenverschiebung (▶ A1).

2 ■ Entsprechend dem Induktionsgesetz ist der Spannungsverlauf der Induktionsspule $U_2(t) = -N \cdot A \cdot \dot{B}_1(t)$. Begründen Sie damit, dass die Induktionsspannung der Spannung $U_1(t)$ um $\frac{\pi}{2} = 90°$ bzw. $\frac{T}{4}$ hinterherläuft.

3 Die Induktionsspule wird kurzgeschlossen. Somit entsteht ein Strom $I_2(t)$.
  a ✏ Erläutern Sie, warum dieser als Wirbelstrom gedeutet werden kann. Begründen Sie, dass dieser Strom $I_2(t)$ sowohl der Spannung $U_1(t)$ als auch dem Strom $I_1(t)$ in der Feldspule um 90° hinterherläuft.
  b ■ Begründen Sie, dass Wirbelströme ihrer Ursache in der Regel um $\frac{\pi}{2}$ hinterherlaufen.

Material B • Schwebender Magnet

Bei vielen Metallen kann man nahe dem absoluten Nullpunkt (≈ −273 °C) keinen elektrischen Widerstand mehr nachweisen. Sie werden supraleitend. Um solch tiefe Temperaturen zu erreichen, müssen die Metalle mit flüssigem Helium gekühlt werden.
In einem Versuch wurde ein kleiner Permanentmagnet von oben einem mit flüssigem Helium gekühlten Bleiring angenähert. Lässt man den Magneten los, schwebt er frei über dem supraleitenden Ring (▶ B1).

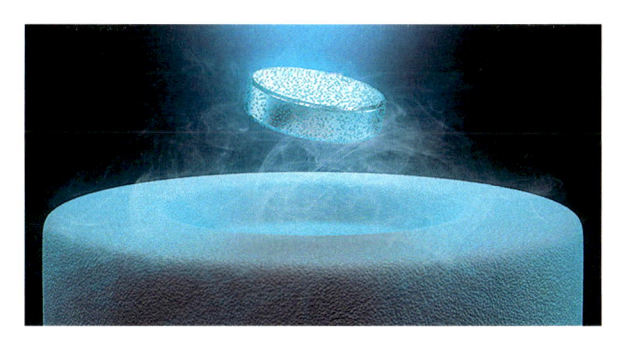

B1 Der Magnet schwebt über einen supraleitenden Metallring.

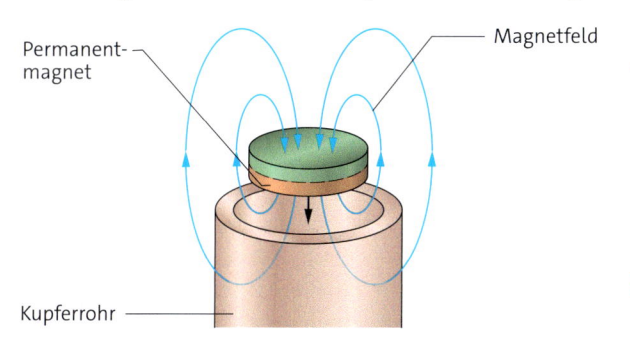

B2 Versuch: Magnet fällt durch Kupferrohr.

1 In dem Versuch ist der Südpol des Magneten oben.
  a ☐ Erstellen Sie mithilfe der Informationen und der Abbildung (▶ B1) eine Versuchsskizze. Tragen Sie das Magnetfeld des Permanentmagneten ein.
  b ✏ Begründen Sie, dass der Bleiring ein Magnetfeld haben muss und tragen Sie dieses in die Skizze ein.

2 ✏ Blei ist kein ferromagnetischer Stoff, sodass er vor dem Versuch auch nicht magnetisiert werden konnte.
  a Erläutern Sie, wie das Magnetfeld des Bleirings erzeugt wurde und ergänzen Sie die Ursache in Ihrer Skizze.
  b Vergleichen Sie hierzu auch diesen Versuch mit dem Experiment, bei dem ein Permanentmagnet durch ein Kupferrohr fallengelassen wird (▶ B2).

3 a ✏ Erklären Sie, warum der Magnet dauerhaft über dem supraleitenden Bleiring schweben kann.
  b ✏ Beschreiben und erläutern Sie, was passiert, wenn der Bleiring über seine Sprungtemperatur von $T_c = -266\,°C$ auftaut.
  Hinweis: Als Sprungtemperatur bezeichnet man die Temperatur, unterhalb der ein Stoff supraleitend wird.

4 a ■ Erklären Sie, warum die Stromstärke dieses Ringstroms gerade so groß ist, dass der Permanentmagnet schwebt.
  b ■ Stellen Sie eine Hypothese auf, was im Bleiring passiert, wenn der Magnet wieder entfernt wird. Begründen Sie Ihre Hypothese.

5 ■ Erläutern Sie, wie man ein Magnetfeld bei $T > T_c$ ins Rohr bringen und nach dem Abkühlen auf bei $T < T_c$ im Rohr einfrieren kann.

3.3 Faradays Induktionsgesetz

1 Kabelloses Ladegerät

Das Smartphone wird kabellos aufgeladen. Wie funktioniert das? Und wie hängt der Vorgang von den wesentlichen physikalischen Größen ab?

Laden ohne Kabel • Zum kabellosen Aufladen muss von außen im Smartphone eine elektrische Spannung erzeugt werden, die den Akku wieder laden kann. Durch ein elektrisches Feld wäre dies prinzipiell möglich, ist aber beim Ladegerät des Smartphones nicht der Fall. Wäre ein elektrisches Feld beteiligt, würde es durch die Anziehung kleiner Partikel, z. B. Staub, auffallen.

Für die Erzeugung der Spannung im Smartphone über ein magnetisches Feld kennen wir das Phänomen der Induktion. Bei der Schütteltaschenlampe wurde hierzu ein Permanentmagnet kontinuierlich durch eine Spule bewegt, aber weder das Smartphone noch die Ladestation müssen sich beim Ladevorgang bewegen.

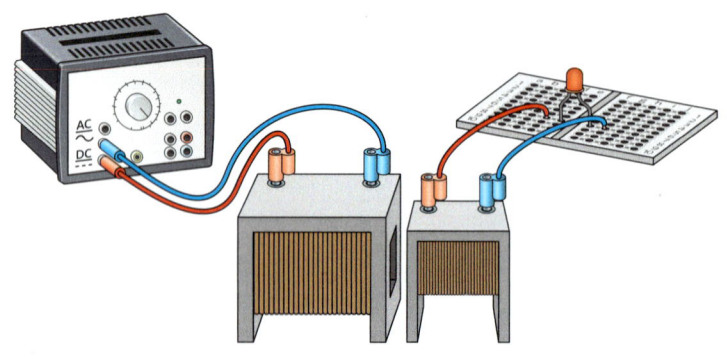

Modellversuch zum kontaktlosen Laden • Um das Funktionsprinzip des kontaktlosen Ladens zu verstehen, modellieren wir sowohl die Ladestation als auch das Smartphone jeweils durch eine Spule. An die „Smartphone-Spule" schließen wir zum Nachweis der Induktionsspannung eine LED an. Zur Unterscheidung wird diese **Induktionsspule** genannt. In der anderen Spule erzeugen wir das Magnetfeld mit einem elektrischen Strom. Eine solche Spule nennt man **Feldspule** bzw. felderzeugende Spule.

Zuerst schließen wir eine Gleichspannungsquelle an die Feldspule. Wir beobachten, dass die LED nur unmittelbar beim An- (und Abschalten) der Spannungsquelle kurz aufleuchtet.
Die Induktionsspannung U_{ind} kann nur entstehen, wenn sich die magnetische Flussdichte B in der Induktionsspule ändert. Das passiert im Versuch nur dann, wenn beim Einschalten durch das Einsetzen des elektrischen Stroms das Magnetfeld erst entsteht bzw. beim Ausschalten wieder verschwindet.

Um kontinuierlich eine Induktionsspannung zu erzeugen, muss sich also auch das Magnetfeld kontinuierlich verändern. Hierzu legen wir in einem zweiten Versuch eine Wechselspannung an die Feldspule, bei der sich die Spannung und damit auch die Stromstärke kontinuierlich ändert.

2 Induktion ohne Bewegung?

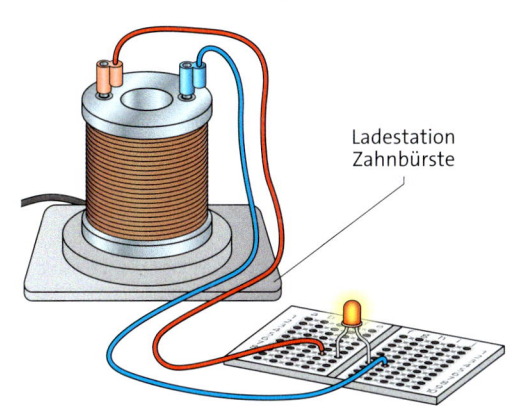

Elektrodynamik • Faradays Induktionsgesetz

3 Ladegerät als felderzeugende Spule

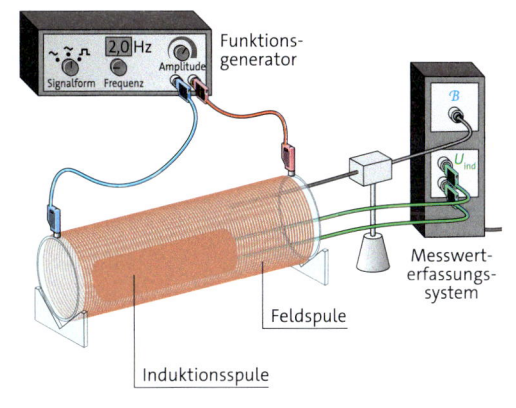

4 Messung von $B(t)$ und $U_{\text{ind}}(t)$

Wenn wir die Spannungsquelle einschalten, dann leuchtet die LED dauerhaft und zeigt somit eine Spannung in der Induktionsspule an.
Mithilfe einer Wechselspannung ist es also möglich, eine Induktionsspannung auch ohne Bewegung zu erzeugen.

In einem weiteren Versuch bestätigen wir, dass das kabellose Aufladen tatsächlich nach diesem Prinzip funktioniert. Dazu benutzen wir die Ladestation einer elektrischen Zahnbürste, auf die wir unsere Induktionsspule mit der angeschlossenen LED stecken (▶ **3**). Schließen wir die Ladestation an die Steckdose an, dann leuchtet die LED.
Das Ladegerät für kabelloses Aufladen kann also eine Spannung in einer Induktionsspule induzieren.

> In einer Induktionsspule kann durch ein sich zeitlich veränderliches Magnetfeld mit der magnetischen Flussdichte $B(t)$ eine Induktionsspannung U_{ind} erzeugt werden.

Zeitlicher Verlauf • Um die quantitative Abhängigkeit der Induktionsspannung von der magnetischen Flussdichte B zu untersuchen, zeichnen wir den zeitlichen Verlauf beider Größen mithilfe eines Messwerterfassungssystems auf.
Zur Erzeugung des Magnetfelds wird eine lange Spule genutzt, die an einen Funktionsgenerator angeschlossen ist (▶ **4**). Für die magnetische Flussdichte im Inneren der Spule gilt $I(t) \sim B(t)$, sodass der zeitliche Verlauf der Stromstärke $I(t)$ dem Verlauf von $B(t)$ entspricht.
Die Induktionsspule befindet sich während des Versuchs im Inneren der Feldspule (▶ **4**).

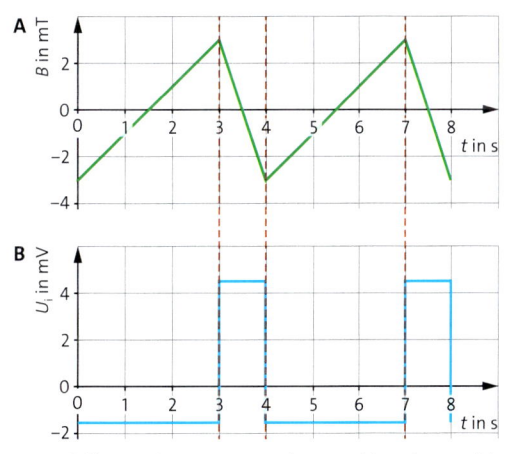

5 Modellversuch mit zwei Spulen: **A** $B(t)$ und **B** $U_{\text{ind}}(t)$

Erzeugt man mit dem Funktionsgenerator einen Stromverlauf, bei dem die magnetische Flussdichte abwechselnd linear steigt bzw. fällt (▶ **5A**), misst man für die Induktionsspannung U_{ind} jeweils einen konstanten Wert (▶ **5B**).

Dabei gilt: Je größer der Betrag der konstanten Änderungsrate $\frac{\Delta B}{\Delta t}$ ist, umso größer ist auch der Betrag der Induktionsspannung U_{ind}. Dabei haben aufgrund der Lenzschen Regel Änderungsrate der magnetischen Flussdichte $\frac{\Delta B}{\Delta t}$ und die Induktionsspannung U_{ind} unterschiedliche Vorzeichen.

$$U_{\text{ind}} \sim -\frac{\Delta B}{\Delta t}$$

1 a ☐ Ermitteln Sie die Quotienten der Steigungen in ▶ **5A**, $\left(\frac{\Delta B_1}{\Delta t}\right) : \left(\frac{\Delta B_2}{\Delta t}\right)$ sowie den Quotienten der Induktionsspannungen $\frac{U_{\text{ind},1}}{U_{\text{ind},2}}$ in ▶ **5B**.
   b ☐ Vergleichen Sie diese Quotienten.

117

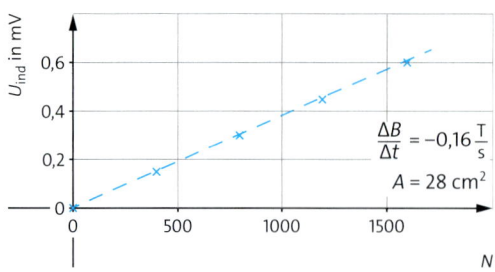

1 Abhängigkeit U_{ind} von N der Spule

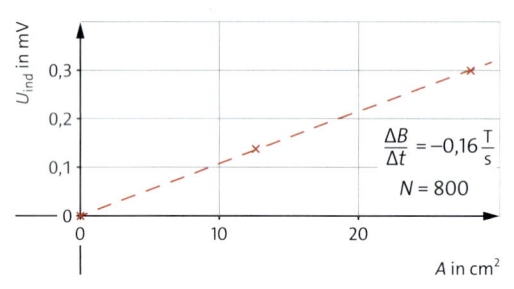

2 Abhängigkeit U_{ind} von A der Spule

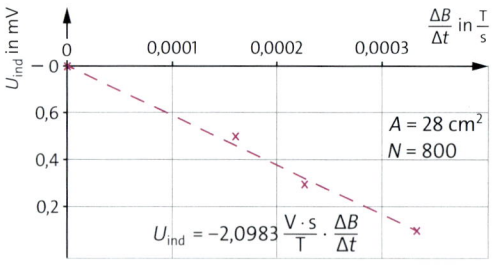

3 Abhängigkeit U_{ind} von $\frac{\Delta B}{\Delta t}$

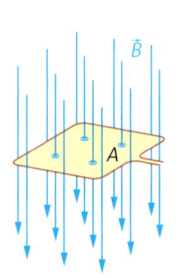

4 Veranschaulichung des magnetischen Flusses als „Anzahl" magnetischer Feldlinien, die eine bestimmte Fläche durchsetzen.

Induktionsgesetz von Faraday • MICHAEL FARADAY führte ganz ähnliche Versuche durch, bei denen er die Induktion von Spannungen in einer Spule durch Veränderung der magnetischen Flussdichte bzw. durch die Bewegung eines Leiters in einem Magnetfeld (ähnlich wie bei der Schütteltaschenlampe, oder der Leiterschaukel) entdeckte.

Er vermutete, dass alle diese Versuche einem gemeinsamen Naturgesetz folgen. Hierzu betrachtete er eine neue physikalische Größe: den **magnetischen Fluss** Φ. Um die Größe zu erhalten, bildet man das Produkt aus der vom Magnetfeld durchsetzten Fläche A und der magnetischen Flussdichte B (▶ **4**).

$$\Phi = B \cdot A$$

Der magnetische Fluss hat die Einheit 1 Weber mit dem Einheitenzeichen Wb:

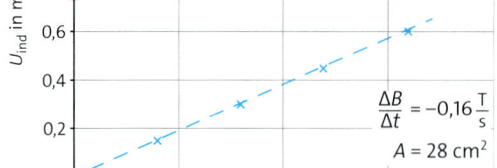

$$1\,\text{Wb} = 1\,\text{V}\cdot\text{s} = 1\,\text{T}\cdot\text{m}^2.$$

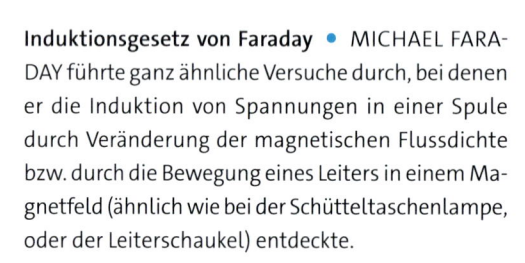

Umgekehrt gibt die magnetische Flussdichte den magnetischen Fluss pro vom Magnetfeld durchflossener Fläche an (daher auch der Name Flussdichte):

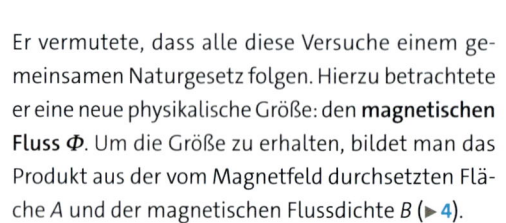

$$B = \frac{\Phi}{A}$$

Faraday vermutete, dass die Induktionsspannung an einer Leiterschleife (▶ **4**) immer gleich der Änderung des magnetischen Flusses pro Zeit ist. Er formulierte hierzu das **Induktionsgesetz**:

$$U_{\text{ind}} = -\frac{\Delta \Phi}{\Delta t}$$

> Mit dem Induktionsgesetz lassen sich alle Induktionsvorgänge über die Änderung des magnetischen Flusses Φ erklären:
> $U_{\text{ind}} = -\frac{\Delta \Phi}{\Delta t}$

Funktionale Untersuchung von U_{ind} • Damit das Smartphone kabellos richtig aufgeladen wird, muss eine passende Spannung in der Induktionsspule entstehen. Der magnetische Fluss einer Spule setzt sich dabei aus der Windungszahl N und der Querschnittsfläche A einer Wicklung sowie der magnetischen Flussdichte B zusammen: $\Phi = N \cdot B \cdot A$. Ihre Abhängigkeit von der Induktionsspannung untersuchen wir, wobei nur für die Flussdichte die zeitliche Änderungsrate $\frac{\Delta B}{\Delta t}$ geprüft wird. Man erhält zu allen drei Größen direkte Proportionalitäten $U_{\text{ind}} \sim N$ und $U_{\text{ind}} \sim A$ sowie $U_{\text{ind}} \sim -\frac{\Delta B}{\Delta t}$ (▶ **1–3**), sodass diese zusammengefasst werden können:

$$U_{\text{ind}} \sim -N \cdot A \cdot \frac{\Delta B}{\Delta t} \quad \text{bzw.} \quad U_{\text{ind}} = -k \cdot N \cdot A \cdot \frac{\Delta B}{\Delta t}$$

Der Betrag der Induktionsspannung ist proportional zum Produkt $N \cdot A \cdot \frac{\Delta B}{\Delta t}$. Wir ermitteln daher k mit der Regression in ▶ **3**.

$$-k \cdot N \cdot A \cdot \frac{\Delta B}{\Delta t} = -2{,}0983\,\frac{\text{V}\cdot\text{s}}{\text{T}} \cdot \frac{\Delta B}{\Delta t}$$

$$k = 2{,}0983\,\frac{\text{V}\cdot\text{s}}{\text{T}} \cdot \frac{1}{N \cdot A}$$

$$= 2{,}0983\,\frac{\text{V}\cdot\text{s}}{\text{T}} \cdot \frac{1}{800 \cdot 0{,}0028\,\text{m}^2} = 0{,}94$$

Die Konstante k ist ungefähr 1. Das entspricht auch dem Faktor aus dem Induktionsgesetz, sodass gilt:

$$U_{\text{ind}} = -N \cdot A \cdot \frac{\Delta B}{\Delta t}.$$

> In einer Spule mit N Windungen und Querschnittsfläche A wird durch ein zeitlich veränderliches Magnetfeld eine Spannung induziert: $U_{\text{ind}} = -N \cdot A \cdot \frac{\Delta B}{\Delta t}$. Ist die Änderung von B linear, dann ist U_{ind} konstant.

Allgemeiner Verlauf von B(t) • Beim kabellosen Aufladen und bei vielen anderen Anwendungen ist die Änderungsrate $\frac{\Delta B}{\Delta t}$ nicht konstant. Die aus dem Leitungsnetz angelegte Wechselspannung entspricht einer harmonischen Schwingung mit einer Frequenz von $f = 50 \frac{1}{s}$. In der Feldspule entsteht so ein veränderliches Magnetfeld mit einem sinusförmigen Zeitverlauf für die Flussdichte $B(t)$:

$B(t) = 0{,}5 \text{ mT} \cdot \sin(\omega \cdot t)$ mit $\omega = 2\pi f = 2\pi \cdot 50 \frac{1}{s}$.

Zeichnen wir $B(t)$ zusammen mit der Induktionsspannung $U_{ind}(t)$ einer Induktionsspule mit Querschnittsfläche $A = 0{,}0028 \text{ m}^2$ und $N = 800$ Windungen mit einem Messwerterfassungssystem auf (▶ 5), erkennen wir, dass auch $U_{ind}(t)$ einen sinusförmigen Verlauf mit gleicher Frequenz aber einer Phasenverschiebung von $-\frac{\pi}{2}$ annimmt. Für den Zeitverlauf von $U_{ind}(t)$ gilt dann wegen $\sin\left(x - \frac{\pi}{2}\right) = -\cos(x)$:

$U_{ind}(t) = -0{,}35 \text{ V} \cdot \cos(\omega \cdot t)$ mit $\omega = 2\pi \cdot 50 \frac{1}{s}$.

Aus dem Induktionsgesetz folgt, dass man die Induktionsspannung U_{ind} aus der zeitlichen Änderungsrate $\frac{\Delta B}{\Delta t}$ ermitteln kann. Wenn wir diese Dauer Δt gegen null gehen lassen, dann erhalten wir die momentane Änderungsrate als erste Ableitung von $B(t)$ nach der Zeit:

$\lim\limits_{\Delta t \to 0} \frac{\Delta B}{\Delta t} = \frac{dB}{dt} = \dot{B}(t)$.

Wendet man das auf die Sinusfunktion für $B(t)$, ergibt sich für die Induktionsspannung:

$U_{ind} = -N \cdot A \cdot \dot{B}(t) = -N \cdot A \cdot B_{max} \cdot \omega \cdot \cos(\omega \cdot t)$.

Für die Konstanten $N \cdot A \cdot B_{max} \cdot \omega$ berechnet man: $800 \cdot 0{,}0028 \text{ m}^2 \cdot 0{,}0005 \text{ T} \cdot 2 \cdot \pi \cdot 50 \frac{1}{s} = 0{,}35 \text{ V}$. Bei der Berechnung erhält man also genau den gleichen Verlauf für $U_{ind}(t)$ wie bei der Messung (▶ 5).

> Die Induktionsspannung U_{ind} ist proportional zur momentanen Änderung des magnetischen Flusses: $U_{ind} \sim -\dot{\Phi}(t)$. Für eine Spule mit N Windungen und Querschnittsfläche A ist die Induktionsspannung: $U_{ind}(t) = -N \cdot A \cdot \dot{B}(t)$.

Induktionsgesetz in differenzieller Form • Die Ergebnisse aus den Versuchen lassen sich verallgemeinert auf das Induktionsgesetz übertragen. Führt man auch hier den Übergang $\Delta t \to 0$ durch, folgt:

$U_{ind} = -\frac{d\Phi(t)}{dt} = -\dot{\Phi}(t)$

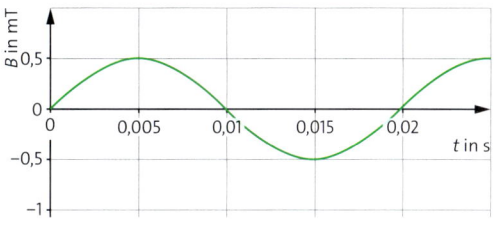

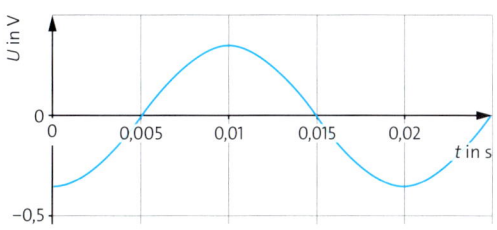

5 Induktion bei sinusförmigem Zeitverlauf von $B(t)$

Für den magnetischen Fluss der Induktionsspule gilt: $\Phi = N \cdot A \cdot B$. Setzt man das in die Gleichung ein, erhält man: $U_{ind} = -N \cdot \overline{(A(t) \cdot B(t))}$.
Dabei haben wir berücksichtigt, dass sich die Anzahl der Windungen der Spule zeitlich nicht ändert und deshalb als Faktor vor die Ableitung geschrieben werden darf. Mit der *Produktregel* für Ableitungen ergibt sich:

$U_{ind} = -N \cdot A(t) \cdot \dot{B}(t) - N \cdot \dot{A}(t) \cdot B(t)$.

Der linke Summand entspricht dem Fall eines zeitlich veränderten Magnetfelds, wobei der rechte Summand null wird, weil sich A in der Spule nicht ändert ($\dot{A}(t) = 0$). Auch den umgekehrten Fall ($\dot{B}(t) = 0$) und nur die vom Magnetfeld durchflossene Fläche ändert sich, haben wir bei der Schütteltaschenlampe kennengelernt. Beides kann man jeweils als Spezialfall aus dem Induktionsgesetz ableiten.

> Das Entstehen jeder Induktionsspannung folgt aus der zeitlichen Veränderung des magnetischen Flusses $U_{ind}(t) = -N \cdot \dot{\Phi}(t)$.

1 ☐ Ein Gerät zum kabellosen Laden hat zwei baugleiche Spulen: $\ell = 2$ mm, $A = 10^{-3}$ m^2, $N = 10$ und Permeabilitätszahl $\mu_r = 10$. Durch die Feldspule fließt ein periodischer Strom in Sägezahnform mit der Amplitude $I_{max} = 0{,}01$ A und der Änderungsrate $\frac{\Delta I}{\Delta t} = \pm 10^4 \frac{A}{s}$.
a Berechnen Sie die Amplitude der Änderungsrate $\frac{\Delta B}{\Delta t}$ der magnetischen Flussdichte.
b Berechnen Sie die Amplitude der induzierten Spannung.

Methode

Anwenden von Ableitungsregeln in der Physik

Für viele Problemstellungen in der Physik reicht es nicht aus anzunehmen, dass die beteiligten physikalischen Größen konstant sind. Im allgemeinen Fall können Größen wie die magnetische Flussdichte B oder eine Induktionsspannung U von der Zeit oder dem Ort abhängig sein. Um ihre Änderungen zu berechnen, ist die Kenntnis von Ableitungsregeln sinnvoll.

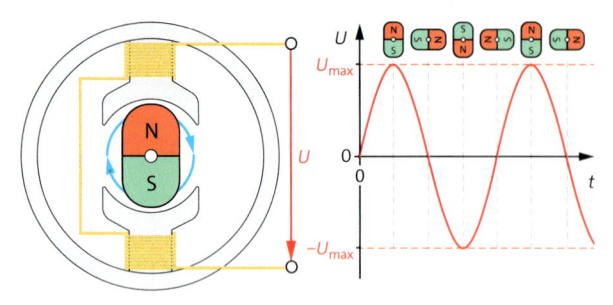

1 Generator mit rotierendem Magnet

Von der mittleren zur momentanen Änderungsrate • Aus dem Induktionsgesetz folgt, dass die Induktionsspannung in einer Spule proportional zur **Änderungsrate** der Flussdichte B des Magnetfelds ist.

$$U_{ind} = -N \cdot A \cdot \frac{\Delta B}{\Delta t}.$$

Bei dem Differenzenquotienten $\frac{\Delta B}{\Delta t}$ handelt es sich um die **mittlere Änderungsrate** der Flussdichte über das Zeitintervall Δt. Um die Induktionsspannung zu einem bestimmten Zeitpunkt t zu berechnen, muss man das Zeitintervall beliebig klein wählen. Im Grenzfall $\Delta t \to 0$ wird dann aus der mittleren die **momentane Änderungsrate** für B. Dieser Grenzwert der Änderungsrate ist die **1. Ableitung** nach der Zeit:

$$B'(t) = \dot{B}(t) = \lim_{\Delta t \to 0} \frac{\Delta B}{\Delta t} = \frac{dB}{dt}.$$

Die Schreibweise $\dot{B}(t)$ für die 1. Ableitung nach der Zeit ist in der Physik üblich und z. B. von der Ladung Q beim Auf- und Entladen des Kondensators bekannt. Im Grenzfall $\Delta t \to 0$ ist aus dem Differenzquotienten $\frac{\Delta B}{\Delta t}$ der Differenzialquotient $\frac{dB}{dt}$ geworden, wobei der Limes nur analysiert wird, falls nötig – andernfalls werden einfach die Regeln der Bruchrechnung angewendet. Setzt man dies in das Induktionsgesetz ein, kann man die Induktionsspannung $U_{ind}(t)$ für jeden Zeitpunkt t bestimmen:

$$U_{ind}(t) = -N \cdot A \cdot \dot{B}(t).$$

Induktion durch Feldänderung • Um $U_{ind}(t)$ zu berechnen, benötigt man die von der Zeit abhängige Funktion $B(t)$. Der Magnet im Generator (▶1) führt eine Kreisbewegung aus. Dadurch entsteht in jeder Spule ein zeitlich veränderliches Magnetfeld mit der Flussdichte $B(t)$.

$$B(t) = B_0 \cdot \sin \underbrace{(\omega \cdot t)}_{\varphi(t)}. \tag{1}$$

$B(t)$ in Gleichung (1) wird in zwei Schritten aus t ermittelt: Erst wird der **Phasenwinkel** $\varphi(t) = \omega \cdot t$ berechnet, dann $B(\varphi)$:

$$B(\varphi) = B_0 \cdot \sin(\varphi) \quad \text{mit} \quad \varphi(t) = \omega \cdot t.$$

Die Funktion $B(t)$ ist eine **Verkettung** aus der äußeren Funktion $B(\varphi)$ und der inneren Funktion $\varphi(t)$. Das notiert man mit einem **Kreissymbol**:

$$B(t) = B(\varphi(t)) = B(\varphi) \circ \varphi(t)$$

Kettenregel • Um die Ableitung zu finden, erweitern wir den Differenzialquotienten mit $d\varphi$:

$$\dot{B}(t) = \frac{dB}{dt} = \frac{dB}{dt} \cdot \frac{d\varphi}{d\varphi} = \frac{dB}{d\varphi} \cdot \frac{d\varphi}{dt}.$$

$\frac{dB}{d\varphi}$ ist die 1. Ableitung der äußeren Funktion $B(\varphi) = B_0 \cdot \sin(\varphi)$ nach dem Phasenwinkel φ und $\frac{d\varphi}{dt}$ die 1. Ableitung der inneren Funktion $\varphi(t)$ nach der Zeit $\dot{\varphi}(t)$:

$$\dot{B}(t) = B'(\varphi) \cdot \dot{\varphi}(t).$$

Für eine verkette Funktion wie $B(\varphi(t))$ ermittelt man die Ableitung als Produkt der Ableitungen von äußerer und innerer Funktion. Diese Regel nennt man **Kettenregel.**
Mit der Kettenregel kann die Ableitung $\dot{B}(t)$ gefunden werden. Für 1. Ableitung der inneren Funktion $\varphi(t)$ gilt:

$$\dot{\varphi}(t) = \frac{d(\omega \cdot t)}{dt} = \omega. \tag{2}$$

Und für die äußere Funktion $B(\varphi)$ beträgt die 1. Ableitung:

$$B'(\varphi) = \frac{d(B_0 \cdot \sin(\varphi))}{d\varphi} = B_0 \cdot \frac{d(\sin(\varphi))}{d\varphi} = B_0 \cdot \cos(\varphi). \tag{3}$$

Für die Ableitung $\dot{B}(t)$ muss nach der Kettenregel noch das Produkt aus (2) und (3) gebildet werden:

$$\dot{B}(t) = B'(\varphi) \cdot \dot{\varphi}(t) = B_0 \cdot \cos(\varphi) \cdot \omega.$$

Wir ersetzen den Phasenwinkel φ wieder durch $\omega \cdot t$:

$$\dot{B}(t) = B_0 \cdot \cos(\omega \cdot t) \cdot \omega = B_0 \cdot \omega \cdot \cos(\omega \cdot t).$$

Für die Induktionsspannung und für die Amplitude U_0 im Generator ergibt sich:

$$U_{ind}(t) = \underbrace{-N \cdot A \cdot B_0 \cdot \omega}_{U_0} \cdot \cos(\omega \cdot t).$$

Mit $A = 0{,}01\,\text{m}^2$, der Gesamt-Windungszahl $N = 100$, $B_0 = 0{,}2\,\text{T}$ und $\omega = 100\,\frac{1}{s}$ kann U_0 errechnet werden:

$$U_{ind}(t) = -N \cdot A \cdot B_0 \cdot \omega \cdot \cos(\omega \cdot t) = -20\,\text{V} \cdot \cos(\omega \cdot t).$$

Induktion durch Flächenänderung • Auch bei der Rotation einer Spule in einem homogenen Magnetfeld kann man eine Induktionsspannung messen (▶ 2).
Sie entsteht, weil sich der vom Magnetfeld durchdrungene orthogonale Flächenanteil – also die wirksame Fläche – mit dem Phasenwinkel $\varphi(t) = \omega \cdot t$ ändert:

$A(t) = A_0 \cdot \sin(\omega \cdot t)$.

Auch hier liegt wieder eine verkettete Funktion $A(\varphi(t))$ vor. Die Induktionsspannung ergibt sich daher aus der Ableitung $\dot{A}(t)$ durch Anwendung der Kettenregel:

$U_{ind}(t) = -N \cdot B \cdot \dot{A}(t) = -N \cdot B \cdot A_0 \cdot \omega \cdot \cos(\omega \cdot t)$.

Produktregel und Induktionsgesetz • Im Allgemeinen kann man nicht ausschließen, dass die magnetische Flussdichte B und die Fläche A jeweils für sich zeitlich abhängig sind. Hierfür formulierte MICHAEL FARADAY das Induktionsgesetz mithilfe des magnetischen Flusses $\Phi(t)$. Die Größe ist das Produkt aus Flussdichte $B(t)$ und Fläche $A(t)$.

$U_{ind}(t) = -N \cdot \dot{\Phi}(t) = -N \cdot \overset{\cdot}{(B(t) \cdot A(t))}$.

Um die Ableitung dieser Produktfunktion zu finden, gehen wir von den beiden bisherigen Spezialfällen aus und fassen diese zusammen:

$U_{ind}(t) = -N \cdot (B \cdot \dot{A}(t) + A \cdot \dot{B}(t))$. (4)

Dieser Ausdruck in der Klammer lässt sich mithilfe der Differenzialquotienten umschreiben:

$B \cdot \dot{A}(t) + A \cdot \dot{B}(t) = B \cdot \dfrac{dA}{dt} + A \cdot \dfrac{dB}{dt} = \dfrac{B \cdot dA + A \cdot dB}{dt}$. (5)

Die Größen A und B sind durch unseren Ansatz konstant sowie dB und dA sehr kleine Änderungen dieser Konstanten im Zeitintervall dt. Dies lässt sich geometrisch als Änderung einer Rechteckfläche mit den Seiten A und B veranschaulichen (▶ 3). Für den Fall, dass A und B beide größer werden. Im Zeitintervall dt ändert sich $A \cdot B$ insgesamt um:

$d(A \cdot B) = A \cdot dB + dA \cdot dB + B \cdot dA$.

Da dt sehr klein ist, sind dA sowie dB ebenfalls sehr klein. Das Produkt $dA \cdot dB$ können wir daher im Grenzfall, dass dt gegen null geht, vernachlässigen und erhalten:

$d(A \cdot B) = A \cdot dB + B \cdot dA$.

Der rechte Ausdruck in der Gleichung (5) kann damit ersetzt werden:

$B \cdot \dfrac{dA}{dt} + A \cdot \dfrac{dB}{dt} = \dfrac{d(A \cdot B)}{dt}$.

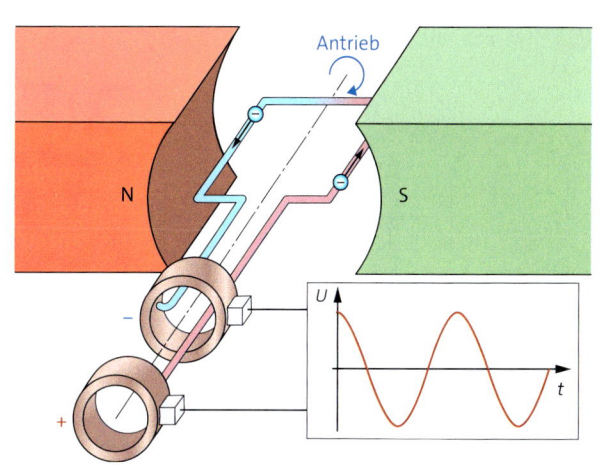

2 Generator mit Änderung der wirksamen Fläche

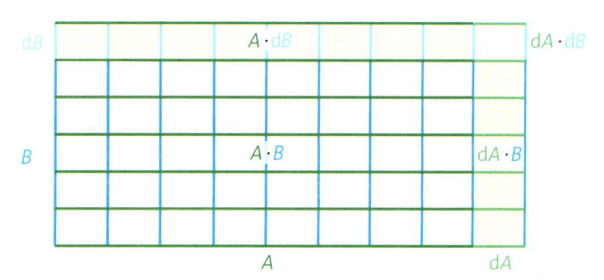

3 Produkt $A \cdot B$ und Änderung des Produktes $(A + dA) \cdot (B + dB)$

Verwendet man für die zeitlichen Ableitungen die Notation mit Punkt, erhält man:

$B \cdot \dot{A}(t) + A \cdot \dot{B}(t) = \overset{\cdot}{(B(t) \cdot A(t))}$.

Aus Gleichung (4) wird:

$U_{ind}(t) = -N \cdot (B \cdot \dot{A}(t) + A \cdot \dot{B}(t)) = -N \cdot \overset{\cdot}{(B(t) \cdot A(t))} = -N \cdot \dot{\Phi}(t)$.

Das entspricht also der gesuchten Ableitung für den magnetischen Fluss $\dot{\Phi}(t)$. Diese Gleichung stellt die sogenannte **Produktregel** dar:
Die Ableitung eines Produktes zweier Funktionen ist gleich der Summe der beiden Produkte einer Funktion mit der Ableitung der jeweils anderen Funktion.

1 📝 Eine Leiterschleife dreht sich mit der Kreisfrequenz ω_A in einem Magnetfeld, sodass die von B durchsetzte Fläche sich sinusförmig ändert: $A(t) = A_0 \cdot \sin(\omega_A \cdot t)$. Gleichzeitig ändert sich auch die Flussdichte des Magnetfelds sinusförmig mit der Frequenz ω_B: $B(t) = B_0 \cdot \sin(\omega_B \cdot t)$. Es gilt: $\omega_A = 2 \cdot \omega_B$.
a Entwickeln Sie jeweils die Ableitungen von $A(t)$ und $B(t)$ mithilfe der Kettenregel.
b Entwickeln Sie eine Formel für U_{ind}. Nutzen Sie hierfür die Produktregel.

Material

Versuch A • Induktion ohne Bewegung

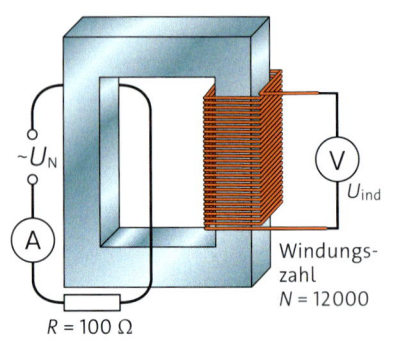

V1 Stromzange

1 Schematischer Versuchsaufbau

(Skizze: $\sim U_N$, A, V, U_{ind}, Windungszahl $N = 12\,000$, $R = 100\,\Omega$)

Materialien: Spule mit 12 000 Windungen, geschlossener Eisenkern, Voltmeter, Amperemeter, Netzgerät für Wechselspannung, Widerstand mit 100 Ω

Arbeitsauftrag:
- Ein Wechselstrom soll berührungslos gemessen werden. Bauen Sie dazu den Versuch nach Skizze (▶1) auf.
- Variieren Sie die Wechselspannung U_N und messen Sie die Stromstärke I sowie die Induktionsspannung U_{ind}. Erstellen Sie ein I-U_{ind}-Diagramm. Führen Sie eine lineare Regression durch. Formulieren und erklären Sie das Ergebnis.
- Recherchieren Sie zu Stromzangen. Kalibrieren Sie den Versuch so, dass Sie ihn als Stromzange verwenden können. Überprüfen Sie die ordnungsgemäße Funktion Ihrer Stromzange.
- Recherchieren Sie zum Fehlerstrom-Schutzschalter. Bauen Sie Ihren Versuch so aus, dass er einen Fehlerstrom anzeigt. Ermitteln Sie die kleinsten Fehlerströme, die Sie mit Ihrem Fehlerstrom-Anzeigegerät erkennen können.
- Planen Sie mit einem zusätzlichen Bauteil einen genaueren Versuch. Bauen Sie diesen auf und überprüfen Sie die erreichte Empfindlichkeit, mit der Sie Fehlerströme erkennen können.

V2 Induktion im Haushalt

Materialien: lackierter Kupferdraht mit unlackierten Enden, Oszilloskop oder Messwerterfassungssystem mit Abtastrate über 100 kHz, Krokodilklemmen, elektrische Zahnbürste mit Ladestation

Arbeitsauftrag:
- Untersuchen Sie das Magnetfeld an der elektrischen Zahnbürste. Wickeln Sie dazu eine Spule, die zur Form der Ladestation passt (▶2). Zeichnen Sie den Zeitverlauf $U_{ind}(t)$ der Induktionsspannung auf. Ermitteln Sie die Kreisfrequenz ω und begründen Sie, warum hier nicht die übliche Netzfrequenz von 50 Hz angewendet wird.
- Ermitteln Sie aus $U_{ind}(t)$ die maximale Flussdichte B_{max} des Magnetfelds. Bestimmen Sie dazu zuerst die Windungszahl N und die Querschnittsfläche A Ihrer Spule. Für das maximale Feld gilt: $B_{max} = \frac{U_{ind}}{N \cdot A \cdot \omega}$.
- Skizzieren Sie $B(\omega)$.
- Überprüfen Sie, ob das Magnetfeld mit dem Sensor für die magnetische Flussdichte des Smartphones oder mit dem Kompass nachweisbar ist. Formulieren und erklären Sie Ihr Ergebnis.
- Messen Sie ω beim Induktionsherd sowie beim kabellosen Laden des Smartphones und nennen Sie Vorteile standardisierter Ladegeräte.

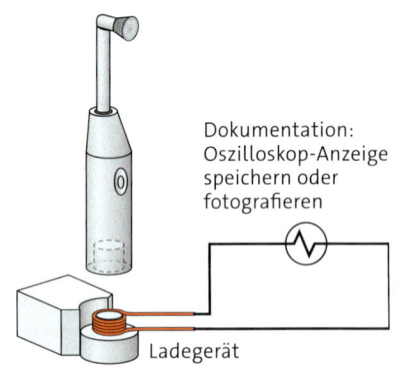

Dokumentation: Oszilloskop-Anzeige speichern oder fotografieren

2 Kabelloses Laden der Zahnbürste

Versuch B • Bewegung durch Induktion

V1 Minimalistischer Motor

Materialien: Batterie vom Typ AA, Schraube, kleiner starker Magnet (Neodym), Kabel, Amperemeter

Arbeitsauftrag:
- Bauen Sie den Motor nach Skizze auf (▶3). Beschreiben Sie elektrische und magnetische Pole und die resultierende Bewegung.
- Übertragen Sie ▶3 vergrößert in Ihr Heft, skizzieren Sie das Magnetfeld, die Bewegung der Elektronen im Stromkreis, die wirkende Lorentzkraft und das resultierende Drehmoment. Erklären Sie damit den Motor.
- Führen Sie Kontrollversuche durch:
  (1) Polen Sie das Magnetfeld um.
  (2) Tauschen Sie die elektrischen Pole.
  (3) Leiten Sie den Strom oberhalb des Magneten in die Schraube.
  (4) Lassen Sie den Strom auf der Zylinderachse in den Magneten fließen.
- Messen Sie die Stromstärke I und ermitteln Sie die zugeführte elektrische Leistung P.

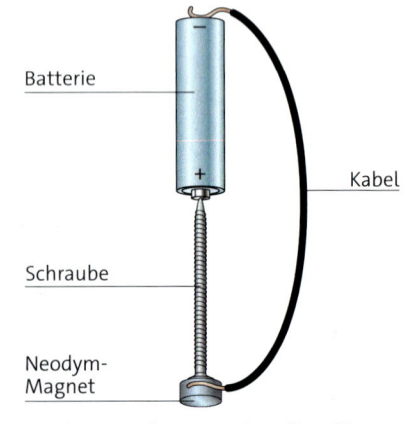

3 Schematischer Versuchsaufbau für einen einfachen Elektromotor

Material A • Induktionskochfeld

In vielen Haushalten finden sich sogenannte Induktionskochplatten, mit denen die Speisen im Topf oder in der Pfanne erhitzt werden.

Im Gegensatz zum Elektrokochfeld entsteht die hohe Temperatur nicht in der Kochplatte selbst, um von dort auf das Kochgeschirr übertragen zu werden, sondern im Boden des Kochgeschirrs. Aus diesem Grund müssen für das Kochen mit einem Induktionsherd spezielle Töpfe und Pfannen verwendet werden.

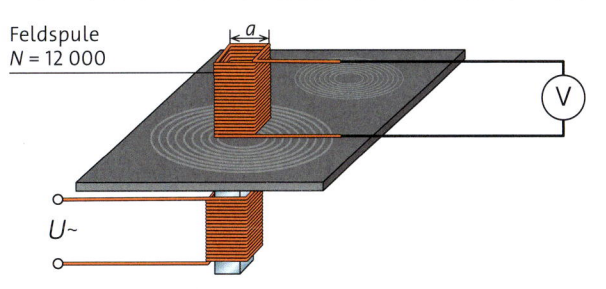

A2 Induktionsherd als Lampe?

A1 Zur Veranschaulichung der Funktionsweise

A3 Springform als Kochgerät mit 20 cm Durchmesser

1 Die Abbildung ▶**A1** soll die Funktionsweise eines Induktionskochfelds anschaulich zeigen.
  a ▨ Erklären Sie das Funktionsprinzip einer Induktionskochplatte. Nutzen Sie hierzu auch die Veranschaulichung der Abbildung (▶**A1**).
  b ▨ Begründen Sie, warum spezielles Kochgeschirr verwendet werden muss und worin dessen Besonderheit besteht. Erörtern Sie weitere Vor- und Nachteile einer Induktionskochplatte.

2 ▨ Eine quadratische Spule mit einer Seitenlänge von $a = 3$ cm wird auf das Induktionsfeld gestellt (▶**A2**).
  a Ermitteln Sie die maximale Induktionsspannung in der Spule, wenn für das sinusförmige Magnetfeld des Induktionsfeldes gilt: $B_{max} = 100$ µT, $\omega = 200\,000\,\frac{1}{s}$.
  b Begründen Sie, ob man durch Anschluss einer roten LED ($U = 2$ V) an die Spule das Funktionieren des Induktionsfelds demonstrieren kann. Entwickeln Sie gegebenenfalls eine Möglichkeit, damit die Demonstration klappt.

3 ▨ Die Flussdichte für Induktionskochfelder ist gesetzlich reguliert: An Daueraufenthaltsorten von Menschen und für Frequenzen über 3 kHz darf B_{max} 27 µT nicht überschreiten.
  a ☐ Vergleichen Sie mit den Werten aus **2**.
  b ■ Erläutern Sie anschaulich, dass der Herd diesen Grenzwert dennoch einhält, wenn Sie berücksichtigen, dass die Flussdichte B mit der Entfernung proportional zu $\frac{1}{r^3}$ abnimmt.

4 Herr Ringe kocht am liebsten in seiner Springform (▶**A3**). Die Form hat einen Durchmesser von 20 cm. Für das Magnetfeld der Kochplatte gilt wieder: $B_{max} = 100$ µT, $\omega = 200\,000\,\frac{1}{s}$.
  a ▨ Erläutern Sie, mit welchem elektrischen Bauteil man die Springform gleichsetzen kann. Ermitteln Sie die maximale Induktionsspannung, die in der Form entstehen kann.
  b ▨ Ein elektrischer Strom hat in der Form einen Widerstand von $R = 0{,}002\,\Omega$. Ermitteln Sie die maximale Stromstärke I_{max} und Leistung P_{max}. Begründen Sie, warum die über die gesamte Zeitdauer übertragene effektive Leistung deutlich kleiner ist.
  c ☐ Die mit einem Energiemessgerät ermittelte aufgenommene elektrische Leistung des Induktionsherds beträgt 1,7 kW. Ermitteln Sie den Wirkungsgrad beim Kochen mit der Springform. *Hinweis:* Die effektive Leistung der Springform entspricht gerade der halben Maximalleistung.
  d ▨ Entwickeln Sie für das Kochen mit dem Induktionskochfeld eine Energiekette startend an der Spannungsquelle des Kochfelds. Begründen Sie daran, warum man von einer kontaktlosen Kochart sprechen kann.
  e ■ Nennen Sie ein weiteres Gerät, das die Energie zum Kochen zumindest zu einem wesentlichen Teil in dieser Form in die Nahrung transportiert. Erklären und begründen Sie.

3.4 Anwendungen der Induktion

1 Windenergieanlage

Die Rotorblätter des Windrades wandeln die Bewegungsenergie des Windes in Bewegungsenergie des Rotors um. In der Nabe wird diese Energie in elektrische Energie umgewandelt. Wie funktioniert das und welche Spannung wird erzeugt?

2 Rotor dreht sich im Stator.

Grundprinzip von Generatoren • Generatoren wie sie auch in einem Windrad zum Einsatz kommen, arbeiten immer nach demselben Prinzip:
Die Bewegung eines Rotors wird dazu genutzt, um eine elektromagnetische Induktion in den Spulen des Generators zu bewirken. Dabei wird Bewegungsenergie des Rotors in elektrische Energie in den Spulen umgewandelt.
Bei Windrädern kommen häufig Ringgeneratoren zum Einsatz. Dabei sind Induktionsspulen und Magnete an jeweils einem Ring befestigt. Der innere Ring mit den Magneten bildet den beweglichen Rotor, der sich am feststehenden äußeren Ring, dem Stator, vorbeibewegt (▶ 2).

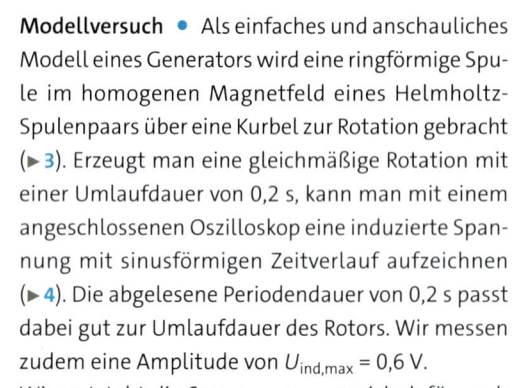

Modellversuch • Als einfaches und anschauliches Modell eines Generators wird eine ringförmige Spule im homogenen Magnetfeld eines Helmholtz-Spulenpaars über eine Kurbel zur Rotation gebracht (▶ 3). Erzeugt man eine gleichmäßige Rotation mit einer Umlaufdauer von 0,2 s, kann man mit einem angeschlossenen Oszilloskop eine induzierte Spannung mit sinusförmigen Zeitverlauf aufzeichnen (▶ 4). Die abgelesene Periodendauer von 0,2 s passt dabei gut zur Umlaufdauer des Rotors. Wir messen zudem eine Amplitude von $U_{ind,max}$ = 0,6 V.
Wie entsteht die Spannung, wenn sich dafür nach dem Induktionsgesetz entweder die magnetische Flussdichte oder die Spulenfläche ändern muss?

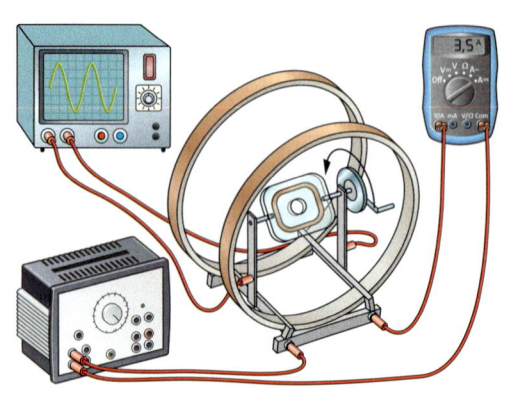

3 Modellversuch mit rotierender Spule

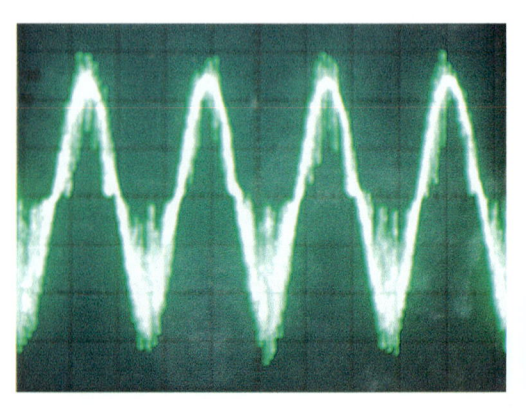

4 Induktionsspannung am Oszilloskop

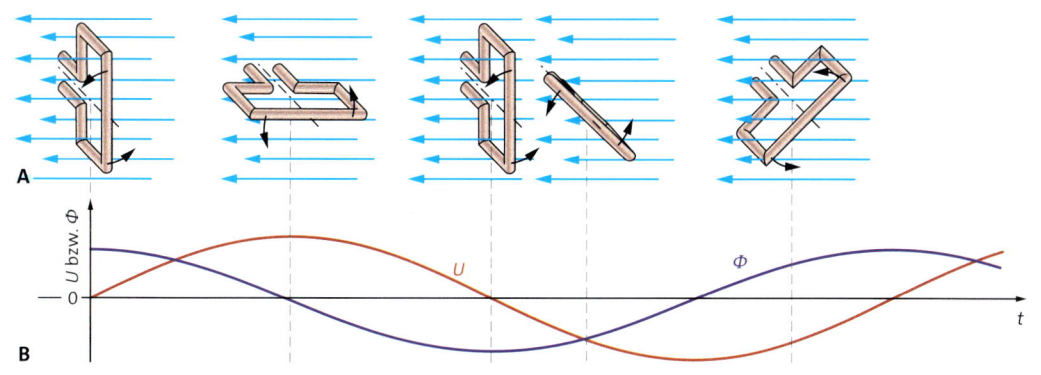

5 Generatorprinzip: **A** Leiterschleife dreht sich im Magnetfeld, **B** t-Φ- und t-U-Diagramm

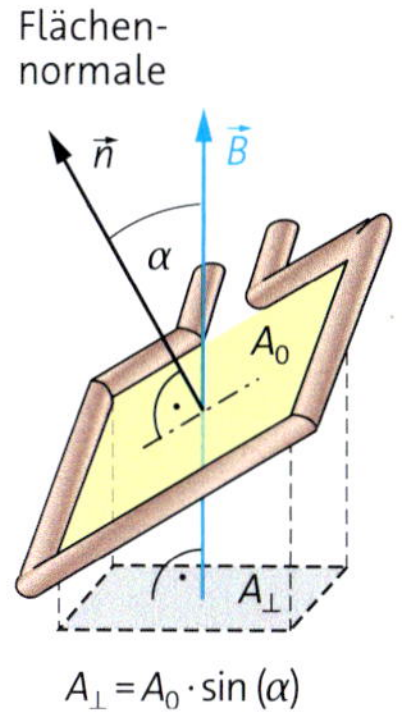

6 Flächennormale $\vec{n}$ und effektive Fläche $A_\perp$ bei Leiterschleife

$A_\perp = A_0 \cdot \sin(\alpha)$

Wirksame Fläche • Bei bisherigen Induktionsvorgängen haben wir meist Fälle betrachtet, bei denen die Magnetfeldlinien senkrecht zur vom Leiter eingeschlossenen Fläche stehen. Ähnlich wie bei der Lorentzkraft ist für die Induktionsspannung auch der Winkel zwischen Fläche und Feldlinien relevant.
Um die Orientierung der Fläche zu veranschaulichen, wird der Normalenvektor (Flächennormale) verwendet. Er steht immer senkrecht auf der Fläche (▶ 6). Durch die Rotation der Spule im Modellversuch ändert sich der Winkel zwischen Magnetfeld und Flächennormale kontinuierlich. Verlaufen beide parallel ($\alpha = 0$), ist der magnetische Fluss maximal; verlaufen sie orthogonal zueinander ($\alpha = 90°$), ist der Fluss null (▶ 5B). Allgemein gilt:

$\Phi = A \cdot B \cdot \cos(\alpha) = A \cdot B \cdot \cos(\omega \cdot t)$

Mit dem Induktionsgesetz bestimmen wir die Induktionsspannung und setzen $-\omega \cdot \sin(\omega \cdot t)$ für die erste Zeitableitung von $\cos(\omega \cdot t)$ ein:

$U_{ind} = -N \cdot \dot{\Phi} = N \cdot B \cdot A \cdot \omega \cdot \sin(\omega \cdot t)$.

Es entsteht eine zeitabhängige sinusförmige Wechselspannung:

$U_{ind}(t) = U_{max} \cdot \sin(\omega \cdot t)$ mit $U_{max} := N \cdot B \cdot A \cdot \omega$

Mit $N = 4000$, $A = 0{,}0045 \text{ m}^2$, $B = 1 \text{ mT}$ und $\omega = \frac{2\pi}{0{,}2 \text{ s}}$ ergibt sich für die Spannungsamplitude U_{max}:

$U_{max} = 4000 \cdot 1 \text{ mT} \cdot 0{,}0045 \text{ m}^2 \cdot \frac{2\pi}{0{,}2 \text{ s}} = 0{,}565 \text{ V}$.

Amplitude und Verlauf der Induktionsspannung stimmen gut mit den Messwerten überein.

> Rotiert eine Spule gleichförmig in einem homogenen Magnetfeld, entsteht eine sinusförmige Wechselspannung: $U_{ind}(t) = U_{max} \cdot \sin(\omega \cdot t)$.

Effektivwerte • Generatoren erzeugen Wechselspannungen mit einem sinusförmigen Zeitverlauf. Daher sind auch Stromstärke und übertragene Leistung nicht konstant. Für die Stromstärke I in einem Stromkreis mit einem ohmschen Widerstand R gilt:

$I(t) = \frac{U(t)}{R} = \frac{1}{R} \cdot U_{max} \cdot \sin(\omega \cdot t)$.

Daraus folgt für die übertragene Leistung P dann:

$P(t) = U(t) \cdot I(t) = \frac{1}{R} \cdot U_{max}^2 \cdot \cos^2(\omega \cdot t)$.

Es wird also eine zeitlich periodisch verlaufende Leistung mit einer Amplitude P_{max} übertragen. Dabei ist die mittlere Leistung halb so groß wie die Amplitude P_{max} (▶ 7). Diese mittlere Leistung heißt **Effektivwert der Leistung,** P_{eff}.

Man führt für die Spannung und die Stromstärke **Effektivwerte** $U_{eff} = \frac{U_{max}}{\sqrt{2}}$ und $I_{eff} = \frac{I_{max}}{\sqrt{2}}$ ein, sodass gilt:

$P_{eff} = U_{eff} \cdot I_{eff}$ und $U_{eff} = R \cdot I_{eff}$.

Diese Leistung gibt die pro Zeit im Mittel übertragene Energie an und ist daher wesentlich.

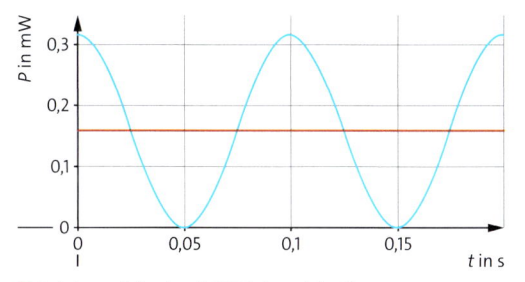

7 Leistung (blau) mit Mittelwert (rot)

1 📝 Begründen Sie, dass keine Induktionsspannung auftreten würde, wenn die Spule in ▶ 3 um 90° gedreht – also längsseitig – zwischen den Helmholtz-Spulenpaar stehen würde.

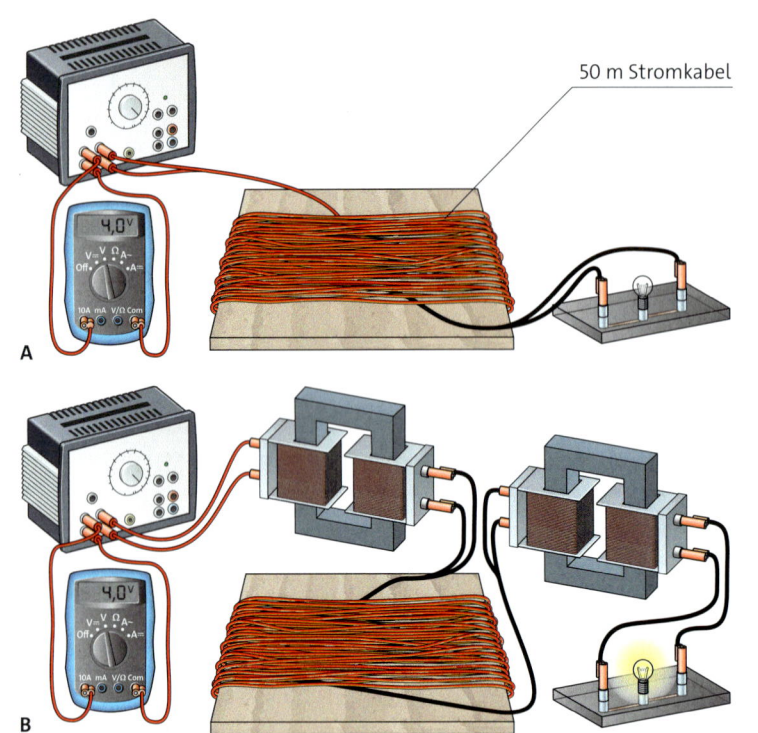

Transformator • Ein Transformator ist ein elektronisches Bauteil, das aus zwei Spulen mit unterschiedlicher Windungszahl besteht. Die beiden Spulen sind dabei über einen Eisenkern miteinander verbunden. An der Feld- bzw. **Primärspule** wird eine Wechselspannung angelegt, die im Eisenkern ein magnetisches Wechselfeld erzeugt. Dieses Feld induziert in der anderen der Induktions- bzw. **Sekundärspule** eine messbare Spannung (▶ 2).

Spannungswandler • Wir untersuchen in einer Versuchsreihe, wie die Spannung U_2 der Induktionsspule (Sekundärspule) von deren Windungszahl N_2 und den entsprechenden Größen U_1 und N_1 der Feldspule (Primärspule) abhängt (▶ 3).
Dabei belasten wir die Induktionsspule zunächst nicht durch einen Stromfluss, man spricht vom **unbelasteten** Transformator. Aus den Messwerten folgt, dass das Spannungsverhältnis beim unbelasteten Transformator dem Verhältnis der Windungszahlen entspricht (▶ 3):

1 Modellversuch zur Freileitung: **A** Lampe leuchtet nicht bei direkter Energieübertragung; **B** Lampe leuchtet bei Verwendung von zwei Transformatoren

Für den unbelasteten Transformator gilt:
$$\frac{U_1}{U_2} = \frac{N_1}{N_2}.$$

Energieübertragung • Elektrische Energie, die z. B. durch Windräder erzeugt wurde, wird im Hochspannungsnetz mit bis zu 380 000 V über hunderte Kilometer übertragen, bevor sie im Haushalt mit einer Netzspannung von 230 V genutzt wird.
Im Modellversuch bauen wir zuerst eine Schaltung auf, bei der die Energie mit einer unveränderten Spannung übertragen wird. Mit der Schaltung soll eine 10-Watt-Lampe (I = 2,5 A) betrieben werden. Das Netzgerät stellt eine passende Wechselspannung von $U = \frac{P}{I} = 4$ V bereit. Die Freileitung wird durch ein Kabel mit einer Länge von 50 m und einem Widerstand von R = 1,6 Ω nachgebildet. Aber die Lampe leuchtet nicht (▶ **1A**).

Der Lampenwiderstand ist mit $R = \frac{U}{I} = \frac{4\,V}{2{,}5\,A} = 1{,}6\,\Omega$ genauso groß wie der Widerstand des 50-m-Kabels. Im Stromkreis bilden Kabel und Lampe eine Reihenschaltung, sodass an beiden Komponenten jeweils die Spannung U = 2 V abfällt. Die 2 V reichen nicht aus, um die Lampe zum Leuchten zu bringen. Baut man aber in die Schaltung zwischen Spannungsquelle und Kabel sowie zwischen Kabel und Lampe jeweils einen **Transformator** ein, leuchtet die Lampe (▶ **1B**).

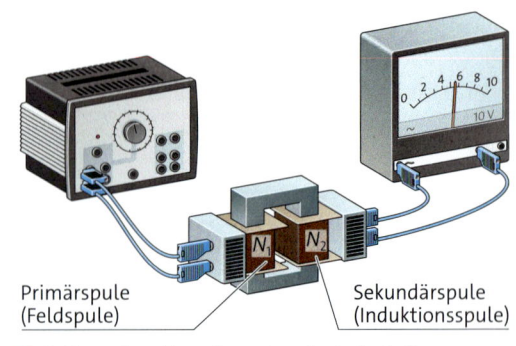

Mithilfe des Induktionsgesetzes können wir dieses Verhältnis für einen idealen, unbelasteten Transformator herleiten. Das magnetische Wechselfeld erzeugt in der Induktionsspule folgende Spannung:

$$U_2(t) = -N_2 \cdot \dot{\Phi}(t).$$

Beide Spulen umschließen denselben Eisenkern (▶ 2), d. h., der magnetische Fluss $\Phi(t)$ befindet sich im ganzen Eisenkern und somit auch in der Feldspule. Nach dem Induktionsgesetz wird also auch in der Feldspule eine Spannung induziert:

$$U_1(t) = -N_1 \cdot \dot{\Phi}(t).$$

2 Aufbau eines Transformators (unbelastet)

N_1	N_2	U_1 in V	U_2 in V	$\frac{U_1}{U_2}$	$\frac{N_1}{N_2}$
400	400	6,0	5,6	1,07	1,00
400	800	6,0	11,5	0,52	0,50
400	1600	6,0	23,1	0,26	0,25
1600	400	6,0	1,4	4,29	4,00
800	800	6,0	5,6	1,07	1,00

3 Unbelasteter Transformator: Messwerte

Diese Spannung hat im idealen Transformator den gleichen Betrag wie die Netzspannung, ist ihr aber nach der Lenzschen Regel entgegengerichtet. Sie sorgt somit für eine Begrenzung der Stromstärke im Transformator. Lösen wir die erste Gleichung nach $\dot{\Phi}$ auf: $\dot{\Phi} = -\frac{U_2}{N_2}$ und setzen dies in die zweite Gleichung ein, erhalten wir:

$U_1(t) = \frac{N_1}{N_2} \cdot U_2(t)$.

Im **belasteten** Transformator fließt durch die Induktionsspule ein Strom der Stärke I_2. Im Idealfall haben dann zugeführte Leistung $P_1 = U_1 \cdot I_1$ und übertragene Leistung $P_2 = U_2 \cdot I_2$ den gleichen Betrag. Wir wenden die Gleichung für U_1 an und erhalten:

$N_1 \cdot I_1 = N_2 \cdot I_2$.

Effektive Energieübertragung • Mit den beiden Transformatoren vor und nach dem langen Kabel leuchtete die Lampe.
Die Windungszahlen betragen beim ersten Transformator $N_1 = 250$ und $N_2 = 1000$. Die Spannung wird also von 4 V auf 16 V transformiert. Die Windungszahlen betragen beim zweiten Transformator $N_1 = 1000$ und $N_2 = 250$. Die anliegende Spannung U_1 wird auf ein Viertel ihres Werts transformiert. Um die Spannung U_2 zu berechnen, betrachten wir den zweiten Transformator: Da die Lampe leuchtet, beträgt die Stromstärke in der Induktionsspule (▶ 1B) des zweiten Transformators etwa $I_2 = 2,5$ A. Die Stromstärke I_1 in der Feldspule berechnet sich dann für den belasteten Transformator zu:

$I_1 = \frac{N_2}{N_1} \cdot I_2 = \frac{1}{4} \cdot 2,5 \text{ V} = 0,625 \text{ A}$.

Dieser Strom ist auch durch das Kabel geflossen, sodass über den Kabelwiderstand eine Spannung von $U_{\text{Kabel}} = R \cdot I_1 = 1,6 \text{ }\Omega \cdot 0,625 \text{ A} = 1 \text{ V}$ abfällt.

Da der erste Transformator die Spannung auf insgesamt 16 V transformierte, fallen am zweiten Transformator dann die restlichen 15 V ab. Diese wurden auf 3,75 V transformiert ($U_2 = \frac{1}{4} \cdot U_1$). Im Gegensatz zur direkten Energieübertragung liegen nun fast die gesamten 4 V an der Lampe an, sodass sie leuchtet. Das Beispiel zeigt, wie elektrische Energie durch Hochspannung mit geringen Verlusten übertragen wird. Denn der Spannungsabfall von 2 V am Kabel bei direkter Übertragung bedeuten, dass die Hälfte der Leistung vom Kabel in Wärme umgewandelt wird. Das ist weder ökonomisch noch ökologisch sinnvoll.

Hochspannungsnetz • Windkraftanlagen generieren eine Spannung von $U_{\text{eff}} = 5$ kV. Eine typische Fernleitung hat auf 100 km Länge einen Widerstand von $R = 4 \text{ }\Omega$ und ermöglicht eine effektive Stromstärke von $I_{\text{eff}} = 1$ kA. Somit fällt am Widerstand der Leitung die Spannung um folgenden Betrag ab:

$U_{\text{Leitung}} = R \cdot I_{\text{eff}} = 4 \text{ }\Omega \cdot 1 \text{ kA} = 4 \text{ kV}$.

Dabei wandelt der Widerstand der Leitung elektrische Leistung in thermische Energie um:

$P_{\text{Verlust}} = U_{\text{Leitung}} \cdot I_{\text{eff}} = 4 \text{ kV} \cdot 1 \text{ kA} = 4 \text{ MW}$.

Wenn durch die Windkraftanlage die erzeugte Leistung untransformiert mit einer Spannung von 5 kV übertragen wird, dann kommen am Ende der Leitung davon nur noch die Spannung 5 kV − 4 kV = 1 kV und die Leistung 1 kV · 1 kA = 1 MW an. Also verliert die Leitung 80 % der zugeführten Energie.

Um den Energieverlust gering zu halten, transformiert man vor der Übertragung auf eine Hochspannung von $U_{\text{eff}} = 380$ kV. Wenn über die Leitung wieder eine Stromstärke von $I_{\text{eff}} = 1$ kA fließen, fällt zwar auch wieder eine Spannung von 4 kV ab, aber bei einer Gesamtspannung von 380 kV entspricht das einem Prozentsatz von 1,05 %. Das gleiche gilt auch für den Leistungsverlust.

1 Der Transformator mit $N_1 = 40$ und $N_2 = 1$ in einem Gerät zum elektrischen Schweißen hat die Primärspannung $U_1 = 230$ V und die elektrische Leistung $P = 2,3$ kW.
a ☐ Ermitteln Sie I_2 und U_2 für einen idealen belasteten Transformator.
b ☐ Erläutern Sie die Funktionsweise des Transformators.

Wir messen B im Eisenkern ohne Luftspalt sehr genau, indem wir in der Feldspule I herunterregeln, $U_{\text{ind}}(t)$ aufzeichnen und mit dem Induktionsgesetz schrittweise ΔB ermitteln sowie addieren.

Material

Versuch A • Energieübertragung durch Induktion bei einem Handgenerator

Hinweis: Arbeiten Sie paarweise: Person 1 schätzt durch ihre Wahrnehmung die mechanische Leistung ab, Person 2 misst Stromstärke und Spannung, um die elektrische Leistung zu bestimmen.

Materialien: Handgenerator (z. B. Dynamot), 3 gleiche Glühlampen (z. B. 2,5 V/1 A), Kabel, Volt- und Amperemeter

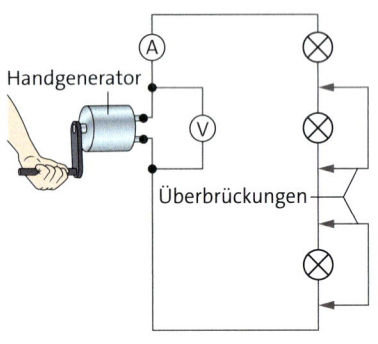

V1 Reihenschaltung

1 Generator in Reihenschaltung

Arbeitsauftrag:
— Bauen Sie die Schaltung entsprechend auf (▶ **1**). Überbrücken Sie zunächst zwei der drei Lampen, sodass nur auf eine Lampe Energie übertragen wird.
— Person 1 dreht gleichmäßig am Generator, sodass die Lampe leuchtet und die Stromstärke konstant bleibt. Person 2 misst Stromstärke und Spannung.
— Während 1 weiterdreht, öffnet 2 erst eine, dann beide der Überbrückungen. 1 passt seine Bewegung jeweils so an, dass die Stromstärke konstant bleibt. 2 misst dabei Stromstärke und Spannung. 1 hält die Änderung seiner Bewegung fest.
— Bei Öffnen der Überbrückungen nehmen mechanische und elektrische Leistung zu. Erklären Sie dies bei Ihren Messwerten jeweils anhand einer Formel.

V2 Parallelschaltung

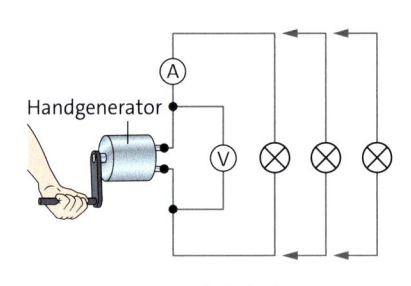

2 Generator in Parallelschaltung

Arbeitsauftrag:
— Bauen Sie die Schaltung entsprechend auf, sodass die Parallelschaltung noch offen ist (▶ **2**).
— 1 dreht gleichmäßig am Generator, sodass die Lampe leuchtet und die Stromstärke konstant bleibt.
Während 1 weiterdreht, schließt 2 erst eine zweite, dann eine dritte Lampe parallel an. 1 passt seine Bewegung jeweils so an, dass die Spannung konstant bleibt. 2 misst dabei Stromstärke und Spannung. 1 hält die Änderung seiner Bewegung fest.
— Erklären Sie Ihre Messwerte. Vergleichen Sie Ihre Ergebnisse auch mit denen aus V1.
— Stellen Sie eine begründete Vermutung dazu auf, was geschieht, wenn man die beiden Anschlüsse des Generators direkt verbindet und beginnt zu drehen.
— Überprüfen Sie Ihre Hypothesen experimentell. Ziehen Sie Schlüsse aus Ihrer Beobachtung.

Versuch B • Elektromotor durch schrittweises Drehfeld

V1 Bauprinzip eines Elektromotors

Materialien: Netzgerät, 3 gleiche Spulen mit Eisenkern, drehbar gelagerte Magnetnadel, 3 Taster, Kabel

Arbeitsauftrag:
— Bauen Sie die Schaltung wie in der Skizze auf (▶ **3**). Ordnen Sie die drei Spulen kreisförmig im gleichen Abstand zueinander an, sodass in der Mitte die Kompassnadel stehen kann.
— Geben Sie die Art der Schaltung der Spulen an und erläutern Sie, was passiert, wenn man jeweils einen der Taster drückt.
— Drücken Sie jeden Taster je eine Sekunde lang zyklisch in der Reihenfolge $T_1, T_2, T_3, T_1, T_2, T_3$ und so weiter.
— Beschreiben und erklären Sie die Bewegung der Magnetnadel. Ermitteln Sie die Periodendauer T.
— Übertragen Sie ▶ **3** in Ihr Heft. Zeichnen Sie von der Drehachse ausgehend die Richtung des magnetischen Flusses B zu den Zeitpunkten $t = \frac{T}{6}$, $t = \frac{3T}{6}$ und $t = \frac{5T}{6}$. Beschreiben Sie das Feld näherungsweise als drehendes Feld. Man spricht vom Drehfeld.
— Erläutern Sie, inwiefern diese Versuchsanordnung einen Elektromotor darstellt.
— Stellen Sie den Winkel α der Flussdichte, erkennbar an der Position der Kompassnadel, abhängig von der Zeit im t-α-Diagramm dar. Einen Motor mit schrittweisem Zeitverlauf des Winkels von B nennt man Schrittmotor. Erörtern Sie Vor- und Nachteile von Schrittmotoren.

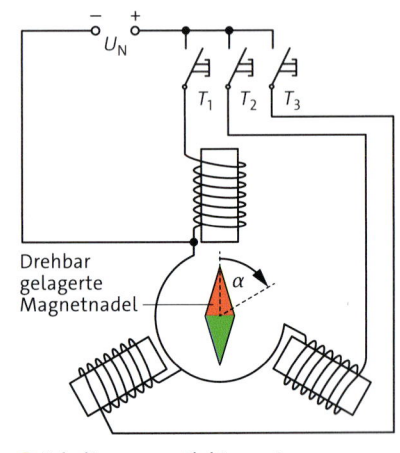

3 Schaltung zum Elektromotor

Elektrodynamik • Anwendungen der Induktion

Material A • Drehbewegung und magnetischer Fluss

Hält man ein Blatt Papier ausgestreckt vor sich, sodass z. B. ein Bild an der Wand verdeckt wird und dreht es anschließend um seine Längsachse, kann man immer mehr vom verdeckten Bild erkennen. Befindet sich die Papierkante dabei am Ende genau auf Höhe der Augen, kann man das Bild dahinter im Grunde wieder vollständig sehen.

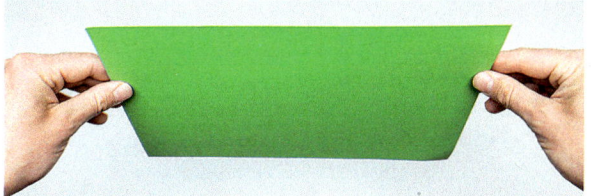

A1 Um die Längsachse gedrehtes Blatt Papier

1 Beim Drehen ändert sich die sichtbare Blatthöhe (▶ A1).
  a Finden Sie eine Formel für diese Blatthöhe.
  b Vergleichen Sie Ihre Formel mit der drehbaren Spule im Magnetfeld.

c Beim magnetischen Fluss wird der Term $A \cdot \cos(\alpha)$ auch „effektive Fläche" genannt. Erklären Sie dies anhand einer Skizze.

2 Ein Drahtrahmen dreht sich in einem homogenen Magnetfeld (▶ A2).
  a Begründen Sie: In den Drahtstücken parallel zur Drehachse gibt es eine Lorentzkraft auf die Elektronen. Diese Lorentzkraft ändert sich periodisch.
  b Erklären Sie: Bei der Bahngeschwindigkeit v ist die Lorentzkraft auf ein Elektron in den Drahtstücken $F_L = e \cdot B \cdot v \cdot \sin(\alpha)$.
  c Leiten Sie mit der Formel aus **b** einen Zusammenhang für die Induktionsspannung her.
  d Vergleichen Sie diesen Zusammenhang mit der Formel, die sich aus dem Induktionsgesetz ergibt.

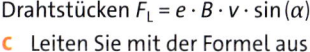

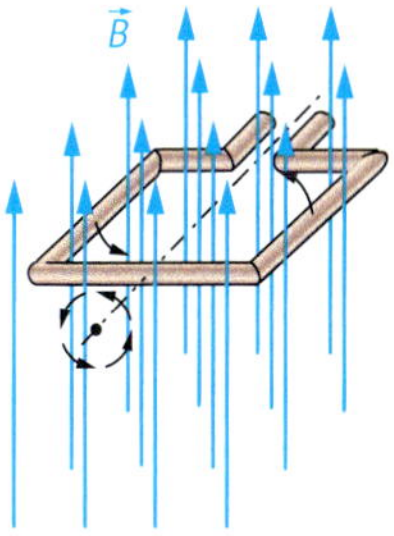

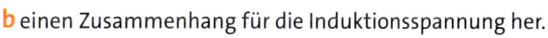

A2 Drehender Drahtrahmen in einem homogenen Magnetfeld

Material B • Scheibengenerator

Bei einem Scheibengenerator rotiert eine Metallscheibe in einem homogenen Magnetfeld. Dabei ist die Rotationsachse parallel zum Feld ausgerichtet (▶ B1A).
Diesen kann man in einen Dynamo umbauen, wenn man den Magneten durch eine Spule mit Eisenkern, die elektrisch mit der rotierenden Scheibe verbunden ist, ersetzt (▶ B1B).

1 Am Rand der Scheibe und an der Rotationsachse befinden sich Schleifkontakte, an denen ein Voltmeter angebracht ist.
  a Übertragen Sie ▶ B1A ins Heft. Erklären Sie, welche Kraft auf die Elektronen in der Scheibe wirkt, solange sie rotiert. Bestimmen Sie ihre Richtung und tragen Sie diese in Ihre Skizze ein.
  b Begründen Sie, dass eine Induktionsspannung entsteht und erklären Sie die Funktionsweise als Generator.

2 Um die Lorentzkraft zu berechnen, verwenden Sie den mittleren Radius der Scheibe: $\frac{r}{2}$.
  a Zeigen Sie, dass damit gilt: $F_L = e \cdot \omega \cdot \frac{r}{2} \cdot B$.
  b Berechnen Sie F_L für $\omega = 1000 \frac{1}{s}$, $B = 1\,\text{T}$, $r = 2\,\text{m}$.
  c Für U_{ind} gilt demnach $U_{ind} = \omega \cdot \frac{r^2}{2} \cdot B$. Zeigen und berechnen Sie.

3 Ein Eisenkern hat meist eine gewisse Restmagnetisierung, sodass zwischen den Enden ein schwaches Magnetfeld existiert. Beschreiben Sie die Vorgänge, wenn die Scheibe zu Beginn in Rotation versetzt wurde.

4 Wird zum Zeitpunkt t die Spannung $U(t)$ induziert, entsteht ein Strom $I(t)$. Dieser erzeugt im Zeitintervall Δt die (zusätzliche) Flussdichte $B(t + \Delta t) = \mu_0 \cdot \mu_r \cdot N \cdot \frac{U(t)}{R \cdot \ell}$.
  a Begründen Sie, dass für die Stromstärke gilt: $I(t) = \frac{U(t)}{R}$. Berechnen Sie $I(t)$ für $U(t) = 2\,\text{V}$ und $R = 10\,\Omega$.
  b Erläutern Sie, wie das (zusätzliche) Magnetfeld entsteht. Begründen Sie hierzu die Formel für $B(t + \Delta t)$ und berechnen Sie B für $N = 100$, $\ell = 0{,}1$, $\mu_r = 5$.
  c Zur Zeit $t + \Delta t$ wird $U(t + \Delta t) = k \cdot U(t)$ induziert, mit $k = \omega \cdot \frac{r^2}{2} \cdot \mu \cdot \frac{N}{R \cdot \ell}$. Begründen Sie diese Formel sowie die Tatsache, dass eine stabile Spannung nur induziert wird, falls k mindestens 1 ist. Ermitteln Sie ω, für $k = 1$.

5 Der Scheibendynamo funktioniert besonders gut für große Radien. Dadurch eignet er sich gut zur Modellierung der Entstehung des Erdmagnetfeldes. Erläutern Sie.

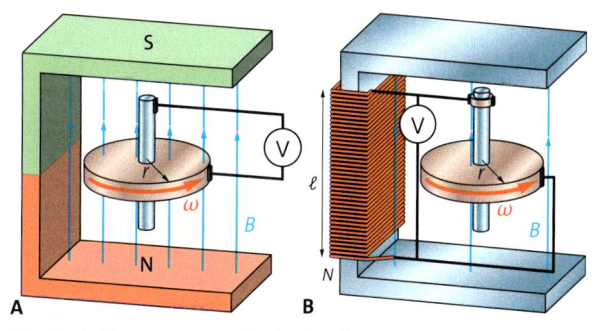

B1 A Scheibengenerator; **B** Scheibendynamo

Blickpunkt

Erdmagnetfeld

Menschen nutzen die Richtung des Erdmagnetfeldes an der Erdoberfläche seit über 2500 Jahren zur Navigation. Der Betrag des Feldes ist wesentlich für den Schutz der Lebewesen vor dem Sonnenwind und einigen kosmischen Strahlen.

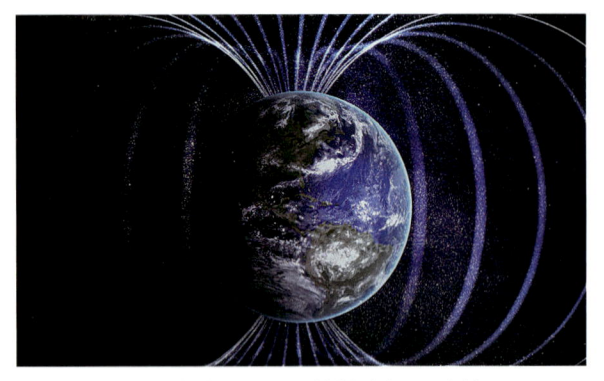

1 Das Erdmagnetfeld ist ein Dipolfeld, daher ist |B| heterogen.

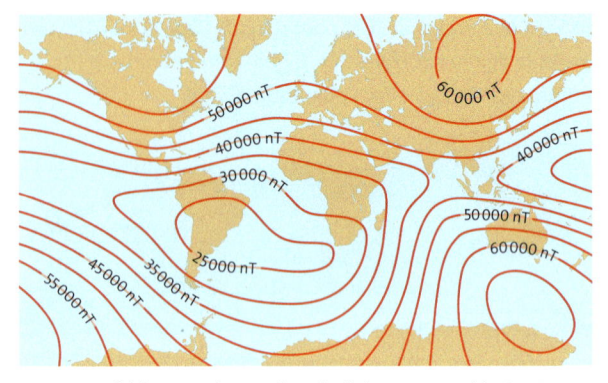

2 Magnetfeld am Boden variiert örtlich von 20 µT bis 64 µT.

Magnetosphäre • Wäre der Weltraum leer, würde sich das Magnetfeld der Erde, die **Magnetosphäre**, unbegrenzt ausbreiten. Seit die USA 1958 ihren ersten Satelliten Explorer 1 ins All schickten, wissen wir aber, dass das Magnetfeld eine natürliche Grenze hat: Auf der Tagseite trifft der **Sonnenwind** in etwa 60 000 km Höhe auf das Erdmagnetfeld. Dieses lenkt die geladenen Teilchen des Sonnenwinds durch die Lorentzkraft ab. So entstehen Ströme, die gemäß der Lenzschen Regel ihrer Ursache, dem Erdmagnetfeld, entgegenwirken. Dort endet die Magnetosphäre, ihre Grenze heißt **Magnetopause**.

Der überschallschnelle Sonnenwind wird hier auf Unterschallgeschwindigkeit abgebremst und es bildet sich eine Bugstoßwelle (▶2), wobei sich der Sonnenwind aufteilt: Ein Teil strömt außerhalb der Magnetosphäre weiter, dadurch entsteht auf der Nachtseite der langgezogene Magnetosphärenschweif (▶2). Einige Teilchen dringen durch eine Lücke der Magnetosphäre bei den Polregionen (Cusp) in die Atmosphäre ein. Sie können dort zusammen mit Teilchen aus der Plasmaschicht Polarlichter hervorrufen. Einige Teilchen werden in magnetischen Flaschen im Strahlungsgürtel gefangen.

Zeitliche Entwicklung des Erdmagnetfeldes • Die Sonne wirft gelegentlich für Minuten oder Stunden einen besonders starken Sonnenwind aus. Dieser kann die Magnetosphäre stark verformen, in der Atmosphäre Ströme von über eine Million Ampere auslösen und so am Erdboden starke Schwankungen des Magnetfeldes hervorrufen. Man spricht dann von einem magnetischen Sturm.

1905 fand der Geophysiker BERNARD BRUNHES in einem Lavafluss Eisenminerale, die entgegengesetzt zum heutigen Erdmagnetfeld polarisiert sind. Er schloss daraus, dass sich das Erdmagnetfeld komplett umpolen kann – also der magnetische Nord- und Südpol ihre Position tauschen können.

Inzwischen weiß man, dass es in den letzten 150 Mio. Jahren Dutzende von Umpolungen des Erdmagnetfeldes gab (▶3). Auch heute ist das Erdmagnetfeld nicht unveränderlich: Der Nordpol des Feldes verschiebt sich pro Jahr um etwa 50 km und die Stärke des axialen Magnetfelds sank seit 1700 von 34,5 µT auf 29,5 µT, was noch im Bereich normaler Schwankungen liegen kann.

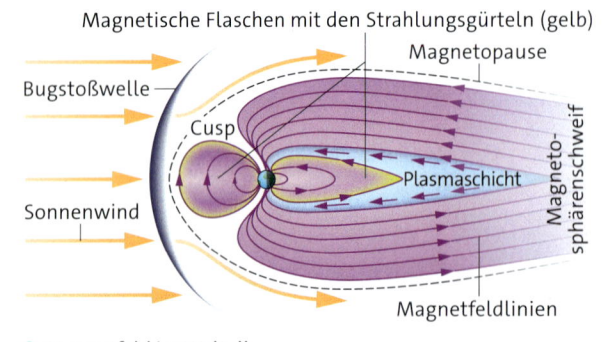

3 Magnetfeld im Weltall

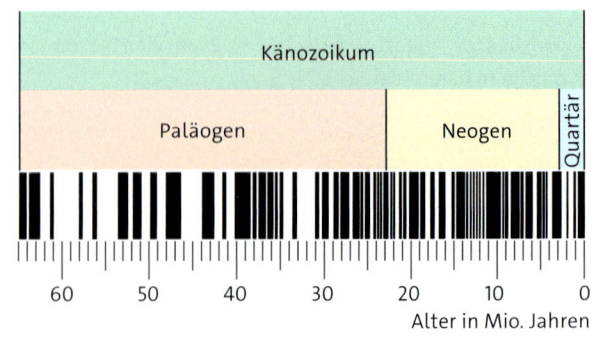

4 Umpolung: Schwarz entspricht heutiger Polung

Wie entsteht das Erdmagnetfeld? • Der **äußere Erdkern** ist flüssig, besteht im Wesentlichen aus Eisen und liegt in 2900 bis 5100 km Tiefe. Darunter befindet sich der innere Kern mit Temperaturen über 5000 °C. Der innere Kern heizt daher den äußeren von unten und dort steigt heißes Eisen auf, kühlt oben ab, sinkt wieder nach unten und bildet so Konvektionsbewegungen aus. Aufgrund der Erdrotation wirkt die **Corioliskraft**, eine Trägheitskraft ähnlich der Zentrifugalkraft:

$$F_{Cor} = 2 \cdot m \cdot v_\perp \cdot \omega.$$

Dabei ist $v_\perp$ die Geschwindigkeitskomponente orthogonal zur Winkelgeschwindigkeit ω. Dadurch werden die Konvektionsbewegungen zu Konvektionssäulen verformt (▶5), in denen sich das Eisen auf schraubenförmigen Bahnen bewegt.

Aufgrund der Hitze sind die Atome ionisiert, in der Schmelze liegen also Ladungsträger vor. Die bewegten Ladungen erfahren beim Aufsteigen im Magnetfeld die Lorentzkraft F_L und bilden somit Ströme, die wiederum ein Magnetfeld erzeugen. Unter günstigen Bedingungen – die im Fall des Erdmagnetfeldes durch die schraubenförmigen Strömungen gegeben sind – kann es so zu einer Verstärkung des Magnetfelds kommen, bis ein Gleichgewichtsfeld der Flussdichte B_G erreicht ist. Man spricht von **Selbsterregung**. Dieser **Geodynamo** erzeugt das Erdmagnetfeld.

Abschätzung der Flussdichte • Die physikalischen Modelle zur Berechnung des Geodynamos sind sehr komplex, aber die wesentlichen Mittelwerte können wir herleiten und B_G näherungsweise ermitteln.
Wir analysieren exemplarisch den Querschnitt einer Konvektionssäule im Erdinneren (▶4). Im Magnetfeld wirkt auf eine Ladung q die Lorentzkraft mit dem Betrag:

$$F_L = q \cdot v_\perp \cdot B.$$

Diese verschiebt Ladungen wie eine elektrische Kraft $F_{el} = |\vec{E}| \cdot q = F_L$ mit einer effektiven elektrischen Feldstärke $|\vec{E}| = v_\perp \cdot B$. Daher entsteht ein Strom I. Betrachtet man in der Säule einen Würfel mit der Kantenläng a, durch den dieser Strom fließt, wirkt auf den Würfel eine magnetische Kraft:

$$F_m = I \cdot a \cdot B = J \cdot B \cdot a^3 \quad \text{mit } J = \frac{I}{a^2}.$$

Diese Kraft wirkt stets entgegengesetzt zu v und ist somit eine elektromagnetische Bremskraft (▶5), passend zur Lenzschen Regel. Die entsprechende Bremsleistung $F_m \cdot v_\perp$ muss im Gleichgewichtsfeld B_G wieder zugeführt werden, sonst käme v zum Erliegen. Das geschieht teils durch die Leistung $F_{Cor} \cdot v_\parallel$ der Corioliskraft, teils durch die Konvektion. Computersimulationen zeigen, dass im Mittel aber gilt: $F_m \approx F_{Cor}$.

$$I \cdot a \cdot B = 2 \cdot m \cdot v_\perp \cdot \omega.$$

Wir drücken die Masse m durch die Dichte $\varrho \cdot a^3$ aus und teilen durch a^3:

$$\frac{I}{a^2} \cdot B = 2 \cdot \varrho \cdot v_\perp \cdot \omega.$$

Der Bruch ist die Stromdichte J. Diese ist proportional zum Kehrwert des spezifischen Widerstands, zur sogenannten **Leitfähigkeit** σ. Da der Strom aus der Lorentzkraft entsteht, gilt für die Stromdichte zudem $J = v_\perp \cdot B \cdot \sigma$:

$$B^2 = 2 \cdot \varrho \cdot \frac{\omega}{\sigma} = B_G^2.$$

Um B_G für eine Tiefe von 2900 km zu ermitteln, setzen wir für die Dichte $\varphi = 10^4 \, \frac{\text{kg}}{\text{m}^3}$ und für die Leitfähigkeit $\sigma = 10^7 \cdot \frac{1}{\Omega \cdot \text{m}}$ ein. Die Winkelgeschwindigkeit beträgt $\omega = 7{,}3 \cdot 10^{-5} \, \frac{1}{\text{s}}$:

$$B_G = \sqrt{2 \cdot \varphi \cdot \frac{\omega}{\sigma}} = 382 \, \mu\text{T}.$$

Wie jedes Dipolfeld nimmt auch das Magnetfeld der Erde mit zunehmendem Abstand r vom Erdmittelpunkt proportional zu $\frac{1}{r^3}$ ab. Also ist an der Erdoberfläche bei $r_E = 6371$ km:

$$B_{Oberfläche} = B_G \cdot \frac{r^3}{r_E^3} = \frac{(6371 \, \text{km} - 2900 \, \text{km})^3}{(6371 \, \text{km})^3} = 62 \, \mu\text{T}.$$

Das passt grob zu den Messwerten in der Grafik (▶2).

Die Gleichung zur Berechnung von B_G zeigt zudem, dass das Magnetfeld immer **positiv rückgekoppelt** wird (wegen B_G^2). Daher stellt $B = 0$ einen **labilen Zustand** dar. Dieser kippt durch eine kleinste Störung in einen der beiden **stabilen Zustände**: zu $B = B_G$ oder zu $B = -B_G$. Somit kann das Magnetfeld in allen Konvektionssäulen die gleiche Richtung haben.
Da Magnetfelder aus einer Säule in Nachbarsäulen hineinragen (▶5) und dort auf positive Rückkopplung stoßen, setzt sich eine Richtung durch und die Magnetfelder der Säulen sind gleichgerichtet. Das erklärt die Stabilität des Erdmagnetfelds und des Geodynamos.
Dennoch kann sich das Magnetfeld global umpolen, was allerdings mehrere zehntausend Jahre dauert (▶4).

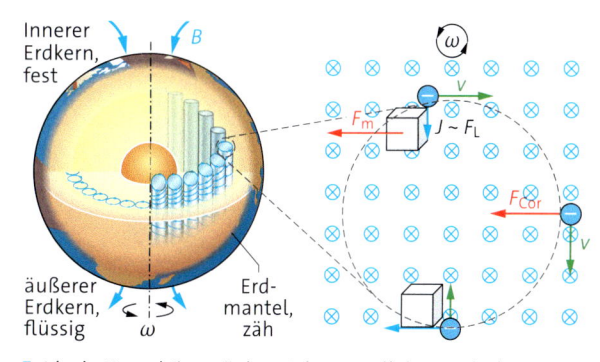

5 Ideale Konvektionssäulen stehen parallel zur Erdachse.

3.5 Selbstinduktion

1 Elektroschock-Waffe bei der Londoner Polizei

Polizistinnen und Polizisten können sich mit sogenannten Taser-Waffen verteidigen, um den Schusswaffengebrauch zu vermeiden. Wie funktioniert solch eine Elektroschock-Waffe?

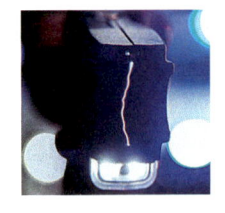

Die 50 000 V werden durch einen Lichtbogen im sogenannten Kontaktmodus erreicht. Die verschossenen Elektropfeile arbeiten mit Spannungen zwischen 1500 V bis 2600 V.

Modellversuch • Der Angreifende wird durch eine elektrische Spannung von bis zu $U = 50\,000$ V handlungsunfähig, wobei die geringe Stromstärke bei einem gesunden Menschen ungefährlich bleibt. Das Gerät wird mit einem Akku mit $U = 3$ V betrieben.
Um die Verstärkung der Gleichspannung in einem Modellversuch nachzubilden, nutzen wir berührungsungefährlichen Spannungen (▶ 2).
Dazu schließen wir eine berührungsungefährliche Spannung $U_1 = 0{,}1$ V über einen Taster und einen Widerstand $R = 1\,\Omega$ an eine Spule mit Eisenkern an und messen den Spannungsverlauf $U_2(t)$ an der Spule mit einem Oszilloskop. Wir lesen am Oszilloskop Spannungsspitzen von $U_{2,max} = 5$ V ab (▶ 2). Dem entspricht eine Verstärkung um den Faktor 50.

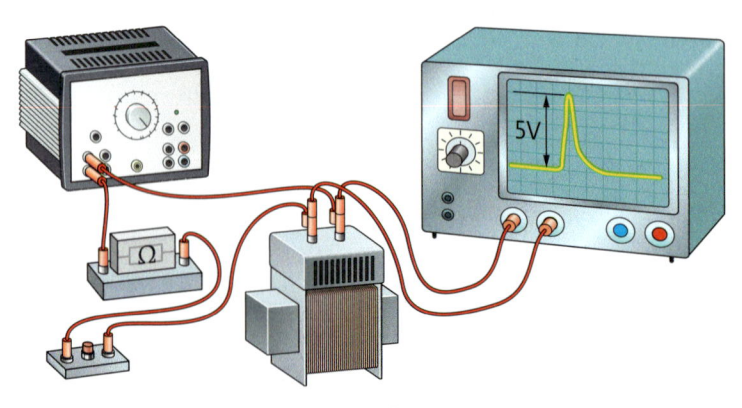

Selbstinduktion • Solange der Taster gedrückt ist, ist der Stromkreis zur Spannungsquelle geschlossen. Durch die Spule fließt ein Strom mit einer maximalen Stromstärke von $I_{max} = 0{,}1$ A, der im Eisenkern der Spule ein Magnetfeld mit einer maximalen Flussdichte B_{max} erzeugt.

Lässt man anschließend den Taster los, dann öffnet dieser in einer sehr kurzen Zeitspanne Δt den Stromkreis, wodurch auch der Stromfluss unterbrochen wird. Die Stromstärke ändert sich in dieser Zeitspanne Δt auf $I = 0$ A. Mit dem abnehmenden Stromfluss ändert sich auch die magnetische Flussdichte des Magnetfelds auf $B = 0$ T.

Gemäß dem Induktionsgesetz führt eine Änderung des magnetischen Flusses ($\Phi = B \cdot A$) zu einer Induktionsspannung U_{ind}. In der Spule entsteht beim Zusammenbruch des Magnetfelds so die messbare Spannung von 5 V. Das Entstehen der Induktionsspannung in der gleichen Spule, die zuvor das Magnetfeld erzeugt hat, nennt man **Selbstinduktion**.

> Wenn sich in einem elektrischen Bauteil oder Schaltkreis die Stromstärke $I(t)$ zeitlich ändert, entsteht durch Selbstinduktion eine Spannung in diesem Bauteil bzw. Schaltkreis. Die Selbstinduktion tritt vor allem bei Spulen auf.

2 Modellversuch zur Erzeugung einer großen Spannung

Wir haben im Modellversuch eine Verstärkung um den Faktor 50 erzielt. Kann man mit diesem Prinzip die Spannung auch um den erforderlichen Faktor 17 000 steigern? Dazu analysieren wir, wie die Induktionsspannung beim Versuch in ▶ 2 von den Parametern der Spule, des Tasters sowie von R und U_1 abhängt.

Berechnung der Induktionsspannung • Durch den Widerstand R im Stromkreis ist die Stromstärke auf den Wert I_{max} begrenzt:

$$I_{max} = \frac{U_1}{R} = \frac{0{,}1\,V}{1\,\Omega} = 0{,}1\,A.$$

Der Stromkreis kann von einem Taster in $\Delta t = 10$ ms unterbrochen werden. Wir gehen vereinfachend davon aus, dass die Stromstärke während dieser Zeit linear von I_{max} auf $I = 0$ A sinkt. Dann beträgt die Änderungsrate der Stromstärke:

$$\frac{\Delta I}{\Delta t} = \frac{0\,A - I_{max}}{\Delta t} = -\frac{I_{max}}{\Delta t}.$$

Wir ermitteln die maximale Flussdichte B_{max} vereinfachend für den Fall einer lange Zylinderspule mit der Windungszahl N, der Länge ℓ, der Querschnittsfläche A und der relativen Permeabilitätszahl μ_r:

$$B_{max} = \mu_0 \cdot \mu_r \cdot I_{max} \cdot \frac{N}{\ell}.$$

Daraus folgt für die Änderungsrate der Flussdichte B des Magnetfelds:

$$\frac{\Delta B}{\Delta t} = \frac{0\,T - B_{max}}{\Delta t} = -\frac{B_{max}}{\Delta t} = -\mu_0 \cdot \mu_r \cdot \frac{N}{\ell} \cdot \frac{I_{max}}{\Delta t}.$$

Entsprechend dem Induktionsgesetz beträgt die Induktionsspannung U_{ind}:

$$U_{ind} = -N \cdot A \cdot \frac{\Delta B}{\Delta t} = -N \cdot A \cdot \left(-\frac{B_{max}}{\Delta t}\right).$$

Die beiden Minuszeichen heben sich auf. Entsprechend der Lenzschen Regel wirkt die Induktionsspannung ihrer Ursache entgegen. Da die Ursache die Unterbrechung des Stromkreises ist, ist die Spannung so gerichtet, dass sie den Stromfluss aufrecht erhält. Wir setzen den Term der Änderungsrate für die lange Spule ein und erhalten für die Induktionsspannung:

$$U_{ind} = \mu_0 \cdot \mu_r \cdot A \cdot \frac{N^2}{\ell} \cdot \frac{I_{max}}{\Delta t}.$$

Wir erkennen, dass die Induktionsspannung proportional zur Änderungsrate der Stromstärke ist:

$$U_{ind} = L \cdot \frac{I_{max}}{\Delta t}$$

bzw. für den allgemeinen Fall: $U_{ind} = -L \cdot \frac{\Delta I}{\Delta t}$.

Den Proportionalitätsfaktor nennt man **Induktivität** L. Die Einheit der Induktivität ist das **Henry** (H). Aus der Gleichung folgt für die Einheit:

$$[L] = 1\,\frac{V \cdot s}{A} = 1\,H.$$

Im Modellversuch (▶ 2) haben wir eine lange Spule mit $N = 300$, $\ell = 6$ cm, $\mu_r = 300$ und $A = 9 \cdot 10^{-4}\,m^2$ verwendet. Für die Induktivität folgt damit:

$$L = \mu_0 \cdot \mu_r \cdot A \cdot \frac{N^2}{\ell}.$$

$$= 1{,}26 \cdot 10^{-6}\,\frac{V \cdot s}{A \cdot m} \cdot 300 \cdot 9 \cdot 10^{-4}\,m^2 \cdot \frac{300^2}{0{,}06\,m}$$

$$= 0{,}51\,H$$

Die Spule hat also die Induktivität $L = 0{,}51$ H. Mit der Zeit $\Delta t = 0{,}01$ s erhalten wir die Änderungsrate:

$$\frac{\Delta I}{\Delta t} = -\frac{I_{max}}{\Delta t} = -\frac{0{,}1\,A}{0{,}01\,s} = -10\,\frac{A}{s}.$$

Somit beträgt die Induktionsspannung:

$$U_{ind} = -L \cdot \frac{\Delta I}{\Delta t} = -0{,}51\,\frac{V \cdot s}{A} \cdot \left(-10\,\frac{A}{s}\right) = 5{,}1\,V.$$

Das passt gut zur Beobachtung.

Um eine höhere Induktionsspannung zu erzeugen, kann entweder $\frac{\Delta I}{\Delta t}$ oder L gesteigert werden. Wenn wir beispielsweise (unter der Annahme, dass sich insbesondere R nicht ändert) N von 300 auf 12 000 erhöhen, dann erhalten wir die Induktivität $L = 816$ H und bei gleicher Änderungsrate der Stromstärke eine Induktionsspannung von 8160 V. Dem entspricht eine Verstärkung um den Faktor 81 600.
Taser arbeiten also nach dem Prinzip der Selbstinduktion und werden auch entsprechend gebaut.

> Die Erzeugung einer Induktionsspannung U_{ind} in einer Feldspule heißt Selbstinduktion. Dabei ist U_{ind} proportional zur Induktivität L der Spule und es gilt:
> $$U_{ind} = -L \cdot \frac{\Delta I}{\Delta t}.$$
> Nach der Lenzschen Regel verläuft der entstehende Induktionsstrom stets so, dass er seiner Ursache entgegenwirkt.

1 ✏ Ein Taser der Polizei hat eine Induktivität von $L = 17$ µH und eine Stromstärke von $I = 3{,}2$ A.
  a Die Stromstärke nimmt im Zeitintervall $\Delta t = 27$ ns gleichmäßig auf null ab. Ermitteln Sie U_{ind}.
  b Bei feuchter Haut beträgt das Zeitintervall nur $\Delta t = 15$ ns. Ermitteln Sie die U_{ind}.

Der Widerstand R beinhaltet auch den Widerstand der Spule.

Bei einer Elektroschock-Waffe wird der Stromkreis periodisch in permanenter Wiederholung durch eine Elektronik unterbrochen und wieder eingeschaltet. Das ersetzt die Funktion des Tasters im Modellversuch.

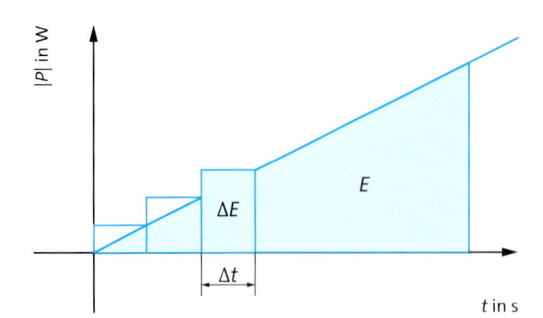

1 Leistung beim Einschalten der Spule

Energie der Spule • Der Taser erzeugt den Lichtbogen erst, wenn die Spannungsquelle bereits abgetrennt ist. Woher kommt die Energie dafür?
Im Stromkreis befinden sich dann nur noch der Widerstand und die Spule. Der Widerstand speichert keine elektrische oder magnetische Energie. Nach dem Ausschlussprinzip kommt die Energie also aus der Spule. Um zu analysieren, wie diese Energie von der Stromstärke I abhängt, untersuchen wir die Leistung P, die der Spule beim Schließen des Stromkreises zugeführt wird. Beim Einschalten findet in der Spule eine Selbstinduktion statt, durch die die Stromstärke verzögert ansteigt. Wir nehmen dabei an, dass die Stromstärke mit einer konstanten Rate $\frac{\Delta I}{\Delta t}$ steigt. Die Induktionsspannung beträgt dann:

$$U_{ind} = -L \cdot \frac{\Delta I}{\Delta t}.$$

Daher gilt für den Betrag der Leistung $P = I \cdot U_{ind}$:

$$|P| = \left| I \cdot \left(-L \cdot \frac{\Delta I}{\Delta t}\right) \right|.$$

Da die Stromstärke mit konstanter Rate steigt, können wir sie als lineare Funktion von t ausdrücken $I = t \cdot \frac{\Delta I}{\Delta t}$ und die Gleichung einsetzen:

$$|P| = L \cdot \left(\frac{\Delta I}{\Delta t}\right)^2 \cdot t.$$

An der Gleichung kann man ablesen, dass beim Einschalten der Spule mit einer konstanten Änderungsrate des Stroms $\frac{\Delta I}{\Delta t}$ der Spule eine Leistung $|P|$ zugeführt wird, die linear mit der Zeit zunimmt. Im t-P-Diagramm entspricht das einer Ursprungsgeraden (▶ **1**).
Für die Energieänderung ΔE der Spule im Zeitintervall Δt gilt zudem:

$$\Delta E = |P| \cdot \Delta t.$$

Das entspricht im Diagramm der markierten Rechteckfläche (▶ **1**). Die Summe aller solcher Rechteckflächen ist gleich der beim Einschalten zugeführten Energie E. Für den exakten Wert lässt man die Breite des Zeitintervalls Δt gegen null gehen. In diesem Grenzfall ist die Summe der Rechteckflächen gleich der Dreiecksfläche unter der Geraden $P(t)$ ▶ **1**. Deren Betrag ist das halbe Produkt aus Grundseite t und Höhe $|P|(t)$:

$$E(t) = \frac{1}{2} \cdot |P| \cdot t.$$

Wir ersetzen $|P|$ durch die zuvor gefundene Formel:

$$E(t) = \frac{1}{2} \cdot L \cdot \left(\frac{\Delta I}{\Delta t}\right)^2 \cdot t \cdot t = \frac{1}{2} \cdot L \cdot \left(\frac{\Delta I}{\Delta t} \cdot t\right)^2.$$

Wir setzen für $\frac{\Delta I}{\Delta t} \cdot t$ die Stromstärke $I(t)$ ein:

$$E(t) = \frac{1}{2} \cdot L \cdot I(t)^2.$$

Nach dem Prinzip der Energieerhaltung ist diese bis zur Zeit t zugeführte Energie $E(t)$ gleich der Energie E der Spule bei der Stromstärke I, unabhängig von t. So haben wir durch Analyse des Prozesses der Energieaufnahme einen Term für die Energie E der Spule abhängig von I erhalten.

> Wenn durch eine Spule mit einer Induktivität L ein Strom I fließt, dann speichert die Spule folgende Energie: $E = \frac{1}{2} \cdot L \cdot I^2$.

Energie des Feldes • Um zu verstehen, wo die Spule die Energie speichert, betrachten wir noch einmal die elektromagnetische Induktion. Nach dem Induktionsgesetz entsteht die Spannung durch Änderung der magnetischen Flussdichte.
So wie das elektrische Feld Energie speichert, muss die Energie der Spule dem magnetischen Feld zugeordnet sein. Durch Induktion wird entweder Energie auf das Magnetfeld übertragen oder umgekehrt.
Um einen Ausdruck zu erhalten, wie viel Energie ein Magnetfeld speichert, ersetzen wir die Stromstärke I und die Induktivität L in der Formel für E durch die Ausdrücke bei einer langen Spule:

$$I = B \cdot \frac{\ell}{\mu_0 \cdot \mu_r \cdot N} \quad \text{und} \quad L = \mu_0 \cdot \mu_r \cdot A \cdot \frac{N^2}{\ell}.$$

Daraus folgt:

$$E = \frac{1}{2} \cdot \mu_0 \cdot \mu_r \cdot A \cdot \frac{N^2}{\ell} \cdot \left(B \cdot \frac{\ell}{\mu_0 \cdot \mu_r \cdot N}\right)^2.$$

Wir vereinfachen und nutzen die Tatsache, dass das Produkt aus der Länge ℓ und der Querschnittsfläche A der Spule gleich deren Volumen V ist. Auch teilen wir durch das Volumen:

$$\frac{E}{V} = \frac{1}{2} \cdot \frac{B^2}{\mu_0 \cdot \mu_r}.$$

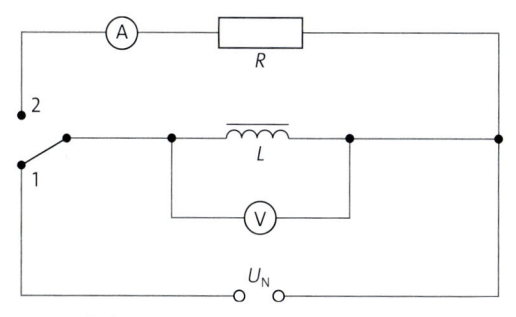

Elektrodynamik • Selbstinduktion

2 Ausschaltvorgang bei einer Spule

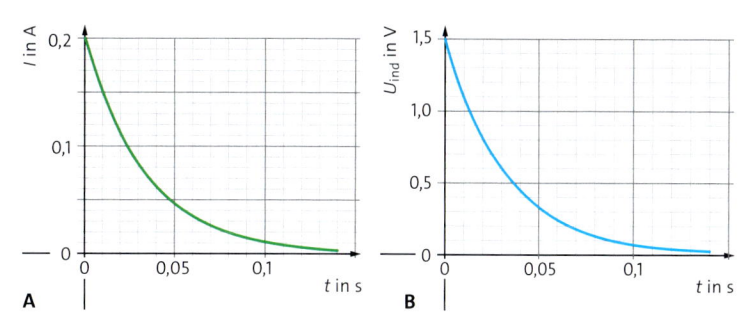

3 Verlauf beim Ausschaltvorgang von **A** I(t) und **B** U(t)

> Die Energiedichte des Magnetfeldes beträgt: $\frac{E}{V} = \frac{1}{2} \cdot \frac{B^2}{\mu_0 \cdot \mu_r}$.

Ein- und Ausschaltvorgänge unter der Lupe • Schon die Spannungskurve beim Modellversuch zum Taser zeigte, dass die elektrischen Größen keinen linearen Zeitverlauf haben. In einem Versuch mit einer Schaltung aus Spule und einem ohmschen Widerstand (▶ 2) wurden I(t) und U(t) während des Ausschaltvorgangs aufgezeichnet (▶ 3). Um den Verlauf zu analysieren, betrachten wir die Induktionsspannung an der Spule für den Grenzfall $\Delta t \to 0$.

$U_{ind} = -L \cdot \lim_{\Delta t \to 0} \frac{\Delta I}{\Delta t} = -L \cdot \frac{dI}{dt} = L \cdot \dot{I}$

$U_{ind}(t)$ ist aufgrund der Maschenregel gleich der Spannung $U_R(t) = R \cdot I(t)$ am Widerstand:

$-L \cdot \dot{I}(t) = R \cdot I(t)$.

Wie bei der Entladung des Kondensators machen wir den Ansatz einer Exponentialfunktion und leiten diese nach der Zeit ab:

$I(t) = I_{max} \cdot e^{-\frac{t}{\tau}} \quad \dot{I}(t) = I_{max} \cdot \left(-\frac{1}{\tau}\right) \cdot e^{-\frac{t}{\tau}}$.

Diese Ausdrücke können wir einsetzen:

$\frac{L}{\tau} \cdot I_{max} \cdot e^{-\frac{t}{\tau}} = R \cdot I_{max} \cdot e^{-\frac{t}{\tau}}$.

Ein Koeffizientenvergleich ergibt für $\tau = \frac{L}{R}$:

$I(t) = I_{max} \cdot e^{-t \cdot \frac{R}{L}}$

Für die Induktionsspannung folgt dann:

$U_{ind}(t) = -L \cdot \dot{I}(t) = R \cdot I_{max} \cdot e^{-t \cdot \frac{R}{L}} = U_{max} \cdot e^{-t \cdot \frac{R}{L}}$.

Stromstärke und Spannung zeigen beim Ausschalten jeweils einen exponentiellen Abfall. Auch bei Einschaltvorgängen ergeben sich exponentielle Verläufe, bei denen die Größen von null auf ihren Maximalwert ansteigen.

Magnetischer Energiespeicher • Spulen eignen sich als sehr schnelle Energiespeicher. In einem Sägewerk wird z. B. eine supraleitende Spule eingesetzt. Sie gleicht den schwankenden Energiebedarf der Maschinen aus, der u. a. beim Sägen unregelmäßig gewachsener Baumstämme entsteht, sodass das Versorgungsnetz von Leistungsspitzen entlastet wird. Die Spule hat eine Induktivität von $L = 4{,}37$ H und wird von einem Strom $I = 300$ A durchflossen. Dabei wird folgende Energie gespeichert:

$E = \frac{1}{2} \cdot L \cdot I^2 = 196$ kJ.

Die Energiedichte beträgt $\frac{E}{V} = 150 \frac{kJ}{m^3}$.

Aufgrund der Supraleitung treten kaum Energieverluste auf, sodass der Wirkungsgrad weit über 90 % liegt. Auch wird die Energie, ähnlich wie beim Taser, bei Bedarf sehr schnell abgerufen. Wenn beispielsweise die Energie der Spule an eine Anlage mit einem Widerstand von $R = 10\,\Omega$ übertragen wird, denn beträgt die Zeitkonstante: $\tau = \frac{4{,}37\,\Omega \cdot s}{10\,\Omega} = 0{,}437$ s.

1 ☐ Bestimmen Sie für die supraleitende Spule aus dem Beispiel die Flussdichte B. *Hinweis:* Die Spule des Energiespeichers ist luftgefüllt.

2 ☐ Ein Taser der Polizei hat eine Induktivität von $L = 17$ µH, eine Permeabilität $\mu_r = 20$ und eine Stromstärke von $I = 3{,}2$ A.
   a Ermitteln Sie die freigesetzte Energie.
   b Ermitteln Sie für ein Spulenvolumen von $V = 10^{-4}$ m³ die Flussdichte B in der Spule.

3 🗹 Eine Spule ist an $U = 2{,}0$ V angeschlossen, wobei die Stromstärke $I = 0{,}4$ A beträgt. Nach dem Ausschalten fällt I in 0,5 s um 50 %.
   a Erläutern Sie, warum die Stromstärke nach dem Ausschalten nicht sofort auf null fällt.
   b Skizzieren Sie das t-I-Diagramm.
   c Bestimmen Sie R und L der Spule.

Die Energiedichte $\frac{E}{V}$ gilt allgemein für alle Magnetfelder, da keine Kenngrößen der Spule mehr vorkommen. Sie hängt nur von den Konstanten μ_0 und μ_r sowie der Flussdichte B am Ort des Magnetfelds ab. Die Energiedichte wird auch magnetischer Druck p_m genannt.

Versuch A • Energiespeicher Spule

Materialien: Spule mit Eisenkern ($L \approx 500$ H), Netzgerät, Widerstände ($R = 220\,\Omega$, $1\,k\Omega$, $2{,}2\,k\Omega$), LED, Kabel, Messwerterfassungssystem, Umschalter

V1 Energie für LED

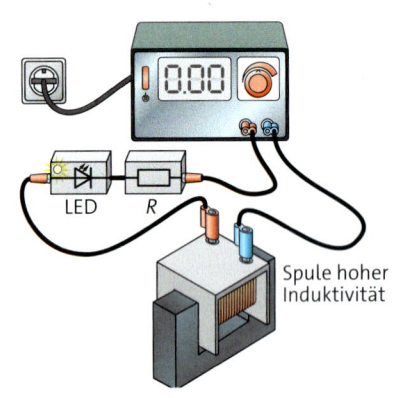

1 LED im Stromkreis mit Spule

Arbeitsauftrag:
- Bauen Sie den Versuch nach dem Schaltplan auf (▶2). Stellen Sie das Netzgerät auf 15 V und bringen Sie den Umschalter in Position 2.
- Erklären Sie die Leuchterscheinungen.
- Bringen Sie den Umschalter nun wieder in Position 1 und beschreiben Sie Ihre Beobachtungen. Erklären Sie, woher die LED die Energie erhält. Überprüfen Sie Ihre Erklärungen, indem Sie den Widerstand von $220\,\Omega$ durch einen Widerstand von $1\,k\Omega$ ersetzen. Stellen Sie Hypothesen zu den Leuchterscheinungen auf.

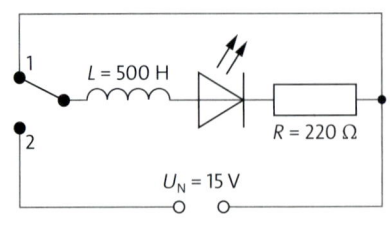

2 Schaltplan zu V1

V2 Zeitverlauf I(t) des Stroms

Arbeitsauftrag:
- Bauen Sie den Versuch nach dem Schaltplan auf (▶3). Stellen Sie das Netzgerät auf 15 V, starten Sie die Aufzeichnung des Messwerterfassungssystems und bringen Sie den Umschalter in Position 2. Ermitteln Sie aus dem gemessenen Spannungsverlauf $U(t)$ den Zeitverlauf der Stromstärke $I(t) = \frac{U(t)}{R}$ und stellen Sie diesen im $I(t)$-Diagramm dar.
- Beschreiben und erklären Sie den Verlauf des Graphen sowie den in ▶4. Ermitteln Sie aus dieser Abbildung den Wert des Widerstandes im Stromkreis.
- Starten Sie erneut die Aufzeichnung des Messwerterfassungssystems und bringen Sie den Umschalter zurück in Position 1.
- Ermitteln Sie aus den Messwerten $U(t)$ den Zeitverlauf der Stromstärke $I(t) = \frac{U(t)}{R}$ und stellen Sie diesen im $I(t)$-Diagramm dar. Führen Sie eine exponentielle Regression durch und ermitteln Sie die Zeitkonstante τ. Überprüfen Sie die Formel $\tau = \frac{R}{L}$.

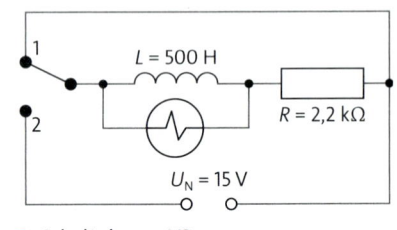

3 Schaltplan zu V2

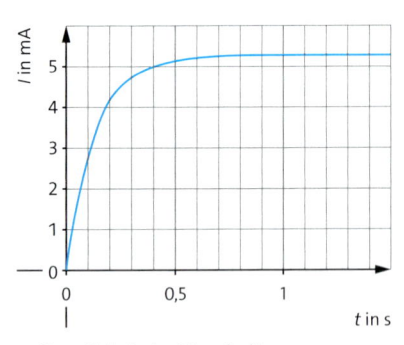

4 Kennlinie beim Einschalten

Versuch B • Selbstinduktion bei Wechselstrom

Materialien: Gleichstromnetzgerät, Wechselstromnetzgerät, Spule mit offenem Eisenkern (z. B. $n = 1000$), Volt- und Amperemeter; Funktionsgenerator

V1 Scheinwiderstand Z

Arbeitsauftrag:
- Nehmen Sie mit dem Gleichstromnetzgerät eine U-I-Kennlinie der Spule auf (ca. 5 Messwerte). Bestimmen Sie damit den Widerstand R der Spule.
- Ersetzen Sie das Gleichstrom- durch das Wechselstromnetzgerät. Nehmen Sie damit eine U-I-Kennlinie der Spule mit Eisenkern auf. Bestimmen Sie für den Wechselstrom den Scheinwiderstand Z aus Ihren Messwerten.
- Vergleichen Sie R und Z. Erklären Sie die unterschiedlichen Werte.
- Für Scheinwiderstand und Induktivität der Spule gilt näherungsweise der Zusammenhang $Z = 2\pi f \cdot L$. Bestimmen Sie damit aus Ihren Messwerten die Induktivität der Spule.

V2 Frequenz und Induktivität

Arbeitsauftrag:
- Bestimmen Sie bei der Spule ohne Eisenkern die Abhängigkeit des Scheinwiderstands Z von der Frequenz f von ca. 50 Hz bis 2000 Hz.
- Erstellen Sie ein f-Z-Diagramm. Begründen Sie, weshalb der Scheinwiderstand mit der Frequenz zunimmt.
- Nutzen Sie $Z = 2\pi f \cdot L$, um aus dem f-Z-Diagramm die Induktivität der Spule zu bestimmen.
- Berechnen Sie L mit der Formel für die Induktivität einer schlanken Spule. Bestimmen Sie die benötigten Größen direkt mit dem Lineal. Vergleichen Sie mit der Messung und erklären Sie die Abweichung.

Elektrodynamik • Selbstinduktion

Material A • Magnetischer Druck

Das Erdmagnetfeld ist ein Dipol, für dessen Flussdichte gilt: $B(r) \sim \frac{1}{r^3}$, wobei r der Abstand vom Erdmittelpunkt ist. Durch den Sonnenwind wird das Erdmagnetfeld allerdings auf der Tagseite stark zusammengestaucht, sodass es eine Grenze für das Feld gibt, die Magnetopause (▶A1). Ihre Lage hängt von der Energiedichte des Magnetfeldes und des Sonnenwinds ab, die man mithilfe des Drucks beschreiben kann. Der Sonnenwind besteht aus einem Strom geladener Teilchen, die ständig von der Sonne ausgestoßen werden. Dabei handelt es sich vor allem um Protonen, die eine mittlere Geschwindigkeit von etwa 400 $\frac{km}{s}$ haben. Die gemessene Dichte des Sonnenwinds bei r_M beträgt $\varrho = 1{,}4 \cdot 10^{-24} \frac{kg}{m^3}$.

1 Die Flussdichte des Erdmagnetfeld hat auf der Oberfläche ($r_E = 6371$ km) einen mittleren Betrag von $B_E = 42$ µT. Am sonnennächsten Punkt r_M liegt er bei $B_M = 60$ nT.
 a ☐ Ermitteln Sie die Ausdehnung r_M der Magnetosphäre in Richtung Sonne aus der Abbildung (▶A1).
 b ◼ Ermitteln Sie r_M aus den Beträgen der Flussdichten mithilfe des Abstandsgesetzes und vergleichen Sie mit **a**.
 c ☐ Berechnen Sie die Energiedichte $\frac{E}{V}$ für diesen Betrag $B_M = 60$ nT. Hinweis: $\frac{E}{V} = \frac{1}{2} \cdot \frac{B^2}{\mu_0}$.

2 Die Energiedichte des Sonnenwinds ergibt sich aus der kinetischen Energie aller Protonen N in einem festen Volumen V.
 a ◼ Zeigen Sie, dass man die Energiedichte des Sonnenwindes mit $\frac{E}{V} = \frac{1}{2} \cdot v^2 \cdot \varrho$ berechnen kann.
 b ☐ Bestätigen Sie mit der Formel den Wert von $1{,}1 \frac{nJ}{m^3}$.

3 Generell entspricht eine Energiedichte $\frac{E}{V}$ einem Druck p.
 a ☐ Zeigen Sie das anhand einer Einheitenumrechnung.
 b ◼ Beurteilen Sie, inwieweit der Druck des Erdmagnetfeldes $p_M = 1{,}4$ nPa und der des Sonnenwindes $p_M = 1{,}1$ nPa die sonnenseitige Grenze des Erdmagnetfeldes charakterisieren.
 c ◼ Der Druck der Atmosphäre ($p_E \approx 1013$ hPa) halbiert sich mit der Höhe h alle 5,5 km. Zeigen Sie anschaulich, dass der Einfluss der Atmosphäre bei r_M vollkommen vernachlässigt werden kann.

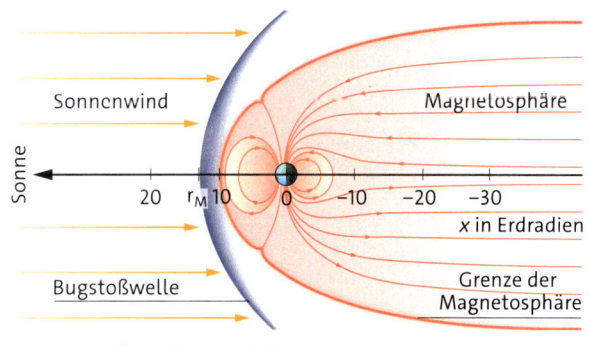

A1 Grenze des Erdmagnetfeldes

Material B • Selbstinduktion in der Technik

Viele Büro- und Schulflure werden durch Leuchtstofflampen erhellt. Sie bestehen aus einer gasgefüllten Glasröhre, die durch elektrischen Strom zum Leuchten gebracht wird (Gasentladungslampen). Zum Zünden des Gases benötigt man allerdings eine sehr hohe Spannung, die mithilfe einer Spule erzeugt werden kann.

Die Bildfolge zeigt den Zündvorgang der Lampe. Hierzu wird zur Prozesssteuerung eine Glimmlampe genutzt, deren beide Elektroden aus einem Bimetall bestehen. Das Bimetall verbiegt sich durch die Wärmeentwicklung beim Glimmen der Lampe, wodurch die Elektroden sich berühren.

1 ◼ Erläutern Sie anhand von ▶B1, wie die für den Zündvorgang nötige Spannung erzeugt wird.

2 ☐ Zur Zündung der Lampe muss eine Spannung von 1,5 kV erzeugt werden. Hierzu unterbricht die Glimmlampe den Stromkreis ($I = 4{,}5$ A) innerhalb von 3 ms. Berechnen Sie daraus die Induktivität der Spule.

3 ◼ Die Lampe wird mit normaler Netzspannung ($U = 230$ V; $f = 50$ Hz) betrieben. Erläutern Sie, welche weitere Funktion die Spule im laufenden Betrieb hat. *Hinweis:* Der Widerstand des leuchtenden Gases ist vernachlässigbar.

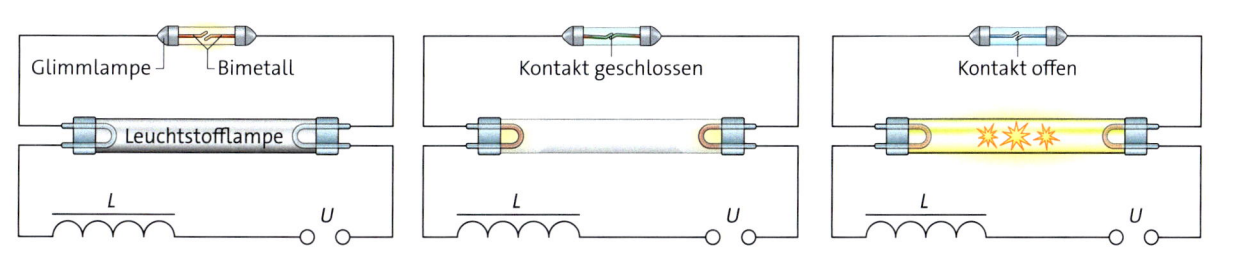

B1 Bildfolge zur Zündung einer Gasentladungslampe mithilfe einer Glimmlampe

Auf einen Blick

Elektrodynamik

Elektromagnetische Induktion und Induktionsgesetz

Bei einer zeitlichen Änderung des magnetischen Flusses Φ wird in einer Leiterschleife, einem Stromkreis oder einer Spule eine elektrische Spannung U_{ind} induziert

$$U_{ind} = -N \cdot \frac{\Delta \Phi}{\Delta t} \quad \text{bzw.} \quad U_{ind} = -N \cdot \dot{\Phi} \quad \text{mit } \Phi = B \cdot A$$

Es können zwei Spezialfälle unterschieden werden:

Induktion durch Änderung der Fläche: Bei einer Flächenänderung der von einer Leiterschleife umschlossenen Fläche in einem zur Fläche senkrechten Magnetfeld, z. B. durch Hinein- oder Hinausbewegung, wird eine Spannung induziert.

$$U_{ind} = -N \cdot B \cdot \frac{\Delta A}{\Delta t} \quad \text{bzw.} \quad U_{ind} = -N \cdot B \cdot \dot{A} \quad \text{mit } B = \text{konst.}$$

Induktion durch Änderung der magnetischen Flussdichte: Bei einer Änderung der magnetischen Flussdichte wird in einer Leiterschleife mit einer Fläche A eine Spannung induziert:

$$U_{ind} = -N \cdot A \cdot \frac{\Delta B}{\Delta t} \quad \text{bzw.} \quad U_{ind} = -N \cdot A \cdot \dot{B} \quad \text{mit } A = \text{const.}$$

Induktion durch Bewegung eines Leiters

Bewegt sich ein Leiter senkrecht zu einem Magnetfeld, wird an dessen Enden eine elektrische Spannung induziert. Ursache der Induktion ist die Lorentzkraft, die auf die Elektronen im Leiter wirkt.

$$U_{ind} = -\ell \cdot v \cdot B.$$

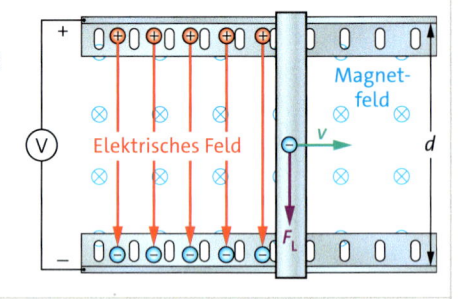

Wirbelströme

Bewegt sich ein kurzgeschlossener elektrischer Leiter, z. B. eine Metallplatte, durch ein Magnetfeld oder befindet sich im Magnetfeld mit einer sich zeitlich ändernden Flussdichte, z. B. wenn ein Permanentmagnet durch ein metallisches Rohr fällt, wird im Leiter ein elektrischer Wirbelstrom induziert.
Das vom Induktionsstrom erzeugte Magnetfeld verläuft dabei so, dass es der Ursache der Entstehung des Wirbelstorms entgegenwirkt.

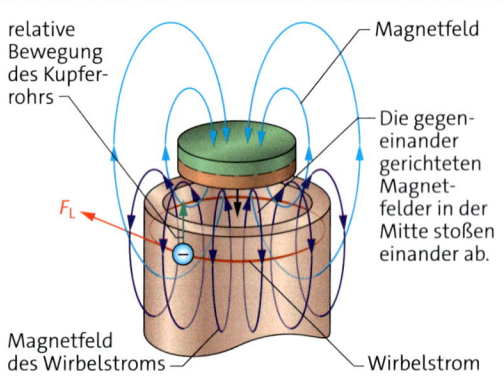

Lenzsche Regel

Ein durch eine Induktionsspannung hervorgerufener Induktionsstrom I_{ind} wirkt aufgrund der Energieerhaltung seiner Ursache stets entgegen. Die in einer sich bewegenden Metallplatte von einem äußeren Magnetfeld erzeugten Wirbelströme führen so zum Abbremsen der Platte.

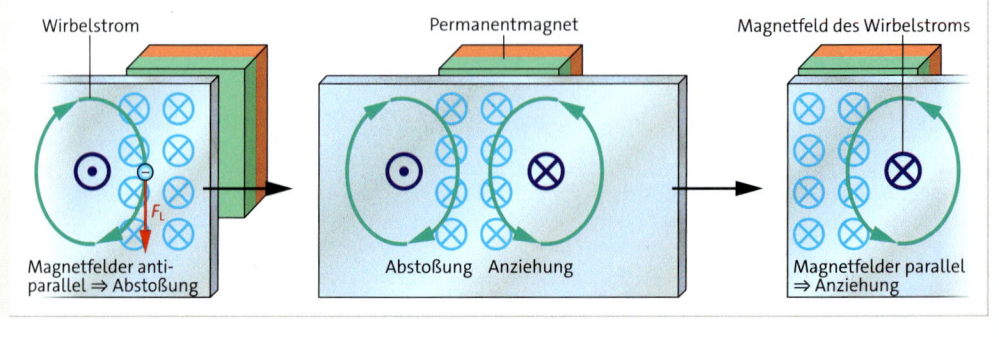

Elektrodynamik

Transformator

Ein Transformator wandelt eine zeitlich veränderliche Wechselspannung U_1 an der Primärspule N_1 durch elektromagnetische Induktion in eine zeitlich veränderliche Wechselspannung U_2 in der Sekundärspule N_2 um. Primär- und Sekundärspule sind durch einen Eisenkern miteinander verbunden. Am unbelasteten Transformator gilt:

$$\frac{U_1}{U_2} = \frac{N_1}{N_2}$$

Im Idealfall vollständiger Übertragung der Leistung haben die zugeführte Leistung $P_1 = U_1 \cdot I_1$ und die übertragene Leistung $P_2 = U_2 \cdot I_2$ den gleichen Betrag.

Für den belasteten Transformator gilt: $N_1 \cdot I_1 = N_2 \cdot I_2$.

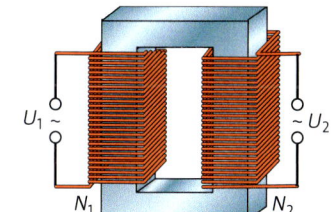

Generatorprinzip und Wechselstrom

In einer sich im homogenen Magnetfeld drehenden Spule wird eine Wechselspannung U_{ind} induziert. Drehachse der Spule und Flussdichte des Magnetfelds stehen dabei senkrecht zueinander.

$U_{ind} = -U_{max} \cdot \cos(\omega \cdot t)$ mit $U_{max} = N \cdot A \cdot B \cdot \omega$, wobei ω die Kreisfrequenz der Drehbewegung ist.

Durch die Drehung verändert sich die senkrecht zum Magnetfeld orientierte Fläche: $A_\perp = A_0 \cdot \sin(\omega \cdot t)$

Für Wechselströme verwendet man die Effektivwerte der Spannung $U_{eff} = \frac{U_{max}}{\sqrt{2}}$ und der Stromstärke $I_{eff} = \frac{I_{max}}{\sqrt{2}}$. Für die mittlere Leistung gilt: $\overline{P} = U_{eff} \cdot I_{eff}$.

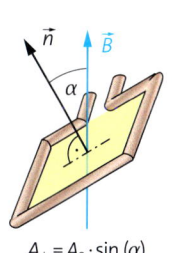

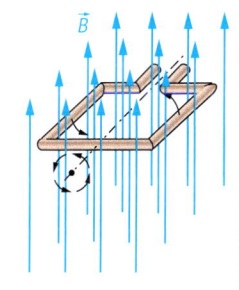

Energieübertragung

Durch den Eigenwiderstand R eines Kabels treten beim Stromtransport Energieverluste auf. Die Verlustleistung beträgt $P_{Verlust} = R \cdot I_{eff}^2$. Durch Transformation auf Hochspannung vor dem Leitungstransport kann der Energieverlust minimiert werden, da für die relative Verlustleistung gilt:

$$\frac{P_{Verlust}}{P_{Zufuhr}} = \frac{R \cdot I_{eff}}{U_{eff}}$$

Selbstinduktion

Ändert sich in einer Spule die Stromstärke I, dann wird in der Spule eine Spannung U_{ind} induziert. Der Induktionsstrom ist stets so gerichtet, dass er der Stromstärkeänderung entgegenwirkt. Die Induktionsspannung ist proportional zur Induktivität L der Spule:

$U_{ind} = -L \cdot \frac{\Delta I}{\Delta t}$ bzw. $U_{ind} = -L \cdot \dot{I}$ L – Induktivität der Spule $[L] = 1 \frac{Vs}{A} = 1\,H$ (1 Henry)

Eine längliche Spule der Länge ℓ, Querschnittsfläche A mit N Windungen hat die Induktivität:

$L = \mu_0 \cdot \mu_r \cdot A \cdot \frac{N^2}{\ell}$.

Ein- und Ausschaltvorgang bei einer Spule

Aufgrund der auftretenden Selbstinduktion in einer Spule zeigen die elektrische Spannung $U(t)$ und die elektrische Stromstärke $I(t)$ beim Öffnen und Schließen eines Stromkreises aus Spule und Widerstand einen exponentiellen Verlauf. Für den Ausschaltvorgang gilt:

$I(t) = I_{max} \cdot e^{-t \cdot \frac{R}{L}}$ und $U_{ind}(t) = R \cdot I_{max} \cdot e^{-t \cdot \frac{R}{L}} = U_{max} \cdot e^{-t \cdot \frac{R}{L}}$

Energie im Magnetfeld

Das Magnetfeld einer stromdurchflossenen Spule speichert die Energie: $E_{mag} = \frac{1}{2} \cdot L \cdot I^2$

Für ein Magnetfeld kann die Energiedichte $\frac{E}{V}$ bzw. der magnetische Druck p_m berechnet werden:

$\frac{E}{V} = p_m = \frac{1}{2} \cdot \frac{B^2}{\mu_0 \cdot \mu_r}$.

Check-up

Übungsaufgaben

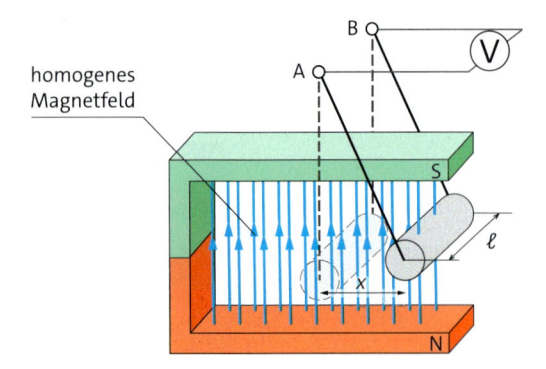

1 Eine Leiterschaukel hängt in einem homogenen Magnetfeld und wird zu Beginn nach rechts ausgelenkt.
 a ☐ Beschreiben Sie, was passiert, wenn die Leiterschaukel losgelassen wird.
 b ▨ Erklären Sie die Beobachtungen.
 c ▨ Erläutern Sie, ob es einen Unterschied macht, wenn die Leiterschaukel nach links ausgelenkt wird.

2 Die Leiterschaukel schwingt jetzt harmonisch mit einer Frequenz von $f = 1$ Hz und das Voltmeter wird durch ein Messwerterfassungssystem ersetzt.
 a ▨ Skizzieren Sie den Zeitverlauf der Induktionsspannung.
 b ▨ Der Stab der Leiterschaukel hat die Länge $\ell = 10$ cm und die Maximalgeschwindigkeit $v_{max} = 0{,}05\,\frac{m}{s}$. Die magnetische Flussdichte beträgt $B = 0{,}1$ T. Leiten Sie einen Term für den Spannungsverlauf her und berechnen Sie den Maximalwert der Spannung.
 c ▨ In einem weiteren Versuch werden die Punkte A und B mit einem Widerstand von $R = 100\,\Omega$ verbunden. Begründen Sie mit der Lorentzkraft sowie alternativ mit der Lenzschen Regel, dass die Schwingung dadurch gedämpft wird.
 d ▨ Leiten Sie die elektrische Leistung $P(t)$ her, die der Widerstand aufnimmt. Leiten Sie auch den Mittelwert $\overline{P}$ dieser Leistung während einer Periodendauer T her.
 e ■ Begründen Sie, dass die Energie des Pendels exponentiell mit der Zeit abnimmt.

3 Eine lange schlanke Spule befindet sich im inneren homogenen Magnetfeld einer Feldspule, deren Stromstärke mit einem Funktionsgenerator moduliert wird.
 a ☐ Skizzieren Sie den Versuchsaufbau.
 b ▨ In der Feldspule nimmt die Stromstärke linear mit der Zeit zu. Geben Sie begründet den Zeitverlauf der Induktionsspannung U_{ind} an.
 c ■ Die Stromstärke in der Feldspule verläuft sinusförmig. Beschreiben Sie den Zeitverlauf der Induktionsspannung. Begründen Sie mit dem Induktionsgesetz.

4 ▨ Eine zunächst offene Leiterschleife wird in ein homogenes Magnetfeld bewegt. Beim Eintauchen entsteht eine messbare Spannung zwischen den Anschlüssen P und Q. Befindet sich die Spule ganz im Magnetfeld, wird aber keine Spannung induziert.

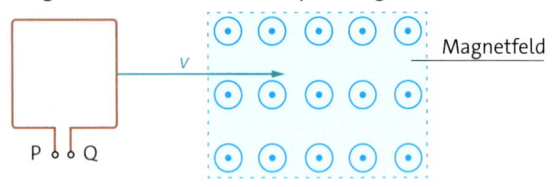

 a Erklären Sie das Entstehen und wieder Verschwinden der Induktionsspannung mit einer Kräftebetrachtung.
 b Bestimmen Sie das Vorzeichen der Induktionsspannung mit der Kräftebetrachtung aus a.
 c Man verbindet P und Q leitend, sodass ein geschlossener Stromkreis entsteht. Erläutern Sie, wann und warum man eine äußere Kraft braucht, um die Spulengeschwindigkeit konstant zu halten.

5 In einem Generator bewegt sich eine Reihe von Magneten mit konstanter Geschwindigkeit an einer Reihe von Spulen mit der Windungszahl 100 vorbei.

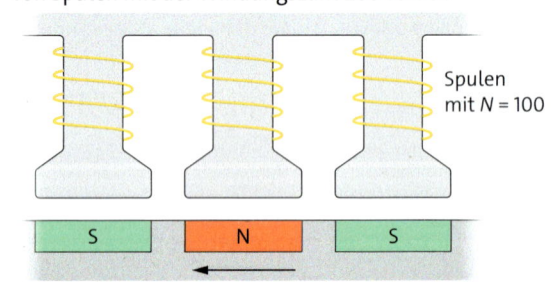

 a ▨ Begründen Sie, dass der magnetische Fluss $\Phi(t)$ in einer Spule nahezu linear mit der Zeit zu- und abnimmt. Skizzieren Sie den idealisierten linearen Zeitverlauf für eine Periodendauer von $T = 1$ s und einen Maximalwert von $\Phi_{max} = 0{,}1\,\text{T}\cdot\text{m}^2$.
 b ▨ Beschreiben, berechnen und zeichnen Sie den Zeitverlauf der Induktionsspannung in einer Spule. Begründen Sie mit dem Induktionsgesetz.
 c ▨ Ermitteln Sie die Anzahl phasengleicher Spulen, die man in Reihe Schalten muss, um eine Spannung von 1 kV zu erreichen.
 d ■ Erläutern Sie, wie man durch die Spulen des Generators passend gesteuerte Ströme leiten kann, sodass ein Elektromotor entsteht.
 e ■ Erörtern Sie den Nutzen eines solchen Wechsels zwischen den Betriebszuständen als Elektromotor und Generator bei Elektrofahrzeugen.

6 Mit einem Transformator wird in einem Versuch eine Wechselspannung $U_1 = U_{max} \sin(2\pi f t)$ transformiert.
a ☐ Skizzieren Sie den Aufbau und erläutern Sie die Funktion der Bauteile des Transformators.
b 🗎 Theo versucht vergeblich die Spannung einer Alkaline-Batterie ($U = 1{,}5$ V) mit einem selbstgewickelten Transformator auf 12 V zu erhöhen. Erklären Sie ihm, warum es nicht funktioniert.
c 🗎 Erläutern Sie, wie man bei einer Windungszahl $N_1 = 100$ die Spannung U_1 um den Faktor 100 hoch transformiert.
d 🗎 Die hohe Spannung wird zur Fernübertragung elektrischer Energie verwendet. Erläutern Sie, weshalb dazu eine hohe Spannung wichtig ist.
e 🗎 Erklären Sie, wie man bei einer Windungszahl $N_1 = 5000$ die Stromstärke I_1 um den Faktor 1000 hoch transformiert.
f 🗎 Mit der hohen Stromstärke wird ein Elektroschweißgerät betrieben. Erörtern Sie, warum man beim Elektroschweißen eine große Stromstärke benötigt.

7 🗎 Eine Spule wird an ein Netzgerät mit 1,5 V angeschlossen. Beim Einschalten misst man eine anfängliche Änderung der Stromstärke von $\dot{I}(t=0\,\text{s}) = 12\,\frac{\text{A}}{\text{s}}$. Nach einiger Zeit misst man eine konstante Stromstärke von $I_{max} = 240$ mA.
a Bestimmen Sie die Induktivität und den Widerstand der Spule.
b Skizzieren Sie das *t-I*-Diagramm. Nutzen Sie die gegebenen Größen.
c In die Spule wird ein Eisenkern eingebracht. Erklären Sie, wie sich das *t-I*-Diagramm dadurch ändert. *Hinweis:* Eine qualitative Beschreibung reicht.

8 In der Schaltung kann der Stromkreis durch den Taster innerhalb von 0,01 s geöffnet werden. Das Messgerät zeigt dabei eine maximale Spannung von ca. 1500 V an.

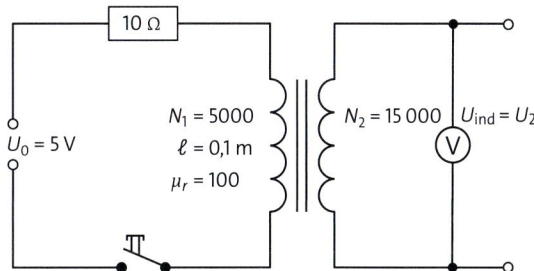

$U_0 = 5$ V, $10\,\Omega$, $N_1 = 5000$, $\ell = 0{,}1$ m, $\mu_r = 100$, $N_2 = 15\,000$, $U_{ind} = U_2$

a 🗎 Erklären Sie ausführlich, wie es zu der messbaren Spannung kommt, sobald der Taster betätigt wird.
b 🗎 Beim Betätigen des Tasters fällt die Stromstärke linear auf null. Ermitteln Sie die Induktivität der linken Spule, damit die gemessene Spannung erzielt wird.
c 🗎 Berechnen Sie die Energie des Magnetfeldes, das diese Spule dabei speichert.
d 🗎 Berechnen Sie die Energiedichte in der linken Spule und vergleichen Sie diese mit der Energiedichte im Magnetfeld der Erde bei einer typischen magnetischen Flussdichte von $B \approx 50\,\mu\text{T}$.
e 🗎 Begründen Sie mit der Lenzschen Regel, dass der Induktionsstrom das Magnetfeld steigert.

Mithilfe des Kapitels können Sie	Aufgabe	Hilfe
✓ das Entstehen einer Induktionsspannung in verschiedenen Situationen auf die Lorentzkraft bzw. einer Veränderung des magnetischen Flusses zurückführen.	1, 2b–c, 4a	S. 104 ff., S. 118 f.
✓ mit dem Induktionsgesetz in ausgewählten Situationen sachrichtig argumentieren und Berechnungen durchführen.	2a, 3, 4b	S. 116 ff., S. 119
✓ technische Anwendungen auf Grundlage der Induktion (z. B. Generatoren, Transformatoren, Energieübertragungsnetze) analysieren, berechnen und untersuchen.	2d, 5	S. 124 f., S. 126 f.
✓ mit dem Induktionsgesetz Selbstinduktion, z. B. bei Ein- und Ausschaltvorgängen, erklären und analysieren sowie entsprechende Anwendungen erläutern und planen.	7, 8a	S. 132 f.
✓ die Lenzsche Regel in variablen Situationen nutzen, anwenden und erläutern.	2e, 4c, 8e	S. 113
✓ Energie und Energiedichte in Spulen und magnetischen Feldern analysieren und interpretieren.	8c–d	S. 134 f.
✓ die Induktivität als Kenngröße einer Spule bestimmen und anwenden.	7a, 8b	S. 133

▶ Die Lösungen zu den Übungsaufgaben finden Sie im Anhang.

Klausurtraining

Musteraufgabe mit Lösung

Aufgabe 1 • Induktion

Zwei Metallschienen und ein beweglicher Metallstab bilden eine Leiterschleife, die von einem orthogonalen Magnetfeld durchsetzt ist. Die Schienen haben einen Abstand von $b = 0{,}1$ m, während der Stab anfangs konstant mit $v = 10\,\frac{m}{s}$ bewegt wird. Die Flussdichte des Magnetfelds beträgt $B = 1{,}0$ T. In einem zweiten Versuch wird an den Stab ein gleichschweres Massestück gehangen (▶ M1).

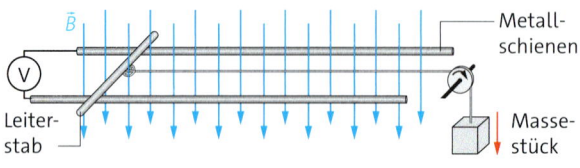

M1 Bewegung eines Metallstabs

a Erklären Sie das Entstehen der Induktionsspannung mit der Lorentzkraft, wenn sich der Stab mit $v = 10\,\frac{m}{s}$ bewegt.
b Ermitteln Sie die Induktionsspannung U_{ind}.
c Erklären und ermitteln Sie die Induktionsspannung mit der Änderung der Fläche der Leiterschleife.
d Erläutern sie, wie sich die Induktionsspannung ändert, wenn die Bewegung des Stabs vom Massestück verursacht wird.
e Berechnen Sie die Induktionsspannung für die Zeitpunkte $t = 0{,}5;\ 1$ und 2 Sekunden.

Eine Spule erzeugt in Zeitintervallen Δt konstante Änderungsraten $\frac{\Delta B}{\Delta t}$ der magnetischen Flussdichte in einem Eisenkern und in einer zweiten Spule mit demselben Eisenkern und N Leiterschleifen (▶ M2A).

f Erläutern Sie die Begriffe Feldspule sowie Induktionsspule und erklären Sie die Induktionsspannung mit dem Induktionsgesetz.
g Die Flussdichte B nimmt während des Versuchs in 0,05 s linear um 0,05 T abwechselnd ab und zu. Die Induktionsspule hat eine Fläche von 0,0015 m² und 250 Windungen. Ermitteln Sie die Induktionsspannung U_{ind}.
h Vergleichen Sie mit der Anzeige des Oszilloskops in ▶ M2B. Begründen Sie auch das Vorzeichen und ermitteln Sie die prozentuale Abweichung von berechneter und gemessener Spannung.

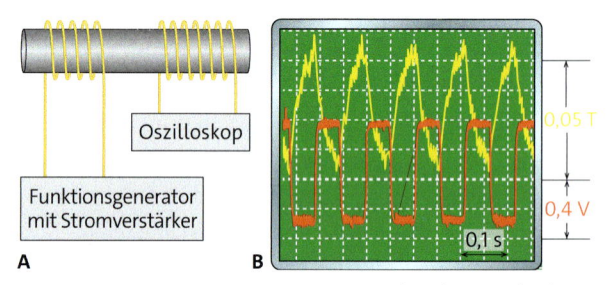

M2 Induktion: **A** Versuchsschema; **B** $B(t)$ (gelb), $U_{ind}(t)$ (rot)

Lösung

a Mit dem Stab bewegen sich auch die Elektronen orthogonal durch das Magnetfeld. Auf sie wirkt dadurch eine nach vorn gerichtet Lorentzkraft. Es findet eine Ladungstrennung statt, die als Induktionsspannung messbar ist.
b Lorentzkraft und elektrische Kraft aufgrund des entstehenden elektrischen Felds bilden ein Kräftegleichgewicht $F_{el} = F_L$: $e \cdot \frac{U_{ind}}{b} = e \cdot v \cdot B \Rightarrow U_{ind} = b \cdot v \cdot B \Rightarrow$
$U_{ind} = 0{,}1\,m \cdot 10\,\frac{m}{s} \cdot 1\,T = 1\,V$.
c Die Fläche A nimmt mit der Zeit zu, daher entsteht gemäß dem Induktionsgesetz eine Induktionsspannung. Die Änderungsrate der Fläche beträgt:
$\frac{\Delta A}{\Delta t} = b \cdot v = 0{,}1\,m \cdot 10\,\frac{m}{s} = 1\,\frac{m^2}{s}$
Die Induktionsspannung beträgt nach dem Induktionsgesetz: $U_{ind} = -\frac{\Delta A}{\Delta t} \cdot B = -1\,\frac{m^2}{s} \cdot 1\,T = -1\,V$.
d Durch das Massestück bewegt sich der Stab ungefähr gleichmäßig beschleunigt. Die Spannung sollte deshalb mit der Zeit linear ansteigen.
e Da das Massestück gleich schwer ist gilt: $a \approx \frac{g}{2}$ und
$v(t) = a \cdot t = \frac{g}{2} \cdot t \Rightarrow U_{ind}(t) = b \cdot v(t) \cdot B = b \cdot \frac{g}{2} \cdot t \cdot B \Rightarrow$
$U_{ind}(0{,}5\,s) = 0{,}25\,V;\ U_{ind}(1\,s) = 0{,}5\,V;\ U_{ind}(2\,s) = 1{,}0\,V$

f Die linke Spule in ▶ M2A wird von einem Strom durchflossen, erzeugt daher ein Magnetfeld und heißt Feldspule. Dabei verändern sich Stromstärke und Flussdichte B mit der Zeit. Nach dem Induktionsgesetz wird somit in der rechten Spule in ▶ M2A eine Spannung induziert. Diese Spule nennt man daher Induktionsspule.
g Die Änderungsrate der Flussdichte ist:
$\frac{\Delta B}{\Delta t} = \frac{0{,}05\,T}{0{,}05\,s} = 1\,\frac{T}{s}$.
Gemäß dem Induktionsgesetz beträgt die Induktionsspannung:
$U_{ind} = -N \cdot A \cdot \frac{\Delta B}{\Delta t}$
$\Rightarrow U_{ind} = -250 \cdot 0{,}0015\,m^2 \cdot 1\,\frac{T}{s} = -0{,}375\,V$.
h Wird die Flussdichte B größer, ist die Änderungsrate $\frac{\Delta B}{\Delta t}$ positiv und gemäß dem Induktionsgesetz ist U_{ind} negativ. Am Oszilloskop ist eine Spannung von ungefähr $U_{ind} = -0{,}35\,V$ ablesbar. Nimmt die Flussdichte ab, ist es umgekehrt. Die prozentuale Abweichung beträgt:
$\frac{\Delta U_{ind}}{U_{ind}} = \frac{-0{,}025\,V}{-0{,}375\,V} \approx 6{,}67\,\%$.

Elektrodynamik

Aufgaben mit Hinweisen

Aufgabe 2 • Induktive Bremse

Ein Wagen mit einer Leiterschleife fährt in ein homogenes Magnetfeld. In der Abbildung ist für drei verschiedene Zeitpunkte die Position des Wagens eingezeichnet.

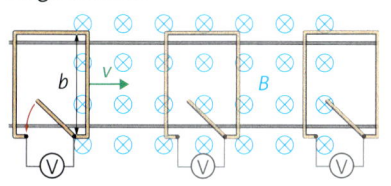

M3 Leiterschleife im Magnetfeld

a Übertragen Sie ▶ M3 ins Heft und zeichnen Sie für die drei Positionen gegebenenfalls wirkende Lorentzkräfte auf die in der Leiterschleife befindlichen Elektronen ein.

b Erklären Sie das Auftreten einer messbaren Spannung U am Voltmeter mit der Lorentzkraft. Skizzieren Sie den Verlauf der Spannung abhängig von der Zeit.

c Bei Eintreten des Wagens mit $b = 10$ cm und einer Geschwindigkeit $v = 2\,\frac{m}{s}$ ins Feld mit $B = 1$ T beträgt die Spannung $U_{ind} = b \cdot v \cdot B$. Berechnen Sie die Spannung.

d Leiten $U_{ind} = b \cdot v \cdot B$ her.

e Wenn man den Schalter schließt, dann wird der Wagen abgebremst. Erklären Sie dies.

f Der Widerstand der Leiterschleife beträgt $R = 0{,}01\,\Omega$. Ermitteln Sie die induzierte elektrische Leistung P.

g Leiten Sie den Term für die Bremskraft her: $F = B^2 \cdot b^2 \cdot \frac{v}{R}$.

h Bewerten Sie den Einsatz der Wirbelstrombremse auch unter dem Aspekt der Entstehung von Feinstaub bei gewöhnlichen Bremsen.

Aufgabe 3 • Modellgenerator

Ein Magnet dreht sich mit der Kreisfrequenz ω vor einer Spule, an der man die Wechselspannung U_{ind} misst.

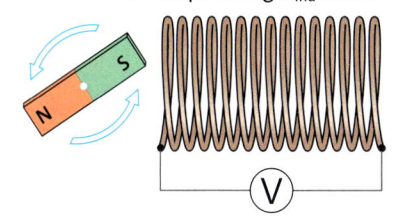

M4 Modellgenerator

a Erklären Sie das Entstehen der Spannung mit dem Induktionsgesetz.

b Begründen Sie mit einer Skizze, dass die Flussdichte B mit der Spulenachse einen Winkel φ einschließt für den gilt: $\varphi(t) = \omega \cdot t$.

c Begründen Sie mit einer Skizze: Für die senkrecht zur Spulenfläche A stehende Komponente von B gilt: $B_\perp = B_{max} \cdot \sin(\omega \cdot t)$.

d Für die Induktionsspannung gilt: $U_{ind}(t) = -N \cdot A \cdot B_{max} \cdot \omega \cdot \cos(\omega \cdot t)$. Leiten Sie diese Beziehung her.

e In einer Versuchsreihe wird ω variiert und $U_{eff} = \frac{\sqrt{2}}{2} U_{ind}$ gemessen (▶ M5). Überprüfen Sie, ob die Messwerte der Formel in d entsprechen.

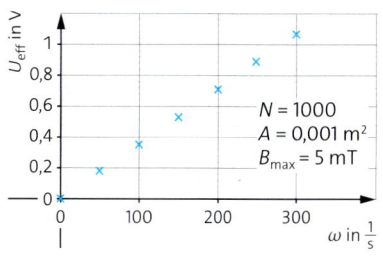

M5 Effektivwerte der Spannung
($N = 1000$, $A = 0{,}001$ m², $B_{max} = 5$ mT)

Aufgabe 4 • Induktion

Im Inneren einer langen Feldspule ($N_1 = 2400$, $\ell = 60$ cm, $A_1 = 100$ cm²) befindet sich eine Induktionsspule ($N_2 = 250$, $A_2 = 20$ cm²). Die magnetischen Feldlinien verlaufen senkrecht zur Querschnittsfläche der Induktionsspule.

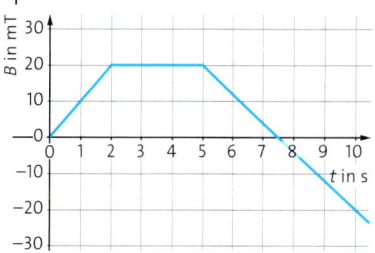

M6 Flussdichte im Inneren der Feldspule

a Geben Sie an, wann in der Induktionsspule eine Spannung induziert wird. Begründen Sie Ihre Antwort.

b Zeichnen Sie für den Verlauf der Induktionsspannung in der Zeitspanne von 0 s bis 8 s ein geeignetes Diagramm.

c Bestimmen Sie die Stromstärke, die für die maximale Flussdichte in ▶ M6 benötigt wird.

Hinweise

Aufgabe 2

a Drei-Finger-Regel anwenden.

b Ladungstrennung führt zur Entstehung eines elektrischen Feldes.

d Ansatz: $F_L = F_{el}$

e Wenden Sie die Lenzsche Regel für Wirbelströme an.

f $P = U \cdot I$ und $R = \frac{U}{I}$

g Nutzen Sie als Ansatz $P = \frac{W}{t} = \frac{F \cdot s}{t}$

Aufgabe 3

a Die Drehung ändert B in der Spule $\Rightarrow$ Induktion einer Spannung
$U_{ind} = -N \cdot \frac{\Delta \Phi}{\Delta t}$ mit $\Phi = B \cdot A$

b und c Es genügt B entlang der Magnetachse zu betrachten.

d Aus dem Induktionsgesetz ableiten.

Aufgabe 4

a Achten Sie auf Flussänderungen.

b Die Induktionsspannung kommt durch die Flussdichteänderung zustande. Wenden Sie das Induktionsgesetz entsprechend an.

c Benutzen Sie die Formel für die Flussdichte bei einer langen Spule.

Training I • Induktion

Aufgabe 5 • Ausschaltvorgang

Eine Spule mit einer Induktivität von $L = 0{,}05$ H und einem Widerstand von $R = 2{,}00\,\Omega$ liegt an einer Spannung von 12,0 V. Parallel zur Spule ist eine Glimmlampe mit einer Zündspannung von 80 V geschaltet (▶ M1).

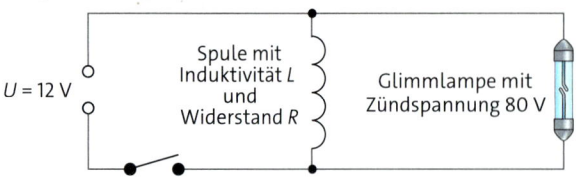

M1 Schaltskizze

a Erläutern Sie, in welchen Formen in der Schaltung Energie gespeichert ist.
b Berechnen Sie die Energiedichte des Magnetfeldes in der Spule bei geschlossenem Schalter.
c Beurteilen Sie, ob es gefährlich sein kann, die Schaltung zu berühren. *Hinweis:* Eine Entladeenergie von über 350 mJ gilt als gefährlich.
d Beim Öffnen des Schalters geht die Stromstärke innerhalb von $\Delta t = 3$ ms ungefähr linear auf null zurück. Ermitteln Sie die Induktionsspannung. Beurteilen Sie, ob die Glimmlampe leuchtet.
e Mit einer 12-V-Batterie soll in einer Spule mit einem Widerstand von $R = 1\,\Omega$ bei einer Zeit $\Delta t = 1$ ms zum Ausschalten des Stroms eine Zündspannung von 2000 V erzielt werden. Ermitteln Sie die benötigte Induktivität.

Aufgabe 6 • Tonabnehmer

Bei einem E-Bass oder bei einer E-Gitarre erzeugt die Schwingung der Saite in einem elektromagnetischen Tonabnehmer eine Wechselspannung (▶ M2). Um dessen Funktionsweise zu demonstrieren, wurde ein Modellversuch durchgeführt: Eine eiserne Blattfeder wurde über einer Spule mit einem Stabmagneten als Kern zur Schwingung gebracht. Die Spule hat 12 000 Windungen und der Magnet eine Grundfläche von $A = 10\,\text{cm}^2$. Bei einer Frequenz der Blattfeder von $f = 100$ Hz wird eine maximale Induktionsspannung von $U_{max} = 0{,}05$ V gemessen.

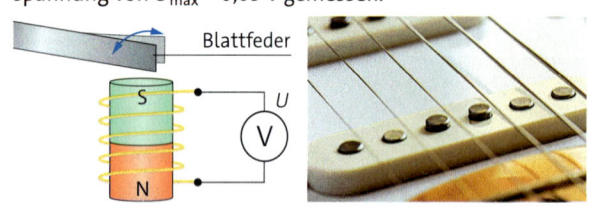

M2 Modellversuch und Tonabnehmer an einer E-Gitarre

a Ordnen Sie den Elementen der Gitarre die entsprechenden Elemente des Modellversuchs zu.
b Erläutern Sie, wie im Modellversuch die Induktionsspannung entsteht. Gehen Sie dabei vom Induktionsgesetz aus und leiten Sie ab, welche Größe zur Änderung des magnetischen Flusses beiträgt.
c Schätzen Sie die Änderung dieser Größe ab.
d Ein Tonabnehmer hat eine Windungszahl von $N = 10\,000$, einen Radius des Magnetkerns von 2 mm und liefert bei einem Ton mit der Frequenz $f = 250$ Hz die maximale Spannung $U_{max} = 0{,}1$ V bei der Änderungsrate $\frac{\Delta B}{\Delta t}$ mit $\Delta t = 1$ ms. Ermitteln Sie ΔB.

Aufgabe 7 • Transformator

Der Transformator wandelt die Spannung U_1 in eine Spannung U_2 (▶ M3) um.

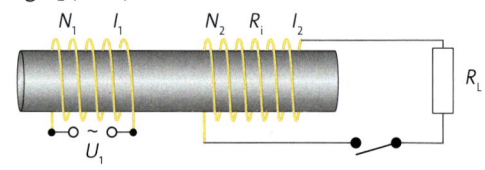

M3 Transformator mit Lastwiderstand R_L (schematisch)

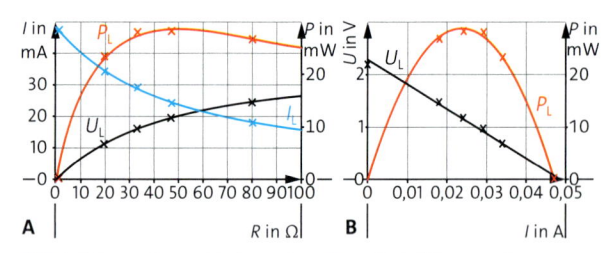

M4 Leistung: **A** zum Verbraucher; **B** zur Induktionsspule;

a Der Innenwiderstand der Induktionsspule ist $R_i = 47\,\Omega$. Der Transformator wird durch einen variablen Lastwiderstand R_L belastet. Dabei werden Strom, Spannung und Leistung bei R_L gemessen. Beschreiben Sie die Messwerte in ▶ M4A. Bestätigen Sie die Regel: Der Transformator überträgt die maximale Leistung, wenn Innenwiderstand und Lastwiderstand übereinstimmen.
b Bei $R_L = 0\,\Omega$ gilt für die Spannungen $\frac{U_1}{U_2} = \frac{N_1}{N_2}$. Ermitteln Sie U_2 für $N_1 = 1000$ und $N_2 = 440$ sowie $U_1 = 5$ V.
c Berechnen Sie die Stromstärke $I = \frac{U_2}{R_L + R_i}$ für Lastwiderstände R_L von 20 Ω, 33 Ω, 47 Ω und 80 Ω (Innenwiderstand der Induktionsspule $R_i = 47\,\Omega$). Berechnen Sie die entsprechenden Spannungen $U_L = I_L \cdot R_L$ und die zum Verbraucher übertragenen Leistungen $P_L = U_L \cdot I_L$. Vergleichen Sie mit den Messwerten in ▶ M4A. Begründen Sie die Formeln für I_L, U_L und P_L.
d Setzen Sie die Terme für U_L sowie I_L in P_L ein und zeigen Sie, dass P_L eine Funktion von R_L ist. Bestätigen Sie, dass das Maximum dieser Funktion bei $R_L = R_i$ liegt. Bestätigen Sie die Messwerte in ▶ M4B.

Training II • Induktion II

Aufgabe 8 • Fahrradtachometer

In einem Modellexperiment zur Geschwindigkeitsmessung wird ein kleiner Magnet mit einer konstanten Geschwindigkeit von 2,0 $\frac{m}{s}$ an einer Spule vorbeibewegt (▶M5). Die Querschnittsfläche von Spule und Magnetfeld ist quadratisch. Das Magnetfeld ist näherungsweise homogen und hat eine Flussdichte von 0,50 T.
Die Geschwindigkeitsmessung bei einem Fahrrad funktioniert ähnlich. Dabei ist ein kleiner Magnet am Vorderrad befestigt (▶M6). Er bewegt sich bei jeder Umdrehung des Rads an einem Sensor vorbei, der eine kleine Spule enthält. Im Sensor wird an den Anschlüssen der Spule die Spannung gemessen. Dabei ergibt sich das t-U-Diagramm (▶M7) mit zwei aufeinander folgenden Messsignalen.

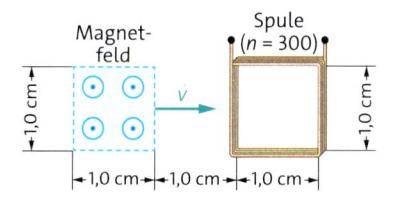

M5 Modellexperiment zur Geschwindigkeitsmessung

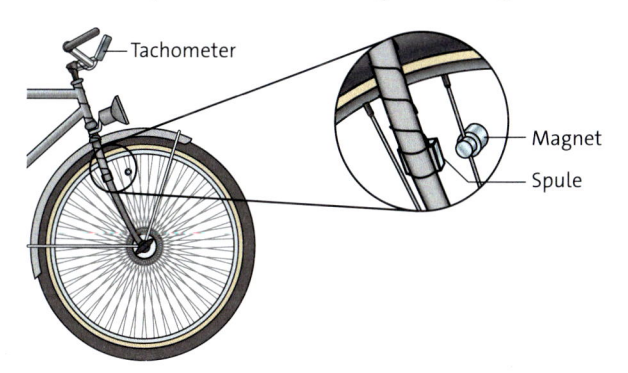

M6 Messprinzip der Geschwindigkeitserfassung beim Fahrrad

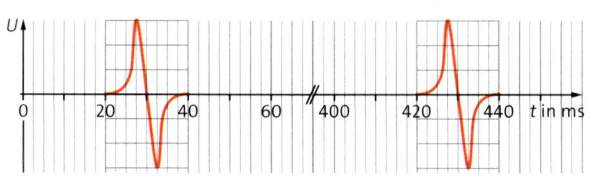

M7 t-U_{ind}-Diagramm des Sensors am Voderrad

a Bestimmen Sie den Betrag und die Polung der induzierten Spannung, wenn der Magnet den linken Rand der Spule erreicht hat (▶M5).
b Zeichnen Sie ein t-U_{ind}-Diagramm für das Zeitintervall 0 ms ≤ t ≤ 50 ms.
c Vergleichen Sie Ihr t-U_{ind}-Diagramm mit dem Abschnitt 0 ms ≤ t ≤ 60 ms aus ▶M7. Begründen Sie dabei zwei der Unterschiede.
d Erklären Sie, warum beim Fahrrad in regelmäßigen Abständen eine Spannung entsteht (▶M7).
e Erläutern Sie detailliert den Kurvenverlauf im Zeitintervall 20 ms ≤ t ≤ 40 ms (▶M7).
f Geben Sie an, wovon der maximale Betrag der Spannung im t-U_{ind}-Diagramm abhängt (▶M7). Erklären Sie zwei der von Ihnen genannten Einflüsse.
g Das Vorderrad hat einen Durchmesser von 70 cm. Bestimmen Sie mithilfe des Diagramms (▶M7) die Geschwindigkeit des Fahrrads.
h Die Geschwindigkeit des Rads wird nun erhöht. Dadurch verändert sich das t-U_{ind}-Diagramm. Beschreiben Sie zwei dieser Veränderungen. Begründen Sie Ihre Antwort.

Aufgabe 9 • Fallende Leiterschleife

Eine rechteckige Leiterschleife fällt frei durch ein homogenes Magnetfeld mit einer Flussdichte von 0,25 T (▶M8A). Dabei startet sie zum Zeitpunkt 0 s aus der angegebenen Position. Zwischen den Anschlüssen der Spule wird dabei eine Spannung induziert. Eines der drei t-U_{ind}-Diagramme 1 – 3 passt zu dem Aufbau, die anderen nicht. Nach dem Durchlauf werden die Anschlüsse der Leiterschleife nun leitend verbunden und der Versuch wiederholt.

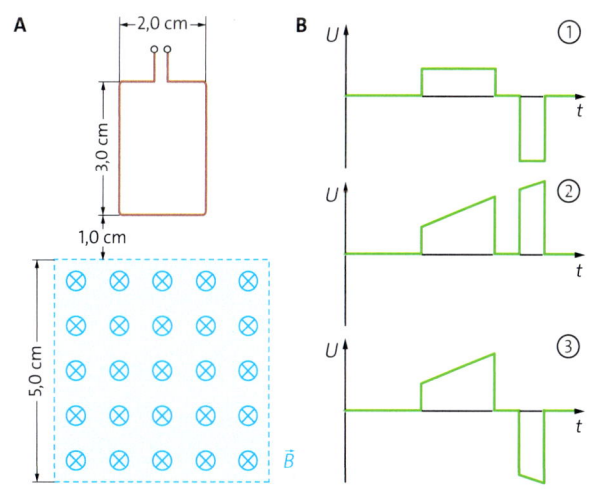

M8 Leiterschleife im freien Fall: **A** Ablauf; **B** t-U_{ind}-Diagramme

a Erläutern Sie bei jedem der Diagramme, inwiefern es hier passend ist oder nicht.
b Bestimmen für das passende Diagramm die Skalierung der t- und der U-Achse.
c Beschreiben Sie, wie sich die Fallbewegung bei kurzgeschlossener Leiterschleife verglichen mit dem ursprünglichen Aufbau ändert. Begründen Sie Ihre Antwort.
d Beurteilen Sie, ob die Änderung der Fallbewegung in einem normalen Experiment beobachtbar ist.

4 Schwingungen und Wellen

▶ Bei einer solchen Jahrmarktsattraktion denkt man wahrscheinlich nicht zuerst an physikalische Begebenheiten. Die Auf- und Abbewegung des Fahrgeschäfts kann aber als neuer Bewegungstyp beschrieben werden. Welche Größen sind zur Charakterisierung solcher Schwingungen notwendig und welche mathematischen Zusammenhänge bestehen zwischen ihnen?

▶ Schwingungen sind aber nicht nur als Bewegungen beobachtbar. Auch andere physikalische Größen wie die elektrische Spannung und die Stromstärke können unter bestimmten Umständen eine Schwingung ausführen. Welche elektrischen Bauteile sind hierfür notwendig? Und wie sieht eine elektrische Schaltung damit aus?

▶ Auch die Wellen auf dem Wasser bewegen sich auf und ab. Es ist naheliegend zu vermuten, dass es zwischen Schwingungen und Wellen einen Zusammenhang gibt. Wie entsteht aus einer Schwingung eine Welle und was passiert, wenn sich z. B. mehrere Wellen überlagern oder diese auf ein Hindernis wie eine Wand zulaufen?

Jahrmarktsattraktion

Noch gewusst?

Akustik

Schall: Schall entsteht durch Schwingungen. Ein typisches Beispiel für einen **Schallerzeuger** ist eine schwingende Gitarrensaite. Mit **Schallempfängern** wie dem Ohr oder einem Mikrofon kann Schall wahr- oder aufgenommen werden.
Schall kann sich nur in einem **Schallträger** ausbreiten, z. B. Luft, Wasser oder Stein, jedoch nicht im Vakuum. Die Ausbreitung des Schalls erfolgt in einer vom Träger abhängigen **Schallgeschwindigkeit**. In Luft beträgt diese etwa 340 $\frac{m}{s}$.

Arten von Schall: Trägt man akustische Schwingungen gegen die Zeit auf, lassen sich folgende Arten unterscheiden:
- **Ton:** sinusförmiger Verlauf; entsteht z. B. durch eine Stimmgabel oder beim Pfeifen mit dem Mund
- **Klang:** mehrere Töne überlagern sich zu einer periodischen, aber nicht sinusförmigen Schwingung; entsteht z. B. durch ein Musikinstrument oder beim Singen
- **Geräusch:** unregelmäßiges Schwingungsbild; entsteht z. B. durch knisterndes Papier
- **Knall:** schnell zurückgehende Schwingung mit anfangs großer Auslenkung; z. B. durch Platzen eines Luftballons

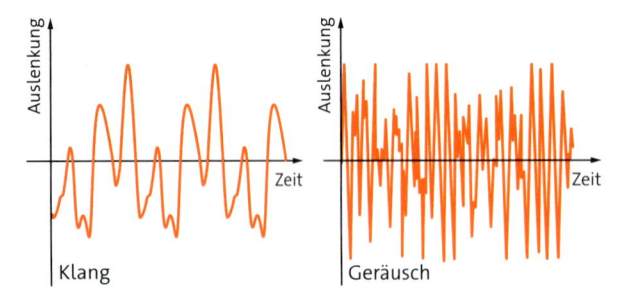

Schwingungsgrößen: Die **Amplitude** beschreibt, wie stark ein Körper schwingt. Im Schwingungsbild eines Tons entspricht die Amplitude der maximalen Auslenkung. Je größer die Amplitude eines Tons ist, desto lauter ist dieser.
Die Anzahl vollständiger Schwingungen pro Sekunde heißt **Frequenz** und hat die Einheit Hertz (Hz). Je größer die Frequenz eines Tons ist, desto höher ist dieser. Der menschliche Hörbereich reicht etwa von 20 Hz bis 20 kHz. Schall mit Frequenzen unterhalb des Hörbereichs heißt Infraschall, oberhalb davon spricht man von Ultraschall.

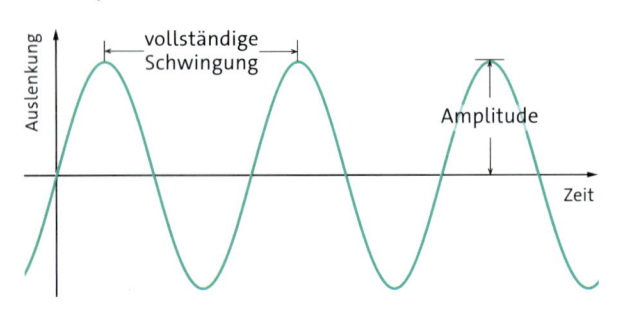

Bewegungen

Bewegung eines Körpers: Zur Beschreibung von Bewegungen eines Körpers im Raum gibt man seinen Ort s in Abhängigkeit von der Zeit t an. Der Verlauf des Graphen der Funktion $s(t)$ im t-s-Diagramm gibt Aufschluss über die Art der Bewegung.

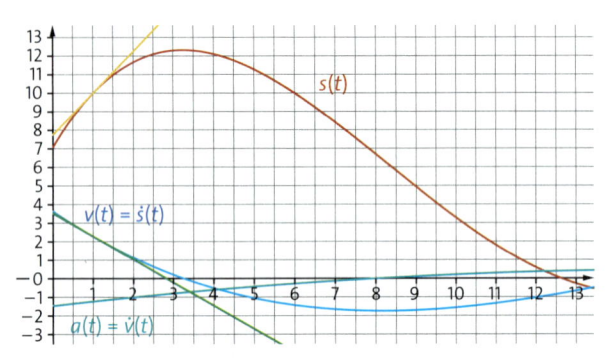

Geschwindigkeit: Die momentane Geschwindigkeit v zum Zeitpunkt t_0 entspricht der Steigung der Tangente, die den Graphen der Funktion $s(t)$ an der Stelle t_0 berührt. Damit ist die Geschwindigkeit gleich der Ableitung des Orts nach der Zeit. Ableitungen nach der Zeit werden in der Physik üblicherweise durch einen Punkt gekennzeichnet:

$v(t) = \dot{s}(t)$ mit der Einheit $[v] = \frac{m}{s}$

Beschleunigung: Die momentane Beschleunigung a zum Zeitpunkt t_0 entspricht der Steigung der Tangente, die den Graphen der Funktion $v(t)$ an der Stelle t_0 berührt. Entsprechend ist die Beschleunigung gleich der Ableitung der Geschwindigkeit nach der Zeit und gleich der zweiten Ableitung des Orts nach der Zeit:

$a(t) = \dot{v}(t) = \ddot{s}(t)$ mit der Einheit $[a] = \frac{m}{s^2}$

Mathematische Grundlagen

Sinus- und Kosinus-Funktion: Aus der Mathematik sind Ihnen die Sinus- und Kosinus-Funktion bekannt. Diese Funktionen sind periodisch und es gilt:

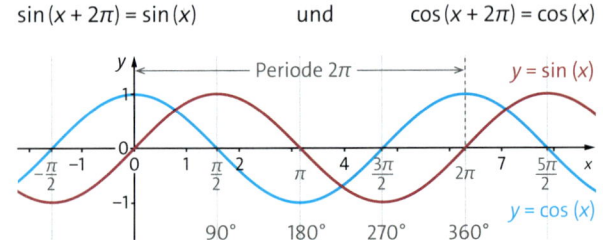

$\sin(x + 2\pi) = \sin(x)$ und $\cos(x + 2\pi) = \cos(x)$

Leitet man die Sinus-Funktion (graphisch) ab, dann ergibt sich die Kosinus-Funktion:

$\sin'(x) = \cos(x)$

Noch gekonnt?

Akustik

1. ☐ Skizzieren Sie das Schwingungsbild eines beliebigen Tons. Tragen Sie die Graphen für zwei weitere Töne ein – einen mit halber Amplitude und einen mit halber Frequenz im Vergleich zum ersten Ton.

2. Zeichnen Sie die Schwingungsbilder für
   a ☐ einen Knall,
   b ☐ ein leises Knistern,
   c ◪ einen verstummenden Ton.

3. ☐ Bestimmen Sie die Frequenzen der nachfolgend dargestellten Töne und Klänge.

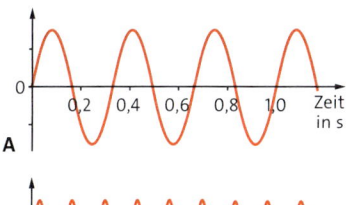

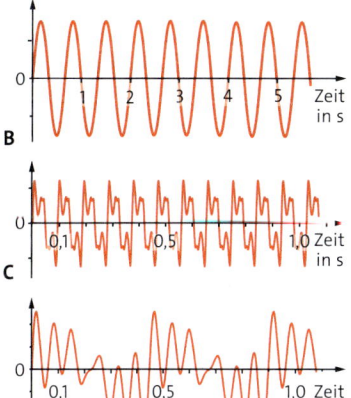

4. Zwei Musiker spielen auf einer Geige und einer Posaune nacheinander den gleichen Ton.
   a ☐ Begründen Sie, warum dieser alltagssprachlich korrekte Satz aus physikalischer Sicht falsch ist.
   b ◪ Man kann deutlich unterscheiden, welches Instrument gerade gespielt wird. Erläutern Sie.

5. ☐ Ihre Tante spricht von einer Drei-Sekunden-Regel für Gewitter. Erklären Sie diese anhand eines Beispiels.

Bewegungen

6. Betrachten Sie das Diagramm zu Geschwindigkeit und Beschleunigung auf der linken Seite.
   a ☐ Begründen Sie anhand von konkreten Werten, dass die Tangentensteigungen jeweils der Ableitung an der Berührstelle entsprechen.
   b ◪ Beschreiben Sie für die Stellen 2 und 8, wie sich Strecke, Geschwindigkeit und Beschleunigung jeweils ändern. Stellen Sie Zusammenhänge zwischen den einander entsprechenden Graphen her.

7. Betrachten Sie die Diagramme zu verschiedenen Bewegungen.
   a ☐ Ordnen Sie begründet den t-v-Diagrammen in der Abbildung die passenden t-s-Diagramme zu.
   b ◪ Zeichen Sie für das übrige t-s-Diagramm ein t-v-Diagramm.

8. Die Abbildung zeigt das t-s-Diagramm eines Bungee-Sprungs.
   a ☐ Begründen Sie anhand des Diagramms, dass es sich nicht um eine Bewegung mit konstanter Geschwindigkeit handelt.
   b ◪ Bestimmen Sie den Zeitpunkt, zu dem eine Bremsung durch das Seil eingesetzt hat.
   c ☐ Ermitteln Sie die Geschwindigkeit zum Zeitpunkt $t_0 = 1$ s.

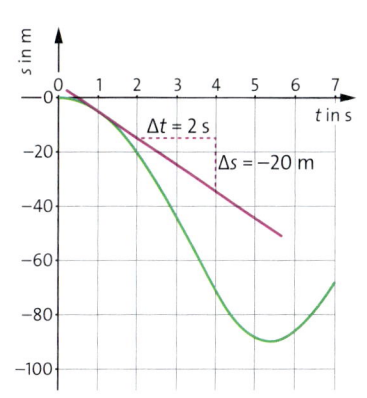

Mathematische Grundlagen

9. Begründen Sie folgende Eigenschaften der Sinus- bzw. Kosinus-Funktion anhand der Graphen:
   a ☐ Punkt- bzw. Achsensymmetrie
   b ◪ $\sin(\pi - x) = \sin(x)$
   c ◪ $\sin(\pi + x) = -\sin(x)$
   d ◪ $\cos(\pi - x) = -\cos(x)$

10. Ableitung der Sinus- und Kosinusfunktion
    a ☐ Zeichnen Sie den Graphen der Sinusfunktion $f(t) = \sin\left(\frac{2\pi}{T} \cdot t\right)$.
    b ◪ Skizzieren Sie die Graphen der ersten und zweiten Ableitung (graphisches Ableiten). Benennen Sie die markanten Zusammenhänge, die Sie dabei nutzen, wie z. B. $\dot{f}(0) = 1$ oder $\ddot{f}\left(\frac{T}{4}\right) = -1$.
    c ◪ Begründen Sie anhand dieser Graphen, dass $\sin''(x) = -\sin(x)$.

11. ◪ Wiederholen Sie den Zusammenhang von Einheitskreis und Sinusfunktion im Bogenmaß. Erklären Sie anhand von Skizzen.

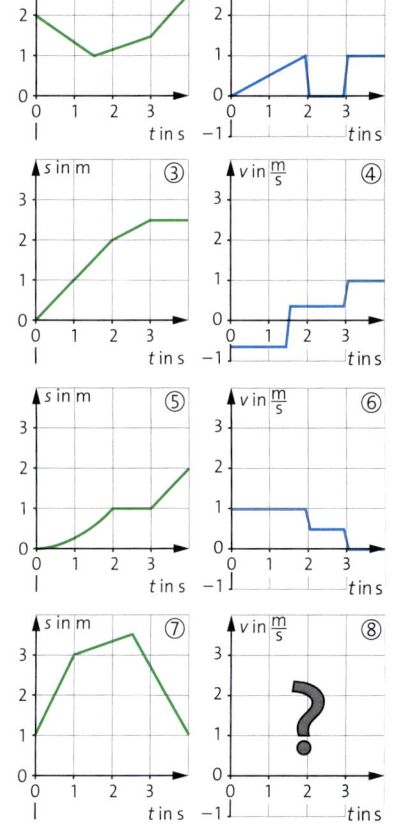

4.1 Phänomene der Schwingung

1 Hüpfende Tropfen

Die Tropfen hüpfen auf der Membran eines Lautsprechers auf und ab – und zwar umso höher, je lauter die Töne sind, die der Lautsprecher abgibt. Auch die Tonhöhe ändert das Verhalten der Tropfen. Wie kommt das?

Schwingungen in Zeitlupe • Um genauer zu untersuchen, was an der Lautsprechermembran passiert, verbinden wir den Lautsprecher mit einem Frequenzgenerator und stellen diesen so ein, dass ein tiefer Brummton zu hören ist. Wenn man jetzt vorsichtig auf die Membran fasst, kann man fühlen, wie sie vibriert. Geben wir einige Reiskörner auf die Membran, so werden diese infolge der Schwingung ebenfalls in Bewegung versetzt und beginnen wie die Wassertropfen zu hüpfen (▶ **1**). Die schnelle Schwingung der Membran selbst wird sichtbar, wenn sie mit einem Smartphone gefilmt und in Zeitlupe abgespielt wird.

Auch bei anderen Körpern sind **mechanische Schwingungen** zu beobachten. Werden sie aus ihrer in Ruhe eingenommenen Lage ausgelenkt, führen sie zeitlich periodische Bewegungen aus, die immer wieder durch ihre anfängliche **Ruhelage** führen (▶ **2**).

> Mechanische Schwingungen sind periodische Bewegungen eines Körpers um seine Ruhelage.

Aufzeichnung von Schwingungen • Eine einfache Möglichkeit, Schwingungen aufzuzeichnen, bietet eine Schreibstimmgabel (▶ **3A**). Dazu zieht man die Feder an der Spitze der schwingenden Stimmgabel zügig und möglichst gleichmäßig über eine berußte Glasplatte. Ein ähnliches Resultat ergibt sich, wenn wir einen Stift in einem Tonnenfuß schaukeln lassen und einen Papierstreifen möglichst gleichmäßig darunter hinweg ziehen (▶ **3B**).

Die so erhaltenen Schwingungsbilder erinnern an die Graphen von Sinus- oder Kosinusfunktionen. Noch deutlicher wird dies, wenn wir die Töne mithilfe eines Oszilloskops aufzeichnen, das an ein Mikrofon angeschlossen ist (▶ **3C**). Schwingungen mit einem sinusförmigen Verlauf bezeichnet man als **harmonische Schwingungen**.

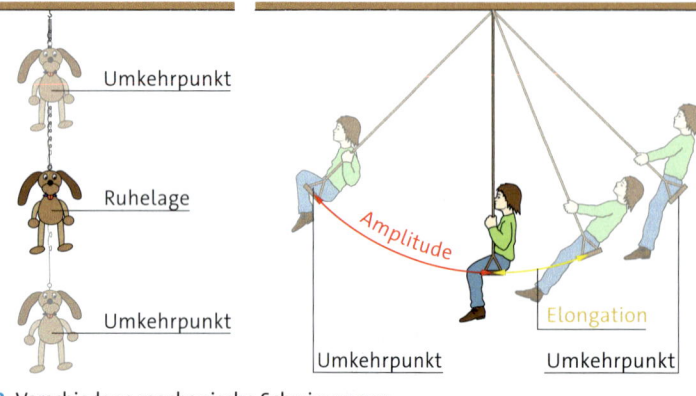

2 Verschiedene mechanische Schwingungen

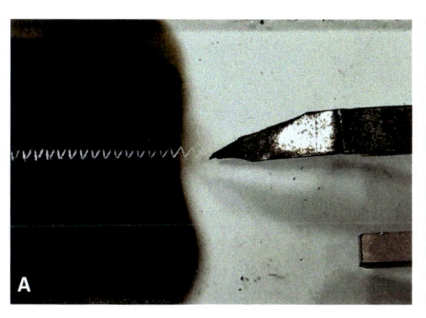

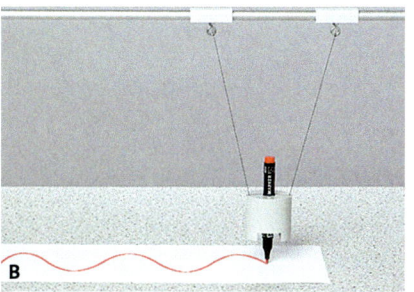

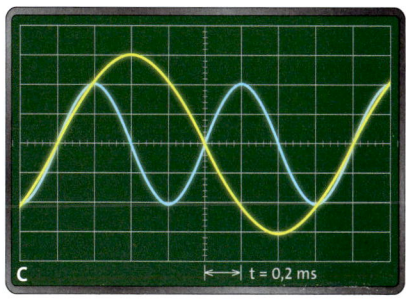

3 Aufzeichnungen von Schwingungen: **A** Schreibstimmgabel; **B** Schwingender Stift; **C** Aufnahme am Ozilloskop

Beschreibung von Schwingungen • Verfolgen wir einen einzelnen Punkt eines schwingenden Körpers im Laufe der Zeit, z. B. die Spitze des schwingenden Stifts, so bewegt sich dieser periodisch zwischen zwei Umkehrpunkten hin und her. Dabei ändert sich nur die Entfernung des Punktes von seiner Ruhelage (▶ **3B, 4**).

Den momentanen Abstand zur Ruhelage bezeichnen wir dabei als **Elongation s** oder als Auslenkung. Die Elongation nimmt im Verlauf der Schwingung positive und negative Werte an. In den Umkehrpunkten ist der Abstand zur Ruhelage jeweils am größten. Der Betrag dieser Elongation in den Umkehrpunkten der Schwingung wird **Amplitude s_{max}** genannt (▶ **4**).

Für eine genauere Beschreibung ist die Zeit wichtig, die der Punkt für eine vollständige Schwingung benötigt, bis er also wieder am Ausgangspunkt seiner Bewegung ankommt und diese sich wiederholt. Dies ist die **Periodendauer T**. Sie hat die Einheit 1 s. Die bekanntere Größe der **Frequenz f** mit der Einheit 1 Hertz gibt die zugehörige Anzahl der Schwingungen pro Sekunde an. Sie ist der Kehrwert der Schwingungsdauer:

$f = \frac{1}{T}$ mit $[T] = 1\,\text{s}$ und $[f] = 1\,\frac{1}{\text{s}} = 1\,\text{Hz}$.

> Schwingungen sind Bewegungen zwischen zwei Umkehrpunkten durch eine Ruhelage.
> Die Elongation einer Schwingung wird von der Ruhelage aus gemessen und nimmt während der Schwingung positive und negative Werte an.
> Die Amplitude einer periodischen Schwingung ist der Betrag der Elongation in den Umkehrpunkten.
> Zwischen Periodendauer T und Frequenz f gilt der Zusammenhang: $f = \frac{1}{T}$.

Töne sind harmonische Schwingungen • Schallquellen enthalten Bauteile, die hin- und herschwingen und so Luftmoleküle in Schwingungen versetzen. Durch Stöße zwischen benachbarten Luftmolekülen breitet sich der Schall aus. Handelt es sich um harmonische Schwingungen im Hörbereich unserer Ohren, nehmen wir sie als Töne wahr. Bei akustischen Signalen ohne regelmäßigen Verlauf hören wir Geräusche. Alle hörbaren Schwingungen werden zusammenfassend als Schall bezeichnet.

1 a ☐ Skizzieren Sie das *t-s*-Diagramm für einen beliebigen Ton.
b ✏ Tragen Sie die Graphen zweier weiterer Töne ein. Dabei soll der eine im Vergleich zu **a** die doppelte Amplitude besitzen und der andere die doppelte Frequenz.

2 ✏ Beschreiben Sie, wie sich die Schwingungskurve in ▶ **3A** ändert, wenn man die Stimmgabel langsamer bzw. schneller zieht.

3 ☐ Ermitteln Sie die Frequenzen der in ▶ **3C** dargestellten Schwingungen. Ein Kästchen steht dabei für eine Zeitspanne von 0,2 ms.

4 ☐ Ein schwingender Kranhaken braucht 57 s für 8 Perioden. Berechnen Sie die Periodendauer und die Frequenz der Schwingung des Hakens.

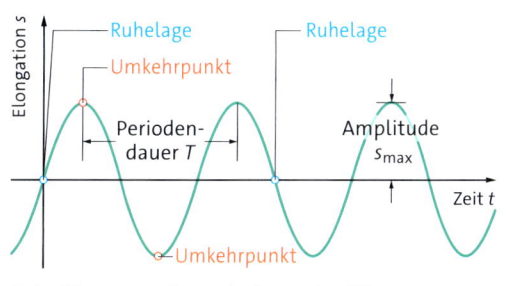

Häufig bezeichnet man die Periodendauer auch als Schwingungsdauer.

4 *t-s*-Diagramm eines schwingenden Körpers

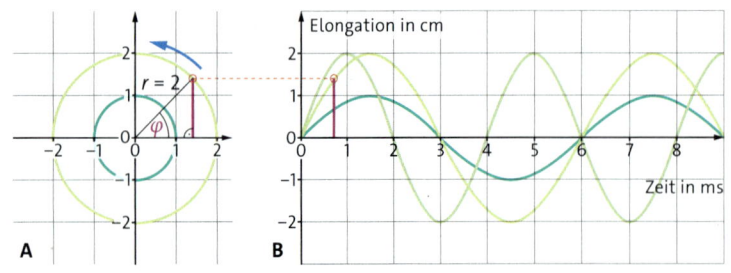

1 A Bogenmaß, **B** unterschiedliche Schwingungen

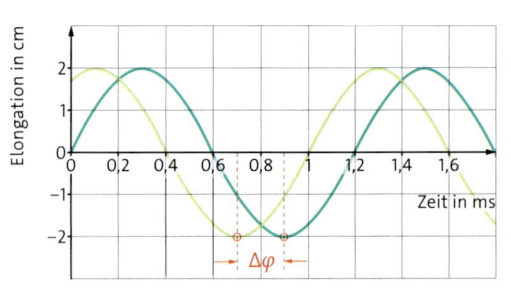

2 Schwingungen mit Phasenverschiebung

Mathematische Beschreibung • Unsere Beobachtungen an der Schreibstimmgabel und am schwingenden Stift lassen sich nutzen, um die harmonische Schwingung mithilfe einer Sinusfunktion zu beschreiben:

$$s(t) = s_{max} \cdot \sin(2\pi f \cdot t) = s_{max} \cdot \sin\left(\frac{2\pi}{T} \cdot t\right).$$

Eine Vergrößerung der Amplitude s_{max} bewirkt eine Streckung des Graphen in Richtung der Elongation, z. B. ist s_{max} für den gelben Graphen doppelt so groß wie für den grünen (▶ **1B**). Eine Vergrößerung der Frequenz f bewirkt eine Stauchung des Graphen in Richtung der Zeitachse (▶ **1B**; gelber Graph).

Das Argument der Sinusfunktion wird im Bogenmaß angegeben. Damit entspricht ein Vollwinkel dann 2π und die Sinusfunktion hat für alle Vielfachen von 2π den gleichen Wert. Zudem lässt sich die Periodendauer T direkt am Graphen ablesen (▶ **1**) und es gilt $s(T) = s(0)$. So wird die korrekte Periodendauer erreicht und es gilt außerdem $s(t + T) = s(t)$.
Dabei ist der Faktor $\frac{2\pi}{T}$ gleich der aus der Kreisbewegung bekannten Kreisfrequenz ω.

Nicht immer beginnt die Beobachtung einer Schwingung mit der Auslenkung aus der Ruhelage ($s(t = 0) \neq 0$). Dies führt aber nur zu einer Verschiebung der Schwingung entlang der Zeitachse. Man spricht von einer **Phasenverschiebung** $\Delta\varphi$ gegenüber der ersten Schwingung (▶ **2**). Bezieht man dies ein, ergibt sich insgesamt für die Schwingungsgleichung:

$$s(t) = s_{max} \cdot \sin(\omega \cdot t + \Delta\varphi).$$

> Harmonische Schwingungen sind sinusförmige, periodische Schwingungen. Sie lassen sich durch $s(t) = s_{max} \cdot \sin(\omega \cdot t + \Delta\varphi)$ beschreiben. Dabei ist s_{max} die Amplitude, ω die Kreisfrequenz mit $\omega = \frac{2\pi}{T} = 2\pi f$ und $\Delta\varphi$ die Phasenverschiebung.

Ableitungen nach der Zeit werden in der Physik häufig mit einem Punkt über der Größe gekennzeichnet.

Beim Berechnen der Ableitung muss die Kettenregel beachtet werden! Die äußere Funktion ist der Sinus, die innere Funktion das Argument des Sinus.

Geschwindigkeit und Beschleunigung • Aus dem zeitlichen Verlauf der Elongation folgt der Verlauf der Geschwindigkeit. In den Umkehrpunkten ist die Geschwindigkeit null und erreicht in der Ruhelage ihren maximalen Betrag. Außerdem erhält man wie bei jeder Bewegung die Geschwindigkeit als Ableitung des Orts nach der Zeit, also $v(t) = \dot{s}(t)$.
Entsprechend erhält man die Beschleunigung aus der 1. Ableitung der Geschwindigkeit nach der Zeit oder der 2. Ableitung des Orts: $a(t) = \dot{v}(t) = \ddot{s}(t)$.
Durch graphisches Ableiten ergeben sich die Graphen in ▶ **3**. Rechnerisch gilt:

$v(t) = \dot{s}(t) = s_{max} \cdot \omega \cdot \cos(\omega \cdot t) = v_{max} \cdot \cos(\omega \cdot t)$ und
$a(t) = \dot{v}(t) = -s_{max} \cdot \omega^2 \cdot \sin(\omega \cdot t) = -a_{max} \cdot \sin(\omega \cdot t)$

Dabei stellt das Produkt $v_{max} = s_{max} \cdot \omega$ den Betrag der maximalen Geschwindigkeit der Schwingung dar. Das Produkt $a_{max} = s_{max} \cdot \omega^2$ ist der Betrag der maximalen Beschleunigung der Schwingung.

1 ☐ Ermitteln Sie die Schwingungsgleichungen für die Schwingungen aus ▶ **1B**.

2 ☐ Zeichnen Sie das Diagramm einer Schwingung mit $s_{max} = 3$ cm, $f = 500$ Hz, $\Delta\varphi = \frac{\pi}{4}$.

3 ☐ Bestimmen Sie graphisch und rechnerisch die Gleichungen für Geschwindigkeit und Beschleunigung für $s(t) = 0{,}2$ cm $\cdot \cos(2\pi \cdot 0{,}5$ Hz $\cdot t)$.

4 ☐ Führen Sie für die Ausdrücke $s_{max} \cdot \omega$ und $s_{max} \cdot \omega^2$ eine Einheitenbetrachtung durch.

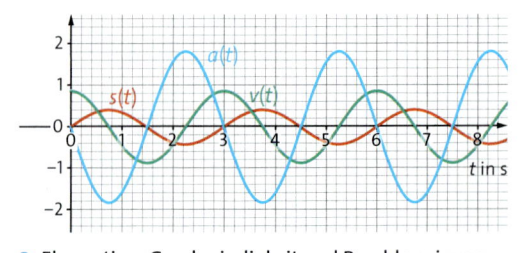

3 Elongation, Geschwindigkeit und Beschleunigung

Material — Schwingungen und Wellen • Phänomene der Schwingung

Versuch A • Beschreibung von Schwingungen

V1 Schwingung eines Lineals

Materialien: Kunststofflineal

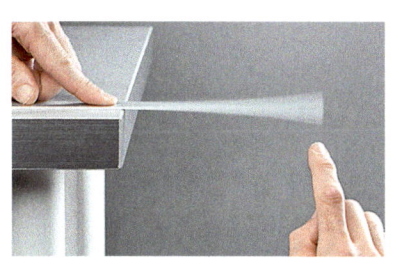

Arbeitsauftrag:
- Legen Sie das Lineal etwa zur Hälfte auf den Tisch und drücken Sie es möglichst nah an der Tischkante fest nach unten. Lenken Sie das freie Ende des Lineals aus und lassen Sie es los.
- Erkunden Sie, wie Sie mit dem schwingenden Lineal einen hörbaren Ton erzeugen können.
- Untersuchen Sie, wie die Tonhöhe von der Länge des schwingenden Teils des Lineals abhängt. Folgern Sie daraus, wie die Frequenz der Schwingung von dieser Länge abhängt.
- Untersuchen Sie durch Hören, ob die Schwingung des Lineals harmonisch ist. Erklären Sie Ihre Vorgehensweise.

1 Schwingendes Lineal

Material A • Verwandtschaft zwischen Kreisbewegung und Schwingung

Ein an einer rotierenden Scheibe befestigter Stab S wirft einen Schatten, dessen Auf- und Abbewegung an eine Schwingung erinnert. Zur Überprüfung der Vermutung lässt man einen Pendelkörper P an einer Feder neben dem kreisenden Stab schwingen, wobei Mittelpunkt M und Ruhelage R auf gleicher Höhe liegen. Die Drehfrequenz wird so eingestellt, dass sich die Schatten von Stab und Pendelkörper synchron bewegen.

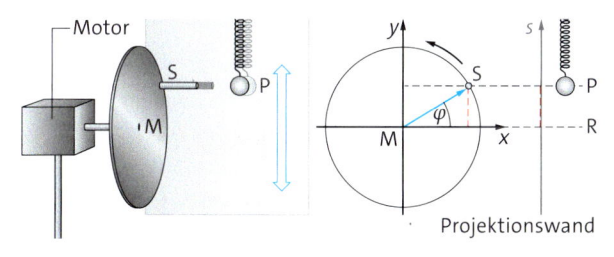

A1 Kreisbewegung und Schwingung eines Federpendels im Vergleich

1 🖉 Stellen Sie entsprechende Größen von Kreisbewegung und Schwingung einander gegenüber.

2 Die momentane Auslenkung des Pendelkörpers aus der Ruhelage $s(t) = \overline{PR}$ entspricht der Projektion der Strecke $\overline{MS}$ auf die Wand.
 a 🖉 Zeigen Sie, dass $s(t) = s_{max} \cdot \sin(\varphi(t))$ gilt.
 b 🖉 Leiten Sie eine Gleichung für die Zeitabhängigkeit der Auslenkung her. Ersetzen Sie dazu den im Bogenmaß gemessenen Drehwinkel $\varphi(t)$ mithilfe der Kreisfrequenz $\omega = \frac{\varphi}{t}$, auch Winkelgeschwindigkeit genannt.

3 🖉 Nutzen Sie die Formeln für die Geschwindigkeit und die Beschleunigung auf einer Kreisbahn, um die entsprechenden Größen für die Schwingung zu bestimmen. Vergleichen Sie mit den Gleichungen, die sich durch Ableitung der in **2b** erhaltenen Gleichung ergeben.

Material B • Federschwinger

Ein Federschwinger wird um 4,5 cm aus der Ruhelage nach unten ausgelenkt und anschließend losgelassen. Für die ersten 15 Perioden werden 12,9 s benötigt. Die Amplitude beträgt danach noch 4,3 cm.

B1 Schwingfigur

1 Die Figur führt eine harmonische Schwingung aus.
 a ☐ Bestimmen Sie Periodendauer und Frequenz.
 b ☐ Stellen Sie die zugehörige Schwingungsgleichung auf. Beachten Sie dabei die anfängliche Richtung der Elongation.

2 ☐ Berechnen Sie v_{max} und a_{max}.

3 🖉 Beschreiben Sie die Schwingung möglichst genau unter Verwendung der Fachbegriffe. Gehen Sie dabei auch auf Richtung und Betrag von Geschwindigkeit und Beschleunigung ein.

4 Nach 100 Perioden beträgt die Amplitude noch 3,7 cm.
 a 🖉 Begründen Sie, warum genau genommen keine harmonische Schwingung vorliegt.
 b 🖉 Schlagen Sie eine Abwandlung des Versuchs vor, durch welche die Abnahme der Amplitude reduziert werden kann.

4.2 Schwingungen untersuchen

1 Schwingendes Lineal

Lenkt man ein schwingungsfähiges System wie z. B. ein aufgehängtes Lineal ein klein wenig aus seiner Ruhelage aus, so fängt es mit immer gleicher Periodendauer an zu schwingen. Wie lässt sich das erklären?

Analyse von Schwingungen • Um die aufgeworfene Frage zur Periodendauer bei einem schwingungsfähigen System zu klären, nutzen wir statt des Lineals ein Federpendel (▶ 2).

Zunächst einmal untersuchen wir, wie sich die Elongation des Pendelkörpers, seine Geschwindigkeit und die Beschleunigung während einer Schwingung ändern.

Dazu zeichnen wir die Bewegung des Pendels mithilfe eines Bewegungs- und eines Beschleunigungssensors auf und stellen die Größen in jeweils einem Diagramm grafisch dar (▶ 3A–C).

Vergleicht man die drei Diagramme, so zeigt sich, dass zum Zeitpunkt der maximalen Elongation nach oben (schwarze Markierungen) auch die Beschleunigung maximal wird (▶ 3A und 3C). Die Beschleunigung wirkt aber entgegen der Bewegungsrichtung nach unten. Die Bewegung wurde so weit abgebremst, dass die Geschwindigkeit in diesem Punkt gleich null ist. Der Pendelkörper hat seinen oberen **Umkehrpunkt** erreicht und die Bewegungsrichtung kehrt sich um. Der Pendelkörper bewegt sich daraufhin nach unten. Dagegen ist die Beschleunigung beim Durchgang durch die Ruhelage gleich null (graue Markierungen), während die Geschwindigkeit maximal ist. Danach nimmt die Beschleunigung in entgegengesetzter Richtung wieder zu. Die Bewegung wird langsamer, bis der Körper im unteren Umkehrpunkt schließlich wieder die Richtung ändert und der gesamte Vorgang sich wiederholt.

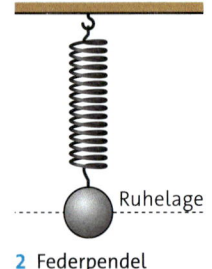

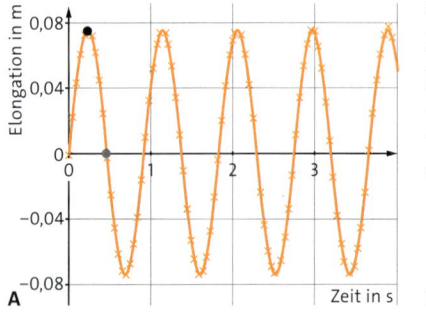

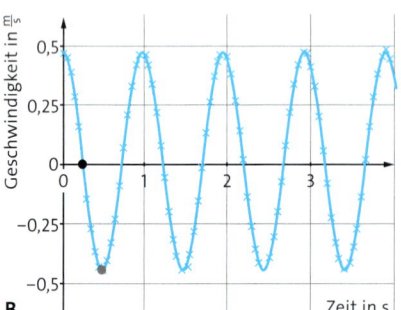

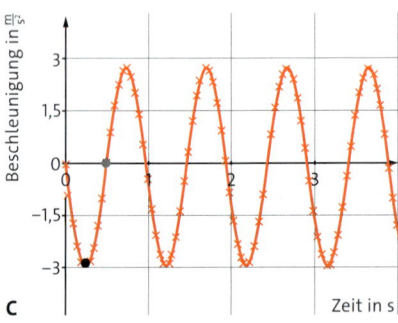

2 Federpendel (Ruhelage)

3 Zeitlicher Verlauf der Schwingung eines Federpendels ($D = 10{,}5\,\frac{N}{m}$, $m = 260\,g$): **A** Elongation, **B** Geschwindigkeit, **C** Beschleunigung

Analyse der Schwingungsdauer • Als nächstes untersuchen wir, von welchen Größen die Periodendauer abhängt. Die Vermutung liegt nahe, dass die Masse m des anhängenden Pendelkörpers und die anfängliche Auslenkung s_0 von Bedeutung sind. Es spielt aber auch eine Rolle, ob sich die Feder leicht oder nur schwer ausdehnen lässt. Die **Federkonstante D** kennzeichnet diese Eigenschaft und wird daher auch Federhärte genannt.

Um die Einflüsse von Masse, Elongation und Federkonstante auf die Periodendauer zu untersuchen, zeichnen wir die Bewegung von Pendeln mit unterschiedlichen Federn und unterschiedlichen Pendelkörpern auf.

Es zeigt sich, dass die Periodendauer unabhängig von der anfänglichen Auslenkung ist. Dies erscheint plausibel, wenn wir uns den Zusammenhang am Beispiel eines Tons veranschaulichen. Ändert man die Lautstärke eines Tons, also die Amplitude der zugehörigen Schwingung, so ändert sich seine Tonhöhe – die Frequenz – dadurch nicht. Die entsprechende Periodendauer ist also unabhängig von der Amplitude.

In der Tabelle sind deshalb die Periodendauern in Abhängigkeit von der Masse der Pendelkörper für verschiedene Federn dargestellt (▶ 4). Dabei wurden jeweils Messungen an drei Federn mit unterschiedlichen Federkonstanten und mit drei verschiedenen Massen durchgeführt. Zur Auswertung stellen wir die Daten grafisch dar und suchen nach Proportionalitäten. Diese finden wir mit

- $T \sim \sqrt{m}$ für verschiedene Federn (▶ 5),
- $T \sim \sqrt{\frac{1}{D}}$ für verschiedene Massen (▶ 6).

Zusammengefasst ergibt sich

$T \sim \sqrt{\frac{m}{D}}$

Im Diagramm liegen alle Punkte zu den obigen Messwerten auf einer Geraden (▶ 7) mit der Steigung 2π. Insgesamt gilt für die Periodendauer eines Federpendels:

$T = 2\pi \cdot \sqrt{\frac{m}{D}}$.

Dies ist plausibel, denn eine größere Pendelmasse m führt aufgrund der größeren Trägheit des Pendelkörpers zu einer kleineren Geschwindigkeit und damit zu einer größeren Periodendauer.

	$D_1 = 10{,}5\,\frac{N}{m}$	$D_2 = 25\,\frac{N}{m}$	$D_3 = 45\,\frac{N}{m}$
m in kg	T_1 in s	T_2 in s	T_3 in s
0,16	0,78	0,50	0,38
0,21	0,89	0,57	0,43
0,26	0,99	0,64	0,48

4 Einige Werte für Masse und Periodendauer am Federpendel

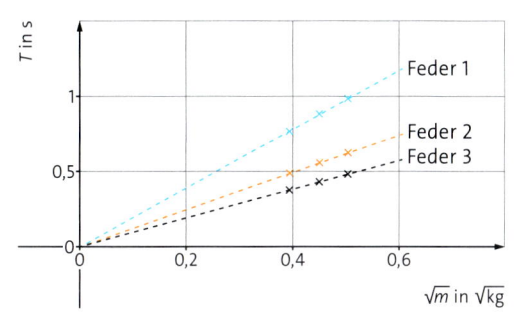

5 T ist proportional zu $\sqrt{m}$.

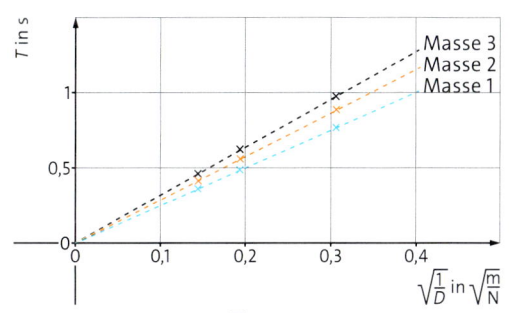

6 T ist proportional zu $\sqrt{\frac{1}{D}}$.

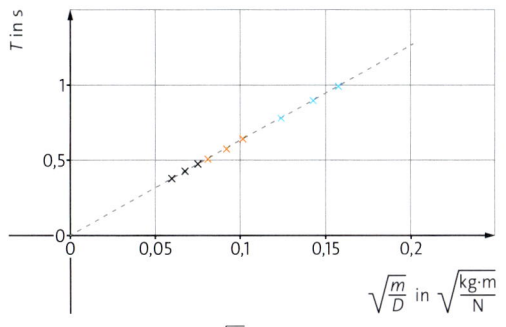

7 T ist proportional zu $\sqrt{\frac{m}{D}}$ mit der Proportionalitätskonstante 2π.

Eine härtere Feder (größere Federhärte D) lässt sich schwerer ausdehnen und hat eine kleinere Auslenkung zur Folge. Wieso dies aber zu einer kleineren Periodendauer führt und warum die Schwingung überhaupt so gleichmäßig ist, lässt sich erst klären, wenn wir uns nachfolgend mit der Entstehung der Schwingung beschäftigt haben.

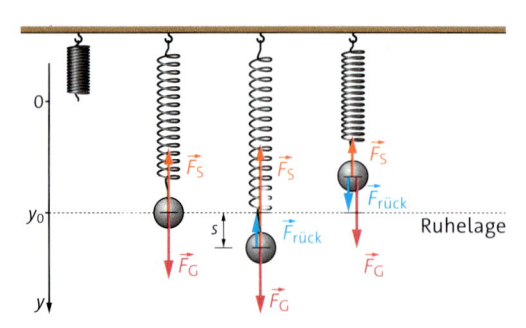

1 Kräfte auf den Pendelkörper eines Federpendels

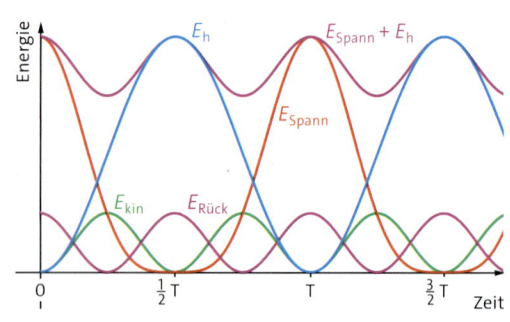

2 Energieumwandlungen beim Federpendel

Ursache jeder Bewegung und ihrer Änderung sind angreifende Kräfte.

Ursachen von Schwingungen • In der Ruhelage einer Schwingung befinden sich alle auf den schwingenden Körper wirkenden Kräfte im Gleichgewicht. Wird er aus seiner Ruhelage ausgelenkt, dann resultiert immer eine Rückstellkraft $F_{rück}$, die zur Entstehung der Schwingung führt.

Beim Federpendel ergibt sich die Rückstellkraft aus der Gewichtskraft und der von der Feder ausgeübten Spannkraft (▶ **1**). Die stets nach unten gerichtete Gewichtskraft $F_G = m \cdot g$ ist dabei für einen bestimmten Pendelkörper konstant. Die nach oben gerichtete Spannkraft F_S der Feder folgt aus dem Hookeschen Gesetz. Sie wirkt ihrer Ausdehnung y entgegen und ist proportional zu ihr. Es gilt: $F_S = -D \cdot y$.

Allgemein spricht man von einem **Oszillator**, *wenn ein System eine Schwingung um eine Ruhelage ausführt.*

In der Ruhelage dehnt der Pendelkörper die Feder um die Länge y aus. Die Gewichtskraft und die Spannkraft heben sich hier gerade gegenseitig auf. Für die Rückstellkraft gilt daher:

$F_{rück} = F_G + F_S = m \cdot g - D \cdot y = 0.$

Ist die Elongation $s = y - y_0$ des Federpendels aus seiner Ruhelage mit $s < y_0$ hinreichend klein, so bleibt die Feder gespannt. Sie übt dann stets eine nach oben gerichtete Kraft auf den Pendelkörper aus (▶ **1**).

$F_{rück} = m \cdot g - D \cdot y = D \cdot y_0 - D \cdot y$
$\qquad = D \cdot (y_0 - y) = -D \cdot s$

Somit ist die Rückstellkraft stets der Elongation entgegengerichtet und bewirkt eine Beschleunigung in Richtung der Ruhelage. Infolge seiner Trägheit bewegt sich der schwingende Körper aber über die Ruhelage hinaus. Es kommt zur Auslenkung in die entgegengesetzte Richtung und damit wieder zu einer beschleunigenden Rückstellkraft. Insgesamt ergibt sich eine Schwingung.

Eine härtere Feder führt zu einer größeren Rückstellkraft und so zu einer kleineren Periodendauer.

Die Proportionalität von Elongation und Rückstellkraft nennt man lineares Kraftgesetz. Alle schwingungsfähigen Systeme, bei denen ein lineares Kraftgesetz vorliegt, führen harmonische Schwingungen aus.

> Ein Oszillator führt eine harmonische Schwingung aus, wenn auf ihn eine Rückstellkraft wirkt, die dem linearen Kraftgesetz folgt:
> $F_{rück} = -D \cdot s$.

Energieumwandlungen • Falls das Pendel reibungsfrei schwingt, gibt es keine Energie nach außen ab. Während sich der Pendelkörper aus dem unteren Umkehrpunkt nach oben bewegt, nimmt die Spannenergie $E_S = \frac{1}{2} D \cdot y^2$ immer weiter ab und die Lageenergie $E_h = m \cdot g \cdot h$ immer weiter zu. Die kinetische Energie $E_{kin} = \frac{1}{2} m \cdot v^2$ nimmt bis zum Durchgang durch die Ruhelage zu und geht dann wieder auf null zurück. Im oberen Umkehrpunkt ist dann die Lageenergie maximal (▶ **2**). Anschließend setzen die gegenteiligen Vorgänge ein.

Wir interessieren uns hier nur für die Energiebeträge, die für die Schwingung selbst relevant sind. Somit ist es sinnvoll, direkt die Energie zu nutzen, die aus der Rückstellkraft $F_{rück} = -D \cdot s$ folgt. Da die Rückstellkraft die Spann- und die Gewichtskraft zusammenfasst, ist auch die Energie $E_{rück}$ die Summe aus Spann- und Lageenergie. Wir setzen allerdings in der Ruhelage $E_{rück} = 0$ (▶ **2**). Dann gilt:

$E_{rück}(t) = \frac{1}{2} D \cdot s^2(t) = \frac{1}{2} D \cdot s_{max}^2 \cdot \cos^2(\omega \cdot t).$

Diese Energie wird bis zum Durchgang durch die Ruhelage vollständig in kinetische Energie umgewandelt. Unter Verwendung von $\omega^2 = \frac{D}{m}$ ergibt sich

$E_{kin}(t) = \frac{1}{2} m \cdot v^2(t) = \frac{1}{2} m \cdot s_{max}^2 \cdot \omega^2 \cdot \sin^2(\omega \cdot t)$
$\qquad\quad = \frac{1}{2} D \cdot s_{max}^2 \cdot \sin^2(\omega \cdot t).$

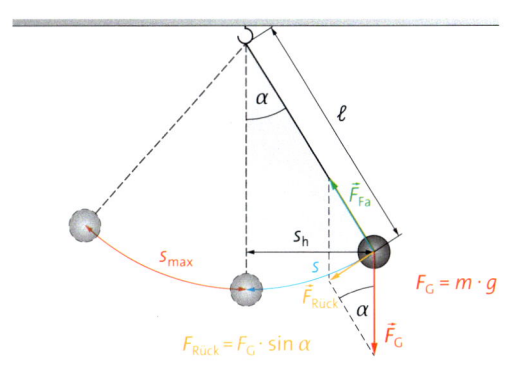

3 Kräfte auf den Pendelkörper eines Fadenpendels

Für die Gesamtenergie der harmonischen Schwingung gilt dann:

$E_{ges}(t) = E_{rück}(t) + E_{kin}(t)$

$= \frac{1}{2} D \cdot s_{max}^2 \cdot \cos^2(\omega \cdot t) + \frac{1}{2} D \cdot s_{max}^2 \cdot \sin^2(\omega \cdot t)$

$= \frac{1}{2} D \cdot s_{max}^2 \cdot (\cos^2(\omega \cdot t) + \sin^2(\omega \cdot t)) = \frac{1}{2} D \cdot s_{max}^2$

Die hier genutzte Beziehung $\sin^2(\alpha) + \cos^2(\alpha) = 1$ folgt aus dem Satz des Pythagoras (▶ 4). Das Ergebnis bestätigt auf mathematische Weise, dass die Gesamtenergie konstant ist. Sie ist zu jedem Zeitpunkt gleich der Spannenergie im Umkehrpunkt, aber auch gleich der kinetischen Energie in der Gleichgewichtslage.

Betrachtung am Fadenpendel • Spricht jemand von einem Pendel, dann haben wir eher ein Fadenals ein Federpendel vor Augen, z. B. bei einer Schaukel oder einer Pendeluhr. Daher untersuchen wir, ob auch bei einem Fadenpendel eine harmonische Schwingung vorliegt.

Die Gewichtskraft $\vec{F}_G$ zieht den Pendelkörper nach unten, während der Faden eine Zugkraft $\vec{F}_Z$ in Richtung der Aufhängung ausübt (▶ 3). Die Summe der beiden Kräfte wirkt als Rückstellkraft $\vec{F}_{rück}$. Sie ist nicht genau auf die Ruhelage gerichtet, sondern wirkt stets tangential und entgegengesetzt zur Elongation s. Es gilt:

$F_{rück} = -m \cdot g \cdot \sin(\alpha)$ mit $\sin(\alpha) = \frac{s_h}{\ell}$ folgt

$F_{rück} = -m \cdot g \cdot \frac{s_h}{\ell}$

Für kleine Auslenkungswinkel α ist der Unterschied zwischen s und s_h vernachlässigbar klein. Dann können wir schreiben:

$F_{rück} = -m \cdot g \cdot \frac{s}{\ell} = -\frac{m \cdot g}{\ell} \cdot s$

Im Falle kleiner Auslenkungen gilt das lineare Kraftgesetz also auch für Fadenpendel. Es liegt eine harmonische Schwingung vor.

Die Periodendauer erhalten wir, wenn wir analog zum linearen Kraftgesetz am Federpendel die Federkonstante in der Periodendauer durch $\frac{m \cdot g}{\ell}$ ersetzen:

$T = 2\pi \sqrt{\frac{m}{D}} = 2\pi \cdot \sqrt{\frac{m \cdot \ell}{m \cdot g}} = 2\pi \cdot \sqrt{\frac{\ell}{g}}$

Der Einfluss von Fadenlänge und Ortsfaktor ist anschaulich leicht zu verstehen: Je länger der Faden ist, umso länger ist auch die Strecke, die der Pendelkörper bei gleichem Auslenkungswinkel α zurücklegen muss (▶ 3) und die Periodendauer steigt. Dagegen steigt die Rückstellkraft mit zunehmendem Ortsfaktor und die Periodendauer nimmt ab.

Die Periodendauer hängt aber nicht von der Pendelmasse ab: Am Fadenpendel werden Lageenergie und kinetische Energie beständig ineinander umgewandelt, es gilt $mgh = \frac{1}{2}mv^2$. Die beim Durchgang durch die Ruhelage erreichte maximale Geschwindigkeit ist somit unabhängig von der Pendelmasse. Dann hat die Masse auch keinen Einfluss auf die Periodendauer.

Eigenfrequenzen • So wie die betrachteten Pendel besitzt jeder harmonische Oszillator eine charakteristische Periodendauer, die durch seinen Aufbau bestimmt wird. Die entsprechende Frequenz $f = \frac{1}{T}$ wird daher als Eigenfrequenz f_0 bezeichnet. Sie bildet sich immer dann aus, wenn der Oszillator nur einmal aus seiner Ruhelage ausgelenkt wird und dann ohne weitere Störung schwingen kann.

> Federpendel und Fadenpendel führen bei kleinen Auslenkungen in guter Näherung harmonische Schwingungen aus, die charakteristische Eigenfrequenzen f_0 zeigen.
>
> Federpendel: Fadenpendel:
> $f_0 = \frac{1}{2\pi} \cdot \sqrt{\frac{D}{m}}$ $f_0 = \frac{1}{2\pi} \cdot \sqrt{\frac{g}{\ell}}$

1 Betrachten Sie ein Federpendel mit der Federkonstanten $5 \frac{N}{cm}$ und der Masse 500 g.
  a ☐ Berechnen Sie die Periodendauer.
  b ✎ Begründen Sie mathematisch und physikalisch, ob sich die Periodendauer auf dem Mond ändern würde.

2 ☐ Ermitteln Sie den Ortsfaktor g für ein Fadenpendel der Länge 1,1 m mit $T = 2,1$ s.

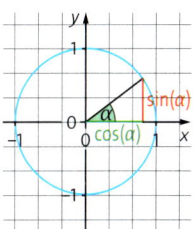

4 Die Gleichheit $\sin^2(\alpha) + \cos^2(\alpha) = 1$ gilt für jeden Winkel α. Sie wird auch „trigonometrischer Pythagoras" genannt und lässt sich am Einheitskreis ablesen.

Für welche Winkel gilt die Kleinwinkelnäherung mit einer Abweichung < 1 %?

Material

Versuch A • Schwingungen im Experiment

V1 Schwingende Wassersäule

Materialien: durchsichtiger Schlauch (ca. 60 cm), Stativ-Material, Lineal, Stoppuhr, Wasser, Tinte, Folienstift, 10-ml-Spritze

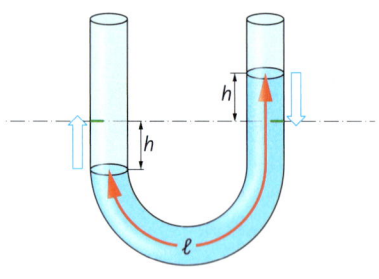

1 Wassersäule im U-Rohr

Arbeitsauftrag:
- Spannen Sie den Schlauch so ein, dass er wie ein U-Rohr gebogen ist und füllen Sie ihn zur Hälfte mit Wasser und ein paar Tropfen Tinte (▶1).
- Markieren Sie die Ruhelage auf beiden Armen des Schlauches.
- Ermitteln Sie experimentell die Periodendauer für Ihre Wassersäule. Ermitteln Sie die Abhängigkeit der Periodendauer von der Länge ℓ der Wassersäule. Variieren Sie dazu ℓ und erstellen Sie ein Diagramm, aus dem sich ein linearer Zusammenhang ableiten lässt. Bestimmen Sie die Steigung der Geraden als Proportionalitätskonstante.
  Hinweis: Tragen Sie T gegen $\sqrt{\ell}$ auf.
- Weisen Sie nach, dass eine harmonische Schwingung vorliegt.

V2 Horizontales Federpendel

Materialien: zwei gleiche Metallfedern, Stativmaterial, leichtlaufender Wagen, Messlatte, Stoppuhr, Folienstift, Massestücke, Waage

Arbeitsauftrag:
- Bestimmen Sie experimentell die Federkonstante der beiden Federn.
- Spannen Sie den Wagen mit dem Stativmaterial zwischen den Federn ein und markieren Sie die Ruhelage (▶2).
- Messen Sie die Periodendauer Ihres Oszillators. Befestigen Sie dazu z. B. ein Smartphone auf dem Wagen.
- Bestimmen Sie die Masse des Oszillators und berechnen Sie die entsprechende Periodendauer des einfachen Federpendels. Vergleichen Sie mit Ihrer gemessenen Periodendauer.
- Weisen Sie nach, dass eine harmonische Schwingung vorliegt. Berechnen Sie die resultierende Rückstellkraft.
- Messen Sie die Kräfte, die die Federn auf den Wagen ausüben. Vergleichen Sie die resultierende Rückstellkraft mit dem berechneten Wert.
- Nehmen Sie an, Ihr Versuchsaufbau würde auf der linken Seite an der Federaufhängung angehoben. Begründen Sie, wie sich die Position der Ruhelage und die Periodendauer ändern würden.

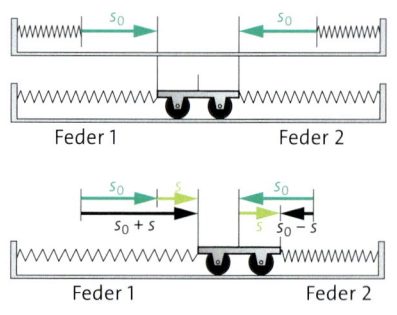

2 Wagen zwischen horizontalen Federn

Versuch B • Swinging Smartphone

V1 Federpendel

Materialien: Smartphone mit einer App zur Beschleunigungsmessung (z. B. phyphox oder MechanikZ), Schutzhülle (z. B. Prospekthülle), zwei Schraubenfedern (z. B. mit $D = 5\,\frac{N}{m}$), zwei Schnüre, Stativmaterial

Arbeitsauftrag:
- Hängen Sie das Smartphone in der Schutzhülle an den zwei Schraubenfedern so auf, dass es sich nicht verdrehen kann. Geben Sie eventuell einen Karton als Verstärkung mit in die Schutzhülle.
- Starten Sie eine Messung der Beschleunigung als Funktion der Zeit.
- Lenken Sie das Smartphone um einen bestimmten Betrag s_{max} aus und lassen Sie es einige Periodendauern schwingen. Beenden Sie dann die Messung.
- Bestimmen Sie aus Ihren Messdaten die Periodendauer T und damit die Frequenz f und die Kreisfrequenz ω.
- Berechnen Sie anhand der Amplitude s_{max} und der gemessenen Kreisfrequenz ω die maximale Geschwindigkeitsbetrag v_{max} und die maximale Beschleunigung a_{max}.
- Bestimmen Sie anhand der Messkurve den Betrag der maximalen Beschleunigung in den ersten Schwingungsperioden. Eventuell müssen Sie noch die Erdbeschleunigung abziehen.
- Vergleichen Sie Ihre berechnete Beschleunigung mit der aus der Messkurve bestimmten. Bewerten Sie, ob diese im Rahmen der Messgenauigkeit übereinstimmen

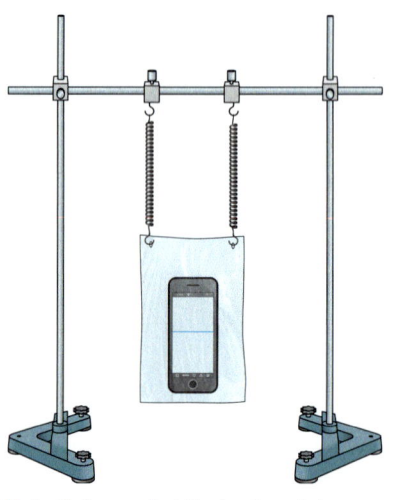

3 An Federn aufgehängtes Smartphone

Schwingungen und Wellen • Schwingungen untersuchen

Material A • Das Foucaultsche Pendel

Allein durch Beobachtungen lässt sich nicht entscheiden, ob sich die Erde dreht – verschiedene Beobachterperspektiven liefern unterschiedliche Ergebnisse. 1851 gelang es L. FOUCAULT die Erdrotation mit einem sehr langen Fadenpendel nachzuweisen. Dazu befestigte er eine Spitze am schweren Pendelkörper, die eine Spur in einem Sandbett hinterließ. Heute ist das Pendel im Pantheon in Paris aufgehängt (▶ A1).

A1 Foucaultsches Pendel im Pantheon

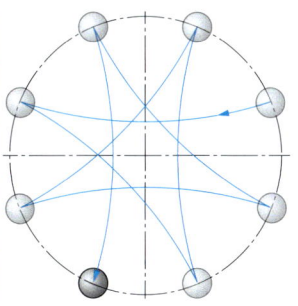

A2 Spuren unter einem Foucaultschen Pendel

1 ☐ Vergleichen Sie die Beobachtungen einer ruhenden Person auf der Erde mit der eines Astronauten. Begründen Sie damit den Eingangssatz.

2 ☐ Das Pendel ist 67 m lang. Berechnen Sie seine Periodendauer und die maximale Geschwindigkeit des Pendelkörpers.

3 ▨ Erläutern Sie, wie die Figur in ▶ A2 infolge der Erdrotation entsteht.

4 ■ Die Bahn in ▶ A2 wurde entweder nahe des Äquators oder nahe des Nordpols aufgenommen. Begründen Sie, welcher Fall vorliegt und zeichnen Sie die Spur für den anderen Fall.

5 ▨ Stellen Sie sich vereinfacht vor, das Pendel befände sich am Nordpol. Berechnen Sie die Anzahl der Perioden, die das Pendel schwingen muss, damit sich der Boden um 10° dreht.

Material B • Pendeluhren mit Tücken

Zwei Eisenstangen (a) sind an ihren Enden an zwei Messingstücken (b und c) durch Stifte befestigt, die durch die Stangen gehen. Zwei Zinkstangen (d) sind ebenfalls am Messingstück b und zusätzlich am Messingstück e befestigt. Das Messingstück e hat Löcher, durch die die Eisenstangen a laufen. Sie können sich darin frei bewegen.
Die Mittelstange f besteht ebenfalls aus Eisen. An ihrem oberen Ende ist der Haken zum Aufhängen des Pendels befestigt. Die Mittelstange f geht frei, jedoch ohne zu wackeln, durch ein Loch im Messingstück b. Das untere Ende der Mittelstange f steckt in einem Messingrohr (g), das seinerseits am unteren Ende mit einer Schraube am Messingstück e befestigt ist. Die Mittelstange f reicht im Messingrohr g fast bis an das Messingstück e heran, bis auf etwa einen halben Zoll Abstand. Befestigt ist sie mit einem Stift (m) mit einem platten Kopf, der durch das Rohr und die Eisenstange geht. Zu diesem Zweck sind Löcher durch Rohr und Stange gebohrt.

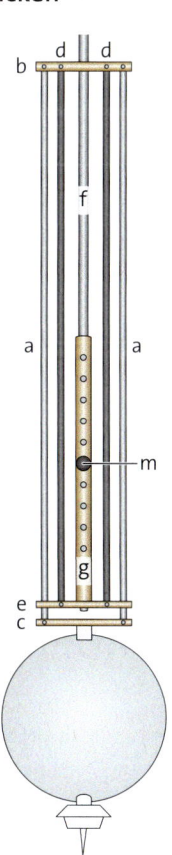

B1 Beschreibung eines Pendels einer präzisen Uhr

1 ▨ Eine Pendeluhr läuft im Winter etwas schneller als im Sommer. Erläutern Sie dies mathematisch und physikalisch.

2 ▨ Eine Pendeluhr zeigt auf Meeresniveau die korrekte Zeit an, aber auf einem Berg von 3600 m Höhe nicht.
a Geben Sie begründet an, ob die Uhr auf dem Berg vor- oder nachgeht.
b Ermitteln Sie die tägliche Abweichung in Sekunden. *Hinweis:* Berechnen Sie die Größe des Ortsfaktors auf dem Berg.
c Geben Sie begründet an, wie die Pendeluhr geändert werden könnte, um auch in der Höhe die richtige Zeitangabe zu erhalten.

3 ■ In einem Handbuch zur Uhrmacherkunst aus der Mitte des 19. Jh. wird ein sogenanntes Rostpendel beschrieben (▶ B1) – es hat seinen Namen von seiner an Roste oder Gitter erinnernden Bauweise.
Im Rostpendel sind Stangen aus Eisen, Zink und Messing verbaut. Recherchieren Sie das unterschiedliche Ausdehnungsverhalten dieser Materialien bei Erwärmung.
a Erklären Sie die Wirkung der Einrichtung. Lassen Sie dazu das Messingrohr (g) zunächst außer Acht.
b Begründen Sie, wie das Pendel im Hochsommer oder bei Umzug auf einen Berg verstellt werden muss.

4.3 Schwingungen im Alltag

1 Defekte Stoßdämpfer sind gefährlich.

Der TÜV verweigert die Prüfplakette für Autos mit defekten Stoßdämpfern. Schwingungen eines Autos, die durch das Fahren über Unebenheiten entstehen, würden dann zu langsam beendet. Doch warum ist das ein Problem – das Auto schwingt doch nur, oder?

Gedämpfte Schwingungen • Die Radaufhängung besteht aus zwei Komponenten: große Schraubenfedern und Stoßdämpfer (▶ **1**). Dadurch werden Fahrbahnstöße abgefedert und die entstehenden Federschwingungen möglichst schnell beendet. Dies untersuchen wir genauer.

Metallfedern schwingen nicht reibungsfrei. Ihre Amplitude nimmt mit der Zeit ab. Dies ist deutlich zu erkennen, wenn wir ein schwingendes Federpendel über einige Minuten beobachten. Man sagt, die Schwingungen sind gedämpft. Die bisher betrachteten ungedämpften Schwingungen – mit zeitlich konstanter Amplitude – sind also Idealisierungen. Die Dämpfung wird dadurch verursacht, dass der für die Schwingung zur Verfügung stehende Energiebetrag infolge der Reibung immer kleiner wird.

Die Dämpfung, die auch in Stoßdämpfern vorkommt, lässt sich mit einem Federpendel untersuchen, dessen Masse in Wasser schwingt (▶ **2**). Während die Periodendauer sich vom ungedämpften Federschwinger kaum unterscheidet, wird die Amplitude schnell kleiner. Dabei zeigt z. B. die Einhüllende der Maxima keinen linearen Verlauf (▶ **3**). Auch einen quadratischen Verlauf können wir ausschließen, weil die Maxima nicht wieder größer werden. Eine Regression bestätigt, dass die Einhüllende durch eine Exponentialfunktion beschrieben wird:

$$\hat{s}(t) = s_{max} \cdot e^{-\delta \cdot t}.$$

Um zu verdeutlichen, dass es um eine zeitliche Entwicklung der Amplituden geht, schreiben wir $\hat{s}$. Die **Dämpfungskonstante δ** gibt Auskunft über die Stärke der Dämpfung und hat die Einheit $\frac{1}{s}$. Somit ist das Argument der Exponentialfunktion dimensionslos, besitzt also keine Einheit.

Je größer die Dämpfungskonstante δ ist, desto schneller nimmt die Amplitude ab.

Beginnt die Schwingung wie in ▶ **3** im Maximum, so folgt für den Schwingungsverlauf:

$$s(t) = s_{max} \cdot e^{-\delta \cdot t} \cdot \sin\left(\omega^* \cdot t + \frac{\pi}{2}\right)$$
$$= s_{max} \cdot e^{-\delta \cdot t} \cdot \cos(\omega^* \cdot t).$$

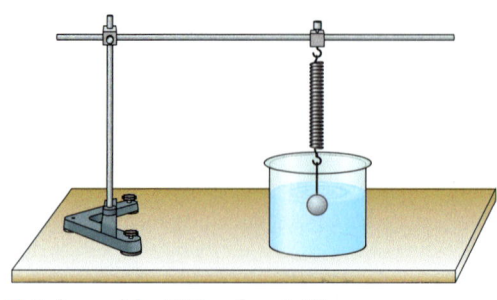

2 Federpendel mit Dämpfung in Wasser

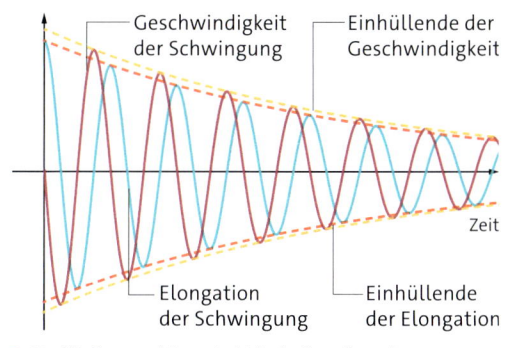

3 Verläufe von s(t) und v(t) bei Dämpfung in Wasser

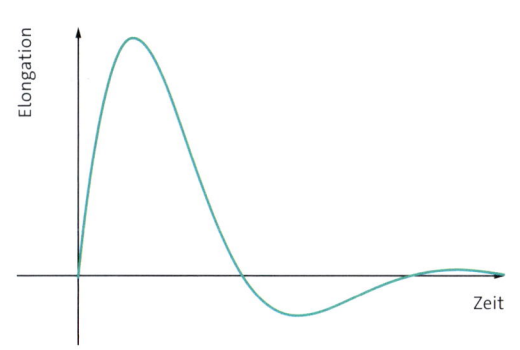

5 Stark gedämpfte Schwingung

Die mit der Dämpfung verbundene Energieabgabe führt dazu, dass $\omega^* < \omega$ gilt.
Die Geschwindigkeit der Masse nimmt ebenfalls exponentiell ab (▶3). Das erscheint auch logisch, da sich die Frequenz sonst deutlich erhöhen würde.

> Bei allen Schwingungen kommt es infolge von Reibung zu Dämpfung. Diese kann zu einer exponentiellen Abnahme der Amplitude führen mit $\hat{s}(t) = s_{max} \cdot e^{-\delta \cdot t}$.

Für eine komfortable und sichere Fahrt im Auto reicht diese Dämpfung nicht aus. In der Zeitspanne bis zum vollständigen Abklingen der Schwingung hätte das Auto weitere Unebenheiten überfahren. Damit würden sich die Schwingungen des Autos immer weiter aufschaukeln.
Wenn wir im Experiment den Pendelkörper in Öl anstelle des Wassers eintauchen lassen, erreichen wir eine viel stärkere Dämpfung, welche die Schwingungen schnell beendet. In einem Stoßdämpfer befindet sich ebenfalls Öl. Hier ist die Dämpfung sogar so stark, dass die Amplitude innerhalb einer Periodendauer auf wenige Prozent zurückgeht (▶5). Ein Stoß durch eine Bodenwelle wird so sehr schnell abgefangen.

Überlagerung harmonischer Schwingungen • Folgen mehrere Unebenheiten kurz aufeinander, so führt jede für sich zu einer Auslenkung aus der Ruhelage. Die Amplituden der einzelnen Schwingungen addieren sich (▶4). Meistens ergibt diese Überlagerung keine harmonische Schwingung. In ▶6 ist gut zu erkennen, dass auch die Überlagerung von zwei ungedämpften Schwingungen mit unterschiedlicher Frequenz nicht sinusförmig ist.

1 ☐ Untersuchen Sie verschiedene Fälle, die bei der Addition von zwei ungedämpften Schwingungen gleicher Frequenz auftreten können (Phasenverschiebung 0, π oder beliebig).
a Skizzieren Sie die Schwingungen für drei Periodendauern und addieren Sie graphisch.
b Vergleichen Sie die Periodendauern und Amplituden der Resultierenden.

2 Eine Schwingung mit der Amplitude $s_{max} = 8$ cm und $T = 0{,}5$ s wird mit $\delta = 0{,}1 \frac{1}{s}$ gedämpft. Ermitteln Sie die Amplitude für $t = 5\,T$.

3 Mit defekten Stoßdämpfern gehen verschiedene Gefahren einher. Recherchieren Sie weitere Aspekte und fassen Sie diese zusammen.

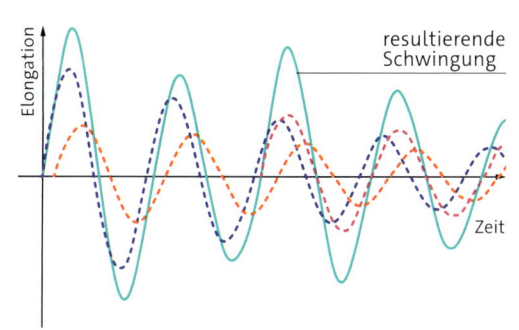

4 Überlagerung mehrerer Schwingungen

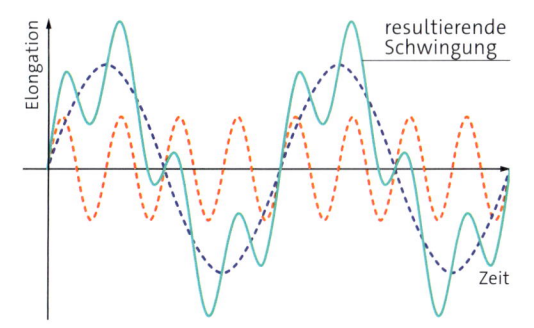

6 Überlagerung ungedämpfter Schwingungen

1 Nur ein Pendel schwingt mit.

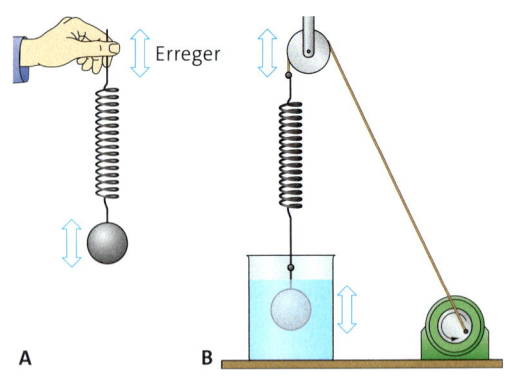

2 Anregung einer Schwingung mit **A** Hand, **B** Motor

Erzwungene Schwingungen • Befestigt man mehrere Pendel unterschiedlicher Länge wie in ▶1 an einer waagerechten Stange, so kann man diese durch Drehen der Stange mit einer **Erregerfrequenz** f_E in Schwingung versetzen. Wird einem Pendel durch die Anregung mehr Energie zugeführt als durch Reibung entzogen, schwingt es zunehmend höher – ebenfalls mit der Erregerfrequenz. Dabei schwingt immer dasjenige Pendel besonders stark, dessen Eigenfrequenz der Erregerfrequenz f_E am nächsten liegt.

Um die Bedeutung der Eigenfrequenz bei der Anregung von Schwingungen genauer zu untersuchen, variieren wir die Erregerfrequenzen bei einem bestimmten Pendel. Dies gelingt in Ansätzen bereits, wenn wir durch Bewegungen der Hand versuchen, ein Federpendel zu möglichst starken Schwingungen anzuregen (▶2A). Erreichen wir dabei in etwa die Eigenfrequenz, dann wird die Amplitude besonders groß, meist springt sogar das Massestück von der Feder.
Um die Abhängigkeit von der Erregerfrequenz genauer zu untersuchen, regen wir das Pendel über einen Motor mit variabler Drehzahl an. Wir verwenden nacheinander Wasser, Traubensaft und Olivenöl zur Dämpfung. Die Ergebnisse finden sich in (▶3) wieder: Besonders große Amplituden entstehen immer dann, wenn die Erregerfrequenz gleich der Eigenfrequenz ist, also $f_E = f_0$ gilt. Dann liegt **Resonanz** vor. Dabei ist der Effekt umso größer, je schwächer die Dämpfung ist.

Ist die Erregerfrequenz dagegen deutlich kleiner als die Eigenfrequenz, so bewegt sich das Massestück nur mit der Erregung mit. Bei sehr großen Erregerfrequenzen wird die Feder im Wechsel gedehnt und gestaucht. In beiden Fällen findet aber keine dauerhafte Energieübertragung auf die Feder statt.
Im Resonanzfall tritt die Besonderheit auf, dass das Massestück sich gerade um $\frac{T}{4}$ hinter der erregenden Schwingung her bewegt. Dies entspricht einer Phasenverschiebung von $\frac{\pi}{2}$ (▶4).

> Wird ein schwingungsfähiges System von außen mit seiner Eigenfrequenz angeregt, so ergeben sich besonders große Amplituden. Es liegt Resonanz vor.

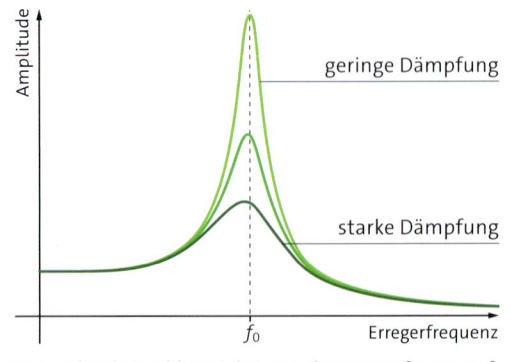

3 Amplitude in Abhängigkeit von der Erregerfrequenz f_E

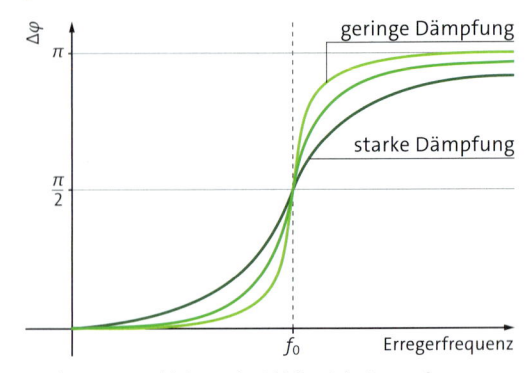

4 Phasenverschiebung in Abhängigkeit von f_E

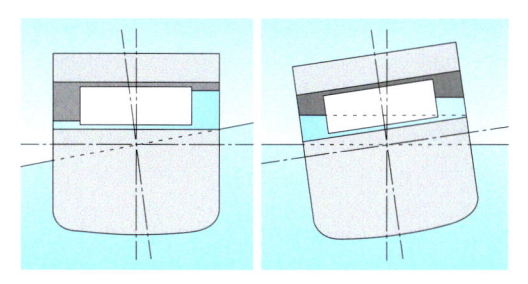

5 Wasser schwingt im Schlingertank.

6 Resonanzkörper sorgen für schöne Klänge.

Nutzung von Resonanzen • Die gute Energieübertragung im Resonanzfall wird beim Schlingertank eines Passagierschiffes genutzt. Der Tank liegt im Rumpf und besteht aus seitlichen Kammern, die über Rohre U-förmig verbunden sind (▶ 5). Beginnt das Schiff bei starkem Wind und Seegang um seine Längsachse zu rollen, so strömt Wasser im Tank hin und her. Die erforderliche Energie wird der Schiffsbewegung entzogen. Das Schiff liegt deutlich ruhiger im Wasser.

Bei einem Klangfrosch entsteht der Ton, indem man mit dem Stab über den Rückenkamm des Frosches fährt (▶ 6). Erreicht man dabei die richtige Geschwindigkeit und damit die passende Erregerfrequenz, gibt der Frosch ein lautes Quaken von sich. Auch bei Musikinstrumenten oder Kirchenglocken ist Resonanz erwünscht. Man baut den Klangkörper so, dass schöne, aber auch laute Töne entstehen.

Unerwünschte Resonanzen • In anderen Fällen sollten Resonanzschwingungen unbedingt vermieden werden, da es sonst zu einer Resonanzkatastrophe kommen kann. Besonders gefährdet sind hier Hängebrücken, die durch Marschieren im Gleichschritt oder durch ungünstig stehende Winde in starke Schwingungen versetzt werden können. So geschah es im November 1940 im amerikanischen Bundesstaat Washington. Die besonders schlank gebaute Tacoma Narrows Bridge war nur gut vier Monate in Betrieb und wurde wegen ihrer im Wind entstehenden Schwingungen bereits als „Galloping Gertie" bezeichnet. Quer zur Brücke stehende Winde sorgten bei Windstärke 8 dafür, dass sich die Schwingungen innerhalb einer Dreiviertelstunde so weit hochschaukelten, dass die Brücke einstürzte (▶ 7). Dank rechtzeitiger Sperrung kamen dabei keine Menschen zu Schaden.

Moderne Brücken sind infolge solcher Erfahrungen massiver gebaut. Sie besitzen zudem Dämpfer, die Schwingungen aufgrund von Winden, überquerenden Fahrzeugen usw. abfangen (▶ 8).

1 ☐ Beschreiben Sie möglichst genau die Energieumwandlungen, die beim Schaukeln mit und ohne Schwungholen auftreten.

2 ◩ Erläutern Sie, welche Möglichkeiten es gibt, die Amplitude einer erzwungenen Schwingung gering zu halten.

3 ◩ Erläutern Sie, warum bei der Konstruktion einer neuen Motorhaube auf die Vermeidung von Resonanzen geachtet wird und wie sie sich beheben lassen könnten.

7 Die Tacoma Narrows Bridge stürzt ein.

8 Brücke mit Dämpfern in der Aufhängung

Methode

Darstellen von Schwingungen mit Zeigern

Überlagern sich mehrere Schwingungen, so ist das Bestimmen der Resultierenden in einem t-s-Diagramm sehr mühselig. Hier müssen alle Schwingungen gezeichnet und graphisch aufaddiert werden. Einfacher ist es, die Darstellung der Sinus-Schwingungen am Kreis zu nutzen.

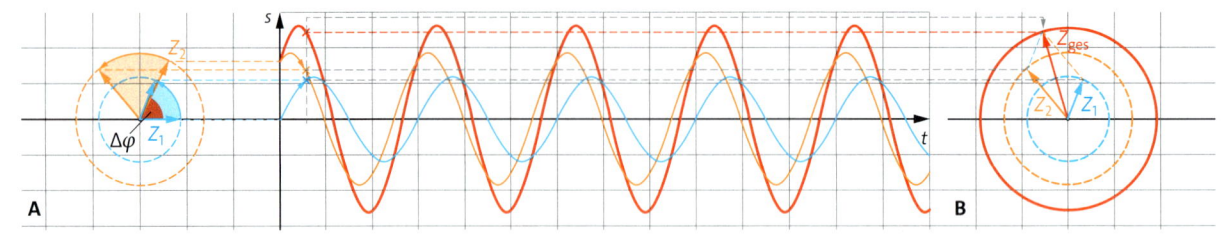

1 **A** Darstellung von Schwingungen mit Zeigern, **B** Überlagerung von Schwingungen in der Zeigerdarstellung

Zeigerdarstellung • Für zwei Schwingungen mit gleicher Frequenz f aber unterschiedlichen Amplituden sind die Zeiger am Einheitskreis dargestellt (▶1A): Ein Zeiger, dessen Länge dem Kreisradius und damit der Schwingungsamplitude entspricht, rotiert gegen den Uhrzeigersinn mit der Winkelgeschwindigkeit $\omega = \frac{2\pi}{T}$. Die Elongation zu einem bestimmten Zeitpunkt wird dabei durch den Abstand der Zeigerspitze von der Zeit-Achse angezeigt.

Zeiger Z_1 steht für eine Schwingung mit $s(0) = 0$ und zeigt anfangs nach rechts. Nach Ablauf der Zeit t_1 hat er den Winkel $\varphi_1 = \omega \cdot t_1$ überstrichen. Zeiger Z_2 beginnt seine Rotation dagegen mit $\Delta\varphi \neq 0$. Entsprechend gilt $\varphi_2 = \omega \cdot t_1 + \Delta\varphi$. Dabei ist $\Delta\varphi$ die Phasenverschiebung zwischen den beiden Schwingungen. Eine Vektoraddition der beiden Zeiger führt zum Zeiger der resultierenden Schwingung (▶1B).
Auch bei der Addition von mehr als zwei Schwingungen ist dies ein schnell durchführbares Verfahren.

Zwei Fälle lassen sich hier gut unterscheiden: Haben die Schwingungen so wie in ▶1 die **gleiche Frequenz**, so ist Phasenverschiebung $\Delta\varphi$ konstant und der resultierende Zeiger ist immer gleich lang. Es ergibt sich wieder eine harmonische Schwingung.
Liegen dagegen **unterschiedliche Frequenzen** vor, ändert sich $\Delta\varphi$ ständig. Die Länge des resultierenden Zeigers ist dann nicht konstant und es entsteht keine harmonische Schwingung.

Schwebung in der Zeigerdarstellung • Ein besonderes Phänomen zeigt sich in ▶2 bei nur leicht unterschiedlichen Frequenzen und gleichen Amplituden. Infolge der sich ständig ändernden Phasenbeziehung besitzt die Überlagerung zwar eine konstante Frequenz, aber eine Amplitude, die sich periodisch ändert! Es kommt zu einem wabernden Höreindruck, der als **Schwebung** bezeichnet wird. Viele Streicher nutzen diesen Effekt, um ihre Instrumente zu stimmen. Dazu spielen sie den gleichen Ton auf zwei benachbarten Saiten. Ist der gleiche Ton ohne Schwebung zu hören, sind die Saiten sauber aufeinander abgestimmt.

1 Zwei Schwingungen (T gleich, $\Delta\varphi = 20°$) mit den Amplituden 3 cm und 5 cm werden überlagert.
 a Bestimmen Sie die Elongation der Resultierenden im Zeigerdiagramm zu den Zeitpunkten 0, $\frac{T}{4}$ und $\frac{T}{2}$.
 b Geben Sie die Amplitude der resultierenden Schwingung an und wann diese jeweils erreicht wird.

2 Die Amplitude einer Schwebung ändert sich mit der Schwebungsfrequenz f_S. Verbindet man die benachbarten Amplituden der Resultierenden durch eine einhüllende Kurve, so entspricht die Schwebungsdauer dem Abstand ihrer Nullstellen.
 a Bestimmen Sie die Schwebungsfrequenz in ▶2.
 b Zeigen Sie anhand der Daten, dass für die Schwebungsfrequenz der Zusammenhang $f_S = |f_1 - f_2|$ gilt.

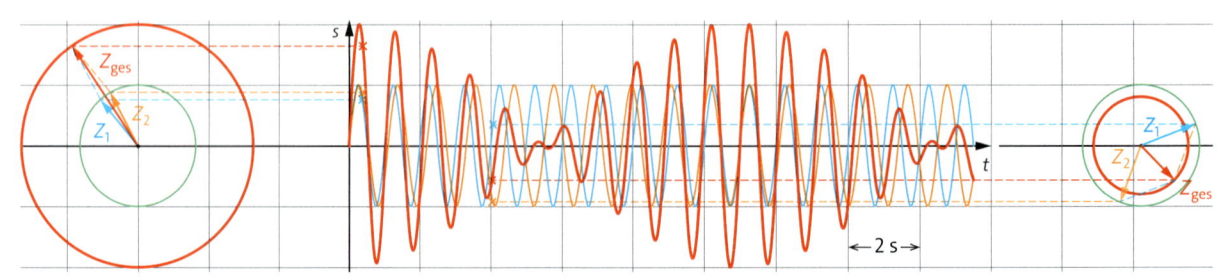

2 Durch Überlagerung von Schwingungen mit leicht unterschiedlicher Frequenz kommt es zur Schwebung.

Methode — Schwingungen und Wellen • Schwingungen im Alltag

Aufstellen der Differenzialgleichung einer harmonischen Schwingung

Die Bewegungsgleichung einer Schwingung kann durch Aufstellen der passenden Differenzialgleichung gewonnen werden. Dabei nutzt man die bekannten mathematischen Zusammenhänge zwischen den Größen Ort s(t), Momentangeschwindigkeit v(t) und Momentanbeschleunigung a(t) des Oszillators aus.

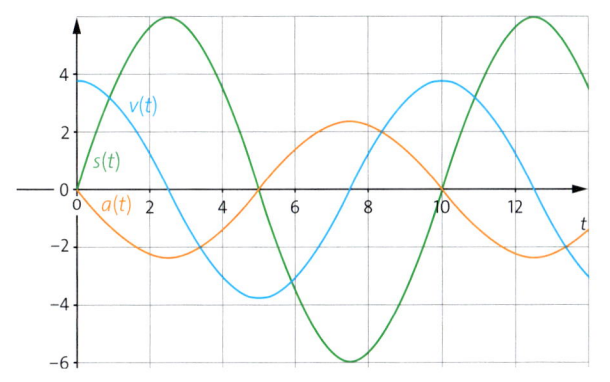

3 Elongation, Geschwindigkeit und Beschleunigung

Schwingungsgleichung und Rückstellkraft • Bislang wissen wir aus unseren Messungen, dass harmonische Schwingungen einen sinusförmigen Verlauf besitzen und haben einen Funktionsterm für die Elongation aus den Schwingungsbildern abgeleitet:

$s(t) = s_{max} \cdot \sin(\omega \cdot t)$

Außerdem wissen wir bereits, dass eine harmonische Schwingung durch eine lineare Rückstellkraft verursacht wird, also

$F_{rück}(t) \sim -s(t)$.

Wir haben aber noch nicht nachgewiesen, dass unsere Funktion für die Elongation auch tatsächlich eine Lösung des linearen Kraftgesetzes darstellt. Das soll hier am Beispiel des ungedämpften Federpendels nachgeholt werden.

Die Rückstellkraft des Federpendels

$F_{rück}(t) = -D \cdot s(t)$

wirkt als beschleunigende Kraft. Es gilt also:

$m \cdot a(t) = -D \cdot s(t)$.

Vergleicht man jeweils die Graphen für die Elongation mit dem Graphen für die Beschleunigung einer Schwingung (▶ 3), dann erkennt man, dass der Graph der Beschleunigung stets um π gegenüber der Elongation verschoben ist. Die Beschleunigung wirkt der Elongation also entgegen. Berücksichtigen wir zudem, dass die Beschleunigung die zweite Ableitung der Funktion für die Elongation nach der Zeit ist: $a(t) = \ddot{s}(t)$, dann erhalten wir eine Gleichung, die eine physikalische Größe mit ihrer zweiten Ableitung verknüpft:

$\ddot{s}(t) = -\dfrac{D}{m} \cdot s(t)$

Derartige Gleichungen nennt man Differenzialgleichungen. Die Lösung einer solchen Gleichung lässt sich nicht wie sonst durch Umstellen der Gleichung finden und besteht auch nicht aus einem konkreten Wert. Stattdessen ist eine Funktion gesucht, die für alle möglichen Zeiten *t* eine Lösung der Differenzialgleichung darstellt.

Lösung der Differenzialgleichung • Im Fall unserer Differenzialgleichung suchen wir eine Funktion s(t), deren zweite Ableitung gleich der Funktion selbst multipliziert mit einem negativen Vorfaktor $-\dfrac{D}{m}$ ist. Da wir aus den Beobachtungen bereits die Funktion $s(t) = s_{max} \cdot \sin(\omega \cdot t)$ abgeleitet haben, überprüfen wir direkt, ob diese eine Lösung darstellt. Dazu bilden wir die beiden Ableitungen unserer Funktion:

$v(t) = \dot{s}(t) = s_{max} \cdot \omega \cdot \cos(\omega \cdot t)$.

$a(t) = \dot{v}(t) = \ddot{s}(t) = -s_{max} \cdot \omega^2 \cdot \sin(\omega \cdot t)$.

Die zweite Ableitung ist wie gewünscht bis auf einen negativen Faktor gleich der ursprünglichen Funktion. Aus dem Vergleich mit der Differenzialgleichung folgt

$-\dfrac{D}{m} = -\omega^2$, also $\omega = \sqrt{\dfrac{D}{m}}$.

Da zugleich $\omega = \dfrac{2\pi}{T}$ gilt, lässt sich jetzt die Periodendauer *T* ermitteln und wir erhalten den Zusammenhang, den wir zuvor aus Messwerten hergeleitet hatten:

$T = 2\pi \sqrt{\dfrac{m}{D}}$.

Unsere anhand der Messungen aufgestellte Funktion für die Elongation stellt also eine Lösung der Differenzialgleichung dar. Es gibt allerdings auch noch drei weitere Lösungen:

$s_1(t) = -s_{max} \cdot \sin(\omega \cdot t)$ sowie $s_{2/3}(t) = \pm s_{max} \cdot \cos(\omega \cdot t)$

Welche dieser Lösungen die passende ist, hängt davon ab, welche Elongation zum Zeitpunkt t=0 vorliegt. Eventuell muss auch eine Phasenverschiebung berücksichtigt werden.

Lösungsverfahren • Wenn wir das nächste Mal eine Differenzialgleichung erhalten, die eine Größe (nur) mit ihrer zweiten Ableitung verknüpft, können wir auch ohne vorherige Kenntnis zur Lösung direkt eine Sinus- oder Kosinusfunktion als Ansatz wählen. Dies führt immer zum Ziel.

1 📝 Beim Fadenpendel gilt für kleine Auslenkungen das lineare Kraftgesetz $F(t) = -\dfrac{m \cdot g}{\ell} \cdot s(t)$. Leiten Sie die Formel für die Schwingungsdauer analog her.

Material

Versuch A • Gedämpfte Schwingungen und Resonanz

V1 Gedämpftes Federpendel

Materialien: Metallfeder, Bindfaden, Massestücke, Stativmaterial, Standzylinder mit Wasser, digitale Messwerterfassung (z. B. Ultraschall- oder Kraftsensor)

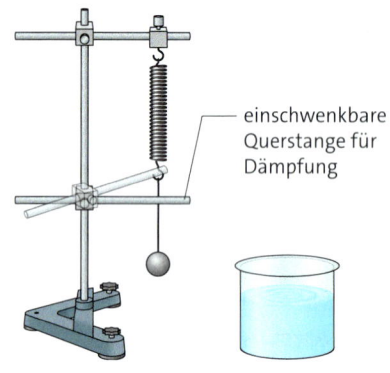

einschwenkbare Querstange für Dämpfung

1 Federpendel hemmen durch Reibung.

Arbeitsauftrag:
- Bauen Sie das Federpendel auf (▶1). Bestimmen Sie für eine feste Anfangsauslenkung die Periodendauer und messen Sie die Amplituden für die nächsten 40 Schwingungen.
- Untersuchen Sie, wie sich Periodendauer und Amplitude ändern, wenn Sie den Bindfaden an der Querstange entlangstreichen lassen (▶1). Stellen Sie dazu die Einhüllende der Schwingung grafisch dar.
- Führen Sie die Untersuchungen noch einmal durch. Lassen Sie diesmal das Massestück in Wasser schwingen. Achten Sie darauf, dass die Feder nicht eintaucht.
- Vergleichen Sie die Ergebnisse aus beiden Durchführungen.

V2 Schwebungen

Materialien: 2 gleiche Stimmgabeln auf Resonanzköpern, zugehörige Schraube, Anschlaghammer, alternativ Geige oder anderes Saiteninstrument, Smartphone

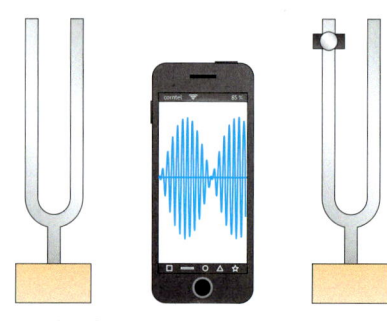

2 Schwebungen mit dem Smartphone aufzeichnen

Arbeitsauftrag:
- Bringen Sie die Schraube am Ende eines Schenkels einer Stimmgabel an. Schlagen Sie beide Stimmgabeln an. Spielen Sie alternativ zwei fast identische Töne auf dem Instrument. Zeichnen Sie die entstehende Schwingung mithilfe einer App auf (▶2).
- Beschreiben Sie den Höreindruck und den aufgezeichneten Schwingungsverlauf. Er wird Schwebung genannt.
- Bestimmen Sie die Frequenz der Einhüllenden der Schwebung sowie die Frequenzen der beiden einzelnen Töne.
- Erklären Sie, wie man die Frequenz der verstimmten Stimmgabel aus der der anderen Stimmgabel und der Schwebungsfrequenz ermitteln kann.

V3 Singendes Glas

Materialien: verschiedene Weingläser, Wasser

Arbeitsauftrag:
- Füllen Sie ein Weinglas mit Wasser und streichen Sie dann mit einem nassen Finger über den Glasrand, um es zum Singen zu bringen.
- Untersuchen Sie, wie Sie die Tonhöhe beeinflussen können und erklären Sie Ihre Beobachtung.
- Möglicherweise gelingt es Ihnen, so starke Schwingungen zu erzeugen, dass das Wasser spritzt. Erklären Sie, wie es dazu kommen kann.

Material A • Gefedertes Fahrrad

Jan ist mit seinem gefederten Mountainbike unzufrieden. Ausgerechnet bei der Geschwindigkeit, mit der er am häufigsten fährt, schwingt das Fahrrad heftig auf und ab.
Jans Mitschüler geben ihm unterschiedliche Ratschläge:
1. Er soll eine kräftigere Feder einbauen.
2. Er soll den Stoßdämpfer wechseln.
3. Er soll eine andere Übersetzung der Gangschaltung wählen.

1 Erklären Sie, wie es zur Schwingung des Fahrrads kommt.

2 Geben Sie jeweils begründet an, welche Auswirkungen die drei vorgeschlagenen Maßnahmen haben würden.

A1 Federung an Jans Mountainbike

3 Jan kann zwar die ersten beiden Vorschläge nachvollziehen, den dritten aber nicht.
Nehmen Sie Stellung zu Jans Einschätzung und entscheiden Sie sich für einen der drei Vorschläge.

Material B • Viskose Reibung in Wasser

Das kugelförmige Massestück mit Radius r eines Federpendels schwingt im Wasser (▶ **B1**). Die viskose Reibung ist nach dem Gesetz von Stokes proportional zu $v(t)$:
$F_R(t) = b \cdot v(t) = b \cdot \dot{s}(t)$.
Daher muss die bereits bekannte Differenzialgleichung für die Schwingung des Federpendels um diesen Dämpfungsterm erweitert werden: $m \cdot \ddot{s}(t) = -b \cdot \dot{s}(t) - D \cdot s(t)$.

1   **a**   Zeigen Sie, dass die Differenzialgleichung durch die Funktion $s(t) = -s_{max} \cdot e^{-\delta t} \cdot \cos(\omega t)$ erfüllt wird.
    b   Erläutern Sie die Bedeutung der Faktoren an ▶ **B1**.

2   Die Einhüllende $\hat{s}(t) = s_{max} \cdot e^{-\delta t}$ verläuft exponentiell. Zeigen Sie:
    a   Der Quotient von $\hat{s}_1(t_1) = s_{max} \cdot e^{-\delta t_1}$ und $\hat{s}_2(t_1 + T)$ ist konstant.
    b   Es gilt: $\ln(\hat{s}) = \ln(s_{max}) - \delta \cdot t$.
    c   Tragen Sie $\ln(\hat{s})$ gegen die Zeit auf und lesen Sie daraus δ ab.

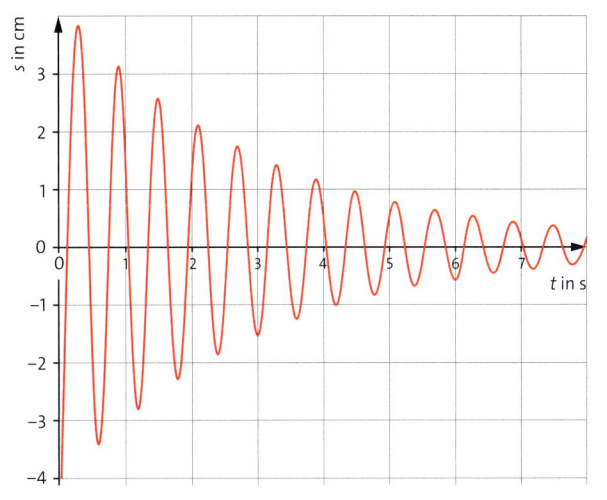

B1 Gedämpfte Schwingung

3   Bestimmen Sie anhand des t-s-Diagramms (▶ **B1**) die Parameter ω und s_{max}.

Material C • Sturm- und erdbebensichere Bauwerke

Schwingungstilgung: Hochhäuser gibt es auch in Gebieten mit häufigen Erdbeben und Stürmen, wie Taipeh. Dort steht der 508 m hohe Taipei 101, von 2004 bis 2007 das höchste Haus der Welt. Um das Gebäude vor gefährlichen Eigenschwingungen zu schützen, ist zwischen dem 87. und dem 92. Stock ein Schwingungstilger eingebaut (▶ **C1**). Dieses Pendel ist an 16 Stahlseilen aufgehängt. Die Kugel besteht aus 41 Scheiben, hat einen Durchmesser von 5,5 m und eine Masse von 660 t. Dank dieses Pendels schert die Gebäudespitze auch in einem kräftigen Taifun „nur noch" um 1,30 m aus der Ruhelage aus.

Ursache der Schwingung: Strömt Luft oder Wasser schnell um einen zylindrischen Körper, so bilden sich hinter diesem Wirbel mit abwechselnder Strömungsrichtung, die sich periodisch ablösen und eine Kármánsche Wirbelstraße bilden. Auch Winde über einer Insel können diesen Effekt haben (▶ **C2**). Hohe Gebäude oder Fabrikschlote versetzt die periodische Ablösung der Wirbel in Schwingungen. Geschieht dies mit der Eigenfrequenz der Gebäude oder Schlote, können sie einstürzen. Bei einem Fabrikschlot lässt sich die Ausbildung der Resonanz durch spiralig umlaufende Wirbelbrecher verhindern (▶ **C3**). Durch diese lösen sich die Wirbel an verschiedenen Stellen des Schlots ab.

1   Erklären Sie, warum das Gebäude Taipei 101 in einem Taifun zu Schwingungen angeregt wird.

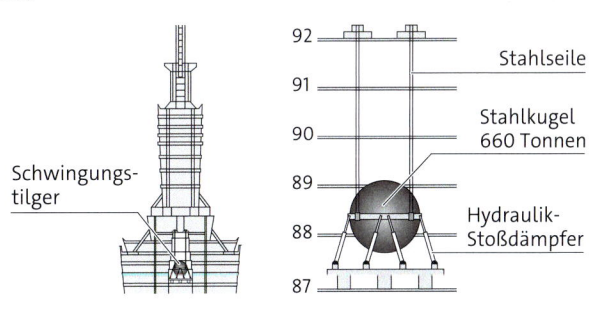

C1 Schwingungstilger am Taipei 101

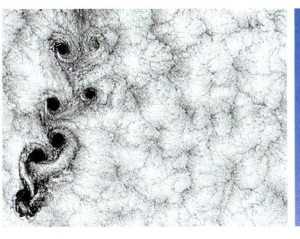

C2 Wirbelstraße hinter einer Insel

C3 Wirbelbrecher an einem Schornstein

2   **a**   Der Schwingungstilger muss phasenverschoben zum Gebäude schwingen. Begründen Sie.
    b   Erklären Sie die Funktionsweise des Schwingungstilgers. Gehen Sie dabei auch auf die Bedeutung der Hydraulik-Stoßdämpfer ein.

3   Auch bei manchen Erdbeben schützt das Pendel das Gebäude. Begründen Sie.

Blickpunkt

Musikinstrumente

Verschiedene Musikinstrumente haben ganz unterschiedliche Klänge, auch wenn alle scheinbar den gleichen Ton spielen. Tatsächlich kann man auf einem Instrument im physikalischen Sinne gar keinen Ton spielen, sondern erzeugt immer einen Zusammenklang mehrerer Töne.

1 Verschiedene Instrumente haben unterschiedliche Klänge.

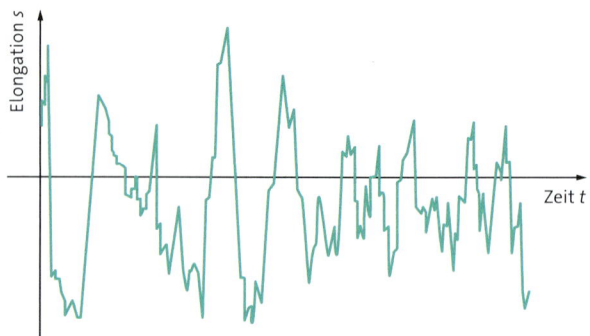

2 Eine Trommel erzeugt ein Geräusch.

Klänge, Töne und Geräusche • Wenn Sie den Klang eines Instruments mit einem Mikrofon und einem Oszilloskop aufnehmen, ist der Unterschied zum Ton gut zu erkennen (▶ 3). Der **Klang** stellt zwar eine periodische Schwingung der Luft dar, aber keine Sinusschwingung wie ein Ton.

Mittels einer **Fourieranalyse** kann man die Zusammensetzung eines Klangs aus verschiedenen Tönen ermitteln (▶ 4). Dabei zerlegt man den Klang mithilfe eines mathematischen Verfahrens in die zugrunde liegenden Töne. Es zeigt sich, dass es neben dem Grundton mehrere Obertöne gibt, deren Frequenzen ganzzahlige Vielfache der Frequenz des Grundtons sind. Der Grundton bestimmt mit seiner Frequenz die Periodendauer des Klangs und damit die wahrgenommene Tonhöhe. Dagegen führen die unterschiedliche Zusammensetzung und Intensität der einzelnen Obertöne zu den verschiedenen Klangfarben der einzelnen Instrumente.

Jeder Klang, den Sie mit einem Musikinstrument erzeugen, besteht also aus einer charakteristischen Überlagerung mehrerer sinusförmiger Schwingungen. Er stellt selbst eine periodische Schwingung dar.

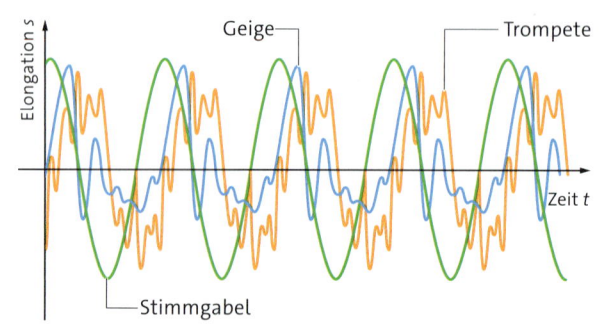

Dagegen gibt es bei Schlagzeugtrommeln kaum Klänge, die sich aus klar definierten Tönen einer Obertonreihe zusammensetzen. Hier sind sehr viele unterschiedliche Frequenzen enthalten, die zusammen keine periodischen Schwingungen mehr ergeben. Aus physikalischer Sicht erzeugt man mit einem Schlagzeug vor allem Geräusche (▶ 2).

Obertonreihe und Intervalle • In ▶ 5 ist der Beginn einer Obertonreihe angegeben. Diese besteht aus einem Grundton mit einer beliebigen Frequenz und den darauf aufbauenden Obertönen mit ganzzahligen Vielfachen der Frequenz des Grundtons. Wie wichtig die Obertöne für uns sind, erkennt man daran, dass unser Gehirn einen fehlenden Grundton zu einer Folge von Obertönen ergänzen kann. Wir hören den Klang dann trotzdem so, als wäre der Grundton vorhanden. Dies ist möglich, da die Periodendauer des Klangs der Periodendauer des Grundtons entspricht (▶ 6).

Zwischen den einzelnen Tönen der Obertonreihe ergeben sich ganz bestimmte ganzzahlige Frequenzverhältnisse (▶ 5), die eine wichtige Rolle in unserer Musik spielen. Diese Verhältnisse finden sich in den Intervallen wieder, die von je zwei

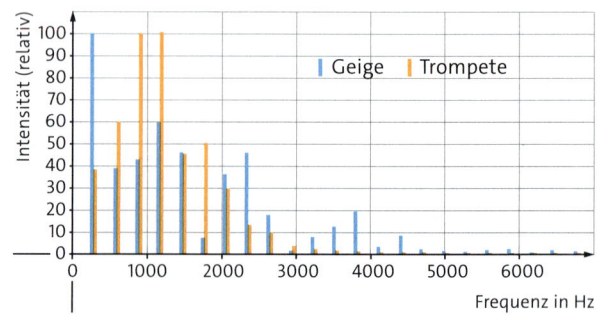

3 Der gleiche „Ton" auf Geige, Trompete und Stimmgabel

4 Fourieranalyse von Geigen- und Trompetenklang

168

	Grundton	Obertöne							
Frequenz	f	$2f$	$3f$	$4f$	$5f$	$6f$	$7f$	$8f$	$9f$
Verhältnis zur vorherigen Frequenz		2:1	3:2	4:3	5:4	6:5	7:6	8:7	9:8
Intervall zum Ton darunter		Oktave	Quinte	Quarte	Große Terz	Kleine Terz			Ganzton
Beispielfrequenz in Hz	65,4	130,8	196,2	261,6	327,0	392,4	457,8	523,2	588,6
Beispielton	C	c	g	c^1	e^1	g^1	$\approx b^1$	c^2	d^2

5 Beginn der Obertonreihe in reiner Stimmung

Tönen gebildet werden. Da Intervalle mit einfachen Frequenzverhältnissen als besonders wohlklingend empfunden werden, sind die Tonabstände innerhalb einer Oktave entsprechend ausgerichtet. So liegt zwischen g^1 und c^1 eine Quinte, es besteht also ein Frequenzverhältnis von 3:2. Allerdings gelten die Töne einer Obertonreihe nur für einen bestimmten Grundton. Früher musste daher häufig die Stimmung gewechselt werden. Erst zu Zeiten von BACH kam das „wohltemperierte Klavier" auf. Bei ihm sind einige Intervalle leicht geändert, sodass alle Tonarten gleichwertig gespielt werden können. Heute wird meist die gleichstufige Stimmung genutzt, bei der das Frequenzverhältnis benachbarter Halbtöne stets $\sqrt[12]{2}$ beträgt.

Musikinstrumente • Bei Saiteninstrumenten wie dem Klavier, dem Kontrabass oder der Gitarre wird eine Saite bzw. ein Teil von ihr durch Anschlagen, Streichen oder Zupfen zum Schwingen gebracht. Dagegen wird bei Blasinstrumenten wie der Flöte oder dem Saxophon eine Luftsäule, die in einem Rohr eingeschlossen ist, in Schwingungen versetzt. In beiden Fällen entstehen Obertöne, da die Saite oder die Luftsäule nicht nur als Ganzes schwingen. Es gibt auch Schwingungen kleinerer Anteile (▶ 8). Die Überlagerung führt zu komplexen Schwingungen, die man an einer Kontrabass-Saite beobachten kann (▶ 7). Allerdings wäre so kaum etwas zu hören. Entscheidend ist, dass die Eigenfrequenzen der Saite bzw. der Luftsäule den Körper des Instruments zu Eigenschwingungen anregen. Dieser Resonanzkörper besitzt eine große Oberfläche und viel eingeschlossene Luft, so dass seine Eigenschwingungen viel Energie aufnehmen und große Lautstärken erzielen können. Welche Frequenzen zu Eigenschwingungen des Instruments führen, hängt stark von dessen Bauart ab. Daher unterscheiden sich die Frequenzspektren der verschiedenen Instrumente deutlich (▶ 4) – und damit auch ihr Klang.

1 Die Fourieranalyse des „Tons" einer Klarinette mit der Grundfrequenz 440 Hz zeigt, dass der zweite, vierte und sechste Oberton viel lauter sind als die anderen.
  a ◩ Begründen Sie die Anführungszeichen.
  b ☐ Geben Sie eine Formel für die Frequenz des n-ten Obertons zum Grundton der Frequenz f_0 an.
  c ☐ Berechnen Sie die Frequenzen der benannten Obertöne.

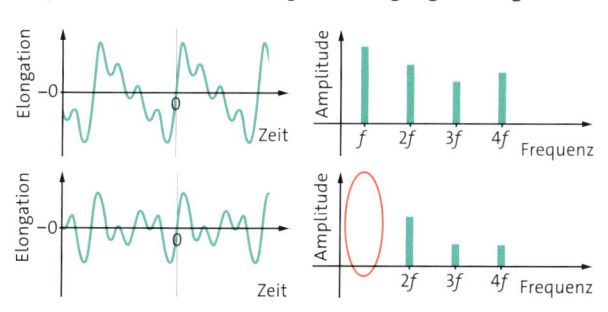

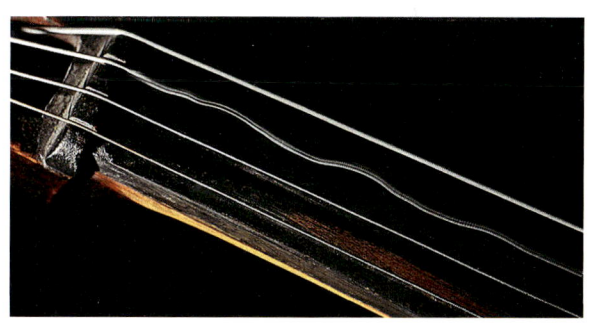

7 Momentaufnahme der Schwingung einer Kontrabass-Saite

6 Mit und ohne Grundton ergibt sich die gleiche Periodendauer.

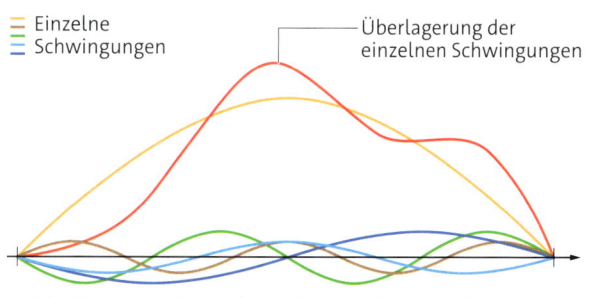

8 Schwingungen einer Saite – schematische Darstellung

4.4 Der Schwingkreis

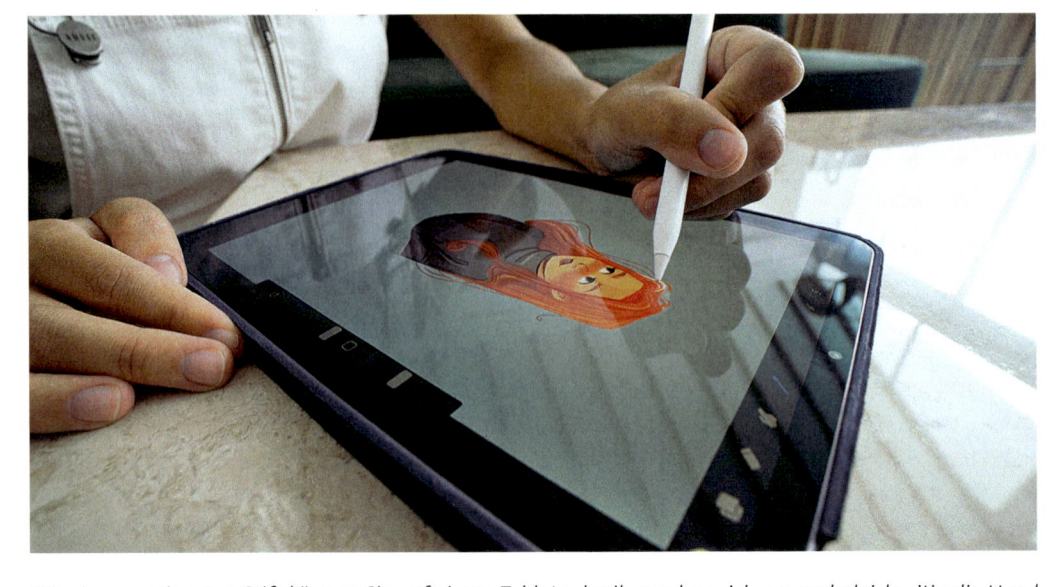

1 Zeichnen mit einem Tabletstift

Mit einem geeigneten Stift können Sie auf einem Tablet schreiben oder zeichnen und gleichzeitig die Hand auflegen, ohne dass es zu unbeabsichtigten Eingaben kommt. Druckempfindlichkeit erzeugt zudem ein natürliches Schreibgefühl. Wie wird das erreicht?

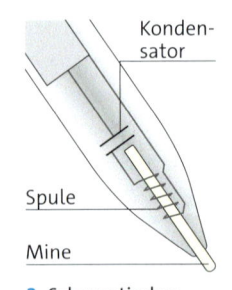

2 Schematischer Aufbau: Spitze des Tabletstifts

Schwingkreis im Tabletstift • Zur Kommunikation mit dem Tablet enthält der zugehörige Stift einen kleinen Stromkreis (▶ 2), dessen wichtigste Bestandteile ein Kondensator und eine Spule sind. Diese beiden bilden zusammen einen **Schwingkreis**. Seine Eigenschaften untersuchen wir anhand der Schaltung in ▶ 3.

Der Kondensator ist durch den Umschalter entweder mit der Spannungsquelle oder mit der Spule verbunden. Wir laden den Kondensator, während der Umschalter links steht. Dann legen wir den Schalter um und erfassen den zeitlichen Verlauf der Spannung U_C über dem Kondensator und der Stromstärke I durch die Spule. Dabei zeigt sich, dass sich Spannung und Stromstärke periodisch ändern (▶ 4). Der Kondensator wird also nicht nur einmal entladen, sondern ständig umgeladen.

Schwingung durch Feldänderungen • Beim Federpendel führen Gewichts- und Spannkraft zur Schwingung des Pendelkörpers. Beim Schwingkreis bringen die Änderungen von elektrischem und magnetischem Feld die elektrische Ladung zum Schwingen – und damit auch Spannung und Stromstärke (▶ 4). Die Schwingungen sind wegen des elektrischen Widerstands gedämpft. Bei der folgenden Erklärung vernachlässigen wir ihn zunächst.

Ungedämpfter Schwingkreis • Durch das Laden des Kondensators bauen sich ein elektrisches Feld und die Spannung $U_C = U_0$ auf (▶ 5A). Legt man den Schalter um, liegt keine äußere Spannung mehr an, der Kondensator entlädt sich wieder und es kommt zu einem Stromfluss durch die Spule.
Mit dem Anstieg der Stromstärke ändert sich auch das Magnetfeld der Spule.

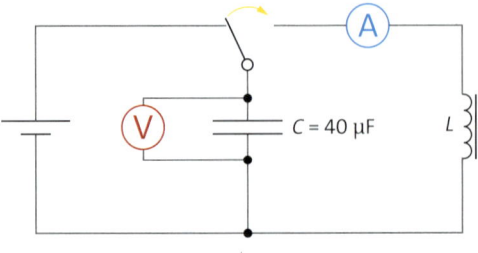

3 Schaltung zum Experiment mit dem Schwingkreis

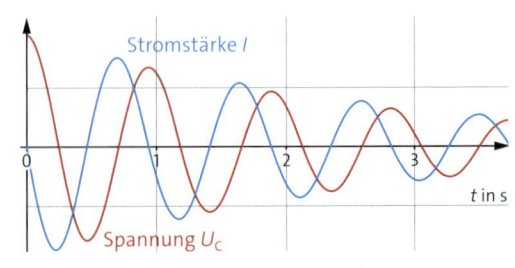

4 t-U- und t-I-Diagramm des Schwingkreises

Daher wird an ihr selbst eine Spannung U_L induziert, die den Anstieg des Stromflusses entsprechend der Lenzschen Regel hemmt – es kommt zur Selbstinduktion, die Stromstärke steigt dadurch nur langsam an. Ihr Maximum erreicht sie ebenso wie das Magnetfeld der Spule, wenn der Kondensator vollständig entladen ist (▶ 5, $t = \frac{1}{4}T$). Wegen der Selbstinduktion tritt aber wieder keine plötzliche Änderung der Stromstärke auf. Der Strom sinkt daher nur langsam ab und lädt den Kondensator wieder auf – mit umgekehrter Polung. Bei $t = \frac{1}{2}T$ beträgt die Stromstärke wieder 0 A und am Kondensator liegt die Spannung $-U_0$ an. Die Vorgänge wiederholen sich mit umgekehrten Vorzeichen.

Insgesamt ergeben sich sinusförmige Schwingungen von Spannung und Stromstärke (▶ 5B). Die Spannung am Kondensator U_C treibt dabei die Schwingung an. Entsprechend eilt sie der Stromstärke I um eine Viertelperiode voraus. Die Beträge der Spannungen an Kondensator und Spule sind stets gleich und addieren sich insgesamt zu Null.

L und C bestimmen die Periodendauer • Der Schwingkreis in einem Tabletstift schwingt mit etwa 50 kHz. Die Schwingung im Experiment (▶ 3) ist viel langsamer. Das liegt an den Größen von Kapazität C des Kondensators und Induktivität L der Spule, was wir uns qualitativ verdeutlichen: Je größer die Kapazität ist, desto mehr Ladung muss im Schwingkreis von einer Kondensatorplatte zur anderen fließen. Je größer die Induktivität ist, desto stärker wird die Änderung der Stromstärke verzögert. Beide Effekte vergrößern die Periodendauer T und verkleinern somit die Eigenfrequenz f_0 des Schwingkreises. Für diese gilt die **Thomsonsche Schwingungsgleichung**:

$$f_0 = \frac{1}{2\pi\sqrt{L \cdot C}}$$

Energetische Betrachtung • Die im Schwingkreis gespeicherte Energie wechselt beständig zwischen der Energie im elektrischen Feld des Kondensators und der Energie im Magnetfeld der Spule (▶ 6). So ist im elektrischen Feld des maximal geladenen Kondensators die Energie $E_{el} = \frac{1}{2}C \cdot U_0^2$ gespeichert. Bis der Kondensator komplett entladen und die Stromstärke maximal ist, wird dieser Energiebetrag vollständig in die Energie des Magnetfeldes der Spule $E_{mag} = \frac{1}{2}L \cdot I_0^2$ umgewandelt.

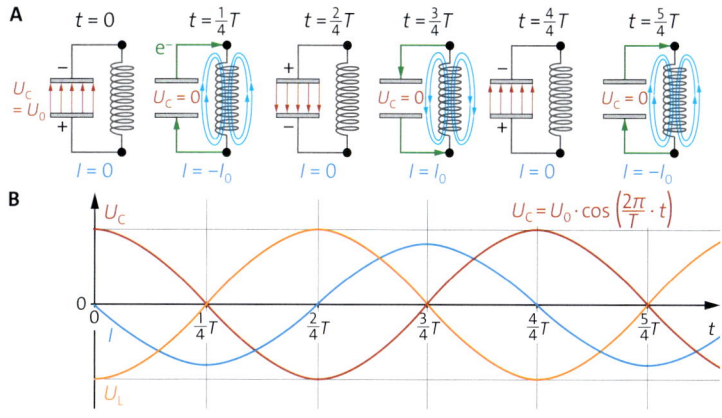

5 Abläufe im Schwingkreis

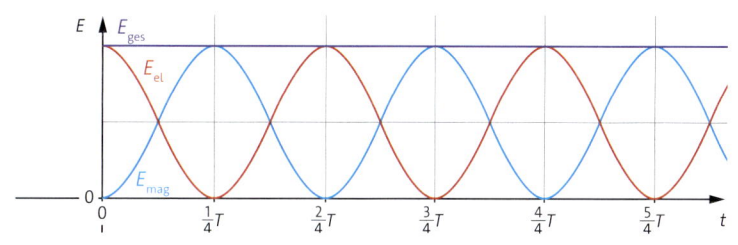

6 Zeitlicher Verlauf der Energie im Schwingkreis

Diese Energieumwandlungen erfolgen in jeder Periodendauer zweimal, daher ist die Frequenz hier doppelt so hoch wie bei Stromstärke und Spannung. Die Gesamtenergie als Summe aus elektrischer und magnetischer Energie bleibt während der Energieumwandlungen konstant (▶ 6).

> In einem Schwingkreis finden periodische Energieumwandlungen zwischen elektrischer und magnetischer Energie statt.
> Im ungedämpften Fall ist die Gesamtenergie stets konstant mit $E_{ges} = \frac{1}{2}C \cdot U_0^2 = \frac{1}{2}L \cdot I_0^2$.

Resonanter Schwingkreis • Ein realer Schwingkreis ist gedämpft. Es wird also ständig Energie entwertet und die Amplituden werden immer kleiner. Soll der Energieverlust ausgeglichen werden, so ist eine periodische Energiezufuhr nötig, z. B. indem man den Schwingkreis induktiv an einen Frequenzgenerator koppelt. Ist die anregende Frequenz auf die Eigenfrequenz des Schwingkreises abgestimmt, tritt Resonanz auf. So lassen sich sogar Spannungsamplituden größer U_0 erreichen.

Die Induktivität L ist eine Kenngröße jeder Spule, die Auskunft darüber gibt, wie stark eine Änderung des Stromflusses durch die Spule infolge der Selbstinduktion gehemmt wird (▶ S. 132–135; 3.5 Selbstinduktion).

1 📝 Erstellen Sie für $t = \frac{1}{8}T$ eine Zeichnung wie in ▶ **5A** und erklären Sie Ihre Darstellung.

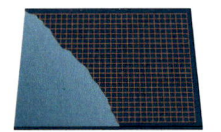

Funktion des Tabletstifts • Der Stift empfängt ein Signal vom Tablet, das seinen Schwingkreis zur Schwingung anregt. Diese Schwingung erzeugt ihrerseits ein Signal, das im Tablet von einem Gitter von Spulen empfangen wird (▶1). Damit wird die Position des Stifts bestimmt.

Die Resonanzfrequenz des Schwingkreises im Stift hängt vom Druck ab, mit dem die Mine auf dem Tablet geführt wird. Je nach Technik erhöht sich mit dem Druck entweder die Kapazität des Kondensators oder die Induktivität der Spule. Aus beidem folgt eine reduzierte Resonanzfrequenz. Das Tablet empfängt ein entsprechend verändertes Signal und erhöht die Strichstärke. Eine gleichzeitige Berührung des Tablets mit der Hand hat darauf keine Auswirkung und stört somit nicht.

Eine weitreichende Analogie • Wie wir bereits gesehen haben, bildet sich am Schwingkreis eine harmonische Schwingung aus, die der mechanischen Schwingung eines Pendels sehr ähnlich ist. Dies gilt nicht nur bezüglich der periodischen Wiederholung der Abläufe. Wir betrachten diese Analogie deswegen genauer (▶2):

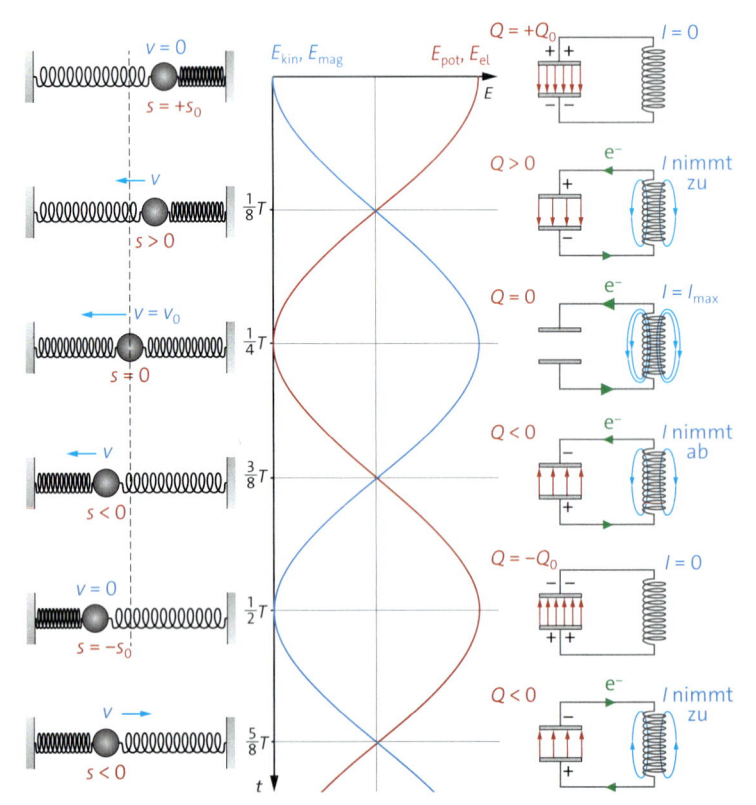

1 Spulen in der Tabletoberfläche

Wenn man bei einem horizontalen Federpendel den Pendelkörper auslenkt und loslässt, dann beginnt dieser harmonisch zu schwingen. Ort $s(t)$ und Geschwindigkeit $v(t)$ des Körpers ändern sich periodisch. Beim elektromagnetischen Schwingkreis bewegt man die Elektronen und lädt so den Kondensator. Verbindet man diesen mit der Spule, beginnt die harmonische Schwingung. Ladung $Q(t)$ und Stromstärke $I(t)$ ändern sich periodisch.

Dabei entspricht die Ladung $Q(t)$ dem Ort $s(t)$ und auch ihre zeitlichen Ableitungen verhalten sich analog: Die Geschwindigkeit $v(t)$ als zeitliche Ableitung von $s(t)$ entspricht der elektrischen Stromstärke $I(t)$ als zeitlicher Ableitung der Ladung $Q(t)$.

Bei einer mechanischen Schwingung hat eine größere Masse m kleinere Beschleunigungen zur Folge, da die Trägheit des Systems zunimmt. Dies lässt sich durch eine größere Kraft ausgleichen. Entsprechend sorgt eine größere Induktivität L für kleinere Stromstärkeänderungen im Schwingkreis, da die Selbstinduktion zunimmt. Auch dieses System reagiert dann träger, was sich durch eine größere elektrische Spannung ausgleichen lässt.

Es wird auch dann eine größere Kraft benötigt, wenn bei einer Federschwingung eine vergrößerte Federkonstante D ausgeglichen werden soll. Analog dazu ist eine größere Spannung nötig, um auf einen Kondensator mit kleinerer Kapazität C eine bestimmte Ladung zu bringen ($\frac{1}{C}$ ist dann größer). Offenbar wird die Rolle der Rückstellkraft der mechanischen Schwingungen im Schwingkreis von der Spannung am Kondensator übernommen.

Die betrachteten Entsprechungen finden sich auch bei der Energie wieder: Die Gesamtenergie einer mechanischen Schwingung setzt sich aus potenzieller und kinetischer Energie zusammen:

$$E_{\text{ges}}(t) = E_{\text{pot}}(t) + E_{\text{kin}}(t) = \frac{1}{2} D \cdot s^2(t) + \frac{1}{2} m \cdot v^2(t)$$

Beim Schwingkreis setzt sich die Gesamtenergie ebenfalls aus zwei Energieformen zusammen, der Energie E_{el} im elektrischen Feld des Kondensators und der Energie E_{mag} im magnetischen Feld der Spule. Sie enthalten die als analog erkannten Größen, wenn wir $U = \frac{Q}{C}$ einsetzen:

$$E_{\text{ges}}(t) = E_{\text{el}}(t) + E_{\text{mag}}(t) = \frac{1}{2} C \cdot U^2(t) + \frac{1}{2} L \cdot I^2(t)$$

2 Gemeinsames t-E-Diagramm für ein Federpendel und den Schwingkreis

Mathematische Beschreibung • Wir wissen bereits, dass die Spannungen an Kondensator und Spule einen sinusförmigen Verlauf besitzen und dass ihre Beträge stets gleich sind. Aus der Lenzschen Regel folgt dann

$$-L \cdot \dot{I}(t) = \frac{1}{C} \cdot Q(t)$$

Mit $I(t) = \dot{Q}(t)$ ergibt sich

$$-L \cdot \ddot{Q}(t) = \frac{1}{C} \cdot Q(t) \quad \Leftrightarrow \quad \ddot{Q}(t) = -\frac{1}{L \cdot C} \cdot Q(t).$$

Eine solche Differenzialgleichung eines harmonischen Oszillators wird durch eine Sinus- oder eine Kosinusfunktion gelöst. Ist der Kondensator zum Zeitpunkt $t = 0$ maximal geladen, ergibt sich

$$Q(t) = Q_0 \cdot \cos(\omega_0 \cdot t)$$

als Lösung mit der Eigenfrequenz $\omega_0 = \frac{1}{\sqrt{L \cdot C}}$ bzw.
$$f_0 = \frac{\omega_0}{2\pi} = \frac{1}{2\pi \sqrt{L \cdot C}}$$

Diese Formel kennen Sie bereits als Thomsonsche Schwingungsgleichung.

> Ein Schwingkreis aus Kondensator und Spule ist ein harmonischer Oszillator mit folgender Eigenfrequenz:
> $$f_0 = \frac{\omega_0}{2\pi} = \frac{1}{2\pi\sqrt{L \cdot C}}$$

Aus $Q(t)$ lassen sich auch die Funktionen der anderen Schwingungen ableiten:

$$I(t) = \dot{Q}(t) = -\omega_0 \cdot Q_0 \cdot \sin(\omega_0 \cdot t) = -I_0 \cdot \sin(\omega_0 \cdot t)$$

$$U_C(t) = U_0 \cdot \cos(\omega_0 \cdot t)$$

$$U_L(t) = -U_0 \cdot \cos(\omega_0 \cdot t)$$

Mithilfe dieser Schwingungsgleichungen lässt sich rechnerisch nachweisen, dass die Summe der im Schwingkreis gespeicherten Energie konstant ist. Dazu nutzen wir $U_0 = \frac{Q_0}{C}$ und $I(t) = \dot{Q}(t)$.

$$E_{el}(t) + E_{mag}(t) = \frac{1}{2} C \cdot U^2(t) + \frac{1}{2} L \cdot I^2(t)$$
$$= \frac{1}{2C} (Q_0 \cdot \cos(\omega_0 \cdot t))^2 + \frac{1}{2} L (-\omega_0 \cdot Q_0 \cdot \sin(\omega_0 \cdot t))^2$$
$$= \frac{1}{2C} Q_0^2 \cdot (\cos^2(\omega_0 \cdot t) + \sin^2(\omega_0 \cdot t))$$
$$= \frac{1}{2C} Q_0^2$$

Für den letzten Schritt wurde der trigonometrische Pythagoras verwendet:

$$\sin^2(\alpha) + \cos^2(\alpha) = 1.$$

Gedämpfter Schwingkreis • Wenn wir noch einmal unsere anfänglichen Messergebnisse betrachten, so liegt eine gedämpfte Schwingung vor, denn die Amplituden besitzen eine exponentiell abfallende Einhüllende. Dies ist vor allem im bisher vernachlässigten ohmschen Widerstand der Spule begründet, durch den ein Teil der elektrischen Energie in Wärme umgewandelt, also entwertet wird.

Um die Dämpfung zu berücksichtigen, erweitern wir den zuvor betrachteten Schwingkreis um einen Widerstand (▶ 3). Der Spannungsabfall am Widerstand $U_R(t) = R \cdot I(t)$ muss in der Differenzialgleichung des Schwingkreises ergänzt werden:

$$-L \cdot \dot{I}(t) = R \cdot I(t) + \frac{1}{C} \cdot Q(t)$$

Daraus ergibt sich mit $I(t) = \dot{Q}(t)$ wiederum

$$L \cdot \ddot{Q}(t) + R \cdot \dot{Q}(t) + \frac{1}{C} \cdot Q(t) = 0.$$

Analog zur gedämpften Schwingung des Federpendels folgt für die Ladung am Kondensator

$$Q(t) = Q_0 \cdot \cos(\omega \cdot t) \cdot e^{-\delta \cdot t}.$$

Die Dämpfungskonstante δ wird dabei allein durch die Spule und ihren Widerstand bestimmt:

$$\delta = \frac{R}{2L}.$$

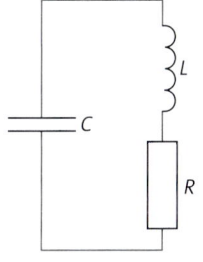

3 Stromkreis aus Widerstand, Spule und Kondensator (RLC-Schaltung) als Ersatzschaltbild für einen gedämpften Schwingkreis

1 ✏ Erstellen Sie einen tabellarischen Vergleich der Schwingungen von Schwingkreis und Federpendel.

2 ☐ Leiten Sie die Funktionen $U_C(t)$ und $U_L(t)$ aus $Q(t)$ ab.

3 Ein Schwingkreis mit $C = 40\ \mu F$ besitzt eine Periodendauer von $T = 0{,}9$ s.
  a ☐ Bestimmen Sie die Induktivität der enthaltenen Spule.
  b ☐ Gehen Sie von $U_0 = 3$ V aus und skizzieren Sie die zeitlichen Verläufe von Stromstärke und Spannungen in einem gemeinsamen Diagramm.
  c ✏ Beschreiben Sie, was sich ändert, wenn die Kapazität auf $4\ \mu F$ reduziert wird.

4 ✏ Bei einer mechanischen Schwingung sorgt die Reibung für eine Abnahme der Amplitude. Erklären Sie, wie es beim Schwingkreis zur Amplitudenabnahme kommt. Gehen Sie dabei auf die entsprechenden Energieformen ein.

Material

Versuch A • Gedämpfter Schwingkreis

V1 Gedämpfte Schwingung

Materialien: Gleichspannungsquelle, Kondensatoren (470 µF, 47 µF), 2 Spulen mit Eisenkern (400 Windungen), Umschalter, Kabel, Messwerterfassungssystem mit Spannungssensor

Arbeitsauftrag:
- Bauen Sie den Versuch wie in ▶1 auf und nehmen Sie den Spannungsverlauf beim Entladen auf.
- Ermitteln Sie die Schwingungsdauer und die Eigenfrequenz aus Ihrem Diagramm.
- Schätzen Sie die Induktivität der Spule mit Eisenkern ab und vergleichen Sie mit den Herstellerangaben der Spule.
- Wiederholen Sie die vorangegangenen Aufträge mit dem anderen Kondensator.
- Weisen Sie anhand Ihrer Messdaten nach, dass die Einhüllenden der Amplituden Exponentialfunktionen sind.

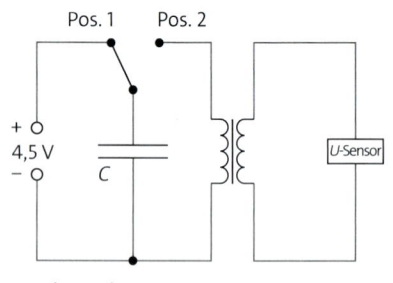

1 Schwingkreis im Experiment

Versuch B • Schwingkreise in Resonanz

Beim kabellosen Laden und bei RFID-Chips nutzt man die Resonanz von Schwingkreisen aus, um möglichst effizient Energie zu übertragen. Die Kapazität eines Schwingkreises passt man dafür so an, dass die Anregungsfrequenz und die Resonanzfrequenz übereinstimmen. Bei dieser Frequenz gilt dann die Thomsonsche Schwingungsgleichung:

$$f_0 = \frac{1}{2\pi\sqrt{L \cdot C}}.$$

Hinweis: Verwenden Sie keine Elektrolytkondensatoren.

V1 Resonanzkurve

Materialien: Frequenzgenerator mit U_{max} = 3 V, 4 Kondensatoren (1 µF bis 4,5 µF), Spule (1000 Windungen, 35 mH), Glühlampe (4 V, 40 mA), Kabel, Multimeter

Arbeitsauftrag:
- Schalten Sie Spule, Lampe und Kondensator (z. B. 2,2 µF) in Reihe und schließen Sie den Frequenzgenerator an. Messen Sie die Spannung über der Glühlampe.
- Berechnen Sie den Wert der Eigenfrequenz des ungedämpften Schwingkreises. Stellen Sie den Frequenzgenerator auf einen Wert deutlich unterhalb dieser Eigenfrequenz ein und erstellen Sie ein f-U-Diagramm, während Sie die Frequenz allmählich bis über den berechneten Wert erhöhen.
- Beschreiben und begründen Sie den Verlauf des aufgenommenen f-U-Diagramms möglichst genau.
- Wechseln Sie den Kondensator und wiederholen Sie die Messungen.
- Ermitteln Sie die Eigenfrequenzen aus den Resonanzkurven und vergleichen Sie diese mit den berechneten Werten.

V2 Anpassen der Kapazität

Durch Schaltungen mehrerer Kondensatoren parallel oder in Reihe kann man verschiedene Ersatzkapazitäten erreichen.
Bei der Parallelschaltung gilt:

$$C_{Ers} = C_1 + C_2 + \cdots + C_n$$

Bei der Reihenschaltung gilt:

$$\frac{1}{C_{Ers}} = \frac{1}{C_1} + \frac{1}{C_2} + \cdots + \frac{1}{C_n}$$

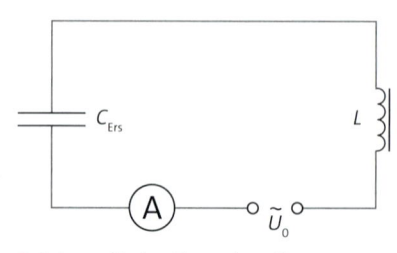

2 Schematischer Versuchsaufbau

Materialien: Wechselspannungsnetzgerät (50 Hz), 3 gleiche Kondensatoren (z. B. 10 µF), Spule mit Eisenkern (z. B. 500 Windungen), Amperemeter, Kabel

Arbeitsauftrag:
- Überlegen Sie, wie Sie mit den vorhandenen Kondensatoren eine möglichst große bzw. kleine Ersatzkapazität erreichen.
- Messen Sie bei konstanter Spannung die Stromstärke für mindestens sechs verschiedene Ersatzkapazitäten. Finden Sie die Schaltung, bei der die Stromstärke maximal ist.
- Stellen Sie für Ihre Messwerte die elektrische Leistung P in Abhängigkeit von der Ersatzkapazität C_{Ers} in einem Diagramm dar.
- Bestimmen Sie mit einer Ausgleichskurve die Kapazität, bei der es zur Resonanz kommt, möglichst genau.
- Bestimmen Sie aus Ihrer Messung die Induktivität der Spule mithilfe der Thomsonschen Schwingungsgleichung.
- Stellen Sie den Zusammenhang zwischen dem Versuchsaufbau und einer Anwendung (z. B. induktives Laden oder RFID-Chip) her. Erklären Sie kurz, wie dabei der Schwingkreis genutzt wird.

Schwingungen und Wellen • Der Schwingkreis

Material A • Ampelsteuerung per Induktionsschleife

Induktionsschleifen sind Spulen aus Kupferdraht mit wenigen Windungen, die einige Zentimeter tief in die Straßendecke eingelassen sind. Sie werden u. a. zur Steuerung von Ampeln genutzt.

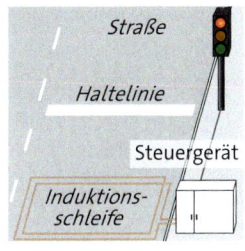

A1 Ampelsteuerung

Überquert ein Fahrzeug die Induktionsschleife, entstehen Wirbelströme in seinen metallischen Bauteilen. Die damit einhergehenden Magnetfelder wirken der Induktivität entgegen und verringern sie so, während ferromagnetische Blechteile sie erhöhen. Der Quotient aus der Änderung der Induktivität ΔL und ihrem ursprünglichen Wert L wird als Verstimmung der Induktionsschleife bezeichnet.

Meist ist die Induktionsschleife Teil eines elektrischen Schwingkreises. Der zugehörige Kondensator befindet sich in einem Steuergerät, das die vom Fahrzeug verursachte Induktivitätsänderung der Spule registriert und die Ampel schaltet.

1 ☑ Eigenfrequenz des Steuerkreises
  a Erläutern Sie die Bedeutung der Eigenfrequenz des Steuerkreises für die Ampelsteuerung.
  b Die Induktivität der Induktionsschleife beträgt 300 µH und der Kondensator hat eine Kapazität von 55 nF. Berechnen Sie die Eigenfrequenz f_0 des Steuerkreises.
  c Ein Pkw überquert die Induktionsschleife. Berechnen Sie die veränderte Eigenfrequenz f_1.

2 ☑ Erklären Sie die unterschiedliche Verstimmung einer Induktionsschleife durch die verschiedenen Fahrzeugtypen (▶ **A2**) und beurteilen Sie, ob diese Technik für die Schaltung von Ampeln durch Fahrräder geeignet ist.

Fahrzeug	Verstimmung
Pkw	−6,0 %
Lkw	−1,7 %
Motorrad	−0,1 %
Fahrrad	−0,02 %

A2 Typische Werte von Verstimmungen

Material B • Harmonischer und gedämpfter Schwingkreis

In einem Demonstrationsexperiment soll ein t-U-Diagramm für einen Schwingkreis mit einer Periodendauer von 1,0 s aufgenommen werden. Es steht eine Spule mit einer Induktivität von 500 H zur Verfügung, ein geeignetes Voltmeter und Kondensatoren mit den Kapazitäten 25 µF, 50 µF bzw. 100 µF.

1 a ☐ Erstellen Sie eine aussagekräftige beschriftete Versuchsskizze.
  b ☑ Erläutern Sie, wie es im Schwingkreis zu einer elektromagnetischen Schwingung kommt.
  c ☑ Entscheiden Sie begründet, welcher Kondensator für das vorgesehene Experiment geeignet ist.

2 Gehen Sie zunächst von einer ungedämpften Schwingung aus. Zu Beginn ist U_C = 10 V.
  a ☐ Berechnen Sie die damit verbundene Energie.
  b ☐ Bestimmen Sie, welche maximale Stromstärke zu erwarten ist.
  c ☑ Erstellen Sie ein t-U- und ein t-I-Diagramm für 0 s ≤ t ≤ 2 s. Begründen Sie Ihre Lösung.
  d ☑ Geben Sie begründet eine Funktionsgleichung für $U(t)$ und $I(t)$ an.
  e ☑ Stellen Sie den zeitlichen Verlauf der im Kondensator und der in der Spule gespeicherten Energie in einem geeigneten Diagramm dar.
  f ☑ Vergleichen Sie die Diagramme aus **c** und **e**.

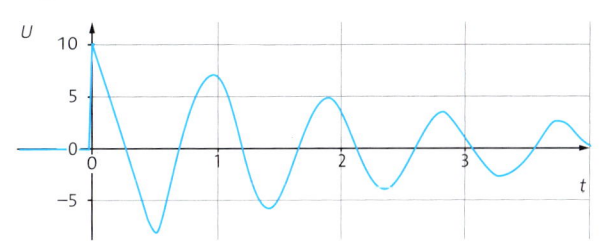

B1 Diagramm zur Messung

3 ▶ **B1** zeigt die Messung zu diesem Aufbau.
  a ☑ Erklären Sie die Amplitudenabnahme.
  b ☑ Berechnen Sie, um wie viel Prozent die Energie während der ersten Periodendauer abnimmt.
  c ☑ Untersuchen Sie die Energieabnahme in den folgenden Periodendauern. Entscheiden Sie, ob die Energie linear oder exponentiell abnimmt.
  d ☑ Bestimmen Sie die Periodendauer möglichst exakt.
  e ☑ Aufgrund der Dämpfung gilt für die Frequenz
$$f = \frac{1}{2\pi}\sqrt{\frac{1}{L \cdot C} - \left(\frac{R}{2L}\right)^2}$$
Die Spule hat einen Widerstand von 300 Ω. Überprüfen Sie, ob damit die Abweichung der Periodendauer von 1,0 s aus **d** erklärt werden kann.
  f ■ Die Kapazität des Kondensators weicht um bis zu 10 % vom Nennwert ab. Beurteilen Sie die entsprechende Auswirkung auf die Periodendauer.

175

Blickpunkt

RFID-Chips als technische Anwendung von Schwingkreisen

Im Alltag sind wir vielfach von ihnen umgeben: RFID-Chips, auch Transponder genannt, finden sich in Etiketten von Kaufhäusern oder Bibliotheken, im Monatsticket, im Personalausweis oder auch in der Kreditkarte; sie kontrollieren den Zutritt zu Wohnungen und zum Festivalgelände, speichern Zugangsdaten für die Mensa oder auch die Liste der konsumierten Getränke in einer Disco. Bei Haustieren werden sie zur eindeutigen Registrierung genutzt. Doch wie funktionieren sie eigentlich?

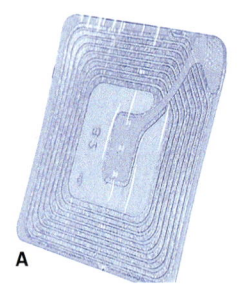

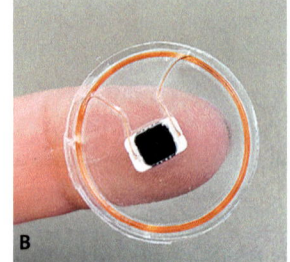

1 RFID zur Warensicherung **A** am Etikett, **B** am Ausgang

2 RFID-Chip als Schlüssel **A** am Schließfach, **B** Hauptbestandteil

Funktionsprinzip • RFID steht für **R**adio-**F**requency **Id**entification. Die Transponder bestehen meist aus einem programmierbaren Mikrochip und einem Schwingkreis, dessen Spule Energie aus einem elektromagnetischen Feld aufnimmt und einen kontaktlosen Datenaustausch ermöglicht (▶ 2). Häufig werden passive Systeme verwendet, die keine eigene Stromversorgung besitzen, sondern stets von außen angesprochen werden. Dies erfolgt per Funksignal über Entfernungen von einigen Metern.

Das Lesegerät (▶ 3) erzeugt ein elektromagnetisches Feld, dessen Frequenz auf die Eigenfrequenz des Schwingkreises im Transponder abgestimmt ist. Dieses Feld wird über eine RFID-Antenne abgestrahlt. Befindet sich der Transponder in der Nähe der Antenne, dann wird eine Spannung in der Spule des Transponders erzeugt und dem Schwingkreis somit Energie zugeführt.

Diebstahlsicherung • Ein Warensicherungsetikett ist eine einfache Ausführung eines RFID-Chips: In der Abbildung erkennt man die fast quadratischen Spulenwindungen (▶ 1A). Der Kondensator befindet sich in der Mitte des Etiketts. Seine Platten sind durch eine 15 μm dünne isolierende Schicht voneinander getrennt. Der Schwingkreis aus Spule und Kondensator hat eine Eigenfrequenz von 8,2 MHz.

Geschäfte mit einer solchen Warensicherung haben an den Ein- und Ausgängen bügelartige Vorrichtungen, die einen Alarm auslösen können (▶ 1B). Diese Schleusen funktionieren vereinfacht folgendermaßen: Auf einer Seite der Schleuse wird das elektromagnetische Wechselfeld mit der Frequenz des Warensicherungsetiketts erzeugt (RFID-Antenne). In der gegenüberliegenden Seite wird in einer Spule eine entsprechende Spannung induziert. Befindet sich ein Warensicherungsetikett innerhalb der Schleuse, wird in dessen Schwingkreis eine Spannung induziert. Diese ist aufgrund der Lenzschen Regel so gerichtet, dass sie das ursprüngliche Feld abschwächt. Dadurch sinkt die in der Schleuse induzierte Spannung ab, ein Alarm wird ausgelöst.

An der Kasse wird das Etikett über einen starken Magneten gezogen, was den Schwingkreis zerstört und die Warensicherung aufhebt.

Frequenzabstimmung • Ist die Resonanzfrequenz des Transponders auf das Feld des Lesegeräts abgestimmt, kann ein Maximum an Energie übertragen werden. Auch bei relativ großem Abstand ist so ein Datenaustausch zwischen beiden möglich. Weicht die Resonanzfrequenz des Transponders dagegen deutlich von der Frequenz des Lesegeräts ab, ist kein Datenaustausch möglich.

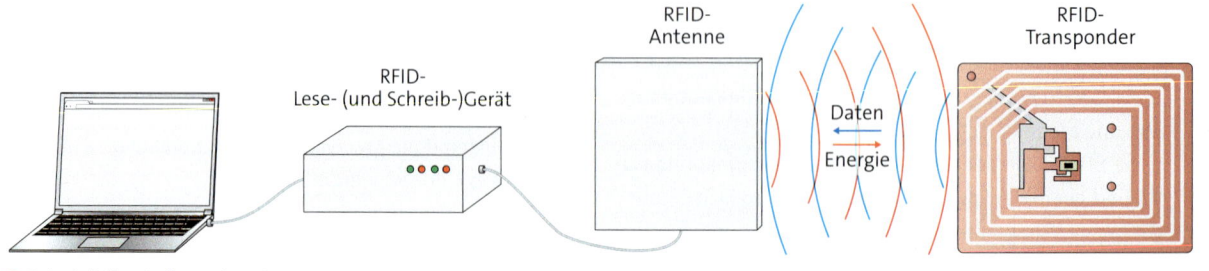

3 Prinzipieller Aufbau eines RFID-Systems

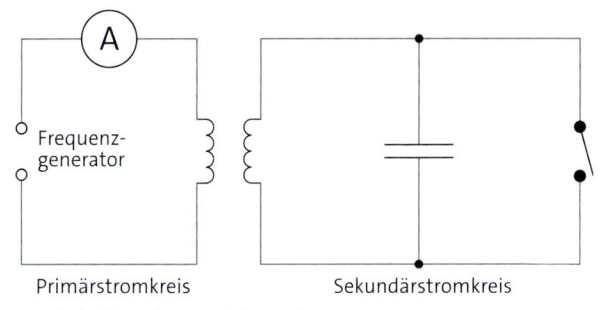

4 Schaltskizze des Modellexperiments zum Datentransport

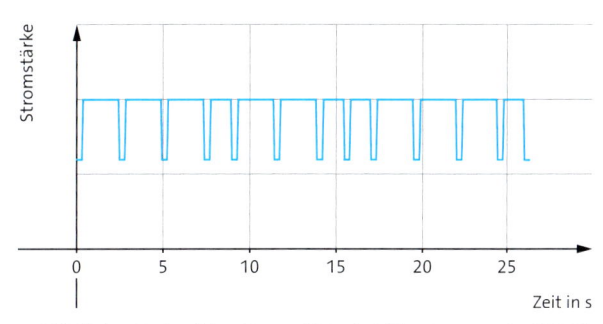

5 Möglicher Verlauf der Stromstärke bei Übertragung der ID 305

Datenübertragung • Mithilfe des hochfrequenten Signals können auch Daten und Befehle übertragen werden, um einen Mikrochip zu betreiben. Bleibt der Transponder hinreichend lange im Feld des Lesegeräts, dann wird genug Energie übertragen, um die Sendeelektronik des Mikrochips zu aktivieren. Dieser sendet dann die geforderten Daten an das Lesegerät, das z. B. ein Schließfach öffnet (▶ 2A).

Auslesen des Transponders • Der Transponder selbst enthält meist keine Daten, die auf seinen Besitzer bezogen sind. Auf seinem Chip ist häufig nur eine Identifikationsnummer (ID) gespeichert. Erforderliche personenbezogene Daten sind dann unter dieser ID in einer Datenbank hinterlegt, mit der das Lesegerät verbunden ist. So kann ein RFID-Chip in einer Bezahlkarte verwendet werden.

Die individuelle ID wird als eine Folge von Nullen und Einsen in binärer Form auf das Lesegerät übertragen. Im einfachsten Fall entsprechen diese zwei unterschiedlich großen Stromstärken. Um die reduzierte Stromstärke zu erreichen, wird durch die Sendeelektronik des RFID-Chips ein zusätzlicher Widerstand in den Schwingkreis des Transponders geschaltet. Damit erhöht sich die Dämpfung im Schwingkreis, die Stromstärke im RFID-Transponder sinkt und er nimmt weniger Energie auf. Entsprechend sinkt auch die Stromstärke im Lesegerät. Dieses Verfahren wird als Lastmodulation bezeichnet.

Allerdings sind die so erhaltenen relativen Änderungen der Stromstärken sehr klein. Die Datenübertragung ist somit sehr störanfällig. Diese Störanfälligkeit lässt sich verringern, indem die gesamte Stromstärke reduziert wird. Damit ergeben sich bei gleichen Änderungen der Ströme in der Lastmodulation größere relative Änderungen.
Dabei wird die Reduktion der Gesamtstromstärke mithilfe eines zusätzlichen Widerstands erreicht, der mit einer sehr hohen Taktfrequenz ein- und ausgeschaltet wird. Der Widerstand unterdrückt das Sendesignal, sobald er eingeschaltet ist. In dieser als Hilfsträger bezeichneten Frequenz kann die Stromstärke im Takt der Daten verändert und übertragen werden.

Modellversuch • Das Prinzip der Datenübertragung verdeutlichen wir uns in einem Modellexperiment (▶ 4), in dem der Primärstromkreis dem Lesegerät und der Sekundärstromkreis dem Transponder entspricht. Der Einfachheit halber übertragen wir unsere Daten hier induktiv, tatsächlich geschieht dies aber über Funk. Um die induktive Übertragung zu erreichen, stehen die Spulen mit wenigen Zentimetern Abstand parallel zueinander (▶ 4). Statt einen zusätzlichen Widerstand zu verwenden, schließen wir den Kondensator des Sekundärkreises kurz. Dadurch sinkt der Widerstand des Sekundärkreises, mehr Energie kann übertragen werden und die Stromstärke im Primärstromkreis steigt.

Damit wir die Datenübertragung verfolgen können, nutzen wir einen ganz langsam übertragenen Code: Ein Kurzschluss über eine Dauer von 1 s entspricht einer 1, eine Dauer von 2 s entspricht einer 0. Dabei wird jede Zahl durch eine zwölfstellige Binärzahl dargestellt.
Übertragen wir so beispielsweise die ID 305, dann könnte sich der in ▶ 5 gezeigte Verlauf der Stromstärke im Primärstromkreis ergeben.

1 🗹 An der Schleuse eines Geschäftsausgangs kommt es einerseits durch metallische Gegenstände gelegentlich zu Fehlalarmen, andererseits werden nicht alle Etiketten detektiert, obwohl sie eigentlich funktionieren. Erklären Sie das.

2 ☐ **a** Übersetzen Sie die ID 3471 in Binärcode.
b Stellen Sie den entsprechenden zeitlichen Verlauf der Stromstärke am Lesegerät in einem Diagramm dar.

3 🗹 **a** Begründen Sie, dass sich ein schlechter Empfang simulieren lässt, indem Sie die Frequenz des Primärstromkreises leicht verstellen.
b Vergleichen Sie die Übertragung bei gutem und schlechtem Empfang.
c Beurteilen Sie, inwiefern ein leicht fehlerhaft produzierter Kondensator im Transponder die Datenübertragung stören kann.

4.5 Von der Schwingung zur Welle

1 Ein Regentropfen fällt in einen See.

Wellen können ganz harmlos sein, z. B. kleine Wellen auf einem See oder Schallwellen in der Luft. Doch sie können auch gefährlich und zerstörerisch sein, wie bei einem Tsunami oder einem Erdbeben. Doch wie entstehen Wellen eigentlich?

Entstehung von Wellen • Fällt ein Regentropfen ins Wasser, trifft er auf Wassermoleküle. Diese weichen nach unten aus und schwingen dann eine Zeit lang auf und ab. Doch warum breitet sich diese Schwingung kreisförmig aus? Das Wasser besteht aus vielen Molekülen, zwischen denen Kräfte wirken. Eine Wirkung dieser Kräfte lässt sich in ▶ 2 erkennen: Der Wasserläufer wird durch die Oberflächenspannung getragen.

Zwei gekoppelte Pendel • Die Bedeutung der Kräfte für die Entstehung der Wellen untersuchen wir in einem Modellversuch. Dazu nutzen wir zwei Pendel statt der Wassermoleküle. Eine kleine Feder erzeugt die **Kopplungskräfte** zwischen diesen (▶ 3). Wir lenken zunächst nur ein Pendel aus. Während es schaukelt, fängt auch das andere Pendel langsam an zu schwingen. Seine Amplitude wird dabei immer größer, die des ersten Pendels geht allmählich zurück, bis es kurz stehen bleibt. Danach wiederholt sich alles in anderer Richtung, bis die Schwingungen aufgrund der unvermeidlichen Dämpfung zum Erliegen kommen (▶ 4). Also wird durch die Kopplung periodisch Energie von einem Pendel auf das andere übertragen.

Zur genaueren Untersuchung führen wir verschiedene Variationen des Versuchs durch. Wir nutzen
- Schwingungen parallel und senkrecht zur Kopplungsrichtung,
- gleich und unterschiedlich lange Pendel,
- unterschiedliche Federn zur Kopplung.

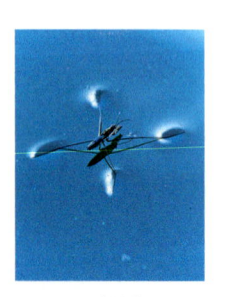

2 Wasserläufer

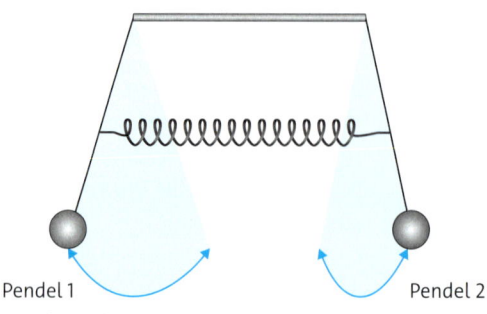

3 Gekoppelte Pendel im Experiment

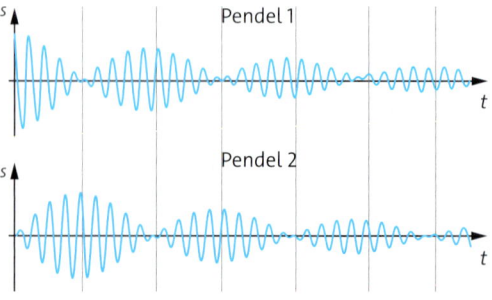

4 Schwingungen der gekoppelten Pendel

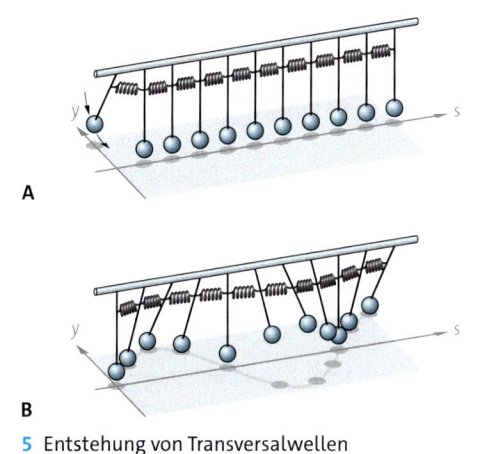

5 Entstehung von Transversalwellen

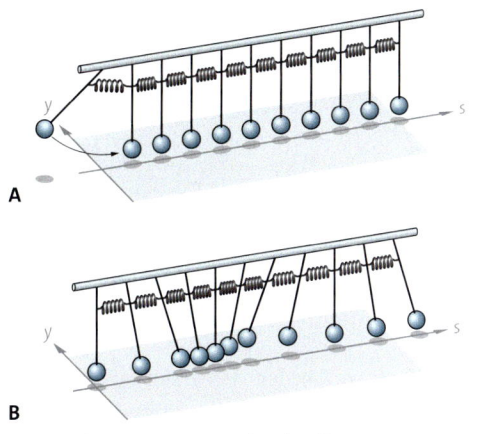

6 Entstehung von Longitudinalwellen

Es zeigt sich, dass beide gekoppelten Pendel stets mit gleicher Frequenz schwingen. Ist die Pendellänge gleich, tritt Resonanz auf und die Energieübertragung wird maximal. Die Periodendauer, mit der die Energie zwischen den Pendeln hin- und herwandert (▶4), wird durch die Stärke der Kopplung zwischen den Pendeln bestimmt.
Wie bei allen Fällen von Resonanz besteht auch hier eine Phasenverschiebung von $\frac{\pi}{2}$ zwischen der erregenden und der angeregten Schwingung – unabhängig davon, ob parallel oder senkrecht zur Kopplungsrichtung angeregt wird.

Viele Oszillatoren • Lenken wir das erste Pendel einer Kette aus vielen gekoppelten Pendel aus, wird die Energie bis zum Ende der Kette nur in eine Richtung auf das jeweils nächste Pendel übertragen. Nach und nach geraten alle Pendel in Bewegung und es entsteht eine Welle. Je stärker die einzelnen Oszillatoren gekoppelt sind, umso schneller breitet die Welle sich aus.

Energietransport ohne Materietransport • Man muss zwischen der Schwingungsbewegung der einzelnen Oszillatoren und der Ausbreitung der Welle unterscheiden: Auf einem Seil wandert die Welle weiter und transportiert dabei Energie, während eine Stelle des Seils nur auf- und abschwingt. Auch bei der Schallwelle schwingen die Luftteilchen hin und her, ohne dass Materie transportiert wird.

> Eine Welle entsteht durch die Schwingung gekoppelter gleichartiger Oszillatoren. Wellen transportieren Energie, aber keine Materie.

Zwei Arten von Wellen • Schwingen die Oszillatoren senkrecht zur Ausbreitungsrichtung der Welle (▶5), wird diese als **Transversalwelle** bezeichnet. Lenken wir dagegen das erste Pendel nicht nach hinten, sondern seitwärts aus (▶6A), bildet sich eine Welle, bei der die Oszillatoren nicht senkrecht zur Ausbreitungsrichtung, sondern parallel zu dieser schwingen. Es entsteht eine **Longitudinalwelle**.
Ein Beispiel für Longitudinalwellen sind Schallwellen. Hier werden Luftmoleküle z. B. durch einen Schlag auf eine Trommel zum Schwingen angeregt (▶7). Da die Moleküle vor allem über Stöße wechselwirken, kommt es nur zu Schwingungen entlang der Ausbreitungsrichtung. Es entstehen Bereiche mit höherer Teilchendichte (höherem Druck) und mit geringerer Teilchendichte (geringerem Druck).

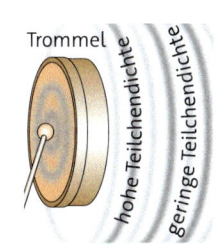

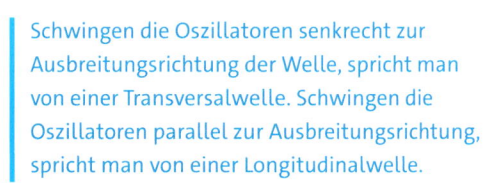

7 Bildung einer Schallwelle

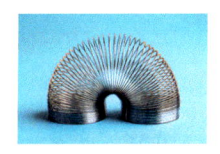

> Schwingen die Oszillatoren senkrecht zur Ausbreitungsrichtung der Welle, spricht man von einer Transversalwelle. Schwingen die Oszillatoren parallel zur Ausbreitungsrichtung, spricht man von einer Longitudinalwelle.

1 ☐ Demonstrieren Sie die wesentlichen Eigenschaften von Transversal- und Longitudinalwellen mithilfe eines Treppenläufers (▶8).

2 ✏ Zwei Pendel sind durch eine Feder gekoppelt. Erklären Sie, wie sich die Periodendauer der Energieübertragung verändert, wenn man die Kopplung verstärkt.

3 ▨ Recherchieren Sie die Entstehung von Wasserwellen. Erklären Sie diese besondere Form der Wellenausbreitung anhand einer Skizze.

8 Treppenläufer

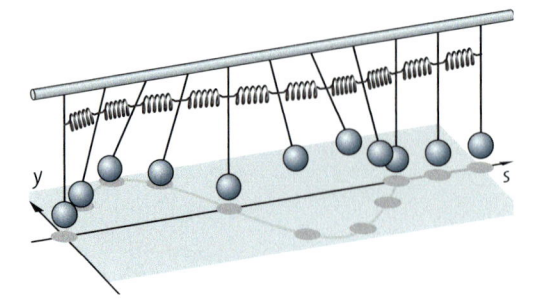

1 Eine Welle breitet sich aus.

Die Welle in ▶ **2** hat die Frequenz 2 Hz und die Wellenlänge 1,5 m. Damit beträgt die Ausbreitungsgeschwindigkeit $c = 3{,}0\ \frac{m}{s}$. Bis zum Zeitpunkt t der Momentaufnahme in ▶ **2A** hat sich die Welle über eine Strecke von $x_t = c \cdot t = 3{,}6$ m ausgebreitet. Rechts davon ist die Welle noch nicht angekommen. Direkt links des Wellenanfangs befindet sich ein Wellenberg, die Auslenkung der Oszillatoren erfolgt also zuerst nach oben. Beachten Sie, dass die Welle hier von rechts nach links (!) gezeichnet wird (▶ **2A**).

Beschreibung von Wellen • Wellen werden durch Oszillatoren gebildet, die zeitversetzt die gleichen Schwingungen ausführen. Ihre Schwingung lässt sich wie gewohnt mithilfe der Periodendauer T beschreiben. Somit gilt für die Schwingung eines bestimmten Oszillators:

$$s(t) = s_{max} \cdot \sin\left(\frac{2\pi}{T} \cdot t\right)$$

In ▶ **1** und ▶ **2A** ist eine Momentaufnahme einer Welle zu sehen. Hier sind viele kleine Pendel (Oszillatoren) durch Federn miteinander gekoppelt. Wir erkennen Wellenberge und Wellentäler, die immer gleiche Abstände haben. Die Welle ist also nicht nur zeitlich, sondern auch räumlich periodisch.

Der räumliche Abstand zweier benachbarter Wellenberge bzw. -täler zu einem bestimmten Zeitpunkt wird als **Wellenlänge** λ ($[\lambda] = 1$ m) bezeichnet (▶ **2A**). Analog zur obigen Darstellung gilt für die räumliche Periodizität:

$$s(x) = s_{max} \cdot \sin\left(\frac{2\pi}{\lambda} \cdot x\right)$$

Während der vollständigen Schwingung eines Oszillators (Periodendauer T) läuft die Welle um eine Wellenlänge λ weiter. Dabei ist die gleichförmige Bewegung der Wellenberge deutlich zu erkennen. Die Welle breitet sich also mit der **Ausbreitungsgeschwindigkeit** $c = \frac{\lambda}{T} = \lambda \cdot f$ aus, während die Oszillatoren nur um ihre Ruhelage schwingen.

Um sowohl den zeitlichen als auch den räumlichen Aspekt zu erfassen, betrachten wir einen Oszillator in der Entfernung x vom Beobachtungsstartpunkt (▶ **2B**). Diesen erreicht die Welle erst nach der Zeitspanne $t_x = \frac{x}{c} = 0{,}6$ s. Für seine Elongation gilt:

$$s(t) = s_{max} \cdot \sin\left(\frac{2\pi}{T} \cdot (t - t_x)\right).$$

Dabei lässt sich t_x unter Berücksichtigung der Ausbreitungsgeschwindigkeit ersetzen durch:

$$t_x = \frac{x}{c} = \frac{x \cdot T}{\lambda}.$$

Dies führt zur **Wellenfunktion**, die vom Ort x und von der Zeit t abhängt:

$$s(t, x) = s_{max} \cdot \sin\left(\frac{2\pi}{T} \cdot \left(t - \frac{x \cdot T}{\lambda}\right)\right)$$

$$= s_{max} \cdot \sin\left(2\pi \cdot \left(\frac{t}{T} - \frac{x}{\lambda}\right)\right)$$

> Wellen sind zeitlich und räumlich periodische Bewegungen. Für die Ausbreitungsgeschwindigkeit einer Welle gilt: $c = \lambda \cdot f$
>
> Die Elongation einer Welle für einen beliebigen Ort und zu einem beliebigen Zeitpunkt kann durch die Wellenfunktion berechnet werden:
>
> $s(t, x) = s_{max} \cdot \sin\left(2\pi \cdot \left(\frac{t}{T} - \frac{x}{\lambda}\right)\right).$
>
> Die Wellenlänge λ gibt den Abstand (in Meter) zweier benachbarter Wellenberge bzw. -täler an.

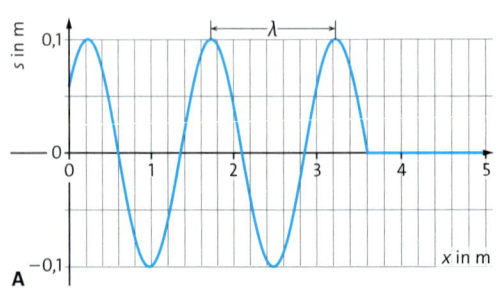

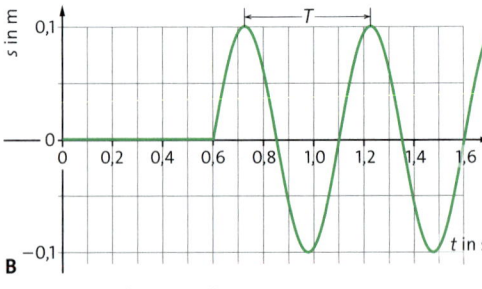

2 Darstellung einer Welle: **A** x-s-Diagramm ($t = 1{,}2$ s); **B** t-s-Diagramm ($x = 1{,}8$ m)

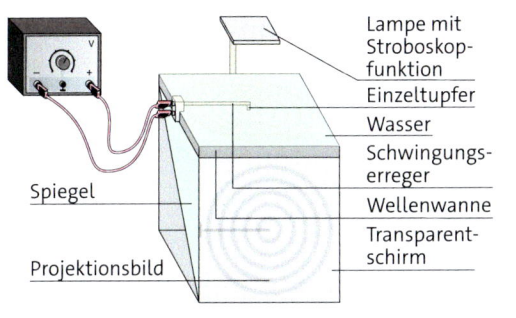

Schwingungen und Wellen • Von der Schwingung zur Welle

3 Aufbau einer Wellenwanne

Ausbreitung von Wellen • Der Zusammenhang zwischen Wellenlänge und Ausbreitungsgeschwindigkeit lässt sich mithilfe einer Wellenwanne genauer untersuchen (▶3). Hier taucht ein kleiner Tupfer mit einer Frequenz von 50 Hz in eine ca. 0,7 cm tiefe Wasserschicht ein. Es entstehen Wellenberge und -täler, die als helle und dunkle Ringe auf dem Schirm zu sehen sind. Da unsere Augen die schnellen Veränderungen der voranschreitenden Welle nicht wahrnehmen können, nutzen wir eine Hochfrequenzkamera mit einer Bildrate von 300 Bildern in der Sekunde. Auf den sieben aufeinanderfolgenden Fotos lässt sich die Ausbreitung der Welle innerhalb einer Periodendauer gut beobachten (▶4).

Der zeitliche Abstand von Bild zu Bild beträgt $\frac{1}{300}$ s. Bei der eingestellten Frequenz von 50 Hz entspricht dieser Wert genau $\frac{1}{6}$ der Zeit, die für das Absenken und Anheben des Erregers benötigt wird. Markieren wir durch einen blauen Punkt einen beliebigen Schwingungszustand und beobachten, wie sich dieser von Bild zu Bild fortbewegt, erkennen wir tatsächlich die gleichförmige Bewegung. Der markierte Wellenberg hat sich vom ersten zum letzten Bild, in der Zeit T, um die Strecke λ weiterbewegt (▶4).

Dabei wird die Ausbreitungsgeschwindigkeit c durch die Kopplungskräfte zwischen den Oszillatoren bestimmt und ist daher stoff- und temperaturabhängig. Je größer die Kopplungskräfte sind, desto größer ist die Ausbreitungsgeschwindigkeit. Im Experiment mit den gekoppelten Pendeln kann diese Abhängigkeit durch Federn mit größerer Federkonstante gezeigt werden. Bei gleichen Auslenkungen zieht jedes Pendel seinen Nachbarn mit größerer Kraft nach, sodass sich die Welle schneller ausbreitet.

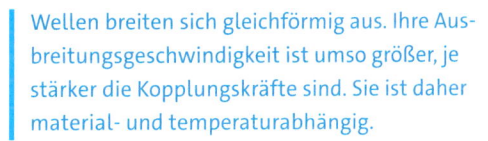

> Wellen breiten sich gleichförmig aus. Ihre Ausbreitungsgeschwindigkeit ist umso größer, je stärker die Kopplungskräfte sind. Sie ist daher material- und temperaturabhängig.

1 Eine Welle mit $s_{max} = 4$ cm breitet sich mit 3 Schwingungen in einer Sekunde über 24 cm aus.
   a ☐ Berechnen Sie die Ausbreitungsgeschwindigkeit. Stellen Sie die Wellenfunktion auf.
   b ◪ Stellen Sie die Situation grafisch dar. Die Oszillatoren haben einen Abstand von 1 cm.

2 Zeigen Sie anhand der Wellenfunktion:
   a ◪ $s(t + T, x) = s(t, x)$
   b ◪ und auch die räumliche Periodizität.

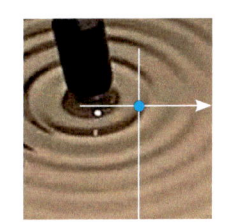

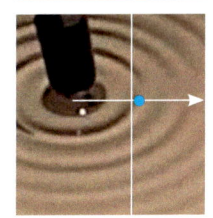

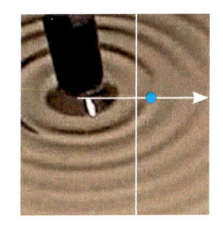

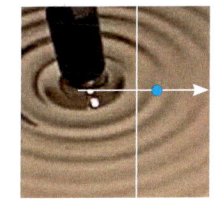

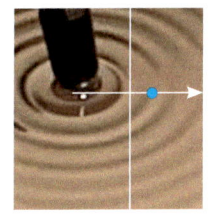

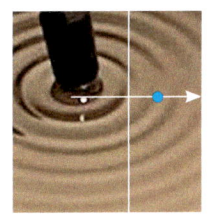

Beispiel Nutzung der Wellenfunktion

Für eine Welle gilt folgende Wellenfunktion:

$s(t, x) = 0{,}32\,\text{m} \cdot \sin\left(\pi \cdot \left(\frac{t}{2\,\text{s}} + 2{,}5\,\frac{1}{\text{m}} \cdot x\right)\right)$

a) Erläutern Sie, in welche Richtung sich die Welle ausbreitet.
b) Ermitteln Sie T und λ.
c) Berechnen Sie die Elongation des Oszillators an der Stelle 1,5 m zum Zeitpunkt 8,0 s.

Mögliche Lösung:
a) Die Welle breitet sich entgegen der x-Richtung aus, da in der Sinusfunktion ein „+" vor der Variablen x steht.

b) Umformung der Wellenfunktion führt zu

$s(t, x) = 0{,}32\,\text{m} \cdot \sin\left(2\pi \cdot \left(\frac{t}{4\,\text{s}} + \frac{x}{0{,}8\,\text{m}}\right)\right)$

Damit ergibt sich $T = 4$ s und $\lambda = 0{,}8$ m.
c) Hier ist zu beachten, dass mit dem Winkel im Bogenmaß gerechnet werden muss (rad). Einsetzen der Werte ergibt

$s = 0{,}32\,\text{m} \cdot \sin\left(\pi \cdot \left(\frac{8\,\text{s}}{2\,\text{s}} + 2{,}5\,\frac{1}{\text{m}} \cdot 1{,}5\,\text{m}\right)\right)$

$= 0{,}32\,\text{m} \cdot \sin(\pi \cdot (4 + 3{,}75)) \approx -0{,}23\,\text{m}$.

Der Oszillator ist um knapp 0,23 m nach unten ausgelenkt.

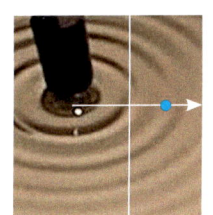

4 Zeitrafferbild einer Wasserwelle

Blickpunkt

Erdbebenwellen

Zu einem Erdbeben kommt es, wenn Kontinentalplatten sich gegeneinander bewegen. Sie verkanten sich und lösen sich plötzlich wieder. Dadurch geraten Teile der Erdkruste in Schwingungen. Wellen breiten sich an der Erdoberfläche und auch durch den Erdkern aus und transportieren dabei viel Energie.

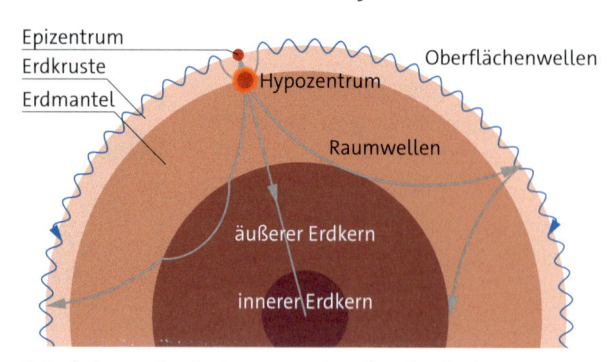

1 Erdbebenwellen im Inneren und an der Oberfläche

2 Straßenschäden durch Erdbeben

Ausbreitung der Wellen • Als Folge eines Erdbebens entstehen Transversal- und Longitudinalwellen, die sich in allen Richtungen durch die Erde ausbreiten (▶ **1**) und schwere Schäden verursachen können (▶ **2**).

Erdbebenwellen breiten sich mit unterschiedlichen Geschwindigkeiten aus. Dies wird nicht nur durch die verschiedenen Gesteinsarten verursacht, die sie durchlaufen. Generell breiten sich Longitudinalwellen im Erdinneren schneller aus als Transversalwellen. Sie erreichen die Erdoberfläche früher und werden daher als Primär- oder **P-Wellen** bezeichnet, im Gegensatz zu den Sekundär- oder **S-Wellen** genannten Transversalwellen. (▶ **3**). Nach den S- und P-Wellen treten **Oberflächenwellen** auf. Da sie die größten Amplituden erreichen, verursachen sie den Großteil der Erschütterungen bei einem Erdbeben und somit auch die größten Schäden an Gebäuden.

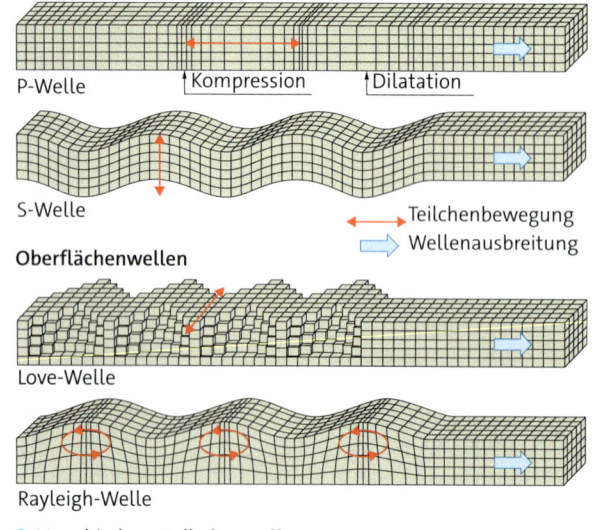

Das zeitlich versetzte Eintreffen der Wellen ermöglicht es, auf die Stärke und das **Hypozentrum** (der Ursprungsort) des Erdbebens zu schließen. Genau über dem Hypozentrum liegt dann an der Erdoberfläche das **Epizentrum** (▶ **1**).

Stärke eines Erdbebens • Zur Angabe der Stärke eines Erdbebens führte CHARLES FRANCIS RICHTER 1935 eine logarithmische Skala ein, die die Amplituden der verschiedenen Wellenarten berücksichtigt. Allerdings ist auch die Aussagekraft der Richter-Skala begrenzt. Ob zwei Beben gleicher Stärke ähnliche Schäden verursachen, hängt vor allem von der lokalen Bauweise und dem Anteil der Oberflächenwellen ab.

Tsunamis • Erdbeben im Meeresgrund können sehr gefährlich werden. Tritt eine plötzliche Absenkung oder Anhebung des Ozeanbodens auf, bewegt sich die gesamte Wassersäule darüber mit und gerät in Schwingungen. Die so entstehende Welle transportiert sehr viel Energie und breitet sich auf dem offenen Meer schnell und mit großer Wellenlänge aus. Wird das Meer an der Küste flacher, sinkt die Ausbreitungsgeschwindigkeit rasch ab. Dadurch nimmt auch die Wellenlänge ab und das Wasser kann sich zu einem zerstörerischen Tsunami (japanisch für Hafenwelle) auftürmen (▶ **4**). Tsunamis können Höhen von 40 m und mehr erreichen und tragen Zerstörung weit in das Land.

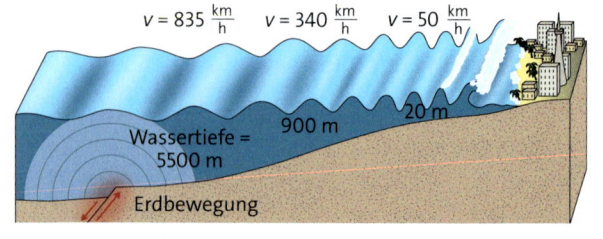

3 Verschiedene Erdbebenwellen

4 Entstehung eines Tsunamis

Material — Schwingungen und Wellen • Von der Schwingung zur Welle

Versuch A • Untersuchung der Wellenausbreitung

V1 Materietransport in Wellen?

Materialien: rechteckiges Gefäß (z. B. Spülbecken oder eine große Auflaufform), Lineal (30 cm), Alufolie

Arbeitsauftrag:
– Füllen Sie Wasser in ihr Gefäß und legen Sie ein kleines Stück Alufolie auf die Wasseroberfläche. Warten Sie, bis es zur Ruhe gekommen ist.
– Erzeugen Sie mithilfe des Lineals Wellen auf der Wasseroberfläche. Beschreiben und deuten Sie die Bewegung, die das Stück Alufolie vollführt.
– Geben Sie begründet an, wie sich die Bewegung der Alufolie ändern würde, wenn Sie die Energiezufuhr erhöhen. Überprüfen Sie Ihre Aussage experimentell.

V2 Wellenlänge und Ausbreitungsgeschwindigkeit von Schallwellen

Materialien: Frequenzgenerator, Zweikanaloszilloskop, Ultraschall-Sender und -Empfänger, Kabel, Stativmaterial, Gleitschiene mit Maßeinteilung

Arbeitsauftrag:
– Bauen Sie den Versuch wie in der Abbildung auf (▶1). Bei den Einstellungen am Oszilloskop hilft Ihre Lehrkraft. Triggern Sie das Oszilloskop auf den Eingang y_2.
– Verschieben Sie den Empfänger in Richtung Sender und beschreiben Sie Ihre Beobachtungen. Erklären Sie die Veränderung der Oszilloskopbilder während der Bewegung.
– Suchen Sie mithilfe des Empfängers einen Ort in der unmittelbaren Umgebung des Senders, an dem die Luft phasengleich mit dem Sender schwingt. Markieren Sie diesen Ort auf der Gleitschiene.
– Durch langsames Verschieben des Empfängers weg vom Sender lassen sich weitere Orte mit gleichen Schwingungszuständen finden. Ermitteln Sie damit die Wellenlänge λ möglichst genau. Nehmen Sie dazu mehrere Messungen auf.
– Berechnen Sie den Mittelwert der Wellenlängen und ermitteln Sie daraus die Schallgeschwindigkeit.

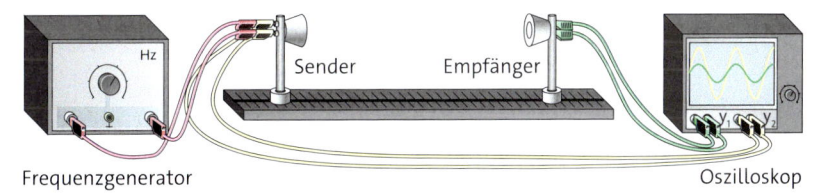

1 Versuchsaufbau

Material A • Ausbreitung von Wellen

Der Tupfer einer Wellenwanne taucht mit einer Frequenz von 50 Hz in das Wasser ein.

A1 Blick auf eine Wellenwanne (Tupferfrequenz: 50 Hz)

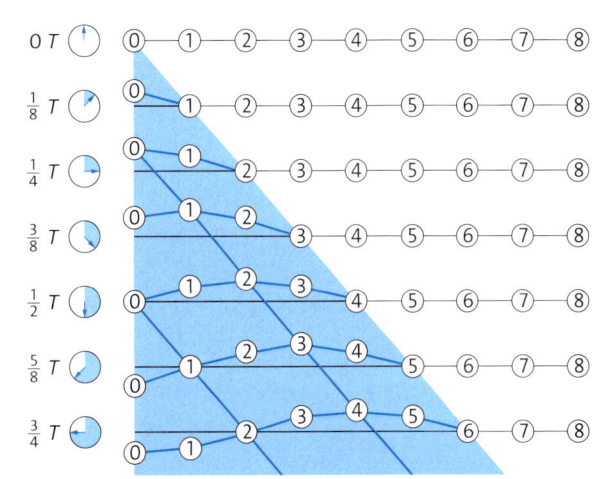

A2 Räumlich-zeitliche Periodizität einer Welle

1 ☐ Ermitteln Sie die Ausbreitungsgeschwindigkeit der Welle (▶A1). Vergleichen Sie Ihre Ergebnisse untereinander.

2 ✏ In ▶A2 ist die Ausbreitung einer Transversalwelle dargestellt.
  a Erklären Sie die Abbildung.
  b Erläutern Sie, wie sich ▶A2 ändert, wenn der Oszillator bei $x = 0$ zu Beginn nach unten schwingt.
  c Zeichnen Sie für diesen Fall die Welle für $t = 0$, $t = \frac{T}{4}$ und $t = \frac{T}{2}$.

3 ✏ Verdeutlichen Sie am Beispiel den Unterschied zwischen der Ausbreitungsgeschwindigkeit der Welle und der Geschwindigkeit der Oszillatoren.

4 ■ Zeichnen Sie eine Abbildung analog zu ▶A2, in der die Ausbreitung einer Longitudinalwelle dargestellt ist.

4.6 Überlagerung von Wellen

1 Wellen vieler Regentropfen überlagern sich.

Fallen viele Regentropfen auf eine Wasseroberfläche, so überlagern sich die entstehenden Kreiswellen. Dennoch sind die einzelnen Kreise weiterhin gut zu erkennen. Wie ist das möglich?

Wellen stören sich nicht • Allem Anschein nach überlagern sich die Wellen in ▶1 ungehindert, denn die unterschiedlichen Kreise sind weiterhin gut zu erkennen. Sie laufen ungestört übereinander hinweg. Messungen zeigen, dass sich die verschiedenen Elongationen an einem Ort einfach addieren. Dieses Verhalten wird als **Superpositionsprinzip** bezeichnet.

Zeichnerische Darstellung von Wellen • Um die Überlagerung von Wellen genauer betrachten zu können, ist eine vereinfachte Darstellung zweckmäßig. Dazu verbinden wir in einer Zeichnung benachbarte Orte miteinander, an denen die Oszillatoren den gleichen Schwingungszustand haben, z. B. alle Wellenberge oder alle Wellentäler. Die so erhaltene **Wellenfront** verläuft stets senkrecht zur Ausbreitungsrichtung der Welle. Entsprechend geben die orthogonal zur Wellenfront verlaufenden **Wellennormalen** die Ausbreitungsrichtung der Welle an.
Für eine kreisförmige Welle lassen sich die Wellenfronten durch konzentrische Kreise darstellen (▶2). Ihre Wellennormalen verlaufen radial nach außen. Breitet sich die Welle wie bei Schallwellen in allen drei Dimensionen aus, dann sind die Wellenfronten Kugelschalen. Bei einer ebenen Welle ergeben sich parallele Ebenen bzw. im zweidimensionalen Fall Geraden als Wellenfronten (▶3). Auch die Wellennormalen verlaufen parallel zueinander.

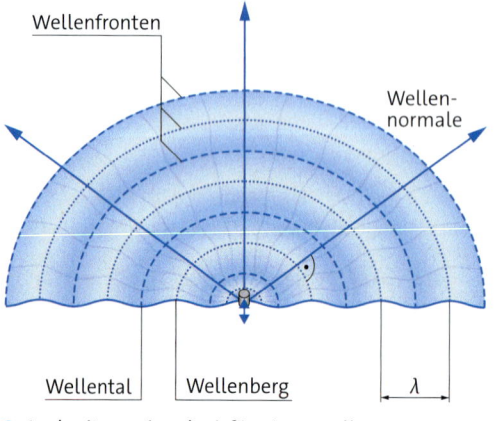

2 Ausbreitung einer kreisförmigen Welle

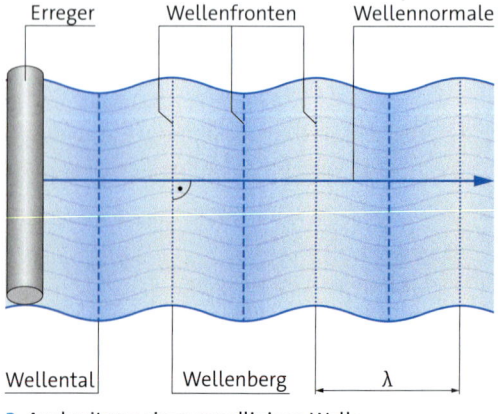

3 Ausbreitung einer geradlinigen Welle

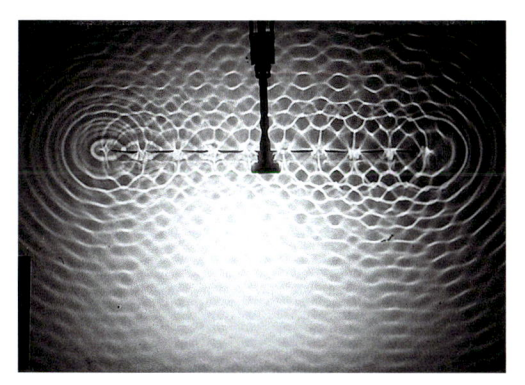

4 Viele benachbarte Tupfer erzeugen eine Wellenfront.

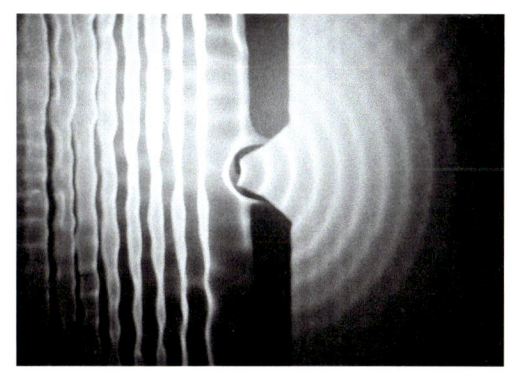

5 Eine Wellenfront trifft auf einen schmalen Spalt.

Darstellung von HUYGENS • Eine Welle breitet sich aus, weil benachbarte Oszillatoren in der Umgebung eines Erregers nach und nach zum Schwingen angeregt werden. Wellenfronten entstehen auch dann, wenn viele nebeneinander liegende Oszillatoren gleichzeitig durch verschiedene Erreger in Schwingung versetzt werden und so viele benachbarte Kreiswellen erzeugen (▶ 4). In der Nähe der Wellenerzeuger kommt es zu einem komplexen Überlagerungsbild, doch nach einigen Wellenlängen überlagern sich die Kreiswellen tatsächlich zu einer ebenen Wellenfront.

Der Physiker und Mathematiker CHRISTIAAN HUYGENS beobachtete im 17. Jahrhundert, dass kreisförmige Wellen entstehen, wenn eine Wellenfront auf einen schmalen Spalt trifft (▶ 5). Er entwickelte daraus ein anschauliches Modell, das nach ihm als **Huygenssches Prinzip** bezeichnet wird: Er betrachtete alle Punkte einer Wellenfront als Ausgangspunkte für neue Kreiswellen, die **Elementarwellen** (▶ 6 und 7). Mehrere Elementarwellen überlagern sich dann zu einer neuen Wellenfront. Die Elementarwellen breiten sich dabei mit der gleichen Geschwindigkeit und Wellenlänge wie die ursprüngliche Welle aus, solange sich das Medium nicht verändert. Dieses allgemeine Prinzip lässt sich auf alle Arten von Wellen anwenden.

> Huygenssches Prinzip: Jeder Punkt einer Wellenfront wird als Ausgangspunkt einer Elementarwelle gesehen. Durch die Superposition (Überlagerung) der Elementarwellen entsteht eine neue Wellenfront. Sie ist die Einhüllende aller Elementarwellen, die sich bis dahin ausgebreitet haben.

1 📝 Stellen Sie die Ausbreitung einer geradlinigen Welle ($\lambda = 2$ cm und $f = 10$ Hz) innerhalb von 0,3 s zeichnerisch nach HUYGENS dar. Nutzen Sie für die Konstruktion mindestens fünf selbstgewählte Punkte im Abstand von 1 cm als Zentren der Elementarwellen.

2 📝 Schallquellen wie Straßenlärm sind bei geöffnetem Fenster in einem großen Raum überall hörbar und nicht nur gegenüber des Fensters. Erläutern Sie mithilfe von ▶ 5.

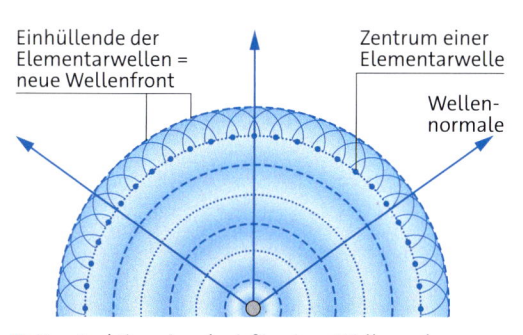

6 Konstruktion einer kreisförmigen Welle nach HUYGENS

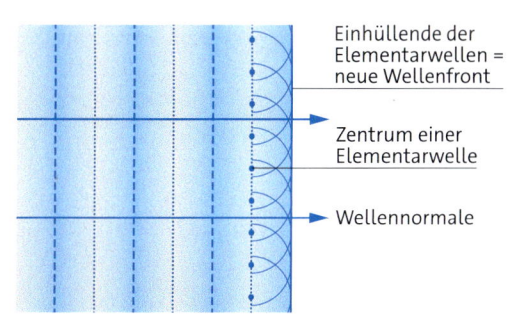

7 Konstruktion einer geradlinigen Welle nach HUYGENS

1 Mit abnehmender Wassertiefe ändern die Wellen ihre Richtung.

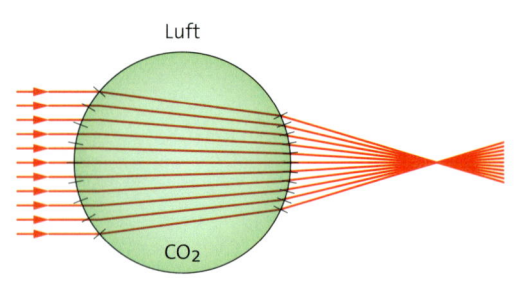

2 Brechung von Schallwellen an einem mit Kohlenstoffdioxid (CO_2) gefüllten Ballon

Brechung mechanischer Wellen • In Luftaufnahmen von Küsten lässt sich gelegentlich das Phänomen der **Brechung** beobachten: Die Wellen laufen in den flacheren Bereichen in eine andere Richtung als in den tieferen (▶1).

Modellhaft erzeugen wir den flachen Bereich mithilfe einer dünnen Glasplatte im Wasser einer Wellenwanne. Dann lassen wir ebene Wellen schräg auf diese Glasplatte auflaufen. In ▶3 ist zu sehen, dass sich die Ausbreitungsrichtung der Welle an der Kante ändert – die Welle wird gebrochen.

Dabei besitzen die Wellen im flachen Wasser eine kleinere Wellenlänge, was wir am geringeren Abstand der Wellenfronten erkennen können. Die Anzahl der durchlaufenden Wellenberge pro Zeit hingegen ist an jeder Stelle gleich. Also ändert sich die Frequenz der Welle nicht. Da aber $c = \lambda \cdot f$ gilt, muss die Ausbreitungsgeschwindigkeit der Welle im flachen Wasser kleiner geworden sein.

Die neue Ausbreitungsrichtung der gebrochenen Welle lässt sich mithilfe des Huygensschen Prinzips ermitteln: Wir gehen wie in ▶3 davon aus, dass die Wellenfronten schräg auf die Grenzfläche zwischen den beiden Medien auflaufen. Die Stellen, an denen sie auf die Grenzfläche auftreffen, betrachten wir als Ausgangspunkte neuer Elementarwellen. Diese breiten sich mit derselben, verringerten Geschwindigkeit aus. Da sie aber zeitlich versetzt entstehen, breiten sich die Elementarwellen anschließend unterschiedlich weit aus (▶4). Als Folge drehen sich die Wellenfront und auch die Wellennormale gegenüber den ursprünglichen Richtungen.

Akustische Linse • Brechung lässt sich auch bei anderen Wellenarten (z. B. Schallwellen) beobachten. Voraussetzung ist nur, dass sich beim Übergang der Welle von einem Medium in ein anderes die Ausbreitungsgeschwindigkeit ändert.

Betrachten wir dazu folgendes Experiment: Während ein Mitschüler durch einen mit Kohlenstoffdioxid gefüllten Luftballon spricht, stellen Sie sich zuerst direkt hinter den Ballon und gehen dann langsam zurück. Achten Sie dabei darauf, wie deutlich Sie ihn hören. Hinter dem Ballon können Sie dann einen kleinen Bereich finden, in dem sich die Schallwellen bündeln, sodass die gesprochenen Worte besonders gut zu hören sind (▶2).

1 🖉 Erläutern Sie ▶2 und geben Sie an, ob sich die Schallwellen in Luft oder in Kohlenstoffdioxid schneller ausbreiten.

3 Brechung einer Wasserwelle

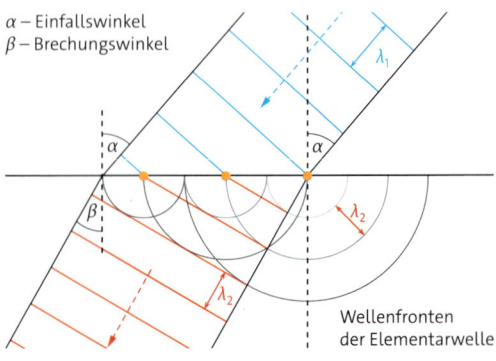

α – Einfallswinkel
β – Brechungswinkel

Wellenfronten der Elementarwelle

4 Brechung nach dem HUYGENSschen Prinzip

Material

Schwingungen und Wellen • Überlagerung von Wellen

Versuch A • Wellenbrechung und Wellenüberlagerung untersuchen

V1 Heliumgefüllter Ballon

Materialien: Luftballon mit Heliumfüllung, Maßband

Arbeitsauftrag:
- Untersuchen Sie, was geschieht, wenn man durch einen mit Helium gefüllten Luftballon hindurch spricht.
- Erklären Sie anhand einer Skizze, wie sich die Ausbreitung des Schalls am Ballon verändert.

V2 Überlagerung sichtbar machen

Materialien: lange Feder, Smartphone

Arbeitsauftrag:
- Legen sie die Feder lang auf einen Tisch und lenken Sie sie zu zweit an beiden Enden gleichzeitig so aus, dass sich Transversalwellen bilden. Filmen Sie die entstehende Bewegung in der Mitte der Feder mit dem Smartphone.
- Betrachten Sie den Film mit einem Wiedergabeprogramm in Einzelbildern. Weisen Sie mithilfe der Bilder die Addition der Auslenkungen in der Mitte der Feder nach.
- Lenken Sie die beiden Enden der Feder einmal in die gleiche Richtung aus und einmal gegenläufig. Untersuchen Sie die Unterschiede und Gemeinsamkeiten.

Material A • Brechung von Wellen nach HUYGENS

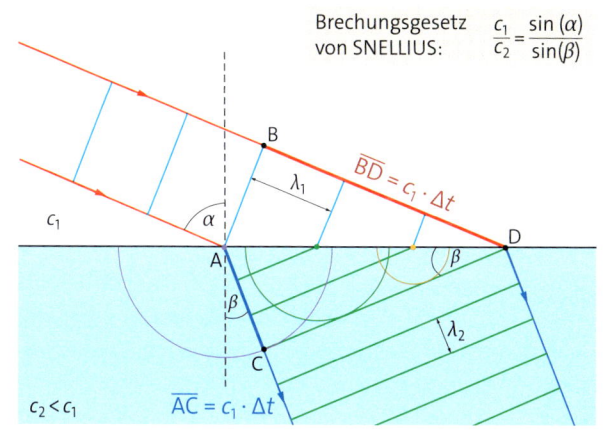

Brechungsgesetz von SNELLIUS: $\dfrac{c_1}{c_2} = \dfrac{\sin(\alpha)}{\sin(\beta)}$

A1 Konstruktion zur Brechung

1 a Erklären Sie ▶A1 möglichst genau.
  b Gehen Sie von $c_1 = 30 \frac{cm}{s}$ aus und ermitteln Sie die Ausbreitungsgeschwindigkeit c_2 nach der Brechung.

2 Eine Welle läuft unter einem Winkel von 65° auf eine Kante zu und wird dort gebrochen. Ermitteln Sie zeichnerisch den Brechungswinkel, wenn die Geschwindigkeiten $c_1 = 35 \frac{cm}{s}$ und $c_2 = 25 \frac{cm}{s}$ betragen.

3 Das Brechungsgesetz von SNELLIUS setzt die Ausbreitungsgeschwindigkeiten mit Einfalls- und Brechungswinkel zueinander ins Verhältnis (▶A1).
  a Beweisen Sie das Gesetz.
  b Berechnen Sie die in 1b und 2 gesuchten Werte mithilfe des Brechungsgesetzes und vergleichen Sie.

Material B • Brechung von Wasserwellen

Wasserwellen sind Oberflächenwellen. Die Kräfte zwischen den einzelnen Molekülen führen dazu, dass diese sich an der Oberfläche auf kreisförmigen Bahnen bewegen (▶B1). Neben der allgemeingültigen Beziehung zwischen Frequenz und Wellenlänge $c = \lambda \cdot f$ hängt die Ausbreitungsgeschwindigkeit von Wasserwellen u. a. von der Wassertiefe ab: Ist das Wasser tiefer als $\frac{1}{2}\lambda$, bilden sich Tiefwasserwellen, die den Boden nicht erreichen. Es gilt $c \approx \sqrt{\frac{g}{2\pi} \cdot \lambda}$, mit dem Ortsfaktor $g = 9{,}81 \frac{m}{s^2}$. Flachwasserwellen bilden sich bei einer Wassertiefe h kleiner als $\frac{1}{20}\lambda$, wodurch sie bis zum Grund reichen. Für ihre Geschwindigkeit gilt $c \approx \sqrt{g \cdot h}$.

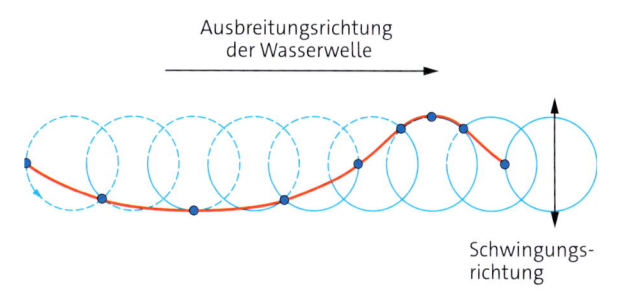

B1 Kreisförmige Bewegung der Moleküle an der Wasseroberfläche

1 Beschreiben Sie die Entstehung der Wellenbewegung mit ▶B1.

2 Eine Tiefwasserwelle mit $f = 0{,}4$ Hz und $c_1 = 14 \frac{km}{h}$ trifft unter 5° auf eine Stufe im Untergrund und hat dann die Geschwindigkeit $c_2 = 0{,}45 \frac{m}{s}$.

  a Berechnen Sie die Wellenlängen in beiden Fällen sowie die Tiefe des Flachwassers.
  b Ermitteln Sie den Brechungswinkel.
  c Erklären Sie, warum die Wellen bei jeder Windrichtung auf den Strand zulaufen.

4.7 Reflexion von Wellen

1 Luftaufnahme von Wasserwellen an einer Mole

Wasserwellen treffen von schräg oben einlaufend auf die Mole mit dem Leuchtturm. Im rechten Bereich kann man aber ein Muster aus gekreuzten Wellen sehen. Wie kommt es zur Richtungsänderung der Wasserwellen?

Reflexion von Schall • Mit einem Experiment können Sie untersuchen, wie sich eine Schallwelle verhält, wenn diese auf eine glatte Oberfläche (z. B. eine Kunststoff- oder Metallplatte) trifft. Legen Sie dazu eine tickende Uhr auf einen kleinen Schwamm in einen hohen Glaszylinder. Die Uhr darf die Glaswand dabei wie in ▶ 2 nicht berühren. Direkt über dem Glas können Sie das leise Ticken der Uhr gut hören, aber nicht, wenn Sie neben dem Glas stehen. Hält ein Mitschüler jedoch eine glatte Platte über das Glas und neigt sie langsam, dann hören Sie das Ticken bei einer bestimmten Neigung und Position der Platte wieder deutlich. Die Schallwelle wird an der Platte reflektiert, sodass der Schall direkt Ihr Ohr erreicht.

Genauere Untersuchungen zeigen, dass sich die Ausbreitungsrichtung der Schallwellen an der Platte genauso ändert wie die eines Lichtstrahls, der reflektiert wird. Einfalls- und Reflexionswinkel sind gleich groß und liegen zusammen mit dem Lot in einer Ebene senkrecht zur Platte. Auch wenn sich Schallwellen als Kugelwellen im Raum ausbreiten, so erfolgt die **Reflexion** doch geradlinig – wie beim Licht auch.

Reflexion nach HUYGENS • Wie es zur Reflexion kommt, untersuchen wir in einem Modellexperiment. Dazu lassen wir ebene Wellen in einer Wellenwanne schräg auf ein Hindernis treffen (▶ 3). Der Verlauf der Wellen lässt sich dort gut erkennen.

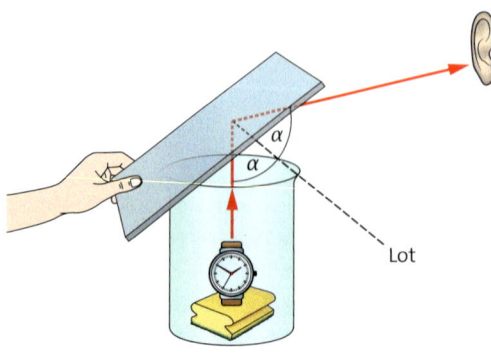

2 Schall wird reflektiert.

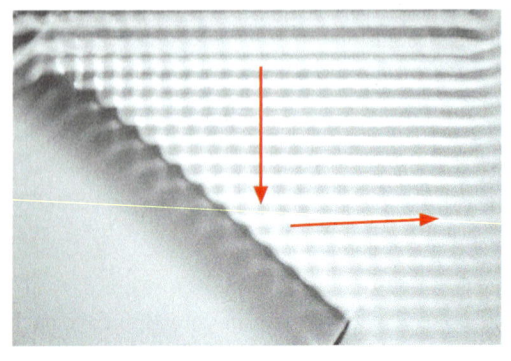

3 Reflexion in der Wellenwanne

Schwingungen und Wellen • Reflexion von Wellen

Die Beobachtungen deuten wir wie bei der Brechung mithilfe des Huygensschen Prinzips (▶ 4): Wenn die Wellenfront auf das Hindernis trifft, entstehen neue Elementarwellen, die sich mit derselben Geschwindigkeit ausbreiten wie die einlaufende Welle. Dabei löst Punkt A der Wellenfront viel früher als Punkt B eine Elementarwelle aus, sodass die Elementarwelle von Punkt A in der Zwischenzeit bereits den Radius $\overline{AC} = \overline{BD}$ erreicht. Die Wellenfront der reflektierten Welle ergibt sich als Einhüllende aller am Hindernis ausgelösten Elementarwellen, also entlang der Strecke $\overline{CD}$. Daher dreht sich die Wellenfront, wobei Einfalls- und Reflexionswinkel gleich groß sind.

> Trifft eine Welle auf eine Grenzfläche, dann ist der Reflexionswinkel β genauso groß wie der Einfallswinkel α.

Betrachtung der Oszillatoren • Treffen Wellen auf ein Hindernis, dann kann der letzte Oszillator die Energie nicht in Ausbreitungsrichtung weitergeben. Es gibt ja keinen weiteren Oszillator mehr. Stattdessen gibt er die Energie erneut an seinen Vorgänger ab und die Welle läuft wieder zurück. Dabei sind zwei Fälle zu unterscheiden:

Kann sich der letzte Oszillator frei bewegen (loses Ende) wie z. B. im Wasser, dann erfolgt die Auslenkung der Oszillatoren in der gleichen Richtung wie zuvor. Die reflektierte Welle ist wie ein Spiegelbild der einlaufenden Welle (▶ 5A). – Ist der letzte Oszillator dagegen fixiert (▶ 5B), dann werden die Oszillatoren entgegengesetzt zu ihrer letzten Schwingung ausgelenkt und aus dem ursprünglichen Maximum wird ein Minimum. Die reflektierte Welle ist dann um die halbe Wellenlänge gegenüber der einlaufenden Welle verschoben. Ein solcher **Phasensprung** entspricht einer Phasenverschiebung von $\Delta \varphi = \frac{\lambda}{2} = \pi$.

Stehende Wellen • Liegt nicht nur eine singuläre Störung vor wie in ▶ 5, dann überlagern sich einlaufende und reflektierte Welle. In ▶ 6 ist dies für aufeinanderfolgende Zeitpunkte t_1 bis t_6 bei einer Reflexion am losen Ende dargestellt. Um den Verlauf der reflektierten Welle im betrachteten Zeitraum leichter erkennen zu können, wurde die einlaufende Welle entsprechend verlängert (gepunktete Linie). An der Summe beider Graphen ist zu sehen, dass sich die beiden Wellen je nach Zeitpunkt entweder verstärken oder auslöschen.

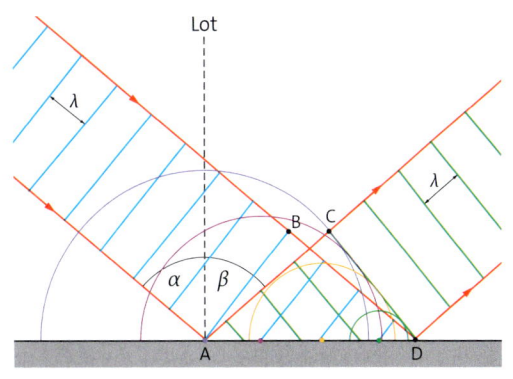

4 Erklärung der Reflexion nach HUYGENS

Dabei sind die Oszillatoren an bestimmten Positionen immer in Ruhe. Zwischen diesen unbewegten Oszillatoren, den Knoten, schwingen die als Bäuche bezeichneten Bereiche auf und ab. Sowohl die Knoten als auch die Bäuche sind dabei ortsfest und haben jeweils einen Abstand von $\frac{\lambda}{2}$ zueinander. Somit ist keine fortschreitende Bewegung der Welle zu erkennen, weshalb sie als stehende Welle bezeichnet wird.

> Eine stehende Welle hat ortsfeste Schwingungsknoten und -bäuche. Der Abstand zweier Schwingungsknoten bzw. -bäuche beträgt $\frac{\lambda}{2}$.

1 📄 Untersuchen Sie anhand von ▶ 6, welche Folge die Reflexion am festen Ende hat. Erstellen Sie dazu eine eigene Abbildung.

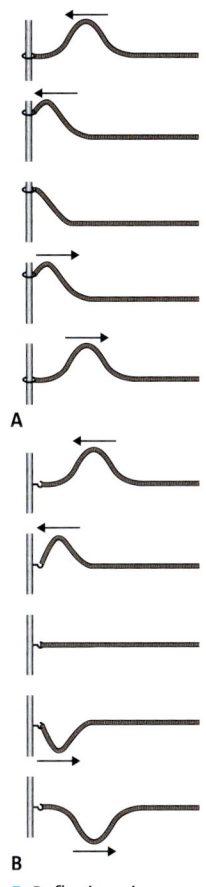

5 Reflexion einer Welle **A** am losen, **B** am festen Ende

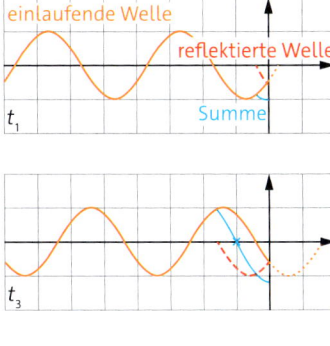

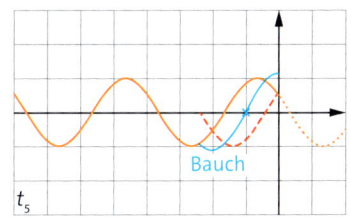

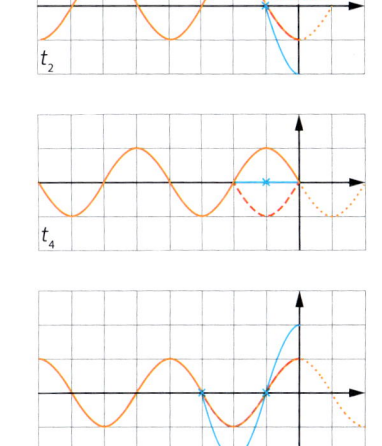

6 Zeitliche Entwicklung der Reflexion einer Welle am losen Ende

189

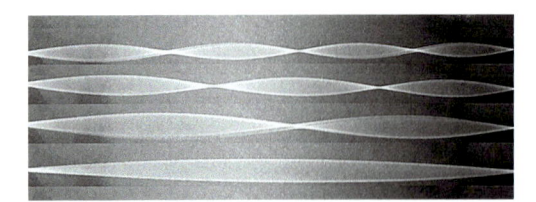

1 Stehende Wellen auf einer Saite

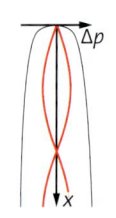

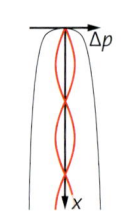

2 Stehende Wellen in einer Klarinette

Stehende Wellen auf Saiten • Musikinstrumente nutzen stehende Wellen zur Erzeugung der Klänge. Beispielsweise sind die Saiten eines Klaviers oder einer Geige an beiden Enden eingespannt, besitzen also zwei feste Enden. Um diese Situation genauer zu untersuchen, wird eine Saite mit einem Motor zum Schwingen gebracht (▶ **1**). Bei bestimmten Anregungsfrequenzen bilden sich auch hier stehende Wellen aus, die jeweils einen Knoten an den Enden der Saite besitzen. Doch warum ist das so?

Bei der Reflexion am festen Ende kommt es zu einem Phasensprung von $\frac{\lambda}{2}$. Außerdem beträgt der Abstand benachbarter Knoten einer stehenden Welle ebenfalls $\frac{\lambda}{2}$. Auf der Saite können sich somit nur dann stehende Wellen bilden, wenn sich die Knoten gleichmäßig und im Abstand von $\frac{\lambda}{2}$ auf ihr verteilen lassen, wenn ihre Länge also ein Vielfaches der halben Wellenlänge beträgt (▶ **1** und **3**).
Hätte die Saite eine andere Länge, so könnte sich keine Welle mit zwei Knoten an den Enden ausbilden. Außerdem würde sich die zweimal reflektierte Welle nicht mit der ursprünglichen decken. Es könnte sich keine stehende Welle ausbilden (▶ **3**).
Dies gilt natürlich nicht nur für Saiten, sondern für alle Träger, auf denen sich Wellen ausbreiten. Alle möglichen Eigenschwingungen auf einem Wellenträger mit festen Enden und Länge ℓ lassen sich somit durch folgende Beziehung beschreiben:

$\ell = n \cdot \frac{\lambda_n}{2}, n = 1, 2, 3 \ldots$

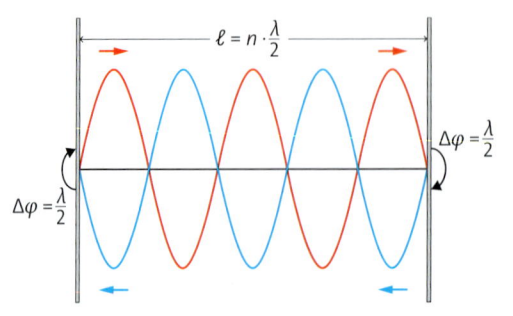

Die stehende Welle mit größtmöglicher Wellenlänge ($n = 1$) nennt man Grundschwingung. Die dann folgenden werden als erste ($n = 2$), zweite ($n = 3$) Oberschwingung usw. bezeichnet. Die Grundschwingung mit der Wellenlänge $\lambda_1 = 2\ell$ bestimmt dabei die Frequenz des erzeugten Klangs.

Stehende Wellen in Luftsäulen • In manchen Instrumenten gibt es eine Reflexion an einem offenen Ende. Das ist z. B. den Schalltrichtern von Blasinstrumenten der Fall. Am offenen Ende können sich die Luftmoleküle frei bewegen.

Im Gegensatz zur Saitenschwingung werden die Schallwellen durch Longitudinalwellen übertragen, denn die Luftmoleküle schwingen in der Luftsäule vor und zurück. Aber auch hier gibt es Orte, an denen die Teilchen nicht ausgelenkt werden (Schwingungsknoten). Die Teilchenbewegung verursachen Druckschwankungen Δp gegenüber dem normalen Luftdruck. Dabei erfahren Teilchen an Schwingungsknoten die größte Druckschwankung. Andererseits ist an Schwingungsbäuchen die Abweichung vom mittleren Druck am geringsten. Hier können die Teilchen der Wellenbewegung leicht folgen.
Die Elongation hat also einen Bauch, wenn die Druckschwankung einen Knoten hat, und umgekehrt. Trägt man die Druckschwankungen gegen die Ausbreitungsrichtung auf, erhält man den sinusförmigen Verlauf (▶ **2**).

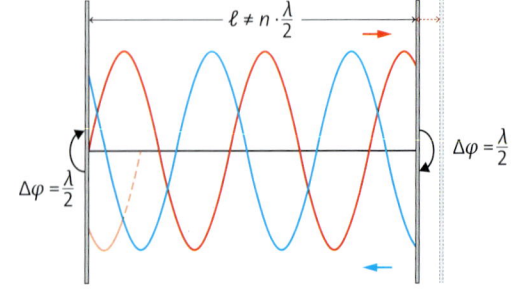

3 Stehende Wellen bilden sich nur aus, wenn die Länge des Schallträgers zur Wellenlänge passt.

Methode

Darstellen von stehenden Wellen mit Zeigern

Die Entstehung von stehenden Wellen lässt sich gut mithilfe von Zeigern untersuchen. Dazu betrachten wir zwei Wellen gleicher Frequenz, die aufeinander zu laufen (▶ 4): Die Zeiger geben jeweils die Schwingungsphasen einzelner Oszillatoren einer Welle wieder. Die blau dargestellten Zeiger gehören zu der nach rechts laufenden Welle, die schwarzen zur gegenläufigen Welle und die roten zu ihrer Superposition.

Überlagern sich die Wellen mit gleicher Phase (▶ 4A), so ergibt die Addition der Zeiger jeweils die maximale Elongation der Oszillatoren. Knoten und Bäuche der stehenden Welle sind sofort zu erkennen. Da beide Wellen weiter fortlaufen, überlagern sie sich kurze Zeit später mit unterschiedlichen Phasen an den gleichen Oszillatoren (▶ 4B). Aus der Addition der Zeiger ist die stehende Welle weiterhin zu erkennen: Die resultierenden Zeiger weisen alle in die gleiche Richtung. Ihre Ausrichtung zeigt dabei, dass die Elongationen der einzelnen Oszillatoren nicht maximal sind.

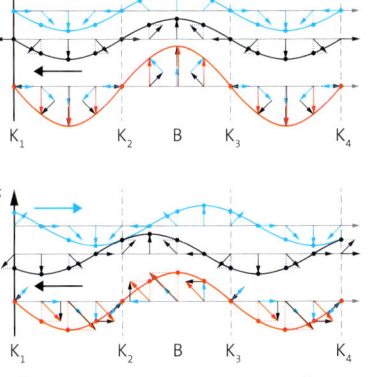

4 Überlagerung gegenläufiger Wellen: **A** phasengleich, **B** mit unterschiedlichen Phasen

Bilden sich in einer Klarinette stehende Wellen aus, so besitzen die Druckschwankungen am geschlossenen Ende des Mundstücks einen Bauch, am offenen Ende einen Knoten; bei der Elongation ist es umgekehrt. An ▶ 3 ist folgender Zusammenhang zu erkennen: Hat ein Wellenträger der Länge ℓ ein festes und ein loses Ende, dann ergeben sich Eigenschwingungen, wenn folgende Bedingung erfüllt ist:

$\ell = (2n-1) \cdot \frac{\lambda_n}{4}$, $n = 1, 2, 3 \ldots$

Stehende Wellen können sich nur dann auf einem Wellenträger der Länge ℓ ausbilden, wenn für ihre Wellenlängen λ_n ($n = 1, 2, 3 \ldots$) folgende Bedingung erfüllt ist:

– bei gleichen Enden $\quad \lambda_n = \frac{2\ell}{n}$

– bei verschiedenen Enden $\quad \lambda_n = \frac{4\ell}{2n-1}$

Energetische Betrachtung • Innerhalb einer fortschreitenden Welle wird die Energie in Ausbreitungsrichtung von einem Oszillator zum nächsten weitergegeben. Überlagen sich mehrere Wellen zu einer stehenden Welle, so ist diese Weitergabe wegen der an den Schwingungsknoten ruhenden Oszillatoren nicht möglich. Stattdessen bleibt die Energie in den Schwingungsbäuchen gespeichert und wechselt zwischen Spannenergie und kinetischer Energie hin und her. Beim Nulldurchgang der Oszillatoren ist ihre Spannenergie gleich null und ihre Geschwindigkeit maximal, also auch ihre kinetische Energie. Bei maximaler Auslenkung der Oszillatoren ist die Spannenergie maximal.

> Stehende Wellen transportieren keine Energie, sondern speichern sie in den Bäuchen.

1 ☐ Bei einer Querflöte sind beide Enden der Luftsäule offen. Konstruieren Sie die stehenden Wellen für $n \leq 3$ und geben Sie eine Formel für den Zusammenhang zwischen l und λ_n an.

2 ◪ Stehende Wellen in der Luftsäule eines Kundtschen Rohres werden mit Korkmehl sichtbar gemacht.
a Erläutern Sie das entstehende Staubbild (▶ 5).
b Berechnen Sie die Frequenz, mit der das vorliegende Muster erzeugt wurde ($c \approx 340 \, \frac{m}{s}$).
c Die Schallgeschwindigkeit nimmt mit der Temperatur zu. Erklären Sie, wie man die Frequenz verändern muss, um das gleiche Muster wie zuvor zu erhalten.

5 Staubfiguren in einem Kundtschen Rohr

Material

Versuch A • Stehende Wellen und Reflexion

V1 Ermittlung einer Wellenlänge

Materialien: hoher Standzylinder, PVC-Rohr, Messlatte, Stimmgabel mit bekannter Frequenz

Arbeitsauftrag:
- Füllen Sie den Standzylinder bis kurz unter den Rand mit Wasser und tauchen Sie das Rohr möglichst weit ein.
- Schlagen Sie die Stimmgabel an (gegebenenfalls häufiger) und halten Sie diese dicht über das Rohr. Ziehen Sie beide langsam nach oben, sodass die Luftsäule im Rohr länger wird.
- Markieren Sie auf dem Rohr die Positionen, bei denen der Ton besonders laut zu hören ist.
- Aus dem Abstand Ihrer Markierungen lässt sich die Wellenlänge der Schallwellen bestimmen. Erläutern Sie anhand einer Skizze, warum dies so ist.
- Bestimmen Sie die Wellenlänge der Schallwellen anhand Ihrer Messwerte und vergleichen Sie diese mit dem berechneten Wert, der aus der Frequenz der Stimmgabel folgt. Gehen Sie dabei von einer Schallgeschwindigkeit von $340 \frac{m}{s}$ aus.

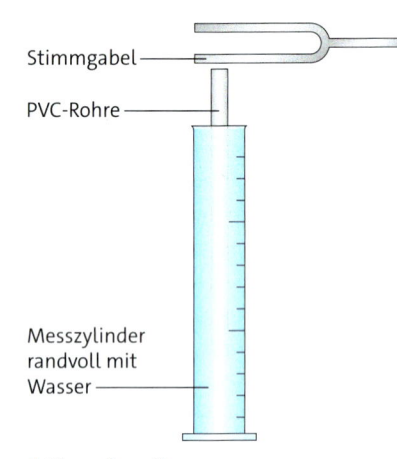

1 Versuchsaufbau

V2 Erzeugung einer stehenden Welle mit einem Gummiband

Materialien: 2 m Gummilitze, Tisch, Tischklemmen oder anderes Befestigungsmaterial

Arbeitsauftrag:
- Befestigen Sie ein Ende der Gummilitze an einem schmalen Ende des Tisches und legen Sie die Gummilitze über den Tisch. Halten Sie die Litze leicht gespannt und bewegen Sie das freie Ende gleichmäßig hin und her (▶ 2).
- Bei bestimmten Frequenzen bilden sich stehende Wellen aus. Charakterisieren Sie diese genauer.
- Je nachdem, wie Sie die Litze festhalten, entstehen bei unterschiedlichen Frequenzen stehende Wellen. Untersuchen Sie, welche Größen dabei einen Einfluss haben und wie diese sich auf die erforderlichen Frequenzen auswirken.
- Begründen Sie die von Ihnen festgestellten Abhängigkeiten.

2 Erzeugung stehender Wellen

V3 Reflexion von Ultraschallwellen

Materialien: Ultraschall-Sender, Ultraschall-Empfänger, Stativmaterial, Gleitschiene mit Maßeinteilung, Schirm, geeignetes Multimeter

Arbeitsauftrag:
- Befestigen Sie den Sender an der Gleitschiene und stellen Sie den Schirm senkrecht zur Schiene auf (▶ 3). Schließen Sie den Empfänger an das Multimeter an. Stellen Sie den Empfänger so auf, dass Sie die Amplituden der Wellen zwischen Sender und Schirm messen können.
- Bestätigen Sie, dass sich in diesem Versuch immer stehende Wellen ausbilden – unabhängig vom Abstand zwischen Sender und Schirm.
- Bestimmen Sie den Abstand mehrerer Knoten und ermitteln Sie daraus Wellenlänge und Frequenz der Ultraschallwellen. Vergleichen Sie mit dem am Sender eingestellten Wert λ.
- Weisen Sie das Reflexionsgesetz für die Ultraschallwellen nach. Ihre Messergebnisse sind vermutlich weniger genau, als sie es bei der bekannten Reflexion von Licht wären. Beschreiben sie den Unterschied, der dies verursacht.

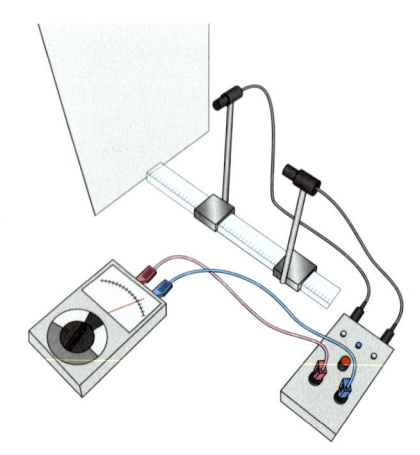

3 Versuchsaufbau

Material A • Untersuchung mit Schallwellen

Bei der Materialprüfung mit Ultraschall wird ein Schallkopf genutzt, der Schallwellen aussendet und die Echos detektiert. Ultraschallwellen durchdringen viele Stoffe gut, werden an Grenzflächen zu Luft aber fast vollständig reflektiert. Um zu vermeiden, dass es bereits bei Eintritt des Ultraschalls in das Werkstück zu Reflexionen an Lufteinschlüssen zwischen Schallkopf und Werkstück kommt, wird ein Gel auf den Schallkopf gegeben. Treffen die Schallwellen dann im Werkstück auf einen Riss, eine fehlerhafte Schweißnaht oder sonstige Lufteinschlüsse, so werden sie daran reflektiert (▶ A1). Ein Vergleich der verschiedenen Laufzeiten liefert die Lage der Fehlstellen.

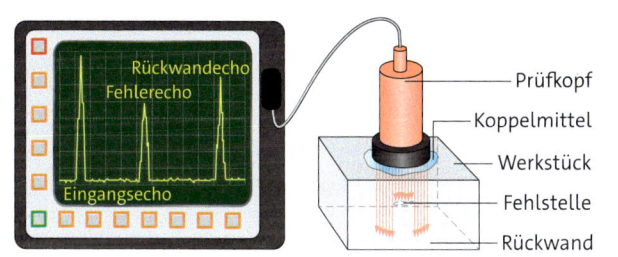

A1 Materialprüfung mit Ultraschall

1 In einem Werkstück aus Edelstahl beträgt die Schallgeschwindigkeit $5{,}66 \cdot 10^3\,\frac{m}{s}$.
   a ⬜ Bei dem Oszilloskop in ▶ A1 steht die Breite eines Kästchens für 0,1 μs. Ermitteln Sie die Dicke des Werkstücks und die Entfernung des Risses vom Schallkopf.
   b ⬛ Bei einer anderen zeitlichen Auflösung erhält man ein weiteres Echo: Laufzeit 1,8 μs. Erklären Sie.

Material B • Teilweise Reflexion

Am Übergang zwischen zwei Medien mit unterschiedlicher Ausbreitungsgeschwindigkeit kommt es zu einer teilweisen Reflexion (▶ B1).

1 ⬜ Beschreiben Sie, wie die teilweise Reflexion in den Abbildungen abläuft. Gehen Sie dabei auf Wellenberge bzw. -täler und ihre Amplituden ein.

2 ⬜ Erstellen Sie entsprechende Zeichnungen für die teilweise Reflexion eines Wellentals.

3 ⬜ Auch ohne Beschriftung kann man erkennen, welche Ausbreitungsgeschwindigkeit größer ist. Erklären Sie.

4 ⬜ Ordnen Sie die beiden Situationen begründet den Fällen festes bzw. loses Ende zu.

5 ⬜ Beschreiben und erklären Sie, was geschieht, wenn eine harmonische Welle auf den Übergang trifft.

Material C • Stehende Wellen

Ändert man die Spannung einer Saite, dann ändert sich auch die Frequenz ihrer Grundschwingung. In einem Experiment wird der Zusammenhang zwischen der Kraft F, mit der eine Stahlsaite gespannt wird, und der Ausbreitungsgeschwindigkeit c_{Saite} untersucht. Da c_{Saite} sich nicht direkt messen lässt, spannt man die Saite und korrigiert ihre Länge durch Verschieben eines Stegs, bis die Frequenz ihrer Grundschwingung 440 Hz beträgt (▶ C1). Die Tabelle zeigt die Messwerte (▶ C2).

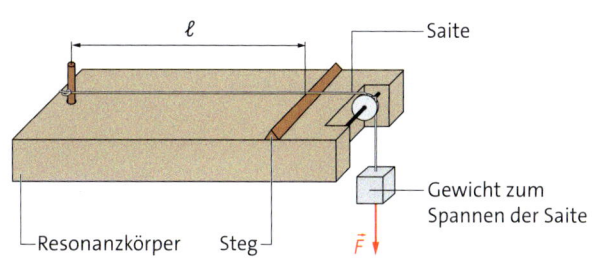

C1 Versuchsaufbau zur Bestimmung von c

Spannkraft F in N	5,0	10,0	20,0	30,0	40,0	50,0
Saitenlänge ℓ in cm	13,0	18,4	26,0	31,8	37,0	41,1

C2 Ermittelte Messwerte

1 ⬜ Begründen Sie qualitativ, warum der durch Anzupfen erzeugte Ton einer Saite höher wird, wenn man sie stärker spannt. Gehen Sie dabei auch auf die Ausbreitungsgeschwindigkeit c der Wellen ein.

2 ⬜ Berechnen Sie die Ausbreitungsgeschwindigkeiten c_{Saite} aus den Saitenlängen ℓ (▶ C2). Erstellen Sie das F-c-Diagramm. Interpretieren Sie es.

3 ⬜ Zeigen Sie, dass $F \sim \ell^2$ gilt. Ermitteln Sie mithilfe des Proportionalitätsfaktors eine Funktion $c_{Saite}(F)$ (▶ C2).

4 ⬜ Genauere Untersuchungen führen zu: $c_{Saite} = \frac{2}{d}\sqrt{\frac{F}{\pi\varrho}}$, wobei d der Durchmesser der Saite und ϱ die Dichte des Saitenmaterials ist. Begründen Sie anhand der Formel verschiedene Möglichkeiten, bei einem Saiteninstrument einen höheren Ton zu erzielen.

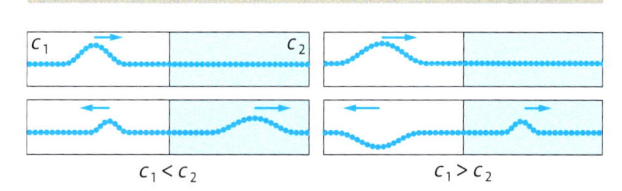

B1 Teilweise Reflexion am Übergang zwischen zwei Medien

4.8 Interferenz und Beugung

1 Biene auf dem Wasser

Eine Biene schlägt auf einer Wasseroberfläche mit ihren Flügeln. Dadurch breiten sich seitlich von ihr Kreiswellen aus. Vor und hinter der Biene entsteht durch Überlagerung der Wellen ein streifenförmiges Muster. Aber warum verteilt es sich nicht gleichmäßig um die Biene?

Überlagerung von Wellen • Das Phänomen aus ▶1 lässt sich auch beobachten, wenn wir die Überlagerung von zwei Schallwellen betrachten, die mit gleicher Frequenz und Intensität aufeinander treffen. Dazu befestigen wir zwei Lautsprecher an einer Stativstange im Abstand von 50 cm und schließen sie parallel an einen Frequenzgenerator an (▶3). Der Ton (ca. 3 kHz) soll im ganzen Raum gut hörbar sein. Halten Sie sich nun ein Ohr zu und drehen Sie sich mit dem offenen Ohr in Richtung der Lautsprecher. Wenn Sie so an den Schallquellen vorbeilaufen (parallel zu deren Verbindungslinie), dann werden Sie bemerken, dass sich ein festes Muster aus abwechselnd lautem und leisem Ton ergibt. Das Muster hängt dabei von Ihrem Abstand zum Lautsprecher ab. Wie kommt das?

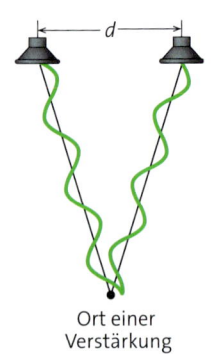

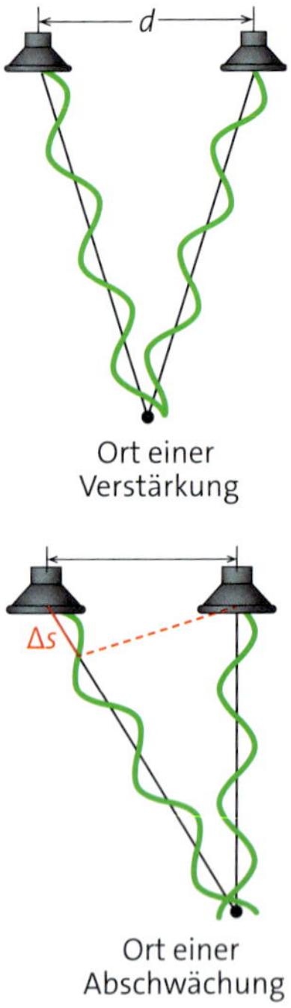

Die Lautsprecher werden durch dieselbe Schwingung angeregt. Daher sind die von ihnen ausgesandten Schallwellen phasengleich. Die Sinuskurven in ▶2 beschreiben modellhaft die sich ausbreitenden Druckschwankungen zu einer bestimmten Zeit und Richtung. Treffen gleichgerichtete Veränderungen des Luftdrucks aufeinander, so verstärken sie sich gegenseitig und der Ton wird lauter. Entgegengesetzt gerichtete Veränderungen schwächen sich ab, es ergibt sich ein leiserer Ton. Die ungestörte Überlagerung von Wellen nennt man **Interferenz**. Kommt es zu Verstärkung, spricht man von konstruktiver, bei Abschwächung von destruktiver Interferenz.

Gangunterschied • Ob an einer bestimmten Position konstruktive oder destruktive Interferenz auftritt, hängt von der Differenz der Strecken ab, welche die Wellen vom Lautsprecher bis zu Ihnen zurückgelegt haben (▶2). Diese Differenz nennt man **Gangunterschied Δs**.
Wenn Sie an den Lautsprechern vorbeilaufen, dann ändert sich allmählich dieser Gangunterschied. Dadurch wechseln sich Bereiche konstruktiver und destruktiver Interferenz ab, was Sie als eine schwankende Lautstärke hören.

2 Interferenz von Schallwellen

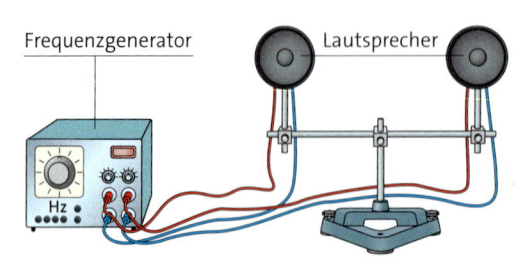

Ort einer Verstärkung

Ort einer Abschwächung

3 Überlagerung von Schallwellen im Experiment

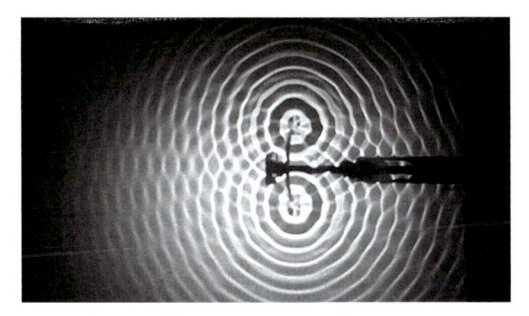

4 Interferenzbild von zwei Kreiswellen

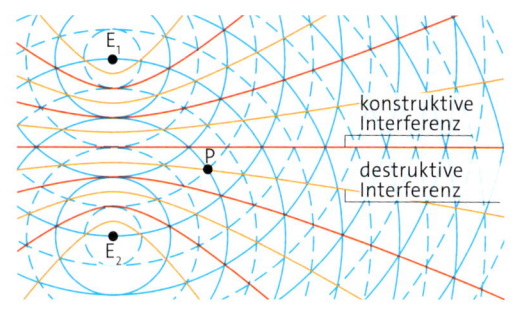

5 Grafische Deutung des Interferenzbildes

Interferenz im Detail • Erzeugen wir in einer Wellenwanne zwei Kreiswellen gleicher Frequenz, lässt sich das Interferenzmuster genauer beobachten (▶ **4**). Auf der Wasseroberfläche zeigen sich helle hyperbelförmige Streifen. Hier ist das Wasser in Ruhe, denn Wellenberge treffen auf Wellentäler – die Wellen sind an dieser Stelle gegenphasig und es kommt zur Auslöschung der Elongationen. Es liegt **destruktive Interferenz** vor. Zwischen diesen Linien destruktiver Interferenz laufen ständig Wellenberge und -täler von den beiden Erzeugern weg.

Wenn man den Abstand zwischen den Erzeugern oder die Frequenz verändert, dann verschieben sich die Linien, aber der prinzipielle Aufbau des Musters bleibt gleich.

Zwischen den Streifen gibt es Stellen, an denen sich das Wasser besonders stark bewegt, weil die Wellen hier stets gleichphasig sind. Es liegt also **konstruktive Interferenz** vor.

Im Bereich zwischen den beiden Wellenerzeugern bildet sich so eine stehende Welle mit Bäuchen und Knoten aus. Die Kreiswellen sind hier genau gegenläufig. Insgesamt ergibt sich ein strahlenförmiges Muster wie bei der Biene.

Konstruktion des Interferenzbildes • Anhand einer Zeichnung zweier Kreiswellen um die Erregerzentren E_1 und E_2 (▶ **5**) untersuchen wir das Interferenzmuster genauer. Die durchgezogenen Kreise stellen die Wellenberge und die gestrichelten die Wellentäler bei einer Momentaufnahme der Wasseroberfläche dar. Verbinden wir benachbarte Punkte mit konstruktiver Interferenz, ergeben sich die roten Hyperbeln. Entsprechend gehen wir mit den Punkten mit destruktiver Interferenz vor und erhalten die orangefarbenen Hyperbeln. Ob an einem bestimmten Punkt Verstärkung oder Abschwächung vorliegt, hängt von den Abständen von den Erregerzentren ab.

Mathematische Beschreibung • Es ist relativ aufwendig, die Situation in einem bestimmten Punkt P mithilfe eines Interferenzbildes zu analysieren. Schneller geht es, wenn wir die Strecken $s_1 = \overline{E_1 P}$ und $s_2 = \overline{E_2 P}$ vergleichen, welche die beiden Kreiswellen von ihren Erregerzentren bis zum Punkt P zurückgelegt haben. An ihrem Gangunterschied, also der Differenz $\Delta s = s_2 - s_1$, lässt sich ablesen, ob in P konstruktive oder destruktive Interferenz vorliegt:

Konstruktive Interferenz liegt vor, wenn die Wellen in P gleichphasig schwingen, ihr Gangunterschied also ein Vielfaches von λ beträgt:

$\Delta s = n \cdot \lambda$ mit $n = 0, 1, 2, 3 \ldots$.

Dagegen kommt es zu destruktiver Interferenz, wenn die Wellen in P gegenphasig schwingen. Ihr Gangunterschied ist dann ein ungeradzahliges Vielfaches von $\frac{\lambda}{2}$:

$\Delta s = (2n - 1) \cdot \frac{\lambda}{2}$ mit $n = 1, 2, 3 \ldots$.

> Treffen Wellen mit gleicher Frequenz aufeinander, kommt es zur Interferenz. Die einzelnen Elongationen addieren sich. Schwingen die Wellen am Ort der Beobachtung gleichphasig, ist also der Gangunterschied $\Delta s = n \cdot \lambda$, $n = 0, 1, 2, 3 \ldots$, ergibt sich konstruktive Interferenz. Destruktive Interferenz folgt für gegenphasige Wellen mit $\Delta s = (2n - 1) \cdot \frac{\lambda}{2}$.

1 ☐ Weisen Sie rechnerisch nach, dass in Punkt P in ▶ **5** destruktive Interferenz vorliegt.

2 ✎ Untersuchen Sie, wie sich das Interferenzmuster aus ▶ **5** verändert, wenn
• beide Erreger weiter auseinanderrücken,
• beide Erreger schneller schwingen,
• beide Erreger gegenphasig schwingen.
Zeichnen Sie dazu die Kreiswellen um die Erregerzentren auf getrennte Folien.

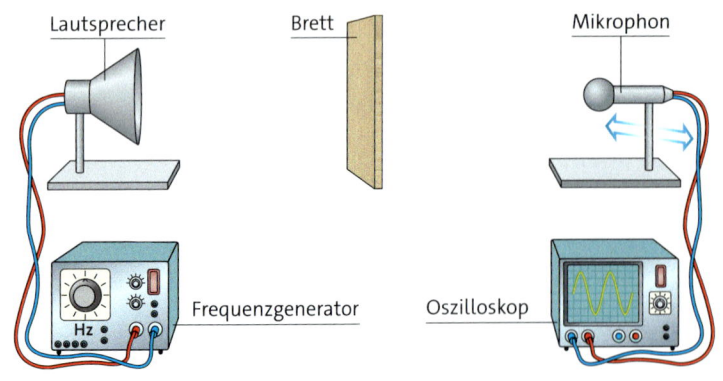

1 Beugung von Schallwellen am Hindernis

Beugung am Spalt • Auch hinter einem Spalt sind in der Wellenwanne Wellenfronten erkennbar (▶ 3). Sie haben die gleiche Wellenlänge wie die Welle vor dem Spalt und führen zur Ausbreitung der Welle in den Schattenraum. Die Elementarwellen, die vom Spalt ausgehen, überlagen sich zu einer gemeinsamen Wellenfront parallel zum Spalt (▶ 4). Seitlich vom Spalt nimmt die Anzahl der sich überlagernden Wellen rasch ab. Die Wellenfront geht daher an den Rändern in die der äußeren Elementarwellen über. Im Randbereich breitet sich die Welle folglich kreisförmig aus.

Beugung am Hindernis • Mit Interferenzen lässt sich erklären, warum Sie Geräusche auch um eine Hausecke herum hören können.
Um dies genauer zu untersuchen, schließen wir einen Lautsprecher an einen Frequenzgenerator an und stellen ein Brett mittig zwischen den Lautsprecher und ein Mikrofon (▶ 1). Die Schallintensität hinter dem Brett stellen wir auf einem Oszilloskop dar. Verschieben wir jetzt das Mikrofon seitlich, so zeigt sich, dass die Schallwelle auch in den Schattenraum hinter dem Brett eingedrungen ist. Dieser Effekt wird als **Beugung** bezeichnet.

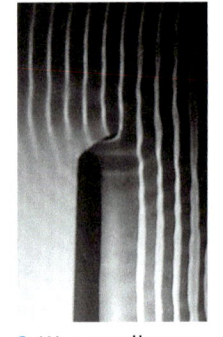

Variieren wir die Frequenz zwischen 1 kHz und 10 kHz, dann dringt der Schall bei niedrigeren Frequenzen weiter in den Schattenraum ein als bei höheren Frequenzen. Je größer also die Wellenlänge ist, desto stärker werden Wellen gebeugt.
Auch Wasserwellen breiten sich um Hindernisse herum aus. In ▶ 2 ist zu erkennen, dass sich entsprechend dem Huygensschen Prinzip am Rand des Hindernisses eine Elementarwelle bildet, die sich von dort aus in den Schattenraum ausbreitet.

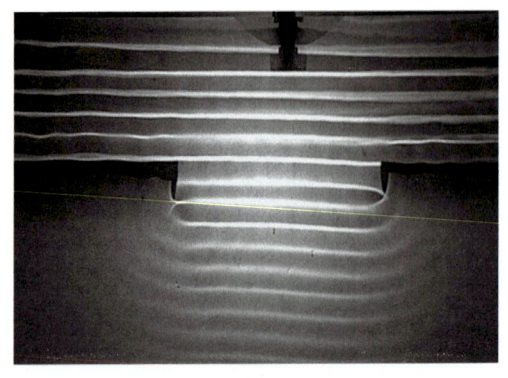

Interferenz durch Beugung • Trifft eine ebene Welle auf zwei schmale Spalte, dann entsteht in jedem Spalt eine Elementarwelle. Hinter diesem Doppelspaltspalt entsteht daher das gleiche Interferenzmuster wie bei zwei punktförmigen Wellenerzeugern.

> Treffen Wellen auf ein Hindernis oder einen Spalt, so werden sie gebeugt und dringen in den Schattenraum dahinter ein. Je größer die Wellenlänge ist, desto stärker ist die Beugung.

1 ▱ Begründen Sie, warum Sie einen Subwoofer getrost hinter eine Kommode stellen können, die Hochtöner der Musikanlage jedoch nicht hinter Möbeln platziert werden sollten.

2 a ▱ Erläutern Sie anhand einer Zeichnung, wie eine Welle hinter einem Hindernis in den Schattenraum gebeugt wird (▶ 2).
b ▰ Begründen Sie die Frequenzabhängigkeit der Beugung. Wandeln Sie dazu ▶ 4 ab, indem Sie Wellentäler und -berge einzeichnen. Betrachten Sie zwei Fälle mit deutlich unterschiedlichen Wellenlängen.

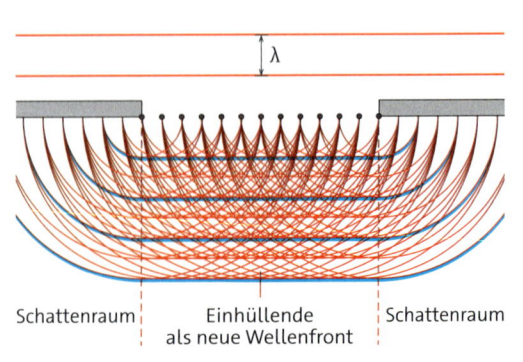

2 Wasserwellen am Hindernis

3 Beugung von Wasserwellen am Spalt

4 Beugung am Spalt nach HUYGENS

Blickpunkt   Schwingungen und Wellen • Interferenz und Beugung

Dopplereffekt

Aus dem Alltag kennt man diese Situation: Bei einem Rettungswagen, der mit Martinshorn fährt, klingt der Sirenenton auf einmal viel tiefer, wenn das Fahrzeug an einem vorbeifährt und sich schnell entfernt.

Dopplereffekt • Wir wissen, dass sich Schall nur mit einer bestimmten Geschwindigkeit ausbreiten kann, z. B. beträgt die Schallgeschwindigkeit in Luft etwa 340 $\frac{m}{s}$. Wenn sich Schallquelle und -empfänger relativ zueinander bewegen, dann muss auch die Geschwindigkeit zwischen ihnen berücksichtigt werden, z. B. das mit eingeschaltetem Martinshorn vorbeifahrende Rettungsfahrzeug. Die Veränderung der Tonhöhe beim Vorbeifahren bedeutet, dass sich die wahrgenommene Frequenz des Schalls geändert hat.

Wenn sich Schall in einem Schallträger ausbreitet, versetzt er diesen in Schwingung. Bei der Ausbreitung in der Luft entstehen so abwechselnd Bereiche, in denen die Luft zusammengedrückt oder auseinandergezogen ist. Solange der Rettungswagen steht, breitet sich der Schall des Martinshorns in alle Richtungen mit der Schallgeschwindigkeit c aus. Der Abstand zwischen zwei Wellenfronten ist immer gleich (▶ **5A**). Er entspricht der Wellenlänge λ und kann er aus der Schallgeschwindigkeit und der Schwingungsdauer des Tons berechnet werden:

$\lambda = c \cdot T_0 = \frac{c}{f_0}$.

Fährt der Rettungswagen, bewegt sich die Schallquelle. Dadurch verkürzt sich in Fahrtrichtung der Abstand zwischen den Wellenfronten, während er sich entgegen der Fahrtrichtung verlängert (▶ **5B**). Zur Bestimmung der durch den Beobachter wahrgenommenen Frequenz f_B betrachten wir den Fall, dass sich der Rettungswagen mit der Geschwindigkeit v auf den Beobachter zu bewegt. Der wahrgenommene Abstand verkürzt sich dann um die Strecke:

$\Delta x = v \cdot T_0 = \frac{v}{f_0}$,

die der Wagen in der Schwingungsdauer T_0 zurücklegt. Es gilt dann für den Abstand λ_B der Wellenfronten vor dem Wagen:

$\lambda_B = \lambda - \Delta x = \frac{c}{f_0} - \frac{v}{f_0} = \frac{c-v}{f_0}$.

Daraus ergibt sich für die wahrgenommene Frequenz:

$f_B = \frac{c}{\lambda_B} = c \cdot \frac{f_0}{c-v} = \frac{f_0}{1-\frac{v}{c}}$, also $f_B > f_0$

Bewegt sich der Rettungswagen vom Beobachter weg, dann folgt:

$f_B = \frac{f_0}{1+\frac{v}{c}}$, also $f_B < f_0$.

Damit hört jemand, auf den ein Rettungswagen zufährt, einen Ton mit erhöhter Frequenz und im Bereich hinter dem Fahrzeug einen Ton mit niedrigerer Frequenz.

Liegt die Geschwindigkeit der Quelle oberhalb der Ausbreitungsgeschwindigkeit des Schalls ($v > c$), dann „überholt" die Quelle ihren eigenen Schall. Hinter ihr bildet sich ein MACH'scher Kegel (▶ **8**), so wie hinter den Enten im Teich (▶ **6**). Sind beide Geschwindigkeiten gleich, läuft der Schall vor der Quelle zu einer Stoßfront zusammen (▶ **8**). Am Flugzeug ist diese Stoßfront bei günstigen Wetterbedingungen durch Wolkenbildung an der Schallmauer zu erkennen (▶ **7**).

6 Kielwasser zweier Enten   **7** Durchbruch der Schallmauer

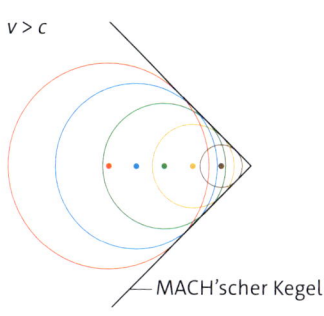

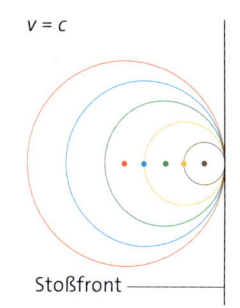

$v > c$ $v = c$

MACH'scher Kegel   Stoßfront

8 Sich ausbildende Wellenfronten

5 Abstand der Schwingungsbereiche: **A** stehender; **B** fahrender Rettungswagen

1 ■ Eine Pfeife ($f_0 = 2000\,\text{Hz}$) wird an einem 1 m langen Seil viermal pro Sekunde im Kreis geschleudert. Berechnen Sie die Werte, zwischen denen die wahrgenommene Frequenz schwankt.

Material

Versuch A • Interferenzmuster zweier Ultraschall-Sender

Materialien: Ultraschallsender (40 kHz) und -mikrofon mit Betriebsgerät, Voltmeter, Millimeterpapier, Lineal

V1 Orte der Maxima und Minima

Arbeitsauftrag:
– Bauen Sie den Versuch mit den zur Verfügung gestellten Geräten auf. Stellen Sie die Sender parallel ausgerichtet mit $g = 3{,}0$ cm auf. Achten Sie darauf, dass Sie die Sender und das Mikrofon auf Millimeter genau positionieren. Markieren Sie ihre Lage auf dem Millimeterpapier.
– Bewegen Sie das Mikrofon in einem Abstand von $a = 10$ cm an den Sendern vorbei. Beobachten Sie dabei die Voltmeteranzeige. Die Spannung ist ein Maß für die Amplitude beim Mikrofon.
– Markieren Sie die Orte, bei denen Maxima bzw. Minima auftreten.
– Wiederholen Sie die Durchführung für $a = 15$ cm und $a = 20$ cm.
– Zeichnen Sie aufgrund Ihrer Messungen die Linien konstruktiver bzw. destruktiver Interferenz ein.
– Messen Sie für zwei der Minima bei $a = 20$ cm den Gangunterschied. Bestimmen Sie daraus die Wellenlänge und die Schallgeschwindigkeit.

V2 Vergrößerter Senderabstand

Arbeitsauftrag:
– Vergrößern Sie den Abstand der Sender, sodass $g = 5{,}0$ cm ist. Geben Sie begründet an, welche Änderungen des Interferenzbildes zu erwarten sind.
– Führen Sie den Versuch wie in V1 für die drei Abstände 10, 15 und 20 cm entsprechend durch.
– Vergleichen Sie Ihre Ergebnisse mit denen aus V1 und Ihren Angaben aus V2.

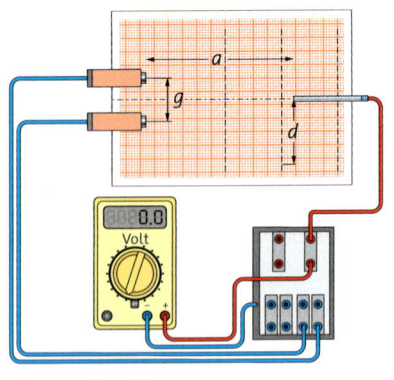

1 Versuchsaufbau

Material A • Interferenz von Schallwellen

Zwei Lautsprecher sind 1,0 m voneinander entfernt und geben gleichphasig Schallwellen der Frequenz 686 Hz ab. Sie selbst befinden sich 3,0 m von Lautsprecher 1 entfernt nahe einem Ort konstruktiver Interferenz (▶ A1).

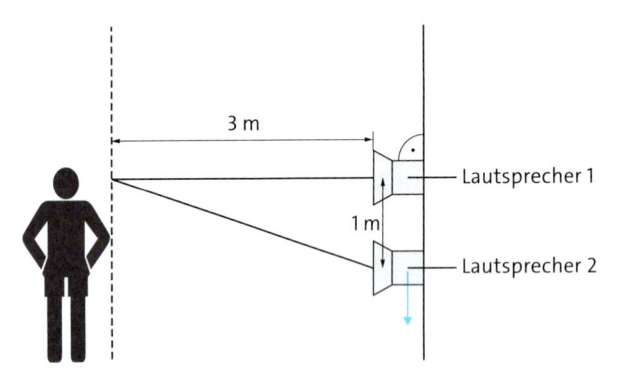

A1 Versuchsaufbau zu A1

1. ◪ Ermitteln Sie zeichnerisch alle Orte längs der gestrichelten Linie in ▶ A1, die diese Bedingungen erfüllen.

2. ◪ Beschreiben Sie, was zu hören ist, wenn der zweite Lautsprecher langsam vom ersten Lautsprecher entfernt wird.

3. ■ Sie stehen senkrecht vor Lautsprecher 1 (▶ A1). Berechnen Sie den Abstand, um den Lautsprecher 2 zu verschieben ist, damit Sie erst ein Minimum und dann ein Maximum wahrnehmen.

Material B • Interferenz bei Ultraschall

Der Sender in ▶ B1 sendet Ultraschallwellen mit einer Frequenz von 60 kHz aus. Das mit einem Oszilloskop verbundene Mikrofon steht anfangs an einem Ort mit destruktiver Interferenz.

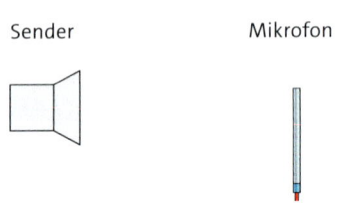

B1 Sender und Mikrofon vor dem Brett

1. ◪ Bewegt man das Mikrofon zwischen Sender und Brett, so zeigt sich ein Interferenzmuster. Begründen Sie dies anhand einer Skizze.

2. ◪ Das Brett soll so weit auf das Mikrofon zu bewegt werden, bis es sich zum zehnten Mal in einem Punkt maximaler Lautstärke befindet. Ermitteln Sie die dafür erforderliche Verschiebung.

3. ■ Berechnen Sie die Geschwindigkeit, mit der das Mikrofon bewegt wurde, wenn die Lautstärke dabei mit einer Frequenz von 80 Hz schwankte.

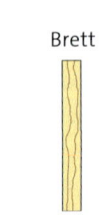

Schwingungen und Wellen • Interferenz und Beugung

Material C • Schallschutz-Kopfhörer

Eine dauerhafte Überlastung des Gehörs durch zu hohe Schallintensitäten ist nicht nur störend, sondern macht auch krank. Wer beruflich vielfach Lärm ausgesetzt ist, sollte daher Schallschutz-Kopfhörer tragen. Diese dämpfen den Schall mithilfe von Schaumstoffen, die den einfallenden Schall streuen und zum Teil absorbieren. Dazu müssen die Größenverhältnisse der Wellenlängen und der im Schaumstoff eingeschlossenen Luftbläschen zueinander passen. Bei Frequenzen unter 200 Hz setzt man deshalb einen aktiven Schallschutz ein (▶ C1), der störende Geräusche durch Interferenzen reduziert. Man spricht dabei von Antischall. Dieses Prinzip kommt auch bei Autoschalldämpfern zum Einsatz.

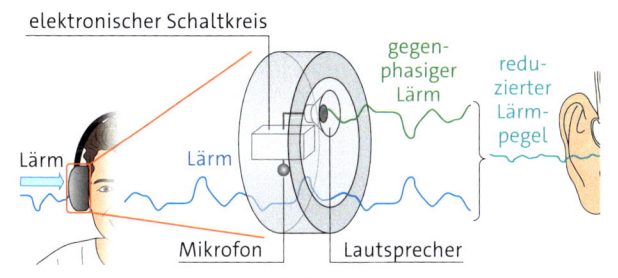

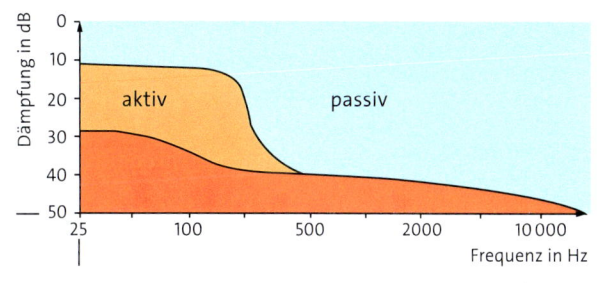

C2 Reduktion des Schallpegels

1. ✏ Erläutern Sie die Funktionsweise eines Kopfhörers mit aktivem Schallschutz anhand von ▶ C1.

2. ✏ Trotz des Gehörschutzes muss eine Kommunikation möglich sein.
   a Begründen Sie, dass dies bei geeigneter Kombination von passiver Dämpfung und aktivem Schallschutz möglich ist. Berücksichtigen Sie bei ▶ C2, dass eine Reduktion des Schallpegels um 10 dB eine Halbierung der Lautstärke bedeutet.
   b Kopfhörer mit aktivem Schallschutz werden auch genutzt, um Musik zu hören. Begründen Sie.

C1 Kopfhörer mit aktivem Schallschutz

Material D • Doppler-Sonografie

Mit einer Doppler-Sonografie lassen sich Kalkablagerungen in Blutgefäßen auffinden. Diese führen im verengten Gefäß zu einer erhöhten Fließgeschwindigkeit des Bluts während des Herzschlags. Außerdem bilden sich an den Kanten der Ablagerungen Wirbel, wodurch hier viele unterschiedliche Fließgeschwindigkeiten gleichzeitig gemessen werden. Bei der Untersuchung sendet ein Schallkopf Ultraschallwellen der Frequenz f_0 aus, die von den fließenden roten Blutkörperchen reflektiert werden. Infolge des Doppler-Effekts kommt es zu einer Frequenzverschiebung Δf, die proportional zur Fließgeschwindigkeit v des Bluts ist:

$$\Delta f \approx 2 f_0 \cdot \frac{v}{c} \cdot \cos(\alpha)$$

Dabei ist c die Schallgeschwindigkeit im Blut (ca. 1500 $\frac{m}{s}$) und α der Messwinkel.

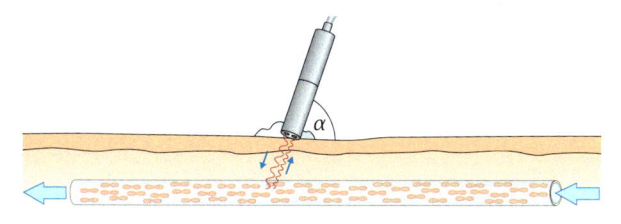

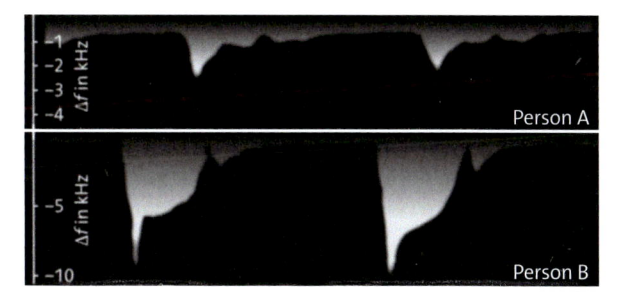

D2 Sonogramme der Halsschlagader

1. Die Frequenz der ausgesandten Schallwelle beträgt 5 MHz. Unter einem Winkel von 45° wird Δf = 900 Hz gemessen.
   a ☐ Berechnen Sie die mittlere Fließgeschwindigkeit.
   b ✏ Normalerweise beträgt die Fließgeschwindigkeit etwa 0,1 $\frac{m}{s}$. Deuten Sie das Ergebnis aus **a**.

2. In ▶ D2 sind die Doppler-Sonogramme der Halsschlagader einer gesunden und einer anderen Person zu sehen. Der zeitliche Verlauf der gemessenen Frequenzverschiebungen ist in kHz dargestellt.
   a ☐ Beschreiben Sie Gemeinsamkeiten und Unterschiede der Sonogramme.
   b ✏ Begründen Sie die Unterschiede.

D1 Funktionsprinzip der Doppler-Sonografie

Auf einen Blick

Schwingungen und Wellen

Schwingung	Mechanische Schwingungen sind periodische Bewegungen eines Körpers um seine Ruhelage. Harmonische Schwingungen sind sinusförmige, periodische Schwingungen. Eine harmonische Schwingung lasst sich durch die Gleichung $s(t) = s_{max} \cdot \sin(\omega t + \Delta\varphi)$ beschreiben. Dabei ist: $s(t)$: Elongation (Auslenkung) aus der Ruhelage zum Zeitpunkt t in m. s_{max}: Amplitude in m (maximale Auslenkung) ω: Kreisfrequenz in $\frac{1}{s}$ mit $\omega = \frac{2\pi}{T} = 2\pi f$ f: Frequenz in Hz mit $f = \frac{1}{T}$ T: Periodendauer in s $\Delta\varphi$: Phasenverschiebung im Bogenmaß
Frequenz	Anzahl Schwingungen pro Sekunde. Die Frequenz hat die Einheit Hertz (Hz): $[f] = \frac{1}{s} = 1$ Hz.
Eigenfrequenz	Fadenpendel und Federpendel führen bei kleinen Auslenkungen in guter Näherung harmonische Schwingungen aus, die charakteristische Eigenfrequenzen f_0 zeigen. Fadenpendel: $f_0 = \frac{1}{2\pi} \cdot \sqrt{\frac{g}{\ell}}$ Federpendel: $f_0 = \frac{1}{2\pi} \cdot \sqrt{\frac{D}{m}}$
Periodendauer	Die Periodendauer T ist die Zeitspanne, in der ein Pendel eine ganze Schwingung ausführt. Bei kleinen Auslenkungen gilt: Fadenpendel: $T = 2\pi \cdot \sqrt{\frac{\ell}{g}}$ Federpendel: $T = 2\pi \cdot \sqrt{\frac{m}{D}}$
Lineares Kraftgesetz	Ein Oszillator führt eine harmonische Schwingung aus, wenn auf ihn eine Rückstellkraft wirkt, die dem linearen Kraftgesetz folgt: $F_{rück} = -D \cdot s$. Dabei ist s die Auslenkung und D die Federkonstante in $\frac{N}{cm}$. Sie beschreibt, ob sich eine Metallfeder leicht oder schwer ausdehnen lässt. Sie wird auch Federhärte genannt und hat Einfluss auf die Periodendauer. Für das Fadenpendel ergibt sich: $D = \frac{m \cdot g}{\ell}$.
Energieumwandlungen	Bei der Schwingung eines Pendels wird permanent Lageenergie über kinetische Energie in Spannenergie umgewandelt und wieder zurück. Am oberen Umkehrpunkt ist die Lageenergie maximal und die kinetische Energie null, beim Durchgang durch die Ruhelage ist es umgekehrt. Die Spannenergie ist im unteren Umkehrpunkt maximal. Die Summe der Energien ist – bei Vernachlässigung von Reibungsverlusten – konstant.
Elektromagnetischer Schwingkreis	Ein Schwingkreis aus Kondensator und Spule ist ein harmonischer Oszillator. Die Elektronen bewegen sich ständig von einer Platte des Kondensators zur anderen, wodurch die Spannung am Kondensator und die Stromstärke sich zeitlich periodisch ändern. Damit ändern sich auch das Magnetfeld der Spule und die dort induzierte Spannung periodisch. Für die Eigenfrequenz gilt die Thomsonsche Schwingungsgleichung: $f_0 = \frac{1}{2\pi \sqrt{L \cdot C}}$ Für die schwingenden Größen gilt: $Q(t) = Q_0 \cdot \cos(\omega_0 \cdot t)$, $I(t) = \dot{Q}(t) = -I_0 \cdot \sin(\omega_0 \cdot t)$, $U_C(t) = U_0 \cdot \cos(\omega_0 \cdot t)$ und $U_L(t) = -U_0 \cdot \cos(\omega_0 \cdot t)$
Energieumwandlungen im Schwingkreis	Im Schwingkreis finden periodische Energieumwandlungen zwischen elektrischer und magnetischer Energie mit $E_{ges}(t) = E_{el}(t) + E_{mag}(t) = \frac{1}{2} C \cdot U^2(t) + \frac{1}{2} L \cdot I^2(t)$ statt. Im ungedämpften Fall ist die Gesamtenergie stets konstant mit $E_{ges} = \frac{1}{2} C \cdot U_0^2 + \frac{1}{2} L \cdot I_0^2$.

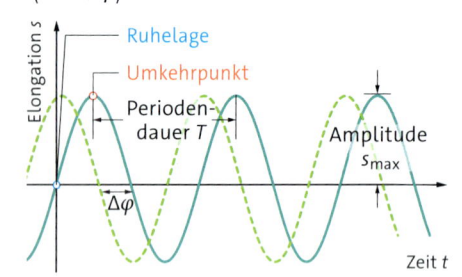

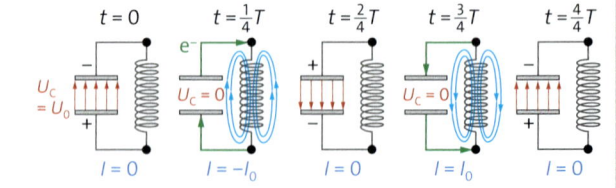

Schwingungen und Wellen

Gedämpfte Schwingungen	Bei allen Schwingungen kommt es infolge von Reibung zu Dämpfung. Diese kann zu einer exponentiellen Abnahme der Amplitude führen mit $\hat{s}(t) = s_{max} \cdot e^{-\delta \cdot t}$ mit δ: Dämpfungskonstante in $\frac{1}{s}$
Erzwungene Schwingung	Erregung eines schwingungsfähiges System von außen mit der Erregerfrequenz f_E. Weicht die Erregerfrequenz deutlich von der Eigenfrequenz des Systems ab, findet keine dauerhafte Energieübertragung statt. Bei Anregung mit der Eigenfrequenz des Systems ergeben sich besonders große Amplituden. Es liegt Resonanz vor. Bei geringer Dämpfung kann es zur Resonanzkatastrophe kommen.
Superposition	Für die Überlagerung von Schwingungen gilt das Superpositionsprinzip. Die einzelnen Elongationen der Schwingungen zu einem Zeitpunkt t an einem Ort x addieren sich zu einer resultierenden Elongation. Die Resultierende dieser Schwingungen ist meist keine harmonische Schwingung.
Wellen	Wellen sind zeitlich und räumlich periodische Bewegungen. Eine Welle entsteht durch die Schwingung gekoppelter gleichartiger Oszillatoren. Die Oszillatoren schwingen dabei nur um ihre Ruhelage, bewegen sich aber nicht mit der Welle mit. Wellen transportieren aber Energie in Ausbreitungsrichtung. Für ihre Ausbreitung gilt: $s(x, t) = s_{max} \cdot \sin\left(2\pi\left(\frac{t}{T} - \frac{x}{\lambda}\right)\right)$. Dabei ist: $s(x,t)$: Auslenkung am Ort x zur Zeit t in m; s_{max}: Amplitude in m (maximale Auslenkung); T: Periodendauer in s; λ: Wellenlänge in m <table><tr><td>**Transversalwelle**</td><td>Oszillatoren schwingen senkrecht zur Ausbreitungsrichtung</td></tr><tr><td>**Longitudinalwelle**</td><td>Oszillatoren schwingen längs zur Ausbreitungsrichtung</td></tr></table>
Wellenlänge	Die Wellenlänge λ gibt den Abstand zweier Punkte mit gleichem Schwingungszustand an, z. B. benachbarter Wellenberge bzw. -täler. Einheit: $[\lambda] = 1$ m.
Ausbreitungsgeschwindigkeit	Für die Ausbreitungsgeschwindigkeit einer Welle gilt $c = \lambda \cdot f$. Die Ausbreitungsgeschwindigkeit ist umso größer, je stärker die Kopplungskräfte sind. Sie ist material- und temperaturabhängig.
Stehende Welle	Wird eine Welle entgegen der ursprünglichen Ausbreitungsrichtung reflektiert, überlagern sich die einlaufende und die reflektierte Welle. Auf einem Wellenträger der Länge ℓ bildet sich eine stehende Welle mit ortsfesten Schwingungsknoten und -bäuchen aus, wenn für ihre Wellenlänge λ_n (mit $n = 1, 2, 3 \ldots$) eine der folgenden Bedingungen erfüllt ist: Knoten bzw. Bäuche an beiden Enden: $\lambda_n = \frac{2\ell}{n}$; ein Knoten und ein Bauch an den Enden: $\lambda_n = \frac{4\ell}{2n-1}$. Die Oszillatoren in den Knoten sind unbewegt, während die Oszillatoren in den Bäuchen auf und ab schwingen. Stehende Wellen transportieren keine Energie, sondern speichern sie in den Bäuchen.
Prinzip von HUYGENS	Jeder Punkt einer Wellenfront wird als Ausgangspunkt einer Elementarwelle gesehen. Durch die Superposition (Überlagerung) der Elementarwellen entsteht eine neue Wellenfront. Sie ist die Einhüllende aller Elementarwellen, die sich bis dahin ausgebreitet haben.
Brechung	Änderung der Ausbreitungsrichtung an der Grenzfläche beim Übergang von einem Medium in ein anderes infolge unterschiedlicher Ausbreitungsgeschwindigkeiten in den Medien. Optische und akustische Linsen basieren auf dem Prinzip der Brechung.
Reflexion	An der Grenzfläche ist der Reflexionswinkel β genauso groß wie der Einfallswinkel α der Welle.
Beugung	Treffen Wellen auf ein Hindernis oder einen Spalt, so werden sie gebeugt und dringen in den Schattenraum dahinter ein. Je größer die Wellenlänge ist, desto stärker ist die Beugung.
Interferenz	Überlagern sich Wellen mit gleicher Frequenz, kommt es zur Interferenz. Die einzelnen Auslenkungen addieren sich. Schwingen die Wellen am Ort der Beobachtung gleichphasig, ergibt sich konstruktive Interferenz. Für den Gangunterschied gilt: $\Delta s = n \cdot \lambda$, $n = 0, 1, 2, 3, \ldots$ Destruktive Interferenz folgt für gegenphasige Wellen: $\Delta s = (2n - 1) \cdot \frac{\lambda}{2}$, $n = 1, 2, 3, \ldots$ Die Wellen löschen sich gegenseitig aus.

Check-up

Übungsaufgaben

1 Betrachten Sie das *t-s*-Diagramm.

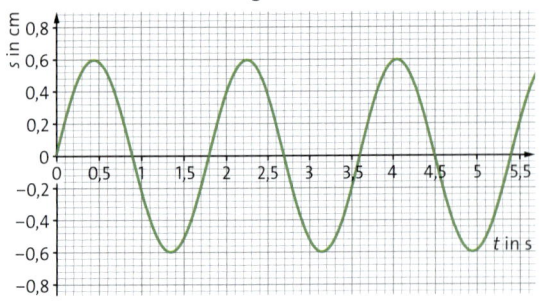

a ○ Stellen Sie die Schwingungsgleichung auf.
b ◧ Bestimmen Sie die zugehörigen Gleichungen für die Geschwindigkeit und die Beschleunigung. Zeichnen Sie die drei Graphen in ein gemeinsames Diagramm.
c ○ Zeichnen Sie zwei Schwingungsbilder für verschiedene Schwingungen, welche die gleiche Periodendauer besitzen, aber nicht harmonisch sind.

2 ◧ Sie sollen die Periodendauer eines Pendels möglichst genau experimentell bestimmen. Beschreiben und begründen Sie Ihr Vorgehen.

3 Eine Metallfeder wird durch Anhängen eines Pendelkörpers mit $m = 0{,}3$ kg um 10,9 cm gedehnt.
a ◧ Ermitteln Sie die Federkonstante D der Feder.
b ○ Der Pendelkörper wird einmal um 8 cm nach unten ausgelenkt und schwingt dann frei. Berechnen Sie Periodendauer und Frequenz.
c ◧ Stellen Sie die Funktionen für Elongation, Geschwindigkeit und Beschleunigung des Pendelkörpers auf.
d ○ Zeichne Sie die drei Funktionsgraphen für die ersten 5 s der Schwingung in ein gemeinsames Diagramm. Wählen Sie für $a(t)$ einen geeigneten Maßstab.
e ○ Berechnen Sie die Gesamtenergie der Schwingung.
f ◧ Begründen Sie anhand energetischer Überlegungen, an welchen Positionen die Geschwindigkeit und die Beschleunigung des Pendelkörpers maximal werden.
g ◧ Beschreiben Sie die auftretenden Energieumwandlungen, zunächst noch ohne Berücksichtigung der Reibung.
h ◧ Berücksichtigen Sie nun die Reibungseffekte und beschreiben Sie deren Auswirkungen.
i ◧ Erläutern Sie den Begriff der Resonanz am Beispiel des Federpendels.
j ◧ Entscheiden Sie begründet, ob auch dann eine harmonische Schwingung vorliegt, wenn der Pendelkörper anfangs seitlich ausgelenkt wird.

4 a ○ Berechnen Sie die Pendellänge eines Fadenpendels, das in Europa auf NN für eine halbe Schwingung Periodendauer 1,00 s benötigt.
b ■ Ermitteln Sie, wie die Pendellänge zu ändern ist, wenn die Periodendauer auf einem Berg in einer Höhe von 3000 m unverändert 2,00 s betragen soll.

5 In Stadien machen Fans oft gemeinsam eine La-Ola-Welle. Man kann diese als Wellenmodell auffassen.
a ◧ Begründen Sie dies unter Verwendung der eingeführten Fachbegriffe.
b ◧ Stellen Sie dar, ob hier eine Transversal- oder eine Longitudinalwelle vorliegt. Beschreiben Sie, wie die Fans sich bewegen könnten, um den anderen Wellentyp zu verdeutlichen.

6 Eine harmonische Welle breitet sich von links nach rechts aus. Das nachfolgende *t-s*-Diagramm gehört zum Oszillator an der Stelle $x = 2{,}25$ m.

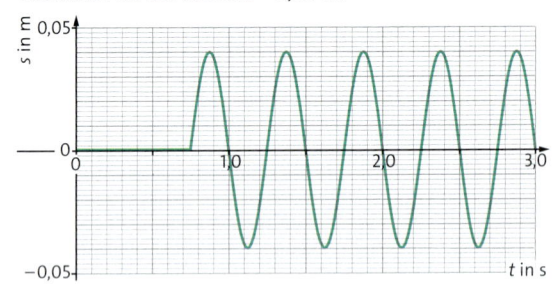

a ○ Bestimmen Sie Amplitude, Frequenz, Ausbreitungsgeschwindigkeit und Wellenlänge der Welle.
b ○ Stellen Sie die Wellengleichung auf.
c ◧ Erstellen Sie das *x-s*-Diagramm für den Zeitpunkt 1,3 s für den Bereich 0 m ≤ x ≤ 5 m.

7 ◧ Beschreiben und erklären Sie, welchen Einfluss folgende Änderungen auf das *t-s*-Diagramm eines Oszillators haben:
a Die Amplitude wird verdoppelt.
b Die Frequenz wird verdreifacht.
c Die Ausbreitungsgeschwindigkeit wird halbiert.
d Die Wellenlänge beträgt nur noch ein Drittel.
e Die Auslenkung erfolgt anfangs in Gegenrichtung.

8 ◧ Trifft eine Wasserwelle auf eine Mauer, dann entsteht immer ein besonders hoher Wellenberg. Erklären Sie dies und nutzen Sie dazu die Reflexion einer Seilwelle als Analogie.

9 a ◧ Begründen Sie, dass sich die Frequenz einer Welle bei der Brechung und Beugung nicht ändert.
b ◧ Erläutern Sie, warum sich ihre Wellenlänge bei der Brechung ändert.

Schwingungen und Wellen

10 Beim Spiel auf einer Querflöte bildet sich eine stehende Welle mit zwei losen Enden aus.

a ☐ Zeigen Sie anhand einer Skizze, dass sich auf der Luftsäule mit der Länge ℓ stehende Wellen mit $\ell = n \cdot \dfrac{\lambda_n}{2}$ ausbilden können.

b ◪ Erklären Sie, warum sich stehende Wellen ausbilden, wenn diese Schwingungen angeregt werden. Gehen Sie dabei auf die Superposition von ursprünglicher und reflektierter Welle ein.

11 ☐ „Warum benötigt man bei der destruktiven Interferenz das $(2n - 1)$? Reicht ein n nicht?" Begründen Sie.

12 ◪ An der Wellenwanne erhält man ähnliche Interferenzmuster, wenn eine Wellenfront auf ein Hindernis mit zwei schmalen Öffnungen trifft, wie wenn zwei Tupfer synchron schwingen. Begründen Sie dies mithilfe des Prinzips von HUYGENS.

13 ◪ Auf der Mittelsenkrechten zwischen zwei gleichphasig angeschlossenen Lautsprechern gibt es stets konstruktive Interferenz, egal welche Wellenlänge die Schallwellen haben. Begründen Sie das.

14 ◪ Geben Sie begründet mindestens drei Möglichkeiten an, wie man die Frequenz eines Schwingkreises versechsfachen kann.

15 Ein elektromagnetischer Schwingkreis besteht aus einem Kondensator und einer Spule mit vernachlässigbarem Widerstand. Der Kondensator wird geladen und über einen Schalter mit der Spule verbunden. Der zeitliche Verlauf der Stromstärke wird aufgezeichnet.

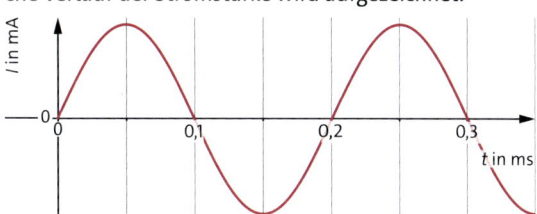

a ☐ Erstellen Sie eine beschriftete Schaltskizze.

b ◪ Erläutern Sie das t-I-Diagramms.

c ◪ Skizzieren Sie ein t-U-Diagramm. Erklären Sie dessen Verlauf im Vergleich zum t-I-Diagramm.

d ◪ Erklären Sie, wie sich die Diagramme verändern, wenn der Spulenwiderstand nicht vernachlässigbar ist.

Mithilfe des Kapitels können Sie:	Aufgabe	Hilfe
✓ Schwingungen als harmonisch bzw. nicht harmonisch einordnen.	1c, 3i	S. 150
✓ Schwingungen und Wellen mit ihren Kenngrößen (s, s_{max}, T, f, λ, c) beschreiben.	2, 3a, 3b, 4, 6a, 7	S. 151 f., S. 155 ff., S. 180
✓ Schwingungs- und Wellengleichung angeben und aus gegebenen Diagrammen ermitteln bzw. die zugehörigen Diagramme zu einer gegebenen Schwingungs- bzw. Wellengleichung zeichnen.	1, 3c, 6	S. 152, S. 180 f.
✓ die Funktionsgleichungen von Geschwindigkeit und Beschleunigung aus denen der Elongation ableiten und den entsprechenden Diagrammen zuordnen.	3c, 3d	S. 154
✓ die Energieumwandlungen bei der Schwingung eines Federpendels erläutern.	3e – h, 3j	S. 156 f., S. 161 ff.
✓ den Unterschied zwischen Longitudinal- und Transversalwellen erläutern.	5	S. 179
✓ die Phänomene Brechung, Reflexion, Beugung und Interferenz auf Grundlage des Prinzips von HUYGENS erläutern.	9, 12	S. 185 f., S. 189, S. 196
✓ anhand des Gangunterschiedes zweier Wellen ermitteln, ob an einem Punkt konstruktive oder destruktive Interferenz vorliegt.	11, 13	S. 195, S. 199
✓ stehende Wellen beschreiben (Knoten, Bäuche, Eigenfrequenz) und ihre Entstehung mithilfe der Superposition erklären.	8, 10	S. 189 ff.
✓ die Entstehung von Schwingungen in einem elektromagnetischen Schwingkreis anhand der Prozesse am Kondensator und an der Spule begründen.	14, 15	S. 170 ff.

▶ Die Lösungen zu den Übungsaufgaben finden Sie im Anhang.

Klausurtraining

Musteraufgabe mit Lösung

Aufgabe 1 • Wellenmaschine

Bei einer 2,0 m langen Wellenmaschine werden an den beiden Enden P und Q lineare harmonische Wellen gleicher Frequenz erzeugt. P beginnt bei $t = 0$ s zu schwingen, Q fängt 0,50 s später an. Die Abbildung zeigt ein idealisiertes x-s-Diagramm der Wellenmaschine für $t = 1,5$ s.

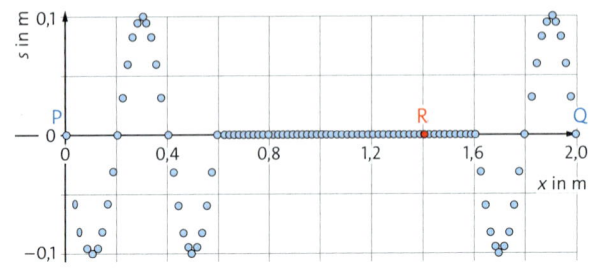

M1 x-s-Diagramm der Wellenmaschine ($t = 1,5$ s)

a Begründen Sie, dass Q mit seiner Bewegung 0,50 s später als P beginnt.
b Bestimmen Sie Wellenlänge, Frequenz und Ausbreitungsgeschwindigkeit der beiden Wellen.
c Ermitteln Sie eine Gleichung für die Wellenfunktion, wenn nur von P eine Welle ausgeht.
d Bestimmen Sie jeweils den Zeitpunkt, zu dem die Welle von P bzw. Q den Punkt R erreicht.
e Zeichnen Sie für R ein t-s-Diagramm für 0 s $\leq t \leq 5{,}0$ s. Dokumentieren Sie Ihre Lösung.

Auf der Wellenmaschine beobachtet man nach einiger Zeit eine stehende Welle.

f Erläutern Sie das Zustandekommen von Knoten und Bäuchen an festen Orten.
g Bestimmen Sie die Lage der Bäuche.

Lösung

a Die von P kommende Welle hat nach 1,5 s schon 0,60 m zurückgelegt, die von Q kommende 0,40 m, d. h. nur $\frac{2}{3}$ davon. Entsprechend schwingt Q erst 1,0 s und beginnt daher erst 0,50 s nach P.

b Aus dem Diagramm ▶ M1 liest man ab: $\lambda = 0{,}40$ m.
Für die Ausbreitungsgeschwindigkeit c erhält man aufgrund der Betrachtung aus a:
$$c = \frac{\Delta x}{\Delta t} = \frac{0{,}60 \text{ m}}{1{,}5 \text{ s}} = 0{,}40 \, \frac{\text{m}}{\text{s}}.$$
Damit ergibt sich für die Frequenz $f = \frac{c}{\lambda} = \frac{0{,}40 \frac{\text{m}}{\text{s}}}{0{,}40 \text{ m}} = 1{,}0$ Hz.

c Im Diagramm erkennt man, dass P mit einer Bewegung nach unten beginnt. Damit ergibt sich als Ansatz:
$$s(x,t) = -\hat{s} \cdot \sin\left(2\pi \cdot \left(\frac{t}{T} - \frac{x}{\lambda}\right)\right).$$
Mit den Werten aus b gilt:
$$s(x,t) = -0{,}10 \text{ m} \cdot \sin\left(2\pi \cdot \left(\frac{t}{1 \text{ s}} - \frac{x}{0{,}40 \text{ m}}\right)\right).$$

d Die von P kommende Welle benötigt für die 1,4 m bis R insgesamt 3,5 s, also ist $t_P = 3{,}5$ s. Die von Q kommende Welle benötigt für die 0,60 m bis R 1,5 s. Zusätzlich startet diese Welle 0,50 s später, also ist $t_Q = 2{,}0$ s.

e *Dokumentieren: Stellen Sie alle notwendigen Erklärungen, Herleitungen und Skizzen dar.*
Für $t < t_Q$ hat noch keine der Wellen R erreicht, sodass es keine Auslenkung gibt. Für $t_Q \leq t < t_P$ ist nur die von Q kommende Welle entscheidend, d. h., R schwingt mit einer Amplitude von 0,10 m und einer Frequenz von 1,0 Hz, beginnend mit einer Bewegung nach unten. Für $t \geq t_P$ überlagern sich die von P und Q kommenden Wellen. Aufgrund der Welle von Q schwingt R zum Zeitpunkt t_P schon 1,5 s = 1,5 T und bewegt sich daher gerade durch die Gleichgewichtslage nach oben. Da die Welle von P mit einer Bewegung nach unten beginnt, kommt es in R zu einer destruktiven Interferenz.

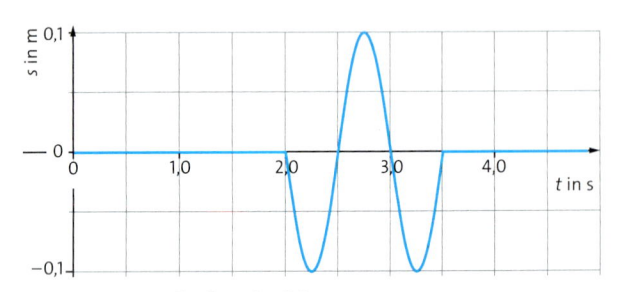

1 t-s-Diagramm für 0 s $\leq t \leq 5{,}0$ s

f Da P und Q mit einem festen Phasenunterschied schwingen, überlagern sich die dabei entstehenden Wellen kohärent und es entsteht ein ortsfestes Interferenzmuster. Weil die Wellen gegenläufig sind, bildet sich eine stehende Welle aus. Dabei gibt es Stellen konstruktiver Interferenz (Bäuche), an denen $\Delta\varphi = k \cdot 2\pi$ (mit $k = 0, 1, 2, 3, …$) ist, und Stellen destruktiver Interferenz (Knoten), an denen $\Delta\varphi = (2k - 1) \cdot \pi$, (mit $k = 1, 2, 3, …$) gilt.

g Für $x = 1{,}0$ m ist der Gangunterschied 0 m, sodass sich dort ein Knoten befindet, weil P und Q gegenphasig schwingen. Bei einer stehenden Welle ist der Abstand zwischen einem Knoten und einem benachbarten Bauch $\frac{\lambda}{4}$, also 0,10 m; zwischen zwei benachbarten Bäuchen jeweils $\frac{\lambda}{2}$, also 0,20 m. Damit ergibt sich für die Lage der Bäuche: 0,10 m; 0,30 m; 0,50 m; … 1,9 m.

Schwingungen und Wellen

Aufgaben mit Hinweisen und Ergebnisse

Aufgabe 2 • Schwungtrapez

Ein 1,80 m großer Zirkusartist probt für seinen nächsten Auftritt. Er schaukelt in einem Schwungtrapez, dessen Halteseile 3,8 m lang sind (▶M2), bis er eine Höhe von 80 cm erreicht hat. Anschließend schaukelt er weiter, ohne Schwung zu holen. Vernachlässigen Sie zunächst die Reibung.

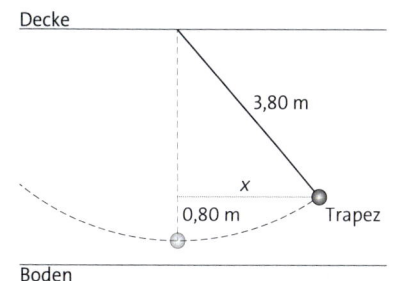

M2 Schwingung des Trapezes

a Erklären Sie möglichst genau, wie der Artist das Trapez in Schwingung versetzt.

b Wir gehen nachfolgend von einer harmonischen Schwingung aus. Zeigen Sie, dass dies bei der erreichten Schaukelhöhe nur eine grobe Näherung ist.

c Berechnen Sie die Schwingungsdauer, die maximale seitliche Elongation x und die Amplitude des Trapezes.

d Berechnen Sie die maximale Geschwindigkeit der Trapezstange aus der Amplitude sowie auch über die Energieerhaltung.

e Vergleichen Sie die beiden Ergebnisse aus **d** und begründen Sie mögliche Unterschiede.

Tatsächlich ist die Schwingung des Trapezes gedämpft. Sie soll den in ▶M3 dargestellten Verlauf haben.

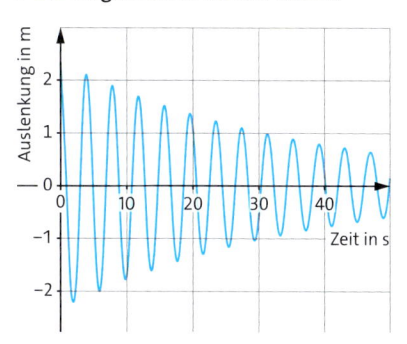

M3 Zeitlicher Verlauf der Schwingung

f Weisen Sie anhand von ▶M3 nach, dass die Schwingung des Trapezes exponentiell gedämpft wird.

g Stellen Sie die zugehörige Schwingungsgleichung auf.

Aufgabe 3 • Schwingkreis

Ein Schwingkreis besteht aus einer Spule mit einer Induktivität von 200 mH und einem Kondensator. Der Widerstand wird vernachlässigt. Für die Spannung am Kondensator gilt:

$$U(t) = 10\,\text{V} \cdot \sin\left(\frac{500}{\text{s}} \cdot t\right)$$

a Zeigen Sie, dass der Kondensator eine Kapazität von 20 µF hat.

b Berechnen Sie die Ladung und die Energie, die maximal im Kondensator gespeichert sind.

c Ermitteln Sie den Zeitpunkt, zu dem die Energie im Kondensator zum zweiten Mal maximal ist.

d Bestimmen Sie die Amplitude I_0 der Stromstärke im Schwingkreis.

e Stellen Sie die zu $U_C(t)$ passenden Funktionsgleichungen für $I(t)$ und $Q(t)$ auf.

f Zwischen U_0 und I_0 besteht der Zusammenhang $I_0 = \omega_0 \cdot C \cdot U_0$. Leiten Sie dies her.

Hinweise

Aufgabe 2

a Energiezufuhr durch aktive Verlagerung des Schwerpunkts nach außen bewirkt erhöhte Beschleunigung am hinteren Umkehrpunkt (in Resonanzfrequenz)

b Harmonische Schwingung: Kleinwinkelnäherung $\sin\alpha \approx \alpha$ gilt hier nicht: $\cos\alpha = \frac{3,00\,\text{m}}{3,80\,\text{m}} \Rightarrow \alpha \approx 38°$.

c $T = 2\pi \cdot \sqrt{\frac{\ell}{g}} = 2\pi \cdot \sqrt{\frac{3,80\,\text{m}}{9,81\,\frac{\text{m}}{\text{s}^2}}} \approx 3,91\,\text{s}$,

seitliche Auslenkung:
$x = \sqrt{(3,80\,\text{m})^2 - (3,00\,\text{m})^2} \approx 2,33\,\text{m}$,
Amplitude (Bogenstück, α im Bogenmaß!): $\alpha = \frac{s_{max}}{\ell}$
$\Rightarrow s_{max} = \ell \cdot \alpha \approx 2,51\,\text{m}$.

d Aus Amplitude: $s(t) = s_{max} \cdot \sin(\omega t)$
$\Rightarrow v(t) = s_{max} \cdot \omega \cdot \cos(\omega t)$
$\Rightarrow v_{max} = s_{max} \cdot \omega = s_{max} \cdot \frac{2\pi}{T} \approx 4,04\,\frac{\text{m}}{\text{s}}$
Aus E.erhaltung: $mgh_{max} = \frac{1}{2}mv_{max}^2$
$\Rightarrow v_{max} \approx 3,96\,\frac{\text{m}}{\text{s}}$

e Wert bei Berechnung über die Amplitude zu groß; Wegen $\sin\alpha < \alpha = \frac{s}{\ell}$, liegt keine harmonische Schwingung vor $\Rightarrow$ berechnete Schwingungsdauer ist zu klein und v_{max} wird zu groß.

f Quotient aufeinanderfolgender Amplituden ist etwa konstant:
$$\frac{\hat{s}(t)}{\hat{s}(t+T)} = \frac{s_{max} \cdot e^{-\delta t}}{s_{max} \cdot e^{-\delta(t+T)}} = e^{\delta T} \approx \text{konst.}$$

g $T \approx 3,91\,\text{s}$; exp. Regression liefert:
$y = 2,3514 \cdot e^{-0,029x}$ mit $R^2 = 0,9971$
$\Rightarrow s(t) = 2,35\,\text{m} \cdot e^{-0,029\frac{1}{\text{s}} \cdot t} \cdot \cos\left(\frac{2\pi}{3,91\,\text{s}} \cdot t\right)$

Aufgabe 3

a Nutzen Sie die Thomson-Gleichung.

b Spannungsamplitude und Kapazität sind gegeben.

c Die Energie ist maximal, wenn der Betrag der Spannung maximal ist.

d Nutzen Sie als Ansatz die Energieerhaltung.

e Nutzen Sie Ihre Ergebnisse aus **b** und **d**. T bleibt gleich.

f Überlegen Sie, welche Beziehung Q_0 zu U_0 bzw. I_0 hat.

Klausurtraining

Training I • Schwingungen und Wellen

Aufgabe 4 • Schwingendes Wasser

Ein beiderseits offenes U-Rohr aus Glas ist mit Wasser gefüllt. Es hat eine kreisförmige Querschnittsfläche A, die Länge l der Wassersäule beträgt 2,0 m. Für die Dichte des Wassers gilt $\varrho = \frac{m}{V}$.
Durch Pusten in den linken Schenkel des U-Rohrs wird die Wassersäule kurzzeitig um $s_{max} = 10$ cm ausgelenkt und in Schwingungen um ihre Gleichgewichtslage versetzt.

a Erstellen Sie eine aussagekräftige Zeichnung der Anfangssituation.

b Zeigen Sie, dass folgende Aussage gilt: Wenn die Wassersäule um die Strecke s aus der Ruhelage ausgelenkt ist, dann übt die überstehende Wassersäule betragsmäßig eine Gewichtskraft von $F_G = 2s \cdot A \cdot \varrho \cdot g$ auf die Wassersäule aus.

c Geben Sie eine Formel zu Berechnung der Masse der gesamten Wassersäule an.

Die Schwingung der Wassersäule lässt sich mit folgender Differentialgleichung beschreiben:
$\ell \cdot A \cdot \varrho \cdot \ddot{s}(t) = -2 \cdot A \cdot \varrho \cdot g \cdot s(t)$.

d Begründen Sie den Ansatz.

e Vereinfachen Sie die Differentialgleichung und begründen Sie durch eine Analogiebetrachtung, dass gilt:

$T = 2\pi \cdot \sqrt{\frac{\ell}{2g}}$

f Berechnen Sie mit der Formel aus e die Schwingungsdauer und vergleichen Sie diese mit dem Wert, der sich aus ▶M1 ablesen lässt.

g Entscheiden Sie anhand ▶M1 rechnerisch, ob lineare oder exponentielle Dämpfung vorliegt. Nutzen Sie die ersten fünf Extremwerte der Elongation.

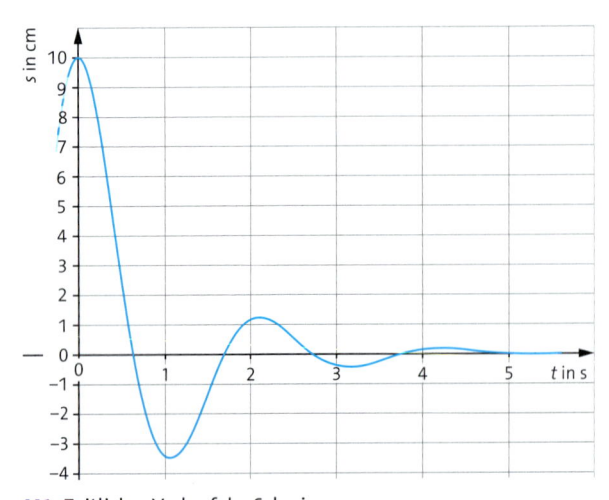

M1 Zeitlicher Verlauf der Schwingung

Aufgabe 5 • Federschwingungen

Der Pendelkörper eines Federpendels (m = 120 g) wird um 4 cm nach unten gezogen und dann losgelassen. Ein Sensor misst beim ersten Durchgang des Pendelkörpers durch die Ruhelage eine Geschwindigkeit von 0,26 $\frac{m}{s}$.
Gehen Sie von einer ungedämpften Schwingung aus.

a Berechnen Sie folgende Grundgrößen der Schwingung: Gesamtenergie, Federkonstante und Schwingungsdauer.

b Bestimmen Sie die Elongation des Pendels, bei der die Spannenergie und die kinetische Energie erstmals gleich groß sind. Berechnen Sie den zugehörigen Zeitpunkt.

c Berechnen Sie die Rückstellkraft und die Beschleunigung der Pendelschwingung am Umkehrpunkt.

d Begründen Sie, wie sich die maximale Beschleunigung ändert, wenn man die Pendelkörpermasse verdoppelt.

Aufgabe 6 • Mikrowellen

Ein Mikrowellensender strahlt gegen eine 30 cm entfernte Metallplatte. Auf der Verbindungslinie zwischen Sender und Metallplatte wird mit einem Empfänger und einem Voltmeter die Mikrowellenintensität ausgemessen. Man findet an bestimmten Orten maximale und minimale Intensitäten. Diese werden mit einem Maßstab vermessen. In der Tabelle (▶M2) sind die Orte der Intensitätsminima aufgeführt, bezogen auf einen willkürlich positionierten Maßstab. Die Frequenz der ausgestrahlten Mikrowellen beträgt $9,375 \cdot 10^9$ Hz.

a Erstellen Sie eine beschriftete Skizze des Versuchs.

b Erklären Sie das Zustandekommen der maximalen und minimalen Intensitäten. Begründen Sie, warum die Intensität in den Minima nicht auf null zurückgeht.

c Bestimmen Sie die Ausbreitungsgeschwindigkeit der Mikrowellen mithilfe der Werte (▶M2) möglichst genau.

Der Empfänger wird an einen Ort maximaler Intensität gestellt. Dann wird der Sender langsam von der Metallplatte weggeschoben, bis er 60 cm davon entfernt ist.

d Beschreiben und erklären Sie die Beobachtungen, die Sie am Voltmeter machen werden.

e Statt des Mikrowellensenders wird jetzt unter den anfänglichen Versuchsbedingungen ein Ultrakurzwellensender mit 300 MHz verwendet. Erläutern Sie die Konsequenzen für die Versuchsbeobachtungen.

Ablesewert in cm	10,2	11,7	13,3	14,9	16,6	18,1	19,8

M2 Positionen minimaler Intensität

Training II • Interferenz von Kreiswellen, Brechung und Schwingkreis

Aufgabe 7 • Interferenz von Kreiswellen

In einer Wellenwanne werden in den Punkten E_1 und E_2 phasengleich kreisförmige Wasserwellen erzeugt, die sich mit $20\,\frac{cm}{s}$ ausbreiten. Die Abbildung zeigt eine Momentaufnahme der beiden Kreiswellen, $0{,}40\,s$ nachdem in E_1 und E_2 jeweils die ersten Wellenberge erzeugt worden sind (▶M3).

a Bestimmen Sie die Wellenlänge und die Frequenz der Welle. Zeigen Sie, dass E_1 und E_2 einen Abstand von $4{,}0\,cm$ voneinander haben.

b Man beobachtet auf der Wasseroberfläche ein Interferenzmuster. Beschreiben Sie das Muster. Erläutern Sie, wie es zustande kommt.

c Beschreiben und erklären Sie die Überlagerung der beiden Wellen entlang der x-Achse
  (i) zwischen E_1 und E_2
  (ii) rechts von E_2.

d Der Punkt P befindet sich $3{,}0\,cm$ oberhalb von E_1. Begründen Sie, dass im Punkt P ein Amplitudenmaximum vorliegt.

e Bestimmen Sie die Anzahl der Amplitudenminima und -maxima entlang der Geraden g.

f E_2 wird so weit nach rechts verschoben, bis bei P zum ersten Mal ein Amplitudenminimum vorliegt. Berechnen Sie die dafür notwendige Verschiebung von E_2.

g E_1 und E_2 befinden sich wieder an ihren ursprünglichen Positionen. E_1 und E_2 senden gegenphasig. Beschreiben und erklären Sie, wie sich das Interferenzmuster dadurch ändert.

h E_2 setzt nun beim Erzeugen der Welle immer wieder unregelmäßig kurz aus. Begründen Sie, dass nun kein stabiles Interferenzmuster mehr auftritt.

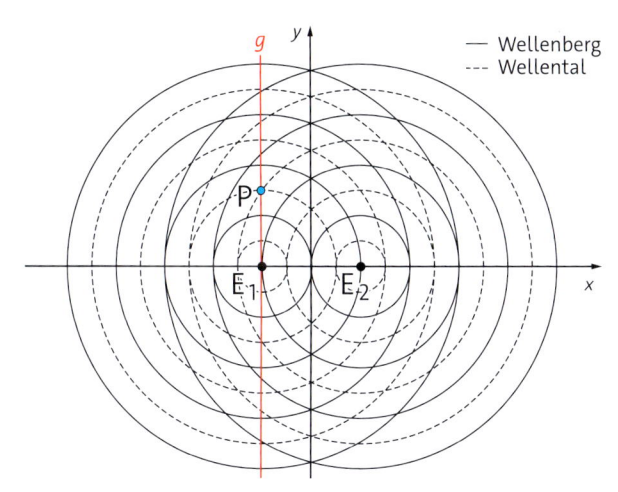

M4 Momentaufnahme zweier kreisförmiger Wasserwellen, die von phasengleichen Erregern E_1 und E_2 erzeugt werden.

Aufgabe 8 • Brechungsgesetz

Mia findet bei einer Recherche zu den Begriffen „Huygens" und „Brechung" die untere Abbildung (▶M5).

a Beschreiben Sie die Abbildung mit den Begriffen Wellenfront, Wellennormale und Elementarwelle.

b Erklären Sie anhand der Abbildung (▶M5) die Brechung z. B. von Wasserwellen. Vergleichen Sie dabei die Ausbreitungsgeschwindigkeiten in den beiden Bereichen.

Bei der Brechung gilt das Brechungsgesetz: $\frac{\sin(\alpha)}{\sin(\beta)} = \frac{c_1}{c_2}$.

c Im Bereich 1 gilt $c_1 = 16\,\frac{cm}{s}$. Bestimmen Sie c_2.

d Ab einem bestimmten Einfallswinkel α wäre $\beta \geq 90°$. Bestimmen Sie diesen Grenzwinkel. Erläutern Sie den Begriff Totalreflexion in diesem Zusammenhang.

e Leiten Sie das Brechungsgesetz anhand der Abbildung her (▶M5).

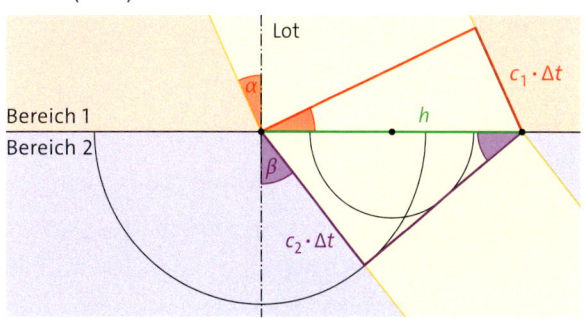

M5 Konstruktion der Brechung einer ebenen Welle an einer Grenzfläche anhand von Elementarwellen

Aufgabe 9 • Füllstandsmessung

Füllstände in flüssigkeitsgefüllten Tanks lassen sich mithilfe eines Schwingkreises messen. Dabei bilden Tankwand und ein stabförmiger Sensor einen Kondensator.
Für ein Modell nutzen wir einen Plattenkondensator (Kantenlängen $25{,}0\,cm$, Plattenabstand $1{,}0\,cm$) und eine Spule mit $L = 850\,mH$. Nachdem der Tank vollständig gefüllt ist, wird der Schwingkreis wird mit einem Frequenzgenerator verbunden und die Stromstärke im Schwingkreis in Abhängigkeit von der Frequenz gemessen.

a Berechnen Sie die Eigenfrequenz f_0 des Schwingkreises im leeren Tank.

b Erklären Sie, wie sich f_0 ändert, während sich der Tank mit einer nichtleitenden Flüssigkeit füllt.

c Skizzieren und begründen Sie den zu erwartenden Verlauf von $I(f)$, während die Frequenz steigt.

d Erklären Sie, wie sich aus dem f-I-Diagramm die Dielektrizitätskonstante ε_r der Flüssigkeit näherungsweise bestimmen lässt.

5 Licht und elektromagnetische Wellen

▶ Die Bildung von Schatten, das eigene Gesicht im Spiegel und die Vergrößerung bei einer Lupe lassen sich mithilfe von Lichtstrahlen leicht erklären. Es gibt aber auch Phänomene wie die bunten Reflexe an einer angestrahlten CD oder die im Sonnenschein farbig schimmernde Oberfläche von Insekten, bei denen diese Vorstellung vom Licht nicht mehr ausreicht.
Die von mechanischen Wellen bekannten Phänomene wie Brechung, Beugung und Interferenz treten auch bei Licht auf.

▶ Licht ist ein sehr genaues Messinstrument: Mit besonderen Aufbauten wie Interferometern können kleinste Längen und deren Änderungen mithilfe des Lichts vermessen werden. Die besonderen Eigenschaften des Lichts verhalfen der Physik dabei immer wieder zu bahnbrechenden Entdeckungen.

Rosenkäfer

5.1 Licht als Welle

1 Regenbogen in Spritzwasser

Regenbogen sind immer wieder schön anzusehen und faszinierend, auch wenn jeder sie schon mehrfach gesehen hat. Doch wie entstehen die farbigen Streifen eigentlich?

2 Brechung von Licht in Wasser

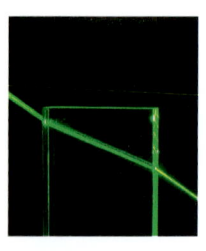

3 Brechung an einer Glasplatte

Licht wird gebrochen • Damit wir einen Regenbogen sehen können, muss die Sonne in unserem Rücken stehen und ihr Licht auf Wassertropfen vor uns fallen. Also sind die Farben des Regenbogens bereits im Sonnenlicht enthalten. Dies lässt sich auch erkennen, wenn Sonnenlicht auf ein wassergefülltes Glasgefäß fällt (▶ 2).

Bevor wir aber genauer untersuchen können, warum die Spektralfarben an den Wassertropfen sichtbar werden, müssen wir erst einmal klären, worin sich das Licht der verschiedenen Farben unterscheidet und was mit dem Licht an einer Grenzfläche geschieht.

Lassen wir das Licht eines grünen Lasers schräg auf ein Prisma fallen, dann wird es sowohl beim Eintritt als auch beim Austritt abgelenkt (▶ 3). Ähnliche Beobachtungen haben wir bereits bei mechanischen Wellen gemacht, z. B. bei Wasserwellen an einem Übergang von tieferem zu flacherem Wasser. Hier ging die Änderung der Ausbreitungsrichtung mit einer veränderten Ausbreitungsgeschwindigkeit der Wellen einher.

Beschreibung von Licht als Welle • Wenn wir davon ausgehen, dass sich verwandte Phänomene auch in gleicher Weise erklären lassen, dann muss die Ausbreitungsgeschwindigkeit des Lichts in Glas oder Wasser anders sein als in der Luft. Daher kommt es an den Grenzflächen zur Brechung, also dort, wo sich die Ausbreitungsgeschwindigkeit ändert – so, wie wir es beobachtet haben. Mit dieser Erklärung schreiben wir dem Licht Wellencharakter zu.

Bisher haben wir Brechung nur bei mechanischen Wellen untersucht. Dabei wurden in der Wellenwanne alle einlaufenden Wellen gleichermaßen gebrochen.

Die Lichtbrechung des Sonnenlichts am Wasserglas (▶ 2) lässt vermuten, dass Licht unterschiedlicher Farben unterschiedlich stark gebrochen wird.

Zur Überprüfung lassen wir Licht eines grünen und eines roten Lasers in gleichem Winkel auf ein Wasseroberfläche fallen (▶ 4). Das grüne Licht wird stärker gebrochen als das rote. Blaues Licht wird sogar noch stärker gebrochen als rotes Licht.

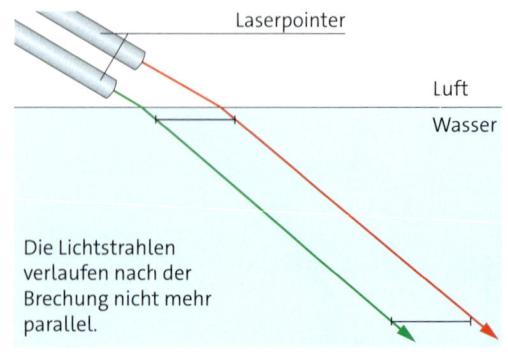

Die Lichtstrahlen verlaufen nach der Brechung nicht mehr parallel.

4 Brechung von rotem und grünem Licht

> Blaues Licht wird stärker gebrochen als rotes Licht.

Bleiben wir dabei, das Licht als Welle zu betrachten, dann kann sich Licht unterschiedlicher Farben nur durch seine Wellenlängen unterscheiden. Aus unseren Beobachtungen folgt dann, dass die Ausbreitungsgeschwindigkeit von Licht in einem Medium von seiner Wellenlänge abhängen muss. Diese Abhängigkeit der Ausbreitungsgeschwindigkeit des Lichts von seiner Farbe bzw. Wellenlänge wird als **Dispersion** bezeichnet und gilt für alle Medien, in denen sich Licht ausbreitet. Nur im Vakuum breitet sich Licht aller Wellenlänge genau gleich schnell aus.

Insgesamt ergibt sich, dass sich die im weißen Licht enthaltenen Farben durch Brechung wie beobachtet zu einem farbigen Spektrum auffächern (▶ 2). Die Beschreibung des Lichts als eine Welle erscheint also sinnvoll.

> Licht lässt sich als Welle beschreiben, wobei die unterschiedlichen Farben unterschiedlichen Wellenlängen entsprechen.

Lichtgeschwindigkeit • Wenn Licht eine Welle ist, muss sich auch seine Ausbreitungsgeschwindigkeit messen lassen. Eine moderne Methode beruht auf den Laufzeitunterschieden des Lichts in dem Versuch, der in ▶ 6 dargestellt ist.

Das von der Leuchtdiode abgegebene Licht trifft auf den Strahlteiler T und wird dort entweder nach oben reflektiert oder direkt hindurchgelassen. Aufgrund der unterschiedlich langen Wege vom Strahlteiler zu den Spiegeln S_1 bzw. S_2 benötigt das Licht auf diesen beiden Wegen unterschiedlich lange, bis es die Empfangsdiode D erreicht. Somit zeigt das angeschlossene Oszilloskop zwei Signale, die um die Differenz Δt der Laufzeiten verschoben sind. Mit dem bekannten Wegunterschied lässt sich daraus die Lichtgeschwindigkeit ermitteln. Sie beträgt in Luft ca. $2{,}997 \cdot 10^8 \frac{m}{s}$ und im Vakuum ca. $2{,}998 \cdot 10^8 \frac{m}{s}$.

> Die Ausbreitungsgeschwindigkeit des Lichts hängt von seiner Wellenlänge und vom Medium ab. Im Vakuum beträgt sie immer etwa $2{,}998 \cdot 10^8 \frac{m}{s}$.

Auch die angenommene Abhängigkeit der Lichtgeschwindigkeit vom durchleuchteten Medium lässt sich mit diesem Versuch nachweisen, wenn man z. B. ein langes Wasserbecken in den Strahlengang zwischen Linse und Reflektor stellt.

Die Nachweise von Brechung und Ausbreitungsgeschwindigkeit bekräftigen die Annahme des Wellencharakters des Lichts. Tatsächlich werden die verschiedenen Farben des Lichts durch unterschiedliche Wellenlängen verursacht.

Wie bei den mechanischen Wellen auch gilt für die Ausbreitungsgeschwindigkeit der Zusammenhang

$$c = \lambda \cdot f$$

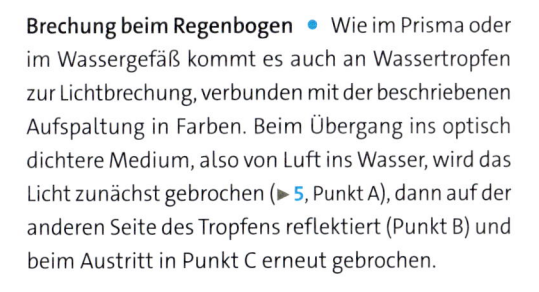

Brechung beim Regenbogen • Wie im Prisma oder im Wassergefäß kommt es auch an Wassertropfen zur Lichtbrechung, verbunden mit der beschriebenen Aufspaltung in Farben. Beim Übergang ins optisch dichtere Medium, also von Luft ins Wasser, wird das Licht zunächst gebrochen (▶ 5, Punkt A), dann auf der anderen Seite des Tropfens reflektiert (Punkt B) und beim Austritt in Punkt C erneut gebrochen.

Infolge der zweimaligen Brechung werden die im Sonnenlicht enthaltenen Farben als Regenbogen sichtbar – solange das Licht auch in unsere Augen trifft. Diese letzte Bedingung führt schließlich zur Form des Regenbogens.

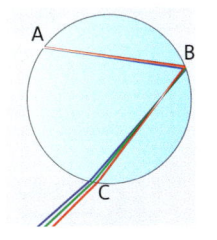

5 Brechung am Wassertropfen

1 ☑ Untersuchen Sie die Lichtbrechung an der Glasplatte (▶ 3) genauer.
  a Entscheiden Sie begründet, ob die Ausbreitungsgeschwindigkeit des Lichts im Glas größer oder geringer ist als die in Luft.
  b Erklären Sie die Brechung an der Platte mit einer Skizze nach dem Huygensschen Prinzip.

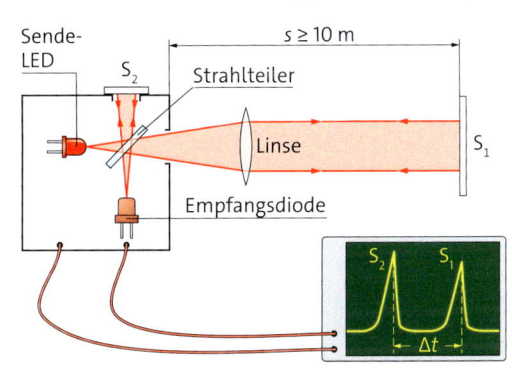

6 Messung der Lichtgeschwindigkeit

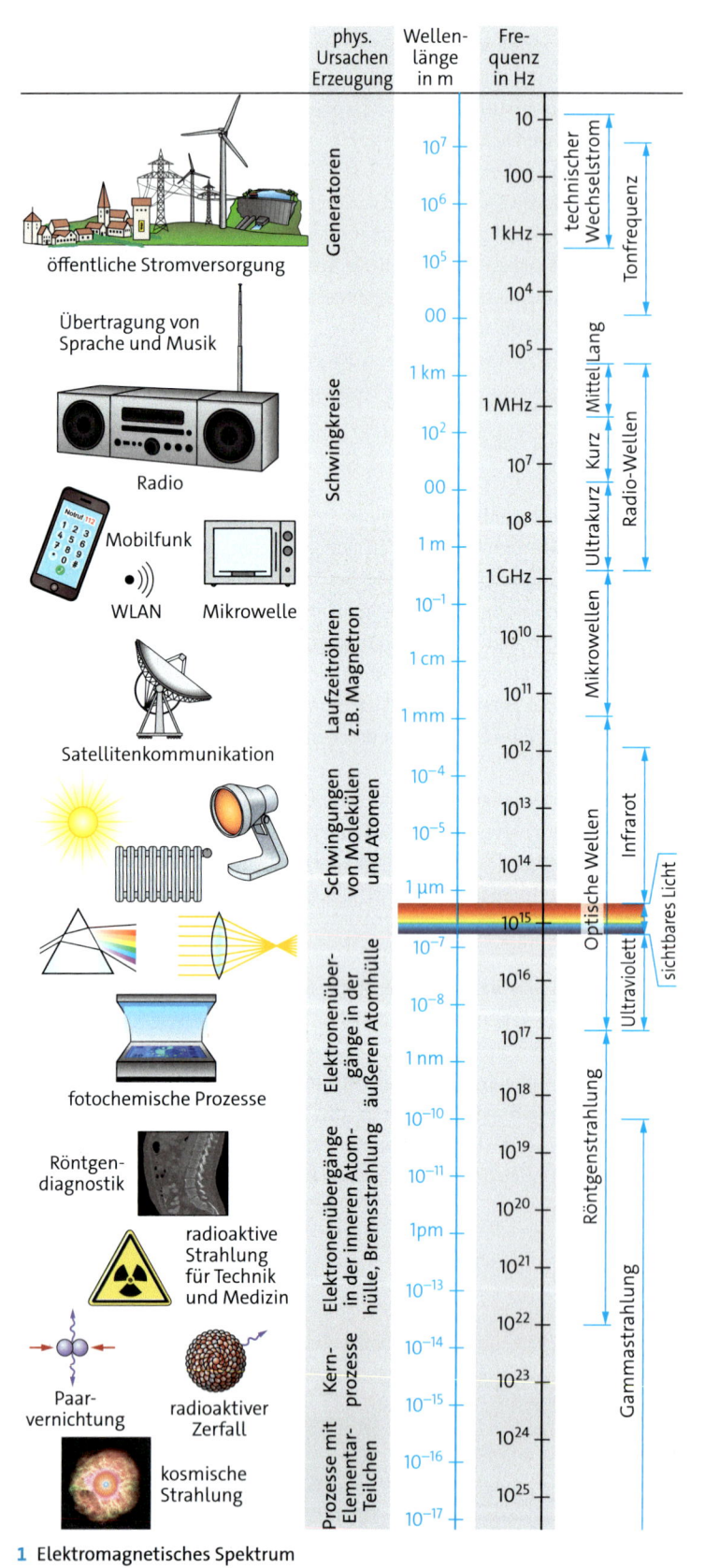

Lichtwellen • Inzwischen wissen wir zwar, dass Licht durch eine Welle beschrieben werden kann, aber die Natur dieser Welle ist noch unklar. Im Gegensatz zu mechanischen Wellen braucht Licht keinen Träger, denn es durchdringt auch ein Vakuum. Trotzdem kann Licht Energie transportieren, z. B. gelangt Strahlung der Sonne durch das Vakuum des Weltalls zu uns und wir spüren ihre Energie auf der Haut. Damit dieser Energietransport möglich ist, müssen Felder an der Übertragung der Wellen beteiligt sein.

Da sich auch elektromagnetische Wellen mit Lichtgeschwindigkeit ausbreiten, liegt die Vermutung nahe, dass Lichtwellen **elektromagnetische Wellen** sind. Dazu passt, dass Licht die meisten Materialien durchscheint, wenn sie dünn genug sind, z. B. Glas, Papier oder Kunststoff. Eine dünne Metallfolie dagegen schirmt Licht effizient ab.
Bei einer elektromagnetischen Welle schwingen elektrische und magnetische Felder abhängig voneinander, wodurch sie sich im Raum ausbreitet (▶ 2).

Elektromagnetisches Spektrum • Die Wellenlängen des sichtbaren Bereichs elektromagnetischer Wellen liegen etwa zwischen 400 nm (blau) und 780 nm (rot). Damit macht das sichtbare Licht nur einen kleinen Teil des **elektromagnetischen Spektrums** aus (▶ 1). Am roten Rand des Spektrums schließt sich das unsichtbare Infrarot an, am violetten Rand das unsichtbare Ultraviolett. Im Bereich der deutlich kleineren Wellenlängen finden sich u. a. Gamma- oder Röntgenstrahlung, deutlich größere Wellenlängen haben Mikro- und Radiowellen (▶ 1).

> Der sichtbare Bereich mit Wellenlängen zwischen etwa 400 nm und 780 nm wird als Licht bezeichnet.

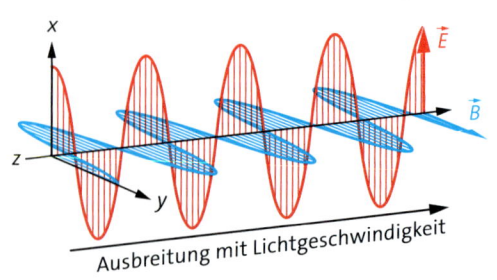

1 Elektromagnetisches Spektrum

2 Elektrisches und magnetisches Feld schwingen jeweils orthogonal zur Ausbreitungsrichtung.

Unsere Augen sind nur in der Lage, den sehr kleinen Bereich des elektromagnetischen Spektrums zwischen 400–800 nm wahrzunehmen (▶ 4A). Durch spezielle Verfahren können aber für uns sichtbare Aufnahmen von unsichtbarer Strahlung erzeugt werden, z. B. Röntgenaufnahmen von Körperteilen (▶ 4B) oder Wärmebilder von Gegenständen (▶ 5). Radio- und Funkwellen können mit einer Antenne empfangen und z. B. auf einem Oszilloskop dargestellt werden.

Energie der Strahlung • Je kleiner die Wellenlänge der elektromagnetischen Strahlung ist, desto größer ist die transportierte Energie. Das erklärt, wieso man von UV-Strahlung einen Sonnenbrand bekommt, von sichtbarem Licht aber nicht: UV-Strahlung transportiert wegen ihrer kleineren Wellenlänge im Vergleich zu sichtbarem Licht genügend Energie, um Hautzellen zu schädigen. Deshalb sollte man die Haut vor UV-Strahlung schützen.

Ob und wie stark ein Material Strahlung reflektiert, absorbiert oder transmittiert, hängt u. a. von der Wellenlänge und damit der Energie der Strahlung ab. So ist Glas sehr durchlässig für Licht, UV-Strahlung unterhalb von 300 nm wird aber weitgehend im Glas absorbiert und langwellige Infrarotstrahlen werden reflektiert. Dadurch erzeugt Glas sowohl den Wärmestau in einem Gewächshaus und verhindert einem Sonnenbrand z. B. im Auto.

Diese Eigenschaft hat auch eine große Bedeutung für den Strahlungshaushalt der Erde. Hier übernehmen verschiedene Treibhausgase wie Ozon, Wasserdampf, Kohlenstoffdioxid, Methan sowie Staub in der Erdatmosphäre eine ähnliche Rolle wie das Glas. Die kurzwelligen Anteile der Sonnenstrahlung werden in der Atmosphäre weitgehend transmittiert, die langwellige Rückstrahlung der Erdoberfläche wird von den Treibhausgasen zum Großteil reflektiert. Dadurch entstehen nahe der Erdoberfläche Temperaturen, die das Leben erst auf der Erde ermöglichen.

Durch Förderung und Verbrennung riesiger Mengen fossiler Energieträger steigt der Anteil der Treibhausgase wie Kohlenstoffdioxid und Methan seit Beginn der Industrialisierung so weit an, dass sich das Strahlungsgleichgewicht der Erde messbar verschoben hat und sich die Erdatmosphäre übermäßig aufheizt.

3 Schattenbildung bei einem Lattenzaun

Grenzen des Wellenmodells des Lichts • Trifft Licht auf einen Zaun, dann beobachtet man dahinter klar voneinander getrennte Licht- und Schattenräume (▶ 3), kein Interferenzmuster wie es für Wellen zu erwarten wäre. Wie passt das zur Erklärung der Schattenbildung verwendete Lichtstrahlmodell zur Beschreibung von Licht als elektromagnetischer Welle?

Im Alltag beobachtet man Beugung und Interferenz nur dann, wenn die Strukturen, an denen das Licht gebeugt wird, hinreichend klein sind. Ihre Abmessungen müssen dazu ungefähr in der Größenordnung der Wellenlänge des Lichts liegen. Dies ist bei einem Zaun aber nicht der Fall.

Auch das Licht selbst muss gewisse Bedingungen erfüllen. Damit es zur Interferenz kommt, müssen die von den Spalten ausgehenden Elementarwellen kohärent, also mit einer konstanten Phasenbeziehung schwingen. Für das Licht eines Lasers ist dies bei unseren Experimenten stets erfüllt, bei Licht im Alltag aber häufig nicht.

1 Zu elektromagnetischen Spektren werden vielfach keine Wellenlängen, sondern Frequenzen angegeben. Dabei gilt $c = \lambda \cdot f$.
 a ☐ Berechnen Sie die Frequenzen an den Rändern des sichtbaren Bereichs.
 b ◪ Benennen Sie einen Vorteil der Angabe von Frequenzen.

2 a ◪ Skizzieren Sie das Schirmbild hinter einem Lattenzaun unter Verwendung des Lichtstrahlmodells.
 b ◼ Beschreiben Sie die erwarteten Veränderungen, wenn Sie die Breite der Latten und ihren Abstand immer weiter verkleinern könnten. Nutzen Sie dazu Ihre Kenntnisse zur Beugung mechanischer Wellen.

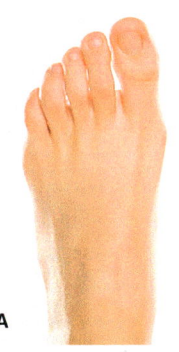

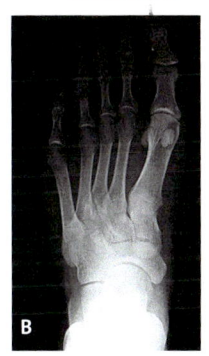

4 Aufnahme eines menschlichen Fußes: **A** mit sichtbarem Licht; **B** mit Röntgenstrahlung

5 Aufnahme eines Heizkörpers mit einer Wärmebildkamera

Material

Versuch A • Elektromagnetische Wellen in Medien

V1 Himmelsblau und Abendrot

Materialien: durchsichtiges Wasserbecken, etwas Milch, Teelöffel, Lampe vom Smartphone

Arbeitsauftrag:
- Recherchieren Sie die Auswirkung der Dispersion auf die Streuung von Licht und stellen Sie diese dar.
- Füllen Sie das Becken mit Wasser und geben Sie etwa 1 Teelöffel Milch hinzu, sodass sich das Wasser gerade eintrübt. Legen Sie die Lampe so an das Becken, dass ihr Licht auf einer möglichst langen Strecke durch das getrübte Wasser fällt (▶ 1).
- Blicken sie einmal seitlich auf den durch das getrübte Wasser laufenden Lichtstrahl und einmal dem Licht entgegen.
- Beschreiben und erklären Sie Ihre Beobachtungen. Gehen Sie dabei auch auf die Rolle der Milch ein.
- Stellen Sie einen Bezug zu den Beobachtungen am Himmel her und gehen Sie dabei auch auf die Tageszeiten ein, zu denen diese zu beobachten sind.
- Auf dem Mond erscheint der Himmel schwarz. Begründen Sie.

1 Färbungen des Himmels simulieren

V2 Verstimmter Empfänger

Materialien: Dezimeterwellen-Generator, Wasserbecken, zwei Empfangsdipole (6 cm und 31,5 cm), destilliertes Wasser, Holzklötze

Arbeitsauftrag:
- Befestigen Sie beide Empfangsdipole waagerecht und übereinander im Wassertank. Stellen Sie den Sendedipol parallel dazu und in gut 20 cm Entfernung auf. Gleichen Sie den Höhenunterschied zwischen Sende- und Empfangsantennen mithilfe der Holzklötze aus.
- Schalten Sie den Sender ein und beschreiben Sie Ihre Beobachtungen.
- Füllen Sie das Wasserbecken, bis beide Antennen bedeckt sind. Beschreiben und erklären Sie die Veränderung.

Material A • Mikrowellen

Erhitzt man eine Speise in einem Mikrowellenherd, so wirken die elektromagnetischen Wellen zunächst einmal auf die in den Speisen enthaltenen Wassermoleküle. Diese werden aufgrund ihres Dipolcharakters durch das schwingende elektrische Feld in Rotationen versetzt. Benachbarte Moleküle geraten dann ebenfalls in Bewegung, sodass sich die kinetische Energie der Moleküle insgesamt deutlich erhöht – die Temperatur steigt. Beim Auftauen von Gefriergut in der Mikrowelle besteht die Gefahr, dass bereits angetaute Bereiche sehr viel schneller heiß werden und damit länger garen als anfangs noch gefrorene Bereiche. Zum Auftauen von Gefriergut in der Mikrowelle gibt es daher zwei Tipps:
- Gefriergut vorher kurz abspülen,
- langsam mit geringer Leistung auftauen.

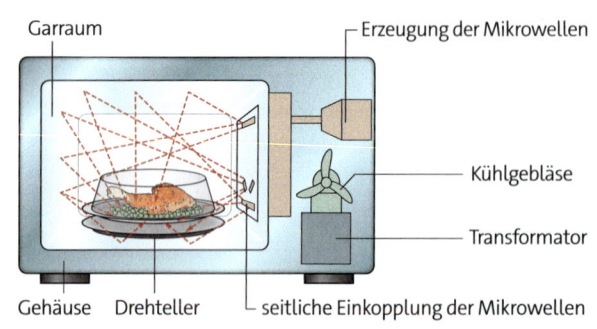

A1 Mikrowellenherd

1 ☐ In Europa werden Mikrowellenherde meist mit einer Frequenz von 2,455 GHz betrieben. Berechnen Sie die zugehörige Wellenlänge und ordnen Sie diese ins elektromagnetische Spektrum ein.

2 Im Garraum der Mikrowelle könnten sich stehende Wellen ausbilden.
  a ▨ Berechnen Sie den entsprechenden Abstand benachbarter Knoten.
  b ▨ Erläutern Sie, weshalb die Ausbildung stehender Wellen ungünstig wäre. Begründen Sie, bei welchen Speisen dies problematisch wäre.
  c ■ Begründen Sie anhand von ▶ A1, warum die Ausbildung gut ausgeprägter stehender Wellen unwahrscheinlich ist.
  d ▨ Erklären Sie, warum sich die eingangs dargestellten Probleme beim Auftauen ergeben.
  e ▨ Begründen Sie die Tipps zum Auftauen.

3 Aus einer alten Mikrowelle wird der Drehteller entfernt, durch eine Tafel Schokolade ersetzt und kurz erhitzt. An Stellen im Abstand von ca. 6 cm schmilzt die Schokolade.
  a ▨ Erklären Sie die Beobachtung.
  b ▨ Bestimmen Sie anhand der Daten einen Näherungswert für die Lichtgeschwindigkeit.

Licht und elektromagnetische Wellen • Licht als Welle

Material B • Regenbogen

Will man erklären, wie ein Regenbogen entsteht, muss man mehrere Aspekte berücksichtigen:
- Bedingungen für die Beobachtung eines Regenbogens,
- Dispersion,
- Entstehung von Haupt- und Nebenregenbogen inklusive der Winkel, unter denen die Beobachtung möglich ist,
- Helligkeitsunterschiede (Aufhellung innerhalb des Hauptregenbogens, dunklerer Bereich zwischen den Regenbogen, genannt „Alexanders dunkles Band").

1. Erklären Sie mit ▶B1 und eigenen Skizzen ausführlich, wie Regenbogen entstehen. Recherchieren Sie nach Bedarf und gehen Sie auf die oben genannten Punkte ein.

B1 Aspekte zur Entstehung von Regenbogen; im Wassertropfen sind nur die reflektierten Anteile des Sonnenlichts gezeigt.

Material C • Lichtbrechung in der Atmosphäre

Steht die Sonne kurz über dem Horizont, erscheint sie häufig in Längsrichtung gestaucht. Auch ihre wahrgenommene Position ist eine Täuschung (▶C1).

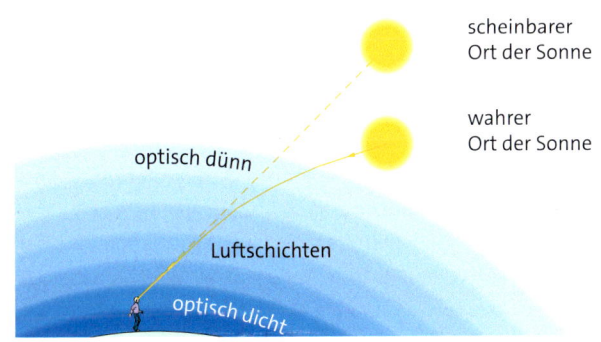

C1 Hebung der Sonne (die Atmosphäre ist vereinfacht durch viele Schichten konstanter Dichte dargestellt).

1. Erklären Sie anhand von ▶C1 die Hebung der Sonne.
2. Erklären Sie, wie sich die Hebung auf die Tagesdauer auswirkt.
3. In ▶C2 wird stark vereinfachend nur noch eine einzelne Grenzschicht in der Atmosphäre betrachtet. Nutzen Sie in einer eigenen Skizze die angedeuteten Strahlen, um den Weg des Lichts zum Menschen zu bestimmen. Ermitteln Sie dann das gesehene Bild der Sonne.

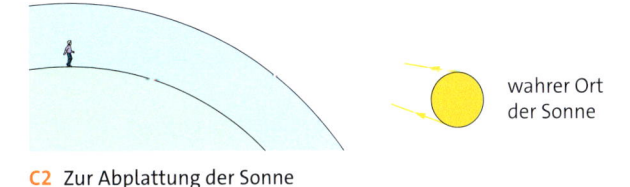

C2 Zur Abplattung der Sonne

Material D • Licht an dünnen Schichten

Weißes Licht lässt Seifenblasen farbig schimmern. Dabei wird das Licht an den Grenzflächen zwischen Seife und Luft zum Teil gebrochen und zum Teil reflektiert. Dies führt zu Interferenzen zwischen den an Vorder- und Rückseite der Seifenschicht reflektierten Strahlen.

D1 Schillernde Seifenblase

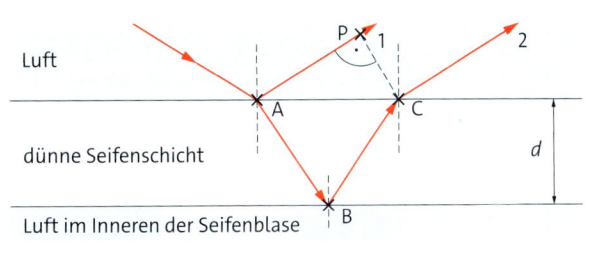

D2 Entstehung des Gangunterschieds

1. Ermitteln Sie den Gangunterschied zwischen den Strahlen in ▶D2.
2. a) Erläutern Sie, warum Seifenhaut farbig erscheint.
   b) Begründen Sie, warum in ▶D1 auch Mischfarben zu sehen sind.

5.2 Beugung von Licht am Gitter

1 Lichtreflexe betrachtet durch eine Gardine.

Das kreuzförmige Muster aus Lichtreflexen ist beim Blick durch eine feinmaschige Gardine entstanden. Dabei fächern die weiter außen liegenden Lichtreflexe deutlich zu Farbspektren auf. Aber warum?

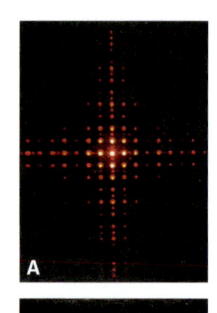

Interferenz an einem Stück Stoff • Diesen Effekt untersuchen wir genauer, indem wir einen Laserstrahl auf ein Stück Stoff mit horizontalen und vertikalen Fäden und dazwischen liegenden Öffnungen richten. Auf einem Schirm ergibt sich ein regelmäßiges Muster aus reihen- und spaltenweise angeordneten hellen Flecken (▶ 2A).

Beugung am optischen Gitter • Zur Vereinfachung verwenden wir eine Anordnung aus äquidistanten vertikalen Spalten, ein **optisches Gitter**. Auf dem Schirm dahinter ist eine horizontale und symmetrische Reihe von hellen Flecken zu sehen, deren Abstand nach außen hin immer größer wird (▶ 2B). Je kleiner der Spaltenabstand im Gitter ist, desto weiter liegen die Flecken auseinander.

2 Beugung von Laserlicht: **A** an Stoff; **B** am optischen Gitter

Wenn wir feine Wassertröpfchen einsprühen, dann sehen wir das Laserlicht nur in scharf begrenzten Bereichen zwischen Gitter und Schirm (▶ 3). Dies erinnert an die Linien konstruktiver Interferenz. Aber warum sind diese so scharf ausgeprägt?

Dies klärt sich, wenn wir das Licht betrachten, das auf das Gitter fällt. Aufgrund des Wellencharakters des Lichts können wir dabei nach dem Prinzip von Huygens jede Gitteröffnung als Ausgangspunkt neuer Elementarwellen betrachten, die sich hinter dem Gitter ausbreiten und dort interferieren. Dabei interessiert uns insbesondere die konstruktive Interferenz in den hellen Punkten (▶ 4). Für eine übersichtlichere Darstellung zeichnen wir statt der Wellen nur diejenigen Strahlen ein, die zu einem dieser Punkte führen.

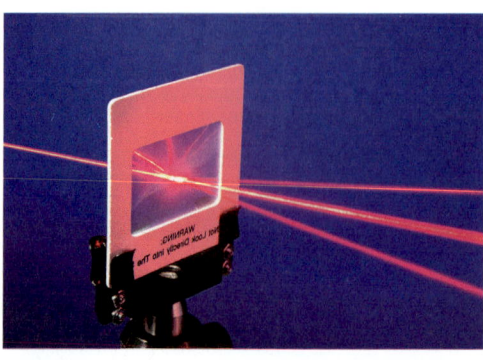

3 Sichtbar gemachtes Laserlicht am optischen Gitter

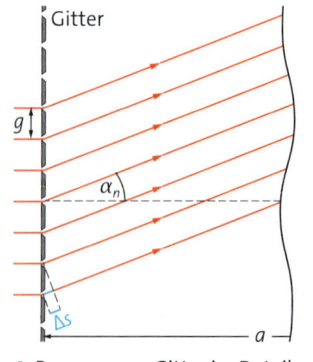

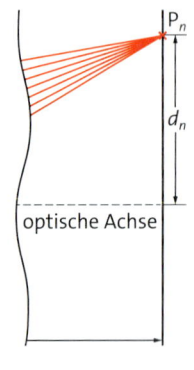

4 Beugung am Gitter im Detail

Wir bezeichnen die hellen Punkte vom mittleren Punkt P_0 aus nach außen hin als P_1, P_2, P_3, ... und zusammenfassend als P_n oder als Maxima n. Ordnung. In ▶ 4 ist nur ein solcher Punkt exemplarisch dargestellt. Die Schlängellinie deutet an, dass die Lichtstrahlen deutlich verkürzt gezeichnet wurden. Dies ist nötig, um zwei wesentliche Aspekte ihres Verlaufs darstellen zu können: Zum einen ist der Abstand a zwischen Gitter und Schirm viel größer als der Abstand d_n zwischen Maxima und der optischen Achse. Somit ist der Winkel α_n zwischen dem mittleren Strahl und der optischen Achse sehr klein. Wir nehmen näherungsweise an, dass benachbarte Strahlen parallel zueinander verlaufen (▶ 4, links der Schlängellinie). In dieser **Fernfeldnäherung** haben zwei Wellen aus benachbarten Spalten immer denselben **Gangunterschied** Δs.
Zum anderen treffen sich die betrachteten Strahlen im Punkt P_n, verlaufen also nicht wirklich parallel (▶ 4, rechts der Schlängellinie).

Interferenzbedingung • Wir erhalten im Punkt P_n genau dann konstruktive Interferenz, wenn der Gangunterschied Δs zwischen den verschiedenen Strahlen, die in P_n auftreffen, ein Vielfaches der Wellenlänge beträgt, also

$\Delta s = n \cdot \lambda$, mit $n = 1, 2, 3$ ...

Der tatsächliche Gangunterschied hängt dabei vom konkreten Aufbau ab. Neben dem bereits betrachteten Abstand a und dem Winkel α_n ist der Abstand g zwischen den Gitteröffnungen wesentlich. Dieser wird auch als **Gitterkonstante** bezeichnet.
Der Winkel α_n findet sich in dem Dreieck zwischen Gitter und Schirm, das durch die optische Achse gebildet wird (▶ 4). Hier gilt:

$\tan(\alpha_n) = \dfrac{d_n}{a}$ oder $\alpha_n = \arctan\left(\dfrac{d_n}{a}\right)$

Mit Blick auf den Gangunterschied findet sich α_n auch in dem in ▶ 5 hervorgehobenen Dreieck zwischen benachbarten Strahlen und es gilt:

$\sin(\alpha_n) = \dfrac{\Delta s}{g} = \dfrac{n \cdot \lambda}{g} \Rightarrow n \cdot \lambda = g \cdot \sin(\alpha_n)$

Für jedes Vielfache der Wellenlänge ergibt sich also ein eigenes Interferenzmaximum mit

$n \cdot \lambda = g \cdot \sin\left(\arctan\left(\dfrac{d_n}{a}\right)\right)$ und

$d_n = a \cdot \tan\left(\arcsin\left(\dfrac{n \cdot \lambda}{g}\right)\right)$

Häufig ist der Winkel α_n sehr klein. Dann lässt sich noch eine weitere Näherung verwenden, die Kleinwinkelnäherung:

$\sin(\alpha_n) \approx \tan(\alpha_n)$

Damit ergibt sich aus den beiden vorangegangenen Formeln

$\dfrac{n \cdot \lambda}{g} \approx \dfrac{d_n}{a}$ und schließlich

$d_n \approx \dfrac{n \cdot \lambda \cdot a}{g}$ mit $n = 1, 2, 3$ ...

Die Maxima sind dann äquidistant.
Je größer die Ordnung n ist, desto weiter wird das Licht in den Schattenraum hinein gebeugt. Wegen $\sin(\alpha_n) \leq 1$ gilt für die größtmögliche Ordnung der Gittermaxima $n \leq \dfrac{g}{\lambda}$.

> An einem Gitter mit der Gitterkonstanten g treten Interferenzmaxima im Abstand d_n von der optischen Achse auf. Dabei gilt
> $d_n = a \cdot \tan\left(\arcsin\left(\dfrac{n \cdot \lambda}{g}\right)\right)$ mit $n = 1, 2, 3$ ...; $n \leq \dfrac{g}{\lambda}$
> und Abstand a zwischen Gitter und Schirm.

Interferenz beim Kreuzgitter • Die Gardine ist ein Kreuzgitter. Daher kommt es nicht nur in horizontaler, sondern auch in vertikaler Richtung zur Interferenz. Dadurch sind die Intensitätsmaxima wie auf einem Karomuster angeordnet.

1 ◪ Erstellen Sie eine Skizze des Interferenzbildes bis $n = 3$ für $g = 10$ μm, $a = 2$ m und $\lambda = 550$ nm. Berechnen Sie den Abstand d_3.

2 Laserlicht mit der Wellenlänge 633 nm trifft auf ein Gitter mit 100 Spalten pro mm. Der Schirmabstand beträgt $a = 1,5$ m.
  a ☐ Geben Sie die Gitterkonstante g an.
  b ◪ Berechnen Sie die Winkel α_n zu den Maxima 1., 2. und 3. Ordnung.
  c ◪ Berechnen Sie die Abstände d_n dieser Intensitätsmaxima zur Schirmmitte P_0.

3 a ◪ Ermitteln Sie, bis zu welchem Winkel α der Fehler durch die Kleinwinkelnäherung unter 1% liegt.
  b ◪ Bestimmen Sie, wie viele Striche pro mm ein Gitter höchstens haben darf, damit die Kleinwinkelnäherung auch für blaues Licht und $n = 3$ noch gilt.

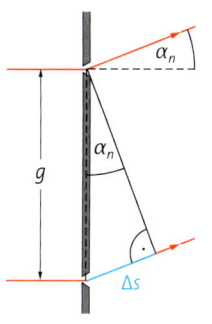

5 Gangunterschied benachbarter Strahlen

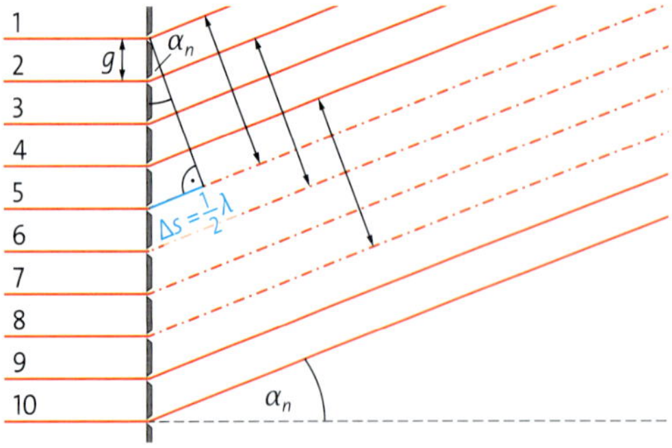

1 Interferenz am Gitter mit 10 Spalten und $\Delta s = \frac{1}{8}\lambda$

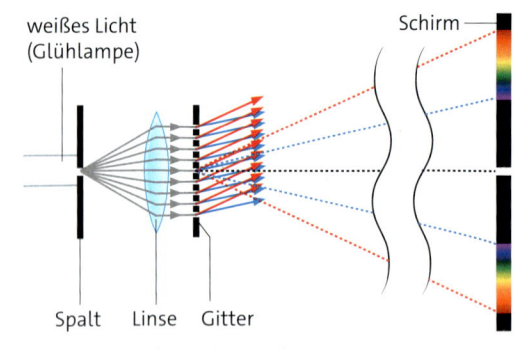

2 Erzeugung eines Gitterspektrums

Schärfe der Maxima • Weicht der Gangunterschied über die gesamte Gitterbreite nur wenig von $n \cdot \lambda$ (n ganzzahlig) ab, dann gibt es sehr viele Paare von Elementarwellen, zwischen denen es jeweils zur destruktiven Interferenz kommt. Diese Paare von Elementarwellen löschen sich dann gegenseitig aus. So bilden in ▶1 die Elementarwellen des 1. und 5. Spalts ein Paar mit einen Gangunterschied von $\frac{1}{2}\lambda$ und löschen sich aus. Gleiches gilt für die Wellen der Spalte 2 und 6, 3 und 7 sowie 4 und 8 aus. Nur die übrig gebliebenen Wellen der Spalte 9 und 10 löschen sich nicht aus.

In der Praxis haben wir es mit sehr vielen Spalten und damit auch mit sehr vielen Elementarwellen zu tun. Je mehr Elementarwellen miteinander interferieren, umso mehr Paare mit destruktiver Interferenz lassen sich bilden. Damit kommt es fast nur bei konstruktiver Interferenz nicht zur Auslöschung – es entstehen scharf abgegrenzte Intensitätsmaxima.

Farben am Gitter • Die Winkel α_n für die Maxima n. Ordnung hängen von der Wellenlänge ab. Dies kann man dazu nutzen, weißes Licht einer Glühlampe in seine Spektralfarben zu zerlegen (▶2). Der Aufbau mit Linsen und Beleuchtungsspalt sorgt dafür, dass das Licht parallel und mit einer konstanten Phasenbeziehung auf das Gitter trifft. Auf dem Schirm beobachten wir eine weiße Linie und links und rechts davon farbige Spektren (▶3A). Die Spektren beginnen innen mit Violett und enden außen mit Rot. Dazwischen sind die vom Regenbogen her bekannten Farben zu sehen, bei den weiter außen liegenden Spektren teilweise auch weitere Farben. Weißes Licht enthält Licht unterschiedlicher Wellenlängen. Da der Beugungswinkel von der Wellenlänge λ abhängt, nimmt der Abstand der Maxima zur optischen Achse mit der Wellenlänge zu. In 0. Ordnung liegen die Maxima aller Wellenlängen übereinander und es entsteht der Farbeindruck Weiß. Die 1. Maxima liegen für die unterschiedlichen Wellenlängen dicht nebeneinander, sodass ein kontinuierliches Farbspektrum entsteht (▶2). Mit zunehmender Ordnung werden diese Spektren dann immer breiter (▶3B). Dies führt dazu, dass sich benachbarte Spektren mit zunehmender Ordnung immer weiter überlagern. Durch additive Farbmischung entstehen dann zusätzliche Farbeindrücke (▶3A). Die Überlagerung nimmt mit zunehmender Ordnung immer weiter zu.

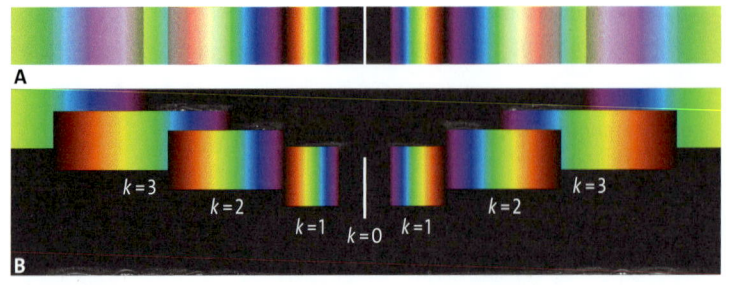

1 ⬛ Laserlicht mit λ = 633 nm fällt durch ein Gitter mit g = 0,01 mm auf einen Schirm (a = 1,5 m). Berechnen Sie den Abstand zwischen dem 3. und dem 4. Maximum.

2 Ein Gitter mit 500 Spalten pro Millimeter wird mit weißem Licht bestrahlt.
  a ☐ Berechnen Sie die Beugungswinkel bis n = 3 für rotes und violettes Licht.
  b ⬛ Skizzieren Sie das Bild auf einem 2,0 m entfernten, 4,0 m breiten und symmetrisch zur optischen Achse angebrachten Schirm.
  c ⬛ Bestimmen Sie, ab welcher Ordnung sich die Spektren bei g = 6 µm überlagern.

3 A Schirmbild für g = 10 µm, **B** Erklärung durch Überlagerung der Spektren

Blickpunkt   Licht und elektromagnetische Wellen • Beugung von Licht am Gitter

Strukturfarben

Schmetterlinge, Vögel und auch Fische warten mit vielen Farben auf, die sie nicht nur in den Augen ihrer Artgenossen attraktiv machen. Dabei werden nur Farben wie Gelb, Orange, Rot, Braun und Schwarz direkt durch absorbierende Pigmente verursacht. Doch wie entstehen die übrigen Farben?

4 Blauer Morphofalter

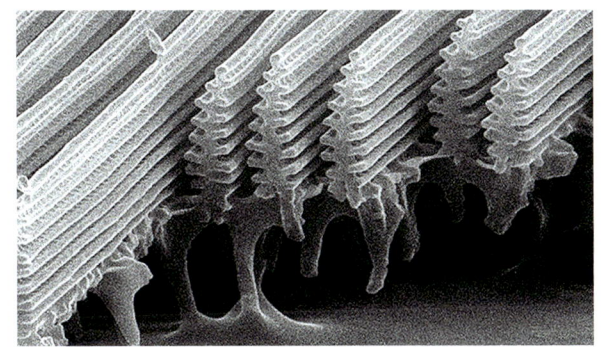

5 Schuppen des Morphofalters im Elektronenmikroskop

Farbenpracht • Blau, Grün und Violett sind fast ausschließlich Strukturfarben. Sie entstehen an besonderen Strukturen in Schuppen oder Federn. Dabei lassen sich zwei wesentliche Gruppen unterscheiden: Die eher matten Farben entstehen durch Streuung an Pigmentkörnchen, schillernde Farben durch Interferenzen an dünnen Schichten.

Nicht-schillernde Strukturfarben • Diese Farben werden vielfach durch die Streuung von Licht an kleinen Körnchen aus dem braunen Pigment Melanin verursacht. Wie bei der Streuung des Sonnenlichts an Molekülen in der Atmosphäre wird kurzwelliges Licht stärker gestreut als langwelligeres Licht. Dadurch erscheinen die Schuppen oder Federn im gestreuten Licht blau, während das transmittierte Licht ein durchscheinendes Rot ergibt.
Viele weitere Farben entstehen durch die Kombination von Pigment- und Strukturfarben, wobei der Farbeindruck von der Blickrichtung des Beobachters abhängt.
Anders ist dies beim Blauen Morphofalter (▶4). Seine Flügel sind mit Schuppen bedeckt, deren Längsrippen aus baumartigen Strukturen von Chitinlamellen bestehen, die nur etwa 1,8 μm voneinander entfernt sind (▶5).

An der verschachtelten Rippenstruktur wird das Licht wie an einem Gitter gebeugt. Zusammen mit der Reflexion zwischen benachbarten Strukturen kommt es nur für Licht aus einem sehr schmalen Wellenlängenbereich zu konstruktiver Interferenz. Das entstehende Blau ist aus jedem Blickwinkel gleich intensiv zu sehen.

Schillernde Strukturfarben • Reflexionen an der Ober- und Unterseite sehr dünner Schichten lassen Interferenzfarben entstehen, wie bei einer Seifenhaut. Dabei führt die Dispersion dazu, dass es für manche Wellenlängen zu konstruktiver Interferenz kommt, während andere durch destruktive Interferenzen ausgeblendet werden. Welche Wellenlängen genau gelöscht werden, hängt sowohl von der Schichtdicke als auch vom Blickwinkel des Beobachters ab.
Im Gefieder des Pfaus (▶6) wirken verschiedene Effekte. Das Licht wird an Vorder- und Rückseite von Stäbchen aus Melanin reflektiert. Diese sind durch Keratin zu einem Reflexionsgitter verbunden und befinden sich in den Federstrahlen, den von den Federästen abgehenden Härchen (▶7). Anzahl und Abstand der Stäbchen sowie unterschiedliche Blickrichtungen führen zu Interferenzfarben von Blau über Grün bis Gelb.

6 Schillernde Farben zweier Pfauenfedern

7 Federstrahlen im Mikroskop: **A** Auflicht, **B** Durchlicht

Material

Versuch A • Wellenlängenbestimmung an Gitter und Doppelspalt

V1 Objektive Methode

Achtung! Gefahr durch Laserstrahlung! Eine Unterweisung durch die Lehrkraft ist zwingend erforderlich.

Materialien: Laser mit grünem und rotem Licht (λ bekannt), Strichgitter, Schirm, Stativmaterial

Arbeitsauftrag:
– Befestigen Sie den Laser so vor dem Gitter, dass dieses gut ausgeleuchtet wird und stellen Sie den Schirm so dahinter auf, dass Sie das Interferenzbild gut vermessen können (mindestens P_3).
– Messen Sie den Abstand zwischen Schirm und Gitter sowie die Abstände d_n für die Interferenzbilder des roten und des grünen Lasers.
– Ermitteln Sie die Gitterkonstante.
– Beschreiben Sie Gemeinsamkeiten und Unterschiede der Interferenzbilder.
– Berechnen Sie die beiden Wellenlängen, schätzen Sie die Fehler ab. Vergleichen Sie mit den Herstellerangaben.

V2 Subjektive Methode

Materialien: Leuchtdioden mit unterschiedlichen Farben und passende Stromversorgung, Millimeterpapier, Nadel, Gitter mit etwa 100 Spalten pro mm, Stativmaterial

Arbeitsauftrag:
– Stechen Sie mit der Nadel ein Loch in das Millimeterpapier und lassen Sie das Licht einer LED von hinten durch das Loch fallen. Betrachten Sie das Licht der LED von vorne durch das Gitter.
– Begründen Sie, dass die zuvor hergeleiteten Formeln auch hier gelten.
– Überprüfen Sie, ob Sie die Kleinwinkelnäherung hier nutzen können. Berücksichtigen Sie Ihr Ergebnis bei der Auswertung.
– Messen Sie die Abstände zwischen den Maxima gleicher Ordnung. Wiederholen Sie dies mit den anderen LEDs.
– Bestimmen Sie aus Ihren Messwerten die Wellenlängen für die verschiedenen LEDs und vergleichen Sie Ihre Ergebnisse mit den Herstellerangaben.

V3 Spektrum einer Flamme

Materialien: Teelicht, Streichhölzer, Smartphone, Gitter mit etwa 300 Spalten pro mm

Arbeitsauftrag:
– Halten Sie das Gitter vor die Kamera des Smartphones und fotografieren Sie die Flamme der Kerze sowie die seitlich sichtbaren Spektren.
– Beschreiben Sie das Interferenzmuster und erklären Sie, wie es entsteht.
– Berechnen Sie die Beugungswinkel für den äußeren Rand des Spektrums 1. Ordnung sowie den inneren Rand des Spektrums 2. Ordnung.
– Nutzen Sie die Teelichthülse als Maßstab und bestimmen Sie die Gitterkonstante zu (▶ 1, a = 0,5 m). Erläutern Sie Ihr Vorgehen.

1 Foto einer Kerze durch ein Strichgitter

Versuch B • CD als Reflexionsgitter

Achtung! Gefahr durch Laserstrahlung! Eine Unterweisung durch die Lehrkraft ist zwingend erforderlich.

Materialien: Laser (λ bekannt), CD, Stativmaterial, Papier, Klebeband, Lampe mit weißem Licht

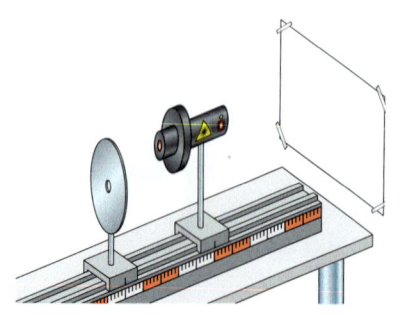

V1 Beugung an der CD

Arbeitsauftrag:
– Bauen Sie den Versuch entsprechend der Abbildung auf (▶ 2). Achten Sie darauf, die CD parallel zur Wand auszurichten. Lassen Sie den Laserstrahl orthogonal auf die CD fallen.
– Beschreiben Sie das Interferenzmuster auf der Wand.
– Erklären Sie seine Entstehung mithilfe von ▶ 3.
– Leiten Sie die Gleichung für den Gangunterschied der interferierenden Elementarwellen her.
– Bestimmen Sie den Abstand benachbarter Rillen (Spurabstand).

V2 Farbige CD

Arbeitsauftrag:
– Bestrahlen Sie die CD jetzt mit weißem Licht.
– Erklären Sie, wie der vom Betrachtungswinkel abhängige Farbeindruck zustande kommt.

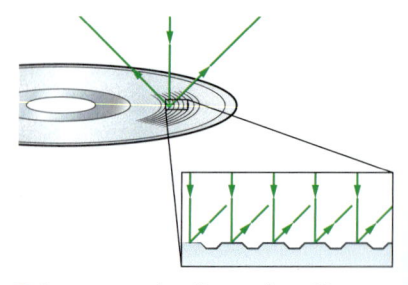

2 Versuchsaufbau zu V1 und V2

3 Beugung an den Stegen einer CD

Material A • Interferenzbild einer Quecksilber-Dampflampe

Die beiden Spektren 1. Ordnung (▶ **A1**) wurden unter denselben Bedingungen aufgenommen; das obere Spektrum mit Licht einer Glühlampe, das untere mit Licht einer Quecksilberdampflampe.
Das verwendete Gitter besitzt 100 Spalte pro mm, der Schirmabstand betrug 1,30 m.

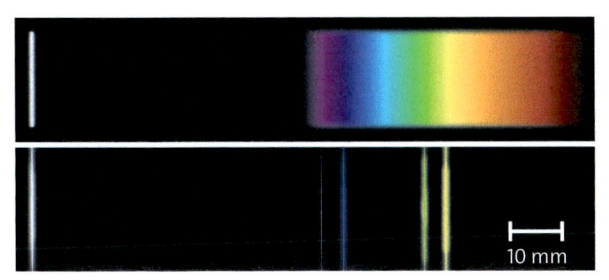

A1 Spektren: Glühlampe (o.) und Quecksilberdampflampe (u.)

1 Das Spektrum der Glühlampe ist kontinuierlich. Es enthält sichtbares Licht sowie unsichtbares IR- und UV-Licht.
  a ☐ Geben Sie den Wellenlängenbereich des sichtbaren Lichts an.
  b ☐ Beschreiben Sie, wo im Spektrum die IR- bzw. die UV-Strahlung liegt.

2 Die Wellenlänge lässt sich aus dem Spektrum in einfacher Weise bestimmen.
  a ✏ Zeigen Sie, dass im Rahmen der Kleinwinkelnäherung $\lambda = k \cdot d$ mit einer Konstanten k gilt.
  b ✏ Bestimmen Sie die Konstante k.

3 ☐ Im Gegensatz zur Glühlampe emittiert die Quecksilberlampe nur in schmalen Spektralbereichen Licht, Spektrallinien werden sichtbar.
Bestimmen Sie die Wellenlänge der grünen und der blauen Linie.

4 ✏ Auf dem Schirm treten Spektrallinien 2. Ordnung mit den Wellenlängen $\lambda = 578$ nm (gelb) und $\lambda = 436$ nm (blau) auf. Berechnen Sie den Abstand zwischen diesen Linien.

5 ✏ Je höher die Beugungsordnung ist, desto breiter werden die Spektren.
  a Bestimmen Sie die Ordnung, ab der sich benachbarte Spektren überlagern.
  b Erläutern Sie, was passiert, wenn sich die kontinuierlichen Spektren des weißen Lichts bei höheren Ordnungen überlagern.
  c Ermitteln Sie, welche Ordnung des Interferenzmusters höchstens sichtbar sein kann.

6 Die Quecksilberdampflampe hat im UV-Bereich eine intensive Spektrallinie bei 365 nm. Diese kann man mit fluoreszierendem Papier nachweisen.
  a ☐ Berechnen Sie den Abstand dieser Spektrallinie in 1. Ordnung vom Maximum 0. Ordnung.
  b ✏ Hält man das fluoreszierende Papier in den sichtbaren Spektralbereich, stellt man eine intensive UV-Linie bei ca. 9,5 cm fest. Erklären Sie.

Material B • Spurabstände bei einer CD-ROM und einer Blu-Ray-Disc

Auf CD-ROM und Blu-Ray-Disc werden Daten mithilfe von Vertiefungen (Pits) gespeichert (▶ **B1**). Diese werden dann mithilfe eines Lasers ausgelesen.
Trifft Licht auf eine CD-ROM oder eine DVD, wirken die Pits aufgrund ihrer regelmäßigen Anordnung als Reflexionsgitter (▶ **Versuch B**). Dabei entspricht die Spurweite der Gitterkonstante.

Zur genaueren Bestimmung der Spurweite wird ein grüner Laserstrahl ($\lambda = 532$ nm) orthogonal auf eine CD-ROM gerichtet. Auf einem Schirm in 42 cm Entfernung misst man zwischen den Maxima 1. Ordnung einen Abstand von 29,8 cm.

1 ☐ Berechnen Sie aus den Messdaten die Gitterkonstante der CD-ROM und vergleichen Sie diese mit den Angaben in der Abbildung (▶ **B1**).

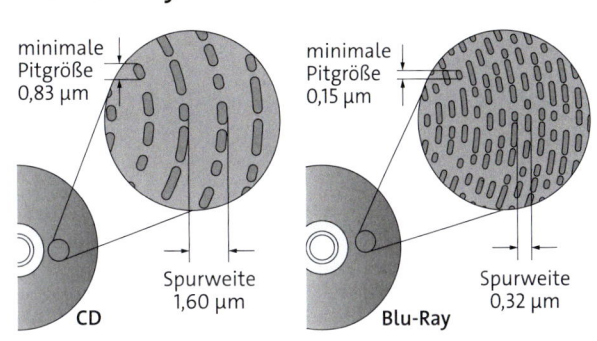

B1 Datenspeicherung auf CD-ROM und Blu-Ray-Disc

CD: minimale Pitgröße 0,83 µm, Spurweite 1,60 µm
Blu-Ray: minimale Pitgröße 0,15 µm, Spurweite 0,32 µm

2 ✏ Der Laser in einem Blu-Ray-Laufwerk hat eine Wellenlänge von 405 nm. Begründen Sie, wie sich das Interferenzbild ändert, wenn jetzt dieser Laser genutzt wird.

3 ✏ Bei Abspielgeräten sollten die Beugungseffekte möglichst gering sein. Bewerten Sie die Eignung der beiden Laser für das Abspielen von CD-ROM und Blu-Ray-Disc.

221

5.3 Beugung am Doppel- und Einzelspalt

1 Von oben nach unten: jeweils Interferenzbilder an Gitter, Doppelspalt und Einzelspalt gleicher Breite

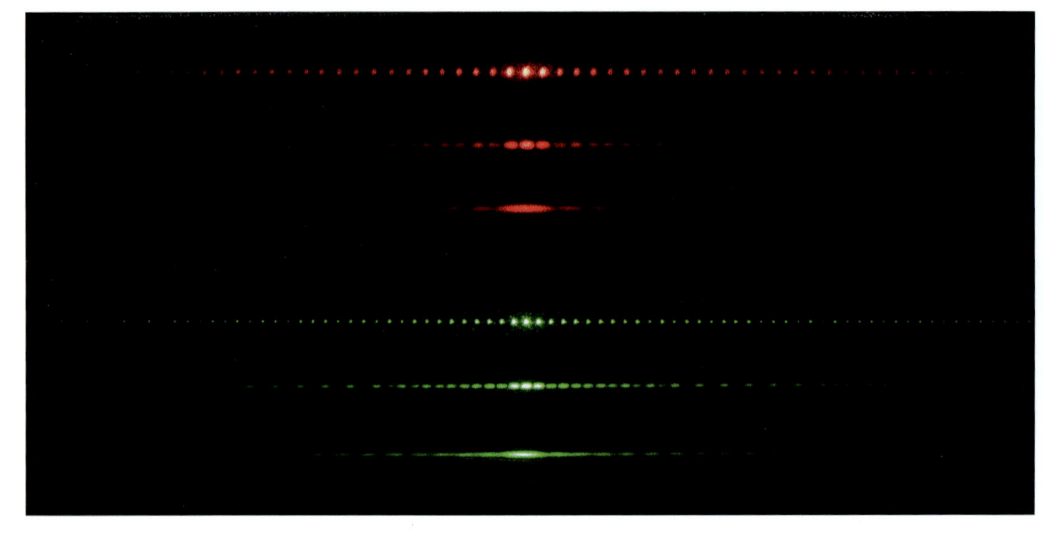

Das Interferenzbild am Doppelspalt ähnelt dem am Gitter, es weist aber auch Ähnlichkeiten zu dem Bild auf, das entsteht, wenn Licht auf einen Einzelspalt mit gleicher Spaltbreite trifft. Wie kommt dieses Muster zustande und warum gibt es breitere Bereiche, zu denen gar kein Licht kommt?

Maxima am Doppelspalt • Das Interferenzbild eines Doppelspalts (▶ 1) besteht wie beim Gitter aus vielen schmalen, scharf abgegrenzten Maxima in regelmäßigen Abständen. Allerdings fehlen einzelne Maxima.

Die Maxima entstehen wie beim Gitter durch Interferenz von Licht, das durch unterschiedliche Spalte getreten ist. Folglich erhalten wir die Lage der Maxima, indem wir zwei Elementarwellen betrachten, die entsprechend dem Prinzip von Huygens an den beiden Einzelspalten im Abstand g voneinander entstehen (▶ 2). Diese interferieren konstruktiv auf dem Schirm, wenn der Gangunterschied Δs der beiden Weglängen gerade ein Vielfaches ihrer Wellenlänge beträgt. Damit gilt dann wie beim Gitter:

$$\sin(\alpha_n) = \frac{\Delta s}{g} = \frac{n \cdot \lambda}{g} \text{ mit } n = 1, 2, 3 \ldots \text{ und } \tan(\alpha_n) = \frac{d_n}{a}$$

Für den Abstand des n. Maximums von der optischen Achse ergibt sich auch beim Doppelspalt

$$d_n = a \cdot \tan\left(\arcsin\left(\frac{n \cdot \lambda}{g}\right)\right).$$

Dabei ist der Spaltabstand beim Doppelspalt üblicherweise so groß und der Beugungswinkel damit so klein, dass die Kleinwinkelnäherung angewendet werden kann. Die Lage der Maxima folgt aus

$$d_n \approx \frac{n \cdot \lambda \cdot a}{g} \text{ mit } n = 1, 2, 3 \ldots$$

Wie im Interferenzbild des Gitters liegen die Maxima umso dichter, je größer der Spaltabstand g ist. Dies ist auch zu erkennen, wenn man die Intensitätsverläufe am Schirm für zwei Spaltabstände aufträgt (▶ 3). Dabei besitzen beide Interferenzmuster trotzdem vergleichbare Intensitätsverteilungen. Sie haben eine gemeinsame Einhüllende.

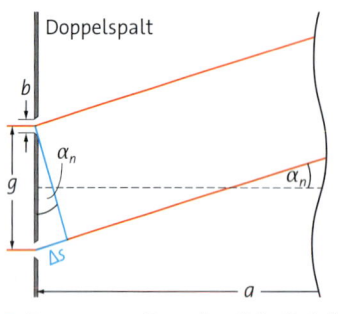

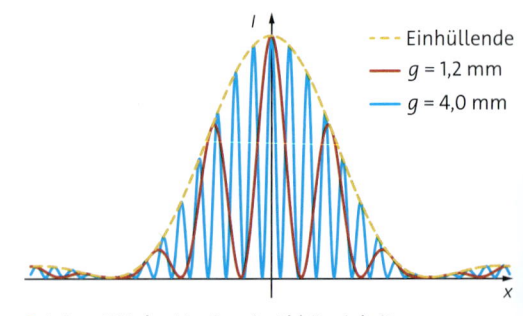

2 Beugung am Doppelspalt im Detail

3 Intensität der Maxima in Abhängigkeit von g
– – – Einhüllende
— $g = 1{,}2$ mm
— $g = 4{,}0$ mm

Intensitätsverlauf am Doppelspalt • An ▶3 zeigt sich auch ein Unterschied zur Situation am Gitter: Die Intensität der Maxima nimmt nach außen hin nicht kontinuierlich ab. Stattdessen schwankt sie, einzelne Maxima können sogar fehlen.
Vergleicht man das Interferenzmuster eines Einzelspalts gleicher Spaltbreite b mit dem Muster des Doppelspalts (▶1), zeigt sich zudem, dass im Bild des Doppelspalts gerade an den Stellen Maxima fehlen, wo beim Einzelspalt Minima liegen. Da sich beim Einzelspalt nur die Spaltbreite b ändern lässt, muss diese wesentlich sein.
Tragen wir die Intensitätsverteilung am Doppelspalt für verschiedene Spaltbreiten b auf und lassen den Spaltabstand g unverändert, zeigt sich der deutliche Einfluss der Spaltbreite (▶4): Sie bestimmt den gesamten Intensitätsverlauf und damit auch die Lage fehlender Maxima. Interferenzmuster für verschiedene Spaltbreiten haben daher keine gemeinsame Einhüllende. Stattdessen nimmt die Intensität der Maxima für kleine Winkel umso schneller ab, je breiter die einzelnen Spalte sind.
An Positionen, an denen Maxima entfallen, muss destruktive Interferenz auftreten. Sie entsteht durch die Überlagerung von Elementarwellen des gleichen Spalts. Dabei müssen umso mehr Elementarwellen berücksichtigt werden, je breiter ein Spalt ist.
Wie wir auf der nächsten Seite noch klären werden, beträgt der Gangunterschied zwischen den äußeren Elementarwellen eines Spalts bei destruktiver Interferenz ein Vielfaches der Wellenlänge. Dann gilt für das k. Minimum

$$\sin(\alpha_k) = \frac{\Delta s}{b} = \frac{k \cdot \lambda}{b} \quad \text{mit } k = 1, 2, 3 \ldots$$

Zusammen mit der Kleinwinkelnäherung ergibt sich so für den Abstand der durch die einzelnen Spalte verursachten Minima

$$d_k \approx \frac{k \cdot \lambda \cdot a}{b} \text{ mit } k = 1, 2, 3 \ldots$$

Liegen die durch die Spaltbreite b verursachten zusätzlichen Minima an denselben Stellen wie Interferenzmaxima infolge der Gitterkonstante g, dann entfallen diese Maxima, so wie in ▶1 zu sehen. Ob dies tatsächlich der Fall ist, hängt vom Verhältnis zwischen b und g ab.

> Am Doppelspalt mit dem Spaltabstand g führt Interferenz zu Maxima im Abstand
>
> $$d_n \approx \frac{n \cdot \lambda \cdot a}{g} \text{ mit } n = 1, 2, 3 \ldots$$
>
> von der optischen Achse. a ist der Abstand zwischen Gitter und Schirm. Beugung an den einzelnen Spalten der Breite b führt zu Minima mit
>
> $$d_k \approx \frac{k \cdot \lambda \cdot a}{b} \text{ mit } k = 1, 2, 3 \ldots$$

Vom Doppelspalt zum Gitter • Die Minima, die zwischen zwei Maxima des Doppelspalts liegen, entstehen durch destruktive Interferenz der Elementarwellen beider Spalte. Erhöht man die Anzahl der Spalten, so ergeben sich immer neue Kombinationsmöglichkeiten, die zu destruktiver Interferenz führen können. So kommt es z. B. auch zur destruktiven Interferenz, wenn der Gangunterschied zum übernächsten oder einem noch weiter entfernten Wellenzug $\frac{\lambda}{2}$ beträgt. Folglich nimmt die Anzahl der Minima zu. Sie rücken näher an die Maxima heran und lassen diese schärfer erscheinen (▶5).

1 Durch einen Doppelspalt mit $g = 2{,}8$ mm, $b = 0{,}7$ mm und $a = 3{,}0$ m fällt grünes Licht ($\lambda = 532$ nm). Das 4. Maximum ist nicht zu sehen. Berechnen Sie die Ordnung des zugehörigen Minimums der Einhüllenden. Zeigen und begründen Sie dabei, dass diese weder von der Wellenlänge noch vom Abstand a abhängt.

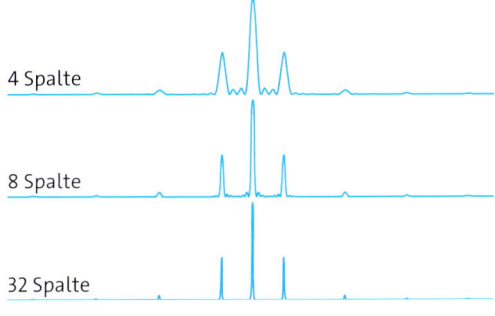

— $b = 0{,}60$ mm
— $b = 0{,}15$ mm

4 Intensität der Maxima in Abhängigkeit von b

4 Spalte

8 Spalte

32 Spalte

5 Ausschärfung der Maxima mit der Spaltanzahl

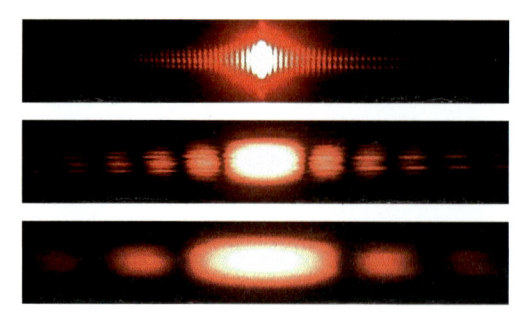

1 Beugung am Einzelspalt, Spaltbreite abnehmend

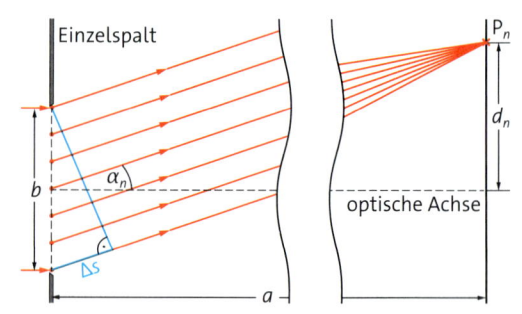

2 Beugung am Einzelspalt im Detail

Beugung am Einzelspalt • Das Interferenzbild am Einzelspalt (▶1) ähnelt ebenfalls dem am Gitter, auch wenn die Lichtflecken hier breiter und weniger scharf abgegrenzt sind. Dieses Interferenzbild lässt sich mit einer einzelnen Elementarwelle am Spalt allerdings gar nicht erklären. Eine einzelne Welle würde sich hinter dem Einzelspalt in alle Richtungen ausbreiten und es gäbe kein Interferenzbild, sondern nur einen einzigen langgezogenen hellen Streifen.

Maxima und Minima am Einzelspalt • Wir müssen am Einzelspalt also die zahlreichen Elementarwellen betrachten, die sich gemäß dem Prinzip von Huygens vom Spalt her ausbreiten und dann miteinander interferieren.

Um das Auftreten von konstruktiver und destruktiver Interferenz genauer zu untersuchen, nutzen wir wieder die Fernfeldnäherung. Diesmal betrachten wir aber den Gangunterschied Δs der äußeren, von den Spalträndern ausgehenden Elementarwellen (▶2). Gilt $\Delta s = 0$, dann interferieren alle Elementarwellen konstruktiv und es entsteht das **Hauptmaximum** oder Maximum 0. Ordnung (▶4A).

2. Nebenmaximum
2. Minimum
1. Nebenmaximum
1. Minimum
Hauptmaximum
1. Minimum
1. Nebenmaximum
2. Minimum
2. Nebenmaximum

3 Bezeichnung von Maxima und Minima am Einzelspalt

Besteht zwischen den äußeren Elementarwellen ein Gangunterschied von $\Delta s = \lambda$, dann interferieren alle Elementarwellen im Spalt destruktiv und es entsteht ein **Minimum**. Die Wellen lassen sich hier in zwei Bereiche aufteilen: Für jede Elementarwelle aus Bereich ① gibt es in Bereich ② eine Elementarwelle mit einem Gangunterschied von $\frac{1}{2}\lambda$, sodass sich alle Wellen paarweise auslöschen (▶4B). Bei einem Gangunterschied von 2λ zwischen den äußeren Elementarwellen lassen sich entsprechend vier Bündel bilden (▶4D). Allgemein beträgt der Gangunterschied zwischen den äußeren Strahlen bei Minima ein Vielfaches von λ.

Bei anderen Gangunterschieden löschen sich die Wellen nur teilweise aus (▶4C): In diesem Fall interferieren jeweils die Wellen aus den Bereichen ① und ② paarweise destruktiv. Zu den Wellen aus Bereich ③ fehlen die entsprechenden Partner. Bereich ③ kann dabei höchstens so groß werden wie die Bereiche ① und ②, ohne dass sich wieder Paare von Wellen mit einem Gangunterschied von $\frac{1}{2}\lambda$ bilden lassen. Es wird somit die größtmögliche Helligkeit erreicht – das Maximum 1. Ordnung. Da nur ein Teil der Elementarwellen zum Maximum beiträgt, ist dessen Intensität deutlich abgeschwächt. Es wird von einem **Nebenmaximum** gesprochen (▶3).

Je größer der Gangunterschied wird, umso mehr Bündel lassen sich bilden. Beim Maximum 2. Ordnung ($\Delta s = \frac{3}{2}\lambda$) sind es bereits fünf Bündel. Allgemein besteht zwischen den äußeren Wellenzügen der Nebenmaxima ein Gangunterschied, der ein ungeradzahliges Vielfaches von $\frac{\lambda}{2}$ beträgt.

Da die Bündel so immer schmaler werden, nimmt der Anteil der Elementarwellen, die zu einem Nebenmaximum beitragen, mit zunehmender Ordnung ab. Entsprechend werden die Nebenmaxima nach außen hin immer schwächer.

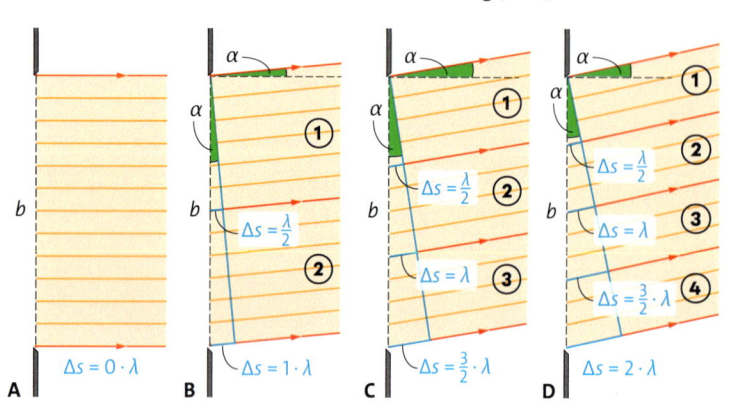

4 Entstehung von **A** Hauptmaximum; **B** Minimum 1. Ordnung; **C** Nebenmaximum 1. Ordnung; **D** Minimum 2. Ordnung

A: $\Delta s = 0 \cdot \lambda$
B: $\Delta s = 1 \cdot \lambda$, $\Delta s = \frac{\lambda}{2}$
C: $\Delta s = \frac{3}{2} \cdot \lambda$, $\Delta s = \lambda$, $\Delta s = \frac{\lambda}{2}$
D: $\Delta s = 2 \cdot \lambda$, $\Delta s = \frac{3}{2} \cdot \lambda$, $\Delta s = \lambda$, $\Delta s = \frac{\lambda}{2}$

Messung der Intensität • Die beschriebenen Helligkeitsunterschiede lassen sich mit einer Kamera aufzeichnen (▶5A), deren Sensor die Intensität pixelweise misst. Die größte Intensität erhält man erwartungsgemäß im Hauptmaximum. Demgegenüber fällt die Intensität der Nebenmaxima mit zunehmender Ordnung schnell ab (▶5B).

Bedingung für Minima • Mit der Spaltbreite b gilt für den Gangunterschied Δs der äußeren Wellen (▶2):

$\sin(\alpha_k) = \dfrac{\Delta s}{b}$.

Kombiniert man diese Gleichung mit der Bedingung für die Minima $\Delta s = k \cdot \lambda$ mit $k = 1, 2, 3 \ldots$, ergibt sich

$\sin(\alpha_k) = \dfrac{k \cdot \lambda}{b}$ mit $k = 1, 2, 3 \ldots$

Damit wird das Interferenzmuster umso breiter, je schmaler der Spalt ist (▶1).

Für einen extrem schmalen Spalt erhalten wir sogar gar keine sichtbaren Minima und könnten von einer einzelnen Elementarwelle im Spalt ausgehen. Das Gegenteil gilt allerdings nur begrenzt. Bei einem sehr breiten Spalt gibt es kein sehr schmales Hauptmaximum. Hier versagt die Herleitung, weil die Voraussetzung für die Fernfeldnäherung dann nicht mehr erfüllt ist.
Berücksichtigen wir, dass $\sin(\alpha_k) \leq 1$ gelten muss, ergibt sich als zusätzliche Bedingung $k \leq \dfrac{b}{\lambda}$. Beugung tritt also nur auf, wenn die Spaltbreite größer ist als die Wellenlänge.

> Wird Licht an einem Einzelspalt der Breite b gebeugt, dann entstehen Minima im Abstand
>
> $d_k \approx \dfrac{k \cdot \lambda \cdot a}{b}$ mit $k = 1, 2, 3 \ldots$ und $k \leq \dfrac{b}{\lambda}$
>
> von der optischen Achse. Dabei gibt a den Abstand zwischen Gitter und Schirm an.

Anwendbarkeit der Näherungen • Die von den Spalten ausgehenden Elementarwellen interferieren nicht erst am Schirm. Wie bei Wasserwellen bilden sich hinter dem Doppelspalt Linien konstruktiver Interferenz aus. ▶6 zeigt einige Linien dieser konstruktiven Interferenz (durchgezogen). Zum Vergleich sind die nach der Fernfeldnäherung zu erwartenden Linien eingezeichnet (gestrichelt). Mit zunehmender Entfernung stimmen die gekrümmten und die geraden Linien immer besser überein.

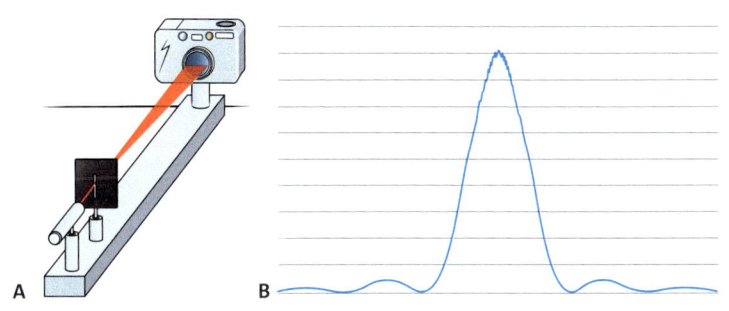

5 Beugung am Einzelspalt: **A** Versuchsaufbau; **B** Intensitätsverteilung

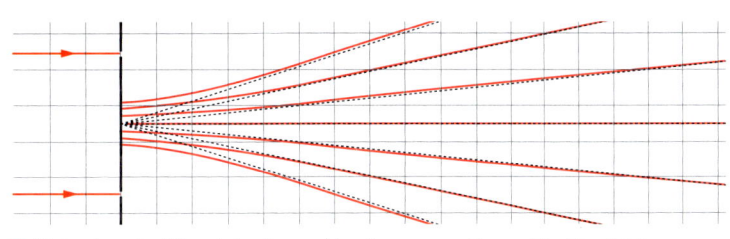

6 Linien konstruktiver Interferenz (durchgezogene Kurven) im Vergleich zur Fernfeldnäherung (gestrichelte Geraden)

In der Entfernung $a \approx 100\,g$ ist der Fehler durch die Fernfeldnäherung vernachlässigbar.
Da der Schirmabstand a bei Experimenten mit Licht in aller Regel sehr viel größer als der Spaltabstand g ist, kann die Fernfeldnäherung hier immer angewendet werden.
Dagegen lässt sich die Kleinwinkelnäherung nur anwenden, wenn die auftretenden Winkel kleiner als 10° sind. Dies ist beim Doppel- oder Einzelspalt normalerweise der Fall, bei vielen Gittern aber nicht. Daher sollte die Kleinwinkelnäherung beim Gitter nur mit Bedacht genutzt werden.

1 ☐ Erstellen Sie für das Minimum 3. Ordnung eine Skizze entsprechend ▶4D.

2 ☐ Berechnen Sie für die Spaltbreite $b = 25\,\mu\text{m}$ und den Schirmabstand $a = 4{,}0\,\text{m}$ die Lage der ersten drei Minima ($\lambda = 633\,\text{nm}$).

3 ▨ Erklären Sie, wie sich das Schirmbild bei Verdopplung der Spaltbreite ändert. Gehen Sie dabei auf die Abstände und die Helligkeiten ein.

4 ▨ Stellen Sie eine Gleichung für die Winkel der Nebenmaxima k. Ordnung bei der Beugung am Einzelspalt auf.

5 ▨ Licht mit $\lambda = 760\,\text{nm}$ wird an einem Spalt ($b = 15\,\mu\text{m}$) gebeugt. Ermitteln Sie, bis zu welcher Ordnung Minima auftreten können.

Material

Versuch A • Interferenz von Licht in subjektiver Betrachtung

V1 Kerzenflamme am Spalt

Materialien: Undurchsichtiger Plastikdeckel (z. B. von einer Dose Margarine), Cutter, Kerze

Arbeitsauftrag:
– Schneiden Sie einen etwa 2 cm langen Schnitt in den Plastikdeckel. Indem Sie links und rechts am Deckel ziehen, erhalten Sie einen Spalt variabler Breite.
– Schauen Sie aus einigen Metern Entfernung mit einem Auge durch den Spalt auf die Kerzenflamme. Verändern Sie die Breite des Spalts und beobachten Sie die Wirkung auf das wahrgenommene Interferenzmuster. Beschreiben Sie das Muster und seine Abhängigkeit von der Spaltbreite.
– Stellen Sie den Zusammenhang zur Formel her.

1 Blick durch den Einzelspalt

V2 Interferenz mit Licht von LEDs

Materialien: Objektträger für Mikroskope, Alu-Folie, Klebestift, Cutter, Lineal, LED mit passendem Vorwiderstand und Netzgerät

Arbeitsauftrag:
– Bekleben Sie den Objektträger mit Alu-Folie (gut festdrücken). Schneiden Sie mit dem Cutter einen einzelnen und zwei eng benachbarte parallele Schnitte durch die Folie.
– Betrachten Sie die LED aus mehreren Metern Entfernung erst durch den Einzelspalt, dann durch den Doppelspalt. Beschreiben Sie jeweils das beobachtete Muster.
– Vergleichen Sie die beiden Interferenzmuster.
– Fotografieren Sie beide Interferenzmuster und weisen Sie daran nach, dass die Spaltbreiten gleich sind.

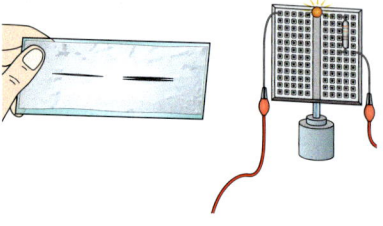

2 Versuchsaufbau zur Interferenz

Versuch B • Wellenlängenbestimmung an Doppelspalt und Gitter

Achtung! Gefahr durch Laserstrahlung! Eine Unterweisung durch die Lehrkraft ist zwingend erforderlich.

Materialien: Doppelspalt aus ▶ Versuch A: V2), Dokumentenkamera oder weiße Lampe, Laser, 10 m-Maßband, Lineal, Papier, Klebeband

V1 Bestimmung des Spaltabstands

Arbeitsauftrag:
– Projizieren Sie den Doppelspalt zusammen mit einem Lineal, z. B. mit einer Dokumentenkamera. Bestimmen Sie den Vergrößerungsfaktor.
– Messen Sie den Mittenabstand der projizierten Spalte. Berechnen Sie daraus den Spaltmittenabstand g.

V2 Wellenlängenbestimmung

Arbeitsauftrag:
– Bauen Sie Laser und Doppelspalt wie in ▶ 3 auf. Der Abstand des Doppelspalts von der Wand sollte zwischen 5 m und 10 m betragen.
– Kleben Sie ein Blatt Papier als Projektionsfläche an die Wand.
– Richten Sie den Laserstrahl mittig auf den Doppelspalt. Markieren Sie auf dem Blatt die Mitte der hellen Interferenzstreifen.
– Bestimmen Sie aus den Markierungen den Abstand Δd benachbarter heller Streifen möglichst genau.
– Messen Sie den Schirmabstand a.
– Berechnen Sie aus Ihren Messwerten die Wellenlänge des Laserlichts.

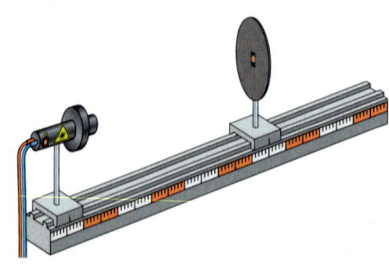

3 Laser mit Doppelspalt

V3 Doppelspalt bis enges Gitter

Materialien: Laser mit rotem und grünem Licht, Doppelspalt und verschiedene Gitter (möglichst gleiche Spaltbreiten), Schirm, Stativmaterial

Arbeitsauftrag:
– Erzeugen Sie unterschiedliche Interferenzbilder, indem Sie bei ansonsten gleichem Aufbau die verschiedenen Gitter bzw. den Doppelspalt sowie die unterschiedlichen Lichtfarben nutzen. Erstellen Sie je ein Foto.
– Erstellen Sie eine Bildfolge vom Doppelspalt zum Gitter mit der höchsten Strichzahl. Beschreiben Sie die ersichtlichen Veränderungen entlang dieser Bildfolge.
– Erklären Sie die beschriebenen Veränderungen.
– Begründen Sie, warum die Wellenlänge des Lasers mit einem Gitter genauer als mit einem Doppelspalt bestimmt werden kann.

Licht und elektromagnetische Wellen • Beugung am Doppel- und Einzelspalt

Material A • Messunsicherheiten der Wellenlängenbestimmung

Mia, Jonas und Eleni diskutieren, wie sie den Abstand d_a benachbarter heller Streifen möglichst genau bestimmen (▶A1).
Mia: „Ich messe jeweils den Abstand zwischen benachbarten Streifen und bilde daraus den Mittelwert."
Jonas: „Ich messe den Abstand jedes hellen Streifens von der Mitte und dividiere durch die Anzahl der dunklen Streifen dazwischen. Von diesen Werten nehme ich den Mittelwert."
Eleni: „Ich messe den Abstand zwischen den hellen Streifen und teile durch die Anzahl der dunklen Streifen."

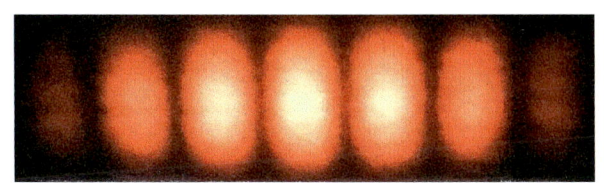

A1 Interferenzmuster hinter einem Doppelspalt

1 a ■ Bewerten Sie die Vorgehensweisen der Schüler.
  b ▰ Bestimmen Sie den Abstand d_a benachbarter heller Streifen nach dem besten Verfahren (Angabe in mm).
  c ▰ Schätzen Sie die absolute Unsicherheit Δd_a des in b bestimmten Streifenabstands (Angabe in mm).
  d ▢ Berechnen Sie die relative Unsicherheit $\frac{\Delta d_a}{d_a}$ in %.

2 ■ Der Abstand der Spalte beträgt laut Herstellerangabe (0,50 ± 0,05) mm. Den Schirmabstand haben die Drei zu (5,88 ± 0,01) m gemessen.
  a Berechnen Sie die Wellenlänge des genutzten Lichts.
  b Bestimmen Sie relative und absolute Unsicherheit der Wellenlänge mit der Gleichung: $\frac{\Delta \lambda}{\lambda} = \frac{\Delta d_a}{d_a} + \frac{\Delta g}{g} + \frac{\Delta a}{a}$.
  c Begründen Sie, welche der Größen d_a, g und a die Drei genauer messen sollten, um die Messunsicherheit zu verringern.

Material B • Reales Gitter

Von einem idealen Gitter oder Doppelspalt ist die Rede, wenn die einzelnen Spalte so schmal sind, dass sie nur eine Elementarwanne hindurch lassen. Dies ist in der Realität nicht der Fall.

1 Betrachten Sie den Doppelspalt (▶B1A).
  a ▰ Erläutern Sie die Entstehung der Minima beim idealen Doppelspalt.
  b ▰ Begründen Sie den tatsächlichen Intensitätsverlauf beim realen Doppelspalt.

2 Vergleichen Sie Doppelspalt und Gitter.
  a ▰ Begründen Sie, warum die Maxima im Interferenzbild eines Gitters schmaler sind als bei einem Doppelspalt, auch wenn die einzelnen Spalte gleich breit sind.
  b ▰ Erläutern Sie, welche Auswirkungen es auf das Interferenzbild eines realen Gitters hat, dass die einzelnen Spalte üblicherweise deutlich schmaler sind als

beim realen Doppelspalt. Nutzen Sie dazu die Begriffe Beugung, Interferenz und Breite des Spektrums.
  c ▢ Begründen Sie anhand des in ▶B1B dargestellten Intensitätsverlaufs, dass ein reales Gitter zwar sehr schmale Spalte besitzt, diese aber deutlich mehr als eine einzelne Elementarwelle hindurch lassen.

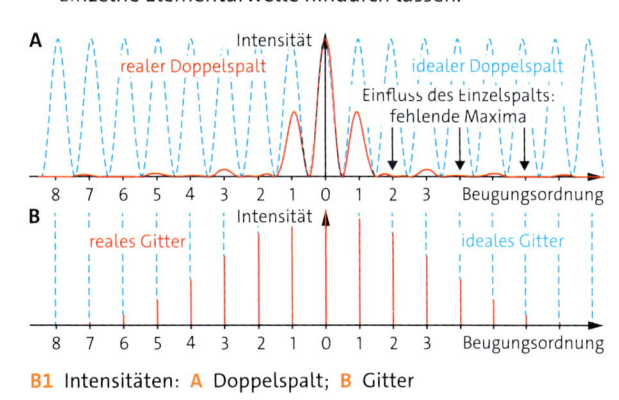

B1 Intensitäten: **A** Doppelspalt; **B** Gitter

Material C • Maximale Breite eines Beugungsbilds

Beugungsbilder und Interferenzmuster werden breiter, wenn die einzelnen Spalte schmaler werden oder wenn die Gitterkonstante sinkt. Eine Obergrenze wird durch die Beziehung $\sin(\alpha_k) \leq 1$ gegeben.

1 ■ Begründen Sie diese Beziehung
  a über den maximal möglichen Sichtwinkel vom Spalt bis zu einer Leinwand,
  b über die Sinusfunktion.

2 ■ Begründen Sie, dass daraus die Beziehungen $k \leq \frac{b}{\lambda}$ bzw. $k \leq \frac{g}{\lambda}$ folgen und geben Sie auch an, für welche Beugungsobjekte sie jeweils zutreffen.

3 ■ Janine sagt: „Für Einzel- und Doppelspalte lässt sich daraus eigentlich nur ableiten, dass die Wellenlänge kleiner als das beugende Objekt sein muss. Relevant ist die Rechnung nur beim Gitter." Begründen Sie dies. Recherchieren Sie bei Bedarf typische Werte für Spaltbreite, Spaltabstand und Gitterkonstante.

5.4 Polarisation

1 Wirkung eines Polarisationsfilters

In der Fotografie werden Polarisationsfilter genutzt, um störende Lichtreflexe zu entfernen. Dann wird beispielweise eine stark spiegelnde Wasseroberfläche wieder als solche erkennbar. Dabei bestehen die Filter nur aus einer unscheinbaren Folie. Wie bewirken sie diese Effekte?

Licht am Polarisationsfilter • Wenn wir durch eine einzelne Polarisationsfolie oder z. B. durch eine Sonnenbrille mit Polarisationsfilter auf einen hellen Gegenstand schauen, erscheint dieser je nach Filter nur ein wenig dunkler, unabhängig von der genauen Orientierung des Filters. Legen wir aber zwei Filter übereinander, so ist die Wirkung je nach Winkel zwischen beiden Filtern sehr unterschiedlich. Bei gleicher Ausrichtung nimmt die Lichtintensität nur leicht ab, steht der zweite Filter aber orthogonal zum ersten, lässt er gar kein Licht mehr hindurch (▶ 2). Dazwischen gibt es einen fließenden Übergang.

Betrachtung im Detail • Die Beobachtungen lassen sich erklären, wenn wir Licht als elektromagnetische Welle betrachten. Diese breitet sich als Transversalwelle aus, wobei die elektrischen und magnetischen Felder senkrecht zur Ausbreitungsrichtung schwingen. Dabei wurde die Schwingungsrichtung des elektrischen Feldes als Polarisationsrichtung festgelegt.

Licht einer Glühlampe oder der Sonne ist zunächst einmal unpolarisiert: Es besitzt Anteile mit allen möglichen Polarisationsrichtungen. Jeder Wellenzug für sich genommen ist polarisiert, aber die Überlagerung aller Wellenzüge hat keine ausgezeichnete Ausrichtung.

Linear polarisierende Filter sorgen dafür, dass transmittiertes Licht nur noch eine bestimmte Polarisationsrichtung besitzt. Unter dem Namen Polaroid bereits um 1935 entwickelte Filter werden aus Folien hergestellt, die in einer Richtung stark gedehnt werden. Dadurch richten sich die enthaltenen Molekülketten parallel zueinander aus. Eine anschließende Dotierung mit Iod stellt Elektronen zur Verfügung, die sich entlang dieser Ketten relativ frei bewegen können. Licht, dessen Polarisationsrichtung entlang der Molekülketten verläuft, regt eine Schwingung der freien Elektronen an und wird dabei

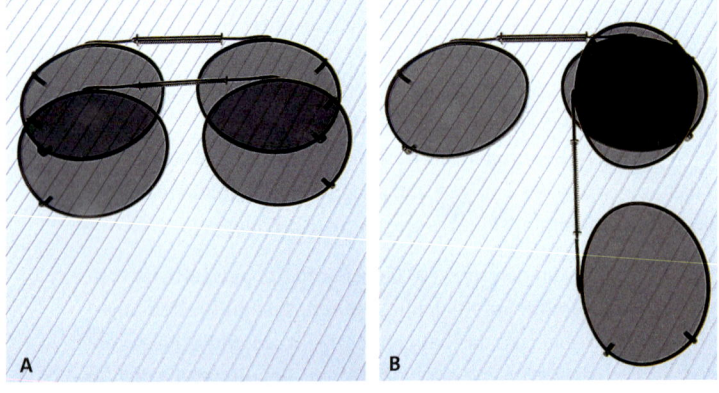

2 Sonnenbrillen mit Polarisationsfilter übereinander; Ausrichtung: **A** parallel, **B** orthogonal

absorbiert. Licht, das senkrecht zu den Ketten polarisiert ist, kann keine Schwingung anregen und passiert den Filter ungehindert. Die Polarisationsrichtung des Lichts entspricht danach der Transmissionsrichtung des Filters. In allen anderen Fällen wird ein Teil des Lichts entsprechend einer vektoriellen Zerlegung des elektrischen Feldes absorbiert.

> Gewöhnliches Licht enthält alle Polarisationsrichtungen. Nach Durchgang durch einen Polarisator ist das Licht vollständig in dessen Richtung polarisiert.

Filter kombinieren • Licht, das durch einen Polarisationsfilter gelangt ist, ist stets polarisiert, weshalb man den Filter auch Polarisator nennt. Stellt man nun einen zweiten Polarisator hinter dem ersten auf und dreht ihn langsam einmal um seine Achse (▶3), so wirkt er als Analysator. Steht dieser senkrecht zum Polarisator, gelangt kein Licht durch die Filterkombination. Stehen beide Polarisatoren parallel, gelangt am meisten Licht hindurch. Bei Licht unbekannter Polarisationsrichtung lässt sich diese so bestimmen.

Gesetz von Malus • Die durch Polarisation verursachte Abschwächung der Lichtintensität fällt uns häufig nicht auf, da unsere Augen Intensitätsunterschiede bei hellem Licht nur schlecht wahrnehmen können. Zur genaueren Untersuchung nutzen wir einen Versuchsaufbau wie in ▶3. Dabei messen wir die Lichtintensität I_A hinter dem Analysator abhängig vom Winkel α zwischen den Transmissionsrichtungen der beiden Polarisatoren. ▶5 zeigt die entsprechenden Messwerte. Ihr Verlauf erinnert an eine Kosinusfunktion. Die Vektorzerlegung in ▶3 zeigt, dass die Amplitude des elektrischen Feldes beim Durchtritt durch den Analysator um den Faktor $\cos(\alpha)$ sinkt. Da die Intensität einer Welle proportional zum Quadrat der Amplitude ist, sinkt diese somit um den Faktor $\cos^2(\alpha)$. Mit der Intensität I_P des einfallenden, bereits polarisierten Lichts ergibt sich:

$I_A(\alpha) = I_P \cdot \cos^2(\alpha)$.

Dieses nach ÉTIENNE LOUIS MALUS benannte Gesetz gilt so nur für ideale lineare Polarisatoren, passt aber zu den Messwerten (▶5). Mit dem Gesetz lieferte MALUS 1809 ein wichtiges Argument für die Beschreibung von Licht als Welle.

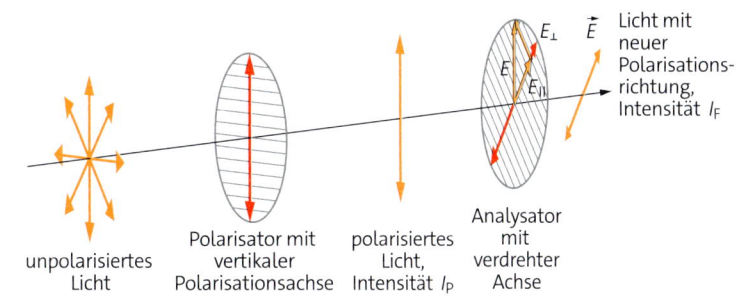

3 Licht durchquert Polarisator und Analysator.

unpolarisiertes Licht — Polarisator mit vertikaler Polarisationsachse — polarisiertes Licht, Intensität I_P — Analysator mit verdrehter Achse — Licht mit neuer Polarisationsrichtung, Intensität I_F

> Tritt polarisiertes Licht durch einen Polarisator, dessen Transmissionsrichtung um den Winkel α gegenüber der Polarisationsrichtung verdreht ist, dann sinkt seine Intensität von I_P auf
> $I_A(\alpha) = I_P \cdot \cos^2(\alpha)$.

1 Elektromagnetische Wellen lassen sich mit dem Modell in ▶4 veranschaulichen.
  a 🗹 Erläutern Sie damit die Wirkung von Polarisator und Analysator. Zeigen Sie auch Grenzen des Modells auf.
  b ■ Begründen Sie, warum der Begriff Polarisator besser geeignet ist als die Begriffe Polarisationsfilter oder auch nur Filter.
  c 🗹 Kerem meint, die Polarisation sei ein Beleg dafür, dass Licht sich in Form einer Transversalwelle und nicht als Longitudinalwelle ausbreitet. Nehmen Sie unter Einbeziehung des Modells dazu Stellung.

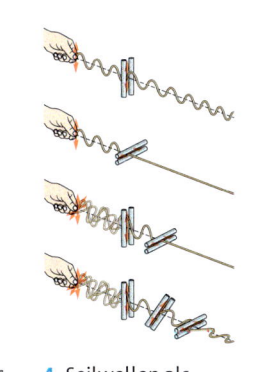

2 Hinter einem Polarisator werden zwei weitere Polarisatoren aufgestellt, die jeweils um den Winkel α_1 bzw. α_2 gegenüber dem vorherigen verdreht sind.
  a 🗹 Ermitteln Sie die prozentuale Abnahme der Lichtintensität für $\alpha_1 = \alpha_2 = 30°$.
  b ☐ Geben Sie an, wie die Filter positioniert werden können, damit kein Licht durchtritt.

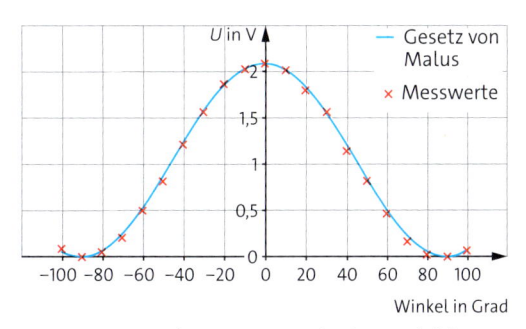

4 Seilwellen als Modell

5 Messwerte und Gesetz von Malus im Vergleich

Polarisatoren für Fotoapparate werden auch als Polfilter bezeichnet.

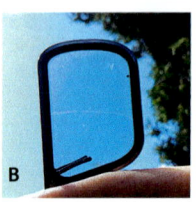

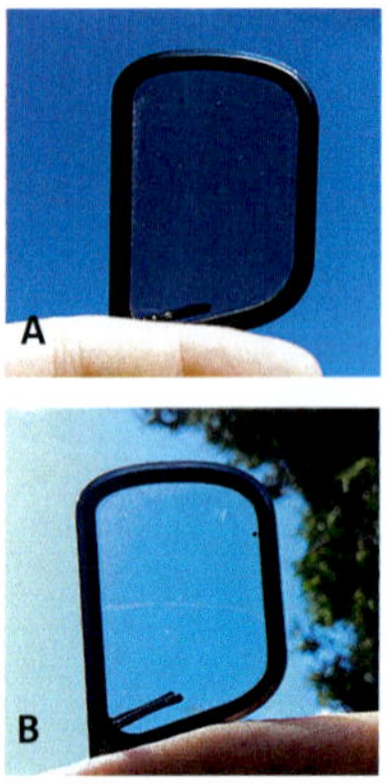

Polarisation durch Reflexion • Wir haben bereits festgestellt, dass Polarisatoren in der Fotografie genutzt werden, um störende Lichtreflexe zu absorbieren. Diese entstehen, wenn Licht am Boden, an Wasseroberflächen, Blättern etc. reflektiert wird, bevor es auf die Kamera trifft. Also muss das reflektierte Licht polarisiert sein.

Um dies genauer zu verstehen, müssen wir uns zunächst erinnern, dass sowohl Reflexion als auch Brechung auftreten, wenn Licht auf die Grenzfläche zwischen zwei nicht leitenden Materialien trifft, z. B. auf eine Wasseroberfläche. Das Licht regt die Elektronen in den Wassermolekülen dazu an, in Richtung des Feldstärkevektors zu schwingen und dann selbst wieder elektromagnetische Wellen abzustrahlen. Dies erfolgt in alle möglichen Richtungen, aber nicht in der Schwingungsrichtung der Elektronen.
Das einfallende Licht besitzt keine ausgezeichnete Polarisationsrichtung. Es lässt sich aber immer in zwei Komponenten zerlegen, die parallel bzw. senkrecht zur Einfallsebene schwingen (▶ 2). Im gebrochenen Strahl können immer beide Schwingungsrichtungen auftreten.

Betrachtet man den reflektierten Strahl, so gibt es einen bestimmten Einfallswinkel α_B, bei dem der reflektierte und der gebrochene Strahl gerade einen Winkel von 90° einschließen (▶ 2). An einer Wasseroberfläche liegt dieser Einfallswinkel bei 53°.
Bei diesem Winkel liegt die Polarisationsrichtung parallel zur Einfallsebene gerade in der Ausbreitungsrichtung des reflektierten Lichts. In dieser Richtung können die zum Schwingen angeregten Elektronen aber keine Welle abstrahlen. Folglich geht die gesamte Intensität von dieser Komponente in den gebrochenen Strahl und es gibt keinen reflektierten Strahl. Das übrige reflektierte Licht ist dann linear polarisiert, senkrecht zur Einfallsebene.

Der zugehörige Einfallswinkel hängt von den Materialien der Grenzfläche ab und wird nach seinem Entdecker DAVID BREWSTER (1781–1868) als Brewster-Winkel α_B bezeichnet.

> Trifft Licht unter dem materialabhängigen Brewster-Winkel auf eine Grenzfläche, dann ist das reflektierte Licht senkrecht zur Einfallsebene polarisiert.

Auf diese Weise kann man mit der passenden Orientierung des Polarisators das reflektierte Licht weitgehend unterdrücken. Farbintensität und Kontraste verbessern sich im Bild.
Bei Digitalkameras kann linear polarisiertes Licht allerdings zu Fehlfunktionen von Belichtungsmesser und Autofokus führen. Hier werden wie im 3D-Kino zirkulare Polarisatoren genutzt.

Polarisation durch Streuung • Beim Durchtritt durch die Atmosphäre wird das ursprünglich unpolarisierte Sonnenlicht an den Molekülen der Luft gestreut und dabei polarisiert. Dieses Licht trifft dann aus einer anderen Richtung in unser Auge als die näherungsweise parallel verlaufenden Sonnenstrahlen.

Die Polarisation des gestreuten Lichts können Sie feststellen, wenn Sie durch einen Polarisator so in den blauen Himmel schauen, dass Ihre Blickrichtung im rechten Winkel zu den einfallenden Sonnenstrahlen verläuft (▶ 3). Dann trifft nur Streulicht in Ihre Augen.
Da blaues Licht stärker gestreut wird als rotes Licht, besitzt dieser Himmelsbereich einen relativ dunklen Blauton. Der Polarisator zeigt, dass das von dort kommende Licht weitgehend polarisiert ist (▶ 1A). Infolge von Mehrfachstreuungen wird allerdings keine vollständige lineare Polarisation erreicht.

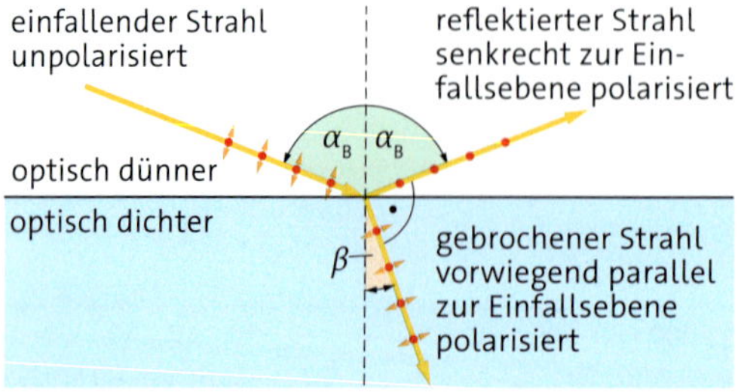

1 Blick durch den Polarisator
Blickrichtung:
A orthogonal zu Sonnenstrahlen,
B unter kleinerem Winkel

2 Reflexion und Brechung von Licht an Grenzflächen

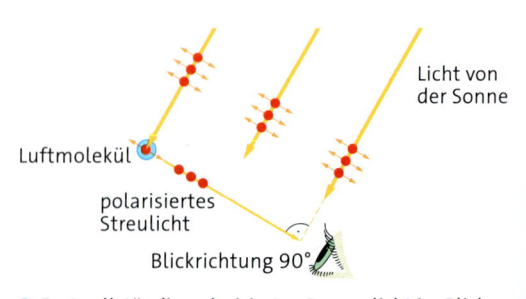

3 Fast vollständig polarisiertes Sonnenlicht im Blick

Blickpunkt — Licht und elektromagnetische Wellen • Polarisation

3D-Kino mit Polarisationsbrillen

Die früheren 3D-Filme wurden mit farbigen Brillen betrachtet, z. B. mit je einem Glas in Rot und in Cyan. Auf diese Weise können zwei leicht unterschiedliche, aber gleichzeitig ausgestrahlte Bilder jeweils von einem Auge gesehen werden – alles andere sieht man dann aber verfärbt. Die Gläser von modernen 3D-Brillen sind nicht mehr eingefärbt. Doch wie kann das dann funktionieren?

4 Brillen ermöglichen die plastischen Eindrücke im 3D-Kino.

Die Augen sehen Unterschiedliches • Im 3D-Kino wird dafür gesorgt, dass die Augen gleichzeitig zwei leicht unterschiedliche Bilder sehen – so wie das normalerweise aufgrund der leicht unterschiedlichen Blickwinkel beider Augen der Fall ist. Unser Gehirn verrechnet die Informationen der Bilder zu einer dreidimensionalen Ansicht. Diese unterschiedlichen Bilder werden im 3D-Kino zeitgleich ausgestrahlt. Um sie auf die Augen aufzuteilen, werden meist Filter für polarisiertes Licht verwendet, was eine realistische Farbgestaltung ermöglicht. Da die Haltung des Kopfes keine Auswirkungen haben soll, reicht eine lineare Polarisation nicht aus.

Zirkular polarisiertes Licht • Bei dieser Form der Polarisation schwingt nicht die Stärke des elektrischen Feldes, sondern seine Richtung rotiert um die Ausbreitungsrichtung herum (▶ **6A**). Dies lässt sich erreichen, indem man zwei senkrecht zueinander stehende und um $\frac{\lambda}{4}$ phasenverschobene Wellen addiert. Je nachdem, welche der beiden linearen Wellen vorweg läuft, ergibt sich eine im oder gegen den Uhrzeigersinn zirkular polarisierte Welle. Die Kinobilder werden in beiden Varianten ausgestrahlt.

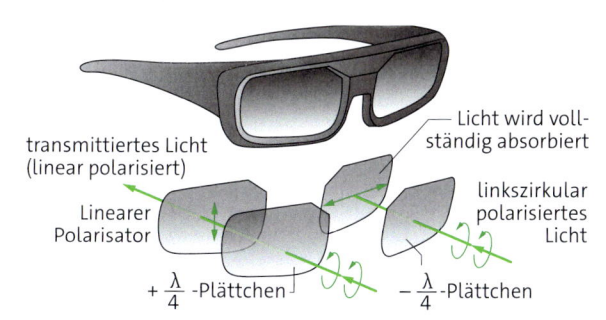

Die 3D-Brille filtert das Licht für das jeweilige Auge heraus. Dabei enthalten die Einsätze der Brillen zirkulare Polarisatoren, die aus zwei Komponenten bestehen: Vor dem linearen Polarisator sitzt noch ein sogenanntes $\frac{\lambda}{4}$-Plättchen (▶ **5**). Dieses verlangsamt eine der beiden Teilwellen des zirkular polarisierten Lichts stärker als die andere und führt je nach Drehsinn des Lichts über die Dicke der Schicht zu einem Gangunterschied von $\pm\frac{\lambda}{4}$. Hinter diesem Plättchen besitzen die Teilwellen dann eine Phasenverschiebung von 0 bzw. $\frac{\lambda}{2}$. In beiden Fällen addieren sich die Teilwellen nun zu einer linear polarisierten Welle (▶ **6B**), allerdings mit zueinander orthogonalen Polarisationsrichtungen. Somit wird das Licht eines Drehsinns vom folgenden linearen Polarisator absorbiert und das Licht des anderen Drehsinns hindurchgelassen.
Während die linearen Polarisatoren vor beiden Augen gleich ausgerichtet sind, sind die $\frac{\lambda}{4}$-Plättchen um 90° verdreht, was den Effekt umkehrt. Somit gelangt nur entweder das linkszirkuläre Licht oder nur das rechtszirkuläre Licht bis ins Auge. Tritt Licht in entgegengesetzter Richtung durch die 3D-Brille, so wird es zirkular polarisiert.

Reflexion von zirkular polarisiertem Licht • Wenn Sie sich mit 3D-Brille vor einen Spiegel stellen und dabei ein Auge zukneifen, sehen Sie ihr geschlossenes Auge durch ein transparentes Brillenglas, während das andere Brillenglas undurchsichtig erscheint.
Dies passiert, weil das vom Auge ausgehende Licht beim Durchgang durch die Brille zirkular polarisiert wird, je nach Brillenseite mit anderem Drehsinn. Durch die Reflexion an der Spiegeloberfläche wird die Richtung des Lichtstrahls geändert und somit auch sein Drehsinn. Daher kann dieses Licht nur noch den Polarisator auf der anderen Brillenseite passieren. Sie sehen gerade jenes Licht, das den Polarisator am geschlossenen Auge passiert hat.

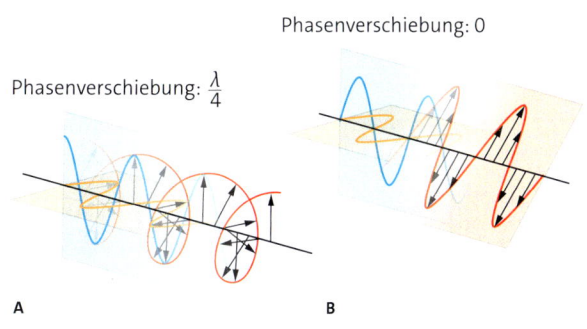

5 Funktionsprinzip der 3D-Brille

6 Polarisiertes Licht: **A** zirkular; **B** linear

Material

Versuch A • Polarisiertes Licht im Experiment

V1 Gesetz von Malus

Materialien: LEDs mit Spannungsversorgung (weiß, grün, UV, IR), zwei Polarisatoren, Lichtsensor, Stativmaterial

Arbeitsauftrag:
- Bauen Sie mit der weißen LED einen Versuch auf zur Messung der Lichtintensität in Abhängigkeit vom Winkel zwischen den beiden Polarisatoren. Führen Sie die Messung durch.
- Bereinigen Sie die Messwerte um die Werte der Umgebungsstrahlung und erstellen Sie damit ein α-I-Diagramm.
- Vergleichen Sie Ihre Messergebnisse mit dem Funktionsgraphen nach dem Gesetz von Malus.
- Drehen Sie den ersten Polarisator um 90°. Geben Sie begründet an, wie sich die Ergebnisse bei einer erneuten Messung ändern würden. Überprüfen Sie Ihre Vorhersage experimentell.
- Nehmen Sie mit den weiteren LEDs auch jeweils ein α-I-Diagramm auf. Vergleichen Sie die Diagramme und deuten Sie die Unterschiede.

V2 Polarisator am LC-Display

Materialien: zwei Polarisatoren oder Sonnenbrillen mit Polfilter, Kunststofffolie, durchsichtiger Deckel einer CD-Hülle, LC-Display (am besten Computer-Monitor)

Arbeitsauftrag:
- Schalten Sie das Display ein und lassen Sie eine helle Fläche anzeigen. Drehen Sie einen Polarisator vor dem Display. Beschreiben und deuten Sie Ihre Beobachtungen.
- Halten Sie den Polarisator so vor das Display, dass kein Licht hindurchdringt. Geben Sie begründet an, was zu beobachten ist, wenn Sie den zweiten Polarisator vor bzw. hinter dem ersten drehen. Überprüfen Sie Ihre Hypothese im Experiment.
- Halten Sie die Kunststofffolie vor das Display und betrachten Sie sie dabei durch einen Polarisator. Drehen Sie einmal den Polarisator und einmal die Folie. Beschreiben Sie Ihre Beobachtungen.
- Die Folie wirkt doppelbrechend: Licht verschiedener Polarisationsrichtungen breitet sich in ihr unterschiedlich schnell aus und wird damit unterschiedlich stark gebrochen (▶1). Auch bei dieser besonderen Form der Brechung tritt Dispersion auf.
  Erklären Sie Ihre Beobachtung vor diesem Hintergrund. Unterscheiden Sie dabei zwei Fälle:
  • Das Licht hat nach der Doppelbrechung eine Polarisationsrichtung wie vor dem Eintritt.
  • Dies ist nicht der Fall.
- Halten Sie den Deckel der CD-Hülle vor das hell leuchtende Display und betrachten Sie den Deckel durch einen Polarisator. Beschreiben Sie ihre Beobachtungen und stellen Sie eine Vermutung zur Deutung auf.

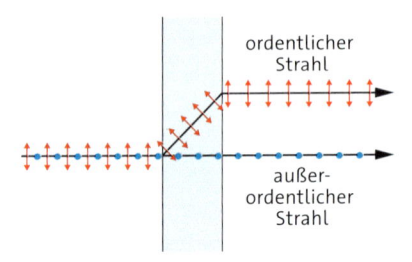

1 Doppelbrechung an einer Kunststofffolie

Material A • Polarisation durch Streuung

Sonnenlicht wird in der Atmosphäre durch Streuung teilweise polarisiert. Trifft das Licht auf ein Luftmolekül, regt es dessen Elektronen zum Schwingen an. Das Molekül sendet daraufhin in der Ebene senkrecht zur Schwingungsrichtung Licht aus, dessen elektrisches Feld weiter in der ursprünglichen Richtung schwingt. Parallel zur Schwingungsrichtung sendet das Molekül kein Licht aus. Es ergibt sich linear polarisiertes Licht senkrecht zur ursprünglichen Ausbreitungsrichtung (▶A1).

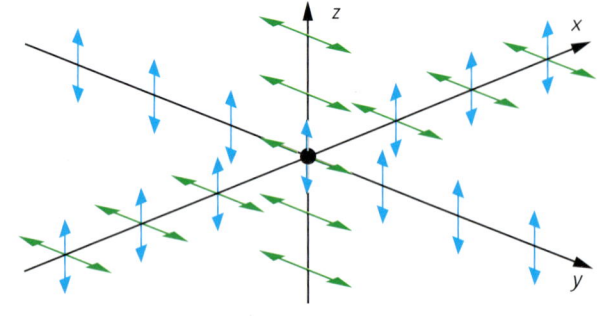

A1 Polarisiertes Licht nach Streuung

1. ◨ Übertragen Sie ▶A1 in Ihr Heft, beschriften sie diese. Erklären Sie die Entstehung von polarisiertem Licht durch Streuung.

2. ◨ Beschreiben Sie ein Modellexperiment zum Nachweis der Polarisation durch Streuung, mithilfe von Wasserbecken, etwas Milch, Taschenlampe und Polarisator.

3. ■ Mehrfachstreuungen führen zu einer Reduktion der Polarisation.
   a Begründen Sie dies.
   b Erklären Sie, welchen Effekt es hat, wenn ein Fotograf einen blauen Himmel mit einzelnen Wolken durch einen Polfilter fotografiert.

Licht und elektromagnetische Wellen • Polarisation

Material B • Halbschatten-Polarimeter

Auf Joghurtverpackungen wird öfter damit geworben, dass rechtsdrehende Milchsäuren enthalten sind. Diese stellen im Gegensatz zu den linksdrehenden Milchsäuren ein natürliches Stoffwechselprodukt des Menschen dar und werden von Babys oder bei Darmerkrankungen besser vertragen. Rechtsdrehende und linksdrehende Milchsäuren sind dabei spiegelbildlich aufgebaut und haben beide die Eigenschaft, die Polarisationsrichtung von Licht zu verdrehen – einmal nach rechts und einmal nach links.

In welche Richtung und wie stark eine optisch aktive Substanz wie z. B. Milchsäure, verschiedene Zucker oder Aminosäuren die Polarisation von Licht verändern können, lässt sich z. B. mit einem Halbschatten-Polarimeter untersuchen. Sein Halbschattenpolarisator bedeckt die halbe Fläche des ersten Polarisators und ist um einen kleinen Winkel φ leicht gegen ihn verdreht.

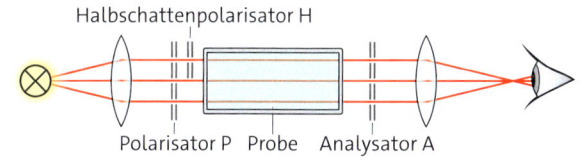

B1 Prinzipieller Aufbau des Halbschatten-Polarimeters

1 Ähnlich wie bei Temperaturen können wir Unterschiede von Helligkeiten besser wahrnehmen als absolute Werte. Daher lässt sich die Position des Analysators am genauesten so einstellen, dass beide Hälften des Sichtfeldes gleich dunkel erscheinen (▶ B2B).
  a Beschreiben Sie jeweils die Position des Analysators in Bezug auf Polarisator bzw. Halbschattenpolarisator (▶ B2).
  b Begründen Sie mithilfe von ▶ B2 und dem Gesetz von Malus, was bei unterschiedlichen Stellungen des Analysators ohne Probe im Strahlengang zu sehen ist.

2 In Wasser gelöste Milchsäure verdreht die Polarisationsrichtung des Lichts um den Drehwinkel α. Begründen Sie, wie der Analysator verstellt werden muss, um wieder das anfängliche Bild (▶ B2B) zu erhalten.

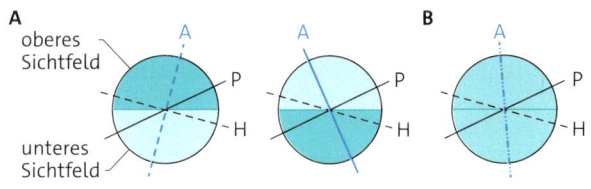

B2 Position des Analysators (A): **A** bei maximaler Dunkelheit einer Hälfte des Sichtfeldes; **B** bei gleichmäßiger Helligkeit beider Hälften des Sichtfeldes

Material C • Analyse von Materialspannungen mit polarisiertem Licht

BREWSTER fand 1816 die Photoelastizität bzw. Spannungsdoppelbrechung, bei der durchsichtige Materialien, die normalerweise nicht doppelbrechend wirken, diese Eigenschaft aufweisen, wenn sie mechanisch belastet werden.
Die mechanischen Belastungen können bewusst hervorgerufen werden, sie können aber auch unbeabsichtigt im Herstellungsverfahren eines Werkstücks entstehen.
Licht, das in Richtung von Zugspannungen polarisiert ist, breitet sich dabei schneller aus als Licht in Richtung von Druckspannungen. Für unbelastete Bereiche ergibt sich eine mittlere Ausbreitungsgeschwindigkeit.
Mit einer sogenannten Dunkelfeldanordnung, bei der das Objekt seitlich vom weißen Licht bestrahlt wird, können die mechanischen Spannungen sichtbar gemacht werden (▶ C1). Dazu legt man das Werkstück zwischen zwei orthogonal ausgerichtete Polarisatoren.

1 Begründen Sie, warum bei der Untersuchung von Materialproben folgende Vorgaben zu beachten sind:
  • Verwendung von Platten konstanter Dicke,
  • Lichteinfall im rechten Winkel,
  • Nutzung von polarisiertem Licht.

2 Begründen Sie die Entstehung der farbigen Muster in ▶ C1. *Hinweis:* Nutzen Sie dazu auch die Informationen aus Aufgabe V2.

3 Geben Sie eine begründete Vermutung an, an welchen Stellen des Geodreiecks die mechanische Belastung besonders hoch ist.

4 Die optische Spannungsanalyse hat eine wichtige Bedeutung in der Material- und Werkstoffprüfung. Geben Sie Schlussfolgerungen an, die sich aus entsprechenden Aufnahmen ziehen lassen.

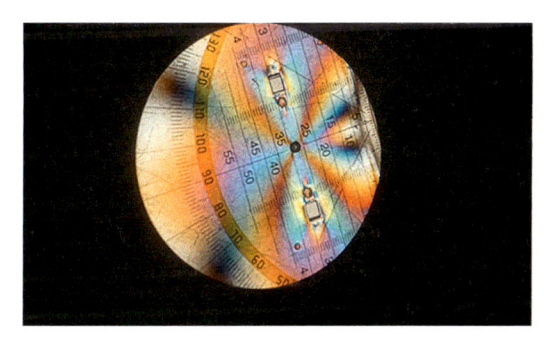

C1 Mechanische Spannung in einem Geodreieck wird sichtbar.

5.5 Röntgenbeugung

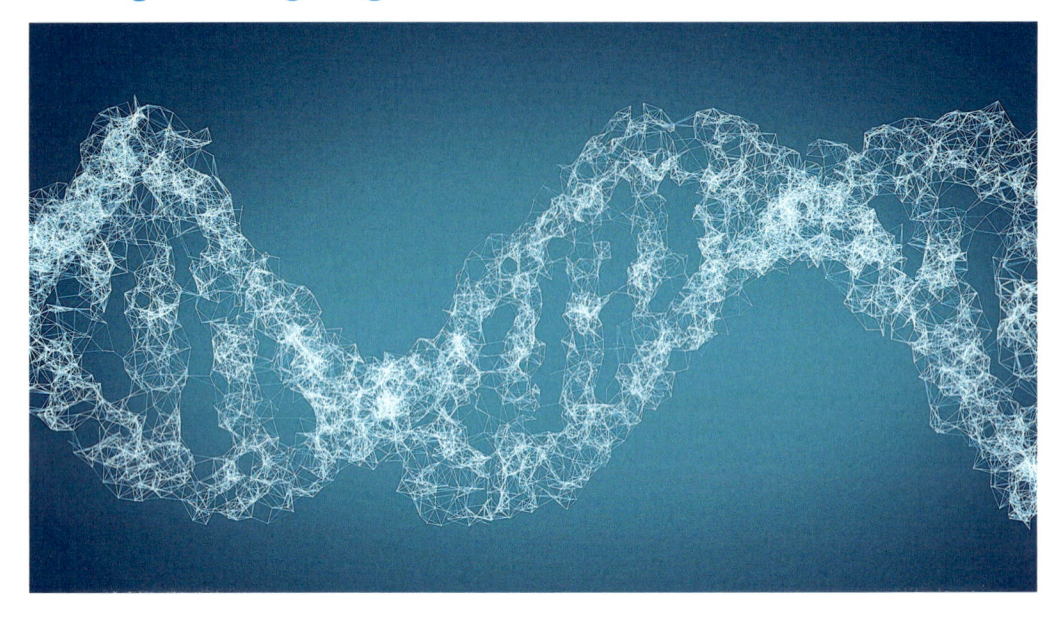

1 Struktur der DNA

Der Aufbau hochkomplexer Moleküle wie der DNA oder des Chitins lässt sich nicht mit einfachen Mitteln wie Mikroskopen untersuchen. Ihre Strukturen sind viel zu klein, um sie mit Licht aufzulösen. Wie lässt sich die Struktur dennoch ermitteln?

2 Röntgenbeugung an kristallinem Chitin

Röntgenstrukturanalyse • Die räumliche Struktur von Molekülen können wir nicht mit sichtbarem Licht untersuchen, weil dessen Wellenlänge im Verhältnis deutlich zu groß ist.
Die Untersuchung gelingt aber vielfach, wenn man Röntgenstrahlung verwendet. So auch bei der DNA, deren Struktur JAMES WATSON und FRANCIS CRICK 1953 aufgrund einer Aufnahme wie in ▶2 bestimmen konnten.

Röntgenstrahlung macht wie Licht einen Teil des elektromagnetischen Spektrums aus. Ihre Wellenlängen liegen etwa im Bereich von 1 pm bis 1 nm. Der Nachweis der Welleneigenschaften ist mit einem einfachen Doppelspalt nicht möglich. Zur Beobachtung von Beugungserscheinungen müssen die Abmessungen der Beugungsobjekte ungefähr in der Größenordnung der Wellenlänge der Röntgenstrahlung liegen.

Im Gegensatz zu sichtbarem Licht durchdringt Röntgenstrahlung viele Körper nahezu ungehindert. Unter bestimmten Winkeln lassen sich aber Reflexe messen, ähnlich der Spiegelung von Licht an Oberflächen. Im Gegensatz zu reflektiertem Licht treten die Röntgenreflexe aber nur bei ganz bestimmten Wellenlängen auf. Die entsprechenden Einfallswinkel, auch Glanzwinkel genannt, hängen nicht von der Oberfläche, sondern von der räumlichen Struktur des Körpers ab. Aus der Anordnung der Reflexe lassen sich dann Rückschlüsse auf die Struktur ziehen.

Kristallstruktur • Um verstehen zu können, wie es zu den Röntgenreflexen kommt, betrachten wir die Situation am einfachen Kristall von Kochsalz (NaCl, ▶3). Dieser besitzt eine periodische Struktur, die durch die Anordnung der enthaltenen Atome und ihrer Bindungen entsteht. Dabei sieht man innerhalb des Kristalls unterschiedliche Netzebenen. Benachbarte Netzebenen besitzen einen festen Abstand zueinander, der mit der **Gitterkonstanten d** bezeichnet wird.

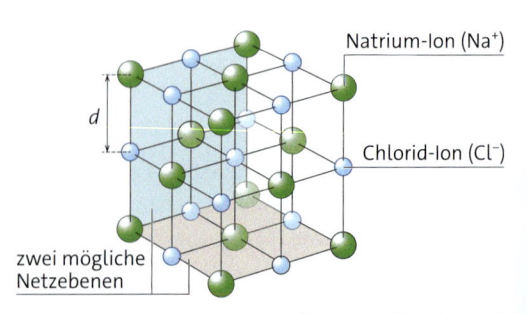

Trifft Röntgenstrahlung auf einen Röntgenfilm, so schwärzt sie ihn (▶2).

3 Kristallstruktur von Kochsalz (Natriumchlorid, NaCl)

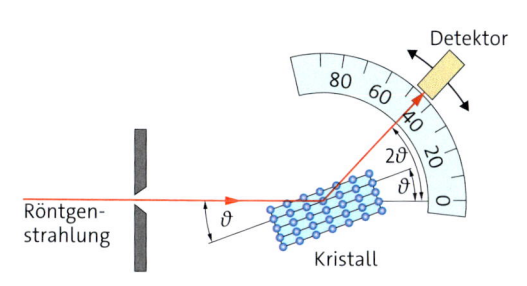

4 Prinzip zur Röntgenbeugung an einem Kristall

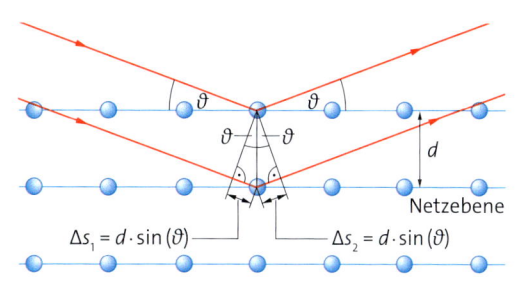

5 Reflexion an den Netzebenen eines Kristalls

Röntgenbeugung • Zur Untersuchung lässt man Röntgenstrahlung unter einem Winkel ϑ auf den NaCl-Kristall fallen und misst dann die Intensität der reflektierten Strahlung in Abhängigkeit von ϑ (▶ **4**). Dabei werden der Kristall und der Detektor so geführt, wie es dem Reflexionsgesetz entspricht. Dies besagt, dass der Reflexionswinkel stets gleich dem Einfallswinkel ist. Damit beträgt der Winkel zwischen der Ausbreitungsrichtung von einfallendem und reflektiertem Strahl 2ϑ.

Das Diagramm (▶ **6**) zeigt die Messwerte für monochromatische Röntgenstrahlung mit $\lambda = 70$ pm. Dabei werden nur unter bestimmten Winkeln hohe Intensitäten der reflektierten Strahlung erreicht, nämlich bei 7,4°, 15,0° und 22,9° (▶ **6**). Außerdem werden die Intensitäten mit zunehmendem Winkel insgesamt kleiner. Der Verlauf der Messkurve erinnert ein wenig an den Intensitätsverlauf hinter einem Doppelspalt. Tatsächlich kommt es am Kristallgitter zur Beugung der Röntgenstrahlung, die nur dann auftritt, wenn die Wellenlänge der verwendeten Strahlung in der Größenordnung der Gitterkonstanten liegt.

Bragg-Reflexion • 1915 erhielten WILLIAM LAWRENCE BRAGG und sein Vater WILLIAM HENRY BRAGG den Nobelpreis in Physik für ihre Verdienste zur Aufklärung von Kristallstrukturen durch die Röntgenbeugung.
Für die Erklärung des Phänomens nutzt man das Wellenmodell: Trifft die elektromagnetische Welle der Röntgenstrahlung auf ein Atom, so regt sie die Elektronen zur Aussendung von Strahlung gleicher Frequenz an. Vom Atom gehen entsprechend dem Huygensschen Prinzip neue Elementarwellen aus. Wie beim Auftreffen einer Wasserwelle auf eine Grenzfläche kommt es in derjenigen Richtung zu konstruktiver Interferenz, für die der Reflexionswinkel gleich dem Einfallswinkel ist.

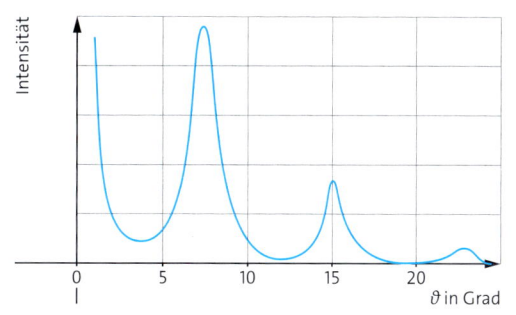

6 Winkelabhängigkeit der Reflexion am NaCl-Kristall

Monochromatische Strahlung umfasst nur eine Wellenlänge.

Im Kristall kommt es außerdem zur Reflexion an mehreren Netzebenen, was zu weiteren Interferenzen führt. Wellen, die an benachbarten Netzebenen reflektiert werden (▶ **5**), haben dabei einen Gangunterschied von

$$\Delta s = \Delta s_1 + \Delta s_2 = 2d \cdot \sin(\vartheta).$$

Konstruktive Interferenz ergibt sich also für

$$n \cdot \lambda = 2d \cdot \sin(\vartheta) \text{ mit } n = 1,2,3 \ldots$$

Diese Interferenzbedingung wird als Bragg-Bedingung bezeichnet. Die Glanzwinkel ϑ, unter denen die Maxima n-ter Ordnung gemessen werden, ergeben sich aus:

$$\sin(\vartheta) = \frac{n \cdot \lambda}{2d}.$$

> Trifft Röntgenstrahlung einer Wellenlänge λ unter einem Winkel ϑ auf parallele Netzebenen im Abstand d, dann kommt es zu konstruktiver Interferenz, wenn die Bragg-Bedingung erfüllt ist: $n \cdot \lambda = 2d \cdot \sin(\vartheta)$ mit $n = 1,2,3 \ldots$

Die Möglichkeit zur Beugung von Röntgenstrahlung an Kristallen wurde 1912 durch MAX VON LAUE postuliert, da er von einer Wellennatur der Strahlung ausging. Nach dem gelungenen Nachweis durch zwei seiner Assistenten erhielt VON LAUE 1914 den Nobelpreis für Physik.

1 ☐ Bragg-Reflexion ($\lambda = 70$ pm) an einem LiF-Kristall liefert den Glanzwinkel 10°.
 a Berechnen Sie den Netzebenenabstand d.
 b Berechnen Sie die Winkel zweiter und dritter Ordnung.

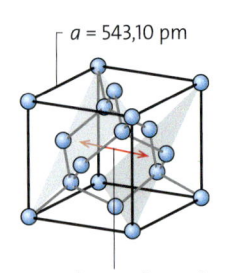

a = 543,10 pm

1 Kristallstruktur von Silicium
Netzebenenabstand

Komplexere Strukturen • Die zuvor beschriebene Methode eignet sich gut, um mit einem bekannten Kristall die Glanzwinkel aufzufinden und so z. B. die Wellenlänge der genutzten Röntgenstrahlung zu bestimmen. Zur Strukturuntersuchung komplexerer Kristalle wie in ▶1 ist sie aber ungeeignet.

Laue-Verfahren • Bei diesem 1912 von WALTER FRIEDRICH und PAUL KNIPPING durchgeführten Verfahren wird Röntgenstrahlung mit einem breiten Spektrum an einem drehbar gelagerten Einkristall der zu untersuchenden Probe gebeugt. Hierbei gibt es zu jeder möglichen Netzebene Strahlung mit passender Wellenlänge, die die Bragg-Bedingung erfüllt. Somit erzeugt jede Ebene des Kristalls einen punktförmigen Reflex im Beugungsbild (▶3A).
Aus der Winkelverteilung der Reflexe kann mithilfe mathematischer Verfahren auf die Kristallstruktur geschlossen werden. Da man nicht weiß, welcher Reflex zu welcher Wellenlänge gehört, ist dies allerdings sehr aufwändig.

Ein Einkristall besteht aus einem durchgehenden, gleichmäßigen Kristallgitter. Dagegen besteht ein Polykristall aus vielen Einzelkristallen, in denen die Kristallgitter unterschiedlich ausgerichtet sind.

Debye-Scherrer-Verfahren • Einfacher ist das von PETER DEBYE und PAUL SCHERRER 1917 entwickelte Verfahren, bei dem monochromatische Röntgenstrahlung eine polykristalline Probe durchstrahlt. Die darin enthaltenen kleinen Kristalle liegen in allen möglichen Richtungen vor, sodass der einfallende Röntgenstrahl unter vielen verschiedenen Winkeln auftrifft. Daher gibt es immer Kristalle, an denen die Bragg-Bedingung erfüllt ist. Da außerdem zu jedem Glanzwinkel Kristalle in allen Raumrichtungen vorliegen, entsteht senkrecht zum einfallenden Röntgenstrahl ein Beugungsbild aus konzentrischen Ringen (▶2, 3B).
Aus den Radien der Debye-Scherrer-Ringe lassen sich die zugehörigen Glanzwinkel berechnen.

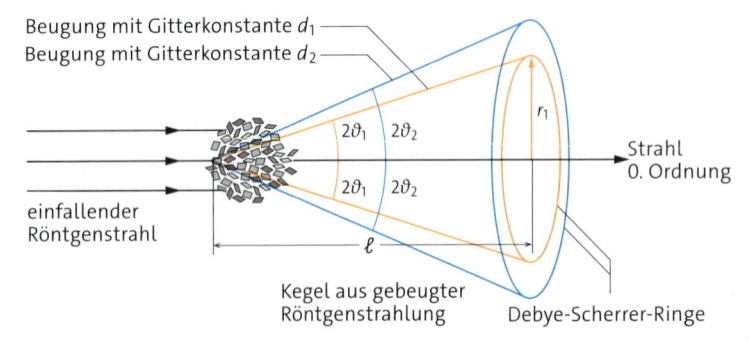

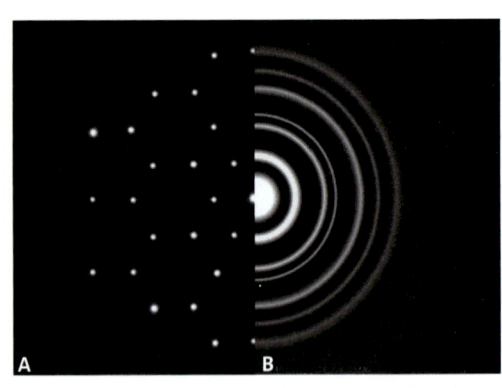

3 Beugungsbild (schematisch): **A** Einkristall und **B** Polykristall

Außerdem liefern die relativen Intensitäten Auskunft darüber, zu welcher Beugungsordnung ein Ring gehört. Damit können auch die Abstände der Netzebenen im Kristall bestimmt werden.

Insgesamt lassen sich Daten von polykristallinen Proben leichter interpretieren als Daten von Einkristallen. Allerdings kommt es beim Debye-Scherrer-Verfahren durch die Überlagerung von Beugungsmaxima zu Informationsverlusten, so dass die Ergebnisse letztlich weniger genau sind als beim Laue-Verfahren.

Analyse komplexer Moleküle • Zur Analyse komplexer biologische Makromoleküle wie der eingangs betrachteten DNA sind die betrachteten Verfahren beide nicht geeignet. Stattdessen kombiniert man ihre Eigenschaften. Meist wird ein Einkristall mit monochromatischer Röntgenstrahlung bestrahlt. Um die Bragg-Bedingung trotzdem für alle Netzebenen erfüllen zu können, wird dieser Einkristall dann schrittweise gedreht und eine Vielzahl von Aufnahmen erstellt.

1 Ein Silicium-Kristall wird mit der Debye-Scherrer-Methode untersucht (ℓ = 12 cm), wobei Röntgenstrahlung mit λ_1 = 154,18 pm und λ_2 = 139,22 pm genutzt wird. Zwei Kreise besitzen die Radien r_1 = 6,5 cm und r_2 = 5,75 cm. Sie gehören zur gleichen Gitterkonstanten.
  a ☐ Berechnen Sie die Glanzwinkel ϑ_1 und ϑ_2.
  b ☐ Berechnen Sie jeweils die zugehörige Gitterkonstante d und bilden Sie den Mittelwert.
  c ▨ Die Kantenlänge des Würfels in ▶1 ergibt sich aus $a = \sqrt{3} \cdot d$. Vergleichen Sie.

2 Entstehung der Beugungsringe

Blickpunkt — Licht und elektromagnetische Wellen • Röntgenbeugung

Strukturen untersuchen

Immer wieder finden Biologen neue Proteine. So auch die Enzyme PETase und MHETase, mit deren Hilfe das marine Bakterium Ideonella sakaiensis PET zersetzen kann. Dieser Kunststoff macht einen wesentlichen Anteil des Mülls in unseren Ozeanen aus. Zur Untersuchung der Funktionsweise der abbauenden Enzyme ist das Wissen um die räumliche Struktur dieser Enzyme essenziell, um die Funktionsweise zu klären.

4 In unseren Ozeanen sammelt sich immer mehr Plastikmüll.

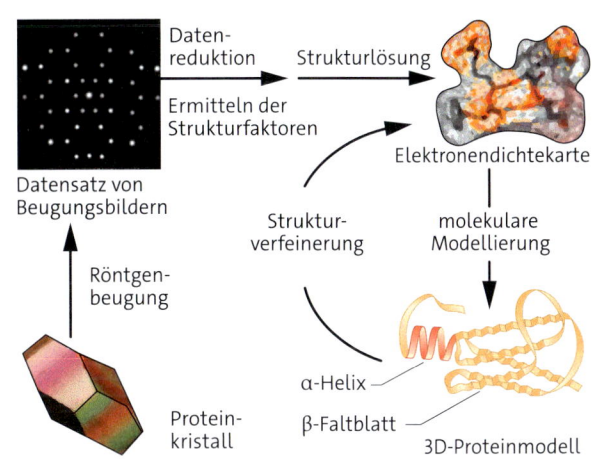

5 Prozessschema zur Röntgenstrukturanalyse

Röntgenstrukturanalyse • Eines der Hauptinstrumente für solche Analysen ist die Röntgenstrukturanalyse, bei der monochromatische Röntgenstrahlung an einem hochreinen Proteinkristall gebeugt wird. Ziel ist das Erstellen eines 3D-Strukturmodells des Moleküls, aus dem sich Einzelheiten seines Aufbaus wie z. B. Bindungslängen oder intermolekulare Abstände bestimmen lassen. Es gibt aber kein mathematisches Verfahren, um diese Struktur aus der Lage und der Intensität der Beugungsmaxima direkt abzuleiten. Die Verteilung der Elektronendichte und die passenden Atompositionen im Kristall werden vielmehr in einem iterativen Verfahren ermittelt (▶ 5).

Die **Aufnahme der Beugungsmuster** erfolgt mithilfe eines Diffraktometers, in dem beliebige Winkel zwischen Röntgenstrahl und Kristall eingestellt und die erzeugten Beugungsbilder mit einer Art Digitalkamera aufgenommen werden können. Dabei werden Aufnahmen in mehreren parallelen Ebenen erzeugt, die später zu dreidimensionalen Bildern der einzelnen Reflexe verrechnet werden. Datensätze aus mehreren hundert bis tausend Aufnahmen sind dabei nicht ungewöhnlich.

Bei der anschließenden Datenreduktion werden die Bildinformationen der einzelnen Aufnahmen miteinander in Beziehung gesetzt. So werden z. B. die einzelnen Bilder hinsichtlich ihrer Intensitäten skaliert.
Für die Ermittlung der benötigten Elektronendichteverteilung werden verschiedene Strukturfaktoren berechnet.

Dabei handelt es sich um Wellenfunktionen, deren Amplituden sich aus den Intensitäten ergeben. Ihre Phasen lassen sich aber nicht direkt experimentell bestimmen, sondern müssen aus doppelten Datensätzen errechnet werden.
Ist die Struktur eines eng verwandten Proteins bekannt, so kann man die Phaseninformation der bereits modellierten Struktur mit den neu gemessenen Amplituden verknüpfen. Auf der Suche nach einer **Strukturlösung** wird aus den ermittelten Strukturfaktoren eine erste Elektronendichtekarte errechnet. In diese zunächst leere Elektronendichtekarte werden typische Strukturelemente von Proteinen wie α-Helices oder β-Faltblätter eingepasst. Standard-Parameter für Bindungswinkel und -längen zwischen Komponenten liefern weitere Informationen zur Verbesserung der Elektronendichtekarte. Ein Maß für die Qualität eines Datensatzes ist der sogenannte R-Faktor. Er ist umso kleiner, je geringer die Abweichung der aufgrund des vorhandenen Modells errechneten Werte von den tatsächlichen Messdaten ist.

Im Rahmen der **Strukturverfeinerung** werden nach und nach immer mehr Informationen aus dem Proteinmodell in die Elektronendichtekarte übernommen und dadurch wieder Verbesserungen des Proteinmodells ermöglicht, bis schließlich das gesamte Protein mitsamt Seitenketten modelliert ist und der R-Faktor hinreichend klein ist. Schließlich wird die Lage der einzelnen Atome an die Orte maximaler Elektronendichte angepasst. Dabei müssen auftretende Coulomb-Kräfte ebenso berücksichtigt werden wie die thermischen Bewegungen der Atome.

Material

Versuch A • Beugung von Ultraschall

V1 Bragg-Reflexion mit Ultraschall

Materialien: Ultraschallsender mit Netzgerät (40 kHz), Mikrofon mit Messgerät, Absorber aus Kunstpelz, neun Streuzentren (z. B. Magnete mit Metallplatte), optische Scheibe, kariertes Papier

Arbeitsauftrag:
- Bauen Sie den Versuch mit einem Abstand von 2 cm zwischen den Magneten auf der Metallplatte auf (▶1). Nutzen Sie den Hochpassfilter am Ultraschallsender.
- Geben Sie an, worauf Sie bei der Positionierung von Sender, Empfänger und Absorber achten müssen.
- Berechnen Sie die nach der Bragg-Bedingung zu erwartenden Winkel für die Maxima erster bis vierter Ordnung. Stellen Sie den Absorber auf und positionieren Sie Sender und Mikrofon jeweils entsprechend des Maximums vierter Ordnung. Überprüfen Sie, ob Sie ein Maximum detektieren und optimieren Sie bei Bedarf die Position des Absorbers.
- Messen Sie die Intensität der reflektierten Ultraschallwelle in Abhängigkeit vom Winkel. Dabei sind Winkel nicht realisierbar, die näher als 30° an der nullten Ordnung liegen, da dann die direkte Beschallung des Mikrofons nicht vermieden werden kann.
- Stellen Sie Ihre Messungen in einem ϑ-I-Diagramm dar. Vergleichen Sie die Positionen der Maxima mit Ihren Berechnungen.
- Nutzen Sie statt der drei Reihen mit Magneten auch zwei bzw. eine. Stellen Sie ihre Ergebnisse wieder grafisch dar und vergleichen Sie. Versuchen Sie, die Unterschiede zu erklären.

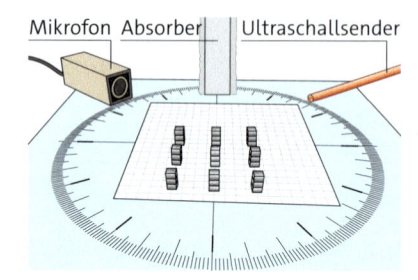

1 Versuchsaufbau

Material A • Modellexperimente mit Mikrowellen

In einem Modellversuch wird die Struktur eines Modellkristalls mithilfe von Mikrowellen untersucht (▶A1). Der Modellkristall besteht aus Metallkugeln, die in regelmäßigen Abständen in einen Styroporblock eingesetzt wurden, sodass sie wie in einem NaCl-Gitter angeordnet sind. Die Gitterkonstante beträgt 4,0 cm und der Modellkristall ist drehbar gelagert. Der Sender strahlt Mikrowellen aus, die auf den Modellkristall treffen und die Metallkugeln zum Aussenden neuer Mikrowellen anregen, so dass es zur Reflexion kommt. Der Empfänger detektiert Mikrowellen nur in der Richtung, die dem Reflexionsgesetz entspricht, sonst nicht. Die Intensität I der Mikrowellen wird in Abhängigkeit vom Winkel ϑ gemessen. Dazu wird der Modellkristall so mit dem Empfänger mitgeführt, dass das Reflexionsgesetz stets beachtet ist. Das zugehörige ϑ-I-Diagramm zeigt ▶A2.

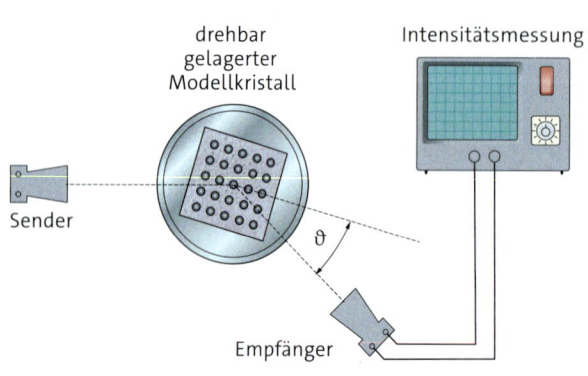

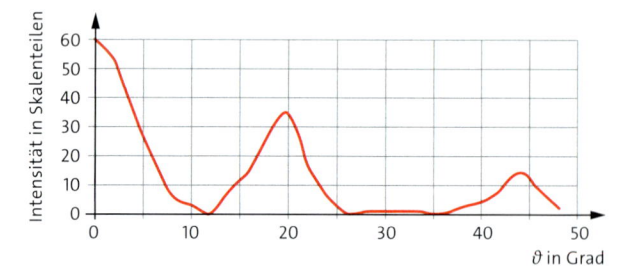

A2 Intensitätsverteilung der Reflexionen

1 ☐ Erklären Sie mithilfe des Prinzips von Huygens und der Bragg-Bedingung die Reflexion der Strahlung.

2 a ◩ Erklären Sie das ϑ-I-Diagramm.
  b ◩ Ermitteln Sie möglichst genau die Wellenlänge der verwendeten Mikrowellen.

3 In einem zweiten Experiment soll die Reflexion an anderen Netzebenen untersucht werden (▶A3).
  a ◩ Erstellen Sie für eine der beiden zusätzlichen Netzebenen eine Skizze mit den einfallenden und reflektierten Strahlen.
  b ◼ Skizzieren Sie für diese Ebene den erwarteten Intensitätsverlauf und begründen Sie ihn.

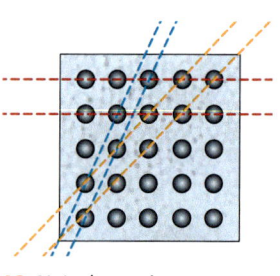

A1 Bragg-Reflexion mit Mikrowellen

A3 Netzebenen im Modellkristall

Material B • Bragg-Reflexion mit weißem Licht

Opale schillern abhängig vom Blickwinkel in leuchtenden Farben (▶ B1), ohne Farbstoffe zu enthalten. Sie bestehen aus gleichförmigen Kieselsäure-Kügelchen mit Durchmessern von 150 nm bis 350 nm, die dicht gepackt liegen und so ein Raumgitter bilden (▶ B2). Die Zwischenräume sind mit Kieselgel und Wasser gefüllt. Dabei sind die Kügelchen nicht gleichartig über den gesamten Opal verteilt. In Edelopalen finden sich gleichmäßig angeordnete Cluster aus Kügelchen gleicher Größe. Die einzelnen Cluster unterscheiden sich aber in ihrer Ausrichtung und der Größe der enthaltenen Kügelchen.

B1 Schillernder Opal

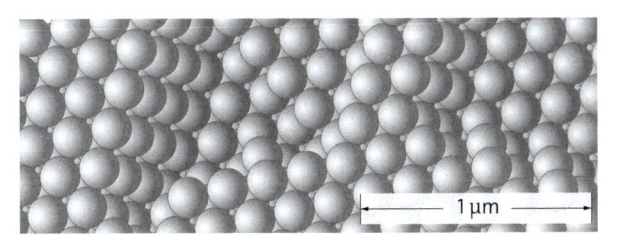

Trifft Licht auf die Kügelchen, wird es dort reflektiert bzw. gebrochen. Allerdings ist die Brechung an den Kügelchen in ▶ B3 ebenso vernachlässigt worden wie die Einzelheiten der Entstehung der farbigen Reflexionen.

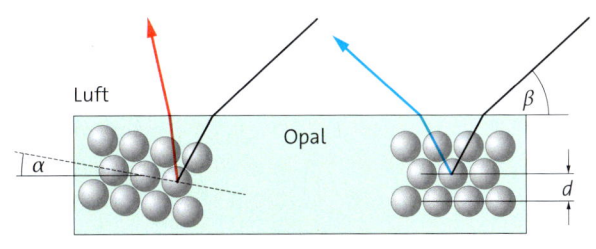

B3 Reflexion von weißem Licht am Opal

B2 Opal unter dem Elektronenmikroskop

1 a 🖊 Begründen Sie mit ▶ B3, warum die Brechung an den Kügelchen hier vernachlässigt werden kann.
b 🖊 Begründen Sie, warum Opale ihre schillernde Wirkung bei sichtbarem Licht entfalten.

2 a 🖊 Erklären Sie die Entstehung der farbigen Reflexionen.
b 🖊 Die Entstehung unterschiedlicher Farben im reflektierten Licht hat v. a. drei Ursachen. Benennen Sie diese.
c 🖊 Erklären Sie, wie sich diese drei Aspekte jeweils auswirken.

Material C • Untersuchung der Zusammensetzung von Muschelschalen

Muschelschalen bestehen aus Kalk ($CaCO_3$, Calciumcarbonat). Es liegt in zwei Varianten mit unterschiedlicher Kristallstruktur vor: Aragonit ist der Hauptbestandteil von Perlmutt, während Calcit in der äußeren Schalenschicht überwiegt. Zwischen beiden Bereichen liegt eine organische Trennschicht. Die genaue Struktur und Zusammensetzung der Schale ist ebenso abhängig von der Muschelart wie von ihren Lebensbedingungen. Daher können sich die Anteile von Aragonit und Calcit auch im Laufe des Lebens einer Muschel ändern. Aus den Schalen einer langlebigen Muschel kann man so Informationen über die Entwicklung klimatischer Verhältnisse erhalten. Dies ist besonders bei fossilen Schalen interessant.

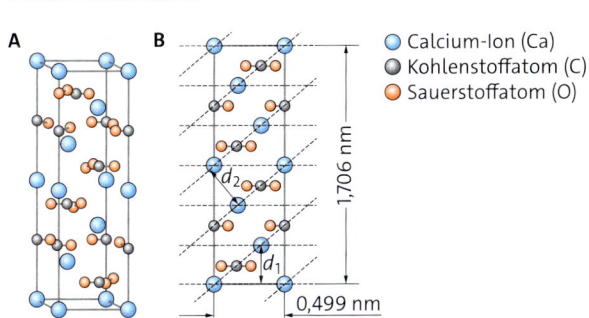

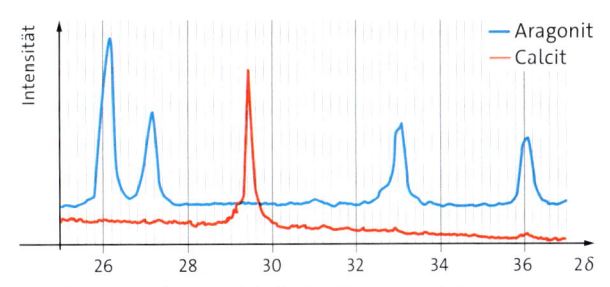

C2 Röntgenanalyse der Schale der Riesenmuschel

○ Calcium-Ion (Ca)
○ Kohlenstoffatom (C)
○ Sauerstoffatom (O)

C1 Kristallstruktur von Calcit: **A** räumlich, **B** von vorn

1 ☐ In ▶ C1 ist die Kristallstruktur von Calcit dargestellt. Die Netzebenen, an denen die Bragg-Reflexion erfolgte, sind eingezeichnet.
a Berechnen Sie die Gitterkonstante d_1. Für die andere Konstante gilt $d_2 = 0{,}324$ nm.
b Die beiden Gitterkonstanten führen zu Röntgenreflexen, die sehr dicht beieinander liegen. Berechnen Sie daher eine mittlere Gitterkonstante d.
c 🖊 Ermitteln Sie anhand von ▶ C2 die Wellenlänge der verwendeten Röntgenstrahlung.

2 🖊 Schlagen Sie ein Vorgehen vor, wie aus einer solchen Messung die Anteile von Aragonit und Calcit bestimmt werden können.

5.6 Interferenzen nutzen

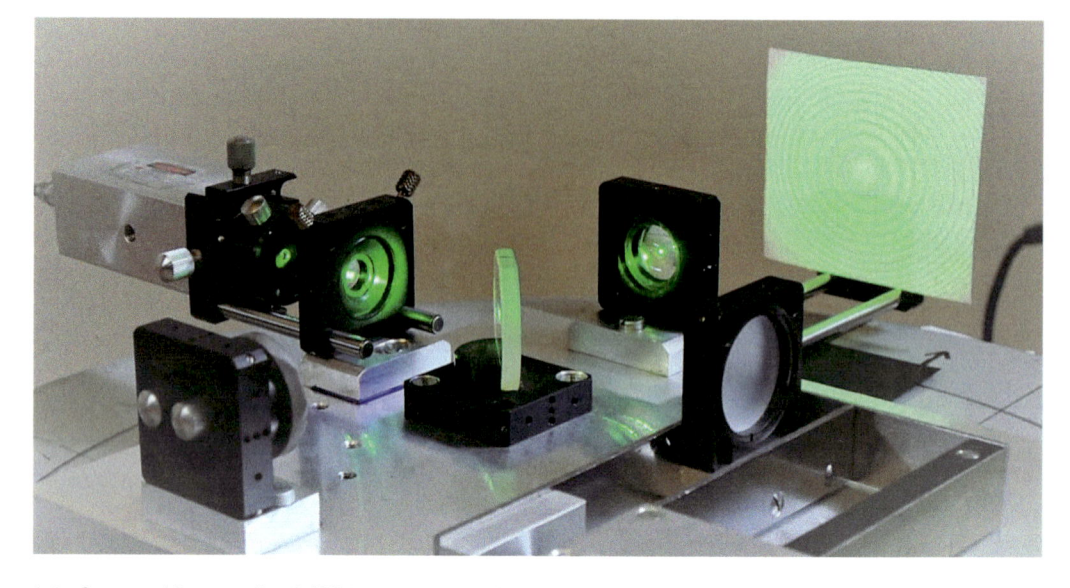

1 Michelson-Interferometer

Interferenzen können sehr vielfältig genutzt werden, um z. B. Längenänderungen, Materialdicken oder Wellenlängen zu messen. Dabei ermöglicht das Michelson-Interferometer besonders genaue Messungen. Wie wird dies erreicht?

Michelson-Interferometer • Mithilfe eines Interferometers lassen sich sowohl Wellenlängen als auch kleinste Wegdifferenzen sehr präzise vermessen. In dem von ALBERT MICHELSON (1852–1931) entwickelten Aufbau (▶ 3) wird ein Lichtbündel an einem halbdurchlässigen Spiegel aufgeteilt und anschließend wieder zusammengeführt, sodass die Teilbündel interferieren. Sind die Weglängen ℓ_1 und ℓ_2 der beiden Arme des Interferometers gleich lang, ergibt sich im Zentrum des kreisförmigen Interferenzmusters ein Maximum (▶ 1).

Ändert man die Weglänge eines Arms durch Verstellen des äußeren Spiegels um $\Delta\ell$, dann ergibt sich ein Gangunterschied d zwischen beiden Strahlen, der zur Änderung des Interferenzmusters führt. Dabei gilt:

$d = 2 \cdot \Delta\ell$.

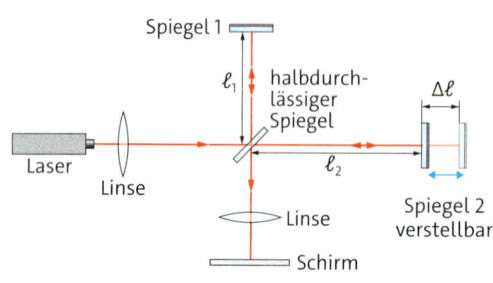

2 Wechsel des Interferenzmusters durch Längenänderung

3 Prinzipieller Aufbau des Michelson-Interferometers

Wird die Position des Spiegels langsam verändert, scheinen die Interferenzringe langsam nach außen zu wandern (▶ 2). Zählt man, wie viele Maxima an einer bestimmten Position neu erscheinen, so lässt sich aus dieser Anzahl k bei bekannter Wellenlänge des Lasers die Änderung der Armlänge berechnen:

$d = 2 \cdot \Delta\ell = k \cdot \lambda$, also $\Delta\ell = k \cdot \frac{\lambda}{2}$ mit $k = 1, 2, 3 \ldots$

Interferometer verwendet man u. a. zur Messung kleiner Längen, wenn die wie beim Echolot genutzte Laufzeitmethode zu ungenau wird. Dies gilt z. B. für die sehr genaue Ausrichtung von Körpern im Windkanal oder auch zur Vermessung der thermischen Ausdehnung von Metallen. Dabei können Längen von unter 1 μm vermessen werden.

Bei reflektierenden Oberflächen und der Verwendung von weißem Licht ist sogar die Vermessung von Oberflächenstrukturen im Bereich von Nanometern möglich. Die wechselnden Gangunterschiede führen dabei zu farbigen Mustern, die ähnlich wie bei einer topographischen Landkarte ausgewertet werden können (▶ 4).

> Verändert man die Weglänge eines Arms des Michelson-Interferometers um die Länge $\Delta\ell$, dann bewegen sich k Interferenzringe nach außen und es gilt $\Delta\ell = k \cdot \frac{\lambda}{2}$.

Interferenzstreifen und -ringe • Ohne die Sammellinsen (▶3) wäre eine Beobachtung von Interferenzringen im Interferometer nicht möglich, weil der Laser Licht emittiert, das über größere Entfernungen als parallel angesehen werden kann.

Paralleles Licht lässt sich durch eine ebene Welle beschreiben, d. h. alle Wellenfronten verlaufen senkrecht zur Ausbreitungsrichtung. Bei Spiegeln, die orthogonal zur Ausbreitungsrichtung stehen, würde damit eine ebenfalls orthogonal ausgerichtete Beobachtungsebene wie der Schirm zu einer Fläche gleicher Phase werden. Es gäbe kein Interferenzmuster, denn die beobachtete Lichtintensität wäre auf dieser Fläche überall gleich.

In der Realität lässt sich dieser Fall kaum beobachten, denn meist sind die Spiegel leicht verkippt. Dadurch ergibt sich ein Muster aus Interferenzstreifen auf dem Schirm, wie Sie es auch von den Spalten und Gittern her kennen (▶5A).

Die Linse vor dem Laser sorgt dafür, dass das Licht nicht parallel, sondern leicht divergent ist. Aufgrund der Divergenz nimmt der Laufweg eines Lichtbündels von der Schirmmitte nach außen immer mehr zu. Wenn dann einer der beiden Spiegel etwas weiter vom Strahlteiler entfernt ist als der andere, ergeben sich Interferenzringe (▶5B, 6).

Liegt in der Mitte konstruktive Interferenz mit $\Delta s = k \cdot \lambda$ vor, dann beträgt der Gangunterschied beim ersten hellen Ring $\Delta s_1 = (k + 1) \cdot \lambda$ und allgemein beim n-ten hellen Ring $\Delta s_n = (k + n) \cdot \lambda$.

Wellenlänge von Mikrowellen • Anders als bisher betrachtet, kann auch die Wellenlänge der genutzten Strahlung aus einer bekannten Längenänderung gefolgert werden. Dies lässt sich z. B. zur Vermessung von Mikrowellen nutzen. Dazu müssen Sender und Detektor entsprechend ausgetauscht werden, außerdem werden die äußeren Spiegel durch Metallplatten und der halbdurchlässige Spiegel durch eine Glasscheibe oder Hartfaserplatte ersetzt.

Das Verschieben einer Metallplatte führt dann zu wechselnden Minima und Maxima im Mikrowellendetektor. Die Wellenlänge der Strahlung lässt sich anhand ihrer bereits hergeleiteten Beziehung zur Verschiebungsstrecke ermitteln. Aus den angeführten Messdaten (▶7) aufeinanderfolgender Maxima und Minima ergibt sich somit eine Wellenlänge von etwa 3,2 cm.

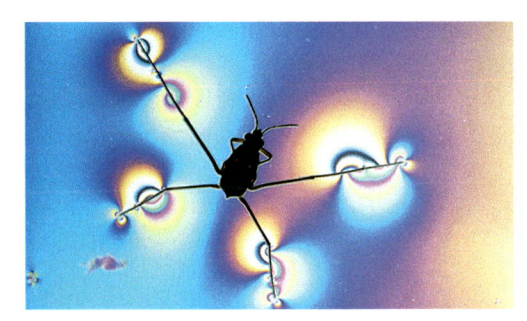

4 Wasserläufer im Weißlichtinterferometer

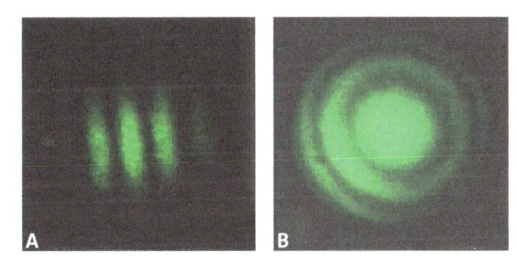

5 Mögliche Interferenzbilder: **A** Streifen; **B** Ringe

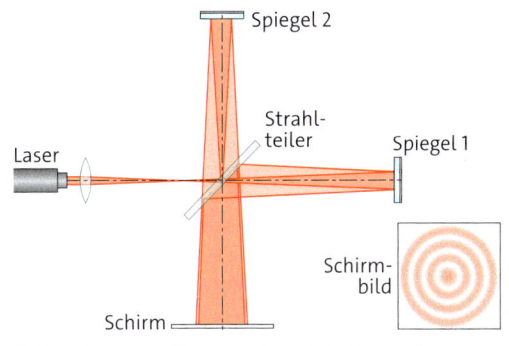

6 Strahlenverlauf im Michelson-Interferometer

$\Delta \ell$ in cm	0	0,8	1,6	2,4	3,2	3,9
U in mV	210	25	210	30	215	32

7 Messwerte zur Intensität der Mikrowellenstrahlung

1 Der Laser eines Michelson-Interferometers besitzt eine Wellenlänge von 633 nm. Im Zentrum des Interferenzbildes liegt ein Maximum.
 a ☐ Wird Spiegel 2 um $\Delta \ell = \frac{\lambda}{4}$ verschoben, dann ergibt sich in der Mitte ein Minimum. Begründen Sie.
 b ☐ Berechnen Sie, wie viele Maxima im Zentrum neu erscheinen, wenn man den Spiegel um 1,00 mm nach außen bewegt.

2 ▰ Bestätigen Sie anhand von ▶7 die im Text angegebene Wellenlänge der Mikrowellenstrahlung.

1 LIGO-Interferometer in Livingston, USA

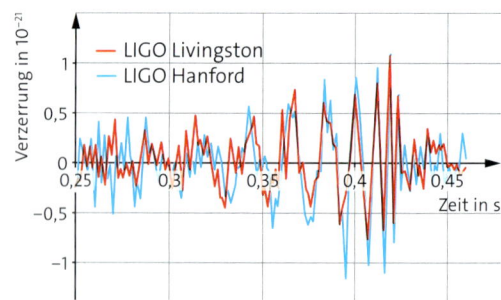

2 LIGOs Messdaten der Gravitationswelle von 2015

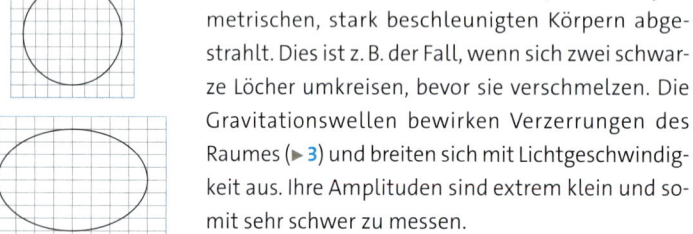

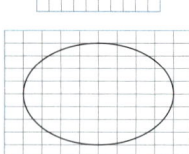

3 Wirkung einer Gravitationswelle auf einen Kreis

Der Durchmesser eines Protons beträgt $1{,}7 \cdot 10^{-15}$ m.

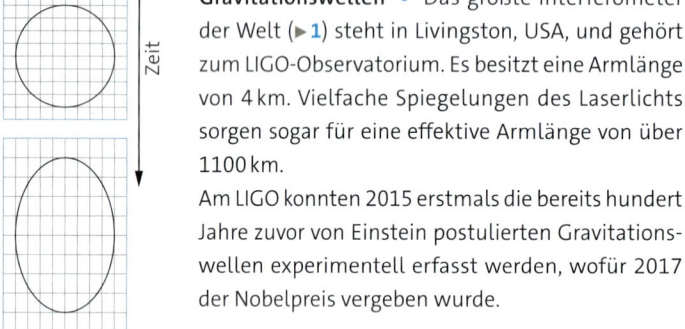

Gravitationswellen • Das größte Interferometer der Welt (▶ 1) steht in Livingston, USA, und gehört zum LIGO-Observatorium. Es besitzt eine Armlänge von 4 km. Vielfache Spiegelungen des Laserlichts sorgen sogar für eine effektive Armlänge von über 1100 km.

Am LIGO konnten 2015 erstmals die bereits hundert Jahre zuvor von Einstein postulierten Gravitationswellen experimentell erfasst werden, wofür 2017 der Nobelpreis vergeben wurde.

Gravitationswellen werden von kompakten, unsymmetrischen, stark beschleunigten Körpern abgestrahlt. Dies ist z. B. der Fall, wenn sich zwei schwarze Löcher umkreisen, bevor sie verschmelzen. Die Gravitationswellen bewirken Verzerrungen des Raumes (▶ 3) und breiten sich mit Lichtgeschwindigkeit aus. Ihre Amplituden sind extrem klein und somit sehr schwer zu messen.

Im Fall der Messung von 2015 geht man davon aus, dass die Gravitationswelle durch die Fusion zweier schwarzer Löcher in einer Entfernung von 1,3 Mrd. Lichtjahren zur Erde verursacht wurde. Mit einer Wellenlänge von etwa 1000 km verursachte die Gravitationswelle in Livingston eine Änderung der Armlänge von nur ca. 10^{-19} m. Dies reichte aber aus, um die sonst am Detektor auftretende destruktive Interferenz aufzuheben.

Die Messung wurde vom zweiten Interferometer des LIGO bestätigt, das 3000 km nordwestlich in Hanford (USA) liegt. An den Daten (▶ 2) lässt sich ablesen, wie die Periodendauer der Rotation der beiden schwarzen Löcher sinkt. Dadurch steigt die Beschleunigung und damit auch die Amplitude der Gravitationswelle. Sobald die Verschmelzung zu einem symmetrischen schwarzen Loch erfolgt ist, wird keine Gravitationswelle mehr ausgesandt.

Gase im Interferometer • Ein Michelson-Interferometer ermöglicht auch die Untersuchung der Brechungseigenschaften von Gasen. Dazu stellt man zwei gleichartige geschlossene und durchsichtige Gefäße, Küvetten genannt, in die Strahlengänge der beiden Arme. Die eine Küvette ist evakuiert, während die andere langsam mit dem zu untersuchenden Gas gefüllt wird. Da die Ausbreitungsgeschwindigkeit des Lichts im Gas kleiner ist als im Vakuum, verlängert sich die Laufzeit in diesem Arm. Folglich nimmt der Gangunterschied der Strahlen am Detektor zu und das Interferenzmuster verschiebt sich.

Zur Auswertung der Laufzeitunterschiede nutzt man die Brechzahl n_1 der Probe. Diese gibt an, wie stark die Ausbreitungsgeschwindigkeit von Licht in diesem Medium von der Geschwindigkeit c_0 im Vakuum abweicht:

$$n_1 = \frac{c_0}{c_1} = \frac{\lambda_0}{\lambda_1}.$$

Wird eine Küvette der Länge s mit Gas gefüllt, dann verschiebt sich das Interferenzmuster während des Einfüllens der Probe um k Maxima. Somit ergibt sich aus der optischen Verlängerung des Weges durch das Gas der Gangunterschied

$$d = \left(2 \cdot s \cdot \frac{c_0}{c_1} - s\right) = 2s \cdot (n_1 - 1) = k \cdot \lambda.$$

Daraus folgt dann für die Brechzahl des Gases

$$n_1 = \frac{k \cdot \lambda}{2 \cdot s} + 1$$

und damit dann die Lichtgeschwindigkeit im Gas. Wird beispielsweise eine 1,20 cm lange Küvette bis zum Normaldruck mit Kohlenstoffdioxid (CO_2) gefüllt, dann laufen etwa 14 Maxima über das Interferenzmuster eines roten Lasers der Wellenlänge 633 nm. Daraus ergibt sich für CO_2 bei dieser Wellenlänge eine Brechzahl von 1,00037, was in etwa dem Literaturwert von 1,00041 entspricht.

Licht und elektromagnetische Wellen • Interferenzen nutzen

Das Interferometer ermöglicht die Detektion von sehr kleinen Änderungen der Brechzahlen, die z. B. Auskünfte über die Änderungen von Druck und Temperatur in Gasen geben können.

Lichtgeschwindigkeit in Flüssigkeiten • Lässt man ein Lichtbündel, das zuvor an einem Gitter gebeugt wurde, teilweise durch die zu untersuchende Flüssigkeit und teilweise durch Luft laufen, kann man aus dem Vergleich der Beugungsmuster die Lichtgeschwindigkeit in der Flüssigkeit ermitteln (▶ 4). Für die Abstände der im Bild sichtbaren Maxima gleicher Ordnung (▶ 4B) gilt:

$$d_{Flüssigkeit} = \frac{3}{4} \cdot d_{Luft}.$$

Da hier die Kleinwinkelnäherung genutzt werden kann, gilt das Verhältnis auch für die Wellenlängen:

$$\frac{n \cdot \lambda_{Flüssigkeit} \cdot a}{g} = \frac{3}{4} \cdot \frac{n \cdot \lambda_{Luft} \cdot a}{g} \Rightarrow \lambda_{Flüssigkeit} = \frac{3}{4} \cdot \lambda_{Luft}.$$

und mit $c = \lambda \cdot f$ und f = konstant ergibt sich

$$c_{Flüssigkeit} = \frac{\lambda_{Flüssigkeit}}{\lambda_{Luft}} \cdot c_{Luft} = \frac{3}{4} \cdot c_{Luft}.$$

Für die Lichtgeschwindigkeit in der Flüssigkeit folgt mit $c_{Luft} \approx 2{,}997 \cdot 10^8 \frac{m}{s}$ der Wert $2{,}248 \cdot 10^8 \frac{m}{s}$.

Debye-Sears-Effekt • Auch Schallgeschwindigkeiten in Flüssigkeiten lassen sich mithilfe von Interferenzen recht einfach bestimmen. 1932 zeigten PETER DEBYE und FRANCIS SEARS, dass sich die periodischen Dichteänderungen, die Ultraschallwellen in einer Flüssigkeit verursachen, als Beugungsgitter nutzen lassen. Dabei sinkt bzw. steigt die Brechzahl der Flüssigkeit mit dem Druck.

Mithilfe des in ▶ 5A dargestellten Aufbaus lassen sich stehende Schallwellen in der Flüssigkeit erzeugen. Der Abstand zwischen benachbarten Bereichen gleichen Drucks kann als Gitterkonstante aufgefasst werden. Diese entspricht bei der stehenden Welle dem Abstand zweier Bäuche im Maximum, also der Wellenlänge der Ultraschallwellen (▶ 5A). Fällt Licht auf dieses Gitter, lassen sich aus dem Interferenzbild die Wellenlänge der Schallwellen und die Schallgeschwindigkeit ermitteln.

Im dargestellten Aufbau (▶ 5) ist x_n der Abstand zwischen den beiden Maxima n-ter Ordnung. Damit gilt für den Beugungswinkel α_n wie bei der Beugung an einem Strichgitter

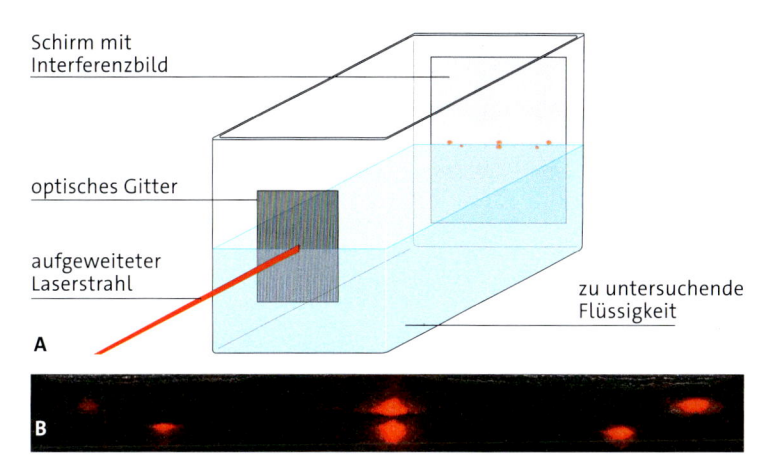

4 Versuch zur Bestimmung der Lichtgeschwindigkeit in Flüssigkeiten:
A Aufbau, **B** Interferenzbild

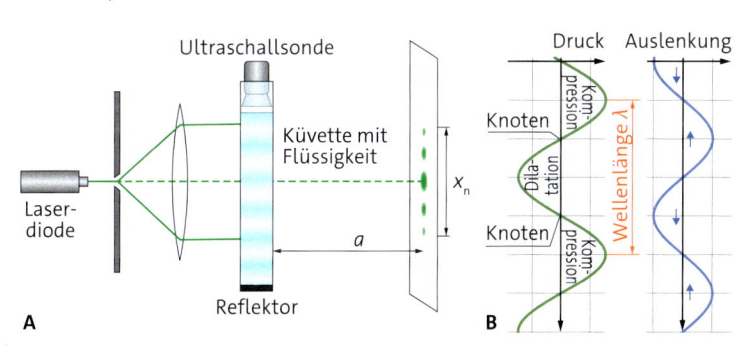

5 A Aufbau zum Debye-Sears-Effekt; **B** Wellenlänge der Druckschwankungen

$$\sin(\alpha_n) = \frac{n \cdot \lambda_L}{g} = \frac{n \cdot \lambda_L}{\lambda_{US}} \quad \text{und} \quad \tan(\alpha_n) = \frac{x_n}{2a}$$

mit der Wellenlänge des Lasers λ_L und der Wellenlänge des Ultraschalls λ_{US}.

Da α_n sehr klein ist, gilt die Kleinwinkelnäherung und damit

$$\frac{n \cdot \lambda_L}{\lambda_{US}} = \frac{x_n}{2a}.$$

Damit folgt für die Wellenlänge des Ultraschalls

$$\lambda_{US} = \frac{2n \cdot a}{x_n} \cdot \lambda_L.$$

und für die gesuchte Schallgeschwindigkeit

$$c = \lambda_{US} \cdot f_{US} = \frac{2n \cdot a}{x_n} \cdot \lambda_L \cdot f_{US}.$$

1 ☐ Bestimmen Sie anhand der Rechnung zu ▶ 4 die Brechzahl der Flüssigkeit und leiten Sie daraus ab, um welche Flüssigkeit es sich handelt. Nutzen Sie $n_{Luft} \approx 1{,}0003$.

2 ☑ In Wasser steigt die Schallgeschwindigkeit mit zunehmender Temperatur. Erläutern Sie, wie sich das Interferenzbild dadurch ändert.

Durchquert Licht ein Medium, bleibt die Frequenz unverändert, Wellenlänge und Geschwindigkeit ändern sich jedoch. Auch der Farbeindruck ändert sich nicht, sodass z. B. rotes Licht mit einer bestimmten Wellenlänge in Luft in einem anderen Medium eine andere Wellenlänge hat.

243

Blickpunkt

Lichtäther

Interferometer werden als Messinstrumente in ganz verschiedenen Bereichen der Physik genutzt. Auch für die Entstehung der Relativitätstheorie waren sie von Bedeutung

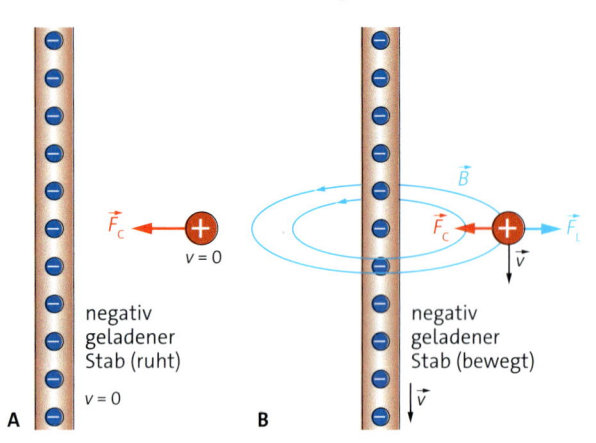

1 Gedankenexperiment von Maxwell

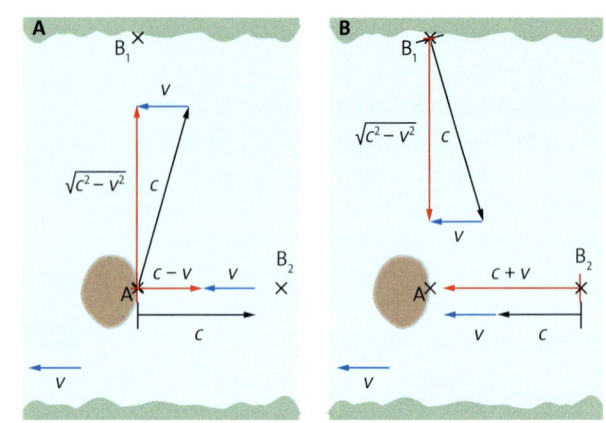

2 Geschwindigkeiten in der Analogie: **A** Hinweg; **B** Rückweg

Stimmt etwas nicht mit der Elektrodynamik? • Dem Relativitätsprinzip von GALILEO GALILEI zufolge gelten alle physikalischen Gesetze unabhängig vom gewählten Bezugssystem. In unserem Alltag erscheint uns dies auch ganz selbstverständlich.

Für die Elektrodynamik schien dies aber nicht zu gelten, wie ein Gedankenexperiment von JAMES CLERK MAXWELL zeigt: Ein negativ geladener Stab verursacht ein elektrisches Feld und zieht eine positiv geladene Kugel an (▶1A). Beide ruhen zunächst und es wirkt die Coulombkraft F_C. Werden jetzt Stab und Kugel mit derselben konstanten Geschwindigkeit nach unten bewegt (▶1B), so entspricht die Bewegung der Ladungsträger im Stab aus Sicht eines ruhenden Beobachters einem elektrischen Strom. Dieser hat ein Magnetfeld um den Stab herum zur Folge. Die geladene Kugel bewegt sich somit in einem Magnetfeld, was zu einer abstoßenden Lorentzkraft F_L führt.

Wechselt man jetzt aber in das Bezugssystem der Kugel, dann ist der Stab aus dieser Sicht wieder in Ruhe. Entsprechend gibt es weder einen elektrischen Strom noch ein Magnetfeld. Es wirkt nur die Coulombkraft, keine Lorentzkraft. Scheinbar gilt das Relativitätsprinzip hier nicht.

Ende des 19. Jahrhunderts wurde in der Physik versucht, das Problem zu lösen und dabei verschiedene Lösungsansätze diskutiert. An die Fehlerhaftigkeit der Gesetze aus Mechanik und Elektrodynamik glaubte niemand so recht. Stattdessen waren viele der Meinung, dass die betrachteten Bezugssysteme in der Elektrodynamik nicht gleichwertig seien. Sie vermuteten, dass elektromagnetische Wellen ähnlich wie Schall- und Wasserwellen einen Träger besitzen. Dieser wurde als Äther bezeichnet und in ihm sollte sich das Licht und andere elektromagnetische Wellen mit der Geschwindigkeit c bewegen. Damit müsste ihre Ausbreitungsgeschwindigkeit in einem bewegten Bezugssystem abhängig von der Raumrichtung sein. Ein Wechsel zwischen verschiedenen Bezugssystemen wäre dann nicht mehr direkt möglich.

Schwimmer-Analogie • Die Auswirkungen des Äthers soll eine Analogie verdeutlichen (▶2): Zwei gleich starke Schwimmer starten ein Wettschwimmen von Punkt A auf einer Insel. Sie schwimmen dabei eine gleich lange Strecke bis zu ihrem Endpunkt B und wieder zurück. Allerdings schwimmt einer parallel zur recht schwachen Strömung v des Flusses, der andere senkrecht dazu. Doch trotz gleicher Weglänge $2\overline{AB}$ und gleicher Schwimmgeschwindigkeit c werden die beiden nicht gleichzeitig ankommen.

Während hier das Wasser das Medium ist, in dem sich der Schwimmer bewegt, ist der Äther das hypothetische Medium, in dem sich das Licht bewegt. Der Beobachter befindet sich dann z. B. auf der Erde statt auf der Insel. Entsprechend müssten sich unterschiedliche Laufzeiten für Licht ergeben — je nachdem, ob es sich mit der Bewegung eines Körpers wie der Erde bewegt, oder nicht.

Die Suche nach einem Lichtäther • In der Physik bemühte man sich um einen Nachweis des Äthers. Die Grundidee von ALBERT ABRAHAM MICHELSON basierte auf der gleichen Überlegung wie unsere Schwimmeranalogie: Da sich die Erde gemäß der Theorie relativ zum Äther bewegt, ergeben sich je nach Blickrichtung unterschiedliche Relativgeschwindigkeiten zwischen Erde und Licht. Diese wollte Michelson mithilfe eines Interferometers nachweisen.

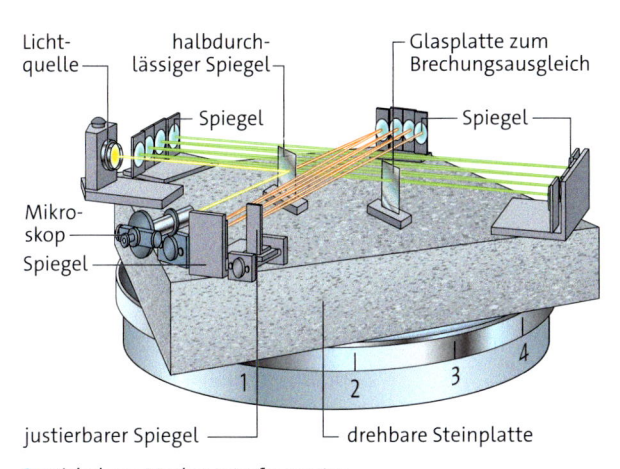

3 Michelson-Morley-Interferometer

Zusammen mit EDWARD MORLEY führte er 1887 das Michelson-Morley-Experiment durch. Sie bauten ein Interferometer, das erschütterungsfrei gedreht werden konnte und durch mehrfache Spiegelungen eine Armlänge von 11 m erreichte (▶ **3**). Um den Versuch keinen äußeren Erschütterungen auszusetzen, untersagte die Stadtverwaltung von Chicago während der Durchführung sogar den gesamten Stadtverkehr.

Das Interferometer richteten sie so aus, dass der eine Arm parallel zur Erdbewegung verlief und der andere senkrecht dazu. Dann drehten Michelson und Morley die Anordnung um 90° und erwarteten aufgrund der in ▶ **2** dargestellten Unterschiede in den Relativgeschwindigkeiten eine Änderung des Gangunterschieds und damit auch des Interferenzmusters. Zur ihrer großen Enttäuschung war dies aber nicht der Fall. Michelson und Morley konnten keine Bewegung der Erde relativ zum Äther nachweisen. Auch modernere und viel genauere Versuche weisen den Äther nicht nach.

Ausweg Relativitätstheorie • Das Versuchsergebnis wurde nicht ohne weiteres anerkannt und führte zu weiteren Diskussionen in der Wissenschaft. ALBERT EINSTEIN dagegen ging davon aus, dass es dem Michelson-Morley-Experiment zufolge keinen Äther gibt. Er entwickelte daraufhin seine spezielle Relativitätstheorie. Diese baut auf zwei Postulaten auf:

- Relativitätsprinzip:
  Alle Inertialsysteme sind gleichwertig bezüglich der grundlegenden Gesetze der Physik.

- Konstanz der Lichtgeschwindigkeit:
  Die Vakuumlichtgeschwindigkeit ist in allen Inertialsystemen gleich.

Mit grundlegenden Gesetzen der Physik sind z. B. Kräfte gemeint, die sich nicht auf andere Kräfte zurückführen lassen und die stets unabhängig von anderen Kräften betrachtet werden können, wie die Gravitationskraft. Gegenbeispiele wären Trägheitskräfte.

Inertialsysteme sind Bezugssysteme, die sich gleichförmig bewegen, also nicht beschleunigt sind.

Die Konstanz der Lichtgeschwindigkeit passt zu der bereits von Maxwell aufgestellten Beziehung zwischen der Vakuumlichtgeschwindigkeit und den Konstanten der Elektrodynamik, die selbst eine Konstante ergibt:

$$c = \frac{1}{\sqrt{\varepsilon_0 \cdot \mu_0}}$$

Die Lösung für das anfangs betrachtete Problem ergibt sich daraus, dass entsprechend der Relativitätstheorie Raum und Zeit nicht absolut sind. Sie sind nicht in jedem Inertialsystem gleich und dürfen nicht unabhängig voneinander betrachtet werden. Berücksichtigt man dies, zeigt sich u.a., dass auch Coulomb- und Lorentzkraft nicht unabhängig voneinander betrachtet werden dürfen. Wird dies beachtet, gilt das Relativitätsprinzip durchaus für die Gesetze der Elektrodynamik.

Lorentzkraft aus Sicht der Relativitätstheorie • Wir betrachten das Gedankenexperiment von Maxwell noch einmal: Im Falle des ruhenden Stabs (▶ **1A**) ist die Ladungsdichte im Stab auf der Länge ℓ gleich $\frac{Q}{\ell}$. Im Bezugssystem der Kugel gilt dies auch noch, wenn Kugel und Stab mit gleicher Geschwindigkeit $\vec{v}$ bewegt werden (▶ **1B**). Aus Sicht der Kugel bleiben die Kräfte unverändert.

Aus Sicht eines ruhenden Beobachters ergibt sich im bewegten Stab aber infolge der Längenkontraktion eine vergrößerte Ladungsdichte:

$$\ell_k = \ell \cdot \sqrt{1 - \frac{v^2}{c^2}} \qquad \text{kontrahierte Länge des Stabs}$$

$$\frac{Q}{\ell_k} = \frac{Q}{\ell} \cdot \frac{1}{\sqrt{1 - \frac{v^2}{c^2}}} > \frac{Q}{\ell} \qquad \text{vergrößerte Ladungsdichte}$$

Aufgrund der größeren Ladungsdichte nimmt die Coulombkraft zu.

Die Ursache der veränderten Kräfteverhältnisse in ▶ **1B** liegt aus Sicht der Relativitätstheorie folglich darin, dass die Coulombkraft beim Wechsel in das System des außenstehenden Beobachters zunimmt. Aus Sicht der (traditionellen) Elektrodynamik, die vom Standpunkt eines ruhenden Beobachters ausgeht, wird derselbe Kraftbetrag als Lorentzkraft beschrieben. Wird die Situation dagegen von der bewegten Kugel aus betrachtet, erfolgt kein Wechsel ins Außensystem und damit keine Änderung der Kräfte – aus Sicht der Relativitätstheorie ein stimmiges Ergebnis.

Material

Versuch A • Wellenlängen experimentell ermitteln

V1 Ultraschall-Interferometer

Materialien: Ultraschallsender (40 kHz) mit Netzgerät, Mikrofon mit Messgerät (z. B. Multimeter), Strahlteiler, zwei Reflektoren, Millimeterpapier

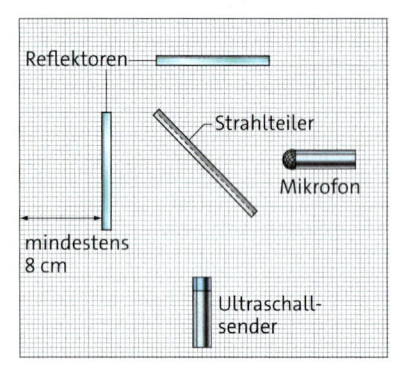

1 Michelson-Interferometer für Ultraschall

Arbeitsauftrag:
- Bauen Sie den Versuch wie in ▶1 auf. Achten Sie dabei auf die Positionierung der Komponenten. Insbesondere die Reflektoren und der Strahlteiler müssen sehr sorgfältig am Millimeterpapier ausgerichtet werden. Begründen Sie dies.
- Verschieben Sie einen Reflektor langsam parallel, bis Sie mit dem Mikrofon ein Maximum detektieren. Markieren Sie diese Position des Reflektors und notieren Sie die gemessene Spannung.
- Verschieben Sie den Reflektor weiter und markieren Sie die Positionen möglichst vieler Maxima.
- Ermitteln Sie aus Ihren Daten möglichst genau die Wellenlänge des Ultraschalls. Vergleichen Sie mit dem Wert gemäß den Herstellerangaben. Beachten Sie dabei die Raumtemperatur.
- Schätzen Sie die Ungenauigkeit ihrer Messung ab.

V2 Schall von zwei Sendern

Materialien: zwei Ultraschallsender mit gemeinsamem Betriebsgerät (40 kHz), Mikrofon mit Messgerät (z. B. Multimeter), Millimeterpapier

Arbeitsauftrag:
- Richten Sie die beiden Sender einander gegenüber im Abstand von etwa 18 cm auf dem Millimeterpapier aus. Schieben Sie das Mikrofon senkrecht dazu an die Mitte der Verbindungslinie heran.
- Bewegen Sie das Mikrofon seitlich zwischen den Sendern und markieren Sie die Positionen der Maxima.
- Begründen Sie die Entstehung des beobachteten Musters.
- Ermitteln Sie aus Ihren Daten möglichst genau die Wellenlänge. Vergleichen Sie mit dem Wert gemäß den Herstellerangaben. Beachten Sie dabei die Raumtemperatur.
- Schätzen Sie die Ungenauigkeit ihrer Messung ab.
- Erklären Sie, was sich ändern wird, wenn Sie den Abstand der Sender leicht ändern. Überprüfen Sie dies.
- Erklären Sie, was sich ändern wird, wenn Sie eine niedrigere Frequenz nutzen (z. B. 25 kHz).

Material A • Schallgeschwindigkeit in Wasser

Misst man die Schallgeschwindigkeit in Wasser mithilfe des Debye-Sears-Effekts, lassen sich auch Parameter wie Wassertemperatur oder Salzgehalt ändern (▶A1). Für die Messungen wird Licht der Wellenlänge 546 nm genutzt. Der Abstand zum Schirm beträgt 50,0 cm. Der Abstand zwischen Maxima gleicher Ordnung wird mithilfe einer Lupe an einer sehr genauen Skala abgelesen.

Temperatur in °C	20	20	20	20	10
Salzgehalt in $\frac{g}{L}$	0	0	40	100	0
f_{US} in MHz	6,6	6,1	6,1	6,1	6,1
x_1 in mm	2,45	2,25	2,20	2,09	2,30
x_2 in mm	4,83	4,49	4,42	4,16	4,58
x_3 in mm	7,30	6,77	6,62	6,28	6,91
x_4 in mm	9,79	8,96	8,81	8,40	9,21

A1 Abstände x_n von Maxima der gleichen Ordnung n unter verschiedenen Bedingungen

1 ✏ Werten Sie die Daten aus ▶A1 aus. Gehen Sie folgendermaßen vor:
a Bestätigen Sie, dass die Kleinwinkelnäherung hier angewendet werden darf, damit Sie die hergeleitete Formel nutzen können.
b Ermitteln Sie die Schallgeschwindigkeiten für die verschiedenen Versuchsbedingungen. Erläutern Sie Ihr Vorgehen.
c Die Schallgeschwindigkeit in Wasser lässt sich durch folgende Formel beschreiben:
$c = 1448{,}6 + 4{,}618\vartheta - 0{,}0523\vartheta^2 + 1{,}4(S - 35) + 0{,}017D$.
Dabei sind c die Schallgeschwindigkeit in $\frac{m}{s}$, ϑ die Wassertemperatur in °C, S der Salzgehalt in $\frac{g}{L}$ und D die Wassertiefe in m.
Vergleichen Sie die in **b** erhaltenen Schallgeschwindigkeiten mit den entsprechend berechneten Werten.
d Deuten Sie die Auswirkungen der Faktoren Ultraschallfrequenz f_{US}, Salzgehalt und Temperatur physikalisch. Betrachten Sie dazu u. a. die Kopplungskräfte zwischen den Molekülen.

Material B • Thermische Ausdehnung von Metallstäben

Die thermische Ausdehnung von Metallen ist über einen weiten Temperaturbereich proportional zur Temperaturänderung ΔT. Für die Längenänderung eines Stabes der anfänglichen Länge ℓ_0 gilt $\Delta \ell = \alpha \cdot \ell_0 \cdot \Delta T$, wobei α der thermische Ausdehnungskoeffizient des untersuchten Stoffs ist. Die Längenänderung kann mit einem Michelson-Interferometer besonders genau gemessen werden. Dazu wird der verstellbare Spiegel durch einen Spiegel ersetzt, der an der Spitze des zu untersuchenden Metallstabs befestigt ist. Dieser wird mit einem aufgewickelten Heizdraht allmählich erwärmt. Die Temperatur des Stabes wird über einen Fühler gemessen, der am anderen Ende des Stabs eingesteckt wird. Das Interferenzmuster wird während der Temperaturerhöhung beobachtet und die Temperatur jeweils nach Erscheinen von 30 neuen Maxima gemessen (▶ B2).

k-tes Maximum	Stab 1: ϑ_1 in °C	Stab 2: ϑ_2 in °C
0	21,7	22,1
30	26,7	25,9
60	32,1	29,5
90	37,4	33,2
120	42,7	36,8
150	47,7	40,7

B2 Temperaturen der beiden Stäbe nach Erscheinen des k-ten Maximums (ℓ_0 = 10,0 cm, λ = 589 nm)

1 In ▶ B2 sind die Messwerte für zwei unterschiedliche Metallstäbe angegeben.
 a ✏ Ermitteln Sie die thermischen Ausdehnungskoeffizienten für beide Metallstäbe rechnerisch sowie aus einem k-ϑ-Diagramm.
 b ☐ Entscheiden Sie anhand von ▶ B1, woraus die Metallstäbe bestehen.
 c ☐ Berechnen Sie jeweils die Längenänderung der beiden Metallstäbe.

2 ✏ Ein Zinnstab mit ℓ_0 = 16,0 cm wird um 25 K erwärmt. Berechnen Sie die Länge des erhitzten Stabes sowie die Anzahl der neu erscheinenden Maxima.

Stoff	α in $10^{-6} \frac{1}{K}$
Silber	18,9
Aluminium	23,1
Kupfer	16,5
Zinn	22,0

B1 Thermischer Ausdehnungskoeffizient α einiger Metalle

Material C • Schwebung im Michelson-Interferometer

Interferieren Wellen gleicher Amplitude, aber leicht unterschiedlicher Frequenzen, dann kommt es zur Schwebung. Die Überlagerung besitzt eine Amplitude, die sich periodisch ändert (▶ C1).
Die Schwingung eines einzelnen Oszillators kann mit folgender Schwingungsgleichung beschrieben werden:

$$s(t) = 2s_{max} \cdot \cos\left(2\pi \cdot \frac{|f_1 - f_2|}{2} \cdot t\right) \cdot \sin\left(2\pi \cdot \frac{f_1 + f_2}{2} \cdot t\right).$$

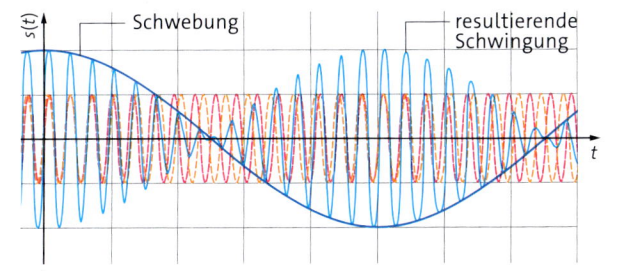

C1 Überlagerung mit ähnlicher Frequenz

1 ✏ Die Schwingungsgleichung enthält die Frequenz der resultierenden Schwingung und die Frequenz der Schwebung, also der Einhüllenden in ▶ C1. Geben Sie beide begründet an.

Natriumdampflampen senden interferenzfähiges, gelbes Licht mit zwei dicht beieinander liegenden Wellenlängen aus. Es gilt λ_1 = 589,6 nm mit $\lambda_1 > \lambda_2$.
Mit einer solchen Lampe wird ein Michelson-Interferometer aufgebaut. Dabei überlagern sich die Interferenzmuster der beiden Wellenlängen und es kommt zur Schwebung des Interferenzkontrastes. Bei konstruktiver Überlagerung verstärkt sich der Kontrast zwischen den Streifen des Interferenzbildes, während der Kontrast bei destruktiver Interferenz abnimmt (▶ C2).

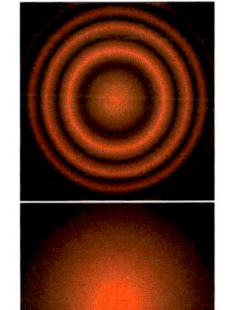

C2 Kontrastmaximum und -minimum, schematisch

2 ◼ Für den Wechsel von einem Kontrastminimum zum nächsten muss der Spiegel des Interferometers um 291 µm verschoben werden.
 a Berechnen Sie die Wellenlänge der zweiten Spektrallinie mit $\lambda_2 < \lambda_1$.
 b Vergleichen Sie mit dem Literaturwert.

Auf einen Blick

Licht und elektromagnetische Wellen

Elektromagnetische Wellen und Licht	Elektromagnetische Wellen entstehen durch zueinander orthogonale Schwingungen des elektrischen und des magnetischen Feldes. Sie breiten sich als Transversalwellen aus und benötigen keinen Träger. Den sichtbaren Bereich der elektromagnetischen Wellen mit Wellenlängen von etwa 400 nm bis 780 nm bezeichnet man als Licht. Die Ausbreitungsgeschwindigkeit des Lichts hängt von seiner Wellenlänge und vom Medium ab. Im Vakuum beträgt sie immer etwa $2{,}998 \cdot 10^8 \, \frac{m}{s}$.
Farbe	Die unterschiedlichen Farben des Lichts entsprechen unterschiedlichen Wellenlängen. Rot liegt dabei im langwelligen Bereich des Lichts, violett im kurzwelligen. Blaues Licht wird stärker gebrochen und auch gebeugt als rotes. Damit lässt sich weißes Licht zu Farbspektren auffächern.
Brechung	Ändert sich an Grenzflächen zwischen zwei Medien die Ausbreitungsgeschwindigkeit des Lichts, kommt es zur Brechung.
Beugung	Hinter Hindernissen wie kleinen Öffnungen und Spalten ändert sich die Ausbreitungsrichtung des Lichts. Aufgrund von Beugung kann es zu Interferenzphänomenen kommen.
Beugung am Gitter	Interferenzmaxima treten auf, wenn der Gangunterschied Δs zwischen Elementarwellen, die von benachbarten Spalten ausgehen, ein Vielfaches der Wellenlänge beträgt: $\Delta s = n \cdot \lambda$. An einem Gitter mit der Gitterkonstanten g sind auf einem Schirm in der Entfernung a zum Gitter Interferenzmaxima im Abstand d_n von der optischen Achse beobachtbar. $d_n = a \cdot \tan\left(\arcsin\left(\frac{n \cdot \lambda}{g}\right)\right)$ mit $n = 1, 2, 3, \ldots$ und $n \leq \frac{g}{\lambda}$ Mit der Kleinwinkelnäherung $\sin(\alpha) \approx \tan(\alpha)$ gilt vereinfachend: $d_n \approx \frac{n \cdot \lambda \cdot a}{g}$
Beugung am Doppelspalt	Für den Abstand d_n der Interferenzmaxima zur optischen Achse gilt für den Doppelspalt mit Spaltabstand g wie beim Gitter $d_n \approx \frac{n \cdot \lambda \cdot a}{g}$ mit $n = 1, 2, 3, \ldots$ Aus der Beugung an den einzelnen Spalten der Breite b ergeben sich zusätzliche Minima mit $d_k \approx \frac{k \cdot \lambda \cdot a}{b}$ mit $k = 1, 2, 3, \ldots$ Die Beugung am Einzelspalt bestimmt dabei den Verlauf der Einhüllenden in der Intensitätsverteilung.

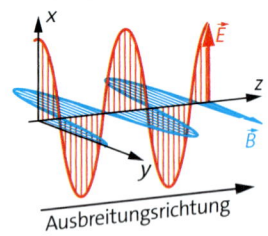

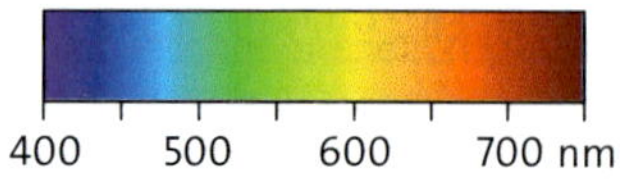

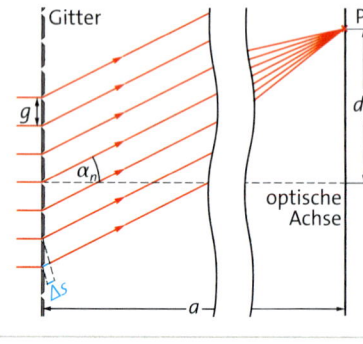

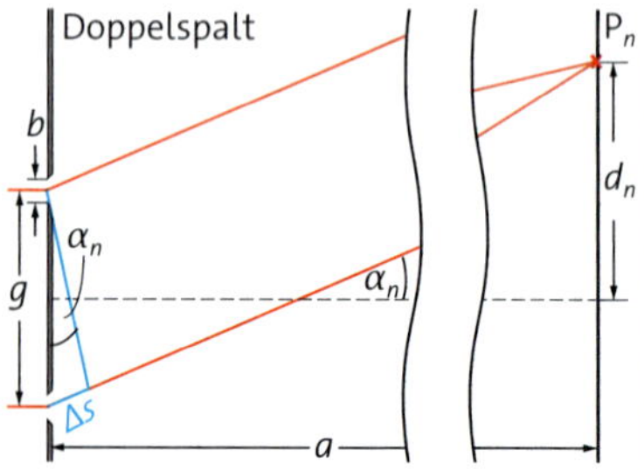

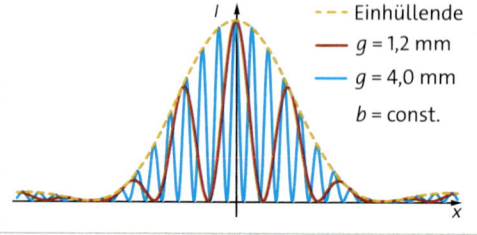

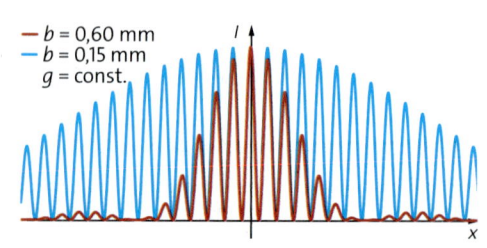

Licht und elektromagnetische Wellen

Beugung am Einzelspalt	Beugungsminima treten auf, wenn der Gangunterschied Δs zwischen den äußeren Elementarwellen, die von einem Spalt ausgehen, ein Vielfaches der Wellenlänge beträgt: $\Delta s = k \cdot \lambda$. Wird Licht an einem Einzelspalt der Breite b gebeugt, dann entstehen Minima im Abstand d_k von der optischen Achse. $d_k \approx \dfrac{k \cdot \lambda \cdot a}{b}$ mit k = 1,2,3,... und $k \leq \dfrac{b}{\lambda}$	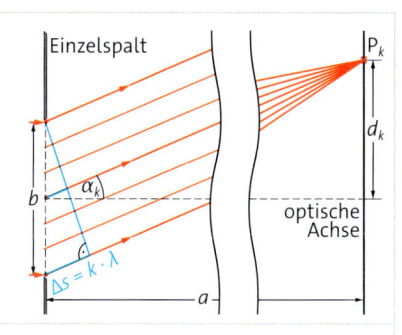
Näherungen in der Wellenoptik	Durch die geometrischen Verhältnisse bei Beugungsphänomenen können in Berechnungen häufig zwei Näherungen angewendet werden. **Fernfeldnäherung:** Der Schirmabstand a ist viel größer als der Spaltabstand g bzw. die Spaltbreite b. Die von den Spalten zum Schirm verlaufenden Lichtstrahlen sind daher in der Nähe der Beugungsobjekte nahezu parallel, auch wenn man davon ausgeht, dass sie am selben Punkt des Schirms interferieren. Zwei Wellen aus benachbarten Spalten haben daher immer denselben Gangunterschied Δs. **Kleinwinkelnäherung:** Für kleine Winkel (unter 10°) gilt $\sin(\alpha) \approx \tan(\alpha)$. Beim Doppel- oder Einzelspalt kann die Näherung in der Regel angewendet werden, bei vielen Gittern aber nicht.	
Polarisation	Gewöhnliches Licht enthält alle Polarisationsrichtungen. Nach Durchgang durch einen Polarisator ist das Licht vollständig in dessen Richtung polarisiert. Polarisiertes Licht hat nur eine Polarisationsrichtung, d. h. die elektrische Feldstärke schwingt nur in diese Richtung.	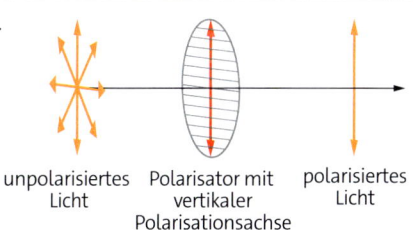
Gesetz von Malus	Tritt polarisiertes Licht durch einen Polarisator, dessen Transmissionsrichtung um den Winkel α gegenüber der Polarisationsrichtung verdreht ist, dann sinkt seine Intensität von I_P auf $I_A(\alpha) = I_P \cdot \cos^2(\alpha)$. Die Polarisationsrichtung des Lichts ist nach Durchgang um den Winkel α gedreht.	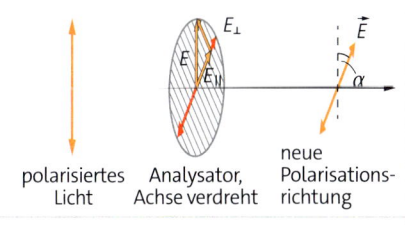
Brewster-Winkel	Trifft Licht unter dem materialabhängigen Brewster-Winkel auf eine Grenzfläche, dann ist das reflektierte Licht senkrecht zur Einfallsebene polarisiert.	
Röntgenstrahlung und -beugung	Eine elektromagnetische Strahlung, welche die meiste Materie ungehindert durchdringen kann. Röntgenphotonen haben eine Energie von ca. 100 eV bis 50 keV. Durch Röntgenbeugung kann die räumliche Struktur von Materie aufgeklärt werden. An parallelen Netzebenen gebeugte Röntgenstrahlung der Wellenlänge λ kann unter einem Glanzwinkel ϑ beobachtet werden. Es entsteht konstruktive Interferenz, wenn die Bragg-Bedingung erfüllt ist: $n \cdot \lambda = 2d \cdot \sin(\vartheta)$ mit n = 1,2,3 ...	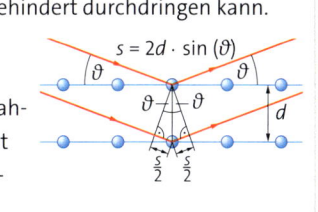
Michelson-Interferometer	Messvorrichtung zur sehr genauen Vermessung von Wellenlängen bzw. Längen unter 1 µm. Im Michelson-Interferometer wird hierzu ein Lichtbündel aufgeteilt und anschließend zur Interferenz gebracht. Verändert man die Weglänge eines Arms des Michelson-Interferometers um die Länge $\Delta \ell$, dann bewegen sich k Interferenzringe nach außen und es gilt $\Delta \ell = k \cdot \dfrac{\lambda}{2}$.	

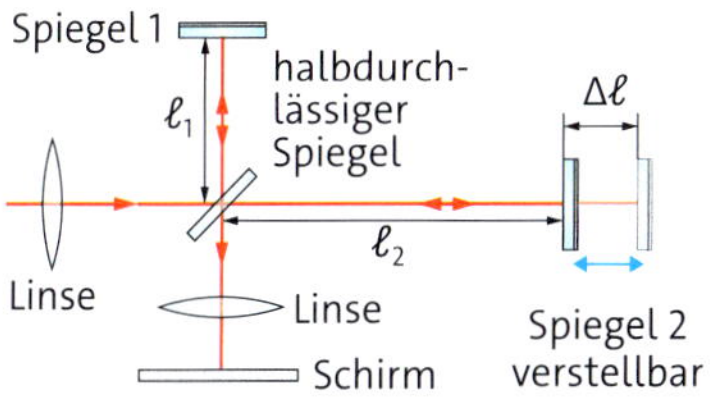

Check-up

Übungsaufgaben

1 a ☐ Skizzieren Sie das Schirmbild hinter einem kleinen Loch, wie man es nach dem Lichtstrahlmodell erwarten würde. Beschreiben Sie, wie sich das Schirmbild mit kleiner werdendem Loch verändern würde.
b ☐ Beschreiben Sie, welche Änderungen am Schirmbild im Wellenmodell des Lichts zu erwarten sind.
c ☐ Erläutern Sie, warum der Wellencharakter von Licht im Alltag nicht offensichtlich ist.
d ☐ Nennen Sie Phänomene, an denen der Wellencharakter des Lichts deutlich wird.

2 ☐ Ein Lichtjahr ist die Strecke, die das Licht in einem Jahr (365,25 d) zurücklegt. Rechnen Sie die Einheit Lichtjahr in Meter um.

3 ◩ Vergleichen Sie die Beugung an Gitter, Doppel- und Einzelspalt tabellarisch. Skizzieren Sie auch die Beugungsbilder und geben Sie die zugehörigen Formeln an.

4 Laserlicht trifft auf ein Gitter mit 250 Strichen pro cm. Auf dem Schirm in 2,50 m Entfernung zum Gitter beträgt der Abstand zwischen den Maxima 3. Ordnung 20,0 cm.
a ☐ Bestimmen Sie die Gitterkonstante.
b ☐ Ermitteln Sie Wellenlänge und Farbe des Lasers.

5 Rotes Laserlicht (671 nm) trifft auf ein Gitter. Im Abstand von 4,00 m befindet sich eine 1,80 m breite Leinwand (mittig zur optischen Achse). Der Abstand der Maxima 1. und 2. Ordnung beträgt 5,4 cm.
a ◩ Erläutern Sie die Entstehung des Interferenzbildes am idealen Gitter anhand einer Skizze.
b ◩ Reale Gitter haben Spaltbreiten, die nicht vernachlässigt werden können. Erläutern Sie die wesentliche Auswirkung auf das Interferenzbild anhand einer Skizze.
c ☐ Berechnen Sie die Gitterkonstante. Nutzen Sie dabei die Kleinwinkelnäherung.
d ☐ Weisen Sie nach, dass die Kleinwinkelnäherung für das Maximum 2. Ordnung angewendet werden darf, nicht aber für ein Maximum am äußeren Rand der Leinwand.
e ◩ Bestimmen Sie die Anzahl der sichtbaren Maxima.
f ☐ Weißes Licht trifft auf das Gitter. Begründen Sie das Auftreten farbiger Spektren.
g ◩ Berechnen Sie die Breite des Spektrums 1. Ordnung.
h ■ Bestimmen Sie die Wellenlängen, die sich im Abstand von 20,0 cm zur optischen Achse überlagern.

6 Im Interferenzbild eines Doppelspalts treten nahe der optischen Achse äquidistante Maxima auf. Allerdings fehlen einzelne dieser Maxima.
a ◩ Erklären Sie dies.
b ◩ Das erste fehlende Maximum ist das Maximum 4. Ordnung. Zeigen Sie, dass dann $g = 4b$ gilt.

7 ◩ Erklären Sie, wie sich das Schirmbild eines Doppelspalts ändert, wenn
a der Schirmabstand vergrößert wird,
b der Spaltabstand verkleinert wird,
c die Wellenlänge vergrößert wird.

8 Grünes Laserlicht trifft auf einen Doppelspalt ($g = 0,32$ mm, $b = 50$ µm). Die beiden Maxima 4. Ordnung liegen auf dem Schirm ($a = 4,8$ m) 6,4 cm auseinander.
a ◩ Erläutern Sie die Entstehung des Beugungsbilds am Doppelspalt anhand einer Skizze. Leiten Sie dabei auch die Formel für die Interferenzmaxima her.
b ◩ Erklären Sie die Bedeutung der Einhüllenden der Intensitätsverteilung.
c ☐ Berechnen sie die Wellenlänge des Lasers.
d ☐ Bestimmen Sie die Lage der ersten beiden Beugungsminima.
e ◩ Klären Sie, ob das Maximum 6. Ordnung entfällt.
f ◩ Skizzieren Sie die Intensitätsverteilung des Interferenzbildes auf dem Schirm.

9 ☐ Zur Messung der Wellenlänge einer Röntgenstrahlung wird diese an einem Kaliumbromid-Kristall mit einem Netzebenenabstand von 329 pm gebeugt. Es treten Glanzwinkel bei 11,3°, 22,9° und 36,1° auf.
a Erklären Sie anhand einer Skizze das Auftreten der gemessenen Glanzwinkel. Formulieren Sie hierzu die Gleichung für das Entstehen der Winkel.
b Berechnen Sie die Wellenlänge der Strahlung. Mitteln Sie Ihr Ergebnis aus den verschiedenen Winkeln.

10 Ein Einzelspalt mit bekannter Spaltbreite b und ein Gitter mit Gitterkonstante g stehen jeweils im Abstand a vor einem Schirm und werden mit Laserlicht unbekannter Wellenlänge beleuchtet.
a ☐ Skizzieren Sie die Intensitätsverteilungen der Interferenzbilder eines Einzelspalts und eines Gitters.
b ☐ Geben Sie an, welche Größen Sie jeweils messen müssen, um die Wellenlänge zu bestimmen und geben Sie die erforderlichen Formeln an.
c ■ Begründen Sie den Unterschied. Beschreiben Sie dazu, wie sich das Interferenzbild ändert, wenn Sie die Spaltanzahl allmählich vom Einzelspalt bis zum Gitter erhöhen.

11 Zwei Polarisatoren sind um 90° gegeneinander verdreht. Das zunächst unpolarisierte Licht (Intensität I_0) wird nicht hindurchgelassen.

a 📝 Erklären Sie anhand des Aufbaus eines Polarisators, warum dies so ist.

b ☐ Der zweite Polarisator wird oft als Analysator bezeichnet. Begründen Sie.

c ☐ Zwischen die beiden Polarisatoren wird ein dritter gesetzt, welcher gegenüber dem ersten Polarisator um 35° verdreht ist. Begründen Sie, warum Licht durch die Kombination gelangt.

d 📝 Der erste Polarisator halbiert die Lichtintensität. Bestimmen Sie den Anteil an I_0, den das Licht nach Durchlaufen der drei Polarisatoren besitzt.

12 Trifft Licht so auf eine Grenzfläche, dass gebrochener und reflektierter Strahl gerade senkrecht zueinander stehen, wird der Einfallswinkel als Brewster-Winkel α_B bezeichnet.

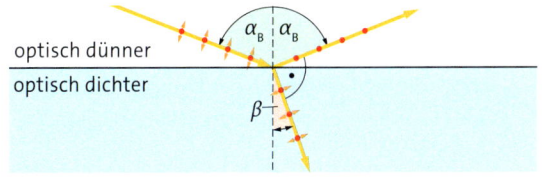

a ☐ Elektromagnetische Wellen sind Transversalwellen. Daraus folgt, dass das mit α_B reflektierte Licht vollständig polarisiert ist. Begründen Sie.

b 📝 Erklären Sie, wie ein Polarisator orientiert sein muss, um die Reflexionen auszulöschen.

c 📝 Nach dem Brechungsgesetz von Snellius gilt $n_1 \cdot \sin(\alpha) = n_2 \cdot \sin(\beta)$, wobei die Brechungsindizes n_1 und n_2 angeben, wie sich Ausbreitungsgeschwindigkeit in einem Medium n von der im Vakuum unterscheidet $\left(n = \frac{c}{c_n}\right)$. Zeigen Sie, dass $\frac{n_2}{n_1} = \tan(\alpha_B)$ gilt.

13 Das Michelson-Interferometer wird u. a. genutzt, um Längen präzise zu bestimmen.

a ☐ Skizzieren Sie den Aufbau des Interferometers.

b ☐ Wird die Länge eines Arms um 0,14 mm verändert, so erscheinen 442 neue Maxima. Bestimmen Sie die Wellenlänge des genutzten Lasers.

c 📝 Schätzen Sie die Genauigkeit der Wellenlängenbestimmung ab.

d ☐ m Strahlengang befindet sich eine Küvette (Länge 4 cm) mit einem unbekannten Gas. Während das Gas abgepumpt wird, verschwinden 36 Minima. Bestimmen Sie das Gas anhand der Brechzahl n.

e 📝 Begründen Sie, warum die Auswirkung des Materials der Küvette nicht berücksichtigt werden muss.

Gas	Wasserstoff	Argon	Kohlenstoffmonoxid	Kohlenstoffdioxid
n	1,000132	1,000281	1,000338	1,000451

Mithilfe des Kapitels können Sie:	Aufgabe	Hilfe
✓ das Lichtstrahl- und das Wellenmodell des Lichts vergleichend anwenden.	1, 2	S. 210 ff.
✓ anhand der Interferenzmuster am Gitter, Doppel- oder Einzelspalt die Wellenlänge von Licht bestimmen.	4, 8c, 10b	S. 217, S. 223, S. 225
✓ die Beugung von Licht am Gitter erläutern und daran nachweisen, dass weißes Licht polychromatisch ist.	3 – 5, 10	S. 216 ff.
✓ die Beugung von Licht an Doppel- und Einzelspalt erläutern.	6 – 8, 10	S. 222 ff.
✓ über die Anwendbarkeit von Näherungen wie der Kleinwinkelnäherung entscheiden.	5d	S. 217, S. 225
✓ die Funktionsweise von Polarisator und Analysator erklären und mit ihnen nachweisen, dass es sich bei Licht um Transversalwellen handelt.	11	S. 234 f.
✓ die Entstehung polarisierten Lichts durch Reflexion und Streuung begründen.	12	S. 230
✓ Röntgenbeugung anhand der Bragg-Bedingung anwenden und erklären.	9	S. 234 ff.
✓ Aufbau und Funktionsweise eines Michelson-Interferometers erklären.	13	S. 240, S. 242

▶ Die Lösungen zu den Übungsaufgaben finden Sie im Anhang.

Aufgabe mit Lösung

Aufgabe 1

Die Fotos in ▶ M1 zeigen Schirmbilder und zugehörige Intensitätsverteilungen unterschiedlicher Beugungsobjekte. Das Laserlicht trifft orthogonal auf die Beugungsobjekte und hat eine Wellenlänge von 630 nm. Im Abstand von 5,00 m zu den Beugungsobjekten steht ein 1,00 m breiter Schirm. Wird das Gitter mit weißem Licht (400 nm bis 780 nm) beleuchtet, sind auf dem Schirm farbige Spektren zu beobachten.

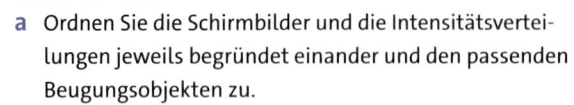

a Ordnen Sie die Schirmbilder und die Intensitätsverteilungen jeweils begründet einander und den passenden Beugungsobjekten zu.
b Bestimmen Sie anhand der Intensitätsverteilungen die charakteristischen Größen der Beugungsobjekte.

Betrachten Sie die Situation am Doppelspalt genauer.
c Berechnen Sie den Abstand benachbarter Maxima im Beugungsbild des Doppelspalts.
d Ermitteln Sie für einen unbekannten Doppelspalt den größtmöglichen Spaltabstand g, bei dem Sie die Maxima 1. Ordnung und 0. Ordnung getrennt voneinander wahrnehmen können. Gehen Sie davon aus, dass das Auflösungsvermögen des Auges bei 1 mm liegt.
e Beschreiben Sie, was zu beobachten ist, wenn die Spaltbreite nach und nach verkleinert wird.

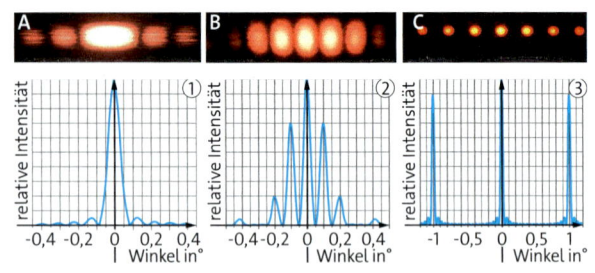

M1 Beugungsbilder und Intensitätsverteilungen

f Als Faustregel gilt: Licht wird gebeugt, wenn die Dimension des Hindernisses in der Größenordnung der Wellenlänge liegt. Begründen Sie dies allgemeingültig anhand der nachfolgenden Beziehungen für den Doppelspalt.
$\sin(\alpha_n) = \frac{n \cdot \lambda}{g}$ und $\sin(\beta_n) = \frac{n \cdot \lambda}{b}$

Untersuchen Sie die Situation am Gitter genauer.
g Bestimmen Sie die höchstmögliche Anzahl der Maxima auf dem Schirm.
h Erklären Sie die Entstehung der farbigen Spektren.
i Zeigen Sie, dass sich die Spektren 2. und 3. Ordnung überlagern.
j Bestimmen Sie den Wellenlängenbereich, bei dem das Spektrum 2. Ordnung nicht überlagert ist.

Lösung

a *Schirmbild A*: Doppelspalt, die hellen Flecken sind Doppelspalt-Maxima; in ② ist zudem das Fehlen der Maxima 3. Ordnung zu sehen (Lage der 1. Einzelspalt-Minima)
Schirmbild B: Einzelspalt, Hauptmaximum in der Mitte und Nebenmaxima links und rechts davon (①)
Schirmbild C: Gitter, helle Punkte sind Haupt-Maxima (③)

b *Einzelspalt* (①): Minimum 1. Ordnung bei $\beta_1 = 0,1°$
$\sin(\beta_1) = \frac{\lambda}{b}$ ⇒ Spaltbreite: $b = \frac{\lambda}{\sin(\beta_1)} = \frac{630\,\text{nm}}{\sin(0,1°)} = 0,36\,\text{mm}$
Doppelspalt (②): Maximum 1. Ordnung bei $\alpha_1 = 0,1°$
$\sin(\alpha_1) = \frac{\lambda}{g}$ ⇒ Spaltabstand: $g = \frac{630\,\text{nm}}{\sin(0,1°)} = 0,36\,\text{mm}$
Maximum 3. Ordnung fehlt an der Stelle des Einzelspalt-Minimums 1. Ordnung, also $b = \frac{1}{3}g = 0,12\,\text{mm}$ bzw.
$\sin(\beta_1) = \frac{\lambda}{b}$ ⇒ Spaltbreite: $b = \frac{\lambda}{\sin(\beta_1)} = \frac{630\,\text{nm}}{\sin(0,3°)} = 0,12\,\text{mm}$
Gitter (③): Maximum 1. Ordnung bei $\alpha_1 = 1°$
$\sin(\alpha_1) = \frac{\lambda}{g}$ ⇒ Gitterkonstante: $g = \frac{630\,\text{nm}}{\sin(1°)} = 36\,\mu\text{m}$

c Abstand folgt aus den gegebenen Winkeln ⇒ $\tan(\alpha_n) = \frac{d_n}{a}$
$\Delta d = d_2 - d_1 = a \cdot (\tan(\alpha_2) - \tan(\alpha_1)) \approx 8,73\,\text{mm}$

d Mit der Kleinwinkelnäherung gilt $d_1 \approx \frac{1 \cdot \lambda \cdot a}{g}$. Mit dem Auflösungsvermögen folgt $d_1 > 1\,\text{mm}$ und damit
$g < \frac{\lambda \cdot a}{1\,\text{mm}} = \frac{630\,\text{nm} \cdot 5,00\,\text{m}}{1\,\text{mm}} = 3,15\,\text{mm}$.

e Größerer Abstand der Minima, mehr Maxima sichtbar mit höherer Intensität; Idealfall: regelmäßige Maxima gleicher Intensität

f Beugungsmuster sichtbar für $\alpha < 90°$, damit ist $\sin(\alpha) < 1$
⇒ $g > n \cdot \lambda$ und $b > n \cdot \lambda$, die Wellenlänge muss also kleiner sein als das beugende Objekt; $\alpha > 0°$, also gilt $\sin(\alpha) > 0$, g und b dürfen nicht viel größer sein als $n \cdot \lambda$
⇒ g und b liegen etwa in der Größenordnung von λ.

g Für den Winkel α_{max} zu den Rändern des Schirms gilt:
$\tan(\alpha_{max}) = \frac{d_{max}}{a} = \frac{0,50\,\text{m}}{5,00\,\text{m}} = \frac{1}{10}$ ⇒ $\alpha_{max} = \arctan\left(\frac{1}{10}\right) \approx 5,7°$
Für die Winkel α_k der beobachtbaren Maxima gilt:
$\alpha_k < \alpha_{max}$ ⇒ $\sin(\alpha_k) = \frac{k \cdot \lambda}{g} < \sin(\alpha_{max}) \Leftrightarrow k < \sin(\alpha_{max}) \frac{g}{\lambda}$,
also $k < 5,70$ ⇒ Maxima bis zur 5. Ordnung beobachtbar ⇒ insgesamt sind elf Intensitätsmaxima sichtbar

h Weißes Licht enthält Licht unterschiedlicher Wellenlängen. Je größer λ, desto größer ist der Winkel für konstruktive Interferenz ⇒ Auffächerung des Farbspektrums

i Für die Winkel des Maximums von rotem Licht 2. Ordnung und violettem Licht in 3. Ordnung gilt:
$\sin(\alpha_{2,\text{rot}}) = \frac{2 \cdot \lambda_{\text{rot}}}{g}$ ⇒ $\alpha_{2,\text{rot}} \approx 2,5°$; $\sin(\alpha_{3,\text{vio}}) = \frac{3 \cdot \lambda_{\text{vio}}}{g}$ ⇒
$\alpha_{3,\text{vio}} \approx 1,9°$ ⇒ Überlagerung der Spektren: $\alpha_{2,\text{rot}} > \alpha_{3,\text{vio}}$

j Die Wellenlänge des Spektrums 2. Ordnung bei $\alpha_{3,\text{vio}}$ beträgt $\sin(\alpha_2) = \frac{2 \cdot \lambda}{g} = \sin(\alpha_{3,\text{vio}})$ ⇒ $\lambda = \frac{g \cdot \sin(\alpha_{3,\text{vio}})}{2}$
$\lambda = \frac{g \cdot 3 \lambda_{\text{vio}}}{2g} = \frac{3}{2} \lambda_{\text{vio}} = 600\,\text{nm}$. Das Spektrum 2. Ordnung ist also von 400 nm bis 600 nm nicht überlagert.

Licht und elektromagnetische Wellen

Aufgaben mit Hinweisen

Aufgabe 2 • Mikrowellen

Ein Mikrowellensender mit der Frequenz $f = 9{,}375 \cdot 10^9\,\text{Hz}$ strahlt gegen eine 30 cm entfernte Metallplatte. Auf der Verbindungslinie zwischen Sender und Metallplatte wird mit einem Empfänger und einem Voltmeter die Mikrowellenintensität ausgemessen. Man findet an bestimmten Orten maximale und minimale Intensitäten. Diese werden mit einem Maßstab vermessen.

In ▶ M2 sind die Orte der Intensitätsminima aufgeführt, bezogen auf einen willkürlich positionierten Maßstab.

a Erstellen Sie eine beschriftete Skizze des Versuchs.

b Erklären Sie das Zustandekommen der maximalen und minimalen Intensitäten. Begründen Sie, warum die Intensität in den Minima nicht auf null zurückgeht.

c Bestimmen Sie die Ausbreitungsgeschwindigkeit der Mikrowellen mit ▶ M2 möglichst genau.

d Der Empfänger wird an einen Ort maximaler Intensität gestellt. Dann wird der Sender langsam von der Metallplatte weggeschoben, bis er 60 cm davon entfernt ist. Beschreiben und erklären Sie die Beobachtungen, die Sie am Voltmeter machen werden.

e Statt des Mikrowellensenders wird jetzt ein Ultrakurzwellensender mit 300 MHz unter den anfänglichen Versuchsbedingungen genutzt. Erläutern Sie die Konsequenzen auf die Versuchsbeobachtungen.

Aufgabe 3 • Doppelspalt

Für Experimente mit einem Doppelspalt stehen zwei Laser zur Verfügung: rot ($\lambda = 640\,\text{nm}$), grün ($\lambda = 530\,\text{nm}$). Das Licht trifft orthogonal auf einen Doppelspalt mit 480 µm Spaltabstand. Das Diagramm zeigt die Intensitätsverteilung auf einem 3,0 m entfernten Schirm parallel zum Doppelspalt.

a Ermitteln Sie, welcher Laser verwendet wurde.

b Bestimmen Sie die Spaltbreite.

c Erläutern Sie, wie sich die Intensitätsverteilung ändert, wenn der Doppelspalt durch einen anderen mit gleichem Spaltabstand und doppelter Spaltbreite ersetzt wird.

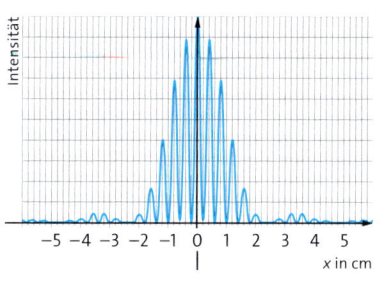

M3 Intensitätsverteilung

Aufgabe 4 • Sonnenlicht

Sonnenlicht, das direkt aus Richtung der Sonne in unser Auge trifft, ist nicht polarisiert. Schauen wir in eine Richtung orthogonal zu den einfallenden Sonnenstrahlen, ist es dagegen deutlich polarisiert.

Bienen können an mehreren Stellen ihrer Augen die Polarisationsrichtung von Sonnenlicht wahrnehmen. Dies nutzen sie zur Orientierung, z. B. um Futterquellen wiederzufinden.

a Beschreiben Sie, wie es zur Polarisation von Sonnenlicht kommt.

b Erläutern Sie das Polarisationsmuster in ▶ M4. Gehen Sie dabei insbesondere auf die Bedeutung der Pfeile ein.

c Erklären Sie, wie Sie mithilfe von Polarisationsfolien bei bedecktem Himmel feststellen können, in welcher Richtung sich die Sonne befindet.

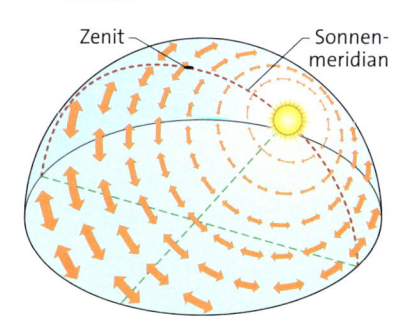

M4 Polarisationsmuster am Himmel

abgelesener Wert in cm	10,2	11,7	13,3	14,9	16,6	18,1	19,8

M2 Positionen minimaler Intensität

Hinweise

Aufgabe 2

b Einlaufende und reflektierte Welle überlagern sich. Ihre Intensität nimmt mit dem Abstand rasch ab.

c Zählen Sie die Knoten laut ▶ M3.

d Beachten Sie die Abstände zwischen Metallplatte und Empfänger bzw. Sender und Empfänger.

e Beachten Sie die neue Wellenlänge.

Aufgabe 3

a Berechnen Sie die Position des ersten Intensitätsmaximums.

b Beachten Sie die in der Intensitätsverteilung fehlenden Doppelspalt-Maxima.

c Berücksichtigen Sie sowohl die Breite des Spektrums als auch den Verlauf der Einhüllenden.

Aufgabe 4

a Beachten Sie die unterschiedlich starke Streuung von Licht verschiedener Farben.

b Überlegen Sie, welche Größe in Polarisationsrichtung schwingt.

c Beschreiben Sie, wie Sie sich bewegen und wie Sie den Polarisator dabei halten müssen.

Klausurtraining

Training I • Beugung von Licht

Aufgabe 5 • Beugung von weißem Licht

Untersuchen Sie die Beugung von weißem Licht an einem Gitter experimentell.

Materialien: siehe ▶M1, Smartphone, Maßstab

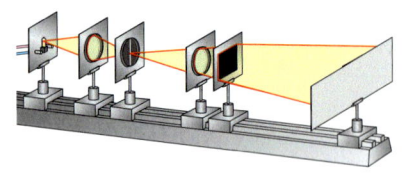

- optische Bank
- Lichtquelle
- Spalt, Gitter
- Schirm
- zwei passende Sammellinsen

M1 Versuchsaufbau mit Halogenlampe

a Benennen Sie die einzelnen Bauteile in ▶M1 und erläutern Sie ihre Funktion.
b Bauen Sie den Versuch so auf, dass das Maximum erster Ordnung vollständig zu sehen ist.
c Beschreiben und erklären Sie Ihre Beobachtungen.
d Ermitteln Sie die Wellenlängen, die zu den Rändern des Maximums gehören.
e Berechnen Sie den Abstand des innen liegenden Rands des Maximums zweiter Ordnung von der optischen Achse.
f Überprüfen Sie Ihr Ergebnis mithilfe eines Fotos. Beschreiben und begründen Sie die dazu gewählte Position des Smartphones.

Die Spektren zweiter und dritter Ordnung überlagern sich.
g Weisen Sie dies rechnerisch nach.
h Ermitteln Sie einen Abstand von der optischen Achse, in dem Sie eine sichtbare Überlagerung erwarten.
i Überprüfen Sie dies anhand eines Fotos. Deuten Sie die erhaltene Aufnahme.

Aufgabe 6 • Laserpointer

Ein Laserpointer kann zwischen rotem und grünem Laserlicht umschalten. Für den grünen Laser gilt $\lambda = 520\,\text{nm}$, die Wellenlänge des roten Lasers wird mithilfe eines Gitters bestimmt. Im Beugungsbild des grünen Lasers beobachtet man auf einem 2,45 m vom Gitter entferntem und 1,2 m breiten Schirm fünf helle Punkte. Die äußeren Punkte sind 1,04 m voneinander entfernt. Bei Verwendung des roten Lasers beobachtet man dagegen drei helle Punkte, von denen die äußeren 0,64 m entfernt sind.
a Begründen Sie, warum sich ein Gitter zur Wellenlängenbestimmung besser eignet als ein Doppelspalt.
b Erklären Sie anhand geeigneter Skizzen die Entstehung der Intensitätsmaxima beim Gitter und leiten Sie die zugehörigen Gleichungen her.
c Bestimmen Sie die Wellenlänge des roten Laserlichts.

Aufgabe 7 • IR-Fernbedienung

Eine Fernbedienung sendet auf Knopfdruck infrarotes Licht aus. Um dessen Wellenlänge zu bestimmen, wird der in ▶M2 dargestellte Versuch genutzt. Das Gitter hat dabei 800 Striche pro Millimeter.
Das Smartphone wird zur Bestimmung der Intensität des gebeugten Lichts im Kreisbogen $r = 30\,\text{cm}$ hinter dem Gitter entlanggeführt. Die Messung ergibt einen Winkel von 98° zwischen den Maxima erster Ordnung.

a Begründen Sie, warum das Smartphone auf einem Kreisbogen geführt wird und nicht entlang einer Parallelen zum Gitter.
b Leiten Sie die Formeln zur Beschreibung der Interferenzmaxima für diese Situation her.
Hinweis: Falls dies nicht erfolgt, nutzen Sie nachfolgend die Formeln für den ebenen Schirm.
c Berechnen Sie die Wellenlänge des Infrarotlichts.
d Bestimmen Sie den Abstand zwischen dem Maximum erster Ordnung und der optischen Achse.
Falls Sie die Formeln in b hergeleitet haben, vergleichen Sie die Ergebnisse für den Kreisbogen und den ebenen Schirm.
e Das Gitter wird durch ein anderes mit doppelter Gitterkonstante ausgetauscht. Begründen Sie, wie sich das Beugungsbild dadurch ändert.
f Ermitteln Sie, wie groß die Gitterkonstante mindestens sein muss, damit Maxima erster Ordnung detektiert werden können.

Statt der Fernbedienung wird im ursprünglichen Versuch eine weiße Halogenlampe genutzt.
g Begründen Sie die Entstehung breiter Farbspektren anstelle der schmalen Maxima.
h Entscheiden Sie begründet, ob sich die Spektren der Maxima erster und zweiter Ordnung überlappen.
i Erklären Sie, welche Auswirkung eine solche Überlappung auf das Beugungsbild hat

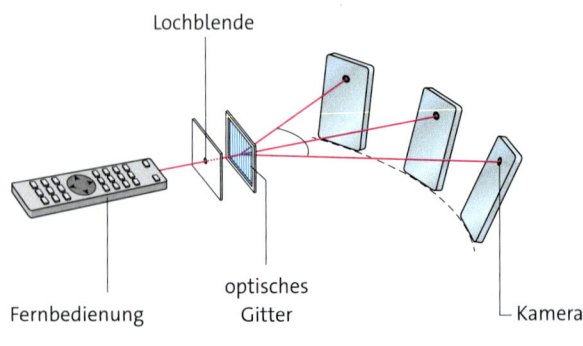

M2 Bestimmung der Wellenlänge

Training II • Polarisation und Interferometrie

Aufgabe 8 • Polarimeter

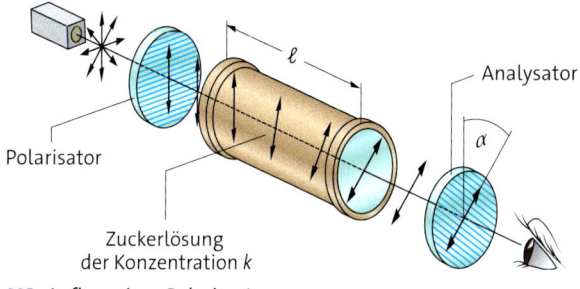

M3 Aufbau eines Polarimeters

Zucker gehören zu den optisch aktiven Substanzen. Diese drehen die Schwingungsebene von polarisiertem Licht (▶M3).
Verursacht die Substanz eine Drehung der Polarisationsrichtung im Uhrzeigersinn, bezeichnet man sie als rechtsdrehend und gibt den Drehwinkel als positiven Wert an. Entsprechend gibt man die Drehwinkel bei linksdrehenden Substanzen mit negativen Werten an. Dabei ist der Drehwinkel α sowohl proportional zur Länge ℓ des Lichtwegs im Medium als auch zur Konzentration k der gelösten optisch aktiven Substanz. Es gilt $\alpha = \alpha_\lambda^T \cdot k \cdot \ell$.
α_λ^T ist die spezifische Drehung, eine Kenngröße der Substanz, die u. a. von der Temperatur der Probe und der Wellenlänge des Lichts abhängt. Näherungsweise gilt für ℓ = 20,0 cm:

$$\alpha_\lambda^T = \alpha_{589\,nm}^{20\,°C} \cdot \left(\frac{589\,nm}{\lambda}\right)^2 \cdot (1 - 0{,}00037 \cdot (T - 20\,°C))$$

Zucker	$\alpha_{98\,nm}^{20\,°C}$ in $\frac{°}{m} \cdot \frac{100\,ml}{g}$
Fruchtzucker (D-Fructose)	−9,24
Rohrzucker (Saccharose)	6,65
Traubenzucker (D-Glucose)	5,27
Invertzucker (Fructose-Glucose-Lösung)	−1,97

M4 Spezifische Drehung $\alpha_{589\,nm}^{20\,°C}$ für vier verschiedene Zucker

k in $\frac{g}{100\,ml}$	3,67	5,52	8,14	13,7	16,6
α	−6,8°	−10,2°	−15,0°	−25,3°	−30,8°

M5 Resultierender Drehwinkel α für verschiedene Zuckerlösungen der Konzentration k (ℓ = 20,0 cm, λ = 589 nm, T = 20 °C)

a Erläutern Sie die Bestimmung der spezifischen Drehung mit dem Polarimeter anhand einer Glucoselösung (▶M3).
b Bestimmen Sie anhand der Daten in ▶M4 und M5 den Wert der spezifischen Drehung α_λ^T und damit den verwendeten Zucker.
c Für eine weitere Lösung des gleichen Zuckers ergibt die Messung α = −22,5°. Ermitteln Sie die Konzentration.
d Je kurzwelliger Licht ist, umso mehr Licht wird reflektiert, je langwelliger es ist, umso mehr wird transmittiert. Erklären Sie mithilfe dieser Informationen und dem Diagramm (▶M6), warum ein Polarimeter nicht mit Licht beliebiger Wellenlänge genutzt werden kann.
e Verdeutlichen Sie dies am Beispiel einer Rohrzuckerlösung, die mit 760 nm statt mit 589 nm vermessen wird.

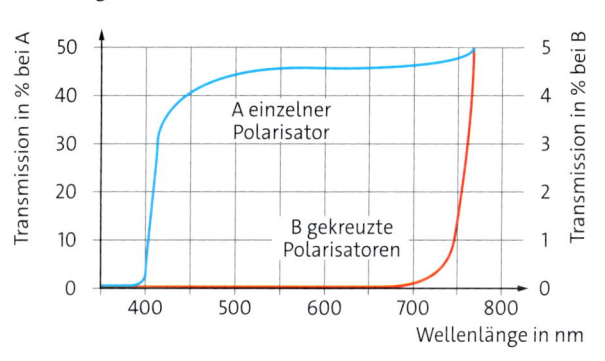

M6 Durchlässigkeit von Polarisatoren

Aufgabe 9 • Michelson-Interferometer

Mit einem Michelson-Interferometer und einem Laser (λ = 633 nm) wird die Brechzahl von Luft bestimmt. Zwischen dem Strahlteiler und dem Spiegel 1 befindet sich eine evakuierte Glaskammer. Die Länge der Kammer beträgt ohne Wände 8,4 cm. Auf dem Schirm zeigt sich eine Ringstruktur mit maximaler Helligkeit in der Mitte.

a Lässt man langsam Luft in die Kammer strömen, dann wechseln helle Stellen zu dunklen Stellen und umgekehrt. Erklären Sie diese Beobachtung.
b Berechnen Sie, bei welcher Differenz der Armlängen das Interferenzbild in der Mitte erstmals dunkel wird.
c Entscheiden Sie begründet, ob eine Differenz der Armlängen für die Messungen problematisch ist.
d Während die Luft in die Kammer einströmt, zählt man in der Schirmmitte 76 Wechsel von hell zu dunkel. Bestimmen Sie die Brechzahl von Luft.

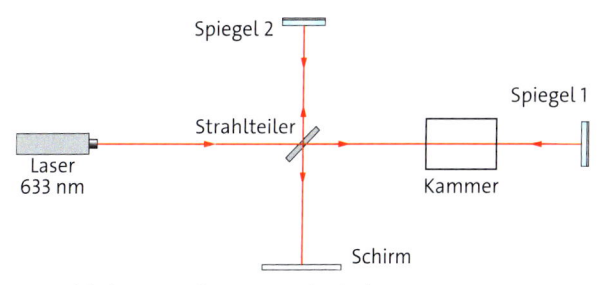

M7 Michelson-Interferometer mit Glaskammer

6 Quantenobjekte

- In der Welt der Quantenobjekte scheinen die klassischen Gesetze der Physik außer Kraft gesetzt: Elektronen, die sich wie Wellen verhalten, und Licht, das sich in bestimmten Situationen wie ein Teilchen verhält, können nur mit neuen Vorstellungen erklärt werden, die im Widerspruch zu unseren alltäglichen Erfahrungen in der makroskopischen Welt stehen.

- Der Ausgang eines Experiments hängt für ein Quantenobjekt vom Zufall ab. Trotzdem gibt es klare Gesetzmäßigkeiten, die sich aber erst zeigen, wenn ein Versuch viele Male wiederholt wird.

- Während man in der klassischen Physik Ort und Impuls prinzipiell mit beliebiger Genauigkeit messen kann, ist das bei einem Quantenobjekt nicht möglich. Es sind komplementäre Größen, für die die Heisenbergsche Unbestimmtheitsrelation gilt.

Gott würfelt nicht! – Albert Einstein
Oder vielleicht doch?

6.1 Elektronen als Wellen

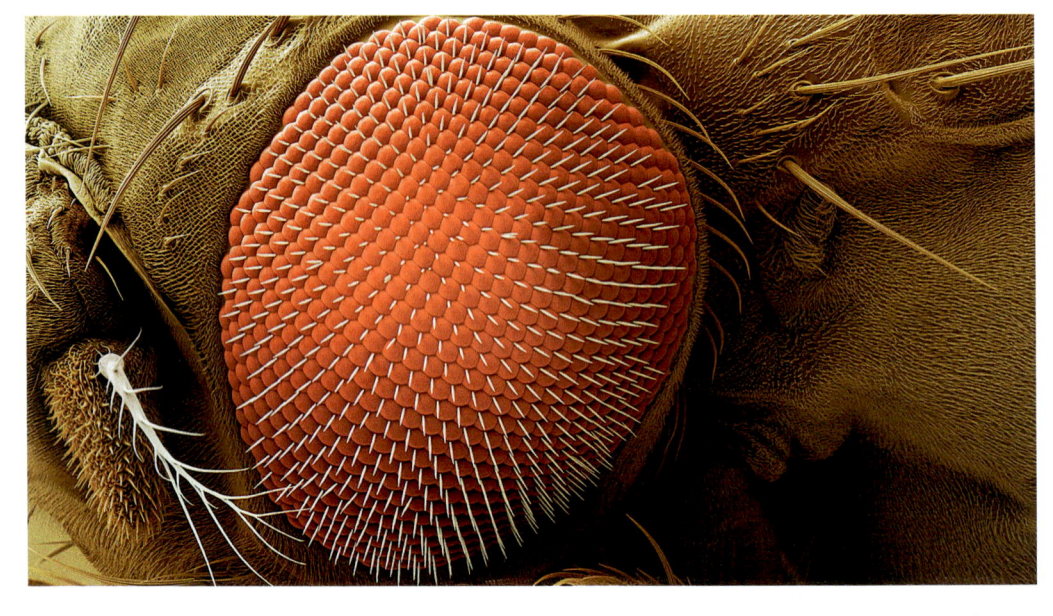

1 Auge einer Fruchtfliege

Die Abbildung zeigt das Auge einer Fruchtfliege, aufgenommen mit einem Elektronenmikroskop. Wir kennen Mikroskope, die mit gewöhnlichem Licht arbeiten. Licht gehört zu den elektromagnetischen Wellen. Wie kommt es aber, dass man offenbar auch mit Elektronen Gegenstände abbilden kann? Welche Wellen liegen hier vor?

Die Folie aus polykristallinem Graphit besteht aus vielen kleinen Einzelkristallen (Kristallite). Von einem Einzelkristall zum nächsten kann sich die Orientierung der Kristallebenen ändern. In einem Einkristall erstreckt sich hingegen die Struktur homogen über den ganzen Kristall (monokristallin).

Beugung von Elektronen • Das Bild des Fliegenauges wurde nicht mit Licht, sondern mit Materie aufgenommen (▶ **1**). Hierzu wurde der Gegenstand mit einem Elektronenstrahl abgetastet.
Wenn Elektronen wie Licht Bilder erzeugen können, haben Sie vielleicht noch andere Eigenschaften gemeinsam? Licht besteht aus elektromagnetischen Wellen, die sich z. B. beugen lassen. Beugung ist eine typische Welleneigenschaft.
Ob sich Elektronen ebenfalls beugen lassen – also sich wie Wellen verhalten, überprüfen wir mit einem Experiment.

In einer Vakuumröhre erzeugen wir einen Elektronenstrahl, mit dem wir eine Folie aus polykristallinem Graphit beschießen (▶ **2**). Auf einem Leuchtschirm kann man die auftreffenden Elektronen als ein Muster aus mehreren Ringen, die sich um einen hellen Fleck gruppieren, beobachten (▶ **3**).

Diese Beobachtung steht im Widerspruch zu unserer Modellvorstellung vom Elektron. In unserem bisherigen Modell ist das Elektron ein massives Teilchen mit der Masse $m_e = 9{,}1 \cdot 10^{-31}$ kg und der Ladung $q = -e = -1{,}6 \cdot 10^{-19}$ C.

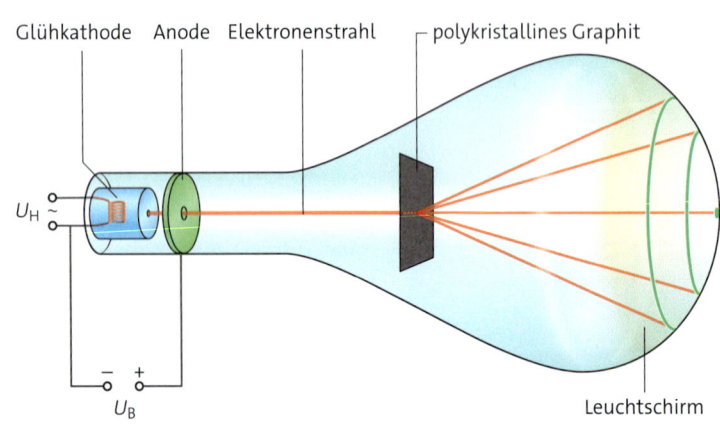

2 Versuch zur Elektronenbeugung an Graphit

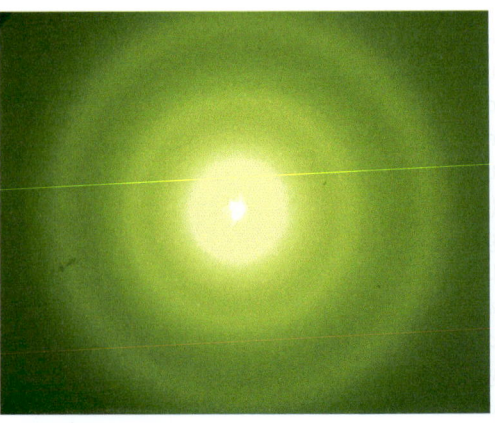

3 Interferenzmuster

Nach dieser Vorstellung müssten die Elektronen die sehr dünne Folie durchfliegen und am Schirm nur einen hellen Leuchtpunkt erzeugen, der allenfalls durch Streuung etwas aufgeweitet ist. Neben diesem hellen Fleck zeigt das Schirmbild allerdings weitere leuchtende Ringe, die sich mit dunklen Bereichen abwechseln. Es gibt also abwechselnd vom Zentrum des Schirms aus Orte, an denen der abgelenkte Elektronenstrahl auftritt, und Orte, an denen keine oder nur sehr wenige Elektronen auftreffen (▶ 3). Solche regelmäßigen Muster, die sich symmetrisch um ein helles Zentrum gruppieren, kennen wir von Beugungsversuchen mit Licht. Wir führen daher einen Modellversuch mit Laserlicht durch.

Analogieversuch mit Licht • Einen einzelnen Kristall im polykristallinen Graphit modellieren wir in unserem Modellversuch mit einer Kreuzgitterbrille, wie man sie zum Spektroskopieren benutzen kann. Ein Kreuzgitter kann man sich aus zwei Strichgittern zusammengesetzt vorstellen, die um 90° gegeneinander verdreht sind. So entsteht ein regelmäßiges Raster, das der Anordnung der Atome im Graphitkristall entspricht (▶ 5).

Durchstrahlt man die Gitterbrille mit dem Licht eines Laserpointers, erzeugt sie ein gitterförmiges Interferenzmuster (▶ 4) aus einzelnen Lichtpunkten, deren Intensitäten vom Zentrum weg abnehmen. Nutzt man statt einer vier gegeneinander gedrehte Gitterbrillen, erhält man ein ringförmiges Interferenzmuster aus Leuchtpunkten (▶ 6).

Bei der Beugung an jedem der vier Gitter entsteht die nullte Beugungsordnung. Diese vier nullten Ordnungen überlagern sich zu dem hellen zentralen Punkt im Interferenzmuster (▶ 6). Jedes der vier Gitter erzeugt auch eine erste Beugungsordnung. Weil die Gitter gegeneinander gedreht sind, liegen die entsprechenden Punkte auf einem Kreis um die nullte Ordnung. Dieser Kreis besteht aus 16 Punkten (▶ 6), denn jedes Gitter erzeugt in der ersten Beugungsordnung vier Punkte (▶ 4).
Das polykristalline Graphit besteht aus vielen einzelnen Kristallen, die ebenfalls gegeneinander verdreht sind. Entsprechend deuten wir das ringförmige Muster (▶ 3) ebenfalls als Interferenzmuster, welches jedoch durch die **Beugung von Elektronen** hervorgerufen wird.

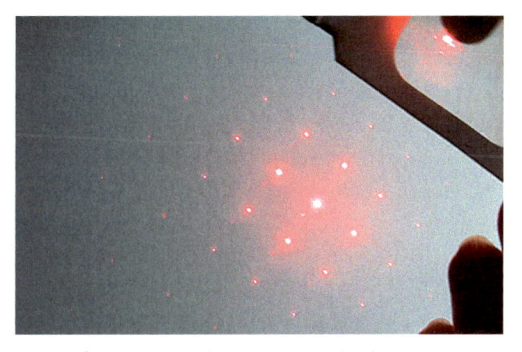

4 Interferenzmuster bei einer Gitterbrille

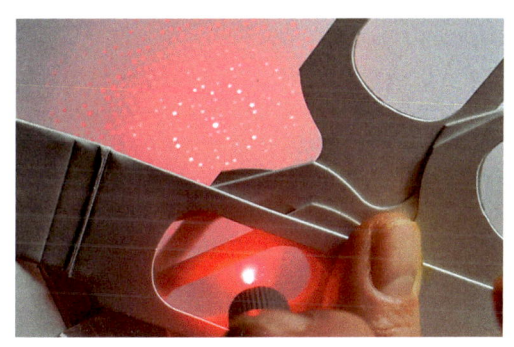

6 Interferenzmuster bei vierfacher Gitterbrille

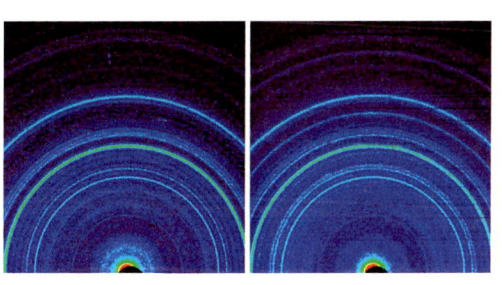

7 Beugung von Röntgenstrahlen bei zwei Marsgesteinen

Auch bei elektromagnetischen Wellen entstehen durch Beugung an Materie ringförmige Interferenzmuster. Bei der Bragg-Reflexion von Röntgenstrahlung (▶ 7) können aus den Abständen der Ringe Informationen über die Zusammensetzung und die Struktur des Kristalls ermittelt werden.

> Ein Elektronstrahl erzeugt an einer Graphitfolie ein ringförmiges Interferenzmuster.

1 Begründen Sie, dass die Lichtstrahlen auf dem Kreis (▶ 6), auf einem Kegel verlaufen.

2 Erklären Sie, wie man Kreise mit unterschiedlichen Radien erhält (▶ 3).

Damit man die Spektralzerlegung des Lichts in seiner Umgebung beobachten kann, gibt es Gitterbrillen oder Spektralbrillen. Dabei besteht die Brille meist aus einem Kreuzgitter. So wird z. B. das Licht eines Laserpointers in zwei Richtungen gebeugt.

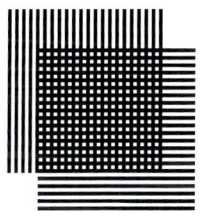

5 Bei einem Kreuzgitter liegen zwei Strichgitter orthogonal übereinander.

Elektronenwellen • Wenn Elektronen Welleneigenschaften haben, sollte man wie bei der Bragg-Reflexion mit Röntgenstrahlung, aus den geometrischen Verhältnissen des Interferenzmusters eine Wellenlänge für die Elektronen ermitteln können. Im Versuch wurden die Elektronen mit einer Spannung von U_B = 2900 V beschleunigt und auf eine Folie aus polykristallinem Graphit geschossen.

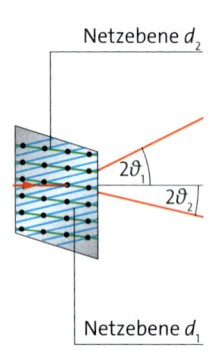

Im Interferenzbild (▶ 3, S. 258) sind zwei Beugungsringe mit unterschiedlichem Radius zu erkennen. Es sind aber jeweils Interferenzmaxima erster Ordnung, da in jedem mikroskopisch kleinen Graphitkristall die Kohlenstoffatome so angeordnet sind, dass sich zwei verschiedene parallele Netzebenen mit unterschiedlichen Netzebenenabstand bilden. Für jeden Netzebenenabstand gibt es deshalb einen eigenen Winkel konstruktiver Interferenz (▶ 1). Durch die zufällige Anordnung der vielen einzelnen Kristalle im polykristallinen Graphit entsteht für jeden Winkel ein Beugungsring am Schirm (▶ 3). Das haben wir auf der vorherigen Seite mit den verdrehten Gitterbrillen veranschaulicht (▶ 4, S. 259).

Bestimmung der Wellenlänge von Elektronen • Die Reflexion der Elektronenwelle an einer Netzebene führt nur dann zu einer konstruktiven Interferenz, wenn der Gangunterschied benachbarter Elektronenwellen ein ganzzahliges Vielfaches der Wellenlänge ist:

$\Delta s = n \cdot \lambda$ mit n = 1, 2, 3, …

Für die Reflexion gilt, dass der Ausfallswinkel gleich dem Einfallswinkel (▶ 2, 3) ist. Für einen Einfallswinkel ϑ und einen Abstand d benachbarter Netzebenen (▶ 2) lautet die Bedingung für konstruktive Interferenz dann wegen $\frac{\Delta s}{2} = d \cdot \sin(\vartheta)$:

$n \cdot \lambda = 2 \cdot d \cdot \sin(\vartheta)$.

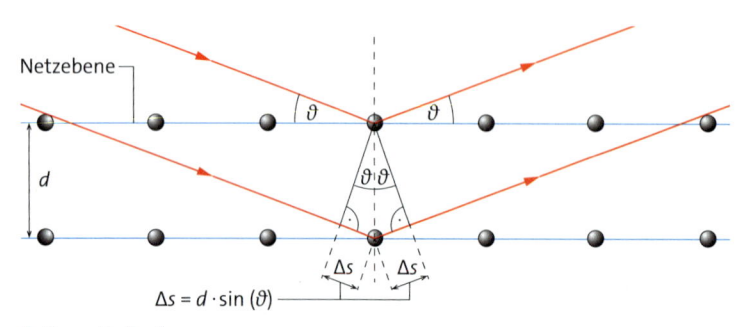

Diese Relation heißt Bragg-Bedingung und der entsprechende Winkel heißt Glanzwinkel.
Den Glanzwinkel bestimmen wir aus der Entfernung a = 139 mm vom Gitter zum Schirm und dem Radius r der beiden Beugungsringe (▶ 3). Es gilt:

$2 \cdot \vartheta = \arctan\left(\frac{r}{a}\right)$

Für den äußeren Ring mit dem Radius r_1 = 28 mm beträgt der Glanzwinkel:

$\vartheta_1 = \frac{1}{2} \cdot \arctan\left(\frac{r_1}{a}\right) = \frac{1}{2} \cdot \arctan\left(\frac{28 \text{ mm}}{139 \text{ mm}}\right) = 5{,}7°$

Dieser Ring entsteht durch parallele Netzebenen im Graphit mit einem Abstand von d_1 = 123 pm, den man aus der Beugung von Röntgenstrahlen an Graphit ermittelt hat. Für die erste Ordnung (n = 1) ergibt sich eine Wellenlänge von:

$\lambda_1 = 2 \cdot d_1 \cdot \sin(\vartheta_1) = 2 \cdot 123 \text{ pm} \cdot \sin(5{,}7°) = 24{,}4 \text{ pm}$

Der innere Ring (▶ 3) hat den Radius r_2 = 16 mm (ϑ_2 = 3,3°) und entsteht durch andere parallele Netzebenen mit dem Abstand d_2 = 213 pm. Die dazugehörige Wellenlänge für die erste Ordnung bei diesem Ring beträgt:

$\lambda_2 = 2 \cdot d_2 \cdot \sin(\vartheta_2) = 2 \cdot 213 \text{ pm} \cdot \sin(3{,}3°) = 24{,}5 \text{ pm}$

Im Rahmen der Messgenauigkeit stimmen diese beiden Wellenlängen λ_1 = 24,4 pm und λ_2 = 24,5 pm überein. Der gemittelte Messwert für die Wellenlänge der Elektronen beträgt λ = 24,5 pm.

> Treffen beschleunigte Elektronen auf ein Kristallgitter entstehen ähnliche Interferenzmuster wie bei Röntgenstrahlung. Für die Elektronen kann aus der Bragg-Bedingung eine Wellenlänge bestimmt werden.

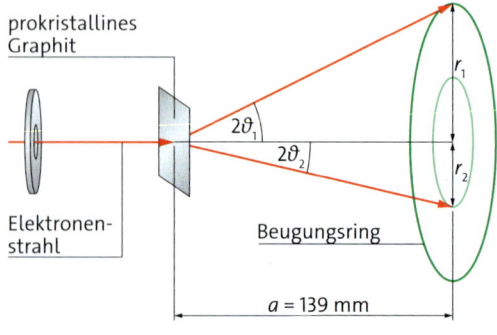

1 Verschiedene Scharen paralleler Netzebenen in einem Kristall führen zu verschiedenen Glanzwinkeln und Ringen am Schirm.

2 Bragg-Reflexion

3 Elektronenbeugung am Graphit unter dem Glanzwinkel entsteht der Beugungsring mit Radius r.

Quantenobjekte • Elektronen als Wellen

Teilchen- und Welleneigenschaften • Einerseits misst man beim Elektron typische Teilcheneigenschaften wie die Masse $m_e = 9{,}109 \cdot 10^{-31}$ kg und die Ladung $q_e = -e = -1{,}602 \cdot 10^{-19}$ C. Andererseits zeigt das Elektron Welleneigenschaften: Im Versuch wurde z. B. eine Wellenlänge von $\lambda = 24{,}5$ pm ermittelt. Elektronen sind **Quantenobjekte**. Sie zeigen deshalb sowohl Wellen- als auch Teilcheneigenschaften.

> Ein Objekt, das Wellen- und Teilcheneigenschaften zeigen kann, heißt Quantenobjekt.

Wellenlänge und Geschwindigkeit • Variieren wir im Beugungsversuch die Beschleunigungsspannung für die Elektronen, verändert sich auch die ermittelte Wellenlänge (▶4).
Um einen Zusammenhang zu erkennen, berechnen wir mit dem Prinzip der Energieerhaltung $E_{kin} = E_{el}$ die Geschwindigkeit der Elektronen in Abhängigkeit zur Beschleunigungsspannung:

$$v = \sqrt{2 \cdot e \cdot \frac{U_B}{m_e}}$$

Führen wir mit den Werten eine Regression durch, zeigt sich, dass die Wellenlänge umgekehrt proportional zur Geschwindigkeit der Elektronen ist:

$$\lambda \sim \frac{1}{v}$$

Wellenlänge und Impuls • Statt der Geschwindigkeit ist es sinnvoller den Impuls zu betrachten, da man diese Ergebnisse leichter verallgemeinern kann: So breitet sich Licht immer mit einer konstanten Geschwindigkeit – der Lichtgeschwindigkeit – aus; Energie und Impuls von Licht hängen aber von der Wellenlänge ab.
Daher untersuchen wir den Zusammenhang zwischen Wellenlänge und Impuls. Das Elektron hat folgenden Impuls:

$$p = m_e \cdot v = \sqrt{2 \cdot e \cdot U_B \cdot m_e}$$

U_B in V	λ in pm	v in $10^7 \frac{m}{s}$	p in $10^{-23} \frac{kg \cdot m}{s}$	$p \cdot \lambda$ in 10^{-34} J · s
1300	34,2	2,14	1,95	6,66
2900	24,5	3,19	2,91	7,13
5200	16,4	4,28	3,90	6,39

4 Wellenlänge abhängig vom Impuls

Mit diesem Term ermitteln wir die Proportionalitätskonstante zwischen λ und $\frac{1}{p}$, indem wir mit den Messwerten das Produkt aus beiden Größen bilden (▶4). Trotz der größeren Abweichung bei 2900 V können wir $p \cdot \lambda$ noch als konstant ansehen. Es handelt sich dabei um das **Plancksche Wirkungsquantum** h. Der Mittelwert von $6{,}73 \cdot 10^{-34}$ J · s weicht um etwa 1,5 % vom definitionsgemäß exakt festgelegten Wert dieser Naturkonstanten ab:

$$h = 6{,}626\,070\,15 \cdot 10^{-34} \text{ J} \cdot \text{s}.$$

Mit h als Proportionalitätskonstante gilt für die Wellenlänge eines Teilchens mit Masse:

$$\lambda = \frac{h}{m \cdot v} \text{ oder } \lambda = \frac{h}{p}$$

Diese Gleichung entwickelte im Jahr 1924 LOUIS-VICTOR DE BROGLIE, wofür er 1929 den Nobelpreis für Physik erhielt. Die daraus berechnete Wellenlänge von Quantenobjekten heißt deshalb auch **de-Broglie-Wellenlänge**.
MAX PLANCK leitete bereits 1899 aus Versuchsergebnissen die Naturkonstante h her und begründete dabei die Quantenphysik. Hierfür erhielt er 1919 den Nobelpreis für Physik.

Wellenlänge und Elektronenmikroskop • Das Auflösungsvermögen eines normalen Lichtmikroskops ist durch Beugungsphänomene begrenzt. Eine wahrnehmbare Struktur darf deshalb nicht kleiner als die verwendete Wellenlänge sein. Somit kann man mit Licht nur Strukturen unterscheiden, die größer als 400 nm sind. Bei Elektronenmikroskopen gibt es diese Auflösungsgrenze so nicht. Zum einen können die Elektronen Wellenlängen von 16 pm oder kleiner haben (▶4). Zum anderen bestimmt im Wesentlichen die Fokussierung des Elektronenstrahls die Auflösung. Je kleiner sein Durchmesser ist, desto größer ist die Auflösung des Mikroskops.

Das Plancksche Wirkungsquantum wird auch Planck-Konstante genannt. Seit 2019 ist sein Wert im SI-Einheitensystem exakt festgelegt.

CLINTON DAVISSON und GEORGE THOMSON gelang erstmals der experimentelle Nachweis für die Interferenz von Materieteilchen an einem Nickelkristall. Sie erhielten hierfür 1937 den Nobelpreis für Physik.

1 📝 Ermitteln Sie für den analysierten Versuch mit der Beschleunigungsspannung $U_B = 2900$ V für die erste und zweite Beugungsordnung die Radien r_1 und r_2 der Ringe. Vergleichen Sie mit den Messwerten.

2 📝 Ermitteln Sie für Protonen, die sich mit $v = 1000 \frac{m}{s}$ bewegen, Impuls und de-Broglie-Wellenlänge. Vergleichen Sie mit Elektronen derselben Geschwindigkeit.

Material

Versuch A • Photonen und Elektronen unterwegs

V1 Bragg-Reflexion bei Mikrowellen

Materialien: Sender und Empfänger für Mikrowellen, Voltmeter, Winkelmesser, Raumgitter bestehend aus neun Metallstäben zur Beugung von Mikrowellen

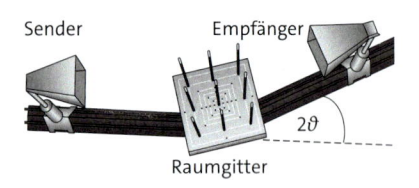

1 Beugung am Raumgitter

Arbeitsauftrag:
- Skizzieren Sie den Versuch (▶1) und beschreiben Sie die Durchführung. Begründen Sie, dass die gemessene Spannung proportional zur Energie und somit proportional zur Intensität der Mikrowellen ist.
- Beschreiben Sie das Versuchsergebnis (▶2) und erklären Sie die Entstehung der beiden lokalen Maxima.
- Der Sender hat die Wellenlänge 3,2 cm, benachbarte Stäbe den Abstand 4 cm. Ermitteln Sie die theoretisch erwarteten Winkel maximaler Intensität. Vergleichen Sie diese mit den Messwerten.
- Leiten Sie die Bragg-Bedingung mithilfe einer Skizze her. Erörtern Sie, inwieweit neun Stäbe ein Kristallgitter nachbilden.

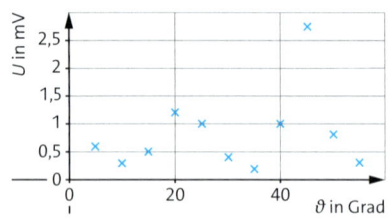

2 Spannungen

V2 Beugung am Atomkern

Materialien: Tabellenkalkulationsprogramm, Computer

Arbeitsauftrag:
Wir modellieren Elektronen mit einer Wellenlänge von 0,4 fm, die an einem Atomkern mit einem Durchmesser von $d = 2$ fm gebeugt werden. Wir ermitteln das Quadrat der Zeigerlänge $|Z|^2$ für einen Detektor, der sich bei verschiedenen Beugungswinkeln δ befindet (▶3).
- Bereiten Sie eine Tabellenkalkulation vor, indem Sie in der ersten Spalte $N = 41$ äquidistante Ausgangspunkte von Elementarwellen gleicher Phase eintragen, die auf der Hochachse zwischen −4 fm und 4 fm liegen (▶3).
- Ermitteln Sie für einen Beugungswinkel δ den Wegunterschied, die Phase, die Zeigerkomponenten Z_x und Z_y sowie $|Z|^2 = I$ in den Spalten 2 bis 6. Variieren Sie δ und ermitteln Sie den Winkel δ_1 des ersten Beugungsminimums (▶4).
- Bestätigen Sie: Bei Beugung an einem Spalt gleicher Breite $b = 2$ fm erhalten Sie den gleichen Winkel δ_1. Recherchieren Sie zum Babinetschen Theorem und vergleichen Sie.

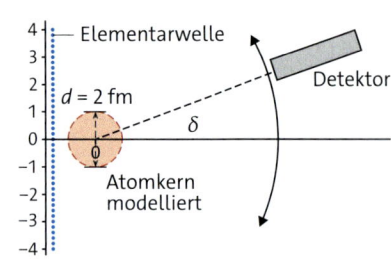

3 Modell zur Beugung am Atomkern

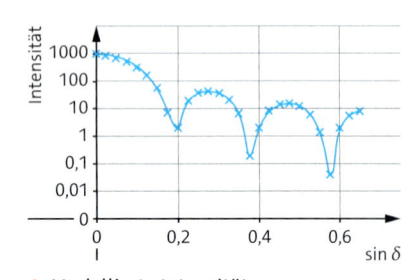

4 Modellierte Intensitäten

Material A • Elektronengas

Elektronen können auch stehende Wellen ausbilden. Es werden N Elektronen in einem Würfel der Kantenlänge ℓ im niedrigsten Energiezustand betrachtet. In alle drei Raumrichtungen bilden sich stehende Wellen mit Knoten an den Rändern des Würfels. Für die Energie des Elektrons gilt:
$E = E_x + E_y + E_z = \frac{h^2}{8m \cdot \ell^2} \cdot (k_x^2 + k_y^2 + k_z^2)$ mit $k = 1, 2, 3 \ldots$
Man hat beobachtet, dass zu einer Wellenfunktion (z. B. $k_x = k_y = k_z = 2$) maximal zwei Elektronen gehören (▶A1).

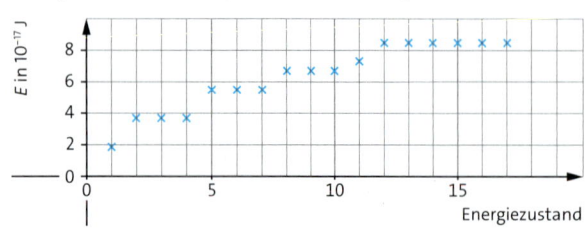

A1 17 niedrigste Energiezustände der Elektronen im Würfel

1 Begründen Sie, dass zum k-ten Energiezustand in x-Richtung die Wellenlänge $\lambda = 2 \cdot \frac{\ell}{k}$, der Impuls $p = \frac{h}{\lambda}$ und die Energie $\frac{p^2}{2m} = E_x = \frac{h^2}{8m \cdot \ell^2} \cdot k_x^2$ gehört.

2 Begründen Sie, dass im niedrigsten Energiezustand ($k_x = k_y = k_z = 1$) zwei Elektronen und im zweitniedrigsten (z. B. $k_x = k_y = \frac{1}{2} k_z = 1$) sechs Elektronen sind. Geben Sie die Gleichung für die Energie E an (▶A1).

3 a Berechnen Sie für $\ell = 1$ nm und für die $N = 34$ energieärmsten Elektronen die mittlere Energie E_{34} und die Teilchendichte $n = \frac{N}{\ell^3}$ (▶A1).
b Bestätigen Sie mit diesem und ähnlichen Beispielen, dass für die mittlere Energie gilt:
$E = \frac{h^2}{8m \cdot \pi^2} \cdot \sqrt[3]{(3\pi^2 \cdot n)^2}$.

Hinweis: Nutzen Sie hierfür eine Tabellenkalkulation.

Material B • Beugung am Atomkern

Elektronen mit einem sehr großen Impuls haben eine sehr kurze Wellenlänge und werden daher zur Untersuchung von Atomkernen durch Beugung verwendet.

1 ◨ Elektronen wurden auf eine Energie von 420 MeV beschleunigt und an Kohlenstoffkernen gebeugt (▶B1).
  a Ermitteln Sie den Impuls p, indem Sie die Relation $E = m \cdot c^2$ sowie die Näherung $v = c$ und somit $p = m \cdot c$ nutzen.
  b ◨ Berechnen Sie aus dem Impuls p die de-Broglie-Wellenlänge der Elektronen.

2 Das erste Minimum der Beugung an einem Atomkern mit dem Durchmesser d entspricht im Wesentlichen dem ersten Minimum der Beugung am Spalt mit der Breite d.
  a ☐ Identifizieren Sie den Winkel δ_1 des ersten Beugungsminimums aus den Messwerten (▶B1).
  b ◨ Ermitteln Sie auf dieser Grundlage den Durchmesser der untersuchten Kohlenstoffkerne.

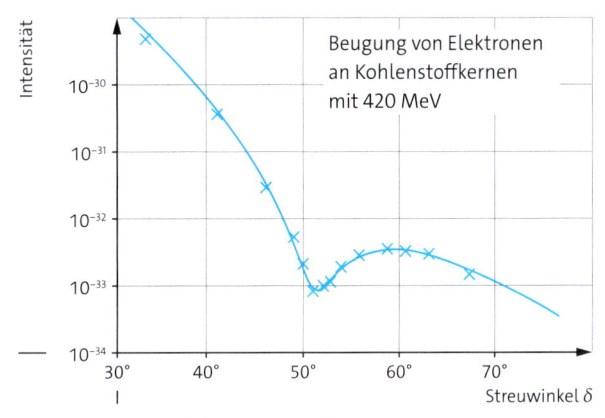

3 ◨ Eine ähnliche Faustregel zur Auswertung schlug ROBERT HOFSTADTER 1953 vor: $r \cdot \sin(\delta_1) = 0{,}61 \cdot \lambda$. In der Formel steht r für den Kernradius und λ für die Wellenlänge der Elektronen. Wenden Sie diesen Vorschlag zum Ermitteln des Durchmessers des Kerns an.

B1 Beugung von Elektronen am Atomkern

Material C • Weißer Zwergstern

In einem weißen Zwergstern ist der Schweredruck so groß, dass die Atome darunter zusammenbrechen. Neben den Atomkernen bilden die Elektronen ein „gemeinsames" Elektronengas, das durch seine Elektronenwellen das Volumen des Sterns aufrechterhält. Ein Beispiel ist der zentrale Stern des Ringnebels (▶C2), der seine Hülle (farbige Wolke im Bild) abgestoßen hat und zum weißen Zwergstern wird.

Masse m	Oberflächen-temperatur T	Strahlungs-leistung P
$1{,}22 \cdot 10^{30}$ kg	125 000 K	$7{,}7 \cdot 10^{28}$ W

C1 Daten zum zentralen Stern des Ringnebels

1 Aus der Strahlungsleistung und Oberflächentemperatur des Sterns kann mithilfe der Leistungsdichte $S = \frac{P}{A}$ und des Stefan-Boltzman-Gesetzes $S = \sigma \cdot T^4$ der Radius R und das Volumen V des Sterns ermittelt werden.
  a ☐ Berechnen Sie R und V des Sterns.
  Hinweis: $\sigma = 5{,}67 \cdot 10^{-8} \frac{W}{m^2 \cdot K^4}$; Kugeloberfläche $A = 4\pi R^2$
  b ◨ Berechnen Sie die Massendichte ϱ. Recherchieren oder ermitteln Sie diese für Erde, Sonne, Atom, Atomkern sowie Neutron und vergleichen Sie.

2 ☐ Ermitteln Sie die Anzahl N der Elektronen des Sterns. Verwenden Sie dazu die Näherung, dass je atomarer Masseeinheit $u = 1{,}66 \cdot 10^{-27}$ kg ein Elektron im Elektronengas ist.

3 ◨ Die Energie der Elektronen kann mithilfe folgender Formel bestimmt werden (Fermi-Energie):
$$E = \frac{h^2}{8\pi^2 \cdot m_e} \cdot \sqrt[3]{\left(3\pi^2 \cdot \frac{N}{V}\right)^2}.$$
  a Bestimmen Sie damit die Energie der Elektronen.
  b Ermitteln Sie die entsprechende Geschwindigkeit der Elektronen und vergleichen Sie mit der Lichtgeschwindigkeit.

4 ◨ Bei noch höherem Schweredruck kann ein Stern sein Volumen weiter verringern, indem jedes Elektron mit einem Proton zu einem Neutron reagiert. Es entsteht ein Neutronenstern.
  a Ermitteln Sie die Massendichte ϱ für einen Neutronenstern mit einem Radius von $R = 15$ km und einer Masse von $m = 3{,}4 \cdot 10^{30}$ kg.
  b Vergleichen Sie mit den Dichten aus **1b**.

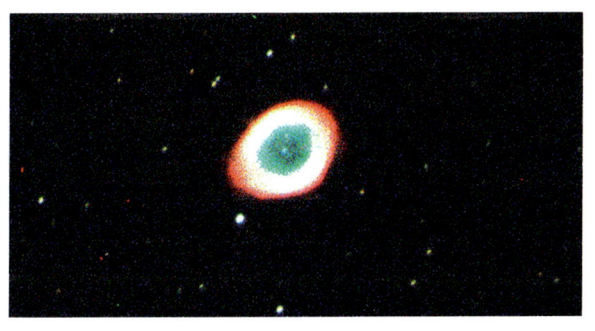

C2 Ringnebel mit Zentralstern

6.2 Materiewellen

1 Elektronenmikroskopische Aufnahme von Fullerenmolekülen (C_{60}) auf der Oberfläche eines Borkristalls

Die Abbildung zeigt eine elektronenmikroskopische Aufnahme von Fullerenen (farbig eingefärbt). Dabei handelt es sich um große Moleküle, die aus je 60 Kohlenstoffatomen bestehen. Was passiert mit solch im Vergleich zu Elektronen riesigen Objekten, wenn man versucht, sie an einem Gitter zu beugen?

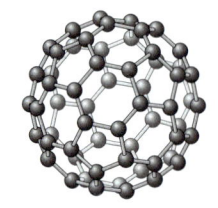

2 Anordnung von 60 Kohlenstoffatomen im Fullerenmolekül

Beugungsexperiment mit Fullerenen • Für die Beugungsversuche mit Elektronen war es notwendig, sie auf eine bestimmte Geschwindigkeit zu beschleunigen und zu einem Strahl zu bündeln. Aufgrund ihrer elektrischen Ladung konnten dafür elektrische oder magnetische Felder genutzt werden.

Möchte man einen ähnlichen Beugungsversuch mit Fullerenmolekülen durchführen, benötigt man alternative Methoden zur Beschleunigung und Bündelung der Teilchen, weil die Moleküle elektrisch ungeladen sind.

Im ersten Schritt wird eine Probe des Fullerens im Ofen auf 900 K erhitzt (▶3). Die Moleküle erhalten so aufgrund ihrer thermischen Energie eine Geschwindigkeit, die allerdings nicht exakt festgelegt werden kann.

Damit nur Moleküle mit einer bestimmten Geschwindigkeit auf das Gitter treffen, werden sie durch rotierende Scheiben mit Schlitz gefiltert (▶4). Die vorgesehene Flugrichtung wird dadurch erreicht, indem die Moleküle nacheinander zwei Schlitze mit einer Breite von je 10 µm passieren. Der so vorbereitete Molekülstrahl trifft auf ein Liniengitter, das aus einer Silicium-Stickstoff-Verbindung (SiN_x) besteht und eine Spaltbreite von 50 nm sowie einen Spaltmittenabstand von $g = 100$ nm hat. Schließlich werden die gebeugten Moleküle durch einen Detektor nachgewiesen. Im Versuch werden während einer Zeitspanne von 100 s Moleküle detektiert.

Dabei wird ein deutliches Beugungsmuster gemessen (▶5). Der Abstand zwischen dem ersten Maximum und dem nullter Ordnung beträgt etwa 50 µm.

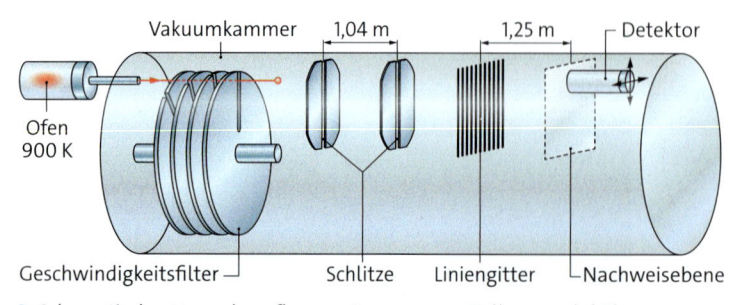

3 Schematischer Versuchsaufbau zur Beugung von Fullerenmolekülen an einem Gitter

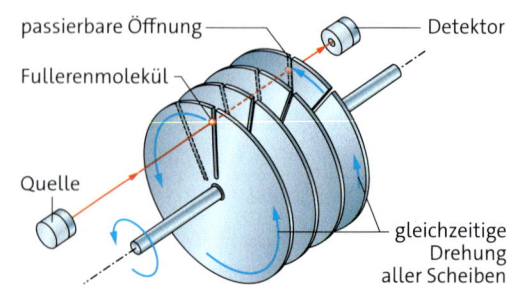

4 Nur Teilchen, deren Geschwindigkeit zur Rotationsgeschwindigkeit passt, können den Filter passieren.

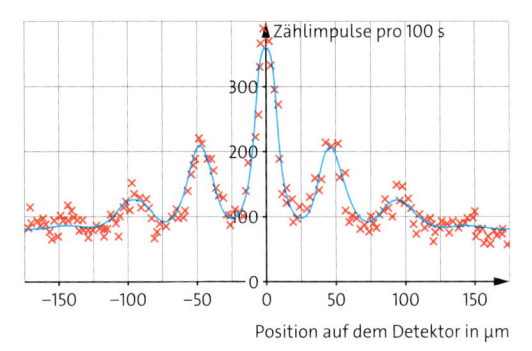

5 Interferenzbild der Beugung von Fullerenen an einem Liniengitter

Beugung ganzer Fullerene • Wir gehen davon aus, dass die Kohlenstoffmoleküle im Versuch als Ganzes am Liniengitter gebeugt wurden. Beim ersten Maximum beträgt der Gangunterschied zwischen benachbarten Wellenstrahlen am Gitter gerade der einfachen Wellenlänge. Um den dazugehörigen Beugungswinkel zu ermitteln, benötigen wir deshalb die de-Broglie-Wellenlänge der Fullerene. Sie berechnet sich aus der Masse und der Geschwindigkeit der Moleküle.

Ein Kohlenstoffatom hat die Masse 12,01 u. Dabei ist $u = 1{,}661 \cdot 10^{-27}$ kg die atomare Masseneinheit. Ein Molekül aus 60 Kohlenstoffatomen hat also folgende Masse:

$m = 60 \cdot 12{,}01 \cdot 1{,}661 \cdot 10^{-27}$ kg $= 1{,}197 \cdot 10^{-24}$ kg.

Durch den Geschwindigkeitsfilter gelangen nur Kohlenstoffmoleküle mit einer Geschwindigkeit von 120 $\frac{m}{s}$ zum Gitter.
Entsprechend ist die de-Broglie-Wellenlänge:

$\lambda = \dfrac{h}{m \cdot v} = \dfrac{6{,}626 \cdot 10^{-34}\,\text{J} \cdot \text{s}}{1{,}197 \cdot 10^{-24}\,\text{kg} \cdot 120\,\frac{m}{s}} = 4{,}613$ pm.

Wir ermitteln damit für das Maximum erster Ordnung ($n = 1$) den Beugungswinkel:

$\alpha = \arcsin\left(\dfrac{\lambda}{g}\right) = \arcsin\left(\dfrac{4{,}613\,\text{pm}}{100\,\text{nm}}\right) = 0{,}0026°$.

Daraus berechnen wir den Abstand zwischen den Maxima nullter und erster Ordnung am Schirm:

$d = 1{,}25\,\text{m} \cdot \tan(0{,}0026°) = 56{,}7$ µm.

Der beobachtete Abstand dieser Maxima beträgt 50 µm (▶5). Um auszuschließen, dass nicht doch andere Quantenobjekte wie die Elektronen im Fulleren gebeugt wurden, betrachten wir diese näher.

Elektronen im Fulleren • Ein Fulleren besteht aus 60 Kohlenstoffatomen mit jeweils sechs Elektronen. Um zu untersuchen, ob jedes Elektron einzeln am Liniengitter gebeugt werden kann, ermitteln wir wieder den Beugungswinkel aus der de-Broglie-Wellenlänge für ein einzelnes Elektron mit der Geschwindigkeit des Moleküls von 120 $\frac{m}{s}$:

$\lambda = \dfrac{h}{m \cdot v} = \dfrac{6{,}626 \cdot 10^{-34}\,\text{J} \cdot \text{s}}{9{,}109 \cdot 10^{-31}\,\text{kg} \cdot 120\,\frac{m}{s}} = 6{,}062$ µm.

Die Gitterkonstante beträgt $g = 100$ nm. Würden einzelne Elektronen auf das Gitter treffen, so würden sie keineswegs Beugungsmaxima bilden. Denn ihre Wellenlänge ist viel größer als die Gitterkonstante. Die Elektronen eines Fullerenmoleküls gelangen also nur deshalb zu einem Beugungsmaximum, weil sie Teile des Moleküls geworden sind.

Ein Fullerenmolekül hat etwa einen Durchmesser von einem Nanometer. Die de-Broglie-Wellenlänge eines Elektrons ist im Fulleren also sehr viel kleiner als der berechnete Wert, der Impuls ($m \cdot v$) somit sehr viel größer. Die dazu nötige Energie hat das Elektron durch elektrische Anziehungskräfte innerhalb des Moleküls. Somit bildet das Molekül ein stabiles System, das immer nur als Ganzes gebeugt wird.

> Wenn mehrere Quantenobjekte ein zusammengesetztes Quantenobjekt bilden, dann werden sie nicht mehr einzeln gebeugt. Stattdessen hat das zusammengesetzte Quantenobjekt als Ganzes eine eigene de-Broglie-Wellenlänge und wird somit als ein Quantenobjekt gebeugt.

1 Der Weltrekordsprinter Usain Bolt hat eine Masse von 95 kg und lief 100 m in 9,58 s.
  a ☐ Berechnen Sie Bolts de-Broglie-Wellenlänge bei seinem Weltrekordsprint.
  b ◨ Ermitteln Sie die Spaltbreite eines Doppelspalts, an dem ein Objekt dieser Wellenlänge ein Beugungsmaximum 1. Ordnung bei einem Winkel von 0,001° hätte. Beurteilen Sie.
  c ◨ Ermitteln Sie für einen Spalt mit einer Breite von 0,5 m den Winkel des 1. Maximums.

2 ◨ Untersuchen Sie für den im Text besprochenen Beugungsversuch, ob für die Beugung auch einzelne Kohlenstoffatome im Fullerenmolekül in Frage kommen.

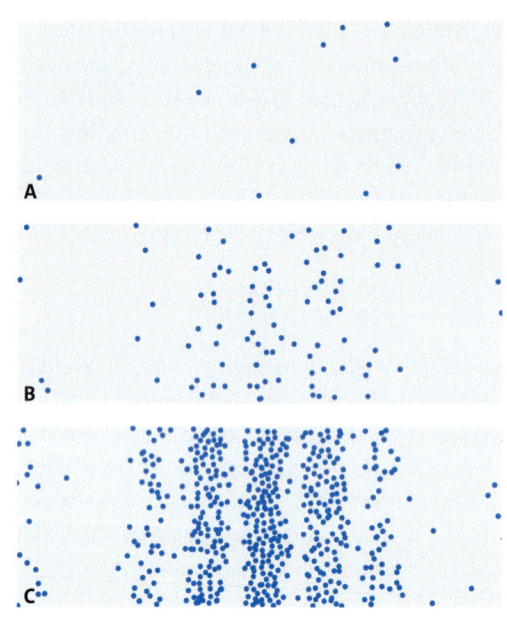

1 Entstehung des Beugungsmusters der Fullerene:
A nach 2 s; **B** nach 20 s; **C** nach 200 s

Im ersten Bild, das die Zählergebnisse nach 2 s zeigt, wurden nur wenige Moleküle vom Detektor registriert (▶ **1A**). Ihre Verteilung ist zufällig bzw. stochastisch, d. h. man kann prinzipiell nicht vorhersagen, wo das einzelne Fulleren vom Detektor registriert wird. Ein Interferenzmuster ist bei solch wenigen Ereignissen auch nicht zu erkennen.
Nach 20 s bildet sich eine Häufung in der Mitte heraus, aber die einzelnen Punkte sind weiterhin stochastisch (▶ **1B**). Im letzten Bild nach 200 s lassen die vielen einzelnen Zählereignisse das Interferenzmuster schon deutlich erkennen (▶ **1C**).

Obwohl der Auftreffort für ein einzelnes Molekül zufällig bleibt, registriert der Detektor an den Orten der Beugungsmaxima häufiger Fullerene als an anderen Orten, d. h. für diese Orte können wir mit einer größeren Wahrscheinlichkeit vorhersagen, dass ein Fulleren dort nachgewiesen werden kann.
Dabei ist die Nachweiswahrscheinlichkeit an einem Ort proportional zur Zählrate bzw. zur Anzahl der Zählimpulse in einer bestimmten Zeitspanne an dem Ort während des Versuchs.
Auch für den Beugungsversuch mit Elektronen trifft das zu. Allerdings ist die Anzahl der Elektronen so groß gewesen, dass die Beugungsringe sofort sichtbar sind. Das zufällige Auftreffen einzelner Elektronen ist mit der Vakuumröhre nicht beobachtbar.

Beugung einzelner Fullerene • Das Interferenzbild beim Versuch zur Beugung von Fullerenen entsteht nicht sofort wie die Beugungsringe in der Elektronenstrahlröhre oder bei einem Laser am Gitter. Die Anzahl der Moleküle, die sich gleichzeitig in der Apparatur befinden, ist sehr gering. So beträgt der mittlere Abstand zwischen zwei Molekülen etwa 0,2 mm. Dieser Abstand ist viel größer als die de-Broglie-Wellenlänge der Moleküle von 4,6 pm und immer noch viel größer als der Durchmesser eines Moleküls (1 nm). Es kann daher ausgeschlossen werden, dass die Moleküle miteinander wechselwirken oder Kräfte aufeinander ausüben, wenn sie sich in der Versuchsapparatur befinden. Jedes Fulleren wird für sich allein am Gitter gebeugt und interferiert mit sich selbst.

Entstehendes Interferenzbild • Zur Aufzeichnung des Interferenzbildes befindet sich hinter dem Gitter in 1,25 m Entfernung ein Detektor, der jedes Molekül als ein einzelnes Zählereignis registriert. Hierzu fährt der Detektor eine feste Fläche im Raster ab und zählt alle Moleküle an einem Ort. Dabei gilt: Obwohl wir den Fullerenen eine Wellenlänge zugeordnet haben, bleibt dennoch jedes Molekül im Detektor als Teilchen erhalten. Das wird umso deutlicher, wenn man die Auftrefforte der Fullerene zu verschiedenen Zeitpunkten auswertet (▶ **1**).

> Werden Quantenobjekte an einem Gitter gebeugt, dann erfolgt ihr Nachweis an den verschiedenen Orten dahinter stochastisch. Dabei ist an jedem Ort die Nachweiswahrscheinlichkeit proportional zur Zählrate. Das entstehende Interferenzbild vieler Quantenobjekte ist durch die de-Broglie-Wellenlänge deterministisch bestimmt.

Neue Medikamente • Die Wirkstoffe moderner Medikamente reagieren sehr spezifisch, z. B. können sie das eine Krankheit auslösende Enzym blockieren. Hierzu ist es erforderlich, die Struktur dieser beteiligten Proteine genau aufzuklären, um ihre Wechselwirkung mit anderen Molekülen vorherzusagen. Im Gegensatz zur Röntgenstrukturanalyse können durch die Beugung von Neutronen die Positionen der Wasserstoffatome im Molekül sehr genau ermittelt werden. Wasserstoffatome nehmen häufig eine zentrale Rolle für die Funktionalität der Proteine ein.

Quantenobjekte • Materiewellen

Die Vorteile von Neutronen sind ihre relativ große Masse (und damit ein entsprechend großer Impuls bzw. eine relativ kurze Wellenlänge zur Auflösung kleiner Strukturen) sowie ihre elektrische Neutralität, sodass es keine störenden elektrischen Wechselwirkungen gibt. Diese wären gerade bei empfindlichen Proteinen ungünstig.

Durch Neutronenbeugung an einem Myoglobin-Kristall wurden z. B. die Positionen der Wasserstoffatome sehr genau ermittelt (▶2). Die farbigen Bereiche stellen Wasserstoffatome im Protein dar, für die mit dieser Methode neue Information gewonnen wurden. Myoglobin ist ein wichtiges Protein, das für den Sauerstofftransport in den Muskelzellen verantwortlich ist.

Beugungsversuch mit Neutronen • Besonders einfach verdeutlichen wir die Gewinnung solcher Strukturinformation am Beispiel der Neutronenbeugung an einem Natriumchlorid-Kristall (Kochsalz). Als Geschwindigkeitsfilter für die Neutronen dienen wieder rotierende Scheiben mit jeweils versetzter Spaltöffnung (▶3).

Die Neutronen werden an Netzebenen reflektiert und bei den Glanzwinkeln entstehen die Maxima durch konstruktive Interferenz. Im Versuch wurden Neutronen der Masse $m_n = 1{,}675 \cdot 10^{-27}$ kg mit einer Geschwindigkeit von $v = 2580 \frac{m}{s}$ verwendet. Die de-Broglie-Wellenlänge der Neutronen beträgt:

$$\lambda = \frac{h}{m \cdot v} = \frac{6{,}626 \cdot 10^{-34} \text{ J} \cdot \text{s}}{1{,}675 \cdot 10^{-27} \text{ kg} \cdot 2580 \frac{m}{s}} = 153 \text{ pm}.$$

Für die mit [111] bezeichnete Netzebene beträgt der Ablenkwinkel 27,4° und der Glanzwinkel $\vartheta = 13{,}7°$. Entsprechend der Bragg-Bedingung gilt für den Abstand d dieser Netzebenen $2 \cdot d \cdot \sin(\vartheta) = \lambda$. Der Netzebenenabstand errechnet sich zu:

$$d = \frac{\lambda}{2 \cdot \sin(\vartheta)} = \frac{153 \text{ pm}}{2 \cdot \sin(13{,}7°)} = 323 \text{ pm}.$$

Im Natriumchlorid-Kristall existieren durch die Anordnung der Ionen verschiedene Netzebenen (▶4), denen man jeweils einen eigenen Glanzwinkel zuordnen kann (▶5). Daraus lassen sich somit zahlreiche Strukturinformationen ableiten. Da es sehr viele Netzebenen gibt, kann man durch Beugung entsprechen viel Information erfassen.

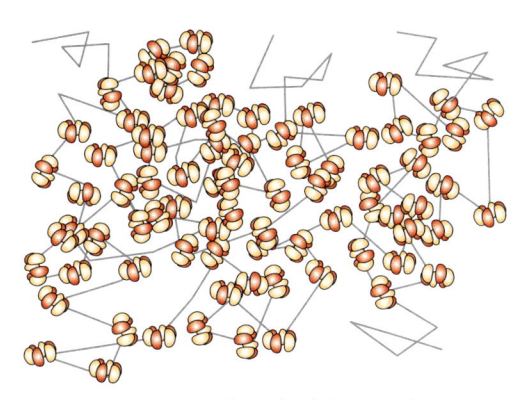

2 Aus Beugungsversuchen abgeleitete Struktur von Myoglobin. Die farbigen Bereiche markieren neue Informationen über Wasserstoffatome.

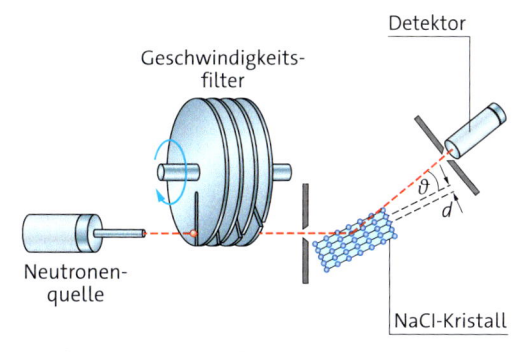

3 Schematische Darstellung zur Neutronenbeugung an einem Natriumchlorid-Kristall

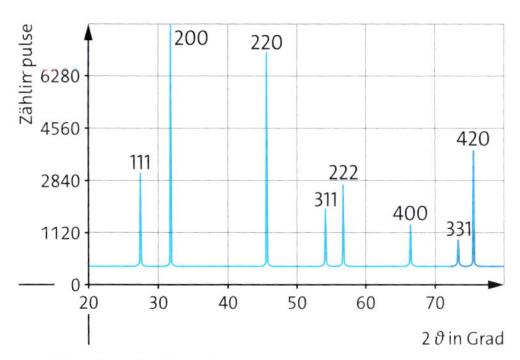

5 Ablenkwinkel bei der Beugung von Neutronen an verschiedenen Ebenen eines Natriumchlorid-Kristalls

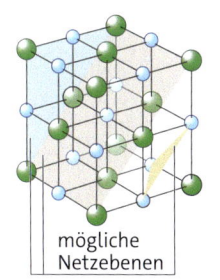

4 Natriumchlorid-Kristall mit verschiedenen Netzebenen

1 📝 Die Kapitelüberschrift dieser Seiten lautet Materiewellen.
   a Erläutern Sie anhand der Informationen der Seiten, was man unter diesem Begriff versteht.
   b Begründen Sie, dass die Wellenlänge eines Quantenobjekts veränderlich ist.

2 📝 Begründen Sie, dass der Geschwindigkeitsfilter für Beugungsversuche mit Neutronen oder Fullerenen notwendig ist.

Material

Versuch A • Modellieren von Quantenobjekte

V1 Bragg-Reflexion bei Mikrowellen

Materialien: Tabellenkalkulation

Arbeitsauftrag:
Mithilfe einer Tabellenkalkulation kann die Intensität I zur Beugung von Mikrowellen am Raumgitter in Abhängigkeit vom Beugungswinkel ϑ modelliert werden. Als Raumgitter werden neun Metallstäbe modelliert, die quadratisch in einem 3x3 Raster angeordnet sind.

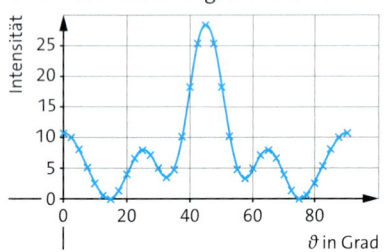

1 Ermittelte Intensität bei Beugung am Raumgitter (Modellierung)

- Schreiben Sie in übergeordnete Felder des Tabellenkalkulationsprogramms den Abstand a zwischen dem mittleren Stab und dem Detektor, die Wellenlänge λ und den betrachteten Winkel ϑ und halten Sie diese Größen variabel.
- Tragen Sie in die Spalten 1 und 2 die x- und y-Koordinaten der neun Stäbe ein.
- Berechnen Sie in den Spalten 3 und 4 die Koordinaten a_x und a_y der neun Verbindungsvektoren $\vec{a}$ vom Stab zum Detektor.
Ermitteln Sie aus x, y, a_x und a_y die Entfernung d und daraus den Phasenunterschied $\Delta\varphi$ in den Spalten 5 und 6.
- Berechnen Sie in den Spalten 7 und 8 für jeden Stab aus $\Delta\varphi$ die Koordinaten Z_x und Z_y des Zeigers mit der Länge 1.
- Summieren Sie die neun Koordinaten Z_x zur Summe S_x und ebenso Z_y zu S_y. Berechnen Sie $I(\vartheta) = S_x^2 + S_y^2$.
- Variieren Sie ϑ und halten Sie die Werte sowie $I(\vartheta)$ in einer zweiten Tabelle fest. Erstellen Sie ein ϑ-I-Diagramm (▶1).
- Analysieren Sie die Glanzwinkel für die üblichen Netzebenen und die diagonal im Quadrat stehenden Netzebenen mit der Bragg-Bedingung. Vergleichen Sie mit ▶1.
- Modellieren und analysieren Sie entsprechend ein Gitter mit 16 Stäben.

V2 Protonen am Atomkern beugen

Materialien: Tabellenkalkulation

Arbeitsauftrag:
Protonen mit einer kinetischen Energie von $E_{kin} = 500\,\text{MeV}$ werden am Kern des Bleiatoms mit einem gesuchten Durchmesser d_{Pb} gebeugt (▶2).
- Da E_{kin} klein gegen $m_P \cdot c^2$ ist, beträgt der Impuls $p = 5{,}2 \cdot 10^{-19}\,\frac{\text{kg} \cdot \text{m}}{\text{s}}$ und $\lambda = \frac{h}{p} = 1{,}3\,\text{fm}$. Tragen Sie λ, das betrachtete δ und einen vermuteten Radius r_{Pb} in übergeordnete Felder ein (wie in V1).
- Tragen Sie $N = 81$ äquidistante Ausgangspunkte gleichphasiger Elementarwellen bei den Koordinaten $-20\,\text{fm} \leq b_j \leq 20\,\text{fm}$ in Spalte 1 ein. Ermitteln Sie in den Spalten 2 bis 5 die Wegunterschiede Δs, die Phasenunterschiede $\Delta\varphi$ sowie die Zeigerkoordinaten Z_x und Z_y.
- Summieren Sie für $|b_j| \geq r_{Pb}$ die Z_x zu S_x und ebenso die Z_y zu S_y. Berechnen Sie $I(\delta) = S_x^2 + S_y^2$.
- Variieren Sie δ. Stellen Sie $I(\delta)$ grafisch dar. Passen Sie r_{Pb} so an, dass die gemessenen und ermittelten Minima im Diagramm übereinstimmen (▶2).

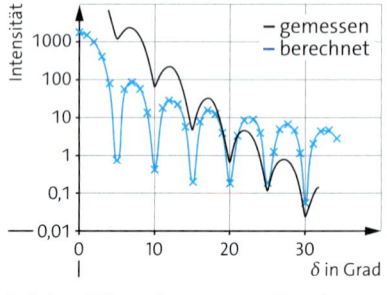

2 Intensität zur Beugung am Atomkern

Material A • Neutronen als Quantenobjekte

Auch Neutronen bilden in einem Würfel (Kantenlänge ℓ) in alle drei Raumrichtungen stehende Wellen mit Knoten an den Rändern aus. Betrachtet werden N Neutronen im niedrigsten Energiezustand unter Beachtung der relativistischen Energie: $E^2 = m^2 \cdot c^4 = p^2 \cdot c^2 = c^2 \cdot \frac{h^2}{4\ell^2} \cdot (k_x^2 + k_y^2 + k_z^2)$.

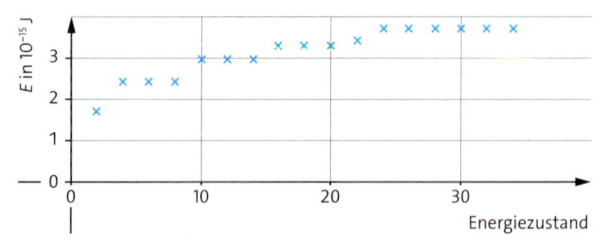

A1 Niedrigste Energiezustände der Neutronen im Neutronengas

1 🖉 Zeigen Sie, dass zum k-ten Energiezustand in x-Richtung die Wellenlänge $\lambda = \frac{2\ell}{k_x}$ und der Impuls $p = \frac{h}{\lambda}$ gehören.

2 🖉 Einer Wellenfunktion (feste Kombination von k_x, k_y, k_z) sind maximal zwei Neutronen zugeordnet. Begründen Sie, dass daher zwei Neutronen im niedrigsten Zustand mit $E = \sqrt{3} \cdot \frac{hc}{2\ell}$ und sechs Neutronen im zweitniedrigsten Zustand mit $E = \sqrt{6} \cdot \frac{hc}{2\ell}$ befinden.

3 a 🖉 Berechnen Sie für $\ell = 1\,\text{nm}$ für die $N = 34$ energieärmsten Neutronen die mittlere Energie E_{34} (▶A1).
b ■ Bestätigen Sie mit diesem und ähnlichen Beispielen, dass für die mittlere Energie gilt: $E = \frac{h \cdot c}{2\pi\ell} \cdot \sqrt[3]{3\pi^2 \cdot N}$.

Hinweis: Nutzen Sie hierfür eine Tabellenkalkulation.

Quantenobjekte • Materiewellen

Material B: Beugung von Protonen an Atomkernen

Schnelle Protonen werden zur Untersuchung von Atomkernen durch Beugung verwendet (▶B2). Ihre Geschwindigkeit ist so groß, dass man bei den Berechnungen die Relativitätstheorie berücksichtigen muss.

Relativistische Masse	Relativistische Energie
$m_r = \dfrac{m_0}{\sqrt{1 - \dfrac{v^2}{c^2}}}$	$E = m_r \cdot c^2 = m_0 \cdot c^2 + E_{kin}$

B1 Relativistische Formeln für Masse und Energie

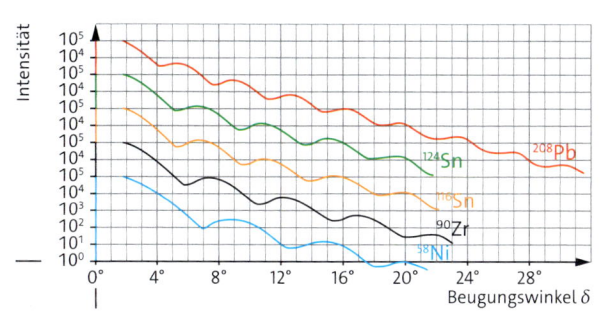

B2 Beugung von Elektronen am Atomkern

1 Bei der Beugung wurden Protonen mit einer kinetischen Energie von E_{kin} = 800 MeV verwendet.
a ⬚ Ermitteln Sie aus der relativistischen Masse m_r und der relativistischen Energie die Geschwindigkeit der Protonen (▶B1).
b ⬚ Berechnen Sie daraus den Impuls $p = m_r \cdot v$ und die de-Broglie-Wellenlänge der Protonen.

2 Das erste Beugungsminimum der Beugung an einem Atomkern mit einem Durchmesser d entspricht im Wesentlichen dem ersten Beugungsminimum der Beugung am Spalt mit der Breite d.
a ⬚ Identifizieren Sie die Winkel δ_1 der ersten Beugungsminima aus den Messwerten in ▶B2.
b ⬚ Ermitteln Sie auf dieser Grundlage die Durchmesser der untersuchten Atomkerne (▶B2).
c ⬚ Werten Sie jeweils das erste Minimum mit der Gleichung $r \cdot \sin(\delta_1) = 0{,}61 \cdot \lambda$ aus (▶B2). Recherchieren Sie Literaturwerte und vergleichen Sie.

Material C: Neutronenstern

Der Zentralstern im Krebsnebel ist ein Neutronenstern mit einem Radius von R = 15 km und einer Masse von $m = 3{,}4 \cdot 10^{30}$ kg. Er ist aus einem weißen Zwerg entstanden, indem durch Massenaufnahme die sogenannte Chandrasekhar-Masse von $2{,}8 \cdot 10^{30}$ kg überschritten wurde. Dabei kollabiert sein Volumen, indem jedes Elektron mit einem Proton zu einem Neutron reagiert. Der Neutronenstern emittiert Radiowellen an seinen Polachsen, die auf der Erde beobachtet werden können (▶C1). Das Signal wiederholt sich dabei mit einer Periode von T = 33 ms.

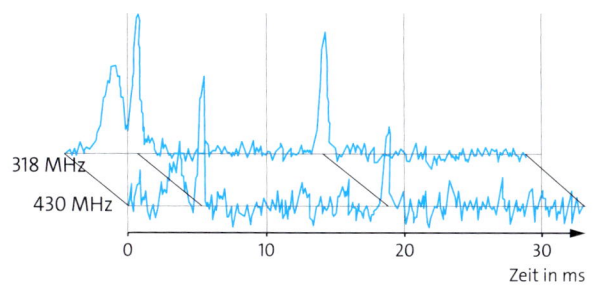

C1 Pulsar im Krebsnebel

1 ⬚ Ermitteln Sie die Anzahl N der Neutronen, das Volumen, die Teilchendichte n und die Massendichte ϱ des Sterns. Recherchieren Sie diese Größen für Erde, Sonne, Atom, Atomkern sowie Neutron und vergleichen Sie.

2 Die Neutronen sind aufgrund der hohen Energiedichte im Stern relativistisch.
a ⬚ Bestimmen Sie die Energie der Neutronen mithilfe der relativistischen Fermi-Energie $E_F = \dfrac{h \cdot c}{2\pi} \cdot \sqrt[3]{3\pi^2 \cdot \dfrac{N}{V}}$.
b ⬚ Begründen Sie, warum sich die Gesamtenergie des Neutrons aus seiner Masse m_N und E_F ergibt:
$E = m_N \cdot c^2 + E_F = m_N \cdot \dfrac{c^2}{\sqrt{1 - \dfrac{v^2}{c^2}}}$.
c ⬚ Ermitteln Sie daraus die Geschwindigkeit der Neutronen, vergleichen Sie mit der Lichtgeschwindigkeit c und ordnen Sie Ihr Ergebnis ein.

3 ⬚ Recherchieren Sie zur Fluchtgeschwindigkeit v_F, ermitteln Sie diese auf der Oberfläche des Sterns und vergleichen Sie mit c. Ermitteln Sie den Radius R_S, auf den dieser Stern weiter schrumpfen müsste, damit seine Fluchtgeschwindigkeit gleich der Lichtgeschwindigkeit und der Stern somit zu einem Schwarzen Loch würde.

4 ⬚ Die Periode des Radiosignals ergibt sich aus der Rotation der Polachsen des Sterns mit T = 33 ms. Überprüfen Sie, ob die zugehörige Zentripetalbeschleunigung a_Z auf der Sternoberfläche kleiner ist als die Gravitationsfeldstärke G^* (Ortsfaktor) an gleicher Stelle.

6.3 Emission von Licht bei LEDs

1 LED-Dance

Beim LED-Dance leuchten die Tänzer durch verschiedenfarbige LEDs vor schwarzem Hintergrund. Wie werden dabei die unterschiedlichen Farben erzeugt und sind die verwendeten Spannungen dabei ungefährlich?

Spannung beim Aufleuchten • LEDs bzw. Lichtdioden sind elektrische Bauelemente, die aus Halbleitern gefertigt werden. Im Alltag werden sie in gewöhnlichen Lichtquellen wie Lampen verwendet. Leuchtdioden gibt es in verschiedenen Farben (▶ 1), aber welche Spannung benötigt man, um eine LED zum Leuchten zu bringen?

Hierzu schalten wir verschiedenfarbige LEDs jeweils mit einem Vorwiderstand parallel zueinander und schließen diese an eine regelbare Spannungsquelle, deren Spannung wir langsam erhöhen. Über ein Voltmeter messen wir die Spannung über der jeweiligen LED, sobald sie aufleuchtet (▶ 2).
Man kann dabei beobachten, dass jede LED erst ab einer – von der Farbe abhängigen Spannung – aufleuchtet (▶ 3).

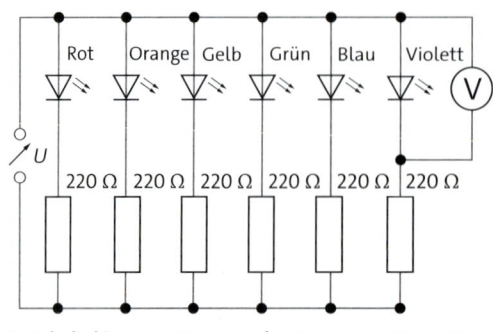

2 Schaltskizze zur Messung der Spannung einer LED

Messung der Wellenlängen • Das farbspezifische Aufleuchten der LED untersuchen wir genauer, indem wir die Farben durch die Wellenlänge λ charakterisieren.
Hierzu werden die Wellenlängen mithilfe eines Beugungsversuchs ermittelt. Dazu beobachten wir die Reihe der leuchtenden LEDs bei 2,74 V durch eine Spektralbrille (▶ 4A). Das Brillenmaterial funktioniert wie ein optisches Gitter, sodass auf der Netzhaut das Beugungsbild der LEDs entsteht. Ersetzen wir das Auge durch eine Kamera, können wir ein Foto vom Beugungsbild aufnehmen (▶ 4B). Zu jeder LED ist das 0. und rechts daneben das 1. Beugungsmaximum zu erkennen. Qualitativ gilt: Je weiter das 1. Maximum rechts liegt, desto größer ist die emittierte Wellenlänge λ der entsprechenden LED.

Um den Abstand zwischen 0. und 1. Maximum zu messen, können wir ein Lineal über oder unter die LED halten. Die Lichtwellen gehen von der LED aus und werden am Gitter gebeugt. Auf der Netzhaut interferieren die Wellen und bilden das Beugungsbild 0. und 1. Ordnung als entsprechende Lichtpunkte. Vor dem Auge ist somit die LED (0. Ordnung) und ihr virtuelles Bild (1. Ordnung) sowie das Lineal sichtbar (▶ 5). Am Lineal kann man z. B. für die grüne LED den Abstand $d = 0{,}2$ m zwischen den Maxima ablesen.

Das virtuelle 1. Maximum entsteht wie bei der Beugung, die man mit einem Schirm beobachtet, durch die Interferenz von parallelen Lichtwellen. Sie werden durch die Augenlinse in einem Punkt der Netzhaut gebündelt. Es gelten daher die gleichen geometrischen Verhältnisse, sodass wir mit der Entfernung $a = 2$ m den Beugungswinkel α bestimmen können:

$$\alpha = \arctan\left(\frac{d}{a}\right) = \arctan\left(\frac{0{,}2\,\text{m}}{2\,\text{m}}\right) = 5{,}71°.$$

Für die Berechnung der Wellenlänge benötigt man den Abstand zwischen benachbarten Gitterlinien. Bei der Spektralbrille beträgt die Gitterkonstante $g = 0{,}0055$ mm. Für die Wellenlänge ergibt sich:

$$\lambda = g \cdot \sin(\alpha) = 0{,}0055\,\text{mm} \cdot \sin(5{,}71°) = 547\,\text{nm}.$$

So kann für jede LED aus dem Abstand der Maxima die jeweilige Wellenlänge ermittelt werden (▶ 6). Der Versuch zeigt, dass zum Aufleuchten einer LED bestimmter Farbe eine Mindestspannung notwendig ist. Dabei gilt, dass diese Spannung umso größer ist, je kleiner die emittierte Wellenlänge der LED ist. Selbst bei der violetten LED ist diese Spannung allerdings so gering, dass diese ungefährlich ist. Man könnte sogar mehrere LEDs in Reihe mit einer ungefährlichen Spannung betreiben. Dabei können umso mehr LEDs in Reihe geschaltet werden, je niedriger die Frequenz des Lichts ist.

LED als Energiewandler • In der LED wird elektrische Energie in Lichtenergie gewandelt. Die entsprechende Energie E pro Ladung q wird durch die gemessene Spannung U bestimmt. In der LED wird pro Elektron mit seiner Elementarladung $q = e$ somit folgende Energie umgesetzt:

$$E = U \cdot e.$$

Damit können wir für jede LED die zum Aufleuchten nötige Energie pro Elektron ermitteln und mit der Frequenz des emittierten Lichts vergleichen (▶ 6).

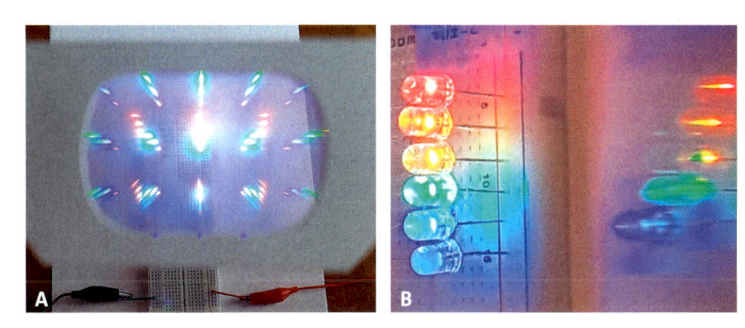

4 Subjektive Methode: **A** Blick durch die Spektralbrille; **B** zweiter Blickwinkel

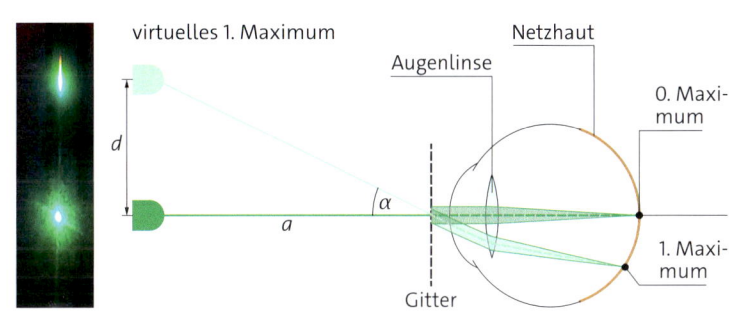

5 Subjektive Methode zur Ermittlung der Wellenlänge beim Beugungsversuch

Farbe	d in m	α in °	λ in nm	f in 10^{14} Hz	U in V	E in 10^{-19} J
Rot	0,235	6,70	642	4,67	1,61	2,58
Orange	0,225	6,42	615	4,87	1,69	2,71
Gelb	0,215	6,14	588	5,10	1,85	2,96
Grün	0,200	5,71	547	5,48	2,04	3,27
Blau	0,165	4,72	452	6,63	2,49	3,99
Violett	0,150	4,29	411	7,29	2,74	4,39

6 Auswertung zum Beugungsversuch

1 ☐ Ein Elektron einer LED wandelt bei der Emission von Licht elektrische Energie E in Lichtenergie einer Frequenz f um. Beschreiben Sie den Zusammenhang zwischen dieser Energie E und Frequenz f mit einem „Je ..., desto"-Satz.

Wellenlänge λ und Frequenz f des Lichts sind wegen $c = \lambda \cdot f$ indirekt proportional zueinander: $\lambda \sim \frac{1}{f}$.

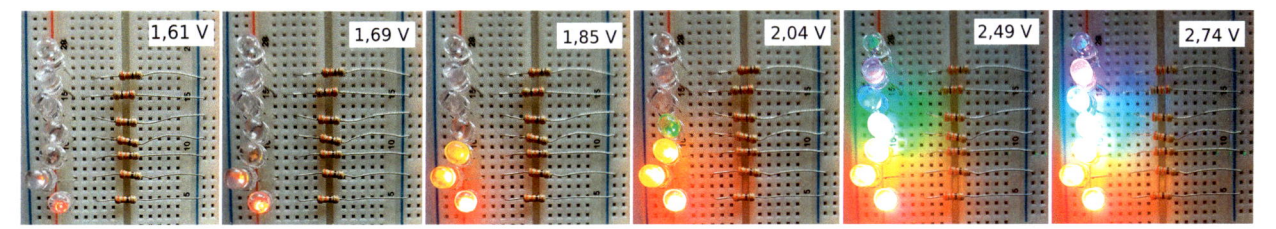

2 ✏ Erläutern Sie, woran in ▶ 4B und ▶ 5 erkennbar ist, dass eine LED Licht in einem Wellenlängenintervall emittiert.

3 Spannung beim Aufleuchten: 1,61 V, 1,69 V, 1,85 V, 2,04 V, 2,49 V, 2,74 V

Wie groß ist eigentlich die kleinste Energieportion $E_{min}(f)$ von Licht mit einer Frequenz f?

Formuliert man die Annahme, dass es eine Energieportion mit $E_{min}(f) < h \cdot f$ gäbe, so könnte eine LED diese Portion mit einer Spannung $U < \frac{h \cdot f}{e}$ gemäß dem Prinzip der Energieerhaltung erzeugen. Dann müsste es in ▶1 einen Punkt unterhalb der Geraden geben – den gibt es aber nicht.
Daraus folgt, dass die Annahme solcher Energieportionen mit $E_{min}(f) < h \cdot f$ falsifiziert ist.

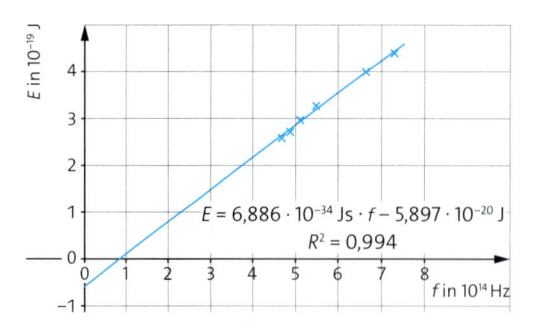

1 Energie pro Elektron $E(f)$ beim Aufleuchten

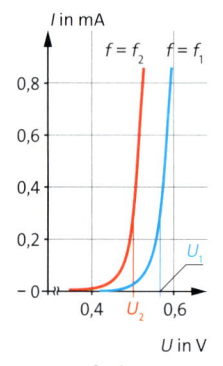

2 Zu Aufgabe 2: U-I-Kennlinien zweier LEDs

Energie und Farbe • Um eine Abhängigkeit zwischen der Frequenz des emittierten Lichts und der Energie pro Elektron (▶3) zu untersuchen, tragen wir die Werte in einem f-E-Diagramm auf (▶1). Die Regression zeigt deutlich den linearen Zusammenhang zwischen Energie und Frequenz: $E \sim f$.

Der Abschnitt der Hochachse ist relativ klein und kann dadurch erklärt werden, dass jede LED immer ein Intervall von Wellenlängen emittiert. So emittiert die grüne LED auch Orange. Das ergibt einen Energieunterschied von $4{,}7 \cdot 10^{-20}$ J. Vernachlässigen wir näherungsweise den Abschnitt der Hochachse, erhalten wir eine proportionale Zuordnung:

$E = 6{,}886 \cdot 10^{-34}$ J · s · f.

Der Proportionalitätsfaktor stimmt bis auf 3,9 % mit der Planck-Konstante überein:

$h = 6{,}62607015 \cdot 10^{-34}$ J · s.

Entsprechend formulieren wir unser Versuchsergebnis: Eine für eine Lichtfrequenz f hergestellte LED beginnt zu leuchten, wenn jedes Elektron an der LED folgende Energie abgibt:

$E = h \cdot f$.

Lichtquanten • Das Versuchsergebnis sagt etwas über den Prozess der Emission von Licht durch eine LED aus: Das Elektron kann in der LED nicht eine beliebige Energiemenge in Lichtenergie umwandeln, sondern immer nur die Energieportion $E = h \cdot f$.
Die Energieportion hängt also von der Frequenz des emittierten Lichts ab. Man deutet den Prozess so, dass diese Portion elektrischer Energie in die gleiche Portion Lichtenergie umgewandelt wird. Das Licht wird dabei also auch in einer Portion emittiert. Diese Lichtportion nennt man **Photon** oder **Lichtquant**.

Farbe	λ in nm	f in 10^{14} Hz	E in 10^{-19} J
Rot	642	4,67	2,58
Orange	615	4,87	2,71
Gelb	588	5,10	2,96
Grün	547	5,48	3,27
Blau	452	6,63	3,99
Violett	411	7,29	4,39

3 Auswertung zum Beugungsversuch

In den verschiedenfarbigen LEDs muss das Elektron also gerade die jeweilige Energie $E = h \cdot f$ besitzen, um das entsprechende Photon mit dieser Energie zu emittieren.

Licht der Frequenz f liegt in Form von Portionen der Energie $E = h \cdot f$ vor. Eine solche Lichtportion heißt Lichtquant oder Photon. In einer LED erhält ein Elektron die Energie $h \cdot f$ und emittiert sie als Photon.

1 ☐ Eine LED emittiert Infrarot-Strahlung mit $\lambda = 1000$ nm. Berechnen Sie die Spannung, bei der die LED im Infrarot-Bereich aufleuchtet.

2 ◩ LEDs leuchten bei einer Stromstärke von ungefähr $I = 300$ mA auf. Entsprechend kann man die Spannung des Aufleuchtens mithilfe einer I-U-Kennlinie ermitteln (▶2).
a Erläutern Sie das Vorgehen.
b Ermitteln Sie die elektrische Leistung beim Aufleuchten für die beiden LEDs aus ▶2.
c Vergleichen Sie mit der typischen Stromstärke von 30 mA einer Signal-LED, wie sie im Physikunterricht verwendet wird.
d Ein Schüler misst die Spannung beim Aufleuchten einer LED. Ihm fällt das Leuchten erst bei einer Stromstärke von 600 mA auf. Ermitteln Sie den prozentualen Fehler.

3 ■ Im Prinzip könnte man vermuten, dass der Abschnitt der Hochachse in ▶1 der thermischen Energie der LED entspricht. Beurteilen Sie diese Hypothese. *Hinweis:* Die mittlere thermische Energie eines Quantenobjekts ist proportional zur absoluten Temperatur T und der Proportionalitätsfaktor ist im Wesentlichen gleich $1{,}38 \cdot 10^{-23} \frac{J}{K}$.

Material — Quantenobjekte • Emission von Licht bei LEDs

Versuch A • LEDs emittieren Licht

Achtung: Nicht direkt in die Lichtquelle blicken.

V1 Bestimmung der Wellenlänge

Materialien: Maßband, Spektralbrille, LEDs unterschiedlicher Farben, Widerstände (220 Ω und 2,2 kΩ), 9-V-Batterie, Kabel, Laserpointer der Schutzklasse 1.

Arbeitsauftrag:

- Legen Sie das Maßband auf den Tisch, beleuchten Sie die 1-m-Marke mit dem Laserpointer und beobachten Sie in einem festgelegten Abstand durch die Spektralbrille die 0. und die 1. Beugungsordnung (▶ 4). Lesen Sie am Laserpointer die Wellenlänge ab und ermitteln Sie die Gitterkonstante g der Spektralbrille, also den Abstand benachbarter Linien.
- Schalten Sie eine LED, den Widerstand von 220 Ω und die Batterie in Reihe. Legen Sie die LED an die 1-m-Marke des Maßbands und beobachten Sie durch die Spektralbrille die Beugungsordnungen. Ermitteln Sie die Wellenlänge. Führen Sie den Versuch mit verschiedenfarbigen LEDs durch.
- Vergleichen Sie die Spektren der LEDs.
- Führen Sie den Versuch mit dem Widerstand 2,2 kΩ durch. Vergleichen Sie mit den anderen Durchführungen. Deuten Sie anhand von Anzahl und Energie der Photonen und Elektronen.

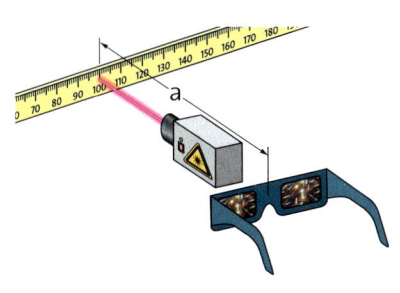

4 Ermitteln der Gitterkonstante g

V2 Kennlinie einer LED

Materialien: LEDs, Widerstand (220 Ω), Kabel, regelbares Netzgerät, Voltmeter, Amperemeter

Arbeitsauftrag:

- Bauen Sie die Schaltung wie dargestellt auf (▶ 5). Regeln Sie die Spannung in kleinen Schritten hoch. Notieren Sie jeweils Spannung und Stromstärke. Zeichnen Sie ein U-I-Diagramm. Führen Sie den Versuch mit verschiedenfarbigen LEDs durch.
- Ermitteln Sie jeweils die Spannung U, bei der die Stromstärke 2 mA beträgt. Berechnen Sie die entsprechende Energie $E = U \cdot e$, die ein Elektron bei dieser Spannung transportiert.
- Ermitteln Sie für jede LED die Wellenlänge, entweder aus der Herstellerangabe oder durch V1. Berechnen Sie für jede Farbe die Frequenz f.
- Erstellen Sie ein f-E-Diagramm, beschreiben Sie es und deuten Sie es mit den Begriffen Photon, Elektron, Energie, Frequenz. Ermitteln Sie einen Wert für das Plancksche Wirkungsquantum.

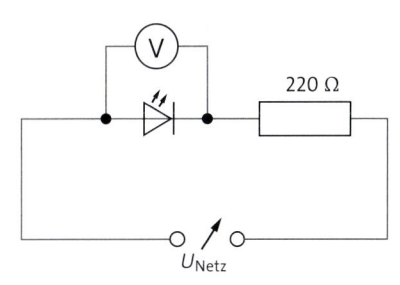

5 Ermitteln der Kennlinie einer LED

Material A • Lichtstrom

In der Tabelle ist der von Glühlampen, Energiesparlampen und LED abgestrahlte Lichtstrom Φ_V dargestellt (▶ A1).

Glühlampe		Energiesparlampe		LED	
P_{el} in W	Φ_V in lm	P_{el} in W	Φ_V in lm	P_{el} in W	Φ_V in lm
25	230	18	210	4	300
40	420	28	375	6	600
60	720	42	680	9	900
75	1000	53	850	11	1100
100	1300	70	1100	14	1400

A1 Lichtstrom und Leistung

1. Recherchieren Sie den Zusammenhang von Lichtstrom Φ_V und -leistung P_L und die Bedeutung des photometrischen Strahlungsäquivalents von 683 Lumen/Watt $\left(\frac{lm}{W}\right)$.

2. Untersuchen Sie, ob der Lichtstrom proportional mit der elektrisch zugeführten Leistung P_{el} zunimmt. Erstellen Sie dazu ein P_{el}-Φ_V-Diagramm.

3. Berechnen Sie für jede Lichtquelle den größten Lichtstrom, den man je Watt zugeführter elektrischer Leistung erzeugen kann. Deuten Sie mit dem Wirkungsgrad.

4. Ermitteln Sie mit dem photometrischen Strahlungsäquivalent die optimalen Wirkungsgrade der Lampen.

5. Ermitteln Sie, in welchem Abstand von den Lampen die Beleuchtungsstärke $E_V = \frac{\Phi_V}{A}$, also der Lichtstrom pro Fläche A, der Solarkonstante von 1367 $\frac{W}{m^2}$ entspricht. Gehen Sie dabei davon aus, dass sich das Licht gleichmäßig in alle Raumrichtungen verteilt.

6.4 Fotoeffekt

1 Solarmodule auf Häuserdächern

Ein Plusenergiehaus gewinnt mehr Energie, als es benötigt, u. a. mithilfe von Solarmodulen auf dem Dach, die Energie von Lichtquanten in elektrische Energie umwandeln. Wie funktioniert das?

Bei der LED ist ein Bereich n-dotiert und stellt Elektronen beim Leitungsband bereit, der andere Bereich ist p-dotiert und stellt Löcher beim Valenzband bereit. Wechselt ein solches Elektron in ein Loch, so wird die Energiedifferenz als Photon emittiert.

Achtung:
Durch Signal-LEDs kann man direkt beobachten. Aber leistungsstärkere LEDs könnten blenden. Sie werden im Versuch daher nur durch eine Kamera beobachtet.

Energieumwandlung bei einer LED • In einer LED wird beim Anlegen einer Spannung elektrische Energie in Photonenenergie umgewandelt, d. h. die Elektronen setzen Energie in Form von Lichtquanten frei. Die LED emittiert Licht.
Da in einer Solarzelle mithilfe der Energie des Sonnenlichts elektrische Energie gewonnen wird (▶ 1), probieren wir anhand der blauen LED aus, ob dieser umgekehrte Vorgang dort auch funktioniert.

Dazu beleuchten wir die blaue LED mit einer Taschenlampe und messen an den Kontakten der LED die Spannung mit einem Voltmeter (▶ 2). Tatsächlich messen wir so eine Spannung von 2,372 V. Zur Kontrolle dunkeln wir die LED ab und messen $U = 0$ V. In der Sonne zeigt das Voltmeter sogar $U = 2,404$ V an. Die LED kann also auch Lichtenergie in elektrische Energie umwandeln.

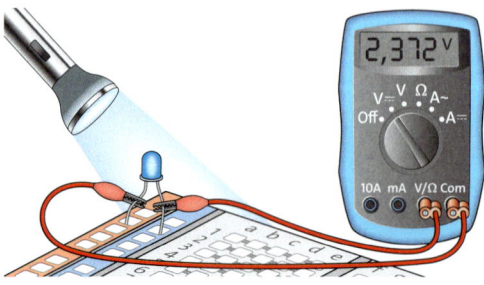

2 Versuchsaufbau LED als „Solarzelle"

Bändermodell zur LED • Eine LED ist ein sogenanntes Halbleiterbauteil. Im Gegensatz zu Metallen liegen bei einem Halbleiter wie Silicium keine frei beweglichen Elektronen vor, da diese kovalent gebunden sind. Durch Einbringen von Fremdatomen in die Struktur des Halbleiters (Dotierung) kann die elektrische Leitfähigkeit gezielt verändert werden. Werden z. B. Phosphoratome mit fünf Außenelektronen eingebracht, steht pro Phosphoratom ein Elektron zur elektrischen Leitfähigkeit zur Verfügung, weil dieses Elektron nicht kovalent durch die umgebenden Siliciumatome gebunden werden kann.

Eine LED besteht aus zwei unterschiedlich dotierten Halbleitern. In dieser Art Festkörper können sich die Elektronen in zwei Energieintervallen aufhalten, den sogenannten **Bändern**: dem niederenergetischen **Valenzband** und dem hochenergetischen **Leitungsband** (▶ 3A–C). Zwischen beiden Bändern befindet sich eine Energiedifferenz, die **Bandlücke** genannt wird. Bei der blauen LED beträgt sie ungefähr 2,35 eV. Ohne angelegte Spannung besetzen die Elektronen mit ihren Energien das Valenzband. Wenn wir an die LED eine Spannung von 2,375 V anlegen, dann nehmen Elektronen jeweils die elektrische Energieportion $E = U \cdot e$ auf, wodurch sie vom Valenzband ins Leitungsband wechseln können (▶ **3A**, gestrichelter Pfeil). Ein solches Elektron kann wieder ins

Valenzband übergehen, wobei diese Energieportion in ein Photon umgewandelt wird (▶ 3A) – die LED leuchtet.

Aufgrund der Bandlücke wird auch klar, warum es eine Mindestspannung braucht, damit die LED überhaupt arbeitet. Ist die Spannung zu klein, um die Energiedifferenz zwischen den beiden Bändern zu überwinden, können die Elektronen keine Energie aufnehmen. Die Bandlücke stellt eine verbotene Zone für die Elektronen dar. Daher leuchtet diese LED erst ab einer anliegenden Spannung von 2,35 V.

Fotoeffekt in der LED • Wenn ein Photon mit einer Lichtenergie von wenigstens 2,35 eV auf diese LED trifft, dann kann umgekehrt ein Elektron im Valenzband dieses Photon absorbieren und mit der so aufgenommenen Energie ins Leitungsband aufsteigen (▶ 3B). Die Absorption von Photonen durch solche Elektronen wird **innerer Fotoeffekt** genannt. Wir messen anschließend die entsprechende Spannung von 2,386 V. Diese Energieumwandlung ist höchst effizient, denn in den beiden entgegengesetzten Prozessen sind die Spannungen praktisch gleich.

Die LED ist zu einer Spannungsquelle geworden. Über einen elektrischen Widerstand von $R = 150\,\text{k}\Omega$ als Verbraucher können diese Elektronen vom Leitungsband wieder in das Valenzband gelangen (▶ 3C, gestrichelter Pfeil). Im Versuch messen wir am Widerstand die Spannung $U = 2{,}368\,\text{V}$. Somit fließt durch den Widerstand folgende Stromstärke:

$$I = \frac{U}{R} = \frac{2{,}368\,\text{V}}{150\,\text{k}\Omega} = 15{,}8\,\mu\text{A}.$$

Die LED überträgt also zum Verbraucher folgende elektrische Leistung:

$$P = U \cdot I = 2{,}368\,\text{V} \cdot 15{,}8\,\mu\text{A} = 37{,}4\,\mu\text{W}.$$

Auch großflächige Solarmodule funktionieren nach diesem Prinzip und stellen so genug Leistung bereit, um z. B. ein ganzes Gebäude zu versorgen (▶ 1).

Umkehrung der Emission • Zur Absorption von Licht verschiedener Frequenzen f beleuchten wir verschiedene LEDs. Bei jeder LED messen wir die erzeugte Spannung U und berechnen die Energie $E = U \cdot e$ eines ins Leitungsband angehobenen Elektrons (▶ 3B).

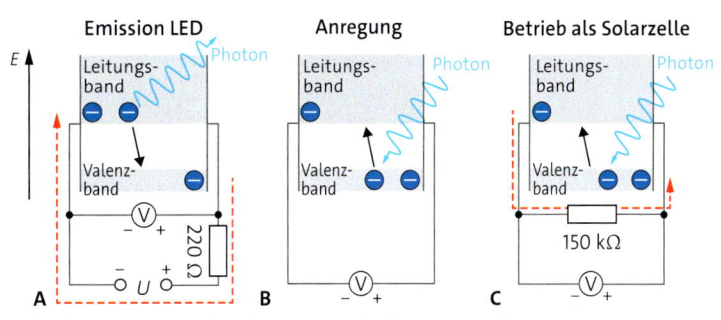

3 Bändermodell bei LED: **A** Emission, **B** Absorption, **C** mit Verbraucher

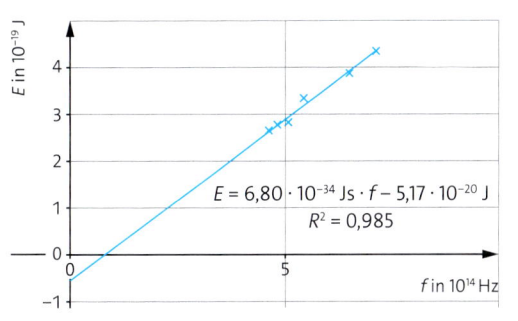

4 Berechnete Energie der Elektronen und Frequenz bei der Absorption von Photonen durch Elektronen in der LED

Wir tragen die Messwerte im Diagramm auf und führen eine Regression durch. Der Abschnitt der Hochachse ist klein und wird vernachlässigt. So erhalten wir (▶ 4):

$$E(f) = 6{,}8 \cdot 10^{-34}\,\text{J} \cdot \text{s} \cdot f.$$

Die Energie ist also proportional zur Frequenz und der gemessene Proportionalitätsfaktor stimmt bis auf 3 % mit der **Planck-Konstante** h überein: $E = h \cdot f$. Die Energie des Elektrons entspricht also der Energie $h \cdot f$ des absorbierten Photons.

> Beim inneren Fotoeffekt absorbieren gebundene Elektronen in Materie Photonen. Dabei nimmt ein Elektron die Energie eines Photons auf.

Entdeckung des Fotoeffekts • Die LED wurde erst in den 1960er-Jahren entwickelt. Der Fotoeffekt ist aber schon seit Ende des 19. Jhdt. bekannt. In den Jahren 1887 bis 1889 wiesen HEINRICH HERTZ und WILHELM HALLWACHS den Fotoeffekt experimentell nach, indem sie mit ultravioletter Strahlung Elektronen aus einer negativ geladenen Metallplatte herauslösten. Dieses Experiment wird auf der Folgeseite näher betrachtet.

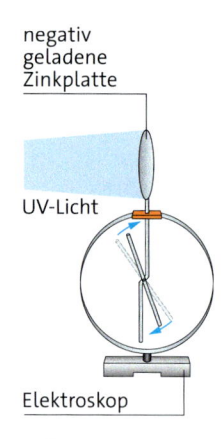

Äußerer Fotoeffekt • Beleuchtet man eine elektrisch negativ geladene Zinkplatte mit UV-Licht, kann man am verbundenen Elektroskop das Entladen der Platte beobachten. Ein solches Herauslösen von Elektronen aus einer Metall- oder Halbleiteroberfläche durch Bestrahlung heißt **äußerer Fotoeffekt**.
Die Zinkplatte entlädt sich aber nicht, wenn diese anfangs positiv geladen ist oder eine Glasscheibe, die das UV-Licht absorbiert, vor der Zinkplatte steht. Auch bei der Verwendung einer gewöhnlichen Lampe, die nur sichtbares Licht emittiert, findet keine Entladung statt.

Gegenfeldmethode • Zur genaueren Untersuchung des Fotoeffekts verwendet man eine Vakuumröhre (▶ 2). Sie enthält die Metallplatte und eine ringförmige Leiterschlaufe. Mithilfe spezieller Farbfilter kann die Frequenz ausgewählt werden, mit der die Metallplatte bestrahlt wird.

Einige der dabei herausgelösten Elektronen treffen auf die Leiterschlaufe und können als Strom I_{Foto} nachgewiesen werden. Mit einer einstellbaren Gegenspannung zwischen der Metallplatte und der Leiterschlaufe kann die kinetische Energie E_{kin} der Elektronen ermittelt werden. Im elektrischen Gegenfeld benötigt ein Elektron zum Erreichen der Schlaufe mindestens die Energie $E_{el} = U_G \cdot e$.
Steigert man U_G, bis I_{Foto} gerade null wird, gilt für die kinetische Energie der herausgelösten Elektronen: $E_{kin} = E_{el} = U_G \cdot e$.
Mit der Frequenz der verwendeten Strahlung steigt auch die kinetische Energie der Elektronen (▶ 3). Eine Regression ergibt einen linearen Zusammenhang:

$E_{kin}(f) = 6{,}3 \cdot 10^{-34}\,\text{J} \cdot \text{s} \cdot f - 3{,}3 \cdot 10^{-19}\,\text{J}$.

Zwei Paramater sind in der Gleichung zu deuten: Die Steigung von $6{,}3 \cdot 10^{-34}\,\text{J} \cdot \text{s}$ stimmt bis auf 5 % mit der Planck-Konstante h überein.

Der Achsenabschnitt von $-3{,}3 \cdot 10^{-19}\,\text{J}$ kann als **Austrittsenergie** E_A gedeutet werden, denn zum Herauslösen des Elektrons aus der Oberfläche ist eine für das Metall spezifische Energie notwendig. Um diesen Betrag wird die kinetische Energie E_{kin} der Elektronen daher verringert. Somit lautet die Geradengleichung:

$E_{kin} = h \cdot f - E_A$ oder $E_{kin} + E_A = h \cdot f$

$E_{kin} + E_A$ ist die vom Elektron absorbierte Energie. Diese Energie stammt vom Photon, also ist $h \cdot f$ die Photonenenergie E_{Photon}.

Die Beobachtungen zum Fotoeffekt können nicht mit der klassischen Wellenvorstellung des Lichts erklärt werden. Bei dieser würde die Energie der Elektronen nicht von der Frequenz des Lichts, sondern der Intensität der Strahlung abhängen.
Für die Deutung des äußeren Fotoeffekts nutzte ALBERT EINSTEIN die Vorstellung, dass Licht aus Photonen besteht (Lichtquantenhypothese). Er erhielt für seine Arbeit 1921 den Nobelpreis für Physik.
Wir kombinieren die Absorption beim Fotoeffekt mit der Emission bei der LED und folgern daraus, dass Licht einer Frequenz f die minimale Energieportion $E_{min}(f) = h \cdot f$ hat. Denn der Fotoeffekt falsifiziert $E_{min}(f) > h \cdot f$ und die Emission $E_{min}(f) < h \cdot f$:

> Ein Photon mit einer Frequenz f hat die Energie: $E_{Photon} = h \cdot f$. Wenn es von einem Elektron mit einer Austrittsenergie $E_A < h \cdot f$ absorbiert wird, dann kann das Photon das Elektron aus dem Metall herauslösen. Für die kinetische Energie des Elektrons gilt dann: $E_{kin} = h \cdot f - E_A$.

1 📝 Erklären Sie, warum man keinen Fotostrom misst, wenn die Metallplatte in der Vakuumröhre (▶ 3) mit rotem Licht der Wellenlänge $\lambda = 650$ nm bestrahlt wird.

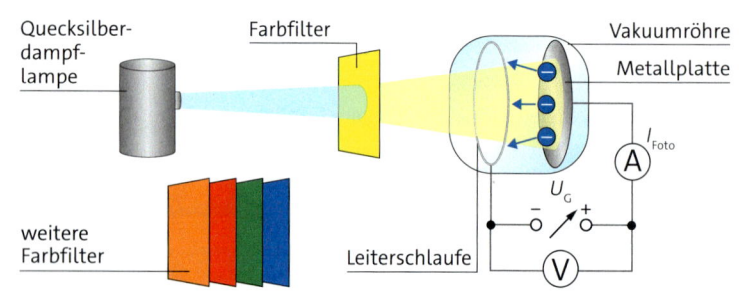

1 Äußerer Fotoeffekt

Ähnlich wie bei der Emission von Licht bei der LED kann man für den Fotoeffekt eine Annahme formulieren, dass es eine Energieportion mit $E_{min}(f) > h \cdot f$ gäbe, sodass diese gemäß dem Prinzip der Energieerhaltung ein Elektron mit $E > h \cdot f$ aus der Metallschicht lösen kann. Dann müsste es in ▶ 3 einen Punkt oberhalb der Geraden geben – den gibt es aber nicht. Also ist auch $E_{min}(f) > h \cdot f$ falsifiziert. Beide Versuche gemeinsam beweisen also $E_{min}(f) = h \cdot f$.

2 Versuch zur Messung der Energie des Elektrons

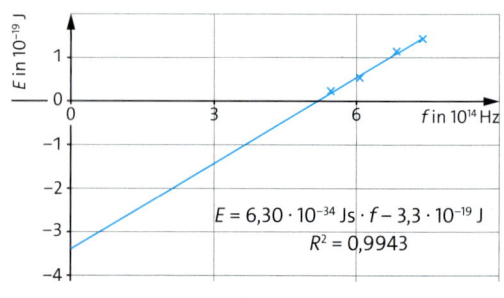

3 Bewegungsenergie abhängig von der Lichtfrequenz

Material — Quantenobjekte · Fotoeffekt

Versuch A • Fotoeffekt

V1 Kennlinie einer Solarzelle

Materialien: Solarzelle, regelbarer Widerstand, Voltmeter, Amperemeter, helle Lampe

Durchführung und Aufträge:

– Schalten Sie die Solarzelle, das Amperemeter und den Lastwiderstand R_L in Reihe. Messen Sie die Spannung U_L am Lastwiderstand (▶4). Beleuchten Sie die Solarzelle und ermitteln Sie die Stromstärke I_L durch R_L sowie die zum Lastwiderstand übertragene Leistung P_L.

– Variieren Sie R_L und erstellen Sie so eine $I_L(U_L)$-Kennlinie. Deuten Sie P_L als Fläche im U_L-I_L-Diagramm. Beurteilen Sie, welche Lastwiderstände R_L hier energetisch günstig sind.

– Ermitteln Sie anhand der Messwerte den Maximalwert der Leistung P_L.

– Erklären Sie mit dem Bändermodell, wie die Solarzelle eine Spannung U_{Band} erzeugt. Erklären Sie mit dem Innenwiderstand R_i der Solarzelle, warum die Spannung U_L kleiner ist als U_{Band}.

– Erklären Sie, warum P_L bei einem bestimmten Widerstand R_L maximal wird.

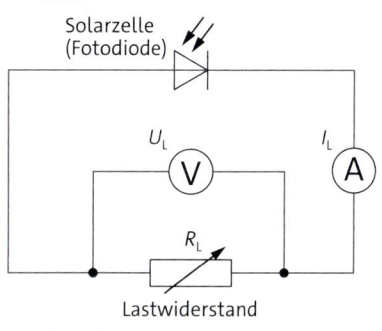

4 Solarzelle mit Lastwiderstand

Material A • Beleuchten verschiedener LEDs

Eine blaue LED ist mit je einer grünen, orangefarbenen und roten LED parallelgeschaltet. Die blaue LED wird mit einer Lampe beleuchtet (▶A1).

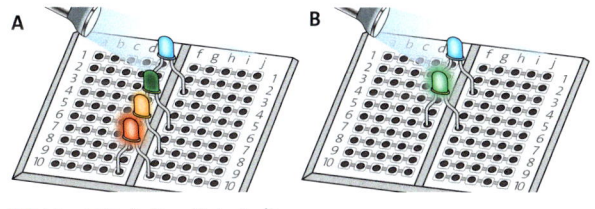

A1 Vier LEDs in Parallelschaltung

1. ◪ Beschreiben Sie, welche LEDs hell, dunkel oder gar nicht leuchten. Erklären Sie die Leuchterscheinungen.

2. ■ An der beleuchteten blauen LED allein wird die Spannung 2,37 V gemessen, in der Parallelschaltung jedoch nur 1,606 V. Erklären Sie mit den unterschiedlichen Energien der Bandlücken der vier LEDs.

3. ◪ Wenn nur die grüne und die blaue LED parallel geschaltet sind (▶A1B), dann leuchtet die grüne LED. Erklären Sie.

Material B • Innerer Fotoeffekt bei der Solarzelle

Solarzellen beruhen auf dem inneren Fotoeffekt. Dabei absorbiert ein gebundenes Elektron die Photonenenergie. Als elektrische Energie lässt sich materialabhängig nur die Energie $E_{Lücke}$ verwenden. Die Differenz von E_{Photon} und $E_{Lücke}$ liegt als kinetische Energie des Elektrons vor. Diese wird durch Stöße der Elektronen mit den Atomen sofort wieder abgegeben und führt zu einer nicht nutzbaren Erwärmung.

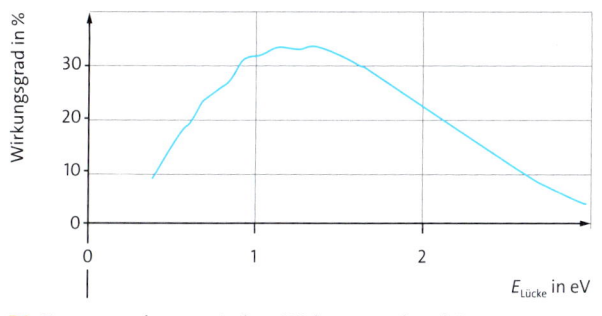

B1 Zusammenhang zwischen Wirkungsgrad und $E_{Lücke}$

1. ☐ Bei Silicium beträgt $E_{Lücke} = 1{,}12$ eV. Berechnen Sie die Wellenlänge, ab der Elektronen Photonen absorbieren können.

2. ◪ Das von der Sonne auf die Solarzelle treffende Licht hat seine maximale Intensität bei etwa 550 nm. Bestimmen Sie den theoretisch nutzbaren Anteil an der zugehörigen Photonenenergie.

3. ◪ Der über das gesamte Spektrum betrachtete theoretische maximale Wirkungsgrad einer Solarzelle hängt von $E_{Lücke}$ des verwendeten Materials ab. Erklären Sie, warum der zugehörige Graph ein Maximum hat (▶B1).
Hinweis: Überlegen Sie, warum große und kleine Werte von $E_{Lücke}$ schlecht für den Wirkungsgrad sind.

4. ■ In der Praxis liegt der Wirkungsgrad von Solarzellen aus Silicium mit ca. 24 % unter dem theoretisch möglichen Wert von ca. 31 %. Geben Sie mögliche Gründe an.

Blickpunkt

Solarzellen

Durch die Umstellung der Energiegewinnung auf regenerative Quellen wie Sonne und Wind sollen die Emissionen des Treibhausgases CO_2, das bei der Verbrennung fossiler Energieträger entsteht, reduziert werden. Durch Solarzellen kann dabei die Energie des Sonnenlichts direkt in elektrische Energie umgewandelt werden.

1 Großtechnische Produktion von Solarmodulen

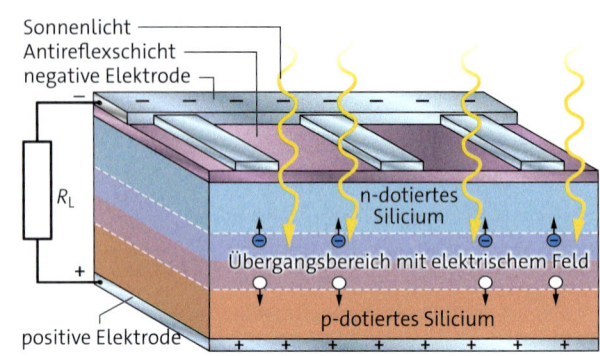

2 Schematischer Aufbau einer Solarzelle

Potenzial für Solarenergie in Deutschland • In Deutschland werden ungefähr $E_g = 5{,}5 \cdot 10^{11}$ kWh elektrische Energie pro Jahr benötigt.
Die Sonne strahlt auf eine Fläche von $A = 1\,m^2$ eine Leistung von etwa 1 kW. Bei rund 1000 Sonnenstunden pro Jahr stehen für die gesamte Landesfläche ($A = 3{,}6 \cdot 10^{11}\,m^2$) so potenziell $3{,}6 \cdot 10^{14}$ kWh solare Energie zur Verfügung:

$$E_{Licht} = 3{,}6 \cdot 10^{11}\,m^2 \cdot 1000\,\frac{kWh}{m^2} = 3{,}6 \cdot 10^{14}\,kWh.$$

Bei heute üblichen Wirkungsgraden der Solarzellen von $\eta = 0{,}2$ bzw. 20 % benötigt man nicht mal 1 % der Landesfläche, um den Energiebedarf zu decken. Studien zeigen dabei, dass sich allein über 2300 Quadratkilometer Dachflächen für den Zubau von Solarzellen eignen.
Um die Energie jederzeit und nicht nur für elektrische Geräte nutzen zu können, ist die Umwandlung in chemische Energie zielführend (Power-to-Gas). Durch Elektrolyse von Wasser in Wasserstoff als Energieträger kann Sonnenenergie gespeichert und zum Antrieb von Fahrzeugen, zum Heizen oder zur Gewinnung von Stahl genutzt werden. Die Solarenergie könnte so prinzipiell die gesamte in Deutschland jährlich gebrauchte Energie von $3{,}6 \cdot 10^{12}$ kWh bereitstellen. 2023 trugen Photovoltaikanlagen allerdings erst $5{,}3 \cdot 10^{10}$ kWh zur deutschen Stromproduktion bei.

Funktionsweise • Solarzellen bestehen aus dem Halbleiter Silicium. Für die Funktion ist die obere Schicht des Siliciums mit Phosphoratomen gezielt verunreinigt (n-dotiertes Si), während in die untere Schicht Boratome eingebracht wurden (p-dotiertes Si, ▶ 2). Aufgrund der Phosphoratome sind so in der n-Schicht frei bewegliche Elektronen vorhanden, die in die p-Schicht diffundieren. Durch die dort vorhandenen Boratome werden sie im **Valenzband** gebunden (▶ 3A).

Am Übergang zwischen den beiden Bereichen entsteht so in der n-Schicht eine positive und in der p-Schicht eine negative Ladung. Dadurch entsteht im Übergangsbereich das elektrische Feld (▶ 3B). Wenn ein Photon in diesen Übergangsbereich trifft und von einem Elektron absorbiert wird, dann löst sich das Elektron von seinem Atom. Es wird in das **Leitungsband** angeregt und ist dort frei beweglich. Dadurch wird es von dem elektrischen Feld nach links bewegt (▶ 3C). Schließen wir an die Solarzelle einen Verbraucher mit einem Lastwiderstand R_L an, kann das Elektron durch diesen fließen und eine elektrische Leistung $P = U \cdot I$ zu R_L übertragen (▶ 3D).

Wirkungsgrad • Um ein Elektron ins Leitungsband anzuregen, muss die Energiedifferenz zwischen Valenzband und Leitungsband, die **Bandlücke**, überwunden werden. Sie beträgt beim Halbleiter Silicium $\Delta E = 1{,}1$ eV. Beim Fotoeffekt absorbiert das Elektron die Energie des Photons vollständig.

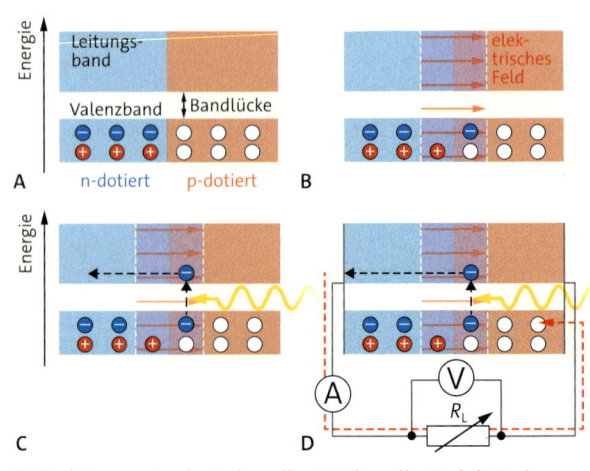

3 Funktionsweise der Solarzelle: **A** Solarzelle; **B** elektrisches Feld im Übergangsbereich; **C** Anregung; **D** im Betrieb

Sie beträgt bei rotem Licht E_{rot} = 1,6 eV, bei grünem Licht $E_{grün}$ = 2,3 eV und bei violettem Licht $E_{violett}$ = 3,1 eV. Die Photonenenergie reicht aus, um die Bandlücke zu überwinden. Allerdings wird der Überschuss als Wärme abgegeben. Elektrisch nutzbar sind nur die 1,1 eV. Im kontinuierlichen Sonnenspektrum tragen die Photonen im Intervall von 650 nm bis 750 nm am meisten zur Sonnenleistung bei. Dem entspricht die Photonenenergie E_{Photon} ≈ 1,77 eV. So wird von der eingestrahlten Sonnenenergie folgender Anteil nicht in thermische Energie umgewandelt, sondern genutzt:

$$k_{Bandlücke} = \frac{1,1}{1,77} = 0,61.$$

Für die maximale Leistung $P_L = U_L \cdot I_L$ einer Solarzelle kann man den Lastwiderstand auf einen bestimmten Wert einstellen. Das Ergebnis ist eine optimale Spannung von U_L = 0,58 V. Jedes Elektron im Stromkreis transportiert also nur die Energie 0,58 eV zu R_L, obwohl es eine elektrische Energie von 1,1 eV hat. Die übrige Energie gibt es am Innenwiderstand der Solarzelle ab. Von der elektrischen Energie des Elektrons wird nur folgender Anteil zu R_L transportiert:

$$k_{transportiert} = \frac{0,58}{1,1} = 0,53.$$

Manche Photonenenergien gehen komplett verloren: Entweder wird ein Photon schon am Gehäuse absorbiert oder nicht im Halbleiter oder das absorbierende Elektron geht ins Valenzband über, bevor es die Solarzelle verlässt. Durch diese Effekte kann nur der folgende, empirisch ermittelte, Anteil genutzt werden: k_{Photon} = 0,74. Der Gesamtwirkungsgrad ist:

$$\eta = k_{Photon} \cdot k_{Bandlücke} \cdot k_{transportiert} = 0,239 = 23,9\,\%.$$

Das entspricht dem Wirkungsgrad von 24 % herkömmlicher Siliciumsolarzellen.

Thermodynamischer Wirkungsgrad • Wärme wird stets vom heißen auf den kalten Körper übertragen, wobei sich die Energie auf beide Körper (bis zum Temperaturausgleich) verteilt. Die Strahlungsenergie, die in der Solarzelle umgewandelt wird, entsteht aus Prozessen, bei denen die Temperatur der Sonne eine entscheidende Rolle spielt. Soll diese Energie durch die Solarzelle nutzbar gemacht werden, geht das nur, solange die Solarzelle eine kleinere Temperatur hat als die Sonne. Aus der Thermodynamik berechnet sich der physikalisch maximal mögliche Wirkungsgrad deshalb aus dem Temperaturunterschied zwischen den beiden Systemen. Bei der Sonne ist das die Oberflächentemperatur von etwa T_{hoch} = 5800 K. Für die Solarzelle kann man mit etwa T_{tief} = 300 K (26 °C) rechnen, was der Temperatur der umgebenden Luft entspricht:

$$\eta_{max} = \frac{T_{hoch} - T_{tief}}{T_{hoch}} = \frac{5800 - 300}{5800} = 94,8\,\%.$$

Um zu einer realistischeren Abschätzung zu kommen, muss man berücksichtigen, dass die Oberflächentemperatur der Sonne auf der Erde nicht erreicht werden kann. Hierfür ist die Leistungsdichte von 1 $\frac{kW}{m^2}$ zu gering. Bündelt man das Sonnenlicht durch Sammellinsen oder Spiegel, um sich der Leistungsdichte der Sonnenoberfläche anzunähern, kann man diese um den Faktor 300 auf S = 300 $\frac{kW}{m^2}$ steigern. Das entspricht dann einer Temperatur von etwa T_{hoch} = 1500 K. Dabei erreicht man folgenden maximalen Wirkungsgrad:

$$\eta_{max} = \frac{T_{hoch} - T_{tief}}{T_{hoch}} = \frac{1500\,K - 300\,K}{1500\,K} = 80\,\%.$$

Ein Nachteil dieser Methode wäre aber, dass sich die Solarzelle im Betrieb viel stärker aufheizt und so die Temperatur T_{tief} steigt. Eine aktive Kühlung benötigt zusätzliche Energie.

Tandemsolarzellen • Um die Energien der verschiedenen Photonen besser zu nutzen, kann man in sogenannten Tandemsolarzellen mehrere Halbleiter übereinanderstapeln. So entstehen Schichten mit unterschiedlichen Bandlücken (▶ 4). Die oberste Schicht hat eine Bandlücke von ΔE_1 = 1,86 eV (▶ 4A). Sie absorbiert Photonen höherer Energie und lässt solche geringerer Energie durch. Diese werden dann in den unteren Schichten absorbiert. So wird der Faktor $k_{Bandlücke}$ gesteigert auf 0,73 (▶ 4B).

Bei einer solchen Zelle wurde die Spannung U_L = 2,8 V beim optimalen Widerstand gemessen. Dabei hat ein Elektron die Energie 2,8 eV zu R_L transportiert, während ein Elektron insgesamt die Energie ΔE = 0,65 eV + 1,4 eV + 1,86 eV = 3,91 eV erhält. Von dieser elektrischen Energie transportiert das Elektron also folgenden Anteil zu R_L:

$$k_{transportiert} = \frac{2,8}{3,91} = 0,72.$$

Bei gleichem Faktor k_{Photon} = 0,74 ist der Wirkungsgrad:

$$\eta = k_{Photon} \cdot k_{Bandlücke} \cdot k_{transportiert} = 0,39 = 39\,\%.$$

Für eine solche Zelle wurde der Wirkungsgrad η = 41 % gemessen. Zellen aus vier Schichten erreichen η = 46 %.

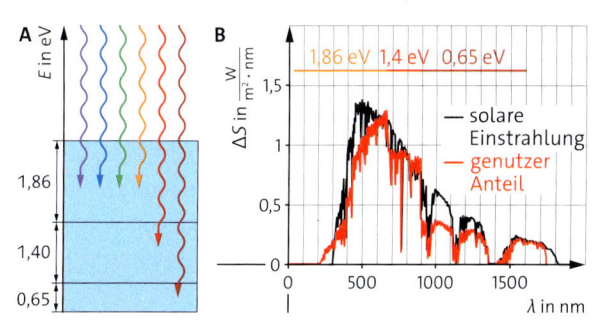

4 A Tandemsolarzelle, **B** Nutzung des solaren Spektrums

6.5 Röntgenbremsspektrum

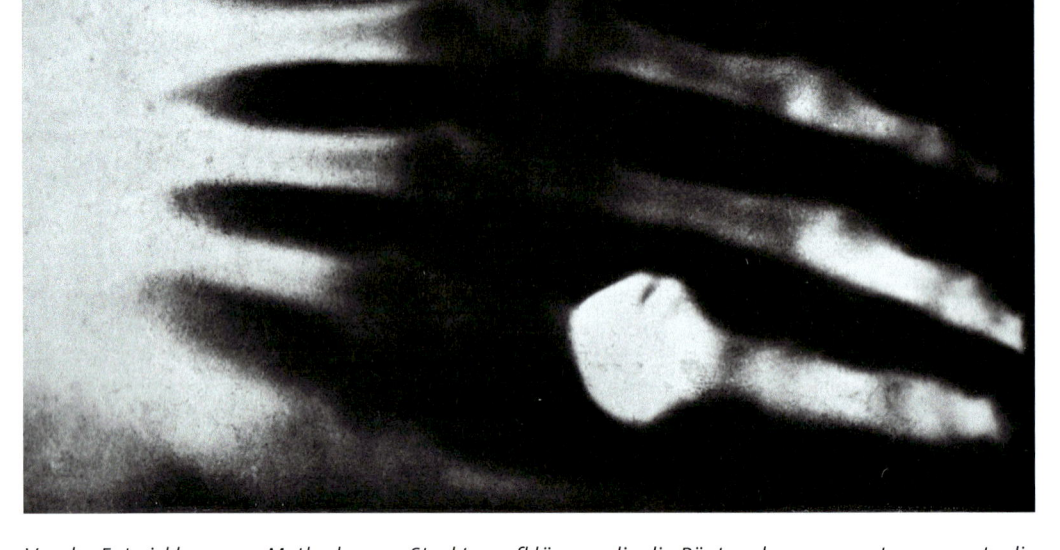

1 Von Röntgen gefertigte Originalaufnahme (1895)

Vor der Entwicklung von Methoden zur Strukturaufklärung, die die Röntgenbeugung nutzen, musste die Strahlung erst einmal entdeckt und Geräte zur Erzeugung gebaut werden: Das Bild entstand 1895 und zeigt die Umrisse der Hand von Röntgens Frau. Die Aufnahme gelang durch Bestrahlung der Hand mit den von ihm gerade entdeckten X-Strahlen auf vor Licht geschütztem Fotopapier. Wie entstehen diese X-Strahlen?

Unsichtbare Strahlen • WILHELM CONRAD RÖNTGEN experimentierte Ende des 19. Jh. u. a. mit gasgefüllten Glasröhren, in die zwei Elektroden eingeschmolzen waren (▶ 2). Diese wurden an eine Hochspannungsquelle angeschlossen, um die Leuchterscheinungen bei den auftretenden Gasentladungen zu untersuchen. Die Leuchterscheinungen in der Röhre sind nur im abgedunkelten Raum gut zu erkennen. Dabei beobachtete Röntgen auch, dass das zum Experimentieren bereitgehaltene Barium-Platin-Cyanid grünlich aufzuleuchten begann, sobald er die Hochspannung einschaltete.

Die X-Strahlen haben ihren Namen von der mathematischen Bezeichnung für eine unbekannte Variable. In der englischen Literatur werden sie auch heute noch als „x-rays" bezeichnet

Dieses Aufleuchten kannte man von UV-Licht. Da sich Röntgen sicher war, dass das verwendete Glas der Röhren keine UV-Strahlung durchließ, deckte er die Gasentladungsröhre mit einem schwarzen, lichtundurchlässigen Tuch ab. Das Aufleuchten blieb. Zusätzlich bemerkte er später, dass in der Tischschublade aufbewahrtes Fotopapier durch das Experiment unbrauchbar geworden war. Es musste also eine andere bis dahin unbekannte Strahlung in der Röhre entstehen. Diese von ihm benannte X-Strahlung (später als Röntgenstrahlung bezeichnet), konnte nicht nur Glas, sondern auch lichtundurchlässige Materie durchdringen.

Erzeugung von Röntgenstrahlung • In der von Röntgen verwendeten Glasröhre entsteht eine Gasentladung, sobald die Hochspannung groß genug ist. Aus den Gasteilchen entstehen dabei Elektronen-Ionen-Paare. Die Elektronen werden im elektrischen Feld der Hochspannung stark beschleunigt und prallen mit großer Geschwindigkeit auf die Anode (Plus-Pol).

Beim Eindringen in das Anodenmaterial werden die Elektronen stark abgebremst oder umgelenkt, wobei Röntgenstrahlung entsteht (▶ 3). Sie wird deshalb auch **Bremsstrahlung** genannt. Das Anodenmaterial besteht aus Metallen mit einer hohen Kernladungszahl wie Kupfer, Molybdän oder Wolfram.

2 Röntgens Versuchsaufbau

Quantenobjekte · Röntgenbremsspektrum

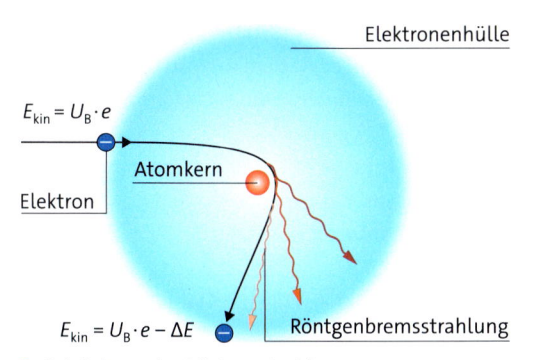

3 Entstehung der Röntgenstrahlung

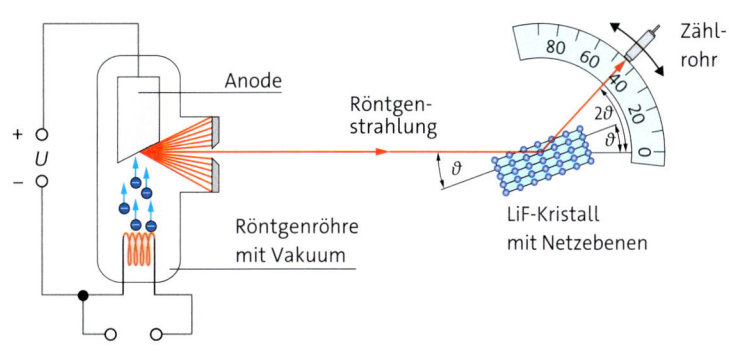

4 Röntgenröhre mit Drehkristall und Zählrohr

Da das Gas nur zur indirekten Erzeugung der Elektronen dient, nutzt man heutzutage spezielle Vakuumröhren, bei denen die Elektronen über den glühelektrischen Effekt an einer Heizkathode erzeugt und im elektrischen Feld beschleunigt werden (▶ 4). Die Anode hat eine abgeschrägte Bauform, damit sich die Röntgenstrahlung bevorzugt in eine Richtung ausbreitet.

Spektrum der Bremsstrahlung • Mit der Drehkristallmethode (Bragg-Reflexion) kann die entstehende Bremsstrahlung näher untersucht werden (▶ 4): Die aus der Röntgenröhre austretende Röntgenstrahlung tritt durch eine Blende und trifft auf einen schräg gestellten Lithiumfluorid-Kristall (LiF) mit dem Netzebenenabstand d. Dort tritt Bragg-Reflexion auf. Das heißt, zu jeder Wellenlänge λ, die möglicherweise in der Strahlung enthalten ist, gehört ein Winkel ϑ, der Glanzwinkel. Dabei gilt folgender Zusammenhang (Bragg-Bedingung):

$2 \cdot d \cdot \sin(\vartheta) = n \cdot \lambda$.

Im Versuch wird der Winkel ϑ von 0° aus vergrößert und für den doppelten Winkel die Intensität der Strahlung durch die Zählrate ermittelt. Dadurch erhält man ein ϑ-I-Diagramm bzw. über die Bragg-Bedingung ein λ-I-Diagramm.
Das Diagramm zeigt verschiedene Kurven für vier unterschiedliche Beschleunigungsspannungen U_B (▶ 5). Jedes Spektrum startet bei einer bestimmten Wellenlänge. Die Intensität nimmt von dieser Wellenlänge zunächst zu, um über ein Maximum dann allmählich auszulaufen. Die Röntgenstrahlung ist also nicht monochromatisch, sondern enthält kontinuierlich verteilte Wellenlängen. Die Form des Spektrums hängt von der verwendeten Beschleunigungsspannung ab (▶ 5).

> Treffen Elektronen mit hoher Geschwindigkeit auf eine Metallanode, entsteht Röntgenstrahlung. Ihr Spektrum hängt von der Beschleunigungsspannung ab.

Die Röntgenstrahlung entsteht durch die Wechselwirkung der Elektronen mit den Atomkernen im Anodenmaterial. Bei dieser Wechselwirkung verliert das Elektron seine kinetische Energie E_{kin} teilweise oder auch ganz, wobei ein Röntgenphoton entsteht. Ist die Anode dick genug, so ist die Wahrscheinlichkeit hoch, dass das Elektron auf seinem Weg einmal oder mehrmals mit einem Atomkern wechselwirkt.

So entsteht Röntgenstrahlung unterschiedlicher Wellenlänge. Dabei gibt die Intensitätsverteilung (▶ 5) die Wahrscheinlichkeit für diesen quantenmechanischen Wechselwirkungsprozess wieder. Das Maximum der Kurve, der so genannte Bremsberg, gibt dabei an, bei welcher Wellenlänge die meisten Röntgenphotonen entstehen.

Je größer die Spannung U_B ist, desto mehr rückt das Maximum nach links. Das heißt, je größer die Spannung wird, desto kürzer wird die Wellenlänge der Röntgenphotonen.

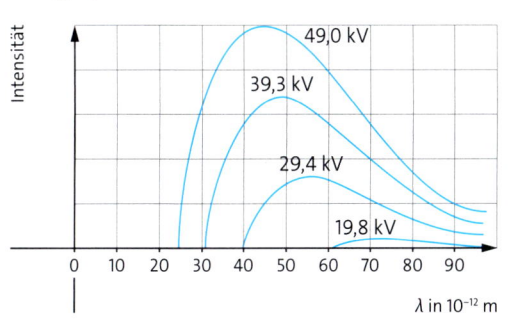

5 Bremsstrahlung im Röntgenspektrum

Da man sehr schnell die medizinische Tragweite dieser Entdeckung begriff, erhielt im Jahre 1901 Röntgen als erster den gerade neu geschaffenen Nobelpreis für Physik.

Wir kennen den Zusammenhang zwischen Intensitäten in Beugungsbildern und Nachweiswahrscheinlichkeiten von Quantenobjekten. Welche Wellenlängen die abgegebenen Röntgenphotonen haben, unterliegt ebenfalls einer Wahrscheinlichkeitsverteilung – da diese bei der Wechselwirkung zwischen Quantenobjekten entstehen. Diese Wahrscheinlichkeitsverteilung spiegelt sich in der Intenitätsverteilung (dem Spektrum der Bremsstrahlung) wider.

Grenzwellenlänge und Energie • Wir hatten schon beschrieben, dass die Kurven für verschiedene Beschleunigungsspannungen mit einer bestimmten Wellenlänge beginnen. Diese nennt man **Grenzwellenlänge** λ_{Gr}. Die Wellenlänge der Bremsstrahlung kann also nur größer oder gleich dieser Grenzwellenlänge sein.

Mit sinkender Spannung nimmt dabei die Grenzwellenlänge zu (▶ 1). Bei einer Beschleunigungsspannung von U_B = 49 kV beträgt die Grenzwellenlänge λ_{Gr} = 25 pm, für U_B = 19,8 kV misst man schon eine Wellenlänge von etwa λ_{Gr} = 62 pm.

Photonen des Lichts können in einer Solarzelle Energie auf Elektronen übertragen. Ebenso können Elektronen in einer LED bei Anlegen einer Spannung Photonen erzeugen.

Bei der Entstehung der Röntgenphotonen ist es nicht anders. Die größtmögliche Energie, die ein Photon dabei erhalten kann, entspricht gerade der vollständigen kinetischen Energie des Elektrons, die es aus dem elektrischen Feld erhalten hat.

$$E_{kin} = U_B \cdot e$$

Diese Energie entspricht dann der Energie des emittierten Photons, wobei f mithilfe von $c = \lambda \cdot f$ durch die Wellenlänge ausgedrückt werden kann:

$$E = h \cdot f_{Gr} = h \cdot \frac{c}{\lambda_{Gr}} = U_B \cdot e.$$

Man erkennt sofort, dass die Grenzwellenlänge umgekehrt proportional zur Beschleunigungsspannung ist. Für das Beispiel mit U_B = 49 kV erhält man:

$$\lambda_{Gr} = \frac{h \cdot c}{U_B \cdot e} = \frac{6{,}626 \cdot 10^{-34}\,\text{J} \cdot \text{s} \cdot 3 \cdot 10^8\,\frac{m}{s}}{49\,000\,\text{V} \cdot 1{,}602 \cdot 10^{-19}\,\text{C}} = 25\,\text{pm}.$$

Dieser Wert entspricht der Grenzwellenlänge aus dem Diagramm. Weil das Elektron keine Energie abgeben kann, die größer als $U_B \cdot e$ ist, können bei dieser Beschleunigungsspannung auch keine Photonen mit kleinerer Wellenlänge als λ_{Gr} entstehen. Trägt man die Kehrwerte der ermittelten Grenzwellenlängen (λ_{Gr}^{-1}) gegen die kinetische Energie der Elektronen auf ($U_B \cdot e$), erhält man eine Ursprungsgerade. Aus der Steigung lässt sich das Plancksche Wirkungsquantum ermitteln.

Röntgenphotonen • Röntgenstrahlung gehört zum energiereichen Bereich des elektromagnetischen Spektrums.

Die Art ihrer Entstehung als elektromagnetische Strahlung sowie ihre Ähnlichkeit mit dem Licht (Schwärzung von Fotopapier) zeigen, dass Röntgenstrahlung aus Photonen besteht, also aus Quantenobjekten. Benutzt man als Detektor ein Geiger-Müller-Zählrohr, so kann man bei Verwendung des Lautsprechers die Quantelung der eintreffenden Röntgenphotonen gut hören.

1 🖉 Erklären Sie das Zustandekommen der „Bremsberge".

2 ☐ Berechnen Sie die Winkel der Bragg-Reflexion für die jeweilige Grenzwellenlänge (▶ 1). Der verwendete LiF-Kristall hat einem Netzebenenabstand von d = 201 pm.

3 a 🖉 Ermitteln Sie für alle angegebenen Spannungen in ▶ 2A die Grenzwellenlängen und berechnen Sie daraus f_{Gr}. Tragen Sie in einem passenden Diagramm die Elektronenenergie E_{kin} gegen die Grenzfrequenz auf und zeichnen Sie eine Ausgleichsgerade. Ermitteln Sie die Steigung der Geraden. Erläutern Sie die Bedeutung der Steigung.

b 🖉 Wiederholen Sie die Berechnungen für Kupfer als Anodenmaterial (▶ 2B).

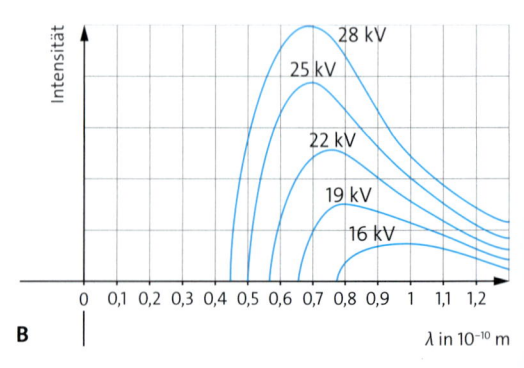

U_B in kV	λ_{Gr} in pm
49,0	25
39,3	31
29,4	40
19,8	62

1 Beschleunigungsspannung und Grenzwellenlänge

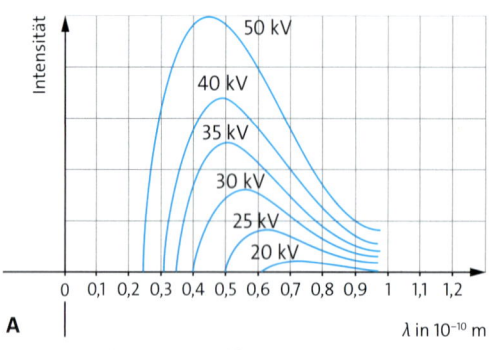

2 Bremsspektren: **A** Wolfram, **B** Kupfer

Material

Quantenobjekte • Röntgenbremsspektrum

Material A • Messungen mit Röntgenstrahlen

Die in der Tabelle angegebenen Messwerte wurden bei der Bragg-Reflexion von Röntgenstrahlung an einem Kristall mit Netzebenenabstand $d = 201\,\text{pm}$ gewonnen. Dabei sind U_B die Spannung der Röntgenröhre und ϑ der Glanzwinkel.

1. ☐ Skizzieren Sie den Versuchsaufbau und beschreiben Sie den Messvorgang.
2. ☐ Stellen Sie die Messergebnisse grafisch dar (U_B auf der Rechtsachse).
3. ☐ Bestimmen Sie durch Verlängern der Graphen deren Schnittpunkte mit der Rechtsachse und tabellieren Sie die Ergebnisse.
4. ☐ Begründen Sie die Aussage, nach der aus diesen Schnittpunkten die Grenzwellenlängen der jeweiligen Beschleunigungsspannungen zu erhalten sind.
5. ☐ Erstellen Sie ein f-U-Diagramm mit den Tabellenwerten aus ▶ A1. Begründen Sie den Verlauf des Graphen. Bestimmen Sie h.

U_B in kV	Jeweilige Intensität in Skalenteilen für angegebenen Glanzwinkel ϑ					
	15°	14°	13°	12°	10°	8°
23	5,8	6,6	7,9	7,8	6,8	3,2
22	5,3	6,2	6,3	7,1	6,0	2,7
20	4,6	5,0	5,8	5,5	3,8	0,5
18	3,9	3,9	4,5	3,7	1,0	—
16	2,6	2,8	2,6	1,4	—	—
14	1,5	1,2	—	—	—	—

A1 Bragg-Reflexion von Röntgenstrahlung

Material B • Moderne Röntgendiagnostik

In der Röntgendiagnostik kann man mit modernen Flachbilddetektoren auch mit geringeren Strahlungsdosen Aufnahmen erhalten, die vergleichbar mit konventionell erstellten sind.

1. ☐ Recherchieren Sie die Funktionsweise moderner Flachbilddetektoren in der digitalen Radiografie.
2. a ☐ Recherchieren Sie den Begriff Röhrenstrom-Zeit-Produkt.
   b ☐ Das gleiche Handgelenk wurde auf vier verschiedene Weisen geröntgt: konventionell und mit Flachbilddetektoren. Alle Aufnahmen wurden mit der gleichen Beschleunigungsspannung von 45 kV aufgenommen, aber jede mit einem anderen „mAs"-Wert: konventionell mit 5 mAs sowie mit Flachbilddetektor mit 5 mAs, 2,5 mAs und 1,25 mAs. Erklären Sie, weshalb dies einer unterschiedlichen Strahlenexposition entspricht.

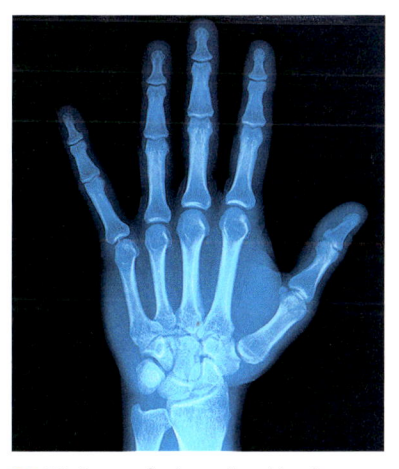

B1 Röntgenaufnahme einer Hand

Blickpunkt

Röntgenstrahlen in der medizinischen Diagnostik

Schon kurz nach der Entdeckung erkannte man den unschätzbaren Wert der Röntgenstrahlung in der medizinischen Diagnostik. Erstmalig war es möglich, in das Innere des Körpers zu schauen, ohne ihn dafür zu öffnen. Der Entdecker der Strahlung, Wilhelm Conrad Röntgen, erhielt dafür den ersten jemals vergebenen Nobelpreis im Jahr 1901.

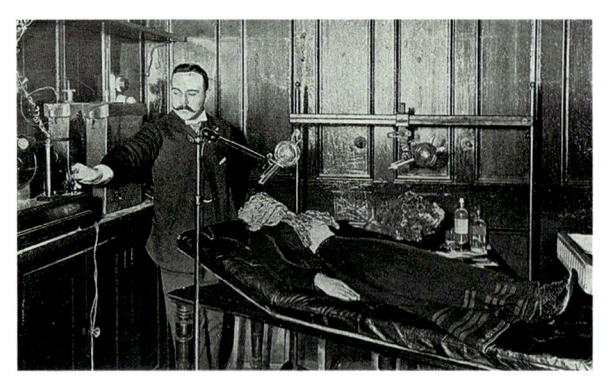

1 Historisches Röntgengerät

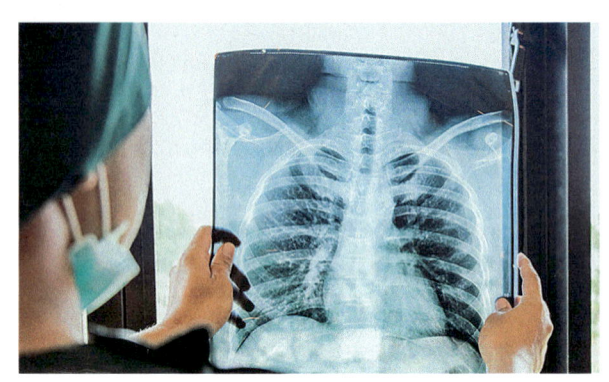

2 Klassische Röntgenaufnahme der Lunge

Klassische Verfahren • Seit Röntgen selbst die historische Aufnahme der Hand seiner Frau anfertigte, hat sich das grundlegende Verfahren bis in die 1990er Jahre kaum geändert: Der zu untersuchende Körperteil wird von einer Röntgenquelle durchstrahlt und auf einem dahinterliegenden Film oder Fluoreszenzschirm abgebildet. Im Gegensatz zur Durchführung eine Röntgenuntersuchung in der Vergangenheit (▶1) haben sich die Sicherheitsmaßnahmen mit Kenntnis über die Wirkung von Strahlung auf den menschlichen Körper stetig verbessert, z. B. werden durch Bleiwesten nicht zu untersuchende Körperteile abgeschirmt.

Klassische Röntgenaufnahmen werden durchgeführt, um z. B. die Art und Schwere eines Knochenbruchs zu diagnostizieren. Bei solchen statischen Aufnahmen hängt die Belichtungszeit von dem zu untersuchenden Körperteil und von der Energie der Röntgenstrahlung ab. Grundlage der Bildgebung ist die Tatsache, dass die Röntgenstrahlung beim Durchgang durch den Körper geschwächt wird und zwar umso mehr, je dichter das Gewebe ist. Knochen haben gegenüber anderem Gewebe eine sehr hohe Dichte, weshalb man sie gut abbilden kann. Andererseits hängt die Schwächung auch von der durchstrahlten Schichtdicke ab, sodass man auf dem Röntgenbild nicht immer unterscheiden kann, ob die Schwächung durch eine größere Dichte oder durch eine größere Schichtdicke hervorgerufen wurde.

Auch spielt die Energie der Röntgenstrahlung eine Rolle bei der Durchdringung. Harte Röntgenstrahlung entsteht bei einer Beschleunigungsspannung der Elektronen von U_B = 40 bis 120 kV und durchdringt das Gewebe viel leichter. Dabei werden Kontrastunterschiede stark abgemindert.

Solche harte Röntgenstrahlung wird z. B. für Lungenaufnahmen benutzt (▶2), bei denen ansonsten im Bereich der Rippen keine Beurteilung der Gewebestruktur möglich wäre, oder immer dann, wenn andere nicht-invasive Verfahren ausgeschlossen sind.

Dagegen benutzt man weiche Röntgenstrahlung (U_B = 25 bis 35 kV), um auch feinste Gewebeunterschiede auf dem Röntgenfilm sichtbar zu machen, z. B. bei der Mammografie zur Früherkennung von Tumoren im weiblichen Brustgewebe (Brustkrebs).

Bei solchen Untersuchungen ist in der Regel die Belichtungszeit größer und damit auch die Zeitdauer der Strahlenbelastung. Absorbierte Röntgenquanten setzen Energie im Gewebe frei, was zur Bildung von Sauerstoffradikalen führen kann. Dies ist der Grund für die Gesundheitsschädlichkeit von Röntgenstrahlen.

Generell ist bei der Auswertung zu beachten, dass das dreidimensionale Gewebe nur zweidimensional auf einem Film abgebildet wird. So kann man Veränderungen, die hinter einem stark absorbierenden Gewebe liegen, nicht erkennen. Man fertigt daher oft zwei Aufnahmen aus zwei unterschiedlichen Richtungen an, wodurch sich jedoch die Strahlenbelastung verdoppelt.

Um dynamische Vorgänge im Körper zu beobachten, z. B. die Wanderung eines mit Kontrastmittel versetzten Breis durch die Speiseröhre, benutzt man einen Fluoreszenzschirm. Dazu muss der Patient die ganze Zeit durchstrahlt werden, was zu einer deutlich stärkeren Strahlenbelastung führt als die Anfertigung einer einzigen Röntgenaufnahme.

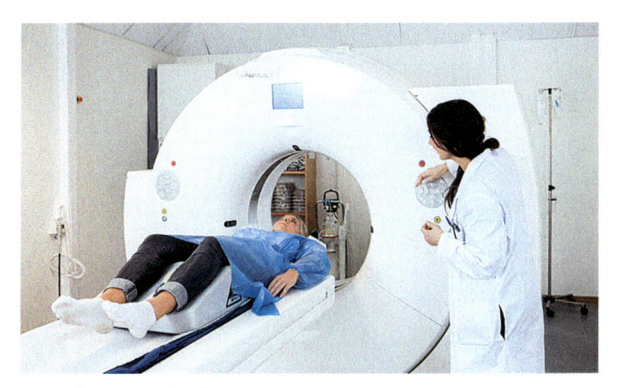

Quantenobjekte • Röntgenbremsspektrum

3 Modernes CT-Gerät

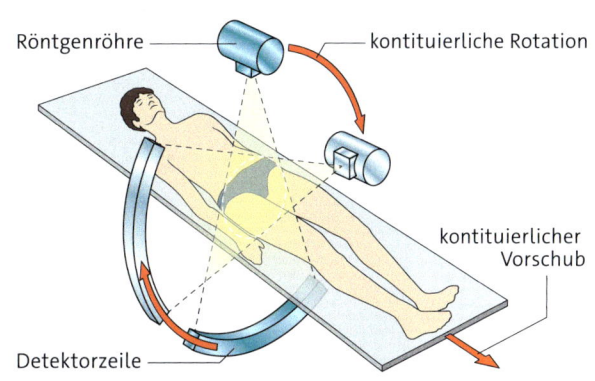

4 Prinzip der Computer-Tomografie

Moderne Verfahren • Bis zur Jahrtausendwende war das herkömmliche fotografische Verfahren in der Medizin Standard: Belichtung eines Films in einer lichtdichten Kassette, chemische Entwicklung in einer Dunkelkammer und Trocknung. Dieses Verfahren hatte einige gravierende Nachteile: Falsch belichtete Aufnahmen mussten wiederholt werden und die Aufnahmen standen oft erst nach einigen Stunden zur Verfügung.

Das Aufkommen der digitalen Fotografie hatte auch Auswirkungen auf die Aufnahme der Röntgenbilder. Statt des Films wird eine Spezialfolie belichtet, die das Röntgenbild speichert. Dabei werden durch die auftreffenden Photonen die Strukturen in der Folie verändert. Die Unterschiede werden mit einem Laserstrahl abgelastet und digital gespeichert. Bei Verwendung hochempfindlicher Folien kann die Strahlenbelastung entscheidend gesenkt werden. Außerdem steht das Bild sofort zur Verfügung und lässt sich digital nachbearbeiten.

Auch dynamische Prozesse lassen sich mithilfe digitaler Röntgenverfahren abbilden. Bei einer Herzkatheteruntersuchung kann der Verschluss von Herzkranzgefäßen, die der Versorgung der Herzmuskel dienen, mit einem Kontrastmittel festgestellt werden. Durch Legen eines Stents (künstliches Gefäßröhrchen) kann die verschlossene Arterie wieder geöffnet werden, was durch das Kontrastmittel direkt beobachtet werden kann.

Computer-Tomografie • Dreidimensionale Bilder lassen sich mit der so genannten Computer-Tomografie (CT) erzeugen. Die Strahlenbelastung ist aber wegen der Bestrahlungsdauer deutlich höher als bei einer normalen Röntgenaufnahme: 5,8–8 mSv bei einem Thorax-CT gegenüber 0,02–0,1 mSv. Die natürliche jährliche Strahlenbelastung liegt bei 2,1 mSv.
In einem CT-Gerät (▶ 3) werden viele Einzelaufnahmen aus verschiedenen Blickwinkeln und in verschiedenen Schichten gemacht, die dann der Computer zu einem einzigen Bild zusammensetzt (▶ 5).

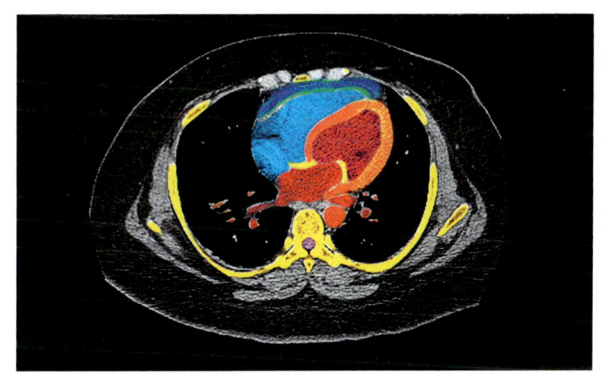

5 CT-Aufnahme von Lunge und Herz (Querschnitt)

Dazu rotieren Röntgenröhre und moderne sehr empfindliche Halbleiterdetektoren um die zu untersuchende Körperregion senkrecht zur Längsachse des Patienten (▶ 4). Dabei entsteht ein zweidimensionales Schnittbild (▶ 5). Um dreidimensionale Bilder zu erhalten, muss der Körper längs seiner Körperachse „in die Röhre" geschoben werden.

Moderne CT-Geräte können sogar dreidimensionale Bilder des schlagenden Herzens anfertigen. Dabei werden die Röntgenaufnahmen mit der Herzfrequenz synchronisiert und die Aufnahmen immer zum selben Zeitpunkt der Herzperiode ausgelöst. Durch diesen Effekt scheint das Herz bei der Aufnahme still zu stehen. Mithilfe von KI (künstliche Intelligenz) ist es heute auch möglich, die Aufnahmen mit unregelmäßigen Herzschlägen zu synchronisieren oder zeitlich zu versetzen, um einen Film anzufertigen.

1 ☐ Fassen Sie zusammen, wodurch bei einer Röntgenaufnahme die Kontraste entstehen.

2 ☐ Geben Sie einen Grund dafür an, warum bei einer klassischen Röntgenaufnahme Knochen und Organe stets vergrößert abgebildet werden.

6.6 Quantenobjekte am Doppelspalt

1 Interferenzmuster einer Lichtquelle aus 90 Lichtjahren Entfernung (im Vordergrund der Doppelspalt)

Das Bild zeigt Licht vom 90 Lichtjahre entfernten Stern β Persei. Es passierte einen Doppelspalt und erzeugte ein Interferenzmuster. Werden die sichtbaren Punkte durch einzelne Photonen erzeugt? Wird das sichtbare Muster durch Wechselwirkung zwischen Photonen erzeugt?

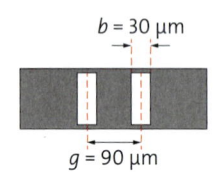

2 Aufbau des verwendeten Doppelspalts

Versuchsaufbau • Um die Aufnahme zu erstellen, wurde der Stern β Persei (auch Algol genannt), im Sternbild Perseus, mit einem kleinen Teleskop beobachtet. Dabei wurde Licht auf den Doppelspalt umgelenkt und 33,4 mm dahinter mit einem Kamerasensor als Schirm erfasst (▶3). Der Doppelspalt wurde so aufgebaut, dass der Spaltmittenabstand mit $g = 90$ μm dreimal größer ist als die Spaltbreite ($b = 30$ μm, ▶2).

Hypothesen • Für eine Deutung zur langfristigen Entstehung des Interferenzmusters, analysieren wir fünf Hypothesen, wie das Licht durch die beiden Spalte kommt (▶1):

(1) Das Licht erreicht strahlenförmig den Schirm. Auf dem Schirm sollten zwei Lichtstreifen entstehen.
(2) Das Licht erreicht wellenförmig den Schirm. Auf dem Schirm sollte ein stetiges Interferenzmuster aus hellen und dunklen Streifen entstehen.
(3) Das Licht besteht aus einzelnen Photonen, die jeweils einen der beiden Spalte zufällig durchtreten und sich dahinter wellenförmig ausbreiten. Auf dem Schirm sollte langfristig das Beugungsmuster eines Einzelspalts, bestehend aus Lichtpunkten, entstehen (▶4; rote Kurve).
(4) Das Licht besteht aus einzelnen Photonen, die jeweils für sich durch den ganzen Doppelspalt treten. Auf dem Schirm entsteht aus den vielen Photonen stochastisch das Beugungsmuster des Doppelspalts (▶4; blaue Kurve).
(5) Die Photonen wechselwirken hinter dem Spalt miteinander und erzeugen so das Beugungsmuster. Hinter dem Doppelspalt sollten sich mehrere Photonen gleichzeitig befinden.

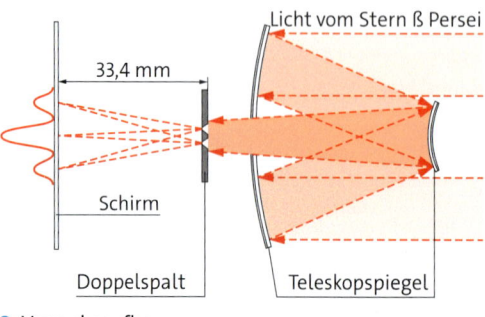

3 Versuchsaufbau

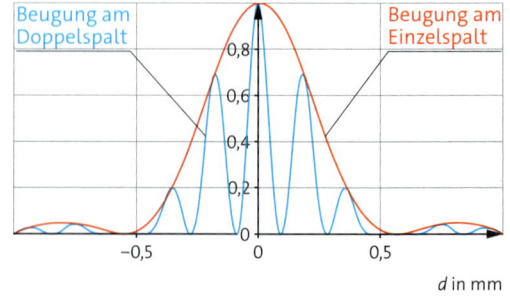

4 Intensitätsverteilung zur Beugung an Spalten

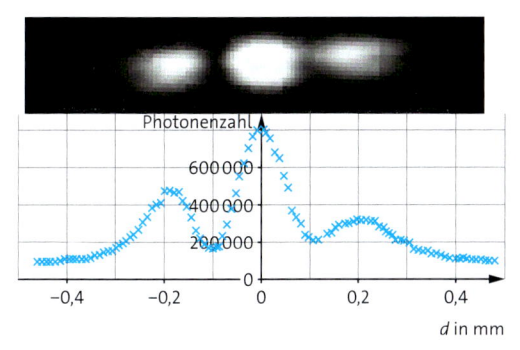

5 Photonenanzahl N abhängig von Position d

Beobachtung mit Foto • Mit einer einfachen Digitalkamera wurde das Licht zwei Sekunden lang aufgezeichnet (▶ 5). Der Bildsensor der Kamera besteht aus vielen, sehr kleinen Pixeln (lichtempfindlichen Sensorelementen), die in einem Raster horizontal und vertikal angeordnet sind. Für den Graphen wurden die Werte aller Pixel in einer vertikalen Reihe (Spalte) addiert und auf die Anzahl der Photonen umgerechnet. Multipliziert man die Spaltennummer mit der Pixelbreite von 0,09 mm, erhält man eine Koordinate für d in mm. Da auf dem Foto mehr als zwei Lichtstreifen bzw. -flecken zu sehen sind (▶ 5), ist Vermutung (1) widerlegt. Auch Vermutung (3) ist widerlegt, da das erste Beugungsmaximum bei $d = 0,2$ mm liegt und somit der Beugung am Doppelspalt entspricht (▶ 4).

Bildfolge • Zum Nachweis einzelner Photonen wurde das entstehende Interferenzmuster mit einer empfindlicheren Kamera aufgezeichnet (▶ 6). Nach 1 µs sind im Foto erst wenige Photonen an scheinbar völlig zufälligen Positionen nachgewiesen. Nach 10 µs sind schon mehrere Dutzend Photonen nachgewiesen, sodass die stochastischen Positionen schon ein Beugungsmuster erahnen lassen. Nach 100 µs sind so viele Photonen detektiert, dass das Beugungsmuster deutlich erkennbar ist. Diese Bildfolge widerlegt Vermutung (2). Die übriggebliebenen Hypothesen (4) und (5) passen beide zu den Ergebnissen (▶ 5, 6).

Wechselwirkung zwischen Photonen • Für eine vermutete Wechselwirkung [Hypothese (5)] müssen sich mehrere Photonen gleichzeitig hinter dem Spalt befinden. Addiert man alle erfassten Photonen, erhält man eine Anzahl N von 29 Millionen bei einer Belichtungszeit von $t_B = 2$ s.

Die erwartbare Aufenthaltsdauer t_A eines Photons im Beugungsbereich zwischen Doppelspalt und Schirm beträgt dabei:

$$t_A = \frac{a}{c} = \frac{3{,}34 \cdot 10^{-2} \text{ m}}{3{,}00 \cdot 10^8 \frac{\text{m}}{\text{s}}} = 1{,}11 \cdot 10^{-10} \text{ s} = 111 \text{ ps}.$$

Die erwartbare Anzahl n der Photonen im Beugungsbereich ist gleich der erwartbaren Aufenthaltsdauer aller Photonen $N \cdot t_A$ geteilt durch die Belichtungszeit:

$$n = \frac{N \cdot t_A}{t_B} = \frac{2{,}9 \cdot 10^7 \cdot 1{,}11 \cdot 10^{-10} \text{ s}}{2 \text{ s}} = 0{,}0016.$$

Also ist jedes Photon effektiv einzeln im Bereich zwischen Doppelspalt und Schirm. Eine Wechselwirkung zwischen den Photonen ist damit praktisch ausgeschlossen. Das widerlegt die Hypothese (5). Somit passt nur die Hypothese (4) zu allen Beobachtungen.

> Ein einzelnes Photon, das auf einen Doppelspalt trifft, wird am gesamten Doppelspalt gebeugt. Dadurch hat jedes Photon eine Nachweiswahrscheinlichkeit P, die vom Spaltmittenabstand abhängt. Erst viele Photonen erzeugen stochastisch das Interferenzmuster des Doppelspalts.

Einzelne Photonen – deterministisch und stochastisch zugleich • Das Licht vom Stern β Persei wird von Wasserstoffatomen in Energieportionen – den Photonen – von z. B. $E = 1{,}89$ eV ausgesendet. Würde sich dieses Licht als (kugelförmige) Welle ausbreiten und von dort bis zur Erde kommen, dann hätte sich seine Energieportion von 1,89 eV gleichmäßig auf eine Kugeloberfläche von $A \approx 10^{37}$ m² verteilt. Ein Teleskop mit einem Querschnitt von 0,1 m² würde von dieser Energieportion $1{,}89 \cdot 10^{-38}$ eV aufnehmen.

Das ist aber unmöglich, da diese Energieportion – das Photon – auch in 90 Lichtjahren Entfernung immer nur als Ganzes mit seiner Energie von 1,89 eV nachgewiesen werden kann. Stattdessen beträgt aber die Wahrscheinlichkeit für den Nachweis des Photons im Teleskop $P = 10^{-38}$.

Quantenobjekte bleiben auch über Lichtjahre hinweg sowohl deterministisch als auch stochastisch mit der richtigen Nachweiswahrscheinlichkeit.

1 📝 Erklären Sie, warum beim Doppelspalt mit einer normalen Lichtquelle wie einem Laser kein gekörntes Interferenzmuster sichtbar ist.

Berechnung der Lage der Maxima beim Doppelspalt:

$$d_n \approx \frac{n \cdot \lambda \cdot a}{g}$$

Der Abstand zwischen zwei aufeinanderfolgenden Photonen beträgt statistisch fast 21 m. Das ist ein Vielfaches der Wegstrecke zwischen Schirm und Doppelspalt (33,4 mm).

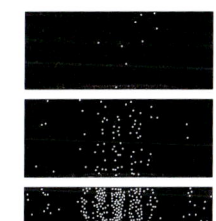

6 Interferenzmuster nach 1 µs, 10 µs und 100 µs

Welchen Spalt durchtritt das Photon? • Die Erklärung des Beugungsversuchs durch Hypothese **(4)** bedeutet, dass das Photon durch beide Spalte gleichzeitig treten muss, damit es mit sich selbst interferieren kann. Aber kann das wirklich sein?

Auch einzelne Photonen können polarisiert sein. Bringt man vor den beiden Spalten jeweils Polarisatoren an, die zueinander orthogonal ausgerichtet sind, dann erhält das Photon die Polarisationsrichtung des jeweiligen Polarisators – je nachdem durch welchen Spalt es gekommen ist. Durch Messung der Polarisation hinter dem Spalt könnte man dann feststellen, welchen Spalt das jeweilige Photon genommen hat. Es liegt dann eine **Welcher-Weg-Information** vor.

Erstaunlicherweise entspricht in diesem Fall das Bild auf dem Schirm dem Überlagerungsbild der beiden Einzelspalte (▶ 2). Wenn dagegen keine Polarisatoren oder parallel orientierende Polarisatoren verwendet werden – wenn also keine Welcher-Weg-Information vorliegt – dann entsteht das Muster des Doppelspalts (▶ 2).

Anscheinend liegt entweder die Information über den Weg durch den Doppelspalt vor oder das Interferenzmuster des Doppelspalts entsteht. Weg und Interferenzfähigkeit des Photons können nicht zugleich bestimmt sein – sie sind zueinander **komplementäre Größen**.

Das kann dadurch erklärt werden, dass die Nachweiswahrscheinlichkeit der Photonen beim Interferenzmuster des Doppelspalts vom Spaltmittenabstand abhängt. Wenn am Doppelspalt aber durch die Polarisatoren die Information über den durchquerten Spalt vorliegt, dann muss es egal sein, wie weit die Spalte auseinanderliegen.

Es ist sogar egal, dass überhaupt ein zweiter Spalt da ist, weil zwischen Photon und zweitem Spalt keine Wechselwirkung stattfinden kann. Deshalb kann auch nicht mehr das Interferenzmuster des Doppelspalts entstehen.

> Wenn ein Quantenobjekt auf einen Doppelspalt trifft, dann sind die Interferenzfähigkeit und Welcher-Weg-Information zueinander komplementär.

Zustandsänderung durch Messung • Aufgrund der Komplementarität ändert schon eine Messung an einem Quantenobjekt den Zustand des Objekts. Im Beispiel genügt schon die Messung mit gekreuzten Polarisatoren, um dem Zustand die Welcher-Weg-Information aufzuprägen und damit die Interferenzfähigkeit des Quantenobjekts zu zerstören. Dabei muss die Bestimmung der Polarisation nicht mit der Absicht einer Messung (des Wegs) durchgeführt werden, um die Interferenzfähigkeit zu zerstören. Es genügt schon eine geringe Einwirkung auf ein Quantenobjekt, die einer Messung ähnelt, um den Zustand des Quantenobjekts zu ändern.

> Bei einem Quantenobjekt genügt schon eine Messung oder eine ähnliche geringfügige Einwirkung, um den Zustand des Quantenobjekts zu ändern.

Welle oder Teilchen? • Die Ergebnisse des Doppelspaltversuchs erscheinen uns vollkommen widersprüchlich. Zum einen gelingt der Nachweis von Photonen, Neutronen oder sogar Fullerenen immer nur in vollständigen Einheiten, zum anderen müssen die Quantenobjekte beide Spalte gleichzeitig als Ganzes passieren, damit sie wie bei einer Wasserwelle das Beugungsmuster am Schirm durch Interferenz erzeugen können, denn Interferenz ist eine Eigenschaft, die nur von Wellen bekannt ist.

In der makroskopischen Welt gibt es dafür keine analogen Beispiele. Ein Skifahrer kann das Hindernis auf seinem Weg nicht gleichzeitig rechts und links umfahren (▶ 3).

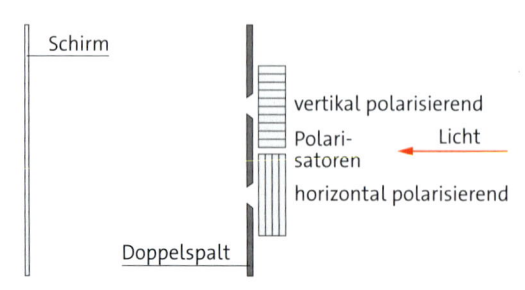

1 Versuch mit Polarisatoren

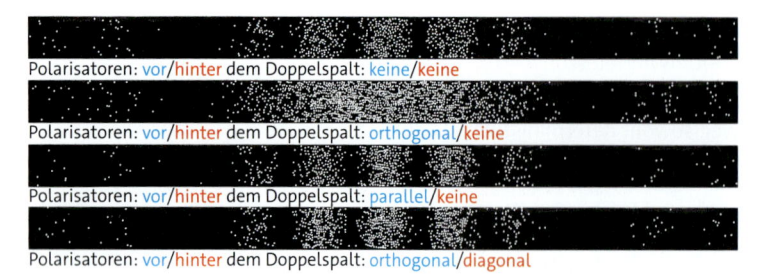

2 Beugungsmuster nach 100 µs mit Polarisatoren

Polarisatoren: vor/hinter dem Doppelspalt: keine/keine
Polarisatoren: vor/hinter dem Doppelspalt: orthogonal/keine
Polarisatoren: vor/hinter dem Doppelspalt: parallel/keine
Polarisatoren: vor/hinter dem Doppelspalt: orthogonal/diagonal

Quantenobjekte können sich wie eine Welle verhalten. Aber sie können sich auch wie ein Teilchen verhalten, z. B. wenn eine Welcher-Weg-Information vorliegt.

Welle und Teilchen zugleich? • Man könnte nun meinen, ein Quantenobjekt sei zugleich Welle und Teilchen. Das ist aber durch die Definitionen von Welle und Teilchen unmöglich. Ein Teilchen kann nicht zwei Wege zugleich nehmen wie der Skifahrer im Cartoon (▶ 3). Daher kann ein Quantenobjekt kein Teilchen sein, da am Doppelspalt sein Verhalten nicht auf einen der beiden Wege reduziert werden kann. Ein Quantenobjekt kann aber auch keine völlig deterministische Welle sein, da die Intensität einer Welle bei Ausbreitung im Raum beliebig kleine Werte annehmen kann. Der Nachweis eines Quantenobjekts erfolgt aber immer als Ganzes.

Ein Quantenobjekt ist weder Welle noch Teilchen. Es kann aber sowohl Wellen- als auch Teilcheneigenschaften haben. Diese beiden Eigenschaften sind komplementär zueinander, d. h. je nach Beobachtung tritt entweder die eine oder die andere Eigenschaft hervor. Beide können aber nicht gleichzeitig nachgewiesen werden.

Erstes Bild eines Schwarzen Lochs • Im Jahr 2019 gelang es mit Radiowellen der Wellenlänge λ = 1,3 mm erstmals ein Schwarzes Loch abzubilden: Es ist das dunkle Innere in ▶ 4 und hat einen Sehwinkel von $\alpha_S = 5 \cdot 10^{-9}$ °. Mit einem normalen Teleskop wäre das aber nicht möglich gewesen, denn auch beim Teleskop tritt Beugung wie am Spalt auf, wobei der Sehwinkel der Beugungswinkel des ersten Minimums und die Spaltbreite gleich dem Teleskopdurchmesser D_T ist, also $D_T = \frac{\lambda}{\sin(\alpha)}$ = 14 900 km. Das Teleskop müsste also etwa so groß sein wie der Erddurchmesser von 12 700 km! Man verwendet statt eines „ganzen" Teleskops mit $D_T \approx$ 12 000 km zwei „kleine" Radioteleskope, die an den äußeren Rändern von D_T stehen. So erhält man einen Doppelspalt mit Spaltabstand d = 12 000 km (▶ 5): Trifft ein Photon einer Radioquelle 1 am Schwarzen Loch auf das Paar der Radioteleskope, erzeugt es den messbaren Phasenunterschied $\Delta\varphi_1 = 0$, also konstruktive Interferenz. Für ein Photon aus einer benachbarten Radioquelle 2 ergibt sich dabei ein Phasenunterschied von $\Delta\varphi_2 \neq 0$ (▶ 6).

3 Skifahrer als Quantenobjekt?

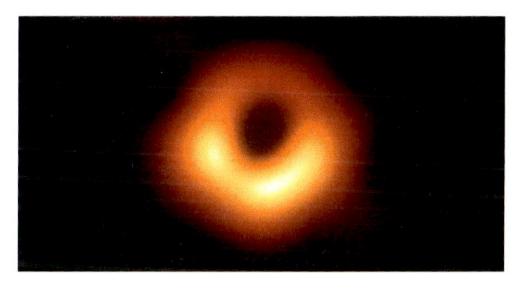

4 Erstes aufgezeichnetes Bild eines Schwarzen Lochs im Zentrum der 54,8 Millionen Lichtjahre entfernten Galaxie M87.

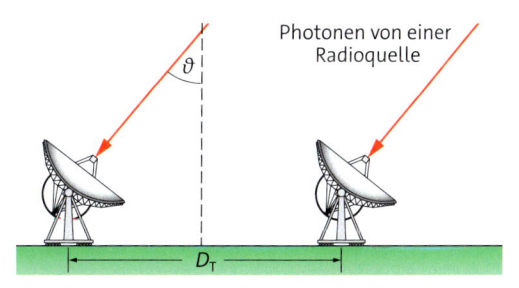

5 Radioteleskope bilden einen Doppelspalt.

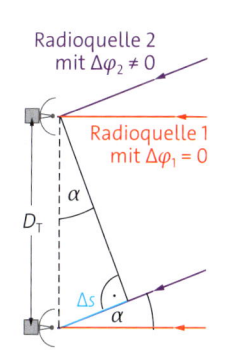

Die beiden Radioquellen sind unterscheidbar, wenn die Phasenverschiebung für das Photon von 2 zu destruktiver Interferenz führt ($\Delta\varphi_2 \geq \pi$).
Bei λ = 1,3 mm beträgt der Gangunterschied somit $\Delta s = \frac{\lambda}{2}$ = 0,65 mm. Daraus folgt für den kleinstmöglichen Sehwinkel α_T (▶ 5, 6):

$$\alpha_T \geq \arcsin\left(\frac{\Delta s}{d}\right) = \arcsin\left(\frac{0{,}65 \text{ mm}}{12\,000 \text{ km}}\right) = 3 \cdot 10^{-9} ° < \alpha_S$$

Das ist genau genug, um mit dem großen Doppelspalt ein Bild des Schwarzen Lochs aufzunehmen. Für eine noch höhere Bildgenauigkeit wurden tatsächlich aber mehr als zwei Radioteleskope verwendet.

6 Radioquellen 1 und 2 am Rand des Schwarzen Lochs repräsentieren zwei mögliche Bildpunkte in ▶ 4, die sich durch unterschiedliche Phasenverschiebungen bei den Teleskopen unterscheiden lassen.

1 ◼ Stellen Sie eine Hypothese auf, warum das Beugungsbild des Doppelspalts wieder erscheint, wenn man einen diagonal eingestellten Polarisator hinter die Spalte stellt (▶ 2).

Material

Versuch A • Photonen hinter dem Doppelspalt

V1 Laserlicht am Doppelspalt

Achtung: Nicht direkt in die Lichtquelle blicken!

Materialien: Doppelspalt, Maßstab, Befestigungsmaterial, Laserpointer der Schutzklasse 1 in Stativklemme, Schirm, Smartphone

Arbeitsauftrag:
- Fixieren Sie den Laser in der Stativklemme und den Doppelspalt und den Schirm auf einem Tisch (▶ 1). Befestigen Sie den Maßstab am Schirm. Schalten Sie den Laser ein und fotografieren Sie das Bild am Schirm mit dem Smartphone (▶ 3A). Achten Sie darauf, dass Leuchterscheinung und Maßstab auf dem Foto erscheinen.
- Beschreiben Sie das Foto mithilfe der Begriffe Beugungsmaxima, Einhüllende, erste Ordnung der Einhüllenden.
- Erklären Sie die verschiedenen Maxima im Foto mithilfe von Photonen.
- Überprüfen Sie Ihre Erklärung: Messen Sie die Orte der Maxima. Ermitteln Sie diese auch theoretisch. Vergleichen Sie.

V2 Welcher Weg?

Achtung: Nicht direkt in die Lichtquelle blicken!

Materialien: Doppelspalt mit Polarisationsfolie, Befestigungsmaterial, Laserpointer der Schutzklasse 1 in Stativklemme, Schirm, Smartphone

Arbeitsauftrag:
- Kleben Sie vor die beiden Spalte je eine Polarisationsfolie, sodass die Polarisationsrichtungen orthogonal zueinander ausgerichtet sind (▶ 2). Bauen Sie den Versuch auf (▶ 1). Schalten Sie den Laser ein und fotografieren Sie das Bild am Schirm mit dem Smartphone (▶ 3B).
- Erklären Sie die Maxima im Foto. Verwenden Sie die Begriffe Einzelspalt, Photon, Welcher-Weg-Information.
- Bringen Sie hinter dem Doppelspalt eine dritte Polarisationsfolie an, deren Polarisationsrichtung mit denen der beiden anderen Folien einen Winkel von 45° einschließt. Fotografieren Sie das Bild am Schirm mit dem Smartphone (▶ 3C).
- Erklären Sie die Maxima auf dem Foto.

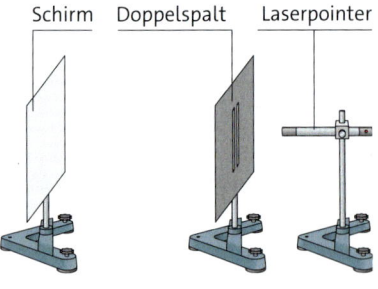

1 Versuchsaufbau

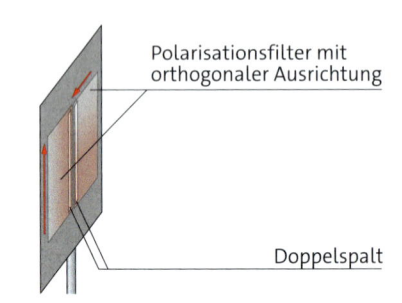

2 Doppelspalt mit Polarisationsfolien

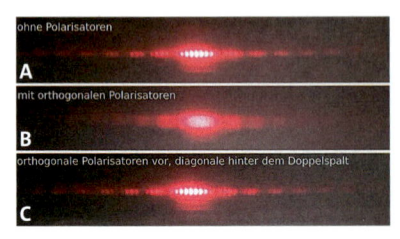

3 Beugungsbilder am Schirm

Material A • Very Large Array Interferometer

Die Europäische Südsternwarte in Chile nutzt zwei Teleskope im Abstand von D_T = 47 m als Interferometer oder „Doppelspalt". Bei einer Wellenlänge von λ = 1400 nm wird Infrarotstrahlung, die beide Teleskope erfasst haben, zusammengeführt und zur Interferenz gebracht. Hiermit wurde das Schwarze Loch im Zentrum der Milchstraße (Saggitarius A*, SgrA*) mithilfe der Bahnbewegung benachbarter Sterne (S29 und S55) untersucht (▶ A1).

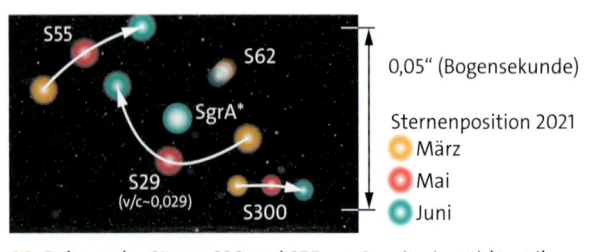

A1 Bahnen der Sterne S29 und S55 um Saggitarius A* (SgrA*).

1 📝 Damit zwei Lichtquellen getrennt beobachtbar sind, müssen die Photonen einen Phasenunterschied von $\Delta\varphi \geq \pi$ aufweisen. Ermitteln Sie den entsprechenden Gangunterschied Δs und Sehwinkel α_T.

2 📝 Der kleinste real beobachtbare Sehwinkel beträgt $\alpha_{T,real}$ = 8 · 10^{-7} °.
  a Vergleichen Sie mit dem theoretisch ermittelten Wert α_T aus Aufgabe **1**.
  b Erörtern Sie mögliche Ursachen der Abweichung.

3 ■ Ermitteln Sie den minimalen Sehwinkelabstand α_{S29} zwischen dem Stern S29 und dem Schwarzen Loch Saggitarius A* in Bogensekunden " (▶ A1) und vergleichen Sie mit α_T. *Hinweis:* 1 Bogensekunde entspricht $\frac{1}{3600}$°.

4 ■ Saggitarius A* ist 27 000 Lichtjahre entfernt. Berechnen Sie den minimalen Abstand d_{S29} in km.

Material B • Schrödingers Katze

Folgendes Gedankenexperiment ist als „Schrödingers Katze" bekannt: In einer Box befinden sich eine Katze, ein radioaktives Präparat und ein Giftgasbehälter, der zerschlagen wird, sobald ein Geiger-Müller-Zählrohr ein beim zufälligen Zerfall des Präparats entstehendes Teilchen erfasst. Solange man in der Box nicht nachschaut, ob die Katze noch am Leben ist oder durch das Giftgas getötet wurde, befindet sich der Zustand der Katze in diesen beiden Überlagerungszuständen (▶B1).

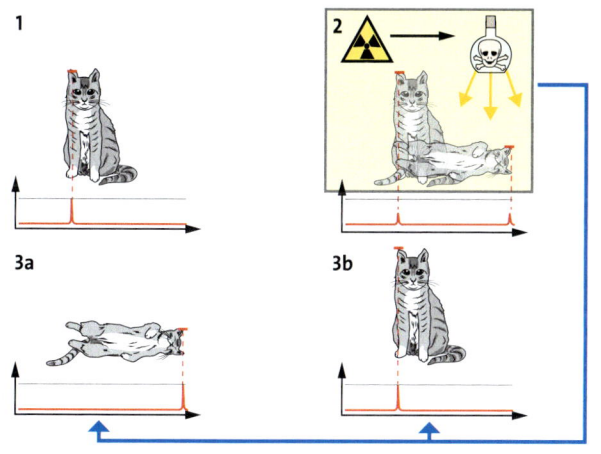

1 ◼ Erläutern Sie, welche Quantenobjekte im Versuch wichtig sind.

2 ◼ Erläutern Sie, welche zwei Möglichkeiten für diese Quantenobjekte bestehen und welche zwei Möglichkeiten für ein Quantenobjekt bei einem Doppelspalt auftreten. Beschreiben Sie die Darstellung der quantenphysikalischen Überlagerung der beiden Möglichkeiten (▶B1).

3 ◼ Erläutern Sie, welche Messungen beim Doppelspalt und bei der Katze diese Überlagerung der zwei Möglichkeiten beenden können. Beschreiben Sie die Darstellung der beiden möglichen Messwerte (▶B1).

4 ◼ Die Messung des Zustands der Katze kann durch Beobachtung erfolgen oder durch ein eingeatmetes Luftmolekül. Erläutern Sie, was dies für die Dauer des Zustands der Überlagerung bedeutet.

5 ◼ Erörtern Sie Grenzen der Analogie. Erklären Sie insbesondere, wie diese Überlagerung beim Doppelspaltversuch durch Polarisatoren aufgehoben werden kann und was dies für das Bild am Schirm bedeutet. Verwenden Sie die Begriffe Welcher-Weg-Information und einzelne Photonen.

B1 Schrödingers Katze

Material C • Beugung einzelner Elektronen

1988 haben A. TONOMURA, J. ENDO, T. MATSUDA, H. EZAWA und T. KAWASAKI einzelne Elektronen an einem Doppelspalt gebeugt. Sie verhielten sich dabei wie Wellen (λ = 5,4 pm).

1 ☐ Berechnen Sie mit $\lambda = \frac{h}{p} = \frac{h}{m \cdot v}$ Impuls p und Geschwindigkeit v der Elektronen sowie die Beschleunigungsspannung.

2 ☐ Der Spaltmittenabstand betrug g = 700 nm. Ermitteln Sie den Winkel α der ersten Beugungsordnung.

3 ◼ Die Kamera befand sich in einem Abstand von 20 cm hinter dem Doppelspalt. Elektromagnetische Linsen vergrößerten wie bei einem Elektronenmikroskop um den Faktor 2000. Berechnen Sie den Abstand d zwischen nulltem und erstem Maximum am Kamerasensor. Vergleichen Sie mit der Beobachtung (▶C1).

4 ◼ Im Versuch treffen 1000 Elektronen pro Sekunde auf den Kamerasensor. Ermitteln Sie, wie viele Elektronen sich im Mittel zwischen Doppelspalt und Kamera befinden. Begründen Sie, dass das fotografierte Muster durch viele einzelne Elektronen entstand.

5 ◼ Begründen Sie, dass die Beobachtungen weder durch Wellen, noch durch Teilchen, sondern durch Quantenobjekte erklärbar sind. Erläutern Sie die stochastische Deutung (▶C1).

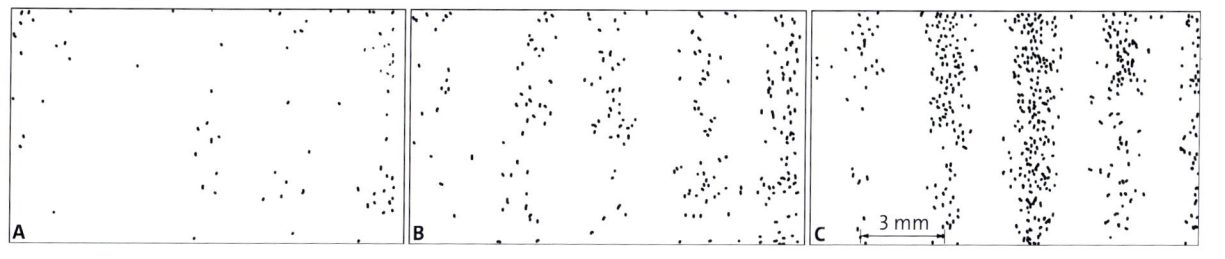

C1 Beugung einzelner Elektronen am Doppelspalt mit **A** 3000, **B** 20 000 und **C** 70 000 Elektronen

6.7 Nachweiswahrscheinlichkeit

1 Beugung am Spalt

Das Bild zeigt drei Beugungsmuster, erzeugt von Licht hinter einem Spalt. Bei jeder Farbe sind die verschiedenen Beugungsmaxima unterschiedlich hell. Das heißt, die Photonen sind bei verschiedenen Beugungsmaxima mit unterschiedlichen Wahrscheinlichkeiten anzutreffen. Wie können wir diese Wahrscheinlichkeiten berechnen?

Versuch • Um das Beugungsbild (▶ 1) zu erzeugen, wurde ein Spalt mit einer Breite von 1 mm durch einen Laserpointer der Schutzklasse 1 beleuchtet. Das Bild auf dem Schirm, der sich vier Meter hinter dem Spalt befand, wurde mit der Kamera eines Smartphones fotografiert (▶ 2).

Am Beispiel des Beugungsmusters für die Farbe Rot analysieren wir die Intensitätsverteilung mithilfe eines Bildbearbeitungsprogramms quantitativ. Hierzu müssen wir die Intensität für jeden Bildpunkt einzeln auslesen und in Abhängigkeit vom Ort auf dem Schirm darstellen.

Bestimmung der Intensität • Wenn der Auslöser gedrückt wird, öffnet sich die Blende der Kamera und für die eingestellte Belichtungszeit wird der Fotosensor der Kamera belichtet. Dieser Sensor besteht aus sehr vielen einzelnen Bildelementen, **Pixeln**, die rasterförmig in Zeilen und Spalten angeordnet sind (▶ 3A).

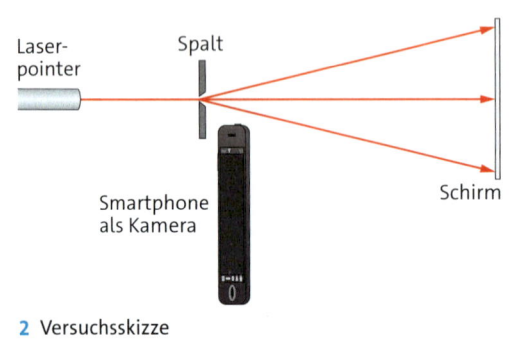

Für die Farbe Rot ist in jedem Pixel eine winzige Fotozelle vorhanden. Gelangt ein Photon in die Zelle, wird es von einem Elektron absorbiert. Diese dadurch angeregten Elektronen werden anschließend ausgelesen und ihre Anzahl einem Helligkeitswert zugeordnet. Die Anzahl ist damit proportional zur **Intensität** I der Farbe Rot im entsprechenden Pixel. Zur Auswertung werden die Werte aller Zeilen zu einer Pixelspalte addiert und gemittelt. Die gemittelte Intensität jeder Spalte ist abhängig von der Pixel-Spalte in einem Diagramm dargestellt (▶ 4).

Nachweiswahrscheinlichkeit • Sobald ein Photon den Spalt durchquert hat, ist der Nachweis (das Antreffen) des Photons auf dem Schirm zufällig. Je heller dabei eine Stelle auf dem Foto erscheint, desto mehr Photonen sind in der Belichtungszeit nachgewiesen wurden, d. h. die Anzahl der im Pixel erfassten Elektronen ist proportional zur Wahrscheinlichkeit, ein Photon im Pixel nachzuweisen. Diese heißt **Nachweiswahrscheinlichkeit** P. Da die Anzahl auch proportional zur Intensität ist, ist die Nachweiswahrscheinlichkeit proportional zur Intensität: $I \sim P$.

2 Versuchsskizze

Wellenfunktion und Intensität • Ein Quantenobjekt wie das Photon wird durch eine **Wellenfunktion** ψ beschrieben. Diese ist eine Funktion von Ort und Zeit.

Um letztendlich die Abhängigkeit zwischen der Nachweiswahrscheinlichkeit und der Wellenfunktion zu ermitteln, analysieren wir die Intensitäten I der Beugungsmaxima aus dem erstellten Diagramm (▶ 4). Beim nullten Maximum beträgt die Intensität $I_0 = 60$. Das Maximum erster Ordnung hat die Intensität $I_1 = 2{,}6$.

Das Verhältnis der Intensitäten beträgt $\frac{I_1}{I_0} = 4{,}33\,\%$.

Wegen der Proportionalität $I \sim P$ ist $\frac{I_1}{I_0} = \frac{P_1}{P_0} = 4{,}33\,\%$.

Wellenfunktion und Beugungswinkel • Dieses Intensitätsverhältnis versuchen wir mithilfe der Wellenfunktion zu reproduzieren. Wir berechnen Werte von ψ, die die Wellenfunktion auf dem Schirm annimmt – und zwar für bestimmte Beugungswinkel α, indem wir die Wellenstrahlen mit diesem Beugungswinkel addieren. Für den Fall des monochromatischen Lichts kennen wir ψ aus der Wellenlehre als Sinusfunktion. Für einen bestimmten Winkel ist der betrachtete Ort am Schirm konstant, sodass für die Wellenfunktion gilt: $\psi(t) = \psi_{max} \cdot \sin(\omega t)$.

Beim Winkel α_{min} eines Minimums ist die Summe der Wellenstrahlen null. Beim ersten Minimum können wir das Lichtbündel in zwei Hälften teilen. Für jede Wellenfunktion aus der oberen Hälfte findet sich eine Wellenfunktion in der unteren Hälfte, die sich um den Gangunterschied $\Delta s = \frac{\lambda}{2}$ unterscheidet. Dieser Gangunterschied entspricht einer Phasenverschiebung von $\Delta\varphi = \pi$, d. h. man findet immer zwei Wellenfunktionen für die gilt: $\psi_1(t) = \psi_{max} \cdot \sin(\omega t)$ und $\psi_2(t) = \psi_{max} \cdot \sin(\omega t + \pi)$, z. B. die mittleren Wellenstrahlen aus jedem Teilbündel (▶ 5). Die Summe der zwei Wellenfunktionen beträgt:

$$\psi_{1+2}(t) = \psi_{max} \cdot \sin(\omega t) + \psi_{max} \cdot \sin(\omega t + \pi).$$

Wegen $\sin(\varphi) = -\sin(\varphi + \pi)$ erhalten wir auch rechnerisch für das erste Minimum null:

$$\psi_{1+2}(t) = \psi_{max} \cdot \sin(\omega t) - \psi_{max} \cdot \sin(\omega t) = 0$$

Beim zweiten Minimum bilden wir vier Bündel, sodass sich benachbarte um $\Delta\varphi = \pi$ unterscheiden:

$$\psi_{1-4}(t) = \psi_{max} \cdot \sin(\omega t) + \psi_{max} \cdot \sin(\omega t + \pi) + \psi_{max} \cdot \sin(\omega t + 2\pi) + \psi_{max} \cdot \sin(\omega t + 3\pi).$$

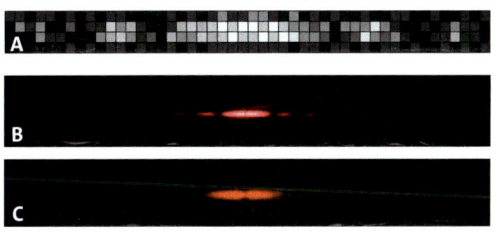

3 Intensitäten: **A** Pixel, **B** kleine, **C** große Entfernung

Falls die Intensitäten erkennbar eine Sättigung erreichen, dann ist das Foto überbelichtet (▶ 3B). In dem Fall wird das Beugungsmuster aus größerer Entfernung fotografiert (▶ 3C).

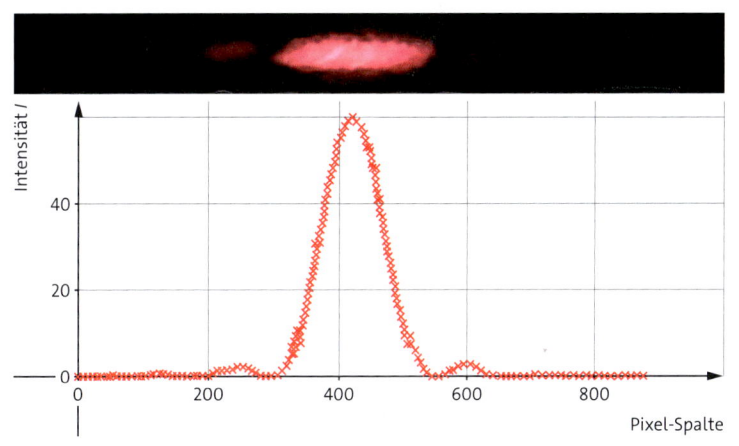

4 Beugungsmuster im Diagramm: $I(d)$

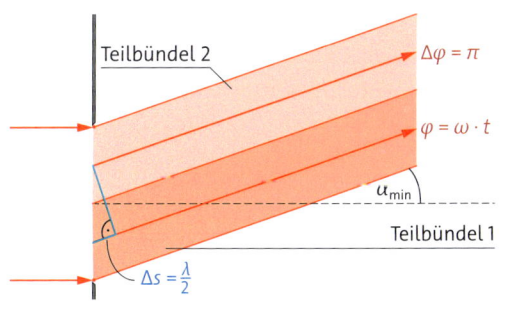

5 Zwei Wellenstrahlen beim ersten Minimum

Für einen festen Ort am Schirm können die dort auftreffenden Photonen durch Wellenfunktionen beschrieben werden, die sich nur in ihrer Phase $\Delta\varphi$ unterscheiden:
$\psi(t) = \psi_{max} \cdot \sin(\omega t + \Delta\varphi)$

Wegen der Periodizität von 2π der Sinusfunkton gilt $\sin(\varphi) = -\sin(\varphi + (2k+1)\pi)$ und $\sin(\varphi) = \sin(\varphi + 2k\pi)$ mit $k = 0, 1, 2, ...$, sodass sich ergibt:

$$\psi_{1-4}(t) = \psi_{max} \cdot (\sin(\omega t) - \sin(\omega t) + \sin(\omega t) - \sin(\omega t))$$
$$= 0.$$

1 📝 Der Versuch wurde mit einem Laserpointer durchgeführt.
   a Erklären Sie, warum man bei diesem Versuch auf dem Schirmbild keine einzelnen Photonen erkennen kann.
   b Erläutern Sie in eigenen Worten, warum beim ersten Minimum keine Photonen nachgewiesen werden können.

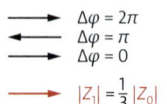

0. Maximum

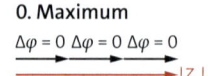

$\Delta\varphi = 0$ $\Delta\varphi = 0$ $\Delta\varphi = 0$

$|Z_0|$

1. Maximum

$\Delta\varphi = 2\pi$
$\Delta\varphi = \pi$
$\Delta\varphi = 0$

$|Z_1| = \frac{1}{3}|Z_0|$

1 Zeigermodell für das erste und nullte Maximum mit jeweils drei Zeigern

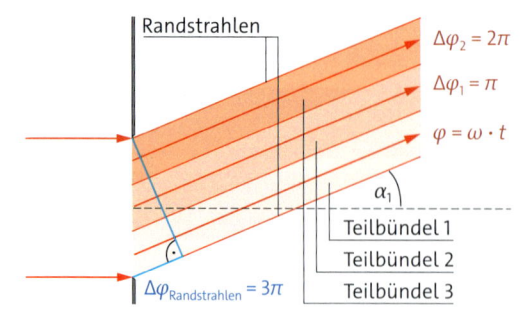

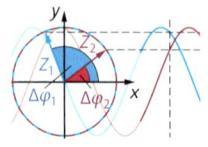

3 Im Zeigermodell wird die Elongation der Welle als Zeiger, der sich gegen den Uhrzeigersinn dreht, dargestellt.

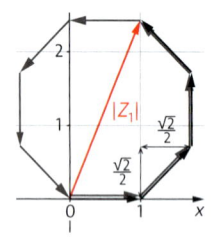

4 Zeiger bei zwölf Wellenstrahlen

2 Drei Wellenstrahlen beim ersten Maximum

Maximum • Entsprechend entsteht das erste Maximum, wenn wir die Wellenfunktion in drei Bündel mit den Phasenunterschieden 0, π und 2π gruppieren können (▶ 2). Hierbei haben die Randstrahlen den Phasenunterschied $3\pi = 540°$. Also gilt:

$$\psi_1(t) = \psi_{max} \cdot (\sin(\omega t) - \sin(\omega t) + \sin(\omega t))$$
$$= \psi_{max} \cdot \sin(\omega t).$$

Um das mit dem nullten Maximum zu vergleichen, bilden wir auch drei Teilbündel, deren Phasenunterschied aber immer 0 beträgt:

$$\psi_0(t) = 3 \cdot \psi_{max} \cdot \sin(\omega t) = 3 \cdot \psi_1(t) \Rightarrow \frac{\psi_1}{\psi_0} = \frac{1}{3} \neq \frac{I_1}{I_0}$$

Nimmt man an, dass das Amplitudenverhältnis dem Intensitätsverhältnis entspricht, ist es mit $\frac{1}{3}$ viel zu groß im Vergleich zur Beobachtung von 0,0433.

Zeigermodell • Wir analysieren das erste Maximum nun genauer. Dazu teilen wir das Lichtbündel, das durch den Spalt tritt, in mehr als drei Teile. Zuerst wählen wir sechs gleich große Teilbündel. Da zwischen den Randstrahlen der Phasenunterschied immer 3π besteht, haben benachbarte Teilbündel eine Phasendifferenz von $\Delta\varphi = \frac{\pi}{2} = 90°$ (▶ 5). Wir ermitteln die Summe der Wellenstrahlen der Teilbündel mit dem Zeigermodell (▶ 3). Dabei wird jeder Wellenstrahl am Schirm durch einen Zeiger dargestellt.

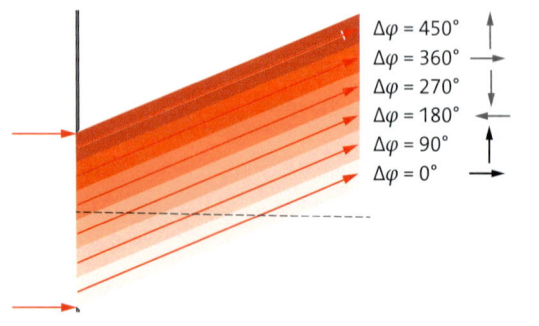

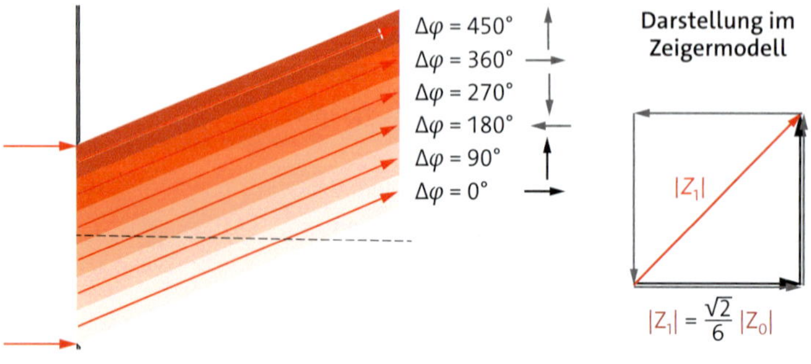

5 Sechs Wellenstrahlen beim ersten Maximum

Da die Teilstrahlen jeweils immer die gleiche Amplitude haben, können wir die Länge jedes Zeigers zur Vereinfachung auf 1 setzen. Der Phasenunterschied zwischen den repräsentativen Wellenstrahlen der Teilbündel wird durch eine entsprechende Drehung des Zeigers gegen den Uhrzeigersinn erreicht (▶ 3). Dabei ist der Betrag der Summe der Zeiger $|Z|$ proportional zur Amplitude am Schirm $|Z| \sim |\psi_{max}|$:

Beim ersten Maximum hat die Summe der 6 Zeiger Z_1 somit den Betrag: $|Z_1| = \sqrt{2}$.

Beim nullten Maximum sind alle sechs Zeiger parallel und deren Summe hat daher folgenden Betrag: $|Z_0| = 6$.

Das Verhältnis der Beträge dieser Zeiger ist gleich dem Verhältnis der Amplituden der Wellenfunktionen am Schirm:

$$\frac{|Z_1|}{|Z_0|} = \frac{|\psi_{1,max}|}{|\psi_{0,max}|} = \frac{\sqrt{2}}{6} = 23{,}6\,\%.$$

Das passt nicht zur Beobachtung für die Intensitäten am Schirm: $\frac{I_1}{I_0} = 4{,}33\,\%$.

Weitere Hypothesen • Wir untersuchen zwei weitere Hypothesen: Erstens könnte das Verhältnis der Intensitäten gleich dem Verhältnis der Quadrate der Zeigerbeträge bzw. der Beträge der Amplituden sein:

$$\frac{|\psi_{1,max}|^2}{|\psi_{0,max}|^2} = \frac{2}{36} = 5{,}6\,\%.$$

Das passt schon recht genau zu dem beobachteten Verhältnis der Intensitäten von 4,33 %.

Zweitens könnte das Verhältnis der Intensitäten gleich dem Verhältnis der dritten Potenzen sein:

$$\frac{|\psi_{1,max}|^3}{|\psi_{0,max}|^3} = \frac{\sqrt{8}}{216} = 1{,}3\,\%.$$

Das passt nicht. Daher analysieren wir nun nur noch die Hypothese zum Quadrat der Zeiger: Um das exakte Ergebnis zu erzielen, suchen wir mit dem Beispiel von zwölf Zeigern nach einer Regel für die Figur, welche die Zeiger bilden.

Zwölf Strahlen • Bei zwölf Teilbündeln sind benachbarte Zeiger um jeweils $\Delta\varphi = 45° = \frac{\pi}{4}$ gegen den Uhrzeigersinn gedreht. Zur Summe tragen nur die ersten vier Zeiger bei, da die anderen acht einen vollständigen Kreis bilden (▶ 4). $\vec{Z}_1$ ermitteln wir mithilfe der vektoriellen Summe der vier Zeiger:

$$\vec{Z}_1 = \begin{pmatrix}1\\0\end{pmatrix} + \begin{pmatrix}\frac{\sqrt{2}}{2}\\\frac{\sqrt{2}}{2}\end{pmatrix} + \begin{pmatrix}0\\1\end{pmatrix} + \begin{pmatrix}\frac{-\sqrt{2}}{2}\\\frac{\sqrt{2}}{2}\end{pmatrix} = \begin{pmatrix}1\\1+\sqrt{2}\end{pmatrix}$$

Der Betrag des Summenzeigers des ersten Maximums ist damit:

$|Z_1| = \sqrt{1^2 + (1+\sqrt{2})^2} = 2{,}61$.

Das nullte Maximum müssen wir auch wieder in 12 Lichtbündel teilen, deren Zeiger aber alle parallel sind. Ihre Summe hat den Betrag 12. Das Verhältnis der Quadrate der Zeigerbeträge ist somit:

$\dfrac{|Z_1|^2}{|Z_0|^2} = 4{,}74\,\%$.

Das passt ziemlich genau zum beobachteten Verhältnis der Intensitäten: $\dfrac{I_1}{I_0} = 4{,}33\,\%$.

Außerdem erkennt man jetzt die Regel: Je mehr Teilbündel gebildet werden, desto stärker nähert sich die Figur, die von den Zeigern gebildet wird, dem 1,5-fachen Umlauf eines Kreises an (▶4, 5).

Grenzfall unendlich vieler Strahlen • Für das erste Maximum beträgt die Phasenverschiebung zwischen den äußeren Randstrahlen aufgrund des Gangunterschieds von $\frac{3}{2}\lambda$ immer $\Delta\varphi_{\text{Randstrahlen}} = 3\pi$. Im Übergang zu unendlich vielen Teilbündeln bilden die Zeiger deshalb einen 1,5-fachen Kreis.
Der Summenzeiger $|Z_1|$ verbindet den Anfangspunkt und den Endpunkt der 1,5-fachen Kreislinie. Seine Länge ist der Durchmesser d des Kreises bzw. das Doppelte des Kreisradius r (▶7):

$|Z_1| = d = 2r$.

Der Summenzeiger des nullten Maximums hat die Länge des 1,5-fachen Umfangs u des Kreises (▶7):

$|Z_0| = 1{,}5u = 1{,}5 \cdot (2\pi r) = 3\pi r = \Delta\varphi_{\text{Randstrahlen}} \cdot r$

Das Verhältnis der Quadrate der Zeigerbeträge ist somit:

$\dfrac{|Z_1|^2}{|Z_0|^2} = \left(\dfrac{2\cdot r}{\Delta\varphi_{\text{Randstrahlen}} \cdot r}\right)^2 = \left(\dfrac{2}{3\pi}\right)^2 = 4{,}50\,\%$.

Offenbar passt das Verhältnis der Quadrate der Zeigerbeträge gut zur Beobachtung $\dfrac{I_1}{I_0} = 4{,}33\,\%$. Aufgrund dieser guten Übereinstimmung des berechneten Quotienten $\dfrac{|Z_1|^2}{|Z_0|^2} = 4{,}5\,\%$ mit dem Verhältnis $\dfrac{I_1}{I_0} = 4{,}33\,\%$ der beobachteten Intensitäten entscheiden wir uns für unsere entsprechende Hypothese:

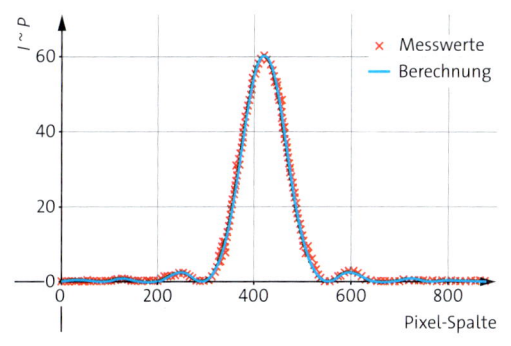

$\dfrac{|Z_1|^2}{|Z_0|^2} = \dfrac{I_1}{I_0}$.

6 Vergleich: Theorie $I \sim P$ (blau) und Messwerte (rot)

Nachweiswahrscheinlichkeit berechnen • Zu Beginn der Auswertung haben wir gezeigt, dass die Nachweiswahrscheinlichkeit P für ein Photon proportional zur gemessenen Intensität I am Schirm ist: $I \sim P$. Für das Verhältnis der Nachweiswahrscheinlichkeiten zwischen erstem (P_1) und nulltem Maximum (P_0) gilt deshalb:

$\dfrac{P_1}{P_0} = \dfrac{I_1}{I_0} = \dfrac{|Z_1|^2}{|Z_0|^2} = \dfrac{|\psi_{1,\max}|^2}{|\psi_{0,\max}|^2} \Rightarrow P \sim |\psi_{\max}|^2$.

Dieser Zusammenhang ist nicht nur für die Photonen am Einzelspalt gültig, sondern gilt generell für alle Quantenobjekte:

> Die Nachweiswahrscheinlichkeit eines Quantenobjekts ist proportional zum Betragsquadrat der Amplitude der Wellenfunktion: $|\psi_{\max}|^2 \sim P$.

Bisher haben wir die Zeigerlängen $|Z_0|$ und $|Z_1|$ nur für das erste Maximum wie in ▶7 berechnet. Das Verfahren übertragen wir auf beliebige Stellen am Schirm: Für jede Stelle muss dabei die Phasenverschiebung zwischen den Randstrahlen $\Delta\varphi_{\text{Randstrahlen}}$ berechnet werden. Sie entspricht der normierten Zeigerlänge $|Z_0|$. Die Zeigerlänge $|Z_1|$ ist die Länge des Vektors zwischen Startpunkt und dem Endpunkt auf dem Kreis, der zu $\Delta\varphi_{\text{Randstrahlen}}$ (▶7) passt. So ermitteln wir die Nachweiswahrscheinlichkeiten für alle Punkte am Schirm und vergleichen sie mit den Messwerten (▶6). Die Berechnung stimmt gut mit den Messwerten überein.

1 a ◪ Erläutern Sie, warum Quantenobjekte mit einer Wellenfunktion beschrieben werden.
 b ◪ Erläutern Sie den Zusammenhang zwischen Nachweiswahrscheinlichkeit und Amplitude der Wellenfunktion.

Die Länge des Zeigers des 0. Maximums entspricht abgerollt dem 1,5-fachen des Kreisumfangs.

$|Z_0| = \Delta\varphi_{\text{Randstrahlen}} \cdot r$

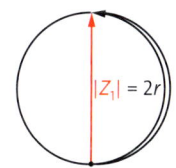

$|Z_1| = 2r$

7 Im Grenzfall unendlich vieler Wellenstrahlen umlaufen die Zeiger im 1. Maximum einen Kreis 1,5-mal.

Blickpunkt

Überlichtschnelle Fernwirkung

Einstein befasste sich seit 1906 mit Quanten. 1947 bezeichnete er eine überlichtschnelle Wirkung von Quanten als „spukhafte Fernwirkung" und lehnte diese ab. Wie erzeugt man diese Fernwirkung und wie nutzt man sie in der Telekommunikation oder in Quantencomputern?

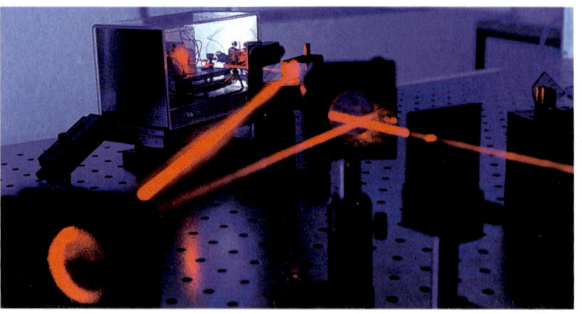

1 Erzeugung und Untersuchung verschränkter Photonenpaare

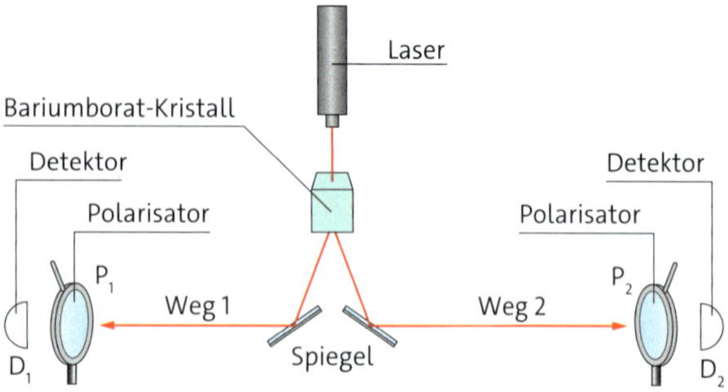

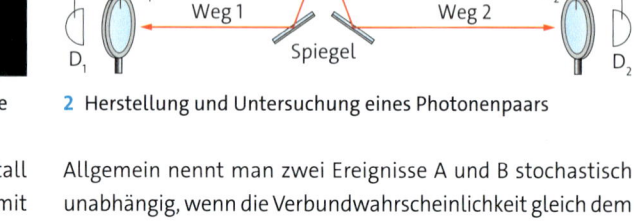

2 Herstellung und Untersuchung eines Photonenpaars

Ein Paar von Quanten • Wenn man Licht auf einen Kristall aus Bariumborat sendet, dann entstehen zwei Photonen mit jeweils der halben Energie. Über Spiegel wird das eine Photon zum Polarisator P_1 beim Detektor D_1 und das andere Photon wird zum Polarisator P_2 beim Detektor D_2 geleitet (▶ 2).
Durch Drehen von Polarisator P_1 kann sofort – also ohne Zeitverzug – die Wahrscheinlichkeit beim weit entfernten Polarisator P_2 geändert werden sein Photon durchzulassen. Die Richtung von Polarisator P_1 präpariert das Photonenpaar. Wird das Photon an P_1 nicht durchgelassen, ist es senkrecht dazu polarisiert.
Der Ausgang des Experiments für beide Photonen funktioniert hier ähnlich wie beim einzelnen Herausnehmen von Schuhen aus dem Karton: Ist der erste gezogene Schuh (1) der rechte (+), 1+, dann ist der zweite der linke, 2−. Wenn der erste der linke ist, 1−, dann ist der zweite der rechte, 2+.

Stochastisch abhängige Ereignisse • Im Karton befinden sich zwei Schuhe, d. h. die Wahrscheinlichkeit, dass man als erstes den rechten Schuh zieht, liegt bei 50 %: $p(1+) = \frac{1}{2}$. Isoliert betrachtet ist auch die Wahrscheinlichkeit $p(2−) = \frac{1}{2}$, dass der zweite Schuh ein linker ist. Aber die Verbundwahrscheinlichkeit $p(1+ \cap 2−)$ ist nicht gleich dem Produkt der beiden Einzelwahrscheinlichkeiten:

$$p(1+ \cap 2−) \neq p(1+) \cdot p(2−) = \frac{1}{2} \cdot \frac{1}{2} = \frac{1}{4}$$

Denn wenn mit der Wahrscheinlichkeit $p(1+) = \frac{1}{2}$ zuerst ein rechter Schuh gezogen wird, dann wird mit der Wahrscheinlichkeit $p(2−) = 1$ als zweites ein linker gezogen.
Beim Würfeln mit zwei Würfeln ist es anders: Die Wahrscheinlichkeit für einen Sechser-Pasch ist gleich dem Produkt der Einzelwahrscheinlichkeiten:

$$p(6,6) = p(6) \cdot p(6) = \frac{1}{6} \cdot \frac{1}{6} = \frac{1}{36}$$

Allgemein nennt man zwei Ereignisse A und B stochastisch unabhängig, wenn die Verbundwahrscheinlichkeit gleich dem Produkt der Einzelwahrscheinlichkeiten ist. Anderenfalls sind die Ereignisse stochastisch abhängig.

Verschränkung • Die beiden Photonen im Experiment sind stochastisch abhängig, denn die Messung am Polarisator 1 bestimmt weitgehend das Messergebnis an Polarisator 2 (▶ 2). Beim Beschuss des Bariumboratkristalls entstehen die beiden Photonen nicht unabhängig voneinander. Im oberen Kegel entsteht ein vertikal polarisiertes Photon, dessen Wellenfunktion als ψ_+ bezeichnet wird (▶ 3). Gleichzeitig entsteht im unteren Kegel ein horizontal polarisiertes Photon mit der Wellenfunktion ψ_-. Beide Kegel überschneiden sich in der Mitte. Für Photonenpaare aus dieser Schnittmenge kann man also nicht mehr sagen, welches Photon aus dem oberen oder unteren Kegel kommt, wenn man sie jeweils mit den Spiegeln zu den Detektoren D_1 und D_2 führt.

Die beiden Wellenfunktionen ψ_+ aus dem oberen und ψ_- aus dem unteren Kegel bilden in den Wegen 1 und 2 (▶ 3) zunächst die Produktwellenfunktionen $\psi_{1+} \cdot \psi_{2-}$ und $\psi_{1-} \cdot \psi_{2+}$. Bei Weg 1, ebenso wie bei Weg 2, superponieren diese beiden Produktwellenfunktionen mit gleichem Betrag. Diese Superposition ist z. B. eine Differenz. Dabei wird die Superposition durch den Quotienten $\sqrt{2}$ auf den Betrag eins gebracht:

$$\psi = \frac{\psi_{1+} \cdot \psi_{2-} - \psi_{1-} \cdot \psi_{2+}}{\sqrt{2}}$$

Die Nachweiswahrscheinlichkeit ist das Betragsquadrat $|\psi|^2$ dieser Wellenfunktion. $|\psi|^2$ ist dabei nicht das Betragsquadrat der Einzelwahrscheinlichkeiten $|\psi_{1+} \cdot \psi_{2-}|^2$ und $|\psi_{1-} \cdot \psi_{2+}|^2$. Daher sind die Polarisationen stochastisch abhängig. Stochastisch abhängige Quantenobjekte nennt man **verschränkt**.

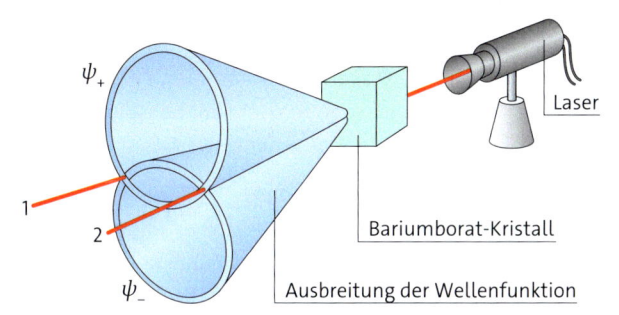

3 Erzeugung eines Photonenpaars

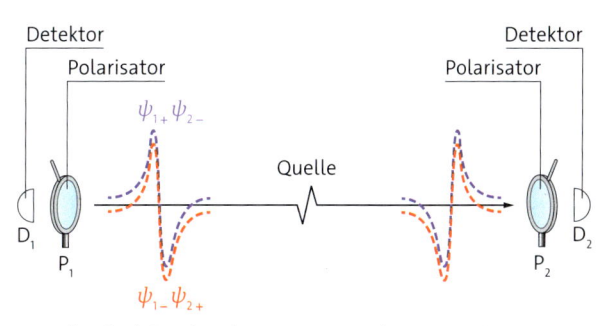

4 Wellenfunktion des Photonenpaares als Superposition

Versuch zur Verschränkung • Eines der beiden Photonen kommt früher am Detektor an, z. B. das bei D_1, wobei am Polarisator P_1 zuvor die Richtung des Photons festgelegt wurde, z. B. stellt man auf senkrechte Polarisationsrichtung ein. Wenn dabei das Photon bei P_1 durchgelassen wird, dann ist es vertikal polarisiert, also im Zustand ψ_{1+}. Somit ist das andere Photon automatisch waagerecht polarisiert, also im Zustand ψ_{2-}. Durch den Polarisator P_1 wird der Subtrahend in der Wellenfunktion somit zu null:

$\psi = \psi_{1+} \cdot \psi_{2-}$

Wenn der Polarisator P_2 waagerecht ausgerichtet ist, so wird das andere Photon dort durchgelassen. Das passiert unabhängig davon, wann das andere Photon P_2 passiert, natürlich nachdem das erste Photon P_1 passiert hat. Dazu muss P_1 die Wellenfunktion instantan zu $\psi_{1+} \cdot \psi_{2-}$ verändern. Im Versuch stellt der Detektor D_1 fest, ob das Photon bei P_1 durchgelassen wurde, ebenso stellt D_2 fest, ob das Photon bei P_2 durchgelassen wurde.

Um einen stochastisch sicheren Test zu erhalten, werden Versuchsreihen mit vielen Richtungen von P_1 und P_2 durchgeführt. Beispielsweise wird P_2 in eine diagonale (45°) Richtung gebracht, wobei P_1 die Wellenfunktion zu $\psi_{1+} \cdot \psi_{2-}$ verändert hat. Dann wird das Photon bei P_2 mit der Wahrscheinlichkeit $\frac{1}{2}$ durchgelassen. Dabei werden die Richtungen von P1 und P2 sowie die Messungen von D_1 und D_2 innerhalb eines Zeitintervalls Δt durchgeführt, das kleiner ist als der Abstand d_{12} der Polarisatoren dividiert durch die Lichtgeschwindigkeit c:

$\Delta t < \dfrac{d_{12}}{c}$

Somit erfolgt die Fernwirkung von P_1 auf die Messung bei P_2 und D_2 schneller als mit Lichtgeschwindigkeit. Das ist eine überlichtschnelle Fernwirkung, die Albert Einstein 1947 spukhaft nannte.

Erklärungsversuch • Schon 1935 erkannten Einstein, NATHAN ROSEN und BORIS PODOLSKY, dass die Quantentheorie diese überlichtschnelle Fernwirkung beinhaltet. Aus Sicht von Einsteins Relativitätstheorie erschien das unvereinbar mit dem Prinzip der Kausalität. Daher schlugen sie vor, dass die Fernwirkung durch versteckte Parameter entsteht, die die Quantenobjekte mitführen. JOHN BELL berechnete 1964, dass diese Parameter eine um den Faktor $\sqrt{2}$ kleinere Fernwirkung verursachen als die aus der Quantentheorie vorhergesagte. ALAIN ASPECT, PHILIPPE GRANGIER und GERARD ROGER wiesen dann 1982 mit den dargestellten Versuchen (▶ 1–4) erstmals nach, dass in der Natur die Fernwirkung genau der Vorhersage durch die Quantentheorie entspricht.
Für diese grundlegende Entdeckung erhielt das Trio 2022 den Nobelpreis für Physik.

Nutzen überlichtschneller Fernwirkung • Überlichtschnelle Fernwirkung wird in der sicheren Telekommunikation genutzt. Dazu wird eine Binärinformation auf ein verschränktes Photonenpaar übertragen. Wenn davon ein Photon abgehört wird, dann verändert das zwangsläufig die gemeinsame Wellenfunktion. Dadurch fällt das Abhören auf. Sicherheitshalber überträgt man so nur die Verschlüsselung. Erst nachdem man festgestellt hat, dass man nicht abgehört wurde, überträgt man mit dem dann sicheren Schlüssel die eigentliche Botschaft.
Bei Quantencomputern kann man viele Photonen miteinander verschränken, sodass diese über die Fernwirkung miteinander vernetzt sind. Damit werden größere Mengen an Daten sehr schnell verarbeitet. Die Bearbeitungsgeschwindigkeit kann im Vergleich zu herkömmlichen Computern milliardenfach gesteigert und auch der Energiebedarf entsprechend verringert werden.
Auch in Lebewesen könnten an biologischen Vorgängen verschränkte Quantenobjekte beteiligt sein. So wurde bei Protein- und bei DNA-Molekülen Verschränkung beobachtet, die Replikationsprozesse beschleunigen kann.
Durch Wechselwirkung mit der Umgebung (Dekohärenz) kann jede Verschränkung im Laufe der Zeit abnehmen.

Material

Versuch A • Photonen am Schirm und unterwegs

V1 Doppelspalt

Materialien: Tabellenkalkulationsprogramm oder Funktionsplotter, GTR oder Computer

Arbeitsauftrag:
Wir modellieren Photonen mit einer Wellenlänge von 500 nm, die senkrecht auf einen Doppelspalt mit Spaltmittenabstand $g = 0{,}5$ mm treffen. Wir ermitteln das Quadrat der Zeigerlänge Z^2 für Orte d an einem Schirm, der sich $a = 1$ m hinter dem Doppelspalt befindet.

– Ermitteln Sie anhand der Angaben den Ort d_1 des 1. Maximums der Nachweiswahrscheinlichkeit.
– Erstellen Sie eine Tabellenkalkulation oder einen entsprechenden Funktionsplot. Stellen Sie in der ersten Spalte d im Intervall [−2 mm; 2 mm] dar. Berechnen Sie zu d den Beugungswinkel α und dazu den Wegunterschied Δs (Gangunterschied) in den Spalten 2 und 3.
– Ermitteln Sie in den folgenden Spalten den entsprechenden Phasenunterschied $\Delta \varphi$ sowie die zugehörigen Komponenten $Z_x = 1 + \cos \varphi$ und $Z_y = \sin \varphi$ des Zeigers.
– Stellen Sie $Z^2(d)$ in der letzten Spalte sowie als Graph (▶1) dar und begründen Sie, dass Z^2 proportional zur Nachweiswahrscheinlichkeit $|\psi|^2$ eines Photons ist.

V2 Vierfachspalt

Materialien: Tabellenkalkulationsprogramm oder Funktionsplotter, GTR oder Computer

Arbeitsauftrag:
Wir modellieren Photonen mit einer Wellenlänge von 500 nm, die senkrecht auf einen Vierfachspalt mit Spaltmittenabstand $g = 2$ µm treffen. Wir ermitteln das Quadrat der Zeigerlänge Z^2 für Orte d an einem Schirm, der sich $a = 1$ m hinter dem Vierfachspalt befindet.

– Ermitteln Sie den Ort d_1 des 1. Maximums der Nachweiswahrscheinlichkeit.
– Erstellen Sie eine Tabellenkalkulation oder einen Funktionsplot. Stellen Sie in der ersten Spalte d im Intervall [−1,5 m; 1,5 m] dar. Berechnen Sie in weiteren Spalten zu d den Beugungswinkel α und für benachbarte Spalte Δs und $\Delta \varphi$.
– Ermitteln Sie für $\vec{Z}$ die Komponenten $Z_x = 1 + \cos(\varphi) + \cos(2\varphi) + \cos(3\varphi)$ und $Z_y = \sin(\varphi) + \sin(2\varphi) + \sin(3\varphi)$.
– Stellen Sie $Z^2(d)$ im Graphen dar (▶2). Deuten Sie den Graphen mit den Begriffen Nebenmaxima, Hauptmaxima, Nachweiswahrscheinlichkeit.
– Erläutern Sie, warum der Vierfachspalt im Vergleich zum Doppelspalt (▶1) Vorteile beim Spektroskopieren bietet.
– Analysieren Sie Gitter mit vielen Spalten.

V3 Photon

Materialien: Tabellenkalkulationsprogramm oder Funktionsplotter, GTR oder Computer

Arbeitsauftrag:
Wir modellieren für ein Photon das Betragsquadrat der Wellenfunktion $|\psi_P(x)|^2$ abhängig vom Ort x. Seine Wellenfunktion ist $\psi_P(x, k) = \cos(k \cdot x)$ mit der Wellenzahl $k = \frac{2\pi}{\lambda} = \frac{2\pi \cdot \Delta p}{h} = 10^7 \frac{1}{m}$.
Das Photon hat auch eine Unbestimmtheit von $\Delta k = 2 \cdot 10^6 \frac{1}{m}$ und daher weitere Komponenten $\psi_P(x, k')$ der Wellenfunktionen.

– Erstellen Sie eine Tabellenkalkulation oder einen entsprechenden Funktionsplot. Stellen Sie in der ersten Spalte x im Intervall [−3 µm; 3 µm] dar.
– Berücksichtigen Sie die Unbestimmtheit Δk, indem Sie weitere Komponenten mit $k' = k \cdot \left(1 + \frac{n}{10}\right)$ mit der Gaußfunktion als Amplitude addieren:
$\psi_P(x, k') = \cos(k' \cdot x) \cdot e^{-\frac{1}{2} \cdot \left(\frac{k'}{\Delta k}\right)^2}$
– Wählen Sie erst n von −3 bis 3 und dann n von −5 bis 5 (▶3). Stellen Sie die resultierende Wellenfunktion $\psi_P(x)$ dar.
– Begründen Sie mit ▶3, dass das Photon in einem kleinen Raumbereich anzutreffen ist.
– Ermitteln Sie $|\psi_P|^2(x)$ und stellen Sie diese Funktion grafisch dar. Begründen Sie, dass diese Funktion proportional zur Nachweiswahrscheinlichkeit ist.

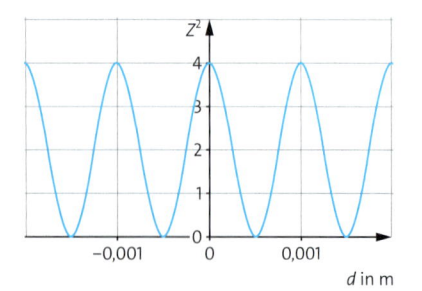

1 Zeigerlänge Z^2 in Abhängigkeit von der Position d am Schirm für einen Doppelspalt

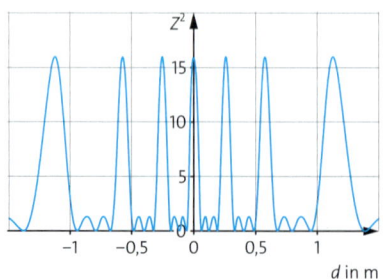

2 Zeigerlänge Z^2 in Abhängigkeit von der Position d am Schirm für einen Vierfachspalt

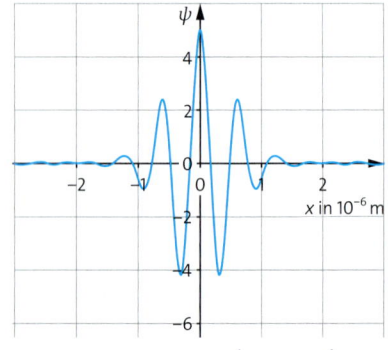

3 Photon mit $\Delta k = 2 \cdot 10^6 \frac{1}{m}$, $\Delta k \cdot \Delta x = \frac{1}{2}$

Quantenobjekte • Nachweiswahrscheinlichkeit

Material A • Valenz- und Leitungsband

Die Diagramme (▶ A1, A2) zeigen das Betragsquadrat $|\psi(x)|^2$ eines Elektrons in einem Festkörper abhängig vom Ort x. Die Atome sind an den Stellen $x = 0{,}2$, $x = 0{,}4$, $x = 0{,}6$, $x = 0{,}8$.

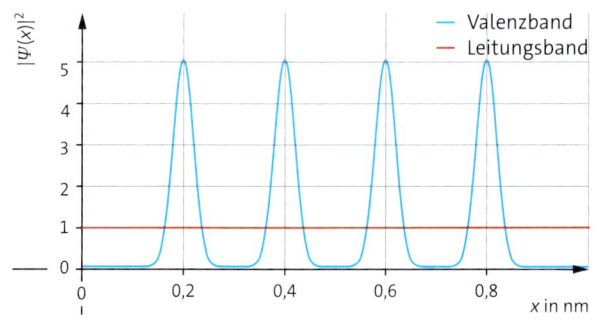

A1 Betragsquadrat der Wellenfunktion $|\psi(x)|^2$ für das Elektron

1. ☐ Beschreiben Sie das Betragsquadrat $|\psi(x)|^2$ (▶ A1).

2. ◨ Erklären Sie, warum das Betragsquadrat in an vier Stellen besonders groß ist und warum die Elektronen nicht für die elektrische Leitfähigkeit zur Verfügung stehen (▶ A1).

3. ◨ Erklären Sie, warum die Elektronen nur mithilfe von thermischer oder anderer Energie vom Valenzband ins Leitungsband gelangen können und warum die Elektronen im Leitungsband den Strom leiten können (▶ A1).

4. ■ ▶ A2 zeigt das Betragsquadrat für ein Elektron im Leitungsband, an dem eine Spannung anliegt. Erklären Sie, warum sich $|\psi(x)|^2$ dabei ändert.

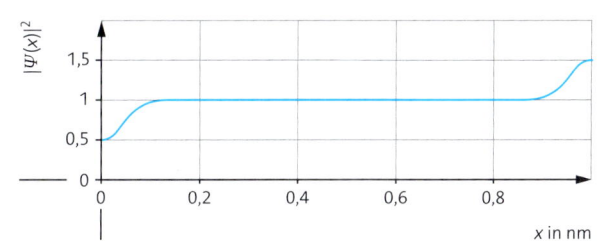

A2 Leitungsband bei anliegender Spannung

Material B • Elektronen im Nanodraht

Mit Nanodrähten kann man die in Smartphones und Computern enthaltenen Feldeffekttransistoren noch kleiner und energieeffizienter bauen (▶ B1). Wir untersuchen, wie Elektronen in einem Nanodraht stehende Wellen bilden (▶ B2).

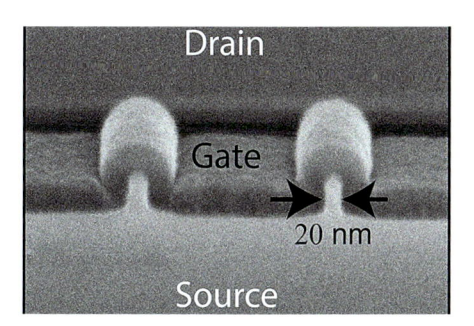

B1 Nanodraht im Feldeffekttransistor

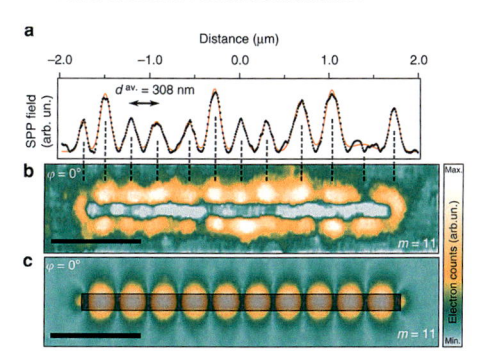

B2 A, B Nachweishäufigkeit, C Nachweiswahrscheinlichkeit

1. ◨ Mit der Energie elektromagnetischer Wellen wird das Elektronengas in einem Nanodraht zu einer stehenden Welle angeregt. Dabei hat der Draht in ▶ B2 eine Länge von 3400 nm. Beschreiben Sie die gemessene Nachweishäufigkeit und ermitteln Sie die gemessene Wellenlänge der stehenden Welle in ▶ B2.

2. ◨ Hier gibt es, zusammen mit den zwei halben Wellenbergen am Rand, 11 Wellenberge. Überprüfen Sie, ob dann in einem Draht der Länge 3400 nm tatsächlich die gemessene Wellenlänge entstehen muss.

3. ◨ Berechnen Sie Impuls und Energie der Elektronen. Entwickeln Sie dazu eine Kosinusfunktion ψ_P dieser Wellenlänge, stellen Sie die Wahrscheinlichkeitsdichte $|\psi_P|^2$ grafisch dar und vergleichen Sie mit ▶ B2.

4. ◨ Im Prinzip ist es möglich, dass nur ein Wellenbauch auftritt. Entwickeln Sie dazu eine Kosinusfunktion ψ_P mit dieser Wellenlänge und stellen Sie $|\psi_P|^2$ grafisch dar. Ermitteln Sie für diesen Fall die Wellenlänge, den Impuls und die Energie.

5. ■ Vermuten Sie einen Zusammenhang zwischen der Form von $|\psi_P|^2$ und der Energie. Überprüfen Sie Ihre Hypothese anhand einer Wellenfunktion mit zwei Wellenbäuchen.

6.8 Unbestimmtheitsrelation

1 Sehschärfe beim Schießen

Die Sportschützin peilt mit ihrem Auge das 5 mm kleine Zentrum der 50 m entfernten Zielscheibe an. Dabei enthält das Visier Kimme und Korn, aber keine Linse. Wie scharf kann das menschliche Auge sehen? Und was hat das damit zu tun, dass Licht aus Quantenobjekten – den Photonen besteht?

2 Zielscheibe

Sehwinkel • Betrachtet man ein Objekt der Gegenstandsgröße G aus einer Entfernung g, entsteht auf der Netzhaut ein Bild der Bildgröße B (▶3). Beim Sehen ist die Größe eines Bildes auf der Netzhaut durch den **Sehwinkel** α bestimmt (▶3). Für den Gegenstand ist es dabei üblich die komplette Ausdehnung zu verwenden.

Beim Schießen visiert die Sportschützin den Mittelpunkt des inneren Kreises der Zielscheibe an. Dabei sieht sie diesen Punkt vielleicht nicht ganz genau, sondern zielt etwas neben die Mitte. Solche Abweichungen werden auf der Zielscheibe durch die konzentrischen Kreise und deren Radien r charakterisiert (▶2). Jede Abweichung von der Mitte lässt sich durch einen Radius r beschreiben. Beim Zielen ist also der zum Radius gehörende Sehwinkel α wesentlich. Für den Sehwinkel α gelten dann die folgenden geometrischen Beziehungen:

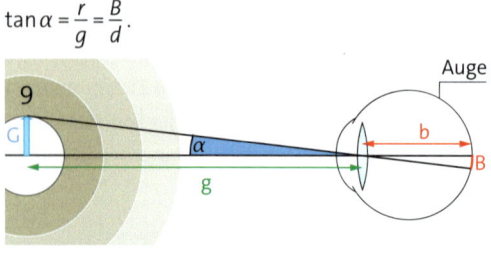

$$\tan \alpha = \frac{r}{g} = \frac{B}{d}.$$

3 Sehwinkel α für einen Radius r

Bei der Schützin in ▶1 beträgt die Gegenstandsweite $g = 50$ m. Der Radius des inneren Rings der Zielscheibe beträgt $r = 2{,}5$ mm (▶2, 3).

Wir lösen die Gleichung nach α auf, setzen r und g ein und erhalten $\alpha = 0{,}0029°$. Ein normal sehender Mensch kann einen Sehwinkel von $0{,}008°$ gerade noch auflösen. Den inneren Ring können also allenfalls besonders Scharfsichtige sehen. Ist das physikalisch möglich?

Sehwinkel eines Punkts • Ein punktförmiger Gegenstand ohne Ausdehnung hat vor dem Auge den Sehwinkel null. Aber das Licht, das von diesem Punkt ins Auge trifft, wird an der Pupille gebeugt. Die Beugung entsteht dadurch, dass durch die Öffnung des Auges die Ausbreitung des Lichts hinter der Pupille begrenzt wird. Auf der Netzhaut entsteht ein Bild des Punkts mit einer gewissen Ausdehnung. Dem Radius r_{Punkt} dieses Bereichs entspricht eine Bildgröße B (▶3). Der entsprechende Winkel α_{Punkt} beträgt:

$$\alpha_{Punkt} = \arctan\left(\frac{r_{Punkt}}{d}\right).$$

Die wahrnehmbare Abweichung vom Punkt, also von der Mitte, hat somit diesen Sehwinkel:

$$\alpha_{Punkt} = \arctan\left(\frac{r_{Punkt}}{d}\right) > 0.$$

Quantenobjekte • Unbestimmtheitsrelation

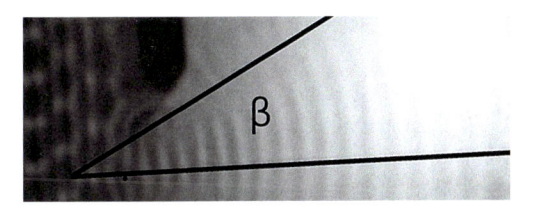

4 Beugungswinkel β des ersten Minimums

b in mm	0,2	0,4	0,6	0,8
β in °	0,179	0,0895	0,0597	0,0448
$\sin(\beta)$	0,00313	0,00156	0,00104	0,00078
$\frac{\lambda}{b}$	0,00313	0,00156	0,00104	0,00078

5 Minima erster Ordnung bei Beugung am Keilspalt

Wasserwelle als Modell • Wir veranschaulichen den wahrnehmbaren Sehwinkel eines Punkts durch einen Modellversuch mit der Wellenwanne. Dabei modellieren wir die Lichtwellen durch Wasserwellen, die Pupille durch einen Spalt und den Pupillendurchmesser durch die Spaltbreite (▶ 4).
Ist die Entfernung des Punkts groß genug, können wir die eintreffende Welle als eben betrachten. Hinter dem Spalt entsteht ein zentrales Beugungsmaximum, das durch das Minimum erster Ordnung mit dem Beugungswinkel β begrenzt ist. Dabei entspricht β der maximalen Abweichung des durch Beugung beleuchteten Bereichs innerhalb des Hauptmaximums. Dieser kreisförmige Bereich mit Radius r hat einen Sehwinkel α_{Punkt}. Wie hängt β von der Wellenlänge λ und der Spaltbreite b ab?

Beugung am Spalt • Wir beugen Licht der Wellenlänge $\lambda = 625$ nm an einem Keilspalt mit Breiten von $b = 0,2$ mm bis 0,5 mm. Es entstehen Minima erster Ordnung bei verschiedenen Beugungswinkeln β, aus denen wir $\sin(\beta)$ berechnen (▶ 5). Es gilt: $\sin(\beta) = \frac{\lambda}{b}$.

Beugung beim Sehen • Beim Sehen wird das Licht hinter der Pupille gebeugt. Dabei entsteht eine **Unbestimmtheit beim Sehen.** Der kreisförmig beleuchtete Bereich auf der Netzhaut ist durch den Sehwinkel α_{Punkt} seines Radius charakterisiert und entspricht gerade der Abweichung vom Punkt.
Im Modellversuch wird dieser Sehwinkel durch den Beugungswinkel des Minimums erster Ordnung ermittelt (▶ 4):

$$\alpha_{Punkt} = \beta = \arcsin\left(\frac{\lambda}{b}\right).$$

Unbestimmtheit im Teilchenmodell • Die Unbestimmtheit beim Sehen können wir auch mit den Photonen im Teilchenmodell behandeln: Wenn die Schützin ein entferntes Objekt auf der z-Achse beobachtet, gelangen Photonen von diesem durch ihre Pupille auf die Netzhaut (▶ 6). Hinter der Pupille verlaufen jedoch die Photonen nicht exakt in z-Richtung, sondern die Ausbreitungsrichtungen verteilen sich im Bereich des ersten Beugungsminimums, der durch den Beugungswinkel β charakterisiert ist (▶ 6). Denn Lichtwellen und Photonen beschreiben das gleiche Licht.
Damit haben die Photonen einen orthogonal zu p_z verlaufenden Impuls Δp_x (▶ 6). Dessen Größe ist statistisch über alle Photonen so verteilt, dass ihre Nachweiswahrscheinlichkeiten durch den Beugungswinkel β und den dadurch beschriebenen Bereich gegeben sind. Diese Variabilität des Impulses nennt man **Impuls-Unbestimmtheit.** Dabei handelt es sich nicht um einen Messfehler, sondern um eine Eigenschaft des Quantenobjekts: der Impuls ist wirklich unbestimmt.

Eine Unbestimmtheit beschreibt die mögliche Abweichung vom Mittelwert. Hinter dem Spalt haben die Photonen den mittleren Impuls $p = \frac{h}{\lambda}$ und eine **Impuls-Unbestimmtheit** Δp_x. Damit hat der Winkel β folgende Unbestimmtheit (▶ 6):

$$\sin(\beta) = \frac{\Delta p_x}{p} = \frac{\lambda}{b}.$$

Die Impuls-Unbestimmtheit tritt hinter der Pupille auf und sollte daher mit der **Orts-Unbestimmtheit** bei der Pupille zu tun haben. Ist die Mitte des Spaltes $x = 0$, hat beim Passieren des Spalts jedes Photon den Idealwert $x = 0$ mit der **Orts-Unbestimmtheit** der halben Spaltbreite, also $\Delta x = \frac{b}{2}$.

Wellen- und Teilchenmodell • Orts- und Impulsunbestimmtheit sind nicht unabhängig voneinander. Setzt man in die oben beschriebene Gleichung die Relationen $p = \frac{h}{\lambda}$ und $b = 2 \cdot \Delta x$ ein, erhält man:

$$\sin(\beta) = \frac{\Delta p_x}{p} = \frac{\lambda}{b} \Rightarrow \lambda \cdot \frac{\Delta p_x}{h} = \frac{\lambda}{2 \cdot \Delta x} \Rightarrow \Delta x \cdot \Delta p_x = \frac{h}{2}.$$

Diese Relation beschreibt die bei Quantenobjekten vorhandenen Unbestimmtheiten. Durch ungünstige Messverfahren können weitere Abweichungen vom Idealwert vorkommen. Daher ist:

$$\Delta x \cdot \Delta p_x \geq \frac{h}{2}.$$

Wenn eine Welle aus einer im Vergleich zur Wellenlänge großen Entfernung auf einen Spalt trifft, dann sind die Wellenfronten vor dem Spalt praktisch parallel zueinander.

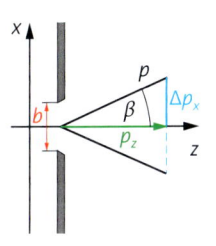

6 Impuls-Unbestimmtheit hinter der Pupille

Mit abnehmender Spaltbreite nimmt der Beugungswinkel zu.

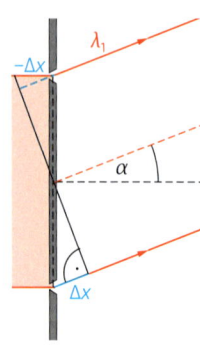

1 Gangunterschied zwischen benachbarter Spalten am Gitter als Abweichung Δx vom Mittelpunkt des Spaltmittenabstands

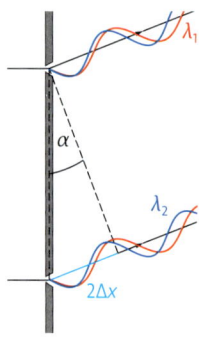

2 Bei gleichem Gangunterschied ergeben sich unterschiedliche Phasenverschiebungen aufgrund der abweichenden Wellenlängen.

$\cos(0) = 1$
$\frac{1}{\sqrt{2}} = \frac{\sqrt{2}}{2}$

Unbestimmtheit am Gitter • Mit einem Gitter kann man spektroskopieren, also zwei Lichtwellen mit ähnlichen Wellenlängen λ_1 und λ_2 unterscheiden. Wie groß muss der Wellenlängenunterschied sein, damit sie getrennt erkennbar sind?

Betrachtet man die Lichtwelle λ_1, die durch ein Paar benachbarter Spalten läuft, so haben die beiden Wellenstrahlen einen Gangunterschied: Relativ zum Mittelwert hat der untere Wellenstrahl einen positiven Gangunterschied Δx und der obere den negativen Gangunterschied $-\Delta x$ (▶ 1). Somit beträgt der Gangunterschied zwischen beiden Wellenstrahlen $2\Delta x$.

Bei einem Beugungswinkel α ist für beide Wellenlängen λ_1 und λ_2 der Gangunterschied gleich, aber wegen der unterschiedlichen Wellenlängen sind die resultierenden Phasenverschiebungen $\Delta\varphi_1$ und $\Delta\varphi_2$ unterschiedlich (▶ 2). Denn allgemein ist der Phasenunterschied $\Delta\varphi = 2\Delta x \cdot \frac{2\pi}{\lambda}$. Um nicht immer den Bruch zu schreiben, führt man hierfür die Wellenzahl k ein: $k = \frac{2\pi}{\lambda}$. Für die beiden Lichtwellen λ_1 und λ_2 betragen die Phasenverschiebungen (▶ 2):

$\Delta\varphi_1 = 2\Delta x \cdot \frac{2\pi}{\lambda_1} = 2\Delta x \cdot k_1$ und

$\Delta\varphi_2 = 2\Delta x \cdot \frac{2\pi}{\lambda_2} = 2\Delta x \cdot k_2$

Die Lage der Interferenzmaxima und -minima ergeben sich durch die unterschiedlichen Phasenverschiebungen $\Delta\varphi_1$ und $\Delta\varphi_2$. Somit unterscheidet man die Wellen anhand der Differenz $\Delta\varphi_2 - \Delta\varphi_1$:

$\Delta\varphi_2 - \Delta\varphi_1 = 2\Delta x \cdot (k_2 - k_1) = \Delta x \cdot 2\Delta k$

Unbestimmtheit der Phase • Beim empfindlichsten Beobachten eines Quantenobjekts entscheidet man sich zwischen dem Vorhandensein und Nichtvorhandensein. Das Vorhandensein entspricht einer Nachweiswahrscheinlichkeit der normierten Wellenfunktion von $|\psi_{max}|^2 \geq \frac{1}{2}$.

Im Beispiel besteht die normierte Wellenfunktion ψ aus der Überlagerung der beiden Wellenstrahlen (▶ 1), die sich am Schirm durch Kosinusfunktionen mit einem Phasenunterschied $\Delta\varphi$ beschreiben lassen:

$\psi_{max}(\Delta\varphi) = \frac{1}{2} \cdot (\cos(0) + \cos(\Delta\varphi))$

Setzt man das in die Gleichung für die Nachweiswahrscheinlichkeit ein, wobei man gerade die Grenze für $\frac{1}{2}$ berücksichtigt, ($|\psi_{max}|^2 = \frac{1}{2}$), ergibt sich:

$\left(\frac{1}{2} \cdot (\cos(0) + \cos(\Delta\varphi))\right)^2 = \frac{1}{2}$

Auflösen der Gleichung ergibt:

$\cos(\Delta\varphi) = \sqrt{2} - 1$.

Da die Unterscheidung von Vorhandensein und Nichtvorhandensein generell die Empfindlichkeitsgrenze bei Quantenobjekten darstellt, gilt bei Wellenfunktionen für die Unbestimmtheit der Phase:

$\Delta\varphi = \arccos(\sqrt{2} - 1) = 1{,}1 \approx 1$.

Insbesondere gilt für die Unbestimmtheit der Phasenverschiebungen bei der Lichtwelle zu λ_1 und der Lichtwelle zu λ_2:

$\Delta\varphi_2 - \Delta\varphi_1 \geq 1$

Daher gilt für diese Unbestimmtheit: $\Delta x \cdot 2\Delta k \geq 1$

Also gilt für die Orts-Unbestimmtheit und die Wellenzahl-Unbestimmtheit:

$\Delta x \cdot \Delta k \geq \frac{1}{2}$

Impuls-Unbestimmtheit am Gitter • Die Wellenzahl k kann mithilfe der de-Broglie-Wellenlänge $p = \frac{h}{\lambda}$ in den Impuls umgeschrieben werden:

$k = \frac{2\pi}{\lambda} = 2\pi \cdot \frac{p}{h}$.

Die zugehörige Unbestimmtheit für k ergibt sich dann durch die Unbestimmtheit des Impulses:

$\Delta k = \Delta p \cdot \frac{2\pi}{h}$.

Ersetzen wir Δk im Produkt für die Unbestimmtheit $\Delta x \cdot \Delta k$ durch diesen Term, ergibt sich:

$\Delta x \cdot \Delta p \cdot \frac{2\pi}{h} \geq \frac{1}{2}$,

und lösen nach $\Delta x \cdot \Delta p$ auf:

$\Delta x \cdot \Delta p \geq \frac{h}{4\pi}$.

Diese Ungleichung wird **Heisenbergsche Unbestimmtheitsrelation** genannt. Für den Fall, dass sämtliche Messungenauigkeiten beseitigt sind, gilt: Je genauer der Ort bestimmt ist, desto ungenauer ist der Impuls bestimmt und je genauer der Impuls bestimmt ist, desto ungenauer ist der Ort bestimmt.

> Jedes Quantenobjekt hat stets eine Orts-Unbestimmtheit Δx und eine Impuls-Unbestimmtheit Δp. Dabei gilt $\Delta x \cdot \Delta p \geq \frac{h}{4\pi}$.
> Das bedeutet, bei einem Quantenobjekt sind Ort und Impuls nie zugleich beliebig genau bestimmbar.

Quantenobjekte • Unbestimmtheitsrelation

Bedeutung der Unbestimmtheitsrelation • Für die Genauigkeit einer Messung gilt: Je genauer man den Ort bestimmt, desto kleiner wird Δx. Damit die Ungleichung $\Delta x \cdot \Delta p \geq \frac{h}{4\pi}$ weiterhin erfüllt ist, muss Δp größer werden und damit der Impuls ungenauer bestimmt sein.

Entsprechend gilt umgekehrt: Je genauer eine Impulsmessung ist, desto kleiner ist Δp; desto größer ist jedoch Δx und umso unbestimmter ist der Ort. Am Beispiel der Unbestimmtheit beim Sehen erkennen wir, dass in der Realität immer eine Unbestimmtheit auftritt, gleichgültig, ob wir das Teilchenmodell oder das Wellenmodell zur Beschreibung anwenden. Konkret können wir sogar die Unbestimmtheit des Winkels im Wellenmodell in die Unbestimmtheit des Querimpulses im Teilchenmodell transformieren.

Unbestimmtheit der Wellenlänge • Anhand der Heisenbergschen Unbestimmtheitsrelation erkennen wir, warum man bei einem Beugungsgitter eine hohe Anzahl n an Spalten verwendet. Hierzu nutzen wir das Wellenmodell. Der Wegunterschied $2\Delta x$ zwischen den Wellen durch die beiden äußersten Spalte ist n-mal so groß wie der Wegunterschied $2\Delta s$ zwischen Wellen durch benachbarte Spalte. Also ist $\Delta x = n \cdot \Delta s$. Wir setzen dies in der Unbestimmtheitsrelation ein:

$$\Delta p \geq \frac{h}{4\pi \cdot \Delta x} \geq \frac{h}{4\pi \cdot n \cdot \Delta s}.$$

Offensichtlich wird die Unbestimmtheit Δp des Impulses durch eine große Anzahl n an Spalten des Gitters deutlich verringert. Diese hohe Genauigkeit zeigt sich im Beugungsbild dadurch, dass die Hauptmaxima mit zunehmender Spaltenanzahl immer schmaler werden und eine sehr genaue Messung der Wellenlänge ermöglichen.

Unbestimmtheitsrelation am Spalt • Bisher haben wir Beugung im **Wellenmodell** behandelt, nun betrachten wir Beugung am Einzelspalt im **Teilchenmodell**. Wir argumentieren analog zu den Unbestimmtheiten beim Sehen.
Eine Verkleinerung der Spaltbreite führt zu einer kleineren Unbestimmtheit des Ortes in Richtung der Spaltbreite und somit zu einer größeren Unbestimmtheit des Querimpulses. Diese führt dann dazu, dass sich Breiten und Abstände der Beugungsmaxima am Schirm vergrößern (▶ 3).

Unbestimmt beim Sehen • Nun lässt sich klären, ob die Schützin im Eingangsbeispiel den Mittelpunkt der Scheibe überhaupt noch getrennt wahrnehmen kann. Die vom Punkt ausgehenden Photonen erhalten hinter der Pupille ein Querimpuls Δp_x. Der entsprechende Sehwinkel α des erzeugten Bilds beträgt:

$$\alpha \geq \alpha_{\text{Punkt}} = \arcsin\left(\frac{\Delta p_x}{p}\right).$$

Wir nutzen $p = \frac{h}{\lambda}$, typisch ist $\lambda = 500\,\text{nm}$. Auch hier gilt die Unbestimmtheitsrelation:

$$\Delta x \cdot \Delta p_x \geq \frac{h}{4\pi}$$

Dabei bezeichnet Δx den Radius der Pupille, mit der die Ortsbestimmung der Photonen begrenzt wird. Ein typischer Wert beträgt $\Delta x = 2{,}5\,\text{mm}$:

$$\alpha \geq \arcsin\left(\frac{\lambda}{4\pi \cdot \Delta x}\right) = 0{,}0009°.$$

Dieser Sehwinkel gibt die Auflösungsgrenze des kleinsten Objekts vor. Er wird z. B. von Adlern erreicht. Auch eine besonders scharfsichtige Sportschützin kann den inneren Ring gerade noch erkennen, da dessen $\alpha = 0{,}0029°$ größer ist.
Normalsichtige Menschen erkennen aber nur Objekte mit einem minimalen Sehwinkel von $0{,}008°$. Das entspricht einem Objekt, das deutlich größer ist als der innere Ring der Zielscheibe.

Komplementäre physikalische Größen • Die Unbestimmtheitsrelation bedeutet, dass Ort und Impuls eines Quantenobjektes nicht gleichzeitig beliebig genau bestimmt werden können. Solche Paare von Größen nennt man **komplementäre Größen**. Impuls und Ort ergänzen sich beide in der Beschreibung eines Quantenobjektes, dennoch sind nicht beide gleichzeitig genau messbar.

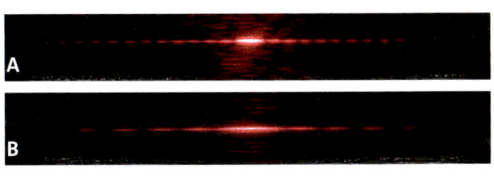

3 Beugung am Spalt: Spaltbreite **A** 1 mm, **B** 0,5 mm

1 📝 Licht mit $\lambda = 400\,\text{nm}$ verläuft von einem Punkt in eine Pupille mit dem Radius 4,5 mm.
  a Ermitteln Sie den Impuls sowie den Querimpuls der Photonen im Auge.
  b Berechnen Sie den Sehwinkel α_{Punkt}.
  c Vergleichen Sie mit α_{Punkt} des Adlers und deuten Sie.

WERNER KARL HEISENBERG (1901–1976) formulierte 1927 mit der Heisenbergschen Unbestimmtheitsrelation eine grundlegende Aussage der Quantenmechanik.

Messungenauigkeiten können die Unsicherheiten so vergrößern, dass die Wahl einer Messmethode mit kleinerer Ortsungenauigkeit keine Zunahme der Impulsunbestimmtheit erforderlich macht. Die Heisenbergsche Unbestimmtheitsrelation beschreibt die Unbestimmtheiten, die auch bei genauester Messung nicht zu beseitigen sind.

Material

Versuch A • Sehen und Hören von Unbestimmtheiten

V1 Sehschärfe

Hier untersuchen Sie Ihre Sehschärfe.

Materialien: Zollstock, Landolt-Ringe

Arbeitsauftrag:
- Erstellen Sie ein Blatt mit Landolt-Ringen, bei denen die Öffnung ein Quadrat mit der Kantenlänge 5 mm ist (▶1). Hängen Sie das Blatt in einem langen Flur oder im Garten an eine Wand. Beim Landolt-Sehtest geht es darum, zu erkennen, wo die Öffnung liegt.
- Stellen Sie fest, bei welcher Entfernung g Sie die Orientierung der Landolt-Ringe gerade eben erkennen können. Beobachten Sie dazu zunächst aus so großer Entfernung, dass Sie die Orientierung nicht erkennen können. Nähern Sie sich dann langsam dem Blatt, bis Sie die Orientierung gerade erkennen. Messen Sie die Entfernung g.
- Normalsichtige können Landolt-Ringe gerade eben unterschieden, wenn deren Öffnung einen Sehwinkel von $\alpha = 0{,}017°$ hat, wenn also $g = 16{,}85$ m ist. Vergleichen Sie Ihre eigene Sehkraft mit diesem Wert.
- Ermitteln Sie die Entfernung, aus der Sie im Dunkeln ein entgegenkommendes Motorrad von einem entgegenkommenden Auto unterscheiden können, wenn die Scheinwerfer des Autos voneinander einen Abstand von 1,5 m haben.

1 Landolt-Ringe

V2 Hören

Materialien: Computer mit Programm zur Erzeugung von Audiosignalen (Audioeditor), hochwertige Lautsprecher

Arbeitsauftrag:
- Erzeugen Sie im Audioeditor zwei Klänge, wobei jeder Klang wiederum aus zwei Tönen besteht: Der „Testklang" hat die Frequenzen $f_1 = 880$ Hz und $f_2 = 880{,}5$ Hz mit $\delta f = 0{,}5$ Hz. Der „Referenzklang" hat die Frequenzen $f_1 = 880$ Hz $= f_2$ mit $\delta f = 0$ Hz. Beide Klänge haben die gleiche Dauer δt. Beginnen Sie mit $\delta t = 3$ s.
- Exportieren Sie den resultierenden Klang in einem geeigneten Dateiformat. Spielen Sie beide Klänge nacheinander mit einem hochwertigen Lautsprecher ab. Entscheiden Sie, ob Sie zwischen beiden Klänge Unterschiede hören können.
- Erstellen Sie Klangpaare mit kürzerer Abspieldauer, z. B. $\delta t = \{1\,\text{s}, 0{,}5\,\text{s}, 0{,}3\,\text{s}\}$. Bestimmen Sie die Dauer, bei der Sie die beiden Klänge gerade unterscheiden können.
- Vergleichen Sie Ihre Beobachtung mit der Zeit-Frequenz-Unbestimmtheitsrelation $\delta t \cdot \delta \omega \geq 2$, wobei $\delta \omega = 2 \cdot \pi \cdot \delta f$.

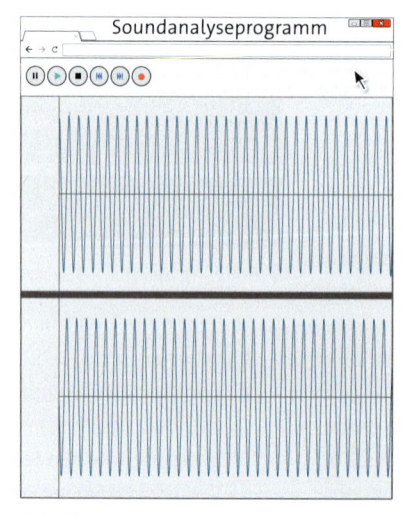

2 Audioeditor

V3 Licht hinter Keilschlitz

Materialien: Verschiedenfarbige Laserpointer der Schutzklasse 1 mit bekannter Wellenlänge, Alufolie, Schere, Klebstift, Lineal, Klemmbausteine

Arbeitsauftrag:
- Erstellen Sie einen Keilschlitz mit den angegebenen Maßen aus der Alufolie (▶3). Bauen Sie einen passenden Rahmen aus den Bausteinen und kleben Sie den Keilschlitz darauf.
- Bauen Sie aus den Bausteinen für den Laserpointer ein passendes Stativ und einen Blendschutz. Beleuchten Sie den Keilschlitz mit dem Laserpointer und bauen Sie hinter dem Schlitz einen passenden Schirm aus den Bausteinen auf. Beschreiben Sie das Beugungsbild.
- Verschieben Sie das Stativ mit dem Laserpointer so, dass der Laserstrahl gleichmäßig vom weiten zum engen Teil des Keilschlitzes wandert. Beschreiben Sie, wie sich dabei das Beugungsbild ändert. Deuten Sie mit der Heisenbergschen Unbestimmtheitsrelation im Teilchenmodell. Deuten Sie mit dem Beugungswinkel im Wellenmodell.
- Messen Sie den Beugungswinkel β für die Minima und überprüfen Sie die Beugungsformel $\sin(\beta) = n \cdot \frac{\lambda}{b}$. Dabei ist b die variable Spaltbreite am Keilschlitz.
- Führen Sie das Experiment mit verschiedenen Wellenlängen durch.

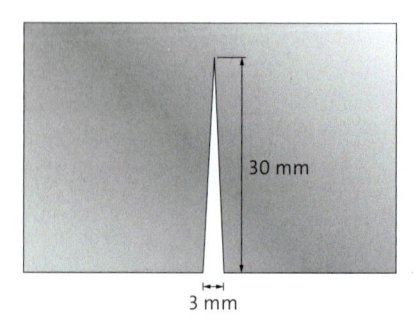

3 Keilschlitz

Quantenobjekte • Unbestimmtheitsrelation

Material A • Zeit-Frequenz-Unbestimmtheitsrelation

In dieser Aufgabe analysieren wir auch den Klang aus Versuch V2.

1. Ein Zwei-Ton-Klang mit den Frequenzen $f_1 = 880\,\text{Hz}$ und $f_2 = 920\,\text{Hz}$. wurde dreimal nacheinander abgespielt, von einem Smartphone aufgenommen und von einer Spektrumanalysator-App zerlegt. Lautstärke und Frequenz werden abhängig von der Zeit im Wasserfalldiagramm angezeigt (▶ A1). Deuten Sie mit den Begriffen Ton, Frequenz und Zeitablauf.

2. Für einen weiteren Zwei-Ton-Klang mit den Frequenzen $f_1 = 880\,\text{Hz}$ und $f_2 = 880{,}5\,\text{Hz}$ ist die Auslenkung abhängig von der Zeit dargestellt (▶ A2).
   a. Deuten Sie mit den Begriffen Schwebung und Einhüllende.
   b. Bestätigen Sie, dass die Änderung der Amplitude nach $\delta t = \frac{2}{\pi}\,\text{s}$ deutlich erkennbar ist (▶ A2).

3. Der Zwei-Ton-Klang aus Aufgabe 2 wurde nacheinander für folgende Zeitdauern δt abgespielt: $\delta t = 2\,\text{s}$; $\delta t = 1{,}2\,\text{s}$; $\delta t = 0{,}8\,\text{s}$; $\delta t = 0{,}6\,\text{s}$ und $\delta t = 0{,}4\,\text{s}$ (▶ A3).
   a. Deuten Sie mit den Begriffen aus 2. Bestätigen Sie mit ▶ A2 und A3, dass der Unterschied zu einem einzigen Ton nach $\delta t = \frac{2}{\pi}\,\text{s}$ erkennbar ist.
   b. Begründen Sie, dass der Unterschied zu einem einzigen Ton nach einem Phasenunterschied von $\delta\varphi = \delta\omega \cdot \delta t \geq 2$ deutlich erkennbar ist.

4. Für die Differenz δt ist die Abweichung von deren Mitte $\Delta t = \frac{\delta t}{2}$. Ebenso ist $\Delta\omega = \frac{\delta\omega}{2}$. Begründen Sie die Unbestimmtheitsrelationen $\Delta t \cdot \Delta\omega \geq \frac{1}{2}$ und $\Delta t \cdot \Delta f \geq \frac{1}{4\pi}$.

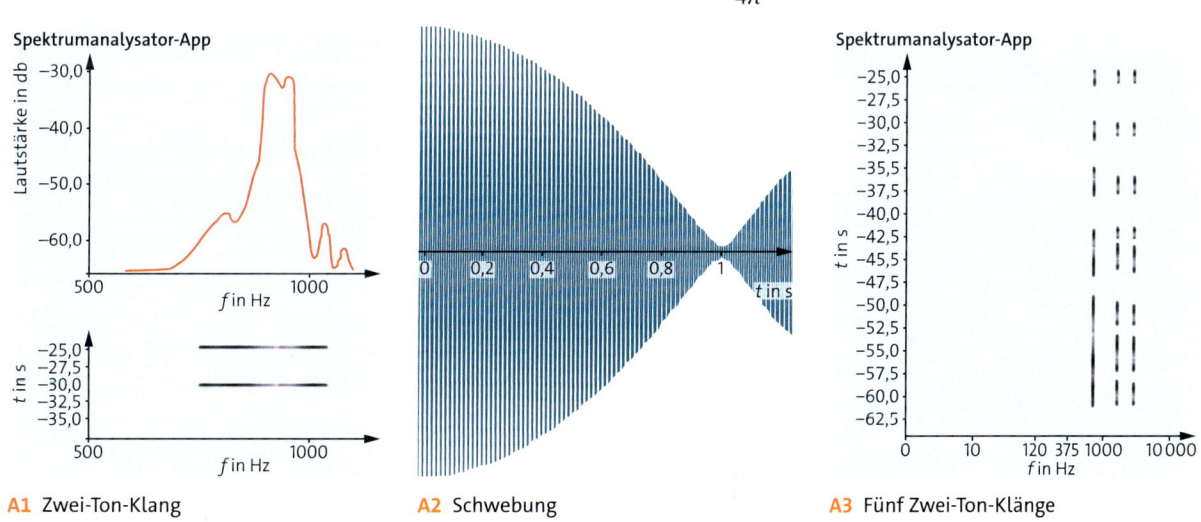

A1 Zwei-Ton-Klang

A2 Schwebung

A3 Fünf Zwei-Ton-Klänge

Material B • Zeit-Energie-Unbestimmtheitsrelation

HEISENBERG untersuchte die Energieunbestimmtheit ΔE eines Quantenobjektes. Die Messung der Energie E wurde über das Zeitintervall δt durchgeführt.

1. Ein Beispiel für eine solche Messung ist die Messung einer Photonenfrequenz f innerhalb der Beobachtungsdauer δt in der Radiotechnik. Begründen Sie.

2. Die Frequenz f eines Photons haben wir mit einer Unbestimmtheit $\Delta f = \frac{\delta f}{2}$ bestimmt. Nun sollen sich zwei Photonen mit den Frequenzen f_1 und $f_2 = f_1 + \delta f$ überlagern. Begründen Sie, dass wir erkennen können, dass zwei unterschiedliche Photonen überlagert wurden.

3. Umgekehrt gilt auch: Wenn wir bei der Überlagerung von zwei Photonen mit Frequenzen f_1 und $f_2 = f_1 + \delta f$ erkennen, dass zwei unterschiedliche Photonen überlagert wurden, dann ist die Unbestimmtheit der Frequenzmessung höchstens δf. Erläutern Sie.

4. Die Überlagerung von zwei Photonen mit Frequenzen f_1 und f_2 hat Wellenzüge wie ein Zwei-Ton-Klang.
   a. Erläutern Sie.
   b. Beim Zwei-Ton-Klang gilt die Unbestimmtheitsrelation $\Delta t \cdot \Delta f \geq \frac{1}{4\pi}$. Begründen Sie, dass für die Messung der Energie eines Photons in einem Zeitintervall $\delta t = 2 \cdot \Delta t$ die folgende Unbestimmtheitsrelation für Zeit und Energie gilt:
   $\Delta t \cdot \Delta E \geq \frac{h}{4\pi}$.

6.9 Welcher-Weg-Information und Interferenz

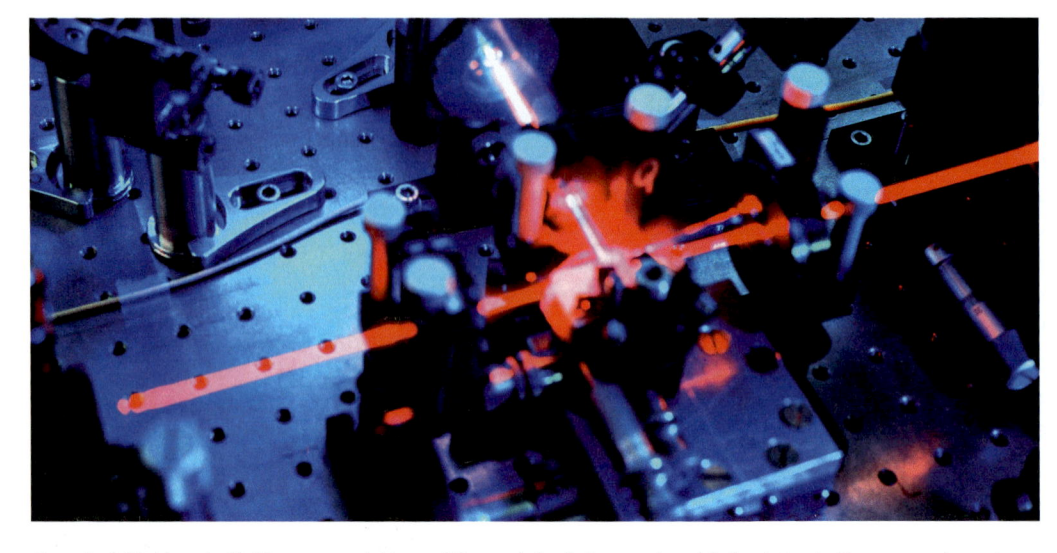

1 Experimente mit Laserstrahlen zur Untersuchung der Eigenschaften von Photonen

Quantenobjekte wie Elektronen und Atome können interferieren, obwohl sie stets als Ganzes nachgewiesen werden. Wie ist das bei Photonen?

2 50-%-Strahteiler

Licht und einzelne Photonen am Strahlteiler • Trifft Licht, z. B. von einem Laser auf eine schräggestellte Glasscheibe, wird ein Teil reflektiert und der Rest durchgelassen (▶ 2). Die Glasscheibe hat die Funktion eines **Strahlteilers**. Durch eine spezielle Beschichtung kann man dabei erreichen, dass genau 50 % des Lichts reflektiert und der Rest durchgelassen (transmittiert) wird.

Das Laserlicht kann man sich dabei auch aus einer sehr großen Anzahl Photonen bestehend vorstellen. Diese haben dabei einige übereinstimmende Eigenschaften, z. B. die Wellenlänge und Polarisationsrichtung bei den Laserphotonen.

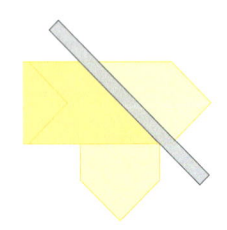

Photonen sind Quantenobjekte. Dadurch, dass die Photonen kohärent vom Laser ausgehen und auf den Strahlteiler treffen, ist ein gemeinsamer **Zustand** dieser kohärenten Quantenobjekte festgelegt oder präpariert – in diesem Fall z. B. der Ort (am Strahlteiler). Die **Präparation** dieses Zustands ist wichtig, da man so zu Beginn eines Versuchs sicherstellt, dass der Quantenzustand die für den Versuch relevanten Eigenschaften hat.

Die Beobachtung könnte man dann so deuten, dass 50 % der Photonen zufällig am Strahlteiler reflektiert werden und 50 % den Strahlteiler passieren oder auch so, dass sich der Quantenzustand am Strahlteiler auf beiden möglichen Wegen weiter ausbreitet.

Koinzidenzmethode • Was geschieht eigentlich, wenn ein einzelnes Photon auf den Strahlteiler trifft? Da man es dort nicht direkt beobachten kann, positioniert man zwei Detektoren 1 und 2 in die möglichen Wege des Photons und führt eine **Koinzidenzmessung** durch (▶ 3). Bei einer Koinzidenzmessung verwendet man eine Schaltung, die nur dann ein Ausgangssignal liefert, wenn an beiden Eingängen gleichzeitig ein Signal ankommt.

Da beim Laser zeitgleich sehr viele Photonen am Strahlteiler sind, muss man den Versuch mit einer Quelle für Einzelphotonen durchführen. Die Messung zeigt, dass ein einzelnes Photon nicht gleichzeitig beide Detektoren auslöst, z. B. durch das Entstehen zweier neuer Photonen am Strahlteiler. Man sagt, es besteht keine **Koinzidenz**.

Stattdessen weist entweder Detektor 1 oder Detektor 2 jeweils das Photon nach – und zwar zufällig mit einer Wahrscheinlichkeit von 50 %.

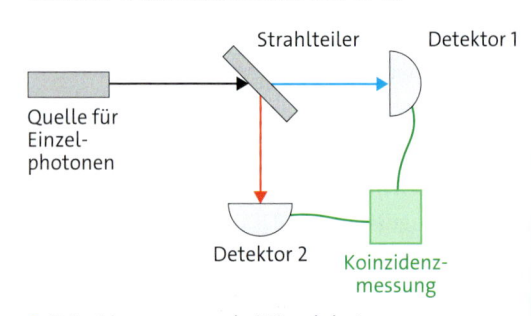

3 Koinzidenzmessung bei Einzelphotonen

Quantenobjekte • Welcher-Weg-Information und Interferenz

Mach-Zehnder-Interferometer • Das Ergebnis könnte man isoliert so deuten, dass sich das Photon (zufällig) entweder auf dem durchgelassenen oder auf dem reflektierten Weg befindet. Wie kann das Photon dann aber Interferenz, z. B. beim Doppelspaltversuch, verursachen?

Um das zu untersuchen, erweitern wir den Aufbau zu einem Mach-Zehnder-Interferometer (▶4) und nutzen als Lichtquelle zunächst wieder einen Laser. Im Wellenmodell fällt das Licht auf den Strahlteiler und wird in zwei Teilwellen aufgespalten. Mithilfe zweier Spiegel werden die beiden Teilwellen dann auf einen zweiten Strahlteiler gelenkt. Wir setzen voraus, dass die vier Wege: Weg 1A und 1B zu Schirm 1 und Weg 2A und 2B zu Schirm 2 gleich lang sind (▶4). Auf den beiden Schirmen kommt es dann jeweils zur Interferenz der beiden Teilwellen, wobei sich die Interferenzmuster unterscheiden (▶5).

Interferenzen • Das Zentrum der kreisförmigen Interferenzmuster ist bei Schirm 1 hell und bei Schirm 2 dunkel (▶5).

Ersetzen wir die Schirme durch Belichtungsmesser, die nur auf die Mitte ausgerichtet sind und kein Streulicht erfassen, zeigt Belichtungsmesser 1 in der Mitte immer eine hohe Intensität an, d. h. die Interferenz ist hier konstruktiv. Bei Belichtungsmesser 2 tritt in der Mitte destruktive Interferenz auf. Dieser zeigt die Intensität null an.

Die Teilwellen, die bei Belichtungsmesser 1 interferieren, schwingen in Phase. Die bei Belichtungsmesser 2 interferierenden Teilwellen haben hingegen durch den Versuchsaufbau eine Phasendifferenz bzw. einen Gangunterschied von einer halben Wellenlänge, wodurch sich Wellentäler und Wellenberge gegenseitig auslöschen. Aus diesem Grund zeigt der Belichtungsmesser 2 die Intensität null an.

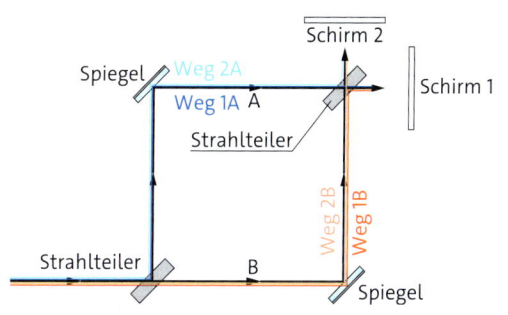

Analyse der Interferenzbedingungen • Obwohl im Mach-Zehnder-Interferometer die beiden möglichen Wege von der Quelle zu Belichtungsmesser/Schirm 2 gleich sind, gibt es einen Gangunterschied zwischen beiden Teilwellen. Die Teilwelle, die den unteren Weg 2B nimmt, wird nur einmal am Spiegel 2 reflektiert und an den beiden Strahlteilern durchgelassen (▶4). Die Teilwelle, die den oberen Weg 2A nimmt, wird hingegen insgesamt dreimal reflektiert – einmal an Spiegel 1 und an beiden Strahlteilern.

Hierbei tritt bei jeder Reflexion an den verwendeten Strahlteilern eine Phasenverschiebung von $\frac{\pi}{2}$ bzw. ein Gangunterschied von $\frac{\lambda}{4}$ auf. Dies ist durch das Bauteil bedingt. Der Gangunterschied bei der Reflexion am Spiegel beträgt $\frac{\lambda}{2}$. Die Teilwelle auf Weg 2B hat demnach einen Gangunterschied von $\frac{\lambda}{2}$. Die drei Reflexionen auf Weg 2A ergeben einen Gangunterschied von:

$$\frac{\lambda}{4} + \frac{\lambda}{2} + \frac{\lambda}{4} = \lambda.$$

Insgesamt ergibt sich zwischen den Teilwellen auf den Wegen 2A und 2B ein Gangunterschied von $\frac{\lambda}{2}$, wodurch am Belichtungsmesser 2 destruktive Interferenz zur Auslöschung der Teilwellen führt.

Bei den Teilwellen, die bei Belichtungsmesser 1 interferieren, gibt es keine Phasendifferenz bzw. einen Gangunterschied. Sowohl auf Weg 1A als auch auf Weg 1B wird das Licht jeweils an einem Spiegel und einem Strahlteiler reflektiert sowie am anderen Strahlteiler durchgelassen. Beide Lichtwege haben also die gleiche Phase und es kommt zur konstruktiven Interferenz.

> Das Mach-Zehnder-Interferometer ist so justiert, dass der eine Belichtungsmesser immer eine große Intensität misst und der andere aufgrund von Phasenunterschieden die Intensität null anzeigt.

1 ▢ Es gibt auch Strahlteiler, die z. B. 80 % des Lichts reflektieren und 20 % transmittieren. Erläutern Sie, welche Auswirkung die Nutzung eines solchen Strahlteilers auf den Versuchsausgang mit den Einzelphotonen hätte.
   a Bei Verwendung einer Koinzidenzschaltung.
   b Beim unabhängigen Aufnehmen der Zählraten an Detektor 1 bzw. 2.

Das Mach-Zehnder-Interferometer wurde 1891 von LUDWIG ZEHNDER und 1892 von LUDWIG MACH unabhängig voneinander entwickelt.

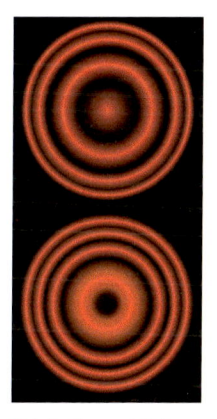

5 Interferenzbilder an Schirm 1 und Schirm 2, schematisch

Das Laserlicht wird wie beim Michelson-Interferometer mithilfe einer Linse aufgeweitet. Dadurch und durch Unterschiede der Weglängen erhält man das kreisförmige Interferenzmuster.

4 Mach-Zehnder-Interferometer

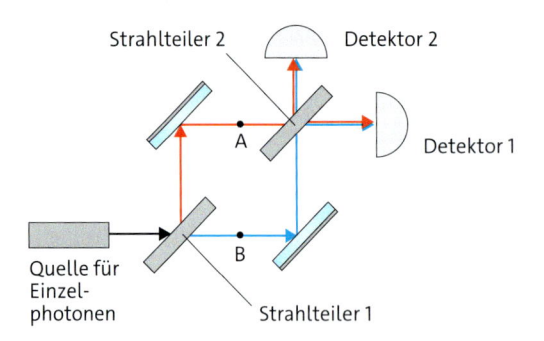

1 Mach-Zehnder-Interferometer für Einzelphotonen

Interferenz bei Einzelphotonen • Ersetzt man den Laser durch die Quelle für Einzelphotonen und die Belichtungsmesser durch Detektoren (▶1), ändert sich am prinzipiellen Ergebnis des Versuchs nichts: Obwohl sich nur ein einzelnes Photon im Mach-Zehnder-Interferometer befindet, wird dieses immer nur von Detektor 1 nachgewiesen. Detektor 2 spricht nicht an. Man erhält also auch bei einem Photon Interferenzerscheinungen wie bei stärkerer Lichtintensität. Die These aus dem Koinzidenzversuch, dass das Photon am Strahlteiler zufällig entweder Weg A oder Weg B nimmt, ist nicht mehr haltbar. Angenommen, das Photon würde sich wie ein (nicht interferierendes) klassisches Teilchen verhalten, dann müssten beide Detektoren in der Hälfte der Fälle ansprechen, weil jeder der Strahlteiler klassische Teilchen auf die Wege nach klassischer Wahrscheinlichkeit gleich verteilt. Das Ergebnis, dass nur Detektor 1 anspricht, ist mit der klassischen Teilchenvorstellung nicht erklärbar. Photonen sind jedoch Quantenobjekte. Sie können Welleneigenschaften aufweisen, aber auch Teilcheneigenschaften zeigen.

Polarisationsfilter • Durch Polarisationsfilter, die an Punkt A und B positioniert werden, sind die beiden Wege im Interferometer prinzipiell unterscheidbar. Stellt man die Polarisationsrichtungen bei A vertikal und bei B horizontal, verschwindet die Interferenz. In diesem Fall entspricht die Beobachtung tatsächlich der Erwartung, dass die Photonen entweder Weg A oder Weg B nehmen. Beide Detektoren weisen Photonen mit 50%iger Wahrscheinlichkeit nach.
Wenn man vor beide Detektoren je einen Polarisator positioniert, der 45° zu den anderen verdreht ist, tritt allerdings wieder Interferenz auf und nur noch Detektor 1 spricht an.

Zwei Ereignisse können sich nur dann beeinflussen, wenn sie nah genug stattfinden, dass zwischen ihnen Signale mit maximal Lichtgeschwindigkeit ausgetauscht werden können. Sie werden als nicht-lokal bezeichnet, wenn sie sich wegen der zu großen Entfernung nicht mehr beeinflussen können. Der Kollaps der Wellenfunktion eines Quantenobjektes erfolgt dagegen instantan und benötigt keine Ausbreitungsgeschwindigkeit, ist also nicht-lokal.

Die 45°-Polarisatoren löschen durch ihre 45°-Ausrichtung die Weginformation.
Es sind auch Übergänge zwischen eindeutiger Weginformation und keiner möglich, z. B. durch graduelles Verdrehen der Polarisatoren. Die Stellung der Polarisatoren verändert dann die Wahrscheinlichkeit für das Ansprechen der beiden Detektoren.

Komplementarität • Interferenz und Unterscheidbarkeit der Wege schließen sich gegenseitig aus, diese Eigenschaften sind zueinander komplementär, wie Ort und Impuls bei der Unbestimmtheitsrelation. Wie bei jedem Quantenobjekt wird der Zustand des Photons im Mach-Zehnder-Interferometer durch eine Wellenfunktion beschrieben. Sie ist dabei eine Superposition der zwei Anteile der Wellenfunktionen ψ_1 und ψ_2 für jeden der beiden möglichen Wege.
Wie im Wellenmodell des Lichts entsteht die Interferenz durch den Phasenunterschied zwischen den beiden Anteilen, wobei es in D1 zur konstruktiven Interferenz und in D2 zur destruktiven Interferenz kommt. Die Folge ist, dass die Wellenfunktion in D2 null und in D1 eins ist.
Wenn die Wellenfunktion eines Photons durch die Polarisatoren bei A und B kommt und man z. B. vor D1 einen vertikalen Polarisator stellt, dann hat ein bei D1 angezeigtes Photon den Weg durch A genommen. Bei D1 kann gar keine Interferenz mehr auftreten. Das passiert offensichtlich immer, wenn der Weg der Wellenfunktion eindeutig messbar ist. Man sagt: Es liegt Welcher-Weg-Information vor. Somit schließen Weginformation und Interferenz einander aus und sind somit komplementär.
Es bleibt Zufall, ob das Photon den Zustand ψ_1 (Weg A) oder den Zustand ψ_2 (Weg B) hat. Zum Messergebnis trägt also immer die Information des gesamten Systems bei. Wenn das System mehrere mögliche nicht unterscheidbare Wege enthält, erhalten wir andere Messergebnisse als bei einem System, bei dem die Wege z.B. durch Polarisatoren unterscheidbar sein könnten.
Quantenobjekte dagegen haben keine eindeutigen Wege, die Zustände sind nicht **lokalisiert.**

> Interferenz und Weginformation schließen sich gegenseitig aus. Die Interferenz entsteht durch die Überlagerung der Wellenfunktionen, die sich auf mehren Wegen ausbreitet und den Zustand des Photons beschreiben.

Ein erfolgreicher Versuch, den Ort eines Quantenobjekts zu bestimmen, macht die Beobachtung von Interferenz unmöglich, man kann nur das eine oder das andere beobachten.

Beispiel für Nichtlokalität • Solange wir nicht messen, auf welchem Weg sich das Photon im Mach-Zehnder-Interferometer befindet, ist das Photon delokalisiert. Sein Zustand setzt sich als Superposition der Wellenfunktionen für alle möglichen (klassischen) Wege zusammen, für die nur bestimmte Wahrscheinlichkeiten ermittelt werden können. Erst wenn wir das Photon durch einen Detektor nachweisen, erhalten wir eine sichere Angabe über seinen Ort im Detektor. Mit dem Eintreffen beim Detektor wird die Wahrscheinlichkeit an diesem Ort gleich 1, für alle anderen Orte gleich 0.

Dies geschieht auch dann, wenn die Orte der Detektoren sehr weit voneinander entfernt sind, wenn z. B. die Arme des Interferometers sehr lang sind, und wenn das Photon über einen entsprechend großen Raumbereich delokalisiert ist.
Auch dann wird, wenn Detektor 1 das Photon registriert, seine Nachweiswahrscheinlichkeit an Detektor 2 null – und zwar instantan, ohne Zeitverzögerung. Eine Messung an einem „Teil" der Wellenfunktion hat sofort Auswirkungen auf die gesamte Wellenfunktion des Photons. Auch dies ist ein Beispiel für **Nichtlokalität**.

Wechselwirkungsfreie Messung • AVSHALOM ELITZUR und LEV VAIDMAN haben folgendes Gedankenexperiment entwickelt: Eine „Superbombe", die schon durch ein einzelnes Photon zur Explosion gebracht werden kann, befindet sich in einem der beiden möglichen Wege im Mach-Zehnder-Interferometer. Mit der Bombe kann keine Interferenz mehr auftreten, denn zwischen den Strahlteilern existiert nur noch ein möglicher Weg, der andere ist durch die Bombe versperrt. Deshalb können nun beide Detektoren ansprechen.

Am Strahlteiler H1 wird die Wellenfunktion zu 50 % reflektiert und verursacht die Explosion der Bombe. Die anderen 50 % der Wellenfunktion werden bei H1 transmittiert und teilen sich bei H2 ohne Interferenz auf D1 und D2 auf. In 25 % aller Fälle wird ein Photon in D2 nachgewiesen.

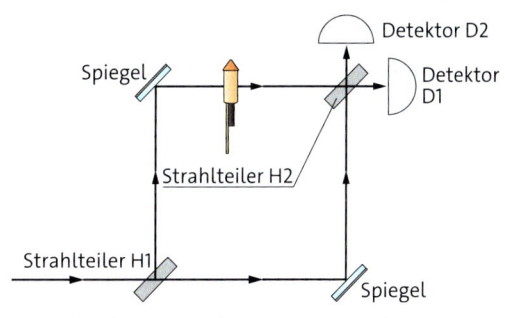

2 Mach-Zehnder-Interferometer mit Hindernis

Das Interessante an diesem Gedankenexperiment ist, dass man die Bombe nachweisen kann, ohne dass diese explodieren muss.
Wenn das Photon auf D1 trifft, liefert dies keine Information, ob eine Bombe da ist oder nicht, denn D1 spricht auch ohne Bombe aufgrund konstruktiver Interferenz an. Weist allerdings D2 ein Photon nach, kann das nur passieren, wenn ein Weg durch die Bombe blockiert ist.
In diesem Fall wurde eine „wechselwirkungsfreie Messung" durchgeführt. Allein die Anwesenheit des Hindernisses reicht aus, um den Ausgang des Versuchs zu ändern, ohne dass das Photon mit ihm in Wechselwirkung getreten ist.

In einem Laborversuch konnte 1994 die „wechselwirkungsfreie Messung" mit Einzelphotonen von einer Gruppe um ANTON ZEILINGER erstmals gezeigt werden. Im Experiment entspricht die Bombe einem dritten Detektor D3, wodurch für die Detektoren D1 und D2 wieder nur ein Weg existiert.
In der Hälfte der Fälle spricht, wie erwartet, D3 an, und in einem Viertel der Fälle gibt es keine Information, da das Photon von D1 nachgewiesen wird.
D2 registriert in einem Viertel aller Fälle ein Photon, wodurch auch klar ist, dass sich D3 im Interferometer befindet, ohne dass D3 selbst anspricht.
Wir haben gesehen, dass wir eine Bombe im Lichtweg auch dann nachweisen können, wenn sie gar nicht direkt vom Photon getroffen wird. Ein Eingreifen in die Lichtwege ändert also das Ergebnis.

1 Durch die Verwendung des Quantenradierers wird die Weginformation wieder gelöscht.
  a Erläutern Sie, dass es egal ist, ob der Radierer vor Detektor 1 oder 2 steht.
  b Begründen Sie, ob bei Verwendung von Laserlicht ein anderes Ergebnis entsteht.

2022 erhielt ANTON ZEILINGER gemeinsam mit seinen Kollegen ALAIN ASPECT und JOHN F. CLAUSER den Physik-Nobelpreis unter anderem für Experimente mit verschränkten Photonen.

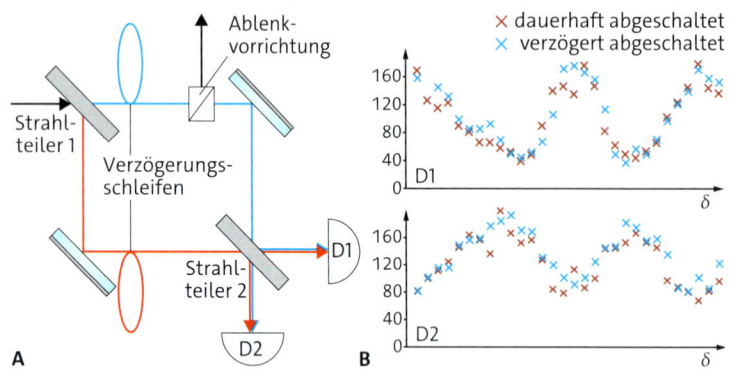

1 Delayed-Choice beim Mach-Zehnder-Interferometer: **A** schematischer Aufbau; **B** vergleichende Ergebnisse

Delayed Choice • Die Tatsache, dass einzelne Quantenobjekte mit sich selbst interferieren und dass dazu ihr Weg, z. B. im Mach-Zehnder-Interferometer nicht bestimmt sein darf, widerspricht allen alltäglichen Erfahrungen. Interferenz und die Weg-Information sind zwei komplementäre Eigenschaften, die sich gegenseitig ausschließen. Auch die wechselwirkungsfreie Messung, bei der das Photon von einer Bombe „weiß" und dadurch sein Verhalten ändert, ohne mit dieser zu wechselwirken, spricht gegen unsere Erfahrung.

Bei sogenannten Delayed-Choice-Experimenten (engl.: verzögerte Entscheidung oder nachträgliche Entscheidung) untersucht man, ob ein Quantenobjekt rückwirkend die Entscheidung „trifft", ob es einen bestimmten Weg im Interferometer nimmt oder sich doch im Überlagerungszustand befindet.

Ein reales Experiment • Untersucht wurde das mit einem veränderten Knaller-Test: In einem der Wege gibt es als Hindernis eine spezielle Vorrichtung. Sie dient dazu, das Photon aus dem Interferometer abzulenken. Diese Vorrichtung konnte dabei innerhalb weniger Nanosekunden ein- und ausgeschaltet werden. War sie eingeschaltet, konnten die Detektoren nur von Photonen auf dem freien Weg erreicht werden. War sie ausgeschaltet, stand das ganze Interferometer zur Verfügung.

Zu Beginn des Experiments war die Ablenkvorrichtung eingeschaltet – es gab also nur einen möglichen Weg für das Photon. Erst nachdem das Photon Strahlteiler 1 passierte, schaltete man sie aus, sodass beide Wege zum Strahlteiler frei waren. Hierzu benötigte man noch Verzögerungsschleifen aus je einem fünf Meter langen Glasfaserkabel. Sie verlän-

gerten die Interferometerarme, sodass genügend Zeit zur Abschaltung blieb.

Trotz dieser verzögernden Entscheidung kam es zur Interferenz. Die Werte bei der Delayed-Choice-Variante des Experiments (▶ **1B**, **blaue Kreuze**), stimmen mit den Ergebnissen des Experiments, bei denen die Vorrichtung die ganz Zeit abgeschaltet war (▶ **1B**, **rote Kreuze**) gut überein.

Das belegt noch einmal deutlich: Das Photon ist auch beim einfachen Strahlteiler in einem Überlagerungszustand aus „reflektiert" und „durchgelassen". Erst durch die Messung durch einen der beiden Detektoren wird aus dieser Superposition ein eindeutiger Zustand. Das wurde in sämtlichen Varianten solcher Delayed-Choice-Experimente immer wieder nachgewiesen.

Der Zustand eines Quantenobjekts ist immer eine Superposition aus allen möglichen Wellenfunktionsanteilen aller möglichen Wege. Das Messergebnis am Detektor ist daher deterministisch wie die Interferenz am Mach-Zehnder-Interferometer oder zufällig wie bei der Koinzidenzmessung an Einzelphotonen. Dies widerspricht unserer klassischen Vorstellung.

> Photonen sind Quantenobjekte:
> – Sie werden als Ganzes detektiert.
> – Der Ort der Detektion ist abhängig vom Versuch deterministisch oder zufällig.
> – Sie zeigen Interferenz.

Alle Grundgesetze der Physik sind kausal: Die Wirkung einer Ursache kann nur in der Zukunft liegen. Das gilt sogar bei der überlichtschnellen Fernwirkung (▶ **S. 296–297**). Die Veränderung eines Versuchsaufbaus zwischen Präparation und Messung hat keinen Einfluss auf die Vergangenheit.

Kausalität bedeutet, dass eine Ursache (hier der Einbau des zweiten Strahlteilers) nur solche Wirkungen auf das System haben kann, die in der Zukunft liegen.

1 a ▪ Erklären Sie den gegenläufigen Verlauf der beiden Diagramme für beide Detektoren (▶ **1B**).

b ▪ Erklären Sie, wie die Diagramme aussähen, wenn das Photon durch das verzögerte Abschalten beim Strahlteiler entweder durchgelassen oder reflektiert worden wäre (▶ **1B**).

Blickpunkt

Erzeugung von Einzelphotonen durch parametrische Fluoreszenz

Selbst aus einer „normalen" Lichtquelle, deren Leuchten man nicht mehr wahrnehmen kann, tritt immer noch eine unvorstellbare Anzahl an Photonen gleichzeitig aus. Um Experimente mit einzelnen Photonen durchzuführen, reicht es nicht aus, das Licht mit Filtern abzuschwächen, bis nur noch einzelne Photonen übrig bleiben. Man benötigt eine spezielle Quelle für Einzelphotonen.

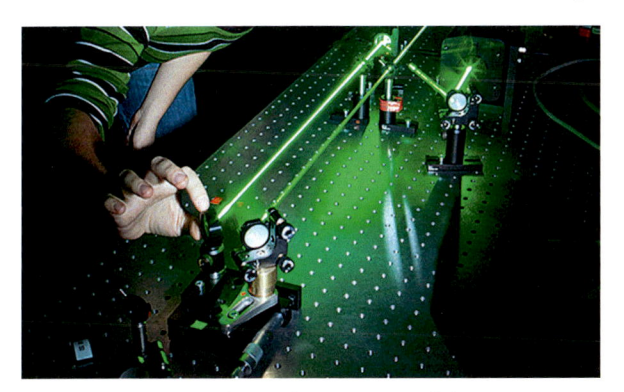

2 Justage einer Versuchsanordnung mit Laserlicht

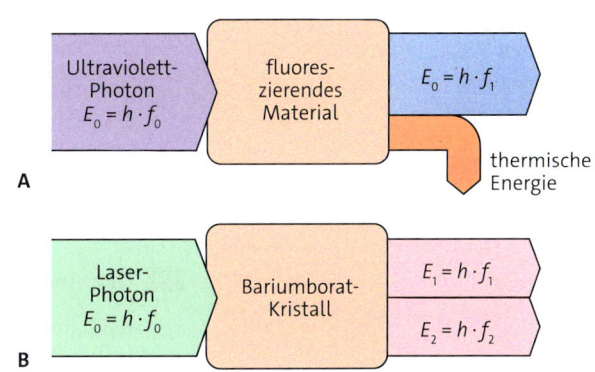

3 Photonenbildung bei Fluoreszenz: **A** normal; **B** parametrisch

Photonen-Bunching • Filter, die die Intensität einer Lichtquelle stark genug reduzieren, können nicht zuverlässig Einzelphotonen für ein Experiment bereitstellen. Man hat festgestellt, dass bei einem Filter häufig entweder mehrere Photonen auf einmal absorbiert oder in Gruppen gemeinsam durchgelassen werden. Dieses gehäufte Auftreten ist tatsächlich typisch für Photonen. Man nennt es **Bunching**. Um es zu vermeiden, benötigt man einen Vorgang, bei dem von Anfang an nur ein einzelnes Photon getrennt von anderen emittiert wird. Eine Möglichkeit hierfür ist die sogenannte **parametrische Fluoreszenz**.

Parametrische Fluoreszenz • Wenn ein Ultraviolett-Photon von einem fluoreszierenden Stoff absorbiert wird, dann wird ein Teil seiner Energie zur Emission eines Photons im sichtbaren Bereich genutzt (▶ 3A). Das ist möglich, weil das Ultraviolett-Photon eine höhere Frequenz und damit eine größere Energie hat als das Photon im sichtbaren Bereich. Der Rest der Energie wird thermisch an die Umgebung abgegeben.
Die normale Fluoreszenz verwendet man z. B. zum Überprüfen von Geldscheinen.

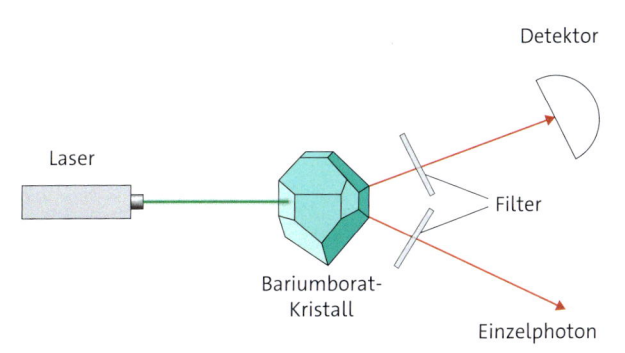

4 Erzeugung von Einzelphotonen (schematische Darstellung)

Die parametrische Fluoreszenz nutzt die Energie E_0 des absorbierten Photons komplett, um zwei neue Photonen zu erzeugen (▶ 3B). Aufgrund der Energieerhaltung gilt für die Energie E_1 und E_2 der beiden emittierten Photonen $E_0 = E_1 + E_2$. Wegen des Zusammenhangs $E = h \cdot f$ folgt auch für die Frequenz der beteiligten Photonen: $f_0 = f_1 + f_2$.

Damit es zur parametrischen Fluoreszenz kommt, muss ein Laser mit geeigneter Frequenz in einem bestimmten Winkel auf einen speziellen Kristall (z. B. einen Bariumborat-Kristall) strahlen. Die beiden entstehenden Photonen werden in zwei unterschiedliche Richtungen emittiert (▶ 4). Dadurch wird das Bunching vermieden. Man kann erreichen, dass die beiden emittierten Photonen jeweils die halbe Frequenz des absorbierten Lichts haben. Durch Filter, die nur Photonen entsprechender Frequenz durchlassen, stellt man sicher, dass nur solche Paare weiterverwendet werden.

Sicher ein Einzelphoton • Woher weiß man nun sicher, dass es sich um einzelne Photonen handelt? Wenn mehrere Photonen gleichzeitig bei einem Detektor ankommen, geben sie ein Vielfaches der Energie eines Einzelphotons ab. Moderne Detektoren unterscheiden dies zuverlässig. Wenn der Detektor also ein Einzelphoton nachweist, verlässt das andere Einzelphoton die Anordnung. Damit hat man eine Quelle für einzelne Photonen, mit denen man experimentieren kann. Zudem lässt sich mit einer Koinzidenzschaltung sicher nachweisen, dass der Versuchsaufbau Einzelphotonen erzeugt.

1 ▱ Auf den ersten Blick verhält sich das einfallende Photon bei der parametrischen Fluoreszenz sehr ähnlich wie bei einem Strahlteiler. Erläutern Sie die Unterschiede.

Material

Versuch A • Mach-Zehnder-Interferometer

V1 Wege im Interferometer

Materialien: Simulationsprogramm für ein Mach-Zehnder-Interferometer

Arbeitsauftrag:

– Beschreiben Sie, bevor Sie die Simulation nutzen, für alle vier möglichen Wege durch das Interferometer vom Eingang zu einem der Schirme (▶1) die Summe der Phasensprünge. Notieren Sie die Phasensprünge in einer Tabelle.
– Erklären Sie, zu welcher Art von Interferenz es auf den Schirmen kommt, wenn man für alle 4 Wege von identischen Weglängen ausgeht.
– Überprüfen Sie mithilfe des Simulationsprogramms Ihre Erklärung. Messen Sie dazu die Orte der Maxima. Ermitteln Sie diese Orte auch theoretisch. Vergleichen Sie.

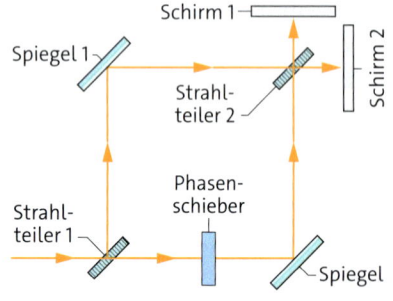

V2 Interferometer mit Phasenschieber

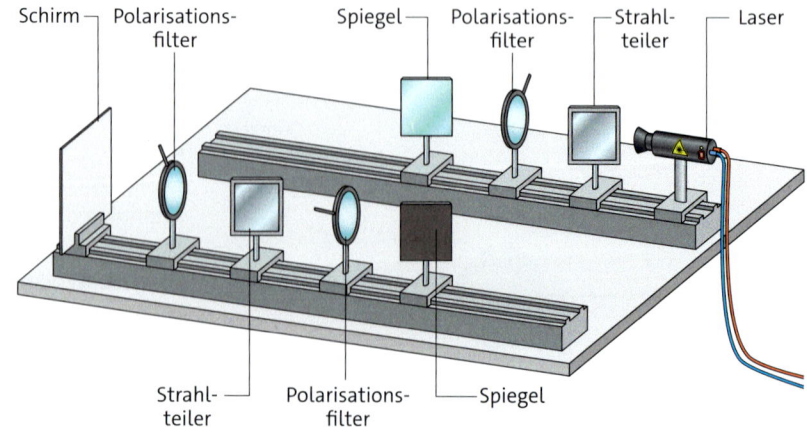

Materialien: Simulationsprogramm für ein Mach-Zehnder-Interferometer mit drei unterschiedlichen Phasenschiebern

Ein Phasenschieber kann die Phase elektromagnetischer Wellen ändern.

Arbeitsauftrag:

– Betrachten Sie die Situation in ▶1. Wählen Sie drei unterschiedliche Phasenschieber, die Ihnen das Programm anbietet. Beschreiben Sie für alle vier möglichen Wege durch das Interferometer vom Eingang zu einem der beiden Schirme die Summe der Phasensprünge unter Verwendung der drei Phasenschieber und notieren Sie diese in einer geeigneten Tabelle.
– Begründen Sie, zu welcher Art von Interferenz es auf den Schirmen kommt, wenn Sie für alle 4 Wege von identischen Weglängen ausgehen.
– Untersuchen Sie in Simulationen, ob durch die Einstellung der Phasenschieber zu erreichen ist, dass beide Schirme das gleiche Interferenzbild zeigen.
– Begründen Sie ihr Ergebnis mit den Phasensprüngen für alle vier möglichen Wege durch das Interferometer.
– Untersuchen Sie mithilfe von Simulationen das Verhalten von Photonen im Interferometer und vergleichen Sie Ihre Ergebnisse.

V3 Quantenradierer

Materialien: Simulationsprogramm für ein Mach-Zehnder-Interferometer mit Polarisationsfiltern

Nach dem Durchgang durch einen Polarisationsfilter besitzt der Photonenzustand dessen Polarisationsrichtung. Trifft dieser polarisierte Photonenzustand auf einen weiteren Polarisationsfilter, dessen Polarisationsrichtung um einen Winkel φ relativ zu der des Photons gedreht ist, so wird das einzelne Photon mit einer Wahrscheinlichkeit von $p = (\cos\varphi)^2$ hindurchgelassen: $\varphi = 0 \Rightarrow p = 1$; $\varphi = 45° \Rightarrow p = \frac{1}{2}$; $\varphi = 90° \Rightarrow p = 0$.

Arbeitsauftrag:

– Betrachten Sie die Situation in ▶2. Überlegen Sie zuerst, wie viele mögliche Wege durch das Interferometer vom Laser zum Schirm das Photon im klassischen Teilchenbild hätte.
– Führen Sie eine entsprechende Simulation mit vielen Photonen durch. Notieren Sie, ob es zu Interferenz gekommen ist und deuten Sie den Zusammenhang zwischen der Anzahl der Wege und dem Auftreten von Interferenz.
– Untersuchen Sie für verschiedene Einstellungen der drei Polarisationsfilter die Interferenzbilder. Überlegen Sie zunächst, wie sich das Versuchsergebnis ändern sollte, wenn der Polarisationsfilter vor dem Schirm entfernt wird. Führen Sie zur Überprüfung die Simulation dazu durch. Deuten Sie das Ergebnis.
– Stellen Sie eine begründete Hypothese auf, wie der Polarisationsfilter vor dem Schirm in Bezug auf die anderen Polarisationsfilter eingestellt werden muss, damit er wie ein Quantenradierer wirkt.

1 Interferometer mit Phasenschieber

2 Mach-Zehnder-Interferometer mit Polarisationsfiltern

Material A • Ein Interferometer für Neutronen

Ein Interferometer für Neutronen besteht aus einem dreiwandigen Silicium-Einkristall (▶ A1A). Durch die regelmäßige Kristallstruktur interferieren die Neutronen, wenn sie darauf treffen. Dabei wirkt jede Wand wie ein Strahlteiler (▶ A1B). In ▶ A1B sieht man vereinfacht die möglichen Wege der Neutronen zu zwei Detektoren X und Y.

1 ☐ Vergleichen Sie den Aufbau des Neutronen-Interferometers mit dem eines Mach-Zehnder-Interferometers.

2 ◪ Begründen Sie, dass im Teilchenmodell die Nachweiswahrscheinlichkeiten $P(X)$ und $P(Y)$ an den Detektoren jeweils 25 % betragen.

3 ◪ Gemessen wurde aber $P(Y) = 50\,\%$ und $P(X) = 0\,\%$. Entwickeln Sie eine mögliche Erklärung, die mit der Beobachtung übereinstimmt.

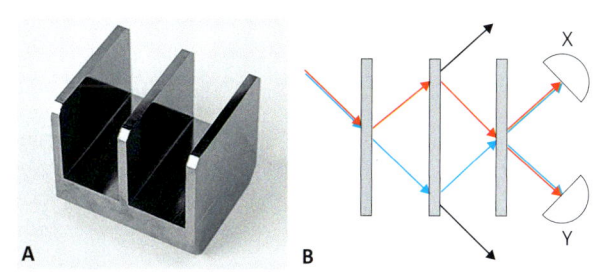

A1 Neutroneninterferometer: **A** Bild; **B** mögliche Wege

Material B • Quantenradierer am Doppelspalt

Ein Doppelspalt, hinter dem sich ein Bariumborat-Kristall befindet, wird mit Einzelphotonen beschossen. Trifft das Photon auf diesen Kristall, können aus ihm zwei verschränkte Photonen erzeugt werden. Während eins dieser verschränkten Photonen zu Detektor D_0 läuft, kann das andere Photon von einem der Detektoren D_1 bis D_4 registriert werden (▶ B1). Um das Signal des verschränkten Photons aus D_0 dem jeweiligen Signal von D_1 bis D_4 zuzuordnen, werden jeweils die Zeitpunkte der Signalerfassung mit aufgezeichnet. Da zwischen Detektor D_0 und den Detektoren D_1 bis D_4 jeweils 8 ns Laufzeitunterschied besteht, ist das nachträglich möglich. In ▶ B2A sind die Signale von D_0 gezeigt, die zu D_1 bzw. D_2 gehören. In ▶ B2B sind nur die Signale von D_0 gezeigt, die zu verschränkten Photonen bei D_3 gehören.

1 ◪ Beschreiben Sie den Aufbau in eigenen Worten. Erläutern Sie die Funktion der einzelnen Bauteile und gehen Sie auf die unterschiedlichen Möglichkeiten ein, wie ein Photon zu den Detektoren D_1 bis D_4 gelangen kann.

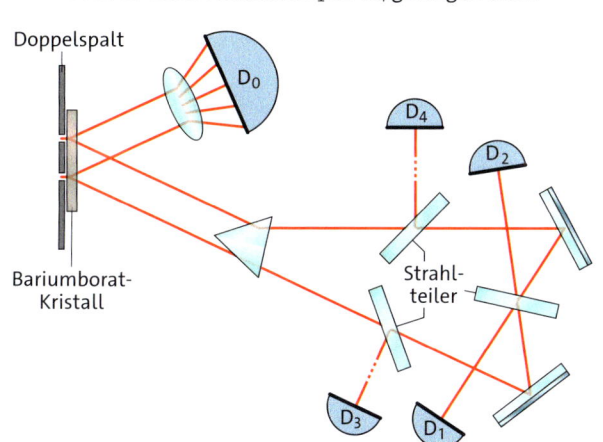

2 ◪ Die aufgenommenen Nachweisorte der Photonen von D_0 unterscheiden sich deutlich, je nachdem, ob die mit ihnen verschränkten Partnerphotonen bei D_1 bzw. D_2 oder bei D_3 registriert wurden (▶ B2).
a Beschreiben Sie die beiden Diagramme in ▶ B2.
b Begründen Sie, dass für D_3 bzw. D_4 eine Welcher-Weg-Information für das Photon vorliegt, bei D_1 und D_2 aber nicht. Ordnen Sie die Diagramme entsprechend zu.
c Erklären Sie, dass der Versuchsausgang ein Beleg für Komplementarität ist.

3 ◪ Der Versuchsaufbau ist so gestaltet, dass das Photon an D_0 registriert wird, bevor das mit ihm verschränkte Photon einen der beiden ersten Strahlteiler erreicht.
a Erläutern Sie den Begriff „Delayed Choice-Experiment" und entscheiden Sie, ob es sich bei diesem Experiment um ein Delayed Choice-Experiment handelt.
b ◪ Erläutern Sie, was ein Quantenradierer ist und welcher Teil des Versuchsaufbaus diese Funktion erfüllt.

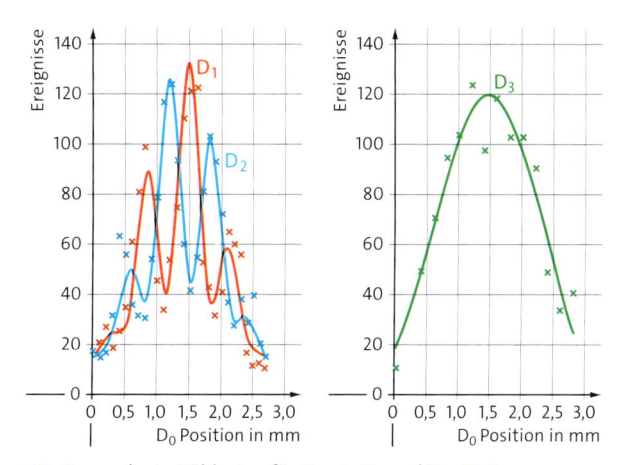

B1 Aufbau Doppelspaltversuch mit verschränkten Photonen

B2 Zugeordnete Zählraten für D_0: **A** D_1 und D_2; **B** D_3

6.10 Anwendungen der Quantenphysik

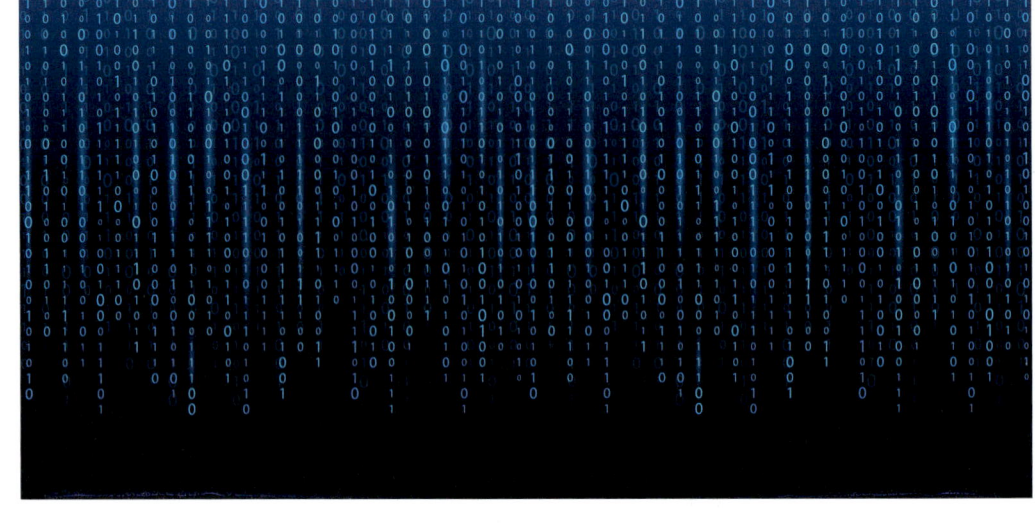

1 Quantenkryptografie gegen Cyberkriminalität

Quantenkryptografie soll eine abhörsichere Datenübertragung ermöglichen. Doch wie nutzt man die Quantenphysik, damit niemand unbemerkt auf die Datenübertragung zugreift?

Quantenkryptografie • Um den Zugriff bei einer Übertragung von Daten zwischen Sender und Empfängers zu verhindern, können diese vor der Übertragung verschlüsselt werden.
Damit der Empfänger die Daten lesen kann, muss er aber im Besitz des Schlüssels sein, mit dem die Daten verschlüsselt wurden. Der Schlüssel wird dabei z. B. über eine separate geheime Leitung ausgetauscht. Nur solange der zugehörige Schlüssel geheim ist und nicht abgefangen wurde, sind die Daten aber vor dem Zugriff Dritter geschützt. Echte Sicherheit würde eine Leitung bieten, die nicht unbemerkt abgehört werden kann.

Abhören fällt auf • Nutzt man zur Übertragung des Schlüssels ein Mach-Zehnder-Interferometer kann ein Abhören nicht mehr unbemerkt bleiben. Beim Experiment mit der „Superbombe", konnte man anhand der Ergebnisse an den Detektoren 1 und 2 auch wechselwirkungsfrei nachweisen, ob sich ein dritter Detektor in einem der möglichen Übertragungswege befindet.

Im Prinzip könnte die Übertragung so funktionieren: Alice möchte eine verschlüsselte Botschaft an Bob senden. Sie schickt den Schlüssel über ein Mach-Zehnder-Interferometer an ihn. Solange niemand mithört, gelangt der Schlüssel immer in den Detektor D1.

Wenn in keinem der Detektoren ein Photon ankommt, weiß Bob nicht sicher, ob es abgefangen oder nur absorbiert wurde – also vielleicht verloren gegangen ist. Sobald D2 aber auch anspricht, kann er jedoch sicher sein, dass in den Versuchsaufbau eingegriffen wurde. Der Versuch des Lauschangriffs ist entdeckt, obwohl keine Daten abgefangen wurden, und Alice muss Bob einen neuen Schlüssel schicken.

Da eine Botschaft immer mit sehr vielen Photonen übermittelt wird, wird bei einem Abhörversuch D2 irgendwann ansprechen. Spricht er nicht an, wurde mit hoher Wahrscheinlichkeit auch nicht abgehört. Dann kann Bob sicher sein, dass nur er den Schlüssel von Alice empfangen hat und nur die beiden den Inhalt ihrer Nachricht kennen.

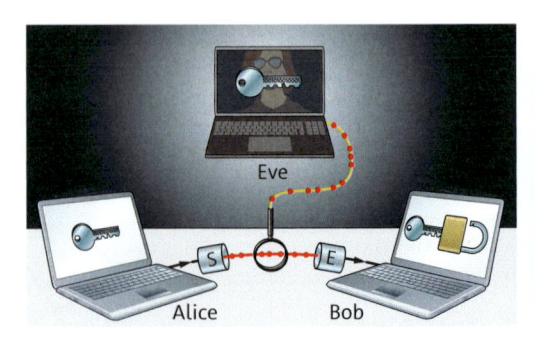

2 Prinzip des Schlüsselaustauschs zwischen Sender (Alice) und Empfänger (Bob) mit Abhörversuch durch einen Dritten (Eve)

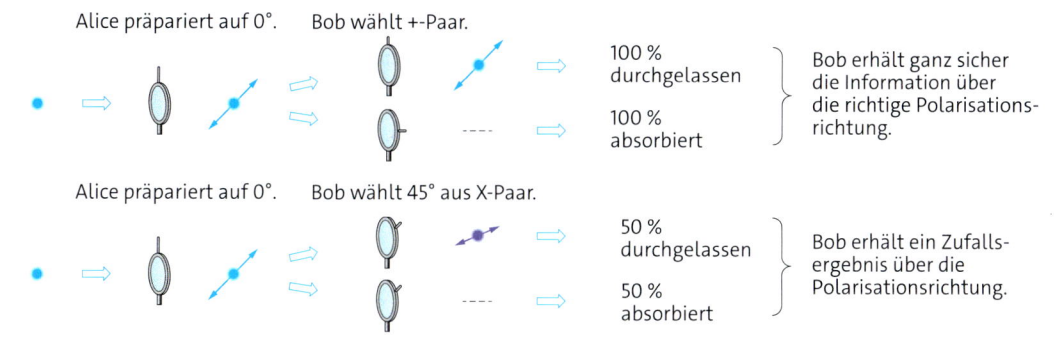

3 Präparation und Messung: Einzelphoton wird auf Polarisation 0° präpariert. Trifft es anschließend auf einen 0°- bzw. 90°-Filter, erhält man ein sicheres Ergebnis. Bei einem 45°-Filter erhält man ein zufälliges Ergebnis.

Verschlüsselung • Damit man überhaupt Informationen übertragen kann, reicht es aber nicht aus, einfach nur Photonen zu verschicken. Die Photonen müssen sich z. B. in ihrer Polarisationsrichtung unterscheiden, damit man daraus eine Nachricht generieren kann. Eine Möglichkeit den Schlüssel zu übertragen, bietet das folgende Verfahren.
Dabei werden einzelne Photonen mit unterschiedlichen Polarisationsrichtungen genutzt. Es werden vier lineare Polarisationszustände zur Übertragung verwendet: −45°, 0°, +45° und 90°. Dabei stehen in unserem Beispiel die Richtungen 0° und +45° für ein Bit mit dem Wert 1 und −45° und 90° für ein Bit mit dem Wert 0.

Die für die Messung und Präparation benötigten vier Polarisationsfilter werden dabei in zwei Paare eingeteilt: Der horizontale Filter für 90° und der vertikale für 0° bilden das +-Paar. Die Filter für +45° und −45° bilden das X-Paar.

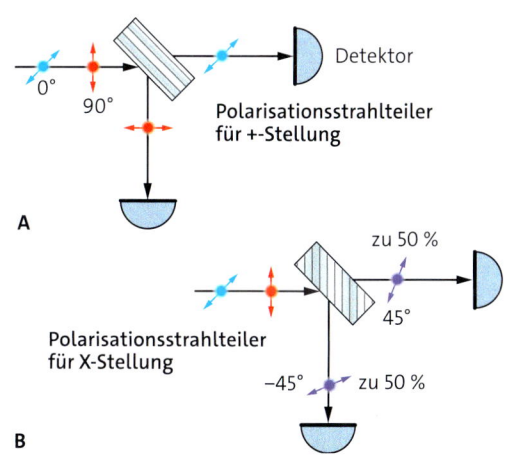

4 Polarisationsstrahlteiler: **A** sicheres Ergebnis bei gleicher; **B** Zufallsergebnis bei ungleicher Paarwahl

Präparation • Um den Schlüssel zu erstellen, präpariert Alice einzelne Photonen zufällig in eine der vier Polarisationsrichtungen, indem sie den Filter auf die entsprechende Stellung bringt. Sie muss sich dabei das zur Polarisationsrichtung passende Bit (0 oder 1) und das Paar notieren, aus dem sie ihre Filterstellung gewählt hat (+-Paar oder X-Paar). Hat Alice sich z. B. für die 0°-Richtung entschieden, notiert sie 1 und +, da sie den vertikalen Filter verwendet hat (▶ 3).
Bob kennt Alice' Wahl nicht und stellt beim Empfang seinen Polarisator zufällig in eine Position. Wählt er eine der beiden Stellungen aus dem +-Paar, dann erhält er ganz sicher die Information, dass das Photon 0° polarisiert war. Er notiert sich 1 und +.
Wenn Bob eine Stellung aus dem X-Paar zur Messung wählt, ist es egal, ob er mit +45° oder −45° misst. Die Wahrscheinlichkeit liegt für beide Stellungen bei 50 %, dass das Photon absorbiert oder durchgelassen wird. Er erhält dann ein zufälliges Ergebnis (▶ 3), dass in 50 % der Fälle den Wert 1 und in 50 % der Fälle den Wert 0 ergibt. D. h., nur wenn Bob und Alice eine Filterstellung aus dem gleichen Paar wählen, erhält Bob die sichere Information über den Wert von Alice' Photon.
Dies wiederholen Alice und Bob so lange, bis sie eine Folge von Nullen und Einsen erzeugt haben.
Um Übertragungsfehler zu minimieren, kann Bob einen Polarisationsstrahlteiler nutzen. So kann Bob sein Ergebnis an einem von zwei Detektoren ablesen. (▶ 4). Wenn in keinem der Detektoren ein Photon ankommt, weiß Bob, dass es absorbiert wurde.
Wenn er mit nur einem Polarisationsfilter messen würde, kann er nicht sicher sein, ob das Photon durch den Polarisationsfilter, oder schon vorher in der Versuchsapparatur absorbiert wurde.

Photon-Nr.	1	2	3	4	5	6	7	8
A stellt ein	+45°	90°	90°	+45°	−45°	0°	0°	90°
A notiert	x|1	+|0	+|0	x|1	x|0	+|1	+|1	+|0
B wählt	x	+	x	x	+	x	+	x
B misst	1	0	1	1	0	0	1	0

1 Alice (A) sendet zufällig polarisierte Photonen und Bob (B) misst mit zufällig gewählter Polarisatorstellung.

Photon-Nr.	1	2	3	4	5	6	7	8
A stellt ein	+45°	90°	90°	+45°	−45°	0°	0°	90°
A notiert	x|1	+|0	+|0	x|1	x|0	+|1	+|1	+|0
E wählt	x	x	+	+	x	x	x	+
E misst	1	0	0	0	0	0	1	0
E sendet	+45°	−45°	90°	90°	−45°	−45°	+45°	90°
B wählt	x	+	x	x	+	x	+	x
B misst	1	0	1	0	0	0	0	0

2 Eve (E) hört den Übertragungsweg ab.

Zufällige Auswahl des Paares • Abhörsicher ist die Übertragung wirklich nur dann, wenn sowohl Alice als auch Bob ihre Polarisationsrichtung zufällig und unabhängig voneinander wählen. Dabei nutzt man aus, dass die Wahrscheinlichkeiten für die beiden Messwerte (0 oder 1) an jeweils anderen Polarisatorenpaar zufällig und gleich sind. Sie erhalten nur dann sicher übereinstimmende Messwerte, wenn Alice und Bob für das jeweilige Photon eine Polarisatorstellung aus dem gleichen Paar nutzen.

Eine Übertragung von acht Photonen zeigt, dass in den Fällen, in denen beide das gleiche Paar nutzen, Bob sicher den gleichen Wert erhält (▶ **1**, Photon-Nr. 1, 2, 4 und 7). In den anderen Fällen ist das Ergebnis nur zu 50 % zufällig richtig (▶ **1**, Photon-Nr. 5 und 8, aber nicht 3 und 6). Um zum eigentlichen Schlüssel zu gelangen, tauschen Alice und Bob (ohne Geheimhaltung) jeweils die Reihenfolge ihrer Polarisatorenpaare aus, aber nicht ihre Messwerte.
Für den Schlüssel nutzen sie nur die Werte, bei denen sie das gleiche Paar verwendet haben. Der Schlüssel hätte in diesem einfachen Beispiel die Bitfolge: 1011.

Alice kann jetzt die eigentliche Nachricht mit dem Schlüssel codieren und Bob mit seinem identischen entschlüsseln.

Eve fällt auf • Was geschieht, wenn Eve „mithört"? Eve kann die Polarisationsrichtung nicht einfach feststellen, ohne selbst eine Messung vorzunehmen. Dabei gilt für sie das gleiche wie für Bob: Sie muss für jedes Photon eine Richtung für die Polarisationsmessung wählen. Wenn sie wie bei Photon-Nr. 1 (▶ **2**) aus dem gleichen Paar wie Alice wählt, kann sie unbemerkt bleiben. Sie erhält den richtigen Wert und kann ein gleich präpariertes Photon an Bob weitersenden. Bei Photon-Nr. 2 hat sie aus dem anderen Paar gewählt. Sie erhält jetzt ein zufälliges Ergebnis (0) und präpariert daher ein −45° polarisiertes Photon für Bob. Sein Ergebnis stimmt durch seine +-Paar-Wahl aber zufällig mit Alice' Wert überein.

Bei den Photonen 4 und 7 ist das nicht der Fall. Alice' und Bobs Schlüssel sind dann nicht mehr identisch! Um das zu verifizieren, kann Alice eine Testnachricht verschlüsseln und senden, die Bob mit dem falschen Schlüssel nicht entschlüsseln kann. Der Lauschangriff wurde so bemerkt und beide können über eine andere Leitung einen neuen Schlüssel austauschen.

Technische Realisierung • Bei der Realisierung des Schlüsselaustauschs mit Quantenkryptographie finden die Polarisationsmessungen automatisiert statt.
Schon 2016 wurden Quantenschlüssel per Satellit zwischen China und Österreich ausgetauscht.

> Durch Quantenkryptografie können Informationen abhörsicher übertragen werden. Dabei nutzt man die besonderen Eigenschaften von Quantenobjekten und die Zustandsänderung bei Messungen aus.

1 📝 Die Quantenkryptografie gilt nur unter bestimmten Bedingungen als abhörsicher.
  a Erläutern Sie, warum es wichtig ist, dass Alice bei einer Messung ihre Polarisationsrichtung zufällig auswählt.
  b Begründen Sie, dass auch Bob vor der Übertragung den endgültigen Schlüssel nicht kennt – selbst wenn er sich eine (zufällige) Bitfolge überlegt hat.

Material — Quantenobjekte • Anwendungen der Quantenphysik

Material A • Polarisationseigenschaften bei Einzelphotonen

Wenn ein Photon, das auf 0°-Polarisation präpariert ist, auf einen Polarisationsfilter mit Vorzugsrichtung φ trifft, beträgt die Wahrscheinlichkeit für „durchgelassen": $P(\varphi) = \cos^2(\varphi)$.

1 a ☐ Überprüfen Sie anhand der Formel, dass $P(\varphi)$ die richtigen Werte für $\varphi = 0°$, $\varphi = 45°$ und $\varphi = 90°$ liefert.
b ☐ Man lässt nacheinander 200 einzelne 0°-Photonen auf einen Polarisationsfilter mit $\varphi = 60°$ fallen. Beschreiben Sie, welche Versuchsergebnisse möglich und welche wahrscheinlich sind.

2 Einzelne Photonen mit 0°-Polarisation treffen zuerst auf einen Polarisationsfilter mit Vorzugsrichtung 45° und anschließend auf einen mit 90°.

a ☐ Bestimmen Sie die Wahrscheinlichkeit dafür, dass ein Photon durch den zweiten Filter „durchgelassen" wird.
b ✎ Wenn ein 0°-Photon direkt auf einen 90°-Filter trifft, wird es mit Sicherheit absorbiert. Erklären Sie, wieso der 45°-Filter die Wahrscheinlichkeit für „durchgelassen" erhöht.

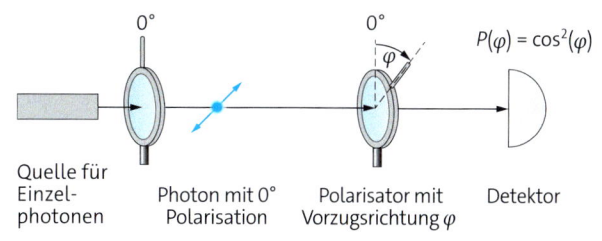

A1 Polarisiertes Photon trifft auf Polarisator.

Material B • Quantenkryptografie

Für eine sichere Kommunikation wollen Alice und Bob ihre Nachrichten verschlüsseln. Zur Erzeugung und Übermittlung des Schlüssels präpariert Alice dabei zufällig polarisierte Einzelphotonen, die Bob mit einer zufällig gewählten Polarisatorstellung misst (▶B1). Für die Codierung einigen Sie sich auf die vier Polarisationsrichtungen (▶B2).

1 ☐ In der Tabelle sind die ersten 16 Zeichen der Schlüsselübertragung abgebildet (▶B1).
a Übernehmen Sie die Tabelle. Ergänzen Sie jeweils eine Zeile für die Bitfolge von Alice und eine für die von Bob.
b Markieren Sie die Werte, bei denen keine eindeutige Aussage möglich ist.

2 ✎ Nach der Übertragung des Schlüssels senden beide einander die gewählten Paare zu und sie verwenden nur die Zeichen, bei denen das verwendete Paar gleich ist.
a Begründen Sie, dass keine Information übermittelt wurde, wenn beide unterschiedliche Paare nutzten.
b Erläutern Sie den Zweck des Austausches und die Funktionsweise der Codierung.

3 ✎ Eve fängt die von Alice präparierten Photonen ab. Sie lässt sie durch einen Polarisator laufen und stellt fest, ob sie durchkommen. An Bob sendet sie dann entsprechend präparierte Photonen weiter.

a Beschreiben und erläutern Sie Eves Vorgehen genau.
b Begründen Sie, dass Eves Abhörversuch unter bestimmten Umständen einen Einfluss auf die Messung von Bob hat.

4 Eves Abhörversuch kann durch zwei Maßnahmen entdeckt werden. Begründen Sie jeweils.
a ✎ Bob sendet auch einen Teil seiner Bitfolge an Alice zurück.
b ■ Bob wertet die Anzahl gültiger und ungültiger Zeichen statistisch aus.
c ✎ Beurteilen Sie, inwieweit dieses quantenkryptografische Verfahren abhörsicher ist.

5 ■ Planen Sie ein geeignetes Modellexperiment, mit dem Sie die quantenkryptografische Schlüsselerstellung und Übertragung simulieren können.

Paar	Polarisatorstellung	Bit-Wert
+	| (0°)	1
+	— (90°)	0
X	/ (+45°)	1
X	\ (−45°)	0

B2 Codierungstabelle

Photon-Nr.	1	2	3	4	5	6	7	8	9	10	11	12	13	14	15	16
Alice' Polarisator	|	\	\	—	/	\	\	|	—	/	|	—	/	|	\	—
Bobs Polarisator	|	|	/	|	|	|	/	|	/	/	|	|	/	/	|	|

B1 Ersten 16 Zeichen des Quantenschlüssels

Blickpunkt

Quantencomputer

Quantencomputer können milliardenfach schneller Aufgaben lösen als herkömmliche Computer. Das zeigten 2019 ein Quantencomputer, der Elektronen nutzt und 2020 sowie 2022 andere Modelle, die Photonen verwenden. Wie schaffen Quantencomputer das?

1 Mögliches Design eines Quantencomputers

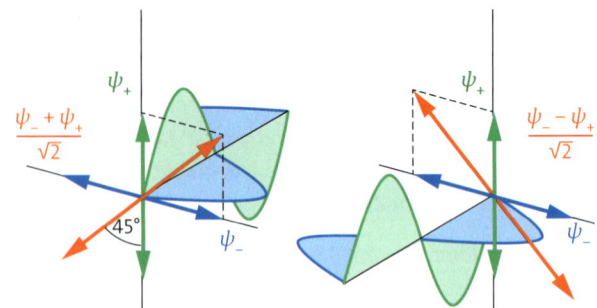

2 Hadamard-Abbildung: Superpositionen von ψ_+ und ψ_-

Darstellung von Information • In herkömmlichen Computern nimmt ein Speicherplatz die Werte 0 oder 1 an und stellt somit ein Bit dar. Die Funktionsweise eines Quantencomputers beschreiben wir beispielhaft an einem optischen Quantencomputer: Ein Photon kann Information in seiner Polarisation darstellen. Dabei gibt es zwei Basiswellenfunktion, ψ_- für 0 oder horizontale und ψ_+ für 1 oder vertikale Polarisation (▶ **2**). Mithilfe solcher Basiswellenfunktionen wird ein Quanten-Bit dargestellt, ein **Qubit**.

Verarbeitung von Information • Um Informationen zu verarbeiten, wenden herkömmliche Computer logische Abbildungen auf diese Informationen an. Ein Bit A kann z. B. mit einem Bit B über die logische AND-Abbildung zu einem neuen Bit C verknüpft werden: AND(Bit A, Bit B) → Bit C.
Sie ist durch vier Werte festgelegt: AND(0,0) = 0, AND(0,1) = 0, AND(1,0) = 0 sowie AND(1,1) = 1. Ein weiteres Beispiel ist die NOT-Abbildung mit den Werten NOT(0) = 1 sowie NOT(1) = 0. In einem herkömmlichen Computer werden diese beiden Abbildungen durch entsprechende logische Gatter gebaut. Denn damit kann man alle logischen Abbildungen realisieren. Eine solche Menge von Abbildungen, aus denen man alle anderen Abbildungen aufbauen kann, heißt universell.

Abbildungen beim Quantencomputer • Beim Quantencomputer nutzt man drei Abbildungen für eine universelle Menge, mit der man alle anderen logischen Abbildungen darstellt. Erstens bildet die Hadamard-Abbildung (nach JACQUES HADAMARD) die beiden Basisfunktionen ψ_- und ψ_+ auf die normierte Summe und Differenz (▶ **2**) ab:

$$\psi_- \to \frac{\psi_- + \psi_+}{\sqrt{2}} \quad \text{und} \quad \psi_+ \to \frac{\psi_- - \psi_+}{\sqrt{2}}$$

ψ_- und ψ_+ werden durch die Superposition verschränkt und ermöglichen eine (energiesparende) gemeinsame Verarbeitung.

Zweitens wird mithilfe der Basiswellenfunktion, ψ_+ für vertikale und ψ_- für horizontale Polarisation, das NOT dargestellt, indem das Vorzeichen bei ψ_+ invertiert wird. Das entspricht bei der Wellenfunktion einer Phasenverschiebung $\Delta\varphi = \pi$, die mithilfe eines ein $\frac{\lambda}{2}$-Plättchen hergestellt wird. Das Plättchen lässt die ψ_+-Komponente langsamer propagieren (▶ **4**).
Mit einem $\frac{\lambda}{4}$-Plättchen kann die Wurzel der NOT-Abbildung dargestellt werden, $\sqrt{NOT}$. Somit ist ein $\frac{\lambda}{4}$-Plättchen ein Quantengatter, und zwar ein Phasengatter. Günstig ist, dass $\frac{\lambda}{4}$-Plättchen keine Energie benötigen und genauere Phasenverschiebungen realisieren, anders als elektronische NOT-Gatter.

Drittens werden mit einer CNOT-Abbildung (controlled NOT) zwei Qubits verknüpft – ähnlich wie beim AND zwei Bits verknüpft werden. Im optischen Quantencomputer ist das erste Qubit die Polarisation, das mit einem zweiten Qubit verknüpft wird. Die Wellenfunktion dieses Qubits hat schraubenförmige Wellenfronten mit einem Drehsinn L. Der Drehsinn wird durch $L-$ (im Uhrzeigersinn) und $L+$ (gegen den Uhrzeigersinn) unterschieden, d. h., dieses Qubit hat zwei Zustände. Zwei Qubits werden somit durch vier Basiswellenfunktionen dargestellt:

$\psi_{-,L-}$; $\psi_{-,L+}$; $\psi_{+,L-}$ und $\psi_{+,L+}$

Wendet man darauf das CNOT an, kontrolliert das erste Qubit (Polarisation), ob das zweite (Drehsinn L) invertiert wird: Ist das erste Qubit ψ_-, dann wird L invertiert, ist es ψ_+, dann wird L nicht invertiert:

Invertierung	Keine Invertierung
CNOT($\psi_{-,L-}$) = $\psi_{-,L+}$	CNOT($\psi_{+,L+}$) = $\psi_{+,L+}$
CNOT($\psi_{-,L+}$) = $\psi_{-,L-}$	CNOT($\psi_{+,L-}$) = $\psi_{+,L-}$

3 CNOT-Abbildung

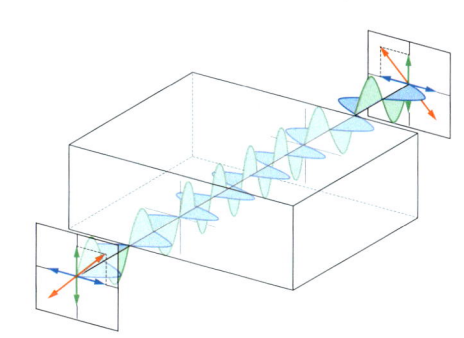

4 $\frac{\lambda}{2}$-Plättchen als NOT-Quantengatter

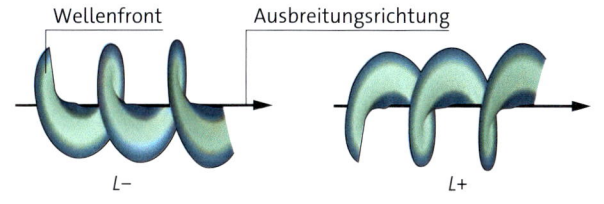

5 Schraubenförmige Wellenfronten mit Drehsinnzahl L+/L−

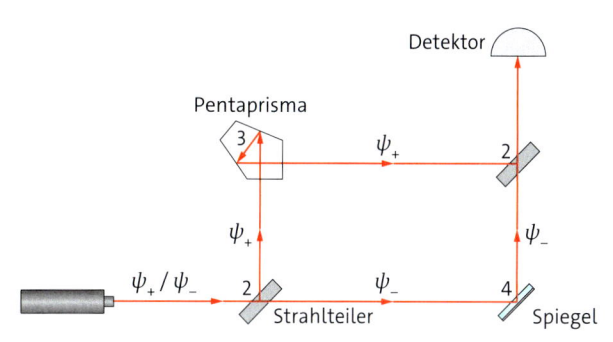

6 Modifiziertes Mach-Zehnder-Interferometer als CNOT-Gatter

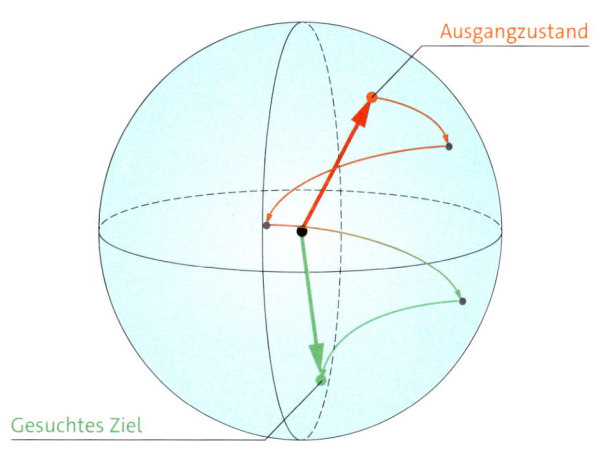

7 Zustände auf der Oberfläche der Einheitskugel im Hilbert-Raum zeigen die Funktionsweise eines Quantenalgorithmus

Die CNOT-Abbildung wird mit dem modifizierten Mach-Zehnder-Interferometer erzeugt (▶ **6**). Polarisierende Strahlteiler (2) lassen horizontal polarisierte Photonen ψ_- durch. Auf dem unteren (roten) Weg ist das Control-Qubit ψ_-. Bei der Reflexion am Spiegel (4) wird der Drehsinn von L invertiert, sodass beim unteren Weg eine Invertierung des Qubits stattfindet

Dagegen reflektieren die polarisierenden Strahlteiler (2) vertikal polarisierte Photonen ψ_+. Auf dem oberen Weg wird das Qubit somit insgesamt viermal reflektiert: Am Pentaprisma (3) zweimal und jeweils einmal an den beiden Strahlteilern (2). Da bei jeder Reflexion der Drehsinn invertiert wird, behält das Qubit seinen ursprünglichen Drehsinn und wird nicht invertiert (▶ **5**). Die Polarisationsrichtung des ersten Qubits bestimmt also über den Weg im Mach-Zehnder-Interferometer, ob eine Invertierung stattfindet oder nicht.

Die Wellenfunktionen lassen sich linear superponieren und stellen somit einen linearen Vektorraum dar – den Hilbert-Raum. Die drei Abbildungen erzeugen daher betragserhaltende lineare Abbildungen im Hilbert-Raum. Geometrisch sind es Kongruenzabbildungen, sie sind also Kombinationen aus Spiegelungen und Drehungen (▶ **6**). Jeder Quantenalgorithmus kann aus den drei universellen Abbildungen gebildet werden: Hadamard-Abbildungen, aus $\frac{\lambda}{4}$-Phasenverschiebungen und aus CNOT-Abbildungen. So erzeugt jeder Quantenalgorithmus Drehungen oder Spiegelungen im Hilbertraum (▶ **6**).

Da alle drei Abbildungen den Betrag der Wellenfunktion konstant lassen, wird beim Durchlaufen des Algorithmus' keine Energie entwertet, anders als beim elektronischen AND-Gatter.

Grover Algorithmus • Quantencomputer können sehr gut Lösungen in großen unsortierten Datenmengen oder Mengen von denkbaren Lösungen finden. Ein Quantenalgorithmus kann z. B. eine Anfrage in einer Suchmaschine viel schneller bearbeiten.

Ein Beispiel für einen Quantenalgorithmus ist der Grover-Algorithmus. Seine Arbeitsweise kann man sich wie folgt vorstellen: Ein zufällig gewählter Ausgangszustand ψ befindet sich auf einer Kugel mit Radius 1 im Hilbertraum (▶ **7, roter Pfeil**). Der Quantenalgorithmus dreht oder spiegelt diesen Pfeil schrittweise zur Lösung ψ (▶ **7, grüner Pfeil**). Das ist möglich, weil die Aufgabenstellung oder die Suchanfrage die Lösungsmenge grundsätzlich festlegen. Daher kann ein Quantenalgorithmus prinzipiell anhand des Textes der Aufgabe den roten Pfeil zum blauen Pfeil der Lösung in ▶ **7** drehen.

Zur Wellenfunktion ψ der Lösung wird die Position im Hilbert-Raum mithilfe von $|\psi|^2$ stochastisch hochgenau gemessen.

1 ◨ Recherchieren Sie weitere Einsatzmöglichkeiten von Quantencomputern. Finden Sie heraus, ob der Einsatz eines Quantencomputer für jede Aufgabe sinnvoll ist.

Auf einen Blick

Quantenobjekte

Quantenobjekt	Photonen, Elektronen, Protonen, Neutronen, Atome und Moleküle sind Beispiele für Quantenobjekte. In Experimenten kann man an Quantenobjekten sowohl Wellen- als auch Teilcheneigenschaften nachweisen. **Welleneigenschaften:** Beugung, Interferenz, Angabe einer Wellenlänge und Frequenz **Teilcheneigenschaften:** Impuls, Masse, Ladung, Nachweis nur als vollständiges Quantenobjekt möglich
Materiewellen	Bisher als klassisch betrachtete Teilchen wie Elektronen, Atome und Moleküle verhalten sich beim Durchgang durch einen Doppelspalt oder durch ein Gitter wie Wellen. Auf einem Schirm oder einer Nachweisebene entstehen typische Beugungs- und Interferenzmuster.
de-Broglie-Wellenlänge	Quantenobjekten kann aufgrund der Beugungs- und Interferenzerscheinungen eine Wellenlänge zugeordnet werden. Die Wellenlänge eines Quantenobjekts mit Masse hängt von seiner Geschwindigkeit v bzw. von seinem Impuls p ab: $\lambda = \dfrac{h}{m \cdot v} = \dfrac{h}{p}$. Bei allen Quantenobjekten gilt: $\lambda = \dfrac{h}{p}$
Photonen und Lichtquantenhypothese	Licht ist aus kleinstmöglichen Energieportionen aufgebaut – den Lichtquanten bzw. Photonen. Die Energieportion ist von der Frequenz f bzw. Wellenlänge λ des Lichts abhängig: $E = h \cdot f = h \cdot \dfrac{c}{\lambda}$. Photonen haben einen Impuls: $p = \dfrac{h}{\lambda} = \dfrac{h \cdot f}{c}$.
Fotoeffekt	Beim äußeren Fotoeffekt erfolgt die quantenhafte Absorption der Energie des Photons durch ein Elektron. Nur wenn die Energieportion größer ist als die Austrittsenergie E_A, können die Elektronen aus dem Festkörper herausgelöst werden. Die kinetische Energie der herausgelösten Elektronen beträgt $E_{kin} = h \cdot f - E_A$ und kann mithilfe eines elektrischen Gegenfeldes gemessen werden. Beim inneren Fotoeffekt bleibt das Elektron im Festkörper. Die absorbierte Energie $h \cdot f$ wird (teilweise) in elektrische Energie umgewandelt.
Planck-Konstante/ Plancksches Wirkungsquantum	Grundlegende Naturkonstante. Die Planck-Konstante h verbindet als Proportionalitätsfaktor die Welleneigenschaften Frequenz und Wellenlänge mit den Teilcheneigenschaften Energie und Impuls von Quantenobjekten. Ihr Wert ist definitionsgemäß exakt festgelegt: $h = 6{,}626\,070\,15 \cdot 10^{-34}$ J·s.
Zufall und Nachweiswahrscheinlichkeit	Der Nachweis eines einzelnen Quantenobjekts geschieht immer als Ganzes. Das Interferenzmuster eines Beugungsversuchs mit Quantenobjekten besteht daher aus der Summe aller Nachweisorte. Ein aussagekräftiges Interferenzmuster entsteht erst nach und nach mit ausreichend vielen, gleich präparierten Quantenobjekten. Für einen Auftreffort eines Quantenobjekts kann nur eine Nachweiswahrscheinlichkeit P angegeben werden. Sie ist proportional zur Intensität und zum Betragsquadrat der Amplitude der Wellenfunktion: $P \sim I \sim |\psi_{max}|^2$.

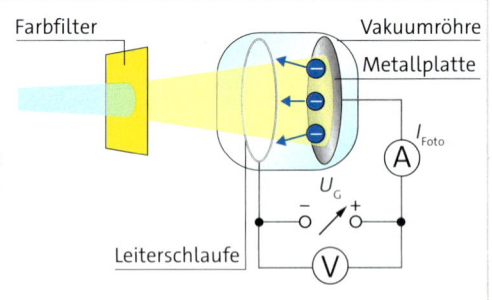

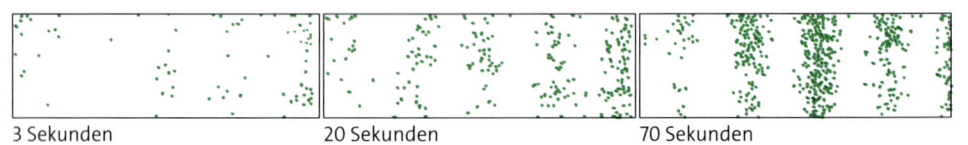

3 Sekunden | 20 Sekunden | 70 Sekunden

Quantenobjekte

Röntgenbremsstrahlung und Grenzwellenlänge	Zur Erzeugung von Röntgenstrahlung werden Elektronen in Röntgenröhren durch ein elektrisches Feld stark beschleunigt. Die Elektronen mit hoher kinetischer Energie erzeugen beim Auftreffen auf eine Metallanode Röntgenphotonen. Die mit einer Röntgenröhre erzeugte Bremsstrahlung weist ein kontinuierliches Spektrum auf. Die Grenzwellenlänge ergibt sich aus der maximalen kinetischen Energie der Elektronen bzw. der angelegten Beschleunigungsspannung: $\lambda_{Gr} = \frac{h \cdot c}{U_B \cdot e}$.
Unbestimmtheitsrelation	Die bei Beobachtungen auftretende Standardabweichung einer Messgröße a nennt man bei Quantenobjekten Unbestimmtheit Δa. Jedes Quantenobjekt hat stets eine Orts-Unbestimmtheit Δx und eine Impuls-Unbestimmtheit Δp_x. Für diese beiden Unbestimmtheiten Δx und Δp_x gilt die Heisenbergsche Unbestimmtheitsrelation: $\Delta x \cdot \Delta p_x \geq \frac{h}{4\pi}$. Daraus folgt, dass bei einem Quantenobjekt Ort und Impuls nie zugleich beliebig genau bestimmbar sind. Ort und Impuls sind somit komplementäre Größen. Auch für Energie und Zeit gilt eine Unbestimmtheitsrelation: $\Delta t \cdot \Delta E \geq \frac{h}{4\pi}$.
Komplementarität	Komplementäre Größen sind Paare von Größen, die nicht gleichzeitig beliebig genau bestimmt werden können, z. B. Ort und Impuls eines Quantenobjektes. Je genauer der Ort (z. B. durch eine Spaltöffnung) gemessen wird, desto größer wird die Impulsunschärfe des Quantenobjekts hinter dem Spalt.
Welcher-Weg-Information und Interferenz	Für Quantenobjekte können Interferenzerscheinungen beobachtet werden, z. B. wenn in einer Versuchsapparatur mehrere Wege für ein Quantenobjekt zum Nachweisort existieren. Beim Mach-Zehnder-Interferometer und beim Doppelspalt entsteht die Interferenz des Quantenobjekts durch die möglichen Wege, die zum Detektor oder Nachweisort führen. Werden die Wege z. B. durch den Einsatz von Polarisatoren unterscheidbar, liegt eine Welcher-Weg-Information vor und das Interferenzmuster verschwindet. Interferenzfähigkeit und Weginformation sind komplementäre Größen.
Koinzidenzmessung	Zwei Detektoren sind so geschaltet, dass sie nur ein Messsignal liefern, wenn sie gleichzeitig ansprechen. Zwischen den beiden Ereignissen liegt dann eine Koinzidenz vor. Mit einer Koinzidenzmessung können z. B. Quantenobjekte nachgewiesen werden, die gleichzeitig entstanden sind.
Delayed-Choice-Experimente und Quantenradierer	In Delayed-Choice-Experimenten wird die Wegmarkierung, nachdem das Quantenobjekt z. B. einen Strahlteiler passiert hat, entfernt. Delayed-Choice-Experimente verändern grundsätzlich nicht den Ausgang eines Versuchs. Mit einem Quantenradierer wird die Welcher-Weg-Information zerstört, z. B. durch Aufstellen eines dritten Polarisators in Diagonalstellung vor dem Detektor. Es entsteht wieder das Interferenzmuster.

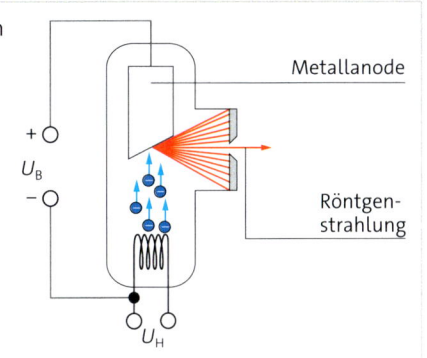

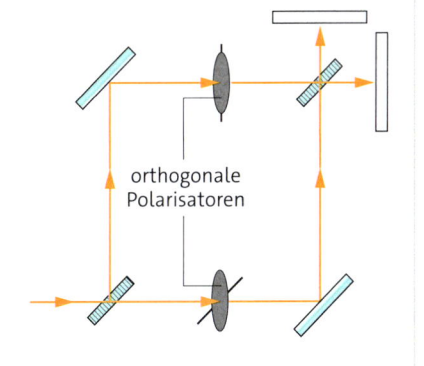

Check-up

Übungsaufgaben

1 Die Abbildung zeigt einen Versuchsaufbau zur Elektronenbeugung mit polykristallinem Graphit.

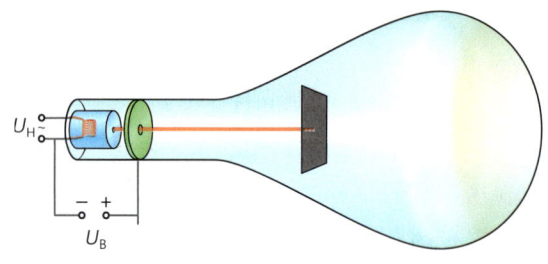

a ☐ Übernehmen Sie die Abbildung und beschriften Sie diese. Beschreiben Sie daran den Versuch.
b ◩ Erläutern Sie die zwei grundlegenden Hypothesen, die man für das auftretende Muster am Schirmbild erwarten kann.
c ◩ Erläutern Sie, welche der beiden Hypothesen beobachtet wird und zeichnen Sie das Muster in Ihre Skizze ein.

2 In einer Versuchsreihe zur Elektronenbeugung wurden folgende Impulse und Wellenlängen ermittelt.

p in 10^{-23} $\frac{\text{kg} \cdot \text{m}}{\text{s}}$	2,1	2,9	5,4	8,1	10,6
λ in 10^{-12} m	33,0	23,0	11,0	8,30	6,20

a ◩ Erläutern Sie den Zusammenhang zwischen Impuls und Wellenlänge der Elektronen. Geben Sie die dazu passende Gleichung an.
b ◩ Erörtern Sie den Nutzen der Elektronenwellen beim Elektronenmikroskop und bei Halbleitern.

3 Beim äußeren Fotoeffekt wurde die Gegenspannung U_G, ab der ein Strom fließt, abhängig von der Frequenz f des Lichts gemessen.

f in 10^{14} Hz	5,2	5,8	6,3	6,9	7,4
U_G in V	0,21	0,43	0,68	0,91	1,10

a ☐ Beschreiben Sie den Versuch unter Verwendung einer Versuchsskizze.
b ◩ Erstellen Sie aus den Messwerten ein Diagramm.
c ◩ Interpretieren Sie mithilfe des Diagramms das Versuchsergebnis.
d ◩ Stellen Sie eine Hypothese dazu auf, aus welchem Material die Elektronen herausgelöst wurden.
e ◩ Erörtern Sie den Nutzen des Fotoeffekts bei der Gewinnung erneuerbarer Energie.

4 In einem Versuch wurden Einzelphotonen an einem Doppelspalt gebeugt. Die Abbildung (rechts oben) zeigt das Schirmbild nach 1 µs, 10 µs und 100 µs.

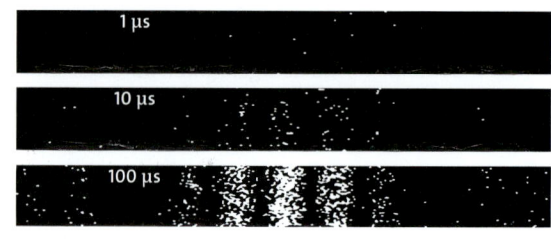

a ◩ Stellen Sie den Versuch mit einer Skizze dar.
b ◩ Deuten Sie die Bildfolge stochastisch.
c ■ Erörtern Sie die Frage, ob ein Photon durch einen der beiden Spalte zum Schirm gelangt ist, oder ob es als Welle beide Spalte passiert hat.
d ■ Planen Sie mithilfe einer Skizze eine Ergänzung des Versuchs mit zwei Polarisatoren, sodass man bei jedem Photon überprüfen kann, welchen Spalt es passiert hat. Begründen Sie, dass dadurch Welcher-Weg-Information vorliegt.
e ■ Stellen Sie eine begründete Hypothese auf, welche Folge dieser Aufbau für das Interferenzmuster hat.

5 Eine Röntgenröhre wird mit einer Anodenspannung von 70 kV betrieben.

a ◩ Skizzieren Sie den Aufbau der Röntgenröhre und erläutern Sie die Funktion der Bauteile.
b ◩ Berechnen Sie die kurzwellige Grenze der erzeugten Strahlung und begründen Sie diese Grenze.
c ☐ Beschreiben Sie die Methode zur Messung des Emissionsspektrums der Röhre.
d ◩ Skizzieren Sie in einem Diagramm das Emissionsspektrum der Strahlung und erläutern Sie den Verlauf.

6 Eine kreisförmige Öffnung von 2 mm wird gleichmäßig mit rotem Laserlicht der Wellenlänge λ = 650 nm beleuchtet.

a ◩ Erläutern Sie, dass man den Photonen beim Durchgang eine Ortsunschärfe von Δx = 1 mm zuordnen kann.
b ◩ Begründen Sie, dass die Photonen nach dem Passieren daher eine Impulsunschärfe Δp_x haben und ermitteln Sie diese. Vergleichen Sie mit dem Impuls p der Photonen.
c ◩ Begründen Sie unter Zuhilfenahme einer Skizze, dass die Photonen nach dem Durchgang in einem Bereich von $\alpha = 2 \cdot \arctan\left(\frac{\Delta p_x}{p}\right)$ streuen. Berechnen Sie α.
d ◩ Erläutern Sie an dem Beispiel, dass bei Quantenobjekten wie Photonen Ort und betrachteter Impuls komplementäre Größe sind. Erklären Sie die Auswirkung auf die Messung bzw. Bestimmbarkeit dieser Größen während des Messprozesses.

Quantenobjekte

7 Auch bei einem Michelson-Interferometer existieren für das Licht zwei verschiedene Wege.

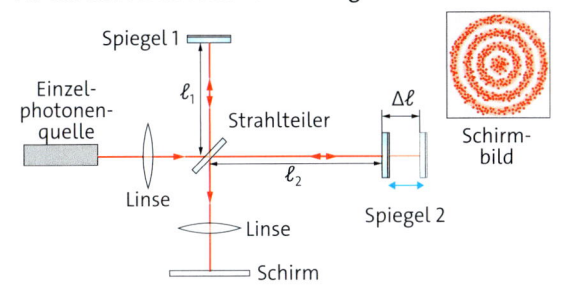

a ☐ Vergleichen Sie den abgebildeten Aufbau mit einem Mach-Zehnder-Interferometer. Skizzieren Sie hierzu auch das Mach-Zehnder-Interferometer.
b 📝 Erklären Sie, wie es zum Häufigkeitsmaximum in der Mitte des Schirmbilds kommt, wenn das Michelson-Interferometer mit einer Einzelphotonenquelle betrieben wird.
c 📝 Stellen Sie eine Hypothese dazu auf, wie sich die Häufigkeitsverteilung am Schirmbild ändert, wenn einer der Spiegel um $\Delta\ell$ bewegt wird und deuten Sie die Veränderung als Nachweis einer einfachen Form von Nichtlokalität.

8 📝 In die beiden Wege des Michelson-Interferometers aus Aufgabe 7 werden Polarisatoren gestellt.
a Erklären Sie, unter welchen Bedingungen ein Schirmbild wie rechts abgebildet entsteht.
b Begründen Sie das Ergebnis mit der Komplementarität von Welcher-Weg-Informationen und Interferenzfähigkeit.
c Erklären Sie, was man unter einem Quantenradierer versteht und wie er im beschriebenen Experiment eingesetzt werden kann.

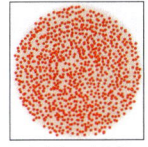

9 In einer Delayed-Choice-Variante des Experiments ist einer der beiden Spiegel um 45° gedreht, sodass auftreffende Photonen nicht wieder zum Strahlteiler zurückgelangen. Während des Versuchs wird der Spiegel aber wieder in seine Ausgangsposition gedreht, nachdem das Photon den Strahlteiler passiert hat, aber noch nicht auf den Spiegel getroffen ist.
a ☐ Beschreiben Sie den Ausgang des Versuchs.
b 📝 Erläutern Sie den Zweck solcher Delayed-Choice-Experimente.

Mithilfe des Kapitels können Sie:	Aufgabe	Hilfe
✓ den Fotoeffekt beschreiben und mithilfe der Lichtquantenhypothese (Photonen) deuten sowie anhand von Messdaten die Planck-Konstante bestimmen.	3	S. 274 ff.
✓ das besondere Verhalten von Quantenobjekten wie Photonen und Elektronen bei Beugungsversuchen oder in Interferometern beschreiben und deuten.	1, 2, 4	S. 258 f., S. 264 f., S. 286 f.
✓ zwischen dem stochastischen Verhalten einzelner Quantenobjekte und der Determiniertheit entstehender Interferenzbilder unterscheiden.	1, 4b–c,	S. 266, S. 288
✓ die Entstehung von Röntgenstrahlung mit einer Röntgenröhre erläutern und die Röntgenbeugung anhand der Bragg-Bedingung anwenden und erklären.	5	S. 280 f.
✓ anhand verschiedener Versuche (Doppelspalt, Mach-Zehnder-Interferometer) die Komplementarität von Welcher-Weg-Information und Interferenzfähigkeit von Quantenobjekten beschreiben und erklären.	4d–e, 7a–b	S. 288 f., S. 306 ff.
✓ die Unbestimmtheit bei komplementären Größen auch mithilfe der Heisenbergschen Unbestimmtheitsrelation beschreiben und experimentell überprüfen..	6	S. 300 ff.
✓ Nachweise von Nichtlokalität an einem Interferometerversuch erläutern, erklären, begründen und interpretieren.	7c, 9	S. 309 f.
✓ Präparationen quantenmechanischer Zustände mithilfe von Polarisatoren in verschiedenen Versuchen und Anwendungen analysieren, erklären und interpretieren.	4d–e, 8	S. 266, S. 306, S. 311

▶ Die Lösungen zu den Übungsaufgaben finden Sie im Anhang.

Klausurtraining

Aufgabe mit Lösung

Aufgabe 1 • Fotoeffekt und Austrittsenergie

In einer Versuchsreihe wird der Fotoeffekt bei drei Fotozellen mit jeweils verschiedenen Metallschichten auf der Rückwand untersucht. Bei jeder Fotozelle wird mit Licht unterschiedlichen Wellenlängen eingestrahlt und die jeweilige Gegenspannung U_G ermittelt (▶M1).

a Skizzieren Sie einen schematischen Versuchsaufbau zur Bestimmung der Spannung U_G mit der Gegenfeldmethode und beschreiben Sie die Durchführung.
b Erklären Sie das Zustandekommen der Leerstellen in der Tabelle (▶M1).
c Stellen Sie die Abhängigkeit der maximalen kinetischen Energie der Elektronen von der Frequenz des Lichts für alle drei Messreihen in einem geeigneten Diagramm dar.
d Begründen Sie, warum sich für jede Fotozelle eine Ausgleichsgerade einzeichnen lässt.
e Ermitteln Sie aus dem Diagramm die Planck-Konstante möglichst genau.
f Ordnen Sie die drei Geraden den Materialien in der Tabelle (▶M2) zu. Begründen Sie.

Fotozelle	1	2	3
λ in nm	U_G in V	U_G in V	U_G in V
420	0,97	0,65	0,44
450	0,78	0,46	0,25
480	0,62	0,31	0,10
510	0,45	0,13	
540	0,32	0,01	
570	0,21		
600	0,08		

M1 Messwerte Gegenspannung U_G

Element	Cäsium	Rubidium	Kalium	Lithium	Silicium
E_A in eV	1,94	2,13	2,25	2,46	3,59

M2 Austrittsenergien ausgewählter Elemente

Lösung

a Aufbau: siehe ▶1.
Die Metallplatte wird mit Licht der jeweils gefilterten Wellenlänge λ beleuchtet. Die Gegenspannung U_G wird solange schrittweise erhöht, bis gerade keine Stromstärke I_{Foto} gemessen werden kann. Der Wert von U_G wird notiert und die Durchführung für andere Filter (und andere Fotozellen) wiederholt.
b Die Leerstellen zeigen an, dass die Energie der Photonen bei der verwendeten Wellenlänge λ zu klein ist, um Elektronen aus dem jeweiligen Material abzulösen.
c Diagramm siehe ▶2
d Es gilt der Zusammenhang: $E_{kin} = h \cdot f - E_A$. Man erhält für jede Fotozelle eine Gerade mit gleicher Steigung, aber unterschiedlichen Achsenabschnitten. Da es bei Messwerten stets Messunsicherheiten gibt, müssen Ausgleichsgeraden gezeichnet werden.
e Vorgehensweise: Für jede Gerade wird die Steigung h ermittelt, anschließend bildet man den Mittelwert:
$h_1 = 6{,}61 \cdot 10^{-34}$ J·s, $h_2 = 6{,}50 \cdot 10^{-34}$ J·s,
$h_3 = 6{,}01 \cdot 10^{-34}$ J·s $\Rightarrow \bar{h} = 6{,}37 \cdot 10^{-34}$ J·s
f Die Achsenabschnitte lassen sich als Austrittsenergie E_A deuten: −1,95 eV; −2,25 eV und −2,3 eV. Die Zuordnung ergibt, dass die Metallplatte der ersten Fotozelle aus Cäsium, die der zweiten aus Kalium und die der dritten aus Lithium besteht.

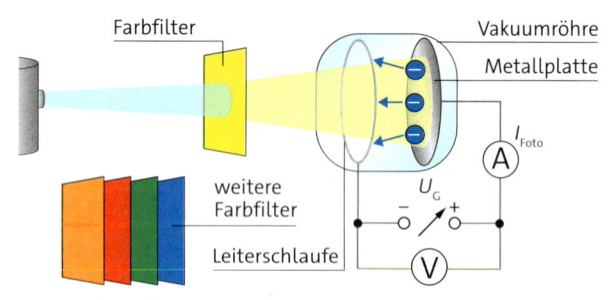

1 Versuchsaufbau

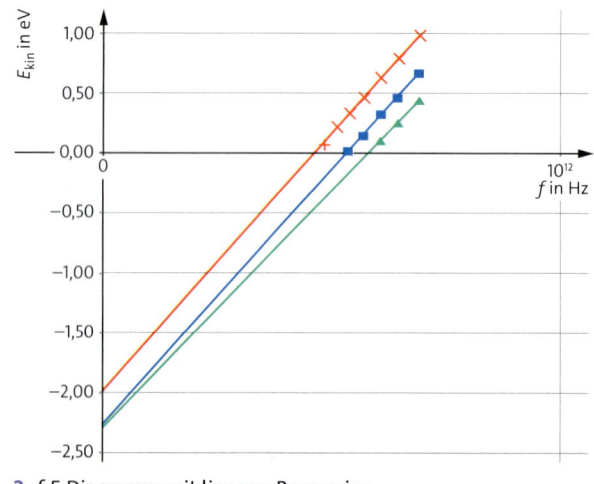

2 f-E-Diagramm mit linearer Regression.

Aufgaben mit Hinweisen

Aufgabe 2 • Elektronenbeugung

An einem Doppelspalt mit Spaltmittenabstand von 2,000 µm wird ein Elektronenstrahl gebeugt. Anstelle des Schirms befindet sich im Abstand von $a = 0{,}100$ m ein Kamerasensor, mit dem die Elektronen mit Pixeln an Koordinatenintervallen $[d - \delta, d + \delta]$ registriert werden. Die Nachweisorte der Elektronen können nach verschiedenen Zeitspannen ausgelesen werden (▶M3).

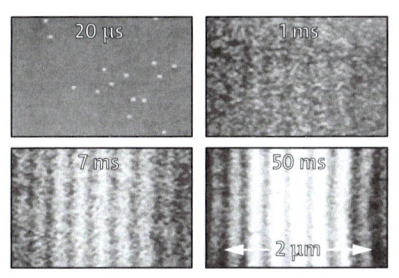

M3 Erfasste Elektronen zu vier verschiedenen Zeiträumen

a Skizzieren Sie den Versuchsaufbau.
b Beschreiben Sie, wie das Muster mit der Zeit t entsteht (▶M3).
c Die Elektronen werden mit $U = 50$ kV beschleunigt. Ermitteln Sie Geschwindigkeit v und Impuls p.
d Benachbarte Maxima haben einen Abstand von $d = 0{,}275$ µm zueinander. Ermitteln Sie λ.
e Berechnen Sie mit dieser de-Broglie-Wellenlänge den Impuls der Elektronen: $p = \frac{h}{\lambda}$. Vergleichen Sie das Ergebnis mit dem Wert aus **d**.
f Berechnen Sie das zur Nachweiswahrscheinlichkeit proportionale Zeigerquadrat $|Z|^2(d)$. Vergleichen Sie mit ▶M3.
g Deuten Sie den Versuch mit den Begriffen Teilchen, Welle, Quantenobjekt, stochastische Deutung.
h In einem weiteren Versuch werden solche Elektronen an einem Kristallgitter mit dem Abstand 123 pm benachbarter Netzebenen gebeugt. Ermitteln Sie den Glanzwinkel für die erste Beugungsordnung.

Aufgabe 3 • Unbestimmtheit

Ein Liniengitter mit $g = 1$ mm wird aus $a = 23$ m Entfernung mit einem Teleskop mit Licht der Wellenlänge $\lambda = 500$ nm beobachtet und mit dem Smartphone durch das Okular des Teleskops fotografiert.

a Das Teleskop hat vorn eine Öffnung der Breite $b = 60$ mm. Ermitteln Sie den kleinsten beobachtbaren Sehwinkel α_{min} über die Beugung am Spalt.
b Nun wird eine Lochblende mit 10 mm Durchmesser vor das Teleskop gestellt. Analysieren Sie α_{min} und vergleichen Sie mit ▶M4.
c In **a** beträgt die Unbestimmtheit des Ortes $\Delta x = \frac{b}{2}$. Begründen Sie.
d Ermitteln Sie mit der Heisenbergschen Unbestimmtheitsrelation die entsprechende Unbestimmtheit Δp_x. Skizzieren Sie die Versuchsanordnung und die zwei Unbestimmtheiten, den Impuls und den Sehwinkel.
e Ermitteln Sie aus p sowie Δp_x den kleinsten beobachtbaren Sehwinkel.

M4 Unbestimmtheit beim Teleskop

Hinweise

Aufgabe 2

b Elektronen können nur als Ganzes nachgewiesen. Für jeden Nachweisort kann eine Nachweiswahrscheinlichkeit P mit $P \sim |\psi_{max}|^2$ gefunden werden.
c Ansatz: $E_{kin} = U \cdot e$; $p = m_e \cdot v$
$v = 132\,600\,\frac{km}{s}$, $p = 1{,}208 \cdot 10^{-22}\,\frac{kg \cdot m}{s}$
d mit Kleinwinkelnäherung:
$d_n = \frac{n \cdot \lambda \cdot a}{g} \Rightarrow \lambda = 5{,}5$ pm.
e $\lambda = \frac{h}{p} = 5{,}485$ pm.
h Der Glanzwinkel beträgt $\vartheta = 1{,}281°$.

Aufgabe 3

a Doppelter Winkel des 1. Minimums:
$\alpha_{min} = 2 \cdot \arcsin\left(\frac{\lambda}{b}\right) = 0{,}00095°$.
b $b = 10$ cm ergibt $\alpha_{min} = 0{,}0057°$.
c Die Unbestimmtheit ist die unbekannte Abweichung vom Erwartungswert. Das ist hier die geometrische Mitte. Daher ist Δx gleich der halben Öffnung b, also $\Delta x = \frac{b}{2}$.
d Unbestimmtheit des Impulses:
$\Delta p_x = \frac{h}{4\pi \cdot \Delta x} = 1{,}66 \cdot 10^{-33}\,\frac{kg \cdot m}{s}$.
$p = \frac{h}{\lambda} = 1{,}325 \cdot 10^{-27}\,\frac{kg \cdot m}{s}$.
e Der Winkel ist (▶3):
$\alpha_{min} = 2 \cdot \arcsin\left(\frac{\Delta p_x}{p}\right) = 0{,}000144°$.

Das Ergebnis ist um einen Faktor 2π kleiner als α_{min}, weil die genaue Grenze der Bestimmtheit auf einer Vereinbarung beruht. Diese entspricht in der Statistik der Standardabweichung, wogegen sie in der Optik dem Minimum entspricht.

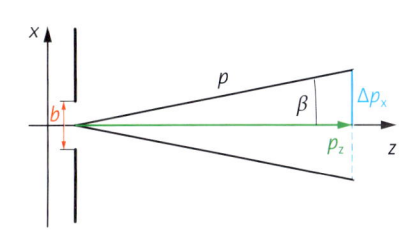

3 Impuls-Unbestimmtheit hinter der Öffnung

Klausurtraining

Training I • Moleküle und Atome als Quantenobjekte

Aufgabe 4 • Beugung filigraner Moleküle

Moleküle des Farbstoffs Phtalocyanin (▶ M1) werden thermisch auf Geschwindigkeiten von $150\,\frac{m}{s}$ bis $350\,\frac{m}{s}$ gebracht. Sie durchlaufen anschließend eine freie Wegstrecke, bevor sie auf ein Gitter ($g = 100\,nm$) und $59\,cm$ dahinter von einem Detektor registriert werden (▶ M2).

Molekülmodell von Phthalocyanin

Legende
- Kohlenstoffatom $m(1\,C) = 12\,u$
- Stickstoffatom $m(1\,N) = 14\,u$
- Wasserstoffatom $m(1\,H) = 1\,u$

M1 Modell vom Farbstoffmolekül Phtalocyanin

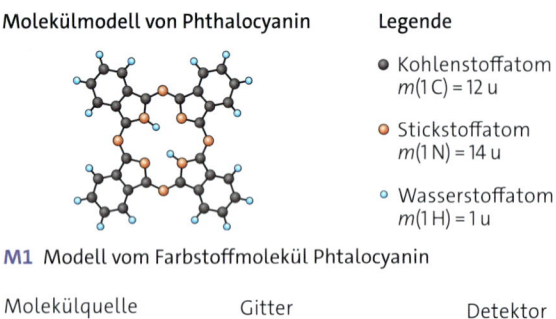

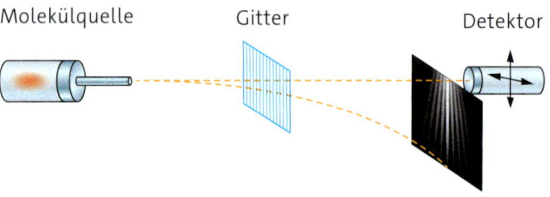

M2 Beugung von großen Molekülen

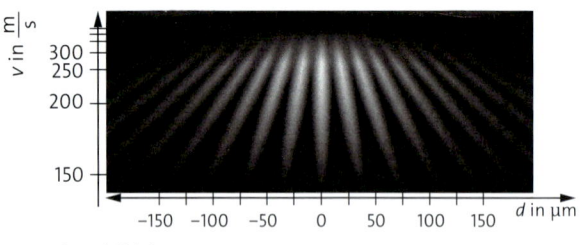

M3 Schirmbild des Beugungsmusters

a. Erklären Sie, warum die Moleküle am Detektor aufgrund der Schwerkraft nach Geschwindigkeit geordnet sind (▶ M2). Erläutern Sie eine weitere Möglichkeit, wie die Moleküle nach ihrer Geschwindigkeit gefiltert werden können.

b. Beschreiben Sie das aufgezeichnete Beugungsmuster (▶ M3). Erläutern Sie qualitativ das Zusammenlaufen der Maxima.

c. Ermitteln Sie für $v = 200\,\frac{m}{s}$ den beobachteten Abstand Δd benachbarter Maxima (▶ M3), den entsprechenden Beugungswinkel und die resultierende Wellenlänge.

d. Ermitteln Sie die Masse m eines Farbstoffmoleküls, sowie den somit bei $v = 200\,\frac{m}{s}$ auftretenden Impuls. Ermitteln Sie daraus die de-Broglie-Wellenlänge und vergleichen Sie mit der beobachteten Wellenlänge aus c.

e. Begründen Sie, dass die Atome nicht einzeln, sondern Moleküle als Einheit gebeugt werden.

Aufgabe 5 • Heliumatome am Doppelspalt

Auch mit Heliumatomen lassen sich Beugungsversuche durchführen. In einem Doppelspaltexperiment wurden die Nachweisorte gesammelt. Die Schirmbilder sind zu verschiedenen Zeitpunkten dargestellt (▶ M4).
In einem weiteren Experiment wurden Heliumatome auf eine stehende Lichtwelle eines Lasers geschickt und das entstehende Interferenzmuster aufgezeichnet (▶ M5, rote Messwerte). Wenn man die Frequenz des Lasers passend abstimmt, wird etwa die Hälfte der Heliumatome angeregt, die andere Hälfte nicht (▶ M5, blaue Messwerte).

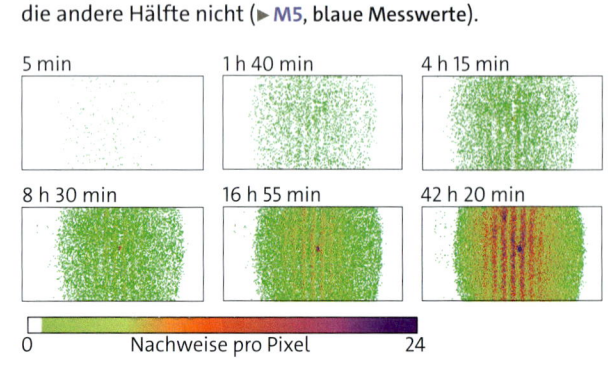

M4 Schirmbilder Doppelspaltversuch mit Heliumatomen

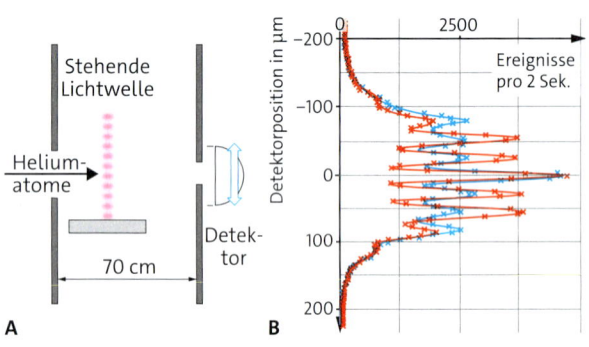

M5 Interferenz von Heliumatomen durch stehende Lichtwelle

a. Begründen Sie aus dem Zeitverlauf der Nachweisorte, dass Heliumatome Quantenobjekte sind (▶ M4).

b. Ein einzelnes Heliumatom hat im Doppelspaltversuch eine Geschwindigkeit von etwa $1\,\frac{km}{s}$. Die Apparatur ist kleiner als $1\,m$. Zeigen Sie, dass sich im Mittel nicht mehr als ein Heliumatom in der Apparatur befindet. Erläutern Sie, inwiefern dies wichtig ist für die Aussage: „Die Heliumatome beeinflussen sich nicht gegenseitig. So kann das Interferenzmuster also nicht erklärt werden."

c. Erläutern Sie, wie das Interferenzmuster der Heliumatome im Experiment mit der stehenden Welle entsteht.

d. Wenn ein Atom angeregt wird, werden die zugehörigen Wege unterscheidbar. Erklären Sie das experimentelle Ergebnis mit dem Komplementaritätsprinzip.

Training II • Interferenz und Welcher-Weg-Information

Aufgabe 6 • Welcher-Weg-Information

In einem Gedankenexperiment untersucht man den Einfluss einer Welcher-Weg-Information bei einzelnen Elektronen am Doppelspalt. Man beleuchtet den Doppelspalt mit Licht. Hinter dem Spalt wird dabei an jedem Elektron ein Photon gestreut (▶M6).

Es ergibt sich folgendes Ergebnis: Wenn die Wellenlänge des Lichts deutlich größer als der Spaltmittenabstand ist, erhält man das gleiche Interferenzmuster wie ohne Beleuchtung. Je kurzwelliger das eingestrahlte Licht ist, umso undeutlicher wird das Interferenzmuster.

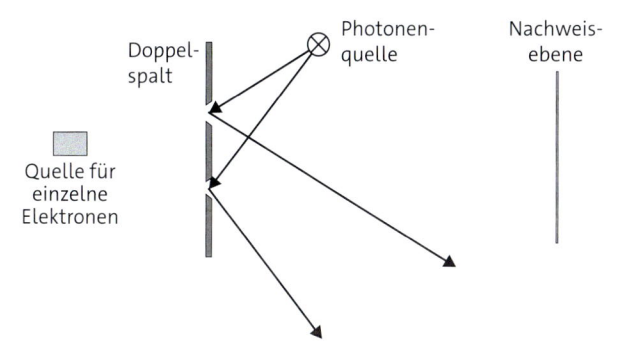

M6 Gedankenexperiment Welcher-Weg-Information

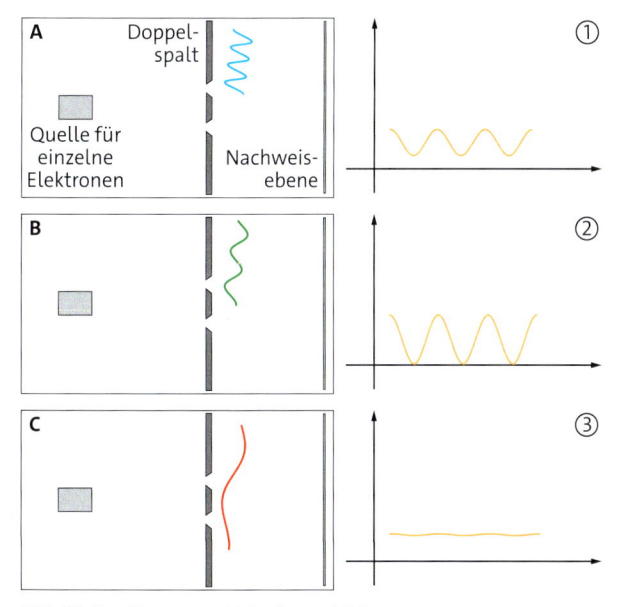

M7 Wellenlängen und Interferenzbilder

a Erläutern Sie für den Fall ohne Lichtquelle, wie das Interferenzmuster hinter dem Spalt grundsätzlich entsteht. Erläutern Sie hierzu, inwiefern die Elektronen folgende Eigenschaften von Quantenobjekten zeigen: quantenhafter Nachweis, stochastisches Verhalten und Interferenzfähigkeit.

b Beschreiben Sie, inwiefern das gestreute Photon eine Welcher-Weg-Information trägt.

c Erklären Sie, inwiefern die Wege durch den Doppelspalt durch eine Messung am Photon unterscheidbar werden.

d Machen Sie eine Aussage über die Zuverlässigkeit der Welcher-Weg-Information in Abhängigkeit von der Wellenlänge des verwendeten Lichts. Begründen Sie Ihre Aussage.

e Erklären Sie die Farbgebung in ▶M7 A–C.

f Ordnen Sie die Diagramme ①, ② und ③ A bis C begründet zu (▶M7).

g Beschreiben Sie, was in den Diagrammen dargestellt wird. Geben Sie auch eine sinnvolle Beschriftung der Achsen der Diagramme an.

h Ergänzen Sie, falls möglich, den Aufbau (▶M6) mit einer Linse oder mit Spiegeln so, dass die Unterscheidbarkeit wieder aufgehoben wird. Welches Ergebnis erwarten Sie gegebenenfalls?

i Zeigen Sie damit, dass das Elektron auch dann in einem Überlagerungszustand ist, wenn eine unterscheidende Messung am Photon möglich wäre.

Material 7 • Neutronen im Magnetfeld

Ein Interferometer für Neutronen besteht aus einem dreiwandigen Silicium-Einkristall. Durch die regelmäßige Kristallstruktur interferieren die Neutronen, wenn sie darauf treffen. Dabei wirkt jede Wand wie ein Strahlteiler (▶M8). Bei gleichen Weglängen gilt für die Nachweiswahrscheinlichkeiten $P(Y) = 50\%$ und $P(X) = 0\%$. Wenn man die Neutronen auf einem der beiden Wege im Interferometer durch ein Magnetfeld geeigneter Stärke laufen lässt, verändern sich die Wahrscheinlichkeiten zu $P(X) = P(Y) = 25\%$.
Dafür gibt es zwei mögliche Erklärungen:
– Das Magnetfeld macht die Wege unterscheidbar.
– Das Magnetfeld verändert die Phasendifferenz.

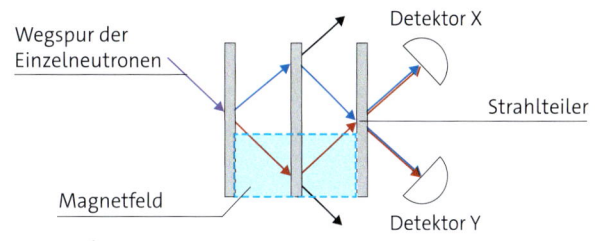

M8 Interferometer für Neutronen mit Magnetfeld

a Erläutern Sie die beiden möglichen Erklärungen.

b Wenn man die Stärke des Magnetfelds verdoppelt, beobachtet man $P(X) = 50\%$ und $P(Y) = 0\%$. Erklären Sie damit, welche der beiden Erklärungen die zutreffende ist.

7 Atomhülle

▶ Edelgase wie Helium oder Neon kann man durch eine elektrische Spannung zum Leuchten anregen. Dabei fällt auf, dass sie sich in ihren Leuchtfarben unterscheiden. Sie emittieren ein charakteristisches Linienspektrum, das mit dem energetischen Aufbau der Atomhülle erklärt werden kann.

▶ Die in der Atomhülle befindlichen Elektronen sind Quantenobjekte. Um ihr Verhalten zu modellieren, kann man einfache quantenmechanische Modelle wie den linearen Potenzialtopf verwenden.

Gasentladungen der Edelgase Helium und Neon

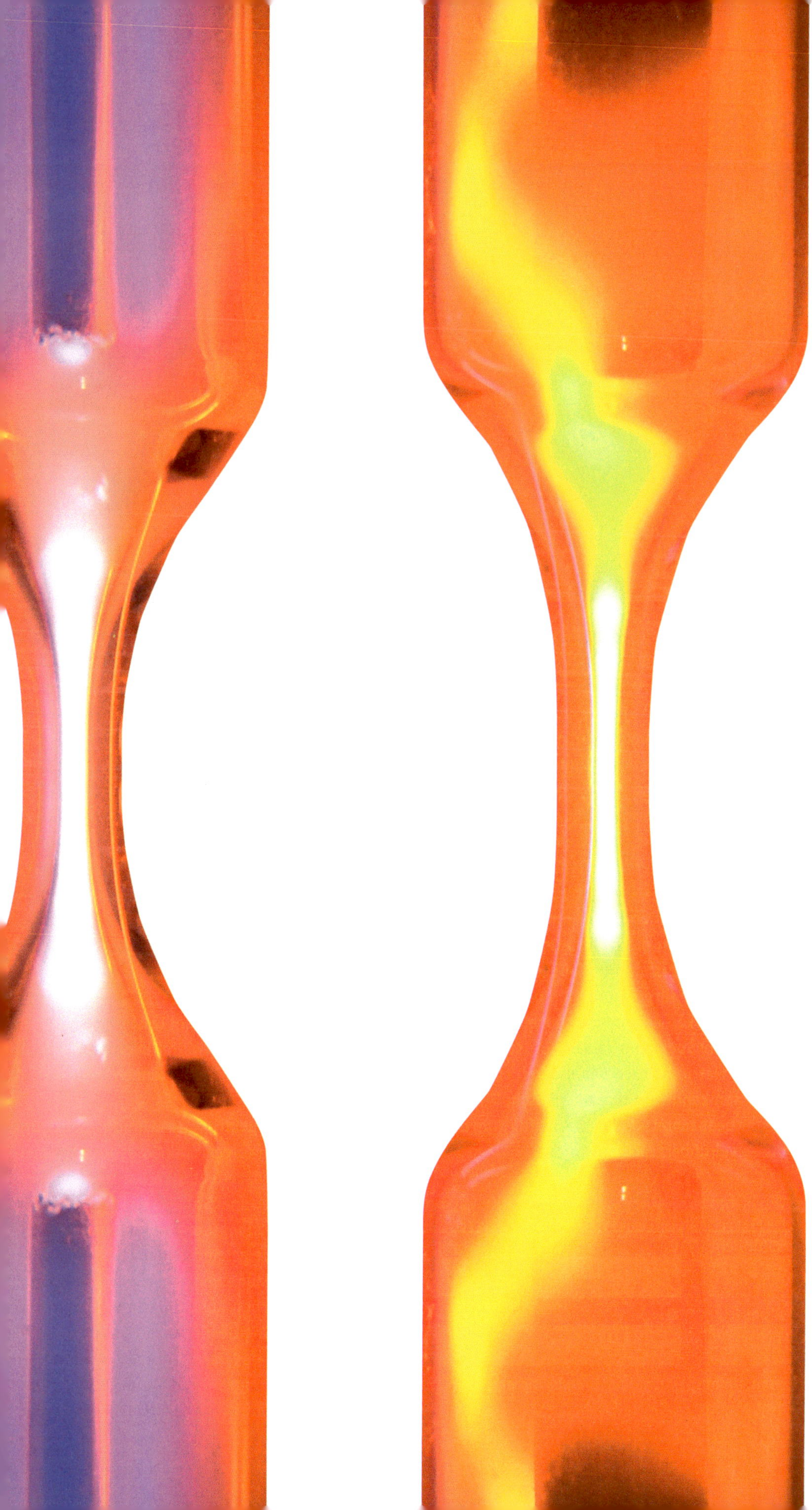

7.1 Spektrallinien

1 Aufnahme des Orionnebels mit dem Hubble-Weltraumteleskop

Das wunderschöne Bild vom Orionnebel wird von tausenden von Sonnen verursacht. Aber wie entstehen die beeindruckenden Farben? Woher stammt eigentlich unser Wissen über Sterne und deren Zusammensetzung?

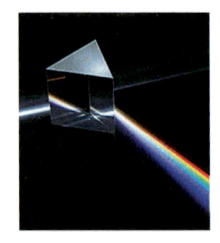

2 Zerlegung von weißem Licht durch ein Prisma

Spektralanalyse • Beleuchtet man ein Glasprisma oder ein Strichgitter mit weißem Licht, z. B. aus einer Glühlampe, entsteht ein durchgehender Streifen ineinander übergehender Farben (▶ **2**).
Weißes Licht besteht aus einem kontinuierlichen Spektrum verschiedener Wellenlängen (▶ **3A**).

Ganz anderes sieht es aus, wenn man ein Salz wie Natriumchlorid in die nicht leuchtende Flamme eines Gasbrenners einbringt. Betrachtet man die durch das Salz gelb gefärbte Flamme, z. B. durch ein Handspektroskop, erkennt man nur eine einzige gelbe Linie im Spektrum (▶ **3B**). Sie stammt vom Element Natrium. Auch bei anderen chemischen Elementen kann eine charakteristische Flammenfärbung beobachtet werden, z. B. kräftig grün bei Bor oder ziegelrot bei Calcium.

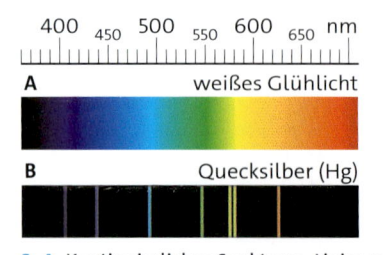

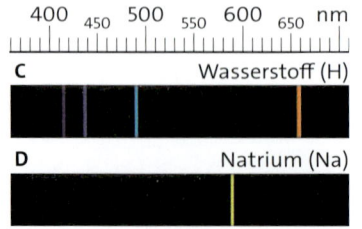

Dies nutzten GUSTAV ROBERT KIRCHHOFF und ROBERT WILHELM BUNSEN schon zu Beginn des 19. Jhdts., um Elemente eines unbekannten Materials oder einer unbekannten Verbindung zu identifizieren. Ihnen fiel auf, dass zum Leuchten gebrachte chemische Elemente kein kontinuierliches, sondern immer ein Linienspektrum erzeugten, das aus einer spezifischen Anzahl und Anordnung von Linien bestand (▶ **3**). Das Verfahren ist die **Spektralanalyse** und wird noch heute in der Analytik verwendet.

> Jedem chemischen Element lässt sich ein spezifischer Satz von Spektrallinien zuordnen, an dem man das Element erkennen kann.

Ausmessen des Spektrums • Um das Spektrum eines leuchtenden Körpers oder Gases aufzunehmen und zu vermessen, zerlegt man das Licht mithilfe eines Prismas oder eines Strichgitters (▶ **4**). Das Licht z. B. einer Gasentladungslampe wird zunächst durch eine Schlitzblende geleitet und mittels einer Linse als scharfe Linie auf einen Schirm projiziert. Dann bringt man zwischen Abbildungslinse und Schirm das optische Strichgitter und erzeugt auf diese Weise das Spektrum des Gases. Aus dem Abstand der jeweiligen Beugungsordnung zum 0. Maximum kann so die Wellenlänge der Linie berechnet werden.

A weißes Glühlicht
B Quecksilber (Hg)
C Wasserstoff (H)
D Natrium (Na)

3 A Kontinuierliches Spektrum; Linienspektrum von **B** Quecksilber, **C** Wasserstoff, **D** Natriumdampf

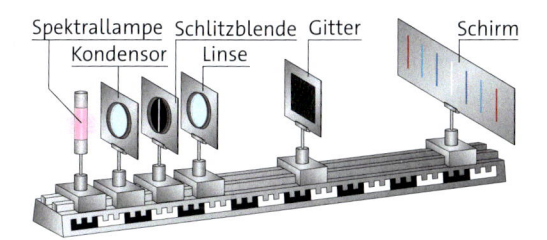

4 Projektion von Linienspektren

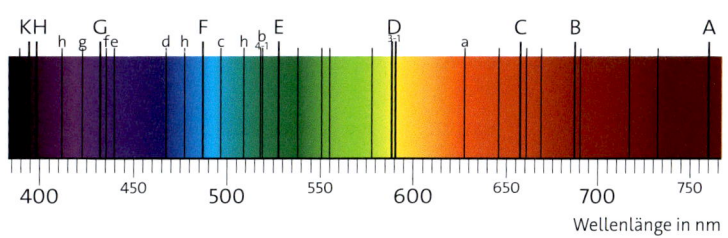

5 Fraunhofersche Linien des Sonnenlichts

Emissions- und Absorptionsspektren • Die bisher betrachteten Spektren sind **Emissionsspektren**. Sie entstehen, indem der Stoff durch Energiezufuhr selbst zum Leuchten angeregt wird. Bei der Flammenfärbung geschieht dies durch die Temperatur des Brenners oder bei einer Gasentladungslampe durch eine Spannungsquelle.

Etwa um 1814 entdeckte der deutsche Optiker JOSEPH FRAUNHOFER, dass sich im Spektrum des Sonnenlichts schwarze Linien befinden (▶5). Er vermaß diese Linien sorgfältig und konnte so ihre Wellenlängen bestimmen. Sie entsprechen den Wellenlängen von Emissionsspektren bestimmter Elemente, z. B. der Natrium-Doppellinie (D) sowie die Linien des Wasserstoffspektrums (C, F, G, h).

Die schwarzen Absorptionslinien eines Stoffs im kontinuierlichen Spektrum des weißen Lichts werden **Absorptionsspektrum** genannt (▶5, 7B).

Entstehung der Spektren • Beleuchtet man eine durch Natriumsalz gefärbte Brennerflamme mit dem einfarbigen Licht einer Natrium-Dampflampe, erkennt man auf einer weißen Wand einen Schatten (▶6). Beleuchtet man sie dagegen mit einer Quecksilber-Dampflampe, sieht man keinen Schatten.

Das Emissionsspektrum der Natrium-Dampflampe ist identisch zu dem der Flammenfärbung (▶3D). Durch Energiezufuhr emittieren die Natriumatome Licht der im Spektrum vorhandenen Wellenlänge. Der Schatten der Natrium-Flamme entsteht, weil die Natriumatome genau diese Wellenlänge wieder absorbieren können. Im Spektrum der Quecksilber-Dampflampe fehlt hingegen diese Wellenlänge und die anderen Wellenlängen werden nicht absorbiert. Dies nennt man **Resonanzabsorption**.

> Jedes Element kann Licht mit genau derselben Wellenlänge absorbieren, mit der es Licht emittieren kann.

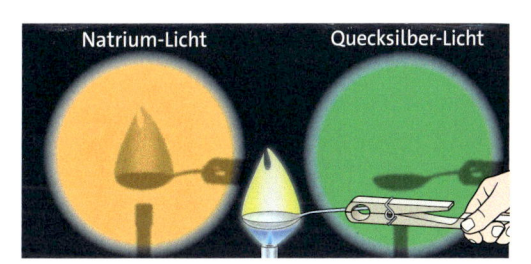

6 Schattenbildung einer Natrium-Flamme

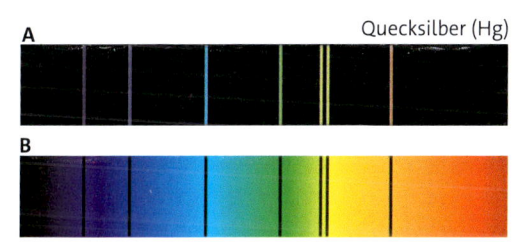

7 **A** Emissions- und **B** Absorptionsspektrum von Hg

Auch die dunklen Linien, die Fraunhofer im Sonnenspektrum fand, bilden ein solches Absorptionsspektrum. Sie werden von Elementen aus der Sonne bzw. der Erdatmosphäre verursacht. Die Zusammensetzung ferner Himmelsobjekte kann so mit dieser Methode bestimmt sowie Informationen über deren Alter erhalten werden.

1 ☐ Betrachten Sie mit einem Taschenspektroskop die Spektren von Sonnenlicht sowie einer Quecksilber-, einer Wasserstoff- und einer Natrium-Lampe. Notieren Sie die Unterschiede.

2 ✎ Erklären Sie die unterschiedlichen Farben im Bild des Orionnebels.

3 ☐ Ordnen Sie die rote Linie (▶8) dem Spektrum eines Elements zu.

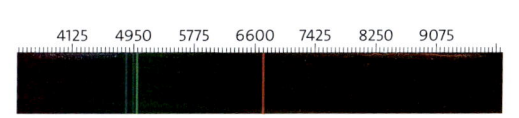

8 Spektrallinien aus dem Orionnebel (in 10^{-1} nm)

Achtung: Richten Sie das Spektroskop nicht direkt auf die Sonne – Gefahr von Augenschäden! Richten Sie das Spektroskop auf Wolken oder andere von der Sonne beschienene Flächen.
Blicken Sie nicht direkt in die Lichtquelle der Quecksilber-Lampe!

Wellenlängen von Spektrallinien • Geht man von der Vermutung aus, dass die Spektrallinien für jedes Element charakteristisch sind, müssen sie mit dem Bau der Atome zusammenhängen. Bis Ende des 19. Jh. hatte man mithilfe der Spektralanalyse etliche neue Elemente entdeckt und begann nun, nach Erklärungen zu suchen.

Balmer-Formel • Für das Emissionsspektrum des einfachsten chemischen Elements, des Wasserstoffs, sah der Schweizer JOHANN JAKOB BALMER im direkt sichtbaren Bereich zunächst nur vier Linien. Durch systematisches Probieren fand er 1885 die nach ihm benannte empirische Balmer-Formel:

$$\lambda = G \cdot \frac{n^2}{n^2 - 2^2}.$$

$G = 3{,}6456 \cdot 10^{-7}$ m $= 364{,}57$ nm ist eine empirische Konstante in der Größenordnung einer Wellenlänge im UV-Bereich (unter 400 nm). Für n kann man natürlichen Zahlen ab 3 einsetzen. Für die Werte 3, 4, 5 und 6 erhält man eine recht gute Übereinstimmung zwischen berechneten Wellenlängen und den im Experiment beobachteten Spektrallinien des Wasserstoffs (▶1).

Für $n = 7$ und 8 ergeben sich zwei Wellenlängen des Wasserstoffspektrums, die im nahen UV-Bereich liegen, also nicht für jedermann sichtbar sind. Sie können z. B. mit einem fluoreszierenden Schirm als Projektionsfläche beobachtet werden. Die Spektrallinien, die zu $n > 2$ gehören, fasst man zur Balmer-Serie zusammen (▶1).

RYDBERGs Erweiterung • Durch bessere Beobachtungsmethoden fand man im IR- sowie im UV-Bereich des Emissionsspektrums von Wasserstoff zahlreiche Linien, die sich mit der Balmer-Formel nicht berechnen ließen. Der Schwede JOHANNES RYDBERG verallgemeinerte die Formel, sodass sich sämtliche Wellenlängen des Wasserstoffspektrums berechnen lassen:

$$\frac{1}{\lambda} = R_\infty \cdot \left(\frac{1}{n_1^2} - \frac{1}{n_2^2} \right).$$

Dabei sind n_1 und n_2 natürliche Zahlen größer null mit $n_2 > n_1$ und $R_\infty = 1{,}096778 \cdot 10^7$ m^{-1} die so genannte **Rydberg-Konstante**.
Setzt man $n_1 = 2$ und für $R_\infty = \frac{4}{G}$, kommt man mit $n = n_2$ wieder zur Balmer-Formel.
Mit der Beziehung $c = \lambda \cdot f$ ergibt sich zudem eine Gleichung für die zugehörigen Lichtfrequenzen:

$$f = R_\infty \cdot c \left(\frac{1}{n_1^2} - \frac{1}{n_2^2} \right) = f_R \left(\frac{1}{n_1^2} - \frac{1}{n_2^2} \right),$$

wobei $f_R = R_\infty \cdot c = 3{,}28984 \cdot 10^{15}$ Hz als **Rydberg-Frequenz** bezeichnet wird.

> Mit den Rydberg-Formeln lassen sich die Frequenzen und Wellenlängen der grundlegenden Emissionslinien des Wasserstoffatoms berechnen.

Damit hatte man eine Möglichkeit, alle erdenklichen Linien des Wasserstoffspektrums zu errechnen, kannte jedoch das physikalische Prinzip ihrer Entstehung nicht.

Übergang $n_2 \rightarrow n_1$	3 → 2	4 → 2	5 → 2	6 → 2	7 → 2	8 → 2	9 → 2	∞ → 2
Name der Linie	Hα	Hβ	Hγ	Hδ	Hε	Hζ	Hη	
λ gemessen in nm	656,279	486,132	434,047	410,174	397,008	388,805	383,539	
λ berechnet in nm	656,278	486,132	434,045	410,174	397,007	388,806	383,540	(364,56)
Farbe	rot	blau-grün	violett	violett	violett	violett	UV	UV

1 Mit bloßem Auge sichtbare und teilweise sichtbare Linien des Wasserstoffs der Balmer-Serie

Atomhülle · Spektrallinien

Energieniveaus • Gegen Ende des 19. Jh. wusste man über den Aufbau von Atomen wenig.
Nach dem Kern-Hülle-Modell (um 1911), das aufgrund der Erkenntnisse der Streuexperimente von ERNEST RUTHERFORD entwickelt wurde, besteht das Atom aus einem (sehr kleinen) positiv geladenen Atomkern und der sehr großen Atomhülle, in der sich die elektrisch negativ geladenen Elektronen befinden. Bei der Wechselwirkung von Atomen mit UV-Licht können diese ionisiert werden, d. h., es kommt zur vollständigen Ablösung von Elektronen aus der Atomhülle. Es sind deshalb wahrscheinlich auch die Elektronen in der Hülle für die Absorption und Emission von Licht durch Atome verantwortlich.

Wegen des Zusammenhangs $\Delta E = h \cdot f$ lässt sich die zu einer Spektrallinie gehörende Energie berechnen. Bei der Aussendung von Photonen gibt ein Atom also Energie in ganz bestimmten Beträgen ab, die sich aus den Spektrallinien berechnen lassen. Diese sind von Element zu Element unterschiedlich, bei den Atomen eines Elements aber immer gleich.

NIELS BOHR gelang es 1913 als Erster für das Wasserstoffatom die Entstehung der Spektrallinien durch das Vorhandensein von **Energieniveaus** in der Atomhülle zu erklären (▶ 2). Wenn z. B. durch die rote Linie im Wasserstoffspektrum ein Energiebetrag ΔE abgegeben wird, wechselt das Elektron von einem Energieniveau E_3 zu einem niedrigeren Energieniveau E_2. Nach dem Energieerhaltungssatz entspricht die abgegebene Energie der Energiedifferenz zwischen diesen beiden Niveaus:

$\Delta E = E_3 - E_2 = h \cdot f = 3{,}0289 \cdot 10^{-19}\,\text{J} = 1{,}890\,\text{eV}$.

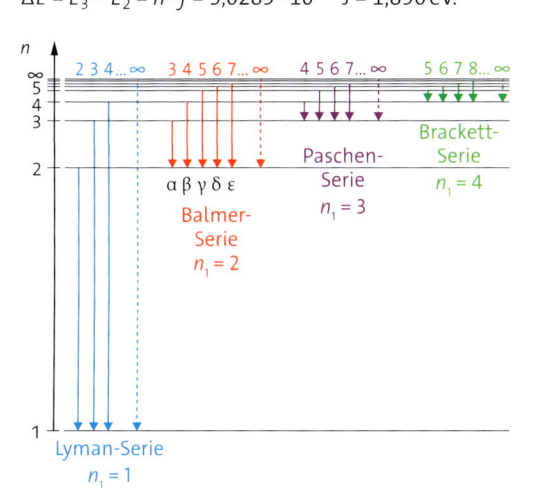

2 Energieniveaus des Wasserstoffatoms

Serie	n_1	n_2	Formel: $f =$	Spektralbereich/Farbe
Lyman	1	2, 3, 4 …	$f_R \cdot \left(1 - \frac{1}{n_2^2}\right)$	Vakuum-UV 121 nm – 91 nm
Balmer	2	3, 4, 5 …	$f_R \cdot \left(\frac{1}{4} - \frac{1}{n_2^2}\right)$	rot, blaugrün, violett, UV 365 nm – 656 nm
Paschen	3	4, 5, 6 …	$f_R \cdot \left(\frac{1}{9} - \frac{1}{n_2^2}\right)$	IR-A 1875 nm – 820 nm
Brackett	4	5, 6, 7 …	$f_R \cdot \left(\frac{1}{16} - \frac{1}{n_2^2}\right)$	IR-B 4050 nm – 1460 nm

3 Spektralserien des Wasserstoffs benannt nach ihrem jeweiligen Entdecker

Quantenmechanisches Modell des Atoms • Das Elektron im Wasserstoffatom bewegt sich im elektrischen Feld des Atomkerns. Seine Gesamtenergie ist somit die Summe der potenziellen Energie des elektrischen Felds und seiner kinetischen Energie:

$E = E_{\text{pot}} + E_{\text{kin}}$.

Für die potenzielle Energie im radialen elektrischen Feld des Kerns des Wasserstoffatoms kann man schreiben:

$E_{\text{pot}} = -\dfrac{e^2}{4\pi \cdot \varepsilon_0} \cdot \dfrac{1}{r}$

Das negative Vorzeichen ergibt sich, weil wir die potenzielle Energie im unendlichen null gesetzt haben und es bei Annäherung an den Kern zu einer Anziehung kommt – also Energie frei wird.

Um die kinetische Energie des Elektrons zu berechnen, kann man die auf das Elektron wirkende Coulombkraft F_C als Zentripetalkraft F_Z interpretieren. Das führt zu einer ausreichend schnellen kreisenden Bewegung des Elektrons, damit ein stabiles Atom entsteht. Es gilt somit:

$F_C = \dfrac{e^2}{4\pi \cdot \varepsilon_0} \cdot \dfrac{1}{r^2} = \dfrac{m_e \cdot v^2}{r} = F_Z$

Multiplizieren wir die Gleichung mit r, können wir erkennen, dass es einen Zusammenhang zwischen der kinetischen Energie $E_{\text{kin}} = \frac{1}{2} m \cdot v^2$ und der potenziellen Energie des Elektrons im Atom gibt:

$\dfrac{e^2}{4\pi \cdot \varepsilon_0} \cdot \dfrac{1}{r} = m_e \cdot v^2 \quad \Rightarrow \quad -E_{\text{pot}} = 2 E_{\text{kin}}$

> In der Atomphysik werden Energien häufig in der Einheit Elektronenvolt (eV) angegeben.
> Die Umrechnung erfolgt mit der Elementarladung e.
>
> $1\,\text{eV} = 1{,}602 \cdot 10^{-19}\,\text{J}$

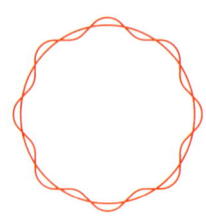

1 Stehende Welle auf einem Kreisumfang

Der theoretisch hergeleitete Wert für R_∞ stimmt also recht gut mit dem empirisch bestimmten überein:

$$R_\infty = \frac{m_e \cdot e^4}{8 \cdot \varepsilon_0^2 \cdot h^3 \cdot c}$$

$$= 1{,}097\,373 \cdot 10^7 \frac{1}{m}$$

Für die Gesamtenergie E der Elektronen gilt dann wegen $E = E_{pot} + E_{kin}$:

$$E = -E_{kin}.$$

Weil Elektronen Quantenobjekte sind und damit auch Welleneigenschaften haben, sind aber nur solche Kreisbahnen möglich, dessen Umfang ($2\pi \cdot r$) ein ganzzahliges Vielfaches der de-Broglie-Wellenlänge $\lambda = \frac{h}{m_e \cdot v}$ des Elektrons entspricht. So kann sich eine stehende Welle ausbilden (▶1):

$$2\pi \cdot r = n \cdot \lambda = n \cdot \frac{h}{m_e \cdot v} \;\Rightarrow\; r = \frac{n \cdot \lambda}{2\pi} = \frac{n \cdot h}{2\pi \cdot m_e \cdot v}$$

Anderenfalls würden sich die Wellenfunktionen an den „Begegnungsstellen" auslöschen.

Wir setzen den Ausdruck für r in den Term für E_{pot} ein und lösen nach der Geschwindigkeit v auf:

$$\frac{e^2}{4\pi \cdot \varepsilon_0} \cdot \frac{2\pi \cdot m_e \cdot v}{n \cdot h} = m_e \cdot v^2 \;\Rightarrow\; v = \frac{e^2}{2\varepsilon_0 \cdot n \cdot h}$$

Eingesetzt in die Gleichung für die Gesamtenergie ergibt sich für das Wasserstoffatom:

$$E_n = -\frac{1}{2}m_e \cdot v^2 = -\frac{m_e \cdot e^4}{8\varepsilon_0^2 \cdot h^2} \cdot \frac{1}{n^2} \quad\text{mit } n = 1,2,3\ldots$$

$$= -2{,}18 \cdot 10^{-18}\,\text{J} \cdot \frac{1}{n^2} = -13{,}6\,\text{eV} \cdot \frac{1}{n^2}$$

Bis auf n besteht der Ausdruck nur aus Naturkonstanten. Das Elektron kann also nicht beliebige Energien im Wasserstoffatom annehmen. Die Energie ist durch die Zahl n gequantelt.

Energieniveauschema von Wasserstoff • Setzt man in die Gleichung für n die Zahlen 1, 2, 3 usw. ein, erhält man die erlaubten Energien E_1, E_2, E_3 usw. Trägt man diese Energien auf einer vertikalen Achse auf, erhält man die gleiche Darstellung wie bei der Berechnung aus den Spektrallinien. Es ist das Energieniveauschema des Wasserstoffatoms (▶2). In der Darstellung entspricht E_1 der Energie des Grundzustands. Alle anderen Energieniveaus sind angeregte instabile Zustände, für die dem Elektron Energie zugeführt werden muss.

Aus dieser einfachen Darstellung wird anschaulich klar, wie die Spektrallinien entstehen: Wechselt ein angeregtes Elektron z. B. von der 4. Energiestufe auf die 2. Energiestufe wird die Energiedifferenz zwischen beiden Stufen $\Delta E = 2{,}55$ eV als emittiertes Photon frei. Mit $E = h \cdot f$ und $f = \frac{c}{\lambda}$ ergibt sich eine Wellenlänge von $\lambda = 486{,}13$ nm. Dies entspricht der sichtbaren blaugrünen Linie der Balmer-Serie. Allgemein gilt:

$$\Delta E = \frac{m_e \cdot e^4}{8\varepsilon_0^2 \cdot h^2} \cdot \left(\frac{1}{n_1^2} - \frac{1}{n_2^2}\right) \quad\text{bzw.}\quad \frac{1}{\lambda} = \frac{m_e \cdot e^4}{8\varepsilon_0^2 \cdot h^3 \cdot c} \cdot \left(\frac{1}{n_1^2} - \frac{1}{n_2^2}\right)$$

Vergleicht man die Ausdrücke mit den Formeln von Rydberg, erkennt man, dass sie im Grunde identisch sind. Die empirisch gefundenen Rydbergfrequenz und -konstante lassen sich auch aus den bekannten Naturkonstanten berechnen (▶ Marginalie).

Energiezustände in Einelektronensystemen • Bei der Herleitung der Energien für das Wasserstoffatom haben wir bei der potenziellen Energie des Elektrons die Kernladung des Wasserstoff eingesetzt ($Q = e$). Für andere wasserstoffähnliche Atome, z. B. He$^+$ oder Li^{2+}, muss daher die Formel um die Kernladungszahl Z ergänzt werden ($Q = Z \cdot e$):

$$E_n = -13{,}6\,\text{eV} \cdot Z^2 \cdot \frac{1}{n^2}$$

Für komplexere Mehrelektronenatome funktioniert die Formel allerdings nicht, da die Wechselwirkungen der Elektronen untereinander nicht berücksichtigt werden.

2 Energieniveauschema des Wasserstoffatoms
- $E_4 = -0{,}85$ eV
- $E_3 = -1{,}5$ eV
- $E_2 = -3{,}4$ eV
- $E_1 = -13{,}6$ eV

1. ☐ Berechnen Sie die Wellenlängen der ersten vier Balmer-Linien im UV-Bereich.

2. ◪ Für $n_2 \to \infty$ werden die Frequenzabstände der Linien im Spektrum immer kleiner. Bezogen auf ein festes n_1 streben die Frequenzen der zugehörigen Spektrallinien daher gegen einen Grenzwert. Berechnen Sie diese Grenzfrequenz und die Grenzwellenlänge.

3. ◪ Erläutern Sie die Schritte zur Erweiterung der Balmer-Formel zur Rydberg-Formel.

4. ◪ Lithium färbt eine Brennerflamme rot ($\lambda = 671$ nm). Zeigen Sie durch Berechnungen, ob Li^{2+} in der Lage ist, einen Quantensprung zwischen zwei Energieniveaus auszuführen, die dieser Wellenlänge entspricht.

5. ◪ Berechnen Sie die Ionisierungsenergie von He$^+$, das sich im Grundzustand befindet. Zeigen Sie, dass die 2., 4. und 6. Energiestufe des He$^+$-Ions mit den ersten drei Stufen des H-Atoms übereinstimmen.

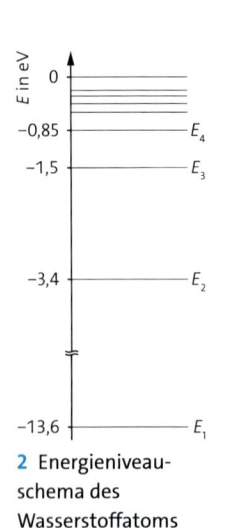

Material

Atomhülle • Spektrallinien

Versuch A • Emissionsspektren qualitativ

V1 Flammenfärbung

Materialien: Verschiedene anorganische Salze wie NaCl, KCl, $CuSO_4$, Brenner, je ein Magnesia-Stäbchen

Arbeitsauftrag:
- Halten Sie auf je einem Magnesia-Stäbchen die verschiedenen Salze nacheinander in die nicht leuchtende Brennerflamme und beobachten Sie die Flammenfärbung (▶ 1).
- Notieren Sie für jedes Salz die Farbe des abgegebenen Lichtes und beurteilen Sie die Objektivität dieser Methode.
- Arbeiten Sie zu zweit. Betrachten Sie die gefärbten Flammen auch mit einem Taschenspektroskop und kommentieren Sie die Beobachtung.

1 Flammenfärbung

Versuch B • Emissionsspektren quantitativ

V2 Spektralröhre

Achtung: Zum Betrieb der Röhren ein Gleichspannungsgerät mit höchstens 5 kV. Achten Sie auf einen berührungssicheren Aufbau mit geeigneten Anschlusskabeln

Materialien: Lineal, verschiedene Spektralröhren (Geißlersche Röhren), Gleichspannungsgerät, Stativmaterial, optisches Strichgitter mit 570 Strichen/mm

Arbeitsauftrag:
- Informieren Sie sich über die subjektive Methode zur Bestimmung der Wellenlänge von Spektrallinien.
- Bauen Sie die Versuchsanordnung ähnlich der Abbildung auf und blicken Sie durch das Gitter (▶ 2). Schieben Sie die Markierungen links und rechts der Mitte auf die jeweils gleichfarbige Emissionslinie und notieren Sie deren Abstand.
- Bestimmen Sie die Wellenlängen einiger der sichtbaren Linien der verschiedenen Spektrallampen.

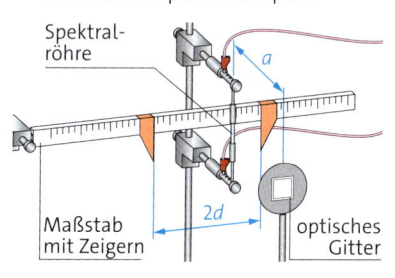

2 Subjektive Methode

Material A • Spektrallinien

Die Spektralanalyse liefert Informationen zu den Eigenschaften von Sternen (▶ **A1**).

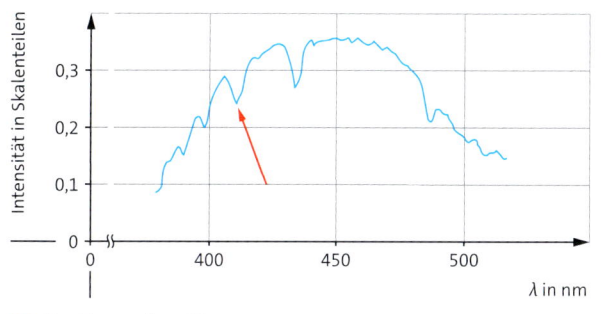

A1 Spektrum eines Sterns

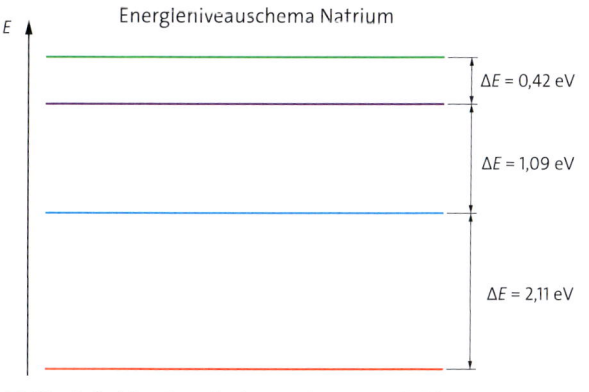

A2 Vereinfachtes Energieniveauschema von Natrium

1 ▰ Begründen Sie, dass die in ▶ **A1** durch einen Pfeil gekennzeichnete Stelle des Spektrums durch einen Vorgang in Wasserstoffatomen entstehen kann.

2 ▰ Erklären Sie, welchen Vorteil die Benutzung des Hubble-Teleskops gegenüber Teleskopen auf der Erde hat, auch wenn diese viel größer sind.

3 ▰ ▶ **A2** zeigt ein stark vereinfachtes Energieniveauschema für Natrium. Bestimmen Sie, welche Wellenlänge aus dem Licht des sichtbaren Spektrums in der Lage ist, Natriumatome anzuregen.

4 ▰ Stellen Sie einen Zusammenhang her zwischen dem Spektrum in ▶ **A1** und dem Ergebnis zu Aufgabe **3**.

7.2 Energieniveaus in der Atomhülle

1 Leuchtende Gasatome in einer elektrischen Leuchtreklame

Wir wissen, dass die Elektronen der Atomhülle durch die Absorption von Lichtenergie auf einen höheren Energiezustand gehoben werden und unter Lichtemission wieder hinabfallen können. Wie funktioniert die Anregung mit elektrischem Strom und was sagt uns das über den Aufbau des Atoms?

Anregung durch Teilchenstöße • Um 1914 untersuchten JAMES FRANCK und GUSTAV HERTZ, wie man mit beschleunigten Teilchen gezielt Energie in Atome eintragen kann und welche Informationen man dadurch über die Struktur der Atomhülle gewinnt.
Sie nutzten dafür freie Elektronen: Diese sind vergleichsweise leicht zu erzeugen und können durch ein elektrisches Feld auf beliebige Geschwindigkeiten, d. h. auf präzise einstellbare kinetische Energien beschleunigt werden.

Das Anregungsziel: Gasatome • Der Aufbau des Franck-Hertz-Versuchs besteht aus einer gasgefüllten Glasröhre (▶2). Das Gas kann z. B. Quecksilberdampf sein. Um den Dampf zu erzeugen, befindet sich ein Tropfen des flüssigen Metalls in der Röhre, die während des Versuchs von außen erwärmt wird. Je nach Temperatur kann man den Dampfdruck des Quecksilbers sehr genau einstellen.

Beschleunigung in der Röhre • Die freien Elektronen werden durch den glühelektrischen Effekt an einer Heizkathode erzeugt: Mithilfe einer Wechselspannung U_H wird hierzu ein Metalldraht so stark erwärmt, dass sich die Elektronen aus der Metalloberfläche lösen.

Die Elektronen werden dann in einem elektrischen Feld beschleunigt, das mittels einer Beschleunigungsspannung U_B zwischen dem Glühdraht (der Kathode) und einem Gitter (der Anode) am anderen Ende der Röhre erzeugt wird (▶2). Die Elektronen können dieses Gitter durch dessen Löcher passieren.

Messung des Elektronenstroms • Hinter dem Gitter befindet sich eine weitere Elektrode. Zwischen dem Gitter und dieser Auffangelektrode wird eine im Vergleich zur Beschleunigungsspannung geringe und entgegengesetzt gepolte Gegenspannung U_G angelegt. Wenn Elektronen die Auffangelektrode trotz der Gegenspannung erreichen, wird dies als elektrischer Strom über ein im Stromkreis verbautes Amperemeter registriert (▶2).

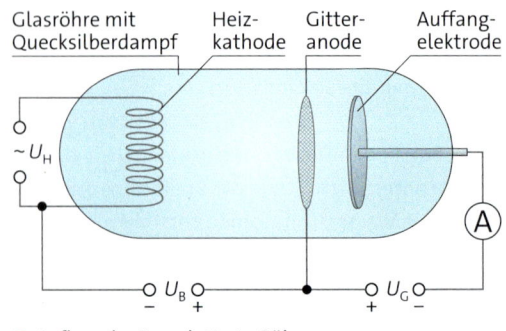

2 Aufbau der Franck-Hertz-Röhre

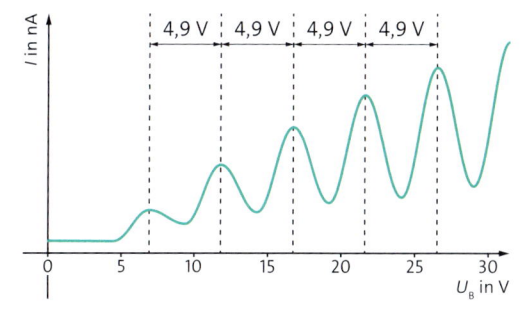

3 Gemessene Stromstärke an der Auffangelektrode in Abhängigkeit von der Beschleunigungsspannung

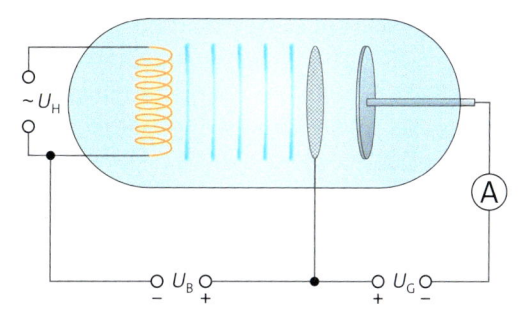

4 Die Abstände zwischen den Bereichen angeregter Gasatome sind immer gleich.

Beschleunigungsspannung und Stromstärke • Im Verlauf des Versuchs wird die Beschleunigungsspannung nun stetig erhöht. Dabei wird der elektrische Strom zwischen Anode und Auffangelektrode gemessen, d. h. die Anzahl der freien Elektronen, die die Auffangelektrode trotz der – geringen – Gegenspannung erreichen. Zur Auswertung trägt man die Beschleunigungsspannung gegen die Stromstärke an der Auffangelektrode auf (▶ 3). Das Diagramm zeigt, dass nach einem Anstieg der Stromstärke diese stark einbricht, allerdings nicht bis auf null fällt. Mit zunehmender Beschleunigungsspannung steigt die Stromstärke von diesem Minimum wieder an, bis sie erneut einbricht. Diese Folge von steigender und abfallender Anodenstromstärke wiederholt sich mehrmals.

Deutung des Diagramms • Dass mit zunehmender Spannung auch die Stromstärke steigt, entspricht den Erkenntnissen zu einfachen Stromkreisen. Die Einbrüche der Stromstärke sind hingegen unerwartet. Der Rückgang bedeutet, dass bei bestimmten Beschleunigungsspannungen deutlich weniger Elektronen die Auffangelektrode erreichen.
Viele Elektronen wurden auf ihrem Weg gestoppt und haben dabei ihre kinetische Energie abgegeben. Da sich außer den freien Elektronen nur Quecksilberatome in der Röhre befinden, müssen diese die Energie durch Stöße aufgenommen haben, d. h. sie wurden energetisch angeregt.
Die Elektronen dagegen haben ihre kinetische Energie verloren, sodass sie nicht mehr ausreicht, um die Gegenspannung zu überwinden. Die Stromstärke sinkt. Der Rückgang in das Minimum erfolgt allerdings nicht sofort, sondern ist recht breit, da die Elektronen nicht alle exakt dieselbe Geschwindigkeit, d. h. dieselbe kinetische Energie aufweisen.

Funktion der Gegenspannung • Die geringe Gegenspannung sorgt also dafür, dass nur Elektronen mit einer gewissen Mindestenergie die Auffangelektrode erreichen. So werden die Minima der Stromstärke schärfer und deutlicher sichtbar.
Da nicht alle Elektronen auf Gasatome treffen und so ihre kinetische Energie verlieren, erreichen trotzdem einige die Auffangelektrode. Daher sinkt die Stromstärke in den Minima nicht auf null.

Der Prozess wiederholt sich • Erhöht man nach einem solchem Minimum der Stromstärke die Beschleunigungsspannung weiter, werden die durch Stoß mit den Gasatomen gestoppten Elektronen erneut beschleunigt. Ihre Energie reicht wieder aus, um die Gegenspannung zu überwinden. Die Stromstärke steigt, bis die kinetische Energie der Elektronen wieder ausreicht, um andere Gasatome erneut anzuregen.
Bei der maximal für das Gerät zulässigen Spannung werden die Elektronen auf ihrem Weg durch die Röhre mehrfach beschleunigt und wieder gestoppt. Da jedes Elektron die gleiche Strecke benötigt, um wieder die für die Anregung der Gasatome notwendige kinetische Energie zu erhalten, entstehen in der Franck-Hertz-Röhre bei maximaler Spannung mehrere Bereiche angeregter Gasatome im jeweils gleichen Abstand (▶ 4).

Quantisierte Energien • Bei genauerer Betrachtung erkennt man, dass immer nach einer weiteren Erhöhung der Beschleunigungsspannung um 4,9 V die Stromstärke abfällt. Offenbar verlieren die Elektronen immer dann ihre kinetische Energie, wenn sie eine Beschleunigungsspannung von 4,9 V durchlaufen haben. Können diese Elektronen nur Energien mit einer Differenz von 4,9 eV abgeben?

Die energetische Struktur der Atomhülle • Es gibt keinen physikalischen Grund, warum die beschleunigten Elektronen nur Energie in bestimmten Mengen abgeben können, wenn die Energieaufnahme durch das elektrische Feld doch kontinuierlich ist.
Es sind die Quecksilberatome, die offenbar nur genau die kinetische Energie der Elektronen absorbieren, die diese beim Durchlaufen einer Beschleunigungsspannung von 4,9 V erhalten, also 4,9 eV.
Setzt man voraus, dass die Wechselwirkung der stoßenden Elektronen mit der Atomhülle der Gasatome stattfindet, bedeutet dies, dass die Hüllenelektronen der Gasatome nur Pakete einer bestimmten Energiemenge aufnehmen können.
Die Hülle der Atome ist quantisiert, worauf bereits die Erkenntnisse zu den Spektrallinien hindeuteten. Für ihre Entdeckung der quantisierten energetischen Struktur der Elektronenhülle erhielten Franck und Hertz im Jahr 1925 den Nobelpreis für Physik.

> Die Elektronen der Atomhülle können nur diskrete (im Gegensatz zu kontinuierlichen) Energiezuständen annehmen. Diese Zustände nennt man Energieniveaus.

Die Bedeutung der 4,9 V • Auf dem Weg zur Gitteranode stoßen die Elektronen häufig mit Quecksilberatomen zusammen. Wenn die Energie der Elektronen dabei nicht zur Anregung ausreicht, sind diese Stöße elastisch: Die Elektronen prallen an der Atomhülle ab und ihre kinetische Energie bleibt dabei vollständig erhalten.
Die Stöße, bei denen ein Gasatom angeregt wird, sind hingegen unelastisch, da kinetische Energie umgewandelt und auf das Atom übertragen wird. Dies ist vergleichbar mit den unelastischen Stößen der Mechanik, bei denen Energie durch die Verformung von Objekten in innere Energie und Wärme umgewandelt wird.

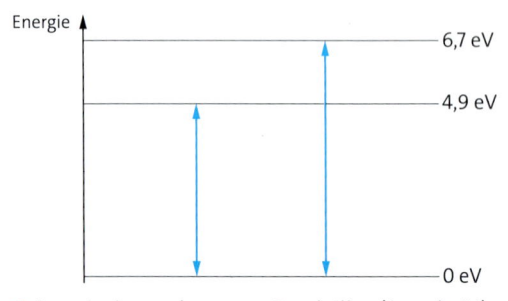

1 Energieniveauschema von Quecksilber (Ausschnitt)

In der Hülle des Quecksilberatoms besetzen die Elektronen die niedrigsten Energieniveaus und es gibt unbesetzte höhere Energieniveaus. Offenbar beträgt die Differenz eines Energieniveaus zu einem höheren genau 4,9 eV. Da bei niedrigeren Spannungen keine weiteren Einbrüche der Stromstärke zu beobachten sind, kann man sinnvoll annehmen, dass dies der erste mögliche Übergang eines Hüllenelektrons des Quecksilbers auf ein höheres Energieniveau ist.
Im vereinfachten Ausschnitt des Energieniveauschemas sind die beteiligten Niveaus erkennbar (▶ 1).

Wie erfolgt die Abregung der Gasatome? • Die angeregten Gasatome geben die aufgenommene Energie sehr schnell wieder ab. Da die Gasatome keine direkten Wechselwirkungspartner haben, erfolgt dies durch die Emission von Licht. Die Wellenlänge des Lichts kann aus der Energiedifferenz von 4,9 eV berechnet werden:

$$\lambda = \frac{h \cdot c}{\Delta E} = \frac{h \cdot c}{4,9\,\text{eV} \cdot e} = 253\,\text{nm}$$

Damit liegt sie im UV-Bereich des Spektrums und kann nicht direkt mit dem menschlichen Auge wahrgenommen werden.

1 Überlegen Sie, warum die Elektronen ihre kinetische Energie nur gewandelt in Anregungsenergie der Atomhülle, aber nicht direkt in kinetische Energie der Gasatome übertragen können.

2 Beurteilen Sie die ebenfalls denkbare Erklärung für den Verlauf der Stromstärke, dass bei einer Erhöhung der Beschleunigungsspannung bereits angeregte Gasatome auf ein noch höheres Energieniveau angeregt werden, anstatt dass immer neue Gasatome von den Elektronen auf ihrem Weg durch die Röhre aus dem Grundzustand angeregt werden.

3 Diskutieren Sie, wie die Messkurve aussähe, wenn die Atomhülle keine diskreten Energieniveaus aufweisen würde, sondern auch alle möglichen Energien aufnehmen könnte.

4 Begründen Sie, warum die beschleunigten Elektronen nicht alle dieselbe Geschwindigkeit aufweisen und daher der Abfall der Stromstärke in die Minima recht breit ist.

Material

Atomhülle • Energieniveaus in der Atomhülle

Material A • Weitere Betrachtungen zum Versuch mit Quecksilber

Obwohl das Licht, das die angeregten Quecksilberatome aussenden, überwiegend im UV-Bereich liegt, kann man unter bestimmten Bedingungen schwach bläulich leuchtende Schichten erkennen (▶A1).

A1 Blaue Leuchtschichten in der Franck-Hertz-Röhre (schematisch)

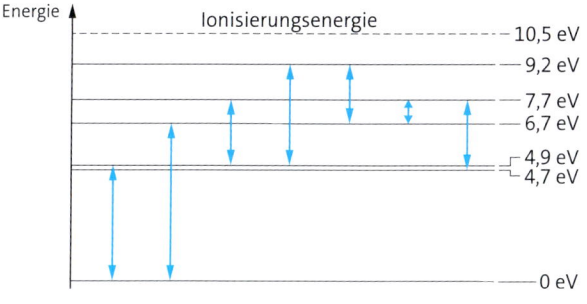

1. Erläutern Sie anhand des erweiterten Energieniveauschemas von Quecksilber (▶A2), wie die schwachen Leuchtschichten entstehen.

2. Begründen Sie anhand des erweiterten Energieniveauschemas (▶A2), welcher Übergang eigentlich im Experiment zu erwarten gewesen wäre. Tatsächlich sorgen Wechselwirkungen der Elektronenhülle mit dem Atomkern dafür, dass dieser Übergang nicht stattfindet.

3. Recherchieren Sie zu Leuchtstoffröhren und erläutern Sie, warum diese intensiv und gleichmäßig, d. h. ohne Schichtbildung leuchten.

4. Eigentlich wollten Franck und Hertz die Ionisationsenergie von Quecksilber bestimmen. Formulieren Sie eine Vermutung, wie das Beschleunigungsspannung-Stromstärke-Diagramm aussehen würde, wenn statt des ersten Übergangs eine Ionisation erfolgt wäre.

A2 Erweitertes Energieniveauschema von Quecksilber

Energieniveaus: Ionisierungsenergie 10,5 eV; 9,2 eV; 7,7 eV; 6,7 eV; 4,9 eV; 4,7 eV; 0 eV

Material B • Franck-Hertz-Versuch mit Neon

Der Versuch kann nicht nur mit Quecksilberdampf als Röhrengasfüllung durchgeführt werden; ein weiteres Element, welches häufig verwendet wird, ist Neon.

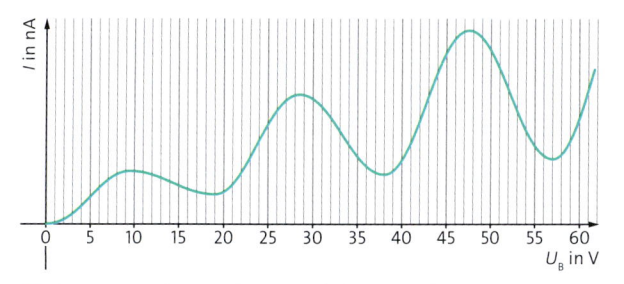

B1 Spannungs-Strom-Diagramm beim Versuch mit Neon

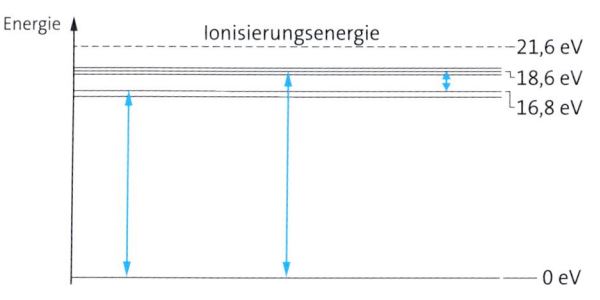

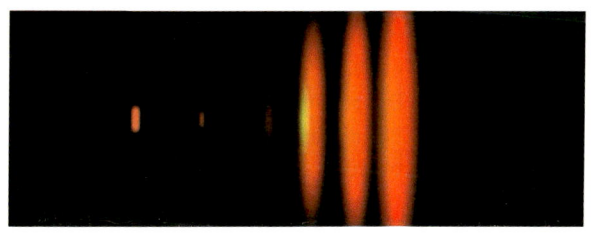

B3 Leuchtschichten beim Versuch mit Neon

1. Ermitteln Sie aus dem Diagramm (▶B1) die für die Anregung der Gasatome nötige Energie.

2. Berechnen Sie die Wellenlänge des Lichts, deren Energie diesem elektronischen Übergang entspricht und nennen Sie den Spektralbereich.

3. Begründen Sie anhand des Energieniveauschemas (▶B2), warum trotzdem Leuchtschichten sichtbar sind (▶B3) und diese bei Neon viel heller sind als bei Quecksilber. Berücksichtigen Sie dabei, dass die beschleunigten Elektronen nicht alle exakt dieselbe Geschwindigkeit aufweisen und die eng beieinanderliegenden Niveaus.

4. Bei Erhöhung der Beschleunigungsspannung entstehen diese Schichten (▶B3) an der Anode und wandern in Richtung Kathode. Begründen Sie diesen Effekt.

B2 Vereinfachtes Energieniveauschema von Neon. Dargestellt sind die wahrscheinlichsten Übergänge. Beachtenswert sind die vielen eng beieinander liegenden Niveaus.

Energieniveaus: Ionisierungsenergie 21,6 eV; 18,6 eV; 16,8 eV; 0 eV

7.3 Elektronen im Potenzialtopf

1 Roter Farbstoff in Tomaten

Die Tomaten verdanken ihre Farbe dem Lycopen, einem linearen Molekül, das aus einer Kette von Kohlenstoffatomen mit konjugierten Doppelbindungen besteht. Wie ist es diesen Elektronen möglich, ganz bestimmte Wellenlängen des Lichtes zu absorbieren?

Struktur von Lycopen • Um die Farbigkeit des Lycopen zu erklären, muss man die Struktur des Moleküls betrachten. Farbige Carotinoide wie das Lycopen bestehen aus linearen ebenen Molekülen, in denen die Kohlenstoffatome über konjugierte Doppelbindungen miteinander verbunden sind.
Bei diesen wechseln sich jeweils eine Doppelbindung und eine Einfachbindung zwischen den Kohlenstoffatomen ab (▶ **2**).

Die jeweiligen Elektronen innerhalb dieses konjugierten Doppelbindungssystems können sich frei hin- und herbewegen und sind für die Farbwahrnehmung der Verbindung verantwortlich. Weil sie Quantenobjekte sind, muss man ihr Verhalten mithilfe von Wellenfunktionen beschreiben.

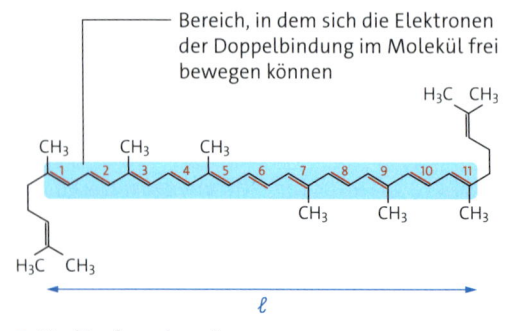

Modell des eindimensionalen Potenzialtopfs • Im Molekül sind die Elektronen wegen der anziehenden elektrischen Wechselwirkung zwischen ihnen und den positiv geladenen Atomkernen keine freien Objekte. Vielmehr ist der Bereich, in dem sie sich aufhalten können, nur auf das Molekül beschränkt.

Ein Atomkern mit seiner positiven Ladung erzeugt ein elektrisches Feld, deren Coulomb-Potenzial einen trichterförmigen Verlauf hat. Die potenzielle Energie $E_{pot}(x)$ steigt ausgehend vom Ort des Atomkerns (P_0) in alle Richtungen auf einen Wert E_{max} an (▶ **3A**). Alle Quantenobjekte – z. B. Elektronen, die eine Energie haben, die kleiner E_{max} ist – sind im Potenzialtrichter „gefangen".

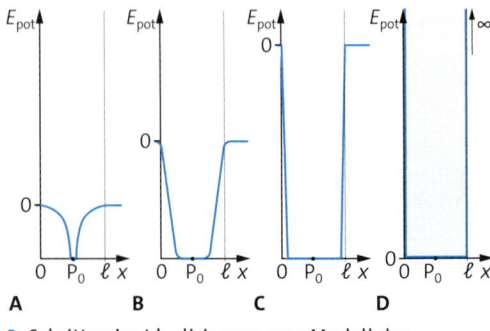

2 Strukturformel von Lycopen

3 Schrittweise Idealisierung zum Modell des eindimensionalen Potenzialtopf

Wir können den Verlauf dieses Coulomb-Potenzials zu einem **eindimensionalen Potenzialtopf** idealisieren, indem wir annehmen, dass die Elektronen sich zunächst gar nicht außerhalb des Potenzials aufhalten können. Dazu denkt man sich die Übergangsbereiche, in denen $E_{pot}(x)$ von 0 auf E_{max} anwächst, beliebig schmal und E_{max} beliebig groß (▶ **3A–D**).

Auf das Lycopenmolekül angewendet, sind im Bereich der konjugierten Doppelbindungen die Potenziale der 22 dazugehörigen Kohlenstoffatome z. T. überlappt.
Im idealisierten Modell ergibt sich daraus ein einziger breiter Potenzialtopf mit einer Länge von ℓ = 3,4 nm (▶ **4**, rote Linie).

Bei diesem eindimensionalen, linearen Potenzialtopfmodell gelten für die Quantenobjekte:
- Das Quantenobjekt (Elektron) soll sich nicht außerhalb des Topfes befinden. Anderenfalls hätte es eine unendlich große Energie, was physikalisch unmöglich ist. Daher sind die Werte der Wellenfunktion außerhalb des Topfs null.
- Da die Wellenfunktion stetig ist, muss sie an den Rändern des Topfs $x = 0$ und $x = \ell$, an denen die Energie sprunghaft ansteigt, ebenfalls null sein.

In dieser Situation verhalten sich Quantenobjekte wie die Saiten von Musikinstrumenten, die an ihren Enden fest eingespannt sind. Sie bilden stehende Wellen aus.

Wellenfunktion im Potenzialtopf • Das Modell vom eindimensionalen Potenzialtopf ermöglicht so ein leichtes Auffinden der dazugehörigen Wellenfunktionen.
Die orts- und zeitabhängige Wellenfunktion oder Zustandsfunktion $\psi(x, t)$ des Elektrons im Atom hat nach LOUIS DE BROGLIE die Wellenlänge:
$\lambda = \frac{h}{p}$.

Wie bei der beidseitig eingespannten Klaviersaite bilden sich nur die stehenden Wellen aus, die mit einem ganzzahligen Vielfachen ihrer Wellenlänge in die Länge des Potenzialtopfs passen:
$\ell = n \cdot \frac{\lambda_n}{2} \Rightarrow \lambda_n = \frac{2 \cdot \ell}{n}$, mit $n = 1, 2, 3 \ldots$

Innerhalb des Potenzialtopfs ergeben sich so sinusförmige Wellenfunktionen ψ (▶ **5A**).

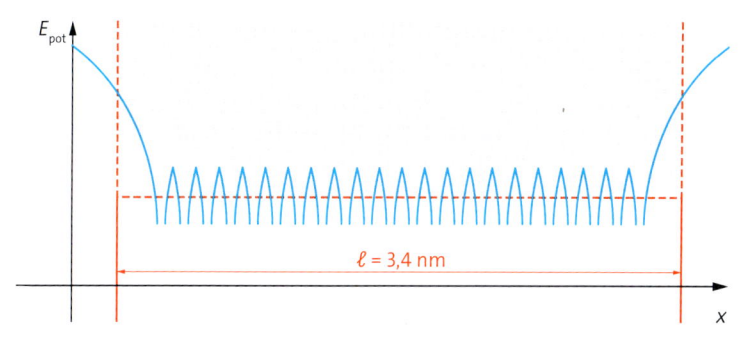

4 Potenzialtopf einer Molekülkette aus 22 C-Atomen

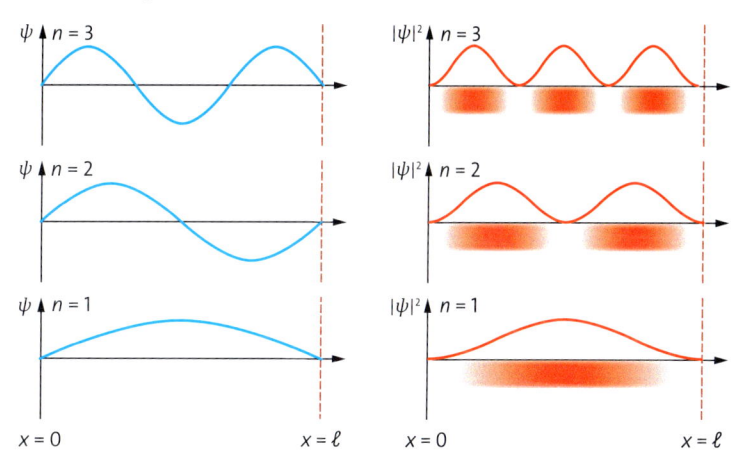

5 A Wellenfunktionen, **B** Wahrscheinlichkeitsdichten

Mit der Wellenfunktion kann die Antreffwahrscheinlichkeit bzw. die Nachweiswahrscheinlichkeit des Elektrons im Potenzialtopf berechnet werden. Sie entspricht dem Integral der Wahrscheinlichkeitsdichte $|\psi|^2$, also der Fläche unter der Funktion für einen bestimmten Längenabschnitt des Potenzialtopfs (▶ **5B**).

> Im Modell des eindimensionalen linearen unendlichen Potenzialtopfs ist die potenzielle Energie eines Quantenobjekts im Topf null, an den Rändern unendlich groß.

> Die Nachweiswahrscheinlichkeit des Quantenobjekts am Topfrand ist null. Die Wellenfunktionen im Potenzialtopf sind daher stehende Wellen an festen Enden.

1 ☐ Skizzieren Sie die Wellenfunktion und die Nachweiswahrscheinlichkeitsdichte für $n = 14$ und untersuchen Sie, ob sich ein Elektron mit dieser Wellenfunktion genau in der Mitte des Potenzialtopfs aufhalten kann.

Um die Nachweiswahrscheinlichkeit mithilfe von $|\psi|^2$ berechnen zu können, muss die Wellenfunktion normiert werden. Das geschieht, indem man das Integral für die gesamte Länge des Potenzialtopfs gleich 1 setzt (sicherer Nachweis) und daraus die Amplitude für ψ ermittelt.

Das Plancksche Wirkungsquantum h hat den Wert:
$h \approx 6{,}626 \cdot 10^{-34}$ Js

Energiewerte der Elektronen • Mithilfe der gefundenen Wellenfunktionen lassen sich die dazugehörigen Energiezustände berechnen.

Für den eindimensionalen Potenzialtopf gilt, dass die potenzielle Energie außerhalb des Topfs unendlich groß ist. Weil gleichzeitig die potenzielle Energie innerhalb des Topfes überall konstant ist, können wir diese willkürlich auf null setzen. Das Elektron hat also nur **kinetische Energie**:

$$E = E_{kin} = \frac{1}{2} m \cdot v^2.$$

Mit dem Impuls $p = m \cdot v$ bzw. $p^2 = m^2 \cdot v^2$ ergibt sich für die Energie der folgende Ausdruck:

$$E = \frac{p^2}{2m}.$$

Ersetzt man die Wellenlänge in der Bedingung für die stehende Welle durch die De-Broglie-Wellenlänge erhält man:

$$\lambda_n = 2\frac{\ell}{n} = \frac{h}{p_n} \Rightarrow p_n = \frac{n \cdot h}{2\ell}.$$

Eingesetzt in die Gleichung für die Energie liefert dies einen Ausdruck für die gesuchte Energie im Potenzialtopf:

$$E_n = \frac{h^2}{8 \cdot m \cdot \ell^2} \cdot n^2, \text{ mit } n = 1, 2, 3 \ldots$$

m entspricht hier der Elektronenmasse m_e.

> Im eindimensionalen linearen Potenzialtopf ist die Energie der Elektronen quantisiert. Ein Elektron kann nur bestimmte Energiezustände einnehmen.

Selbst für $n = 1$ ist die Energie des Elektrons nicht null. Diese sogenannte Lokalisationsenergie ist eine Folge des Einsperrens der Elektronen in den Potenzialtopf. Daraus ergibt sich, dass Elektronen im Atom nie ruhen. Der Zustand, in dem die Energie den kleinsten möglichen Wert E_1 hat, heißt **Grundzustand**.

WOLFGANG PAULI formulierte 1925 ein Grundprinzip der Quantenmechanik, das z. B. beim Aufbau von Atomhüllen in Erscheinung tritt. Danach können höchstens zwei Elektronen dieselbe Energiestufe besetzen, müssen sich aber in einer Eigenschaft, dem Spin, unterscheiden.

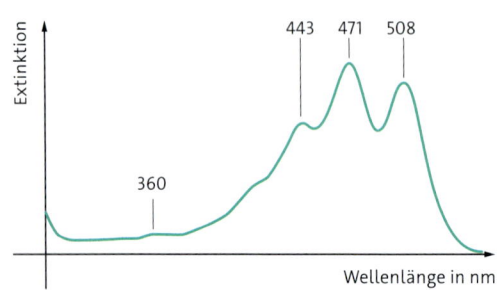

1 Absorptionsspektrum von Lycopen

Farbigkeit von Lycopen • Der eindimensionale Potenzialtopf von Lycopen wird von 22 Kohlenstoffatomen mit elf Doppelbindungen gebildet. Nur die 22 Elektronen in diesen Bindungen befinden sich im Potenzialtopf – sind also über die konjugierten Bindungen delokalisiert.

Nach dem von WOLFGANG PAULI gefunden **Pauli-Prinzip** können diese Elektronen aber nicht einfach alle im gleichen Zustand mit $n = 1$ sein, sondern ein Energiezustand kann von maximal zwei Elektronen gleichzeitig besetzt sein.

Im (energieärmsten) Grundzustand des Moleküls sind deshalb die Energiezustände von $n = 1$ bis $n = 11$ mit den 22 Elektronen besetzt.

Fällt weißes Licht auf eine Probelösung mit Lycopen, kann ein Elektron im Molekül durch Absorption von Photonen seinen Energiezustand ändern.

Dabei kann es aber nur die höheren – bis dahin unbesetzten – Energiezustände, die zu $n = 12, 13, 14 \ldots$ gehören, annehmen.

Um den Übergang vom Energiezustand $n = 11$ zu z. B. $n = 14$ zu ermöglichen, muss ein Energiebetrag von $\Delta E = E_{14} - E_{11}$ absorbiert werden:

$$\Delta E = E_{14} - E_{11} = \frac{h^2}{8 \cdot m_e \cdot \ell^2} \cdot (14^2 - 11^2) = 3{,}9 \cdot 10^{-19} \text{ J}.$$

Dieser Energiebetrag entspricht wegen $\Delta E = h \cdot f$ gerade einer Wellenlänge von $\lambda = 508$ nm – also dem Absorptionsmaximum von Lycopen (▶ 1). Das Farbstoffmolekül absorbiert blaugrünes Licht und erscheint damit in der Komplementärfarbe Rot.

> Die Farbigkeit von Molekülen entsteht durch die Absorption spezifischer Energiebeträge, die der Energiedifferenz zwischen den vorhandenen Energieniveaus entspricht.
> Mit dem eindimensionalen Potenzialtopf lassen sich die Größenordnungen von Energieübergängen im konjugierten Doppelbindungssystem bei linearen Farbstoffmolekülen abschätzen.

1 ☐ Berechnen Sie die Lokalisationsenergie E_n für ein Elektron im Grundzustand in einem Potenzialtopf der Länge $\ell = 1{,}0 \cdot 10^{-10}$ m.

2 ✎ Überprüfen Sie durch Nachrechnen, ob ein Energieübergang von $\Delta E = E_{14} - E_{12}$ des Farbstoffmoleküls im Beispiel aus Aufgabe 1 sichtbares Licht absorbieren kann.

Material

Atomhülle • Elektronen im Potenzialtopf

Versuch A • Farbstoffmoleküle als Anwendung des Potenzialtopfmodells

V1 Spektralanalyse eines Farbstoffes

Cyanin-Farbstoffe werden u. a. zum Anfärben von Zellproben verwendet.
Achtung: Einige Cyanin-Farbstoffe sind giftig! Als Ersatz kann auch eine β-Carotin-Lösung verwendet werden.

Materialien: Cyanin-Farbstoff (ersatzweise β-Carotin-Lösung), optische Bank sowie 2 Blendenhalter, Schlitzblende, optisches Strichgitter (400 Striche/mm), Linsen auf einem Reiter (+50 mm, +100 mm), Fassung mit Skala auf einem Reiter, Küvettenhalter, 2 kleine Küvetten (4 ml), Schirm (50 mm × 150 mm), Netzgerät, Halogenlampe auf Trägerplatine

Arbeitsauftrag:

Das durch einen Spalt fallende weiße Licht einer Halogenlampe wird durch eine verdünnte Lösung eines Cyanin-Farbstoffes gesandt und anschließend durch ein Strichgitter spektral zerlegt.

– Bauen Sie die optische Bank zusammen (▶2). Positionieren Sie die Halogenlampe mit dem Aufsetzhalter am linken Ende der optischen Bank und den Schirm am rechten. Setzen Sie die Linse mit f = +100 mm vor die Lampe auf die optische Bank, schließen Sie die Lampe an das Netzgerät an und schalten Sie sie ein.

– Verschieben Sie die Linse so weit, bis der kreisrunde Lichtfleck auf dem Schirm so groß wie die Linse ist. Anschließend wird die Schlitzblende in den Blendenhalter geschoben und dieser auf die Umrandung der Linse gesteckt.

– Stellen Sie die Linse mit f = +50 mm zwischen Spalt und Schirm und verschieben Sie sie, bis auf dem Schirm ein scharfes Bild des Spaltes entsteht.

– Setzen Sie die Fassung mit Skala rechts neben die Linse (f = +50 mm), schieben Sie das Strichgitter in den zweiten Blendenhalter und stecken Sie diesen auf die Fassung. Auf dem Schirm erscheint nun das farbige Spektrum der Lampe. Sie sehen das Spektrum deutlicher, wenn Sie den Raum abdunkeln.

– Verschieben Sie das Gitter in Richtung des Schirms und zurück und beobachten Sie die dabei auftretenden Veränderungen auf dem Schirm. Notieren Sie Ihre Beobachtungen in einem Protokoll.

– Setzen Sie den Küvettenhalter in den Strahlengang vor das Strichgitter, füllen Sie eine Küvette mit Wasser und stellen Sie sie in den Küvettenhalter (▶3). Notieren Sie wieder die Beobachtungen.

– Tauschen Sie die mit Wasser gefüllte Küvette durch eine mit der Cyanin-Farbstofflösung gefüllte aus. Beobachten Sie dabei die Veränderungen im Spektrum und notieren Sie sie wieder.

– Vermessen Sie mit der Ihnen aus der Wellenlehre bekannten Methode den Beginn und das Ende des Absorptionsbereiches (dunkler Bereich im kontinuierlichen Spektrum).

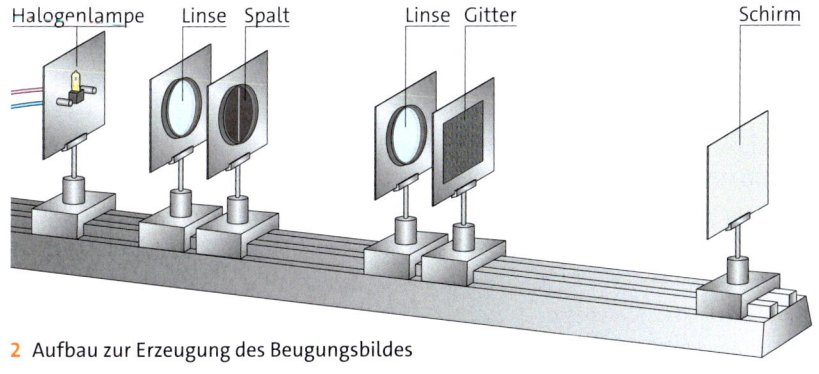

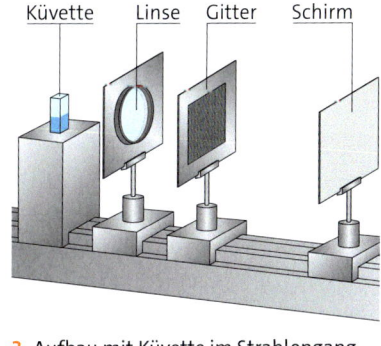

2 Aufbau zur Erzeugung des Beugungsbildes.

3 Aufbau mit Küvette im Strahlengang.

7.4 Elektronen im dreidimensionalen Potenzialtopf

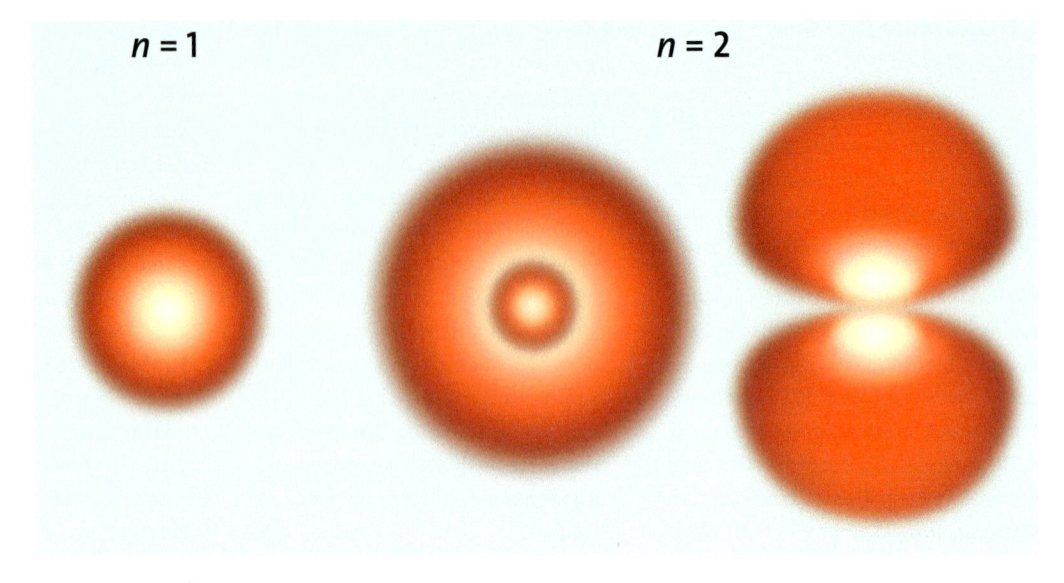

$n = 1$　　　　　　　　$n = 2$

1 Orbitale　*Diese Bild zeigt die mit dem Computer berechnete Darstellung der Nachweiswahrscheinlichkeit für Elektronen im Atom für die Energiestufen n = 1 und n = 2 im Ausschnitt. Es gibt natürlich noch weitere so genannte Orbitale. Was aber sind Orbitale und wie erhält man sie?*

Das Wasserstoffatom • Für ein Quantenobjekt kann man den Aufenthaltsort nicht exakt vorhersagen. Es ist eine Zufallsgröße, für die man nur mit einer gewissen Wahrscheinlichkeit das Antreffen angeben kann. Diese Eigenschaft gilt auch für das im Wasserstoffatom gebundene Elektron. Bestimmt man den Aufenthaltsort des Elektrons, ist dieser zufällig auf die Atomhülle verteilt. Es ergibt sich eine Punktwolke, aus der man aber auch erkennt, dass die Nachweiswahrscheinlichkeit nicht überall gleich ist (▶ 2A). Die Orbitaldarstellung (▶ 2B) berücksichtigt diese Eigenschaft. Das Orbital stellt dabei einen Raumbereich dar, in dem die Nachweiswahrscheinlichkeit für das Elektron bei 90 % liegt. Im geometrisch einfachsten Fall ist das ein kugelförmiger Bereich, in dessen Zentrum der Atomkern sitzt. Bei den hantelförmigen Orbitalen ist der Raum durch eine Knotenfläche in zwei Bereiche geteilt.

Potenzialtopfmodell für drei Dimensionen • Zur Beschreibung eines Elektrons in einem Potenzial haben wir bisher den eindimensionalen Potenzialtopf verwendet. Im Gegensatz zum Farbstoffmolekül mit seinem langgestreckten linearen Doppelbindungssystem, auf dem sich die Elektronen frei bewegen können, muss beim einzelnen Wasserstoffatom die Wechselwirkung zwischen Atomkern und Elektron aber in allen drei Raumrichtungen berücksichtigt werden.

Hierzu kann der lineare eindimensionale Potenzialtopf auf die Raumrichtungen x, y und z erweitert werden. D.h., das Elektron ist in einem Würfel der Kantenlänge $\ell = \ell_x = \ell_y = \ell_z$ „eingesperrt". Innerhalb des Würfels gilt dann wieder, dass die potenzielle Energie $E_{pot} = 0$ ist, während sie außerhalb als unendlich groß angenommen wird.

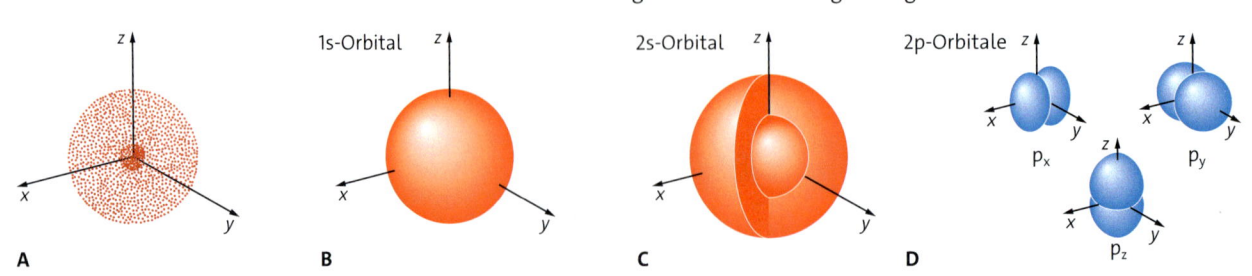

A　　　　**B** 1s-Orbital　　　　**C** 2s-Orbital　　　　**D** 2p-Orbitale　p_x　p_y　p_z

2 Nachweiswahrscheinlichkeit: **A** Punktwolke der Elektronenverteilung; **B** 1s-Orbital ($n = 1$); **C** 2s-Orbital und **D** 2p-Orbitale (beide $n = 2$)

In jede der drei Raumrichtungen sind dann stehende Wellen mit Grund- und Oberschwingungen möglich. Die Wellenfunktion $\psi(x,y,z)$ ist dabei das Produkt der Wellenfunktionen $\psi(x)$, $\psi(y)$, $\psi(z)$ für jede der drei Raumrichtungen:

$$\psi(x,y,z) = \psi(x) \cdot \psi(y) \cdot \psi(z).$$

Die stehenden Wellen lassen sich für jede Raumrichtung als Sinusfunktion schreiben mit der Bedingung $\lambda = \frac{2\ell}{n}$. Für den Grundzustand mit $n_x = n_y = n_z = 1$ erhält man dann:

$$\psi_{1,1,1}(x,y,z) = \psi_{max} \cdot \sin\left(\frac{\pi x}{\ell}\right) \cdot \sin\left(\frac{\pi y}{\ell}\right) \cdot \sin\left(\frac{\pi z}{\ell}\right).$$

Die Nachweiswahrscheinlichkeit des Elektrons $P(x,y,z)$ ist dann proportional zum Quadrat der Wellenfunktion $|\psi(x,y,z)|^2$:

$$P_{1,1,1}(x,y,z) \sim \sin^2\left(\frac{\pi x}{\ell}\right) \cdot \sin^2\left(\frac{\pi y}{\ell}\right) \cdot \sin^2\left(\frac{\pi z}{\ell}\right).$$

Man erhält so eine kugelförmige Verteilung mit einem zentralen Maximum (▶ **3, rote Kugel**). Im ersten angeregten Energieniveau (z. B. $n_x = 2$) treten dann zwei Grundschwingungen und in x-Richtung die erste Oberschwingung auf:

$$P_{2,1,1}(x,y,z) \sim \sin^2\left(\frac{2\pi x}{\ell}\right) \cdot \sin^2\left(\frac{\pi y}{\ell}\right) \cdot \sin^2\left(\frac{\pi z}{\ell}\right).$$

Es ergibt sich ein hantelförmiges Orbital, mit einer Knotenfläche in der y-z-Ebene (▶ **3**). Auch für $n_y = 2$ und $n_z = 2$ ergeben sich die Hanteln, sodass es insgesamt drei energetisch gleichwertige Orbitale gibt.

Grenzen des Modells • Vergleicht man mit den berechneten Orbitalen (▶ **1**), können mit dem Modell die ersten vier Orbitale dargestellt werden. Allerdings ist es schon unmöglich, ein zweites kugelförmiges Orbital ($n = 2$) mit einer Knotenfläche zu modellieren (▶ **2C**). Zudem würde die Erweiterung des eindimensionalen Potenzialtopfes auf drei Dimensionen nicht die Proportionalität von $E_n \sim n^2$ beseitigen, die man für das Wasserstoffatom nicht findet. Stattdessen zeigen die Spektraluntersuchungen die Abhängigkeit $E_n \sim \frac{1}{n^2}$. Ein quantenmechanisches Atommodell muss also die experimentellen Ergebnisse für das Wasserstoffatom quantitativ abbilden können.

Schrödingergleichung und Orbitale • Der Potenzialverlauf im Atom ist nicht kastenförmig und hat auch keine unendlich hohen Wände, sondern wird für $x \to \infty$ immer flacher (▶ **4**).

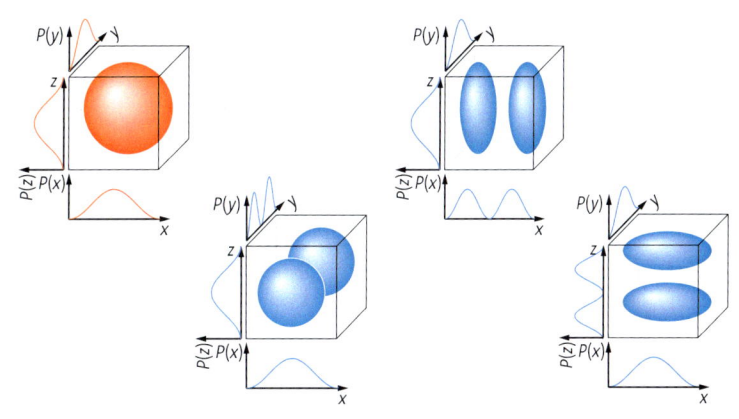

3 Darstellung der Nachweiswahrscheinlichkeiten für den Grundzustand und einen 1. angeregten Zustand

Bei dieser Betrachtung gibt es auch in noch so großer Entfernung vom Atomkern eine, wenn auch sehr kleine, Wahrscheinlichkeit das Elektron anzutreffen. Die Wellenfunktion und damit die Nachweiswahrscheinlichkeit muss also für große x gegen null streben. Um den genauen Verlauf der Wellenfunktion zu berechnen, benutzt man die 1926 von ERWIN SCHRÖDINGER gefundene Differenzialgleichung zweiter Ordnung. Er betrachtete die Elektronen in der Atomhülle als räumlich begrenzte Materiewellen. Für eine Dimension lautet sie folgendermaßen:

$$\psi''(x) + \frac{8\pi^2 \cdot m_e}{h^2} \cdot \left(E_{ges} + \frac{e^2}{4\pi\varepsilon_0 r}\right) \cdot \psi(x) = 0$$

Für eine Berechnung im Raum muss man die Gleichung für alle drei Raumrichtungen x, y und z lösen, was mit Schulmitteln kaum möglich ist. Für das Wasserstoffatom liefert die Schrödingergleichung Energiezustände mit

$$E_n = -\frac{m_e \cdot e^4}{8\varepsilon_0^2 h^2 n^2} = -13{,}6 \text{ eV} \cdot \frac{1}{n^2}$$

Die Wellenfunktion $\psi(x,y,z)$ von Quantenobjekten stellt mögliche Lösungen der Schrödingergleichung dar. Aus ihr ergibt sich die Wahrscheinlichkeit, ein Elektron bei einer einmaligen Messung an einem Ort (x,y,z) anzutreffen. Die grafische Darstellung (▶ **1**) basiert auf den Lösungen dieser Schrödingergleichung.

Der erste Anregungszustand liefert nach der Schrödingergleichung eine Nullstelle für $P(x,y,z)$. D. h., es gibt innerhalb der Elektronenhülle einen Bereich, in dem die Nachweiswahrscheinlichkeit 0 ist. Im Raum ergibt sich eine Kugel mit einer Knotenfläche in ihrem Inneren (▶ **2C**). Der dritte Anregungszustand ergibt dann eine Kugel mit 2 Knotenflächen.

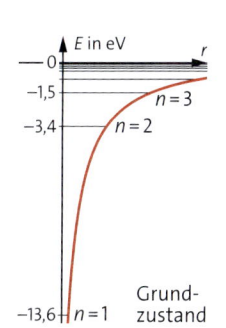

4 Die potenzielle Energie des Elektrons im elektrischen Feld des Atomkerns des Wasserstoffatoms:
$E_{pot}(r) = -\frac{e^2}{4\pi\varepsilon_0} \cdot \frac{1}{r}$

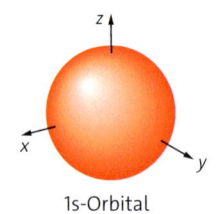

1 s-Orbitale für $n = 1$ und $n = 2$

2 Energieniveauschema des Wasserstoffatoms

3 Energieniveauschema von Mehrelektronenatomen

Orbitale und Quantenzahlen • Die Lösungen der dreidimensionalen Schrödingergleichung sind Wellenfunktionen, die sich durch die drei Quantenzahlen n, l und m_l charakterisieren lassen. Die dazugehörigen Orbitale veranschaulichen die Nachweiswahrscheinlichkeiten $P(x, y, z)$ der Elektronen für einen bestimmten Raumbereich. Dabei wird ihre Größe, Gestalt und relative Lage im Raum durch die drei Quantenzahlen bestimmt:

- Die Hauptquantenzahl n kennzeichnet die Energie des Orbitals. Dabei gilt: Je größer n, desto größer ist auch die Energie und damit das dazugehörige Orbital. Wir kennen n schon von den Spektrallinien.

- Die Nebenquantenzahl l kennzeichnet die Form des Orbitals. Abhängig von n kann sie nur bestimmte Werte annehmen, z. B. für $n = 1$ ist $l = 0$. Für $n = 2$ kann l sowohl 0 als auch 1 sein:

$$l \in \{0, 1, 2 \ldots n - 1\}$$

- Die Magnetquantenzahl m_l kennzeichnet die relative Orientierung gleicher Orbitale (n, l gleich). Ihre möglichen Werte hängen von l ab:

$$m_l \in \{-l, \ldots, -1, 0, 1, \ldots +l\}$$

Die Schrödingergleichung liefert für $n = 1$ nur eine Lösung, da es für die anderen beiden Quantenzahlen nur die Kombination $l = 0$ und $m_l = 0$ gibt. Demnach gibt es für $n = 1$ auch nur das kugelsymmetrische 1s-Orbital (▶1).
Für $n = 2$ lassen sich insgesamt vier Wellenfunktionen finden: Eine für $n = 2$ und $l = 0$ und drei für $l = 1$, da hier m_l die Werte –1, 0 und 1 annehmen kann. Das zu $n = 2$ und $l = 0$ gehörige 2s-Orbital hat wieder Kugelgestalt mit einer Knotenebene im Innern (▶1). Die zu $n = 2$ und $l = 1$ gehörigen p-Orbitale haben eine Knotenebene im Bereich des Atomkerns und ein hantelförmiges Aussehen. Sie lassen sich den drei Raumrichtungen x, y und z zuordnen, weswegen man sie auch als p_x-, p_y- und p_z-Orbital bezeichnet.
Für $n = 3$ ergeben sich nach diesem Schema insgesamt neun mögliche Orbitale, die jeweils zwei Knotenflächen haben. Während das zu $l = 0$ gehörige Orbital mit 3s und die zu $l = 1$ gehörigen Orbitale mit 3p bezeichnet werden, heißen die fünf zu $l = 3$ gehörigen Orbitale 3d. Man erkennt also, dass man Haupt- und Nebenquantenzahl an der Orbitalbezeichnung direkt ablesen kann (▶2).

Maximale Anzahl von Elektronen im Orbital • Neben den drei Quantenzahlen zur Charakterisierung der Orbitale gibt es noch die Spinquantenzahl s, die eine Eigenschaft des Elektrons veranschaulicht. Sie kann nur die Werte $s = +\frac{1}{2}$ (Spin ↑) oder $s = -\frac{1}{2}$ (Spin ↓) annehmen.
Da das Pauli-Prinzip besagt, dass in einem Atom niemals zwei Elektronen in allen vier Quantenzahlen übereinstimmen können, folgt daraus, dass jedem Orbital maximal zwei Elektronen zugeordnet sind. Sie unterscheiden sich dann gerade in ihrer Spinquantenzahl.
Damit lässt sich die maximale Besetzungszahl N mit Elektronen für die n-te Hauptquantenzahl mit der Formel $N = 2 \cdot n^2$ berechnen.

> Alle Wellenfunktionen des Elektrons in einem Atom lassen sich durch die vier Quantenzahlen n, l, m_l und s charakterisieren.

Energieniveaus bei mehreren Elektronen • Das Orbitalmodell kann auch zur Beschreibung der Energieniveaus von anderen Atomen, die mehr als ein Elektron haben, genutzt werden.
Während beim Wasserstoffatom die Energie des Elektrons nur von der Hauptquantenzahl n abhängt, ergeben sich in Mehrelektronensystemen aufgrund der Wechselwirkung der Elektronen energetische Unterschiede (▶3).

Ein Stickstoffatom (Ordnungszahl: $Z = 7$) hat sieben Elektronen. Da das Atom im Grundzustand die geringstmögliche Energie hat, verteilen sich die Elektronen auf die ersten drei Orbitale, d. h., das 1s-Orbital und das 2s-Orbital sind jeweils mit zwei Elektronen und die drei 2p-Orbitale mit drei Elektronen besetzt. Mit den Bezeichnungen für die Orbitale lässt sich die Elektronenkonfiguration des Atoms angeben, wobei die Elektronenzahl als hochgestellte Ziffer geschrieben wird:

Stickstoffatom: $1s^2 2s^2 2p^3$

1 ☐ Ermitteln Sie aus der Elektronenkonfiguration das dazugehörige Element.
 a $1s^2 2s^2 2p^5$
 b $1s^2 2s^2 2p^6 3s^2 3p^6 3d^{10} 4s^2 4p^2$

2 ▨ Begründen Sie, warum zu $n = 3$ maximal 18 Elektronen zugeordnet werden können.

Material — Atomhülle • Elektronen im dreidimensionalen Potenzialtopf

Material A • Potenzialtopfmodell für das Wasserstoffatom

Das Modell des dreidimensionalen Potenzialtopfs ermöglicht es, das Elektron in der Hülle des Wasserstoffatoms quantenmechanisch zu beschreiben.

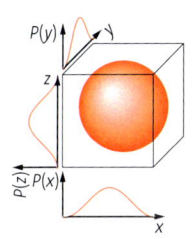

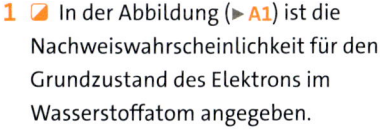

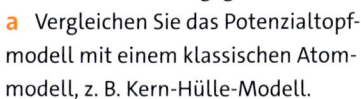

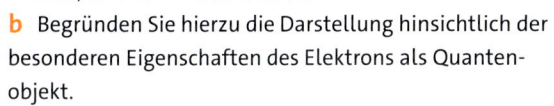

A1 Orbitaldarstellung des Elektrons im Grundzustand

1 🖊 In der Abbildung (▶ A1) ist die Nachweiswahrscheinlichkeit für den Grundzustand des Elektrons im Wasserstoffatom angegeben.
   a Vergleichen Sie das Potenzialtopfmodell mit einem klassischen Atommodell, z. B. Kern-Hülle-Modell.
   b Begründen Sie hierzu die Darstellung hinsichtlich der besonderen Eigenschaften des Elektrons als Quantenobjekt.

2 Das Elektron wird im dreidimensionalen Potenzialtopfmodell durch eine Wellenfunktion beschrieben.
   a 🖊 Geben Sie eine mögliche Wellenfunktion für den Grundzustand an und erläutern Sie die Rolle der darin enthaltenen Quantenzahlen.
   b ☐ Geben Sie weitere Kombinationen für einen ersten Anregungszustand des Elektrons an.

3 Für die Gesamtenergie eines Elektrons im Modell des dreidimensionalen Potenzialtopfes gilt:

$$E = \frac{h^2}{8m_e} \cdot \left(\frac{n_x^2}{\ell_x^2} + \frac{n_y^2}{\ell_y^2} + \frac{n_z^2}{\ell_z^2} \right),$$

mit den drei Quantenzahlen n_x, n_y und n_z sowie den Längen ℓ_x, ℓ_y und ℓ_z für einen quaderförmigen Bereich.
   a ☐ Für das Wasserstoffatom hat der würfelförmige Potenzialtopf die Abmessungen $\ell_x = \ell_y = \ell_z = 10^{-10}$ m. Bestimmen Sie die Energien, die zu den Quantenzuständen $(n_x, n_y, n_z) = (1, 1, 1), (1, 2, 1), (1, 1, 2)$ und $(3, 1, 2)$ gehören.
   b ■ Begründen Sie, weshalb auch das Modell des dreidimensionalen Potenzialtopfes nicht zu den gemessenen Energiewerten für das Wasserstoffatom führt.
   Hinweis: Gemessene Energien:

$$E_n = -13{,}6 \text{ eV} \cdot \frac{1}{n^2}, \text{ mit } n = 1, 2, 3 \ldots$$

Material B • Graphen

Schwarzes, sprödes Graphit und glasklarer, harter Diamant haben auf den ersten Blick nichts gemeinsam. Beide Stoffe bestehen aber aus dem gleichen Element Kohlenstoff. Sie werden deshalb Modifikationen genannt. Die jeweiligen Eigenschaften ergeben sich durch eine unterschiedliche Anordnung und einen anderen Zusammenhalt der Kohlenstoffatome.
Eine weitere Modifikation des Kohlenstoffs ist das Graphen. Das Besondere: Im Graphen bilden die Kohlenstoffatome eine einzige atomare Schicht in Form eines zweidimensionalen hexagonalen Gitters (▶ B1). Jedes Kohlenstoffatom im Graphen geht dabei mit jeweils einem seiner vier Valenzelektronen eine kovalente Elektronenpaarbindung zu drei anderen Kohlenstoffatomen ein. Das vierte ungebundene Valenzelektron kann sich dadurch über das gesamte Graphengitter frei bewegen.
Zur Beschreibung dieser Elektronen kann man das Potenzialtopfmodell auf zwei Dimensionen anwenden. Für die Energie ergibt sich:

$$E(n_x, n_y) = \frac{h^2}{8m_e} \cdot \left(\frac{n_x^2}{\ell_x^2} + \frac{n_y^2}{\ell_y^2} \right).$$

Die jeweilige Länge des Potenzialtopfs ergibt sich aus der Abmessung der Graphenfolie, die z. B. technisch durch Stanzen auf die gewünschte Größe gebracht werden kann.

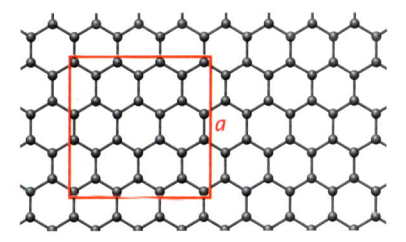

B1 Modelldarstellung einer Graphenschicht, in der sich die Kohlenstoffatome zu einem sechseckigen Gitter anordnen

1 🖊 Erläutern Sie die Annahmen des Potenzialtopfmodells und welche Konsequenzen sich für die damit beschriebenen Elektronen ergeben.

2 Durch Stanzen wurde eine quadratische Folie mit der Seitenlänge $a = 7{,}6 \cdot 10^{-10}$ m hergestellt (▶ B1).
   a ☐ Bestimmen Sie, wie viele Elektronen sich im Potenzialtopf befinden.
   b ☐ Geben sie alle möglichen Energien für die Quantenzahlen mit den Werten 1 und 2 an.
   c 🖊 Erläutern Sie anhand dieses Beispiels das Pauli-Prinzip und bestimmen Sie die größte Elektronenenergie im Grundzustand.
   d ■ Bestimmen Sie die kleinstmögliche Energie, die die Elektronen aufnehmen können und ermitteln Sie die dazugehörige Wellenlänge des Lichts.

Blickpunkt

Atome mit mehreren Elektronen – Periodensystem der Elemente

Aus dem Chemieunterricht ist das Periodensystem der Elemente (PSE) bekannt. Es ist ein unersetzbares Hilfsmittel in der Chemie. Wie ist es aufgebaut, was ist das Ordnungskriterium und wie kann man damit die Atomeigenschaften bestimmen?

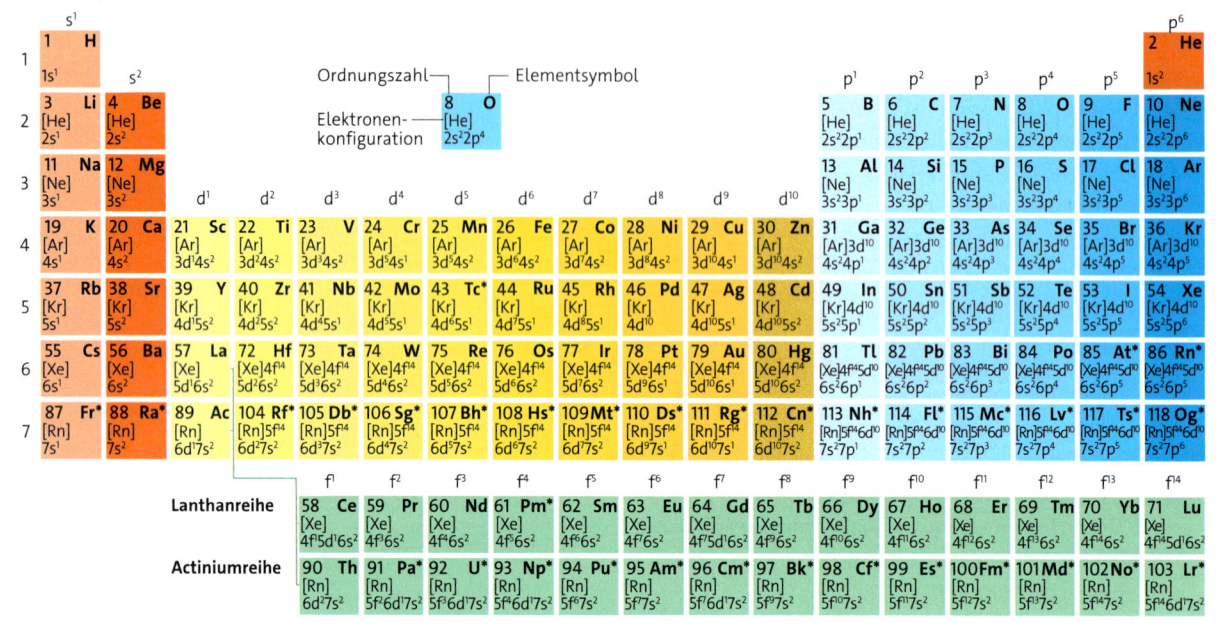

1 Periodensystem der Elemente mit Angabe der Elektronenkonfiguration

Legende: Ordnungszahl – Elementsymbol – Elektronenkonfiguration, z. B. 8 O [He] $2s^22p^4$

Periode 1 (s^1, p^6): 1 H $1s^1$; 2 He $1s^2$

Periode 2 (s^2): 3 Li [He]$2s^1$; 4 Be [He]$2s^2$; 5 B [He]$2s^22p^1$; 6 C [He]$2s^22p^2$; 7 N [He]$2s^22p^3$; 8 O [He]$2s^22p^4$; 9 F [He]$2s^22p^5$; 10 Ne [He]$2s^22p^6$

Periode 3: 11 Na [Ne]$3s^1$; 12 Mg [Ne]$3s^2$; 13 Al [Ne]$3s^23p^1$; 14 Si [Ne]$3s^23p^2$; 15 P [Ne]$3s^23p^3$; 16 S [Ne]$3s^23p^4$; 17 Cl [Ne]$3s^23p^5$; 18 Ar [Ne]$3s^23p^6$

Periode 4 (d^1–d^{10}): 19 K [Ar]$4s^1$; 20 Ca [Ar]$4s^2$; 21 Sc [Ar]$3d^14s^2$; 22 Ti [Ar]$3d^24s^2$; 23 V [Ar]$3d^34s^2$; 24 Cr [Ar]$3d^54s^1$; 25 Mn [Ar]$3d^54s^2$; 26 Fe [Ar]$3d^64s^2$; 27 Co [Ar]$3d^74s^2$; 28 Ni [Ar]$3d^84s^2$; 29 Cu [Ar]$3d^{10}4s^1$; 30 Zn [Ar]$3d^{10}4s^2$; 31 Ga [Ar]$3d^{10}4s^24p^1$; 32 Ge [Ar]$3d^{10}4s^24p^2$; 33 As [Ar]$3d^{10}4s^24p^3$; 34 Se [Ar]$3d^{10}4s^24p^4$; 35 Br [Ar]$3d^{10}4s^24p^5$; 36 Kr [Ar]$3d^{10}4s^24p^6$

Periode 5: 37 Rb [Kr]$5s^1$; 38 Sr [Kr]$5s^2$; 39 Y [Kr]$4d^15s^2$; 40 Zr [Kr]$4d^25s^2$; 41 Nb [Kr]$4d^45s^1$; 42 Mo [Kr]$4d^55s^1$; 43 Tc* [Kr]$4d^65s^1$; 44 Ru [Kr]$4d^75s^1$; 45 Rh [Kr]$4d^85s^1$; 46 Pd [Kr]$4d^{10}$; 47 Ag [Kr]$4d^{10}5s^1$; 48 Cd [Kr]$4d^{10}5s^2$; 49 In [Kr]$4d^{10}5s^25p^1$; 50 Sn [Kr]$4d^{10}5s^25p^2$; 51 Sb [Kr]$4d^{10}5s^25p^3$; 52 Te [Kr]$4d^{10}5s^25p^4$; 53 I [Kr]$4d^{10}5s^25p^5$; 54 Xe [Kr]$4d^{10}5s^25p^6$

Periode 6: 55 Cs [Xe]$6s^1$; 56 Ba [Xe]$6s^2$; 57 La [Xe]$5d^16s^2$; 72 Hf [Xe]$4f^{14}5d^26s^2$; 73 Ta [Xe]$4f^{14}5d^36s^2$; 74 W [Xe]$4f^{14}5d^46s^2$; 75 Re [Xe]$4f^{14}5d^56s^2$; 76 Os [Xe]$4f^{14}5d^66s^2$; 77 Ir [Xe]$4f^{14}5d^76s^2$; 78 Pt [Xe]$4f^{14}5d^96s^1$; 79 Au [Xe]$4f^{14}5d^{10}6s^1$; 80 Hg [Xe]$4f^{14}5d^{10}6s^2$; 81 Tl [Xe]$4f^{14}5d^{10}6s^26p^1$; 82 Pb [Xe]$4f^{14}5d^{10}6s^26p^2$; 83 Bi [Xe]$4f^{14}5d^{10}6s^26p^3$; 84 Po [Xe]$4f^{14}5d^{10}6s^26p^4$; 85 At* [Xe]$4f^{14}5d^{10}6s^26p^5$; 86 Rn* [Xe]$4f^{14}5d^{10}6s^26p^6$

Periode 7: 87 Fr* [Rn]$7s^1$; 88 Ra* [Rn]$7s^2$; 89 Ac* [Rn]$6d^17s^2$; 104 Rf* [Rn]$5f^{14}6d^27s^2$; 105 Db* [Rn]$5f^{14}6d^37s^2$; 106 Sg* [Rn]$5f^{14}6d^47s^2$; 107 Bh* [Rn]$5f^{14}6d^57s^2$; 108 Hs* [Rn]$5f^{14}6d^67s^2$; 109 Mt* [Rn]$5f^{14}6d^77s^2$; 110 Ds* [Rn]$5f^{14}6d^87s^2$; 111 Rg* [Rn]$5f^{14}6d^97s^2$; 112 Cn* [Rn]$5f^{14}6d^{10}7s^2$; 113 Nh* [Rn]$5f^{14}6d^{10}7s^27p^1$; 114 Fl* [Rn]$5f^{14}6d^{10}7s^27p^2$; 115 Mc* [Rn]$5f^{14}6d^{10}7s^27p^3$; 116 Lv* [Rn]$5f^{14}6d^{10}7s^27p^4$; 117 Ts* [Rn]$5f^{14}6d^{10}7s^27p^5$; 118 Og* [Rn]$5f^{14}6d^{10}7s^27p^6$

Lanthanreihe (f^1–f^{14}): 58 Ce [Xe]$4f^15d^16s^2$; 59 Pr [Xe]$4f^36s^2$; 60 Nd [Xe]$4f^46s^2$; 61 Pm* [Xe]$4f^56s^2$; 62 Sm [Xe]$4f^66s^2$; 63 Eu [Xe]$4f^76s^2$; 64 Gd [Xe]$4f^75d^16s^2$; 65 Tb [Xe]$4f^96s^2$; 66 Dy [Xe]$4f^{10}6s^2$; 67 Ho [Xe]$4f^{11}6s^2$; 68 Er [Xe]$4f^{12}6s^2$; 69 Tm [Xe]$4f^{13}6s^2$; 70 Yb [Xe]$4f^{14}6s^2$; 71 Lu [Xe]$4f^{14}5d^16s^2$

Actiniumreihe: 90 Th [Rn]$6d^27s^2$; 91 Pa* [Rn]$5f^26d^17s^2$; 92 U* [Rn]$5f^36d^17s^2$; 93 Np* [Rn]$5f^46d^17s^2$; 94 Pu* [Rn]$5f^67s^2$; 95 Am* [Rn]$5f^77s^2$; 96 Cm* [Rn]$5f^76d^17s^2$; 97 Bk* [Rn]$5f^97s^2$; 98 Cf* [Rn]$5f^{10}7s^2$; 99 Es* [Rn]$5f^{11}7s^2$; 100 Fm* [Rn]$5f^{12}7s^2$; 101 Md* [Rn]$5f^{13}7s^2$; 102 No* [Rn]$5f^{14}7s^2$; 103 Lr* [Rn]$5f^{14}6d^17s^2$

Periodensystem der Elemente • MENDELEJEW und LOTHAR MEYER entwickelten unabhängig voneinander schon 1870 ein erstes Ordnungssystem für die bis dahin bekannten chemischen Elemente. Nach ihrer Atommasse sortiert, gruppierten sie Elemente mit ähnlichen chemischen Eigenschaften. Dabei ließen sie Lücken an den Stellen, an denen sie noch nicht entdeckte Elemente vermuteten. Auch aufgrund der daraus vorhergesagten Eigenschaften konnten diese Elemente in den folgenden Jahren tatsächlich entdeckt werden.
An einigen Stellen traten Unregelmäßigkeiten auf (z. B. die kleinere Atommasse von Kalium gegenüber Argon), die jedoch nicht erklärt werden konnten.

Im heutigen Periodensystem der Elemente (PSE) sind die Elemente nach ihrer Ordnungszahl Z sortiert. Sie entspricht der Protonenzahl im Atomkern (Kernladungszahl) und weil ein Atom nach außen elektrisch neutral ist auch der Anzahl der Elektronen in der Hülle.
Mit Ausnahme des Wasserstoffs enthalten die Atome aller anderen Elemente mehrere Elektronen. Dabei gilt, dass die vom Wasserstoffatom bekannten Orbitale auch zur Beschreibung der Elektronenzustände in den Atomhüllen der anderen Elemente genutzt werden können. Jedes Orbital bzw. Elektron lässt sich dabei durch die vier bekannten Quantenzahlen beschreiben: Hauptquantenzahl n, die Nebenquantenzahl l, Magnetquantenzahl m_l und Spinquantenzahl s.

Elektronenkonfiguration der Atome • Im Grundzustand der Atome befinden sich alle Elektronen in möglichst niedrigen Energieniveaus. Da sich aufgrund des Pauli-Prinzips die Elektronen in mindestens einer Quantenzahl unterscheiden müssen, ergibt sich für die Zuordnung der Elektronen zu den Orbitalen eine bestimmte Reihenfolge. Die beiden Elektronen im Heliumatom ($Z = 2$) befinden sich im Grundzustand demnach im 1s-Orbital (Orbital mit $n = 1$, $l = m_l = 0$), da sie sich in ihrer Spinquantenzahl s unterscheiden können. Das Lithiumatom ($Z = 3$) hat im Vergleich zum Heliumatom ein zusätzliches Elektron mehr. Da kein weiteres Elektron dem 1s-Orbital zugeordnet werden kann, befindet es sich im energetisch folgenden 2s-Orbital. Auch beim darauffolgenden Element Beryllium ($Z = 4$) kann das dazukommende Elektron das 2s-Orbital besetzen.
Bei den sechs folgenden Elementen ($Z = 5$–10) wird das jeweils hinzukommende Elektron einem der 2p-Orbitale zugeordnet. Weil diese jeweils die gleiche Energie haben, muss dabei die **Hundsche Regel** beachtet werden: FRIEDRICH HUND fand heraus, dass Orbitale gleicher Energie immer zuerst einzeln mit Elektronen besetzt werden. Dabei haben alle ungepaarten Elektronen den gleichen (parallelen) Spin. So werden von Bor ($Z = 5$) über Kohlenstoff ($Z = 6$) zu Stickstoff ($Z = 7$) jedes p-Orbital jeweils einfach besetzt. Erst mit dem Sauerstoffatom ($Z = 8$) erfolgt die Besetzung des $2p_x$-Orbitals mit zwei Elektronen mit antiparallelem Spin (↑↓).

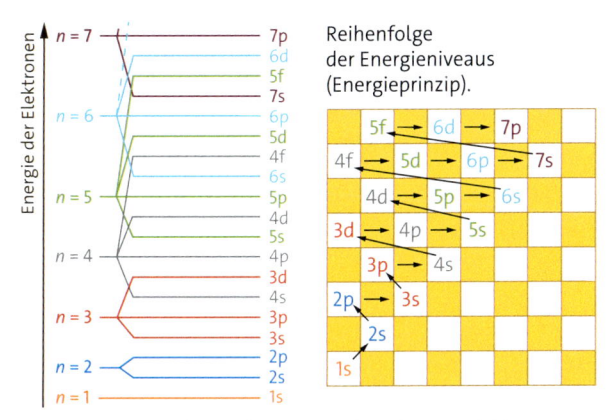

Atomhülle • Elektronen im dreidimensionalen Potenzialtopf

2 Energieniveauschema für Atome mit mehreren Elektronen

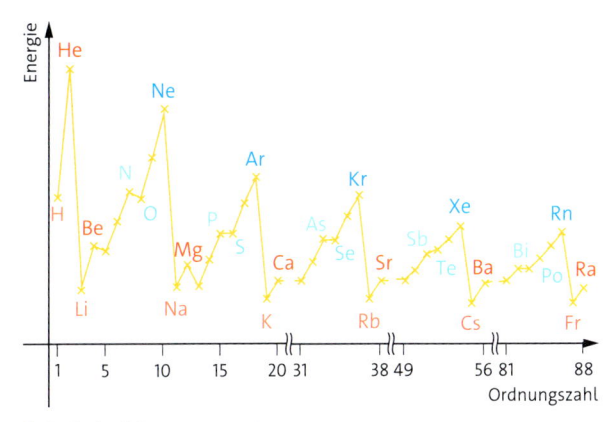

3 Erste Ionisierungsenergie

Mit der **Elektronkonfiguration** kann die Besetzung der Elektronen in einem Atom beschrieben werden. Für das Sauerstoffatom lautet sie O: $1s^2 2s^2 2p^4$. Dem Sauerstoffatom sind im Grundzustand jeweils zwei Elektronen dem 1s- und dem 2s-Orbital und vier Elektronen den drei 2p-Orbitalen zugeordnet.

Aufbau des Periodensystems • Das PSE ist in Gruppen (Spalten) und Perioden (Zeilen) aufgeteilt. Dabei kann man aus der Stellung eines Elements im PSE auf die Elektronkonfiguration des Atoms schließen (▶1).
Die Periodennummer ist dabei identisch mit der am höchsten besetzten Hauptquantenzahl. Da für $n = 1$ maximal zwei Elektronen zugeordnet werden können, befinden sich entsprechend nur die Elemente Wasserstoff und Helium in der ersten Periode. Für $n = 2$ ergeben sich vier Orbitale mit maximal acht Elektronen. Dem entsprechen die Elemente Lithium (Li) bis Neon (Ne) in der 2. Periode. In der Chemie werden die Perioden aus historischen Gründen auch mit den Buchstaben K ($n = 1$), L ($n = 2$), M ($n = 3$) usw. bis Q ($n = 7$) bezeichnet.

Obwohl für $n = 3$ maximal 18 Elektronen verteilt werden können, befinden sich in der 3. Periode wieder nur acht Elemente. Das liegt daran, dass die Orbitale aufsteigend nach ihrer Energie besetzt werden: Da die fünf 3d-Orbitale eine größere Energie haben als das 4s-Orbital, werden sie erst danach mit Elektronen besetzt, sodass sie sich in der 4. Periode zwischen den ersten beiden und den letzten acht Gruppen befinden (▶1). Hierbei erkennt man, dass Elemente, die in einer Gruppe untereinander stehen, in ihrer Elektronenkonfiguration für die am höchsten besetzte Hauptquantenzahl übereinstimmen (▶1): In den ersten beiden Gruppen wird jeweils das höchstbesetzte s-Orbital gefüllt, während es in den letzten sechs Gruppen die jeweiligen p-Orbitale sind. Diese acht Gruppen werden auch als Hauptgruppen bezeichnet, während die restlichen Gruppen dazwischen Nebengruppen heißen.

Chemische Eigenschaften • Auch wenn heutzutage viel mehr Elemente bekannt sind, stimmt die grundsätzliche Struktur eines historischen PSEs mit einem modernen überein, d. h. Atombau und chemische Eigenschaften der Elemente hängen zusammen. Das Reaktionsverhalten der Elemente wird hauptsächlich von den Elektronen der energetisch am höchsten besetzten Orbitale bestimmt (Valenzelektronen). Da diese Orbitale am größten sind, kommt es bei Annäherung der Atome auch zuerst mit diesen Orbitalen zur Wechselwirkung. Das ähnliche Verhalten ist durch die identische Besetzung bedingt. In quantenmechanischen Modellen der chemischen Bindung werden diese Orbitale zur Überlappung gebracht, z. B. durch Bildung von Linearkombinationen, die dann ebenfalls Lösungen der Schrödingergleichung sind.
Betrachtet man z. B. die erste Ionisierungsenergie der Elemente – also die Energie, die notwendig ist, um ein Elektron aus der Atomhülle zu entfernen –, dann fällt diese beim Übergang von einem Edelgas zum folgenden Alkalimetallen von einem Maximum auf ein relatives Minimum. Das liegt zum einen daran, dass eine Elektronenkonfiguration mit vollbesetztem s- und p-Orbitalen besonders energiearm ist (Edelgaskonfiguration/Oktettregel) sowie daran, dass für das darauffolgende Element das s-Orbital mit der nächstgrößeren Hauptquantenzahl besetzt wird. Dieses Elektron hat deshalb eine größere Energie als die Elektronen der kleineren Hauptquantenzahl und lässt sich somit leichter aus der Hülle ablösen (▶3).

1 ☐ Notieren Sie die Elektronenkonfiguration für die Elemente Kalium, Scandium und Titan. Beachten Sie dabei die Energieniveaus der Orbitale (▶2).

2 ◪ Erläutern Sie den Verlauf der ersten Ionisierungsenergie (▶3) zwischen Lithium (Li) und Neon (Ne). Beachten Sie dabei den jeweiligen kleineren Abfall bei Beryllium Be ($Z = 4$) und Stickstoff N ($Z = 7$).

7.5 Charakteristische Röntgenstrahlung

1 Himmelsscheibe von Nebra

Um einzigartige Kulturgüter wie die 3600 Jahre alte Himmelsscheibe von Nebra zu untersuchen, dürfen die Stücke nicht beschädigt werden. Ein Materialabtrag zur chemischen Untersuchung der Metalle kommt also nicht in Frage. Wie kann man trotzdem Informationen über die Zusammensetzung erhalten?

„Linienspektren" bei Röntgenstrahlung • In einer Röntgenröhre treffen Elektronen, die mit einer Hochspannung von mehreren Kilovolt beschleunigt wurden, auf eine Kupferanode. Die kinetische Energie der Elektronen führt in der Anode mit einer geringen Wahrscheinlichkeit zur Emission von Röntgenphotonen mit einer kontinuierlichen Energieverteilung. Es entsteht das bekannte Röntgenbremsspektrum, das sich mit der Drehkristallmethode vermessen lässt (▶ 2).

Bei genügend hoher Elektronenenergie beobachtet man aber bei höheren Glanzwinkeln Intensitätsausschläge innerhalb der ansonsten abnehmenden Bremsstrahlung. Ihre Lage verändert sich nicht bei Variation der Beschleunigungsspannung.

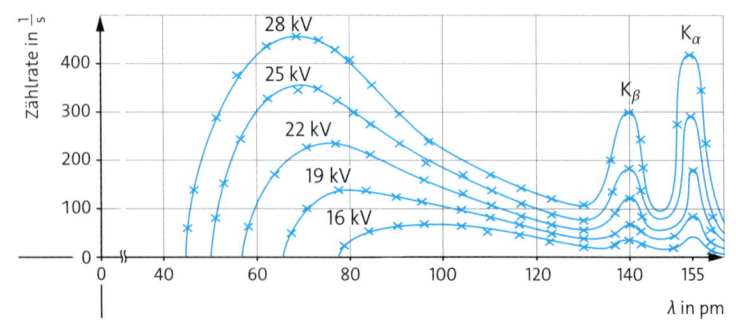

Diese Ausschläge erinnern an Linien im sichtbaren Emissionsspektrum von Elementen wie Wasserstoff. Die Position (und Anzahl) der Linien im Bremsspektrum ist charakteristisch für das verwendete Anodenmaterial, z. B. Kupfer (▶ 2).

Entstehung der Linien • Die Entstehung der Röntgenbremsstrahlung haben wir z. B. über die Ablenkung der energiereichen Elektronen durch die Atomkerne der Metallatome erklärt. Dabei verlieren die Elektronen kontinuierlich Energie, indem sie Photonen emittieren. Das Auftreten charakteristischer Linien lässt sich so nicht deuten.

Das Element Kupfer, aus dem die Anode besteht, hat die Ordnungszahl $Z = 29$. In der Hülle des Kupferatoms sind somit auch 29 Elektronen gebunden. Betrachtet man dabei nur die Hauptenergieniveaus, besetzen sie die untersten vier Stufen ($n = 1$ bis 4).

Beim Eindringen der beschleunigten Elektronen in die Hülle der Kupferatome kann es auch zu einer direkten Wechselwirkung zwischen den Hüllenelektronen und den beschleunigten Elektronen kommen. Sind sie energiereich genug, so können sie die Kupferatome ionisieren, indem sie gebundene Elektronen aus der Hülle stoßen.

2 Spektrum der Röntgenstrahlung einer Kupferanode

So können auch Elektronen des untersten Energieniveaus (Zustand $n = 1$) gestoßen werden. Dabei muss auf diese Elektronen mindestens so viel Energie übertragen werden, wie zum Übergang auf einen höheren, noch unbesetzten Zustand nötig ist. In der Regel reicht die Energie der beschleunigten Elektronen aber aus, um auch Elektronen aus diesem Niveau ganz zu entfernen (▶ **3A**).
Nach dem Stoß befindet sich das Kupferatom nicht mehr in seinem energetisch niedrigsten und damit stabilen Grundzustand.

Ein Elektron aus einem höheren Energieniveau (z. B. $n = 2$) geht deshalb auf den frei gewordenen Platz im Zustand $n = 1$ über. Die Energiedifferenz zwischen beiden Niveaus wird als Photon abgegeben (▶ **3B**). Da diese Energiedifferenz nicht von der kinetischen Energie des stoßenden Elektrons, sondern nur von der Lage der beteiligten Niveaus – also letztendlich vom Atombau – abhängt, ist die Energie bzw. die Wellenlänge des emittierten Photons charakteristisch für das Element.

Die Photonenenergie liegt typischerweise in der Größenordnung 1–100 keV, entsprechend der Energiedifferenz der beiden Zustände in der Elektronenhülle. Im elektromagnetischen Spektrum entspricht dies der Röntgenstrahlung.
Im Gegensatz zum kontinuierlichen Spektrum der Bremsstrahlung nennt man die auftretenden Linien **charakteristische Röntgenstrahlung**.

> Im Röntgenspektrum treten charakteristische Linien als charakteristische Strahlung auf. Sie entstehen durch Elektronenübergänge zwischen den für das Atom spezifischen Energieniveaus.

Benennung der charakteristischen Röntgenstrahlung • Die beiden im Röntgenspektrum von Kupfer zu sehenden charakteristischen Wellenlängen werden K_α- bzw. K_β-Linie genannt (▶ **2**). Die Bezeichnung geht auf den Elektronenübergang zwischen den beteiligten Energieniveaus zurück.
Der Buchstabe K steht dabei für die historische Abkürzung des niedrigsten Energieniveaus ($n = 1$), d. h. die beiden Linien sind durch einen Übergang eines Elektrons auf dieses Energieniveau entstanden. Die anderen Energiestufen werden aufsteigend mit L ($n = 2$), M ($n = 3$), N ($n = 4$) usw. bezeichnet (▶ **4**).

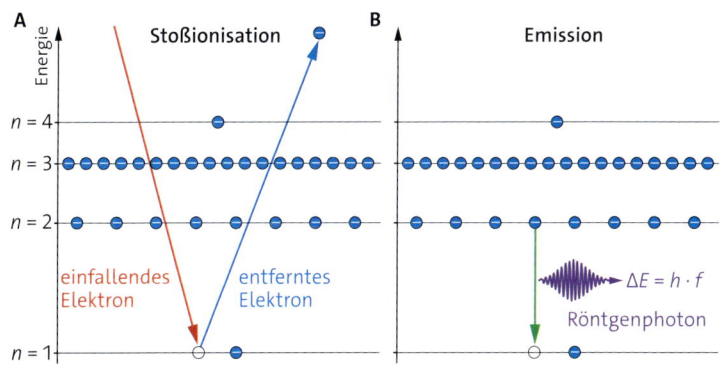

3 Entstehung charakteristischer Röntgenstrahlung: **A** Stoßionisation; **B** Emission des Röntgenphotons

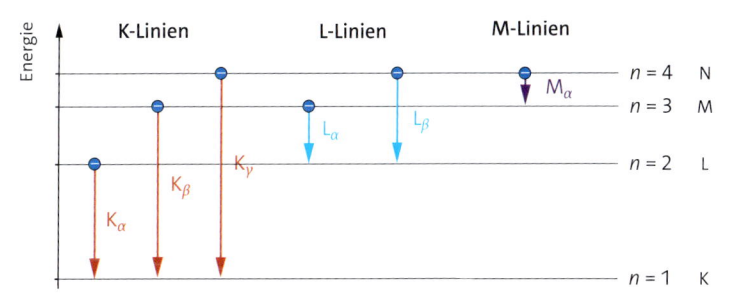

4 Zusammenhang zwischen Röntgenlinien und Elektronenübergängen im Atom

Die griechischen Buchstaben geben die Differenz zwischen den beteiligten Niveaus an (α: $\Delta n = 1$, β: $\Delta n = 2$ usw.), d. h. K_α entsteht aus einem Übergang von $n = 2$ nach $n = 1$ und K_β von $n = 3$ nach $n = 1$.

Im Energieniveauschema sind die Übergänge der ersten K-, L- und M-Linien eingezeichnet. In größeren Atomen sind entsprechend ihrer Ordnungszahl mehrere höhere Energieniveaus mit Elektronen besetzt. Diese können die durch Stoßionisation entstandene Lücke im unteren Energieniveau auffüllen. Deshalb können derartige Atome auch charakteristische Röntgenstrahlen unterschiedlicher Energie aussenden und liefern ein komplexeres Emissionsspektrum.

1. ▨ Bestimmen Sie aus dem Röntgenspektrum (▶ **2**) die Energie der charakteristischen Röntgenphotonen. Erklären Sie die Reihenfolge der Linien im Spektrum.

2. ▨ Erläutern Sie, warum die in der Tabelle angegebenen Wellenlängen für das jeweilige Metall charakteristisch sind (▶ **5**). Stellen Sie eine Vermutung über die Stellung des Metalls im PSE und der Wellenlänge der K_α-Linie auf.

Metall	K_α in pm
Eisen	194
Nickel	166
Kupfer	154
Molybdän	71
Wolfram	21

5 Wellenlänge der K_α-Linie ausgewählter Metalle

Moseley-Gesetz • HENRY MOSELEY fand 1913 bei der Untersuchung charakteristischer Röntgenstrahlung verschiedener Elemente, dass es eine ungefähre Proportionalität zwischen dem Quadrat der Kernladungszahl des Elements und der Frequenz der jeweiligen Linie gibt. Für die K_α-Linie fand er dabei folgende Gesetzmäßigkeit:

$$f = (Z-1)^2 \cdot f_R \cdot \frac{3}{4}.$$

Darin ist Z die Kernladungszahl (Ordnungszahl) und f_R die Rydberg-Frequenz. Da die K_α-Strahlung durch einen Elektronenübergang von $n_2 = 2$ nach $n_1 = 1$ erfolgt, kann man erkennen, dass es sich bei der Gleichung um eine Erweiterung der Rydberg-Formel handelt. Allgemein gilt für das **Moseley-Gesetz**:

$$f = Z_{eff}^2 \cdot f_R \cdot \left(\frac{1}{n_1^2} - \frac{1}{n_2^2}\right).$$

Z_{eff} steht für die effektive Kernladungszahl und muss für den jeweiligen Übergang angepasst werden. Die Näherung $Z_{eff} = Z - 1$ für K_α wird damit begründet, dass eine Elementarladung des positiv geladenen Kerns durch das verbliebene Hüllenelektron auf dem untersten Niveau ($n = 1$) abgeschirmt wird. Für andere Übergänge gelten andere Näherungen.

Somit ergibt sich für die Wellenlänge der K_α-Linie von Kupfer der folgende Wert:

$$f = (Z-1)^2 \cdot f_R \cdot \left(\frac{1}{1^2} - \frac{1}{2^2}\right) = 1{,}93 \cdot 10^{18}\,\text{Hz}$$
$$\lambda = \frac{c}{f} = 1{,}55 \cdot 10^{-10}\,\text{m} = 155\,\text{pm}.$$

Der Wert stimmt mit der Messung gut überein.

Röntgenfluoreszenzanalyse • MOSELEY fand ebenfalls heraus, dass sich das Verfahren auch umkehren lässt: Bestrahlt man eine Materialprobe mit Röntgenstrahlen verschiedener Wellenlängen, so können die Röntgenphotonen bei ausreichender Energie Elektronen im bestrahlten Atom anregen oder ionisieren. Dabei wird die notwendige Energie vom Atom absorbiert. Gleichzeitig strahlt die Materialprobe Röntgenphotonen in der für das Atom charakteristischen Wellenlänge als Fluoreszenzstrahlung wieder ab. Das Spektrum dieser Sekundärstrahlung wird mit einem Detektor vermessen. Aus der Lage und Intensität der Linien im Spektrum kann geschlussfolgert werden, welche Elemente in welcher Zusammensetzung in der Probe enthalten sind.

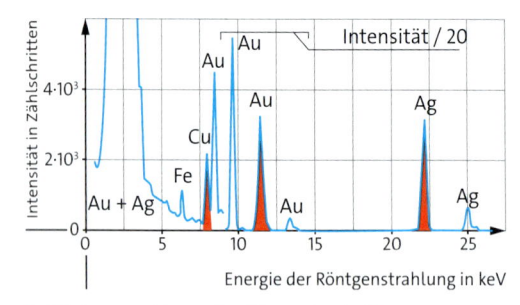

Mithilfe dieses Zusammenhangs zwischen den Röntgenspektren und der Ordnungszahl des Elements im Periodensystem sagte MOSELEY das bis dahin noch unbekannte Element Hafnium vorher.

1 Röntgenspektrum der Himmelsscheibe

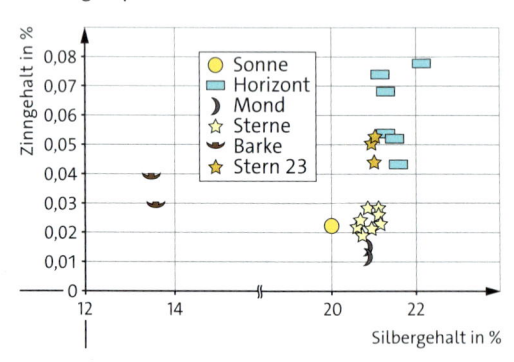

2 Zinn- und Silbergehalt im Gold der Himmelsscheibe

So zeigte die Untersuchung der Himmelsscheibe von Nebra (▶1), dass die Zusammensetzung der einzelner Goldapplikationen stark variierte (▶2): Der untere Randbogen, der als Sonnenbarke bezeichnet wird, weist mit Abstand den geringsten Silbergehalt auf. Die übrigen Goldobjekte bilden bei gleichem Silberanteil zwei Gruppen, die sich im Zinnanteil unterscheiden: Der als Horizontbogen bezeichnete rechte Randbogen und der Stern 23 bilden eine Gruppe, während Sonne, Mond und die übrigen Sterne die zweite Gruppe bilden. Man geht deshalb zurzeit von drei Entstehungsphasen aus. Die Himmelscheibe diente vermutlich als Werkzeug, um den Aussaatzeitpunkt für den Ackerbau zu bestimmen. Aus den Untersuchungen schlussfolgerte man, dass die Himmelsscheibe über verschiedene Generationen in mehreren Arbeitsgängen immer wieder verändert wurde.

1 Mit dem Moseley-Gesetz lässt sich aus der Wellenlänge λ_α der K_α-Linie näherungsweise die Ordnungszahl des Anodenmaterials ermitteln (f_R ist die Rydbergfrequenz für das Wasserstoffatom).

  a ☐ Bestimmen Sie das Anodenmaterial für $\lambda_\alpha = 0{,}180$ nm.

  b ◩ Erläutern Sie diesen Zusammenhang.

Material A • Das Moseley-Gesetz

Zur Untersuchung des Moseley-Gesetz wurden die Röntgenspektren von den beiden Metallen Kupfer (Z = 29) und Molybdän (Z = 42) aufgenommen (▶A1, ▶A2).

1. ✏️ Überprüfen Sie, ob der gemessene Glanzwinkel für die K_α-Linie in ▶A1 die gleiche Wellenlänge liefert wie die Berechnung nach dem Moseley-Gesetz. Begründen Sie etwaige Abweichungen.

2. ✏️ Durch Einbringen eines Filters in den Strahlengang erhält man bei Verwendung einer Molybdän-Anode nahezu monochromatische Röntgenstrahlung. Mittels der Drehkristallmethode wird das Spektrum aufgenommen (▶A2). Der Netzebenenabstand des verwendeten Kristalls beträgt d = 282 pm.
Berechnen Sie jeweils die Wellenlänge zu den charakteristischen Glanzwinkeln und erklären Sie den experimentell erhaltenen Kurvenverlauf.

3. ◼ Verwendet man bei entsprechendem Versuchsaufbau eine Kupfer-Anode, so sind die erhaltenen Wellenlängen etwa doppelt so groß. Versuchen Sie, eine Erklärung anhand des Atombaus der beiden Metalle zu finden.

A1 Röntgenspektrum einer Kupfer-Anode (Cu)

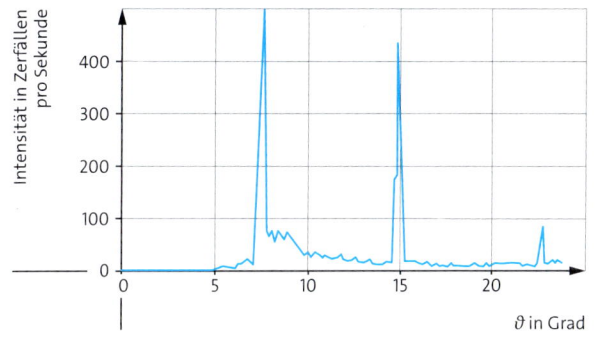

A2 Röntgenspektrum der Molybdän-Anode (Mo) mit Filter

Material B • Röntgenfluoreszenzanalyse

Mithilfe der Röntgenfluoreszenzanalyse untersuchte man die Zusammensetzung der Goldapplikationen der Himmelsscheibe von Nebra, um herauszufinden, ob die Scheibe vollständig zur selben Zeit entstanden ist oder nach und nach ergänzt wurde.
Anhand der K_α-Linien der charakteristischen Röntgenfluoreszenzstrahlung konnten die Elemente, die in den Goldlegierungen vorhanden sind, identifiziert werden. Zur energetischen Anregung der Elektronenhüllen verwendete man kontinuierliche Röntgenbremsstrahlung.
Die Fluoreszenzspektren wurden mit der Drehkristallmethode erstellt (NaCl-Kristall mit dem Netzebenenabstand von d = 282 pm). Die stark ausgeprägten Spitzen markieren jeweils die K_α-Linien verschiedener Elemente (▶B1).

1. ✏️ Stellen Sie mithilfe der Tabelle bekannter Wellenlängen der K_α-Linien fest, welchen Elementen die K_α-Linien zuzuordnen sind (▶B2). Beachten Sie dabei mögliche Fehlerquellen und die Tatsache, dass bestimmte Elemente noch nicht bekannt waren.

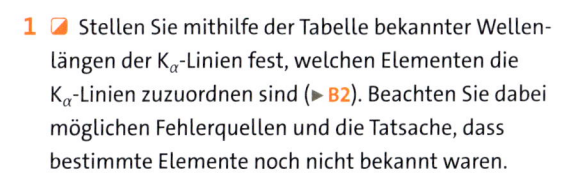

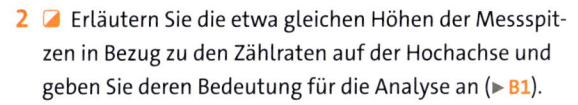

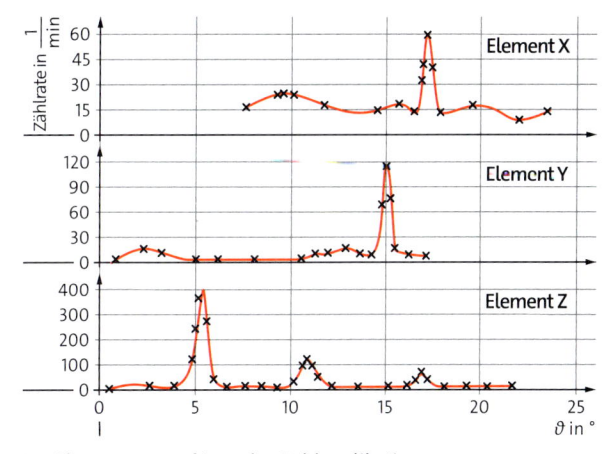

2. ✏️ Erläutern Sie die etwa gleichen Höhen der Messspitzen in Bezug zu den Zählraten auf der Hochachse und geben Sie deren Bedeutung für die Analyse an (▶B1).

B1 Fluoreszenzspektren der Goldapplikationen

Z	Element	K_α in nm	Z	Element	K_α in nm
26	Fe	0,1936	33	As	0,1176
28	Ni	0,1658	40	Zr	0,07859
29	Cu	0,1541	42	Mo	0,07093
30	Zn	0,1435	47	Ag	0,05594

B2 Charakteristische Wellenlängen (K_α) ausgewählter Elemente

7.6 Fluoreszenz

1 Fluoreszierende Mineralien im Licht einer UV-Lampe

Die Aufnahme zeigt eine Mineraliensammlung. Auf Knopfdruck kann man die Beleuchtung ausschalten und gegen eine UV-Beleuchtung ersetzen.
Die meist eintönigen und grauen Mineralien erscheinen plötzlich bunt. Woher stammen nun diese „versteckten" Farben, die bei Tageslicht nicht zu sehen sind?

Resonanzabsorption • Die Hülle der Atome ist in verschiedene Energieniveaus gegliedert. Aus diesem Grund können sie nur die Energien absorbieren, die einer Differenz zwischen zwei vorhandenen Energieniveaus entspricht.

Die Energie wird dabei von einem Elektron aus dem niedrigeren Energieniveau (Grundzustand) absorbiert, um dabei in das höhere Energieniveau zu wechseln (angeregter Zustand). Stammt diese Energie von Photonen mit der zur Energiedifferenz passenden Frequenz $\Delta E = h \cdot f$, nennt man den Vorgang **Resonanzabsorption**.

Bei vielen dieser Vorgänge ist der angeregte Zustand nicht stabil und extrem kurzlebig. Das Elektron kehrt praktisch sofort unter **spontaner Emission** eines Photons in den energetisch niedrigeren Grundzustand zurück.

Da sich die Energie des emittierten Photons aus der Energiedifferenz der Niveaus ergibt, haben absorbiertes und emittiertes Photon in diesem Fall die gleiche Frequenz und Wellenlänge (▶ 2). Vergleicht man die Absorptionslinien und Emissionslinien, liegen sie an der gleichen Stelle im Spektrum. Dies ist z. B. bei der leuchtenden Natriumflamme der Fall.

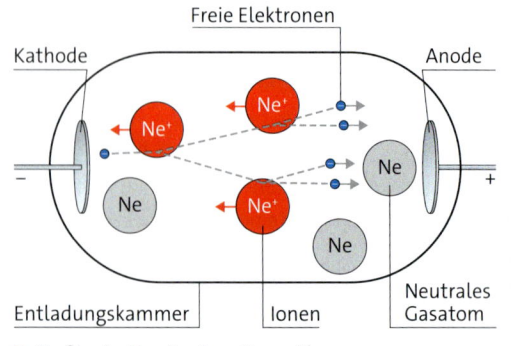

2 Resonanzabsorption und spontane Emission

3 Stoßionisation in einer Neonröhre

Gasentladung • Die Anregung der Hüllen-Elektronen in den Atomen kann aber auch thermisch oder elektrisch wie bei der **Gasentladung** erfolgen: Aus der Kathode einer Gasentladungsröhre werden Elektronen freigesetzt und in einem starken elektrischen Feld beschleunigt. Sie treffen dabei auf Gasatome und können diese durch Stoß anregen und auf ein höheres Energieniveau heben (▶ **Franck-Hertz-Versuch**) oder bei genügend starkem Feld durch Stoßionisation Elektronen vollständig aus der Atomhülle ablösen (▶ 3).

Es bilden sich Elektronen-Ionen-Paare, die ebenfalls beschleunigt werden und weitere Atome anregen können. So entsteht eine Lawine geladener Teilchen, die das Gas zum Leuchten bringt und in der Röhre einen elektrischen Stromfluss hervorruft. Nach diesem Prinzip funktionieren z. B. Spektralröhren, Neonröhren oder auch Blitze.

Fluoreszenz • Die Mineralien erscheinen in allen sichtbaren Farben (▶ 1), was auf eine Beleuchtung mit weißem Licht deuten würde. Dann wäre aber auch der Hintergrund hell und nicht schwarz.

Die Mineralien wurden mit nicht sichtbarem UV-Licht beleuchtet. Die Photonen des UV-Lichts haben eine größere Energie als Photonen des sichtbaren Lichts. Durch ihre Absorption gelangen die Elektronen in ein höheres Energieniveau E_3. Von dort erfolgt der Übergang auf ein etwas niedrigeres Energieniveau E_2, bevor sie in den Grundzustand E_1 zurückkehren.

Bei der Rückkehr in den Grundzustand E_1 wird dann ein Photon mit geringerer Energie emittiert, als ursprünglich absorbiert (▶ 4). Es entsteht längerwelliges Licht, das im sichtbaren Spektrum liegt. Dieser Vorgang heißt **Fluoreszenz**. Schaltet man das UV-Licht ab, so kann das menschliche Auge kein Nachleuchten feststellen. Die Abgabe des Fluoreszenzphotons erfolgt also sehr schnell, mit nicht wahrnehmbarer Zeitverzögerung nach der Absorption. Die Energiedifferenz $E_3 - E_2$ zwischen den beiden Anregungszuständen wird z. B. in Wärme umgewandelt oder als Photon abgegeben.

> Als Fluoreszenz wird allgemein die schnelle Abgabe von Photonen aus einem Zwischenzustand bezeichnet. Dabei erfolgt die Energieabgabe in einer größeren Wellenlänge als die des anregenden Photons.

Die Farben der Mineralien in ▶ 1 entstehen also durch Fluoreszenz. Das eingestrahlte UV-Licht regt die Elektronen in den Verbindungen, aus denen die Mineralien bestehen, an. Das sichtbare Licht ist für diese Anregung nicht energiereich genug. Je nach Verbindung haben die Fluoreszenzphotonen unterschiedliche Frequenzen und erzeugen so unterschiedliche Farbeindrücke.

Auch das bläuliche Aufleuchten weißer Kleidung im „Schwarzlicht" ist auf die Fluoreszenz eines Leuchtstoffs auf den Fasern der Textilien zurückzuführen. Dieser gelangt durch Waschmittel dorthin. Die „Weißmacher" haben den Zweck, den im Tageslicht vorhandenen geringen UV-Licht-Anteil durch Fluoreszenz in sichtbares blaues Licht umzuwandeln. Die Fasern geben dann diese Strahlung zusätzlich zum reflektierten Tageslicht ab und erscheinen dadurch heller und weißer.

Auch Schreib- oder Druckerpapier kann solche optischen Aufheller enthalten.

Phosphoreszenz • Es gibt auch Stoffe, bei denen sich die Elektronen für längere Zeit im angeregten Zwischenzustand halten können. Solche langlebigeren Zustände nennt man metastabil. Die Anregung kann dabei mit UV- oder sichtbarem Licht passieren. Das Nachleuchten beim Abbau dieses Zustands kann bis zu mehreren Stunden anhalten. Dies bezeichnet man als **Phosphoreszenz**. Typische Phosphoreszenz im physikalischen Sinn zeigen z. B. Markierungen von Notausgängen (▶ 5) oder die beliebten Leuchtsterne in Kinderzimmern.

> Als Phosphoreszenz bezeichnet man die Abgabe von Photonen aus einem metastabilen Zwischenzustand, die über eine längere Zeit andauert.

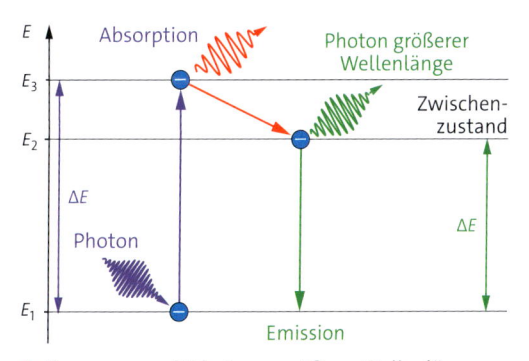

4 Fluoreszenz mit Photonen größerer Wellenlänge

Als Schwarzlicht bezeichnet man umgangssprachlich das Licht einer Leuchtstofflampe, die nur UV-Strahlung aussendet.

5 Nachtleuchtende Kennzeichnung eines Fluchtweges

Die Bezeichnung Phosphoreszenz geht auf die Entdeckung des weißen Phosphors im Jahre 1669 zurück, der von sich aus leuchtet. Das Leuchten des Phosphors ist auf eine Reaktion mit Luftsauerstoff zurückzuführen, ist also eigentlich eine Chemolumineszenz. Als Chemolumineszenz wird die Freisetzung von Licht als Folge einer chemischen Reaktion bezeichnet.

Leuchtstoffröhren • Die moderne Beleuchtungstechnik ist ohne die Fluoreszenz nicht vorstellbar: Ein Beispiel ist die seit über 100 Jahren bekannte und millionenfach genutzte Leuchtstoffröhre.
Die Leuchtstoffröhre wird oft fälschlicherweise Neonröhre genannt, ist aber eigentlich eine Quecksilberdampf-Gasentladungsröhre. In ihr wird bei vermindertem Druck eine Gasentladung gezündet, wobei der Gasentladungsstrom durch eine Drossel begrenzt wird.

Daher arbeitet die Lampe sehr sparsam. Sie hat bei einem Lichtstrom von 400 lm nur eine elektrische Leistung von 7 W gegenüber einer Glühlampe mit 40 W. Da das leuchtende Quecksilbergas aber geringe Spektralanteile im sichtbaren Licht enthält, dafür höhere UV-Anteile, wäre das abgegebene Licht für Beleuchtungszwecke nicht geeignet und für das menschliche Auge sogar schädlich. Die oben erwähnten Schwarzlichtlampen sind solche Röhren und dürfen daher nur kurz betrieben werden.
Die Leuchtstofflampe ist jedoch innen mit einem Leuchtstoff beschichtet, der durch Fluoreszenz den UV-Anteil in sichtbares Licht umwandelt. Alle Wellenlängen zusammen ergeben dann nahezu weißes Licht (▶1, 3C). Auch die sogenannten Kompakt-Leuchtstofflampen oder Energiesparlampen funktionieren so.

Weiße LED zur Beleuchtung • Prinzipiell ähnlich funktionieren die modernen LED-Lampen mit sichtbarem Leuchtfaden (▶2). Die Leuchtfäden bestehen aus einem schmalen Glasstreifen, auf dem typischerweise 28 blaue und teils auch rote LEDs aufgebracht sind.
Diese sind in Reihe geschaltet, sodass sie mit 60 bis 80 Volt betrieben werden können, je nach Typ und Farbe der verwendeten LEDs. Schaltet man 3 oder 4 dieser Leuchtfäden ebenfalls in Reihe, so lassen sie sich an 230 V betreiben, ohne dass ein Netztransformator eingesetzt werden muss.

Um ein breites Lichtspektrum (▶3D) für Beleuchtungszwecke zu erhalten, sind die Streifen zusätzlich beidseitig mit einer Fluoreszenzschicht überzogen.

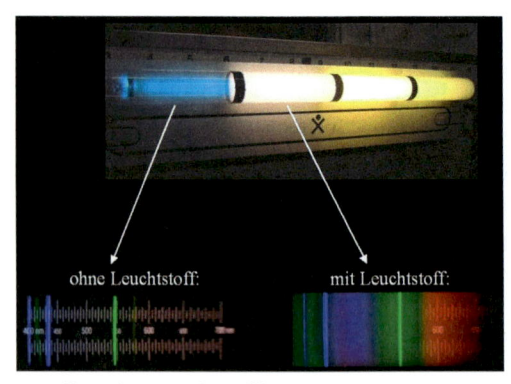

1 Aufbau einer Leuchtstofflampe

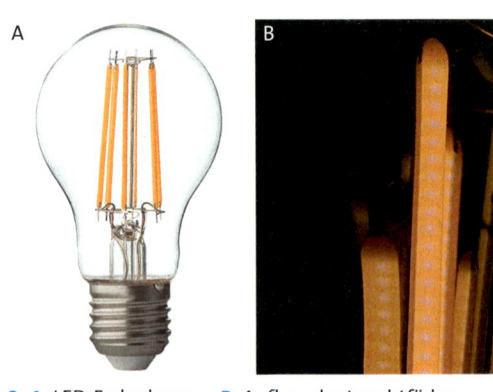

2 A LED-Fadenlampe, **B** Aufbau der Leuchtfäden

Die Farbtemperatur der Leuchtfäden gibt an, ob die Lampe warmweiß oder kaltweiß leuchtet. Sie wird über das Verhältnis der blauen und roten LEDs, die im Leuchtfaden verbaut sind, sowie über die Zusammensetzung und Dichte der Fluoreszenzschicht bestimmt.

Diese so genannten LED-Fadenlampen haben seit 2015 die alten Energiesparlampen fast vollständig verdrängt: Bei einem vergleichbaren Lichtstrom von 400 lm haben sie nur eine elektrische Leistung von 5 W.

3 Spektren im Vergleich:
A Tageslicht,
B Glühlampe,
C Leuchtstoffröhre,
D weiße LED

1 📷 **a** Die Echtheit von Geldscheinen wird oft mit einer Schwarzlichtlampe geprüft. Beschreiben Sie das Funktionsprinzip.
b Auch in der Kriminaltechnik wird die Lampe eingesetzt. Recherchieren Sie die Vorgehensweise.

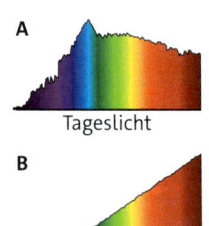

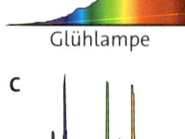

Material — Atomhülle • Fluoreszenz

Versuch A • Wirkungen von UV-Strahlung sichtbar machen

V1 Erzeugung des Hg-Spektrums

Materialien: Optische Bank, Maßstab oder Lineal, Stativreiter, Linse (50 mm), Schlitzblende, optisches Gitter (570 Striche pro mm), Schirm, Hg-Hochdrucklampe mit Betriebsgerät, weißes Druckerpapier, Sicherheitstafel zum Umgang mit der UV-Licht-Lampe

Achtung: Lampe kann sehr heiß werden. Nicht in das UV-Licht blicken.

Arbeitsauftrag:
– Bauen Sie das Experiment gemäß ▶ 4 auf. Erzeugen Sie zunächst ein scharfes Bild des sichtbaren Hg-Spektrums. Bringen Sie dann ein entsprechend großes Stück Druckerpapier links neben der violetten Linie des Spektrums an. Notieren Sie Ihre Beobachtung.
– Messen Sie mit einem Lineal den Abstand des optischen Gitters vom Schirm und bestimmen Sie durch Ausmessen der Spektrallinien auf die Ihnen bekannte Weise die Wellenlängen der Spektrallinien. Vergleichen Sie mit den Literaturwerten.

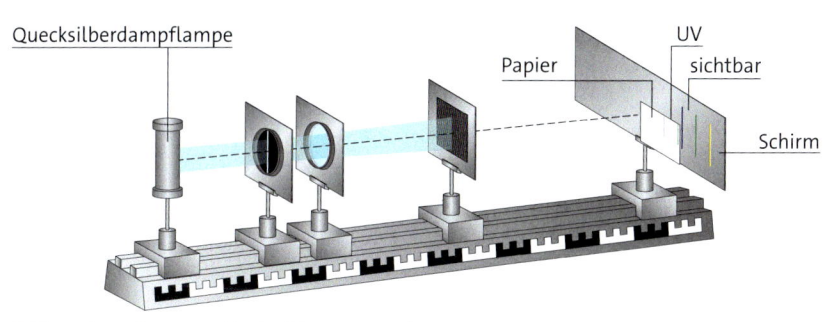

4 Versuchsaufbau zum Hg-Spektrum

Versuch B • Fluoreszenz eines Farbstoffs

V2 Versuche mit Fluorescein

Materialien: Optische Bank, Netzgerät, rote LED, UV-LED, Störlichttubus, Küvetten, Fluorescein-Lösung oder Uranin-Lösung, Taschenspektroskop

Achtung: Nicht direkt in die UV-LED blicken. Störlichttubus auf die LED stecken.

Arbeitsauftrag:
– Bauen Sie den Versuch so auf, dass Sie im abgedunkelten Raum das Licht der roten LED durch die Küvette mit der Lösung scheinen lassen. Betrachten Sie die Küvette zunächst von der Seite im 90°-Winkel zum Lichtweg und anschließend von gegenüber der Lichtquelle. Notieren Sie die Beobachtungen und erklären Sie.
– Wiederholen Sie die Beobachtungen mit einem Taschenspektroskop.
– Führen Sie die gleichen Untersuchungen mit der UV-LED durch.

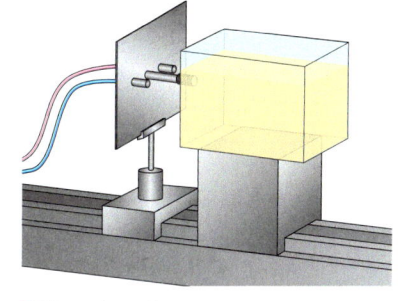

5 Versuchsaufbau

Material A • Fluoreszenz

Cyaninfarbstoffe bestehen aus Molekülen, die als farbgebenden Bestandteil u. a. eine Kette aus linear angeordneten Kohlenstoffatomen mit konjugierten Doppelbindungen enthalten. Sechs Elektronen können sich entlang der Kette annähernd frei bewegen. Ein solches Molekül kann vereinfacht mit dem Modell eines linearen Potenzialtopfes beschrieben werden. Da jedes Energieniveau nur von maximal zwei Elektronen besetzt werden kann, sind im Grundzustand die ersten drei Energieniveaus voll besetzt. Diese Situation zeigt ▶ A1 in Form eines Energieniveauschemas.

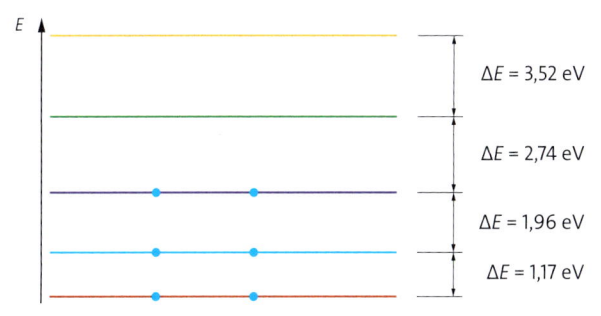

A1 Vereinfachtes Energieniveauschema des Cyaninfarbstoffs

$\Delta E = 3{,}52$ eV
$\Delta E = 2{,}74$ eV
$\Delta E = 1{,}96$ eV
$\Delta E = 1{,}17$ eV

1 ☐ Zeigen Sie, dass eine Lösung dieses Farbstoffes Photonen mit der Wellenlänge $\lambda = 198{,}2$ nm absorbieren kann.

2 ✎ Zeigen Sie, dass das Auftreten von sichtbarer Fluoreszenz grundsätzlich möglich ist. *Hinweis:* Der sichtbare Wellenlängenbereich umfasst 380 nm – 760 nm.

7.7 Laser

1 Laserstrahl aus einer Sternwarte

Mit Laserstrahlen, die in Richtung Mond abgesetzt werden, kann man die Entfernung zur Erde auf wenige Zentimeter genau messen. Möglich macht dies ein 1969 von den Astronauten NEIL ARMSTRONG und EDWIN ALDRIN auf dem Mond aufgestellter Reflexionsspiegel.
Wie aber erzeugt man nun Licht in einer Stärke und Konzentration, dass auf dem Mond nur ein Leuchtfleck von wenigen Metern Größe entsteht und der reflektierte Lichtstrahl von der Erde aus bequem beobachtet werden kann?

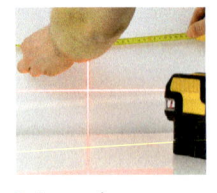

2 Laser als Wasserwaage

Laser steht für Lichtverstärkung • Laser werden nicht nur in der Forschung verwendet. Ob als Laserpointer, Wasserwaage (▶ 2) oder als Bestandteil zum Auslesen von optischen Speichermedien. Laser sind auch aus dem Alltag bekannt.

Der Begriff L-A-S-E-R steht für **l**ight **a**mplification by **s**timulated **e**mission of **r**adiation. Nachdem die Photonentheorie durch PLANCK und EINSTEIN formuliert worden war, hatte man eine Erklärung für die Entstehung des Lichts: Elektronen im Atom wechseln nach Anregung in ein höheres Energieniveau und von dort mehr oder weniger zufällig wieder zurück. Bei dieser **spontanen Emission** geben sie Photonen entsprechender Energie ab.

Die Photonen werden in beliebiger Richtung zufällig abgestrahlt, sind also normalerweise völlig ungeordnet. Um besonders intensives Licht zu erhalten, muss man jedoch erreichen, dass die Photonen alle gleichzeitig und in dieselbe Richtung abgestrahlt werden. Nach EINSTEIN sollte die so genannte **stimulierte Emission** von Photonen als eine Umkehrung der Absorption theoretisch möglich sein.

Dabei stimuliert ein eintreffendes Photon passender Wellenlänge das sich noch im angeregten Zustand befindliche Elektron, sodass es zur Emission kommt. Das ursprüngliche Photon wird dabei nicht vom Atom absorbiert, sondern bleibt zusätzlich zum neu abgestrahlten Photon erhalten.
Es verlassen also zwei genau gleiche Photonen das Atom. Sie sind phasengleich und haben dieselbe Wellenlänge. Für eine Lichtverstärkung muss es gelingen, diesen Prozess für sehr viele Elektronen gleichzeitig auszuführen (▶ 6).

3 Einsatz des Lasers bei einer Veranstaltung

Atomhülle • Laser

Besetzungsumkehr • Damit möglichst viele Elektronen lawinenartig ihre Anregungsenergie zur gleichen Zeit abgeben, muss es gelingen, viele Elektronen gleichzeitig auf ein höheres Niveau E_2 zu bringen und dort anzusammeln, also die so genannte Besetzungsumkehr oder **Besetzungsinversion** zu erreichen (▶6). Anschließend werden sie durch ein Photon gleicher Wellenlänge zur gleichzeitigen Abgabe ihrer Anregungsenergie stimuliert.

Im Grundzustand der Atome besetzen die Elektronen die Niveaus aufsteigend nach ihrer Energie. Die Besetzung angeregter Zustände ist sehr unwahrscheinlich (▶5A), da es meist zur spontanen Emission kommt und die Elektronen wieder in den Grundzustand übergehen.

Für eine Besetzungsinversion muss es neben einem Anregungsniveau E_3, zu dem die Elektronen vom Grundzustand (E_1) wechseln können, noch ein Zwischenniveau E_2 geben. Durch spontane Emission wechseln die angeregten Elektronen von E_3 zu E_2.

Dieser Zustand E_2 ist metastabil, d. h. die Elektronen wechseln nicht sofort wieder in den Grundzustand. Während E_3 sich also relativ schnell leert, sammeln die Elektronen sich im metastabilen Zustand E_2, sodass die gewünschte Besetzungsinversion erreicht wird (▶5B).
Man findet solche Verhältnisse, bei denen drei Energieniveaus an der Lichtentstehung beteiligt sind, z. B. bei der Fluoreszenz.

Anregung der Elektronen • Ein Laser besteht aus einem aktiven Medium, das sich zwischen zwei Spiegeln als Resonator befindet, und einer äußeren Energiequelle (Pumpquelle). Im aktiven Medium erfolgt die Anregung der Elektronen nach E_3 entweder mit Licht durch **optisches Pumpen,** z. B. mit einer Blitzröhre wie beim Rubinlaser (▶4), oder über Teilchenstöße wie beim He-Ne-Laser.
Der Abstand der Spiegel entspricht gerade einem Vielfachen der halben Wellenlänge des emittierten Photons. Dadurch kann sich im Resonator eine stehende Welle ausbilden.
Ein spontan emittiertes Photon kann so durch die mehrfache Reflexion an den Spiegeln viele Elektronen im Niveau E_2 zur stimulierten Emission anregen. Die Elektronen wechseln gleichzeitig vom Zustand E_2 nach E_1 und sende weitere Photonen aus (▶6).

Man erreicht eine Vervielfachung der Photonenzahl. Alle Photonen dieser Photonenlawine haben dann gleiche Wellenlänge, gleiche Phase und schwingen in der gleichen Ebene (sind polarisiert) wie das erste Photon. Dadurch, dass alle Photonen beim Wechsel der Elektronen vom Niveau E_2 zu E_1 gleichzeitig abgestrahlt werden, entsteht ein einziger langer Wellenzug gleicher Wellenlänge und Polarisationsrichtung (▶6).
Mithilfe eines Fensters in einem der Spiegel, das zu etwa 1% lichtdurchlässig ist, koppelt man einen Teil dieser Laserphotonen aus und erhält so einen polarisierten Lichtstrahl, der zudem wegen der großen Kohärenzlänge seiner Photonen in hohem Maße monochromatisch ist.

Die Entwicklung des Lasers • An der technischen Ausführung wurde über 40 Jahre geforscht, bis 1960 der Durchbruch gelang. Dass es solange gedauert hat, bis der erste Laser funktionierte, lag auch an fehlenden Medien und Techniken. Der erste funktionierende Laser war ein Rubinlaser (▶4). Als Lasermedium diente ein Rubinstab. Er wurde durch Licht einer ringförmig angeordneten Blitzlichtröhre stimuliert und konnte nur Laserimpulse von wenigen Millisekunden Dauer erzeugen. Ebenfalls 1960 wurde der Helium-Neon-Laser realisiert. Er kann einen kontinuierlichen Laserstrahl erzeugen.

Als kohärent bezeichnet man Wellen, die eine konstante Phasenbeziehung haben. Polarisiert sind sie, wenn ihre Schwingungsvektoren in der gleichen Ebene schwingen. Interferieren können kohärente Wellen nur, wenn ihre Kohärenzlänge größer als ihr Gangunterschied ist.

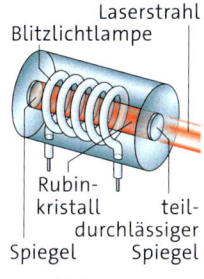

4 Rubinlaser

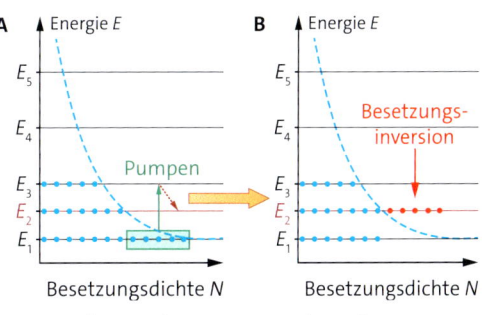

5 A Grundzustand, **B** Besetzungsinversion

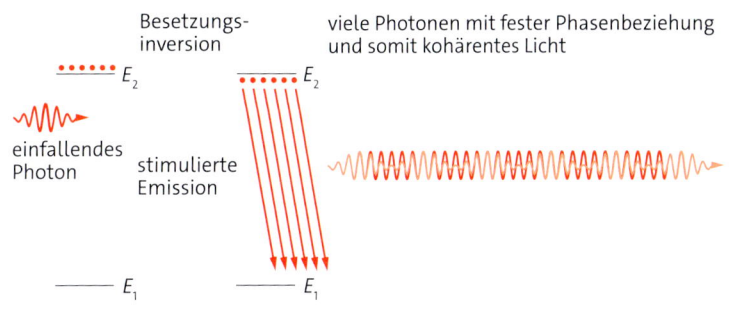

6 Lichtverstärkung durch stimulierte Emission

359

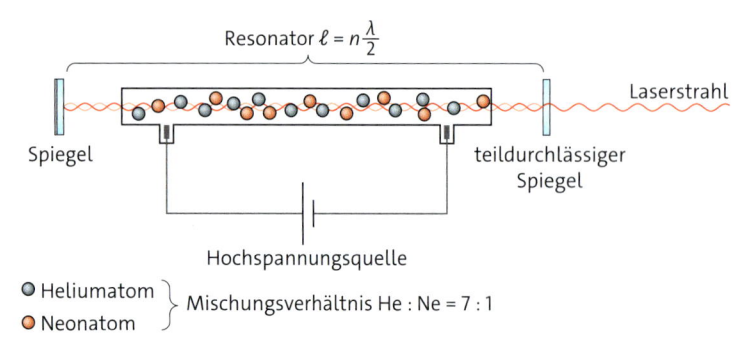

1 Schematischer Aufbau eines Helium-Neon-Lasers

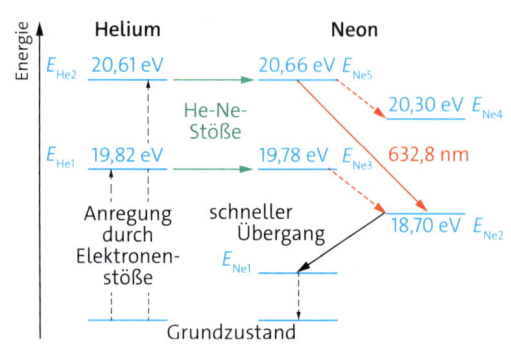

3 Beteiligte Energieniveaus im Helium und Neon

Die beiden Spiegel (▶1) im Abstand eines Vielfachen von $\frac{\lambda}{2}$ bilden den optischen Resonator. Der rechte Spiegel enthält ein teildurchlässiges Fenster mit geeignetem Filter, wodurch das monochromatische und polarisierte Laserlicht austreten kann. Blickt man seitlich auf die Gasröhre, sieht man nur das schwache Leuchten der Gasentladung mit Wellenlängen, die zu Helium und Neon passen.

Aufbau und Funktion des He-Ne-Lasers • Der Helium-Neon-Laser (He-Ne-Laser) erzeugt einen intensiv roten Lichtstrahl. Das Laser-Medium besteht aus einem Gemisch aus Helium- und Neongas im Verhältnis 7:1, mit dem eine Gasentladungsröhre gefüllt ist (▶1).

Durch eine Hochspannung wird in der Helium-Neon-Gasmischung eine Gasentladung gezündet (▶2). Die Heliumatome werden dabei durch stattfindende Elektronenstöße in angeregte Zustände versetzt.

Einer dieser Zustände, E_{He2} = 20,61 eV, ist zwar metastabil, aber für die stimulierte Emission ungeeignet. Weil die Anregung direkt in den metastabilen Zustand führt, würden Photonen mit geeigneter Wellenlänge nach Einsteins Theorie zur Absorption und Emission von Licht in gleicher Anzahl vom Heliumatom auch absorbiert werden. Es entstünde ein dynamisches Gleichgewicht, bei dem sich die Anzahl der Photonen nicht vervielfachen kann.

Das für eine Besetzungsinversion notwendige metastabile Energieniveau erhält man durch die im Gasgemisch vorhandenen Neonatome. Durch Stöße zwischen den Gasatomen kann die Anregungsenergie von den Heliumatomen auf die Neonatome übertragen werden. Aus E_{He2} erfolgt so eine Anregung in z. B. den metastabilen E_{Ne5} = 20,66 eV. Der Unterschied von 0,05 eV zum Energieniveau E_{Ne5} (▶3) wird durch zusätzliche Bewegungsenergie der Gasatome während der Gasentladung ausgeglichen.
Ist die Stoßrate hoch genug, erreicht man bei den Neonatomen eine Besetzungsinversion.
Von dort wechselt das Elektron durch stimulierte Emission aber nicht in den Grundzustand, sondern in das E_{Ne2}-Niveau (▶2). Das E_{Ne2}-Niveau ist sehr kurzlebig, sodass es sich schnell leert.

2 He-Ne Laser mit dem Leuchten der Gasentladung

Dadurch wird die Besetzungsinversion aufrechterhalten und es kommt auch nicht dazu, dass Elektronen auf dem E_{Ne2}-Niveau Photonen des Laserlichts absorbieren und dieses schwächen.
Die Besetzungsinversion bleibt bestehen, solange die Gasentladung anhält. So kann ein kontinuierlicher Laserbetrieb erfolgen.

Die Laserdiode • Zu den heute am weitesten verbreiteten Lasern gehört die Laserdiode. Sie kommt in Laserpointern, Beamern, DVDs- und Blu-Ray-Playern sowie in zahlreichen Messgeräten vor. Der Laserprozess ist der gleiche, findet hier aber direkt im Halbleiter statt. Die Emission von Licht entsteht durch Rekombination von Elektronen und Löchern am Übergang zwischen p- und n-dotiertem Kristall. Die Endflächen des Bauelements sind verspiegelt und bilden den optischen Resonator.

Die Besetzungsinversion lässt sich besonders einfach erreichen, da in einer stromführenden Diode die Niveaus des n-dotierten Halbleitermaterials bei ausreichender Spannung energetisch höher liegen als die des p-dotierten. Durch elektrisches Pumpen mittels eines Gleichstroms in Durchlassrichtung sorgt man für stetigen Nachschub von Elektronen und Löchern, um die Besetzungsinversion aufrechtzuerhalten. Der Pumpstrom, bei dem der Laserbetrieb einsetzt, wird auch als Schwellenstrom bezeichnet. Bei geringerem Strom arbeitet die Diode nur als LED.

1 📘 Neben dem Übergang von E_{Ne5} zu E_{Ne2} gibt es noch zweitere Laser-Übergänge (▶3). Begründen Sie durch geeignete Berechnungen, weshalb in der Praxis nur der Übergang mit der Wellenlänge von 632,8 nm von Bedeutung ist.

Material — Atomhülle • Laser

Versuch A • Laserlicht

V1 Polarisation

Materialien: Helium-Neon-Laser, roter Laserpointer, rote LED, optisches Strichgitter mit 500 Striche pro mm, Polarisationsfilter, Blendenhalter für Gitter und Polarisationsfilter, Halterungen für Laser und LED, Schirm, Lineal

Achtung: Blicken Sie nicht in den Laserstrahl, auch nicht in reflektiertes Laserlicht. Richten Sie den Laserstrahl nicht auf andere Personen!

Arbeitsauftrag:
- Bauen Sie den Laser, das Strichgitter und den Schirm horizontal so auf, dass der Laserstrahl durch das Gitter fällt und auf dem Schirm ein Interferenzbild in einer Größe erzeugt, in der es sich bequem mit dem Lineal vermessen lässt.
- Ermitteln Sie die Wellenlänge des Laserlichtes.
- Wiederholen Sie den Versuch mit der roten Leuchtdiode und mit dem roten Laserpointer und deuten Sie die unterschiedlichen Interferenzbilder.
- Bringen Sie zwischen Laser, Laserpointer bzw. LED und Gitter einen Polarisationsfilter. Beschreiben und deuten Sie die beobachteten Unterschiede. Drehen Sie den Filter.
- Wiederholen Sie den letzten Versuchsschritt ohne das optische Gitter.
- **B**eurteilen Sie die Güte der beiden Laserstrahlen gegenüber der roten LED anhand der gemachten Beobachtungen und recherchieren Sie den Zusammenhang zwischen Kohärenzlänge und Interferenzfähigkeit.

V2 Wellenlängen von Laserpointern

Materialien: Verschiedene Laserpointer (möglichst unterschiedlicher Farbe), optisches Strichgitter wie in **V1**, Schirm, Lineal, Halterungen für die Laserpointer

Achtung: Blicken Sie nicht in den Laserstrahl, auch nicht in reflektiertes Laserlicht. Richten Sie den Laserstrahl nicht auf andere Personen!

Arbeitsauftrag:
- Bauen Sie den Versuch wie im ersten Schritt von **V1** auf. Beurteilen Sie die Güte des jeweiligen Laserstrahls anhand der Breite der Maxima erster Ordnung.
- Berechnen Sie die jeweiligen Wellenlängen durch Vermessen der Maxima erster Ordnung.

Material A • Kohlenstoffdioxid-Laser

Ein Kohlenstoffdioxid-Laser funktioniert praktisch wie ein Helium-Neon-Laser. Das Lasermedium besteht aber aus einem Gasgemisch von Kohlenstoffdioxid (CO_2) und Stickstoff (N_2). Die Stickstoffmoleküle habe die gleiche Funktion wie die Heliumatome und Übergänge im Kohlenstoffdioxidmolekül erzeugen das Laserlicht. Aus dem Energieniveauschema (▶A1) ist erkennbar, dass für die Emission von Laserlicht die Übergänge vom oberen zu den beiden unteren Laserniveaus A bzw. B im CO_2-Molekül verantwortlich sind.

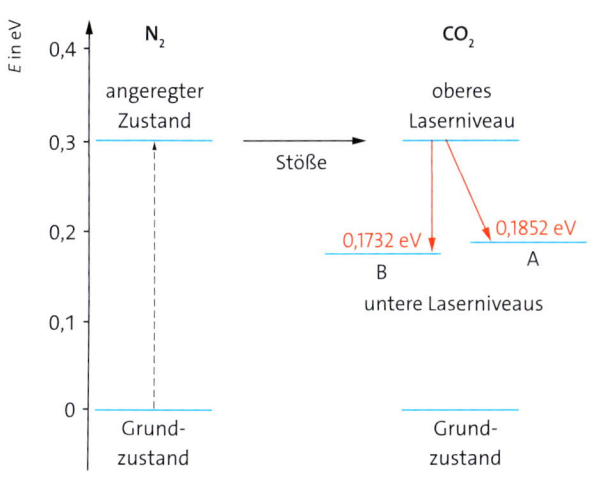

A1 Energieniveauschema eines Kohlenstoffdioxid-Lasers

1. ☐ Berechnen Sie, welche Mindestgeschwindigkeit ein stoßendes Elektron haben muss, um beim N_2-Molekül im Grundzustand den Anregungsprozess auszulösen.

2. ✏ Der angeregte Zustand von N_2 liegt $2{,}2 \cdot 10^{-3}$ eV unter dem oberen Laserniveau von CO_2.
   a Erläutern Sie, unter welchen Umständen die Anregung der CO_2-Moleküle durch N_2-Moleküle dennoch energetisch möglich ist.
   b Berechnen Sie die thermische Energie der Gasmoleküle bei Raumtemperatur (20 °C bzw. 293 K) mit der Formel $E_{therm} = \frac{3}{2}kT$ und beurteilen Sie, ob eine Anregung bei Zimmertemperatur möglich ist.
   Hinweis: k ist die Boltzmann-Konstante.

3. ✏ Entscheiden Sie rechnerisch, ob der Laser sichtbares Licht aussenden kann.

4. ■ Zur Erzeugung eines Laserpulses muss sich eine genügend hohe Anzahl CO_2-Moleküle auf dem oberen Laserniveau befinden. Anschließend fällt innerhalb von $\Delta t = 2{,}2$ ns ein Anteil von 86 % der angeregten Moleküle auf das Laserniveau A zurück, der Rest auf das Laserniveau B. Berechnen Sie, wie viele CO_2-Moleküle angeregt werden müssen, wenn der Laserpuls eine mittlere Leistung von $P = 5{,}0$ kW haben soll.

Atomhülle

Linienspektrum und Spektrallinien

Aufgrund der diskreten Energieverteilung der Elektronen in der Atomhülle (Energieniveaus) emittieren bzw. absorbieren Atome nur Licht/elektromagnetische Strahlung bestimmter Energien. Das Linienspektrum ist charakteristisch für ein chemisches Element und besteht aus einem spezifischen Satz von Spektrallinien. Das Atom kann Licht mit genau derselben Wellenlänge absorbieren, mit der es Licht emittieren kann.

Emissionsspektrum: Werden Atome, z. B. durch elektrischen Strom oder einer Flamme energetisch angeregt, emittieren sie ein charakteristisches Linienspektrum.

Absorptionsspektrum: Die schwarzen Absorptionslinien eines Stoffes im kontinuierlichen Spektrum von weißem Licht werden Absorptionsspektrum genannt.
Absorptions- und Emissionsspektrum sind komplementär zueinander.

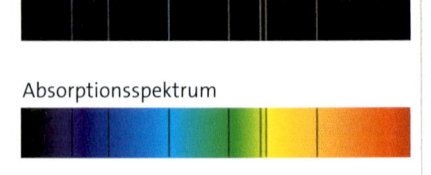

Rydberg-Formel und Spektralserien des Wasserstoffatoms

Die Spektrallinien des Wasserstoffatoms können mit der Rydberg-Formel berechnet werden:

$f = f_R \left(\dfrac{1}{n_1^2} - \dfrac{1}{n_2^2} \right)$ mit $n_1, n_2 = 1, 2, 3 \ldots$ und $n_1 < n_2$;

$f_R = 3{,}28984 \cdot 10^{15}$ Hz (Rydberg-Frequenz)

Alle Linien mit übereinstimmendem n_1 bilden eine gemeinsame Spektralserie, die nach ihrem jeweiligen Entdecker benannt ist. Nur für $n_1 = 2$ liegen die Spektrallinien im sichtbaren Bereich.

n_1: Serie	Spektralbereich
1: Lyman	UV: 121 nm – 91 nm
2: Balmer	sichtbar/ UV: 365 nm – 656 nm
3: Paschen	IR-A: 1875 nm – 820 nm
4: Brackett	IR-B: 4050 nm – 1460 nm

Energieniveaus in der Atomhülle

Die Elektronen in der Atomhülle besitzen nur ganz bestimmte, diskrete Energien. Die Atomhülle ist daher in Energiestufen bzw. Energieniveaus aufgeteilt. Für alle Atome eines Elements sind diese gleich und für das Element charakteristisch. Die Differenz zwischen zwei Energiestufen entspricht gerade der Energie einer Spektrallinie im Linienspektrum.

Energieniveaus des Wasserstoffs: Die Energiestufen im Wasserstoffatom lassen sich berechnen. Für die Gesamtenergie des Elektrons gilt:

$E_n = -\dfrac{m_e \cdot e^4}{8 \varepsilon_0^2 \cdot h^2} \cdot \dfrac{1}{n^2} = -13{,}6 \text{ eV} \cdot \dfrac{1}{n^2}$ mit $n = 1, 2, 3 \ldots$

Bis auf die Quantenzahl n besteht der Ausdruck nur aus Naturkonstanten.

Energieniveaus anderer Elemente: Für andere wasserstoffähnliche Atome bzw. Ionen wie He$^+$ oder Li^{2+} wird die Kernladungszahl Z ergänzt: $E_n = -13{,}6 \text{ eV} \cdot Z^2 \cdot \dfrac{1}{n^2}$. Für komplexere Mehrelektronenatome funktioniert die Formel nicht, da die Wechselwirkungen der Elektronen untereinander nicht berücksichtigt werden.

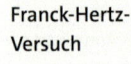

Franck-Hertz-Versuch

Energiereiche Elektronen können bei Stößen mit Atomen nur Energie übertragen, wenn diese einem möglichen Übergang zwischen zwei Energieniveaus in der Atomhülle entspricht. Die Energieabgabe führt zu einem für das Element charakteristischen U-I-Diagramm. Der Abstand ΔU zwischen zwei Maxima entspricht gerade der Energiedifferenz zwischen zwei Niveaus in der Hülle.

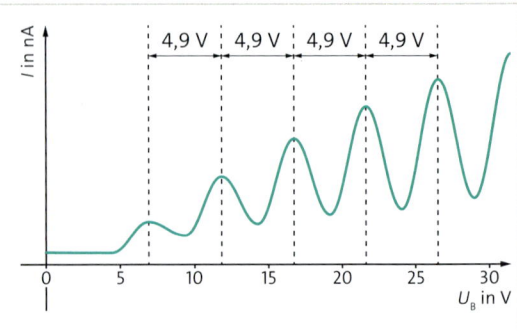

Atomhülle

Eindimensionaler Potenzialtopf mit unendlichen hohen Wänden (linearer Potenzialtopf)	Elektronen sind Quantenobjekte, die mithilfe einer Wellenfunktion beschrieben werden. Beim linearen Potenzialtopfmodell ist die potenzielle Energie E_{pot} eines Quantenobjekts null und an den Rändern unendlich groß. Der Aufenthaltsbereich des Quantenobjekts ist daher auf die Länge ℓ des Potenzialtopfs beschränkt und seine Nachweiswahrscheinlichkeit am Rand ist null. Für die Wellenfunktionen ergeben sich stehende Wellen mit festen Enden der Länge: $$\lambda_n = \frac{2 \cdot \ell}{n} \text{ mit } n = 1, 2, 3 \ldots$$ Im Potenzialtopfmodell ist die Energie der Elektronen quantisiert, d.h., ein Elektron kann nur bestimmte Energiezustände einnehmen. Für die Gesamtenergie eines Elektrons gilt: $$E_n = \frac{h^2}{8 \cdot m \cdot \ell^2} \cdot n^2 \text{ mit } n = 1,2,3\ldots$$ Der lineare Potenzialtopf kann zur Beschreibung der Energieniveaus in linearen Farbstoffmolekülen mit einem konjugierten Doppelbindungssystem verwendet werden.
Dreidimensionaler Potenzialtopf mit unendlichen hohen Wänden	Im dreidimensionalen Potenzialtopf ist der Aufenthaltsbereich der Elektronen auf einen würfelförmigen Bereich der Kantenlänge ℓ beschränkt. Für jede Raumrichtung x, y und z gibt es eine dazugehörige Quantenzahl n_x, n_y, und n_z. Das Modell kann für die Beschreibung der ersten vier Orbitale des Wasserstoffatoms genutzt werden.
Orbitale und Quantenzahlen	Orbitale veranschaulichen die Nachweiswahrscheinlichkeit für die Elektronen in der Atomhülle. Größe, Gestalt und Ausrichtung der Orbitale werden durch drei Quantenzahlen charakterisiert. Zusammen mit der Spinquantenzahl s kann jeder Elektronenzustand unterschieden werden. Hauptquantenzahl n: $n = 1, 2, 3 \ldots$; Nebenquantenzahl l: $l = 0, 1, 2, \ldots, n-1$; Magnetquantenzahl m_l: $m_l = -l, \ldots -1, 0, 1, \ldots l$; Spinquantenzahl s: $s = +\frac{1}{2}, -\frac{1}{2}$
Pauli-Prinzip	Gebundene Elektronen müssen sich in mindestens einer Quantenzahl unterscheiden. Einer Wellenfunktion (bzw. einem Orbital) können deshalb maximal zwei Elektronen zugeordnet werden.
Charakteristische Röntgenstrahlung	Metallatome emittieren charakteristische Spektrallinien im Röntgenspektrum, wenn sie durch hochenergetische Elektronen bzw. elektromagnetische Strahlung angeregt werden. Dabei werden Elektronen von den niedrigsten Energieniveaus entfernt, sodass Elektronen aus höheren Niveaus unter Emission von Röntgenphotonen diese Niveaus einnehmen können.
Fluoreszenz und Phosphoreszenz	Fluoreszenz ist die Emission von Photonen aus einem kurzlebigen Anregungszustand. Dabei erfolgte die Anregung häufig über ein höheres Energieniveau, sodass die Wellenlänge des emittierten Photons größer ist als die Wellenlänge des anregenden Photons. Phosphoreszenz ist die Emission von Photonen aus einem metastabilen langlebigen Anregungszustand.
Besetzungsumkehr und stimulierte Emission (LASER)	Beim LASER (Light Amplification by Stimulated Emission of Radiation) stimulieren Photonen Elektronen zu einem gleichzeitigen Übergang aus einem metastabilen Energieniveau in ein niedrigeres Niveau. Hierzu benötigt man eine Besetzungsumkehr, bei der sich mehr Elektronen im metastabilen Zustand als im Grundzustand befinden.

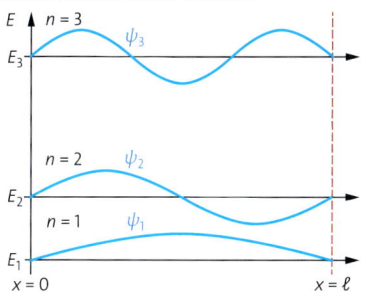

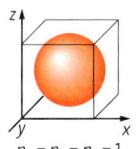

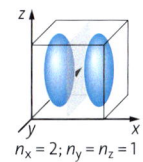

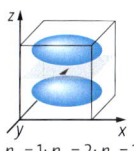

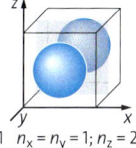

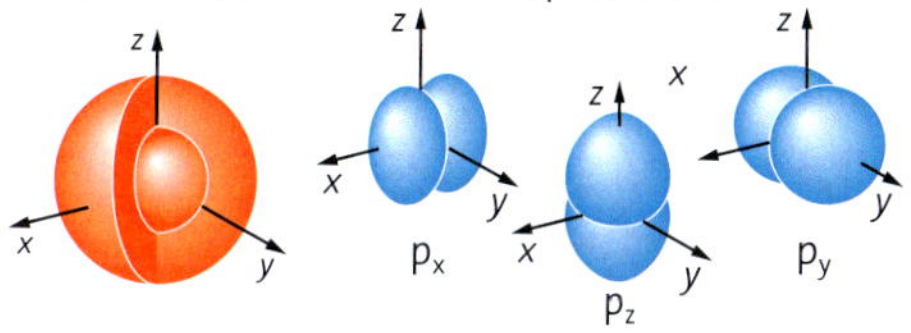

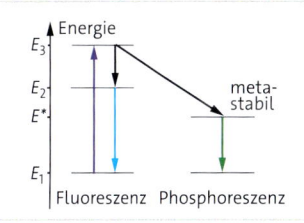

Check-up

Übungsaufgaben

1 Ein durchsichtiges Gefäß enthält heißen atomaren Wasserstoff. Das Gefäß wird in den Strahlengang einer Glühlampe gebracht und das durchgehende Licht anschließend spektral zerlegt. Bei $\lambda = 656$ nm weist das Spektrum eine Lücke auf.
Die Energiewerte für die ersten fünf Energieniveaus des Wasserstoffatoms sind: $E_1 = -13{,}6$ eV; $E_2 = -3{,}4$ eV; $E_3 = -1{,}51$ eV; $E_4 = -0{,}85$ eV; $E_5 = -0{,}55$ eV.
a Erklären Sie das Entstehen der Lücke im Spektrum. Geben Sie den atomaren Übergang an, dem diese Lücke entspricht.
b ☐ Berechnen Sie die Wellenlängen weiterer Lücken des sichtbaren Lichts von 400 nm bis 750 nm, die durch Besetzung bis zur Energiestufe E_5 auftreten können.
c Die Temperatur des atomaren Wasserstoffs wird so weit gesenkt, dass sich idealisiert alle Atome im Grundzustand befinden. Untersuchen Sie, wie sich das Spektrum des durchgehenden Lichts im Spektralbereich von Teilaufgabe **b** ändert. Begründen Sie ihre Antwort unter der Annahme, dass die Glühlampe keine Strahlung im ultravioletten Bereich emittiert.
d Entscheiden Sie begründet, ob Wasserstoffatome im Grundzustand zur Emission von Strahlung angeregt werden können, wenn sie entweder mit Photonen oder mit Elektronen der Energie von 11 eV wechselwirken.
e Berechnen Sie die Wellenlänge der eventuell auftretenden Strahlung aus **d**.

2 Ein einfach positiv geladenes Helium-Ion He$^+$ wird zum Leuchten angeregt. Dabei kann man Photonen mit den Energien 2,6 eV, 7,5 eV und 10,1 eV beobachten.
a Zeichnen Sie den Ausschnitt des Energieniveauschemas von He$^+$, das diese beobachteten Photonenenergien erklärt.
b Zeichnen Sie in das Schema die Übergänge und die zugehörigen Energiewerte ein.

3 Im Franck-Hertz-Versuch wurde für das Gas Helium folgende Kurve aufgenommen.

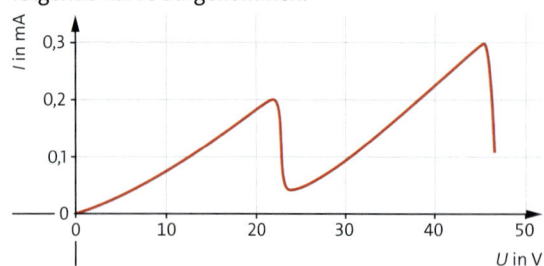

a ☐ Beschreiben Sie den Aufbau des Experiments.
b Deuten Sie das Diagramm.
c Ermitteln Sie die Anregungsenergie des Heliums.

4 Ein Elektron befindet sich im eindimensionalen Potenzialtopf der Länge ℓ mit unendlich hohen Wänden.
a Erläutern Sie das Zustandekommen stehender Wellen im Potenzialtopf.
b Erläutern Sie den Zusammenhang zwischen Antreffwahrscheinlichkeit und Energie des Elektrons im eindimensionalen Potenzialtopf.

5 Nach einer Resonanzabsorption strahlt ein Atom ein Photon ab, das dieselbe Frequenz wie das eingestrahlte hat. Begründen Sie, dass das Absorptionsspektrum des atomaren Gases an der entsprechenden Stelle trotzdem eine dunkle Linie aufweist.

6 Die Elektronenzustände im Wasserstoffatom können mithilfe des Orbitalmodells beschrieben werden.
a Nennen Sie die Gleichung, mit der man die Energien der Elektronen (Orbitale) berechnen kann. Leiten Sie ab, wie viele Orbitale mit der Energie $E < -0{,}5$ eV im Wasserstoffatom existieren.
b Ermitteln Sie davon die Anzahl der Orbitale mit der Nebenquantenzahl $l = 2$.
c ☐ Vervollständigen Sie den Verzweigungsbaum für die Orbitale des Wasserstoffatoms bis $n = 3$. Übernehmen Sie dazu die Darstellung in Ihr Heft.

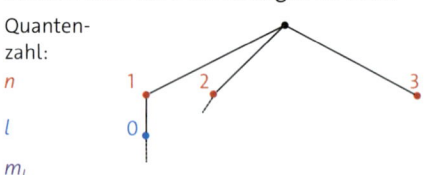

Quantenzahl:
n 1   2   3
l 0
m_l

7 Mit einer Röntgenröhre wurden bei einer Röhrenspannung $U = 42{,}4$ kV mithilfe der Drehkristallmethode mit einem LiF-Kristall ($d = 2{,}01 \cdot 10^{-10}$ m) im Intervall von 5° bis 15° in 0,5° Schritten folgende Zählraten aufgenommen. Die Werte sind aufsteigend nach der Gradzahl geordnet. Es wurden jeweils nur die Maxima 1. Ordnung berücksichtigt: 222; 341; 402; 471; 585; 638; 640; 595; 681; 908; 612; 1500; 586; 305; 241; 192; 163; 125; 100; 91; 69.
a ☐ Erstellen Sie in einer Tabellenkalkulation eine passende Messwerttabelle und berechnen Sie jeweils die zum Winkel gehörende Wellenlänge λ.
b ☐ Erstellen Sie im Programm das λ-N-Diagramm und ermitteln Sie daraus die Lage der K_α-Linie und die Grenze des Röntgenbremsspektrums λ_{Br}.
c Ermitteln Sie mithilfe des Gesetzes von Moseley das Material der verwendeten Röntgenanode.

Atomhülle

8 ☐ Ein Fluoratom hat neun Elektronen in seiner Hülle. Geben Sie für jedes Elektron die Quantenzahlen n, l, m_l und s an. Übernehmen Sie dazu die Tabelle und vervollständigen Sie diese.

Elektron	1	2	3	4	5	6	7	8	9
n									
l									
m_l									
s									

9 🗹 Begründen Sie ohne Verwendung von Formeln die folgende Aussage: Je größer die Ordnungszahl eines Elements, desto kürzer ist die Wellenlänge der charakteristischen K_α-Strahlung.

10 🗹 Wird die Fluoreszenz eines Stoffes durch eingestrahltes Licht angeregt, so ist die Frequenz des Fluoreszenzlichts im Allgemeinen geringer als die des eingestrahlten Lichts. Begründen Sie.

11 🗹 Ein Cäsiumchlorid-Kristall (CsCl) bildet ein kubisch raumzentriertes Gitter. Man sieht bei Röntgenbeugung mit $\lambda = 0{,}71 \cdot 10^{-10}$ m das Maximum 2. Ordnung unter einem Glanzwinkel von $\vartheta = 10°$.

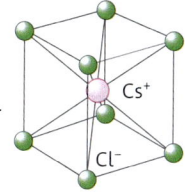

a ☐ Berechnen Sie daraus den Netzebenenabstand d. Er entspricht der Kantenlänge der Elementarzelle.
b ☐ Geben Sie den Glanzwinkel für das Maximum 1. Ordnung an.
c ■ Beschreiben Sie anhand der Elementarzelle, ob noch ein anderer Netzebenenabstand möglich wäre und ermitteln Sie diesen. Geben sie den dazugehörigen Glanzwinkel des Maximums 2. Ordnung an.

12 🗹 Laser können sehr kurze Lichtblitze mit einer Dauer von 10^{-13} s mit einer Leistung von 10 TW erzeugen. Berechnen Sie die Energie des Blitzes. Geben Sie an, wie lange eine Windkraftanlage ($P = 5$ MW) laufen müsste, um diese Energie bereitzustellen.

Mithilfe des Kapitels können Sie:	Aufgabe	Hilfe
✓ den Zusammenhang zwischen Linienspektren und dem Atombau von Elementen beschreiben und erläutern.	1a, 2, 5	S. 330 ff.
✓ die Energie der Spektrallinien des Wasserstoffatoms berechnen und Spektralserien zuordnen. Emissions- und Absorptionslinien unterscheiden. Ein Energieniveauschema zeichnen.	1b–c, 1e	S. 332
✓ die Gesamtenergie des Elektrons im Wasserstoffatom mit einem quantenmechanischen Ansatz berechnen.	6a	S. 334
✓ den Franck-Hertz-Versuch beschreiben und anhand charakteristischer U-I-Diagramme den energetischen Aufbau der Atomhülle korrekt deuten.	3	S. 336 ff.
✓ anhand des eindimensionalen Potenzialtopfs die Farbigkeit von ausgewählten Molekülen erklären und dazugehörige Wellenlängen berechnen.	4	S. 340 ff.
✓ die Orbitale des Wasserstoffatom bis $n = 2$ beschreiben, das Pauli-Prinzip nennen und die Quantenzahlen den Orbitalen im Wasserstoffatom zuordnen.	6	S. 344 ff.
✓ die Entstehung der charakteristischen Röntgenstrahlung erklären und K_α-Linien aus Diagrammen verschiedenen Elementen zuordnen.	7, 9, 11	S. 350 ff.
✓ Fluoreszenz und Phosphoreszenz mithilfe des Baus der Elektronenhülle erklären.	10	S. 354 ff.
✓ die Entstehung von Licht beim LASER erklären und aus Energieniveauschemata die Wellenlänge berechnen.	12	S. 358 ff.

▶ Die Lösungen zu den Übungsaufgaben finden Sie im Anhang.

Klausurtraining

Aufgabe mit Lösung

Aufgabe 1 • Wasserstoffspektrum

In einer Spektralröhre wird gasförmiger Wasserstoff zum Leuchten gebracht und das Emissionsspektrum betrachtet.

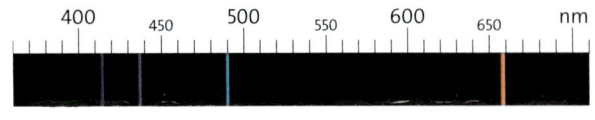

M1 Emissionsspektrum von Wasserstoff

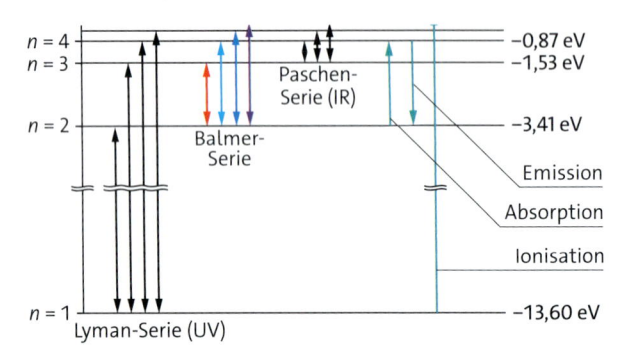

M2 Spektralserien im Wasserstoffatom

a Erläutern Sie die Entstehung der Spektrallinien im Emissionsspektrum (▶ M1) mithilfe des Diagramms (▶ M2).

b Berechnen Sie die größte Wellenlänge der Balmer-Serie und die kleinste Wellenlänge der Paschen-Serie mit den Werten aus dem Diagramm (▶ M2).

c Erklären Sie ausführlich, was man mit der folgenden Formel berechnen kann:

$$\Delta E = h \cdot f_R \cdot \left(\frac{1}{n_1^2} - \frac{1}{n_2^2}\right) = 13{,}6 \text{ eV} \cdot \left(\frac{1}{n_1^2} - \frac{1}{n_2^2}\right).$$

d Erklären Sie anhand der Formel, dass die 13,6 eV der Ionisationsenergie für Wasserstoff entsprechen.

e Einer Linie der Paschen-Serie lässt sich die Energie $\Delta E = 1{,}299$ eV zuordnen. Bestimmen Sie die zugehörigen Werte für n_1 und n_2.

f Für Spektrallinien, die von Helium-Ionen (He$^+$) erzeugt werden, gilt für die Frequenz:

$$f = 4 \cdot f_R \cdot \left(\frac{1}{n_1^2} - \frac{1}{n_2^2}\right).$$

Bestätigen Sie durch Nachrechnen, dass für $n_1 = 6$ keine Linien im sichtbaren Bereich ($\lambda = 400$ bis 800 nm) liegen.

g Das He$^+$-Ion emittiert nach Anregung Photonen mit 7,6 eV, 40,8 eV und 10,2 eV. Fertigen Sie einen Ausschnitt des Energieniveauschemas von He$^+$ an. Begründen Sie, dass Sie dafür das Diagramm von Wasserstoff nutzen können. Erläutern Sie die notwendigen Anpassungen.

Lösung

a Das Diagramm zeigt das Energieniveauschema von Wasserstoff. Da im Atom das Elektron nur diskrete Energiewerte annehmen kann, kann es nur Energie aufnehmen oder abgeben, wenn diese der Differenz zwischen zwei Energieniveaus entspricht. Im Emissionsspektrum sind daher nur Linien von Photonen sichtbar, deren Energie DE = hf entspricht.

b Die größte Wellenlänge ist die mit der kleinsten Energiedifferenz, die mit der kleinsten Wellenlänge die mit der größten. Formel zur Berechnung: $\lambda = \frac{h \cdot c}{\Delta E}$.
Die kleinste Energiedifferenz bei der Balmer-Serie ist der Übergang von $n = 3$ nach $n = 2$, entsprechend $\Delta E = -1{,}53$ eV $- (-3{,}41$ eV$) = 1{,}88$ eV $= 3{,}01 \cdot 10^{-19}$ J. Eingesetzt in die Formel ergibt dies $\lambda = 659$ nm.
Die größtmögliche Energiedifferenz der Paschen-Serie ist der Übergang von ∞ auf $n = 3$. Die Differenz von 1,53 eV ergibt $\lambda = 810$ nm.

c Mit der Formel lässt sich die Energiedifferenz zwischen zwei Energieniveaus im Wasserstoffatom berechnen. Dabei sind n_1 und n_2 natürliche Zahlen mit $n_1 > n_2$. h das Plancksche Wirkungsquantum, f_R die Rydberg-Frequenz.

d Bei Ionisation gilt: $n_1 = 1$ (Grundzustand) zum Zustand $n_2 \to \infty$. Einsetzen in die Formel ergibt 13,6 eV.

e Für die Paschen-Serie ist $n_1 = 3$. Aus der Formel folgt:

$$\frac{1}{n_2^2} = \frac{1}{9} - \frac{1{,}299 \text{ eV}}{13{,}6 \text{ eV}} \approx \frac{1}{64} \Rightarrow n_2 = 8.$$

f Der Übergang mit der geringsten energetischen Differenz ist der von $n_2 = 7$ auf $n_1 = 6$. Die zugehörige Frequenz ist $f = 9{,}6 \cdot 10^{13}$ Hz bzw. $\lambda = 3090$ nm ($\lambda = \frac{c}{f}$). Der größtmögliche Übergang ist der aus dem Unendlichen auf $n_1 = 6$. Es ergibt sich $\lambda = 819$ nm, beide im Infrarotbereich.

g Die Struktur der Energieniveaus ist gleich. Alle Energiewerte im Diagramm müssen aber vervierfacht werden.

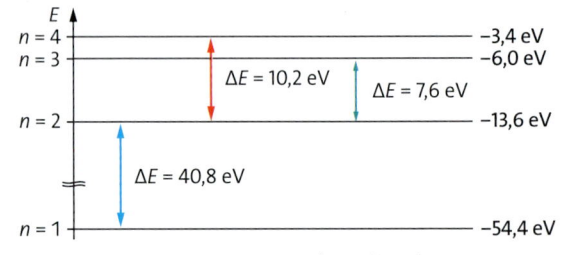

1 Energieniveauschema von He$^+$ (Ausschnitt)

Aufgabe mit Hinweisen

Aufgabe 2 • Cyanin als Farbstoffmolekül

Cyanine sind eine Gruppe von Farbstoffen, deren Verhalten sich mithilfe des Modells des eindimensionalen Potenzialtopfs beschreiben lässt. Dabei unterscheiden sich die verschiedenen Cyaninmoleküle u. a. in der Anzahl der konjugierten Doppelbindungen und damit in der Länge des Potenzialtopfs. Im rot markierten Bereich des exemplarisch dargestellten Cyaninmoleküls können sich sechs Elektronen der Doppelbindung sowie die zwei Elektronen am Stickstoffatom (rot hervorgehoben) frei bewegen (▶ M3). Zur Vereinfachung bleibt ihre gegenseitige Wechselwirkung unberücksichtigt. Wird weißes Licht durch eine verdünnte Lösung dieses Cyanins gesandt und anschließend spektral zerlegt, ergibt sich das dargestellte Spektrum, mit dem Absorptionsmaximum bei $\lambda = 536$ nm (▶ M3).

Strukturformel des Moleküls

H_3C CH_3
$\ \ \ \ $ N—CH=CH—CH=CH—CH=N$^+$
H_3C $\ell = 1{,}21$ nm CH_3

Absorptionsspektrum des Moleküls

M3 Struktur und Absorptionsspektrum eines Cyaninmoleküls

a Begründen Sie, dass man die Energieniveaus eines dieser frei beweglichen Elektronen vereinfacht mithilfe des Modells des eindimensionalen Potenzialtopfs mit unendlich hohen Wänden beschreiben kann.

b Leiten Sie her, dass im Potenzialtopfmodell für die Energie eines Elektrons mit Masse m im n-ten Quantenzustand gilt: $E_n = \frac{h^2}{8m \cdot \ell^2} \cdot n^2$.
Nutzen Sie dazu den bekannten Zusammenhang zwischen der Länge des Potenzialtopfs und der Wellenlänge der Wellenfunktion ψ_n.

Die acht frei beweglichen Elektronen besetzen beim nicht angeregten Molekül unter Berücksichtigung des Pauli-Prinzips die untersten vier Energieniveaus.

c Skizzieren Sie die Wellenfunktion und die Nachweiswahrscheinlichkeitsdichte für ein Elektron im höchsten besetzten Niveau des Grundzustands.

d Berechnen Sie die zum Absorptionsspektrum (▶ M3) passende Photonenenergie sowie die Energie eines Elektrons im höchsten besetzten Niveau des Grundzustands. Erläutern Sie anhand einer Skizze, welcher Zusammenhang zwischen diesen Energien besteht. Bestimmen Sie anschließend rechnerisch das Energieniveau, welches das Elektron direkt nach der Absorption einnimmt.

Das betrachtete Cyanin kann auch einen orangefarbenen Eindruck hervorrufen.

e Begründen Sie zunächst, warum für einen orangefarbenen Farbeindruck eine Absorption im blauen Bereich nötig ist. *Hinweis:* Im Absorptionsspektrum (▶ M3) sind die selten auftretenden Absorptionen nicht zu erkennen.

f Überprüfen Sie dann, ob eine entsprechende Absorption möglich ist.

Hinweise

a Denken Sie an die Voraussetzungen, die zur Anwendung des vereinfachten Atommodells des eindimensionalen Potenzialtopfs gegeben sein müssen, und überprüfen Sie, ob diese hier gegeben sind.

b Gleichsetzen der Bedingungen zur stehenden Welle $\ell = n \cdot \frac{\lambda}{2}$ mit der De-Broglie-Wellenlänge $\lambda = \frac{h}{p}$ und Einsetzen in den Ausdruck für die Energie der Quantenobjekte $E = E_{kin} + E_{pot}$, mit $E_{pot} = 0$ führt zum gewünschten Ergebnis.

c Das oberste besetzte Energieniveau im Grundzustand ist dasjenige zu $n = 4$. Die Nachweiswahrscheinlichkeitsdichte ist das Quadrat der Wellenfunktion.

d Berechnung der Photonenenergie beim Absorptionsmaximum $\lambda = 536$ nm mit der Gleichung $E = h \cdot f$. Berechnung der Energie eines Elektrons für $n = 4$ mit der Formel aus b und der angegebenen Länge des Potenzialtopfes.

Energieniveauschema mit den berechneten Werten zeichnen und erläutern. Berechnen der nächst höheren Energieniveaus und vergleichen mit E_{Ph}.
$E_{Ph} = 3{,}7 \cdot 10^{-19}$ J $= 2{,}32$ eV
Energieniveaus bei $E_7 = 12{,}58$ eV,
$E_6 = 9{,}25$ eV, $E_5 = 6{,}42$ eV, $E_3 = 2{,}31$ eV, $E_2 = 1{,}02$ eV,
$E_1 = 0{,}26$ eV,
$E_4 = 6{,}5 \cdot 10^{-19}$ J $= 4{,}10$ eV
$\Delta E = E_5 - E_4 = 2{,}31$ eV

e Erläuterung der Absorption und Begründen des Farbeindrucks mit Komplementärfarbe.

f Berechnen weiterer möglicher Quantensprünge und der dazugehörigen Wellenlängen und Angabe der Lage im Farbspektrum
z. B.: $\Delta E = E_6 - E_5 = 9{,}25$ eV $- 6{,}42$ eV $= 2{,}83$ eV,
$\lambda = 438$ nm.

Klausurtraining

Training I • Linienspektren

Aufgabe 3 • Elektronenstoß mit Heliumatomen

Eine Quelle Q emittiert einen Strahl von Elektronen (▶ M1). Diese treten mit einer einheitlichen Geschwindigkeit von $v_0 = 3{,}75 \cdot 10^6 \frac{m}{s}$ in einen Behälter mit verdünntem Heliumgas. Mithilfe des Geschwindigkeitsfilters G und eines Detektors D wird das Geschwindigkeitsspektrum der Elektronen (▶ M2) untersucht, die aus dem Behälter austreten.

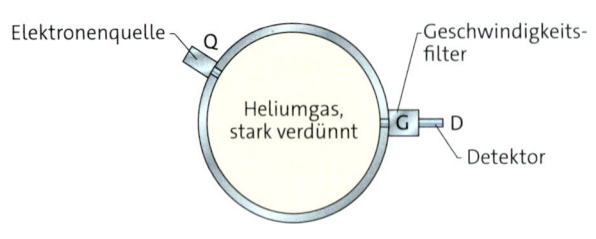

M1 Versuchsaufbau

n	0	1	2	3	4
v_n in $10^6 \frac{m}{s}$	3,75	2,58	2,46	2,40	2,33

M2 Diskrete Geschwindigkeitsmaxima v_n. Für $v < v_4 = 2{,}33 \cdot 10^6 \frac{m}{s}$ erscheint ein Kontinuum.

a Erklären Sie qualitativ, wie die unterschiedlichen Wechselwirkungen der Elektronen mit dem Heliumgas zu den angegebenen Geschwindigkeiten führen.

b Berechnen Sie aus den Messergebnissen die Energien (in eV) der zugehörigen Übergänge im Heliumatom. Benennen Sie die entsprechenden Übergänge ($E_{n_1 \to n_2}$).

c Das Heliumgas emittiert Licht, unter anderem eine diskrete Linie mit der Wellenlänge $\lambda = 492$ nm. Ermitteln Sie, welchem Übergang im Atom diese Linie entspricht.

d Erläutern Sie, warum es unwahrscheinlich ist, dass bei diesem Versuch ein Elektron mehrere unelastische Stöße durchführt.

Aufgabe 4 • Pickering-Serie

Der amerikanische Astronom EDWARD CHARLES PICKERING fand im Jahr 1897 im Licht des Sterns Zeta-Puppis eine Spektralserie, die große Ähnlichkeit mit der Balmer-Serie des Wasserstoffs hat (▶ M3).

Um die Abweichungen zwischen beiden Serien zu erklären, vermutete man, dass der Wasserstoff in Zeta-Puppis in einem anderen Zustand vorliegt. Die Pickering-Serie kann allerdings auch auf der Erde nachgewiesen werden, wenn man das Emissionsspektrum von Wasserstoff mit einer Beimischung von Helium aufnimmt.
BOHR zeigte schließlich, dass es sich bei der Pickering-Serie um das Emissionsspektrum von einfach positiv geladenen Helium-Ionen (He$^+$) handelt.

He$^+$-Ionen sind wie das Wasserstoff-Atom ein Einelektronensystem. Entsprechend lassen sich die Energieniveaus berechnen durch

$$E_n = -Z^2 \cdot R_\infty \cdot h \cdot c \cdot \frac{1}{n^2}$$

wobei R_∞ die Rydberg-Konstante und Z die Ordnungszahl des entsprechenden Elements ist. Gehen Sie zunächst davon aus, dass die Rydberg-Konstanten des Wasserstoffatoms und des He$^+$-Ions gleich sind.

a Berechnen Sie die Ionisierungsenergie des He$^+$-Ions, das sich im Grundzustand befindet.

b Zeigen Sie anhand der Formeln für die Energieniveaus, dass die 2., 4. und 6. Energiestufe des He$^+$-Ions mit den ersten drei Stufen des H-Atoms übereinstimmen.

c Erstellen Sie ein Energieniveauschema für das H-Atom und für das He$^+$-Ion in einem gemeinsamen Diagramm. Wählen Sie auf der y-Achse die Einheit „eV".

d Die H_α-Linie hat die größte Wellenlänge in der Balmer-Serie des Wasserstoffatoms. Geben Sie begründet an, welcher Übergang im He$^+$-Ion zur Emission einer Strahlung mit dieser Wellenlänge führt.

e Tatsächlich ist die Rydberg-Konstante des He$^+$-Ions geringfügig größer als die des H-Atoms. Begründen Sie, wie sich die Wellenlänge der He$^+$-Linie aus Teilaufgabe d damit im Vergleich zur H_α-Linie ändert. Überprüfen Sie Ihr Ergebnis am Spektrum aus Material ▶ M3.

f Stellen Sie eine Vermutung an, wie sich die Unterschiede der Energieniveaus von Heliumatomen und Helium-Ionen erklären lassen.

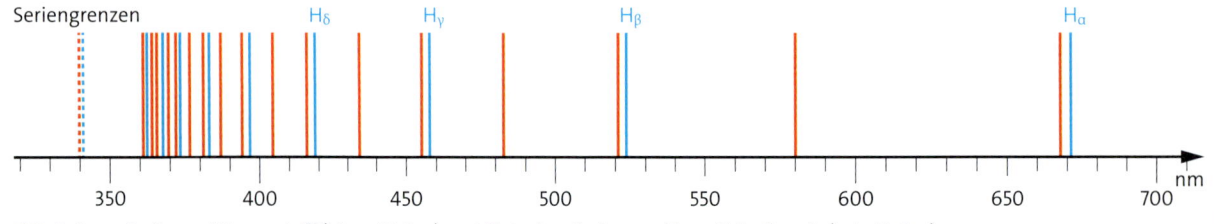

M3 Balmer-Serie von Wasserstoff (blaue Linien) und Pickering-Serie vom Stern Zeta-Puppis (rote Linien)

Training II • Absorption und Fluoreszenz

Aufgabe 5 • Lichtabsorption im Experiment

Material: Grüne LED und UV-LED (jeweils mit Schutzwiderstand), Störlichttubus; 2 Stativstangen, Stativfüße sowie 2 Reiter ohne Winkelskala und 2 Blendenhalter; 5 Graufilter; grüner und blauer Fluoreszenzfilter; Lichtsensor mit Netzteil

Achtung: Blicken Sie nicht ohne einen Filter direkt in die UV-LED. Es besteht die Gefahr von Netzhautschädigungen.

a Stellen Sie die grüne LED und den Lichtsensor mit aufgestecktem Störlichttubus in 20 cm Abstand voneinander auf.
  Legen Sie an die Reihenschaltung aus LED und Schutzwiderstand eine Spannung an, die so gewählt ist, dass die LED hell leuchtet. Achten Sie dabei auf die Polung. Verbinden Sie den Lichtsensor mit dem Netzteil. Regeln Sie die Empfindlichkeit des Lichtsensors bei Verwendung der grünen LED so ein, dass Sie als Maß für die Lichtintensität eine Spannung von etwa 2,5 V erhalten.
b Fertigen Sie eine Skizze ihres Aufbaus inklusive der elektrischen Schaltung an.
c Verwenden Sie die fünf Graufilter als Absorptionsfilter. Messen Sie die Spannung U am Lichtsensor in Abhängigkeit von der Anzahl n der in den Lichtweg gestellten Graufilter. Dokumentieren Sie Ihre Messwerte in einer Tabelle. Alternativ verwenden Sie ▶ M4.
d Ermitteln Sie aus Ihren Messwerten den zwischen n und U bestehenden funktionalen Zusammenhang $U = f(n)$, indem Sie Ihre Auswertung in der im Unterricht vereinbarten Form dokumentieren. Ermitteln Sie die minimale Anzahl an Graufiltern, die benötigt wird, um die Lichtintensität am Ort des Sensors auf weniger als 1 % der Anfangsintensität zu reduzieren.
e Bauen Sie die UV-LED anstelle der grünen LED in das Experiment ein. Entfernen Sie den Lichtsensor. Ersetzen Sie die Graufilter durch den Blau- bzw. den Grünfilter. Stellen sie den Blau- bzw. den Grünfilter so auf, dass die Scheibe des Filters den Störlichttubus berührt. Die Seite mit dem Blendenhalter zeigt zur LED hin.
  Blicken Sie zunächst von vorn auf den Filter und anschließend auf die Kante des Filters.
f Notieren Sie die Beobachtungen der Leuchterscheinungen in einer Tabelle (▶ M5).
g Erläutern Sie die gemachten Beobachtungen.

Anzahl n	0	1	2	3	4	5
U in V	2,6	1,25	0,6	0,3	0,2	0,1

M4 Alternative Messwerte zur Beantwortung von Aufgabe d

grüne Platte		blaue Platte	
von der Seite	von vorn	von der Seite	von vorn
Beobachtungen zur Beantwortung von Aufgabe g			
gelb	grün	blaugrün	rötlich

M5 Beobachtung der Leuchterscheinungen

Aufgabe 6 • Fluoreszenz

Eine grüne Fluoreszenzplatte wird mit dem Licht einer UV-LED durchleuchtet und das Licht anschließend mit einem Gitter spektral zerlegt (▶ M6). Zum Vergleich wird das Spektrum der UV-LED ohne Platte aufgenommen (▶ M7). Das benutzte Gitter hat 500 Striche pro mm, der Schirm hat einen Abstand von 11,3 cm vom Gitter.

a Erklären Sie die unterschiedlichen Spektren.
b Bestimmen Sie die zu den Spektrallinien gehörenden Wellenlängen und skizzieren Sie ein maßstabsgerechtes Energieniveauschema.

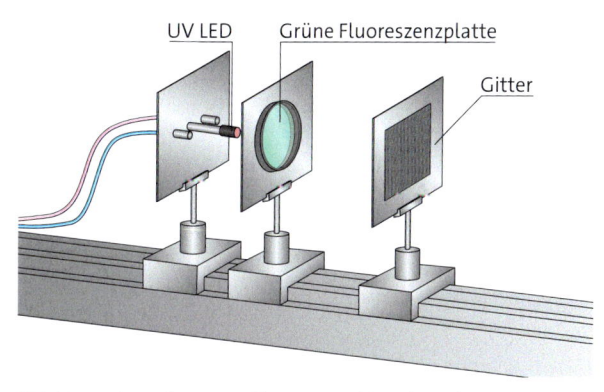

M6 Versuchsaufbau zum Fluoreszenz-Experiment

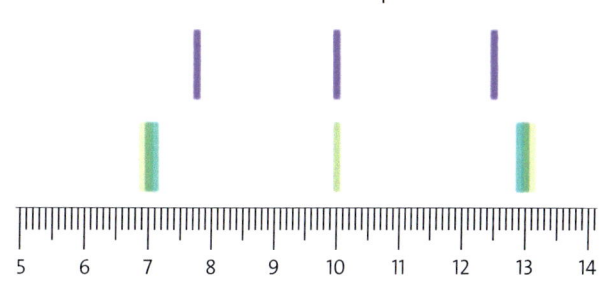

M7 Veranschaulichung der aufgenommenen Spektren: oben ohne Fluoreszenzplatte und unten mit Platte

8 Atomkern

▶ Neben den Elektronen besteht jedes Atom aus einem winzigen Kern, für dessen Beschreibung verschiedene Modelle existieren. Aber nicht jeder Atomkern ist stabil. Ihr radioaktiver Zerfall kann auf verschiedene Arten geschehen.

▶ Ionisierende Strahlung wie sie beim radioaktiven Zerfall auftritt, kann mit verschiedenen Geräten nachgewiesen und untersucht werden. Anhand der Eigenschaften gelingt eine Unterscheidung der Strahlungsarten.

▶ Die Umwandlung eines instabilen Kerns erfolgt zwar zufällig, dennoch gibt es statistische Gesetzmäßigkeiten, mit denen der Zerfall beschrieben werden kann.

Blick in die Fusionskammer des Forschungsreaktors ITER

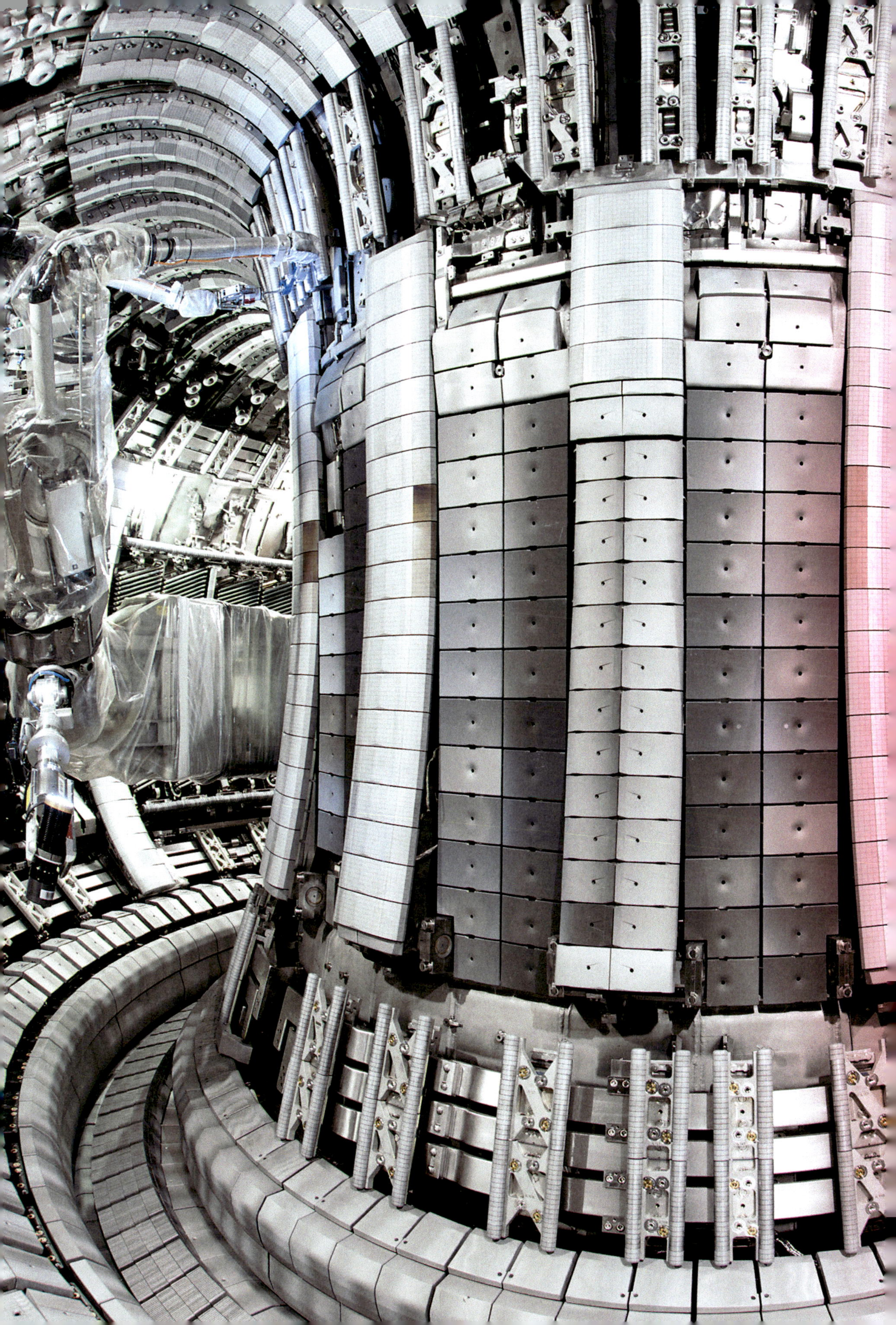

8.1 Der Atomkern hat eine Struktur

1 Ultraviolettaufnahme der Sonne. An ihrer Oberfläche herrschen im Vergleich zu ihrem Innern nur „kühle" 6000 °C.

Im Zentrum der Sonne wie auch in allen anderen Sternen entstehen unter extremen Bedingungen aus leichten Elementen schwerere Elemente. Schon die Alchemisten im Altertum träumten davon, mithilfe des Steins der Weisen aus Blei Gold herzustellen. Ist die Sonne der Stein der Weisen?

Der Begriff Nukleonen stammt ab von *nucleus* (lat.): Kern.

Proton ist altgriechisch und bedeutet „das Erste". Der Begriff geht auf den Engländer WILLIAM PROUT zurück, der vermutete, dass alle Atome aus dem leichtesten (und ersten) Element Wasserstoff aufgebaut sind.

Ein „Blick" in den Atomkern • Im Zentrum der Sonne beträgt die Temperatur mehrere Millionen Grad Celsius. Bei solchen extremen Bedingungen kommt es zu Umwandlungen von Elementen. Die hohen Temperaturen zeigen, welche gewaltige Energie für solche Reaktionen erforderlich ist. Man spricht von **Kernreaktionen**, weil dabei Atomkerne verändert werden. Dies ist nur möglich, wenn sie selbst aus noch kleineren Bausteinen zusammengesetzt sind.

ERNEST RUTHERFORD zeigte nicht nur durch seine berühmten Streuversuche mit α-Teilchen, dass Atome aus einer Hülle und einem Kern aufgebaut sind, sondern entdeckte bei der Bestrahlung von Stickstoff mit diesen α-Teilchen auch das Proton selbst.

Zusammen mit dem 1932 von JAMES CHADWICK nachgewiesenen Neutron bilden diese beiden Teilchen die Bausteine aller Atomkerne. Sie werden deshalb auch **Nukleonen** genannt. Aber wie sind Atomkerne nun konkret aufgebaut? Um das herauszufinden, lassen Physikerinnen und Physiker in Teilchenbeschleunigern (▶ 2) schnelle Teilchen wie z. B. Elektronen auf die Kerne prallen und beobachten, wie sie abgelenkt werden.

Ähnlich wie schon beim Rutherford-Streuexperiment mit α-Teilchen an Goldatomen die grundsätzliche Struktur des Atoms aus Hülle und Kern ermittelt wurde, konnte anhand der Streuung von Elektronen die Struktur der Atomkerne weiter aufgeklärt werden (▶ 3).

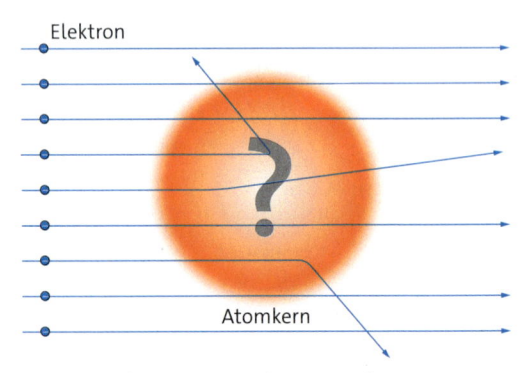

2 Teilchenbeschleuniger (CERN)

3 Elektronenstreuung an einem Atomkern

Atomkern • Der Atomkern hat eine Struktur

Kernbausteine (Nukleonen): Proton, Neutron
Heliumkern: 2 Protonen, 2 Neutronen
Kohlenstoffkern: 6 Protonen, 6 Neutronen

4 Heliumkern und Kohlenstoffkern

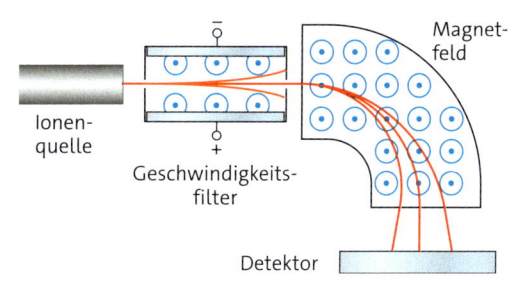

5 Massenspektrometer (schematisch)

Proton
Symbol: p$^+$
elektrische Ladung: +1
Masse: 1,007 u
(1,672 · 10^{-27} kg)

Neutron
Symbol: n
elektrische Ladung: 0
Masse: 1,009 u
(1,675 · 10^{-27} kg)

Elektron
Symbol: e$^-$
elektrische Ladung: –1
Masse: 0,0005 u
(9,109 · 10^{-31} kg)

7 Bausteine der Atome

Eine Vorstellung vom Atomkern • Die Experimente legen folgende Vorstellung nahe: Atomkerne sind aus Protonen und Neutronen aufgebaut, und zwar zu ähnlichen Anteilen.
Protonen sind elektrisch einfach positiv geladen. Sie haben damit die genau entgegengesetzte Ladung zu einem Elektron; ihre Masse ist aber fast 2000-mal größer als die Masse des Elektrons (▶ 7). Neutronen sind ungeladen, also elektrisch neutral. Sie sind aber ähnlich schwer wie ein Proton. Im elektrisch neutralen Atom stimmt die Anzahl der Protonen im Kern mit der Anzahl der Elektronen in der Hülle überein. Eine Modellvorstellung vom Aufbau der Atomkerne ist in ▶ 4 dargestellt. So ist ein Heliumkern aus zwei Protonen und zwei Neutronen aufgebaut. Ein Kohlenstoffkern enthält neben seinen sechs Protonen üblicherweise noch sechs Neutronen.

> Atomkerne bestehen aus elektrisch positiv geladenen Protonen und elektrisch neutralen Neutronen.

Um den Aufbau von Atomkernen zu beschreiben, verwendet man eine Symbolschreibweise. Vor dem Symbol des chemischen Elements steht oben die Summe aus der Anzahl der Protonen und der Anzahl der Neutronen. Diese Summe heißt **Nukleonen-** oder **Massenzahl** A. Unterhalb der Nukleonenzahl wird die Anzahl der Protonen angegeben. Nach dieser **Protonen-** oder auch **Kernladungszahl** Z ist das Periodensystem der Elemente geordnet, deshalb heißt die Protonenzahl auch **Ordnungszahl**. Die Anzahl der Protonen stimmt also mit der Position eines Elements im Periodensystem überein (▶ 6). Für die beiden Kerne aus ▶ 4 lautet die Symbolschreibweise demnach $^4_2$He und $^{12}_6$C.

> Die Symbolschreibweise für Atomkerne lautet:
> $^{\text{Nukleonenzahl}}_{\text{Kernladungszahl}}$Elementsymbol bzw. ^A_ZX.

Gleich und doch nicht gleich – Isotope • Mit einem Massenspektrometer können Teilchen unterschieden werden, die sich nur in Bruchteilen einer Atommasse unterscheiden. Bei solchen Messungen hat sich gezeigt, dass sich selbst Atome des gleichen Elements in ihren Massen unterscheiden.
Ermittelt man z. B. die Masse von Kohlenstoffatomen, erhält man in rund 99 % der Fälle den gleichen Wert für ein Atom aus sechs Protonen und sechs Neutronen. In der Natur gibt es aber auch Kohlenstoffatome mit sieben oder acht Neutronen. Auch bei den meisten anderen Elementen können sich die Kerne ihrer Atome in der Neutronenzahl unterscheiden. Man nennt sie Isotope eines Elements. Vom Kohlenstoff können in der Natur drei Isotope nachgewiesen werden.
Isotope lassen sich mit chemischen Methoden praktisch nicht unterscheiden. Denn in den meisten chemischen Reaktionen verhalten sich verschiedene Isotope desselben Elements gleich. Im Periodensystem der Elemente werden Isotope deshalb nicht unterschieden.

1 a ☐ Geben Sie für die folgenden Atomkerne jeweils an, wie viele Protonen und Neutronen sie enthalten: $^1_1$X, $^{60}_{27}$X, $^{137}_{55}$X, $^{238}_{92}$X.
b ☐ Recherchieren Sie das dazugehörige Elementsymbol.

Hauptgruppe				
III	IV	V	VI	VII
5 10,81 **B**	6 12,01 **C**	7 14,01 **N**	8 16,00 **O**	9 19,00 **F**
13 26,98 **Al**	14 28,09 **Si**	15 30,97 **P**	16 32,07 **S**	17 35,45 **Cl**

6 Ausschnitt aus dem Periodensystem der Elemente

Chemische Bindungen sind stabiler, wenn schwerere Isotope beteiligt sind. Der Einfluss dieses Isotopeneffekts ist aber vor allem bei leichten Elementen merklich (z. B. H- oder C-Atome). Das an der Fotosynthese beteiligte Enzym RubisCO bindet z. B. $^{12}CO_2$ schneller als $^{13}CO_2$. So kann der atmosphärische CO_2-Anteil aus der Verbrennung fossiler Energieträger anhand des Isotopenverhältnisses ermittelt werden.

Geordnete Nuklide • In einer **Nuklidkarte** werden alle verschiedenen Atomkerne systematisch dargestellt. Als Nuklid bezeichnet man Atomkerne mit übereinstimmender Protonen- und Neutronenzahl. Auf der Rechtsachse wird die Neutronenzahl und auf der Hochachse die Protonenzahl abgetragen, sodass sich die Isotope eines Elements immer in der gleichen Zeile befinden. Während das Periodensystem alle zurzeit bekannten 118 Elemente enthält, findet man in der Nuklidkarte weit über 2000 Nuklide.

Im Ausschnitt der Nuklidkarte sind auch zwei verschiedene Kohlenstoff-Nuklide zu sehen (▶1). Die Bezeichnung C-12 bedeutet, dass dieser Kern die Nukleonenzahl 12 hat. Weil die Atomkerne des Kohlenstoffs immer sechs Protonen enthalten, muss die Neutronenanzahl von C-12 also sechs betragen. Ein Beispiel für ein schwereres Kohlenstoff-Nuklid ist $^{13}_{6}C$. Dieser Kern enthält wiederum sechs Protonen, aber sieben Neutronen. Man bezeichnet ihn auch mit C-13.

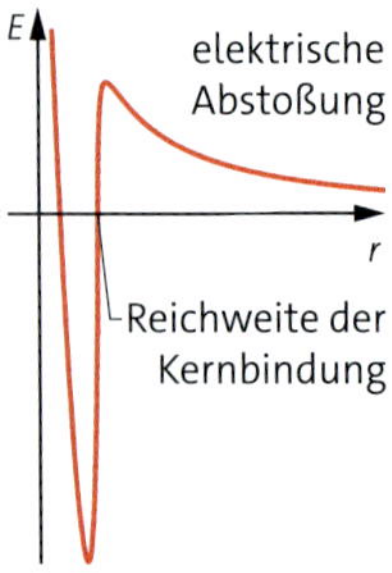

> Atomkerne mit einer bestimmten Anzahl von Protonen und einer bestimmten Anzahl von Neutronen nennt man Nuklide. Nuklide gleicher Protonenzahl, aber unterschiedlicher Neutronenzahl heißen Isotope.

Was hält den Atomkern zusammen? • Eigentlich müssten die Protonen im Kern aufgrund der Abstoßung zwischen gleichnamigen Ladungen „auseinanderfliegen". Es muss also eine anziehende Kraft geben, die größer ist als die elektrische Kraft. Die Gravitation kommt dafür nicht in Frage, sie ist zu schwach. 1928 schlug GEORGE GAMOW eine starke Kraft von extrem kurzer Reichweite vor. Die anziehende Wirkung dieser **Kernkraft** erstreckt sich dabei nur auf benachbarte Protonen und Neutronen im Kern.

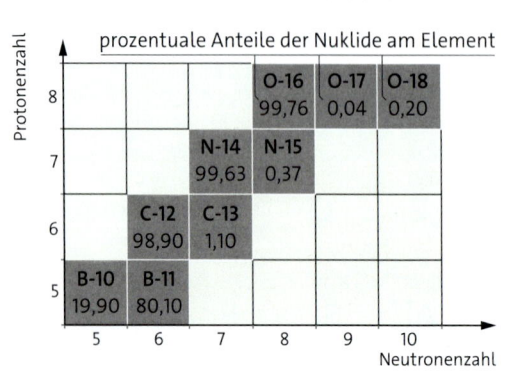

Um wie in der Sonne neue Nuklide zu bilden, müssen sich die Nukleonen auf diesen Abstand annähern, um die abstoßenden elektrischen Kräfte zu überwinden. Hierzu sind extrem hohe Temperaturen und Drücke, wie sie im Zentrum von Sternen herrschen, notwendig.

> Zwischen den Protonen und Neutronen im Atomkern wirkt die Kernkraft. Sie ist nur bei sehr kleinem Teilchenabstand größer als die abstoßende elektrische Kraft.

Potenzialtopf für den Atomkern • Die Bindung der Nukleonen kann ähnlich wie bei den Elektronen der Atomhülle mit einem einfachen Potenzialtopf modelliert werden.

Für den Potenzialtopf gilt, dass die potenzielle Energie innerhalb des Kernradius $E_0 < 0$ beträgt, während sie außerhalb auf 0 gesetzt ist.

Solange die Energie der Nukleonen kleiner 0 ist, sind sie im Topf gefangen und können den Kern nicht ohne Energiezufuhr verlassen (▶2).

Wegen der elektrischen Abstoßung der Protonen untereinander wird der Atomkern mit zwei separaten Potenzialtöpfen für Neutronen und Protonen modelliert (▶2). Dabei gilt, dass auch die Nukleonen im Potenzialtopf nur ganz bestimmte Energiezustände einnehmen.

Es ergeben sich ähnlich wie in der Atomhülle für die Elektronen verschiedene Energieniveaus, wobei jedes Niveau aufgrund des Pauli-Prinzips jeweils höchstens mit zwei Protonen bzw. Neutronen besetzt werden kann.

Der Potenzialtopf der Neutronen ist tiefer, weil sie aufgrund der fehlenden gegenseitigen Abstoßung fester gebunden sind als die Protonen.

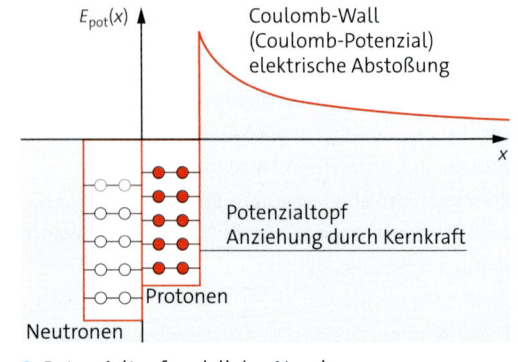

Verlauf der potenziellen Energie als Summe von elektrischer Abstoßung und anziehender Kernkraft. Der Anstieg bei kleinsten Abständen resultiert aus dem Pauli-Prinzip und der elektrischen Abstoßung.

prozentuale Anteile der Nuklide am Element

Protonenzahl	5	6	7	8	9	10
8				O-16 99,76	O-17 0,04	O-18 0,20
7			N-14 99,63	N-15 0,37		
6		C-12 98,90	C-13 1,10			
5	B-10 19,90	B-11 80,10				

Neutronenzahl

1 Ausschnitt aus einer Nuklidkarte (stabile Nuklide)

2 Potenzialtopfmodell des Atomkerns

Atomkern • Der Atomkern hat eine Struktur

Man kann den Atomkern mit zwei getrennten Potenzialtöpfen für Protonen und Neutronen modellieren. Diese können nur diskrete, für den Atomkern charakteristische Energiewerte annehmen.

Der Coulomb-Wall • Außerhalb des Potenzialtopfs der Protonen liegt der sogenannte Coulomb-Wall, der durch die positive Ladung des Kerns erzeugt wird (▶ 2). Protonen oder andere Kerne, die sich dem Kern nähern, müssen die elektrische Abstoßung, also den Wall der potenziellen Energie überwinden. Sie brauchen daher eine hohe kinetische Energie, um sich dem Kern nähern zu können. Erst wenn sie in den Bereich der starken Wechselwirkung kommen, „fallen" sie in die niedrigeren Energieniveaus im Potenzialtopf.

Umgekehrt benötigen die positiv geladenen Protonen auch eine viel größere Energie, um den Kern über den Coulomb-Wall zu verlassen. Da Nukleonen aber Quantenobjekte sind, ist die Nachweiswahrscheinlichkeit außerhalb des Kerns ungleich 0, wenn ihre Energie größer als 0 ist. Dieses Tunneln (▶ 4) der Energiebarriere spielt z. B. beim α-Zerfall eine große Rolle (▶ S. 386).

Prozesse im Kern • Genau wie Elektronen unter Energieaufnahme und -abgabe zwischen den Energieniveaus in der Atomhülle wechseln können, sind auch zwischen den Energieniveaus des Atomkerns Übergänge möglich, wenn genug Energie eingetragen wird oder ein niedrigeres Niveau frei ist. Es sind auch Wechsel zwischen den Potenzialtöpfen der beiden Nukleonenarten möglich. Dabei findet eine Umwandlung eines Protons in ein Neutron statt oder umgekehrt eines Neutrons in ein Proton.

Massendefekt • Vergleicht man die Masse eines Atomkerns mit der Summe der Massen der Nukleonen, aus dem der Kern aufgebaut ist, fällt auf, dass diese in der Regel geringer ist. Betrachtet man z. B. das Helium-Nuklid $^{4}_{2}$He mit einer Kernmasse von 4,002 u ist dieser leichter als die Summe der Massen von zwei Neutronen und zwei Protonen:

$m = 2\,m_{p^+} + 2\,m_n = 4{,}032\text{ u}$.

Die Differenz von $\Delta m = -0{,}03$ u ist der sogenannte **Massendefekt**. Er entsteht aus der Bindung der Nukleonen im Helium-4-Kern. Mit EINSTEINS Formel $E = \Delta m \cdot c^2$ kann die Massendifferenz in eine Energie umgerechnet werden:

$E = -0{,}03\text{ u} \cdot 1{,}661 \cdot 10^{-27}\,\frac{\text{kg}}{\text{u}} \cdot c^2 = -4{,}485 \cdot 10^{-12}\text{ J}$

Diese $-4{,}485 \cdot 10^{-12}$ J entsprechen etwa -28 MeV. Würde man die Nukleonen im Kern wieder voneinander trennen wollen, müsste man also eine Energie von rund 7 MeV pro Nukleon aufwenden. Diese mittlere **Bindungsenergie** pro Nukleon kann auch für alle anderen Nuklide berechnet werden. Man erkennt, dass die Nukleonen in Kernen unterschiedlich stark gebunden sind (▶ 3) und die Kurve beim Eisen-Nuklid $^{58}_{26}$Fe ein Minimum durchläuft.

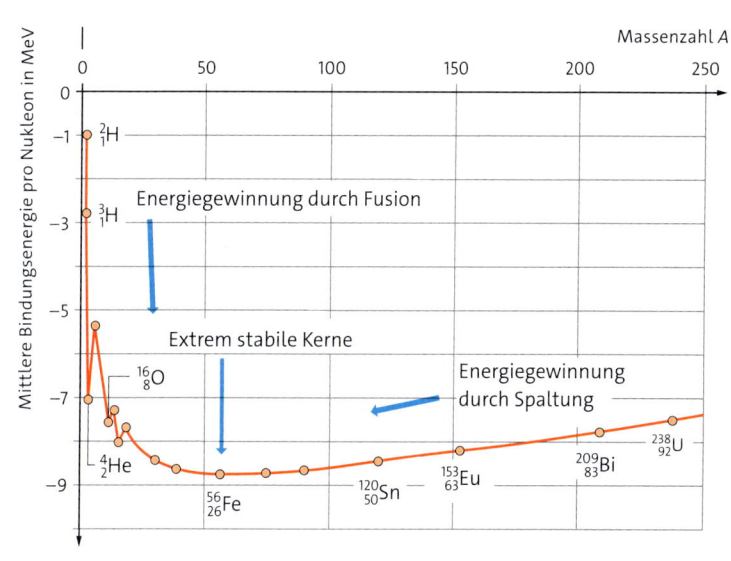

3 Mittlere Bindungsenergie pro gebundenem Nukleon (Kernbindungskurve)

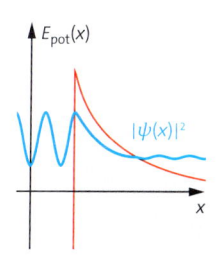

4 Die Wellenfunktion ist auch außerhalb des Potenzialtopfs nicht null.

1 ⬛ Zur Energiegewinnung wird in einem Kernreaktor durch Kernspaltung das Nuklid $^{235}_{92}$U durch Beschuss mit einem Neutron in zwei Folgenuklide ($^{89}_{36}$Kr und $^{144}_{56}$Ba) und drei Neutronen gespalten.

a Erläutern Sie die grundsätzliche Energiefreisetzung bei der oben genannten Reaktion.

b Ermitteln Sie aus den Massen der an der Spaltung beteiligten Nuklide jeweils die mittlere Kernbindungsenergie pro Nukleon:
$m_{\text{U-235}} = 234{,}993$ u, $m_{\text{Kr-89}} = 88{,}898$ u, $m_{\text{Ba-144}} = 143{,}892$ u.

c Berechnen Sie die pro Kernspaltung freigesetzte Energie. Vergleichen Sie mit der Verbrennungsenthalpie von 1 Mol Methan $\left(890\,\frac{\text{kJ}}{\text{mol}}\right)$.
Hinweis: 1 Mol ≙ $6{,}022 \cdot 10^{23}$ Moleküle.

Material

Material A • Kernfusion

Kernfusion gilt als mögliche Energiequelle der Zukunft. In vielen Forschungsreaktoren wird die Fusion zwischen Deuterium und Tritium untersucht. 2023 gelang einer Forschungsgruppe am japanischen Fusionsreaktor LHD (Large Helical Device) aber auch eine Kernfusion zwischen Bor-11-Nukliden und Protonen.

Im Gegensatz zur Fusion zwischen Deuterium und Tritium, bei der schnelle Neutronen entstehen, bilden sich bei dieser Reaktion in der Folge lediglich Helium-4-Nuklide. Allerdings wird eine etwa 30-mal größere Plasmatemperatur benötigt als bei der Fusion zwischen Deuterium und Tritium.

1 Bei der Fusion von Deuterium und Tritium entsteht auch ein freies Neutron, während bei der Fusion zwischen Protonen und Bor-11-Nukliden drei He-4-Nuklide gebildet werden.
  a ☐ Stellen Sie jeweils die Reaktionsgleichung auf.
  b ◪ Begründen Sie, dass man auch bei der Proton-Bor-Reaktion von einer Fusion sprechen kann, obwohl nur He-4-Nuklide entstehen.

2 Sowohl die Deuterium-Tritium- als auch die Bor-Proton-Fusion gelten als mögliche Energiequelle der Zukunft.
  a ◪ Berechnen Sie jeweils den Energieumsatz (bezogen auf die Fusionsgleichung) für beide Reaktionen in J und MeV (▶ A1).
  b ■ Vergleichen Sie beide Fusionsreaktionen hinsichtlich ihres Energieumsatzes. Wählen Sie selbstständig Bezugsgrößen, z. B. Masse des eingesetzten Brennstoffs, auf die der Energieumsatz bezogen werden kann. Begründen Sie Ihre Wahl.

3 ◪ Erläutern Sie, warum für eine Fusionsreaktion grundsätzlich Temperaturen von mehreren Millionen Grad Celsius notwendig sind. Begründen Sie die 30-mal höhere Temperatur der Bor-Proton-Fusion.
Hinweis: Eine Rechnung ist nicht erforderlich.

4 ■ Obwohl die Fusion von Deuterium und Tritium leichter realisierbar ist, gibt es auch Nachteile wie die freien Neutronen als Reaktionsprodukt.
  a Erläutern Sie, warum das Entstehen von Neutronen bei der Deuterium-Tritium-Fusion problematisch ist.
  b Erläutern Sie mindestens einen weiteren Nachteil.

Teilchen	Masse in u	Häufigkeit in % (Anteil am Element)
Neutron	1,008 664 915	–
H-1 (Proton)	1,007 276 566	99,985 5
H-2 (Deuterium)	2,013 553 17	0,015 6
H-3 (Tritium)	3,015 500 92	10^{-15}
He-4 (α-Teilchen)	4,001 506 18	≈ 100
B-11 (Bor)	11,006 562 1	80,1

A1 Masse und Häufigkeit ausgewählter Teilchen

Material B • Magische Atomkerne

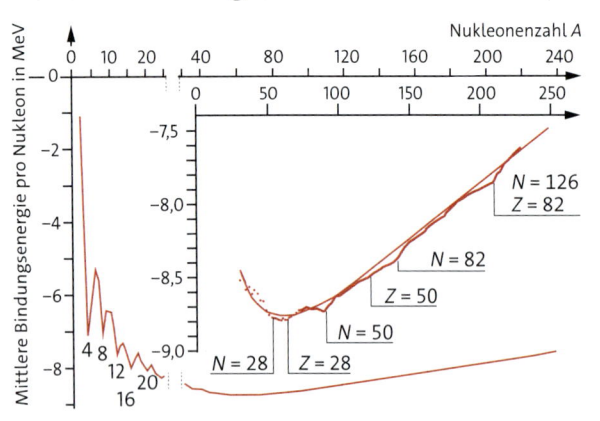

B1 Mittlere Bindungsenergie pro Nukleon von Atomkernen in Abhängigkeit ihrer Nukleonenzahl (Massenzahl) A

Als magische Zahlen bezeichnet man in der Kernphysik bestimmte Neutronen- bzw. Protonenzahlen in Atomkernen, bei denen im Grundzustand des Kerns eine höhere Stabilität als bei benachbarten Nukliden beobachtet wird. Solche Kerne selbst werden auch als magische Kerne bezeichnet. Auf dieser Basis werden auch Inseln der Stabilität bei Ordnungszahlen oberhalb der natürlich vorkommenden Elemente vorhergesagt.

1 ☐ Recherchieren Sie zu magischen Zahlen im Bereich der Kernphysik.

2 ◪ Beschreiben Sie das Diagramm ▶ B1.

3 ■ Formulieren Sie eine Vermutung, auf welche energetische Struktur des Kerns das Diagramm schließen lässt.

4 ■ Stellen Sie anhand der im Kern wirkenden Kräfte eine Vermutung auf, wie das Zahlenverhältnis von Neutronen und Protonen in stabilen Kernen mindestens sein muss.

Material C • Potenzialtopf für den Atomkern von Bor

Ähnlich wie die Elektronen in der Atomhülle können auch die Nukleonen im Atomkern nur bestimmte (diskrete) Energiewerte annehmen. Um diese auf eine einfache Weise zu berechnen, kann man das Modell vom Potenzialtopf nutzen. Im Gegensatz zu einem Farbstoffmolekül mit einer langen linearen Kohlenstoffkette muss beim kugelförmigen Atomkern dessen dreidimensionale Ausdehnung berücksichtigt werden.

Hierzu wird der eindimensionale Potenzialtopf auf jede Raumrichtung x, y und z erweitert, sodass die Nukleonen in einem Würfel der Kantenlänge ℓ eingesperrt sind. Die Länge ℓ wird dabei aus dem Kernvolumen des jeweiligen Nuklids errechnet.
Für die möglichen Energiezustände der Neutronen (n) ergibt sich mit diesem Ansatz:

$E(n) = E_x + E_y + E_z = \dfrac{h^2}{8m \cdot \ell^2} \cdot (k_x^2 + k_y^2 + k_z^2)$ mit $k = 1, 2, 3 \ldots$

Für die der Protonen (p$^+$) wird zur jeweiligen Energie noch ein konstanter Wert von 1,7 MeV addiert.

$E(p^+) = E(n) + 1{,}7\ \text{MeV}$

Das Diagramm zeigt die ersten 68 Energiezustände des Bornuklids B-11 im dreidimensionalen Potenzialtopf (▶ C1).

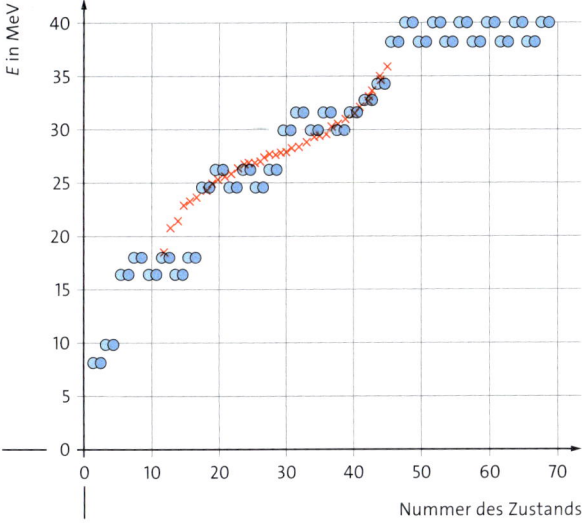

C1 Energiezustände im Bornuklid B-11, berechnet mit dem Potenzialtopfmodell (blau) und gemessen (rot)

1 Für den Radius R eines Kerns gilt die Faustformel $R = 1{,}3\ \text{fm} \cdot \sqrt[3]{A}$, wobei A die Massenzahl des Nuklids ist.
  a ☐ Berechnen Sie den Radius R des Bor-Nuklids.
  b ▨ Ermitteln Sie die Kantenlänge ℓ des Würfels des Potenzialtopfs, indem Sie sein Würfelvolumen mit dem Kernvolumen $V = \dfrac{4\pi}{3} \cdot R^3$ des Bor-Nuklids gleichsetzen.

2 ▨ Die Nukleonen im Kern sind Quantenobjekte, weshalb sie sich durch eine Wellenfunktion beschreiben lassen.
  a Erläutern Sie, warum die Nukleonen im Potenzialtopf durch eine Wellenfunktion beschrieben werden können. Beschreiben Sie die physikalischen Konsequenzen, die sich daraus ergeben.
  b Begründen Sie, dass der k-te Energiezustand in x-Richtung die Wellenlänge $\lambda = 2 \cdot \dfrac{\ell}{k}$, den Impuls $p = \dfrac{h}{\lambda}$ und die Energie $E_x = \dfrac{p^2}{2m} = \dfrac{h^2}{8m \cdot \ell^2}$ hat.
  c Begründen Sie, dass sich im niedrigsten Energiezustand mit $k_x = k_y = k_z = 1$ zwei Neutronen befinden.

3 Der nächsthöhere Energiezustand der Neutronen ist doppelt so groß wie der Grundzustand.
  a ▨ Begründen Sie diese Aussage.
  b ■ Erklären Sie, warum im Gegensatz zum Grundzustand sechs Neutronen diesen Energiezustand einnehmen können.

4 a ▨ Erläutern Sie, warum die Energiezustände der Protonen um 1,7 MeV höher liegen.
  b ▨ Begründen Sie, dass dadurch die Bedingung erfüllt ist, dass der Atomkern mit zwei getrennten Töpfen für die Neutronen und Protonen modelliert wird.

5 Neben den modellierten Zuständen zeigt ▶ C1 auch die gemessenen Anregungszustände von ^{11}B.
  a ▨ Geben Sie an, welche Zustände im Grundzustand des Kerns besetzt sind.
  b ▨ Berechnen Sie, z. B. mithilfe einer Tabellenkalkulation, die Energien der ersten 68 Energiezustände.
  c ▨ Erklären Sie, warum die Messwerte keine Energien zeigen, die den untersten Energieniveaus entsprechen.
  d ■ Beurteilen Sie anhand des Diagramms die Anwendbarkeit des Potenzialtopfmodells für den Atomkern.

Blickpunkt

Tunneleffekt

Die Welt besteht aus Quantenobjekten, deren Aufenthalt in einem Raumvolumen nur mit einer gewissen Wahrscheinlichkeit bestimmt ist. Sie sind also keine Teilchen mit klaren Grenzen und definierten Ortskoordinaten, sondern werden mit einer Wellenfunktion beschrieben. Eingesperrte Quantenobjekte können deshalb Barrieren einfach durchtunneln. Wie ist das möglich?

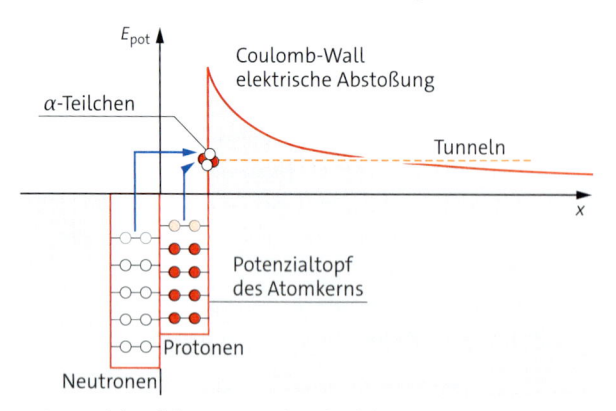

1 Potenzialtopf des Kerns und Verlauf des Coulomb-Potenzials außerhalb des Kerns („Coulomb-Wall")

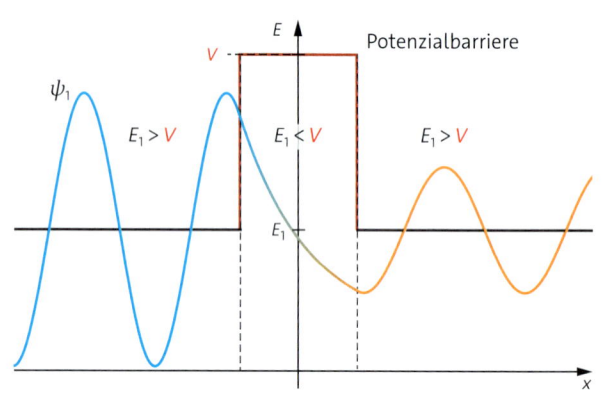

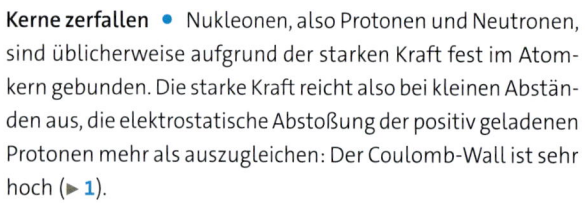

2 Verlauf der Wellenfunktion eines Quantenobjekts vor und hinter einer Barriere

Kerne zerfallen • Nukleonen, also Protonen und Neutronen, sind üblicherweise aufgrund der starken Kraft fest im Atomkern gebunden. Die starke Kraft reicht also bei kleinen Abständen aus, die elektrostatische Abstoßung der positiv geladenen Protonen mehr als auszugleichen: Der Coulomb-Wall ist sehr hoch (▶ **1**).

Trotzdem existieren viele instabile, also radioaktive Nuklide. Damit ein solcher Kern zerfällt, müssten Nukleonen wie z. B. ein α-Teilchen aus zwei Protonen und zwei Neutronen den Coulomb-Wall überwinden. Am Beispiel $^{226}_{88}$Ra mit einem geschätzten Kernradius von

$$r_K = r_0 \cdot \sqrt[3]{A} = 1{,}2 \cdot 10^{-15} \text{ m} \cdot \sqrt[3]{226} = 7{,}2 \cdot 10^{-15} \text{ m}$$

können wir die Höhe des Walls berechnen:

$$E_{pot} = \frac{1}{4\pi\varepsilon_0} \cdot \frac{q_1 \cdot q_2}{r_K} = \frac{1}{4\pi\varepsilon_0} \cdot \frac{2 \cdot 88 \cdot e}{7{,}2 \cdot 10^{-15} \text{ m}} = 3{,}5 \cdot 10^7 \text{ eV} = 35 \text{ MeV}$$

Sowohl die vier noch gebundenen Nukleonen und damit auch das entstehende α-Teilchen müssten also eine Mindestenergie von 35 MeV aufweisen, damit der Zerfall stattfinden kann. Die α-Teilchen von $^{226}_{88}$Ra erreichen allerdings nur eine Energie von knapp 5 MeV, wenn sie aufgrund der elektrostatischen Abstoßung durch das Coulombpotenzial beschleunigt werden. Anstatt die Barriere zu überwinden, durchdringen sie diese auf eine andere Weise. Dieses Phänomen nennt man Tunneleffekt.

Barrieren durchtunneln • Trifft ein Quantenobjekt, d. h. seine Wellenfunktion, auf eine – endlich hohe und breite – Barriere, kann das Objekt diese durchtunneln, wenn die Wellenfunktion nicht im Nulldurchgang der Welle auftrifft (▶ **2**).

Dabei nimmt die Amplitude der Wellenfunktion innerhalb der Barriere exponentiell ab, wie aus dem Absorptionsgesetz bekannt. Die Stärke der Abnahme hängt dabei von der Höhe und der Breite der Barriere, aber auch von der Masse und kinetischen Energie des tunnelnden Quantenobjekts ab: Eine hohe und breite Barriere oder ein massereiches Objekt senken die Wahrscheinlichkeit fürs Tunneln, eine hohe kinetische Teilchenenergie erhöht sie.

Auf der anderen Seite der Barriere läuft die so abgeschwächte Welle dann weiter (▶ **2**). So hat das Quantenobjekt auch eine gewisse Aufenthaltswahrscheinlichkeit auf der anderen Seite. Die Wellenfunktion kann mit einer gewissen Wahrscheinlichkeit auf der anderen Seite der Barriere kollabieren, d. h. das Objekt hat die Barriere durchtunnelt.

Kerne verschmelzen • In der Sonne findet der Prozess permanent in unvorstellbarer Zahl statt; auf der Erde soll er – technisch genutzt – in möglichst naher Zukunft die Energieprobleme ganzer Gesellschaften lösen: Die Fusion leichter Atomkerne.

In Magnetfeldern eingeschlossen oder durch starke Laser beschleunigt, sollen diese Kerne – aufgrund extremer Temperaturen ihrer Elektronenhüllen beraubt – ihre elektrische Abstoßung überwinden und unter Abgabe von Energie verschmelzen. Dazu müssen sie den Potenzialwall überwinden, also den umgekehrten Weg wie beim α-Zerfall nehmen (▶ **1**).

In der Protosonne des frühen Sonnensystems war dieser Wall zu hoch hinsichtlich der üblichen kinetischen Energien der Gasteilchen, d. h. klassisch betrachtet hätten damals keine

Atomkern • Der Atomkern hat eine Struktur

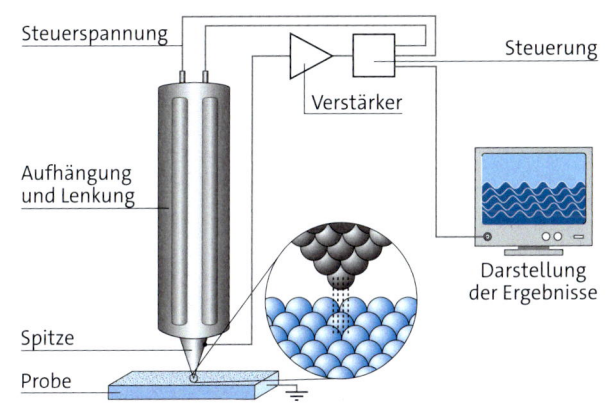

3 Funktionsweise eines Rastertunnelmikroskops

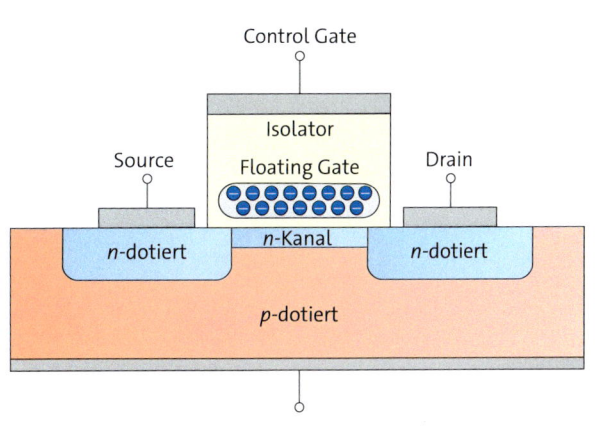

4 Schematischer Aufbau Floating-Gate-MOSFET

Fusionsereignisse stattfinden können; die Sonne hätte nicht gezündet und wäre kalt geblieben, d. h. die für eine dauerhafte Fusion nötigen Energien hätten nie freigesetzt werden können. Der Tunneleffekt erhöht aber die Wahrscheinlichkeit für die Fusion der Kerne so stark, dass ein andauerndes Fusionsbrennen der Sonne und vermutlich auch in zukünftigen Fusionsreaktoren möglich ist.

Atome ertasten • Der Tunneleffekt wird auch schon heute technisch sehr erfolgreich eingesetzt. Im Jahr 1981 entwickelten die beiden Physiker GERD BINNIG (Deutschland) und HEINRICH ROHRER (Schweiz) die Grundlagen für das Rastertunnelmikroskop.
Um Oberflächen mit atomarer Auflösung abzutasten, wird eine extrem dünne Sonde darüber geführt (▶ 3). Ist der Abstand zwischen Sonde und Probe klein genug, tunneln Elektronen über die Lücke: Es fließt ein elektrischer Tunnelstrom, dessen Stärke vom Abstand, also von der Oberflächenstruktur, abhängt. Die Sonde fährt in einem Raster über die Probe. Dabei wird kontinuierlich der Tunnelstrom gemessen. So kann man die Struktur der Oberfläche im Computer sichtbar machen.

Elektronen speichern • Eine weitere technische Anwendung des Tunneleffekts sind Flash-Speicher, die z. B. in USB-Sticks verwendet werden. In ihnen ermöglicht ein spezieller Transistor, ein Floating-Gate-MOSFET, die dauerhafte Speicherung von elektrischer Ladung (▶ 4).
Das Besondere am Transistor ist eine zusätzliche, sogenannte schwimmende Steuerelektrode (floating Gate), die elektrisch isoliert ist und daher ein „schwimmendes" Potenzial aufweist. Durch Anlegen einer Schreibspannung an Quelle (Source) oder Ablauf (Drain) können Elektronen über die Isolationsschicht tunneln und so in der schwimmenden Elektrode gespeichert werden. Die gespeicherte Ladung ändert das elektrische Feld innerhalb des Transistors und somit die Schaltspannung zwischen Quelle und Ablauf. Auf diese Weise kann der Ladungszustand mit einer Lesespannung ausgelesen werden, die wesentlich kleiner als die Schreibspannung ist, sodass sich der Ladungszustand durch den Lesevorgang nicht ändern kann.

DNA mutieren • Auch in der Biologie spielt der Tunneleffekt eine wichtige Rolle: Die Bausteine der Erbsubstanz, die DNA-Basen, halten über Wasserstoffbrückenbindungen die beiden Stränge der Doppelhelix zusammen. Die Basen bilden dabei aufgrund der Wasserstoffbrücken nur bestimmte Paare (▶ 5A). Durch den Tunneleffekt können die Wasserstoffatome der Bindungen auf die Partnerbase überwechseln (▶ 5B). Dadurch bilden sich sogenannte Tautomere der Basen, die das Muster der Wasserstoffbrückenbindungen verändern. Dies kann bei der Replikation der DNA zu Fehlpaarungen und somit zu Mutationen führen. Der Tunneleffekt erhöht also die Mutationsrate, was für das Individuum schädlich sein, aber allgemein die Anpassungsfähigkeit der Art erhöhen kann.
Man vermutet, dass der Tunneleffekt verschiedenste andere biologische Prozesse beeinflusst – z. B. die Funktionsweise des menschlichen Bewusstseins – also bei der Erforschung und dem Verständnis dieser Vorgänge berücksichtigt werden muss.

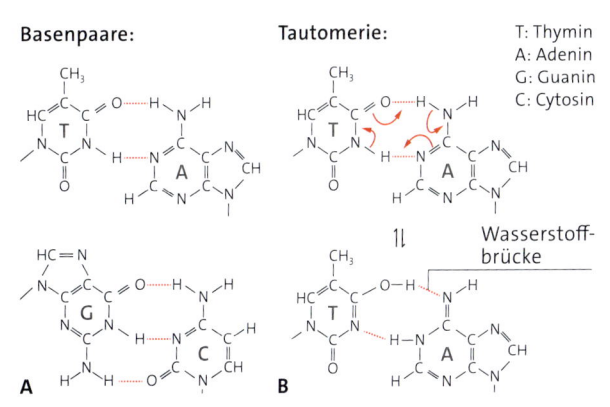

5 A DNA-Basenpaare; **B** Tautomerie beim Adenin-Thymin-Paar

T: Thymin
A: Adenin
G: Guanin
C: Cytosin

8.2 Ionisierende Strahlung

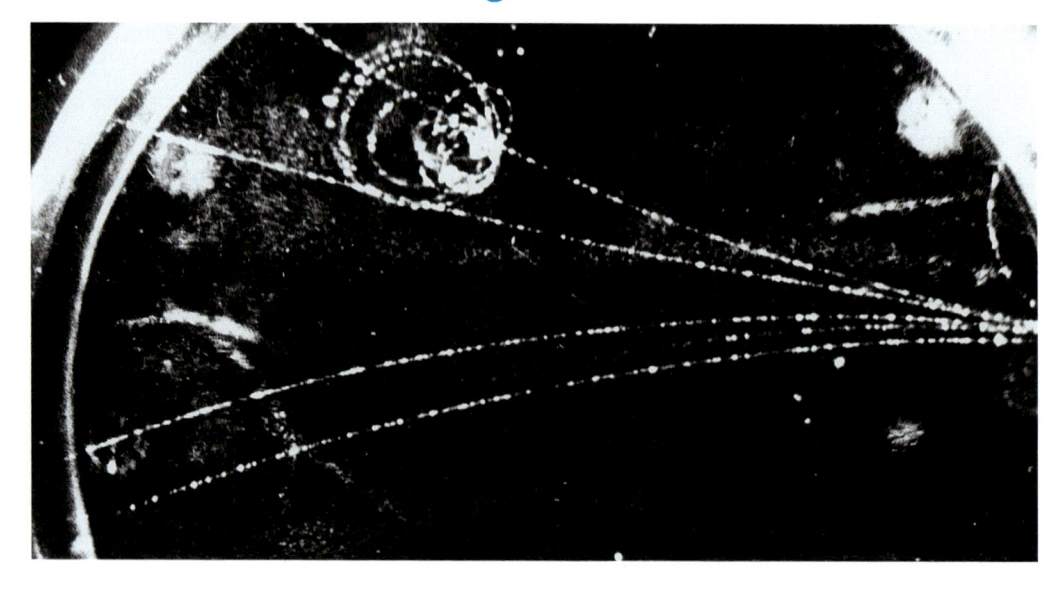

1 Spuren ionisierender Strahlung in einer Nebelkammer

Die Nebelspuren machen den Weg der Strahlung in der Nebelkammer sichtbar und es ist auch zu erkennen, dass es Unterschiede gibt. Doch wie entstehen diese Spuren eigentlich und welche Arten von Strahlung erkennen wir?

Beim übersättigten Dampf sind die thermodynamischen Bedingungen für die Kondensation erreicht. Ohne Kondensationskeime findet aber keine Kondensation statt.

Eine unsichtbare Strahlung • Die Spuren in der Nebelkammer entstehen durch Strahlung, die uns ständig umgibt, aber wir können sie ohne spezielle Nachweisgeräte wie einer Nebelkammer nicht wahrnehmen (▶1). Sie enthält hierzu ein Gemisch aus Luft und übersättigtem Alkohol- oder Wasserdampf. Durchquert die unsichtbare Strahlung die Nebelkammer, ionisiert sie auf ihrem Weg Gasteilchen. Diese Ionen sind Kondensationskeime, die zur Bildung von kleinsten Flüssigkeitströpfchen führen.
Um die Übersättigung des Dampfs zu erzeugen, gibt es zwei technische Möglichkeiten. Bei der Expansionskammer führt das sehr schnelle Herausziehen eines Kolbens zur Abkühlung der Luft (▶2A).
In der kontinuierlichen Nebelkammer herrscht zwischen Boden und Deckel ein Temperaturgefälle, das zur notwendigen Übersättigung führt (▶2B).

Aus den unterschiedlich langen und gekrümmten Nebelspuren kann man schließen, dass es verschiedene Arten **ionisierender Strahlung** gibt (▶1).
Neben UV- und Röntgenstrahlung gibt es auch ionisierende Strahlung, die aus radioaktiven Stoffen kommt. Sie wird als radioaktive Strahlung oder Kernstrahlung bezeichnet.

> Strahlung radioaktiver Stoffe kann Atome und Moleküle ionisieren.

Zählrohre und Zählrate • Mithilfe von Zählrohren lässt sich ionisierende Strahlung genauer untersuchen. Das Gerät liefert nicht nur einen qualitativen Nachweis radioaktiver Strahlung, sondern ermöglicht auch quantitative Aussagen zur Stärke bzw. Intensität der Strahlung.
Als Messgröße wird die **Zählrate Z** ermittelt. Sie gibt dabei die Anzahl der Zählereignisse, z. B. das bekannte Knackgeräusch oder Spannungsimpulse, pro Zeiteinheit (meist pro Minute) an. Dabei gilt: Je größer die Zählrate ist, desto stärker ist die ionisierende Strahlung.

> Zählrohre nutzen die ionisierende Wirkung von Strahlung. Die Zahl der registrierten Signale pro Zeiteinheit heißt Zählrate.

2 Nebelkammer: **A** Expansionstyp; **B** kontinuierliche Nebelkammer

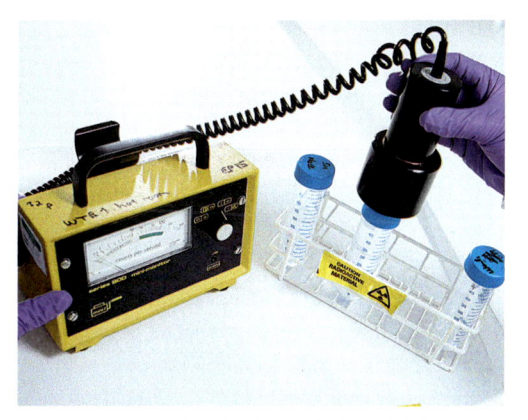

Atomkern • Ionisierende Strahlung

3 Untersuchung einer Probe auf Radioaktivität

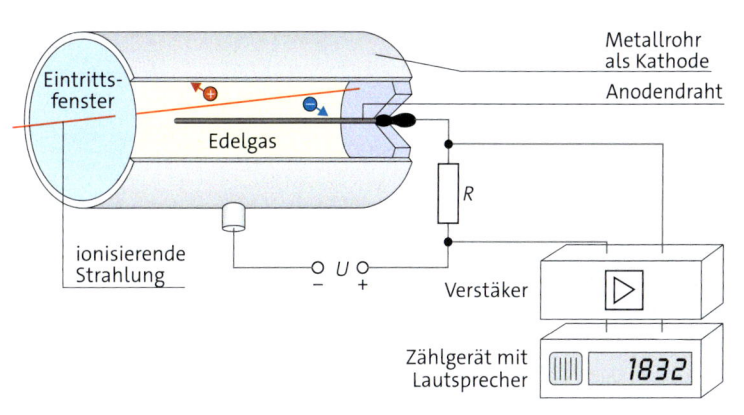

4 Aufbau und Funktion des Geiger-Müller-Zählrohrs

Aufbau des Geiger-Müller-Zählrohrs • Häufig wird das **Geiger-Müller-Zählrohr** zur Messung verwendet. Es besteht aus einem edelgasgefüllten Metallrohr. Im Inneren befindet sich ein mittig verlaufender Draht, der elektrisch isoliert durch ein Ende des Rohrs nach außen geführt ist (▶ 4). Im Betrieb liegt zwischen Metallrohr und Draht eine Spannung von 200 V bis 600 V an.

Dabei ist der Draht am positiven Pol (Anode) und das Metallrohr am negativen Pol (Kathode) der Spannungsquelle angeschlossen.
Am anderen Ende des Rohrs befindet sich ein Fenster aus einem dünnen Material, das für die Strahlung durchlässig ist. Zur Messung ist an Kathode und Anode über einen Signalverstärker das Zählwerk bzw. der Lautsprecher angeschlossen.

Funktionsweise • Wenn radioaktive Strahlung durch das Fenster in das Zählrohr gelangt, können Teilchen des Edelgases ionisiert werden. Dabei entstehen Elektron-Ion-Paare. Die frei gewordenen Elektronen werden im elektrischen Feld zum Draht beschleunigt, während die positiv geladenen Ionen zur Innenwand des Metallrohrs gelangen.
Die anliegende Spannung ist dabei so gewählt, dass die Elektronen weitere Gasteilchen ionisieren, in dessen Folge eine Elektronenlawine entsteht. Es kommt zu einer sogenannten Gasentladung.
Durch das Zählrohr und den in Reihe geschalteten Widerstand fließt also kurzzeitig ein elektrischer Strom. Dieser Strom verursacht einen Spannungsabfall, der verstärkt und anschließend vom Zähler registriert oder vom Lautsprecher als hörbares Knacken wiedergegeben wird (▶ 4).

Nullrate und Totzeit • Schaltet man das Zählrohr ein, zeigt es eine von null verschiedene Zählrate an, obwohl keine Strahlungsquelle in der Nähe ist.
In unserer Umgebung gibt es immer ionisierende Strahlung. Sie ist Folge von natürlichen radioaktiven Elementen im Boden und der Luft sowie der Strahlung aus dem Weltall. Die Anzahl dieser Signale pro Zeiteinheit heißt **Nullrate**. Für Messungen an radioaktiven Präparaten muss man deshalb meist zunächst die Nullrate bestimmen und sie dann von der ermittelten Zählrate abziehen.

Durch die Gasentladung und den damit zusammenhängenden Spannungsabfall gibt es eine kurze Zeitspanne, in der das Zählrohr keine Strahlungsereignisse registrieren kann. Diese Zeitspanne wird deshalb **Totzeit** genannt und beträgt beim Geiger-Müller-Zählrohr typischerweise 100 µs.
Die während der Gasentladung entstandenen Ionen müssen für ein erneutes Auslösen des Zählrohrs erst elektrisch entladen werden, weil sonst keine neue Elektronenlawine entstehen kann. Im Gegensatz zu den Elektronen sind die Ionen aber schwerer und nicht so leicht beweglich, weshalb sie länger brauchen, um die Innenwand des Metallrohrs zu erreichen. Erst dort können sie entladen werden. Auch die Totzeit muss bei der Messung berücksichtigt werden, damit es nicht zu Ungenauigkeiten kommt.

1 ☐ Vergleichen Sie tabellarisch Nebelkammer und Geiger-Müller-Zählrohr.

2 ☐ Die Zählrate eines radioaktiven Präparats ist doppelt so groß wie die eines anderen. Erläutern Sie diesen Befund.

381

Elektrisch geladene Teilchen werden aufgrund der Lorentzkraft im Magnetfeld abgelenkt. Diese Gesetzmäßigkeit kann zur Analyse radioaktiver Strahlung genutzt werden.

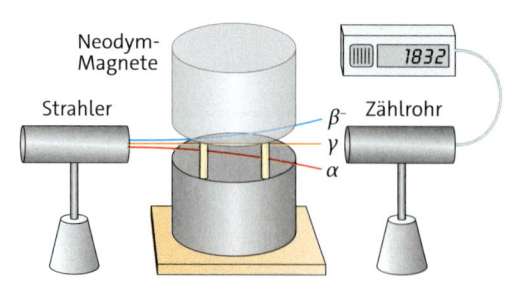

1 Ablenkung radioaktiver Strahlung im Magnetfeld

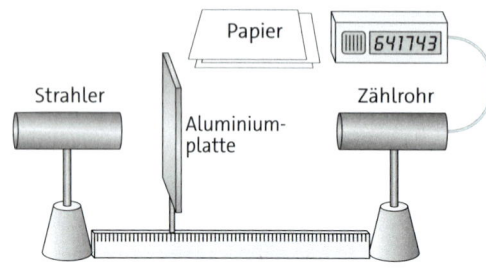

2 Messung der Abschirmung radioaktiver Strahlung

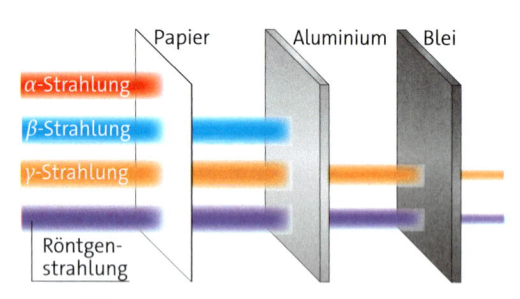

3 Durchdringungsvermögen der Strahlung von Ra-226

4 α-Strahlung in der Nebelkammer

Ionisierende Strahlung im Magnetfeld • Wenn die Nebelkammer vertikal von einem Magnetfeld durchsetzt wird, sind die Nebelspuren unterschiedlich stark und in verschiedene Richtungen gekrümmt. Dieses lässt auf mehrere Arten radioaktiver Strahlung schließen.

Zur weiteren Untersuchung wird die Strahlung eines radioaktiven Präparats (Radium-226) durch ein homogenes Magnetfeld gesandt. Anhand der Position des Nachweisgeräts (Zählrohr) kann die Ablenkung der Strahlung festgestellt und daraus die Bahn der Strahlung im Prinzip rekonstruiert werden (▶1). Aus dem Ergebnis lassen sich drei Strahlungsarten identifizieren:

- α-Strahlung: Aus der Ablenkungsrichtung der Strahlung kann man schließen, dass diese aus positiv geladenen Teilchen besteht.
- β-Strahlung: Aus der Ablenkungsrichtung der Strahlung kann man schließen, dass diese aus negativ geladenen Teilchen besteht.
- γ-Strahlung: Wie bei Röntgenstrahlung findet keine Ablenkung durch ein magnetisches Feld statt. Die Strahlung trägt keine elektrische Ladung.

Zur Identifizierung der Ladungsart der abgelenkten Strahlung kann die Drei-Finger-Regel benutzt werden. Für negative Ladungen (β-Strahlung) zeigt der Mittelfinger der linken Hand in Richtung der Ablenkung. Bei positiven Ladungen (α-Strahlung) muss man die rechte Hand benutzen (▶1).

> Radioaktive Strahlung wird in α-, β- und γ-Strahlung eingeteilt.

Abschirmung von Strahlung • α-, β- und γ-Strahlung unterscheidet sich in weiteren Eigenschaften. Untersucht man die abschirmende Wirkung (▶2), indem man verschiedene Materialien vor die Strahlungsquelle stellt, zeigt sich: α-Strahlung lässt sich schon durch Papier abschirmen und β-Strahlung durch dünne Metallbleche z. B. aus Aluminium. γ-Strahlung wird erst durch dicke Bleiplatten absorbiert und lässt sich auch noch nach mehreren Metern in Luft nachweisen (▶3).

Reichweite • Die Reichweite von α-, β- und γ-Strahlung im Vakuum ist unendlich. In Luft lassen sich allerdings starke Unterschiede feststellen: Anhand der Spurlänge in der Nebelkammer können wir erkennen, dass die Reichweite von α-Strahlung in Luft kleiner als 10 cm ist (▶4).
Für β-Strahlung kann in einem Experiment mit radioaktivem Strontium-90 in einer Entfernung von 8 bis 10 m von der Quelle keine signifikanten Messwerte mehr aufgenommen werden. β-Strahlung kann also bis zu 10 m in Luft zurücklegen.
γ-Strahlung wird in Luft fast gar nicht absorbiert, deshalb gibt es bei γ-Strahlung keine Reichweite, wie bei α- und β-Strahlung, sondern nur eine Verteilung im Raum.

Ungestörte Ausbreitung im Raum • Mit dem Zählrohr kann die Intensität der radioaktiven Strahlung als Zählrate Z quantitativ bestimmt werden. Sie gibt an, wie viele Quanten pro Zeit registriert werden.

Misst man für γ-Strahlung deren Intensität (Zählrate) in Abhängigkeit vom Abstand r zur Quelle (▶ 5), erhält man durch eine grafische Auswertung im r-Z-Diagramm, dass die Zählrate proportional zu $\frac{1}{r^2}$ ist (▶ 7A).

Zur Veranschaulichung dieses Zusammenhangs kann man sich vorstellen, dass die radioaktive Quelle die Strahlung kegelförmig in den Raum aussendet. Die Strahlung durchquert dabei mit zunehmendem Abstand eine immer größere Fläche. Der Flächeninhalt ist dabei gerade proportional zum Quadrat des Abstands (▶ 8).

> Die Intensität von γ-Strahlung nimmt mit dem Quadrat des Abstandes in Luft und anderen Gasen sowie im Vakuum ab. Das Abstandsgesetz lautet: $Z \sim \frac{1}{r^2}$.

Absorptionsgesetz und Halbwertsdicke • In fester Materie wird γ-Strahlung mit zunehmender Materialdicke abgeschwächt. Hierzu werden nacheinander Platten aus Blei gleicher Dicke zwischen Quelle und Zählrohr gestellt und bei gleichbleibendem Abstand die Zählrate gemessen (▶ 6). Jede Platte schwächt die restliche Intensität der Strahlung um den jeweils gleichen Prozentsatz. Dies lässt auf einen exponentiellen Zusammenhang schließen. Die grafische Auswertung ergibt (▶ 7B):

$$Z = 1832 \, \tfrac{1}{\text{min}} \cdot e^{-0{,}125 \, \tfrac{1}{\text{mm}} \cdot d}$$

Darin sind die Werte $1832 \, \tfrac{1}{\text{min}}$ die Zählrate Z_0 ohne die abschirmenden Platten ($d = 0$) und $0{,}125 \, \tfrac{1}{\text{mm}}$ der spezifische **Absorptionskoeffizient** μ. Daraus ergibt sich das folgende Absorptionsgesetz:

$$Z = Z_0 \cdot e^{-\mu \cdot d}$$

Häufig bestimmt man die Halbwertsdicke d_H, bei der die gemessene Strahlung gerade die Hälfte des ursprünglichen Werts erreicht ($Z = \tfrac{1}{2} \cdot Z_0$):

$$\tfrac{1}{2} = e^{-\mu \cdot d_H} \Longleftrightarrow -\ln 2 = -\mu \cdot d_H \Longleftrightarrow d_H = \tfrac{\ln 2}{\mu}$$

In unserem Beispiel ergibt sich eine Halbwertsdicke von $d_H = 5{,}55$ mm. Das heißt alle 5,55 mm wird die Strahlung um jeweils 50 % reduziert (▶ 7B). Durch den oben hergeleiteten Zusammenhang lässt sich das Absorptionsgesetz auch mit der Halbwertsdicke formulieren:

$$Z = Z_0 \cdot 2^{-\tfrac{d}{d_H}} = Z_0 \cdot e^{-\tfrac{\ln 2}{d_H} \cdot d}.$$

r in cm	5	7,5	10	12,5	15	17,5	20	22,5	25	27,5	30
Zählrate pro min	332	147	87	43	27	24	20	19	15	10	8

5 Messreihe zum Abstandsgesetz (Zählrate mit Berücksichtigung der Nullrate)

d in mm	0	2	4	6	8	10	12	14	16	18	20
Zählrate pro min	1832	1138	840	718	564	420	408	352	276	212	164

6 Messreihe zum Absorptionsgesetz (ohne Berücksichtigung der Nullrate)

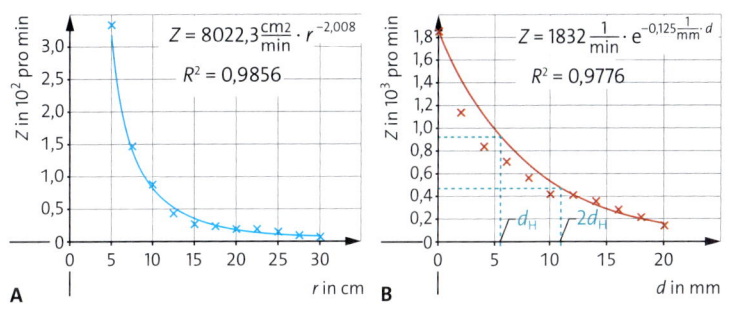

7 Diagramme: **A** Abhängigkeit der Zählrate zum Abstand von der Quelle; **B** Abhängigkeit der Zählrate zur Dicke von abschirmenden Metallplatten

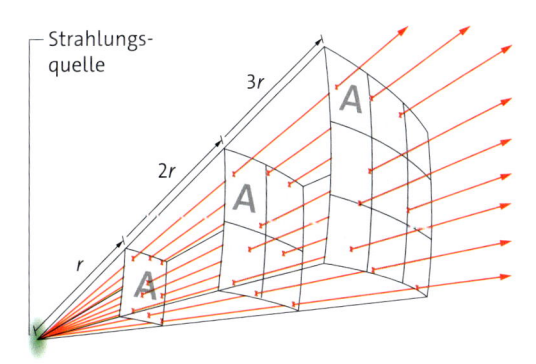

Diagramm A: $Z = 8022{,}3 \, \tfrac{\text{cm}^2}{\text{min}} \cdot r^{-2{,}008}$, $R^2 = 0{,}9856$

Diagramm B: $Z = 1832 \, \tfrac{1}{\text{min}} \cdot e^{-0{,}125 \, \tfrac{1}{\text{mm}} \cdot d}$, $R^2 = 0{,}9776$

8 Zur Veranschaulichung des Abstandsgesetzes

> Die Intensität von ionisierender Strahlung wie γ- oder Röntgenstrahlung nimmt mit der Dicke des durchstrahlten Materials exponentiell ab. Es gilt das Absorptionsgesetz: $Z = Z_0 \cdot e^{-\mu \cdot d}$

1 ☐ Vergleichen Sie die drei Strahlungsarten. Fertigen Sie dazu eine Tabelle an.

2 ▨ Erklären Sie die verschiedenen Bahnformen in der Nebelkammer (▶ 1, S. 380).

3 ▨ Für Aluminium wurde ein Absorptionskoeffizient von $0{,}32 \, \tfrac{1}{\text{cm}}$ ermittelt. Bestimmen Sie die Materialdicke für eine 99%ige Abschirmung.

Blickpunkt

Natürliche und zivilisatorische Strahlung

Radioaktivität ist kein Phänomen, was nur im Labor auftritt. Wir sind ständig von radioaktiver Strahlung umgeben. Ein Zählrohr misst auch dann Strahlung, wenn kein Präparat in der Nähe ist. Radioaktive Elemente, wie das von Marie und Pierre Curie entdeckte Polonium, sind Bestandteil der Erdkruste. Andere Nuklide wie das für die Radiokarbon-Datierung genutzte C-14 werden durch Vorgänge in der Atmosphäre ständig neu gebildet.

1 MAGIC-Teleskop auf La Palma: Detektor für kosmische Strahlen

2 Das Kernkraftwerk Emsland befand sich als eines von drei verbliebenen Atomkraftwerken Ende 2022 noch im Betrieb.

Kosmische Strahlung • Ständig prasseln von der Sonne und anderen Sternen stammende Teilchen auf die Erde ein. Man spricht von der **primären kosmischen Strahlung.** Häufig handelt es sich dabei um besonders energiereiche Protonen, die auf die Erdatmosphäre treffen und dort Atomkerne spalten. Dabei entstehen neue Kerne und Teilchen, die wiederum andere Kerne spalten können – und zwar so lange, bis die ursprüngliche Bewegungsenergie umgewandelt ist. Bei diesem Prozess wird auch immer wieder elektromagnetische Strahlung frei. Die so entstandene ionisierende Strahlung nennt man **sekundäre kosmische Strahlung.** Sie lässt sich am Erdboden nachweisen (▶ 1).

Bei den Reaktionen in der Atmosphäre werden unter anderem Radionuklide erzeugt. Denn wenn die Kerne stabiler Isotope von Stickstoff (N-14) oder Sauerstoff (O-16) ein Neutron einfangen, sind die entstehenden Nuklide meist radioaktiv. So entstehen auch das radioaktive Kohlenstoffisotop (C-14) und Tritium (Wasserstoffisotop, H-3).

Kohlenstoff ist in allen Lebewesen enthalten. Es wird z. B. mit der Nahrung aufgenommen. So enthält jeder Organismus neben dem stabilen C-12 auch Anteile des radioaktiven C-14. Diese Tatsache wird für die Altersbestimmung von Höhlenmalereien oder Mumien genutzt.

H-3 wird auch als Tritium oder überschwerer Wasserstoff bezeichnet und kommt zu 99 % gebunden im Wasser vor. Auch deshalb strahlt unser Meerwasser – wenn auch nur mit einer geringen Aktivität. Hauptstrahlungsquelle des Meerwassers ist aber das als Salz gelöste radioaktive Kaliumisotop (K-40).

Terrestrische Strahlung • Die natürliche ionisierende Strahlung stammt nicht allein aus dem Weltall. Auch unsere Erde besteht zum Teil aus radioaktiven Stoffen. Diese sind bei der Entstehung der Erde gebildet worden und besitzen sehr lange Halbwertszeiten in der Größenordnung des Erdalters. Radionuklide mit kleineren Halbwertszeiten sind bereits zerfallen. Zu den noch vorhandenen Radionukliden gehören Kalium (K-40), Thorium (Th-232), Uran (U-235 und U-238) und dessen Zerfallsprodukte Radium und Radon. Das Edelgas Radon kann aus dem Erdboden austreten und in die Luft gelangen. Nachweisbar ist Radon z. B. in schlecht gelüfteten Kellern.

Zivilisatorische Strahlungsquellen • Künstliche, vom Menschen geschaffene Strahlungsquellen (zivilisatorische Strahlungsquellen) dienen u. a. zur Konservierung von Lebensmitteln, zur Materialprüfung, zur medizinischen Diagnostik und Therapie und zur Energiegewinnung in Kernkraftwerken (▶ 2). Reaktorunfälle und Kernwaffentests führen dazu, dass sich radioaktive Nuklide sowohl im Erdboden als auch in der Luft anreichern und über Nahrung und Atmung aufgenommen werden. Zu den schwersten Reaktorunfällen zählen diejenigen in Tschernobyl 1986 und in Fukushima 2011. In beiden Fällen ist die nahe gelegene Umwelt so stark belastet, dass sie für sehr lange Zeit unbewohnbar geworden ist.

1 📄 Das Bundesamt für Strahlenschutz liefert Informationen zur Strahlenbelastung für die Menschen in Deutschland. Recherchieren Sie zur Strahlenbelastung durch Radon und Lebensmitteln in Ihrer Region.

Material — Atomkern • Ionisierende Strahlung

Versuch A • Natürliche Radioaktivität in Gebäuden

V1 Messung der Radioaktivität

Materialien: Luftballon, Bindfaden, Wolltuch oder Folie für Tageslichtprojektor, Zählrohr, Stoppuhr.

Arbeitsauftrag:
- Bestimmen Sie zu Beginn des Versuchs mit dem Zählrohr die Nullrate. Führen Sie die Messung 30 Sekunden durch.
- Reiben Sie den aufgeblasenen Luftballon mit dem Wolltuch oder der Folie. Er ist jetzt elektrisch geladen. Hängen Sie den Ballon an der Raumdecke auf. Achten Sie darauf, dass der Ballon sich nicht entladen kann, und lassen Sie ihn für etwa 30 Minuten dort hängen.
- Nehmen Sie den Ballon ab, lassen Sie die Luft heraus und bringen Sie die leere Ballonhülle sofort direkt vor das Eintrittsfenster des Zählrohrs. Bestimmen Sie die Zählrate wieder für eine Messung von 30 Sekunden.
- Wiederholen Sie die Messung der Zählrate unmittelbar danach. Halten Sie jetzt aber ein Blatt Papier zwischen Zählrohr und Ballonhaut.
- Warten Sie zehn Minuten und wiederholen Sie die Messungen. Bestimmen Sie die Zählrate erst ohne Papier, dann mit Papier.
- Ziehen Sie von allen Messwerten jeweils die Nullrate ab und stellen Sie die Ergebnisse übersichtlich in einer Tabelle dar.
- Interpretieren Sie Ihre Ergebnisse. Stellen Sie eine Vermutung über die Strahlenart auf. Erklären Sie, warum es wichtig ist, zur Messung die Luft aus dem Ballon herauszulassen.

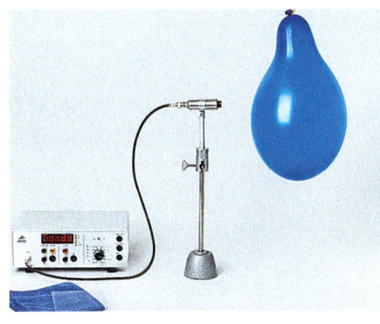

3 Versuch zur Umweltradioaktivität

Material A • Strahlung im elektrischen Feld

Mischstrahler senden verschiedene Strahlungsarten aus. Um die Strahlung eines solchen Präparats zu untersuchen, wird die ausgesandte Strahlung durch ein elektrisches Feld geschickt. Hierzu hat man zwei elektrisch geladene Platten längs der Flugbahn aufgebaut (▶ A1).

1 a ☐ Benennen Sie die verschiedenen Arten radioaktiver Strahlung. Fertigen Sie eine tabellarische Übersicht über ihre Eigenschaften an.

   a ▨ Erklären Sie, warum die verschiedenen Strahlungsarten durch die Anordnung unterschieden werden kann.

   b ▨ Ergänzen Sie in der Tabelle jeweils die dazugehörige Ablenkung im elektrischen Feld, indem Sie die Ziffern richtig zuordnen (▶ A1). Begründen Sie Ihre Entscheidung.

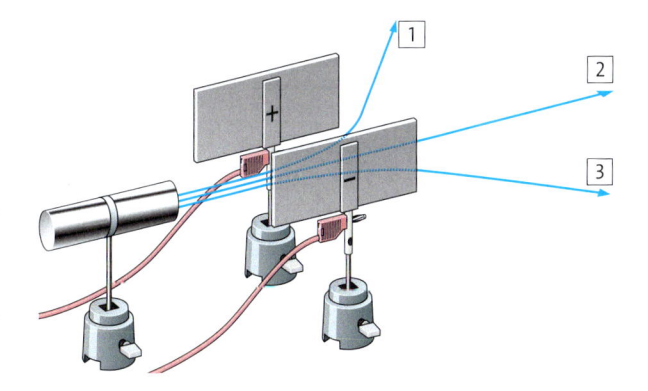

A1 Schematische Darstellung der Ablenkung von radioaktiver Strahlung im elektrischen Feld zweier geladener Metallplatten

Material B • Radioaktivität und Medizin – Diagnose mit „Szintigrafien"

In der Nuklearmedizin verwendet man radioaktive Stoffe zur Diagnose und zur Therapie. Für die Untersuchung der Funktion von Organen werden z. B. sogenannte Szintigrafien angefertigt. Dem Patienten wird dafür eine geringe Menge einer radioaktiven Substanz verabreicht. Eine spezielle Kamera kann dann von außen die Strahlung dieser Substanz registrieren. ▶ B1 zeigt eine Szintigrafie des Herzens.

1 a ▨ Formulieren Sie eine Vermutung, welche Strahlenart für eine Szintigrafie in Frage kommt. Begründen Sie.

   b ■ Bewerten Sie die Nachteile solcher Untersuchungen.

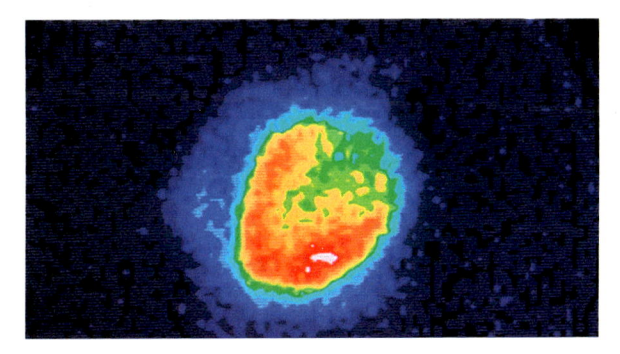

B1 Herz-Szintigrafie

385

8.3 Radioaktiver Zerfall

1 Radioaktives Uranmineral

Radioaktivität ist ein natürliches Phänomen. Es gibt Stoffe, wie dieses Uranmineral, die radioaktive Strahlung emittieren. Wie aber entsteht diese Strahlung im Stoff? Und welche Vorgänge laufen dabei ab?

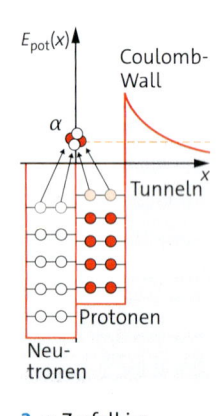

2 α-Zerfall im Modell: Die Energie der α-Teilchen zeigen, dass diese den Coulomb-Wall durchtunneln (▶ S. 378–379).

Ionisierende Strahlung im Modell • Den Begriff Radioaktivität prägte MARIE CURIE während ihrer Forschung zu dieser damals erst entdeckten Strahlung und deren Quellen.

Ein radioaktiver Stoff sendet von sich aus eine unsichtbare und durchdringende Strahlung aus. Ist ein Stoff radioaktiv, beinhaltet er instabile Atomkerne, die radioaktive Strahlung aussenden. Dabei wandeln sich diese Atomkerne spontan in andere Atomkerne um. Man spricht auch von **Kernzerfall**.
Aus der Zusammensetzung der verschiedenen Arten radioaktiver Strahlung kann deshalb auf die Kernumwandlung geschlossen werden.

α-Strahlung • α-Strahlung ist elektrisch positiv geladen. Durch genauere Untersuchungen u. a. mit dem Massenspektrometer hat man nachgewiesen, dass α-Strahlung aus Atomkernen des Elements Helium (He) besteht (▶ 5). Sie sind also aus zwei Protonen und zwei Neutronen aufgebaut.
Bei einer Kernumwandlung unter Aussendung von α-Strahlung entsteht immer auch ein neues Element, z. B. das radioaktive Isotop Radium-226 wandelt sich beim α-Zerfall in das Isotop Radon-222. Mit der Symbolschreibweise für Atomkerne kann die Zerfallsgleichung formuliert werden:

$$^{226}_{88}\text{Ra} \rightarrow\ ^{222}_{86}\text{Rn} +\ ^{4}_{2}\text{He}$$

Energie der α-Strahlung • Mit dem Potenzialtopfmodell lassen sich die Vorgänge im Atomkern nachvollziehen: Das α-Teilchen wird von zwei Protonen und zwei Neutronen aus den höchsten Energieniveaus gebildet. Zum Austritt durchtunnelt es den Coulomb-Wall (▶ 2). Aufgrund der Abstoßung durch den positiv geladenen Kern kann seine kinetische Energie typischerweise 2 bis 10 MeV betragen.

Nimmt man das Energiespektrum der α-Teilchen bei der Kernumwandlung von Am-241 auf, erkennt man bei ca. 5,48 MeV einen großen Peak und einen weiteren bei 5,44 MeV. Die dazugehörigen relativen Intensitäten (85 % und 13 %) kann man als Häufigkeit der jeweils auftretenden Energien des α-Teilchens auffassen (▶ 3).

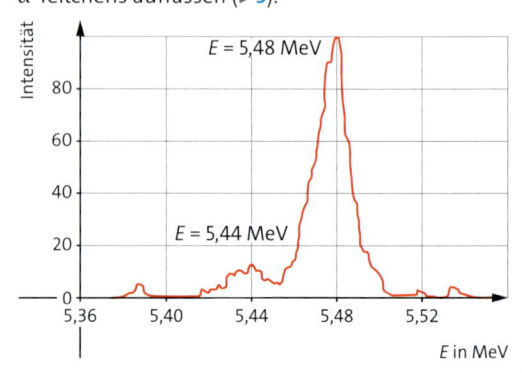

3 Energiespektrum für Americium-241 (Am-241)

Neben diesen beiden Peaks befinden sich im Diagramm noch weitere kleinere Ausschläge, während zwischen diesen Punkten die Intensität auf null zurückgeht. Dies ist darauf zurückzuführen, dass die vom Kern ausgesendeten α-Teilchen nur diskrete kinetische Energien aufweisen können, die mit unterschiedlicher Wahrscheinlichkeit auftreten.
Dabei gilt, dass diese Energieverteilung für das Nuklid charakteristisch ist und u. a. zu seiner Identifizierung dient.

Beim Zerfall von Americium-241 ist das Zerfallsprodukt Neptunium-237 entstanden.

$$^{241}_{95}\text{Am} \rightarrow {}^{237}_{93}\text{Np} + {}^{4}_{2}\text{He}$$

Bei einem Zerfall wird das Produkt auch als **Tochterkern** und das Ausgangsnuklid als **Mutterkern** bezeichnet.
Bei einer Kernumwandlung wie die von Am-241 zu Np-237 wird immer der gleiche Energiebetrag frei. Die verschiedenen Energien der α-Teilchen erklären sich dadurch, dass ein Teil der Energie vom gebildeten Tochterkern aufgenommen und anschließend als γ-Strahlung emittiert wird. Die diskrete Energieverteilung im α-Spektrum ist so ein weiterer Beleg für das Vorhandensein von Energieniveaus im Kern (▶ 6).
α-Strahlung hat selbst in Luft nur eine geringe Reichweite. Misst man die Energie der α-Strahlung in Entfernung zur Quelle, kann man den Energieverlust ΔE auf der Strecke Δx in einem Diagramm darstellen (▶ 7). Der charakteristische Verlauf (Bragg-Kurve) zeigt, dass der Energieverlust kurz vor Erreichen der maximalen Distanz am größten ist.

β-Strahlung • Kohlenstoff-14 (C-14) ist radioaktiv. Bei seiner Kernumwandlung entsteht das stabile Nuklid Stickstoff-14 (N-14). Beide Kerne haben zwar die gleiche Anzahl an Nukleonen. Aber während der Kohlenstoffkern aus sechs Protonen besteht, sind es beim Stickstoff sieben. Bei der Kernumwandlung muss ein Neutron in ein positiv geladenes Proton und ein negativ geladenes Elektron (β⁻) zerfallen.

Um die Energie dieser β-Teilchen zu bestimmen, werden β-Spektrometer genutzt. In einem homogenen Magnetfeld werden nur die Teilchen detektiert, die eine bestimmte Kreisbahn durchlaufen. Aus der eingestellten magnetischen Flussdichte kann dann die Energie der Teilchen ermittelt werden (▶ 4A).

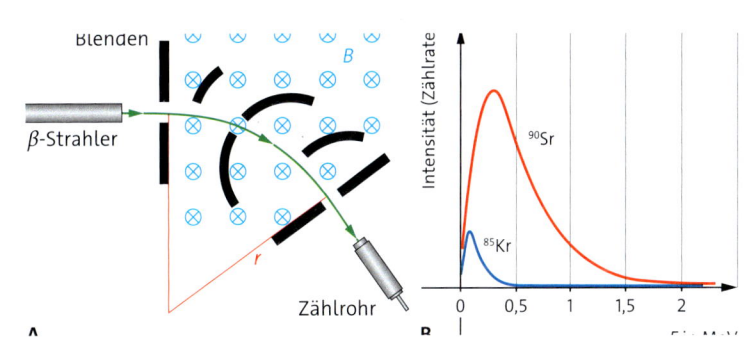

4 β-Spektrum: **A** Messung; **B** kontinuierliches Energiediagramm

Strahlung	Art	Allgemeine Zerfallsgleichung
α-Strahlung	Heliumkerne (He²⁺)	$^{A}_{Z}X \longrightarrow {}^{A-4}_{Z-2}Y + {}^{4}_{2}\text{He}$
β⁻-Strahler	Elektronen (e^-)	$^{A}_{Z}X \longrightarrow {}^{A}_{Z+1}Y + {}^{0}_{-1}e + \bar{\nu}$
β⁺-Strahler	Positronen (e^+)	$^{A}_{Z}X \longrightarrow {}^{A}_{Z-1}Y + {}^{0}_{+1}e + \nu$
γ-Strahlung	Photonen	$^{A}_{Z}X^* \longrightarrow {}^{A}_{Z}X + \gamma$

5 Radioaktive Strahlung mit Zerfallsgleichung

Im Gegensatz zu α- und γ-Spektren sind β-Spektren aus Kernzerfällen kontinuierlich (▶ 4B). Da der Folgekern Energie nicht beliebig aufnehmen kann, ist aufgrund der Energieerhaltung am Zerfall noch ein weiteres Teilchen, das **Antineutrino** ($\bar{\nu}$), beteiligt.

$$^{1}_{0}n \longrightarrow {}^{1}_{1}p + {}^{0}_{-1}e + \bar{\nu}$$

Das Neutrino ist wie das Neutron elektrisch ungeladen, hat aber eine noch sehr viel geringere Masse als das Elektron. In der Nebelkammer oder mit einem Zählrohr ist es deshalb nicht nachweisbar.
Die Gleichung für den Zerfall von C-14 lautet damit:

$$^{14}_{6}C \longrightarrow {}^{14}_{7}N + {}^{0}_{-1}e + \bar{\nu}$$

Auch die Umwandlung eines Protons in ein Neutron ist möglich. Dabei entstehen jeweils die Antiteilchen zum β⁻-Zerfall: ein **Positron** und ein **Neutrino** (ν). Die vom Kern ausgesendeten Positronen nennt man deshalb auch β⁺-Strahlung: $^{1}_{1}p \longrightarrow {}^{1}_{0}n + {}^{0}_{+1}e + \nu$

γ-Strahlung • Nach einer Kernumwandlung befindet sich das neu gebildete Nuklid häufig in einem energetisch angeregten Zustand. Um den Grundzustand zu erreichen, sendet es γ-Strahlung in Form energiereicher Photonen aus. Dabei ändert sich weder die Protonen- noch die Nukleonenzahl. Der angeregte Zustand wird häufig durch einen Stern am Elementsymbol markiert: $^{222}_{88}\text{Ra}^* \longrightarrow {}^{222}_{88}\text{Ra} + \gamma$.

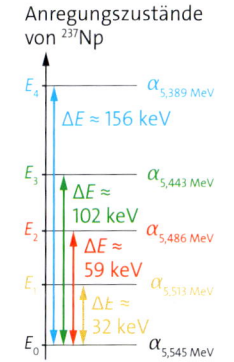

6 Energieniveauschema des Kerns von Np-237 mit Angabe der Energie der beim Zerfall aus Am-241 entstehenden α-Teilchen

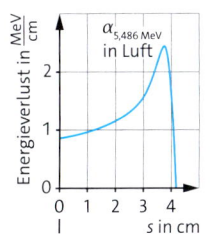

7 Bragg-Kurve zu α-Teilchen aus Am-241 in Luft

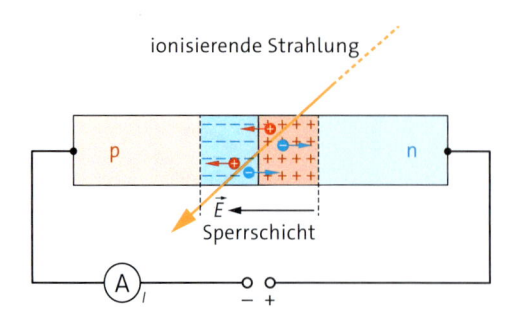

1 Funktionsprinzip Halbleiterdetektor

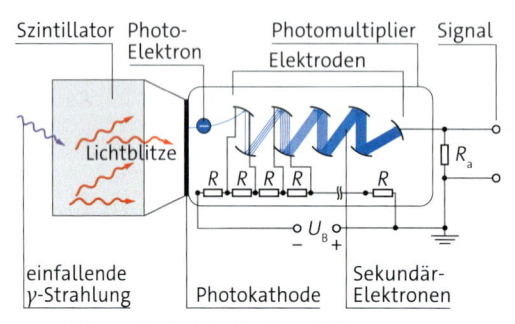

2 Funktionsprinzip Szintillationszähler

Zur Aufnahme der Energiespektren der Strahlung gibt es verschiedene Messgeräte.

Halbleiterdetektor • Ein Halbleiterdetektor funktioniert ähnlich wie eine Solarzelle, die aus einer n- und p-dotierten Halbleiterschicht besteht.
Im Betrieb ist der Detektor in sogenannter Sperrrichtung gepolt, wodurch am pn-Übergang eine Schicht ohne frei bewegliche Ladungsträger entsteht. Dringt ionisierende Strahlung in diese Sperrschicht ein, können durch Energieübertragung wieder frei bewegliche Ladungen entstehen, die einen messbaren Stromstoß bewirken. Dieser ist dabei proportional zur Energie der einfallenden Strahlung.
Durch die hohe Wechselwirkung von α-Teilchen mit Materie wird seine Energie im Halbleiterdetektor vollständig absorbiert und erfasst.
Mit Halbleiterdetektoren kann nicht nur die Energie der Strahlung gemessen werden. Da die Detektoren sehr klein sind, kann die Strahlung auch genauer geortet werden. Mehrere Detektoren ermöglichen es, die Ausbreitung der Strahlung im Raum zu messen. Die geringe Größe hat zudem den Vorteil, dass nur ein sehr geringer Anteil der kosmischen Strahlung aus der Umgebung registriert wird. Der Halbleiterdetektor hat ein hohes Zeitauflösungsvermögen und ein gutes Signal-Rausch-Verhältnis.

Szintillationszähler • Auch mit einem Szintillationszähler kann die Energie ionisierender Strahlung gemessen werden. Er besteht aus einem Salzkristall wie Zinksulfid, der beim Eindringen ionisierender Strahlung Photonen auslöst (Szintillationen). Ihre Anzahl ist proportional zur Energie der Strahlung. Durch den Fotoeffekt lösen die Photonen auf einer hinter dem Salzkristall befindlichen Kathode einzelne Elektronen aus.
Diese werden durch einen Photomultiplier zu einem messbaren elektrischen Strom exponentiell verstärkt. Dazu liegt an mehreren in Reihe geschalteten Elektroden eine Hochspannung an. An jeder Elektrode schlägt jedes im elektrischen Feld beschleunigte Elektron einige sogenannte Sekundärelektronen aus der Oberfläche der Elektrode. Mit jeder zusätzlichen Elektrode steigt so die Anzahl der Elektronen exponentiell an.
Je nach verwendetem Salzkristall eignet sich ein Szintillationszähler zur Messung von α-, β- oder γ-Strahlung oder auch Neutronenstrahlung. Szintillationszähler sind gut geeignet, um β- und γ-Spektren aufzunehmen.

Schwerionenstrahlung • Zu den ionisierenden Strahlungsarten gehört auch die Schwerionenstrahlung. Sie wird künstlich aus z. B. Metallatomen erzeugt. Energiereiche Schwerionen werden z. B. zur Erzeugung neuer Elemente verwendet. So konnten am Helmholtzzentrum für Schwerionenforschung (GSI) mehrere unbekannte Elemente erzeugt werden.

1 ▨ Das künstlich erzeugte Radon-221 kann sowohl α- als auch β^--Strahlung emittieren.
  a Geben Sie die jeweilige Zerfallsgleichung an und benennen Sie den entstehenden Kern.
  b Erläutern Sie, wie die entstehende Strahlung im Experiment unterschieden werden kann.

2 Americium-241 ist ein α-Strahler.
  a ▨ Erläutern Sie, warum das Energiespektrum der entstehenden α-Teilchen diskret ist.
  b ☐ Berechnen Sie für die beiden häufigsten Energiewerte mithilfe von ▶ 6, S. 387 die Wellenlängen der auftretenden γ-Strahlung.
  c ▨ Zeigen Sie exemplarisch anhand von ▶ 6, S. 387, dass die Zerfallsenergie für den Zerfall von Am-241 konstant ist. Ziehen daraus bezüglich des Nuklids Am-241 einen Rückschluss.

Material

Atomkern • Radioaktiver Zerfall

Material A • Energiespektrum von Am-241

Radioaktives Americium ist ein künstliches Element, das als Nebenprodukt in Kernreaktoren entsteht. Vom Nuklid Am-241 wurde das Energiespektrum (▶A1) der Strahlung aufgenommen, indem die emittierten α-Teilchen in einer Vakuumkammer durch ein Magnetfeld auf eine Kreisbahn abgelenkt wurden (▶A2). Bei konstantem Radius $r = 1{,}00$ m wird die Zählrate Z in Abhängigkeit von der magnetischen Flussdichte aufgenommen. Aus der magnetischen Flussdichte kann anschließend die Energie der α-Teilchen berechnet werden.

1 ☐ Formulieren Sie die Zerfallsgleichung für das Nuklid. Beschreiben Sie die Entstehung der α-Teilchen.

2 ✎ Beschreiben Sie den Verlauf der aufgenommenen Kurve. Erläutern Sie, wie es zu den unterschiedlichen Intensitäten bei den jeweiligen Energiewerten kommt.

3 ✎ Erläutern Sie, warum die Messung möglichst im Vakuum erfolgen muss.

4 ✎ Wesentliche Gleichung zur Berechnung der Energie ist die Beziehung: $v = \dfrac{q}{m_\alpha} \cdot B \cdot r$.
  a Benennen Sie die in der Formel enthaltenen Größen.
  b Leiten Sie die Formel begründet her.
  c Der Peak mit der häufigsten kinetischen Energie wurde bei $B = 295$ mT aufgenommen. Berechnen Sie die kinetische Energie. (Hinweis: $m_\alpha = 6{,}64 \cdot 10^{-27}$ kg)
  d Begründen Sie, dass für Energieverluste am Fenster des Strahlers und beim Eintritt in die Vakuumkammer ein Korrekturfaktor verwendet wurde.

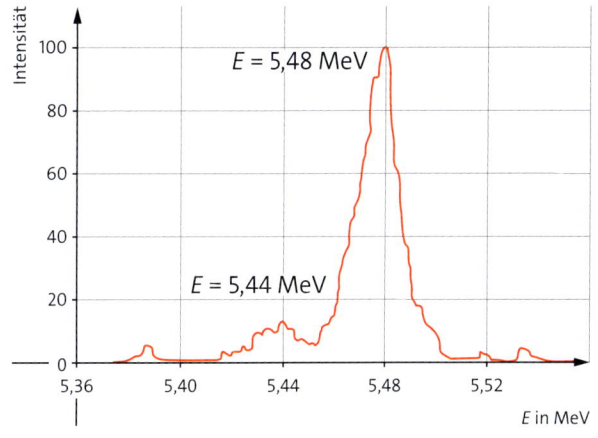

A1 Energiespektrum Am-241

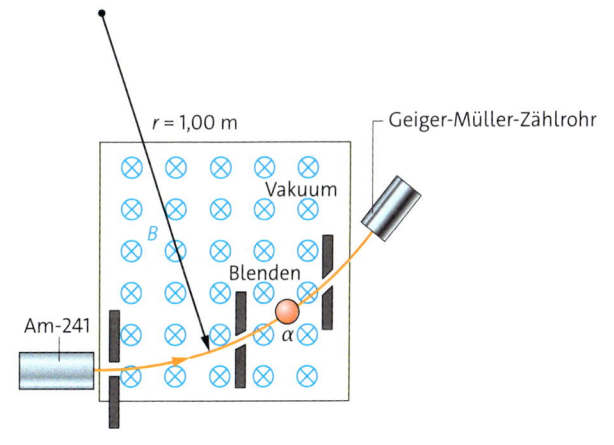

A2 Schematischer Aufbau der Messapparatur

Material B • Reichweite von α-Strahlung

Vom radioaktiven Nuklid Am-241 wurde das Energiespektrum in verschiedenen Abständen zum Messgerät (Halbleiterdetektor) aufgenommen. Der Detektor wurde hierfür mithilfe zweier Referenzsignale kalibriert. Dafür wurden die Nuklide Po-218 und Ra-210 verwendet, sodass die Skalenteile (Skt) eindeutig Energien in MeV zugeordnet werden können (▶B1).

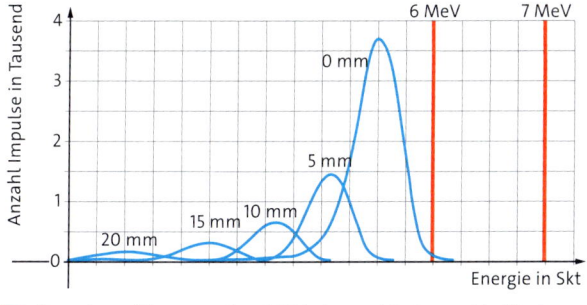

1 ☐ Erstellen Sie eine Tabelle, in der für die verschiedenen Abstände das Maximum des Energiespektrums in Skalenteilen (Skt) und in MeV notiert ist.

2 ✎ Beschreiben Sie das Diagramm und begründen Sie die Veränderungen, die sich aus der Vergrößerung des Abstands zum Detektor ergeben.

3 ✎ Begründen Sie anhand der Abbildung, dass das Experiment nicht im Vakuum durchgeführt worden sein kann.

4 ■ Der Folgekern von Americium-241 ist ebenfalls instabil, sodass dieser weiter zerfällt. Erstellen Sie eine Zerfallsreihe von Americium-241 bis zum ersten stabilen Nuklid, indem Sie Schritt für Schritt alle Folgekerne mithilfe einer Nuklidkarte ermitteln.
Hinweis: Nutzen Sie die Nuklidkarte im Anhang (▶ S. 428–429).

B1 Energiespektren von Am-241 bei verschiedenen Abständen

Methode

Arbeiten mit der Nuklidkarte

Die Nuklidkarte ist eine Übersicht über alle bekannten Nuklide. Mithilfe der Nuklidkarte können Informationen zum Aufbau der Nuklide recherchiert werden sowie Kernumwandlungen und ganze Zerfallsreihen nachvollzogen bzw. vorhergesagt werden. Die Methode gibt eine Übersicht über den Aufbau und den Umgang mit der Nuklidkarte.

Aufbau der Nuklidkarte • Die Nuklidkarte ist ähnlich wie das Periodensystem der Elemente systematisch aufgebaut (▶ 1A): In den Zeilen stehen alle Nuklide mit der gleichen Protonenzahl Z. Diese Zahl entspricht der Ordnungszahl des Elements, d. h., alle Nuklide in einer Zeile gehören zu demselben Element und werden deshalb auch alle mit dem gleichen Elementsymbol abgekürzt. Blei hat im Periodensystem der Elemente z. B. die Ordnungszahl 82, weshalb alle Nuklide in der Zeile mit $Z = 82$ Bleinuklide mit dem Elementsymbol Pb sind.
In den Spalten der Nuklidkarte stehen alle Nuklide mit der gleichen Neutronenzahl N.

Zu einem Nuklid sind zudem weitere Informationen auf der Karte enthalten: Neben dem Elementsymbol findet man die Massenzahl A (= $Z + N$), z. B. Pb-207 und bei Radionukliden die entsprechende Halbwertszeit. Bei stabilen Nukliden wird stattdessen der relative Anteil am Gesamtvorkommen des Elements angegeben.
Die Farbgebung in der Nuklidkarte enthält die Information über die Zerfallsart für ein bestimmtes Nuklid: Gelb bedeutet α-**Zerfall**, Blau β^--**Zerfall** und Orange β^+-**Zerfall**. Schwarz markierte Nuklide sind stabil.

Umgang mit der Nuklidkarte • Für die einzelnen Zerfallsarten gibt es ganz einfache Regeln beim Umgang mit der Nuklidkarte. So können Folgenuklide leicht identifiziert und eine ganze Zerfallsreihe vorhergesagt werden:

α-Zerfall: Bei dem neu entstehenden Nuklid sind durch das Aussenden eines Heliumkerns die Neutronenzahl N und die Protonenzahl Z jeweils um zwei verringert. Das Folgenuklid steht in der Karte jeweils zwei Positionen weiter links und weiter unten (▶ 1B).

β^--Zerfall: Ein Elektron wird ausgesendet. Im Folgenuklid hat sich dabei ein Neutron in ein Proton umgewandelt. N verringert sich um 1 und Z erhöht sich um 1. Das Folgenuklid steht eine Position links über dem ursprünglichen Nuklid (▶ 2A).

β^+-Zerfall: Beim β^+-Zerfall entsteht aus einem Proton ein Neutron und ein Positron (e$^+$). Das Positron ist das Antiteilchen des Elektrons – es gleicht dem Elektron, ist aber positiv geladen. Wird ein Positron ausgesendet, verringert sich Z um 1 und N vergrößert sich um 1. Das Folgenuklid steht rechts unter dem ursprünglichen Nuklid (▶ 2B).

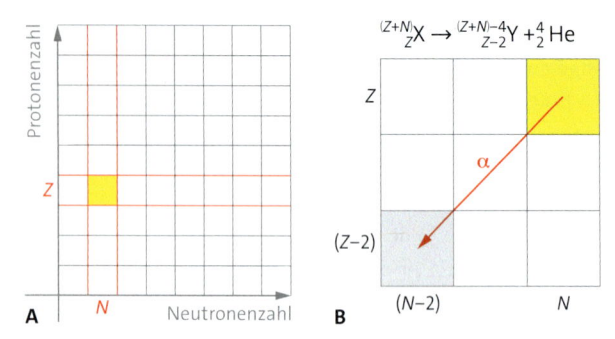

1 A Nuklidkarte; **B** α-Zerfall auf der Nuklidkarte

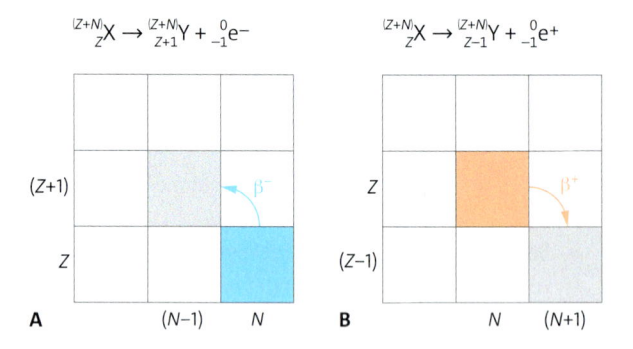

$$^{(Z+N)}_{Z}X \rightarrow ^{(Z+N)}_{Z+1}Y + ^{0}_{-1}e^-$$

$$^{(Z+N)}_{Z}X \rightarrow ^{(Z+N)}_{Z-1}Y + ^{0}_{-1}e^+$$

2 Darstellungen auf der Nuklidkarte: **A** β^--Zerfall; **B** β^+-Zerfall

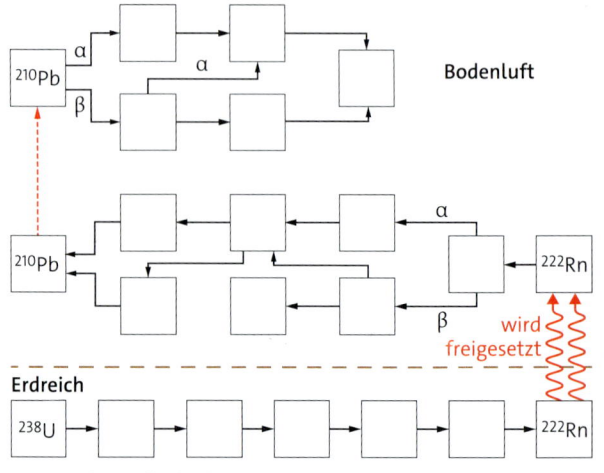

1 🔬 Radon (Rn-222) entsteht aus Uran-238 (U-238). Übertragen Sie die Zerfallsreihe (▶ 3) und vervollständigen Sie diese mithilfe der Nuklidkarte (▶ S 420–421). Geben Sie jeweils die Zerfallsart (α- bzw. β-Strahlung) an.

3 Entstehung des bodennahen radioaktiven Radons aus der U-238-Zerfallsreihe

Blickpunkt

Atomkern • Radioaktiver Zerfall

Bedeutung der Bragg-Kurve in der Strahlentherapie

Die ionisierende Wirkung radioaktiver Strahlung ist für lebende Organismen potenziell gefährlich. Die energiereichen Teilchen und Photonen sind in der Lage, chemische Bindungen zu verändern und so z. B. Schäden an Gewebe, Zellen oder dem Erbgut zu verursachen. In der Medizin kann dies aber auch gezielt genutzt werden, um z. B. Tumorgewebe durch Bestrahlung zu zerstören.

Tumorbehandlung • Wenn ein Tumor entdeckt wird, gibt es verschiedene Optionen der Behandlung, z. B. die Entfernung des Tumorgewebes durch eine Operation, die Behandlung mit Medikamenten (Chemotherapie) oder die gezielte Bestrahlung des Tumors in der Strahlentherapie.
Die Strahlentherapie kommt dabei in ungefähr der Hälfte der Fälle zum Einsatz. Bisher werden für die Therapie überwiegend Röntgenstrahlen oder γ-Strahlung verwendet. Auch mit Elektronen werden Bestrahlungen durchgeführt. Diese nutzt man meistens für oberflächliche Bestrahlungen, z. B. Tumoren der Haut, da Elektronen dort die größte Dosis abgeben. Inzwischen werden auch Protonen und Ionen genutzt, da sie einen großen Vorteil bei der Behandlung bieten, der im Folgenden erläutert werden soll.

Strahlentherapie • Ziel der Strahlentherapie ist es, das Tumorgewebe zu zerstören. Dringt Strahlung in den Körper ein, wird die Energie der Strahlung vom Gewebe absorbiert, das dadurch geschädigt werden kann. In der Therapie setzt man dies gezielt gegen Tumore ein. Dabei zeigen die verschiedenen Arten der ionisierenden Strahlung ein unterschiedliches Absorptionsverhalten im Gewebe (▶ 4). Die Bestrahlung mit energiereichen Photonen zeigt z. B., dass die Energieabgabe an das Gewebe zu Beginn des Eindringens hohe Werte aufweist und dann mit der Eindringtiefe exponentiell abnimmt (▶ 4, gelbe Kurve). Bei tieferliegenden Tumoren ist dies nicht von Vorteil, da auf dem Weg zum Tumor das umliegende gesunde Gewebe durch die Strahlung geschädigt wird. Um die Schädigung des gesunden Gewebes gering zu halten, wird die Bestrahlung aus verschiedenen Positionen ausgeführt.

So gelangt die notwendige Dosis zum Tumor und das umliegende Gewebe wird nicht zerstört.

Bedeutung der Bragg-Kurve • Die Energieabgabe von geladenen Ionen wie α-Teilchen, Protonen oder C-12-Ionen hat einen charakteristischen Verlauf. In ▶ 4 sind die Bragg-Kurven von Protonen (▶ pinke Kurve) und C-12-Ionen (▶ rote Kurve) zu sehen, die sich in ihrem Verlauf sehr stark ähneln.
Die ins Gewebe eindringenden Teilchen geben ihre Energie durch Stöße ab, wobei es zur Ionisation der Stoßpartner kommt. Zu Beginn des Eindringens geschieht dies gleichmäßig, kurz vor dem Ende der Reichweite steigt die Energieabgabe steil an. Dies zeigt der Verlauf der Bragg-Kurve deutlich an den hohen schmalen Peaks (▶ 4).

Aus dem Verlauf der Bragg-Kurve ergeben sich zwei Vorteile dieser Strahlungsart: Zum einem geben die Teilchen den größten Teil ihrer Energie auf einem räumlich sehr eng begrenzten Gebiet ab und zum anderen kann die Eindringtiefe der Strahlung durch die Energie der Teilchen verändert werden (▶ 5). Diese Energie wird dabei im Teilchenbeschleuniger gezielt eingestellt.
Auf die Weise kann die maximale Energieabgabe sehr genau auf den Bereich des Tumors begrenzt werden. Dies ist für die Strahlentherapie ideal, da auf diese Weise Tumorgewebe gezielt zerstört werden kann und das gesunde Gewebe sehr wenig Energie aufnimmt.
In der Strahlentherapie wird bisher erst in wenigen Fällen mit Protonen und C-12-Ionen gearbeitet. Diese Methode wird aber weiter in klinischen Studien erforscht.

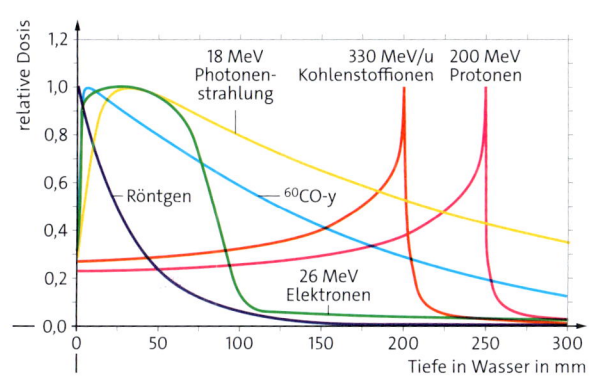

4 Absorption der Energie von Strahlungsarten im Vergleich (modelliert als Eindringtiefe in Wasser)

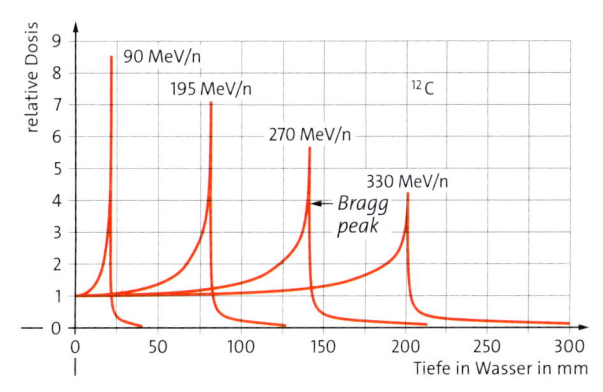

5 Verschiedene Bereiche der Energieabgabe (modelliert als Eindringtiefe in Wasser)

8.4 Zerfallsgesetz und Halbwertszeit

1 Die Stoßzähne von Elefanten liefern das Elfenbein.

Jährlich werden Schätzungen zufolge 30 000 Elefanten wegen ihres Elfenbeins illegal getötet. Elfenbeinhändler behaupten, ihr Elfenbein sei älter und falle nicht unter das Handelsverbot. Wie überprüft man diese Behauptung?

Zerfall bedeutet, dass sich das ursprüngliche Material umgewandelt hat.

Das Becquerel ist nach ANTOINE HENRI BECQUEREL (1852–1908), einem der Entdecker der Radioaktivität, benannt.

Aktivität • Ist ein Stoff radioaktiv, beinhaltet er instabile Atomkerne, die radioaktive Strahlung aussenden. Dabei wandeln sich diese Atomkerne in andere Atomkerne um. Man sagt: Der ursprüngliche Kern zerfällt.

Die Anzahl dieser **Kernzerfälle** in einer Stoffportion in einer bestimmten Zeitspanne nennt man **Aktivität**. Das Formelzeichen der Aktivität ist A, die Einheit wird mit 1 Becquerel (1 Bq) angegeben. Wenn in einer Sekunde 100 Kerne zerfallen, beträgt die Aktivität 100 Becquerel. 1 Bq ist also eine besondere Schreibweise für $\frac{1}{s}$.

> Die Aktivität A gibt die Anzahl der radioaktiven Zerfälle einer Stoffmenge pro Zeiteinheit an.
> Die Einheit ist 1 Bq = $\frac{1}{s}$ = s^{-1}.

Zählrohre weisen α- und β-Teilchen des radioaktiven Kernzerfalls nach. Mit ihnen lässt sich also die Aktivität zumindest grob abschätzen: Jedes Signal des Zählrohrs entspricht dem radioaktiven Zerfall eines Kerns. Deshalb hängt die gemessene Zählrate auch von der Anzahl der vorhandenen radioaktiven Kerne ab. Ein Zählrohr registriert nie alle Zerfälle eines Präparats, da u. a. die Strahlung in alle Richtungen ausgesendet wird und dadurch nicht vollständig ins Zählrohr gelangen kann. Aber wie häufig kommt es zum Zerfall von instabilen Kernen in einer Probe?

Zerfallsgesetz • Da die Aktivität die Anzahl der Kernzerfälle angibt, ergibt sie sich aus der Änderungsrate für die Anzahl N der instabilen Kerne:

$$A(t) = -\frac{\Delta N}{\Delta t} \text{ bzw. } A(t) = -\dot{N}(t)$$

Misst man die Aktivität einer radioaktiven Probe über einen längeren Zeitraum, nimmt sie mit der Zeit immer weiter ab. Die Anzahl der Kernzerfälle für einen bestimmten Zeitraum wird also über die Dauer kleiner. Das liegt offensichtlich daran, dass die Aktivität von der Anzahl der instabilen Kerne abhängt. Sie ist proportional dazu:

$$A(t) = -\frac{\Delta N}{\Delta t} = \lambda \cdot N(t) \text{ bzw. } A(t) = -\dot{N}(t) = \lambda \cdot N(t)$$

Diese Beziehung kennen wir z. B. schon vom Entladen eines Kondensators. Sie kann mit einer Exponentialfunktion gelöst werden:

$$N(t) = N_0 \cdot e^{-\lambda \cdot t}$$

Bildet man die erste Ableitung $\dot{N}(t) = -\lambda \cdot N_0 \cdot e^{-\lambda \cdot t}$ und setzt in die Beziehung oben ein, können wir zeigen, dass die Funktion die Gleichung löst:

$$-(-\lambda \cdot N_0 \cdot e^{-\lambda \cdot t}) = \lambda \cdot N_0 \cdot e^{-\lambda \cdot t}$$

Dabei ist $N(t)$ die Anzahl der Kerne zum Zeitpunkt t und N_0 die Ausgangsanzahl zum Zeitpunkt $t = 0$. λ ist die sogenannte **Zerfallskonstante**. Sie hat die Einheit $\frac{1}{s}$.

Die Anzahl N der Kerne in einer Probe ist einer Messung nicht zugänglich. Da aber sowohl die Zählrate Z als auch die Aktivität A proportional zu N sind, gelten die gleichen exponentiellen Beziehungen.

$Z(t) = Z_0 \cdot e^{-\lambda \cdot t}$ und $A(t) = A_0 \cdot e^{-\lambda \cdot t}$

Halbwertszeit • Der radioaktive Zerfall ist ein stochastischer Prozess: Die Umwandlung eines einzelnen Atomkerns ist spontan und daher nicht vorhersagbar. Die Zerfallskonstante beschreibt, wie viele Kerne sich innerhalb einer bestimmten Zeitspanne umwandeln. Sie ist für ein instabiles Nuklid charakteristisch. Aussagen auf der Grundlage der Zerfallskonstanten sind somit erst dann zuverlässig, wenn eine große Anzahl von Kernen betrachtet wird.
Sehr häufig wird statt der Zerfallskonstanten die **Halbwertszeit** $T_{1/2}$ angeben – also die erwartete Zeitspanne, in der gerade die Hälfte der zu Beginn der Zeitspanne vorhandenen Nuklide umgewandelt wurden (▶ 2).

$N(t = T_{1/2}) = \frac{1}{2} N_0 = N_0 \cdot e^{-\lambda \cdot T_{1/2}} \Rightarrow \lambda = \frac{\ln 2}{T_{1/2}}$

Halbwertszeiten können von Sekundenbruchteilen bis zu Hunderten von Milliarden Jahren reichen (▶ 3). Dies macht die langfristig sichere Lagerung von radioaktiven Abfällen sehr aufwendig.
Das Zerfallsgesetz kann auch direkt mit der Halbwertszeit formuliert werden.

$N(t) = N_0 \cdot \left(\frac{1}{2}\right)^{\frac{t}{T_{1/2}}}$

> Die Halbwertszeit $T_{1/2}$ ist die Zeitspanne, nach der die Hälfte der ursprünglichen Menge eines radioaktiven Nuklids noch vorhanden ist.
> $T_{1/2}$ ist eine charakteristische Größe für instabile Nuklide.

Radiokarbondatierung • Die Berechenbarkeit des Zerfallsprozesses ermöglicht die Altersbestimmung von biologischen Proben wie dem Elfenbeinzahn. Hierzu nutzt man aus, dass durch die Höhenstrahlung in den oberen Atmosphärenschichten das Stickstoff-Nuklid N-14 in das radioaktive Kohlenstoffisotop C-14 umgewandelt wird:

$^{14}_{7}N + ^{1}_{0}n \rightarrow ^{14}_{6}N + ^{1}_{1}p$.

Über die Nahrungskette wird C-14 von Lebewesen wie das gewöhnliche Isotop C-12 aufgenommen. Es ist daher genauso im Elfenbein der Elefanten wie in Tierknochen und Pflanzen. Da die Konzentration von C-14 im Organismus solange stabil bleibt, bis er stirbt, kann man aus dem Verhältnis von C-12 zu C-14 aufgrund des radioaktiven Zerfalls des Isotops Rückschlüsse auf das Alter einer organischen Probe ziehen (▶ 2). Dieses Vorgehen wird **Radiokarbonmethode** oder **C-14-Datierung** genannt.

$^{14}_{6}C \rightarrow ^{14}_{7}N + ^{0}_{-1}e + \bar{\nu}$.

Alter einer Elfenbeinprobe • Sind in einer biologischen Probe, z. B. in einer Ladung beschlagnahmter Stoßzähne, noch 99,9 % der ursprünglichen C-14-Kerne vorhanden, kann das Alter des Elfenbeins mit dem Zerfallsgesetz ermittelt werden.

$\frac{N(t)}{N_0} = e^{-\lambda \cdot t}$ mit $\frac{N(t)}{N_0} = 0{,}999$

$\Rightarrow 0{,}999 = e^{-\frac{\ln 2}{5730\,a} \cdot t} \Rightarrow t = -\frac{\ln 0{,}999}{\ln 2} \cdot 5729\,a$

Lösen der Gleichung ergibt $t \approx 8{,}27\,a$.
Da das Elfenbein noch keine neun Jahre alt ist, darf in diesem Fall damit nicht gehandelt werden.

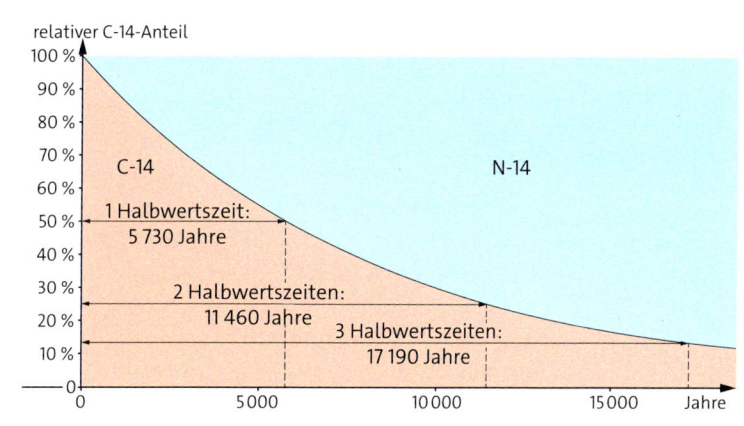

2 Anteil nicht umgewandelter C-14-Kerne in einer Probe (idealisierte Darstellung)

Nuklid	Halbwertszeit
B-12	20 ms
Rn-220	55,6 s
C-14	5730 a
Pu-239	24 110 a
U-238	$4{,}468 \cdot 10^9$ a
U-235	$7{,}038 \cdot 10^8$ a

3 Halbwertszeiten einiger radioaktiver Stoffe

1 In den Skelettknochen einer Moorleiche lassen sich noch 80 % des ursprünglichen C-14 nachweisen. Ermitteln Sie das ungefähre Alter der Moorleiche.
  a ☐ mithilfe des Graphen (▶ 2)
  b ✏ mithilfe des Zerfallsgesetzes

2 ☐ Die Aktivität eines Radon-Präparats (Rn-222) ist von 34 Bq auf 8 Bq gesunken.
  a Stellen Sie die Zerfallsgleichung auf.
  b Bestimmen Sie die Zeitspanne, in der die beiden Aktivitäten aufgenommen wurden.

Im Allgemeinen ist die C-14-Methode nur für Proben anwendbar, die älter als 300 Jahre sind. Erst die Erhöhung des C-14-Wertes durch die Atombombentests macht eine Altersbestimmung bei jungen Proben möglich.

Atombombentests • Lebewesen, die in den Jahren nach 1950 starben, weisen einen charakteristisch höheren C-14-Wert auf. Dies ist in den oberirdischen Atomwaffentests begründet, da diese die C-14-Werte in der Atmosphäre stark erhöht haben. Von den 1960er Jahren an fielen die Werte wieder. Der erhöhte C-14-Gehalt der Atmosphäre muss bei Altersbestimmungen berücksichtigt werden, weil dadurch die Annahme unveränderter Isotopenverhältnisse in der Atmosphäre nicht mehr gerechtfertigt ist. Wenn man dies berücksichtigt, kann man das Alter solch junger Elfenbeinproben mit der C-14-Methode ermitteln.

Zerfallsreihen • Viele radioaktive Nuklide kommen in der Natur vor – sie umgeben uns ständig. Sie wandeln sich um, indem sie α-Strahlung oder β-Strahlung aussenden, wobei oft auch noch γ-Strahlung entsteht. Das im Gas Radon enthaltene Nuklid Rn-220 wandelt sich z. B. um, indem es α-Teilchen aussendet:

$$^{220}_{86}\text{Rn} \rightarrow ^{216}_{84}\text{Po} + ^{4}_{2}\text{He}.$$

Das entstehende Poloniumnuklid Po-216 ist selbst radioaktiv und wandelt sich ebenfalls um und so weiter. Auf diese Weise sind natürliche radioaktive Nuklide in **Zerfallsreihen** eingebunden. An deren Ende steht jeweils ein stabiles Bleinuklid, das sich nicht mehr weiter umwandelt.

In der Natur kommen heute noch drei solcher Zerfallsreihen vor. Als Beispiel ist die Thorium-Reihe in ▶1 dargestellt. Sie beginnt beim Nuklid Th-232 und endet beim stabilen Bleinuklid Pb-208. Die beiden weiteren natürlichen Zerfallsreihen beginnen beim Urannuklid U-238 (Uran-Radium-Reihe) und beim Urannuklid U-235 (Uran-Actinium-Reihe).

> Eine Zerfallsreihe ist eine Folge von Umwandlungen radioaktiver Kerne und endet bei einem stabilen Nuklid. In der Natur kommen drei Zerfallsreihen vor.

1 ☐ $^{238}_{92}$U ist ein α-Strahler. Benennen Sie das Nuklid, das damit in der Uran-Actinium-Reihe folgt. Geben Sie die Zerfallsgleichung an.

2 ◪ Die Uran-Radium-Reihe endet bei dem stabilen Nuklid $^{206}_{82}$U, das gleich zwei Vorgängernuklide hat: einen α-Strahler und einen β-Strahler. Geben Sie die beiden Vorgängernuklide in der Zerfallsreihe an.

a Geben Sie eine Vermutung über die Halbwertszeiten der Ausgangsnuklide der Zerfallsreihen an. Begründen Sie Ihre Vermutung.

b Es gab eine vierte natürliche Zerfallsreihe, die inzwischen „ausgestorben" ist. Erläutern Sie.

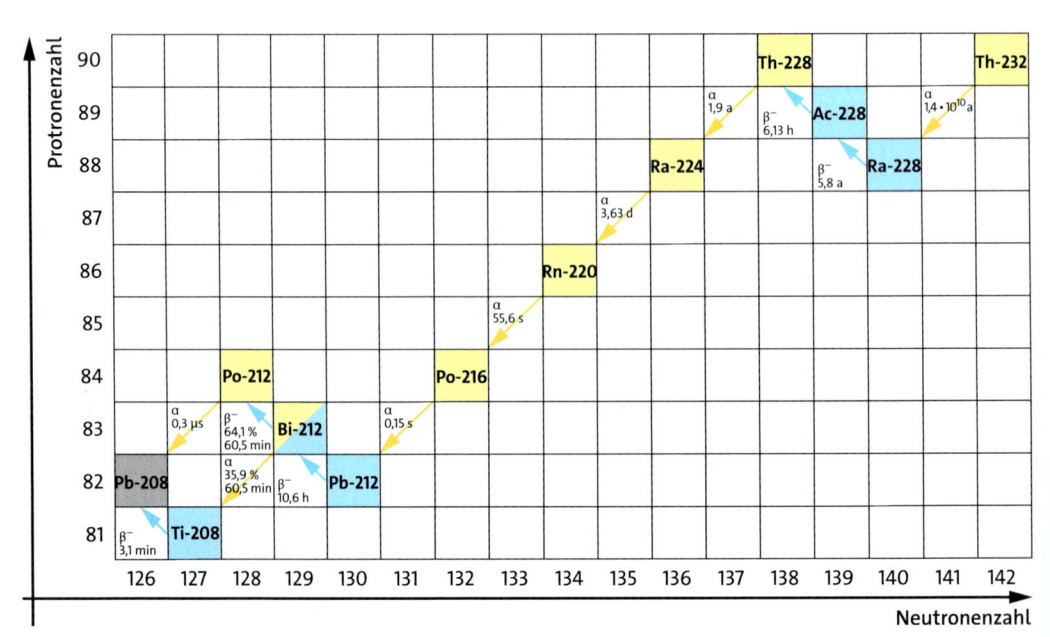

1 Thorium-Zerfallsreihe

Material

Atomkern • Zerfallsgesetz und Halbwertszeit

Versuch A • Modellversuche zum Zerfall

V1 Modellierung eines Kernzerfalls

Würfel eignen sich, den zufälligen Zerfall eines instabilen Kerns zu modellieren. Dabei stellt jeder Würfel einen Kern da. Die Kernumwandlung wird dabei durch ein bestimmtes Wurfereignis dargestellt, z. B. die Ziffer Sechs oder eine ungerade Ziffer usw. Möglich sind auch andere Gegenstände, die ein Zufallsergebnis ermöglichen.

Materialien: verschiedene Würfel (oder andere Gegenstände, die sich zur Simulation eignen, oder Zufallszahlen), Tabellenkalkulationsprogramm

Arbeitsauftrag:
Im Versuch soll die Anzahl $N(t)$ der Kerne, die noch nicht umgewandelt sind, geeignet modelliert werden.
– Erklären Sie, warum Würfel grundsätzlich geeignet sind, den radioaktiven Zerfall zu modellieren.
– Erläutern Sie, wie sich die Anzahl der Seiten der Würfel (▶ 2) und die Festlegung auf ein bestimmtes Ergebnis auf den Verlauf des Versuchs auswirken. Begründen Sie, dass für eine aussagekräftige Modellierung sehr viele gleiche Würfel notwendig sind.
– Planen Sie einen solchen Versuch und beschreiben Sie die Durchführung.
– Stellen Sie eine begründete Vermutung auf, welcher mathematische Zusammenhang für die Anzahl $N(t)$ besteht.
– Nehmen Sie geeignete Werte auf und protokollieren Sie diese in einer Tabelle.
Stellen Sie die Messwerte in einem geeigneten Diagramm dar. Beschreiben Sie das Versuchsergebnis.
– Ermitteln Sie den funktionalen Zusammenhang für $N(t)$.
– Erläutern Sie, was die Halbwertszeit in diesem Modell ist und berechnen Sie die Halbwertszeit.

2 Modellierung mit Würfeln

Material A • Halbwertszeit

Die Zählraten eines α-Strahlers wurden gemessen (▶ A1). Die Nullrate von 6 Impulsen pro 10 Sekunden wurde nicht berücksichtigt.

1 ☐ Skizzieren Sie den Versuch und beschreiben Sie die Durchführung.

2 ☐ Übertragen Sie ▶ A1 ins Heft. Ergänzen Sie die fehlenden Werte.

3 ☑ Stellen Sie die Werte in einem geeigneten Diagramm dar und bestimmen Sie grafisch die Halbwertszeit.

4 ☑ Ermitteln Sie den funktionalen Zusammenhang für $N(t)$ entweder grafisch oder mit einer Regression.

5 ☐ Ermitteln Sie mithilfe der Halbwertszeit, um welchen α-Strahler es sich handeln könnte.

Zeitraum in s	0–10	10–20	20–30	30–40	40–50	50–60	60–70	70–80	80–90	90–100	100–110	110–120	120–130	130–140
Impulse insgesamt	89	184	305	460	602	722	816	905	979	1048	1107	1162	1210	1254
Zeit t in s	5	15	25											
Impulse $N(t)$	83	89												

A1 Zählraten

Material B: Neptunium-Zerfallsreihe

Seit dem Entstehen der Erde vor etwa 4,6 Milliarden Jahren existieren drei natürliche Zerfallsreihen. Theoretisch sollte es noch eine vierte Zerfallsreihe geben. Sie müsste mit dem Nuklid Np-237 beginnen. Jedoch kommt diese Zerfallsreihe in der Natur nicht vor.

1 ☑ Geben Sie mithilfe der Nuklidkarte (▶ S. 428–429) die vollständige Zerfallsreihe ausgehend von Np-237 an.
Hinweis: Die Reihe endet beim stabilen Nuklid Bi-209.

2 ■ Begründen Sie, dass die Np-237-Zerfallsreihe in der Natur nicht existiert.
Hinweis: Beachten Sie die Halbwertszeiten der Nuklide.

Methode

Modellieren eines radioaktiven Zerfalls mittels Differenzenverfahren

Mithilfe der Zerfallsgleichung kann man die Anzahl der noch vorhandenen instabilen Kerne zu einem beliebigen Zeitpunkt aus der Halbwertzeit des Zerfalls berechnen. Es ist aber auch möglich den Zerfall mithilfe des Differenzenverfahrens zu modellieren.

Zerfallsgleichung des radioaktiven Zerfalls • Die Anzahl N der Kerne, die noch nicht umgewandelt sind, kann mit einer exponentiellen Gleichung beschrieben werden:

$N(t) = N_0 \cdot e^{-\lambda \cdot t}$ mit $\lambda = \frac{\ln 2}{T_{1/2}}$.

Um den radioaktiven Zerfall schrittweise mithilfe des Differenzenverfahrens zu modellieren, kann man eine Tabellenkalkulation nutzen.

Abfolge des Differenzenverfahrens • Die Berechnung erfolgt in drei Schritten, bei denen aus der Anzahl $N(t)$ der Kerne zu einem Zeitpunkt t die Änderung der Anzahl Kerne ΔN in einer Zeitspanne Δt ermittelt wird:
Hierzu wird im ersten Schritt die Gleichung für die zeitliche Entwicklung festgelegt. Die Zeitspanne Δt legt den Zeitschritt, woraus der Folgezeitpunkt t_{neu} berechnet wird: $t_{neu} = t + \Delta t$.

Die Anzahl der zerfallenen Kerne berechnen wir im zweiten Schritt, indem wir $\dot{N}(t)$ bilden und ausnutzen, dass $\dot{N}(t) \approx \frac{\Delta N}{\Delta t}$ gilt.

$\dot{N}(t) = -\lambda \cdot N(t) = A(t)$, mit $\lambda = \frac{\ln 2}{T_{1/2}}$.

Für die Änderung der Kerne gilt also: $\Delta N \approx -\lambda \cdot N(t) \cdot \Delta t$

Im dritten Schritt wird die Anzahl der nicht zerfallenen Kerne zum Zeitpunkt t_{neu} berechnet:

$N(t_{neu}) = N(t) + \Delta N = N(t) - \lambda \cdot N(t) \cdot \Delta t$.

Diese drei Schritte können anschließend für den nächsten Zeitschritt Δt wiederholt werden, wobei t_{neu} an die Stelle von t und $N(t_{neu})$ an die Stelle von $N(t)$ tritt.

Das Differenzenverfahren ist ein typisches numerisches Verfahren, welches für Abnahme- oder Wachstumsprozesse verschiedener Komplexität tragfähig ist. Weitere Beispiele sind die Entladung eines Kondensators, der Einschaltvorgang einer Spule oder Bewegung von Ionen in der Ionenfalle. Ein Vorteil bei der Verwendung einer Tabellenkalkulation liegt darin, dass die Modellierung auch für kompliziertere Prozesse möglich ist, ohne die eigentliche Gesetzmäßigkeit kennen zu müssen. Ein weiterer Vorteil ist, dass man direkt ein Diagramm (▶2) erstellen kann. Die Regression liefert den passenden Funktionsterm. Die noch nicht umgewandelten Kerne sind die Mutterkerne und die, die umgewandelt wurden, die Tochterkerne. Die Tabellenkalkulation liefert uns ein Ergebnis z. B. wie in ▶1.

Modellierung eines Zerfalls

Anfangsbedingungen

N_0	$T_{1/2}$ in s	λ in $\frac{1}{s}$	Δt in s
1000	73,000	0,00949	10
t in s	**$N(t)$**	**ΔN**	**$N(t) + \Delta N$**
0	1000,000	−94,952	905,048
10	905,048	−85,936	819,112
20	819,112	−77,776	741,336
...	...	...	...
100	368,738	−35,012	333,726

1 Tabelle in der Tabellenkalkulation

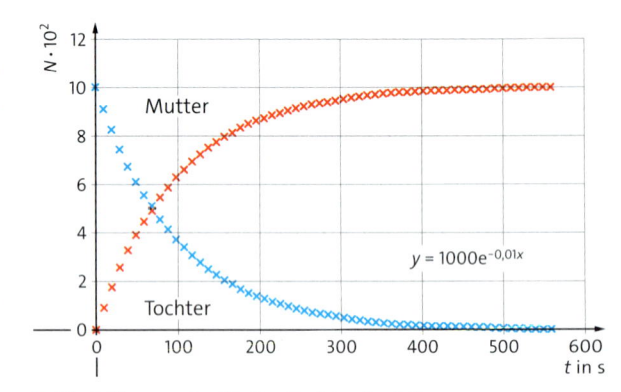

2 Modellierung des Mutter-Tochter-Zerfalls

Ergebnis • Auf unser Beispiel bezogen erhalten wir für die Entwicklung der Mutterkerne (▶2):
$N(t) = 1000 \cdot e^{-0,01 t \cdot \frac{1}{s}}$ und für die Tochterkerne:
$N_T(t) = 1000 + N(t) = 1000 - 1000 \cdot e^{-0,01 t \cdot \frac{1}{s}}$.
Genauere Werte bekommen wir, wenn wir ein kleineres Δt wählen.
In dem dargestellten Fall sind die Tochterkerne stabil. Wenn diese nicht stabil sind, können wir den Mutter-Tochter-Zerfall mithilfe der Tabellenkalkulation um weitere Generationen ergänzen.

1 ☐ In ▶1 fehlen Zwischenwerte. Berechnen Sie die fehlenden Werte für 30 s.

2 ☐ Modellieren Sie den Zerfall von Radon-220 durch ein Differenzenverfahren mithilfe einer Tabellenkalkulation.

Modellieren eines radioaktiven Zerfalls mit Würfeln

Ähnlich wie beim radioaktiven Zerfall hängt das Ergebnis eines Wurfs mit einem Würfel zwar vom Zufall ab, aber unterliegt dennoch statistischen Gesetzmäßigkeiten. Dies kann man ausnutzen, um den radioaktiven Zerfall mit Würfeln zu modellieren.

Modell und Durchführung • Zunächst vereinbaren wir, dass in unserer Modellierung jeder Würfel einen Atomkern darstellt. Die Anzahl der zur Verfügung stehenden Würfel entspricht also dem Anfangsbestand N_0 der instabilen Kerne. Wie die Umwandlungswahrscheinlichkeiten bei radioaktiven Prozessen ist auch die Wahrscheinlichkeit, eine Sechs zu würfeln, konstant. Wir würfeln zu Beginn mit 100 Würfeln (oder mehr) und sortieren die Würfel aus, die nach einem Wurf eine Sechs anzeigen. Diese sind die Kerne des Tochternuklids.

In der ersten Modellierung (Fall 1) sind dies stabile Kerne, die nicht weiter zerfallen. Die Würfel, die keine Sechs zeigen, werden erneut geworfen. Der Vorgang wird so lange wiederholt, bis keine Würfel mehr zur Verfügung stehen.
Das Ergebnis kann z. B. durch ein Foto dokumentiert (▶3) und mit einer Tabelle (▶4) und einem Diagramm (▶5) ausgewertet werden. Man erkennt auch bei einer so kleinen Zahl an Würfeln schon den exponentiellen Verlauf. Jeder durchgeführte Wurf kann einer bestimmten Zeitspanne zugeordnet werden, die einem bestimmten Bruchteil der Halbwertszeit entspricht.

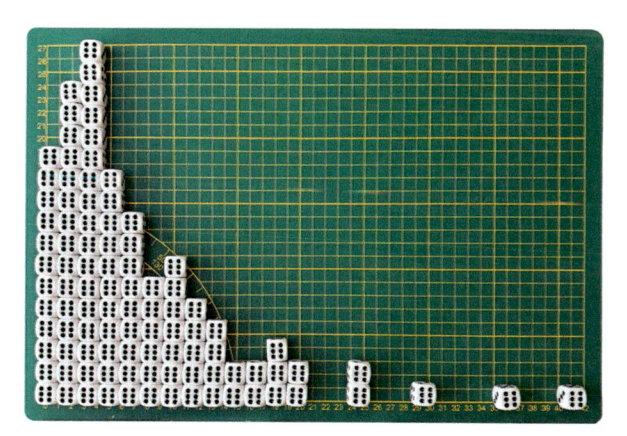

Bestimmung der Halbwertszeit • Durch die Auswertung des Diagramms können wir die Halbwertszeit bestimmen. Wir erkennen, dass die Halbwertszeit etwa vier Würfe bzw. vier Zeitspannen beträgt. Diese Halbwertszeit ergibt sich aus der Wahrscheinlichkeit für das Werfen einer Sechs – also $\frac{1}{6}$, sodass statistisch nach jedem Wurf $\frac{1}{6}$ der Würfel aussortiert werden und umgekehrt $\frac{5}{6}$ der geworfenen Würfel übrig bleiben.
Um die Halbwertszeit zu berechnen, benötigen wir die Anzahl n der Würfe, bis statistisch von 100 Würfeln nur noch 50 übrig sind, wenn in jedem Wurf $\frac{5}{6}$ der Würfel im nächsten Schritt wieder gewürfelt werden können:

$$50 = 100 \cdot \left(\frac{5}{6}\right)^n \Rightarrow n = \frac{-\ln 2}{\ln 5 - \ln 6} \approx 3{,}8.$$

Die zu erwartende Halbwertszeit beträgt also 3,8 Würfe. Dieser Wert würde in der Modellierung mit einer noch größeren Anzahl von Würfeln oder mehrmalige Wiederholung noch besser erreicht.

Modellerweiterung • In einer Erweiterung sollen sich auch die gebildeten Tochternuklide umwandeln (Fall 2). Deren Zerfall soll z. B. die halbe Halbwertszeit des Mutternuklids aufweisen ($\frac{1}{3}$). Dies können wir erreichen, indem die Würfel mit dem Ergebnis 6 (▶5, **grüne Kurve**) erneut geworfen und beim Wurf einer Eins oder einer Zwei aussortiert werden (▶5, **lila Kurve**). Die Kurven wurden dabei mit einer Tabellenkalkulation und den jeweiligen Wahrscheinlichkeiten für die Halbwertszeiten modelliert (▶5). Variiert man diese, kann man feststellen, dass die Halbwertszeit der Tochterkerne großen Einfluss auf den Zeitverlauf haben kann.

1 🖉 Führen Sie eine selbst gewählte Simulation eines radioaktiven Zerfalls durch.

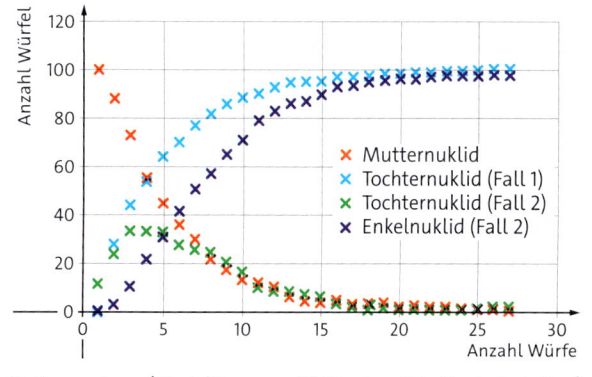

3 Tatsächlich durchgeführtes Beispiel

Wurf	Anzahl der Würfel	„6er" dieses Wurfs	Tochternuklide
1	100	12	12
2	88	15	27
...	...	...	...
26	1	1	100

4 Ergebnisse der Modellierung mit Würfeln

5 Auswertung (Modellierung mithilfe einer Tabellenkalkulation)

Auf einen Blick

Atomkern

Nukleonen	Bausteine der Atomkerne. Man unterscheidet zwischen den elektrisch positiv geladenen Protonen und den elektrisch ungeladenen Neutronen. Zwischen den Nukleonen wirkt die Kernkraft. Sie ist bei sehr kleinem Teilchenabstand größer als die zwischen den Protonen wirkende abstoßende elektrische Kraft. Die Symbolschreibweise für Atomkerne ist: $^{Nukleonenzahl}_{Protonenzahl}$Elementsymbol bzw. $^A_Z X$ Atomkerne mit gleicher Protonen- und gleicher Neutronenzahl nennt man Nuklide. Nuklide mit der gleichen Protonenzahl und unterschiedlichen Neutronenzahlen heißen Isotope.
Potenzialtopf-modell des Atomkerns	Der Atomkern kann im Anziehungsbereich der Kernkraft für die gebundenen Protonen und Neutronen durch einen Potenzialtopf modelliert werden. In diesem haben die Nukleonen diskrete, für den Kern charakteristische Energiewerte.
Massendefekt	Aufgrund der Bindung der Nukleonen im Kern ist die Masse eines Kerns kleiner als die Summe der Massen der Einzelnukleonen, aus denen er gebildet wurde. Dieser Massendefekt wird als Kernbindungsenergie frei: $E = \Delta m c^2$.
Nachweis ionisierender Strahlung	**Geiger-Müller-Zählrohr:** Die durch die Strahlung aus Gasatomen freigesetzten Elektronen werden als Spannungsabfall von einem Zählwerk registriert. **Nebelkammer:** Ionisierende Strahlung bildet durch Kondensation Nebelspuren in einem übersättigen Dampfgemisch. **Halbleiterdetektor und Szintillationszähler:** Geräte, mit denen das Energiespektrum der beim radioaktiven Zerfall entstehenden Teilchen aufgenommen werden kann.

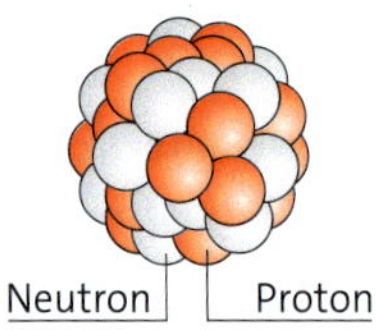

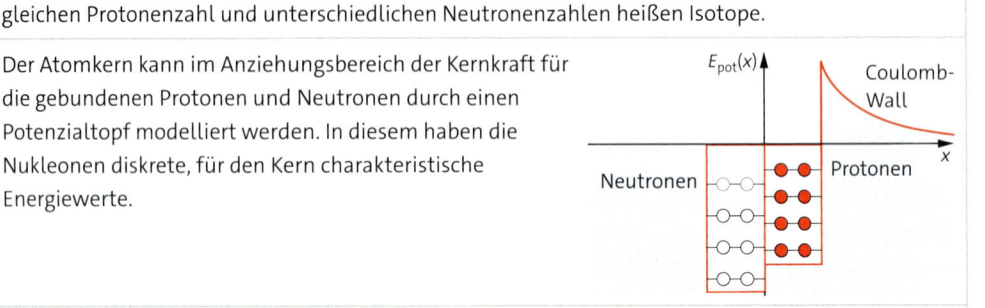

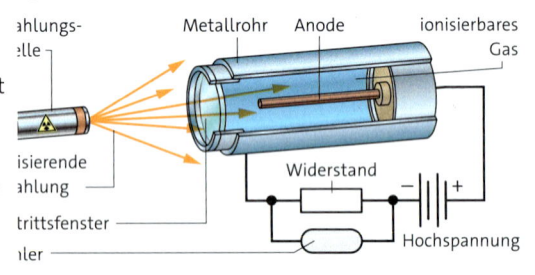

Eigenschaften ionisierender (radioaktiver) Strahlung		Ablenkung	Reichweite in Luft	Abschirmung
	α-Strahlung	durch elektrische und magnetische Felder	wenige Zentimeter	z. B. Blatt Papier
	β-Strahlung		mehrere Meter	dünne Aluminiumplatten
	γ-Strahlung	–	unbegrenzt, Abschwächung über Distanz	Abschwächung durch dicke Bleiplatten/Bleiwesten

Abstandsgesetz	Die Zählrate von γ-Strahlung nimmt mit dem Quadrat des Abstandes in Luft oder im Vakuum ab. Es gilt: $Z(r) \sim \frac{1}{r^2}$. Hierbei ist $Z(r)$ die Zählrate und r der Abstand zur Strahlungsquelle.

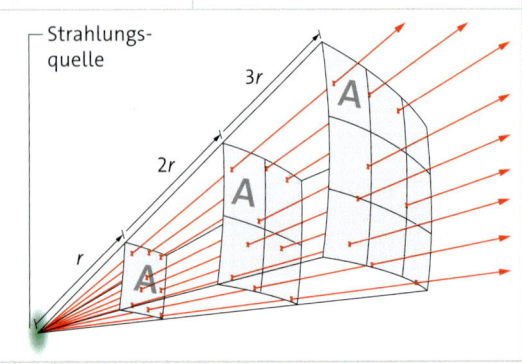

Atomkern

Absorptionsgesetz und Halbwertsdicke	Ionisierende Strahlung wie γ-Strahlung wird beim Durchtritt durch Materie abgeschwächt, da die Strahlung vom Material absorbiert wird. Verläuft die Abnahme exponentiell, dann gilt das Absorptionsgesetz: $$Z(d) = Z_0 \cdot e^{-\mu \cdot d}$$ mit $Z(d)$, Z_0 – Zählraten, d – Materialstärke, μ – materialspezifischer Absorptionskoeffizient. Die Halbwertsdicke d_H ist die Materialstärke, bei der die Intensität der Strahlung nach Transmission auf die Hälfte ihres Ausgangswerts gesunken ist. Je stärker die Abschirmung eines Materials, desto geringer ist d_H. Für die Halbwertsdicke gilt: $d_H = \frac{\ln 2}{\mu}$
Bragg-Kurve	Für relativ schwere, geladene Teilchen wie α-Teilchen, Protonen oder Ionen ist der Energieverlust in Materie kurz vor Erreichen der maximalen Reichweite maximal. Es ergibt sich der charakteristische Verlauf der Bragg-Kurve.
Radioaktivität	Spontane Umwandlung instabiler Atomkerne (radioaktiver Zerfall). Man unterscheidet anhand der auftretenden Strahlung verschiedene Kernumwandlungen. **α-Zerfall:** Kernumwandlung, bei der Heliumkerne $_2^4\text{He}$ ausgestoßen werden (α-Strahlung). Beispiel: $_{88}^{226}\text{Ra} \to {}_{86}^{222}\text{Rn} + {}_2^4\text{He}$ Allgemein: $_Z^A\text{X} \to {}_{Z-2}^{A-4}\text{Y} + {}_2^4\text{He}$. **$\beta$-Zerfall:** Kernumwandlung unter Aussendung von Elektronen e^- (β^--Strahlung) und Antineutrinos $\bar{\nu}$ oder Positronen e^+ (β^+-Strahlung) und Neutrinos ν. Beim β-Zerfall findet im Kern eine Umwandlung eines Neutrons bzw. Protons statt. Beispiel β^--Zerfall: $_{55}^{137}\text{Cs} \to {}_{56}^{137}\text{Ba} + e^- + \bar{\nu}$ Allgemein: $_Z^A\text{X} \to {}_{Z+1}^A\text{Y} + e^- + \bar{\nu}$. Beispiel β^+-Zerfall: $_{19}^{38}\text{K} \to {}_{18}^{38}\text{Ar} + e^+ + \nu$ Allgemein: $_Z^A\text{X} \to {}_{Z-1}^A\text{Y} + e^+ + \nu$. β^-: $_0^1 n \to {}_1^1 p + e^- + \bar{\nu}$ β^+: $_1^1 p \to {}_0^1 n + e^+ + \nu$. Die bei den Zerfallsprozessen gebildeten Folgekerne sind häufig energetisch angeregt und emittieren γ-Strahlung, um in den Grundzustand zu gelangen. Beispiel: $_{86}^{222}\text{Rn}^* \to {}_{86}^{222}\text{Rn} + \gamma$
Aktivität	Physikalische Größe, die die Anzahl der Kernzerfälle pro Zeiteinheit angibt. Sie wird in der Einheit Becquerel (Bq) angegeben: $1 \text{ Bq} = \frac{1}{s}$. Das Größensymbol ist A. Es gilt: $A(t) = -\frac{\Delta N}{\Delta t}$ und $A(t) = A_0 \cdot e^{-\lambda \cdot t}$
Zerfallsgesetz und Halbwertszeit	Mit dem Zerfallsgesetz kann die Anzahl der noch nicht zerfallenen Kerne berechnet werden: $N(t) = N_0 \cdot e^{-\lambda \cdot t}$ mit der Zerfallskonstanten λ: $\lambda = \frac{\ln 2}{T_{1/2}}$. Die Halbwertszeit $T_{1/2}$ ist eine charakteristische Größe für ein radioaktives Nuklid. Sie gibt die Zeitspanne an, in der sich die Hälfte der Menge eines radioaktiven Nuklids umgewandelt hat.
Zerfallsreihe	Reihe aufeinanderfolgender Kernzerfälle beginnend bei einem instabilen Nuklid und endend bei einem stabilen Nuklid. In der Natur existieren drei Zerfallsreihen.
Radiokarbonmethode	Methode zur Altersfeststellung einer organischen Probe aus der Bestimmung des verbliebenen Anteils von radioaktivem C-14 in der Probe. $T_{1/2}$(C-14) = 5730 a bzw. λ(C-14) = $3{,}833 \cdot 10^{-12} \frac{1}{s}$.

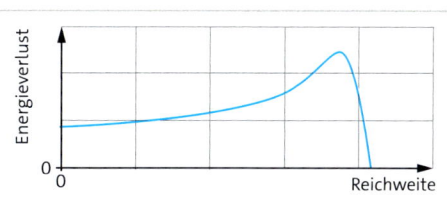

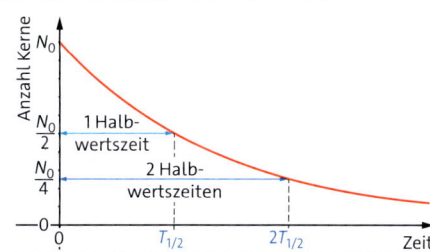

Check-up

Übungsaufgaben

1 ☐ Vom Element Lithium existieren in der Natur die beiden stabilen Nuklide $^{6}_{3}$Li und $^{7}_{3}$Li.
 a Erläutern Sie anhand der Nuklide die Bedeutung der Zahlen am Elementsymbol.
 b Erläutern Sie am Beispiel den Begriff Isotop.
 c Skizzieren Sie von einem der Nuklide das Potenzialtopfmodell des Kerns und erläutern Sie es daran.

2 Die Abbildung zeigt die Spuren in einer Nebelkammer. Die Kammer befindet sich in einem homogenen Magnetfeld, dessen Feldlinien orthogonal in die Papierebene hinein verlaufen.

 a ☐ Beschreiben Sie den Aufbau einer Nebelkammer. Fertigen Sie eine Skizze an.
 b 🔲 Erläutern Sie anhand des Bildes von den Spuren die Funktion der Nebelkammer.
 c 🔲 Erklären Sie, wie es zu den gekrümmten Spuren kommt und was man aus der Krümmungsrichtung der Spuren schließen kann.
 d 🔲 Erläutern Sie, welche Informationen man aus den Radien und Reichweiten der Spuren erhalten kann.

3 🔲 Vergleichen Sie Nebelkammer, Geiger-Müller-Zählrohr und Halbleiterdetektor als Nachweisgeräte für ionisierende Strahlung.

4 Radioaktivität ist ein natürlich vorkommendes Phänomen, bei der u. a. ionisierende Strahlung auftritt.
 a ☐ Nennen Sie die Ursache für die natürlich vorkommende Radioaktivität.
 b 🔲 Erläutern Sie die Vorgänge im radioaktiven Atomkern an einem selbst gewählten Beispiel.
 c ☐ Geben Sie die allgemeinen Reaktionsgleichungen für α-, β- und γ- Strahlung an.

5 🔲 Ein unbekanntes radioaktives Nuklid ist Bestandteil einer Zerfallsreihe, die beim Nuklid Bi-209 endet. Das Nuklid zerfällt zuerst unter Aussendung eines α-Teilchens. In den folgenden Zerfällen tritt dann β-, γ-, α- und wieder β-Strahlung auf.
 a Erläutern Sie den Begriff Zerfallsreihe.
 b Geben Sie die Zerfallsreihe unter Nutzung von Reaktionsgleichungen an. Identifizieren Sie das unbekannte Nuklid. *Hinweis:* Nuklidkarte im Anhang (▶ S. 428–429).

6 Betrachten Sie das folgende Diagramm.

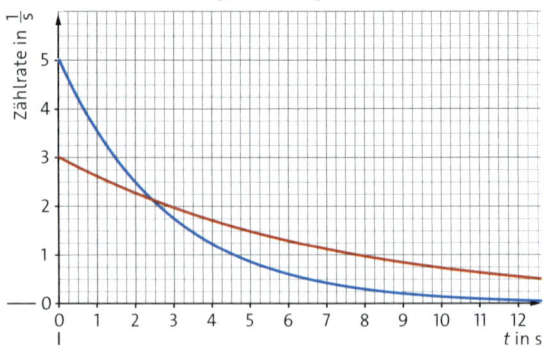

 a ☐ Beschreiben Sie das Diagramm und vergleichen Sie den Verlauf der beiden Graphen.
 b ☐ Bestimmen Sie jeweils die Halbwertszeit aus dem Verlauf der Graphen.
 c 🔲 Ermitteln Sie die Funktionsgleichungen, die die Graphen im Diagramm beschreiben.
 d 🔲 Stellen Sie die Funktionen durch Exponentialfunktionen zur Basis e dar.

7 🔲 Natürliche Radioaktivität kann zur Altersbestimmung verwendet werden.
 a Nennen Sie das Verfahren und erläutern Sie, wie man damit das Alter einer Probe berechnen kann.
 b Berechnen Sie das Alter einer Probe, wenn deren Aktivität noch 10,5 % ihres Ausgangswerts beträgt. *Hinweis:* $\lambda_{C-14} = 3{,}8 \cdot 10^{-12} \frac{1}{s}$.

8 🔲 Zur Messung der Zählrate wird ein Geiger-Müller-Zählrohr verwendet.
 a Beschreiben Sie den Aufbau anhand einer Skizze und erläutern Sie die Funktionsweise. Erläutern Sie hierbei auch die Teilchenvorgänge innerhalb des Zählrohrs.
 b Erläutern Sie die Begriffe „Totzeit" und „Nullrate" und nennen Sie Ursachen für das Auftreten einer Nullrate.
 c Begründen Sie, warum die Zählrate nicht der Aktivität einer radioaktiven Probe entspricht.

9 🔲 Verschiedene radioaktive Strahler werden jeweils mit dem Geiger-Müller-Zählrohr untersucht. Zwischen den Proben wurden dabei u. a. jeweils verschiedene Materialien zur Abschirmung eingebracht.
 a Erläutern Sie, wie man anhand der Abschirmung die Strahler voneinander unterscheiden kann. Fertigen Sie auch eine Zeichnung an, welche die Abschirmung verdeutlicht.
 b Beschreiben und erläutern Sie eine weitere Möglichkeit der Unterscheidung der verschiedenen Strahler. Fertigen Sie eine Zeichnung dazu an.

Atomkern

10 🖉 Bei einem radioaktiven Präparat wurde jeweils die Zählrate $Z(t)$ im Abstand von zwei Tagen gemessen.

t in d	0	2	4	6	8
$Z(t)$ in $\frac{1}{s}$	258	178	125	82	61

a Fertigen Sie aus den Daten ein t-Z-Diagramm. Bestimmen Sie daraus die Halbwertszeit.
b Bestimmen Sie rechnerisch die Halbwertszeit und vergleichen Sie den Wert mit dem aus a.

11 🖉 Das radioaktive Nuklid Am-241 wird in Kernreaktoren künstlich hergestellt.
a Geben Sie die vollständige Zerfallsreihe des Nuklids (also bis zum Erreichen eines stabilen Nuklids) mit Ordnungszahl, Massenzahl und Zerfallsart an.
Hinweis: Nuklidkarte im Anhang (▶ S. 428–429).
b Wenn zu Beginn das Am-241-Präparat in reiner Form vorliegt, wird man auch bei hoher Aktivität nach vielen Jahren nur sehr wenige Nuklide vom stabilen Endprodukt finden können. Stellen Sie eine begründete Hypothese auf, warum das so ist.

12 🖉 In der Sonne fusionieren in einem mehrstufigen Prozess Protonen zu Helium-4-Kernen:
$4\,{}^{1}_{1}\text{H} \rightarrow {}^{4}_{2}\text{He} + 2\,e^{+} + 2\,\nu$.
a Beschreiben Sie die ablaufende Fusionsreaktion. Erläutern Sie das Entstehen der beiden anderen Fusionsprodukte.
b Zeigen Sie, dass bei der Fusion ein Massendefekt auftritt. Berechnen Sie die Energiebilanz bezogen auf die Fusionsgleichung. *Hinweis:* $m_\nu = 0$
c Die Energiebilanz wird mit 26,7 MeV angegeben. Vergleichen Sie mit Ihrem errechneten Wert. Formulieren Sie eine Vermutung zur Erklärung der Abweichung.

13 Ein Präparat des β^--Strahlers Na-22 ($T_{\frac{1}{2}} = 2{,}6$ a) hat im Jahr 2024 eine Aktivität von etwa 20 Bq. Das Präparat wurde 1980 angeschafft.
a ☐ Stellen Sie die Zerfallsgleichung auf.
b 🖉 Berechnen Sie die Aktivität zur Zeit des Erwerbs.
c 🖉 Das Energiespektrum der β-Teilchen bei einem Kernzerfall ist nicht diskret. Begründen Sie mit dieser Aussage, dass außer den Elektronen noch ein weiteres Elementarteilchen entstehen muss.
Hinweis: Nutzen Sie dabei Erhaltungssätze.

Mithilfe des Kapitels können Sie:	Aufgabe	Hilfe
✓ den Bau von Atomkernen aus Nukleonen beschreiben und deren Zusammenhalt mithilfe des Potenzialtopfmodells erläutern.	1	S. 372 ff.
✓ die Funktionsweise von Nebelkammer, Geiger-Müller-Zählrohr und Halbleiterdetektor als Nachweisgeräte für ionisierende Strahlung erläutern und den Aufbau beschreiben.	2, 3	S. 380 f., S. 388
✓ α-, β-, γ- Strahlung, Röntgenstrahlung und Schwerionenstrahlung als Arten ionisierender Strahlung unterscheiden.	9	S. 382 ff., S. 388
✓ eine Methode der Altersbestimmung beschreiben.	7	S. 393
✓ den Aufbau und die Funktionsweise des Geiger-Müller-Zählrohrs erläutern.	8	S. 381
✓ Zerfallsreihen anhand einer Nuklidkarte aufstellen und die zugehörigen Kernumwandlungsprozesse erläutern.	4, 5, 11, 13a, 13c	S. 386 f., S. 390, S. 394
✓ das zeitliche Zerfallsgesetz für den radioaktiven Zerfall anwenden.	6, 13b	S. 392 ff.
✓ Zerfallsvorgänge grafisch darstellen und unter Verwendung der Eigenschaften einer Exponentialfunktion zur Basis e auswerten.	6, 10	S. 393
✓ anhand des Zusammenhangs $E = \Delta m c^2$ die Bindung der Nukleonen im Kern erklären und als Grundlage für die Energiefreisetzung bei Kernspaltung und -fusion über den Massendefekt interpretieren.	12	S. 375

▶ Die Lösungen zu den Übungsaufgaben finden Sie im Anhang.

Klausurtraining

Aufgabe mit Lösung

Aufgabe 1 • Untersuchung radioaktiver Strahlung

Für das Element Silber sind verschiedene stabile und radioaktive Isotope bekannt (▶M1). Bei der Bestrahlung einer Silberfolie mit langsamen Neutronen entstehen in der Folie die instabilen Nuklide $^{108}_{47}$Ag und $^{110}_{47}$Ag.
Die Silberfolie wird direkt nach Beendigung der Neutronenbestrahlung mit einem Geiger-Müller-Zählrohr untersucht und die Zählrate $Z(t)$ unter Berücksichtigung der Nullrate aufgenommen (▶M2, ▶M3). In ▶M2 ist die durchschnittliche Zählrate für die ersten 30 Sekunden der Messreihe angegeben, während in ▶M3 die Daten für die Zeitspanne von 300 Sekunden bis 480 Sekunden dokumentiert sind.

a Erläutern Sie die Entstehung der beiden Silber-Nuklide bei Bestrahlung mit langsamen Neutronen. Verwenden Sie hierzu Sie den Ausschnitt der Nuklidkarte (▶M1).

b Erstellen Sie für beide Messreihen (▶M2, ▶M3) jeweils ein passendes Diagramm. Ermitteln Sie daran jeweils den funktionalen Zusammenhang $Z(t)$ sowie die Halbwertszeiten der Kurvenverläufe.

c Begründen Sie anhand Ihrer Ergebnisse aus b, dass man den beiden Messreihen (▶M2, ▶M3) jeweils eines der beiden radioaktiven Silber-Nuklide zuordnen kann.

Protonenzahl	59	60	61	62	63	64
49	In-108 58 min β⁺ 5,16	In-109 4,2 h β⁺ 2,02	In-110 4,9 h β⁺ 3,88	In-111 2,8 d β⁺ 0,865	In-112 15 min β⁺ 2,59 β⁻ 0,664	In-113 4,3 %
48	Cd-107 6,5 h β⁺ 1,42	Cd-108 0,89 %	Cd-109 462,6 d	Cd-110 12,49 %	Cd-111 12,8 %	Cd-112 24,13 %
			β⁺ 2,14			
47	Ag-106 24 min β⁺ 2,97	Ag-107 51,84 %	Ag-108 147 s β⁻ 1,65	Ag-109 48,16 %	Ag-110 24,6 s β⁻ 2,89	Ag-111 7,45 d β⁻ 1,037
46	Pd-105 22,33 %	Pd-106 27,33 %	Pd-107 6,5·10⁶ a β⁻ 0,033	Pd-108 26,46 %	Pd-109 13,7 h β⁻ 1,116	Pd-110 11,72 %

Neutronenzahl

M1 Ausschnitt aus einer Nuklidkarte. Neben der Zerfallsart ist die Zerfallsenergie in MeV angegeben. Bei stabilen Nukliden (grau) steht die Angabe des prozentualen Anteils am Element.

t in s	0	5	10	15	20	25	30
$Z(t)$ in $\frac{1}{s}$	104	92	81	71	62	56	49

M2 Durchschnittliche Zählrate, $t = 0–30$ s

t in s	300	330	360	390	420	450	480
$Z(t)$ in $\frac{1}{s}$	2,07	1,8	1,54	1,35	1,16	1,00	0,85

M3 Durchschnittliche Zählrate $Z(t)$, $t = 300–480$ s

Lösung

a Im Silber sind die beiden stabilen Nuklide $^{107}_{47}$Ag und $^{109}_{47}$Ag vorhanden. Bei der Bestrahlung mit langsamen Neutronen fangen die Atomkerne jeweils ein Neutron ein. Dadurch erhöht sich ihre Massenzahl um 1. Es entstehen die Nuklide $^{108}_{47}$Ag und $^{110}_{47}$Ag.

b Exponentielle Regressionen der Messdaten (▶1):
Für $t = 0–30$ s: $Z(t) = 103{,}93\,\frac{1}{s} \cdot e^{-0{,}025\,\frac{1}{s} \cdot t}$
Für $t = 300–480$ s: $Z(t) = 9{,}0934\,\frac{1}{s} \cdot e^{-0{,}005\,\frac{1}{s} \cdot t}$

A
Diagramm: $Z(t)$ in $\frac{1}{s}$ gegen t in s, $Z(t) = 103{,}93\,\frac{1}{s} \cdot e^{-0{,}025\,\frac{1}{s} \cdot t}$, $t = 0$ bis 30 s.

B
Diagramm: $Z(t)$ in $\frac{1}{s}$ gegen t in s, $Z(t) = 9{,}0934\,\frac{1}{s} \cdot e^{-0{,}005\,\frac{1}{s} \cdot t}$, $t = 300$ bis 480 s.

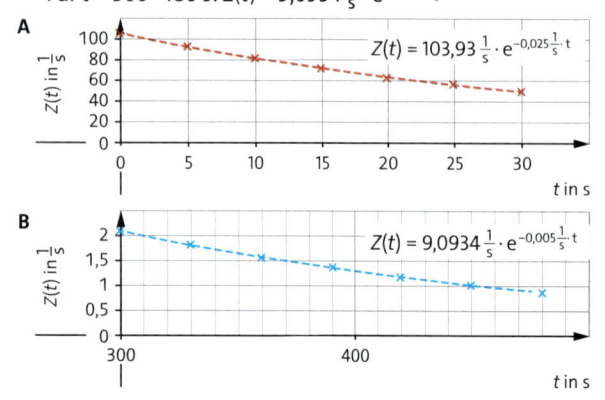

1 Diagramme der Messreihen: **A** $t = 0–30$ s; **B** $t = 300–480$ s

Die Halbwertszeiten der Graphen ergeben sich aus den Zerfallskonstanten der Funktionen: $T_{1/2} = \frac{\ln 2}{\lambda}$.

Für $t = 0–30$ s: $T_{1/2} = \frac{\ln 2}{0{,}025\,s^{-1}} = 27{,}73$ s

Für $t = 300–480$ s: $T_{1/2} = \frac{\ln 2}{0{,}005\,s^{-1}} = 138{,}63$ s

c Die durch die Messwerte ermittelten Halbwertszeiten betragen für $^{110}_{47}$Ag etwa 28 s und für $^{108}_{47}$Ag etwa 139 s. Der Vergleich der ermittelten Halbwertszeiten mit denen aus der Nuklidkarte zeigt, dass die Zählraten der Messreihe für $t = 0–30$ s dem Nuklid $^{110}_{47}$Ag ($T_{1/2} = 24{,}6$ s) zugeordnet werden können und die für die Messreihe für $t = 300–480$ s dem Nuklid $^{108}_{47}$Ag ($T_{1/2} = 147$ s).
In den ersten 30 s nach der Bestrahlung mit langsamen Neutronen wird also überwiegend die ausgesandte β-Strahlung von $^{110}_{47}$Ag gemessen. Nach 300 s sind für $^{110}_{47}$Ag aber schon mehr als 12 Halbwertszeiten vergangen. Es ist also von $^{110}_{47}$Ag weniger als $\left(\frac{1}{2}\right)^{12} \approx 0{,}025\,\%$ vorhanden, sodass in der zweiten Messreihe fast nur die ausgesandte β-Strahlung von $^{108}_{47}$Ag gemessen wird.

Aufgaben mit Hinweisen

Aufgabe 2 • Uran-Blei-Methode

Der Zerfall von Uran-238 (^{238}U) über mehrere Zwischenprodukte in das stabile Blei-206 (^{206}Pb) kann zur Altersbestimmung genutzt werden. In guter Näherung kann man diese Zerfallsreihe so beschreiben, als würde ^{238}U mit $T_{1/2} = 4{,}5 \cdot 10^9$ a direkt in ^{206}Pb zerfallen. Aufgrund des großen $T_{1/2}$ lassen sich u. a. Entstehungszeitpunkte von Gesteinen bestimmen. Eine Gesteinsprobe enthält die Anzahl $N_\text{U-238}(t)$ an ^{238}U-Atomen sowie $N_\text{Pb-206}(t)$ an ^{206}Pb-Atomen.

a Begründen Sie anhand der Nukleonenzahlen, dass Protactinium-233 kein Zwischenprodukt des Zerfalls von ^{238}U sein kann.

b Begründen Sie, dass es sinnvoll ist, näherungsweise von einem einstufigen Zerfall von ^{238}U zum stabilen Nuklid ^{206}Pb auszugehen (Nuklidkarte: ▶ S. 428–429).

c Die Probe enthält $m_\text{U-238} = 1{,}23\,\mu\text{g}$ und $m_\text{Pb-206} = 0{,}50\,\mu\text{g}$. Berechnen Sie die Anzahl $N_\text{U-238}(t=0)$ und das Alter des Gesteins unter der Annahme, dass $N_\text{Pb-206}(t=0) = 0$ ist und es nach seiner Bildung nicht mehr mit der Umwelt wechselwirkte.

d Tatsächlich hat die Gesteinsprobe durch geologische Prozesse einen Teil ihres Bleigehalts verloren. Erläutern Sie begründet, ob das in c berechnete Alter geringer oder höher als das tatsächliche Alter ist.

Aufgabe 3 • Abschirmung

In einem Vorversuch zur Abschirmung der Strahlung von Caesium-137 (^{137}Cs) wird eine Nullrate von $0{,}38\,\tfrac{1}{\text{s}}$ ermittelt. Anschließend wird ein Geiger-Müller-Zählrohr im Abstand von 8,0 cm zum Präparat aufgestellt und eine Zählrate von $1052\,\tfrac{1}{\text{s}}$ gemessen. Dann wird eine 0,50 mm dicke Bleiplatte direkt vor das Zählrohr gestellt. Dadurch sinkt die Zählrate auf $125\,\tfrac{1}{\text{s}}$. Diese Platte bleibt auch bei den weiteren Messungen direkt vor dem Zählrohr. Bei diesen Messungen werden zusätzlich Eisenplatten unterschiedlicher Dicke d zwischen Präparat und Zählrohr eingebaut und die Zählrate in Abhängigkeit von d gemessen (▶ M4).

a Entscheiden Sie begründet, welche Arten von Strahlung die Probe aussenden muss.

b Erläutern Sie, aus welchen Gründen die Bleiplatte vor dem Zählrohr platziert wird.

c Entscheiden Sie begründet, ob die Nullrate bei der Auswertung berücksichtigt werden muss.

d Erstellen Sie aus den Messwerten (▶ M4) ein Diagramm. Ermitteln Sie die Halbwertsdicke und den funktionalen Zusammenhang $Z(d)$.

e Berechnen Sie die Halbwertsdicke.

f Berechnen Sie die Dicke, die die Eisenplatte haben muss, damit die Strahlung auf $\tfrac{1}{1000}$ des ursprünglichen Wertes reduziert wird.

g Begründen Sie, warum ^{137}Cs in Blei und nicht in Eisen gelagert wird.

d in mm	0,0	10,0	20,0	30,0	40,0	50,0	60,0
$Z(d)$ in $\tfrac{1}{\text{s}}$	125	90	63	44	30	21,3	14,2

M4 Zählrate in Abhängigkeit von der Dicke der Eisenplatten

Hinweise

Aufgabe 2

a Nur beim α-Zerfall ändert sich die Massenzahl (aber immer um 4).

b Halbwertszeiten der Folgeprodukte mit $T_{1/2}$ von ^{238}U vergleichen.

c Masse mithilfe der Nuklidmassen (^{238}U: 238,05 u und ^{206}Pb: 205,97 u) in Anzahl der Atome umrechnen. $N_\text{U-238}(t=0)$ ergibt sich aus der Summe von $N_\text{U-238}(t)$ und $N_\text{Pb-206}(t)$. Ergebnisse: $N_\text{U-238}(t) = 3{,}11 \cdot 10^{15}$, $N_\text{Pb-206}(t) = 1{,}46 \cdot 10^{15}$ und Alter von $t = 2{,}5 \cdot 10^9$ a.

d Die Gesteinsprobe ist älter, da durch den Massenverlust an Blei $N_\text{U-238}(0)$ geringer berechnet wird.

Aufgabe 3

a γ-Strahlung ist hier wesentlich. Diese hat eine größere Reichweite und ein größeres Durchdringungsvermögen. ^{137}Cs ist ein β-Strahler, dessen Folgeprodukt ^{137}Ba durch Emission von γ-Strahlung den Grundzustand erreicht.

b Bleiplatte vor dem Zählrohr, um jegliche Umgebungsstrahlung abzuschirmen.

c Nein, siehe b.

d Das Diagramm zeigt eine exponentielle Abnahme. Regression liefert: $Z(d) = 128{,}3\,\tfrac{1}{\text{s}} \cdot e^{-0{,}036\,\tfrac{1}{\text{mm}} \cdot d}$

e Es gilt: $d_{1/2} = \dfrac{\ln 2}{0{,}036\,\text{mm}^{-1}}$
$d_{1/2} = 19{,}25$ mm.

f Mit jeder Halbwertsdicke n wird die Strahlung halbiert. Eine Abschätzung ergibt so $n = 10$: $\tfrac{1}{2^{10}} = \tfrac{1}{1024}$. Genaue Bestimmung:
$d = n \cdot d_{1/2} = \dfrac{\ln 1000}{\ln 2} \cdot 19{,}25$ mm
$d = 191{,}8$ mm.

g Blei hat vor allem aufgrund seiner viel größeren Dichte bessere Absorptionseigenschaften. Eine Abschirmung aus Eisen müsste viel dicker sein; siehe f.

Klausurtraining

Training I • Massendefekt und radioaktiver Zerfall

Aufgabe 4 • Stabilität von Bor-Nukliden

Das Element Bor (Ordnungszahl $Z = 5$) gehört zu den Halbmetallen. In der Natur existieren mit ^{10}B und ^{11}B nur zwei bekannte Isotope, die beide stabil sind (▶M1). Es sind allerdings noch eine Reihe weiterer sehr kurzlebiger radioaktiver Nuklide bekannt (▶M2).

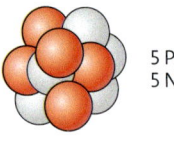

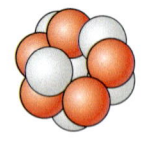

5 Protonen
5 Neutronen

5 Protonen
6 Neutronen

^{10}B ^{11}B

M1 Kernmodell der beiden natürlich vorkommenden Bor-Nuklide ^{10}B und ^{11}B

Nuklid	Z	N	Kernmasse in u
^{6}B	5	1	6,048 057 1
^{7}B	5	2	7,026 969 1
^{8}B	5	3	8,021 864 4
^{9}B	5	4	9,010 586 7
^{10}B	5	5	10,010 194 1
^{11}B	5	6	11,006 562 1
^{12}B	5	7	12,011 609 7
^{13}B	5	8	13,015 037 3
^{14}B	5	9	14,022 661 1
^{15}B	5	10	15,028 345 1

M2 Nuklide des Bors

Teilchen	Masse in u
Neutron	1,008 664 915
Proton	1,007 276 566
C-12-Nuklid	11,996 708 5
He-4-Nuklid	4,001 506 18

M3 Masse weiterer Teilchen zur Berechnung

Übernehmen Sie die Tabelle (▶M2) und für die folgende Berechnung relevanten weiteren Größen (▶M3) in ein Tabellenkalkulationsprogramm.

a Ermitteln Sie mithilfe des Programms die entsprechende Summe der Massen aller Nukleonen, aus denen das jeweilige Nuklid aufgebaut ist.

b Berechnen Sie den Massendefekt für jedes angegebene Nuklid. Begründen Sie hierzu, ob sie die gemessene Kernmasse von der berechneten abziehen müssen, oder umgekehrt die berechnete von der gemessenen abziehen müssen.

c Um die Stabilität der verschiedenen Nuklide zu vergleichen, ist es notwendig, den Massendefekt pro Nukleon zu betrachten. Begründen Sie diese Notwendigkeit.

d Erstellen Sie ein A-$\frac{\Delta m}{A}$-Diagramm für die Bor-Nuklide und beschreiben Sie den Verlauf.

e Erläutern Sie damit die Stabilität der Isotope ^{10}B und ^{11}B.

f Das Nuklid B-12 ist ein β^--Strahler. Seine Halbwertszeit beträgt 20,2 ms. Geben Sie die Zerfallsgleichung des Nuklids an und erläutern Sie die beim Zerfall ablaufenden Prozesse.

g Begründen Sie, warum das B-12-Nuklid instabil ist, obwohl der Massendefekt pro Nukleon größer ist als beim Nuklid B-10.

h Das Nuklid B-8 ist hingegen ein β^+-Strahler mit einer Halbwertszeit von 770 ms. Geben Sie die Zerfallsgleichung des Nuklids an.

i Erläutern Sie mithilfe des Potenzialtopfmodells, warum das Nuklid B-8 ein β^+-, während das Nuklid B-12 ein β^--Strahler ist.
Hinweis: Es sind keine Berechnungen notwendig.

j Auch der Folgekern vom B-8-Nuklid ist instabil und zerfällt als α-Strahler. Stellen Sie die Zerfallsgleichung auf und begründen Sie den Zerfall energetisch.

k Berechnen Sie den gesamten Energieumsatz beim Zerfall von 1 mg des B-8-Nuklids. Schätzen Sie ab, wie lange der vollständige Zerfall dauert.
Hinweis: Die Halbwertszeit des Folgekerns beträgt weniger als 10^{-16} Sekunden, sodass ein sofortiger Weiterzerfall angenommen werden darf.

Training II • Radioaktivität

Aufgabe 5 • Radonmessung

Radon ist ein natürliches radioaktives Edelgas, das geruch-, geschmack- und farblos ist. Es entsteht überall dort, wo sein Mutternuklid Radium vorhanden ist, zum Beispiel im Erdboden und in Baumaterialien. Aus dem Baugrund gelangt Radon ins Freie und auch in Gebäude.

Der Mittelwert der Radonaktivitätskonzentration in Wohnungen beträgt in Deutschland rund 50 Bq/m³ Raumluft, in Kellerräumen ist die Konzentration am höchsten. Dabei variiert die Radonkonzentration deutlich. Werte oberhalb von 100 Bq/m³ Raumluft können zu gesundheitlichen Belastungen führen.

In der Luft treten natürlicherweise zwei Radon-Isotope auf: Rn-220 aus der Thorium-Reihe und Rn-222 aus der Uran-Radium-Reihe. Beim radioaktiven Zerfall des Radons entstehen Isotope von Polonium, Bismut und Blei. Vor allem die kurzlebigen Radon-Folgeprodukte lagern sich an feinste Teilchen in der Luft an und bleiben deshalb über einen relativ langen Zeitraum in der Schwebe. Sie können gemeinsam mit Radon eingeatmet werden und führen so vor allem zu einer Strahlenexposition des Lungengewebes.

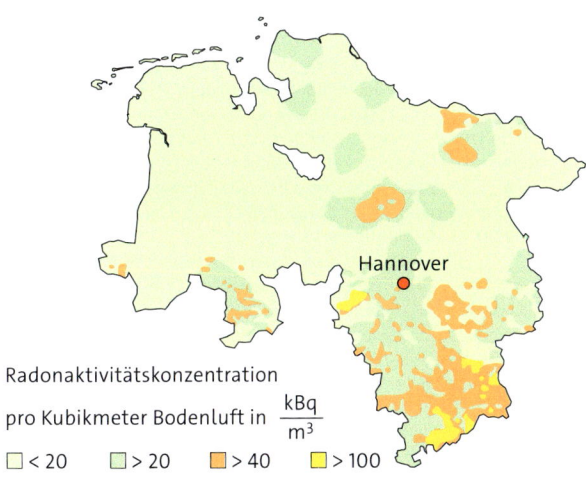

Radonaktivitätskonzentration pro Kubikmeter Bodenluft in $\frac{kBq}{m^3}$

☐ < 20   ☐ > 20   ☐ > 40   ☐ > 100

M4 Durchschnittliche Radonaktivitätskonzentrationen in der Bodenluft (im Freien) für das Bundesland Niedersachsen

a Beschreiben Sie die Abbildung (▶M4). Begründen Sie, warum die Werte für die Bodenluft stark von den Durchschnittswerten für die Luft in Wohnräumen abweichen.

b Geben Sie die Zerfallsgleichung von Rn-222 an.

c Geben Sie die Zerfallsreihe von Rn-222 bis hin zum stabilen Blei-Isotop vollständig an. Geben Sie dabei jeweils nur die am häufigsten auftretende Zerfallsart an. Die Angabe der Ordnungszahlen ist nicht erforderlich.

d Erläutern Sie den α-Zerfall im Potenzialtopfmodell und wählen Sie dazu eine geeignete Zeichnung.

Im Keller eines Hauses wird ein blanker Konstantandraht von 10 m Länge aufgespannt und einen Tag lang an den negativen Pol einer Spannungsquelle mit $U = 5\,\text{kV}$ angeschlossen (▶M5). Danach wird der Draht mit einem acetongetränkten Papiertuch abgewischt. Mit einem Zählrohr untersucht man den angesammelten Staub, indem man während eines Tages jeweils eine Minute lang die Zählrate Z bestimmt (▶M6).

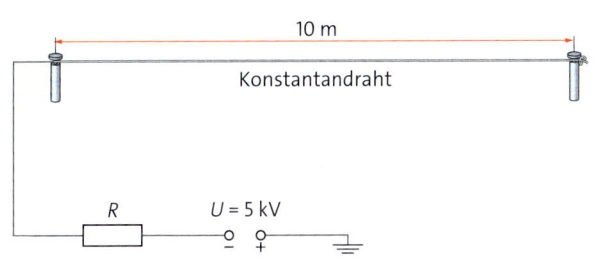

M5 Schaltskizze

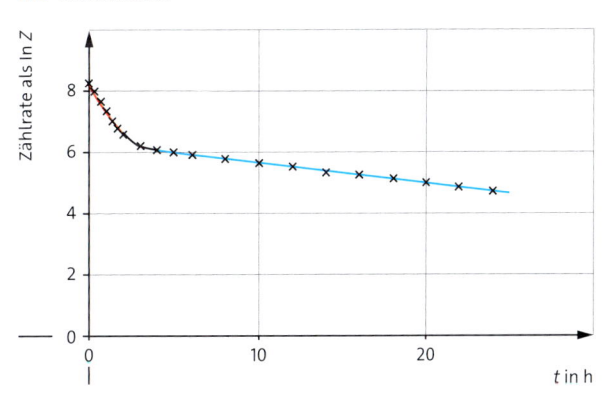

M6 Grafische Darstellung der Messwerte

e Geben Sie an, welche Radionuklide sich hauptsächlich in dem Staub befinden, der sich im Experiment an den Konstantandraht (▶M5) anlagert.

f Aus ▶M6 lässt sich entnehmen, dass in der Staubprobe zwei verschiedene Radionuklide mit unterschiedlicher Halbwertszeit enthalten sind. Ermitteln Sie die Zerfallskonstante λ_{lang} des längerlebigen Nuklids.

g Berechnen Sie auch die zugehörige Halbwertszeit $T_{\frac{1}{2},\,\text{lang}}$. Für die Halbwertszeit des kurzlebigeren Nuklids ergibt sich $T_{\frac{1}{2},\,\text{kurz}} = 29{,}7\,\text{min}$. Bestimmen Sie die beiden Nuklide anhand der infrage kommenden Zerfallsreihen und ordnen Sie diese den beiden Radon-Isotopen zu.

h Begründen Sie, warum sich gerade die in **e** bestimmten Nuklide auf dem Draht angesammelt haben. Geben Sie eine begründete Vermutung an, welche Nuklide nach längerer Zeit zu erwarten sind, wenn also die Zählraten über mehrere Tage gemessen werden.

Lösungen der Check-up-Aufgaben

Elektrische Felder (S. 56–57)

1 a Das Muster zeigt Ketten von Grießkörnern. Diese verlaufen ungefähr radial nach außen.
b Die Ladungsart lässt sich nicht aus dem Bild erschließen. Das elektrische Feld einer einzelnen elektrischen Ladung verläuft entweder von der Ladung radial nach außen (positiv) oder radial auf die Ladung zu (negativ).
c (und Grafik zu b sowie Feldstärkevektoren für 2c)

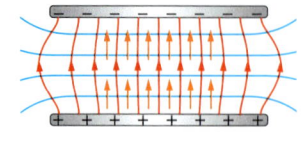

Punktförmige Ladung   Plattenkondensator

2 a $C = \frac{A}{d} \cdot \varepsilon_0 = \frac{1\,m^2}{0{,}01\,m} \cdot 8{,}8542 \cdot 10^{-12}\,\frac{A \cdot s}{V \cdot m} = 8{,}8542 \cdot 10^{-10}\,F$
b Bei sehr großen Platten ist die Ladung überwiegend gleichmäßig auf den Platten verteilt. Am Rand ist die Zahl der Ladungen ein wenig überhöht. Für die Ladung gilt:
$Q = C \cdot U_C = 8{,}8542 \cdot 10^{-10}\,F \cdot 1000\,V = 8{,}8542 \cdot 10^{-7}\,C$
c $|\vec{E}| = \frac{U_C}{d} = \frac{1000\,V}{0{,}01\,m} = 10^5\,\frac{V}{m}$
Die Feldstärkevektoren sind oben in der Grafik eingezeichnet.

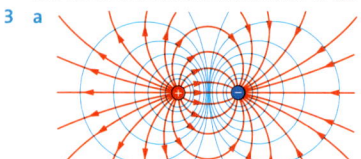

3 a

b Die positive Ladung verursacht Feldvektoren, die radial nach außen verlaufen, wobei die Länge proportional zum inversen quadratischen Abstand von der Ladung abnimmt. Ebenso verursacht die negativen Ladung Feldvektoren, die radial nach innen verlaufen, wieder nimmt die Länge proportional zum inversen quadratischen Abstand von der Ladung ab. Entsprechend dem Prinzip der linearen Superposition werden an jeder Stelle im Feld die beiden Feldvektoren, die von der positiven beziehungsweise von der negativen Ladung verursacht werden, vektoriell addiert. Der resultierende Vektor ist der an dieser Stelle tatsächlich vorhandene Feldvektor. Die Feldlinien werden so gezeichnet, dass die tatsächlichen Feldvektoren tangential an der Feldlinie sind.

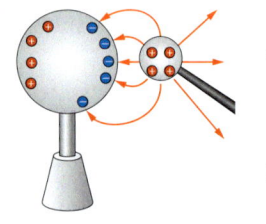

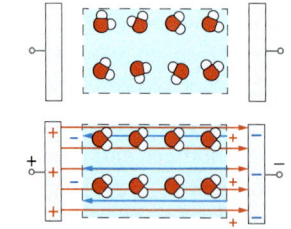

4

Influenz   Orientierungspolarisation

a *Influenz:* Eine negativ geladene Kugel (rechts) wird in die Nähe einer leitfähigen neutralen Kugel gebracht. Die negativ geladene Kugel zieht positive Ladungen auf der neutralen Kugel an und stößt negative Ladungen ab. So sammeln sich auf der neutralen Kugel positiven Ladungen rechts und negative links.
b *Orientierungspolarisation:* In einem Körper befinden sich polarisierte Teilchen anfangs mit ungeordneter Orientierung. Dann wird eine negativ geladene Kugel neben den Körper gebracht. Dadurch orientieren sich die Teilchen mit ihrem positiven Ende zur negativen Kugel hin.

5 a Zwischen den geladenen Platten bilden die Grießkörner Ketten. Diese verlaufen überwiegend senkrecht zu den Platten, wobei die Ketten in der Nähe des Rings stets senkrecht den Ring treffen. Innerhalb des Rings sind die Grießkörner ungeordnet.
b Wo Grießkornketten vorhanden sind, geben sie den Verlauf der Feldlinien an: Daher verlaufen zwischen den geladenen Platten die Feldlinien überwiegend senkrecht zu den Platten, wobei die Feldlinien in der Nähe des Rings stets senkrecht den Ring treffen. Innerhalb des Rings gibt es keine Grießkornketten. Daher gibt es dort kein Feld und keine Feldlinien.
c Lösungsskizze: ▶ S. 14; 3B
d Im Ring werden entsprechend dem Phänomen der Influenz Ladungen verschoben. Im Metallring überlagern sich das von den Platten verursachte Feld mit dem von den verschobenen Ladungen im Ring verursachten Feld entsprechend der linearen Superposition. Dabei kompensieren die beiden Felder einander genau. Denn bliebe ein unkompensiertes Feld übrig, dann würden durch dieses restliche Feld Ladungen verschoben, bis auch diese das restliche Feld kompensiert haben (▶ S. 68; 4).
e Ein solcher Metallring ist ein faradayscher Käfig. Er schützt vor elektrischen Feldern. So werden beispielsweise die Insassen eines Autos vor elektrischen Feldern geschützt. Da ein Blitz von einem elektrischen Feld verursacht wird, dient ein faradayscher Käfig als Blitzschutz.

6 a Lösungsskizze: ▶ S. 15; 6B
Die Feldlinien treffen stets senkrecht auf eine Metallfläche. Denn anderenfalls gäbe es eine tangentiale Feldkomponente im Leiter. Diese würde Ladungen verschieben, bis das Feld keine tangentiale Komponente mehr hat, also senkrecht steht.
Von oben gleichmäßig einlaufende Feldlinien treffen senkrecht auf die Spitze. Dadurch treffen an der Spitze überproportional viele Feldlinien ein.
b Das elektrische Feld ist weit oberhalb der Spitze gleichmäßig. Das Feld ist an der Spitze überhöht, da dort überproportional viele Feldlinien eintreffen. Das Feld ist seitlich und unterhalbe der Spitze geschwächt, weil die Spitze Feldlinien auf sich gezogen hat. Dadurch wirkt die Spitze bereits als Blitzschutz. Zusätzlich ist die Spitze geerdet und leitet mögliche Ladungen, die sich überwiegend entlang den Feldlinien bewegen, zur Erde hin ab. Das trägt auch zum Blitzschutz bei.

7 a $Q = C \cdot U = 2\,nF \cdot 10\,V = 20\,nC = 2 \cdot 10^{-8}\,C$
b Mit Dielektrikum gilt für die Kapazität: $C = \frac{A}{d} \cdot \varepsilon_0 \cdot \varepsilon_r$, sodass sich die Kapazität verdoppelt. Da die Spannungsquelle angeschlossen ist, verdoppelt sich die Ladung auf 40 nC, aber die Feldstärke bleibt unverändert ($|\vec{E}| = \frac{U_C}{d}$).

8 Gravitationsfelder laufen auf Massen zu, elektrische Felder laufen auf negative Ladungen zu. Äquipotenziallinien stehen senkrecht auf den Feldlinien.

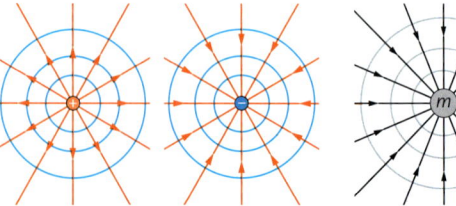

Bei elektrischen Feldern gibt es zusätzlich positive Ladungen, von diesen gehen die Feldlinien aus.
In allen drei Fällen überlagern sich Feldlinien entsprechend der linearen Superposition. Elektrische Felder können abgeschirmt werden, da es zwei Typen von Ladungen gibt. Gravitationsfelder können nicht abgeschirmt werden, da es keine negative Masse gibt.

9 Die auf eine Probeladung q wirkende elektrische Kraft ist gleich dem Produkt aus Probeladung und Feldstärke, $\vec{F} = q \cdot \vec{E}$. Da auf die Probeladung genau eine Kraft wirkt, gibt es bei der Probeladung auch genau einen Feldstärkevektor. Würden sich dort Feldlinien kreuzen, dann gäbe es mehrere Feldstärkevektoren. Das ist also unmöglich.

10 a Wenn die Batteriespannung angelegt wird, dann wird der Kondensator geladen. Dabei werden die Stromstärke und die Spannung am Kondensator gleichzeitig permanent gemessen.
Schaltskizze: ▶ S. 32; **4**

b Für die Zeitkonstante gilt: $\tau = R \cdot C = 100\,\Omega \cdot 1\,F = 100\,s$

c Anfangs ist der Kondensator ungeladen und hat die Spannung null. Daher liegt die ganze Batteriespannung am Widerstand. Somit beträgt die Anfangsstromstärke:
$I_0 = \frac{U}{R} = \frac{9\,V}{100\,\Omega} = 0{,}09\,A$
Die Stromstärke nimmt exponentiell mit der Zeit ab, entsprechend der Zeitkonstanten τ: $I(t) = I_0 \cdot e^{-t/\tau} = 0{,}09\,A \cdot e^{-0{,}01s^{-1} \cdot t}$

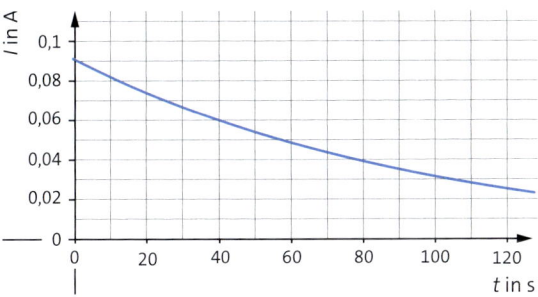

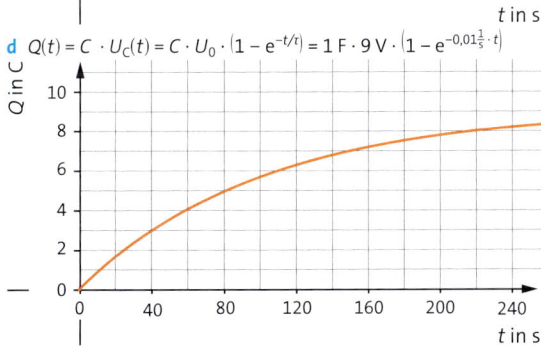

[Diagramm: I in A gegen t in s, exponentiell fallende Kurve von 0,09 bis ca. 0,02 über 0 bis 120 s]

d $Q(t) = C \cdot U_C(t) = C \cdot U_0 \cdot (1 - e^{-t/\tau}) = 1\,F \cdot 9\,V \cdot (1 - e^{-0{,}01\frac{1}{s} \cdot t})$

[Diagramm: Q in C gegen t in s, ansteigende Sättigungskurve bis ca. 8 C bei 240 s]

e Ladung: $Q = C \cdot U = 9\,C$; Energie: $E = \frac{1}{2} \cdot C \cdot U^2 = 40{,}5\,J$

11 a
1 Kästchen ≙ 0,5 cm
1 Kästchen ≙ 50 nN
1 Kästchen ≙ 500 V/m

[Skizze mit zwei Ladungen (− und +) und Kraftvektoren F sowie Feldstärkevektor E]

b $|\vec{E}|(r) = \frac{1}{4\pi\varepsilon_0} \cdot \frac{5\,nC}{r^2}$ und $\varphi(r) = \frac{1}{4\pi\varepsilon_0} \cdot \frac{-5\,nC}{r}$

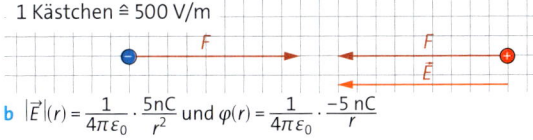

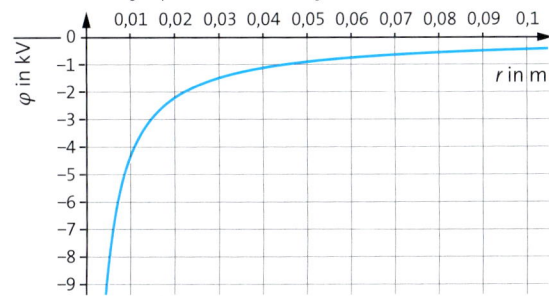

[Diagramm: φ in kV gegen r in m, Kurve von −9 kV steigt gegen 0]

12 Mit $E_{kin} = E_{el} \Rightarrow \frac{1}{2} \cdot m \cdot v^2 = U \cdot e$ folgt:
Elektron: $v = \sqrt{2U \cdot \frac{e}{m_e}} = 83877\,\frac{km}{s}$
Proton: $v = \sqrt{2U \cdot \frac{e}{m_p}} = 1957\,\frac{km}{s}$
Der Geschwindigkeitsunterschied entsteht allein aus dem Massenunterschied. Das Proton ist ungefähr 1800-mal schwerer als das Elektron, sodass die Geschwindigkeit des Protons um den Faktor $1/\sqrt{1800} = 0{,}02$ geringer ist.

13 Mit $E_{kin} = E_{el} \Rightarrow \frac{1}{2} \cdot m \cdot v^2 = U \cdot q$ folgt:
$U = \frac{1}{2} \cdot \frac{m \cdot v^2}{3e} = \frac{1}{2} \cdot \frac{26{,}98 \cdot 1{,}66 \cdot 10^{-27}\,kg \cdot (10^5\,\frac{m}{s})^2}{3 \cdot 1{,}602 \cdot 10^{-19}\,C} = 466\,V$

14 Lösungsskizze: ▶ S. 48; **2**
Die Glühwendel wird beheizt und zum Glühen gebracht. Dabei treten Elektronen aus der Glühwendel. Der Wehnelt-Zylinder ist negativ geladen und hält die Elektronen mittig. Zwischen Glühwendel und Lochanode liegt die Beschleunigungsspannung an. Diese beschleunigt die Elektronen. Die Lochanode lässt die mittigen Elektronen durch. Der rechteckige Leuchtschirm markiert den Elektronenstrahl. Die Platten am Leuchtschirm erzeugen ein homogenes vertikales elektrisches Feld. Es lenkt den Elektronenstrahl ab.

15 a $v_x = \sqrt{2U \cdot \frac{e}{m_e}} = 1{,}326 \cdot 10^8\,\frac{m}{s}$

b Für die Flugbahn ergibt sich eine Parabel, da sich die Bewegung des Elektrons aus einer gleichförmigen Bewegung in x-Richtung ($x = v_x \cdot t$) und einer gleichmäßig beschleunigten Bewegung in y-Richtung ($y = \frac{1}{2} \cdot a \cdot t^2$) zusammensetzt.
$\Rightarrow y = \frac{1}{2} \cdot a \cdot \frac{x^2}{v_x^2}$
Die Beschleunigung beträgt: $a = \frac{F}{m} = e \cdot \frac{|E|}{m} = 8{,}794 \cdot 10^{16}\,\frac{m}{s^2}$
Für die Parabel folgt: $y = 2{,}5\,\frac{1}{m} \cdot x^2$

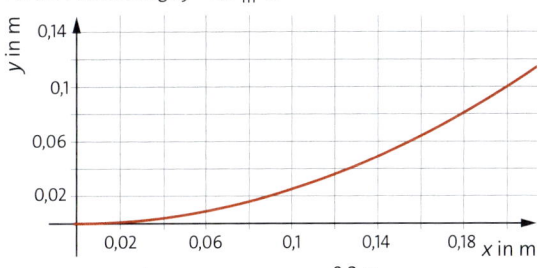

[Diagramm: y in m gegen x in m, Parabel]

c $v_y = a \cdot t = a \cdot \frac{d}{v_x} = 8{,}794 \cdot 10^{16}\,\frac{m}{s^2} \cdot \frac{0{,}2\,m}{1{,}326 \cdot 10^8\,\frac{m}{s}} = 1{,}326 \cdot 10^8\,\frac{m}{s}$
$v = \sqrt{v_x^2 + v_y^2} = 1{,}876 \cdot 10^8\,\frac{m}{s}$
$\tan(\alpha) = \frac{v_y}{v_x} \Leftrightarrow \alpha = \arctan\left(\frac{v_y}{v_x}\right) \approx \arctan(1) = 45°$

d Da die elektrische Feldstärke konstant ist, ist die Kraft und somit die Beschleunigung in y-Richtung konstant. Da die Geschwindigkeit in x-Richtung auch konstant ist, entsteht eine parabelförmige Flugbahn.

16 a $U = \frac{1}{2}\frac{m \cdot v^2}{e} = \frac{1}{2}\frac{2{,}18 \cdot 10^{-25}\,kg \cdot (10^5\,\frac{m}{s})^2}{1{,}602 \cdot 10^{-19}\,C} = 6803\,V$

b $p = m \cdot v = 2{,}18 \cdot 10^{-20}\,\frac{kg \cdot m}{s}$

c Aus dem Ablenkwinkel lässt sich die vertikale Geschwindigkeitskomponente v_y berechnen.
$\tan(\alpha) = \frac{v_y}{v_x} \Leftrightarrow v_y = v_x \cdot \tan(\alpha) = 10^5\,\frac{m}{s} \cdot \tan(10°) = 17633\,\frac{m}{s}$
Für die Spannung im homogenen Feld des Kondensators gilt:
$U = |E| \cdot d = \frac{F}{e} \cdot d = \frac{m \cdot a}{e} \cdot d = \frac{m}{e} \cdot \frac{v_y}{t} \cdot d = \frac{m}{e} \cdot \frac{v_y \cdot v_x}{\ell_{Platte}} \cdot d$
$= \frac{2{,}18 \cdot 10^{-25}\,kg}{1{,}602 \cdot 10^{-19}\,C} \cdot \frac{17633\,\frac{m}{s} \cdot 10^5\,\frac{m}{s}}{0{,}3\,m} \cdot 0{,}1\,m \approx 800\,V$

17 a Potenzial an der Kugeloberfläche ($r = 0{,}02\,m$):
$\varphi(r = 0{,}02\,m) = \frac{1}{4\pi\varepsilon_0} \cdot \frac{-15\,nC}{0{,}02\,m} = -6741\,V$

Potenzial an der Anfangsposition des Protons ($r = 0{,}10\,m$):
$\varphi(r = 0{,}10\,m) = \frac{1}{4\pi\varepsilon_0} \cdot \frac{-15\,nC}{0{,}10\,m} = -1348\,V$

b Die Differenz beider Potenziale entspricht der Spannung ($U = \Delta\varphi$), die das Proton im elektrischen Feld der Kugel durchläuft. Aus dem Energieansatz $E_{el} = E_{kin}$ kann daher die Geschwindigkeit berechnet werden:
$v = \sqrt{\frac{2 \cdot U \cdot e}{m_p}} = \sqrt{\frac{2 \cdot (\varphi(0{,}10\,m) - \varphi(0{,}02\,m)) \cdot e}{m_p}} = 1{,}016 \cdot 10^6\,\frac{m}{s}$

Magnetische Felder (S. 96–97)

1 a Skizzen der Verläufe der Magnetfeldlinien:
Magnet: ▶ S. 64; unten, Spule: ▶ S. 72; 5, Leiter: ▶ S. 66; 3
Beim Stabmagneten verlaufen die Feldlinien vom Nordpol zum Südpol und bilden dabei ein Dipolfeld.
Bei der Spule bilden die Feldlinien ein Dipolfeld. Dabei ist die Richtung durch die Faustregel der linken Hand bestimmt.
Beim stromdurchflossenen Leiter verlaufen die Feldlinien ringförmig um den Leiter. Dabei ist die Richtung durch die Faustregel der linken Hand bestimmt.
b

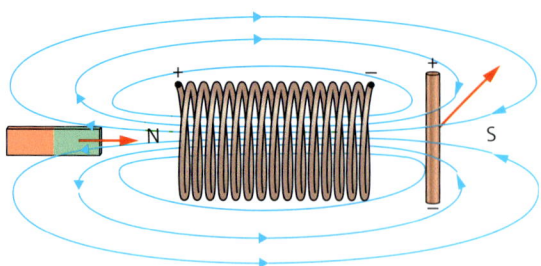

(In der Grafik ist nur das Magnetfeld der Spule gezeigt und die Kräfte auf den Magneten und Leiter.
Das Magnetfeld der Spule verläuft innen von rechts nach links. Daher ist links der Nordpol der Spule, sodass der Stabmagnet angezogen wird.
Auf die bewegten Elektronen im Leiter, und somit auf den Leiter, wirkt die Lorentzkraft in die Zeichenebene hinein. Das zeigt die Drei-Finger-Regel der linken Hand.

2 a $B = \mu_0 \cdot I \cdot \frac{N}{\ell} = 1{,}256 \cdot 10^{-6} \frac{V \cdot s}{A \cdot m} \cdot 2\,A \cdot \frac{6}{5\,cm} = 0{,}3016\,mT$

b Im Eisenkern richten sich Elementarmagnete parallel zum Magnetfeld aus. Dadurch wird das Magnetfeld um den Faktor μ_r verstärkt. Somit gilt:
$B = \mu_r \cdot \mu_0 \cdot I \cdot \frac{N}{\ell} = 300 \cdot 0{,}3016\,mT = 0{,}09048\,T$

3 a

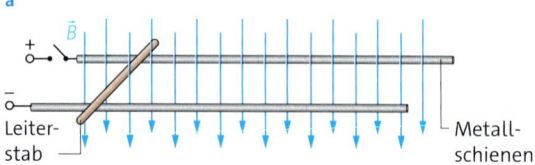

Leiterstab — Metallschienen

b Wenn man den Stromkreis schließt, dann wird der bewegliche Metallstab nach rechts beschleunigt.
c Es wirkt folgende magnetische Kraft:
$F_m = I \cdot \ell \cdot B = 2\,A \cdot 0{,}10\,m \cdot 0{,}02\,T = 0{,}004\,N$
Der Stab hat folgende Masse:
$m = V \cdot \varrho = \pi \cdot r^2 \cdot \ell \cdot \varrho = \pi \cdot (0{,}2\,cm)^2 \cdot 10\,cm \cdot 8{,}96\,\frac{g}{cm^3} = 2{,}815\,g$
Die Beschleunigung beträgt:
$a = \frac{F_m}{m} = \frac{0{,}004\,N}{2{,}815 \cdot 10^{-3}\,kg} = 1{,}421\,\frac{m}{s^2}$

4 a $F_L = e \cdot B \cdot v = 3{,}2 \cdot 10^{-13}\,N$
Diese Lorentzkraft wirkt senkrecht zum Magnetfeld und zur Geschwindigkeit entsprechend der Drei-Finger-Regel der rechten Hand.
b Da die Kraft senkrecht zur Geschwindigkeit steht und damit auch senkrecht zur Bewegungsrichtung, kann die Kraft keine Arbeit an der Ladung verrichten. Die übertragene Energie ist null. Daher bleibt der Betrag der Geschwindigkeit konstant. Somit bleibt der Betrag der Kraft konstant. Daher wirkt die Lorentzkraft als konstante Zentripetalkraft. Somit entsteht eine Kreisbahn.
c Die Lorentzkraft ist die Zentripetalkraft:
$F_L = e \cdot B \cdot v = F_z = m \cdot \frac{v^2}{r}$

Auflösen nach r ergibt:
$r = \frac{m \cdot v}{e \cdot B} = \frac{1{,}67 \cdot 10^{-27}\,kg \cdot 2 \cdot 10^6 \frac{m}{s}}{1{,}602 \cdot 10^{-19}\,C \cdot 1\,T} = 2{,}09\,cm$

5 a Links treten positiv geladene Teilchen ein. Auf diese wirkt eine elektrische Kraft zum Minuspol hin, also nach unten. Auf diese wirkt auch eine Lorentzkraft entsprechend der Drei-Finger-Regel der rechten Hand, also nach oben. Wenn die Beträge der beiden Kräfte gleich sind, das ist der Fall für $v = |\vec{E}|/B_1$, dann entsteht ein Kräftegleichgewicht, das Teilchen wird somit nicht beschleunigt und fliegt waagerecht durch die Öffnung. Anderenfalls wird es noch oben oder nach unten beschleunigt und kann die Öffnung nicht passieren.
Um Teilchen mit $v = 1500\,\frac{km}{s}$ durchzulassen, muss also gelten:
$v = \frac{|\vec{E}|}{B_1} = 1500\,\frac{km}{s}$.
b Im Kräftegleichgewicht gilt: $F_{el} = |\vec{E}| \cdot q = q \cdot v \cdot B_1 = F_L$
Auflösen nach v ergibt:
$v = \frac{|\vec{E}|}{B_1}$
c $U = |\vec{E}| \cdot d = v \cdot B_1 \cdot d = 75\,000\,V$

d Die Teilchen bewegen sich senkrecht zu den Feldlinien eines homogenen Magnetfeldes. Da die Kraft senkrecht zur Geschwindigkeit steht und damit auch senkrecht zur Bewegungsrichtung, kann die Kraft keine Arbeit an der Ladung verrichten. Die übertragene Energie ist null. Daher bleibt der Betrag der Geschwindigkeit konstant. Somit bleibt der Betrag der Kraft konstant. Daher wirkt die Lorentzkraft als konstante Zentripetalkraft. Somit entsteht eine Kreisbahn.
e Für den Radius der Kreisbahn gilt: $r = \frac{m \cdot v}{e \cdot B_2}$
Auflösen ergibt: $m = \frac{r \cdot e \cdot B_2}{v}$

Ohne Geschwindigkeitsfilter würden die Geschwindigkeiten um Faktoren bis zu zwei schwanken. Somit würden die Kreisbahnradien um Faktoren bis zu zwei schwanken. Wenn man eine mittlere Geschwindigkeit v_m bei der Auswertung zugrunde legt, dann schwanken die ausgewerteten Massen um Faktoren bis zwei, wobei die Radien um Faktoren bis zu zwei schwanken. Solche Schwankungen der Ergebnisse sind nicht akzeptabel. Daher ist ein Geschwindigkeitsfilter nötig.

6 a Lösungsskizze: ▶ S. 89; 5
Das Zyklotron hat in der Mitte eine Ionenquelle. Daneben befinden sich zwei D-förmigen Elektroden, die einen Hohlraum enthalten, in welchem sich die Ionen bewegen können. An den D-förmigen Elektroden ist eine Wechselspannung angeschlossen, die im Spalt zwischen den Elektroden ein homogenes elektrisches Feld erzeugt. In dem Hohlraum befindet sich ein homogenes senkrecht zur Geschwindigkeit der Ionen verlaufendes Magnetfeld. Am Außenrand der D-förmigen Elektroden befindet sich eine Austrittsöffnung für die Ionen.
b Bei einem Zyklotron erzeugt eine Ionenquelle Ionen. Diese werden in einem elektrischen Feld beschleunigt, welches zwischen zwei D-förmigen Elektroden durch eine Spannung U erzeugt wird.
Die Ionen laufen durch einen Hohlraum in den D-förmigen Elektroden durch ein homogenes senkrecht zur Geschwindigkeit verlaufendes Magnetfelds auf einer Kreisbahn. So erreichen sie nach Durchlaufen eines Halbkreises wieder den Spalt zwischen den D-förmigen Elektroden. Dort werden sie erneut durch die Spannung U beschleunigt. Dazu wird die Spannung passend synchronisiert umgepolt. Dieser Prozess wird so oft wiederholt, bis die Kreisbahn nicht mehr in die D-förmigen Elektroden passt, dann verlassen die Ionen das Zyklotron.
c Klassisch gilt $E_{kin} = \frac{1}{2} \cdot m \cdot v^2 \Rightarrow$
$v = \sqrt{\frac{2\,E_{kin}}{m}} = \sqrt{\frac{2 \cdot 200 \cdot 10^6\,V \cdot e}{m_p}} = 1{,}957 \cdot 10^8\,\frac{m}{s}$

d Die Ruheenergie beträgt $E_0 = m_0 \cdot c^2 = 939{,}6\,MeV$. Die Gesamtenergie ist die Summe aus kinetischer Energie und Ruheenergie: $E = E_0 + E_{kin} = 1139{,}6\,MeV$.

Für die relativistische Masse gilt:
$m = \frac{E}{c^2} = 2{,}029 \cdot 10^{-27}$ kg und $m = \frac{m_0}{\sqrt{1-\frac{v^2}{c^2}}} \Rightarrow$
$v = c \cdot \sqrt{1 - \frac{m_0^2}{m^2}} = 1{,}698 \cdot 10^8 \frac{m}{s}$

7 a Für die Zyklotronfrequenz gilt: $\omega = q \cdot B \cdot \frac{c^2}{E} \Rightarrow$
$E = q \cdot B \cdot \frac{c^2}{\omega} = 1140$ MeV

Die kinetische Energie ist:
$E_{kin} = E - E_0 = 1140$ MeV $- 939{,}6$ MeV $= 200$ MeV

b Bei der Kreisbahn ist der Radius der Quotient aus v und ω, also gilt: $r = \frac{v}{\omega}$. Somit erfordert die erreichte Geschwindigkeit bei gegebener Zyklotronfrequenz diesen Radius.

Für die relativistische Energie gilt $E = \frac{E_0}{\sqrt{1-\frac{v^2}{c^2}}}$.

$\Rightarrow v = c \cdot \sqrt{1 - \frac{E_0^2}{E^2}} = 1{,}7 \cdot 10^8 \frac{m}{s}$

Das ergibt folgenden Radius: $r = \frac{v}{\omega} = 2{,}15$ m

8 a Lösungsskizze: ▶ S. 88; 4
Ein durch den Leiter fließender Strom I verursacht im Eisenkern der Stromzange ein Magnetfeld, dessen magnetische Flussdichte zu I proportional ist: $B \sim I$. Diese Flussdichte B wird mit einem im Eisenkern befindlichen Hallsensor gemessen. Ein Microcomputer in der Stromzange wertet die gemessene Hallspannung aus und zeigt die ermittelte Stromstärke I an. Die Stromzange hat den Vorteil, dass man die Stromstärke messen kann, ohne den Stromkreis zu unterbrechen. Ein Amperemeter hat den Vorteil, dass es kaum durch mögliche Magnetfelder im Raum gestört wird.

b Lösungsskizze: ▶ S. 86; 2
Durch den Hallsensor wird ein Strom I geleitet. Auf dessen Ladungsträger wirkt im Magnetfeld eine Lorentzkraft quer zur Bewegungsrichtung. Dadurch sammeln sich an den Rändern des Sensors Ladungsträger an und erzeugen ein elektrisches Feld, sodass die elektrische Kraft und die Lorentzkraft ein Kräftegleichgewicht bilden. Der elektrischen Kraft entspricht ein elektrisches Feld, dem wiederum eine Querspannung entspricht. Das ist die Hall-Spannung U_H. Sie ist proportional zu B. Daher kann aus dem Messwert U_H die magnetische Flussdichte B ermittelt werden.

c Im Kräftegleichgewicht gilt: $F_L = e \cdot B \cdot v = F_{el} = e \cdot |\vec{E}|$
Für die Hallspannung gilt: $\frac{U_H}{b} = |\vec{E}|$
Somit gilt: $F_L = e \cdot B \cdot v = F_{el} = e \cdot \frac{U_H}{b} \Rightarrow U_H = B \cdot v \cdot b$

Die Stromstärke ist gleich der Ladung q im Sensor dividiert durch die Zeit, in der sich q durch den Sensor bewegt, $I = \frac{q}{t}$. Die Ladung im Sensor ist gleich dem Produkt aus Volumen $V = \ell \cdot b \cdot d$, Teilchendichte n und Elementarladung, dabei ist $\frac{\ell}{t} = v$: $I = \frac{q}{t} = \frac{\ell \cdot b \cdot d \cdot n \cdot e}{t} = v \cdot b \cdot d \cdot n \cdot e$, also $v \cdot b = \frac{I}{d} \cdot \frac{1}{n \cdot e}$
Einsetzen in die Gleichung zur Hallspannung ergibt:
$U_H = B \cdot \frac{I}{d} \cdot \frac{1}{n \cdot e}$

9 a

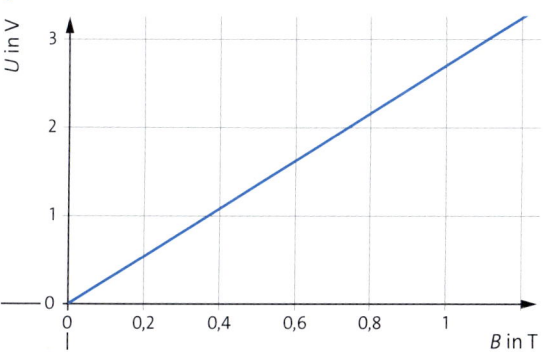

b Die Stromstärke ist gleich der Ladung q im Sensor dividiert durch die Zeit, in der sich q durch den Sensor bewegt, $I = \frac{q}{t}$. Die Ladung im Sensor ist gleich dem Produkt aus Volumen $V = \ell \cdot b \cdot d$, Teilchendichte n und Elementarladung, dabei ist $\frac{\ell}{t} = v$: $I = \frac{q}{t} = \frac{\ell \cdot b \cdot d \cdot n \cdot e}{t} = v \cdot b \cdot d \cdot n \cdot e$, also $v \cdot b = \frac{I}{d} \cdot \frac{1}{n \cdot e}$
Der Bruch $\frac{1}{n \cdot e}$ ist die Hall-Konstante A_H:
Daher gilt: $v = \frac{I}{b \cdot d} \cdot A_H = \frac{0{,}1 \text{ A}}{5 \cdot 10^{-2} \text{ m} \cdot 10^{-4} \text{ m}} \cdot 2{,}7 \cdot 10^{-3} \frac{m^3}{C} = 54 \frac{m}{s}$

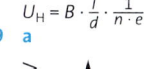

c Die Hall-Konstante passt zu Germanium.

10 a Lösungsskizze: ▶ S. 81; 3B
In einem Glaskolben befindet sich eine Elektronenkanone sowie ein Gas mit geringer Dichte, das durch bewegte Elektronen zum Leuchten angeregt wird.
Der Glaskolben befindet sich in einem Helmholtz-Spulenpaar.
Es liegen drei Spannungen an: Die Spannung U für das Spulenpaar, die Heizspannung U_H und die Beschleunigungsspannung U_B.

b Die Lorentzkraft ist die Zentripetalkraft:
$F_L = e \cdot B \cdot v = F_z = m \cdot \frac{v^2}{r} \Rightarrow \frac{e^2}{m^2} = \frac{v^2}{r^2 \cdot B^2}$

Beim Beschleunigen der Elektronen gilt die Energieerhaltung: $\frac{1}{2} m \cdot v^2 = e \cdot U \Rightarrow v^2 = 2e \cdot \frac{U}{m}$

Einsetzen ergibt: $\frac{e^2}{m^2} = \frac{2e \cdot U}{m \cdot r^2 \cdot B^2} \Rightarrow \frac{e}{m} = \frac{2 \cdot U}{r^2 \cdot B^2}$

11 a Anfangs in P_1 ist der Eisenkern nicht magnetisiert und die magnetische Flussdichte in Luft B_{Luft} ist null. Wenn B_{Luft} gesteigert wird, nimmt B_{Eisen} bis zur Sättigung bei P_2 linear mit B_{Luft} zu. Wird B_{Luft} verringert, erreicht B_{Eisen} erst bei P_3 ($B_{Luft} < 0$) den Wert null. Bei P_4 erreicht B_{Eisen} wieder eine Sättigung. Wird B_{Luft} auf null vergrößert, wird wegen der Restmagnetisierung nicht mehr P_1 ($B_{Eisen} = 0$), sondern P_5 durchlaufen.

b Im Modell gilt: Im Eisenkern befinden sich Elementarmagnete. Diese richten sich umso mehr parallel zu B_{Luft} aus, und steigern dabei B_{Eisen}, je größer B_{Luft} ist. Allerdings sind bei großen Werten von B_{Luft} schon fast alle Elementarmagnete ausgerichtet, sodass es zur Sättigung kommt.
Dieser Vorgang zeigt sich in der Hysteresekurve. Für kleine Werte von B_{Luft} ist B_{Eisen} ungefähr proportional zu B_{Luft}. Allerdings tritt bei großen Werten von B_{Luft} eine Sättigung von B_{Eisen} auf. Außerdem kann B_{Eisen} den Veränderungen von B_{Luft} etwas hinterherhinken.

12 Die Teilchen des Sonnenwindes bewegen sich im Erdmagnetfeld auf Schraubenlinien um die Feldlinien des Magnetfeldes. Die Teilchen gelangen so zu den Polregionen der Erde und werden dort oftmals reflektiert, so dass viele Teilchen auf ihren Schraubenlinien zwischen den Polregionen hin- und her pendeln. Einige Teilchen werden auch in der Atmosphäre absorbiert. Diese Bewegung erklärt sich wie folgt: Teilchen, die senkrecht auf die Feldlinien des Erdmagnetfeldes treffen, laufen auf einer Kreisbahn, wie Elektronen in der Elektronenstrahlröhre. Typischerweise hat ein Teilchen zusätzlich eine Geschwindigkeitskomponente parallel zum Magnetfeld. Dann ergibt sich nach dem Prinzip der linearen Superposition eine Schraubenlinie als Flugbahn. An den Polen laufen die Feldlinien zusammen. Dadurch ergibt die obige Kreisbahn eine reflektierende Komponente, wodurch viele Teilchen zwischen den Polen hin und her pendeln.

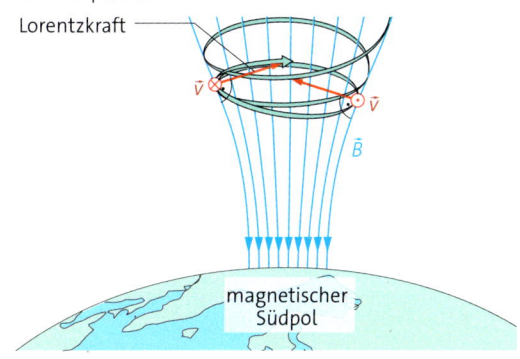

Elektrodynamik (S. 140–141)

1 a Wenn die Leiterschaukel losgelassen wird, pendelt sie hin und her. Immer wenn sie sich nach links bewegt, dann wird eine Spannung angezeigt, die den Minuspol bei A hat. Immer wenn sie sich nach rechts bewegt, dann wird eine Spannung angezeigt, die den Minuspol bei B hat. Allmählich kommt die Pendelbewegung zum Stillstand.

b Die angezeigte Spannung entsteht wie folgt: Wenn sich die Leiterschaukel nach links bewegt, dann bewegen sich die Elektronen in der Leiterschaukel mit nach links. Dadurch wirkt auf die Elektronen die Kraft aus der Papierebene heraus. Also bewegen sich die Elektronen aus der Leiterschaukel zum Punkt A. Dabei entsteht eine Spannung mit dem Minuspol bei A. Wenn sich die Leiterschaukel nach rechts bewegt, dann bewegen sich die Elektronen in der Leiterschaukel mit nach rechts. Dadurch wirkt auf jedes Elektron die Lorentzkraft in die Papierebene hinein. Also bewegen sich die Elektronen aus der Leiterschaukel zum Punkt B. Dabei entsteht eine Spannung mit dem Minuspol bei B. Insgesamt entsteht also eine Wechselspannung. Durch Energieverluste der Leiterschaukel kommt die Pendelbewegung allmählich zum Stillstand.

c Wenn die Leiterschaukel nach links ausgelenkt und dann losgelassen wird, dann entsteht die gleiche Pendelbewegung wie in Teil **a** und **b**. Lediglich der Anfangszustand ist verändert.

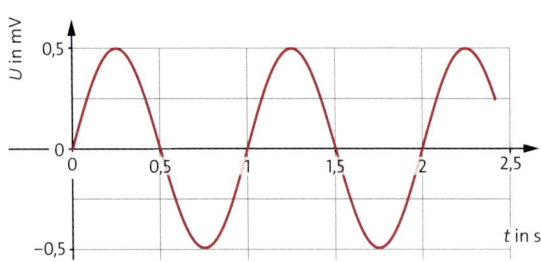

2 a

b Die Geschwindigkeit verläuft wie folgt:
$v(t) = v_{max} \cdot \sin(\omega \cdot t)$ (mit $\omega = 2\pi \cdot f = 2\pi$ Hz)
Auf jedes Elektron in der Leiterschaukel wirkt die Lorentzkraft $F_L = v(t) \cdot e \cdot B$. Diese verschiebt Ladungen an die Enden der Leiterschaukel, bis die dabei entstehende elektrische Kraft $\vec{F}_{el} = e \cdot \vec{E}$ im Gleichgewicht mit der Lorentzkraft ist:
$F_L = v(t) \cdot e \cdot B = e \cdot |\vec{E}| = e \cdot \frac{U}{\ell} \Rightarrow U(t) = v(t) \cdot \ell \cdot B$
Der Maximalwert tritt bei v_{max} auf: $U_{max} = v_{max} \cdot \ell \cdot B = 5 \cdot 10^{-4}$ V

c Durch den Widerstand fließt ein Strom durch die Leiterschaukel. Wenn sich die Leiterschaukel nach links bewegt, ist der Minuspol bei A. Somit fließt der Strom in der Leiterschaukel aus der Zeichenebene heraus. Daher wirkt auf die Leiterschaukel eine Lorentzkraft nach rechts.
Alternative Erklärung: Die Lorentzkraft wirkt nach der Lenzschen Regel der Ursache entgegen, also nach rechts. Beide Erklärungen begründen, dass die Schwingung gedämpft wird.

d Für die Leistung gilt:
$P(t) = U \cdot I = \frac{U^2}{R} = \frac{v_{max}^2 \cdot \sin^2(\omega \cdot t) \cdot \ell^2 \cdot B^2}{R}$
Der Mittelwert von $\sin^2(\omega \cdot t)$ ist $\frac{1}{2}$. Somit gilt für den Mittelwert von P für eine Periode:
$\bar{P} = \frac{1}{2} \cdot \frac{v_{max}^2 \cdot \ell^2 \cdot B^2}{R}$

e v_{max} nimmt mit der Zeit ab. Dabei ist $E_{kin} = \frac{1}{2} m \cdot v_{max}^2$
$\Rightarrow \bar{P} = \frac{E_{kin} \cdot \ell^2 \cdot B^2}{m \cdot R}$
Die Zeitableitung davon ist: $\dot{\bar{P}} = \frac{\dot{E}_{kin} \cdot \ell^2 \cdot B^2}{m \cdot R}$
Dabei gilt: $\dot{E}_{kin} = -\bar{P} \Rightarrow \dot{\bar{P}} = \frac{-\bar{P} \cdot \ell^2 \cdot B^2}{m \cdot R}$. Diese Differenzialgleichung hat als Lösung einen exponentiellen Zerfall.

3 a Lösungsskizze: ▶ S. 171; 4

b Die Induktionsspannung ist konstant, denn durch den linearen Anstieg ist die zeitliche Änderung von B konstant: $\frac{\Delta B}{\Delta t}$ = const. $\Rightarrow U_{ind} = -N \cdot A \cdot \frac{\Delta B}{\Delta t}$ = const.

c Die Induktionsspannung verläuft kosinusförmig. Begründung: $U_{ind} = -N \cdot \dot{\Phi} = -N \cdot (\dot{A \cdot B}) = -N \cdot A \cdot \dot{B}$ (wegen $\dot{A} = 0$)
Mit $B(t) = B_{max} \cdot \sin(\omega \cdot t)$ folgt $\dot{B}(t) = B_{max} \cdot \omega \cdot \cos(\omega \cdot t)$ und
$U_{ind} = -N \cdot A \cdot B_{max} \cdot \omega \cdot \cos(\omega \cdot t)$

4 a Wenn sich die rechte Kante des Rahmens im Magnetfeld bewegt, bewegen sich die frei beweglichen Elektronen im Draht mit. Daher wirkt auf sie eine Lorentzkraft aufgrund der Drei-Finger-Regel (links) nach oben. Durch die Ladungsverschiebung entsteht ein elektrisches Feld, sodass sich bei den Elektronen ein Kräftegleichgewicht zwischen Lorentzkraft und elektrischer Kraft einstellt und zwischen P und Q eine Spannung entsteht. Wenn der Rahmen sich ganz im Magnetfeld befindet, ist die Situation in der oberen Kante genau so wie in der unteren Kante. In diesem Fall gibt es zwischen P und Q keine Potenzialdifferenz, sodass auch keine Spannung gemessen wird.

b Da die Lorentzkraft nach oben zeigt, ist P negativ und Q positiv.

c Beim Eintauchen entsteht ein Wirbelstrom mit einem Elektronenfluss gegen den Uhrzeigersinn, sodass ein antiparalleles Magnetfeld entsteht und das eine abstoßende Wirkung hat (gegen die Bewegungsrichtung), sodass man eine Kraft in Richtung v braucht, damit die Geschwindigkeit gleich bleiben kann. Ist die Leitschleife vollständig im Magnetfeld, entsteht kein Wirbelstrom.

5 a Die Fläche A, mit der der Magnet auf die Spule einwirkt, ändert sich linear mit der Zeit.

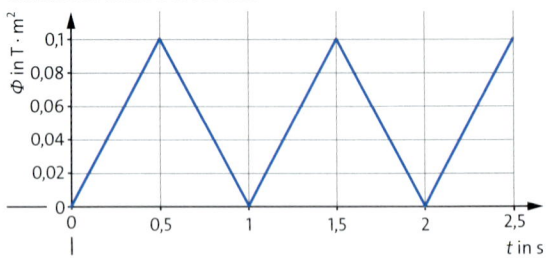

b Die Induktionsspannung stellt eine rechteckförmige Wechselspannung dar.

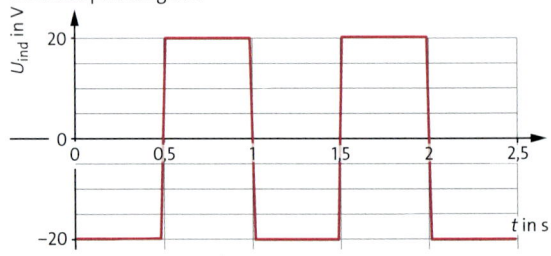

Begründung: $U_{ind} = -N \cdot \dot{\Phi}$. Der magnetische Fluss steigt oder fällt abschnittsweise linear, sodass die zeitliche Änderung abschnittsweise konstant ist und aus dem Anstieg im Diagramm berechnet werden kann:
$U_{ind} = -N \cdot \frac{\Delta \Phi}{\Delta t} = -100 \cdot \frac{\pm 0{,}1 \text{ T} \cdot \text{m}^2}{0{,}5 \text{ s}} = \pm 20$ V

c Eine Spule erreicht die Spannung 20 V. Die Anzahl n ist also der Quotient: $n = \frac{1000 \text{V}}{20 \text{V}} = 50$

d Im abgeschalteten Zustand sollten alle Magnete zur Hälfte auf die Spule einwirken, von der sie beim Einschalten angezogen werden sollen. Beim Einschalten wird durch jede Spule ein Gleichstrom geleitet, sodass alle Spule in die gewünschte Richtung gezogen werden. Im weiteren Ablauf werden alle Spulenströme in dem Moment umgepolt, in dem der Magnet vollständig mit seiner Fläche auf eine Spule einwirkt. Dadurch wird jeder Magnet ab diesem Moment von

der bisher zugehörigen Spule abgestoßen und von der gewünschten benachbarten Spule angezogen. Insgesamt bewegen sich so alle Magnete permanent in die gewünschte Richtung.
e Bei Elektrofahrzeugen kann der gleiche Elektromotor das Auto beschleunigen und als Generator geschaltet abbremsen. So wird beim Bremsen Bewegungsenergie in elektrische Energie umgewandelt, die genutzt werden kann. Beim herkömmlichen Abbremsen erzeugt die Bremse zudem Abrieb und somit Feinstaub, der die Umwelt belastet und die Gesundheit gefährdet. Diese Umweltbelastung wird durch das Bremsen mit dem Generator vermieden. Beim Beschleunigen hat der Elektromotor eines Autos einen hohen Wirkungsgrad von etwa 90 %. Insgesamt gibt es also drei wesentliche Vorteile: Ein hoher Wirkungsgrad beim Beschleunigen, Energiegewinnung beim Abbremsen und eine Verringerung der Umweltbelastung.

6 a Lösungsskizze: ▶ S. 126; **2**
Die Feldspule (Primärspule) erzeugt ein zeitlich veränderliches Magnetfeld im Eisenkern. Das zeitlich veränderliche Magnetfeld im Eisenkern induziert in der Induktionsspule (Sekundärspule) eine Spannung. Der Eisenkern dient der Vergrößerung des Magnetfeldes und der Weiterleitung des Magnetfeldes von der Feldspule zur Induktionsspule.
b Ein Transformator funktioniert nur mit einer Wechselspannung. Die Batterie liefert aber eine Gleichspannung. Damit funktioniert kein Transformator sachgerecht.
c Wegen $U_2/U_1 = N_2/N_1$ sollte die Windungszahl der Induktionsspule (Sekundärspule) $N_2 = N_1 \cdot 100 = 10\,000$ betragen.
d Wenn die Energie mit einer Spannung U übertragen wird, dann gilt für die übertragene Leistung $P_\text{Ü} = U \cdot I \Rightarrow I = \frac{P_\text{Ü}}{U}$. Jede Leitung hat einen Widerstand R. An diesem Widerstand wird folgende thermische Leistung abgegeben:
$P_\text{th} = I^2 \cdot R = \frac{P_\text{Ü}^2}{U^2 \cdot R}$.
Diese Verlustleistung nimmt quadratisch mit der verwendeten Spannung ab. Daher sollte diese Spannung möglichst groß sein.
e Beim idealen Transformator ist die zugeführte elektrische Leistung $P_1 = U_1 \cdot I_1$ gleich der abgegebenen Leistung $P_2 = U_2 \cdot I_2$. Zudem gilt $U_2 = U_1 \cdot N_2/N_1$. Also ist $I_1 = I_2 \cdot N_2/N_1$. Also muss N_2 um den Faktor 1000 kleiner sein als $N_1 \Rightarrow N_2 = 5$.
f Beim Elektroschweißen wird der Strom durch einen Widerstand R geleitet, der sehr heiß werden muss. Die thermische Leistung ist dabei $P_\text{th} = I^2 \cdot R$. Diese Leistung nimmt quadratisch mit der Stromstärke zu. Also muss die Stromstärke sehr groß sein.

7 a Die Induktivität lässt sich mit der anfänglichen zeitlichen Ableitung und der von außen angelegten Spannung berechnen:
$L = \frac{U_0}{\dot{I}(t=0\text{s})} = \frac{1{,}5\,\text{V}}{12\,\text{A/s}} = 0{,}125\,\text{H}$.
Die konstante Stromstärke längere Zeit nach dem Einschalten wird nur durch die von außen angelegten Spannung und den Widerstand bestimmt:
$R = \frac{U_0}{I_\text{max}} = \frac{1{,}5\,\text{V}}{0{,}240\,\text{A}} = 6{,}25\,\Omega$.
b

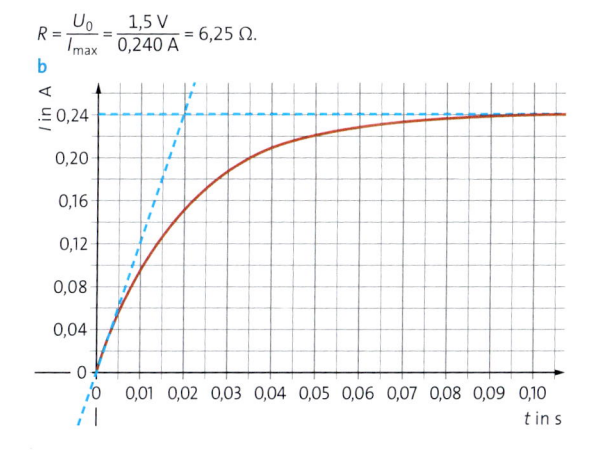

c Durch den Eisenkern erhöht sich die Induktivität der Spule. Der elektrische Widerstand bleibt aber gleich. Bei gleicher Spannung von 1,5 V bleibt somit auch die maximale Stromstärke von 240 mA gleich, sodass sich die Kurve dieser Stromstärke wieder annähert. Allerdings ändert sich durch die größere Induktivität der Anstieg der Stromstärke zu Beginn, da bei gleicher Induktionsspannung $\dot{I}(t)$ kleiner werden muss:
$\dot{I}(t) = -\frac{U_\text{ind}}{L}$.
Das hat zur Folge, dass die Stromstärke langsamer ansteigt und länger benötigt, um den Maximalwert zu erreichen.

8 a Beim Loslassen des Tasters wird der Stromkreis geöffnet und die Stromstärke fällt in der Zeitspanne Δt linear auf null. Dadurch wird in der Spule 1 ein Spannungsimpuls induziert, der gemäß $U_2 = U_1 \cdot N_2/N_1$ die gemessene Spannung U_2 in der zweiten Spule verursacht.
b Für die anliegende Spannung $U_0 = 5\,\text{V}$ gilt: $I_\text{max} = \frac{5\,\text{V}}{10\,\Omega} = 0{,}5\,\text{A}$.
U_1 ergibt sich aus dem Windungszahlverhältnis $\frac{1}{3} \cdot U_2 = 500\,\text{V}$.
Mit $U_\text{ind} = U_1 = L \cdot \frac{I_\text{max}}{\Delta t} \Rightarrow L = \frac{U_1 \cdot \Delta t}{I_\text{max}} = \frac{500\,\text{V} \cdot 0{,}01\,\text{s}}{0{,}5\,\text{A}} = 10\,\text{H}$.
c Für I_max gilt: $E = \frac{1}{2} \cdot L \cdot I_\text{max}^2 = \frac{1}{2} \cdot 10\,\text{H} \cdot (0{,}5\,\text{A})^2 = 1{,}25\,\text{J}$

d Die magnetische Flussdichte für I_max beträgt:
$B = \mu_0 \cdot \mu_r \cdot I_\text{max} \cdot \frac{N}{\ell} = 0{,}31415\,\text{T}$.
Die Energiedichte des Magnetfeldes beträgt:
$\frac{E}{V} = \frac{1}{2} \cdot \frac{B^2}{\mu_0 \cdot \mu_r} = 392{,}7\,\frac{\text{J}}{\text{m}^3}$.
Im Erdmagnetfeld in Deutschland beträgt die magnetische Flussdichte $B = 50\,\mu\text{T}$, bei $\mu_r = 1$, sodass für die Energiedichte gilt:
$\frac{E}{V} = \frac{1}{2} \cdot \frac{B^2}{\mu_0} = 9{,}95 \cdot 10^{-4}\,\frac{\text{J}}{\text{m}^3}$.
Daher ist die Energiedichte in der Spule um den Faktor $3{,}95 \cdot 10^5$ größer als die im Erdmagnetfeld.
e Entsprechend der Lenzschen Regel wirkt der Induktionsstrom der Ursache entgegen. Der Induktionsstrom fließt beim Öffnen des Schalters noch ungehindert in der Induktionsspule. Die Ursache für den Induktionsstrom ist beim Öffnen des Schalters die Abnahme des Magnetfeldes im Eisenkern des Transformators. Der in der Induktionsspule induzierte Strom wirkt also der Verringerung des Magnetfeldes entgegen und steigert somit das Magnetfeld.

Schwingungen und Wellen (S. 202–203)

1 a $s_\text{max} = 0{,}6\,\text{cm}$, $T = 1{,}8\,\text{s}$
$\Rightarrow s(t) = s_\text{max} \cdot \sin\left(\frac{2\pi}{T} \cdot t\right) = 0{,}6\,\text{cm} \cdot \sin\left(\frac{\pi}{0{,}9\,\text{s}} \cdot t\right)$
b $v(t) = \dot{s}(t) = s_0 \cdot \frac{2\pi}{T} \cdot \cos\left(\frac{2\pi}{T} \cdot t\right) = \frac{2}{3}\,\frac{\text{cm}}{\text{s}} \cdot \pi \cdot \cos\left(\frac{\pi}{0{,}9\,\text{s}} \cdot t\right)$
$a(t) = \ddot{s}(t) = -s_0 \cdot \left(\frac{2\pi}{T}\right)^2 \cdot \sin\left(\frac{2\pi}{T} \cdot t\right) = -\frac{20}{27}\,\frac{\text{cm}}{\text{s}^2} \cdot \pi^2 \cdot \cos\left(\frac{\pi}{0{,}9\,\text{s}} \cdot t\right)$

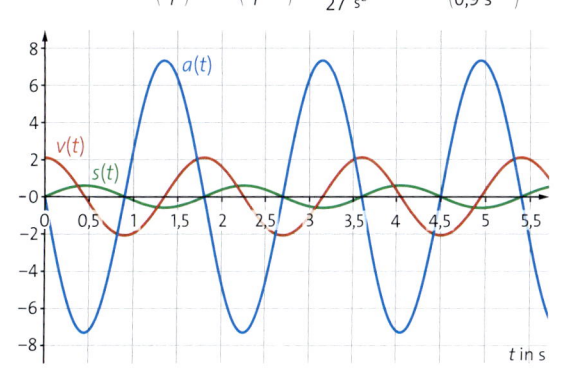

Lösungen

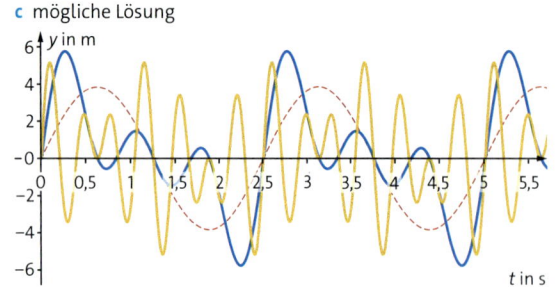

c mögliche Lösung

2 Um den relativen Fehler möglichst gering zu halten, bestimmt man die Zeitdauer für mehrere Schwingungen in Folge (z. B. 20 Schwingungen) und berechnet daraus eine einzelne Schwingungsdauer. Diese umfasst dann nur den entsprechenden Bruchteil der Ungenauigkeit. Wiederholt man dies Vorgehen und mittelt die Ergebnisse, lässt sich die Genauigkeit noch ein wenig verbessern.
Auch von einem Messwerterfassungssystem wird T über Mittelung bestimmt.

3 a $D = \frac{m \cdot g}{s} = \frac{0{,}3 \text{ kg} \cdot 9{,}81 \text{ N/kg}}{10{,}9 \text{ cm}} = 27 \frac{\text{N}}{\text{m}}$

b $T = 2\pi \cdot \sqrt{\frac{m}{D}} = 2\pi \cdot \sqrt{\frac{0{,}3 \text{ kg}}{27 \text{ N/m}}} \approx 0{,}66 \text{ s} \approx \frac{2}{3} \text{ s} \Rightarrow f = \frac{1}{T} \approx 1{,}51 \text{ Hz}$

c $s(t) = s_{\max} \cdot \sin\left(\frac{2\pi}{T} \cdot t\right) = 8 \text{ cm} \cdot \sin(3\pi \cdot t)$;
$v(t) = \dot{s}(t) = 24 \frac{\text{cm}}{\text{s}} \cdot \pi \cdot \cos(3\pi \cdot t)$
$a(t) = \ddot{s}(t) = -72 \frac{\text{cm}}{\text{s}^2} \cdot \pi^2 \cdot \cos(3\pi \cdot t)$

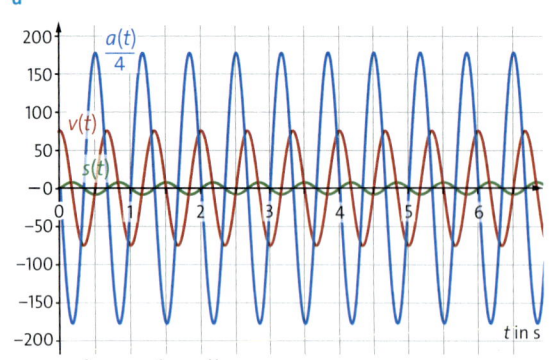

d

e $E_{\text{ges}} = \frac{1}{2} D \cdot s^2 = \frac{1}{2} \cdot 27 \frac{\text{N}}{\text{m}} \cdot (8 \text{ cm})^2 \approx 0{,}086 \text{ J}$

f Bei maximaler Auslenkung, also an den Umkehrpunkten, ist die potenzielle Energie maximal und damit auch die Beschleunigung des Pendelkörpers.
Die Geschwindigkeit ist maximal, bevor die Beschleunigung die Richtung wechselt, also dann, wenn die potenzielle Energie minimal und die kinetische Energie maximal ist – beim Durchgang durch die Ruhelage.

g Bei der als reibungsfrei angenommenen Schwingung eines Federpendels sind drei Energieformen von Bedeutung: Die Spannenergie $E_S = \frac{1}{2} D s^2$ der Feder, die Lageenergie $E_h = mgh$ des Pendelkörpers und seine kinetische Energie $E_{\text{kin}} = \frac{1}{2} m v^2$. Das Pendel gibt dann keine Energie nach außen ab und die Gesamtenergie bleibt konstant.
Ist der Pendelkörper maximal nach unten ausgelenkt, dann ist die Spannenergie maximal und gleich der Gesamtenergie. Der Pendelkörper ist kurzzeitig in Ruhe und wird dann in Richtung der Ruhelage beschleunigt. Dabei wird die Spannenergie in Lageenergie und kinetische Energie umgewandelt. Im Durchgang durch die Ruhelage werden Geschwindigkeit und kinetische Energie maximal. Danach nehmen sie wieder ab, während die Lageenergie bis zum oberen Umkehrpunkt zunimmt und dort gleich der Gesamtenergie ist. Anschließend setzt die gegenteilige Umwandlung ein.

h Durch die Reibung wird kinetische Energie des schwingenden Körpers in thermische Energie umgewandelt. Da Energie entwertet wird, ist der Vorgang irreversibel. Die Gesamtenergie der Schwingung nimmt kontinuierlich ab, was zur Abnahme der Amplitude führt. Man spricht von Dämpfung.

i Führt man dem Federpendel bei schwacher Dämpfung ständig Energie zu, so lässt sich im Idealfall der Betrag der Gesamtenergie erhöhen. Dies ist möglich, wenn die Anregung mit der Eigenfrequenz der Schwingung erfolgt, wodurch die Energieübertragung auf das Pendel maximal wird. Man kann dann eine Schwingung mit großer Amplitude erreichen und spricht von Resonanz. Ist die Dämpfung des Pendels nur sehr schwach und die Energieübertragung damit sehr groß, kommt es zu Resonanzkatastrophe. Die Amplitude wird so groß, dass z. B. die Kugel weggeschleudert und das Pendel so „zerstört" wird.

j Die Masse der Feder ist gegenüber der Masse des Pendelkörpers nicht vernachlässigbar klein und überträgt die wirkenden Kräfte auch nicht starr. Daher lässt sich so keine harmonische Schwingung erzeugen.

4 a $T = 2\pi \cdot \sqrt{\frac{\ell}{g}} = 2{,}00 \text{ s} \Leftrightarrow \ell = g \cdot \left(\frac{2{,}00 \text{ s}}{2\pi}\right)^2 \approx 99{,}40 \text{ cm}$

b $T_B = T \Leftrightarrow 2\pi \cdot \sqrt{\frac{\ell_B}{g_B}} = 2\pi \cdot \sqrt{\frac{\ell}{g}} \Leftrightarrow \ell_B = \ell \cdot \frac{g_B}{g}$

Für den Ortsfaktor gilt mit der Gravitationskonstante γ, der Erdmasse m_E, dem Erdradius r_E und der Höhe h über NN
$g = \gamma \cdot \frac{m_E}{(r_E + h)^2}$ und damit
$\frac{g_B}{g} = \frac{m_E}{(r_E + h)^2} \cdot \frac{(r_E + 0)^2}{m_E} = \left(\frac{r_E}{r_E + h}\right)^2 = \left(\frac{r_E}{r_E + h}\right)^2 = \left(\frac{6368 \text{ km}}{6371 \text{ km}}\right)^2$

$\Rightarrow \ell_B \approx 99{,}30 \text{ cm}$ Auf dem Berg muss das Pendel um einen Millimeter gekürzt werden.

5 a Die Zuschauer bewegen sich wie die Teile eines Wellenträgers an ihrem Platz auf und ab, während die La-Ola-Welle sich im Stadion ausbreitet. Die Kopplung geschieht durch das Reagieren einer Zuschauerin auf die Bewegung ihrer direkten Nachbarin. Die Ausbreitungsgeschwindigkeit hängt von der Reaktionszeit, also der Kopplung ab. Da die Zuschauer sich orthogonal zur Ausbreitungsrichtung bewegen, handelt es sich um eine Transversalwelle. Die Amplitude hängt davon ab, wie weit hoch und runter eine Zuschauerin ihre Hände bewegt. Dabei handelt es sich allerdings nicht um eine Schwingung (oder eine einmalige Störung wie beim Gummiseil), da es keine Rückstellkraft zur Gleichgewichtslage hin gibt.

b Da sich die Fans senkrecht zur Ausbreitungsrichtung bewegen, liegt eine Transversalwelle vor.
Um eine Longitudinalwelle zu simulieren, könnten die Fans hintereinander stehen und ihrem Vordermann jeweils an die Schultern fassen. Wenn die Welle kommt, müsste jeder ein bis zwei Schritte vor und danach wieder zurück machen.

6 a $s_{\max} = 4{,}0 \text{ cm}, T = 0{,}5 \text{ s} \Rightarrow f = \frac{1}{T} = 2{,}0 \text{ Hz}; c = \frac{\Delta x}{\Delta t} = \frac{2{,}25 \text{ m}}{0{,}75 \text{ s}} = 3 \frac{\text{m}}{\text{s}}$

folgt aus dem Start der Bewegung dieses Oszillators
$c = \lambda \cdot f \Rightarrow \lambda = \frac{c}{f} = c \cdot T = 3 \frac{\text{m}}{\text{s}} \cdot 0{,}5 \text{ s} = 1{,}5 \text{ m}$

b $s(t, x) = s_{\max} \cdot \sin\left(2\pi \cdot \left(\frac{t}{T} - \frac{x}{\lambda}\right)\right) = 4 \text{ cm} \cdot \sin\left(2\pi \cdot \left(\frac{t}{0{,}5 \text{ s}} - \frac{x}{1{,}5 \text{ m}}\right)\right)$

c In 1,3 s hat sich die Welle 3,9 m weit ausgebreitet.

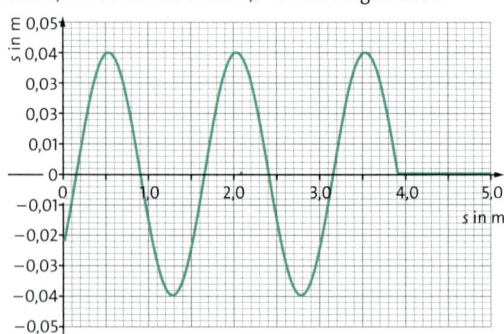

7 a Der Graph wird um den Faktor zwei in Richtung der Hochachse gestreckt.
b Die Amplitude wird gedrittelt, der Graph also um den Faktor drei in Richtung der t-Achse gestaucht.
c Die Frequenz bleibt unverändert, damit halbiert sich die Wellenlänge ($c = \lambda \cdot f$). Der Graph also um den Faktor zwei in Richtung der t-Achse gestaucht.
d Es ergibt sich der gleiche Effekt wie in **b**.
e Der Graph wird an der t-Achse gespiegelt.

8 Die Wasserwelle wird an der Mauer reflektiert. Da das Wasser sich vor der Mauer frei bewegen kann, entspricht dies der Reflexion am losen Ende einer Seilwelle, weshalb ein Wellenberg auch als Wellenberg reflektiert wird. Einlaufende und reflektierte Welle überlagern sich somit konstruktiv. Ein doppelt so hoher Wellenberg entsteht.

9 a Elementarwellen werden durch einfallende Wellenfronten erzeugt, haben also die gleiche Frequenz wie diese. Überlagern sich diese Elementarwellen zu einer neuen Wellenfront, bleibt die Frequenz erhalten. Dies ist sowohl bei der Brechung als auch der Beugung der Fall.
b Brechung entsteht, weil die einlaufende Wellenfront auf eine Grenzfläche zu einem Bereich mit veränderter Ausbreitungsgeschwindigkeit trifft. Die Elementarwellen, die sich ins dahinter liegende Gebiet ausbreiten, haben zwar dieselbe Frequenz wie die einlaufende Wellenfront, aber wegen $c = \lambda \cdot f$ nicht die gleiche Wellenlänge. Sie überlagern sich entsprechend zu einer neuen Wellenfront mit veränderter Wellenlänge.

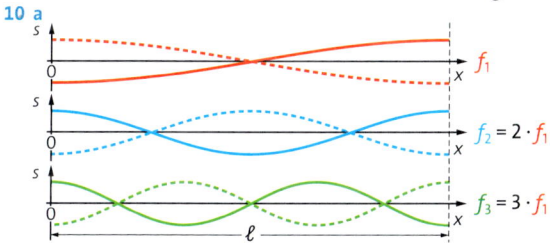

10 a

Der Abstand zwischen zwei benachbarten Bäuchen beträgt immer $\frac{1}{2}\lambda_n$, also muss die Länge ℓ der Luftsäule ein Vielfaches davon sein, nämlich $\ell = \frac{n}{2} \cdot \lambda_n$.
(Mit $f_1 = \frac{c}{\lambda_1} = \frac{c}{2\ell}$ ergibt sich $f_n = \frac{c}{\lambda_n} = n \cdot \frac{c}{2\ell} = n \cdot f_1$.)
b Bei einer Querflöte bläst man die Luft gegen die Kante des Mundlochs. Dabei gelangt der Luftstrom zum Teil in die Flöte hinein und streicht zum Teil über die Kante hinweg. Wenn er in die Flöte kommt, drängt er die nachfolgende Luft nach außen. Strömt er außen vorbei, so entsteht in der Flöte ein Unterdruck und die nachfolgende Luft wird nach innen gelenkt. Gelangt der Luftstrom in die Flöte, dann wandert die damit verbundene Störung zum anderen Flötenende und wird dort reflektiert. Kommt sie zum richtigen Zeitpunkt wieder zurück, wird der Effekt des nach außen Lenkens weiter verstärkt (Resonanz tritt auf). Dies funktioniert nur bei den Eigenfrequenzen der Flöte.

11 Durch den Faktor $(2n - 1)$ erreicht man, dass nur die ungeradzahligen Vielfachen von π berücksichtigt werden. Würde man stattdessen $n \cdot \pi$ einsetzen, würde man auch die geradzahligen Vielfachen von π mitzählen, also die Vielfachen von 2π. Bei diesen kommt es aber zur konstruktiven Interferenz. Deswegen muss man einen Ausdruck verwenden, der die geradzahligen Vielfachen auslässt.

12 Trifft die Wellenfront auf das Hindernis mit den beiden schmalen Öffnungen, dann breiten sich nach Huygens von den beiden Öffnungen her neue Elementarwellen aus, deren Zentren gleichphasig schwingen. Diese Wellen überlagern sich und führen zu einem Interferenzmuster.
Auch durch die synchron schwingenden Tupfer werden zwei Wellen erzeugt, die sich wie die beiden Elementarwellen kreisförmig ausbreiten und sich entsprechend überlagern.

13 Auf der Mittelsenkrechten zwischen den gleichphasig schwingenden Wellenerregern gilt immer $\Delta s = 0$ m. Daher gibt es unabhängig von λ immer konstruktive Interferenz.

14 Für die Frequenz eines elektromagnetischen Schwingkreises gilt $f_0 = \frac{1}{2\pi\sqrt{L \cdot C}}$, für die Induktivität der Spule $L = \mu_0 \cdot \mu_r \cdot \frac{N^2 \cdot A}{\ell}$ und für die Kapazität des Kondensators $C = \varepsilon_0 \cdot \varepsilon_r \cdot \frac{A}{d}$.
Entsprechend lässt sich die Frequenz der Schwingkreises versechsfachen, indem man
– eine Spule mit $\frac{1}{6}$ der Windungszahl nutzt,
– eine 36-mal so lange Spule nutzt,
– einen Kondensator mit $\frac{1}{36}$ der Kapazität nutzt,
– sowohl Kapazität als auch Induktivität auf $\frac{1}{6}$ senkt.

15 a Lösungsskizze: ▶ S. 170; **3**. Das Voltmeter kann entfallen.
b Zu Beginn der Schwingung ist der Kondensator voll geladen, die Spannung zwischen seinen Polen ist maximal und es fließt kein Strom. Dann entlädt sich der Kondensator, Elektronen strömen vom negativ geladenen Pol des Kondensators durch die Spule hin zum anderen Pol des Kondensators. Die Selbstinduktion an der Spule sorgt dafür, dass der Stromfluss nicht direkt (betraglich) maximal ist, sondern erst dann, wenn der Kondensator gerade entladen ist. Danach fließt der Strom weiter, die Selbstinduktion hält die Stromstärke zunächst aufrecht. Die (betragliche) Stromstärke nimmt aber immer weiter ab, bis der Kondensator mit entgegengesetzter Polung voll geladen und die Spannung zwischen seinen Polen wieder aufgebaut ist. Danach wiederholt sich der Ablauf in umgekehrter Richtung, sodass sich eine vollständige Schwingung ergibt, die sich anschließend vollständig wiederholt. Insgesamt ergibt sich eine sinusförmige Schwingung.
c Hier sind mit $I(t) = I_0 \cdot \sin(\omega_0 \cdot t)$ zwei verschiedene Lösungen möglich: $U_C(t) = -U_0 \cdot \cos(\omega_0 \cdot t)$ oder $U_L(t) = U_0 \cdot \cos(\omega_0 \cdot t)$ mit $U_0 = \frac{Q_0}{C} = \frac{I_0 \cdot \omega_0}{C} = \frac{2\pi \cdot I_0}{T \cdot C}$

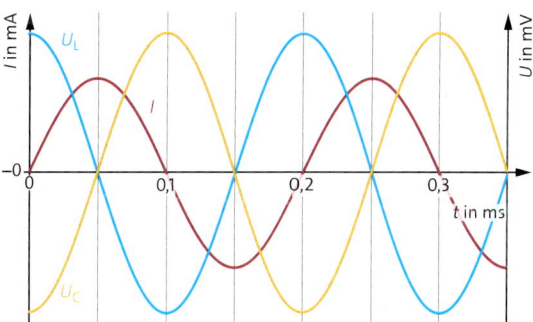

Die Spannung ist immer dann gleich 0, wenn die Stromstärke maximal ist und umgekehrt (siehe **b**).
Zu U_C: Die Spannung am Kondensator treibt den Strom an und läuft daher um $\frac{T}{4}$ vorweg. Ist der Kondensator voll geladen und damit U_C maximal, fließt kein Strom. Ist der Strom gleich 0, gilt gerade $U_C = U_0$.
Zu U_L: Es gilt $U_L = L \cdot \dot{I}$. Damit entspricht $U_L(t)$ bis auf den Faktor L der Ableitung von $I(t)$. Ändert sich die Stromstärke am stärksten (im Nulldurchgang) ist U_L maximal, ist die Änderung gleich Null (in den Extrema), ist U_L auch gleich 0.
d Wenn sich der Spulenwiderstand nicht vernachlässigen lässt, kommt es zur Energieentwertung und die Gesamtenergie nimmt ab. Damit ergeben sich gedämpfte Schwingungen mit exponentiell abnehmenden Einhüllenden.

Licht und elektromagnetische Wellen (S. 250–251)

1 a Nach dem Lichtstrahlmodell würde der helle Fleck mit kleiner werdendem Loch immer kleiner werden (linkes Bild).
b Auch hinter einem kleinen kreisförmigen Loch beobachtet man ein Hell-Dunkel-Muster mit einem Beugungsscheibchen in der Mitte und umgebenden Beugungsringen. Je kleiner das Loch ist, desto größer sind Beugungsscheibchen und Beugungsringe (rechtes Bild).

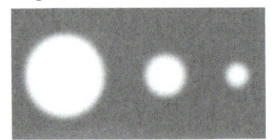

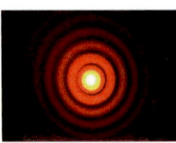

c Die Abmessungen der meisten Objekte sind viel zu groß, um die Wellennatur von Licht sichtbar zu machen. So ergibt sich für die Beugung von Licht mit $\lambda = 780$ nm an einer Türöffnung ($b = 1$ m) im Abstand $a = 5$ m gerade mal
$d_1 = 5 \cdot \tan\left(\arcsin\left(\frac{1 \cdot 780\,\text{nm}}{1\,\text{m}}\right)\right) \approx 4\,\mu\text{m}$.
d Farben beim Regenbogen, an Seifenblasen und anderen dünnen Schichten, an Brillenrändern, schillernde Strukturfarben bei Schmetterlingen, Abendrot, Blaufärbung des Himmels, Reflexionen in Spiegelungen, 3D-Kino mit Polarisationsbrillen...

2 1 Lj = $365{,}25 \cdot 24 \cdot 3600 \cdot 2{,}998 \cdot 10^8$ m $\approx 9{,}46 \cdot 15^{15}$ m

3

	Gitter	Doppelspalt	Einzelspalt
scharf abgegrenzt	Maxima	–	Minima
zugehörige Winkel	$\sin(\alpha_n) = n \cdot \frac{\lambda}{g}$	← Maxima zusätzl. Minima →	$\sin(\alpha_k) = k \cdot \frac{\lambda}{b}$
Ursache	Interferenz zwischen Spalten	← Maxima zusätzl. Minima →	Beugung am Spalt
Intensität	fast konstant	nimmt nach außen stark ab	
Kleinwinkelnäherung	gilt nicht immer	gilt meistens	

4 a $g = \frac{1\,\text{cm}}{250} = 4 \cdot 10^{-3}$ cm $= 0{,}04$ mm
b $\lambda = \frac{g}{n} \cdot \sin(\alpha_n) = \frac{g}{n} \cdot \sin\left(\arctan\left(\frac{d_n}{a}\right)\right)$
$= \frac{0{,}04\,\text{mm}}{3} \cdot \sin\left(\arctan\left(\frac{20{,}0\,\text{cm} : 2}{2{,}50\,\text{m}}\right)\right) \approx 533$ nm $\Rightarrow$ Grün

5 a Lösungsskizze: ▶ S. 216; 4
Bei einem idealen Gitter wird angenommen, dass die Spalte so schmal sind, dass von ihnen jeweils nur eine Elementarwelle ausgeht. Beugung am Einzelspalt tritt dann nicht auf. Die Maxima ergeben sich, wenn zwischen den Elementarwellen benachbarter Spalte konstruktive Interferenz auftritt, also ihr Gangunterschied ein Vielfaches der Wellenlänge beträgt.
b Lösungsskizze: ▶ S. 227; B1B
Beim realen Gitter lässt sich die Beugung am Einzelspalt nicht vernachlässigen. Dadurch nimmt die Intensität der Maxima mit dem Abstand zur optischen Achse allmählich ab. Außerdem sind die einzelnen Maxima etwas verbreitert.
c $d_n \approx \frac{n \cdot \lambda \cdot a}{g} \Rightarrow d_2 - d_1 \approx \frac{(2-1) \cdot \lambda \cdot a}{g}$
$\Leftrightarrow g \approx \frac{\lambda \cdot a}{d_2 - d_1} = \frac{671\,\text{nm} \cdot 4{,}00\,\text{m}}{5{,}4\,\text{cm}} \approx 0{,}05$ mm
d $\alpha_n = \arcsin\left(\frac{n \cdot \lambda}{g}\right) = \arctan\left(\frac{d_n}{a}\right) \alpha_2 = \arcsin\left(\frac{2 \cdot 671\,\text{nm}}{g}\right) \approx 1{,}55° < 8°$
$\alpha_{\text{Breite}} = \arctan\left(\frac{1{,}80\,\text{m} : 2}{4{,}00\,\text{m}}\right) \approx 12{,}68° > 8°$
e $n \leq \frac{g}{\lambda} \cdot \sin\left(\arctan\left(\frac{d_n}{a}\right)\right) = \frac{g}{671\,\text{nm}} \cdot \sin\left(\arctan\left(\frac{1{,}80\,\text{m} : 2}{4{,}00\,\text{m}}\right)\right) \approx 16{,}3$
Es sind $16 \cdot 2 + 1 = 33$ Maxima zu sehen.
f Die Winkel, unter denen Interferenzmaxima auftreten, hängen von der Wellenlänge ab. Sie sind bei größerer Wellenlänge größer, denn $\sin(\alpha_n) = n \cdot \frac{\lambda}{g}$. Damit liegen die Maxima weiter außen, wenn die Wellenlänge größer ist und jedes Maximum fächert sich zu einem Spektrum auf.
g $d_{800\,\text{nm}} - d_{400\,\text{nm}} \approx \frac{1 \cdot (800\,\text{nm} - 400\,\text{nm}) \cdot 4{,}00\,\text{m}}{g} \approx 3{,}2$ cm
h $\alpha = \arctan\left(\frac{d}{a}\right) = \arctan\left(\frac{20{,}0\,\text{cm}}{4{,}00\,\text{m}}\right) \approx 2{,}9° < 8°$
Die Kleinwinkelnäherung kann genutzt werden mit
$\lambda \approx \frac{g \cdot d}{n \cdot a} = \frac{g \cdot 20{,}0\,\text{cm}}{n \cdot 4{,}00\,\text{m}}$

n	λ in nm	Farbe
3	828	nicht sichtbar
4	621	orange
5	497	blaugrün
6	414	blau
7	355	nicht sichtbar

6 a Beim Doppelspalt liegen die Maxima an den Positionen, an denen sie auch beim Gitter liegen würden. Sie sind allerdings deutlich breiter und ihre Intensität nimmt nach außen hin rasch ab. Da g im Vergleich zur Situation am Gitter meist sehr groß ist und die Winkel damit klein, lässt sich die Kleinwinkelnäherung anwenden mit $d_n \approx n \cdot \frac{\lambda \cdot a}{g}$. Diese Abstände sind proportional zu n und damit äquidistant.
Außerdem treten Minima infolge der Beugung an den einzelnen Spalten auf. Diese liegen bei $d_k \approx k \cdot \frac{\lambda \cdot a}{b}$. Gilt $d_k = d_n$, dann entfällt das n. Maximum.
b $1 \cdot \frac{\lambda \cdot a}{b} = 4 \cdot \frac{\lambda \cdot a}{g} \Leftrightarrow \frac{1}{b} = \frac{4}{g} \Leftrightarrow g = 4b$

7 Im Beugungsbild des Doppelspalts mit Spaltabstand b liegen die Minima k-ter Ordnung bei $d_k \approx \frac{k \cdot \lambda \cdot a}{b}$.
Das Schirmbild wird dann in allen drei Fällen gestreckt (**a** a größer, **b** b kleiner, **c** λ größer).

8 a Lösungsskizze: ▶ S. 222; 2
Die Interferenzmaxima ergeben sich, wenn der Gangunterschied zwischen je zwei Elementarwellen, die im Abstand von g voneinander entstehen, gerade ein Vielfaches der Wellenlänge beträgt. Dann entstehen Maxima unter den Winkeln α_k mit $\tan(\alpha_n) = \frac{d_n}{a}$ und $\sin(\alpha_n) = n \cdot \frac{\lambda}{g}$ mit $n = 1, 2, 3...$ Diese sind aber deutlich breiter und unschärfer als beim Gitter (▶ Auf. 10c).
Die Beugung an den Einzelspalten führt zu Minima unter den Winkeln α_k mit $\sin(\alpha_k) = k \cdot \frac{\lambda}{b}$ mit $k = 1, 2, 3...$, was dazu führen kann, dass Maxima ganz oder teilweise entfallen.
b Die Beugung an den einzelnen Spalten kann beim Doppelspalt nicht vernachlässigt werden, sondern gibt jeweils die maximal mögliche Intensität unter einem bestimmten Winkel vor. Die Einhüllende der Intensitätsverteilung am Doppelspalt entspricht der Intensitätsverteilung am Einzelspalt (▶ S. 248).
c $d_n \approx \frac{n \cdot \lambda \cdot a}{g} \Leftrightarrow \lambda \approx \frac{d_n \cdot g}{n \cdot a} = \frac{6{,}4\,\text{cm} : 2 \cdot 0{,}32\,\text{mm}}{4 \cdot 4{,}8\,\text{m}} \approx 533$ nm
d $d_k \approx \frac{k \lambda a}{b} \Rightarrow d_1 \approx \frac{1 \cdot 533\,\text{nm} \cdot 4{,}8\,\text{m}}{50\,\mu\text{m}} \approx 5{,}1$ cm, $d_2 \approx 2 d_1 \approx 10{,}2$ cm
e Winkel für das Interferenzmaximum 6. Ordnung:
$n = 6 \Rightarrow \alpha_6 = \arcsin\left(6 \cdot \frac{533\,\text{nm}}{0{,}32\,\text{mm}}\right) \approx 0{,}57°$
Winkel für das Beugungsminimum 1. Ordnung:
$k = 1 \Rightarrow \alpha_1 = \arcsin\left(1 \cdot \frac{533\,\text{nm}}{50\,\mu\text{m}}\right) \approx 0{,}61°$
Die Winkel sind sehr ähnlich, aber nicht gleich, das Beugungsminimum liegt also knapp neben dem Maximum 6. Ordnung und löscht dieses teilweise.
f Doppelspalt

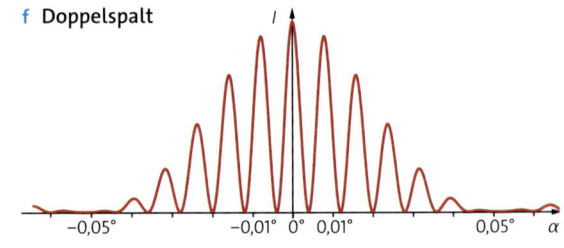

9 a Lösungsskizze: ▶ S. 235; 5.
Die Glanzwinkel entstehen durch die konstruktive Interferenz der reflektierten Strahlung an unterschiedlichen Netzebenen. Zwischen benachbarten Netzebenen entsteht jeweils ein Gangunterschied, der ein Vielfaches der Wellenlänge entspricht. Es gilt die Bragg-Bedingung, wobei n für die Beugungsordnung steht: $n\lambda = 2d \sin(\vartheta)$
Die gemessenen Winkel entsprechen jeweils unterschiedlichen Beugungsordnungen für den gleichen Netzebenenabstand d.
b Für $n = 1$:
$n\lambda = 2d \sin(\vartheta) \Rightarrow \lambda_1 = 2 \cdot 329\text{ pm} \cdot \sin(11{,}3°) = 128{,}93\text{ pm}$
$n = 2$: $\lambda_2 = 329\text{ pm} \cdot \sin(22{,}9°) = 128{,}02\text{ pm}$
$n = 3$: $\lambda_3 = \frac{2}{3} \cdot 329\text{ pm} \cdot \sin(36{,}1°) = 129{,}23\text{ pm}$
Mittelwert: $\bar{\lambda} = 128{,}73\text{ pm}$

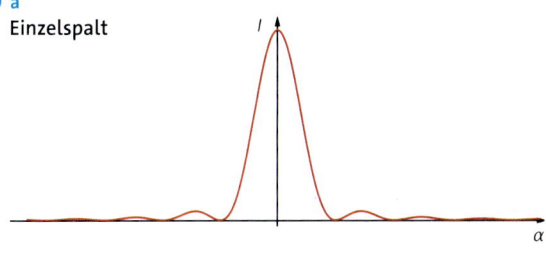

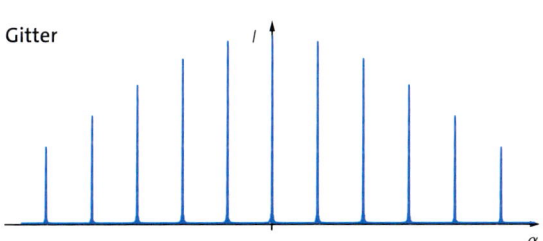

10 a
Einzelspalt

Gitter

b *Einzelspalt:* Messung des Abstands $2\,d_k$ zwischen den beiden Minima k. Ordnung $\Rightarrow \lambda \approx \frac{b \cdot d_k}{k \cdot a}$
Gitter: Messung des Abstands $2\,d_n$ zwischen den beiden Maxima n. Ordnung $\Rightarrow \lambda = \frac{g}{n} \cdot \sin\left(\arctan\left(\frac{d_n}{a}\right)\right)$

c *Einzelspalt:* Die unterschiedlichen Intensitäten ergeben sich aufgrund von Beugung. Unter einem Winkel von $\alpha_k = \arctan\left(\frac{d_k}{a}\right)$ zur optischen Achse löschen sich alle Elementarwellen, die laut Huygens vom Spalt ausgehen, gerade dann paarweise aus, wenn $\sin(\alpha_k) = k \cdot \frac{\lambda}{b}$ gilt. Zwischen diesen scharf umgrenzten Minima liegen breite, helle Bereiche, deren Intensität nach außen hin rasch abnimmt.
Gitter: Je höher die Spaltenzahl des Gitters ist und je schmaler diese Spalte sind, umso weniger bedeutsam sind die an den einzelnen Spalten verursachten Minima. Stattdessen sind Interferenzen zwischen den Elementarwellen unterschiedlicher Spalte wichtig. Je mehr Spalte es gibt, umso mehr Kombinationsmöglichkeiten gibt es, welche zu zusätzlichen Minima führen können, weil der Gangunterschied zwischen den Wegen verschiedener Spalte ein ungeradzahliges Vielfaches der halben Wellenlänge beträgt. Die Minima rücken immer dichter an die Maxima $\left(\sin(\alpha_n) = n \cdot \frac{\lambda}{g}\right)$ heran, bis diese scharf hervortreten.

11 a Polarisatoren enthalten lange, dünne Molekülketten mit frei beweglichen Elektronen. Diese können durch elektromagnetische Wellen in Schwingungen versetzt werden. Trifft nicht polarisiertes Licht auf den Polarisator, dann wird auf diese Weise die Komponente des elektronischen Feldes absorbiert, die parallel zu den Molekülketten des Polarisators verläuft. Die Komponente senkrecht dazu durchdringt den Polarisator ungehindert, wird dann aber vom Analysator absorbiert, der senkrecht zum Polarisator steht.
b Mit dem Analysator lässt sich die Polarisationsrichtung des Lichts feststellen, das den Polarisator passiert hat. Steht der Analysator senkrecht zum Polarisator, gelangt kein Licht hindurch.

c Durch den zusätzlichen Polarisator, der um 35° gegenüber dem ersten verdreht ist, wird die Polarisationsrichtung des Lichts gedreht. Entsprechend der vektoriellen Zerlegung des elektrischen Feldes wird ein Teil des Lichts absorbiert. Das hindurchgelassene Licht ist senkrecht zu den Molekülketten des zweiten Polarisators ausgerichtet.

Zweiter Polarisator   Analysator

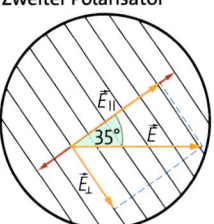

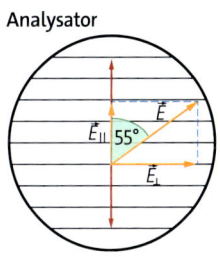

Am Analysator wird die Polarisationsrichtung um 90° − 35° = 55° gedreht, sodass insgesamt ein wenig Licht durch die Polarisatorkombination fällt.
d $I_{P2}(\alpha) = 0{,}5 \cdot I_0 \cdot \cos^2(35°)$
$I_A(\alpha) = I_{P2} \cdot \cos^2(55°) = 0{,}5 \cdot I_0 \cdot \cos^2(35°) \cdot \cos^2(55°) \approx 0{,}11 \cdot I_0$
Das Licht, das durch die drei Polarisatoren gelangt, besitzt noch knapp 11 % der ursprünglichen Intensität.

12 a Da es sich um Transversalwellen handelt, schwingen alle möglichen Vektoren des elektrischen Feldes orthogonal zur Ausbreitungsrichtung des Lichts. Dies gilt auch für die möglichen Schwingungsrichtungen im gebrochenen Lichtstrahl. Die Schwingungen im reflektierten Strahl erfolgen in den gleichen Richtungen wie im gebrochenen Strahl. Verläuft der reflektierte Strahl aber orthogonal zum gebrochenen, dann kann in ihm keine Schwingung in der Einfallsebene erfolgen, weil diese in der Ausbreitungsrichtung des reflektierten Strahls liegen würde (▶ Abbildung) – was bei einer Transversalwelle nicht möglich ist. Die gesamte Intensität dieser Komponente geht in den gebrochenen Strahl. Das übrige reflektierte Licht ist dann linear polarisiert, senkrecht zur Einfallsebene.
b Der Polarisator muss senkrecht zum reflektierten Lichtstrahl gehalten und dann so gedreht werden, dass die Molekülketten senkrecht zur Einfallsebene ausgerichtet sein. Dann werden Schwingungen in diesen Ketten angeregt und das reflektierte Licht absorbiert.
c $n_1 \cdot \sin(\alpha) = n_2 \cdot \sin(\beta)$, $\alpha = \alpha_B \Rightarrow \beta = 90° − \alpha_B$
$\Rightarrow \frac{n_2}{n_1} = \frac{\sin(\alpha)}{\sin(\beta)} = \frac{\sin(\alpha_B)}{\sin(90° − \alpha_B)} = \frac{\sin(\alpha_B)}{\cos(\alpha_B)} = \tan(\alpha_B)$

13 a Aufbauskizze: ▶ S. 240; 3
b Wenn die Armlänge um 0,14 mm verändert wird, erscheinen 442 neue Maxima, also gilt mit $2 \cdot \Delta \ell = k \cdot \lambda$
$\lambda = 2 \cdot \frac{\Delta \ell}{k} = 2 \cdot \frac{0{,}14\text{ mm}}{442} \approx 633\text{ nm}$.
c Wird die Länge des Interferometerarms mit einer Mikrometerschraube eingestellt, liegt die Ungenauigkeit bei maximal 10 µm. Sind die Ringe sehr sorgfältig gezählt worden, dann ergibt sich eine Messungenauigkeit von
$\Delta \lambda = \frac{10\text{ µm}}{0{,}14\text{ mm}} \cdot 633\text{ nm} \approx 45\text{ nm}$. Somit gilt $\lambda = (630 \pm 50)\text{ nm}$.
d Bei einer Küvette der Länge s gilt für die Brechzahl des Gases
$n = \frac{k \cdot \lambda}{2 \cdot s} + 1 = \frac{36 \cdot \lambda}{2 \cdot 4\text{ cm}} + 1 \approx 1{,}000286 \Rightarrow$ Es ist das Gas Argon.
e Beim Interferometer sind die relativen Änderungen relevant, nicht die absoluten. Da die Minima gezählt werden, die nach Einsetzen der Küvette verschwinden, sind die Auswirkungen der leeren Küvette unerheblich.

Quantenobjekte (S. 322–323)

1 a und **c**

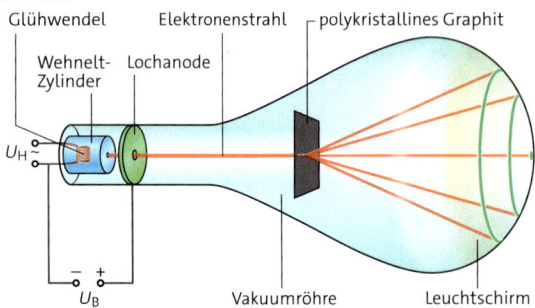

In einer Vakuumröhre werden durch eine Glühwendel emittierte Elektronen mithilfe des Wehnelt-Zylinders zu einem Elektronstrahl gebündelt und zur Lochanode beschleunigt. Die Elektronen durchlaufen anschließend die Graphitfolie und werden am Leuchtschirm sichtbar.

b Hypothese 1: Elektronen verhalten sich wie Teilchen. Durchstrahlen sie die Folie, entsteht ein heller Fleck auf dem Schirm, wenn sie nicht absorbiert werden. Hypothese 2: Elektronen verhalten sich wie Wellen. Durch Beugung an den Kristallebenen entstehen wie bei der Röntgenbeugung konzentrische Ringe.

c Es tritt Beugung an den Ebenen des polykristallinen Graphits auf. Die Beugungsringe entsprechen Maxima (erster Ordnung) von verschiedenen Netzebenen im Graphit.

2 a Impuls und Wellenlänge sind antiproportional zueinander. Das konstante Produkt beträgt im Mittel $p \cdot \lambda = 6{,}567 \cdot 10^{-34}$ Js. Das Produkt ist das Plancksche Wirkungsquantum h.

p in 10^{-23} $\frac{kg \cdot m}{s}$	λ in pm	$p \cdot \lambda$ in 10^{-34} Js
2,1	33,0	6,93
2,9	23,0	6,67
5,4	11,0	5,94
8,1	8,30	6,723
10,6	6,20	6,572

b Die Elektronenwellen ermöglichen es, eine Elektronenoptik für ein Elektronenmikroskop zu bauen. Durch die kleine Wellenlänge der Elektronen kann man sehr kleine Objekte abbilden. Die Elektronenwellen bilden im Festkörper stehende Wellen. Wenn deren Wellenlänge mit einem Teilchenabstand im Kristall übereinstimmt, dann können die Elektronen bei den Teilchen lokalisiert werden. Hierbei ändert sich die Energie der stehenden Welle. Somit fehlt die ursprüngliche Energie im Spektrum der Energien der stehenden Wellen. Solche fehlenden Energien im Spektrum heißen Bandlücken. Die Intervalle mit vielen Energien im Spektrum heißen Bänder. So begründen die Elektronenwellen das Valenzband und den Nichtleiter, das Leitungsband und den Leiter, sowie den Halbleiter. Beim Halbleiter lässt sich das Leitungsverhalten sehr leicht ändern. Dadurch kann man Computer bauen, ebenso wie Solarzellen und viele Elektronik-Bauteile.

3 a Lösungsskizze: ▶ S. 276; **2**
An eine Fotozelle wird eine einstellbare Gegenspannung U_G angelegt. Dabei wird im Stromkreis die Stromstärke I gemessen. Die Fotozelle wird mit monochromatischem Licht einstellbarer Frequenz beleuchtet, z. B. mithilfe von Farbfiltern, mit einem Prisma oder einem Beugungsgitter. Für Frequenzen f des Lichts, bei denen für $U_G = 0$ die Stromstärke $I > 0$ ist, wird U_G für $I = 0$ bestimmt und als Messwert für die Auswertung verwendet.

b Die maximale Energie der Elektronen beträgt $E_{el} = U_G \cdot e$.

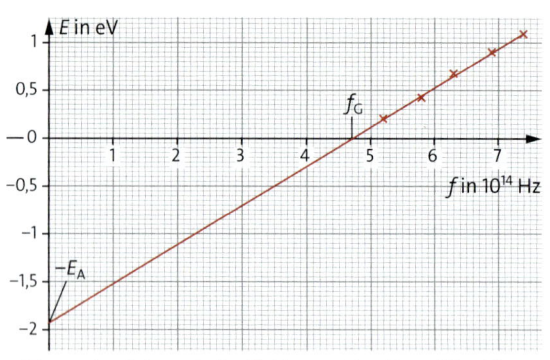

c Die maximale Energie der Elektronen, $E_{el} = U_G \cdot e$, hängt linear von der Frequenz des Lichts ab. Die Geradengleichung lautet:
$E(f) = -3{,}09 \cdot 10^{-19}$ J $+ 6{,}579 \cdot 10^{-34}$ Js $\cdot f$ {1}
Die Terme werden wie folgt interpretiert:
(1) Der y-Achsenabschnitt $E(f=0) = -3{,}09 \cdot 10^{-19}$ J kann als die zum Austritt eines Elektrons nötige Austrittsenergie interpretiert werden: $E_A = 3{,}09 \cdot 10^{-19}$ J.
(2) Die Steigung von $6{,}579 \cdot 10^{-34}$ Js ist die Planck-Konstante (Plancksche Wirkungsquantum) h.
(3) Die Energie $E(f)$ der freigesetzten Elektronen ist kinetische Energie. Die Geradengleichung ist somit: $E_{kin}(f) = h \cdot f - E_A$ {2}
(4) $E_{kin}(f) + E_A = h \cdot f = E_{Photon}$ {3}
Die Gesamtenergie aus kinetischer Energie und Austrittsenergie stammt vom Licht. Also führt das Licht einem Elektron immer Energieportionen zu. Das Licht besteht aus Energieportionen (Lichtquanten/Photonen): $E_{Photon}(f) = h \cdot f$ {4}
(5) Der x-Achsenabschnitt $E(f_G) = 0$ gibt an, welche Grenzfrequenz das Licht mindestens haben muss, um überhaupt ein Elektron aus dem Metall zu lösen. Gleichung {2} lautet bei f_G:
$0 = E(f_G) = -E_A + h \cdot f_G \Rightarrow E_A = h \cdot f_G = E_{Photon}(f_G)$. Das Photon mit der Grenzfrequenz hat die Austrittsarbeit als Energie.

d Die Austrittsenergie beträgt $E_A = 3{,}09 \cdot 10^{-19}$ J $= 1{,}92$ eV. Das passt zur Austrittsenergie von Caesium $E_A = 1{,}94$ eV.

e Unter den erneuerbaren Energien hat die Fotovoltaik ein besonders großes Potenzial. Bei der Fotovoltaik findet der Fotoeffekt statt: Jeweils ein Elektron nimmt ein Photon auf und macht die aufgenommene Energie im Stromkreis nutzbar. Dieser Prozess wird permanent durch viele Elektronen durchgeführt. In Deutschland müsste nur ein geringer Prozentsatz der Fläche mit Fotovoltaik-Modulen belegt werden, um den gesamten Bedarf an elektrischer Energie zu decken. Da nachts keine Sonne scheint und im Winter die Sonne selten scheint, müsste dabei Energie gespeichert werden.

4 a Skizze: ▶ S. 286; **3** (Einzelphotonenquelle statt der Spiegel)

b Jedes Photon trifft an einem zufälligen Ort bei der Kamera ein. Dabei ist für jeden Ort die Wahrscheinlichkeit dafür, dass das Photon dort nachgewiesen wird, proportional zur Intensität des Beugungsmusters an diesem Ort. Die Bildfolge zeigt, wie im Laufe der Zeit immer mehr Photonen nachgewiesen werden, sodass nach dem empirischen Gesetz großer Zahlen an jedem Ort die relative Häufigkeit nachgewiesener Photonen gegen die Intensität des Beugungsmusters an diesem Ort konvergiert.

c Wäre jedes Photon nur durch einen der beiden Spalte zur Kamera gelangt, dann hätte jedes Photon keine Information über den Spaltabstand. Somit könnte jedes Photon nicht zum Beugungsmuster des Doppelspaltes beitragen. Daher ist auszuschließen, dass jedes Photon nur durch einen Spalt zum Schirm gelangt. Deshalb muss jedes Photon als Welle zum Doppelspalt gelangen.

d Lösungsskizze: ▶ S. 288; **1**
Man könnte hinter den Doppelspalt einen vertikal polarisierenden Polarisator stellen. Dann wüsste man bei jedem Photon, das dieser Polarisator durchlässt, dass es vertikal polarisiert ist. Somit entspricht die Messung dem oberen Spalt in der Skizze. Insofern liegt Welcher-Weg-Information vor.

e Da man jedem Photon prinzipiell einen der beiden Spalte zuordnen kann, sollte kein Beugungsmuster des Doppelspalts entstehen. Das wird auch beobachtet. (Es wird stattdessen das Interferenzmuster des Einzelspalts beobachtet.)

5 a Lösungsskizze: ▶ S. 281; 4 (linker Teil der Abbildung)
Die Glühwendel dient dem Herauslösen von Elektronen aus dem Metall durch die anliegende Heizspannung. Durch die Beschleunigungsspannung U zwischen Anode und Glühwendel erhalten die Elektronen genügend kinetische Energie, die beim Auftreffen auf die Anode u. a. in Röntgenstrahlung gewandelt wird. Das Vakuum in der Röhre dient der ungestörten Beweglichkeit der Elektronen in der Röhre.
b Die Energie des Röntgenphotons entspricht bei der Grenzwellenlänge der gesamten aus dem elektrischen Feld zu erhaltenden Energie des Elektrons: $E_{Photon} = h \cdot f = h \cdot f_G = U \cdot e = E_{el}$.
Mit $f = \frac{c}{\lambda}$ folgt: $\lambda_{Gr} = \frac{h \cdot c}{U \cdot e} = 17{,}72$ pm
c Lösungsskizze: ▶ S. 281; 4 (rechter Teil der Abbildung)
Drehkristallmethode: Die emittierte Strahlung wird an einem Kristall gebeugt. Jedem Einstellwinkel des Kristalls entspricht eine Wellenlänge der beim Zählrohr eintreffenden Strahlung. Die gemessene Zählrate ist proportional zur Intensität. So kann die Intensität abhängig von der Wellenlänge gemessen werden, das ist das Emissionsspektrum.

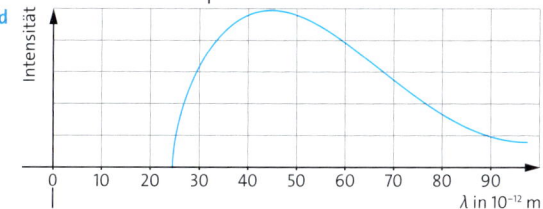

d

Das Röntgenbremsspektrum ist kontinuierlich. Bei Wellenlängen unterhalb der Grenzwellenlänge ist die Intensität null, da die elektrische Energie eines beschleunigten Elektrons nicht ausreicht, um ein Photon kürzerer Wellenlänge zu erzeugen. Ab der Grenzwellenlänge steigt die Intensität schnell an und erreicht die maximale Intensität. Die Energie der Photonen bei dieser Wellenlänge wird typischerweise von einem beschleunigten Elektron in eine Photonenenergie umgewandelt. Mit weiter zunehmender Wellenlänge wird es immer unwahrscheinlicher, dass ein Elektron seine Photonenenergie eines so langwelligen Photons in Strahlung umsetzt.

6 a Der Mittelwert des Orts des Strahls liegt beim Durchgang des Strahls durch das Zentrum der Öffnung. Die Streuung der Orte um den Mittelwert hat den Maximalwert 1 mm. Dieser Wert kann als Ortsunschärfe zugeordnet werden.
b Es gilt das Heisenbergsche Unbestimmtheitsprinzip:
$\Delta x \cdot \Delta p_x \geq \frac{h}{4\pi} \Rightarrow \Delta p_x \geq \frac{h}{4\pi \cdot \Delta x} = 5{,}273 \cdot 10^{-32} \frac{kg \cdot m}{s}$
Der Impuls der Photonen beträgt: $p = \frac{h}{\lambda} = 1{,}019 \cdot 10^{-27} \frac{kg \cdot m}{s}$ und die relative Impulsunschärfe somit:
$\frac{\Delta p_x}{p} = 0{,}00517 \,\%$

c

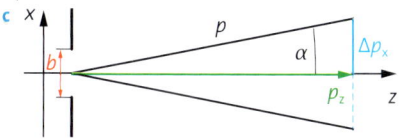

$\alpha = 2 \arctan\left(\frac{\Delta p_x}{p}\right) = 0{,}0059°$
d Komplementäre Größen sind nicht gleichzeitig genau bestimmbar. Dafür sind das Paar Ort und Impuls ein Beispiel. Wenn man sich im Messprozess entscheidet, eine Größe besonders genau zu messen, dann wird die andere Größe entsprechend ungenauer bestimmt.

7 a Lösungsskizze: ▶ S. 308; 1
Bei dem in der Aufgabe abgebildeten Michelson-Interferometer laufen nach der Reflexion die Photonen zurück zum gleichen Strahlteiler und weiter zu einem Detektor/Schirm zusammen. Dagegen laufen beim Mach-Zehnder-Interferometer nach der Reflexion die Photonen zu einem zweiten Strahlteiler, sodass diese zwei unterschiedliche Detektoren erreichen können.
b Das Maximum in der Mitte entsteht durch konstruktive Interferenz. Wenn das Michelson-Interferometer mit einzelnen Photonen betrieben wird, dann läuft die Wellenfunktion eines Photons in beide Arme, wird in jedem Arm reflektiert und läuft am Schirm zusammen, sodass dort das Interferenzmuster entsteht.
c Wenn ein Spiegel um $\Delta \ell$ bewegt wird, dann ändert sich der Lichtweg in dem Arm um $2\Delta \ell$, denn das Licht durchläuft die Strecke auf dem Hin- und Rückweg. Die Amplitude verringert sich dabei um folgenden den Faktor:
$\frac{1}{2} \cdot \left(1 + \cos\left(\frac{2\Delta \ell}{\lambda}\right)\right)$ und damit die Intensität: $\frac{1}{4} \cdot \left(1 + \cos\left(\frac{2\Delta \ell}{\lambda}\right)\right)^2$
Damit ist gezeigt, dass die Wellenfunktion eines jeden Photons den Arm durchläuft, in welchem der Spiegel verschoben wurde. Ebenso könnte man den anderen Spiegel verschieben, sodass die Wellenfunktion auch in dem anderen Arm verlaufen muss. Der Versuch zeigt somit, dass die Wellenfunktion eines Photons in beiden Armen simultan verläuft, also nichtlokal ist.

8 a Bei dem Schirmbild tritt keine Interferenz mehr auf. Das passiert, wenn Welcher-Weg-Information (kurz: WWI) vorliegt. Das tritt ein, wenn die beiden Polarisatoren in zwei zueinander senkrechte transversale Richtungen polarisieren.
b Bei dem Schirmbild tritt keine Interferenz mehr auf. Da die Interferenz komplementär zu Welcher-Weg-Information (WWI) ist, sollte die Ursache (des Verschwindens der Interferenz) das Auftreten von WWI sein. Das tritt ein, wenn die beiden Polarisatoren in zwei zueinander senkrechte transversale Richtungen polarisieren.
c Ein Quantenradierer kann WWI aufheben. Dadurch kann die Interferenzfähigkeit wieder hergestellt werden.
Im beschriebenen Versuch polarisieren die beiden Polarisatoren in zwei zueinander senkrechte transversale Richtungen. Wenn ein diagonal polarisierender Polarisator in den Strahlengang nach dem Zusammenführen der beiden Wellen gestellt wird, dann wird dort WWI aufgehoben, denn jegliche Wellen werden hier auf die Richtung der diagonalen Polarisation gebracht. Das hebt die WWI auf.

9 a Bei diesem sehr einfachen Delayed-Choice-Versuch entsteht das gleiche Beugungsmuster, das ohne Verstellen des Spiegels entstehen würde. Denn die Welle des Photons breitet sich ebenso aus, wie sie es ohne Verdrehen des Spiegels getan hätte.
b Der Zweck der Delayed-Choice-Versuche besteht darin, dass man, nachdem das Photon den Strahlteiler passiert hat, entscheiden kann, ob man beim Photon die Interferenz oder den Weg misst:
(1) Wenn der Spiegel zurückgestellt wird, bevor die Welle am Spiegel ankommt, dann läuft die Welle beide Wege ungestört weiter. Also beobachtet man die Interferenz.
(2) Wenn der Spiegel nicht zurückgestellt wird, bevor die Welle am Spiegel ankommt, dann läuft die Welle am Spiegel nicht zurück. Somit kommt nur der Teil der Welle am Schirm an, der den anderen Weg durchlaufen hat. Somit wird keine Interferenz beobachtet. Stattdessen wird mit 50 % Wahrscheinlichkeit das Photon überhaupt beobachtet.
Insgesamt könnte man das Ergebnis fälschlich so deuten, dass im Fall (2) das Photon beim ersten Durchgang des Spiegels sich für einen Weg entschieden hat. Der Fall zwei zeigt, dass diese Deutung nicht sachgerecht ist. Denn dann müsste sich das Photon immer am Spiegel für einen der Wege entscheiden und könnte im Fall (1) keine Interferenz erzeugen.
Der Sinn des Versuches besteht also darin erkennbar zu machen, dass man nicht rückwirkend erklären kann, das Photon hätte sich entschieden als Teilchen zu propagieren. Stattdessen propagiert das Photon immer als Welle. Beim Messen werden aber immer ganze Photonen gemessen, es werden nie halbe Photonen gemessen.

Atomhülle (S. 364–365)

1 a Die Lücke entsteht durch die Absorption der entsprechenden Photonenenergie durch Elektronen in der Hülle.
Wegen $\Delta E = \frac{h \cdot c}{\lambda}$ ist es der Übergang von E_2 nach E_3.
b Im sichtbaren Bereich finden nur Anregungen von E_2 statt (Balmer-Serie). Es gibt deshalb noch zwei weitere Lücken (E_4 und E_5).
Die Berechnung kann aus den Energiedifferenzen $\lambda = \frac{h \cdot c}{\Delta E}$ oder mithilfe der Formel $\frac{1}{\lambda} = R \cdot \left(\frac{1}{n_1^2} - \frac{1}{n_2^2}\right)$ erfolgen;
$\lambda_{2 \to 4} = 486$ nm und $\lambda_{2 \to 5} = 434$ nm
c Es entsteht ein kontinuierliches Spektrum. Da die kleinste Anregungsenergie von 10,2 eV (E_1 nach E_2) einer Wellenlänge von 121 nm entspricht, können die Elektronen keine Photonen absorbieren.
d Zur Absorption der Photonenenergie 11 eV gibt es keinen passenden Übergang im Energieniveauschema. Für Elektronen besteht diese Beschränkung nicht. Durch Stoß können sie 10,2 eV auf das Elektron im Grundzustand übertragen.
e $\frac{1}{\lambda} = R_\infty \cdot \left(\frac{1}{n_1^2} - \frac{1}{n_2^2}\right) = R_\infty \cdot \left(1 - \frac{1}{4}\right) = 8{,}25 \cdot 10^6 \text{ m}^{-1} \Rightarrow \lambda \approx 121$ nm

2 a b

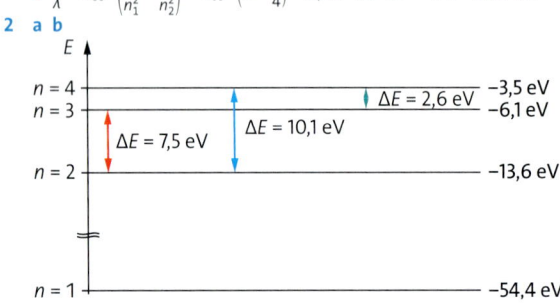

Energieniveauschema:
- $n = 4$: $-3{,}5$ eV
- $n = 3$: $-6{,}1$ eV, $\Delta E = 2{,}6$ eV
- $n = 2$: $-13{,}6$ eV, $\Delta E = 7{,}5$ eV, $\Delta E = 10{,}1$ eV
- $n = 1$: $-54{,}4$ eV

Das Energieniveauschema kann von Wasserstoff abgeleitet werden, da ein Einelektronensystem vorliegt. Helium hat die Kernladungszahl 2, sodass die Werte von Wasserstoff mit 4 multipliziert werden müssen: $E_n = -13{,}6 \text{ eV} \cdot Z^2 \cdot \frac{1}{n^2}$.

Die angegebenen Photonenenergien entstehen bei den Übergängen von $n = 4 \to n = 2$, $n = 3 \to n = 2$ und $n = 4 \to n = 3$. Die Abweichungen in den Nachkommastellen ergeben sich durch Rundungen.

3 a In einer mit Heliumgas gefüllten Glasröhre werden durch einen Heizdraht erzeugte Elektronen zu einer Gitterelektrode beschleunigt. Hinter dem Gitter befindet sich eine weitere Elektrode, die mit einer Gegenspannung geschaltet ist. Dort auftreffende Elektronen werden mittels eines Amperemeters als Stromstärke erfasst.
b Solange zwischen Heliumatomen und beschleunigten Elektronen nur elastische Stöße stattfinden, wird keine Energie übertragen und die Stromstärke steigt mit der Spannung. Ab einem Wert von etwa 23 V bricht die Stromstärke ein, da die Elektronen durch einen inelastischen Stoß Energie auf die Heliumatome übertragen und nicht mehr die Gegenspannung überwinden können. Der Vorgang wiederholt sich bis zur doppelten Spannung, wenn das Elektron seine Energie erneut übertragen kann. Die 23 V entsprechen einem möglichen Energieübergang in der Hülle des Heliumatoms.
c Der Abstand zwischen zwei Maxima beträgt etwa 23 V, sodass die Anregungsenergie 23 eV entspricht.

4 a Elektronen werden als Materiewellen bzw. durch eine Wellenfunktion ψ beschrieben. Da am Rand die potenzielle Energie unendlich ist, muss dort die Wellenfunktion 0 sein und wird reflektiert. Damit sich einlaufende und reflektierte Wellen nicht auslöschen, bilden sich stehende Wellen, die mit einem ganzzahligen Vielfachen ihrer Wellenlänge in die Länge des Potenzialtopfs passen.
b Für die Energie gilt: $E_n \sim n^2$. Da wegen $\lambda_n = \frac{2 \cdot \ell}{n}$ mit zunehmender Energie die Wellenfunktion immer mehr Knoten (Anzahl: $n - 1$) aufweist, gilt dies auch für die Nachweiswahrscheinlichkeit P, weil $P \sim |\psi|^2$.

5 Die Abstrahlung erfolgt in alle Raumrichtungen, sodass die Intensität am Schirm so verringert ist, dass dort eine dunkle Linie zu sehen ist.

6 a Die Energie kann (vereinfacht) aus der Hauptquantenzahl n berechnet werden: $E_n = -13{,}6 \text{ eV} \cdot \frac{1}{n^2}$ mit $n = 1, 2, 3 \ldots$
Für $n \leq 5$ gilt: $E < -0{,}5$ eV. Da die Anzahl der Orbitale durch die Hauptquantenzahl mit n^2 berechnet werden kann, existieren insgesamt 55 Orbitale, die eine kleinere Energie als $-0{,}5$ eV haben (1, 4, 9, 16 und 25 mit steigender Hauptquantenzahl).
b Für die Nebenquantenzahl gilt: $l = 0, 1, 2, \ldots, n - 1$, sodass nur für die drei größten Hauptquantenzahlen (3, 4 und 5) Orbitale mit $l = 2$ existieren. Dieses sind die fünf d-Orbitale, sodass es insgesamt 15 sind.
c
Ein mögliches Baumdiagramm könnte so aussehen:

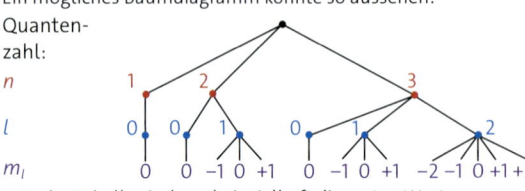

Quantenzahl:
- n: 1, 2, 3
- l: 0; 0, 1; 0, 1, 2
- m_l: 0; 0, -1 0 $+1$; 0, -1 0 $+1$, -2 -1 0 $+1$ $+2$

7 a In der Tabelle sind nur beispielhaft die ersten Werte eingetragen. Durch die Zellenbezüge in einem Tabellenkalkulationsprogramm kann die Wellenlänge automatisch für alle Messwerte berechnet werden: $\lambda = 2d \cdot \sin(\vartheta)$.

ϑ in °	Zählrate N	λ in 10^{-11} m
5,0	222	3,50
5,5	341	3,85
6,0	402	4,20
…	…	…
15,0	69	10,4

b Mithilfe der berechneten Werte kann ein Diagramm erstellt werden.

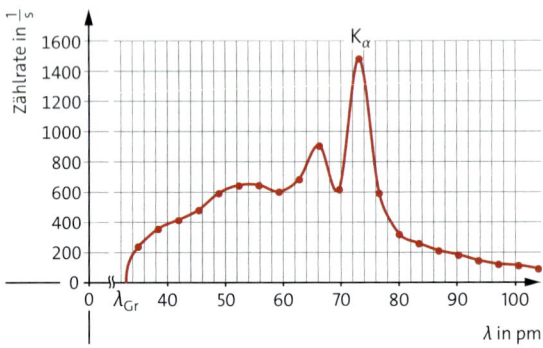

Die Spitze der K_α-Linie liegt bei $N = 1500 \frac{1}{s}$ und lässt sich damit einer Wellenlänge von $\lambda = 73$ pm zuordnen. Die kurzwellige Grenze des Röntgenbremsspektrums lässt sich ungefähr bei $\lambda_{Gr} \approx 30$ pm ablesen.
c Mit dem Moseley-Gesetz ergibt sich mit der Rydberg-Frequenz f_R folgender Ausdruck:

$f = (Z - 1)^2 \cdot f_R \cdot \frac{3}{4} \Leftrightarrow Z = \sqrt{\frac{4f}{3f_R}} + 1 \approx 42 \Rightarrow$ Molybdän

8

Elektron	1	2	3	4	5	6	7	8	9
n	1	1	2	2	2	2	2	2	2
l	0	0	0	0	1	1	1	1	1
m_l	0	0	0	0	-1	0	1	-1	1
s	$+\frac{1}{2}$	$-\frac{1}{2}$	$+\frac{1}{2}$	$-\frac{1}{2}$	$+\frac{1}{2}$	$+\frac{1}{2}$	$+\frac{1}{2}$	$-\frac{1}{2}$	$-\frac{1}{2}$

Hinweis: Die Besetzung der Orbitale gemäß der Hundschen Regel muss hier nicht vorausgesetzt werden. Aufgrund des gewählten Beispiels ist es nur wichtig, dass die drei energiegleichen Orbitale mit $n = 2$ und $l = 1$ mit insgesamt fünf Elektronen besetzt werden.

9 Die Ordnungszahl entspricht der Kernladungszahl des Atoms – also der Anzahl positiver Ladungen. Je größer diese ist, desto stärker werden die Elektronen gebunden und desto größer ist damit die Energie der emittierten Photonen.

10 Bei der Resonanzabsorption geht das Atom in einen angeregten Zustand über und gibt von Photon aufgenommene Energie unverzüglich wieder vollständig ab. Das abgebende und das Resonanz-Photon haben die gleiche Energie und Frequenz. Bei der Fluoreszenz geht das Atom erst in einen Zwischenzustand über, die abgegebene Energie und damit die Frequenz teilt sich auf und ist damit kleiner als die eingestrahlte.

11 a Berechnung über Bragg-Reflexion für Maximum 2. Ordnung ($n = 2$):

$$2\lambda = 2d \cdot \sin(\vartheta) \Leftrightarrow d = \frac{\lambda}{\sin(\vartheta)} = 4{,}09 \cdot 10^{-10} \text{ m}$$

b Maximum 1. Ordnung ($n = 1$): $\vartheta = \arcsin\left(\frac{\lambda}{2d}\right) = 4{,}98°$

c Ein weiterer Netzebenenabstand ergäbe sich, wenn man schräg auf den Würfel sieht. Dann bilden die gegenüberliegenden Ecken die Reflexionsebene mit dem Netzebenenabstand der Diagonale mit $d = \sqrt{2} \cdot a$ (bzw. $\sqrt{3} \cdot a$). Mit dem Wert aus 11a ergäbe sich dann ein Netzebenenabstand von $d = 5{,}78 \cdot 10^{-10}$ m (bzw. $7{,}08 \cdot 10^{-10}$ m).

12 Die Energie berechnet sich wie folgt:
$E_{el} = P \cdot t = 10 \cdot 10^{12}$ W $\cdot 10^{-13}$ s $= 1$ J.
Trotz der gewaltigen Leistung ist die Energie aufgrund der sehr kurzen Zeitdauer gering. Eine Windturbine mit 5 MW Leistung benötigt gerade 200 ns um diese zu erzeugen:

$$t = \frac{1 \text{ J}}{5 \cdot 10^6 \text{ W}} = 2 \cdot 10^{-7} \text{ s}.$$

Atomkern (S. 400–401)

1 a Mithilfe der Zahlen am Elementsymbol wird der Aufbau der Nuklide verdeutlicht. Die Zahl links unten gibt die Kernladungszahl bzw. die Anzahl der Protonen im Kern wieder. Da jeder Lithiumkern drei Protonen enthält, ist die Zahl bei beiden Nukliden gleich. Die Zahl links oben ist die Massenzahl (oder Nukleonenzahl). Sie gibt die Anzahl aller Nukleonen im Nuklid an. Aus ihr kann z. B. die Anzahl der Neutronen im Kern errechnet werden. Das Nuklid mit der Massenzahl sieben enthält also drei Protonen und vier Neut-ronen und das Nuklid mit der Massenzahl sechs hat ein Neutron weniger.
b Isotope sind Nuklide, die in ihrer Kernla-dungszahl übereinstimmen, sich aber in ihrer Massenzahl unterscheiden. Isotope gehören also immer einem bestimmten Element an (wie hier Lithium).
c Der Kern wird mit einem Topf für die Neut-ronen und einem für die Protonen modelliert. Innerhalb der Reichweite für die Kernkraft sind die Nukleonen in ihrem jeweiligen Topf gebun-den und bilden stehende Wellen aus. Dabei ist der für die Neutronen aufgrund der fehlenden Coulombabstoßung tiefer. Ähnlich wie in der Atomhülle können einer Energiestufe jeweils zwei Nukleonen zugeordnet werden (Pauli-Prinzip). Potenzialtopf für das $^{7}_{3}$Li-Nuklid.

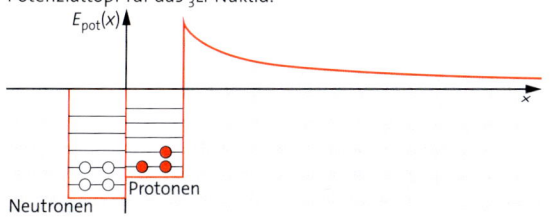

2 a Lösungsskizze: ▶ S. 380; 2; Die Nebelkammer ist ein geschlossener Behälter, der oben mit einem Glas abgedeckt ist. Sie ist mit einem Gemisch aus Luft und übersättigtem Alkohol- bzw. Wasserdampf gefüllt.
b Mit der Nebelkammer kann man ionisierende Strahlung nachweisen. Das Bild zeigt, dass eine Unterscheidung verschiedener Strahlungsarten durch Länge, Dicke und Krümmung der Spuren möglich ist.
c Die Krümmungen der Spuren wird durch ein (homogenes) magnetisches Feld, das die Kammer orthogonal durchsetzt, verursacht. α-Strahlung und β-Strahlung bestehen aus geladenen Teilchen, die im Magnetfeld eine Lorentzkraft erfahren. Aus Magnetfeldrichtung und Krümmungsverlauf kann die Ladungsart ermittelt werden und damit zwischen den Strahlungsarten unterschieden werden.
d Die Radien und Reichweiten weisen auf die unterschiedlichen Energien der Strahlung hin. Außerdem nimmt der Radius mit steigender Masse zu.

3

	Vorteile	Nachteile
Geiger-Müller-Zählrohr	Leicht zu transportieren (dadurch überall Messung möglich), Impulsraten sind direkt messbar. Impulsraten sind vergleichbar.	Strahlungsarten nicht ohne Hilfsmittel unterscheidbar. γ-Strahlung wird kaum detektiert.
Nebelkammer	Die Strahlungsart ist direkt zu sehen. Die Reichweite der Strahlung ist direkt zu sehen.	nicht leicht zu transportieren (dadurch nicht überall Messungen möglich) γ-Strahlung wird kaum detektiert.
Halbleiterdetektor	geringe Größe; leicht zu transportieren (Messungen überall möglich); Energien direkt messbar; Impulsraten vergleichbar; γ-Strahlung wird kaum detektiert. Nur geringer Anteil der kosmischen Strahlung wird detektiert. Jede Art von Strahlung nachweisbar und Energie bestimmbar bei passendem Halbleiterdetektor	Strahlungsarten nicht ohne Hilfsmittel unterscheidbar. Es muss der passende Detektor zur Strahlung gewählt werden.

4 a Die natürliche Strahlung in unserer Umwelt stammt aus der Luft, aus dem Boden oder aus Baumaterialien, in denen Elemente mit instabilen Kernen vorhanden sind, z. B. Radium oder Radon. Außerdem gelangen über die Nahrungskette und mit der Atmung radioaktive Stoffe in unseren Körper. Der überwiegende Teil stammt aus der kosmischen und terrestrischen Strahlung und nur ein geringer Teil aus medizinischen und technischen Anwendungen.
b Beim Kernzerfall verändert sich je nach Zerfallsart die Zusammensetzung des radioaktiven Kerns – also seine Nukleonenzahl und/oder Kernladungszahl. Während beim α-Zerfall ein Heliumkern abgespalten wird, sodass der Folgekern zwei Neutronen und zwei Protonen weniger hat, findet beim β-Zerfall eine Umwandlung eines Neutrons in ein Proton (β^-) oder umgekehrt (β^+-Zerfall) statt. Dabei bleibt zwar die Nukleonenzahl, aber nicht die Kernladungszahl erhalten. Eine Kernumwandlung immer mit einem Energieumsatz verbunden ist, sind Folgekerne in der Regel energetisch angeregt, sodass diese Energie in Form von Gammaphotonen emittieren. Dabei ändert sich die Teilchenzusammensetzung des Kerns nicht. Beispiele:
α-Zerfall: $^{238}_{92}$U $\rightarrow$ $^{234}_{90}$Th $+ ^{4}_{2}$He; β^--Zerfall: $^{137}_{55}$Cs $\rightarrow$ $^{137}_{56}$Ba $+ ^{0}_{-1}$e $+ \bar{v}$;
β^+-Zerfall: $^{15}_{8}$O $\longrightarrow$ $^{15}_{7}$N $+ ^{0}_{+1}$e $+ v$; γ-Strahlung: $^{222}_{88}$Ra* $\longrightarrow$ $^{222}_{88}$Ra $+ \gamma$

Lösungen

c α-Strahlung: $^A_Z X \longrightarrow ^{A-4}_{Z-2} Y + ^4_2 He$
$β^-$-Strahler: $^A_Z X \longrightarrow ^A_{Z+1} Y + ^{\ 0}_{-1} e + \bar{\nu}$
$β^+$-Strahler: $^A_Z X \longrightarrow ^A_{Z-1} Y + ^{\ 0}_{+1} e + \nu$
γ-Strahlung: $^A_Z X^* \longrightarrow ^A_Z X + \gamma$

5 a Eine Zerfallsreihe ist eine Reihe aufeinanderfolgender Kernzerfälle beginnend bei einem instabilen Nuklid und endend bei einem stabilen Nuklid.

b Das unbekannte Nuklid ist Astat-217. Zerfallsreihe:

$^{217}At \xrightarrow{\alpha} ^{213}Bi \xrightarrow{\beta} ^{213}Po \xrightarrow{\gamma} ^{213}Po \xrightarrow{\alpha} ^{209}Pb \xrightarrow{\beta} ^{209}Bi$

6 a Beide Graphen zeigen eine exponentielle Abnahme der Zählrate (Hochachse) mit der Zeit (Längsachse). Die Zählrate des blauen Graphen ist zum Zeitpunkt $t = 0$ größer; nimmt aber schneller ab als die des roten Graphen.

b Die Zählrate des blauen Graphen ist nach zwei Sekunden auf die Hälfte gesunken ($Z(2s) = 2{,}5\ \frac{1}{s}$). Die des roten Graphen nach fünf Sekunden ($Z(5s) = 1{,}5\ \frac{1}{s}$): $T_{½}$(blau) = 2 s und $T_{½}$(rot) = 5 s

c $Z(t) = Z_0 \cdot \left(\frac{1}{2}\right)^{\frac{t}{T_{½}}}$: $Z_{blau}(t) = 5\ \frac{1}{s} \cdot \left(\frac{1}{2}\right)^{\frac{t}{2s}}$ und $Z_{rot}(t) = 3\ \frac{1}{s} \cdot \left(\frac{1}{2}\right)^{\frac{t}{5s}}$

d Mit $\lambda = \frac{\ln 2}{T_{½}}$ folgt für $Z(t) = Z_0 \cdot e^{-\lambda \cdot t}$: $Z_{blau}(t) = 5\ \frac{1}{s} \cdot e^{-0{,}347\ \frac{1}{s} \cdot t}$
und $Z_{rot}(t) = 3\ \frac{1}{s} \cdot e^{-0{,}139\ \frac{1}{s} \cdot t}$

7 a *C-14 Methode:* Von Lebewesen erzeugte Stoffe enthalten (durch kosmische Strahlung entstandenes) radioaktives C-12. Nach dem Tod nimmt der Anteil an C-12 in der Probe ab, sodass daraus das Alter der Probe bestimmt werden kann.

b Mit $\lambda = 3{,}8 \cdot 10^{-12}\ \frac{1}{s}$ und $A(t) = 0{,}105\ A_0$ folgt für $A(t) = A_0 \cdot e^{-\lambda \cdot t}$:
$\frac{0{,}105\ A_0}{A_0} = e^{-\lambda \cdot t} \Rightarrow t = \frac{\ln 0{,}105}{-3{,}8 \cdot 10^{-12}\ \frac{1}{s}} = 5{,}931 \cdot 10^{11}\ s \approx 18\,800\ a$

8 a Lösungsskizze: ▶ S. 381; 4; Das Zählrohr besteht aus einem edelgasgefüllten Metallrohr, in dem ein Metalldraht mittig verläuft. Zwischen Draht und Innenwand liegt eine Spannung von 200–600 V an. Dringt radioaktive Strahlung durch das Fenster ein, werden Gasteilchen ionisiert. Durch weitere Stoßionisation entsteht eine Elektronenlawine, die durch ein Zählwerk registriert oder durch einen Lautsprecher hörbar ist.

b *Totzeit:* Zeitspanne, in der das Zählrohr keine Strahlungsereignisse registrieren kann. Sie entsteht, weil die (großen und langsamen) Gas-Ionen erst zur Innenwand gelangen müssen, wo sie sich entladen können.

Nullrate: Zählrate, die durch die natürliche Radioaktivität der Umwelt verursacht wird. Sie muss häufig vor der eigentlichen Messung bestimmt und von der Zählrate des Präparats abgezogen werden. Ursachen siehe Aufgabe **11a**.

c Die Aktivität ist eine Größe, die sich z. B. auf Basis der Masse einer Probe berechnen lässt. Sie ist nicht direkt messbar, denn die Probe selbst schirmt bereits Strahlung ab und das Messgerät erfasst in der Regel nicht die komplette Strahlung. In der Praxis verwendet man deshalb die Zählrate Z. Aus der Zählrate kann auf die Aktivität geschlossen werden. Außerdem müssen Nullrate und Totzeit berücksichtigt werden.

9 a Zwischen Präparat und Geiger-Müller-Zählrohr werden unterschiedliche Materialien gestellt, da die Strahlungsarten je nach Materialart effektiv abgeschirmt werden können. Skizzen siehe: ▶ S. 382; 2 und 3

Strahlung	α	β	γ
Material	Papier	Aluminium	Blei (nur Abschwächung)

b Die Strahlungsarten haben unterschiedliche Ladung (und Masse), sodass eine Unterscheidung durch magnetische oder elektrische Felder möglich ist. Auch eine Unterscheidung nach Reichweite wäre möglich.

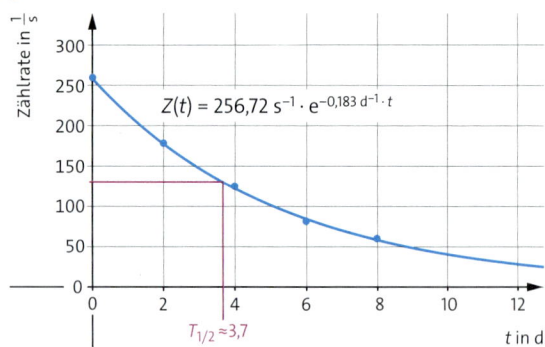

10 a

$Z(t) = 256{,}72\ s^{-1} \cdot e^{-0{,}183\ d^{-1} \cdot t}$

$T_{1/2} \approx 3{,}7$

b Gerechnet: $T_{1/2} = \frac{\ln 2}{\lambda} = \frac{\ln 2}{0{,}183\ 1/d} = 3{,}79\ d$. Beide Werte stimmen gut überein. Abweichungen erklären sich aus der Wahl der Regression oder Ungenauigkeiten im Diagramm.

11 a $^{241}_{95}Am \xrightarrow{\alpha} ^{237}_{93}Np \xrightarrow{\alpha} ^{233}_{91}Pa \xrightarrow{\beta} ^{233}_{92}U \xrightarrow{\alpha} ^{229}_{90}Th \xrightarrow{\alpha} ^{225}_{88}Ra \xrightarrow{\beta} ^{225}_{89}Ac$
$\xrightarrow{\alpha} ^{221}_{87}Fr \xrightarrow{\alpha} ^{217}_{85}At \xrightarrow{\alpha} ^{213}_{83}Bi$

Für das letzte Nuklide gibt es zwei Zerfallsmöglichkeiten:
$\xrightarrow{\beta} ^{213}_{84}Po \xrightarrow{\alpha} ^{209}_{82}Pb \xrightarrow{\beta} ^{209}_{83}Bi$ oder
$\xrightarrow{\alpha} ^{209}_{81}Tl \xrightarrow{\beta} ^{209}_{82}Pb \xrightarrow{\beta} ^{209}_{83}Bi$

b Einige Zerfallsprodukte von Am-241 haben sehr große Halbwertszeiten und sind deshalb sehr langlebig, z. B. $^{237}_{93}Np$ oder $^{233}_{92}U$. Auch nach vielen Jahren können deshalb nur sehr wenige Nuklide vom stabilen Endprodukt gefunden werden.

12 a Die Gleichung zeigt nur die Gesamtreaktion, die in mehreren Schritten abläuft. Am wahrschein-lichsten ist, dass beim Zusammenstoß von je-weils zwei Protonen ein Deuterium-Nuklid (^2_1H) entsteht. Die zwei Deuterium-Nuklide fusionieren anschließend wiederum zum Helium-Nuklid (^4_2He).
Bei der Bildung der beiden Deuterium-Nuklide muss sich jeweils ein Proton in ein Neutron um-wandeln. Dabei entstehen jeweils ein Positron und ein Neutrino.

b Der Massendefekt kann über die angegebene Fusionsglei-chung errechnet werden. Es spielt dabei keine Rolle, wie der Fusionsprozess genau abläuft:
$\Delta m = m_{He-4} + 2\ m_e - 4\ m_{H-1} = -4{,}400\,48 \cdot 10^{-29}$ kg
$E = \Delta m\ c^2 = -3{,}960\,43 \cdot 10^{-12}$ J $= -24{,}72$ MeV

c Es gibt eine Differenz von ungefähr 2 MeV. Die Lücke erklärt sich, wenn man berücksichtigt, dass die bei der Fusion entstehenden zwei Positronen irgendwann mit zwei Elektronen im Sonnenplasma zusammenstoßen und zu Photonen umgewandelt werden. Da die Ruheenergie des Positrons bzw. Elektrons gerade 511 keV beträgt, entehen ungefähr 2 MeV zusätzliche Strahlungsenergie.

13 a $^{22}_{11}Na \rightarrow ^{22}_{10}Ne + ^{\ 0}_{-1}e + \bar{\nu}$

b Es gilt $A(t) = A_0 \cdot e^{-\lambda \cdot t}$ und $\lambda = \frac{\ln 2}{T_{1/2}}$. Mit einer Halbwertszeit von 2,6 Jahren und $A(44\ a) = 20$ Bq ergibt sich:
$A_0 = \frac{A(t)}{e^{-\lambda \cdot t}} = \frac{20\ Bq}{e^{-\frac{\ln 2}{2{,}6\ a} \cdot 44\ a}} = 2{,}49 \cdot 10^6$ Bq

c Die beim Zerfall umgesetzte Energie kann nicht beliebig auf Folgekern und Elektron aufgeteilt werden, da der Kern nur bestimmte Energien aufnehmen kann. Aufgrund der Energieerhaltung ist deshalb ein weiteres Teilchen – ein Neutrino bzw. Antineutrino – nötig. Das beim Zerfall emittierte Elektron entsteht durch die Umwandlung eines Neutrons in ein Proton.
$^1_0n \rightarrow ^1_1p + ^{\ 0}_{-1}e + \bar{\nu}$
Einige Eigenschaften des Neutrinos ergeben sich dabei aus weiteren Erhaltungssätzen, z. B. die Masse aus der Impulserhaltung oder die Ladungsneutralität aus der Ladungserhaltung.

Internationales Einheitensystem (SI)

Die Generalkonferenz für Maß und Gewicht legte sieben Basiseinheiten fest, deren Wert seit 2019 von definierten Naturkonstanten bestimmt ist. Wenn eine physikalische Größe in einer Basiseinheit gemessen wird, dann muss die jeweilige Naturkonstante den definierten Wert haben. Während man also früher über festgelegte Einheiten die Naturkonstanten bestimmt hat, bestimmt man heute umgekehrt über festgelegte Naturkonstanten einheitliche Basiseinheiten.

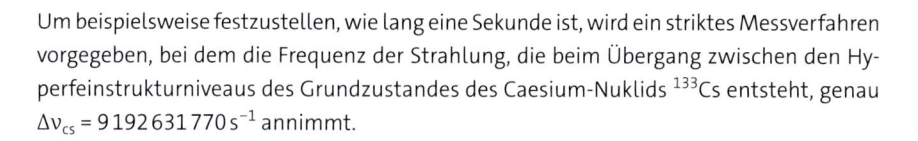

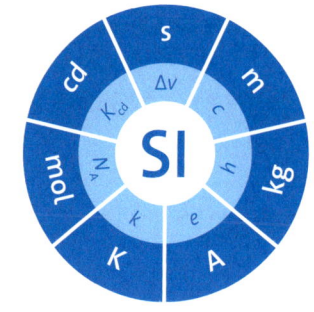

Um beispielsweise festzustellen, wie lang eine Sekunde ist, wird ein striktes Messverfahren vorgegeben, bei dem die Frequenz der Strahlung, die beim Übergang zwischen den Hyperfeinstrukturniveaus des Grundzustandes des Caesium-Nuklids ^{133}Cs entsteht, genau $\Delta \nu_{Cs} = 9\,192\,631\,770\,s^{-1}$ annimmt.

Alle weiteren Einheiten können aus diesen Basiseinheiten abgeleitet werden. Die elektrische Spannung hat die Einheit Volt (1 V). Sie kann als Energie pro Ladung durch die Einheiten Joule pro Coulomb $\left(1\,V = 1\,\frac{J}{C}\right)$ ausgedrückt werden. Die Einheit Joule basiert auf dem Kilogramm, dem Meter und der Sekunde, das Coulomb entspricht einer Amperesekunde:

$$1\,V = 1\,\frac{J}{C} = 1\,\frac{kg \cdot m^2 \cdot s^{-2}}{A \cdot s} = 1\,\frac{kg \cdot m^2}{A \cdot s^3}$$

Basiseinheiten

Größe	Einheit	beruht auf der festgelegten Naturkonstante	verwendet
Zeit	Sekunde (s)	Strahlung des Caesium-Atoms $\Delta \nu_{Cs} = 9\,192\,631\,770\,s^{-1}$	$\Delta \nu_{Cs}$
Länge	Meter (m)	Lichtgeschwindigkeit $c = 299\,792\,458\,m \cdot s^{-1}$	$c, \Delta \nu_{Cs}$
Masse	Kilogramm (kg)	Plancksches Wirkungsquantum $h = 6{,}626\,070\,15 \cdot 10^{-34}\,kg \cdot m^2 \cdot s^{-1}$	$h, c, \Delta \nu_{Cs}$
Stromstärke	Ampere (A)	Elementarladung $e = 1{,}602\,176\,634 \cdot 10^{-19}\,A \cdot s$	$e, \Delta \nu_{Cs}$
Temperatur	Kelvin (K)	Boltzmann-Konstante $k_B = 1{,}380\,649 \cdot 10^{-23}\,kg \cdot m^2 \cdot s^{-2} \cdot K^{-1}$	$k_B, h, \Delta \nu_{Cs}$
Stoffmenge	Mol (mol)	Avogadro-Konstante $N_A = 6{,}022\,140\,76 \cdot 10^{23}\,mol^{-1}$	N_A
Lichtstärke	Candela (cd)	Photometrisches Strahlungsäquivalent $K_{cd} = 683\,cd \cdot sr \cdot s^3 \cdot kg^{-1} \cdot m^{-2}$	$K_{cd}, \Delta \nu_{Cs}, h$

Präfixe

Faktor	Vorsatz	Präfix
10^1	Deka	da
10^2	Hekto	h
10^3	Kilo	k
10^6	Mega	M
10^9	Giga	G
10^{12}	Tera	T
10^{15}	Peta	P
10^{18}	Exa	E
10^{21}	Zetta	Z
10^{24}	Yotta	Y

Naturkonstanten und Normwerte

Größe	Wert (Unsicherheit in Klammern)
Absoluter Nullpunkt der Temperatur	$T_0 = 0\,\text{K} = -273{,}15\,°\text{C}$
Atomare Masseneinheit	$1\,\text{u} = 1{,}660\,539\,066\,60(50) \cdot 10^{-27}\,\text{kg}$
Avogadro-Konstante	$N_A = 6{,}022\,140\,76 \cdot 10^{23}\,\frac{1}{\text{mol}}$ (exakt definiert)
Boltzmann-Konstante	$k = 1{,}380\,649 \cdot 10^{-23}\,\frac{\text{J}}{\text{K}}$ (exakt definiert)
Elektrische Feldkonstante	$\varepsilon_0 = \frac{1}{\mu_0 \cdot c^2} = 8{,}854\,187\,812\,8(13) \cdot 10^{-12}\,\frac{\text{A}\cdot\text{s}}{\text{V}\cdot\text{m}}$
Elementarladung	$e = 1{,}602\,176\,634 \cdot 10^{-19}\,\text{C}$ (exakt definiert)
Fallbeschleunigung (Normwert)	$g = 9{,}810\,\frac{\text{m}}{\text{s}^2}\,\left(9{,}806\,65\,\frac{\text{m}}{\text{s}^2}\right)$
Faraday-Konstante	$F = 96\,485{,}332\,123\,310\,018\,4\,\frac{\text{C}}{\text{mol}}$ (exakt definiert)
Gravitationskonstante	$G = 6{,}674\,30(15) \cdot 10^{-11}\,\frac{\text{m}^3}{\text{kg}\cdot\text{s}^2}$
Lichtgeschwindigkeit im Vakuum	$c = 2{,}997\,924\,58 \cdot 10^8\,\frac{\text{m}}{\text{s}}$ (exakt definiert)
Magnetische Feldkonstante	$\mu_0 = 1{,}256\,637\,062\,12(19) \cdot 10^{-6}\,\frac{\text{N}}{\text{A}^2}$
Molares Normvolumen eines idealen Gases bei Normdruck 0 °C	$V_m = 22{,}413\,996(39) \cdot 10^{-3}\,\frac{\text{m}^3}{\text{mol}}$
Normdruck	$p_n = 101{,}325\,\text{kPa}$
Planck-Konstante (Plancksches Wirkungsquantum)	$h = 6{,}626\,070\,15 \cdot 10^{-34}\,\text{J}\cdot\text{s}$ (exakt definiert)
Ruhemasse des α-Teilchens	$m_\alpha = 6{,}644\,657\,335\,7(20) \cdot 10^{-27}\,\text{kg}$
Ruhemasse des Elektrons	$m_e = 9{,}109\,383\,701\,5(28) \cdot 10^{-31}\,\text{kg}$
Ruhemasse des Neutrons	$m_n = 1{,}674\,927\,498\,04(95) \cdot 10^{-27}\,\text{kg}$
Ruhemasse des Protons	$m_p = 1{,}672\,621\,923\,69(51) \cdot 10^{-27}\,\text{kg}$
Rydberg-Konstante	$R_\infty = 1{,}097\,373\,156\,816\,0(21) \cdot 10^7\,\frac{1}{\text{m}}$
Spezifische Ladung des Elektrons	$\frac{e}{m_e} = 1{,}758\,820\,010\,76(53) \cdot 10^{11}\,\frac{\text{C}}{\text{kg}}$
Stefan-Boltzmann-Konstante	$\sigma = \frac{2\pi^5 k^4}{15 h^3 c^2} = 5{,}670\,374\,419\ldots \cdot 10^{-8}\,\frac{\text{W}}{\text{m}^2\cdot\text{K}^4}$ (exakt definiert)
Universelle Gaskonstante	$R = 8{,}314\,462\,618\,153\,24\,\frac{\text{J}}{\text{mol}\cdot\text{K}}$ (exakt definiert)

Die Ziffern in Klammern hinter einem Zahlenwert bezeichnen die Unsicherheit in den letzten Stellen des Werts.
Die Unsicherheit ist als einfache Standardabweichung angegeben.
Beispiel: Die Angabe 6,672 59 (85) ist gleichbedeutend mit 6,672 59 ± 0,000 85.

Physikalische Größen

Mechanik, Schwingungen und Wellen

Größe	Symbol	Einheit	Gleichung oder Definition
Amplitude	s_{max}	m (Meter)	Maximale Auslenkung
Ausbreitungsgeschwindigkeit	c	$\frac{m}{s}$	$c = \lambda \cdot f = \frac{\lambda}{T}$
Auslenkung – Schwingung – Welle	s	m	$s(t) = s_{max} \cdot \sin(\omega t + \Delta\varphi)$ $s(t) = s_{max} \cdot \sin\left(2\pi\left(\frac{t}{T} - \frac{x}{\lambda}\right)\right)$
Beschleunigung	$a, \vec{a}$	$\frac{m}{s^2}$	$a = \frac{\Delta v}{\Delta t}$ für $\Delta t \to 0$: $a = \dot{v} = \frac{dv}{dt} = \ddot{s} = \frac{d^2s}{d^2t}$
Corioliskraft	$F_C, \vec{F}_C$	N (Newton)	$F_C = 2 \cdot m \cdot v \cdot \omega$
Drehmoment	$M, \vec{M}$	N·m	$M = F \cdot r \cdot \sin(\alpha)$
Eigenfrequenz – Fadenpendel – Federpendel – Schwingkreis	f_0 bzw. ω_0		$f_0 = \frac{1}{2\pi} \cdot \sqrt{\frac{g}{\ell}}$ $f_0 = \frac{1}{2\pi} \cdot \sqrt{\frac{D}{m}}$ $\omega_0 = \sqrt{\frac{1}{L \cdot C}}$
Energie – kinetische – potenzielle	E E_{kin} E_{pot}	J = N·m (Joule)	 $E_{kin} = \frac{1}{2} m \cdot v^2$ $E_{pot} = m \cdot g \cdot h$
Federkonstante	D	$\frac{N}{m}$	$D = \frac{F}{s}$
Frequenz	f	Hz (Hertz)	$f = \frac{1}{T}$
Geschwindigkeit	$v, \vec{v}$	$\frac{m}{s}$	$v = \frac{\Delta s}{\Delta t}$ für $\Delta t \to 0$: $v = \dot{s} = \frac{ds}{dt}$
Gewichtskraft	$F_G, \vec{F}_G$	N	$F_G = m \cdot g$
Gravitationsfeldstärke	G	$\frac{N}{kg}$	$G = \frac{F_G}{m}$; in der Nähe der Erdoberfläche: $G = g$
Gravitationskraft	$F_G, \vec{F}_G$	N	$F_G = G \cdot \frac{m_1 \cdot m_2}{r^2}$
Impuls	$p, \vec{p}$	$\frac{kg \cdot m}{s}$	$p = m \cdot v$
Kraft	$F, \vec{F}$	N	$F = m \cdot a$
Kreisfrequenz	ω	$\frac{1}{s}$	$\omega = 2\pi \cdot f = \frac{2\pi}{T}$
Leistung	P	$W = \frac{J}{s}$	$P = \frac{E}{t}$
Lorentz-Faktor	γ		$\frac{1}{\sqrt{1 - \frac{v^2}{c^2}}}$
Masse, relativistisch	m	kg	$m = \frac{m_0}{\sqrt{1 - \frac{v^2}{c^2}}} = m_0 \cdot \gamma$
Periodendauer – Fadenpendel – Federpendel	T	s	 $T = 2\pi \cdot \sqrt{\frac{\ell}{g}}$ $T = 2\pi \cdot \sqrt{\frac{m}{D}}$

Größe	Symbol	Einheit	Gleichung oder Definition
Phasenverschiebung	$\Delta\varphi$		Differenz der Nulldurchgänge zweier Wellen gleicher Wellenlänge
Temperatur	T	K (Kelvin)	$T = \left(\frac{\vartheta}{1°C} + 273{,}15\,K\right)$; ϑ = Temperatur in °C
Wellenlänge	λ	m	
Zentripetalbeschleunigung	$a_Z, \vec{a}_Z$	$\frac{m}{s^2}$	$a_Z = \frac{v^2}{r}$
Zentripetalkraft	$F_Z, \vec{F}_Z$	N	$F_Z = m \cdot \frac{v^2}{r}$

Elektromagnetismus

Größe	Symbol	Einheit	Gleichung oder Definition
Bahnradius einer Ladung im Magnetfeld	r	m	$r = m \cdot \frac{v_\perp}{B \cdot q}$
Elektrische Energie – im Radialfeld – im Plattenkondensator	E_{el}	J	$E = \frac{Q_1 \cdot Q_2}{4 \cdot \pi \cdot \varepsilon_0} \cdot \frac{1}{r}$ $E = \frac{1}{2} \cdot Q \cdot U_C = \frac{1}{2} \cdot C \cdot U_C^2$
Elektrische Feldstärke – im Plattenkondensator	$\vec{E}$	$\frac{N}{C}$	$\vec{E} = \frac{\vec{F}_{el}}{q}$ $|\vec{E}| = \frac{U}{d}$
Elektrische Kraft	$F_{el}, \vec{F}_{el}$	N	$F_{el} = \frac{1}{4 \cdot \pi \cdot \varepsilon_0} \cdot \frac{Q_1 \cdot Q_2}{r^2}$
Elektrische Leistung	P_{el}	$W = \frac{J}{s} = V \cdot A$	$P = U \cdot I$
Elektrische Spannung	U	V	$U = |\vec{E}| \cdot d = \Delta\varphi$
Elektrische Stromstärke	I	A (Ampere)	$I = \frac{Q}{t}$
Elektrischer Widerstand	R	Ω (Ohm)	$R = \frac{U}{I}$
Elektrisches Potenzial im Radialfeld	φ	V (Volt)	$\varphi = \frac{Q}{4 \cdot \pi \cdot \varepsilon_0} \cdot \frac{1}{r}$
Energie des Magnetfeldes einer Spule	E	J	$E = \frac{1}{2} \cdot L \cdot I^2$
Geschwindigkeit eines geladenen Teilchens im elektrischen Feld	v	$\frac{m}{s}$	$v = \sqrt{\frac{2 \cdot e \cdot U_B}{m}}$
Hall-Spannung	U_H	V	$U_H = B \cdot \frac{I}{d} \cdot A_H$
Induktionsspannung – durch Flächenänderung – durch Änderung der magnetischen Flussdichte – allgemein (magnetische Flussänderung) – Selbstinduktion	U_{ind}	V	$U_{ind} = -N \cdot \frac{\Delta A}{\Delta t} \cdot B$; $U_{ind} = -N \cdot \dot{A}(t) \cdot B$ $U_{ind} = -N \cdot A \cdot \frac{\Delta B}{\Delta t}$; $U_{ind}(t) = -N \cdot A \cdot \dot{B}(t)$ $U_{ind} = -N \cdot \frac{\Delta\Phi}{\Delta t}$; $U_{ind}(t) = -N \cdot \dot{\Phi}(t)$ $U_{ind} = -L \cdot \frac{\Delta I}{\Delta t}$; $U_{ind}(t) = -L \cdot \dot{I}(t)$
Induktivität einer langen, dünnen Spule	L	H (Henry)	$L = \mu_0 \cdot \mu_r \cdot A \cdot \frac{N^2}{\ell}$

Größe	Symbol	Einheit	Gleichung oder Definition
Kapazität	C	F (Farad) = $\frac{C}{V}$	$C = \frac{Q}{U}$
– im Plattenkondensator			$C = \varepsilon_0 \cdot \varepsilon_r \cdot \frac{A}{d}$
Kraft auf geraden Leiter	$F, \vec{F}$	N	$F = I \cdot \ell \cdot B$
Lorentzkraft	$F_L, \vec{F}_L$	N	$F_L = q \cdot v \cdot B$
magnetische Flussdichte – eines stromdurchflossenen Leiters (außen) – im Innern einer langen, dünnen Spule	$B, \vec{B}$	T (Tesla) = $\frac{V \cdot s}{m^2}$	$B = \mu_0 \cdot \mu_r \cdot \frac{I}{2 \cdot \pi \cdot r}$ $B = \mu_0 \cdot \mu_r \cdot \frac{I \cdot N}{\ell}$
magnetischer Fluss durch eine Fläche	Φ	Wb (Weber) = V · s	$\Phi = B \cdot A$; $\Phi = B \cdot A \cdot \sin(\alpha)$
spezifische Ladung (im Magnetfeld)	$\frac{e}{m}$	$\frac{C}{kg}$	$\frac{e}{m} = 2 \cdot \frac{U_B}{r^2 \cdot B^2}$
Zeitkonstante eines Kondensators	τ	s	$\tau = R \cdot C$

Quantenobjekte, Atomphysik und Kernphysik

Größe	Symbol	Einheit	Gleichung oder Definition
Aktivität	A	Bq (Becquerel)	Zerfälle pro Zeit
Äquivalentdosis	H	Sv (Sievert)	
de-Broglie-Wellenlänge	λ	m	$\lambda = \frac{h}{p}$
Energie (Photon)	E	eV (Elektronenvolt), J	$E = h \cdot f$
Halbwertszeit	$T_{1/2}$	s	Die Halbwertszeit $T_{1/2}$ ist die Zeitspanne, in der sich die Hälfte der Menge eines radioaktiven Nuklids umwandelt.
Impuls (Photon)	p	$kg \cdot \frac{m}{s}$	$p = \frac{h}{\lambda}$
Unbestimmtheitsrelation – Weg-Impuls – Energie-Zeit	$\Delta x \cdot \Delta p$ $\Delta E \cdot \Delta t$	J · s J · s	$\Delta x \cdot \Delta p \geq \frac{h}{4\pi}$ $\Delta E \cdot \Delta t \geq \frac{h}{4\pi}$
Wellenfunktion	ψ		
Zerfallskonstante	λ	$\frac{1}{s}$	$\lambda = \frac{\ln 2}{T_{1/2}}$

Wertetabellen

Hall-Konstanten A_H in $\frac{m^3}{C}$

Aluminium	$-3,5 \cdot 10^{-11}$	Gold	$-7,2 \cdot 10^{-11}$	Wolfram	$1,2 \cdot 10^{-11}$		
Bismut	$-5 \cdot 10^{-7}$	Kupfer	$-5,3 \cdot 10^{-11}$	Zink	$6,4 \cdot 10^{-11}$		
Blei	$0,9 \cdot 10^{-11}$	Platin	$-2,0 \cdot 10^{-11}$	Zinn	$-0,3 \cdot 10^{-11}$		
Cadmium	$5,9 \cdot 10^{-11}$	Silber	$-8,9 \cdot 10^{-11}$	Indiumantimonid	$-2,4 \cdot 10^{-4}$		

Die Werte für Hall-Konstanten sind stark von der Temperatur und der Materialreinheit abhängig.
positive Werte: Löcher als Ladungsträger, negative Werte: Elektronen als Ladungsträger

Permittivitätszahlen ε (auch: Dielektrizitätskonstanten, relative Permittivitäten)

Ammoniak (0 °C)	1,007	Ethanol	25	Holz	3–10	Porzellan	2–6
Benzol	2,3	Glas	5–8	Luft	1,00059	Sauerstoff	1,00049
Erde, feucht	29	Glimmer	4–10	Methanol	32,6	Stickstoff	1,00053
Erde, trocken	3,9	Gummi	2,5–3	Olivenöl	3,1	Vakuum	1
Eis (0 °C)	3,0	Helium	1,00007	Paraffin	2,3	Wasser	80

Die Permittivitäten hängen u. a. von der Frequenz, der Temperatur sowie von der magnetischen Flussdichte B und der elektrischen Feldstärke E ab. Werte für 20 °C, wenn nicht anders angegeben

Permeabilitätszahlen μ_r (auch: relative Permeabilitäten)

diamagnetische Stoffe ($0 \leq \mu_r < 1$)		paramagnetische Stoffe ($\mu_r > 1$)		ferromagnetische Stoffe ($\mu_r \gg 1$)	
Gold	0,999971	Aluminium	1,000022	Cobalt	80–200
Kupfer	0,999994	Luft	1,0000004	Eisen	300–10000
Quecksilber	0,999966	Platin	1,000257	Nickel	280–2500
Wasser	0,999991	Sauerstoff, flüssig	1,0000034	Stahl	400–4500
Zink	0,999986	Sauerstoff, gasförmig	1,0000019		

Halbwertszeiten

Isotop	Halbwertszeit	Isotop	Halbwertszeit	Isotop	Halbwertszeit	Isotop	Halbwertszeit
^{220}Rn	55,6 Sekunden	^{14}C	5730 Jahre	^{131}I	8 Tage	^{238}U	4 468 000 000 Jahre
^{222}Rn	3,8 Tage	^{137}Cs	30 Jahre	^{11}C	20,36 Minuten	^{235}U	703 800 000 Jahre

Brechzahlen n
für den Einfall von Licht der Wellenlänge 589,3 nm aus dem Vakuum (n = 1)

Augenlinse, menschlich	1,35–1,42	Glas	1,45–2,14	Luft, trocken (0 °C)	1,00028
Benzol	1,501	Glycerin	1,47399	Methanol	1,329
Bleikristall	bis 1,93	Kochsalz	1,54	Plexiglas	1,49
Diamant	2,417	Kohlenstoffdioxid	1,00045	Rübenzucker (30-%-Lsg.)	1,38
Ethanol	1,3614	Kronglas	1,46–1,65	Rübenzucker (80-%-Lsg.)	1,49
Eis (0 °C)	1,309	Kunststoff-Brillenglas	bis 1,76	Stickstoff	1,00030
Flintglas	1,56–1,93	Leinöl	1,486	Wasser	1,333

Je nach Materialreinheit sind Abweichungen möglich. Brechzahlen für Gase unter Normbedingungen.

Vorgehensweise bei der Bearbeitung von Aufgaben

- Lesen Sie vor der Bearbeitung alle Aufträge durch.
- Notieren Sie stichwortartig anwendbare physikalische Regeln. Notieren Sie passende Formeln. Erstellen Sie einen Plan der Lösungsschritte.
- Beachten Sie die Operatoren (beschreiben, nennen, erklären, erläutern, deuten, ermitteln …).

Operatoren

Analysieren	diejenigen Bestandteile oder Eigenschaften eines Sachverhaltes herausarbeiten, die für die gegebene Fragestellung wichtig sind
Aufstellen einer Hypothese	eine Vermutung formulieren, die sich anhand von Beobachtungen, Experimenten oder Untersuchungen begründen lässt
Begründen	Sachverhalte auf Regeln, Gesetzmäßigkeiten oder kausale Zusammenhänge zurückführen
Beschreiben	Sachverhalte und Zusammenhänge unter Verwendung der Fachsprache mit eigenen Worten wiedergeben
Bestätigen	die Gültigkeit einer Aussage, die zu einem Experiment, zu Messdaten oder zu Schlussfolgerungen aus diesen gemacht wurde, feststellen
Beurteilen	eine eigene Einschätzung eines Sachverhaltes formulieren, die mithilfe von Fachwissen und Fachmethoden gewonnen wurde und begründet werden kann
Deuten	Zusammenhänge dahingehend untersuchen, wie sie erklärt werden können
Erklären	unter Verwendung der Fachsprache nachvollziehbar auf allgemeine Aussagen und Gesetze zurückführen
Erläutern	unter Verwendung der Fachsprache durch zusätzliche Informationen verständlich und anschaulich machen
Ermitteln	rechnerisch, grafisch oder experimentell eine Lösung oder ein Ergebnis finden und formulieren
Erörtern	Argumente und verschiedene Positionen zu einer Aussage oder einem Sachverhalt einander gegenüberstellen und zwischen ihnen abwägen
Herleiten	die Bestimmungsgleichung einer naturwissenschaftlichen Größe aufstellen, aus bereits bekannten Größengleichungen mittels mathematischer Operationen
Nennen	Sachverhalte, Begriffe, Daten lediglich aufzählen, ohne weitere Erläuterungen
Planen eines Experimentes	zu einer gegebenen Fragestellung eine Experimentieranordnung finden oder eine Experimentieranleitung erstellen
Skizzieren	das Wesentliche eines Sachverhaltes oder eines Ergebnisses übersichtlich grafisch darstellen
Vergleichen	Gemeinsamkeiten, Ähnlichkeiten und Unterschiede zwischen mehreren Sachverhalten finden und formulieren
Zusammenfassen	einen Sachverhalt auf die wesentlichen Punkte konzentriert wiedergeben

Auszug aus der Nuklidkarte (vereinfacht)

a	Jahr
d	Tag
h	Stunde
min	Minute
s	Sekunde
ms	Millisekunde
µm	Mikrosekunde

Protonenzahl ↑ / Neutronenzahl →

Si (Z=14), 28,085 — Si 22: 29 ms · Si 23: 42,3 ms · Si 24: 140,5 ms · Si 25: 218 ms
Al (Z=13), 26,9815385 — Al 22: 91,1 ms · Al 23: 446 ms · Al 24: 2,053 s
Mg (Z=12), 24,3050 — Mg 20: 90,8 ms · Mg 21: 122 ms · Mg 22: 3,8755 s · Mg 23: 11,3 s
Na (Z=11), 22,98976928 — Na 20: 447,9 ms · Na 21: 22,49 s · Na 22: 2,6018 a
Ne (Z=10), 20,1797 — Ne 17: 109,2 ms · Ne 18: 1,6654 s · Ne 19: 17,254 s · Ne 20: 90,48 · Ne 21: 0,27
F (Z=9), 18,998403163 — F 17: 64,49 s · F 18: 109,728 min · F 19: 100 · F 20: 11,0 s
O (Z=8), 15,9994 — O 13: 8,58 ms · O 14: 70,619 s · O 15: 122,24 s · O 16: 99,757 · O 17: 0,038 · O 18: 0,205 · O 19: 26,476 s
N (Z=7), 14,00674 — N 12: 11 ms · N 13: 9,965 min · N 14: 99,636 · N 15: 0,364 · N 16: 7,13 s · N 17: 4,173 s · N 18: 0,619 ms
C (Z=6), 12,01 — C 9: 126,5 ms · C 10: 19,3080 s · C 11: 20,364 min · C 12: 98,93 · C 13: 1,07 · C 14: 5730 a · C 15: 2,449 s · C 16: 0,747 s · C 17: 193 ms
B (Z=5), 10,811 — B 8: 770 ms · B 10: 19,9 · B 11: 80,1 · B 12: 20,20 ms · B 13: 17,33 ms · B 14: 12,5 ms · B 15: 9,93 ms
Be (Z=4), 9,0121831 — Be 7: 53,22 d · Be 9: 100 · Be 10: 1,387·10⁶ a · Be 11: 13,81 s · Be 12: 21,5 ms
Li (Z=3), 6,941 — Li 6: 7,59 · Li 7: 92,41 · Li 8: 838,75 ms · Li 9: 178,3 ms · Li 11: 8,75 ms
He (Z=2), 4,002602 — He 3: 0,000134 · He 4: 99,999866 · He 6: 806,89 ms · He 8: 119,1 ms
H (Z=1), 1,00794 — H 1: 99,9885 · H 2: 0,0115 · H 3: 12,312 a
n (Z=0) — n 1: 10,17 min

U (Z=92), 238,02891 — U 218: 0,51 ms · U 219: ≈ 42 µs
Pa (Z=91), 231,03588 — Pa 213: 5,3 ms · Pa 214: 17 ms · Pa 215: 14 ms · Pa 216: 105 ms · Pa 217: 3,6 ms · Pa 218: 113 µs · Pa 219: 53 s
Th (Z=90), 232,0377 — Th 210: 16 ms · Th 211: 37 ms · Th 212: 31,7 ms · Th 213: 144 ms · Th 214: 87 ms · Th 215: 1,2 s · Th 216: 26,0 ms · Th 217: 237 µs · Th 218: 117 ms
Ac (Z=89) — Ac 207: 27,0 ms · Ac 208: 95 ms · Ac 209: 87 ms · Ac 210: 0,35 s · Ac 211: 0,21 s · Ac 212: 0,93 s · Ac 213: 738 ms · Ac 214: 8,2 s · Ac 215: 0,17 s · Ac 216: 440 µs · Ac 217: 69 ms
Ra (Z=88) — Ra 204: 59 ms · Ra 205: 0,21 s · Ra 206: 0,24 s · Ra 207: 1,38 s · Ra 208: 1,110 s · Ra 209: 4,8 s · Ra 210: 3,70 s · Ra 211: 13,2 s · Ra 212: 13,0 s · Ra 213: 2,73 min · Ra 214: 2,435 s · Ra 215: 1,66 ms · Ra 216: 182 ms
Fr (Z=87) — Fr 200: 46 ms · Fr 201: 53 ms · Fr 202: 0,372 s · Fr 203: 549 ms · Fr 204: 1,8 s · Fr 205: 3,92 s · Fr 206: 15,9 s · Fr 207: 14,8 s · Fr 208: 59,1 s · Fr 209: 50,5 s · Fr 210: 3,18 min · Fr 211: 3,10 min · Fr 212: 20,0 min · Fr 213: 34,14 s · Fr 214: 5,0 ms · Fr 215: 86 ns
Rn (Z=86) — Rn 197: 55 ms · Rn 198: 65 ms · Rn 199: 0,59 s · Rn 200: 1,06 s · Rn 201: 7,0 s · Rn 202: 9,7 s · Rn 203: 45 s · Rn 204: 1,24 min · Rn 205: 2,83 min · Rn 206: 5,67 min · Rn 207: 9,3 min · Rn 208: 24,4 min · Rn 209: 28,8 min · Rn 210: 2,4 h · Rn 211: 14,6 h · Rn 212: 24 min · Rn 213: 19,5 ms · Rn 214: 0,27 µs
At (Z=85) — At 197: 381 ms · At 198: 4,2 s · At 199: 6,92 s · At 200: 43,2 s · At 201: 1,5 min · At 202: 184 s · At 203: 7,4 min · At 204: 9,2 min · At 205: 26,2 min · At 206: 29,4 min · At 207: 1,8 h · At 208: 1,63 h · At 209: 5,42 h · At 210: 8,1 h · At 211: 7,214 h · At 212: 314 ms · At 213: 125 ns
Po (Z=84) — Po 196: 5,60 s · Po 197: 53,6 s · Po 198: 1,760 min · Po 199: 5,47 min · Po 200: 11,5 min · Po 201: 15,6 min · Po 202: 44,6 min · Po 203: 36,7 min · Po 204: 3,53 h · Po 205: 1,66 h · Po 206: 8,8 d · Po 207: 5,80 h · Po 208: 2,898 a · Po 209: 125,2 a · Po 210: 138,376 d · Po 211: 516 ms · Po 212: 0,3 µs
Bi (Z=83), 208,980 — Bi 195: 183 s · Bi 196: 5,13 min · Bi 197: 9,33 min · Bi 198: 10,3 min · Bi 199: 27 min · Bi 200: 36,4 min · Bi 201: 103 min · Bi 202: 1,71 h · Bi 203: 11,76 h · Bi 204: 11,22 h · Bi 205: 14,91 d · Bi 206: 6,24 d · Bi 207: 31,55 a · Bi 208: 3,68·10⁵ a · Bi 209: 100 / 2,01·10¹⁹ a · Bi 210: 5,012 d · Bi 211: 2,14 min
Pb (Z=82), 207,2 — Pb 194: 12 min · Pb 195: ≈ 15 min · Pb 196: 36,4 min · Pb 197: 8,1 min · Pb 198: 2,4 h · Pb 199: 90 min · Pb 200: 21,5 h · Pb 201: 9,33 h · Pb 202: 5,25·10⁴ a · Pb 203: 51,92 h · Pb 204: 1,4 · Pb 205: 1,73·10⁷ a · Pb 206: 24,1 · Pb 207: 22,1 · Pb 208: 52,4 · Pb 209: 3,234 h · Pb 210: 22,2 a
Tl (Z=81), 204,384 — Tl 193: 21,6 min · Tl 194: 33 min · Tl 195: 1,16 h · Tl 196: 1,84 h · Tl 197: 2,84 h · Tl 198: 5,3 h · Tl 199: 7,42 h · Tl 200: 26,1 h · Tl 201: 3,0422 d · Tl 202: 12,23 d · Tl 203: 29,52 · Tl 204: 3,78 h · Tl 205: 70,48 · Tl 206: 4,202 min · Tl 207: 4,77 min · Tl 208: 3,053 min · Tl 209: 2,162 min
Hg (Z=80), 200,592 — Hg 192: 4,85 h · Hg 193: 3,80 h · Hg 194: 520 a · Hg 195: 10,53 h · Hg 196: 0,15 · Hg 197: 64,14 h · Hg 198: 10,04 · Hg 199: 16,94 · Hg 200: 23,14 · Hg 201: 13,17 · Hg 202: 29,74 · Hg 203: 46,59 d · Hg 204: 6,82 · Hg 205: 5,2 min · Hg 206: 8,15 min · Hg 207: 2,9 min · Hg 208: ≈ 42 min

Neutronenzahl: 112 – 128

Auszug aus der Nuklidkarte

Protonenzahl																	
14	Si 26 2,2453 s	Si 27 4,15 s	Si 28 92,223	Si 29 4,685	Si 30 3,092	Si 31 157,36 min	Si 32 153 a	Si 33 6,11 s	Si 34 2,77 s	Si 35 0,78 s	Si 36 0,45 s	Si 37 90 ms	Si 38 >1 µs	Si 39 47,5 ms	Si 40 33,0 ms	Si 41 20,0 ms	Si 42 12,5 ms
13	Al 25 7,183 s	Al 26 7,17·10⁵ a	Al 27 100	Al 28 2,245 min	Al 29 6,56 min	Al 30 3,62 s	Al 31 644 ms	Al 32 33 ms	Al 33 41,7 ms	Al 34 56,3 ms	Al 35 37,2 ms	Al 36 90 ms	Al 37 10,7 ms	Al 38 7,6 ms	Al 39 7,6 ms	27	28
12	Mg 24 78,99	Mg 25 10,0	Mg 26 11,01	Mg 27 9,458 min	Mg 28 20,915 h	Mg 29 1,30 s	Mg 30 335 ms	Mg 31 236 ms	Mg 32 86 ms	Mg 33 90,5 ms	Mg 34 20 ms	Mg 35 70 ms	Mg 36 3,9 ms	25	26		
11	Na 23 100	Na 24 14,997 h	Na 25 59,6 s	Na 26 1,07128 s	Na 27 301 ms	Na 28 30,5 ms	Na 29 44,1 ms	Na 30 48 ms	Na 31 17,35 ms	Na 32 13,2 ms	Na 33 8,0 ms	Na 34 5,5 ms	Na 35 1,5 ms				
10	Ne 22 9,25	Ne 23 37,2 s	Ne 24 3,38 min	Ne 25 602 ms	Ne 26 197 ms	Ne 27 31,5 ms	Ne 28 20 ms	Ne 29 15 ms	Ne 30 5,8 ms		Ne 32 3,5 ms	23	24				
9	F 21 4,158 s	F 22 4,23 s	F 23 2,23 s	F 24 0,34 s	F 25 50 ms	F 26 8,2 ms	F 27 5 ms		F 29 2,5 ms	21	22						
8	O 20 13,5 s	O 21 3,42 ms	O 22 2,25 s	O 23 97 ms	O 24 65 ms	17	18	19	20								
	12	13	14	15	16												

Stabile Nuklide

| O 16 99,757 | Elementsymbol, Massenzahl Isotopenhäufigkeit in % |

primordiale Nuklide
(Nuklide, die mit der Erde entstanden)

| Th 232 100 1,4·10¹⁰ a | Elementsymbol, Massenzahl Isotopenhäufigkeit in % Halbwertszeit |

Elemente

| Hg 200,592 | Elementsymbol Atommasse in u |

95						Am 232 131 min	Am 233 3,2 min	Am 234 2,32 min	Am 235 10,3 min	Am 236 3,6 min	Am 237 73,6 min	Am 238 98 min	Am 239 11,9 h	Am 240 50,8 h	Am 241 432,6 a	Am 242 16,02 h	Am 243 7364 a
94				Pu 228 1,1 s	Pu 229 90 s	Pu 230 102 s	Pu 231 8,6 min	Pu 232 33,8 min	Pu 233 20,9 min	Pu 234 8,8 h	Pu 235 25,3 min	Pu 236 2,858 a	Pu 237 45,2 d	Pu 238 87,7 a	Pu 239 24110 a	Pu 240 6561 a	Pu 241 14,329 a	Pu 242 3,73·10⁵ a
93			Np 225 3,8 ms	Np 226 31 ms	Np 227 0,51 s	Np 228 61,4 s	Np 229 4 min	Np 230 4,6 min	Np 231 48,8 min	Np 232 14,7 min	Np 233 36,2 min	Np 234 4,4 d	Np 235 396,1 d	Np 236 1,54·10⁵ a	Np 237 2,144·10⁶ a	Np 238 2,099 d	Np 239 2,356 d	Np 240 61,9 min	Np 241 13,9 min
92		U 222 0,66 µs	U 223 18 µs	U 224 396 µs	U 225 59 ms	U 226 0,35 s	U 227 1,1 min	U 228 9,1 min	U 229 58 min	U 230 20,23 d	U 231 4,2 d	U 232 68,9 a	U 233 1,592·10⁵ a	U 234 0,0054 2,455·10⁵ a	U 235 0,7204 7,038·10⁸ a	U 236 2,342·10⁷ a	U 237 6,752 d	U 238 99,2742 4,468·10⁹ a	U 239 23,45 m	U 240 14,1 h
91	Pa 220 0,78 µs	Pa 221 5,9 µs	Pa 222 2,9 ms	Pa 223 6,5 ms	Pa 224 0,846 s	Pa 225 1,8 s	Pa 226 1,8 min	Pa 227 38,3 min	Pa 228 22 h	Pa 229 1,50 d	Pa 230 17,4 d	Pa 231 3,276·10⁴ a	Pa 232 1,31 d	Pa 233 27,0 d	Pa 234 6,7 h	Pa 235 24,4 min	Pa 236 9,1 min	Pa 237 8,7 min	Pa 238 2,28 min	Pa 239 1,8 h
90	Th 219 1,05 µs	Th 220 9,7 µs	Th 221 1,68 ms	Th 222 2,237 ms	Th 223 0,66 s	Th 224 1,04 s	Th 225 8,72 min	Th 226 30,7 min	Th 227 18,697 d	Th 228 1,9125 a	Th 229 7920 a	Th 230 7,54·10⁴ a	Th 231 25,52 h	Th 232 100 1,4·10¹⁰ a	Th 233 22,15 min	Th 234 24,1 d	Th 235 7,2 min	Th 236 37,5 min	Th 237 5,0 min	Th 238 9,4 min
89	Ac 218 1,08 µs	Ac 219 11,8 µs	Ac 220 26,4 ms	Ac 221 52 ms	Ac 222 5,0 s	Ac 223 2,10 min	Ac 224 2,78 h	Ac 225 9,920 d	Ac 226 29,37 h	Ac 227 21,772 a	Ac 228 6,15 h	Ac 229 62,7 min	Ac 230 122 s	Ac 231 7,5 min	Ac 232 119 s	Ac 233 145 s	Ac 234 44 s	Ac 235 62 s	Ac 236 270 s	148
88	Ra 217 1,6 µs	Ra 218 25,6 µs	Ra 219 10 ms	Ra 220 18 ms	Ra 221 28 s	Ra 222 33,6 s	Ra 223 11,43 d	Ra 224 3,6319 d	Ra 225 14,9 d	Ra 226 1600 a	Ra 227 42,2 min	Ra 228 5,75 a	Ra 229 4,0 min	Ra 230 93	Ra 231 104 s	Ra 232 4,2 min	Ra 233 30 s	Ra 234 30 s	147	
87	Fr 216 0,7 µs	Fr 217 16 µs	Fr 218 1 ms	Fr 219 20 ms	Fr 220 27,4 s	Fr 221 4,806 min	Fr 222 14,2 min	Fr 223 21,8 min	Fr 224 3,33 min	Fr 225 4,0 min	Fr 226 48 s	Fr 227 2,47 min	Fr 228 38 s	Fr 229 50,2 s	Fr 230 19,1 s	Fr 231 17,6 s	Fr 232 5 s	146		
86	Rn 215 2,30 µs	Rn 216 45 µs	Rn 217 0,54 ms	Rn 218 33,75 ms	Rn 219 3,96 s	Rn 220 55,6 s	Rn 221 25 min	Rn 222 3,8235 d	Rn 223 23,2 min	Rn 224 107 Min	Rn 225 4,5 min	Rn 226 7,4 min	Rn 227 20,2 s	Rn 228 65 s	Rn 229 12 s	144	145			
85	At 214 558 ns	At 215 0,10 ms	At 216 0,3 ms	At 217 32,3 ms	At 218 ≈2 s	At 219 56 s	At 220 3,71 min	At 221 2,3 min	At 222 54 s	At 223 50 s	At 224 76 s	140	141	142	143					
84	Po 213 3,708 µs	Po 214 163,6 µs	Po 215 1,781 ms	Po 216 0,15 s	Po 217 1,53 s	Po 218 3,098 min	135	136	137	138	139									
83	Bi 212 60,55 min	Bi 213 45,61 min	Bi 214 19,9 min	Bi 215 7,6 min	Bi 216 133 s	Bi 217 98,5 s														
82	Pb 211 36,1 min	Pb 212 10,64 h	Pb 213 10,2 min	Pb 214 26,8 min	Pb 215 147 s	134														
81	Tl 210 1,30 min	130	131	132	133															
	129																			

spontane Spaltung

▲ mit geringer Häufigkeit

Nuklide mit mehreren Zerfallsarten

| Pa 229 1,5 d | Die Reihenfolge der Einträge und die Größe der Farbflächen symbolisiert vereinfacht die Häufigkeiten der Zerfallsarten. |

instabile Nuklide
(radioaktive Nuklide)

Fr 225 4 min	Elementsymbol, Massenzahl Halbwertszeit β⁻-Zerfall
Np 234 4,4 d	β⁺-Zerfall oder Elektroneneinfang
Pu 229 90 s	α-Zerfall

Neutronenzahl

Periodensystem der Elemente

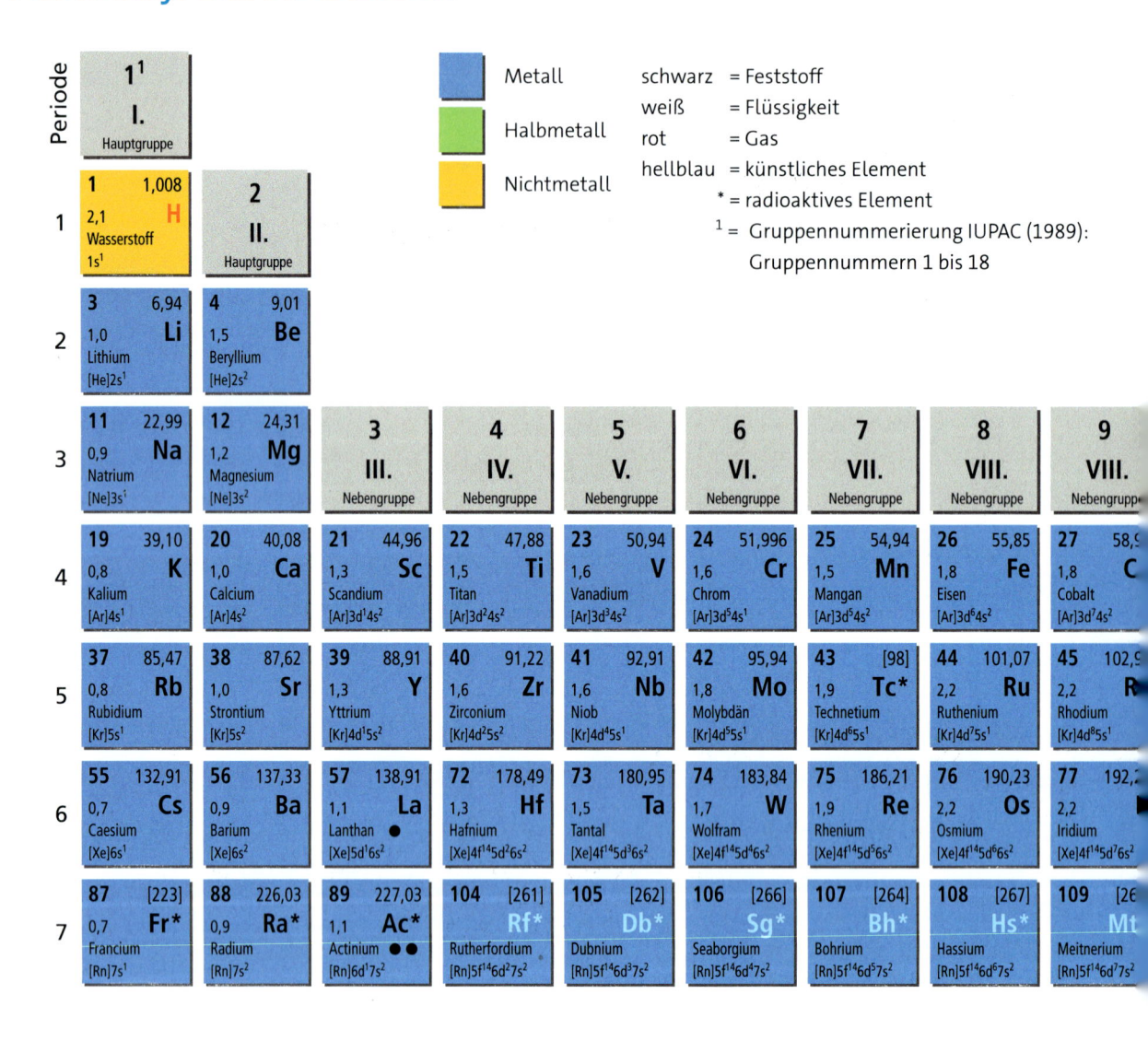

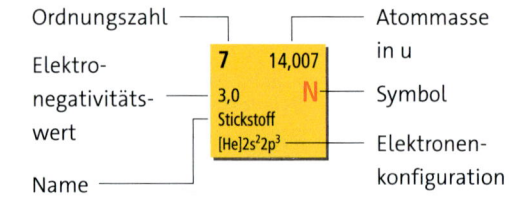

Legende:
- Blau = Metall
- Grün = Halbmetall
- Gelb = Nichtmetall
- schwarz = Feststoff
- weiß = Flüssigkeit
- rot = Gas
- hellblau = künstliches Element
- * = radioaktives Element
- [1] = Gruppennummerierung IUPAC (1989): Gruppennummern 1 bis 18

Periode	1 (I. Hauptgruppe)	2 (II. Hauptgruppe)	3 (III. Nebengruppe)	4 (IV. Nebengruppe)	5 (V. Nebengruppe)	6 (VI. Nebengruppe)	7 (VII. Nebengruppe)	8 (VIII. Nebengruppe)	9 (VIII. Nebengruppe)
1	1 H 1,008; 2,1; Wasserstoff; $1s^1$								
2	3 Li 6,94; 1,0; Lithium; $[He]2s^1$	4 Be 9,01; 1,5; Beryllium; $[He]2s^2$							
3	11 Na 22,99; 0,9; Natrium; $[Ne]3s^1$	12 Mg 24,31; 1,2; Magnesium; $[Ne]3s^2$							
4	19 K 39,10; 0,8; Kalium; $[Ar]4s^1$	20 Ca 40,08; 1,0; Calcium; $[Ar]4s^2$	21 Sc 44,96; 1,3; Scandium; $[Ar]3d^14s^2$	22 Ti 47,88; 1,5; Titan; $[Ar]3d^24s^2$	23 V 50,94; 1,6; Vanadium; $[Ar]3d^34s^2$	24 Cr 51,996; 1,6; Chrom; $[Ar]3d^54s^1$	25 Mn 54,94; 1,5; Mangan; $[Ar]3d^54s^2$	26 Fe 55,85; 1,8; Eisen; $[Ar]3d^64s^2$	27 Co 58,9; 1,8; Cobalt; $[Ar]3d^74s^2$
5	37 Rb 85,47; 0,8; Rubidium; $[Kr]5s^1$	38 Sr 87,62; 1,0; Strontium; $[Kr]5s^2$	39 Y 88,91; 1,3; Yttrium; $[Kr]4d^15s^2$	40 Zr 91,22; 1,6; Zirconium; $[Kr]4d^25s^2$	41 Nb 92,91; 1,6; Niob; $[Kr]4d^45s^1$	42 Mo 95,94; 1,8; Molybdän; $[Kr]4d^55s^1$	43 Tc* [98]; 1,9; Technetium; $[Kr]4d^65s^1$	44 Ru 101,07; 2,2; Ruthenium; $[Kr]4d^75s^1$	45 Rh 102,9; 2,2; Rhodium; $[Kr]4d^85s^1$
6	55 Cs 132,91; 0,7; Caesium; $[Xe]6s^1$	56 Ba 137,33; 0,9; Barium; $[Xe]6s^2$	57 La 138,91; 1,1; Lanthan ●; $[Xe]5d^16s^2$	72 Hf 178,49; 1,3; Hafnium; $[Xe]4f^{14}5d^26s^2$	73 Ta 180,95; 1,5; Tantal; $[Xe]4f^{14}5d^36s^2$	74 W 183,84; 1,7; Wolfram; $[Xe]4f^{14}5d^46s^2$	75 Re 186,21; 1,9; Rhenium; $[Xe]4f^{14}5d^56s^2$	76 Os 190,23; 2,2; Osmium; $[Xe]4f^{14}5d^66s^2$	77 Ir 192,2; 2,2; Iridium; $[Xe]4f^{14}5d^76s^2$
7	87 Fr* [223]; 0,7; Francium; $[Rn]7s^1$	88 Ra* 226,03; 0,9; Radium; $[Rn]7s^2$	89 Ac* 227,03; 1,1; Actinium ●●; $[Rn]6d^17s^2$	104 Rf* [261]; Rutherfordium; $[Rn]5f^{14}6d^27s^2$	105 Db* [262]; Dubnium; $[Rn]5f^{14}6d^37s^2$	106 Sg* [266]; Seaborgium; $[Rn]5f^{14}6d^47s^2$	107 Bh* [264]; Bohrium; $[Rn]5f^{14}6d^57s^2$	108 Hs* [267]; Hassium; $[Rn]5f^{14}6d^67s^2$	109 Mt [26...]; Meitnerium; $[Rn]5f^{14}6d^77s^2$

Legende Elementfeld:
- Ordnungszahl
- Elektronegativitätswert
- Name
- Atommasse in u
- Symbol
- Elektronenkonfiguration

Beispiel: 7 N 14,007; 3,0; Stickstoff; $[He]2s^22p^3$

Die Atommassen in eckigen Klammern beziehen sich auf das längstlebige gegenwärtig bekannte Isotop des betreffenden Elements.

● Elemente der Lanthanreihe (Lanthanoide)

| 58 Ce 140,12; 1,1; Cer; $[Xe]4f^26s^2$ | 59 Pr 140,91; 1,1; Praseodym; $[Xe]4f^36s^2$ | 60 Nd 144,24; 1,2; Neodym; $[Xe]4f^46s^2$ | 61 Pm* [145]; 1,2; Promethium; $[Xe]4f^56s^2$ | 62 Sm 150,...; 1,2; Samarium; $[Xe]4f^66s^2$ |

●● Elemente der Actiniumreihe (Actinoide)

| 90 Th* 232,04; 1,3; Thorium; $[Rn]6d^27s^2$ | 91 Pa* 231,04; 1,5; Protactinium; $[Rn]5f^26d^17s^2$ | 92 U* 238,03; 1,7; Uran; $[Rn]5f^36d^17s^2$ | 93 Np* [237]; 1,2; Neptunium; $[Rn]5f^46d^17s^2$ | 94 Pu [24...]; 1,3; Plutonium; $[Rn]5f^67s^2$ |

Periodensystem der Elemente

13 III. Hauptgruppe	14 IV. Hauptgruppe	15 V. Hauptgruppe	16 VI. Hauptgruppe	17 VII. Hauptgruppe	18 VIII. Hauptgruppe
					2 4,003 **He** Helium $1s^2$
5 10,81 **B** 2,0 Bor $[He]2s^22p^1$	6 12,01 **C** 2,5 Kohlenstoff $[He]2s^22p^2$	7 14,007 **N** 3,0 Stickstoff $[He]2s^22p^3$	8 15,999 **O** 3,5 Sauerstoff $[He]2s^22p^4$	9 18,998 **F** 4,0 Fluor $[He]2s^22p^5$	10 20,18 **Ne** Neon $[He]2s^22p^6$
13 26,98 **Al** 1,5 Aluminium $[Ne]3s^23p^1$	14 28,09 **Si** 1,8 Silicium $[Ne]3s^23p^2$	15 30,97 **P** 2,1 Phosphor $[Ne]3s^23p^3$	16 32,07 **S** 2,5 Schwefel $[Ne]3s^23p^4$	17 35,45 **Cl** 3,0 Chlor $[Ne]3s^23p^5$	18 39,95 **Ar** Argon $[Ne]3s^23p^6$

10 VIII. Nebengruppe	11 I. Nebengruppe	12 II. Nebengruppe					
28 58,69 **Ni** 1,8 Nickel $[Ar]3d^84s^2$	29 63,55 **Cu** 1,9 Kupfer $[Ar]3d^{10}4s^1$	30 65,39 **Zn** 1,6 Zink $[Ar]3d^{10}4s^2$	31 69,72 **Ga** 1,6 Gallium $[Ar]3d^{10}4s^24p^1$	32 72,61 **Ge** 1,8 Germanium $[Ar]3d^{10}4s^24p^2$	33 74,92 **As** 2,0 Arsen $[Ar]3d^{10}4s^24p^3$	34 78,96 **Se** 2,4 Selen $[Ar]3d^{10}4s^24p^4$	35 79,90 **Br** 2,8 Brom $[Ar]3d^{10}4s^24p^5$	36 83,80 **Kr** Krypton $[Ar]3d^{10}4s^24p^6$
46 106,42 **Pd** Palladium $[Kr]4d^{10}$	47 107,87 **Ag** 1,9 Silber $[Kr]4d^{10}5s^1$	48 112,41 **Cd** 1,7 Cadmium $[Kr]4d^{10}5s^2$	49 114,82 **In** 1,7 Indium $[Kr]4d^{10}5s^25p^1$	50 118,71 **Sn** 1,8 Zinn $[Kr]4d^{10}5s^25p^2$	51 121,76 **Sb** 1,9 Antimon $[Kr]4d^{10}5s^25p^3$	52 127,60 **Te** 2,1 Tellur $[Kr]4d^{10}5s^25p^4$	53 126,90 **I** 2,5 Iod $[Kr]4d^{10}5s^25p^5$	54 131,29 **Xe** Xenon $[Kr]4d^{10}5s^25p^6$
78 195,08 **Pt** Platin $[Xe]4f^{14}5d^96s^1$	79 196,97 **Au** 2,4 Gold $[Xe]4f^{14}5d^{10}6s^1$	80 200,59 **Hg** 1,9 Quecksilber $[Xe]4f^{14}5d^{10}6s^2$	81 204,38 **Tl** 1,8 Thallium $[Xe]4f^{14}5d^{10}6s^26p^1$	82 207,2 **Pb** 1,8 Blei $[Xe]4f^{14}5d^{10}6s^26p^2$	83 208,98 **Bi** 1,9 Bismut $[Xe]4f^{14}5d^{10}6s^26p^3$	84 [209] **Po** 2,0 Polonium $[Xe]4f^{14}5d^{10}6s^26p^4$	85 [210] **At*** 2,2 Astat $[Xe]4f^{14}5d^{10}6s^26p^5$	86 [222] **Rn*** Radon $[Xe]4f^{14}5d^{10}6s^26p^6$
110 [271] **Ds*** Darmstadtium $[Rn]5f^{14}6d^97s^1$	111 [272] **Rg*** Roentgenium $[Rn]5f^{14}6d^{10}7s^1$	112 [272] **Cn*** Copernicium $[Rn]5f^{14}6d^{10}7s^2$	113 [284] **Nh*** Nihonium $[Rn]5f^{14}6d^{10}7s^27p^1$	114 [289] **Fl*** Flerovium $[Rn]5f^{14}6d^{10}7s^27p^2$	115 [288] **Mc*** Moscovium $[Rn]5f^{14}6d^{10}7s^27p^3$	116 [293] **Lv*** Livermorium $[Rn]5f^{14}6d^{10}7s^27p^4$	117 [293] **Ts*** Tennessine $[Rn]5f^{14}6d^{10}7s^27p^5$	118 [294] **Og*** Oganesson $[Rn]5f^{14}6d^{10}7s^27p^6$

63 151,97 **Eu** 1,2 Europium $[Xe]4f^76s^2$	64 157,25 **Gd** 1,1 Gadolinium $[Xe]4f^75d^16s^2$	65 158,93 **Tb** 1,2 Terbium $[Xe]4f^96s^2$	66 162,50 **Dy** 1,2 Dysprosium $[Xe]4f^{10}6s^2$	67 164,93 **Ho** 1,2 Holmium $[Xe]4f^{11}6s^2$	68 167,26 **Er** 1,2 Erbium $[Xe]4f^{12}6s^2$	69 168,93 **Tm** 1,2 Thulium $[Xe]4f^{13}6s^2$	70 173,04 **Yb** 1,1 Ytterbium $[Xe]4f^{14}6s^2$	71 174,97 **Lu** 1,2 Lutetium $[Xe]4f^{14}5d^16s^2$
95 [243] **Am*** 1,3 Americium $[Rn]5f^77s^2$	96 [247] **Cm*** 1,3 Curium $[Rn]5f^76d^17s^2$	97 [247] **Bk*** 1,3 Berkelium $[Rn]5f^97s^2$	98 [251] **Cf*** 1,3 Californium $[Rn]5f^{10}7s^2$	99 [252] **Es*** 1,3 Einsteinium $[Rn]5f^{11}7s^2$	100 [257] **Fm*** 1,3 Fermium $[Rn]5f^{12}7s^2$	101 [258] **Md*** 1,3 Mendelevium $[Rn]5f^{13}7s^2$	102 [259] **No*** 1,3 Nobelium $[Rn]5f^{14}7s^2$	103 [262] **Lr*** 1,3 Lawrencium $[Rn]5f^{14}6d^17s^2$

Stichwortverzeichnis

A

Ableitungsregeln 120
–, radioaktive Strahlung 382, 398
–, durch Influenz 14 f., 54
Absorptionsspektren 331, 342, 362
Aktivität 392 f., 399
Akustik 148 f.
α-Strahlung (Alpha-Strahlung) 382, 386 f., 388 f., 389
–, Zerfallsreihen 394
α-Teilchen (Alpha-Teilchen) 372, 376, 378, 386 ff., 394
α-Zerfall (Alpha-Zerfall) 374 f., 378, 386, 390, 399
Altersbestimmung 384, 393 f.,
Amplitude 148, 150 ff., 155, 160 ff., 200 f.
–, Gesetz von Malus 229
–, Induktion 124 f.
–, Darstellen von Schwingungen (Methode) 164
–, Wellenfunktion 295, 320, 378
Analysator
–, Massenspektroskopie 82
–, Polarisation 229, 249
Analyse von Schwingungen 154
Änderungsrate 42 f.
–, Ableitungsregeln 120
Anregung durch Teilchenstöße 336
Antiteilchen 387, 390
Äquipotenzialfläche 26 f.
Äther s. Lichtäther
Atom 20, 46, 328, 373
–, Energieniveaus des Wasserstoffs 333
–, Periodensystem der Elemente 348 f.
–, Röntgenspektrum 351 f.
Atomhülle
–, Energieniveaus 333, 336, 362
–, energetische Struktur 338
–, Wasserstoffatom 342, 344 f.
–, Periodensystem der Elemente 348 f.
Atomkern 20, 46, 262, 268 f.
–, Potenzialtopf 374 f., 377, 398
–, radioaktiver Zerfall 386 f., 378
–, Struktur 372 ff.

Atomphysik 334
Aufladen (Kondensator) 38, 41
Ausbreitungsgeschwindigkeit
–, elektromagnetische Wellen 210 f., 248
–, Wellen 180 f., 183, 186, 201
Austrittsenergie 276
–, Fotoeffekt 320, 324
Ausbreitung von Wellen 181 ff., 184

B

Bahngeschwindigkeit 64
BALMER, JOHANN J. 332
Balmer-Formel 332
Balmer-Serie 332 f., 362
Barrieren für Quantenobjekte s. Tunneleffekt
Basiseinheiten 421
BECQUEREL, HENRY 392
β-Strahlung (Beta-Strahlung) 382, 387, 394, 398 f.
β-Teilchen (Beta-Teilchen) 387, 392, 399
β-Zerfall (Beta-Zerfall) 387, 399
Besetzungsinversion 359, 363
Besetzungsumkehr s. Besetzungsinversion
Beugung 196, 201
–, von Elektronen 258 f.
–, von Licht 216 ff.
–, Beugungsmuster 286 ff., 237, 292 f.
–, Beugungswinkel 218, 293, 301 f.
–, am Doppelspalt 222 f., 248
–, am Einzelspalt 224 f., 249
–, am Gitter 216, 248
–, Interferenz 196
–, Röntgenbeugung 234 ff., 321
Bindungsenergie 375
BOHR, NIELS 333
Bor-Proton-Fusion 376
Bragg-Bedingung 235 f., 238, 260, 281, 321
Bragg-Kurve 387
–, in der Strahlentherapie 391
Bragg-Reflexion 235, 238 f., 262, 281

Brechung
–, mechanische Wellen 186 f., 201
–, Licht 210 f., 230, 248
Brechungsgesetz von Snellius 187
Brechzahl 242 f., 350 f.
Bremsstrahlung 281 f.
Brewster-Winkel 230, 249
BROGLIE, LOUIS DE 261

C

C-14-Methode 394
CHADWICK, SIR JAMES 372
Computer-Tomografie 285
Corioliskraft 131
Coulomb (Einheit) 10, 421
COULOMB, CHARLES AUGUSTIN DE 31
Coulomb-Gesetz 21, 54
Coulomb-Kraft 21
Coulomb-Potenzial 340 f.
Coulomb-Wall 374 f. 378, 386

D

Datenübertragung 177
–, Quantenkryptografie 314
–, RFID-Chips 177
Dämpfung 160 ff., 166, 173, 201
De-Broglie-Wellenlänge 261, 265
Debye-Scherrer-Verfahren 236
Debye-Sears-Effekt 243
destruktive Interferenz s. Interferenz
Delayed-Choice-Experiment 310, 321
diamagnetischer Stoff (Diamagnetismus) 75
Dielektrikum 35, 55
Dielektrizitätszahl 35
Differenzenverfahren 41, 43
–, Modellieren eines radioaktiven Zerfalls (Methode) 396
Differenzenquotient 42, 120
Differenzialgleichung 173, 345
–, Aufstellen (Methode) 165
–, Lösen mit der Exponentialfunktion (Methode) 43
Dipolfeld 13, 22, 54, 130
Dispersion 211

Doppelspalt 222 f., 226 f., 234 f., 248, 286 ff., 289 ff., 298, 313, 320 f., 326 f.
Dopplereffekt 197
Doppler-Sonografie 199
Drehspulinstrument 71
Drei-Finger-Regel 67 ff., 94
Drehwaage 20 f.
Duant 89, 101

E

ebene Welle 184, 186, 188, 196, 241
Effektivwert 125, 139
Eigenfrequenz 157, 162, 169, 200
–, Schwingkreis 171, 173, 175
Einzelphoton 308 f., 311
Einzelspalt 222 ff., 248 f.
EINSTEIN, ALBERT 51, 245, 276
elastischer Stoß 338
elektrisches Feld 12 f., 14 f., 18 ff., 22, 24, 27, 30 f., 46 f., 54
elektrische Ladung 12, 54, 94, 379
elektrischer Strom 10, 64, 66, 73, 86, 107, 111, 336, 381
elektrischer Stromkreis 10 f.
elektrische Spannung 10, 12, 18, 26, 46, 55, 104, 106 f., 116, 132, 172, 138
elektrische Stromstärke 10
Elektrofeldmeter 22
Elektrofilter 18
Elektronen 373
–, Eigenschaften 373
–, freie (Erzeugung) 46
Elektronen-Ionen-Paare 280
Elektronenbeugung 258 ff., 325
Elektronenkonfiguration 346, 348 f.
Elektronenmikroskop 48, 258, 261
Elektronenstoß 368
Elektronenstrahlablenkröhre 61
Elektronenübergänge 351
Elektronenwellen 260
Elektrostatik 10 f.
Elementarteilchen 68, 91
Emissionsspektren 330 f., 335, 362
Energieänderung 24 ff.,
Energiedichte
–, Magnetfeld 135, 137, 140

Energieübertragung 162 f., 179, 139
–, Induktion 127 ff.
Energieniveaus
–, Atomhülle 333 f., 336 ff., 351, 342, 348 f., 362
–, Atomkern 356 f., 386 f.
Energieniveauschema
–, Wasserstoff 334
–, Quecksilber 339
–, Neon 339
–, Periodensystem der Elemente 349
Energiespektrum 386, 389
Entladen (Kondensator) 38 ff., 41 f.
Erdbebenwellen 182
Erdrotation 131
Exponentialfunktionen
–, Anwenden in der Physik (Methode) 42
–, Lösen von Differenzialgleichungen (Methode) 43
–, Modellieren eines radioaktiven Zerfalls (Methode) 396
Eulersche Zahl 39, 42

F

Fadenpendel 157, 159, 200
Fadenstrahlrohr 80 f., 84
Farad 33
Farbmischung 218
Federkonstante 155, 157, 181, 172, 200
Federpendel 154 ff., 157, 158, 160, 166, 170, 172, 200
Feld
–, elektrisches 12 f., 14 f., 18 ff., 22, 24, 27, 30 f., 46 f., 54
–, Gravitationsfeld 29 ff.
–, magnetisches 12„ 62 ff., 94
Feldkonstante
–, elektrische 21, 31, 34, 54
–, magnetische 71, 73, 94
Feldstärke
–, elektrische 18 ff.
–, magnetische 68
–, Gravitationsfeldstärke 31
Fernfeldnäherung 217
Fernwirkung, überlichtschnelle 297

ferromagnetisch 64, 75
Fluoreszenz 354 f.
–, parametrisch 311
Fotoeffekt 275 ff., 320
Foucaultsche Pendel 159
Franck-Hertz-Versuch 336 ff., 362
Fraunhofersche Linien 331
Frequenz 151 f.
–, Eigenfrequenz 157, 162, 171
Fusionsreaktion 376

G

γ-Strahlung (Gamma-Strahlung) 382 f., 387, 398 f.
–, Eigenschaften 382
Gangunterschied 194 f., 201, 217, 224
gedämpfte Schwingung 160 f., 201
–, im Schwingkreis 173 f.
Geiger-Müller-Zählrohr 381, 398
Generator 124 f.
Geodynamo 131
Geschwindigkeitsfilter 264 f., 373
–, Wienfilter 82, 95
Gesetz von Malus 229, 249
Gitterkonstante 217, 234 f.
Gravitationsfeld 30 f.
Gravitationswellen 242
Grenzwellenlänge 248

H

Halbleiter 274
Halbleiterdetektor 388
Halbschatten-Polarimeter 233
Halbwertszeit
–, Entladevorgang 38 f.
–, radioaktiver Zerfall 392
Hall-Effekt 86 f., 95
Hall-Konstante 87
Hall-Sensoren 88
Hall-Spannung 86 f., 95
harmonische Schwingung 150 ff., 200
Hauptquantenzahl 346, 348 f.
Heisenbergsche Unbestimmtheitsrelation 302 f.

Helmholtz-Spulenpaare 77, 84, 101, 124
homogenes Feld 54
Huygenssches Prinzip s. Prinzip von Huygens
Hysterese 74, 95
Hysteresekurve 74

I

Impuls 261
Induktion 104 ff.
–, elektromagnetisch 105
–, Leiterschaukel 107
–, Leiterschleife 106
–, Selbstinduktion 132 f.
Induktionsgesetz 118
Induktionsspannung 105 f.
Influenz 14 f.
Influenzmaschine 12
Interferenz
–, destruktive 195, 201
–, konstruktive 195, 201, 216 f., 235, 241
ionisierende Strahlung 380 f.
Ionisierungsenergie 349
Isotop 373

K

Kapazität 33 f.
–, Plattenkondensator 34
Kernfusion 376 f.
Kernkraft 374 f.
Kernladungszahl 373
–, effektive 352
Kernreaktion 372
Kernumwandlung 386 f., 392 f.
Kernzerfall s. Kernumwandlung
Klang 148, 168 f.
Komplementarität 308, 321
Kondensator 32 ff.
–, Auf- und Entladevorgang 38 ff.
–, Plattenkondensator 18 f.
konstruktive Interferenz 195, 201, 216 f., 235, 241
Konvektionssäulen 131
Kreisbahn 64
–, im Magnetfeld 80 f.
Kreisbewegung 64
Kreisfrequenz 152, 200
Kundtsches Rohr 191

L

Ladung, elektrisch 10
Ladung, speichern 32 f.
Ladung, spezifisch 80, 100
Laue-Verfahren 236
Laser 358 ff.
–, Laserdiode 360
–, Helium-Neon-Laser 360
–, Kohlenstoffdioxid-Laser 361
–, Rubinlaser 359
LED 270 ff., 274 f.
–, als Solarzelle 274 f.
–, Bändermodell 274 f.
–, Emission 270 ff.
–, Emissionsspektrum 356
–, weiße 356
Leistung 10
Leiterschaukel 66 f., 107
Lenzsche Regel 113
Licht 210 ff.
–, Beugung 216 ff.
–, elektromagnetische Welle 213
–, Polarisation 228 ff.
Lichtäther 244 f.
Lichtgeschwindigkeit 211
–, als absolute Grenze 51
–, in Flüssigkeiten 243
–, in Gasen 242
Lichtquant s. Photon
Lichtquantenhypothese 276
Lichtwellen 210 ff.
Linearbeschleuniger 51, 53
Linienspektrum 330 ff., 362
–, Röntgenstrahlung 350
Lorentzkraft 69, 86 f.

M

Mach-Zehnder-Interferometer 307 ff.
Machscher Kegel 197
magische Zahl 376
Magnetfeld 66 ff.
–, Energie 134 f.
–, von Leiter 64, 66
–, von Spule 64, 72
magnetische Domänen 75
magnetische Flussdichte 68, 94
magnetische Kraft 67 ff.
magnetischer Fluss 118
Magnetosphäre 80, 130
Magnetquantenzahl 346

Massendefekt 385, 398
Massenspektroskopie 82 f.
Materiewellen 264 ff., 320
–, de-Broglie-Wellenlänge 264
Michelson-Interferometer 240 f., 249
Michelson-Morley-Experiment 245
Mikrowellen 206, 214, 241, 253
Millikan-Versuch 50
Moseley-Gesetz 352 f.

N

Nachweiswahrscheinlichkeit 292 ff., 298, 320, 341
–, Orbitale 344 f.
Naturkonstanten 422
–, Basiseinheiten 421
Nebelkammer 380
Nebenquantenzahl 346, 348
Netzebene 234 f.
–, abstand s. Gitterkonstante
Neutrino 387, 399
Neutron 373
–, Eigenschaften 373
–, Neutronenzahl 373
Neutroneneinfang 83
Nichtlokalität 309
Nukleon 372 f.
–, Nukleonenzahl 373
Nuklid 374
Nuklidkarte 374, 428 f.
–, Arbeiten mit 390
Nullrate 381

O

Obertonreihe 168
Obertöne 169
Orbital 344 ff., 348 f., 363
–, modell 344
–, darstellung 344 ff.
Orientierungspolarisation 35
Oszillatoren 156 f., 179 f., 189, 191
Oszilloskop 49

P

paramagnetisch 759
parametrische Fluoreszenz 311
Pauli-Prinzip 342, f., 374, 363
Pendelkörper 154 ff.
Periodendauer 151 f., 155 ff., 171, 180 f., 200

Periodensystem
  (der Elemente) 348 f., 373, 430 f.
Permeabilitätszahl 74, 94
Phasensprung 189 f.
Phasenschieber 312
Phasenverschiebung 152, 163, 164, 189, 200
–, Nachweiswahrscheinlichkeit 293 ff.
–, Induktionsspannung 119
–, Photon 289
–, Polarisationsbrille 237
–, Wirbelstrom 115
–, Quantencomputer 318
Phosphoreszenz 355
Photon 320
–, Doppelspalt 286 ff.
–, Energie 272 ff.
–, Fotoeffekt 275 ff.
–, Nachweiswahrscheinlichkeit 292 ff.
–, polarisiert 308 f., 315
–, verschränkt 297, 313
Photonenpaar 296 f.
Planck-Konstante s. Plancksches Wirkungsquantum
Plancksches Wirkungsquantum 261, 272, 275, 320
–, Bestimmung 272
Plattenkondensator 18 f., 32 f., 55
–, Dielektrikum 35
–, Energie 34
–, Feldstärke 18
–, Kapazität 33
Polarisation
–, Dielektrikum 35
–, Grießkorn 13
–, Licht 228 ff.
–, Photon 288, 315 f., 318 f.
Polarisationsbrille 231
Polarisationsfilter s. Polarisator
Polarisator 228 f., 308, 315, 317
Positron 387, 390
Potenzialtopf 340 f.
–, dreidimensional 344 f.
–, Elektronen 340 f., 344 ff.
–, Atomkern 358, 361
Potenzialwall 378
Prinzip von Huygens 185, 201, 216, 222

Präparation 315
Probeladung 13, 19
Produktregel 121
Proton 373
–, Eigenschaften 373
–, Proton-Proton-Kollision 91
–, relativistisch 89
Punktladung 20

Q
Quantenalgorithmus 329
Quantencomputer 318 f.
Quantenkryptografie 314 ff., 315
Quantenobjekte 261
–, am Doppelspalt 286 f.
–, Elektronen 258 ff.
–, Fullerene 264 ff.
–, Photonen 287 f.
–, Röntgenphotonen 262
Quantenradierer 313, 321
Quantenzahl 346
–, Orbitale 346, 363
–, Periodensystem der Elemente 348 f.
Quantisierte Energien 337 f., 342, 363
Qubit 318 f.

R
radialsymmetrisches Feld 20
radioaktive Strahlung 380, 386 f.
–, Abschirmung 382
–, Absorptionsgesetz 383
–, Nachweis 381, 388
–, natürlich 384
–, Reichweite 372
–, Strahlungsarten 382
–, zivilisatorisch 384
Radioaktivität 386, 399
–, Zerfall 386
–, Zerfallsgesetz 392 f., 399
–, Zerfallsgleichung 386 f., 389, 396, 404
–, Zerfallsreihe 389, 394 f., 390, 399
Radiokarbonmethode 393, 399
Rastertunnelmikroskopie 393
Reflexion 188 ff., 201
–, Bragg 235 f., 260, 281
Reflexionsgesetz 235
Reflexionswinkel 188 f.

Regenbogen 211, 215
relativistische Masse 51
Resonanz 162 f.
Resonanzabsorption 331
Resonanzkörper 169
RFID-Chips 176 f.
Richter-Skala 182
Ringgenerator 124
Röntgenbeugung 234 f.
Röntgenbremsspektrum 280 ff.
Röntgenfluoreszenzanalyse 352 f.
Röntgenröhre 281
Röntgenstrahlung 212, 234 f., 280, 321
–, Beugung 235 f.
–, Bremsstrahlung 281 f.
–, charakteristisch 350 f., 363
–, Eigenschaften 380
–, Erzeugung 294 f.
–, medizinische Diagnostik 284 f.
Röntgenstrukturanalyse 237
Rotor 79, 124
Rückstellkraft 156 f., 165
Ruhelage 150 f., 156 f., 200
Ruhemasse 51
RUTHERFORD, ERNEST 333, 372
Rydberg-Formel 332, 362
Rydberg-Frequenz 332, 362
Rydberg-Konstante 332, 368

S
Schall 148, 151
–, Beugung 135 f.
–, Dopplereffekt 197
–, Reflexion 148
Schallgeschwindigkeit 148, 197
–, Edelstahl 193
–, im Blut 199
–, in Wasser 246
–, Messung 243
Schallmauer 197
Schallschutz 199
Schallträger 148
Schallwelle 179 f., 188
Scheinwiderstand 136
Schraubenlinie 81
Schrödingergleichung 346
Schütteltaschenlampe 104, 106 f.

Schwebung 164
–, im Michelson-Interferometer 247
–, Zeigerdarstellung 164
Schwingkreis 170 ff.,
–, Anwendung (RFID-Chips) 176 ff.
–, gedämpft 173 f.
–, mathematische Beschreibung 173
–, ungedämpft 170 f.
Schwingung 150 ff., 200
–, elektromagnetisch 170 ff.
–, erzwungen 162, 201
–, gedämpft 160 f.
–, harmonisch 152
–, Überlagerung 161
Schwingungsdauer 151, 155
Schwingungsgleichung 152, 165
–, Differenzialgleichung 165
–, Schwebung 247
–, Schwingkreis 171, 173
Schwingungstilger 167
Sehwinkel 300
Selbstinduktion 132 ff., 139
–, Schwingkreis 171
–, Technik 137
Solarzelle 274, 278 f.
–, Aufbau 278
–, Funktion 278 f.
–, LED 274 f.
–, Kennlinie 277
–, Tandemsolarzelle 279
–, Wirkungsgrad 278 f.
Sonnenwind 80 f.
Spannung, elektrische 10, 24 f., 26, 55
Sperrschicht 388
Spezielle Relativitätstheorie 55, 245
–, Masse 51
spezifische Ladung 80, 100
Spinquantenzahl 346
Spule 72 ff.
–, Feldspule 117 f.
–, Helmholtz-Spulenpaar 77, 101, 124
–, Induktion 104, 116 f.
–, Induktionsspule 116 f.
–, Induktivität 133
–, Transformator 126 f.
stehende Welle 189 ff., 201
–, im Potenzialtopf 341 f.
–, Ultraschall 243

Steigung (Graphen) 43
stimulierte Emission 359
Stoßionisation 352
Strahlungsgürtel 80 f., 130
Streuung von Licht 219
–, Polarisation 230, 232
Stromstärke, elektrische 10
Stromwaage 67 f., 70
Stromzange 88
Superpositionsprinzip 184, 201, 15
–, elektrisches Feld 184
–, Wellen 201
S-Welle 182
Szintillationszähler 388

T
Tabletstift 170, 172
Tangentensteigung 43
Teilchenbeschleuniger 89, 90 f.
–, Large Hadron Collider (LHC) 91
–, Linearbeschleuniger 51, 53
–, Zyklotron 88 f., 101
Teilcheneigenschaften
–, Quantenobjekt 261, 320
Tesla (T) 68, 94
Thomsonsche Schwingungs-
 gleichung 171, 200
Ton 150, 155, 168 f.
–, als harmonische Schwingung 150
–, Grund- und Oberton 168 f.
Tonabnehmer 144
Tonhöhe 168 f.
Totzeit 381
Transformator 126 f., 139, 144
Transponder 176 f.
Transversalwelle 179, 182, 201, 228, 248
Tsunami 182
Tunneleffekt 378 f.

U
Ultraschall 148, 192 f., 198, 238, 243, 246
Umpolung, Erdmagnetfeld 130
Unbestimmtheit 301
–, Energie 305
–, Gitter 302
–, Impuls 301 f.
–, Phase 302
–, Sehen 300 f.

–, Wellenlänge 303
Unbestimmtheitsrelation 300 ff., 305, 321

V
Van-Allen-Gürtel 80
Valenzband 299
Vakuumdiode 53
Vakuumlichtgeschwindigkeit 211, 245
Vakuumröhre 259, 276, 281
Vektoraddition 164
Verschiebungspolarisation 35
Verschränkung 296 f.
Verschlüsselung 297, 315
Viskosität der Luft 50

W
Waage 67
Wahrscheinlichkeit 306, 308 f., 314, 342, 350, 378 f.
Wärmebild 213
Wasserstoffatom 266 f., 287, 332 ff., 342 f., 348, 362, 368, 379
–, Energiewerte 333 f.
–, Orbitale 344 f., 363
–, Spektrum 330 f., 332
Wehnelt-Zylinder 47, 100
Welcher-Weg-Information 288 f., 308, 321, 327
Welle 198 ff., 210 f.
–, Ausbreitungs-
 geschwindigkeit 180 f., 182, 197, 201, 210 f., 242, 244, 248
–, ebene 186, 188, 196, 241
–, Entstehung 178 ff.
–, elektromagnetisch 212
–, Elementarwelle 185 f., 189, 196, 201, 213, 216, 218, 222 ff., 235, 248 f.
–, Erdbebenwelle 182
–, Gravitationswelle 242
–, Transversalwelle 179, 182, 201, 139, 228, 248
–, Longitudinalwelle 179, 182, 201
–, stehende 189 ff., 201, 341, 363
–, Mikrowelle 206, 214, 241, 253
–, Schallwelle 179, 184, 186, 188, 190, 194
–, Ultraschallwellen 243

Wellenfront   184 f., 186, 189, 196 f., 201, 241, 318 f.
Wellenfunktion   180 f., 293 ff., 296 f., 302, 309 ff., 318 f., 320, 334, 340 ff., 363, 378
Wellenlänge   180 f., 197, 201, 211, 217 ff., 241 ff.
–, de-Broglie-Wellenlänge   260 f. 265 f., 304
Wellennormale   184
Wellenstrahl   293 f., 302 f.
Wellenträger   190 f.
Widerstand   32, 38 f.,
Wirbelstrom   110 ff., 139
Wirbelstrombremse   112 f.

Wirkungsgrad   79, 135, 278 f.
–, thermodynamisch   279
–, Solarzelle   278 f.
Wirkungsquantum   261., 272, 275 f., 320, 421

X
X-Strahlen, X-Rays   280, 284

Z
Zahl, magische   376
Zählrate   266, 281, 323, 353, 380 ff., 385, 389, 392 f.
Zählrohr   234, 291, 282, 380 ff., 385, 398, 405

Zeigerdarstellung   164
Zeigermodell   294
Zeitkonstante   39 ff., 43, 44, 45, 55, 115 f.
Zeitverlauf   33, 38, 40 f., 44, 119, 124 f., 135
Zentripetalkraft   30, 64, 80, 82, 95, 333
Zerfallsgesetz   374 f., 392
Zerfallsgleichung   386 f., 389, 396, 404
Zerfallsreihe   389, 394 f., 390, 399
Zivilisatorische Strahlung   384
Zyklotron   88 f., 90, 95, 101
Zyklotronfrequenz   89, 95

Bildnachweis

Cover: Cornelsen,Science Photo Library / Marc Ward (Astronaut), Shutterstock/anttoniart (Planet)

Warnzeichen: Atelier G/Marina Goldberg
LEYBOLD/LD DIDACTIC GmbH/www.ld-didactic.de, Hürth: S. 84/1; A. Hilger, I. Manke/HZB: S. 75/6; akg-images/Science Photo Library: S. 163/7; Andreas Schnederle-Wagner: S. 24/1; Anneke Emse: S. 162/1, S. 185/4, S. 185/5, S. 186/3, S. 195/4, S. 196/2, S. 196/3, S. 219/6, S. 219/7A, S. 219/7B, S. 230/1, S. 233/C1, S. 243/4B, S. 301/4, S. 395; Björn Mai, Tremsdorf: S. 181/m.r., S. 183/A1; Bridgeman Images/(c) Look and Learn: S. 284/1; ClipDealer GmbH/Ulrich Schöttler: S. 392; coastersandmore.de: S. 110/2, S. 113/5; Cornelsen/Angelika Kramer: S. 218/2, S. 220/3, S. 224/3, S. 225; Cornelsen/Anneke Emse: S. 222/1, S. 233/B1; Cornelsen/Christo Libuda: S. 163/8; Cornelsen/Detlef Seidensticker: S. 349/3; Cornelsen/Hans-Otto Carmesin: S. 66/1; Cornelsen/Jochim Lichtenberger: S. 194/1; Cornelsen/Markus Gaa: S. 153/1; Cornelsen/Markus Gaa Fotodesign: S. 151/3B; Cornelsen/newVision! GmbH, Bernhard A. Peter: S. 11/11, S. 13, S. 14/2, S. 14/3B, S. 14/4, S. 15/5, S. 15/6B, S. 17/A2, S. 17/B2, S. 19, S. 20/2, S. 20/3, S. 22/1, S. 23, S. 24/2, S. 25/3, S. 26/A, S. 26/B, S. 30/3, S. 31, S. 35/5, S. 37/A1, S. 37/B2, S. 38/2, S. 38/3, S. 39, S. 40, S. 41, S. 42, S. 44, S. 47/3, S. 47/4, S. 48/2, S. 49/4, S. 52, S. 53, S. 54, S. 55, S. 56, S. 58, S. 64/m.l., S. 64/m.r., S. 65/m.r., S. 66/4, S. 68, S. 69/4, S. 73/7, S. 73/8, S. 73/9, S. 74/4, S. 78/4, S. 79/5, S. 87, S. 88/1, S. 88/4, S. 92, S. 93, S. 94, S. 97/12, S. 99, S. 100/M3, S. 107, S. 117/5, S. 118/1, S. 118/2, S. 118/3, S. 119, S. 120, S. 121, S. 124/2, S. 125/7, S. 140/m.r., S. 140/o.l., S. 153/A1, S. 154/3, S. 157, S. 158, S. 170/3, S. 170/4, S. 172, S. 174, S. 175, S. 187/A1, S. 189, S. 211, S. 241/5, S. 243/4A, S. 243/5, S. 244, S. 255/M7, S. 260, S. 271/5, S. 277/B1, S. 296/2, S. 297, S. 306/2, S. 310, S. 311/4, S. 313/3B, S. 318/2, S. 319, S. 327, S. 336/2, S. 337, S. 338, S. 339, S. 340/3, S. 341, S. 342, S. 344/2, S. 345/3, S. 347/A1, S. 362, S. 363/m.r., S. 398/o.r., S. 406; Cornelsen/newVision! GmbH, Bernhard A. Peter, Pattensen: S. 11/2, S. 13, S. 16/1, S. 16/2, S. 18/2, S. 19, S. 21, S. 22/2, S. 28/1, S. 28/2, S. 28/4, S. 28/5, S. 29/A2, S. 30/4, S. 32/2, S. 32/4, S. 33, S. 34, S. 36, S. 45/A1, S. 46/2, S. 50, S. 51, S. 53, S. 59, S. 60, S. 61, S. 66/3, S. 67/8, S. 70/2, S. 70/3, S. 70/4, S. 71/A1, S. 71/B1, S. 72/5, S. 76/2, S. 76/3, S. 76/4, S. 80/2, S. 81/unten mitte, S. 84/2, S. 85/A1, S. 94, S. 100/M4, S. 101/M7, S. 108, S. 109, S. 117/4, S. 121, S. 134, S. 135/2, S. 136/2, S. 136/3, S. 136/4, S. 142/M1, S. 143/M5, S. 144/M1, S. 144/M2 l., S. 144/M3, S. 144/M4, S. 149/m., S. 151/3C, S. 152/1, S. 158, S. 159/A2, S. 159/B1, S. 161/5, S. 161/6, S. 164, S. 165, S. 166/2, S. 167/B1, S. 168/2, S. 169/6, S. 169/8, S. 170/2, S. 171, S. 172, S. 173, S. 174, S. 175, S. 176/3, S. 177, S. 178/3, S. 178/4, S. 179/7, S. 181/3, S. 182/1, S. 182/3, S. 182/4, S. 183/1, S. 184/2, S. 184/3, S. 185/6, S. 185/7, S. 189, S. 190/2, S. 190/3, S. 191/4, S. 192/1, S. 192/2, S. 192/3, S. 193/A1, S. 193/C1, S. 195/5, S. 197/5, S. 197/8, S. 198/A1, S. 198/B1, S. 199, S. 200/u.r., S. 205/M2, S. 205/M3, S. 206, S. 211, S. 215/C1, S. 215/C2, S. 215/D2, S. 216/4, S. 217, S. 221/B1, S. 223/5, S. 227/B1, S. 229/5, S. 230/2, S. 230/3, S. 235, S. 238/1, S. 240/3, S. 242/2, S. 244, S. 248/m.r., S. 249/u.r., S. 251, S. 260, S. 262, S. 263/B1, S. 265, S. 267/2, S. 267/5, S. 268, S. 269, S. 270/2, S. 272, S. 275, S. 276, S. 278/3, S. 279, S. 286/2, S. 286/3, S. 286/4, S. 287, S. 288, S. 289/3, S. 290/1, S. 291/B1, S. 292/2, S. 293/4, S. 293/5, S. 294/1, S. 294/4, S. 295, S. 298, S. 299/A1, S. 299/A2, S. 300/2, S. 301/6, S. 305, S. 307/4, S. 309, S. 320/m.r., S. 321/o., S. 323/7, S. 325/3, S. 330/3, S. 331/4, S. 331/5, S. 331/7, S. 331/8, S. 332, S. 333, S. 334, S. 335/2, S. 335/A1, S. 335/A2, S. 341, S. 343, S. 350/2, S. 351, S. 352, S. 353/A1, S. 353/A2, S. 354/2, S. 354/3, S. 355/4, S. 356/3, S. 357, S. 359/4, S. 359/5, S. 360/1, S. 360/3, S. 361, S. 366/1, S. 366/M2, S. 369, S. 373, S. 374/1, S. 374/2, S. 375/4, S. 378/1, S. 380/2, S. 382/1, S. 382/2, S. 382/3, S. 383/8, S. 386/2, S. 386/3, S. 387, S. 388/2, S. 389/A1, S. 390, S. 398/o.r., S. 398/u.r., S. 399/o., S. 402/1, S. 405/M5, S. 405/M6, S. 408/3, S. 417, S. 419; Cornelsen/newVision! GmbH, Bernhard A. Peter, Pattensen/Martin Zimmer: S. 400/2; Cornelsen/newVision!GmbH, Bernhard A. Peter: S. 113/7, S. 143/M3, S. 210/4, S. 218/3, S. 241/6, S. 254/M1, S. 276, S. 277/4, S. 290/2, S. 294/2, S. 294/5, S. 300/3, S. 306/3, S. 308, S. 311/3, S. 315/3, S. 324, S. 326/M5, S. 327, S. 339, S. 346/1, S. 362, S. 363/m.r., S. 363/o.r., S. 366/M1, S. 367, S. 373, S. 379/3, S. 379/4, S. 381/4, S. 383/7, S. 387, S. 406, S. 417; Cornelsen/newVISION!GmbH, Bernhard A. Peter: S. 393; Cornelsen/newVision!GmbH, Bernhard A. Peter, Pattensen: S. 61, S. 152/2, S. 154/2, S. 155, S. 161/4, S. 162/4, S. 163/5, S. 167/C1, S. 168/4, S. 326/M4, S. 421; Cornelsen/newVision, Bernhard Peter: S. 34, S. 40, S. 41, S. 43, S. 44; Cornelsen/Oliver Meibert: S. 66/2, S. 129/A1, S. 385/3; Cornelsen/Oliver Meibert, Berlin: S. 32/3; Cornelsen/Tom Menzel: S. 118/4, S. 126/2, S. 138/o.r., S. 149/m.r., S. 385/A1; Cornelsen/Tom Menzel bearbeitet von Bernhard A. Peter, newVision! GmbH: S. 264/2; Cornelsen/Tom Menzel, bearbeitet durch newVision!GmbH, Bernhard A. Peter, Pattensen: S. 64/u.r.; Cornelsen/Volker Döring: S. 188/3; Cornelsen/Volker Minkus: S. 335/1; Cornelsen/Werner Wildermuth: S. 11/4, S. 11/8, S. 27, S. 64/u.l., S. 65/m.l., S. 65/u.m., S. 67/5, S. 67/6, S. 67/7, S. 69/3, S. 70/1, S. 72/2, S. 72/3, S. 73/6, S. 74/2, S. 74/5, S. 76/1, S. 77, S. 78/3, S. 79/6, S. 81/3B, S. 81/4B, S. 82/2, S. 82/3, S. 85/B1, S. 85/C1, S. 86/2, S. 89, S. 90/1, S. 90/2, S. 91/4, S. 95, S. 96, S. 97/11, S. 98, S. 101/M5, S. 101/M6, S. 104/2, S. 105, S. 106, S. 110/3, S. 111, S. 112, S. 113/4, S. 113/8, S. 115/A1, S. 115/B2, S. 116/2, S. 117/3, S. 122, S. 123/A2, S. 124/3, S. 125/5, S. 125/6, S. 126/1, S. 128, S. 129/A2, S. 129/B1, S. 130/2, S. 130/3, S. 130/4, S. 131, S. 132/2, S. 135/3, S. 136/1, S. 137, S. 138/m.r., S. 138/u., S. 139, S. 140/o.r., S. 141, S. 142/M2, S. 143/M4, S. 143/M6, S. 145, S. 179/5B, S. 179/6A, S. 179/6B, S. 179/oben links, S. 180/1, S. 186/2, S. 186/4, S. 187/B1, S. 188/2, S. 193/B1, S. 194/2, S. 194/3, S. 196/1, S. 196/4, S. 198/1, S. 204, S. 207/M4, S. 207/M5, S. 212, S. 214/A1, S. 215/B1 l., S. 220/2, S. 221/A1, S. 226, S. 229/3, S. 229/4, S. 231/u., S. 232, S. 233/B2, S. 233/B3, S. 236, S. 237/5, S. 238/A1, S. 238/A2, S. 238/A3, S. 239/B2, S. 239/B3, S. 239/C1, S. 239/C2, S. 242/3, S. 245, S. 246, S. 247, S. 248/o.r., S. 249/m.r., S. 252/M1 Tabelle, S. 253, S. 254/M2, S. 255/M3, S. 255/M6, S. 258/2, S. 264/3, S. 264/4, S.

Bildnachweis

267/3, S. 273, S. 274/2, S. 277/A1, S. 278/2, S. 285/4, S. 289/5, S. 290/A1, S. 291/C1, S. 293/3A, S. 307/5, S. 312, S. 313/B1, S. 313/B2 (Daten: Yoo-Ho Kim et al. im Physical Review Letters 84 Nr 1, 2000; Quantum Eraser), S. 314/2, S. 315/4, S. 317, S. 320/u.m., S. 321/m., S. 322, S. 325/M3, S. 326/M1, S. 326/M2, S. 326/M3, S. 331/6, S. 353/B1, S. 359/4, S. 368, S. 375/3, S. 377, S. 388/1, S. 389/A2, S. 389/B1, S. 391, S. 394, S. 396, S. 397/5, S. 398/m.r., S. 402/M1, S. 405/m.l., S. 408/1, S. 411/u.l., S. 413/m.l., S. 416/4, S. 428, S. 429; Cornelsen/Werner Wildermuth; bearbeitet durch newVision!GmbH, Bernhard A. Peter, Pattensen: S. 150/2, S. 151/4, S. 156/1, S. 160/2, S. 162/3, S. 166/1, S. 168/3; Cornelsen/Werner Wildermuth; bearbeitet durchnewVision!GmbH, Bernhard A. Peter, Pattensen: S. 162/2; dpa Picture-Alliance: S. 280/2; Dr. Reiner Kienle: S. 216/2A, S. 216/2B, S. 224/1, S. 227/A1, S. 252/M1 A, S. 252/M1 B, S. 252/M1 C; Dr. Thomas John, Grundpraktikum Physik, Universität des Saarlandes: S. 240/2; Dr. Wiebke Salzmann: S. 186/1, S. 214/1, S. 220/1, S. 228/1; ESA/NASA/SOHO: S. 372/1; EUROfusion, Culham Centre for Fusion Energy, UK Atomic Energy Authority: S. 6/oben rechts, S. 370/Hintergrund; Eva Kienle: S. 216/1; Experimente Physikalisches Institut, Albert-Ludwig-Universität Freiburg: S. 240/1; Fig.10b „The surface temperature distribution shown corresponds to t=2000 s for the CM" aus: MDPI and ACS Style: Monzón-Verona, J.M.; González-Domínguez, P.I.; García-Alonso, S.; Santana-Martín, F.J.; Cárdenes-Martín, J.F. ,Thermal Analysis of a Magnetic Brake Using Infrared Techniques and 3D Cell Method with a New Convective Constitutive Matrix. Sensors 2019, 19, 2028. https:// doi.org/10.3390/s19092028, https:// www.mdpi.com/1424-8220/19/9/2028.: S. 113/6; Forschungszentrum Jülich: S. 299/B1; Foto „Fluorecent minerals" von Dr. Hannes Grobe/AWI/Wikimedia https:// de.wikipedia.org/wiki/Datei:Fluorescent_minerals_hg.jpg - lizenziert unter CC BY-SA 2.5 (https:// creativecommons.org/licenses/by-sa/2.5/deed.de): S. 354/1; Foto „Leuchtstoffröhre" von Dr. Patrick Bronner www.PatrickBronner.de http:// www.physikdidaktik.uni-karlsruhe.de/software/hydrogenlab/Atomphysik/08_Stunde/Spektralanalyse/Leuchtstoff.htm - lizenziert unter CC BY-SA 3.0 https:// creativecommons.org/licenses/by-sa/3.0/de/(https:// creativecommons.org/licenses/by-sa/2.5/deed.de): S. 356/1; Fruhmann GmbH NTL Manufacturer & Wholesaler: S. 12/2, S. 25/4; Hans-Otto Carmesin: S. 12/3, S. 14/1, S. 14/3A, S. 15/6A, S. 15/8, S. 16/3, S. 17/B1, S. 20/1, S. 28/3, S. 29/A1, S. 47/5, S. 48/3, S. 75/7, S. 75/9, S. 100/M1, S. 123/A3, S. 124/4, S. 259/4, S. 259/6, S. 263/C2, S. 271/3, S. 271/4, S. 286/1, S. 290/3, S. 292/1, S. 293/3B, S. 293/3C, S. 325/M4; Image „Virgo detector (aerial photo) von The Virgo collaboration/CC0 1.0; https:// www.ligo.caltech.edu/image/; ligo20170927b - lizenziert unter CC0 1.0. (https:// creativecommons.org/publicdomain/zero/1.0/deed.de): S. 242/1; Imago Stock & People GmbH/Leemage: S. 91/3; Inka Katharina Pröhl: S. 190/1, S. 397/3; interfoto e.k./Science & Society: S. 380/1, S. 382/4; Laboratory for Ultrafast Microscopy and Electron Scattering, EPFL: S. 299/B2; Landesamt für Denkmalpflege und Archäologie Sachsen-Anhalt, Juraj Lipták: S. 350/1; LHC tunnel sector 3-4 © 2009-2022 CERN, Views of the LHC tunnel sector 3-4. - CERN Document Server - lizenziert unter CC-BY-SA-4.0 Creative Commons — Attribution-ShareAlike 4.0 International — CC BY-SA 4.0: S. 372/2; Marc Evers, www.physikunterricht-online.de: S. 81/4A, S. 151/3A, S. 258/3; mauritius images/alamy stock photo/Chris Brown: S. 360/2; mauritius images/alamy stock photo/GIPhotoStock X: S. 216/3; mauritius images/alamy stock photo/sciencephotos: S. 81/3A; mauritius images/alamy stock photo/Viktor Cap: S. 311/2; mauritius images/alamy stock photo/Zoonar GmbH: S. 231/4; mauritius images/GRANT ROONEY PREMIUM/Alamy/Alamy Stock Photos: S. 132/1; mauritius images/Pitopia: S. 82/1; mauritius images/Science Source: S. 75/8, S. 414/o.m.; mauritius images/Westend61: S. 300/1; Mercedes-Benz Classic: S. 12/1; NASA/Goddard: S. 167/C2; NASA/JPL: S. 30/1, S. 46/1; NASA/JPL-Caltech: S. 259/7; Nico Einsiedler/TU Wien: S. 313/3A; Panther Media GmbH/Andriy Popov: S. 116/1; Panther Media GmbH/Ingram Vitantonio Cicorella: S. 167/C3; Panther Media GmbH/Tomasz Mikielewicz: S. 234/1; PEFC Deutschland e.V.: S. 2/unten links; Peter Lingemann, dokspeicher.de: S. 191/5; sciencephotolibrary/Andrew Lambert Photography: S. 49/5; sciencephotolibrary/CLAUDE NURIDSANY & MARIE PERENNOU: S. 241/4; sciencephotolibrary/DAMIAN PEACH: S. 29/B1; sciencephotolibrary/DAVID PARKER: S. 17/A1; sciencephotolibrary/DR KLAUS BOLLER: S. 48/1A; sciencephotolibrary/European Southern Observatory/European South/Eht Collaboration: S. 289/4; sciencephotolibrary/Giphotostock: S. 154/1, S. 210/3, S. 330/2; sciencephotolibrary/IBM RESEARCH: S. 37/B1; sciencephotolibrary/KING'S COLLEGE LONDON ARCHIVES: S. 234/2; sciencephotolibrary/LIVING ART ENTERPRISES, LLC: S. 285/5; sciencephotolibrary/O'Meara, Stephen & Donna: S. 358/1; sciencephotolibrary/Power And Syred: S. 258/1; sciencephotolibrary/POWER AND SYRED: S. 219/5; sciencephotolibrary/Science Photo Library: S. 280/1; sciencephotolibrary/Science Source/Charles D. Winters: S. 228/2; sciencephotolibrary/Southern Illinois University: S. 385/B1; Shutterstock.com/Africa Studio: S. 168/1; Shutterstock.com/Albert Russ: S. 386/1; Shutterstock.com/Alfonso de Tomas: S. 153/B1; Shutterstock.com/Andrzej Rostek: S. 358/2; Shutterstock.com/Artem Orlyanskiy: S. 270/1; Shutterstock.com/ASB63: S. 150/1; Shutterstock.com/Big Joe: S. 197/6; Shutterstock.com/Bilanol: S. 274/1; Shutterstock.com/Christine Bird: S. 213/3; Shutterstock.com/Chukov: S. 356/2A; Shutterstock.com/Cre8tive Images: S. 179/8; Shutterstock.com/Cristian Gusa: S. 219/4; Shutterstock.com/Dario Sabljak: S. 213/5; Shutterstock.com/ersin ergin: S. 4/oben links, S. 102, S. 123/A1; Shutterstock.com/Ewa Studio: S. 340/1; Shutterstock.com/Free Belarus: S. 176/1B; Shutterstock.com/ginger_polina_bublik: S. 80/1; Shutterstock.com/IM Imagery: S. 278/1; Shutterstock.com/IrinaK: S. 182/2; Shutterstock.com/itsmejust: S. 283; Shutterstock.com/IvaFoto: S. 18/1; Shutterstock.com/Jasmina Andonova: S. 213/A; Shutterstock.com/keren-seg: S. 213/B; Shutterstock.com/Kim Christensen: S. 6/oben links, S. 328/Hintergrund; Shutterstock.com/Koldunov: S. 38/1; Shutterstock.com/ktsdesign: S. 115/B1; Shutterstock.com/kuruneko: S. 210/1; Shutterstock.com/Lapha.R: S. 210/2; Shutterstock.com/

Lianys: S. 110/1; Shutterstock.com/M. Schuppich: S. 163/6; Shutterstock.com/Maxal Tamor: S. 144/M2 r. ; Shutterstock.com/mendler-daniel: S. 176/2B; Shutterstock.com/MIKHAIL GRACHIKOV: S. 314/1; Shutterstock.com/MimaCZ: S. 15/7; Shutterstock.com/MPH Photos: S. 132/m.r.; Shutterstock.com/MR.YURANAN LAKHAPOL: S. 160/1; Shutterstock.com/MTrebbin: S. 5/oben rechts, S. 256; Shutterstock.com/Pan Xunbin: S. 48/1B; Shutterstock.com/peresanz: S. 330/1; Shutterstock.com/Peter Hermes Furian: S. 347/B1; Shutterstock.com/Rich Carey: S. 237/4; Shutterstock.com/robert8: S. 78/1; Shutterstock.com/silvano audisio: S. 166/A1; Shutterstock.com/simone tognon: S. 384/1; Shutterstock.com/sl_photo: S. 178/1; Shutterstock.com/Steve Carroll: S. 104/1; Shutterstock.com/Supawadee56: S. 284/2; Shutterstock.com/SVSimagery: S. 197/7; Shutterstock.com/TonStocker: S. 88/2; Shutterstock.com/Tyler Olson: S. 285/3; Shutterstock.com/USBFCO: S. 5/oben links, S. 208; Shutterstock.com/vchal: S. 130/1; Shutterstock/aeonWAVE: S. 188/1; sofarobotnik: S. 1/oben mitte, S. 2/oben links; stock.adobe.com// Archivist: S. 159/A1; stock.adobe.com/Africa Studio: S. 169/7; stock.adobe.com/Aufwind-Luftbilder: S. 384/2; stock.adobe.com/Bartek Wróblewski: S. 318/1; stock.adobe.com/CPN: S. 74/1; stock.adobe.com/Daniel Jedzura: S. 176/2A; stock.adobe.com/David Hense: S. 124/1; stock.adobe.com/Delennyk: S. 239/B1; stock.adobe.com/dhallcaballero: S. 355/5; stock.adobe.com/Dutourdumonde: S. 184/1; stock.adobe.com/euthymia: S. 176/1A; stock.adobe.com/Ewa Leon: S. 4/oben rechts, S. 146; stock.adobe.com/eyewave: S. 3/oben rechts, S. 62; stock.adobe.com/focus finder: S. 178/2; stock.adobe.com/Iana: S. 336/1; stock.adobe.com/Kim: S. 72/4; stock.adobe.com/Lukas Bast: S. 215/D1; stock.adobe.com/Markus Bormann: S. 86/1; stock.adobe.com/samunella: S. 72/1; stock.adobe.com/sborisov: S. 215/B1 r.; stock.adobe.com/SERGEI: S. 170/1; stock.adobe.com/Sina Ettmer: S. 45/B1; stock.adobe.com/Sinisa Botas: S. 3/oben links, S. 8/Hintergrund; Stockfood: S. 296/1, S. 306/1, S. 381/3; Tanja Stimpel, 2003, Universität der Bundeswehr München, Institut für Physik: S. 264/1; Wiebke Salzmann: S. 32/1, S. 78/3, S. 303, S. 356/2B.